NORDEN UND PICARDIE
Siehe S. 182–195

CHAMPAGNE
Siehe S. 196–207

ELSASS UND LOTHRINGEN
Siehe S. 208–223

• Reims

NORDOSTFRANKREICH

Strasbourg •

• Troyes

BURGUND UND FRANCHE-COMTÉ
Siehe S. 316–341

MASSIF CENTRAL
Siehe S. 342–361

• Dijon

ENTRALFRANK- ICH UND ALPEN

• Lyon

• Grenoble

RHÔNE-TAL UND FRANZÖSISCHE ALPEN
Siehe S. 362–381

SÜDFRANKREICH

LANGUEDOC-ROUSSILLON
Siehe S. 466–487

PROVENCE UND CÔTE D'AZUR
Siehe S. 488–521

Ajaccio •

KORSIKA
Siehe S. 522–533

VIS à VIS
FRANKREICH

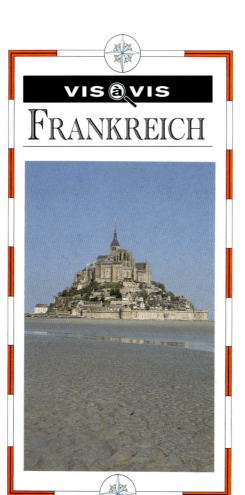

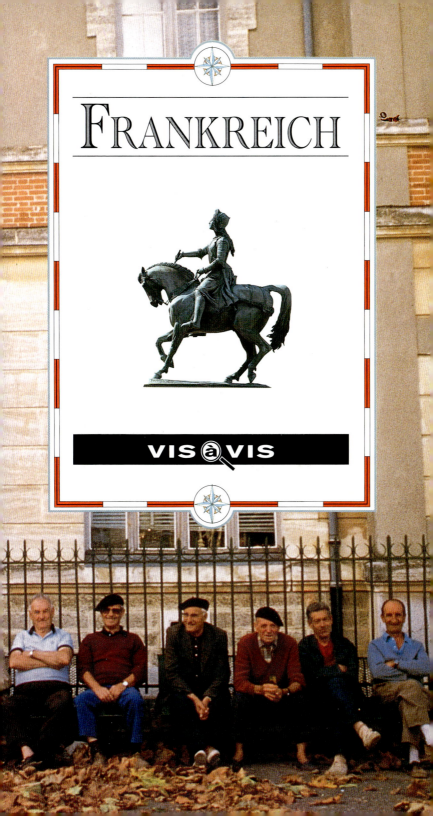

Ein Dorling Kindersley Buch

TEXTE
John Ardagh, Rosemary Bailey, Judith Fayard, Lisa Gerard-Sharp,
Colin Jones, Alister Kershaw, Alec Lobrano, Anthony Roberts,
Alan Tillier, Nigel Tisdall

FOTOGRAFEN
Max Alexander, Neil Lukas, John Parker, Kim Sayer

ILLUSTRATIONEN
Stephen Conlin, John Lawrence, Maltings Partnership,
John Woodcock

KARTOGRAPHIE
Dorling Kindersley Cartography

REDAKTION UND GESTALTUNG
Dorling Kindersley Ltd.

•

© 1994 Dorling Kindersley Limited, London
Titel der englischen Originalausgabe:
Eyewitness Travel Guide France
Zuerst erschienen 1994 in Großbritannien
bei Dorling Kindersley Ltd.

•

© der deutschen Ausgabe:
RV Reise- und Verkehrsverlag GmbH in der Falk-Verlag GmbH,
München 1995
3., aktualisierte Auflage 1999
Alle Rechte vorbehalten, Reproduktionen, Speicherung in
Datenverarbeitungsanlagen, Wiedergabe auf elektronischen,
fotomechanischen oder ähnlichen Wegen, Funk und Vortrag –
auch auszugsweise – nur mit Genehmigung des Copyrightinhabers

ÜBERSETZUNG Dr. Eva Dempewolf, Gisela Sturm, Andreas Stieber
und Verlagsbüro Simon & Magiera für GAIA Text, München
REDAKTION Dr. Klaus Kieser; Armin Sinnwell,
Falk-Verlag GmbH, München
SATZ UND PRODUKTION GAIA Text, München
LITHOGRAPHIE Colourscan, Singapur
DRUCK L. Rex Printing Company, China

ISBN 3-89480-907-8

3 4 5 6 7 02 01 00 99 9

•

Für Hinweise, Verbesserungsvorschläge und Korrekturen
ist der Verlag dankbar. Bitte richten Sie Ihr Schreiben an:
FalkVerlag
Redaktion
Neumarkter Straße 43
81673 München

Internet: http://www.falk-online.de

INHALT

BENUTZERHINWEISE 6

Büste Karls des Großen

FRANKREICH STELLT SICH VOR

FRANKREICH AUF DER KARTE 10

EIN PORTRÄT FRANKREICHS 14

DAS JAHR IN FRANKREICH 32

DIE GESCHICHTE DES LANDES 38

PARIS UND ILE DE FRANCE

PARIS UND ILE DE FRANCE STELLEN SICH VOR 68

PARIS PER SCHIFF 70

ILE DE LA CITÉ, MARAIS UND BEAUBOURG 76

TUILERIES UND OPÉRA 90

CHAMPS-ELYSÉES UND INVALIDES 100

RIVE GAUCHE 112

Abstecher *124*

Läden und Märkte *136*

Unterhaltung in Paris *140*

Kartenteil Paris *144*

Ile de France *160*

Nordost-Frankreich

Nordostfrankreich stellt sich vor *174*

Norden und Picardie *182*

Champagne *196*

Elsass und Lothringen *208*

Weinlese im Elsaß

Westfrankreich

Westfrankreich stellt sich vor *226*

Normandie *236*

Bretagne *258*

Loire-Tal *276*

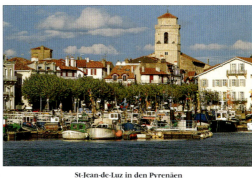

St-Jean-de-Luz in den Pyrenäen

Zenralfrankreich und Französische Alpen

Zentralfrankreich und die Alpen stellen sich vor *306*

Burgund und Franche-Comté *316*

Massif Central *342*

Rhône-Tal und Französische Alpen *362*

Südwest-Frankreich

Südwestfrankreich stellt sich vor *384*

Poitou und Aquitaine *394*

Périgord, Quercy und Gascogne *416*

Pyrenäen *438*

Südfrankreich

Südfrankreich stellt sich vor *456*

Languedoc-Roussillon *466*

Provence und Côte d'Azur *488*

Korsika *522*

Palais des Papes, Avignon

Zu Gast in Frankreich

Übernachten *536*

Restaurants, Cafés und Bars *576*

Grundinformationen

Praktische Hinweise *616*

Reiseinformationen *630*

Register *642*

WIE BENUTZE ICH DIESES BUCH?

DIESER REISEFÜHRER soll Ihren Besuch zu einem Erlebnis machen, das durch keinerlei praktische Probleme getrübt wird. Der Abschnitt *Frankreich stellt sich vor* beschreibt das Land und stellt historische Zusammenhänge dar. In fünfzehn Kapiteln samt *Paris und Ile de France* werden Sehenswürdigkeiten in Text und Bild beschrieben. Von uns empfohlene Restaurants und Hotels werden im Kapitel *Zu Gast in Frankreich* beschrieben. Die *Grundinformationen* helfen Ihnen beim Zurechtfinden, sei es beim Telefonieren oder im Verkehr.

PARIS UND ILE DE FRANCE

Das Zentrum von Paris ist in fünf Kapitel unterteilt. Jedes Kapitel beginnt mit einem Kurzporträt, das den Charakter und die Geschichte eines Viertels anreißt und alle Sehenswürdigkeiten auflistet. Diese sind mit Nummern versehen, die mit denen auf der Stadtteil- und Detailkarte sowie in den folgenden Erläuterungen identisch sind.

Sehenswürdigkeiten auf einen Blick führt das Wichtigste auf: Kirchen, Museen und Galerien, historische Gebäude, Straßen und Plätze.

2 Die Detailkarte
Aus der Vogelperspektive wird der hervorgehobene Kern eines Stadtteils gezeigt.

Die **Routenempfehlung** schlägt eine Route durch die interessantesten Straßen vor.

Alle **Paris betreffenden Seiten** haben eine grüne Farbcodierung.

Eine **Orientierungskarte** zeigt die Lage des Stadtteils, in dem man sich befindet.

1 Die Stadtteilkarte
Die im jeweiligen Kapitel besprochenen Sehenswürdigkeiten sind auf der Karte durchnumeriert. Sie werden auch im Kartenteil auf S. 146ff dargestellt.

Sterne markieren Sehenswürdigkeiten.

3 Detaillierte Information über die Sehenswürdigkeiten
Alle Sehenswürdigkeiten in Frankreich werden einzeln beschrieben, mit Adresse, Telefonnummer, Öffnungszeiten und Informationen über Eintritt und Zugang für Rollstuhlfahrer.

1. Die Einführung
Landschaft, Geschichte und Charakter jeder Region werden hier beschrieben, die Einführung zeigt, wie sich das Gebiet über die Jahrhunderte entwickelt hat und sich heute präsentiert.

FÜHRER DURCH FRANKREICH
Frankreich ist in diesem Buch in fünfzehn Regionen unterteilt, denen jeweils ein Kapitel gewidmet ist. Die interessantesten Sehenswürdigkeiten sind auf einer *Regionalkarte* dargestellt.

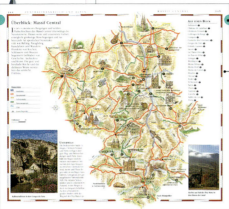

Jede **Region** Frankreichs kann anhand der Farbcodierung leicht gefunden werden.

2. Die Regionalkarte
Sie zeigt das Straßennetz und eine illustrierte Übersicht der ganzen Region. Alle Sehenswürdigkeiten sind numeriert; die Karte gibt auch hilfreiche Tips für das Erkunden des Gebietes mit Auto, Bus oder Bahn.

3. Detaillierte Informationen über die Sehenswürdigkeiten
Die Reihenfolge der Sehenswürdigkeiten entspricht der Numerierung auf der Regionalkarte. Zu jedem Ort gibt es detaillierte Informationen über die wichtigen Sehenswürdigkeiten.

Kolumnen beleuchten Wissenswertes zu den Sehenswürdigkeiten.

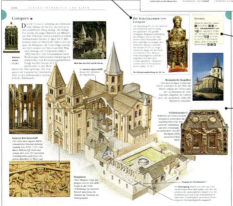

Die **Infobox** enthält praktische Informationen, die für einen Besuch hilfreich sind.

4. Hauptsehenswürdigkeiten
Ihnen werden zwei oder mehr Seiten gewidmet. Historische Gebäude werden im Aufriß gezeigt, interessante Städte aus der Vogelperspektive.

FRANKREICH STELLT SICH VOR

Frankreich auf der Karte 10-13
Ein Porträt Frankreichs 14-31
Das Jahr in Frankreich 32-37
Die Geschichte des Landes 38-65

Frankreich auf der Karte

FRANKREICH, EINES DER größten Länder Europas, unterhält Flugverbindungen mit fast allen Weltmetropolen. Wichtigster Verkehrsknotenpunkt ist Paris (mit zwei internationalen Flughäfen). Weitere Zentren sind Bordeaux, Lille, Lyon, Nizza und Toulouse. Hochgeschwindigkeitszüge verbinden die großen Städte mit dem restlichen Europa, und zur Insel Korsika verkehren Fähren. England erreicht man ebenfalls auf dem Wasserwege oder durch den neuen Kanaltunnel.

Europa

Frankreich liegt in Mitteleuropa und grenzt an sechs andere Staaten: Spanien im Süden jenseits der Pyrenäen, Italien und die Schweiz jenseits der Alpen, Luxemburg und Belgien im Norden und Deutschland auf der anderen Seite des Rheins. Von Großbritannien trennt Frankreich der Ärmelkanal (La Manche).

LEGENDE

- Fähranlegestelle
- Internationaler Flughafen
- Autobahn
- Hauptstraße
- Bahnlinie

0 Kilometer 100

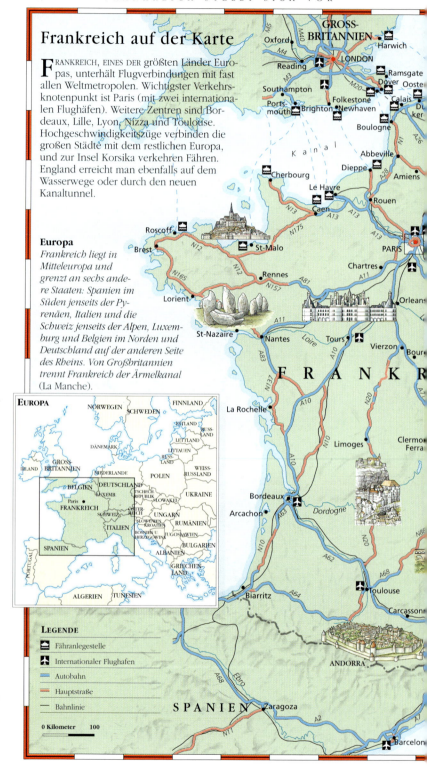

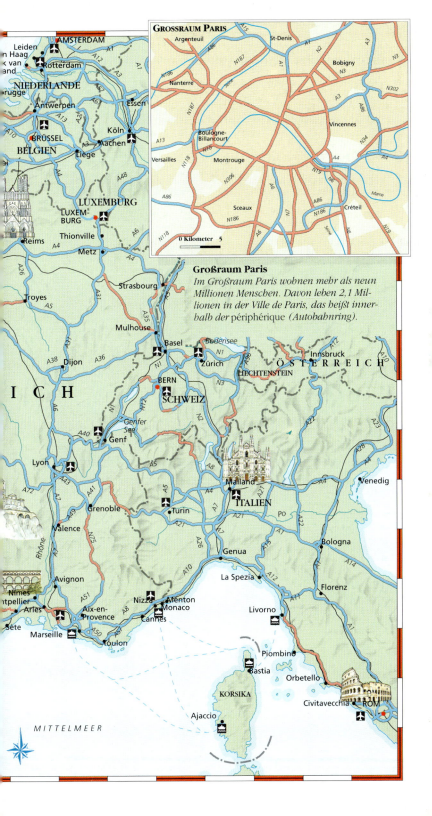

Großraum Paris

Im Großraum Paris wohnen mehr als neun Millionen Menschen. Davon leben 2,1 Millionen in der Ville de Paris, das heißt innerhalb der *périphérique* (Autobahnring).

Frankreichs Regionen

FRANKREICH HAT ÜBER 56 Millionen Einwohner, und jährlich kommen mehr als 44 Millionen Besucher. Es nimmt eine Fläche von 543 965 km² ein. Die größte Stadt ist Paris, gefolgt von Lyon, Marseille und dem Ballungsraum Lille-Lens-Valenciennes. Loire, Seine, Garonne und Rhône sind die längsten Flüsse Frankreichs. Dieser Führer unterteilt Frankreich in 15 Regionen; Paris und die Ile de France werden separat behandelt. Offiziell besteht Frankreich aus 22 *régions*.

VERKEHRSVERBINDUNGEN
Trotz seiner Größe ist Frankreich ein angenehmes Reiseland. Es gibt ein gutausgebautes Eisenbahnnetz, und der Hochgeschwindigkeitszug TGV *(siehe S. 635)* verkürzt die Reisezeit auf den Hauptstrecken beträchtlich. Die Benutzung der Autobahnen ist nicht billig, lohnt sich aber bei weiteren Entfernungen. Interessanter ist es freilich, auf Nebenstraßen quer durchs Land zu fahren *(siehe S. 638 ff)*. Auch kleinere Straßen sind in der Regel in gutem Zustand und übersichtlich ausgeschildert.

LEGENDE
- Autobahn
- Hauptstraße
- Nebenstraße

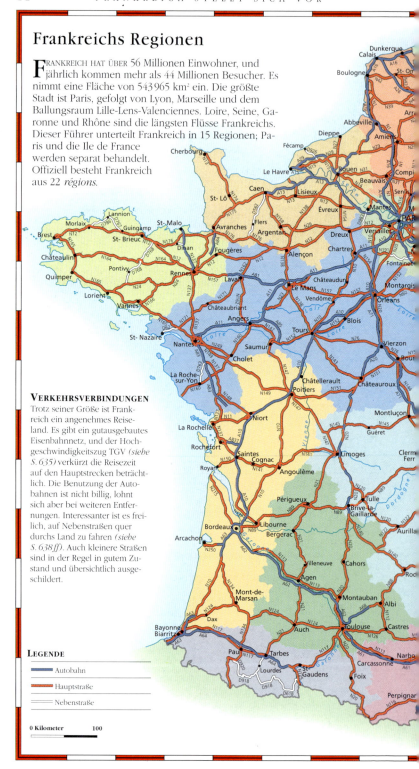

FRANKREICH AUF DER KARTE

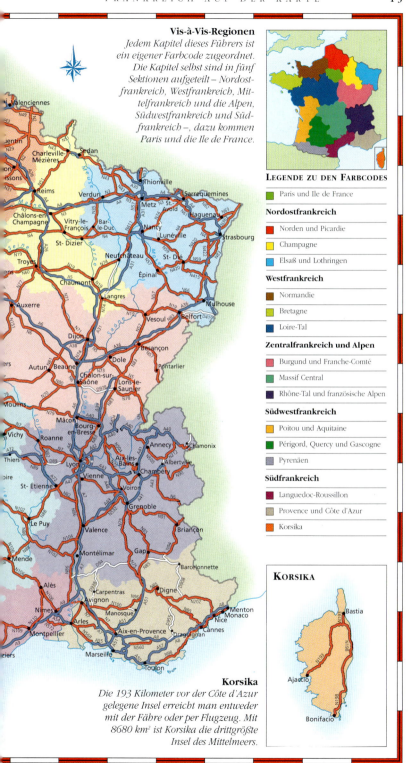

Vis-à-Vis-Regionen
Jedem Kapitel dieses Führers ist ein eigener Farbcode zugeordnet. Die Kapitel selbst sind in fünf Sektionen aufgeteilt – Nordostfrankreich, Westfrankreich, Mittelfrankreich und die Alpen, Südwestfrankreich und Südfrankreich –, dazu kommen Paris und die Ile de France.

LEGENDE ZU DEN FARBCODES

Paris und Ile de France

Nordostfrankreich

Norden und Picardie

Champagne

Elsaß und Lothringen

Westfrankreich

Normandie

Bretagne

Loire-Tal

Zentralfrankreich und Alpen

Burgund und Franche-Comté

Massif Central

Rhône-Tal und französische Alpen

Südwestfrankreich

Poitou und Aquitaine

Périgord, Quercy und Gascogne

Pyrenäen

Südfrankreich

Languedoc-Roussillon

Provence und Côte d'Azur

Korsika

KORSIKA
Die 193 Kilometer vor der Côte d'Azur gelegene Insel erreicht man entweder mit der Fähre oder per Flugzeug. Mit 8680 km² ist Korsika die drittgrößte Insel des Mittelmeers.

Ein Porträt Frankreichs

DIE AKTIVSTEN WERBETRÄGER *für ihr Land sind die Franzosen selbst, denn sie halten ihren Lebensstil für den besten und ihr Land für das zivilisierteste überhaupt. Küche und Weine werden zu Recht hoch gelobt. Französische Kultur, Literatur, Kunst und Architektur sind ebenso ernsthaft wie zuweilen provokativ.*

Die französische Landschaft besteht aus kargen Bergplateaus wie aus fruchtbarem Ackerland, urige Dörfer gehören ebenso dazu wie elegante Boulevards. Und die regionalen Identitäten sind nicht minder breit gefächert. Das Land umfaßt die Bretagne mit ihrer keltischen Vergangenheit wie den mediterranen Süden, das germanische Elsaß-Lothringen wie die Bergregionen der Auvergne und der Pyrenäen. Und in der Mitte liegt Paris. Das Spektrum anderer Großstädte reicht vom riesigen Industriekonglomerat Lille im Norden bis zu Marseille, der größten Hafenstadt des Mittelmeerraums. Die Unterschiede zwischen Norden und Süden, Stadt und Land sind tief verwurzelt, und man hält an ihnen fest – trotz des engagierten Einsatzes zukunftsorientierter Franzosen, die verschiedenen Regionen mit Hilfe des Hochgeschwindigkeitszuges TGV und des Bildschirmtextsystems Minitel zu verbinden. Doch je städtischer und industrieller das Leben in Frankreich wird, desto mehr wächst der Wunsch, die alten, traditionellen Lebensformen beizubehalten und das Landleben gar überzubewerten.

Marianne, Frankreichs Symbolfigur

Die Vorstellung vom Leben auf dem Lande – *douceur de vivre*, lange, gedeckte Tische in der Abendsonne, an denen Wein und Anekdoten fließen – finden Einheimische und Besucher gleichermaßen verlockend. Doch das Landleben hat sich verändert. War 1945 noch jeder dritte Franzose in der

Der Hochgeschwindigkeitszug TGV *(Train à Grande Vitesse)* verbindet Paris mit der Provinz

◁ Cafékultur in Saint-Tropez, einem der beliebtesten Badeorte des Landes

Landwirtschaft tätig, ist es heute nur mehr jeder sechzehnte. Früher exportierte Frankreich vorwiegend Luxusgüter wie Parfüm und Cognac; heute sind Autos, Telekommunikationsgeräte, Atomkraftwerke und Jagdflugzeuge an ihre Stelle getreten.

Dennoch halten die Franzosen an ihren Wurzeln fest, und viele leisten sich ein Häuschen auf dem Lande. Im internationalen Vergleich haben die Franzosen die höchste Zahl von Zweitwohnsitzen, und in Gegenden wie der Provence wurden sterbende Dörfer von wohlhabenden Parisern und Ausländern aufgekauft und in schicke Sommerresidenzen umgewandelt. Auch zahlreiche Künstler und Handwerker ziehen aufs Land, und Unternehmer errichten hier Fabriken – Fax und Computer machen es möglich.

Seit die katholische Kirche immer mehr an Einfluß verliert, kommt es verstärkt zu sozialen Wandlungen. Heute besuchen nur noch 14 Prozent der Bevölkerung den Gottesdienst. Fast die Hälfte aller Paare lebt vor der Hochzeit zusammen, und viele heiraten überhaupt nicht mehr. Die Abtreibung ist legal.

Die Frauen, früher Bürger zweiter Klasse, haben im Laufe der letzten dreißig Jahre vor dem Gesetz die Gleichberechtigung erlangt. 1991 bekam Frankreich mit Edith Cresson den ersten weiblichen Premierminister. Doch wie im restlichen Europa zeigt sich auch in Frankreich ein gewisser Widerwille, Frauen in leitende Funktionen aufrücken zu lassen, und das gilt in der Politik genauso wie in Industrie und Wirtschaft. Der Umgang zwischen den beiden Geschlechtern wird von einer gewissen Galanterie bestimmt, und selbst einflußreiche Feministinnen achten darauf, ihre »Weiblichkeit« zu wahren. Innerhalb der Familie schwindet die elterliche Autorität, und auch in den Schulen wurde die strenge Disziplin zugunsten größerer Freizügigkeit aufgegeben – zwei Trends, die unmittelbar mit den politischen Unruhen zusammenhängen, die Frankreich im Mai 1968 erschütterten *(siehe S. 63)*.

GESELLSCHAFT UND POLITIK

Das gesellschaftliche Leben wurde in Frankreich immer sehr förmlich gehandhabt – Küßchen rechts und links, Händeschütteln, die Benutzung von Ti-

Der beliebte *moto* (Roller)

Chanel-Chic

Unruhen im Mai 1968 brachten gravierende Veränderungen

Landwirtschaft in Elsaß-Lothringen

teln *(Bonjour, Monsieur le Président)* etc. Bei der jüngeren Generation macht sich hier allerdings, genau wie bei uns, eine Veränderung bemerkbar. Man spricht sich schneller mit Vornamen an und duzt sich auch im Geschäftsleben zuweilen. Die Bekleidung wurde ebenfalls informeller, obwohl Franzosen nach wie vor großen Wert auf korrekte Garderobe legen und auch andere nach ihrer Kleidung beurteilen. Typisch ist ein sportlich-eleganter Cardin-Pullover zum leger sitzenden Anzug. Doch ein Hang zu Formalitäten ist geblieben, und Paragraphen bestimmen in Frankreich fast alles. Die Franzosen handhaben ihre berühmt-berüchtigte Bürokratie jedoch mit bezaubernder Nonchalance. Gesetze und Verordnungen sind dazu da, um umgangen, uminterpretiert und mit einem achselzuckenden Lächeln abgetan zu werden. Der gängige Sport, die umständlichen Wege der Bürokratie abzukürzen, hat hier einen eigenen Namen, *le système D*. So wurde beispielsweise 1992 ein Gesetz erlassen, das die Einrichtung von Nichtraucherzonen an allen öffentlichen Orten verlangt, selbst in nikotinschwadenverhangenen winzigen Bars – doch kein Mensch stört sich daran, wenn es nicht immer genau eingehalten wird.

Charles de Gaulle

Die krasse Spaltung zwischen Links und Rechts, die früher die französische Politik kennzeichnete, ist in letzter Zeit einer auf Mittelkurs ausgerichteten Übereinstimmung gewichen. Einer der Väter dieser Tendenz ist François Mitterrand, der 1988 für weitere sieben Jahre wiedergewählt wurde und den man zweifellos als einflußreichsten französischen Nachkriegspolitiker seit de Gaulle bezeichnen kann. Der republikanische Geist ist deshalb jedoch noch nicht tot. Einen bedeutenden Teil der wahren Macht Frankreichs hat nach wie vor das Großbürgertum inne. Die einst mächtige Kommunistische Partei ist im Niedergang. Wie in anderen europäischen Ländern auch, konnten die extremen Rechten große Erfolge verzeichnen. Hohe Arbeitslosigkeit hat zu wachsendem Rassismus geführt, der sich vor allem gegen dunkelhäutige Einwanderer wendet, die zum Großteil aus den früheren französischen Kolonien stammen.

Couturier Thierry Mugler bei einer Modenschau

Kunst und Kultur

Kultur spielt in Frankreich eine große Rolle, und Schriftsteller, Intellektuelle, Künstler und Modeschöpfer genießen hohes Ansehen. Infolgedessen finanzierte der Staat in den 60er Jahren die Gründung zahlreicher Kunstzentren in der Provinz und stellte Mittel für Experimente zur Verfügung. Die Franzosen sind stolz auf ihre filmischen Erfolge und wehren sich entschieden gegen Hollywood. Weitere kulturelle Aspekte – von der Musikindustrie bis hin zur französischen Sprache selbst – sind derselben protektionistischen Haltung unterworfen.

Avantgardekunst und -literatur sowie moderne Architektur werden in Frankreich stark gefördert. Zu den wichtigsten Projekten der jüngeren Vergangenheit zählen die aufsehenerregende Louvre-Pyramide und La Grande Arche in Paris, aber auch die postmoderne Wohnbebauung in Nîmes, Montpellier und Marseille.

Modernes Leben

Die Bemühungen der Regierung um Wirtschaftswachstum haben Innovationen wie Minitel hervorgebracht, ein Bildschirmtextsystem, das viele Haushalte kostenlos nutzen können. Minitel dient als Telefonbuch, man kann damit Flugtickets buchen, Theaterkarten reservieren und eine Vielzahl weiterer Kommunikationsdienste in Anspruch nehmen. In mancher Hinsicht leben die Franzosen bereits im 21. Jahrhundert, doch stehen sie nicht allem Neuen uneingeschränkt positiv gegenüber: Was Geschmack und Gewohnheiten angeht, sind die Franzosen oft sogar ausgesprochen konservativ. Noch Jahrzehnte nach Einführung des neuen Franc 1960 rechnen viele Leute in alten Francs (1 neuer FF = 100 alte FF) – und zwar auch solche,

Traditionelle bretonische Tracht

Ein Blick durch die Basis von La Grande Arche, Teil der riesigen Bürostadt am Rande von Paris

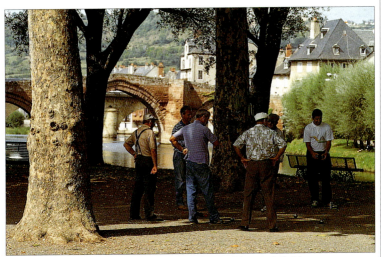

Das alte Spiel *boules* **oder** *pétanque* **ist – vor allem im Süden – noch immer sehr beliebt**

die erst nach der Umstellung geboren wurden. Nach wie vor halten sie an ihren Sommerferien unumstößlich fest, so daß sich Ende Juli und im August das ganze Land entweder auf der Straße oder an der Küste befindet.

Die Moderne hat das tägliche Leben nachhaltig beeinflußt. So gibt es in Frankreich heute die größten Supermärkte Europas: An den Theken machen hundert oder mehr Käse-, Fleisch- und Wurstsorten die Wahl zur Qual, und auch das riesige Angebot an Obst, Gemüse und Kräutern zeugt von französischer Lebensart. Doch infolge moderner Hektik haben sich die Eßgewohnheiten verändert. Früher aß man jeden Tag ein mehrgängiges Menü. Heute ernähren sich die meisten unter der Woche recht einfach – entweder ein Steak oder ein Nudelgericht zu Hause oder ein Snack in der Stadt. Aber in der Freizeit spielen Mahlzeiten immer noch eine bedeutende Rolle – und zwar nicht nur um des Essens willen, sondern wegen des Vergnügens, ein Mahl mit angenehmer Unterhaltung im Kreise der Familie oder unter guten Freunden zu genießen. Man hebt sich die Gastronomie für besondere Anlässe auf: Ein- oder zweimal pro Woche heißt es dann aber Schwelgen – sei es bei einer eleganten Party, einem romantischen Dinner zu zweit oder einem großen Familienessen am Sonntag mittag. Bei diesen Gelegenheiten sind Franzosen dann in ihrem Element.

Erzeugnisse des Südens

Abgelegenes Gehöft – so lebte man früher

Klassische französische Küche

EINE TYPISCH FRANZÖSISCHE Mahlzeit besteht aus mindestens drei Gängen: *Entrées* oder *hors d'œuvres* (Vorspeisen) sind beispielsweise Suppen, Eierspeisen, Salate oder *charcuterie* wie Fleisch- und Wurstpasteten oder Schinken. Als *plat principal* (Hauptgericht) wird häufig Fisch oder Fleisch serviert, als Beilagen Kartoffeln, Reis oder Nudeln sowie Gemüse. Käse gibt es vor dem Dessert, wie *sorbet*, *mousse*, *crème* oder *pâtisserie* (Gebäck). Weitere Informationen über Restaurants auf den Seiten 576 ff.

Soupe à l'oignon *steht häufig auf der Bistrokarte. Der Zwiebelsuppe sind Croutons, gratinierter Käse und manchmal auch Eigelb beigefügt.*

Œufs en cocotte *sind mit Sahne und Butter verquirlte Eier, in einem Porzellanförmchen gebacken. Häufig dekoriert mit Kräutern und Champignons.*

Fischsuppe

Friséesalat mit knusprigen Speckstreifen

Warmer Ziegenkäse auf Toast mit Salat

Omelett mit Kräutern

Hors d'Oeuvre
Soupe de poissons
Soupe à l'oignon
Salade frisée aux lardons
Crottin chaud en salade
Omelette aux fines herbes
Oeufs en cocotte

Poissons
Sole Meunière
Quenelles de brochet
Coquilles St Jacques

Viandes
Hachis parmentier
Noisettes d'agneau
Bifteck au poivre
Blanquette de veau
Magret de canard
Côte de porc
Ris de veau
Coq au vin

Gebackene Seezunge mit geschmolzener Butter

Hechtklößchen in Sahnesauce

Hackfleisch mit Kartoffelpüree

Pfeffersteak

Coquilles Saint-Jacques *sind in Butter gekochte Jakobsmuscheln. Ihre roten Schwänze, die den Rogen enthalten, gelten als besondere Delikatesse.*

Kalbsragout in Sahnesauce

Entenbrust

Schweinekotelett

Kalbsbries

Noisettes d'agneau *sind in Butter angebratene Lammnüßchen, die meist mit Pilzen, Kräutern und Knoblauchbutter serviert werden.*

Coq au vin *gehört zu den bekanntesten französischen Gerichten. Dazu wird Hähnchenfleisch in einer Sauce aus Rotwein, Kräutern, Knoblauch, kleinen Zwiebeln und jungen Champignons geschmort.*

EIN PORTRÄT VON FRANKREICH

FRÜHSTÜCK

Nur wenige Franzosen essen Müsli oder Herzhaftes zum Frühstück. Das klassische französische *petit déjeuner* besteht vielmehr aus dem unvermeidlichen Baguette bzw. der verkleinerten Ausgabe davon, der *ficelle*, die längs aufgeschnitten mit Butter und etwas Marmelade bestrichen eine *tartine* ergeben. Nicht vergessen darf man natürlich das Croissant, das Franzosen gerne in den Kaffee tunken; *petit pain au chocolat*, zarter Blätterteig mit einem Stück geschmolzener Schokolade im Inneren, und *brioches*, süße, luftige Hefebrötchen. Dazu trinkt man Kaffee oder Tee. Kaffee wird meist in Form von *café* (schwarz) oder *café au lait* (mit warmer Milch) getrunken.

Croissants

Brioches

Pains au chocolat

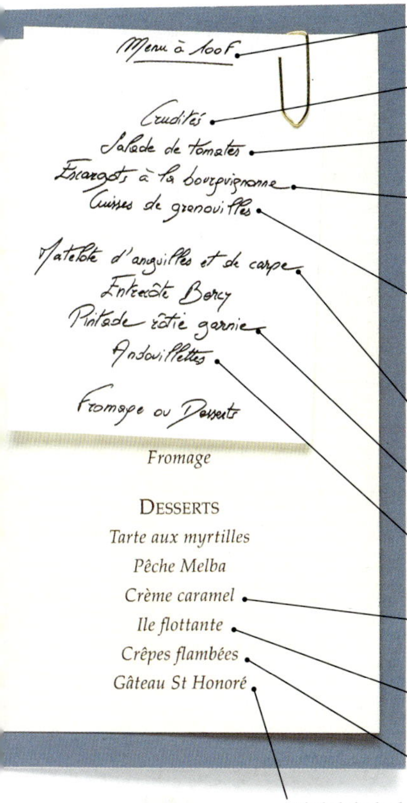

Menu à 100 F.

Crudités

Salade de tomates

Escargots à la bourguignonne

Cuisses de grenouilles

Matelote d'anguilles et de carpe

Entrecôte Bercy

Pintade rôtie garnie

Andouillettes

Fromage ou Dessert

Fromage

DESSERTS

Tarte aux myrtilles

Pêche Melba

Crème caramel

Ile flottante

Crêpes flambées

Gâteau St Honoré

- Tagesmenü
- Rohes Gemüse
- Tomatensalat
- Weinberg-schnecken mit Knoblauch-butter
- Frosch-schenkel in Knoblauch-butter
- Aal- und Karpfeneintopf
- Gebratenes Perlhuhn
- Kleine Schlackwürste
- Eiercreme mit Karamelsauce
- Meringen auf Sahnesauce
- Flambierte Crêpes
- Schokoladenkuchen, nach dem Schutz-heiligen der Kondi-toren benannt

Entrecôte Bercy *ist Entrecôte in Weißweinsauce – benannt nach dem Kai, an dem die weinbeladenen Schiffe gelöscht wurden.*

Plateau de fromage *umfaßt eine Auswahl der unzähligen Käsesorten aus Ziegen-, Kuh- und Schafsmilch.*

Tarte aux myrtilles *ist ein Blaubeerkuchen. Wie die meisten französischen tartes besteht er aus einem dünnen Mürbeteigboden mit Fruchtbelag.*

Pêche Melba *besteht aus Pfirsichen, Vanilleeis und Himbeersauce – eine Kreation für die Sängerin Nellie Melba.*

Französische Weine

Rückentrage

SCHON IN VORRÖMISCHER Zeit wurde in Frankreich Wein gekeltert, doch waren es die Römer, die für die Verbreitung der Rebstöcke und der Herstellungsmethoden sorgten. Angebotsbreite und Qualität der Weine aus Bordeaux, Burgund, dem Rhône-Tal und vor allem der Champagne haben französischen Wein in aller Welt bekannt gemacht. Aber auch der einfache französische Tischwein kann exzellent munden; viele der guten und preiswerten Weine kommen jetzt aus den südlichen Gegenden Frankreichs.

Traditioneller Weinbau

WEINBAUGEBIETE

Jedes der zehn Hauptweinbaugebiete hat eine eigene Identität, die mit Traubensorten, Klima und örtlichen Anbaumethoden zusammenhängt. *Appellation contrôlée* ist eine gesetzlich kontrollierte Ursprungsbezeichnung.

LEGENDE

- Bordeaux
- Burgund
- Champagne
- Elsaß
- Loire-Tal
- Provence
- Jura und Savoyen
- Südwesten
- Languedoc-Roussillon
- Rhône-Tal

WAS DAS WEINETIKETT AUSSAGT

Selbst das bescheidenste Etikett verrät Ihnen etwas über Geschmack und Qualität des Weines. Es trägt den Namen des Weines und des Winzers und besagt, ob er aus einem gesetzlich kontrollierten Anbaugebiet (*appellation contrôllée* oder VDQS) kommt oder ob es sich um einen normalen *vin de pays* oder *vin de table* handelt. Möglicherweise hat der edle Tropfen auch eine regionale Klassifizierung wie etwa die *crus classés* in Bordeaux. Die Form und die Farbe der Glasflasche kann auch ein Qualitätshinweis sein.

Weingut oder **Winzer** — **Erzeugerabfüllung** – keine Mischung einer Kooperative oder eines Händlers

Die **Abbildungen** können stimmen, aber auch reine Phantasieprodukte sein

Jahrgang

Menge

Klassifizierung — **Anbaugebiet** des Weines

WEINHERSTELLUNG

Wein entsteht aus dem Saft frisch gepflückter Trauben. Wildhefe oder zugesetzte Reinzuchthefe verwandeln im Gärungsprozeß den Traubenzucker in Alkohol. Vor der Flaschenabfüllung wird die Hefe bzw. der Bodensatz herausgefiltert.

WEISSE TRAUBEN **ROTE TRAUBEN**

Alte Weinpresse

Gleich nach der Lese werden die Trauben entrappt und vorsichtig gequetscht (gemaischt), um den zuckerhaltigen Saft mit der Wildhefe zusammenzubringen, die sich in der Beerenhaut befindet.

Rotwein erhält sein Charakteristikum durch die Farb- und Gerbstoffe der roten Beerenhaut. Auch die Stiele enthalten diese Stoffe, jedoch wesentlich herber. Deshalb werden die roten Trauben vor dem Maischen meistens entrappt.

Tanks zur Mazeration

Maischer und Entrapper

Bei *jungen Weißweinen* und einigen Roten (z. B. einfachen Beaujolais), die mit zunehmendem Alter nicht besser werden, wird die Maische zusammen mit der Beerenhaut einige Stunden lang mazeriert oder »eingeweicht«, was Aroma und Geschmack verstärkt.

Weißweine gewinnt man aus ungepreßtem oder nur leicht gepreßtem Saft. Für Rotweine werden die Trauben ein zweites Mal unter sehr hohem Druck gepreßt. Der so entstandene farb- und gerbstoffreiche vin de presse kann dann nach Geschmack dem fertigen Wein zugemischt werden.

Presse

Gärung ist ein natürlicher chemischer Prozeß, der jedoch unberechenbar ablaufen kann. Um die Gärung kontrollieren zu können und damit eine gleichbleibende Qualität zu erzielen, setzen viele Winzer deshalb heute Reinzuchthefen zu und benutzen Fässer aus Edelstahl mit Temperaturregelung.

Junge Weine können direkt in Flaschen abgefüllt werden, doch die meisten edleren Tropfen reifen in Fässern heran. Die Geschmacksstoffe des Eichenholzes tragen wesentlich zur »Identität« eines Weines bei – beispielsweise hängt der leicht herbe Geschmack des roten Bordeaux damit zusammen.

Gärungsbottiche

Eichenfässer

Unterschiedlich gefärbtes Glas kennzeichnet die Weinbaugebiete

Typische Flaschenformen für Bordeaux (links) und Burgunder

Künstler in Frankreich

FRANKREICHS LANDSCHAFTEN haben schon im 19. Jahrhundert große Maler zu bedeutenden Werken inspiriert. Seit vor gut hundert Jahren im Wald von Fontainebleau, in der Bretagne und in Südfrankreich Künstlerkolonien entstanden, sind Malerei und Tourismus eng verbunden. Wer sich in der Kunstgeschichte etwas auskennt, wird bei einer Fahrt durch Frankreich viele Landschaften wiedererkennen, die durch Gemälde Berühmtheit erlangten.

In der Tradition *klassischer Landschaftsmalerei hat Jean-Baptiste-Camille Corot 1871 den* Belfried von Douai *geschaffen.*

Norden
Picard

Gustave Courbet, *Sozialist und früher Vertreter des Realismus, hat in den Klippen bei Etretat nach einem Sturm (1869) diese berühmte Küstenlandschaft eingefangen.*

Normandie

Paris und Ile d France

Bretagne

Loire-Tal

Emile Bernard *faszinierten der wilde, fast urtümliche Charakter der bretonischen Landschaft und der ausgeprägte Individualismus ihrer Bewohner. Sein Gemälde* La Ronde bretonne *(1892) zeigt die keltischen Sitten dieser Region.*

Poitou und Aquitaine

Der **Neoimpressionist** *und Pointillist Paul Signac liebte Schiffe, das Meer und die französische Küste.* Einfahrt zum Hafen von La Rochelle *(1921) verdeutlicht die Technik, die Natur mit Tausenden von Farbpunkten wiederzugeben.*

Périgord, Quercy und Gascogne

Pyrenäen

Languedo Roussillo

Théodore Rousseau, *Hauptvertreter der Schule von Barbizon (siehe S.171) für Landschaftsmalerei, kam 1830 in die Auvergne, wo er* en plein air *(im Freien) zu malen begann. Der* Sonnenuntergang, Auvergne *(um 1830) zeigt seine präzise Beobachtungsgabe.*

EIN PORTRÄT FRANKREICHS 25

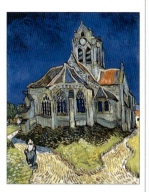

In seinem Werk **Eiffelturm** (1926) experimentierte Robert Delaunay mit den abstrakten Eigenarten der Farben. Seine Frau, die Künstlerin Sonia Delaunay, sagte: »Der Eiffelturm und das Universum waren für ihn ein und dasselbe.«

Nur wenige Monate vor seinem Tod (1890) malte Vincent van Gogh Die Kirche von Auvers. Er vermerkte, daß der Bau »von ins Violette gehender Blauheit zu sein scheint, von reinem Kobalt«.

Szenen aus dem Alltagsleben hat Gustave Courbet realistisch wiedergegeben. Hier sein *Bild* Junge Damen aus dem Dorf überreichen in einem Tal bei Ornans einer Kuhhirtin Almosen (1851/52).

Elsaß und Lothringen

Champagne

Maurice Utrillo malte die dörfliche *Szene* Die Kirche von Saint-Bernard im Sommer *1924*, als er im Haus seiner Mutter weilte. Die düsteren Farben und die Leere reflektieren sein unglückliches Leben.

Burgund und Franche-Comté

ssif Central

Rhône-Tal und französische Alpen

Provence und Côte d'Azur

Henri Matisses Landschaft bei Collioure (1905) zeigt die lebhaften Farben des kleinen katalanischen Fischerdorfes. Hier begründete Matisse den Fauvismus, einen Malstil von außergewöhnlich leuchtender, expressiver Farbkraft.

Die **französische Riviera** hat viele Künstler angelockt (siehe S. 462 f). Raoul Dufy schätzte ihre Reize besonders und hat sie in La Jetée promenade à Nice (1928) ganz typisch mit blauem Himmel und Palmen dargestellt.

0 Kilometer 100

Schriftsteller in Frankreich

Denkmal für Baudelaire

SCHRIFTSTELLER UND INTELLEKTUELLE genießen in Frankreich von jeher hohes Ansehen. Eine besonders illustre Institution ist die Académie Française, deren vierzig Mitglieder (meist Schriftsteller) sich wiederholt zu nationalen Fragen geäußert und sogar öffentliche Ämter bekleidet haben. Das Werk vieler französischer Romanautoren ist tief in ihrer Heimat verwurzelt. Was für Gustave Flaubert die Normandie, war für Jean Giono die Provence. Neben ihrer literarischen Bedeutung bieten viele Romane auch wunderbar Einblick in die regionalen Identitäten des Landes.

ROMAN

Ackerland in der Beauce, wo Zolas Roman *Die Erde* spielt

Colettes Haus in Burgund

Marcel Proust, Autor von *Auf der Suche nach der verlorenen Zeit*

DER ERSTE BEDEUTENDE französische Autor (16. Jh.) war wohl der Satiriker Rabelais (siehe S. 285). Viele Schriftsteller der Aufklärung stellten dann Vernunft, Klarheit und Objektivität in den Mittelpunkt ihrer Werke. Das 19. Jahrhundert war das Goldene Zeitalter des humanistischen Romans, das namhafteste Literaten Frankreichs hervorgebracht hat: Balzac mit seinem grandiosen Sittengemälde, Stendhal, der mit *Le Rouge et le noir (Rot und Schwarz)* eine bissige Satire auf den Ehrgeiz verfaßte, und Victor Hugo, dessen Epos *Les Misérables (Die Elenden)* eine tiefgreifende Veränderung der Gesellschaft fordert. George Sand wagte sich mit Romanen wie *La Mare au diable (Das Teufelsmoor)* auf neues Terrain vor. Flaubert schuf sein Meisterwerk *Madame Bovary*, und Zola beschrieb in *Germinal* und *La Terre (Die Erde)* das Leben der unteren Schichten. Marcel Proust verband in seinem Roman *A la recherche du temps perdu (Auf der Suche nach der verlorenen Zeit)* frühe poetische Berufung mit einem Porträt der Hautevolee. Auch andere Autoren haben ihre Jugend literarisch verarbeitet, wie Alain-Fournier mit *Le Grand Meaulnes (Der große Meaulnes)* und Colette mit *La Maison de ma mère (Das Haus meiner Mutter)*.

Nach dem Ersten Weltkrieg entwickelte sich eine neue Romanform. Jean Gionos *Que ma joie demeure (Bleibe, meine Freude)* und François Mauriacs *Thérèse Desqueyroux* untersuchten die Beziehung zwischen Landschaft und Charakter. Als zentrales Thema wählte Mauriac, ebenso wie George Bernanos in seinem *Journal d'un curé de campagne (Tagebuch eines Landpfarrers)*, den geistigen Kampf eines einzelnen. Ein weiterer führender Schriftsteller dieser Jahre war André Gide. In den letzten vierzig Jahren haben Alain Robbe-Grillet und andere einen experimentellen Stil vorgestellt: Beim Nouveau Roman treten Charaktere und Handlung hinter exakten Beschreibungen zurück.

Die Elenden (1862), als Musical in den 80er Jahren

THEATER

DIE DREI KLASSISCHEN Dramatiker der französischen Literatur lebten im 17. Jahrhundert: Molières Komödien nahmen die menschliche Eitelkeit aufs Korn. Corneille und Racine verfaßten Tragödien in Versform. Im 18. Jahrhundert folgten Marivaux, Verfasser psychologischer Komödien, und Beaumarchais, dessen *Le Barbier de Séville (Der Barbier von Sevilla)* und *Le Mariage de Figaro (Die Hochzeit des Figaro)* später berühmte Opern wurden. Victor Hugos Dramen zählen zu den kraftvollsten Stücken ihrer Zeit. Die Liste der wichtigsten Dramatiker unseres Jahrhunderts reicht von Jean Anouilh, dem Autor urbaner Komödien, bis hin zu Jean Genet, einem Ex-Sträfling und Kritiker des Establishments. In den 60er Jahren wurden der Rumäne Eugène Ionesco und der Ire Samuel Beckett zu Pionieren eines neuen Genre, des sogenannten absurden Theaters. Heute erfreut sich das experimentelle Theater regen Zuspruchs.

Molière, Dramatiker des 17. Jahrhunderts

DICHTUNG

DER GRÖSSTE FRANZÖSISCHE Dichter der Frühzeit war Ronsard, der im 16. Jahrhundert Sonette über Natur und Liebe verfaßte. Auch Lamartine, ein bedeutender Poet des frühen 19. Jahrhunderts, besang die Natur (in *Le Lac* freilich beklagt er eine verlorene Liebe). Jahrzehnte später riefen Baudelaire *(Les Fleurs du mal/Die Blumen des Bösen)* und Rimbaud *(Le Bateau ivre/Das trunkene Schiff)* Aufsehen hervor. Der Nobelpreisträger von 1904, Frédéric Mistral, dichtete in seiner provenzalischen Heimatmundart. Als bedeutendster Lyriker des 20. Jahrhunderts gilt Paul Valéry.

PHILOSOPHIE

FRANKREICH HAT EINE Reihe bedeutender humanistischer Denker hervorgebracht. Einer der ersten war

Romane von Albert Camus, der 1957 den Nobelpreis erhielt

Sartre und de Beauvoir 1969 im Restaurant La Coupole in Paris

Montaigne, ein Moralist des 16. Jahrhunderts, der die literarische Form des Essays einführte. Ihm folgten Descartes, der Meister der Logik, und der Philosoph Pascal. Im 18. Jahrhundert traten zwei grandiose Denker auf den Plan: Voltaire, der überragende Liberale, und Rousseau, der die Rückkehr zur Natur predigte. Im Werk von Sartre, de Beauvoir und Camus kam im 20. Jahrhundert dann eine neue philosophische Tendenz auf. Anfang der 40er Jahre wurde Sartre mit *La Nausée (Der Ekel)* und *L'Etre et le néant (Das Sein und das Nichts)* zum geistigen Kopf des Existentialismus. Camus' Entfremdungsroman *L'Etranger (Der Fremde)* war nicht minder einflußreich. Barthes und Foucault werden zu den nachfolgenden Strukturalisten gezählt, deren radikale Ideen die Pariser Intellektuellenszene in den 70er und 80er Jahren beherrschten.

AUSLÄNDISCHE AUTOREN

Viele ausländische Schriftsteller haben Frankreich besucht und sich inspirieren lassen – angefangen bei Petrarca, der im 14. Jahrhundert in Avignon weilte, bis hin zu Goethe, der sich 1770/71 im Elsaß aufhielt. Die Riviera lockte schon immer Dichter und Denker aus ganz Europa. 1919 eröffnete die Amerikanerin Sylvia Beach ihre Buchhandlung »Shakespeare and Company« in Paris. 1922 veröffentlichte sie als erste James Joyces Meisterwerk *Ulysses*.

Hemingway mit Sylvia Beach und Freunden, Paris 1923

Romanische und gotische Architektur in Frankreich

FRANKREICH IST REICH an mittelalterlichen Bauten – angefangen von kleinen romanischen Kirchen bis hin zu prächtigen gotischen Kathedralen. Während eines ersten »Baubooms« herrschte im 11. Jahrhundert der auf die römische Architektur zurückgehende romanische Stil mit massiven Wänden, Rundbogen und schweren Gewölben vor. Spitz- und Strebebogen, die Erfindung französischer Architekten, ermöglichen dann die wesentlich höheren Bauten der Gotik mit größeren Fenstern.

ZUR ORIENTIERUNG

① *Romanische Abteien u. Kirchen*
⑬ *Gotische Kathedralen*

STILMERKMALE DER ROMANIK

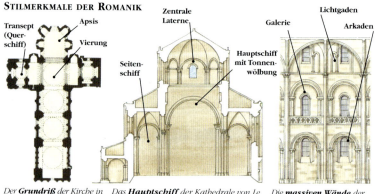

*Der **Grundriß** der Kirche in Angoulême zeigt die Kreuzform und gerundete östliche Apsis – typische Merkmale romanischer Sakralbauten.*

*Das **Hauptschiff** der Kathedrale von Le Puy ist deutlich höher als die Seitenschiffe. Fenster in den Seitenschiffen und in der zentralen Laterne lassen Licht einströmen.*

*Die **massiven Wände** der Langhauserker in Saint-Etienne tragen ein dreistöckiges Bauwerk mit Arkaden, Galerie und Lichtgaden.*

STILMERKMALE DER GOTIK

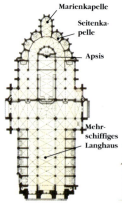
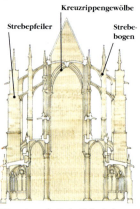

*Der **Grundriß** der Kathedrale von Amiens zeigt, daß Langhaus und Apsis durchgehend von Kapellen gesäumt sind.*

*Dieser **Ausschnitt** der Kathedrale von Beauvais verdeutlicht, wie das Mittelschiff dank Abstützung durch Strebebogen extrem hoch gebaut werden konnte.*

***Spitzbogen** machten die Fensteröffnungen möglich, die wie hier in Reims typisch für die Gotik sind.*

WEGWEISER ZUR ROMANISCHEN ARCHITEKTUR

① St-Etienne, Caen S. 244
② Mont-St-Michel, Normandie S. 248
③ St-Pierre, Angoulême S. 409
④ Notre-Dame, Le Puy S. 355
⑤ St-Pierre, Moissac S. 432 f
⑥ St-Sernin, Toulouse S. 436 f
⑦ Ste-Foy, Conques S. 356 f
⑧ Sacré-Cœur, Paray-le-Monial S. 335
⑨ St-Philibert, Tournus S. 334
⑩ St-Etienne, Nevers S. 328
⑪ Ste-Madeleine, Vézelay S. 326 f
⑫ Marmoutier, Saverne S. 223

WEGWEISER ZUR GOTISCHEN ARCHITEKTUR

⑬ Notre-Dame, Strasbourg S. 221
⑭ Notre-Dame, Reims S. 202 f
⑮ Notre-Dame, Laon S. 195
⑯ Notre-Dame, Amiens S. 192 f
⑰ St-Pierre, Beauvais S. 190
⑱ St-Denis, Ile-de-France S. 162
⑲ Sainte-Chapelle, Paris S. 80 f
⑳ Notre-Dame, Paris S. 82 f
㉑ Notre-Dame, Chartres S. 298 ff
㉒ St-Etienne, Bourges S. 303

GLOSSAR

Basilika: Kirchenbauform mit überhöhtem Mittelschiff.

Lichtgaden: Durch Hochschiffenster belichteter Wandabschnitt der Basilika.

Rosette: Rundfenster über dem Portal.

Strebewerk: Typische Skelettbauweise. Das äußere Strebewerk besteht aus Strebepfeilern und -bogen (Schwibbogen).

Portikus: Von Pfeilern gestützte Vorhalle.

Gewölbe: Gekrümmte Decke über einem Raum.

Tympanon: Häufig mit Figuren geschmücktes Bogenfeld über dem Portal.

Transept oder Querhaus: Flügelbauten einer kreuzförmigen Kirche, die das Langhaus im rechten Winkel schneiden.

Vierung: Mittelpunkt des kreuzförmigen Grundrisses.

Laterne: Durchbrochener, oft reichverzierter Kuppelaufbau.

Triforium: Laufgang in der Wand.

Apsis: Oft halbkreisförmiger Abschluß der Kirche.

Deambulatorium: Chorumgang.

Arkade: Von Pfeilern getragener Bogen.

Kreuzrippengewölbe: Gewölbeform, bei der sich zwei Tonnengewölbe rechtwinklig kreuzen und die Schnittkanten durch Rippen verstärkt sind.

Wasserspeier: Skurrile Figuren, oft Regenablaufrinnen.

Maßwerk: Gotische Zierformen.

Style flamboyant: Letzte Phase der französischen Gotik.

Kapitell: Abschließender, verzierter Teil von Säulen oder Pilastern.

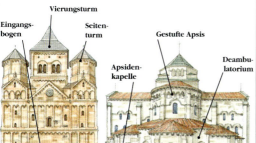

Die **Westfassade** der Abteikirche von Marmoutier wirkt mit ihren Türmen, Fenstern und dem Portal wie eine Festung.

Die **runde Ostapsis** der Kathedrale von Nevers ist von einem halbkreisförmigen Deambulatorium mit angrenzenden Kapellen umgeben. Die Seitenkapellen wurden nachträglich angebaut.

Die **Westfassade** der Kathedrale von Laon dominieren die verzierten Portale und eine von zwei Fenstern umrahmte Rosette.

Mit seinen zierlichen **Strebepfeilern** und der Höhe ist der Chor der Kathedrale von Beauvais ein Glanzstück hochgotischer Baukunst.

Ländliche Architektur

FRANZÖSISCHE BAUERNHÄUSER sind ganz und gar Produkte des Bodens. Aus Stein, Lehm oder Holz erbaut, ändert sich ihre Architektur denn auch mit der topographischen Lage: Von den steilen, mit glatten Ziegeln gedeckten Dächern im Norden bis hin zu den breiten Mönchdächern des Südens. Trotz dieser Vielfalt lassen sich die französischen Bauernhäuser in drei Kategorien einteilen: die *maison bloc*, bei der Wohnhaus und Nebengebäude unter demselben Dach liegen, die *maison haute*, bei der der Wohnbereich über Stall oder Weinkeller liegt, und das Gehöft, dessen Gebäude um einen zentralen Hof angeordnet sind.

Hölzerne Fensterläden im Elsaß

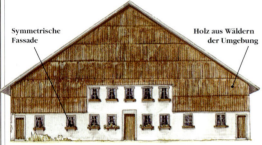

Symmetrische Fassade

Holz aus Wäldern der Umgebung

*Das **Chalet** ist die typische Bauform im Jura, den Alpen und Vogesen. Im Winter leben Mensch und Tier gemeinsam in der* maison bloc. *Spalten zwischen den Giebelbalken ließen Luft um das im Speicher aufbewahrte Getreide zirkulieren. Eine aufgeschüttete Erdrampe ermöglichte die direkte Zufahrt. Viele Getreidespeicher verfügten über einen Dreschboden.*

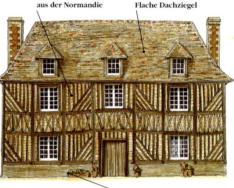

Rahmenwerk aus Holz aus der Normandie

Flache Dachziegel

Fachwerkhäuser *sind typisch in der Normandie, Champagne, Picardie, im Elsaß und im Baskenland. Die Zwischenräume zwischen den Holzbalken wurden mit einer über Zweiggeflecht geworfenen Lehmfüllung, manchmal auch mit Backsteinen geschlossen. Der regionale Stil kommt am besten im Rahmenwerk zum Ausdruck, das in jeder Gegend verschieden ist.*

Erhöhter Steinsockel

Taubenschlag

Treppe zur Haustür

Stall und/oder Weinkeller

*Die **maison haute** findet man vor allem im Südosten. Diese Häuser sind meist aus Stein, mit einer Treppe zum Eingang und der einfachen Veranda. Im Erdgeschoß konnten Weinfässer aufbewahrt werden, hier lagen auch die Ställe. Im Lot-Tal haben viele Häuser dieses Typs einen Taubenschlag.*

*Das **Langhaus** ist die älteste Form der maison bloc. Hier leben Mensch und Vieh an entgegengesetzten Enden des Gebäudes, das ursprünglich nur einen Raum umfaßte. Erst im 19. Jahrhundert wurde es üblich, eine Trennwand einzuziehen. In dieser bretonischen Version haben Wohnhaus und Stall eigene Türen.*

Stein aus der Region · Schieferplatten · Eingang zum Wohnhaus · Eingang zum Stall

Taubenschlag mit Mönchdach · Ocker und beige sind die Farben des Südens · Verputzte Fassade

*Das **Wort** mas ist die gängige Bezeichnung für jedes provenzalische Bauernhaus. In der Camargue heißt so ein Gehöft mit intensiver Schafhaltung, bei dem die Nebengebäude zwar zusammengebaut, aber unterschiedlich hoch sind. Häufig gehört auch hier ein Taubenschlag dazu.*

WÄNDE

Kalkstein, Granit, Sandstein und Kiesel – alles wurde als Baumaterial genutzt. Wo kein Stein zur Verfügung stand, baute man Fachwerkhäuser, deren Zwischenräume mit Lehm gefüllt wurden. Alternativ dazu gab es den Stampfbau *(pisé)*, bei dem Lehm, Kiesel und Stroh in einem *banchange* genannten Arbeitsprozeß zu Ziegeln gepreßt wurden. Auch Lehmziegel fanden Verwendung, während man gebrannte Ziegel nur selten antrifft – sie waren wegen der aufwendigen Herstellung zu teuer. Oft wurde Backstein zusammen mit Kalkstein oder Kies vermauert.

Kiesel und Backstein

Fachwerk und Backstein

Stampfbau: *pisé*

Sonnengetrocknete Lehmziegel

Kiesel in Kalkmörtel

Backstein, Feuerstein und Kalkstein

DÄCHER

Zwei Dachformen unterscheiden Norden und Süden. Im Norden sind die Dächer steil, damit das Regenwasser gut abfließen kann. Im Süden werden die Dächer mit Mönchziegeln gedeckt, und die Neigung ist geringer, damit die Ziegel nicht herabrutschen.

Glatte Terrakottaziegel

Dachpfannen (häufig in der Picardie)

Mönchdach aus Lehmziegeln

DAS JAHR IN FRANKREICH

WEGEN IHRER bäuerlichen Abstammung haben die Franzosen ein inniges Verhältnis zur Natur und den Jahreszeiten, und dank des milden Klimas feiert man auch viel im Freien. Geschichte und Tradition werden hochgehalten und sind Anlaß zu *fêtes*, wie etwa dem Nationalfeiertag des Sturms auf die Bastille (14. Juli).

Für kulturell interessierte Besucher gibt es Kunstfestivals – von kleinen Feiern bis hin zum Theaterfestival in Avignon. Wichtige Termine sind auch Sportveranstaltungen wie die Tour de France. Das ganze Jahr über findet sich immer etwas, was man mit gutem Essen und Wein feiern kann. Im Sommer verlagern sich die Aktivitäten aufs Land.

FRÜHLING

IM FRÜHLING beginnen sich die Straßencafés zu füllen. Ostern ist die Zeit katholischer Prozessionen. Das weltberühmte Filmfestival in Cannes wird im Mai abgehalten, dem Monat, in dem auch viele Messen und Tagungen stattfinden.

MÄRZ

Fünf-Nationen-Turnier (Rugby), Parc des Princes, Paris. **Tinta' Mars** *(den ganzen Monat)*, Langres. Cabaret und Musical an verschiedenen Orten. **Schokoladenfest von Montbéliard** *(meist zweite Woche)*. **Internationale Hundeschlittenmeisterschaft** *(zweite Woche)*, Chamrousse. **Jazzfestival von Grenoble** *(18.–27. März)*. Jazzkonzerte.

Rugbyball

Formel-1-Wagen beim Grand Prix von Monaco

Salon de Mars *(letzte Woche)*, Champ-de-Mars. Kunst-, Antiquitätenmesse, Paris. **Weinverkauf der Hospize** *(letztes Wochenende)*, Nuits-St-Georges. **Musik-Blumen-Schau** *(Ende März–Mai)*, Epinal.

APRIL

Karfreitagsprozession, Sartène *(siehe S. 533)*, Perpignan *(siehe S. 474)* und Osterprozessionen im ganzen Land. **Passionsspiele** *(Ostern)* in ganz Frankreich. **Frühlingsfest von Bourges** *(dritte Woche, siehe S. 303)*. **Europa-Jazzfestival** *(letzte 14 Tage)*, Le Mans. Junge

La-Bravade-Prozession zu Ehren des heiligen Torpez in St-Tropez

Frischer Spargel

Jazzmusiker aus aller Welt treten auf. **Internationale Reitsportmeisterschaft** *(letzte Woche)*, Saumur. **Internationale Pariser Messe** *(Ende April– erste Maiwoche)*, Parc des Expositions, Paris. Kunstausstellung. **Jeanne-d'Arc-Festival** *(Ende April–Anfang Mai)*, Orléans *(siehe S. 302)*.

MAI

Spargelernte, vor allem im Loire-Tal. **Grand Prix von Monaco** *(Himmelfahrtswochenende, siehe S. 520)*.

Landwirtschaftsausstellung von Oloron-Ste-Marie *(1. Mai, siehe S. 445)*. **Internationaler Paris-Marathon** *(Mitte Mai)*, von der Place de la Concorde zum Château de Vincennes. **La Bravade** *(16.–18. Mai)*, St-Tropez *(siehe S. 506)*. **Filmfestival von Cannes** *(zweite und dritte Woche)*. **Internationale Segelwoche** *(dritte Woche)*, La Rochelle. **Zigeunerwallfahrt** *(24.–26. Mai)*, Stes-Maries-de-la-Mer *(siehe S. 500)*. **Festival von Amiens** *(letzte Woche)*. Musik an verschiedenen Orten. **Fête de Transhumance** *(Ende Mai)*. Das Vieh wird auf die Sommerweiden getrieben. **Nîmes Feria** *(Ende Mai)*. Stierkampf- und Straßenmusikfestival *(siehe S. 486)*. **Grandes Eaux Musicales** *(sonntags, Mai–Okt)*, Versailles. Klassikkonzerte.

Traditoneller Almauftrieb der Herden zu den Sommerweiden

SOMMER

MITTE JULI beginnen die Sommerferien, die bis Anfang September dauern, wenn alles zur Arbeit oder in die Schule zurückkehrt (*la rentrée*). Jedes Dorf hat seine *fête*, und es gibt viele Festivals und Sportveranstaltungen.

JUNI

French Tennis Open *(Ende Mai – Anfang Juni)*, Stade Roland Garros, Paris. **Internationales Musikfestival von Strasbourg** *(bis Juli)*. **Historienspiel von Puy-du-Fou** *(Juni–Sep)*. Im Park von Les Epesses, Vendée, wird das 18. Jahrhundert lebendig. **24-Stunden-Rennen von Le Mans** *(drittes Wochenende, siehe S. 281)*. **Rosenausstellung** *(21. Juni)*. Bois de Boulogne, Paris. **Fête de St-Jean** *(24. Juni)*, Musik und Feuerwerk im ganzen Land. **Tarasque Festival** *(letzte Woche)*, Tarascon *(siehe S. 497)*.

Rosen in voller Blüte

JULI

Aix Festival *(den ganzen Monat)*, Aix-en-Provence *(siehe S. 501)*. **Theaterfestival von Avignon** *(den ganzen Monat, siehe S. 493)*. **Eté Girondin** *(bis August)*. Jazzkonzerte in der ganzen Aquitaine *(siehe S. 411)*. **Tombées de la Nuit** *(erste Woche)*, Rennes. Kunstfestival. **Troménie** *(11. Juli)*, Locronan. Prozession reuiger Sünder *(siehe S. 263)*. **Festival von Comminges** *(Mitte Juli–Ende Aug, siehe S. 452)*. **Festival von Foix** *(Mitte Juli–Mitte Aug, siehe S. 453)*. **JVC Grand Parade du Jazz** *(Mitte Juli)*, Nizza. **Mont-Marsan Feria** *(dritte Woche)*. Stierkampf und Musik *(siehe S. 415)*. **Internationales Jazzfestival** *(zweite Hälfte)*, Antibes und Juan-les-Pins *(siehe S. 511)*. **Jazz Vienne** *(erste zwei Wochen)*, Vienne *(siehe S. 372)*. **Festival von Sète** *(zweite und dritte Woche, siehe S. 482)*. **Tour de France** *(dritte Woche)*. Das große Finale findet auf den Champs-Elysées in Paris statt.

Stierkampf in Mont-de-Marsan

Radrennfahrer bei der letzten Etappe der Tour der France

Urlauber am Strand von Cannes an der Côte d'Azur

AUGUST

Hauptferienzeit *(1.–15. Aug)*.
Lourdes-Wallfahrt *(Palmsonntag –15. Aug, siehe S. 449)*.
Internationales Orgelfestival *(Juli–Sep)*, Orgelkonzerte in der Kathedrale von Chartres. **Pablo-Casals-Festival** *(Ende Juli–Mitte Aug)*,

Darsteller beim Festival von Avignon

Prades *(siehe S. 470)*.
Fête de la Véraison *(erstes oder zweites Wochenende)*, mittelalterliches Erntedankfest, Châteauneuf-du-Pape *(siehe S. 494)*. **Lavendelparade** *(erstes oder zweites Wochenende)*, Digne *(siehe S. 507)*.
Interkeltisches Festival *(zweite Woche)*, traditionelle keltische Kunst und Musik, Lorient *(siehe S. 405)*. »**Feria**« – **Stierkampf** *(Mitte Aug)*, Dax *(siehe S. 415)*. **Noce basque** *(Mitte Aug, siehe S. 444)* St-Jean-Pied-de-Port. **Son et Lumière** (Lightshow) in historischen Bauten; am 15. August Feuerwerk. **Festival von Sardana** *(drittes Wochenende)*, Céret *(siehe S. 472)*.

HERBST

IN WEINBAUGEBIETEN gibt die Weinlese Anlaß zu ausgelassenen Feierlichkeiten, und jedes Dorf hat sein eigenes Weinfest. Im November, wenn der junge Wein fertig ist, wird erneut gefeiert. Die Jagdsaison beginnt; überall wird Wild geschossen. Im Südwesten fängt man – zum Entsetzen jedes Naturfreundes – Singvögel in Netzen.

Zeremonielle Amtseinführung der Chevaliers im Hospice de Beaune

SEPTEMBER

Festival de l'Ile de France *(Wochenenden bis Mitte Okt)*, Klassik und Jazz.
Kathedralenfest der Picardie *(Mitte Sep)*, Klassikkonzerte in Kathedralen der Region. »**Musicades**« *(erste Hälfte)*, Lyon. Klassikkonzerte. »**Roi de l'Oiseau**« *(dritte Woche)*, Le Puy, Festival im Stil der Renaissance *(siehe S. 355)*. **Weinlese**, in allen Weinbaugebieten Frankreichs.

OKTOBER

Pariser Jazzfestival *(den ganzen Monat Konzerte)*.
Töpferfestival *(erstes Wochenende)*, Lyon.
Prix de l'Arc de Triomphe *(erster So)*, Pferderennen in Longchamp, Paris.
Paprikafestival von Espelette *(letztes Wochenende, siehe S. 443)*. **Walnußernte**, im Périgord.

Cello

NOVEMBER

Internationales Weinfest *(erste Hälfte)*, Dijon. Traditionelles Gastronomiefest.
Apfelfest *(Mitte Nov)*, Le Havre.
Weinverkauf und Les Trois Glorieuses *(drittes Wochenende)*, Beaune *(siehe S. 336)*.
Trüffelsaison *(bis März)*, Périgord, Quercy und Provence.

DAS JAHR IN FRANKREICH

WINTER

WEIHNACHten finden tradtionsgemäß in vielen Kirchen Krippenspiele statt, und überall gibt es Weihnachtsmärkte. In den Alpen und Pyrenäen, aber auch in den Vogesen und im Massif Central sind die Skipisten überfüllt. In Flandern und Nizza feiert man Karneval.

Adventskranz

DEZEMBER

Internationale Skimeisterschaft der Herren *(Mitte Dez)*, Val d'Isère. Das bedeutendste Skiereignis.

JANUAR

Musikfestival von Château de Thoiry *(das Jahr über)*, Konzerte aller Art.
Musiksaison von Abbaye de Fontevraud *(bis Juni, siehe S. 284)*.

Skiläufer in den französischen Alpen

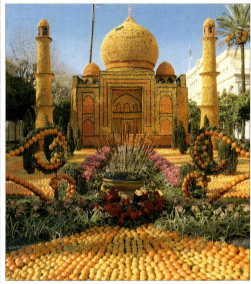

Nachbildung des Tadsch Mahal beim Zitronenfest in Menton

Rallye Monte-Carlo *(Mitte Jan, siehe S. 520)*.
Karneval von Limoux *(bis März)*. Straßenfest, das seit dem Mittelalter stattfindet.

FEBRUAR

Découvertes *(erste Woche)*, Grand Palais. Ausstellung junger Künstler. **Zitronenfest** *(Mitte Feb–März)*, Menton *(siehe S. 519)*. **Karneval und Blumenschlacht** *(Ende Feb–Anfang März)*, Nizza *(siehe S. 516)*. **Internationales Jazzfestival** *(Mitte–Ende Feb)*, Cannes.

Karneval und Blumenschlacht in Nizza

Parade zum Tag des Sturms auf die Bastille am Arc de Triomphe

FEIERTAGE

Neujahr (1. Jan), **Ostersonntag und -montag**, **Christi Himmelfahrt** (sechster Donnerstag nach Ostern), **Pfingstmontag** (zweiter Montag nach Himmelfahrt), **Tag der Arbeit** (1. Mai), **Waffenstillstand 1945** (8. Mai), **Tag des Sturms auf die Bastille** (14. Juli), **Mariä Himmelfahrt** (Aug), **Allerheiligen** (1. Nov), **Waffenstillstand 1918** (11. Nov), **Weihnachten** (25. Dez).

Das Klima

IM WESTEN EUROPAS gelegen, gehört Frankreich zur gemäßigten Klimazone. Im Nordwesten herrschen atlantische Einflüsse vor, dem Westwind sind feuchte, milde Winter zu verdanken. Der Osten kennt dagegen frostige, klare Winter und häufig auch Sommerstürme. Der Süden kann mit Mittelmeerklima aufwarten: heiße, trockene Sommer und milde, zuweilen aber stürmische Winter.

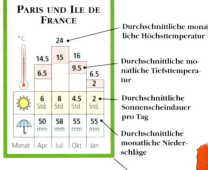

PARIS UND ÎLE DE FRANCE

- Durchschnittliche monatliche Höchsttemperatur
- Durchschnittliche monatliche Tiefsttemperatur
- Durchschnittliche Sonnenscheindauer pro Tag
- Durchschnittliche monatliche Niederschläge

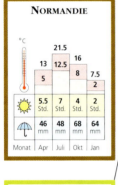

NORMANDIE

BRETAGNE

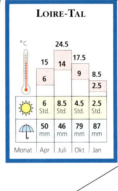

LOIRE-TAL

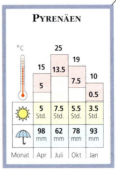

POITOU UND AQUITAINE

PYRENÄEN

PÉRIGORD, QUERCY UND GASCOGNE

DAS JAHR IN FRANKREICH

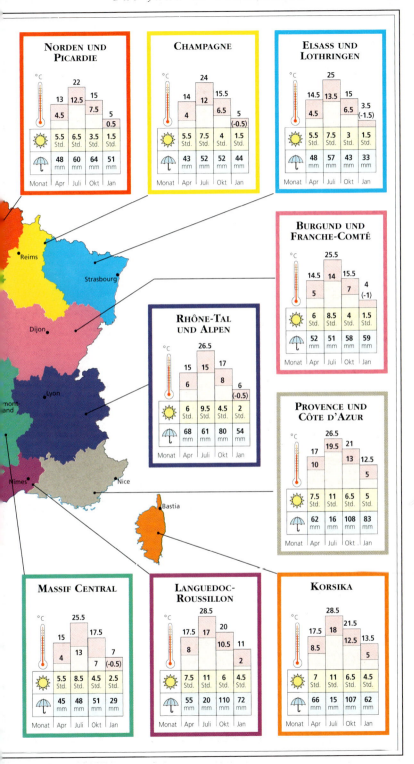

DIE GESCHICHTE DES LANDES

Als einziges Land Europas, das sowohl an die Nordsee als auch ans Mittelmeer grenzt, war Frankreich von Anfang an einer außerordentlichen Vielfalt kultureller Einflüsse ausgesetzt. Obwohl die ländliche Bevölkerung für ihre Bodenständigkeit berühmt ist, wurde das Land doch bereits vor Ankunft der Gallier zum Schmelztiegel für Einwanderer aus dem ganzen europäischen Raum.

Die Eroberung Frankreichs durch Caesar hinterließ bleibende Spuren, doch haben Barbareneinfälle im 4. und 5. Jahrhundert einen Großteil des römischen Erbes vernichtet. Nach dem Aussterben der fränkischen Linie, die die folgenden Jahrhunderte regiert hatte, blieb Frankreich politisch und sozial gespalten zurück.

Im Mittelalter, einer Zeit großer wirtschaftlicher und kultureller Blüte, gelang es den Kapetingern, das Land Stück um Stück zu einen. Die Pest und der Hundertjährige Krieg brachten schwere Rückschläge. Dennoch erholte sich Frankreich und erlebte während der Renaissance und der nachfolgenden Regierungszeit Louis' XIV einen ungeahnten Aufschwung. Im 18. Jahrhundert, dem Zeitalter der Aufklärung, wurde französische Kultur zum Vorbild für ganz Europa. 1789 setzte die Revolution der Monarchie ein vorläufiges Ende und leitete einschneidende soziale und institutionelle Reformen ein, von denen Napoleon viele beibehielt oder sogar fortführte. Doch die Revolution stand auch am Anfang einer Instabilität, die seither die französische Politik beherrscht: Seit 1789 hat Frankreich fünf Republiken, zwei Kaiserreiche, die Restauration des Königtums und die Vichy-Regierung im Zweiten Weltkrieg erlebt.

Fleur-de-lys, das Königswappen

Die Modernisierung im 19. und 20. Jahrhundert ging nur langsam voran. Eisenbahnbau, Militärdienst und radikale Schulreformen mußten bei der Bevölkerung mühsam durchgesetzt werden.

Lange Zeit stand die französische Außenpolitik im Zeichen der »Erbfeindschaft« mit Deutschland. Die Verluste im Ersten Weltkrieg waren für beide Seiten fatal. Im Zweiten Weltkrieg dann war das Land 1940–44 unter deutscher Besatzung. Seit den 50er Jahren haben sich die deutsch-französischen Beziehungen jedoch kontinuierlich gebessert, und heute bilden die beiden Länder das Rückgrat der Europäischen Gemeinschaft.

Karte von Frankreich: Marmoreinlegearbeit aus dem Jahr 1684

◁ *La République* (1848) von Charles Landelle

Prähistorisches Frankreich

FRÜHESTE SPUREN menschlichen Lebens in Frankreich sind rund zwei Millionen Jahre alt. Prähistorische Funde ergaben, daß der Homo sapiens ab etwa 40 000 v. Chr. als Jäger und Sammler durch das Land streifte. Nach der letzten Eiszeit (um 6000 v. Chr.) vollzog sich dann ein Wandel in der Lebensweise: Die Menschen wurden seßhaft, hielten Haustiere und bauten Getreide an. Beginnende Metallverarbeitung ermöglichte die Herstellung von Werkzeugen und Waffen. Im ersten vorchristlichen Jahrtausend kamen die Kelten aus dem Osten nach Frankreich und entwickelten eine Hierarchie, die Krieger, Bauern, Handwerker und Druiden (Priester) unterschied.

Bronzezeitvase, Bretagne

FRANKREICH, 8000 V. CHR.

- Ehemalige Küstenlinie
- Heutige Landmasse

Megalithfelder von Carnac *(um 4500 v.Chr). Ob die rund 3000 in Reihen und Kreisen aufgestellten Menhire von Carnac (siehe S. 268) astronomischen oder kultischen Zwecken dienten, ist unbekannt.*

Diese **geschnitzten Pferdeköpfe** aus den Pyrenäen stammen aus der Zeit um 9000 v. Chr.

Das **Mammut**, hier eine Schnitzarbeit aus Tierknochen, war ein dickhäutiger Riese, der nach der letzten Eiszeit ausstarb.

Cromagnonmensch
Dieser Schädel, der über 25 000 Jahre alt sein dürfte, wurde 1868 bei Crô-Magnon in der Dordogne entdeckt. Verglichen mit dem Neandertaler war der Cromagnonmensch kräftig, hochgewachsen und hatte einen großen Kopf. Sein Aussehen dürfte dem unseren ähnlich gewesen sein.

PRÄHISTORISCHE KUNST

Erst vor gut einem Jahrhundert erkannte man das wahre Alter der französischen Höhlenfunde, die nicht nur aus Wandmalereien bestehen, sondern auch geschnitzte Objekte umfassen. Die mit Feuersteinwerkzeugen hergestellten Venusfigurinen hatten vermutlich rituelle Bedeutung.

ZEITSKALA

2 000 000 v. Chr. Erste frühmenschliche Gesellschaften	30 000 Cromagnonmensch		*Darstellung von Urrindern in Lascaux*
2 000 000 v. Chr	30 000	25 000	20 000
	400 000 Der Homo erectus entdeckt das Feuer	28 000 Erste Venusfigurinen, vermutlich Fruchtbarkeitsgöttinnen	*Primitives Steinwerkzeug*

DIE GESCHICHTE DES LANDES 41

Torbogen, Roquepertuse

Der Glaube war bei den Kelten von großer Bedeutung. Wie dieser Torbogen aus dem 3. Jahrhundert v. Chr. zeigt, trieben die Kelten mit abgeschlagenen Köpfen (vermutlich ihrer Feinde) einen Kult.

WEGWEISER ZUM PRÄHISTORISCHEN FRANKREICH

Die Höhlenmalereien von Lascaux im Périgord *(siehe S. 424)* zählen zu den schönsten der Welt. Andere Höhlen findet man rund um Les Eyziens *(S. 424f)* und in der Vallée des Merveilles in der Nähe von Tendes *(S. 519)* sowie in der Grotte du Pech Merle im Lot-Tal *(S. 428)*. Die faszinierenden Menhire bei Filitosa auf Korsika *(S. 532f)* sind rund 4000 Jahre alt.

*Die **Malereien** in der Grotte von Lascaux (16 000 und 14 000 v. Chr.). Man sieht u. a. Urrinder und Mammuts.*

Die **Beute** des prähistorischen Jägers ist hier in Gestalt einer Gemsenherde in einen Knochen eingeritzt.

Dieser **verzierte Knochen** wurde in Laugerie Basse in der Dordogne gefunden. Er zeigt einen Mann mit Speer auf Bisonjagd.

Kupferaxt *(um 2000 v. Chr.)*

Vor der Erfindung der härteren und besser formbaren Bronze stellten die Menschen Werkzeuge aus Kupfer her.

Bronzerüstung

Die Menschen der Bronze- und Eisenzeit führten viele Kriege. Vor den gallischen Kelten fürchteten sich sogar die Römer. Ihre schützende Rüstung, hier ein Brustpanzer (750–475 v. Chr.), war leicht, aber relativ wirkungsvoll.

Diese weibliche Skulptur, eine in Südwestfrankreich gefundene **Venusfigurine**, wurde um 20 000 v. Chr. aus einem Mammutstoßzahn geschnitzt.

---

15 000 Jäger leben von der Jagd auf Mammuts, Nashörner und Rentiere. Die Wandmalereien und Ritzzeichnungen in den Höhlen von Lascaux und Val Camonica/Mont Bego entstehen

7000–4500 Neolithische »Revolution«: Getreideanbau, Megalithfelder und Menhirgruppen

600 Griechische Kolonie bei Marseille. Mediterrane Luxusgüter werden gegen Metalle und Sklaven eingetauscht. Erste städtische Siedlungen

15 000	10 000	5000

10 000 Ende der Eiszeit. Weite Landstriche werden bewohnbar

10 000–6000 Das Mammut stirbt aus. Der Mensch muß Waldtiere wie Bären und Auerochsen jagen

1200–700 Ankunft der Kelten, Bronze- und Eisenzeit

500 Keltische Adlige begraben ihre Toten mit Reichtümern wie etwa dem Schatz von Vix *(siehe S. 324)*

Keltischer Helm

Römisches Gallien

FRANKREICH, 58 V. CHR.

☐ Römisches Gallien

Zwischen 125 und 121 v. Chr. hatten die Römer den südlichsten Teil Frankreichs annektiert. In den Gallischen Kriegen (58–51 v. Chr.) brachte Caesar dann den Rest des Landes in römische Hand. Die Provinz Gallien prosperierte: Es entstanden Städte mit öffentlichen Gebäuden und Erholungszentren wie Thermen und Amphitheatern; auf dem Lande wurden große Häuser errichtet. Im 3. Jahrhundert n. Chr. mehrten sich die Barbareneinfälle, und ab dem 5. Jahrhundert siedelten aus Germanien kommende Barbaren in ganz Gallien.

Römisches Mosaik aus Vienne

Römisches Dolce vita
Die Römer brachten Luxus und Komfort nach Gallien und sorgten für eine weite Verbreitung des Weinbaus. Dieses Gemälde von Couture zeigt, wie man sich im 19. Jahrhundert römische Dekadenz vorstellte.

An diesem Altar wurde **Kaiser Augustus** verehrt, der als lebende Gottheit galt.

Vercingetorix
Der König der gallischen Averner war Caesars hartnäckigster militärischer Gegner. Diese Bronzestatue steht in Alise-Sainte-Reine (siehe S. 324), wo er sich schließlich dem römischen Feldherrn ergab.

LA TURBIE
Dieses Monument bei Monaco wurde 6 v. Chr. im Auftrag des römischen Senats errichtet – zur Erinnerung an den Sieg, den Augustus 14/13 v. Chr. über die Alpenstämme errang. 1935 wurde das Denkmal, das lange als »Steinbruch« gedient hatte, wiederaufgebaut.

ZEITSKALA

Augustus

125–121 v. Chr. Rom erobert Südgallien

31 v. Chr. Augustus teilt die gallischen Provinzen ein: *Gallia Celtica*, *Gallia Aquitania* und *Gallia Belgica*

58–51 v. Chr. Caesars Gallische Kriege führen zur Entstehung des römischen Galliens

Julius Caesar

16 v. Chr. In Nîmes wird die Maison Carée errichtet (siehe S. 486f)

52/51 v. Chr. Aufstand unter Vercingetorix

43 n. Chr. Lugdunum (Lyon) wird Hauptstadt der drei gallischen Provinzen

| 200 v. Chr. | 100 | 0 | 100 n. Chr. |

DIE GESCHICHTE DES LANDES

Tanzendes Mädchen
Unbeeinflußt von naturalistischen römischen Tendenzen, lebte die keltische Kunst noch lange fort. Diese Bronzestatuette einer jungen Frau datiert aus dem 1. oder 2. Jh. n. Chr.

Ursprünglich krönte eine **Augustusstatue** das Bauwerk.

Emailbrosche
Diese galloromanische Brosche stammt aus der zweiten Hälfte des 1. Jh. v. Chr.

WEGWEISER ZUM GALLO-RÖMISCHEN FRANKREICH

Auf gallorömische Überreste stößt man überall, besonders häufig jedoch in der Provence. Neben La Turbie (siehe S. 519) gibt es das römische Amphitheater in Arles (S. 475) und das Theater und den Triumphbogen in Orange (S. 492). Sehenswert sind auch die Ruinen in Autun in Burgund (S. 329), der Temple d'Auguste et Livie in Vienne (S. 372), Les Arènes in Nîmes (S. 486f) und die Reste von Vesunna in Périgueux (S. 424).

Les Arènes in Nîmes, gegen 100 n. Chr. erbaut, werden heute noch benutzt.

Tafeln des Claudius
Im Jahr 48 n. Chr. überredete Kaiser Claudius den Senat, den Galliern das römische Bürgerrecht zu gewähren. Die Gallier verzeichneten dies dankbar auf diesen in Lyon gefundenen Steintafeln.

Die Namen der **44 von Augustus unterworfenen Stämme** sind zusammen mit einer Widmung an den Kaiser auf einer Inschrift zu lesen.

Kaiser Augustus
Augustus, der erste römische Kaiser (27 v. Chr.– 14 n. Chr.), wahrte die Pax Romana, einen oktroyierten Frieden, der es den Galliern erlaubte, sich auf ihre Kultur zu konzentrieren.

177 n. Chr. Hinrichtung christlicher Märtyrer in Lyon. Die heilige Blandine wird den Löwen vorgeworfen, die sie nicht anrühren

Die heilige Blandine

360 Der gallische Präfekt Julian wird römischer Kaiser. Lutetia nennt sich jetzt Paris

200	300	400

275 Erste Barbareneinfälle

313 Unter Kaiser Konstantin, dem ersten christlichen Kaiser, wird das Christentum Staatsreligion

406 Barbareneinfälle aus dem Osten. Franken und germanische Stämme siedeln auf gallischem Boden

476 Der Sturz des letzten römischen Kaisers führt zum Untergang des Weströmischen Reiches

Das Reich der Kirche

Goldener Kelch (9. Jh.)

D ER UNTERGANG des Römischen Reiches leitete eine Zeit der Instabilität und Vandaleninvasionen ein. Weder die fränkischen Merowinger (486–751) noch die Karolinger (751–987) konnten einen dauerhaften Frieden sichern. Inmitten dieser politischen Unruhen bot die Kirche einen Hort der Ruhe und Kontinuität. Als geistiges Zentrum christlicher Gelehrter und Künstler trugen die Klöster dazu bei, die Werte des klassischen Altertums fortzuführen. Sie förderten landwirtschaftliche Neuerungen und den Weinbau; einige wurden sehr mächtig und beherrschten das Land geistig wie auch wirtschaftlich.

FRANKREICH IM JAHR 751

Karolingerreich

Stall, im Obergeschoß Quartiere der Laienbrüder

Karl der Große *(742–814)*
Der größte Karolinger schuf ein Reich, das auf streng autokratischer Herrschaft basierte. Er besaß viel Charisma und fast grenzenlose Macht, konnte aber weder lesen noch schreiben.

Bäckerei

Der große **Krankensaal** faßte bis zu 100 Patienten. Daneben lag die Marienkapelle.

KLOSTER CLUNY

Die Benediktinerabtei Cluny *(siehe S. 335)*, 910 vom Herzog von Aquitanien gegründet, wurde zum Ausgangspunkt einer bedeutenden Klosterreform. Als deren Zentrum hatte Cluny (hier eine Rekonstruktion nach Conant) großen Einfluß auf Klöster in ganz Europa.

Heiliger Benedikt
Der heilige Benedikt stellte die Benediktinerregel auf: Mönche sollten ihre Zeit zwischen Arbeit und Gebet teilen.

ZEITSKALA

481 Der Franke Chlodwig wird erster Merowingerkönig

507 Paris wird Hauptstadt des Frankenreiches

um 590 Der heilige Kolumban, ein iroschottischer Wandermönch, gründet in Frankreich verschiedene Klöster

732 Schlacht von Poitiers: Karl Martell schlägt die Araber und verhindert ein Vordringen des Islam

500	600	700

496 Frankenkönig Chlodwig konvertiert zum Christentum

628–37 Von Paris aus eint Dagobert I., der letzte wahre Herrscher der Merowingerdynastie, das fränkische Großreich

Dagobert I.

751 Pippin III. wird erster König der Karolingerdynastie

DIE GESCHICHTE DES LANDES

Die Taufe Chlodwigs
Der fränkische König Chlodwig konvertierte als erster Barbarenherrscher zum Christentum. 496 ließ er sich in Reims taufen.

WEGWEISER ZUM KLÖSTERLICHEN FRANKREICH

Das Reich der Kirche hat in den schlichten Zisterzienserabteien wie Fontenay in Burgund überlebt (S. 322f). Von Cluny ist nur wenig erhalten, doch sind noch einige der herrlichen Kapitelle zu bewundern (S. 335). Wer das klösterliche Frankreich ernsthaft kennenlernen will, folgt am besten dem mittelalterlichen Pilgerweg nach Santiago de Compostela (S. 390f), der an Klöstern wie Vézelay (S. 326f), Le Puy (S. 354f), Conques (S. 358f), Moissac (S. 432f) und St-Sernin in Toulouse (S. 436f) vorbeiführt..

Kapitell in Cluny

Die **Abteikirche**, 1088 begonnen, war bis zum Bau der Peterskirche in Rom (16. Jh.) das größte Gotteshaus Europas.

Friedhofskapelle

Klösterliche Kunst
Im Skriptorium (Klosterschreibstube) kopierten und illustrierten begabte Mönche Manuskripte für die Klosterbibliothek.

Klösterliche Arbeit
Mönche des Zisterzienserordens durften körperliche Arbeit nicht scheuen. Sie betrieben Landwirtschaft, bauten Wein an und brannten Schnaps.

Karolingische Soldaten

987 Hugues Capet, erster Herrscher der Kapetingerdynastie

1096 Erster Kreuzzug

1066 Die Normannen erobern England

800	900	1000

800 Karl der Große wird zum Kaiser des Heiligen Römischen Reiches gekrönt

843 Vertrag von Verdun: Das Frankenreich wird in Frankreich, Deutschland und Lothringen aufgeteilt

910 Gründung des Benediktinerklosters Cluny

1077 Teppich von Bayeux
William the Conqueror und sein Schiff auf dem Teppich von Bayeux

Frankreich zur Zeit der Gotik

DER GOTISCHE BAUSTIL mit seinen mächtigen Kathedralen *(siehe S. 28f)* kam im 12. Jahrhundert auf – der Zeit der Kreuzzüge, wachsenden Wohlstands und einer mächtiger werdenden Monarchie. Die rivalisierenden Königshöfe von Frankreich und Burgund *(siehe S. 333)* wurden, was Mode und Etikette betraf, beispielgebend für ganz Europa. In *chansons des gestes* (Heldenliedern) besangen Troubadoure die Ritterlichkeit.

Mittelalterliche Ritter im Kampf

FRANKREICH IM JAHR 1270
- Königliche Besitztümer
- Andere Lehen

Ziborium von Alpais
Alpais, ein berühmter Goldschmied (12. Jh.) aus Limoges, fertigte diesen Kelch, in dem die geweihte Hostie aufbewahrt wurde.

Höfische Liebe
Ritterliche Tugendlehre und Standesethos verlangten, daß der Ritter einer angebeteten, aber unerreichbaren Dame seine Dienste antrug. So entstand die höfische Dichtung.

Winde zum Hochziehen der Steinblöcke

In Begleitung des Architekten überwachte **der König** persönlich den Bau der Kathedrale.

Tuchhändlerfenster
Vom Wohlstand profitierten auch Tuchmacher und -händler. Dieses Glasfenster in der Kirche von Semur-en-Auxois (siehe S. 325) zeigt Wollwäscher bei der Arbeit.

ZEITSKALA

um 1100 Erstausgabe des Heldenepos *Rolandslied*

1115 Der heilige Bernhard gründet die Zisterzienserabtei Clairvaux

1117 Heimliche Heirat zwischen dem Gelehrten Abelard und seiner Schülerin Héloise. Ihr Onkel, der Kanoniker Filibert, verweigert die Zustimmung und zwingt beide in ein Kloster

1120 Neubau der Abtei von St-Denis. Beginn des gotischen Baustils

1154 Heinrich Plantagenet, Graf von Anjou und König von England (Henry II), gründet das Angevinische Reich

König Philippe II Auguste, der die Fleur-de-lys einführte

1180–1223 Regierungszeit von Philippe II Auguste

| 1100 | 1125 | 1150 | 1175 |

DIE GESCHICHTE DES LANDES

Kreuzzüge
Um das Heilige Land von den Türken zurückzugewinnen, begannen Philippe II Auguste von Frankreich, Richard the Lionheart und Friedrich Barbarossa 1189 den dritten Kreuzzug.

ELEONORE D'AQUITAINE

Eleonore, die willensstarke Herzogin des unabhängigen Aquitanien, trug nicht unwesentlich zum französisch-englischen Konflikt bei. 1137 heiratete sie Louis VII von Frankreich. Nachdem diese Ehe 1152 annulliert worden war, ehelichte sie Henri d'Anjou, der zwei Jahre später erfolgreich Anspruch auf den englischen Thron erhob. So kam Aquitanien unter englische Herrschaft, und es entstand das Angevinische Reich.

Eleonore und Henry II sind in Fontevraud (S. 284) begraben.

Die **Dekoration** gotischer Kathedralenfassaden erinnert an Spitzenwerk.

Steinmetze bearbeiteten die Steine direkt vor Ort.

Hl. Bernhard *(1090–1153) Bernhard von Clairvaux, Berater des Papstes, predigte rigorose Einfachheit in Lebenswandel, Kunst und Kultus.*

KATHEDRALENBAU
In blühenden Handelsstädten wie Chartres *(siehe S. 298ff)* und Amiens *(S. 192f)* errichteten Steinmetze mächtige gotische Kathedralen, deren unwahrscheinliche Höhe und lichte Helligkeit Zeichen von Gläubigkeit und Wohlstand waren.

Reliquien
Jede größere mittelalterliche Kirche konnte mit mindestens einer Reliquie aufwarten. Der Reliquienkult brachte Pilger und damit größeren Reichtum.

Louis IX auf dem Totenbett

1226 Louis IX wird König

1270 Louis IX stirbt während des achten Kreuzzugs in Tunis

1305 Das Papsttum richtet sich in Avignon ein

| 1200 | 1225 | 1250 | 1275 | 1300 |

1214 Schlacht von Bouvines. Philippe II Auguste beginnt, die Engländer aus Frankreich zu vertreiben

1259 England verliert die Normandie, Maine, Anjou und Poitou an Frankreich

1285 Philippe IV, le Bel wird König

1297 Louis IX wird heiliggesprochen

Der Hundertjährige Krieg

Frankreich im Jahr 1429
☐ Frankreich
☐ Anglo-Burgund

DER HUNDERTJÄHRIGE KRIEG (1337–1453), den England und Frankreich um französische Gebiete führten, hatte verheerende Auswirkungen. Hungersnöte und Pestepidemien verschlimmerten das Elend. Einige Zeit sah es so aus, als würden der englische König und der Herzog von Burgund Frankreich unter sich aufteilen. Dann trat 1429/30 die junge Jeanne d'Arc auf den Plan. Mit ihr wendete sich das Schicksal Frankreichs, und binnen einer Generation waren die Engländer vertrieben.

Öffentliche Hinrichtung, Abb. in Froissarts Chronik (14. Jh.)

Engel mit Trompeten kündigen das Jüngste Gericht an.

Krieger
Nur die Aussicht auf Plünderungen trieb viele Männer in den Kriegsdienst. Französische wie auch englische Soldaten lebten auf Kosten der Zivilbevölkerung.

Die **Seligen**, die erlöst aus ihren Gräbern auferstehen, werden in den Himmel geführt.

Der Schwarze Tod
1348–52 kostete die Pest vier bis fünf Millionen Opfer – rund ein Viertel der französischen Bevölkerung. Aus Mangel an Heilmitteln blieb den Leuten nur der Glaube an Gebet und Prozessionen.

Zeitskala

Flammenwerfer 14. Jahrhunderts

1328 Philippe VI, erster Monarch aus dem Haus Valois

1337 Beginn des Hundertjährigen Krieges

1346 Schlacht von Crécy, Sieg der Briten

1348–52 Pestepidemie

1356 Niederlage Frankreichs in der Schlacht bei Poitiers

1358 Aufstand in Paris unter Etienne Marcel. Bauernaufstand in Nordfrankreich

1325 — 1350 — 1375

Opfer der Pest

DIE GESCHICHTE DES LANDES 49

Medizin im Mittelalter
Für die Zustände auf der Erde (also auch Epidemien) machte man weithin den Stand der Gestirne verantwortlich, und viele anerkannte Diagnosen beruhten auf dem Tierkreis. Als wichtigstes Allheilmittel galt der Aderlaß.

Englische Bogenschützen
Die Königstruppen kämpften gegen England, doch die französischen Herzogtümer unterstützten jeweils die Seite, die ihnen mehr Vorteile versprach. In den Schlachten ragten die englischen Bogenschützen heraus. Ihre Langbogen brachten die französische Kavallerie in Bedrängnis.

Christus der Weltenrichter ist von Engeln umgeben, die Gegenstände aus der Leidensgeschichte tragen.

Erzengel Michael, hier mit Flügeln aus Pfauenfedern, hält die Seelenwaage. Die Sünder wiegen deutlich schwerer als die Gerechten.

Johannes der Täufer ist in Begleitung der zwölf Apostel und der Jungfrau Maria (in Blau).

Die **Verdammten**, deren Gesichter grauenhaft verzerrt sind, kommen in die Hölle.

DAS JÜNGSTE GERICHT
Krieg, Pest und Hungersnöte ließen viele Menschen glauben, das Ende der Welt sei nahe. Geistliche Gemälde wie dieses herrliche Polyptychon (15. Jh.), das Rogier van der Weyden für das Hôtel-Dieu in Beaune *(siehe S. 336f)* malte, spiegelten die Moralität der Zeit wider.

Ketzertum
Die allgemeine Furcht zeigte sich auch in antisemitischen Pogromen und Angriffen auf angebliche Ketzer, die auf dem Scheiterhaufen verbrannt wurden.

1415 Schlacht von Agincourt. Henry V von England schlägt die Franzosen

1411 *Les Très Riches Heures du Duc du Berry*, Gebetbuch von Paul und Jean de Limbourg *(siehe S. 194)*

1419 Charles VI von Frankreich ernennt Henry V von England zu seinem Erben

1429 Jeanne d'Arc greift ein: Charles VII wird König

1431 Jeanne d'Arc wird von den Engländern als Hexe verbrannt

1453 Ende des Hundertjährigen Krieges. Lediglich Calais bleibt bei England

| 1400 | 1425 | 1450 |

Jeanne d'Arc

Die Renaissance

ALS FOLGE DER FRANZÖSISCHEN Eroberung Italiens (1494) gelangten die Ideen der italienischen Renaissance nach Frankreich, wo sie sich unter François I zur Blüte entfalteten. Als Kind der Renaissance war François nicht nur belesen und in den Künsten bewandert, sondern auch an Sport und Krieg interessiert. Er lud italienische Künstler wie Leonardo da Vinci und Cellini an seinen Hof und schätzte Rabelais' Satiren. Wesentlichen Einfluß übte die Witwe von Henri II aus, die Italienerin Katharina von Medici (1519–89), die Frankreich durch ihre Söhne François II, Charles IX und Henri III regierte. Sie war eine Drahtzieherin in den Religionskriegen (1562–93) zwischen Katholiken und Protestanten, die den Adel spalteten und das Land zerrissen.

Maskierter Lautenspieler

FRANKREICH IM JAHR 1527

- Königliche Besitztümer
- Andere Lehen

Die Ecktürme sind gotische Bauelemente, die, beeinflußt von italienischer Leichtigkeit, eine rein dekorative Rolle spielen.

Galerie François I, Fontainebleau
Die Künstler der Schule von Fontainebleau verbanden die italienische Spätrenaissance mit französischen Stilelementen.

Die heimliche Macht
Katharina von Medici bestimmte 1559–89 die französische Politik.

AZAY-LE-RIDEAU
Azay, eines der hübschesten Loire-Schlösser, wurde 1518 begonnen *(siehe S. 286)*. Der italienische Einfluß ist ebenso erkennbar wie die Tatsache, daß das Schloß als Wohnbau, nicht als Burg gedacht war.

ZEITSKALA

1470 Erste Druckerpressen in Frankreich

Leonardo da Vincis Entwurf für ein Luftkissenfahrzeug

1519 Leonardo da Vinci stirbt in den Armen François' I am französischen Hof in Amboise

1536 Calvins *Christianae religionis institutio* wird die Grundlage des reformierten Glaubens

| 1470 | 1480 | 1490 | 1500 | 1510 | 1520 | 1530 |

1477 Endgültige Niederlage der Herzöge von Burgund, die ein eigenes Reich zwischen Frankreich und Deutschland angestrebt hatten

1494–1559 Frankreich und Österreich kämpfen in den Italienischen Kriegen um Besitztümer in Italien

1515 François I besteigt den Thron

Goldmünze mit der Fleur-de-lys und dem Salamander François' I

DIE GESCHICHTE DES LANDES

Goldene Duftkugel
In Zeiten der Pest trugen vornehme Leute mit aromatischen Gewürzen und Kräutern gefüllte Duftkugeln bei sich, um die schlechte Luft zu vertreiben, die man als Krankheitsträger ansah.

Ballsaal mit flämischen Bildteppichen

Die **Treppe** ist nach italienischem Vorbild gerade gebaut – zur Zeit der Wendeltreppen eine Neuerung.

WEGWEISER ZUM FRANKREICH DER RENAISSANCE

In Paris stammen viele Kirchen sowie die Place des Vosges *(siehe S. 87)* aus der Renaissance. Zahlreiche Châteaus aus dem 16. Jahrhundert findet man an der Loire und in Burgund. Die schönsten sind Chenonceau *(S. 288f)* und Tanlay *(S. 321)*. Salers *(S. 353)* ist ein guterhaltenes Renaissancestädtchen. Der Stadtkern von Toulouse *(S. 436)* weist elegante Renaissancepaläis auf.

*Dieser **Kamin** ziert das Zimmer François' I im Château de Chenonceau.*

Roter Saal

François I und Italien
François I, hier beim Empfang von Raffaels Gemälde Die Heilige Familie *(1518), sammelte in Fontainebleau Kunstwerke italienischer Meister. Seine Lieblingsmaler waren Michelangelo, Leonardo da Vinci und Tizian.*

Neues Frankreich
Cartiers Expedition nach Kanada im Jahr 1534 markiert den Beginn des Expansionsdrangs und der Suche nach Kolonien (siehe S. 272).

1559 Der Vertrag von Cateau-Cambrésis beendet die Italienischen Kriege

1572 Bartholomäusnacht in Paris: Tausende von Hugenotten werden hingerichtet

1589 Ermordung Henris III. Der Hugenotte Henri IV wird erster Bourbonenkönig

1598 Das Edikt von Nantes gewährt den Protestanten bedingte Religionsfreiheit

1608 Gründung von Quebec

| 1540 | 1550 | 1560 | 1570 | 1580 | 1590 | 1600 |

1539 Mit dem Edikt von Villers-Cotterets wird Französisch offizielle Landessprache

1562 Beginn der Religionskriege zwischen Katholiken und Protestanten (Hugenotten)

Bartholomäusnacht in Paris

1593 Henri IV konvertiert zum katholischen Glauben und beendet die Religionskriege

Le Grand Siècle

Emblem des Sonnenkönigs

MIT DEM ENDE der Religionskriege begann für Frankreich eine Epoche außerordentlichen Einflußreichtums und immenser Macht. Die Kardinäle Richelieu und Mazarin ebneten der absoluten Monarchie Louis' XIV den Weg. Parallel zur politischen Entwicklung gelangten auch die Künste zu nie gekanntem Glanz: Es entstanden pompöse Barockbauten, die Theaterstücke von Molière und Racine und die Musik von Lully. Versailles *(siehe S. 164 ff)* wurde der prächtigste Palast Europas. Doch die Baukosten und die schier endlosen Kriege des Königs bluteten die Staatskasse aus, und gegen Ende seiner Regierungszeit stand das Land vor dem Bankrott.

FRANKREICH IM JAHR 1661

- Königliche Besitztümer
- Avignon (Papsttum)

Molière *(1622–73)*
Der Schauspieler und Dramatiker Molière führte am Hofe Louis' XIV viele Stücke vor dem König auf. Manche seiner Satiren waren jedoch verboten. Nach seinem Tod entwickelte sich aus seiner Truppe das französische Staatstheater, die Comédie Française.

Madame (die Gattin von Monsieur) als Flora

Monsieur, der Bruder des Königs

Madame de Maintenon
Nach dem Tod seiner ersten Frau Marie-Thérèse heiratete Louis 1648 heimlich seine Mätresse Mme de Maintenon, die damals bereits 49 war.

DER SONNENKÖNIG MIT FAMILIE
Louis XIV, der sich für einen König von Gottes Gnaden hielt, beauftragte 1665 seinen Hofmaler Jean Nocret mit der Ausführung dieser Allegorie, die den König im Kreise seiner Familie als Sonnengott Apollo zeigt.

ZEITSKALA

Kardinal Richelieu

1610–17 Maria von Medici regiert für Louis XIII

1624 Kardinal Richelieu wird leitender Minister

1634 Gründung der Académie Française

1642/43 Tod Louis' XIII und des Kardinals Richelieu. Thronfolger ist Louis XIV; Mazarin leitet die Staatsgeschäfte

1610	1620	1630	1640	1650

1617 Louis XIII besteigt mit 17 Jahren den Thron

1631 Gründung der ersten Zeitung Frankreichs, *La Gazette*

1637 Descartes' *Abhandlung über die Methode*

1635 Durch Richelieu wird Frankreich in den Dreißigjährigen Krieg verwickelt

1648–52 La Fronde: Bürgerkrieg in Frankreich

DIE GESCHICHTE DES LANDES

Das Stundenbuch Louis' XIV
Nach freizügiger Jugend wurde Louis später immer religiöser. Sein Stundenbuch (1688–93) befindet sich im Musée Condé (siehe S. 195).

Königliche Hochzeit
Louis XIII und Anna von Österreich heirateten 1615. Nach dem Tod Louis' regierte Anna im Namen des jungen Louis XIV mit Hilfe von Kardinal Mazarin.

Louis XIV als Apollo

Anna von Österreich als Cybele

Barocke Figurine
Königlicher Glanz spiegelte sich auch in der Kunst. Diese Christusfigur aus Jaspis steht auf einem reichverzierten Sockel.

WEGWEISER ZUR ARCHITEKTUR DES GRAND SIÈCLE

Paris ist reich an imposanten Bauten des »Großen Jahrhunderts«, wie dem Hôtel des Invalides *(siehe S. 110)*, dem Dôme *(S. 111)* und dem Palais du Luxembourg *(S. 122f)*, doch das Schloß von Versailles *(S. 164ff)* übertrifft an Pracht alles bisher Gekannte. An diese glanzvolle Epoche erinnern auch das Palais Lascaris in Nizza *(S. 518)* und die Corderie Royale in Rochefort *(S. 407)*. Etwa zur selben Zeit errichtete der Festungsbaumeister Vauban mächtige Zitadellen wie die in Neuf-Brisach *(siehe S. 216)*.

Die Räumlichkeiten von **Versailles** sind typisch für den Barockstil.

Der Dauphin (der Sohn des Königs)

Grande Mademoiselle, die Cousine des Königs, als Diana

Königin Marie-Thérèse als Juno

Bühnenautor Jean Racine (1639–99)

1661 Mazarin stirbt: Louis XIV herrscht allein

1662 Finanzminister Colbert reformiert Wirtschaft und Finanzen (Merkantilismus)

1680 Gründung des Staatstheaters Comédie Française

1682 Der französische Hof zieht nach Versailles

1685 Aufhebung des Edikts von Nantes (1598): Erneute Verfolgung der Hugenotten

1686 Eröffnung des Le Procope (erstes Kaffeehaus in Paris)

1689 Beginn der Kriege Louis' XIV

1709 Letzte große Hungersnot in der Geschichte Frankreichs

| 1660 | 1670 | 1680 | 1690 | 1700 |

Kanone (17. Jh.)

Aufklärung und Revolution

IM 18. JAHRHUNDERT definierten Philosophen der Aufklärung wie Voltaire und Rousseau den Platz des Menschen neu und stellten aristokratische und kirchliche Autorität in Frage. Ihre Essays fanden in ganz Europa und in den Kolonien Verbreitung. Obwohl Frankreich nicht nur Ideen, sondern auch materielle Güter exportierte, wuchsen die Staatsschulden ins Unermeßliche. Soziale Unruhen folgten, die in der Revolution von 1789 gipfelten. Unter dem Motto »Freiheit, Gleichheit, Brüderlichkeit« breiteten sich die Reformen der jungen Republik in ganz Europa aus.

Gedenkteller: die Hinrichtung Louis' XVI

FRANKREICH IM JAHR 1789
- Königliche Besitztümer
- Avignon (Papsttum)

Voltaire (1694–1778)
Der Meister der Satire schrieb Essays und den Roman Candide. Seine scharfe Kritik zwang ihn zeitweise ins ausländische Exil.

Jakobinerklub

Nationalversammlung

Die **Guillotine**
Diese Erfindung wurde 1792 als humane Alternative zu anderen Formen der Bestrafung von Kapitalverbrechen eingeführt. Folter war an der Tagesordnung.

Auf der **Place de la Révolution** (siehe S. 94) wurde Louis XVI 1793 hingerichtet.

Tuileries

Das **Café Le Procope** war das Stammlokal von Voltaire und Rousseau.

Palais Royal
Die Privatresidenz des Herzogs von Orléans (siehe S. 95) wurde 1789 Zentrum der Revolutionsbewegung. Hier standen auch verschiedene Druckerpressen.

ZEITSKALA

1715 Nach dem Tod Louis' XIV besteigt Louis XV den Thron

1743–64 Mme de Pompadour, die Mätresse Louis' XV, nutzt ihren Einfluß bei Hofe dazu, Künstler und Philosophen zu fördern

| 1715 | 1725 | 1735 | 1745 | 1755 |

1720 Letzte Pestepidemie in Frankreich: Besonders betroffen ist Marseille

Schutztracht der Ärzte während der Pest

1751 Veröffentlichung des ersten Bandes von Diderots Enzyklopädie

1756–63 Siebenjähriger Krieg: Frankreich verliert Kanada und andere koloniale Besitztümer

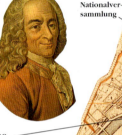

DIE GESCHICHTE DES LANDES

Symbole der Revolution
In den 90er Jahren tauchten revolutionäre Motive wie das Blau-weiß-rot der Trikolore sogar auf Tapeten auf.

WEGWEISER ZUM FRANKREICH IM 18. JH.

Das Palais de l'Elysée (1718; siehe S. 104) ist ein Paradebeispiel für die Pariser Baukunst dieser Zeit. Sehenswert sind auch die Saline Royale in Arc-et-Senans (S. 340), das Grand Théâtre in Bordeaux (S. 412), die eleganten Palais in Condom (S. 430) und die Kaufmannshäuser in Ciboure (S. 443). Das Château de Laàs in Sauveterre de Béarn birgt prachtvolle Kunstschätze und Möbel des 18. Jahrhunderts (S. 448).

*Das **Grand Théâtre** in Bordeaux ist ein imposantes Beispiel eleganter Baukunst dieser Zeit.*

Marie-Antoinette
Das frivole Verhalten der Königin brachte die Monarchie in Mißkredit. Sie wurde 1793 auf der Guillotine hingerichtet.

Der **Marais**, ehemals Wohnviertel der Aristokratie, verfiel nach der Revolution.

Bastille

PARIS ZUR REVOLUTION
Von 1789 an gab es in Paris verschiedene politische Klubs wie den der linken Jakobiner sowie viele revolutionäre Zeitungen. Bald waren überall die Klänge des Revolutionsliedes »La Marseillaise« zu hören.

Revolutionskalender
Die neue Zeitrechnung richtete sich nach Ereignissen des Jahres. Diese Radierung zeigt den Erntemonat Messidor.

1768 Annektion von Korsika

1789 Sturm auf die Bastille und Einrichtung einer konstitutionellen Monarchie. Ende der Feudalordnung

1783 Erster Ballonflug der Gebrüder Montgolfier

Modell der Bastille

1765	1775	1785	1795

1774 Louis XVI wird König

Wahlkarte für den Nationalkonvent

1794 Sturz Robespierres; Ende der Schreckensherrschaft

1762 Rousseaus *Emil* und *Gesellschaftsvertrag*

1778–83 Frankreich unterstützt im amerikanischen Unabhängigkeitskrieg die 13 Kolonien

1792 Louis XVI wird gestürzt. Errichtung der Ersten Republik

Das Frankreich Napoléons

ZWEI GENERATIONEN Napoléons beherrschten Frankreich von 1800 bis 1870. Napoléon Bonaparte krönte sich 1804 zum Kaiser Napoléon I. Er dehnte sein Reich über fast ganz Westeuropa aus und setzte seine Geschwister auf die Throne der eroberten Staaten. 1814 dankte er gezwungenermaßen ab, doch im Anschluß an die Restauration der Bourbonen, die Revolution von 1830 und die sogenannte Julimonarchie kehrte die Familie 1848 in die Politik zurück. Louis Napoléon (der Neffe Napoléons I) wurde Präsident der Zweiten Republik und nannte sich später Kaiser Napoléon III. Unter seiner Regierung wandelte sich Paris zur modernen Metropole, und die Industrialisierung Frankreichs begann.

Légion d'Honneur

EUROPA IM JAHR 1812
- Herrschaftsbereich Napoléons
- Abhängige Staaten

Der Lorbeerkranz, die Krone der römischen Kaiser

Der Erste Konsul **Napoléon** wird von Chronos, dem Gott der Zeit, gekrönt.

Musée du Louvre
1792 eröffnet, gelangte der Louvre erst unter Napoléon zu voller Blüte. Er kümmerte sich um Neuanschaffungen und die Organisation des Museums.

Die **Trikolore** (Revolutionsflagge) war landesweit zu sehen.

Kaiserliche Insignien
Napoléon I schuf eine neue Aristokratie, der auch eigene Wappen erlaubt waren. Doch nur sein eigenes trug eine Krone. Der Adler wurde 1800 aufgenommen – ein Symbol des kaiserlichen Rom.

ZEITSKALA

Josephines Bett in Malmaison

1800 Gründung der Bank von Frankreich

1801–03 Der Vertrag von Amiens bringt vorläufig Frieden

1802 Gründung der Légion d'Honneur (Ehrenlegion)

1803 Wiederaufnahme von Kriegshandlungen zur Schaffung des Napoleonischen Reiches

1804 Napoléon zum Kaiser gekrönt. Code civil (Zivilgesetzbuch) eingeführt

1806 Auftrag zum Bau des Arc de Triomphe

1809 Scheidung Napoléons von Josephine. Sie behält das Château Malmaison

1814 Napoléon wird von den Alliierten (England, Rußland, Österreich und Preußen) geschlagen und in die Verbannung geschickt (Elba)

1815 »Herrschaft der hundert Tage«: Napoléon kehrt aus Elba zurück, wird bei Waterloo geschlagen und nach St. Helena verbannt

| 1800 | 1810 | 1820 |

DIE GESCHICHTE DES LANDES

Julirevolution
Drei Tage blutiger Straßenkämpfe beenden im Juli 1830 die Bourbonenherrschaft.

Die Napoléons
Dieses Phantasie-Gruppenporträt zeigt Napoléon I (sitzend), seinen Sohn »Napoléon II« – der nie regierte (rechts) – und Napoléons Neffen (Napoléon III) sowie dessen Sohn.

Der unter Napoléon entstandene **Code civil** ist hier als Tafel abgebildet.

Napoléon im Felde
Napoléon, der schon Ende der 90er Jahre militärische Siege errang, blieb Zeit seines Lebens ein großer Feldherr.

MODE IM EMPIRE

In Architektur, Mobiliar, Design und Mode lebten griechische und römische Ideale wieder auf. Die Frauen trugen klassische Tuniken, die oft eine Schulter – oder mehr – unbedeckt ließen. David und Gérard waren die beliebtesten Porträtmaler der Zeit, Delacroix und Géricault schufen romantische Meisterwerke.

Madame Récamier unterhielt einen bekannten Salon und war für ihre Schönheit und ihren Geist berühmt.

RUHM UND EHRE
Obwohl er als Revolutionär begann, entwickelte Napoléon eine Vorliebe für kaiserlichen Pomp. Immerhin setzte er auch Reformen durch, den Code civil etwa und ein neues Schulsystem, und er gründete die Bank von Frankreich.

1832 Beginn einer Choleraepidemie

1838 Daguerre macht fotografische Versuche

1848 Revolution von 1848: Ende der Julimonarchie und Errichtung der Zweiten Republik

1851 Staatsstreich Louis Napoléons

1852 Louis Napoléon zum Kaiser Napoléon III gekrönt

| 1830 | 1840 | 1850 | 1860 |

1830 Julirevolution: Der Bourbone Charles X wird von dem »Julikönig« Louis-Philippe abgelöst

1840 Großflächige Verbreitung der Eisenbahn

1853 Haussmann modernisiert Paris

1857 Baudelaire (Die Blumen des Bösen) und Flaubert (Mme Bovary) wegen Gefährdung der öffentlichen Moral angeklagt

1859/60 Annektion von Nizza und Savoyen

Zug auf der Strecke Paris–St-Germain

Die Belle Epoque

Die Jahrzehnte vor dem Ersten Weltkrieg waren die Belle Epoque der Franzosen, auf die man später als unwiederbringlich vergangenes Goldenes Zeitalter zurückblickte. Doch auch diese Ära war von politischen Unruhen geprägt: Arbeiteraufstände, die sozialistische Bewegung und die Dreyfus-Affäre spalteten das Land in Linke und antisemitische Rechte. Neue Erfindungen wie die Elektrizität und Impfungen erleichterten allen das Leben. Auch die Kunst erreichte mit Impressionismus und Jugendstil, den realistischen Romanen Gustave Flauberts und Emile Zolas, Cabaret und Cancan sowie der Geburt des Kinos (1895) eine neue Hochblüte.

Jugendstilvase von Lalique

FRANKREICH IM JAHR 1871
- Unter der Dritten Republik
- Elsaß-Lothringen

Die Weltausstellung

3,2 Millionen Besucher kamen 1889 zur Weltausstellung nach Paris. Die atemberaubende Eisenkonstruktion des Ingenieurs Eiffel beherrschte das Ausstellungsgelände und war seinerzeit sehr umstritten.

Apollostatue von Aimé Millet

Grüne Kupferkuppel

Bühne

Garderoben etc.

Peugeot (1899)
Automobil und Fahrrad brachten neue Bewegungsfreiheit und wurden zum beliebten Zeitvertreib. Peugeot, Renault und Citroën wurden alle vor 1914 gegründet.

Im **Zuschauerraum** fanden über 2000 Besucher Platz.

ZEITSKALA

1869 Eröffnung des Suezkanals, gebaut von Ferdinand de Lesseps

1871 Der Aufstand der Pariser Kommune führt zur Dritten Republik

Frauen gehen 1871 auf die Barrikaden

1880–90 Kampf um die afrikanischen und asiatischen Kolonien

1889 Bau des Eiffelturms; Weltausstellung in Paris

| 1865 | 1870 | 1875 | 1880 | 1885 | 18 |

1870/71 Deutsch-Französischer Krieg; Napoléon III unterliegt bei Sedan. Elsaß-Lothringen fällt an Deutschland

1881–86 Jules Ferrys Erziehungsreformen

1874 Beginn des Impressionismus

1885 Pasteur entdeckt den Impfstoff gegen Tollwut

1890 Peugeot baut eines der ersten Automobile

DIE GESCHICHTE DES LANDES 59

Plakatkunst
Der Jugendstil revolutionierte die Kunst. Besonders beliebt waren Entwürfe von Alfons Mucha. Dieses Plakat (1897) wirbt für Bier, das man als Gebräu des verlorenen Gebiets Elsaß-Lothringen zum »patriotischen« Getränk erklärte.

WEGWEISER ZUR BELLE EPOQUE

Sehenswerte Gebäude sind das Hotel Le Négresco in Nizza (S. 516), das Grand Casino in Monte-Carlo (S. 520) und das Hôtel du Palais in Biarritz (S. 442). Im Musée d'Orsay in Paris (S. 116 f) sind wunderschöne Jugendstilobjekte und -möbel zu sehen.

Operntreppe
Das Treppenhaus wurde mit Marmorsäulen und einem Deckenfresko geschmückt. Wie dieses Gemälde (1887) von Beroud zeigt, war es Treffpunkt der eleganten Welt.

Guimards Métro-Eingang, ein schönes Beispiel für die eleganten Formen des Jugendstils.

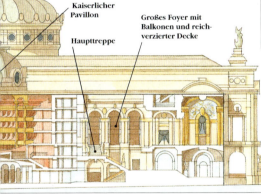

- Kaiserlicher Pavillon
- Haupttreppe
- Großes Foyer mit Balkonen und reichverzierter Decke

OPÉRA GARNIER
1862 von Napoléon III gegründet, wurde das neue Opernhaus 1875 feierlich eröffnet und rasch zum gesellschaftlichen Mittelpunkt der Hautevolee der Belle Epoque. Die opulente Innenausstattung stand der extravaganten Fassade von Charles Garnier in nichts nach.

Göttliche Sarah
Die Schauspielerin Sarah Bernhardt (1844–1923) war die ungekrönte Königin der Pariser Bühne.

1895 Die Gebrüder Lumière entwickeln das Kino

1894–1906 In die Affäre um den angeblichen Verrat des jüdischen Offiziers Dreyfus wird auch Zola hineingezogen

Karikatur von Zola

1909 Blériot überfliegt den Ärmelkanal

1918 Waffenstillstand

1917 Pétain unterdrückt den »Aufstand« der Frontsoldaten

1916 Kampf um Verdun

| 1895 | 1900 | 1905 | 1910 | 1915 |

1905 Offizielle Trennung von Kirche und Staat

1898 Marie und Pierre Curie entdecken das Radium

1913 Erster Band von Prousts *Auf der Suche nach der verlorenen Zeit* erscheint

1914 Beginn des Ersten Weltkriegs

Französischer Rekrut, 1916

1919 Vertrag von Versailles

Avantgarde in Frankreich

Trotz der Verwüstungen der beiden Weltkriege behielt das Land seinen Status als Zentrum der Avantgarde. Vor allem Paris war ein Magnet für junge Schriftsteller, Maler und Musiker. In den Cafés saßen amerikanische Autoren und Musiker zusammen mit französischen Surrealisten und Filmemachern. Auch die Riviera lockte die Künstler: Matisse und Picasso, Hemingway und Scott Fitzgerald mischten sich unter die Industriellen und Aristokraten, die mit dem eigenen Automobil oder dem berühmten Train bleu ankamen. Als 1936 der bezahlte Urlaub eingeführt wurde, konnten sich auch Arbeiter der neuen Mode des Sonnenbadens hingeben.

Frankreich im Jahr 1919

☐ *Französisches Staatsgebiet*

Art déco 1925
Bei der Ausstellung der angewandten Künste (1925) war erstmals der Art-déco-Stil zu sehen.

Afrikanische Schöpfungsgottheit

Tänzer in Kostümen aus Karton

Jazz
In Paris fanden sich 1925 amerikanische Jazzmusiker wie Dizzy Gillespie (links) ein, der in den 40er Jahren den Bebop mitbegründete.

Citroën Déesse *(1956)*
Das elegante Auto wurde zum Symbol der neuen französischen Konsumgesellschaft.

Kostüme und Bühnenbild des Kubisten Léger wirkten betont mechanisch.

Zeitskala

Flugzeug der Air France, 1937

1920 Gründung der Kommunistischen Partei Frankreichs; Tzaras *Dadaistisches Manifest* erscheint

1928 Premiere des *Andalusischen Hunds* von Luis Buñuel und Salvador Dali

1933 Anfänge der Air France

1937 Premiere der *Großen Illusion* von Jean Renoir

1920	1930

1924 Olympiade in Paris. André Breton veröffentlicht das *Surrealistische Manifest*

Ausschnitt aus dem Plakat für die Olympiade 1924 in Paris

1936–38 Die ·Volksfront· stellt ein radikalsozialistisches Programm vor, das u. a. bezahlten Urlaub fordert

1929–39 Weltwirtschaftskrise

1938 Münchner Abkommen: Höhepunkt des Appeasements

DIE GESCHICHTE DES LANDES

Coco Chanel *(1883–1971)*
Mit eleganten, aber bequemen Kleidern revolutionierte Chanel, hier eine Aufnahme von Man Ray, in den 20er Jahren die Mode.

ZWEITER WELTKRIEG

Nach dem Zusammenbruch der Dritten Republik wurden Paris sowie der Norden und Teile Westfrankreichs von deutschen Truppen besetzt (bis 1944). Südostfrankreich bildete unter Führung der Kollaborateure Marschall Pétain und Pierre Laval den Vichy-Staat. Doch der Widerstand ruhte nicht: Charles de Gaulle und Jean Moulin organisierten die Zusammenarbeit der vielen verschiedenen Résistance-Bewegungen.

Par Avion
Als erstes Land führte Frankreich 1927 die Luftpost ein.

Erster Mann und erste Frau

Deutsche Soldaten ließen sich 1940–44 gerne vor dem Eiffelturm fotografieren.

LA CRÉATION DU MONDE *(1923)*

Anfang des 20. Jahrhunderts feierte das experimentelle Theater Triumphe. *La Création du monde* der Ballets Suédois präsentierte Kostüme von Léger und Musik von Milhaud. Auch die Ballets Russes arbeiteten mit vielen Avantgardekünstlern zusammen.

Das **Thema Afrika** basierte auf Texten von Blaise Cendrars.

Josephine Baker *(1906–75)*
Mistinguett und Josephine Baker waren in den 20er Jahren die unumstrittenen Königinnen des Variétés.

1940 Deutscher Westfeldzug, Fall Frankreichs; Vichy-Regierung unter Pétain	**1949** Beitritt Frankreichs zur NATO. Gründung des Europarats	**1958** Beginn der 5. Republik unter Präsident de Gaulle
1942 Ganz Frankreich ist in deutscher Hand		**1956** Edith Piaf feiert einen großen Erfolg in der Carnegie Hall, New York

1940 — **1950**

1944 Die alliierten Truppen landen in der Normandie	**1946** Sartre stellt *Les Temps modernes* vor. Erstes Filmfestival in Cannes	**1954** Nach der Schlacht von Dien Bien Phu zieht Frankreich sich aus Indochina zurück. Algerienkrieg
1939 Deutschland beginnt 1n Zweiten Weltkrieg	**1945** Kriegsende. Frauenstimmrecht	

Modernes Frankreich

Seit den 50er Jahren hat sich die französische Gesellschaft grundlegend verändert: Es gibt immer weniger Bauern, und die alten Industriezweige sind im Rückgang begriffen, während Dienstleistungs- und High-Tech-Betriebe Zuwachsraten verzeichnen konnten. Frankreich war auf dem Weg zur modernen Konsumgesellschaft. Projekte von hohem Prestigewert wie die Concorde, der TGV, La Défense und das Centre Pompidou haben dem Land internationale Anerkennung eingebracht. Bemühungen um ein vereintes Europa und die Einweihung des Kanaltunnels haben Frankreich seinen Nachbarn noch näher gebracht.

FRANKREICH HEUTE

▢ *Frankreich*
▢ *Europäische Union*

Zitronenpresse von Philippe Starck

Centre Pompidou *(1977)*
Der umstrittene Bau hat das historische Viertel Beaubourg stark verändert. Als Kunstzentrum trug das Centre Pompidou zum Wiederaufstieg einer heruntergekommenen Gegend bei (S. 88 f).

La Grande Arche wurde 1989 eröffnet – zur Zweihundertjahrfeier der Französischen Revolution.

Einkaufszentrum

Nouvelle-Vague-Filme
Regisseure wie Godard und Truffaut erneuerten das Kino. Jules et Jim *(1961) ist nur ein Beispiel.*

LA DÉFENSE
Das riesige moderne Geschäftszentrum La Défense *(S. 126)* am Stadtrand von Paris wurde in den 60er Jahren begonnen. Heute zählt es zu den bevorzugten Standorten vieler multinationaler Konzerne.

ZEITSKALA

1960 Erste französische Atombombe. Entkolonialisierung Schwarzafrikas

1962 Algerien wird unabhängig

1963 Erstes französisches Atomkraftwerk

1965 Erster französischer Satellit

1966 Frankreich tritt aus der NATO aus

1967 Die EWG beschließt die Subventionierung europäischer Landwirte

1968 Studentenunruhen

1969 Pompidou löst de Gaulle als Präsident ab

1970 Charles de Gaulle stirbt

1973 Die Sechsergemeinschaft der EG wird auf neun Mitglieder erweitert

1974 Giscard d'Estaing zum Präsidenten gewählt

1976 Erste kommerzielle Flüge der Concorde

1977 Jacques Chirac wird der erste Bürgermeister von Paris seit 1871. Eröffnung des Centre Pompidou

| 1960 | 1970 |

DIE GESCHICHTE DES LANDES

EU-Flagge
Seit den ersten Gemeinschaftsbestrebungen in den 50er Jahren ist Frankreich eine der treibenden Kräfte auf dem Weg zum vereinten Europa.

TGV
Der TGV (Train à Grande Vitesse) ist einer der schnellsten Züge der Welt (siehe S. 634f) *und verkörpert Bestrebungen der französischen Regierung nach mehr High-Tech und verbesserter Kommunikation.*

Die **Tour Fiat** zählt mit 178 m zu den höchsten Gebäuden Europas.

Mode von Lacroix
Trotz schwindender Nachfrage nach Haute Couture bleibt Paris eine bedeutende Modemetropole. Die Modelle – hier ein Entwurf von Christian Lacroix – zeugen von den Fertigkeiten französischer Couturiers.

Mai 1968
Die Ereignisse vom Mai 1968 begannen als Protest linksgerichteter Studenten gegen das Establishment, zogen dann jedoch große Bevölkerungsteile nach. Rund neun Millionen Arbeiter und führende Intellektuelle, darunter Jean-Paul Sartre, forderten bessere Bezahlung, bessere Studienbedingungen und die Reform der Wertvorstellungen und Institutionen.

Die **Studentenunruhen**, *die ihren Ausgang in Nanterre nahmen, führten zu Krawallen in ganz Frankreich.*

Das **Palais de la Défense** war der erste Bau hier; er beherbergt das Zentrum für Industrie.

1980 Giverny, Monets Garten, wird öffentlich zugänglich *(siehe S. 256)*

1989 Zweihundertjahrfeier der Französischen Revolution

1991 Edith Cresson wird erster weiblicher Premierminister

1995 Jacques Chirac wird Präsident

1998 Frankreich veranstaltet, und gewinnt die Fußballweltmeisterschaft

1980 | **1990** | **2000**

1981 Mitterrand wird Präsident und führt 1981–86 die sozialistische Regierung

François Mitterrand

1987 Mitterrand und Thatcher beschließen den Bau des Kanaltunnels. In Lyon wird dem ehemaligen SS-Offizier Klaus Barbie der Prozeß gemacht

1994 Eröffnung des Kanaltunnels

1996 Frankreich trauert um Mitterrand, der nach langer Krankheit stirbt

1997 Sozialist Lionel Jospin wird mit großer Mehrheit Premierminister

Könige und Kaiser von Frankreich

NACH DEM ZUSAMMENBRUCH des Römischen Reiches übernahmen mit Chlodwig die Merowinger die Regierung in Gallien. Ihnen folgten die Karolingerkönige, die Ende des 10. Jahrhunderts von den Kapetingern abgelöst wurden. Im 14. Jahrhundert fiel die Krone an das Haus Valois (eine Nebenlinie der Kapetinger), nach den Religionskriegen (16. Jh.) dann an die Bourbonen. Die Revolution von 1789 beendete deren Herrschaft, doch kehrte die Dynastie 1814–30 kurzzeitig zurück auf den Thron. Das 19. Jahrhundert stand im Zeichen der Bonapartes Napoléon I und Napoléon III. Seit dem Sturz Napoléons III 1870 ist Frankreich Republik.

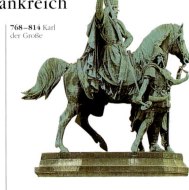

768–814 Karl der Große

743–51 Childerich III.
716–21 Chilperich II.
695–711 Childebert II.
674–91 Theuderich III.
655–68 Chlotar III.
628–37 Dagobert I.
566–84 Chilperich I.
558–62 Chlotar I.
447–58 Merowech
458–82 Childerich I.

954–86 Lothar
898–929 Karl III., der Einfältige
885–87 Karl III., der Dicke
879–82 Ludwig III.
843–77 Karl II., der Kahle

1137–80 Louis
987–96 Hugues Capet (Hugo Capet)
1031–60 Henri I
1060–11 Philippe

400	500	600	700	800	900	1000
MEROWINGER				**KAROLINGER**		**KAPETINGER**
400	500	600	700	800	900	1000

751–68 Pippin III.
721–37 Theuderich IV.
711–16 Dagobert III.
691–95 Chlodwig III.
668–74 Childerich II.
637–55 Chlodwig II.
584–62 Chlotar II.
562–66 Charibert I.
511–58 Childebert I.

996–1031 Robert II., der Fromme
986–87 Ludwig V.
936–54 Ludwig IV., der Überseeische
888–98 Odo von Paris
882–84 Karlmann
877–79 Ludwig II., der Stammler
814–40 Ludwig I., der Fromme

482–511 Chlodwig I.

1108–37 Louis VI, le Gros

DIE GESCHICHTE DES LANDES 65

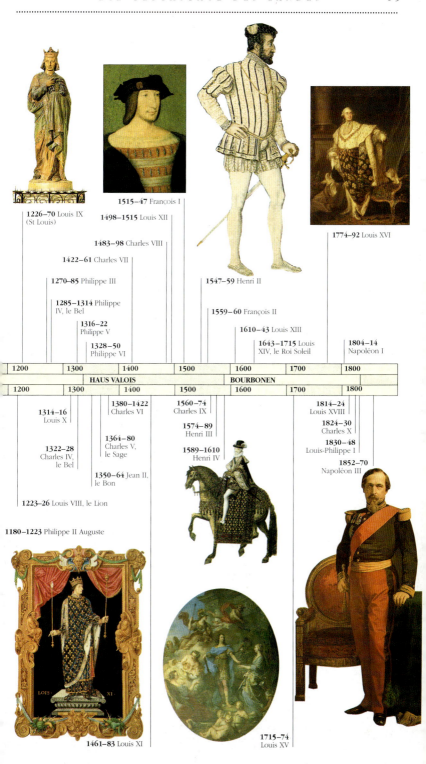

1226–70 Louis IX (St Louis)
1515–47 François I
1498–1515 Louis XII
1483–98 Charles VIII
1422–61 Charles VII
1270–85 Philippe III
1285–1314 Philippe IV, le Bel
1316–22 Philippe V
1328–50 Philippe VI
1547–59 Henri II
1559–60 François II
1610–43 Louis XIII
1643–1715 Louis XIV, le Roi Soleil
1774–92 Louis XVI
1804–14 Napoléon I

1200	1300	1400	1500	1600	1700	1800
	HAUS VALOIS			BOURBONEN		
1200	1300	1400	1500	1600	1700	1800

1314–16 Louis X
1380–1422 Charles VI
1560–74 Charles IX
1814–24 Louis XVIII
1824–30 Charles X
1322–28 Charles IV, le Bel
1364–80 Charles V, le Sage
1574–89 Henri III
1830–48 Louis-Philippe I
1589–1610 Henri IV
1852–70 Napoléon III
1350–64 Jean II, le Bon
1223–26 Louis VIII, le Lion
1180–1223 Philippe II Auguste

1461–83 Louis XI
1715–74 Louis XV

Paris und Ile de France

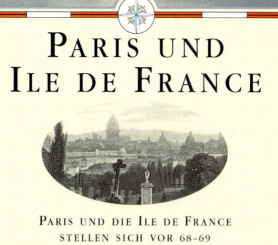

Paris und die Ile de France
stellen sich vor 68-69
Paris per Schiff 70-75
Ile de la Cité, Marais und Beaubourg 76-89
Tuileries und Opéra 90-99
Champs-Elysées und Invalides 100-111
Rive gauche 112-123
Abstecher 124-135
Läden und Märkte 136-139
Unterhaltung in Paris 140-143
Kartenteil Paris 144-159
Ile de France 160-171

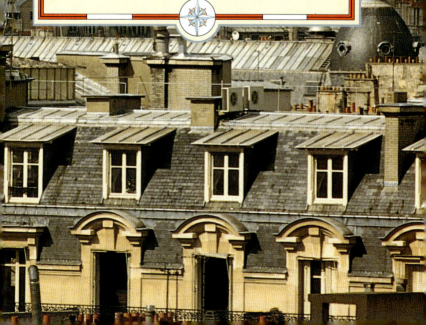

Paris und Ile de France stellen sich vor

DIE HAUPTSTADT FRANKREICHS lockt mit Museen, Galerien und Denkmälern. Zu den beliebtesten Sehenswürdigkeiten zählen Louvre, Eiffelturm und Centre Pompidou. Die Ile de France, die Paris umschließt, bedeckt eine Fläche von rund 12 000 km² und ist mit Kleinstädten, »Schlafstädten« und mehreren Châteaus durchsetzt, als deren prunkvollstes Versailles zu nennen ist. In weiterer Entfernung von der Stadt gehen die Vorstadtsiedlungen dann in Ackerland und Wälder über. Weit draußen liegt auch das grandiose Schloß Fontainebleau.

Arc de Triomphe

Opéra G

CHAMPS-ELYSEES UND INVALIDES
Seiten 100 f

Tour Eiffel

Musée d'Orsay

Der **Eiffelturm**, für die Weltausstellung von 1889 entworfen, war seinerzeit mehr als umstritten. Heute ist er das berühmteste Wahrzeichen der Stadt (siehe S. 109).

Das 1986 eröffnete **Musée d'Orsay** ist in einem ehemaligen Bahnhof untergebracht, der Ende des 19. Jahrhunderts errichtet wurde. Hier sind bedeutende Kunstwerke aus dem 19. und 20. Jahrhundert zu sehen, unter anderem Jean-Baptiste Carpeaux' Vier Weltteile (1867–72).

PARIS UND ILE DE FRANCE 69

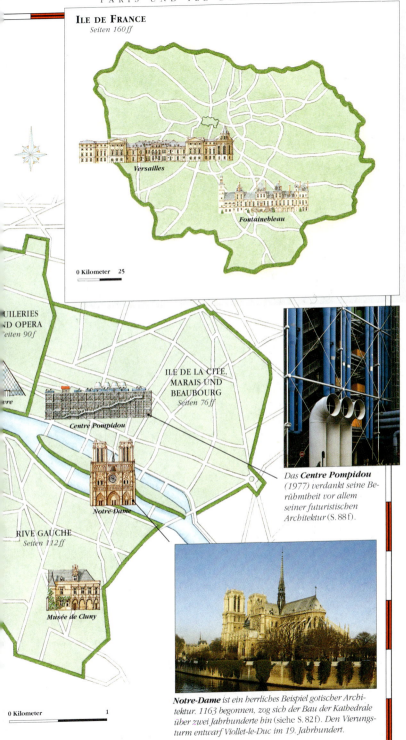

ILE DE FRANCE
Seiten 160ff

Versailles

Fontainebleau

0 Kilometer 25

UILERIES ND OPERA
Seiten 90f

ILE DE LA CITÉ, MARAIS UND BEAUBOURG
Seiten 76ff

Centre Pompidou

Notre-Dame

RIVE GAUCHE
Seiten 112ff

Musée de Cluny

0 Kilometer 1

Das **Centre Pompidou** (1977) verdankt seine Berühmtheit vor allem seiner futuristischen Architektur (S. 88f).

Notre-Dame ist ein herrliches Beispiel gotischer Architektur. 1163 begonnen, zog sich der Bau der Kathedrale über zwei Jahrhunderte hin (siehe S. 82f). Den Vierungsturm entwarf Viollet-le-Duc im 19. Jahrhundert.

PARIS PER SCHIFF

Skulptur auf dem Pont Alexandre III

Die französische Varietékünstlerin Mistinguett nannte die Seine einst eine »hübsche Blondine mit lachenden Augen«. Zweifellos vermag der Fluß zu betören, doch geht seine Beziehung zu der Stadt weit über einen Flirt hinaus.

Keine andere europäische Großstadt weist eine ähnlich enge Bindung zu »ihrem« Fluß auf wie Paris. Die Seine bildet den Dreh- und Angelpunkt des Lebens: Von ihr aus werden Entfernungen gemessen und Hausnummern gezählt. Sie teilt die Stadt in Rive Droite (Nordufer) und Rive Gauche (Südufer), die sich vom Charakter her deutlich unterscheiden. Eine zweite Trennungslinie ist historisch bedingt: Während der Ostteil der Stadt auf historischen Wurzeln gründet, wurde die Westhälfte vorwiegend im 19. und 20. Jahrhundert geprägt.

Fast alle erwähnenswerten Bauten der Stadt liegen entweder direkt an der Seine oder nur einen Steinwurf von ihr entfernt. Die Kais sind von eleganten Apartmenthäusern, prächtigen Stadtpalais, weltberühmten Museen und Denkmälern gesäumt.

Vor allem jedoch bedeutet der Fluß Leben. Jahrhundertelang war er die zentrale Verkehrsader der Stadt. Hat sich das hektische Treiben inzwischen auch auf die Straßen verlagert, gehört die Seine heute Lastkähnen und den berühmten *bateaux mouches*, Ausflugsbooten, die dem Besucher die Stadt aus einer ganz besonderen Perspektive zeigen.

Das **Quartier Latin** mit seinen Kais liegt am linken Seine-Ufer. Schon im Mittelalter von der Universität beherrscht, ist das Viertel nach den Studenten benannt, die seinerzeit Lateinisch sprechen mußten.

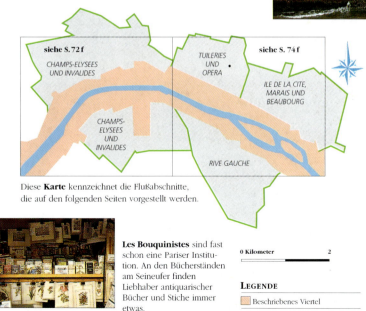

Diese **Karte** kennzeichnet die Flußabschnitte, die auf den folgenden Seiten vorgestellt werden.

Les Bouquinistes sind fast schon eine Pariser Institution. An den Bücherständen am Seineufer finden Liebhaber antiquarischer Bücher und Stiche immer etwas.

LEGENDE

Beschriebenes Viertel

◁ **Der Pont Alexandre III mit seinem reichen Skulpturenschmuck**

PARIS UND ILE DE FRANCE

Vom Pont de Grenelle zum Pont de la Concorde

DIE EINDRUCKSVOLLEN Bauten an diesem Flußabschnitt stammen größtenteils aus der Zeit Napoléons und der industriellen Revolution. Der Eleganz von Eiffelturm, Petit Palais und Grand Palais stehen jüngere Bauten wie das Palais de Chaillot und die Wolkenkratzer am linken Seine-Ufer kaum nach.

Palais de Chaillot
Der 1937 errichtete, spektakuläre Bau mit seinen kolonnadengeschmückten Flügeln beherbergt heute vier Museen, ein Theater und ein Kino (S. 106).

Das **Palais de Tokyo** ist Teil der Filmbibliothek. Der Figurenschmuck stammt von Bourdelle.

Den **Pont Bir-Hakeim** ziert ein dynamisches Standbild von Wederkinch.

Trocadéro

Bateaux parisiens Tour Eiffel

Vedettes de Paris Ile de France

Passerelle

Pont d'Iéna

Die **Maison de Radio France** (1960) ist ein imposanter Rundbau, in dem neben Aufnahmestudios auch ein Rundfunkmuseum untergebracht ist.

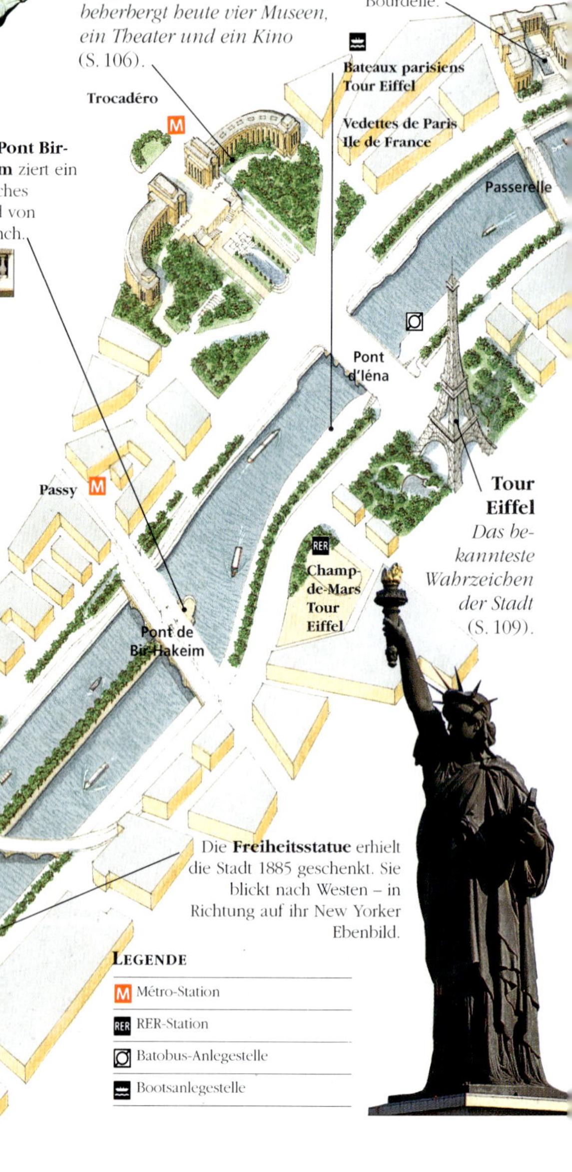

Passy

Champ-de-Mars Tour Eiffel

Pont de Bir-Hakeim

Tour Eiffel
Das bekannteste Wahrzeichen der Stadt (S. 109).

Prés.-Kennedy Radio-France

Die **Freiheitsstatue** erhielt die Stadt 1885 geschenkt. Sie blickt nach Westen – in Richtung auf ihr New Yorker Ebenbild.

Pont de Grenelle

LEGENDE

M	Métro-Station
RER	RER-Station
O	Batobus-Anlegestelle
	Bootsanlegestelle

PARIS PER SCHIFF   7 3

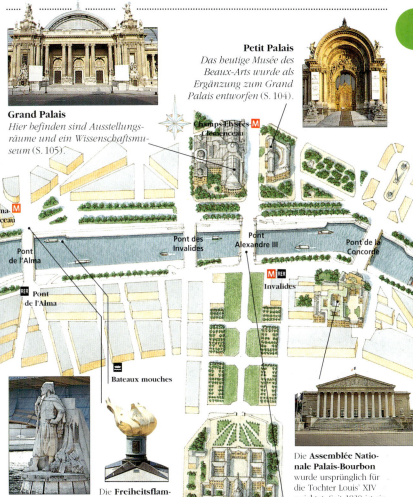

Grand Palais
Hier befinden sind Ausstellungsräume und ein Wissenschaftsmuseum (S. 105).

Petit Palais
Das heutige Musée des Beaux-Arts wurde als Ergänzung zum Grand Palais entworfen (S. 104).

Am **Zouave**, einer Statue am Hauptpfeiler der Brücke, läßt sich der Wasserstand ablesen.

Die **Freiheitsflamme** erinnert an die französische Résistance während des Zweiten Weltkriegs.

Die **Assemblée Nationale Palais-Bourbon** wurde ursprünglich für die Tochter Louis' XIV errichtet. Seit 1830 ist sie Sitz der Nationalversammlung des französischen Parlaments.

Dôme des Invalides
Blick vom Pont Alexandre III auf die Goldkuppel (S. 111). In der Krypta des Invalidendoms ist Napoléon beigesetzt.

Pont Alexandre III
Ausdrucksstarke Skulpturen zieren die prächtigste Brücke von Paris (S. 105).

Vom Pont de la Concorde zum Pont de Sully

AN DEN UFERN und auf den Inseln dieses Flußabschnitts liegt das historische Herz der Stadt. Die Ile de la Cité, der kulturelle Kern des mittelalterlichen Paris, spielt auch heute noch eine bedeutende Rolle im städtischen Leben.

Jardin des Tuileries
Ein symmetrisch angelegter Park (S. 94 f.)

Musée du Louvre
Bevor hier das größte Museum der Welt einzog, war der Louvre der weitläufigste Königspalast Europas (S. 96 ff.)

Musée de l'Orangerie
Dieses Museum besitzt eine herrliche Sammlung von Gemälden des 19. Jahrhunderts (S. 94).

Musée d'Orsay
Die Sammlung französischer Impressionisten ist in der umgebauten Bahnhofshalle untergebracht (S. 116 f).

Bateaux vedettes du Pont Neuf

BATOBUS

Der »schwimmende Bus« fährt von Mai–Sept.: tägl. 10–19 Uhr (Juli u. Aug. 21 Uhr), im 25 Min. Takt. Einstieg:
Tour Eiffel. Karte 6 D3. M Bir-Hakeim.
Musée d'Orsay. Karte 8 D2. M Assemblée Nationale.
Louvre. Karte 8 D2. M Palais Royal-Musée du Louvre.
Hôtel de Ville. Karte 9 B4. M Hôtel-de-Ville.
Notre-Dame. Karte 9 B4. M Saint-Michel.
Saint-Germain des Prés. Karte 8 E3. M Saint-Germain des Prés

Der **Pont des Arts** war die erste schmiedeeiserne Brücke der Stadt. 1804 wurde sie fertiggestellt.

In den ehemaligen Rändelräumen des **Hôtel des Monnaies**, der 1778 errichteten Münze, befindet sich eine umfangreiche Münz- und Medaillensammlung.

PARIS PER SCHIFF

SIGHTSEEINGFAHRTEN AUF DER SEINE

Vedettes du Pont Neuf

Bateaux vedettes Pont Neuf Seine-Fahrt
Ablegestelle ist:
Square du Vert-Galant
(Pont Neuf). **Karte** 8 F3.
01 53 00 98 98. M
Pont-Neuf. RER Châtelet.
24, 27, 58, 67, 70, 72, 74, 75. **Abfahrt** März–Okt tägl. 10.30, 11.15, 12, (alle 45 Minuten) 13.30–18.30, 21–22.30 Uhr (alle 30 Min.); Nov–März tägl. 10.30, 11.15, 12, 14–17.45 Uhr (alle 45 Min.).
Dauer 1 Stunde.

BATEAUX-MOUCHES

Bateaux mouches Seine-Fahrt
Ablegestelle ist:
Pont de l'Alma. Karte 6 F1.
01 42 25 96 10. M
Alma-Marceau. RER Pont de l'Alma. 42, 63, 72, 80, 92. **Abfahrt** März–Nov tägl. 10–22.30 Uhr (alle 30 Min.); Nov–März 11, 14.30, 16, 21 Uhr (zusätzl. Abfahrten Sa, So u. Feiertage). **Dauer** ca. 75 Min. **Lunchfahrt** Apr–Okt Di–So 13 Uhr; Nov–März Fr–So 12.45 Uhr **Dinnerfahrt** tägl. 20.30 Uhr. Bateaux mouches sind die größten Seine-Schiffe.

ILE de FRANCE

Vedettes de Paris Ile de France Seine-Fahrt
Ablegestelle ist:
Pont d'Iéna. Karte 6 D2.
01 47 05 71 29 und 01 45 50 23 79. M Bir-Hakeim. RER Champ-de-Mars-Tour Eiffel. 22, 30, 32, 44, 63, 69, 72, 82, 87. **Abfahrt** Apr–Okt tägl. 10–11.30 Uhr (alle 30 Min.), Nov–März Mo–Fr 11–18 Uhr (stündlich); Sa, So 11–20 Uhr (alle 30 Min.) **Dauer** 1 Stunde.
Vedettes sind kleinere Boote mit großen Panoramafenstern.

BATEAUX PARISIENS

Bateaux parisiens Tour Eiffel Seine-Fahrt
Ablegestelle ist:
Pont d'Iéna. Karte 6 D2.
01 44 11 33 44. M Trocadéro, Bir-Hakeim. RER Champ-de-Mars-Tour Eiffel. 42, 82, 72. **Abfahrt** März–Sep tägl. 10–22.30 Uhr (alle 30 Min.); Okt–Feb tägl.10–21 Uhr (stündlich), **Lunchfahrt** tägl. 12.30 Uhr. **Dinnerfahrt** tägl. 20 Uhr. **Dauer** ca. 150 Min. Anzug und Krawatte obligatorisch.
Bateaux parisiens sind eine luxuriösere Version der Bateaux mouches.

Ile de la Cité
Bereits um 200 v. Chr. siedelten die ersten Menschen auf dieser Insel – ein keltischer Volksstamm mit dem Namen Parisii (S. 78f).

Conciergerie
Während der Revolution war dieses Gebäude mit seinen markanten Türmen ein berüchtigtes Gefängnis (S. 79).

Die **Ile St-Louis** gilt seit dem 17. Jahrhundert als eine der vornehmsten Adressen der Stadt.

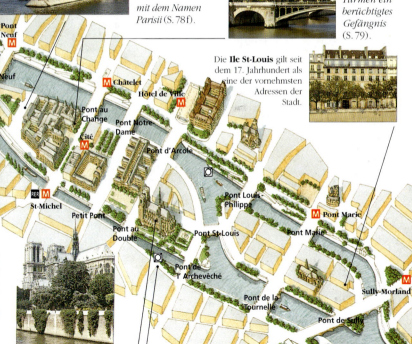

Notre-Dame
Hoheitsvoll überblickt die Kathedrale den Fluß (S. 82f). Bateaux parisiens

Ile de la Cité, Marais und Beaubourg

Das rechte Seine-Ufer wird vom Forum des Halles und dem Centre Pompidou dominiert, die Beaubourg zum beliebten Treffpunkt für Touristen und Einheimische gemacht haben. Unter den neuen Beton- und Glaskuppeln der ehemaligen Großmarkthalle liegen die Boutiquen, in denen sich das junge Paris einkleidet. Von Les Halles scheinen alle Straßen zum Centre Pompidou zu führen, einer avantgardistischen Konstruktion aus Röhren, Kabelkanälen und Metall, die das Musée d'Art Moderne beherbergt. In den umliegenden Straßen befinden sich jede Menge Galerien.

Der angrenzende Marais, ehemals Wohnviertel des Hochadels, verfiel nach der Revolution von 1789 zu architektonischem Ödland und wurde erst in den 60er Jahren wiederentdeckt. Obwohl er inzwischen zu den vornehmsten Adressen zählt und die Mieten stiegen, konnten sich im Marais einige kleine Cafés, Bäckereien und Handwerker halten.

Notre-Dame, Palais de Justice und Sainte-Chapelle sind die Hauptattraktionen der Ile de la Cité geblieben, die dem wachsenden Verkehrsaufkommen jedoch hohen Tribut zollen mußte. Am östlichen Ende führt eine Brücke zur Ile St-Louis, die sich, einstmals morastiges Weideland, bald zu einer bevorzugten Wohngegend mit hübschen baumgesäumten Kais entwickelte.

Wappen und Motto der Stadt Paris

Sehenswürdigkeiten auf einen Blick

Museen und Galerien
Crypte Archéologique ❺
Hôtel de Sens ❽
Hôtel de Soubise ⓮
Maison de Victor Hugo ⓲
Musée Carnavalet ⓰
Musée Picasso ⓯
Centre Pompidou S. 88f ⓭

Historische Gebäude
Conciergerie ❷
Hôtel-de-Ville ❿
Palais de Justice ❸
Tour St-Jacques ⓫

Plätze
Place de la Bastille ⓳
Place des Vosges ⓱

Kirchen
Notre-Dame S. 82f ❻
Sainte-Chapelle ❹
St-Eustache ⓬
St-Gervais–St-Protais ❾
St-Louis-en-l'Ile ❼

Brücken
Pont Neuf ❶

Anfahrt
Hier liegen die Métro-Stationen Châtelet, Hôtel-de-Ville und Cité. Die Buslinien 47 und 29 durchqueren Beaubourg bzw. den Marais. Über die Ile de la Cité und die Ile St-Louis fahren mehrere Buslinien.

Legende
- Detailkarte *S. 78f*
- Detailkarte *S. 84f*
- **M** Métro-Station
- Batobus-Anlegestelle
- **P** Parken
- **RER** RER-Station

◁ **Blick vom Pont des Arts auf den Pont Neuf und die Ile de la Cité**

Im Detail: Ile de la Cité

Auf der Ile de la Cité liegen die Anfänge von Paris. Im 3. Jahrhundert v. Chr. besiedelten keltische Stämme die ovale Seine-Insel, und nach einem davon, den Parisii, wurde schließlich die Stadt benannt. Die Insel bot einen idealen Brückenkopf zwischen Nord- und Südgallien und ließ sich darüber hinaus gut verteidigen. Später bauten Römer, Franken- und Kapetingerkönige die Siedlung aus, die heute das Herz der Stadt bildet.

Reste der alten Bauten sind heute noch in der Krypta der herrlichen mittelalterlichen Kathedrale Notre-Dame zu sehen. Am anderen Ende der Insel liegt Sainte-Chapelle, ein weiteres Meisterwerk gotischer Architektur.

★ Conciergerie
In diesem finsteren Gebäude schmachteten während der Revolution viele Gefangene. ❷

Der **Marché aux Fleurs et Oiseaux** auf der Place Louis-Lépine ist einer der größten Blumenmärkte von Paris. Sonntags werden auch Vögel und andere Haustiere gehandelt.

Zum Pont Neuf

★ Sainte-Chapelle
Seine Berühmtheit verdankt dieses Juwel gotischer Baukunst den herrlichen Buntglasfenstern. ❹

Palais de Justice
Der ehemalige Königspalast, dessen Geschichte 1600 Jahre zurückreicht, beherbergt heute verschiedene Gerichtshöfe. ❸

Vom **Point Zéro** (Nullpunkt) aus werden alle Straßenentfernungen in Frankreich gemessen.

Zum Quarter Latin

Crypte Archéologique
Unter dem Platz liegen die Überreste von 2000 Jahre alten Gebäuden. ❺

Nicht versäumen

★ Notre-Dame

★ Sainte-Chapelle

★ Conciergerie

Legende

– – – Routenempfehlung

ILE DE LA CITE, MARAIS UND BEAUBOURG

Das **Hôtel-Dieu**, ein Krankenhaus, wurde 651 n. Chr. vom damaligen Bischof von Paris gegründet.

ZUR ORIENTIERUNG
Siehe Kartenteil Paris, Karten 8, 9

★ **Notre-Dame**
Diese Kathedrale ist ein Meisterwerk mittelalterlicher französischer Architektur. ❻

Die Ausstellungsstücke des 1951 gegründeten **Musée Notre-Dame** illustrieren die Geschichte der Kathedrale.

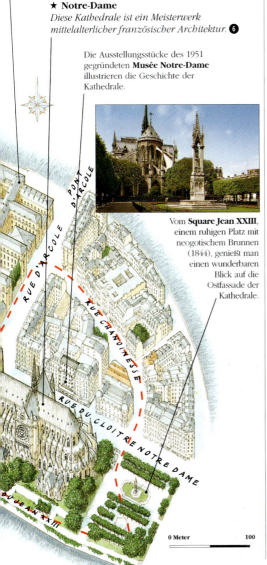

Vom **Square Jean XXIII**, einem ruhigen Platz mit neogotischem Brunnen (1844), genießt man einen wunderbaren Blick auf die Ostfassade der Kathedrale.

Pont Neuf, älteste Brücke der Stadt

Pont Neuf ❶

75001. **Karte** 8 F3. Ⓜ Pont-Neuf, Cité.

TROTZ SEINES Namens (Neue Brücke) ist der Pont Neuf, den bedeutende Schriftsteller und Maler unsterblich gemacht haben, die älteste Brücke der Stadt. Den Grundstein legte Henri III 1578, eingeweiht und getauft wurde der Pont dann jedoch 1607 von Henri IV, dessen Statue auch den mittleren Brückenteil ziert.

Conciergerie ❷

1, quai de l'Horloge 75001. **Karte** 9 A3. ☎ 01 53 73 78 50. Ⓜ Cité. ⓞ April–Sep tägl. 9.30–18 Uhr; Okt–März tägl. 10–17 Uhr (letzter Einlaß 30 Min vor Schließung). **Geschl.** 1. Jan, 1. Mai, 1. u. 11. Nov, 25. Dez. ⓞ ⓞ tägl. 11Uhr, 15 Uhr. ⓞ

HEUTE TEIL DES RIESIGEN Justizpalast-Komplexes, diente die Conciergerie 1391–1914 als Gefängnis. 1610 wurde hier François Ravaillac, der Mörder Henris IV, gefangengehalten und gefoltert.
   Zur Revolution saßen in der Conciergerie über 4000 Gefangene, darunter auch Marie-Antoinette, die in einer Mini-Zelle auf ihre Hinrichtung im Jahre 1793 wartete. Insassin war hier auch Charlotte Corday, die den Revolutionär Marat in der Badewanne erstochen hatte.
   In der prachtvollen gotischen Salle des Gens d'Armes wohnten einst die königlichen Garden. Bei der Renovierung im 19. Jahrhundert blieben die Folterkammer (11. Jh.), der Bonbec-Turm sowie der Uhrenturm (14. Jh.) erhalten.

Skulpturenrelief am Palais de Justice

Palais de Justice ❸

4, boulevard du Palais (Eingang: Sainte-Chapelle) 75001. **Karte** 9 A3. 01 44 32 50 00. Cité. Mo–Fr 8.30–18 Uhr.

Der monumentale Gebäudekomplex des Justizpalastes erstreckt sich über die gesamte Breite der Ile de la Cité. Mit seinen gotischen Türmen bietet er einen beeindruckenden Anblick. Die schon zur Zeit der Römer bebaute Stätte diente als königliche Residenz, bis Charles V nach einer blutigen Revolte den Hof 1358 in den Marais verlegte. Im April 1793 begann das Revolutionstribunal von der Première Chambre Civile (dem Obersten Gerichtshof) aus Recht zu sprechen. Heute verkörpert der Ort Napoléons bedeutendstes Vermächtnis – das französische Gesetzeswesen. Touristen sind bei den meist öffentlichen Verhandlungen zugelassen.

Crypte Archéologique ❺

1 Place du Parvis-Notre-Dame 75004. **Karte** 9 A4. 01 43 29 83 51. Cité. April–Sep tägl. 10–17.30 Uhr, Okt–März tägl. 10–17 Uhr. **Geschl.** 1. Jan, 1. Mai, 1. u. 11. Nov., 25. Dez.

Unter dem *parvis* (Vorplatz) von Notre-Dame liegt die 120 m lange Krypta, die 1980 als Archäologiemuseum öffentlich zugänglich gemacht wurde.

Die Gebäude und Straßen, die hier zu sehen sind, datieren meist aus der gallorömischen Zeit. Erhalten sind Teile der Stadtmauer von Lutetia (3. Jh. v. Chr.) und Reste der ersten Kathedrale. Modelle erläutern die Entwicklung der Stadt seit ihren Ursprüngen als Siedlung der keltischen Parisii (3. Jh. n. Chr.).

Notre-Dame ❻

Siehe S. 82 f.

Sainte-Chapelle ❹

4, boulevard du Palais 75001. **Karte** 9 A3. 01 53 73 78 51. Cité. Apr–Sep tägl. 9.30–18.30 Uhr; Okt–März tägl. 10–17 Uhr. **Geschl.** 1. Jan, 1. Mai, 1. u. 11. Nov, 25. Dez.

Zeitlos und zauberhaft, wird die Sainte-Chapelle zu den größten architektonischen Meisterwerken der westlichen Welt gerechnet. Den Gläubigen des Mittelalters galt diese Kirche als »Tor zum Himmel«.

Noch heute überwältigt die Leuchtkraft der 15 Buntglasfenster jeden Besucher. Schlanke Strebepfeiler, die 15 Meter hoch in die sternenübersäte Decke ragen, betonen die vertikale Leichtigkeit der Oberen Kapelle. In einem Kaleidoskop aus Rot, Gold, Grün und Blau illustrieren die Fenster mehr als tausend biblische Szenen. Von links (Nähe Eingang) beginnend, können Sie die Heilige Schrift von der Genesis über die Kreuzigung bis hin zur Apokalypse verfolgen.

Louis IX ließ die Doppelkapelle 1248 bauen, um darin die Dornenkrone und Splitter vom Kreuz Christi (heute in der Schatzkammer von Notre-Dame) zu verwahren. Der fromme König, der später wegen seiner guten Taten heiliggesprochen wurde, hatte die angeblichen Reliquien dem Kaiser von Konstantinopel abgekauft und dafür das Dreifache dessen bezahlt, was der gesamte Bau der Sainte-Chapelle kostete.

Die Kirche setzt sich aus zwei getrennten Kapellen zusammen: In der etwas düsteren Unteren Kapelle beteten Diener und Bürgerliche, während die herrliche Obere Kapelle, die man über eine schmale Wendeltreppe erreicht, der königlichen Familie und ihrem Gefolge vorbehalten war. Eine versteckte Fensteröffnung erlaubte es dem König, unbeobachtet am Gottesdienst teilzunehmen.

Während der Revolution wurde der Bau stark beschädigt und als Lagerraum benutzt. Ein Jahrhundert später renovierte der Architekt Viollet-le-Duc die Kirche.

Heute finden hier Konzerte statt, die von der großartigen Akustik der Kapelle profitieren.

Der Innenraum von Sainte-Chapelle

ILE DE LA CITE, MARAIS UND BEAUBOURG 81

St-Louis-en-l'Ile ❼

19, bis rue St-Louis-en-l'Ile 75004.
Karte 9 C4. 📞 *01 46 34 11 60.* Ⓜ
Pont Marie. 🕐 *Di–So 9–12 Uhr,
15–19 Uhr.* **Geschl.** *Feiertage.*

DER KÖNIGLICHE Architekt Louis Le Vau entwarf die Pläne für diesen klassizistischen Bau. 1664 begonnen, wurde die Kirche 1726 vollendet und geweiht. Besondere Beachtung verdienen die Eisenglocke (1741) am Eingang sowie die eiserne Turmspitze.

Das barocke Innere präsentiert eine Statue des heiliggesprochenen Königs Louis IX mit Kreuzfahrerschwert. 1926 wurde im nördlichen Seitenschiff eine Tafel mit der Inschrift: »Zum Andenken an St Louis, zu dessen Ehren die Stadt St Louis, Missouri, USA, ihren Namen trägt« angebracht. St-Louis-en-l'Ile ist die Partnerkirche der Kathedrale von Karthago, in der der Heilige beigesetzt ist.

In der Kirche St-Louis-en-l'Ile

Hôtel de Sens ❽

1, rue du Figuier 75004. **Karte** 9 C4.
📞 *01 42 78 14 60.* Ⓜ *Pont Marie.*
🕐 *Di–Fr 13.30–20.15 Uhr, Sa
10–20.15 Uhr.* **Geschl.** *Feiertage.*

EINES DER WENIGEN mittelalterlichen Gebäude, die in Paris erhalten geblieben sind, ist das Hôtel de Sens, Sitz der Kunstbibliothek Forney. Im 16. Jahrhundert wurde das Palais befestigt und diente anschließend den Bourbonen, den Guises und Kardinal de Pellevé als Residenz.

St-Gervais–St-Protais ❾

Place St-Gervais 75004. **Karte** 9 B3.
📞 *01 48 87 32 02.* Ⓜ *Hôtel-de-Ville.*
🕐 *Mo–Fr 6–21 Uhr, Sa u. So 7–20 Uhr.*

DIE URSPRÜNGE dieser bemerkenswerten Kirche reichen in das 6. Jahrhundert zurück. Benannt ist sie nach zwei römischen Soldaten, die unter Nero den Märtyrertod erlitten. 1621 vollendet, besitzt sie die älteste klassizistische Fassade der Stadt – mit einem Arrangement dorischer, ionischer und korinthischer Säulen.

Die dahinterliegende spätgotische Kirche ist Kennern geistlicher Musik ein Begriff. Für ihre Orgel komponierte François Couperin (1668–1733) seine beiden Messen.

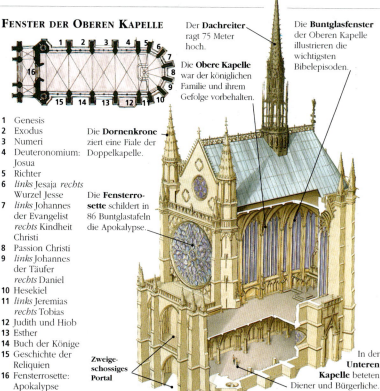

FENSTER DER OBEREN KAPELLE

1. Genesis
2. Exodus
3. Numeri
4. Deuteronomium: Josua
5. Richter
6. *links* Jesaja *rechts* Wurzel Jesse
7. *links* Johannes der Evangelist *rechts* Kindheit Christi
8. Passion Christi
9. *links* Johannes der Täufer *rechts* Daniel
10. Hesekiel
11. *links* Jeremias *rechts* Tobias
12. Judith und Hiob
13. Esther
14. Buch der Könige
15. Geschichte der Reliquien
16. Fensterrosette: Apokalypse

Der **Dachreiter** ragt 75 Meter hoch.

Die **Obere Kapelle** war der königlichen Familie und ihrem Gefolge vorbehalten.

Die **Buntglasfenster** der Oberen Kapelle illustrieren die wichtigsten Bibelepisoden.

Die **Dornenkrone** ziert eine Fiale der Doppelkapelle.

Die **Fensterrosette** schildert in 86 Buntglastafeln die Apokalypse.

Zweigeschossiges Portal

In der **Unteren Kapelle** beteten Diener und Bürgerliche.

Notre-Dame

KEIN ANDERES BAUWERK ist mit der Geschichte von Paris enger verbunden als Notre-Dame. Den Auftrag zum Bau der Kathedrale erteilte 1159 der Bischof von Sully. Mit der Grundsteinlegung 1163 begannen für zahllose gotische Architekten und Steinmetze zwei mühevolle Jahrhunderte. Seither war die Kathedrale Zeuge großer Ereignisse der französischen Geschichte und hat unter anderem die Krönung Henrys VI (1422) und Napoléons (1804) gesehen. Während der Revolution wurde der Bau entweiht und zum Tempel der Vernunft erklärt. Im 19. Jahrhundert nahm Viollet-le-Duc größere Renovierungsarbeiten vor, in deren Rahmen auch Dachreiter und Wasserspeier ergänzt wurden.

★ **Westfassade**
Die wunderschön proportionierte Westfassade ist ein Glanzstück der französischen Gotik.

387 Stufen führen zur Spitze des Südturms, der die berühmte Emmanuel-Glocke beherbergt.

★ **Galerie des Chimères**
Die grotesken Wasserspeier (chimères) blicken hämisch von der Fassade herab.

★ **Westliche Fensterrosette**
Das Fenster zeigt Maria in einem Medaillon aus Rot- und Blautönen.

NICHT VERSÄUMEN

- ★ **Westfassade und Portale**
- ★ **Strebewerk**
- ★ **Fensterrosetten**
- ★ **Galerie des Chimères**

Die 28 Figuren der **Königsgalerie** stellen die Könige Judas dar.

Marienportal
Die Muttergottes mit Heiligen und Königen wurde im 13. Jahrhundert gefertigt.

ILE DE LA CITE, MARAIS UND BEAUBOURG 83

★ Strebewerk
Jean Ravys spektakuläre Strebebogen am östlichen Ende des Gotteshauses besitzen eine Spannweite von 15 Metern.

INFOBOX

6, place du Parvis-Notre-Dame. **Karte** 9 B4. 01 42 34 56 10. *Cité.* 21, 38, 85, 96 zur Ile de la Cité. *Notre-Dame.* Place du Parvis. tägl. 8–18.45 Uhr. **Türme** tägl. 9.30–17.30 Uhr (Winter), tägl. 9.30–18 Uhr (Sommer). Mo–Sa 8, 9, 12, 18.15 Uhr; So 8, 8.45, 10, 11.30, 12.30, 18.30 Uhr.

Der **Dachreiter**, ein Entwurf Viollet-le-Ducs, ragt 90 Meter empor.

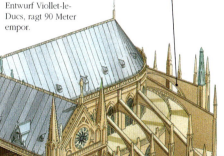

Blick ins Kircheninnere
Der Blick vom Haupteingang umfaßt das hochgewölbte Hauptschiff, Chor und Hochaltar.

Das **Querschiff** wurde im 13. Jahrhundert, zu Beginn der Regierungszeit von Phillipe II Auguste, errichtet.

In der **Schatzkammer** werden die Kostbarkeiten der Kathedrale aufbewahrt, darunter alte Handschriften und Reliquienschreine.

★ Südliche Fensterrosette
Dieses Fenster an der Südfassade mit einer Darstellung Christi in seiner Mitte ist stattliche 13 Meter hoch.

Die »Maibilder«
Zum 1. Mai stifteten die Pariser Zünfte 1630 bis 1707 alljährlich ein neues Marienbild. Die bekanntesten stammen von Charles Le Brun und Le Sueur.

Im Detail: Marais

Dank seiner Nähe zum Louvre, der Lieblingsresidenz Charles' V, gewann dieses ehemalige Sumpfgebiet (*marais* heißt Sumpf) ständig an Bedeutung. Seine Blütezeit erlebte es im 17. Jahrhundert, als es zur bevorzugten Adresse der vermögenden Klasse aufstieg. Damals entstanden jene herrschaftlichen Wohnhäuser oder *hôtels*, die noch heute den Marais prägen. Viele dieser Bauten wurden restauriert und beherbergen heute Museen.

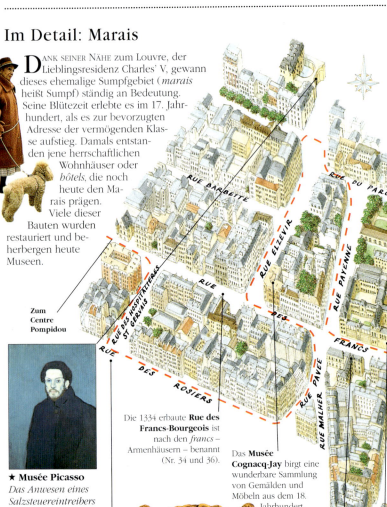

Zum Centre Pompidou

★ **Musée Picasso**
Das Anwesen eines Salzsteuereintreibers aus dem 17. Jahrhundert bildet den angemessenen Rahmen für die umfangreichste Picasso-Sammlung der Welt. ⓯

Die 1334 erbaute **Rue des Francs-Bourgeois** ist nach den *francs* – Armenhäusern – benannt (Nr. 34 und 36).

Das **Musée Cognacq-Jay** birgt eine wunderbare Sammlung von Gemälden und Möbeln aus dem 18. Jahrhundert.

Im 1584 errichteten **Hôtel de Lamoignon** ist die historische Bibliothek der Stadt untergebracht.

Die **Rue des Rosiers** im Herzen des jüdischen Viertels wird von Wohnhäusern, Geschäften und Restaurants gesäumt. Die meisten Bauten datieren aus dem 18. Jahrhundert.

Legende

- - - - Routenempfehlung

0 Meter   100

★ **Musée Carnavalet**
Das weitläufige Museum (es umfaßt zwei große Palais) illustriert die Geschichte der Stadt seit der Zeit der Römer. ⓰

ILE DE LA CITE, MARAIS UND BEAUBOURG 85

★ **Place des Vosges**
Erschöpfte Touristen finden an diesem hübschen Platz eine Oase der Ruhe. ⑰

Zur Orientierung
Siehe Kartenteil Paris, Karten 9, 10

Maison de Victor Hugo
Der Dichter wohnte an der Place des Vosges Nr. 6, wo heute ein Museum an ihn erinnert. ⑱

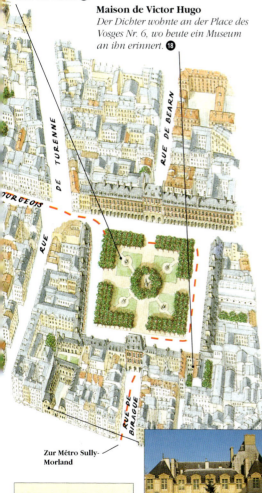

Zur Métro Sully-Morland

Nicht versäumen

★ Musée Picasso

★ Musée Carnavalet

★ Place des Vosges

Das **Hôtel de Sully** mit Orangerie und schönem Hof stammt aus der Renaissance.

Hôtel de Ville ❿

Place de l'Hôtel-de-Ville 75004. **Karte** 9 B3. ℡ 01 42 76 50 49. Ⓜ Hôtel-de-Ville. Nur mit Anmeldung. **Geschl.** Feiertage, offizielle Anlässe.

Das Hôtel de Ville, Sitz der Stadtverwaltung, wurde im 19. Jahrhundert im Stil des 1871 niedergebrannten Rathauses wiederaufgebaut. Seine mit figurengeschmückten Fassade und Türmchen stellen ein schönes Beispiel für die Architektur der Dritten Republik dar.

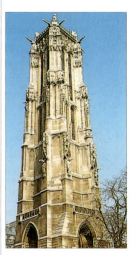

Die Tour St-Jacques (16. Jh.)

Tour St-Jacques ⓫

Square de la Tour-St-Jacques 75004. **Karte** 9 A3. Ⓜ Châtelet. **Kein Publikumsverkehr**.

Der spätgotische Turm (1522) ist der einzig erhaltene Teil einer mittelalterlichen Kirche, die seinerzeit als Sammelplatz für Wallfahrten nach Santiago de Compostela diente. Revolutionäre zerstörten das Gotteshaus 1797.

Vorher hatte Blaise Pascal, Philosoph, Mathematiker, Physiker und Schriftsteller, in dem Turm barometrische Versuche durchgeführt. Am Fuße des Baus, der heute eine Wetterstation beherbergt, erinnert eine Statue an den Wissenschaftler.

St-Eustache ⓬

Place du Jour 75001. **Karte** 9 A1.
☎ 01 42 36 31 05. Ⓜ *Les Halles.*
🚆 *Châtelet-Les-Halles.* ⏰ Mo–Sa
9–19 Uhr, So 9.15–13, 15–19 Uhr.

MIT IHREM GOTISCHEN Grundriß und der Renaissanceausstattung zählt St-Eustache zu den schönsten Kirchen von Paris. Ihr eindrucksvoller, fünfschiffiger Innenraum ist Notre-Dame nachempfunden. Die 105jährige Bauzeit (1532–1637) der Kirche fiel in die Blüte der Renaissance, was sich in den harmonischen Bogen, Pfeilern und Säulen spiegelt.

St-Eustache war Schauplatz bedeutender Zeremonien. Kardinal Richelieu und Madame de Pompadour wurden hier getauft, der Fabeldichter La Fontaine, Colbert (Erster Minister unter Louis XIV), der Dramatiker Molière, der Komponist Rameau und der Revolutionsanhänger Mirabeau wurden hier beigesetzt. 1855

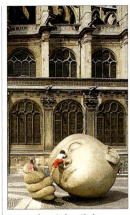

St-Eustache mit dem Skulpturenkopf *L'Ecoute* von Henri de Miller

erlebte die Kirche die Uraufführung von Berlioz' *Te Deum*, 1866 von Liszts *Messe solenelle*. Heute ist St-Eustache für Orgelkonzerte (Juni und Juli) sowie regelmäßige Choraufführungen berühmt.

Centre Pompidou ⓭

Siehe S. 88 f.

Hôtel de Soubise ⓮

60, rue des Francs-Bourgeois 75003.
Karte 9 C2. ☎ 01 40 27 61 78. Ⓜ *Rambuteau.* ⏰ Mi–Mo 12–18.45 Uhr.
Geschl. Feiertage.

DAS REPRÄSENTATIVE Palais, 1705–09 für die Princesse de Rohan erbaut, beherbergt heute einen Teil des Nationalarchivs (der andere befindet sich im Hôtel de Rohan). Sehenswert sind der Innenhof und die Innenausstattung, an der berühmte Künstler des 18. Jahrhunderts mitwirkten.

Natoires Rocaillearbeiten im Schlafzimmer der Prinzessin gehören heute zum Musée de l'Histoire de France, das auch hier untergebracht ist. Unter den Exponaten auch Napoléons Testament.

Musée Picasso ⓯

Hôtel Salé, 5 rue de Thorigny. **Karte** 10 D2. ☎ 01-2 71 25 21. Ⓜ *St-Sébastien Froissart.* ⏰ Okt–März Mi–Mo 9.30–17.30 Uhr, April–Sep Mi–Mo 9.30–18 Uhr. **Geschl.** 1. Jan, 25. Dez.
🅿 📷 ♿ nach Vereinbarung.

MIT DEM TOD Pablo Picassos (1881–1973), der größtenteils in Frankreich gelebt hatte, fiel – anstelle von Erbschaftssteuern – rund ein Viertel seiner Arbeiten an den französischen Staat. Dieser richtete damit das Musée Picasso ein, das 1986 eröffnet wurde. Es ist im Hôtel Salé untergebracht, das, 1656 für den Salzsteuereintreiber Aubert de Fontenay erbaut, zu den hübschesten Häusern des Marais zählt.

Die Sammlung, die mehr als 200 Gemälde, 158 Skulpturen, 88 Keramiken und rund 3000 Zeichnungen und Radierungen umfaßt, zeigt die Schaffensbreite des Künstlers und bietet auch einen guten Überblick über sein Werk.

Glanzlichter der Sammlung sind: Picassos *Selbstporträt* aus der Blauen Periode, das er im Alter von zwanzig Jahren malte, Studien für sein Meister-

Lesende Frau (1932) von Pablo Picasso

werk *Les Demoiselles d'Avignon*, *Stilleben mit Flechtstuhl*, das die Technik der Collage in den Kubismus einführte, das neoklassizistische *Flöten des Pan* sowie *Die Kreuzigung*.

Ausgestellt sind auch Gemälde von Rousseau, Renoir, Cézanne, Braque, Balthus, Miró und Matisse, die aus Picassos Privatsammlung stammen.

Obergeschoß

Eingang

Untergeschoß

ILE DE LA CITE, MARAIS UND BEAUBOURG   87

Musée Carnavalet ⓰

23, rue de Sevigné 75003. **Karte** 10 D3.
📞 01 42 72 21 13. Ⓜ St-Paul. ⓿
Di–So 10–17.40 Uhr. **Geschl.** Feiertage.
🎨 📷 🎟 Di 13.30, So 14.15 Uhr.

So umfangreich ist die Sammlung, die die Geschichte der Stadt seit der Zeit der Römer abdeckt, daß sie zwei Paläis

Ein prachtvolles Deckengemälde (17. Jh.) von Charles Le Brun

LEGENDE

☐ Gemälde
☐ Zeichnungen
☐ Skulpturengarten
☐ Keramiken
☐ Keine Ausstellungsfläche

KURZFÜHRER

Der Rundgang beginnt im Obergeschoß mit der Blauen und Rosa Periode, kubistischen und neoklassizistischen Gemälden. Im Erdgeschoß sind Arbeiten ausgestellt, die Picasso in den späten 20er und 30er Jahren sowie von Mitte der 50er Jahre bis 1973 geschaffen hat. Keramiken, Zeichnungen und Werke der Kriegsjahre sehen Sie im Untergeschoß.

Erdgeschoß

♿ **Eingang**

füllt. Zu bewundern sind hier vollständig ausgestattete Räume – mit Stilmöbeln und Kunstobjekten. Viele Gemälde und Skulpturen stellen Persönlichkeiten dar, und anhand von Stichen kann der Besucher die Baugeschichte von Paris nachvollziehen.

Das Hôtel Carnavalet ließ sich Nicolas Dupuis 1548 als Stadtpalais errichten. Die Schriftstellerin Madame de Sévigné wohnte von 1677 bis 1696 in dem Haus und hielt hier ihre literarischen Zirkel für die Pariser Intelligenz ab. Im Obergeschoß, das der Ära Louis' XIV gewidmet ist, sind Stücke aus ihrem Besitz zu sehen.

Das 1989 eröffnete, benachbarte Hôtel le Peletier (17. Jh.) enthält Rekonstruktionen von Mobiliar der Jahrhundertwende. Es birgt Artefakte aus der Zeit der Revolution und Napoléons und eine Kopie von Prousts Schlafzimmer.

Place des Vosges ⓱

75003, 75004. **Karte** 10 D3.
Ⓜ Bastille, St-Paul.

Die 1605 von Henri IV angelegte, symmetrische Place des Vosges gilt als einer der schönsten Plätze der Welt und wird von Besuchern wie Parisern gleichermaßen geschätzt. Die 36 Häuser – neun auf jeder Seite – sind über Arkaden errichtet, in denen heute Antiquitätengeschäfte und Cafés auf Kunden warten. Im Laufe der Jahrhunderte war der Platz Zeuge großer Ereignisse. Unter anderem fanden hier 1615 die Feierlichkeiten zur Hochzeit von Louis XIII mit Anna von Österreich statt.

Maison de Victor Hugo ⓲

6, place des Vosges 75004. **Karte** 10 D4. 📞 01 42 72 10 16. Ⓜ Bastille.
⓿ Di–So 10–17.40 Uhr. **Geschl.** Feiertage. 🎨 🎟 nach Vereinbarung.

Zwischen 1832 und 1848 lebte der französische Dichter, Dramatiker und Romancier im zweiten Stock des ehemaligen Hôtel Rohan-Guéménée, dem größten Haus am Platz. Hier verfaßte er größere Abschnitte der *Elenden* und vollendete andere Werke. Das Museum zeigt Rekonstruktionen eines Teils seiner Wohnung, mit Schreibtisch und selbstgefertigten Möbeln, sowie Zeichnungen aus seiner Feder und Erinnerungsstücke an sein Leben – von der Kindheit bis zum Exil der Jahre 1852 bis 1870.

Marmorbüste Victor Hugos von Auguste Rodin

Place de la Bastille ⓳

75004. **Karte** 10 E4. Ⓜ Bastille.

Von jenem berühmt-berüchtigten Gefängnis, das der revolutionäre Mob am 14. Juli 1789 stürmte, steht kein Stein mehr. Die 52 Meter hohe Colonne de Juillet im Zentrum des vielbefahrenen Platzes erinnert an die Opfer der Julirevolution des Jahres 1830. An der Südseite des Platzes (120, rue de Lyon) sehen Sie den umstrittenen Bau der **Opéra Bastille**, die 1989 zur Zweihundertjahrfeier der Revolution eröffnet wurde.

Der »Genius der Freiheit« krönt die Colonne de Juillet

Centre Pompidou ⑬

BEIM CENTRE POMPIDOU ist das Innere nach außen gekehrt: Rolltreppen und Aufzüge, Belüftungsröhren und Wasserleitungen und die massigen Stahlstreben, die den Bau tragen – sie alle liegen offen sichtbar an der Außenseite. Dieser Kunstgriff der Architekten Richard Rogers, Renzo Piano und Gianfranco Franchini schafft im Inneren weite, frei gestaltbare Ausstellungsflächen. Im Museum finden sich u.a. Matisse, Picasso, Miró und Pollock, bedeutende Repräsentanten des Fauvismus, Kubismus und Surrealismus. Während der zur Zeit stattfindenden Renovierungsarbeiten werden viele Werke an Museen der ganzen Welt verliehen. Das Atelier Brancusi in der Piazza hat uneingeschränkt geöffnet.

Das scheinbare **Durcheinander** von Glas und Stahl ist eine große Touristenattraktion. 1977 erbaut, zieht das Kunstzentrum jährlich Millionen Besucher an.

Mobile auf zwei Ebenen *(1955)*
Der zeitgenössische amerikanische Künstler Alexander Calder erhob das Mobile zu einer eigenen Kunstform.

Zum Atelier Brancusi

KURZFÜHRER
Große Teile des Centre Pompidou werden einer Renovierung unterzogen und sind während dieser Zeit für den Publikumsverkehr geschlossen. Die Gemälde auf diesen Seiten werden nach der Wiedereröffnung im vierten und fünften Stock zu sehen sein. Den Termin kann man telefonisch erfragen. Ein Informationskiosk befindet sich in der Piazza.

Die Trauer des Königs *(1952)*
Gegen Ende seines Lebens schuf Matisse diesen Gouacheschnitt, aufgezogen auf Leinwand.

ILE DE LA CITE, MARAIS UND BEAUBOURG   89

INFOBOX

Centre d'Art et de Culture Georges Pompidou, Pl Georges Pompidou. **Karte** 9 B2. **☎** 01 44 78 12 33. Ⓜ Rambuteau, Châtelet, Les Halles, Hôtel-de-Ville. 🚌 21, 29, 38, 47, 58, 69, 70, 72, 74, 75, 76, 85. RER Châtelet-Les-Halles. 🅿 Centre Georges Pompidou. **Centre Pompidou geschlossen wegen Renovierung bis zum Jan 2000. Atelier Brancusi geöffnet** Mo–Fr 12–22 Uhr; Sa, So u. Feiertage 10–22 Uhr. ♿ 📷 🛍 **Web Site:** www.cnac-gp.fr

Die Schriftstellerin Sylvia von Harden *(1926)*
Die anatomische Präzision von Otto Dix' Malstil macht dieses Porträt zur Karikatur.

Mann mit Gitarre *(1914)*
Zusammen mit Picasso entwickelte Braque die kubistische Technik, verschiedene Ansichten eines Motivs in einem Bild zu vereinen.

Mit dem schwarzen Bogen *(1912)*
In den Werken Wassily Kandinskys wird der Übergang zur abstrakten Kunst nachvollziehbar.

Picasso-Brunnen
Dieser Brunnen, der 1983 eingeweiht wurde, liegt in der Place Igor Stravinsky in der Nähe des Centre Pompidou. Er wurde von Jean Tinguely und Niki de Saint Phalle entworfen, die beide im Centre Pompidou vertreten sind.

WERKSTATT VON BRANCUSI

Das Atelier Brancusi an der Rue Rambuteau ist eine Nachbildung der Werkstatt des rumänischen Künstlers Constantin Brancusi (1876–1957), der in Paris lebte und arbeitete. Er vermachte seine gesamte Arbeit dem französischen Staat, allerdings unter der Bedingung, daß sein Atelier im Originalzustand nachgebaut wird. Die reiche Auswahl an Ausstellungsstücken enthält über 200 Skulpturen und Säulen, 1600 Fotografien und Werkzeuge. Es sind auch einige persönliche Gegenstände des Künstlers ausgestellt.

Einrichtung der Werkstatt, entworfen von Renzo Piano

Tuileries und Opéra

Die Grosszügigkeit der *grands boulevards*, die im 19. Jahrhundert nach Plänen des Baron Haussmann angelegt wurden, gleicht die Betriebsamkeit der Bankiers, Theaterbesucher, Touristen und Einkaufswütigen aus, die die Gegend um die Opéra bevölkern. Angelockt werden die Massen von den vielen Geschäften und Kaufhäusern. In den wunderschönen, glasüberdachten *galeries* oder *passages*, die in den 70er Jahren liebevoll restauriert wurden, ist das Flair des 19. Jahrhunderts teilweise erhalten geblieben. Die edelsten Boutiquen befinden sich in der Galerie Vivienne. Mehr von der einstigen Atmosphäre haben freilich die Passage des Panoramas, Passage Verdeau und die Passage des Princes bewahrt. Hier verführen die Schaufenster der Feinkostgeschäfte zum Kauf teurer Marmeladen, Gewürze und Pasteten.

Das Tuilerien-Viertel, zwischen Opéra und Seine gelegen, wird im Westen von der Place de la Concorde, im Osten vom Louvre begrenzt. Die immensen Kunstschätze des Palastes erreicht man durch I. M. Peis Glaspyramide. Elegante Palais und Gartenanlagen prägen das Viertel. Neben den schönen Künsten und monarchistischen Monumenten sucht die Moderne in exorbitantem Luxus ihren Platz zu behaupten. Die Place Vendôme mit ihren Juweliergeschäften und dem noblen Hotel Ritz vereint Reichtum und Schick. Parallel zum Jardin des Tuileries verlaufen zwei der prächtigsten Einkaufsstraßen der Stadt – die Rue de Rivoli und die Rue St-Honoré, in denen Boutiquen, Buchhandlungen und Fünf-Sterne-Hotels Tür an Tür liegen.

Vestalische Jungfrau vor der Opéra

Sehenswürdigkeiten auf einen Blick

Museen und Galerien
Galerie National du Jeu de Paume ❻
Musée des Arts Décoratifs ⓫
Musée Grévin ❸
Musée du Louvre S. 96ff ⓮
Musée de l'Orangerie ❽

Plätze, Parks und Gärten
Jardin des Tuileries ❾
Place de la Concorde ❼
Place Vendôme ❺

Denkmäler
Arc de Triomphe du Carrousel ⓬

Historische Gebäude
Opéra de Paris Garnier ❷
Palais Royal ⓭

Kirchen
La Madeleine ❶
St-Roch ❿

Geschäfte
Les Galeries ❹

Anfahrt
Diese Gegend wird von der Métro (Stationen u. a. Tuileries, Pyramides, Palais Royal, Madeleine und Opéra) gut bedient. Die Busse Nr. 24 und 72 verkehren am Quai des Tuileries und am Quai du Louvre; die Linien 21, 27 und 29 fahren die Avenue de l'Opéra entlang.

Legende
Detailkarte *S. 92f*
Ⓜ Métro-Station
🅿 Parken

0 Meter 500

◁ Blick über die Place de la Concorde und den Obelisken

Im Detail: Opéra

Es heisst, wenn man nur lange genug im Café de la Paix (gegenüber der Opéra Garnier) sitze, werde die ganze Welt an einem vorüberziehen. Tagsüber drängen sich Geschäftsleute und Touristen in den *grands boulevards*, an denen auch die eleganten Kaufhäuser liegen. Abends ziehen Clubs und Theater ein anderes Publikum an; in den Cafés am Boulevard des Capucines herrscht reges Leben.

Statue von Gurnery auf der Opéra

★ **Opéra Garnier**
Das majestätische Opernhaus (1875) symbolisiert die Opulenz des Zweiten Kaiserreichs. ❷

NICHT VERSÄUMEN

★ La Madeleine

★ Opéra Garnier

26, place de la Madeleine ist die Adresse für Gourmets: Fauchon verkauft die exklusivsten Delikatessen der Stadt.

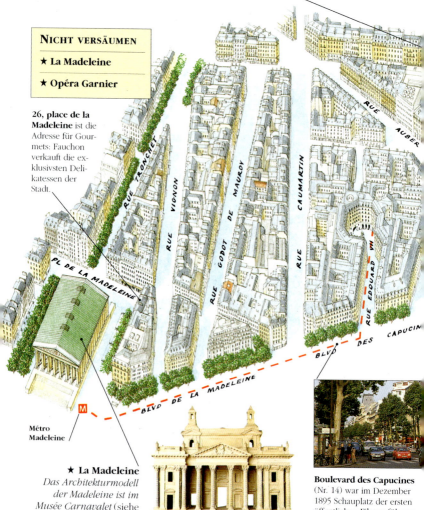

Métro Madeleine

★ **La Madeleine**
Das Architekturmodell der Madeleine ist im Musée Carnavalet (siehe S. 87) zu besichtigen. ❶

Boulevard des Capucines (Nr. 14) war im Dezember 1895 Schauplatz der ersten öffentlichen Filmvorführung durch die Gebrüder Lumière.

TUILERIES UND OPERA

ZUR ORIENTIERNG
Siehe Kartenteil Paris, Karten 4, 7, 8

Im **Musée de l'Opéra** werden die Partituren aller hier aufgeführten Ballette und Opern aufbewahrt; auch Nijinskys Ballettschuhe und ein Diadem Anna Pawlowas sind zu sehen.

Die **Place de l'Opéra**, eine der belebtesten Kreuzungen der Stadt, basiert auf einem Entwurf Haussmanns.

LEGENDE

― ― ― Routenempfehlung

0 Meter   100

Marochettis *Himmelfahrt der Maria Magdalena* (1837) in La Madeleine

La Madeleine ❶

Place de la Madeleine 75008.
Karte 3 C5. ☎ 01 44 51 69 00.
Ⓜ *Madeleine.* 🕐 *Mo–Sa 7.15–17.15 Uhr, So 7.30–13.30, 15.30–19 Uhr*

MIT DEM BAU der Madeleine, die einem griechischen Tempel nachempfunden ist, begann man 1764, doch wurde die Kirche erst 1845 geweiht. Zwischenzeitlich bestanden Pläne, das Gebäude in eine Bank, eine Börse, ein Theater, einen Bahnhof oder einen Ruhmestempel zu Ehren Napoléons zu verwandeln.

Eine Kolonnade korinthischer Säulen umgibt den Bau, dessen einschiffiger, mit Marmor und Gold verzierter Innenraum viele Skulpturen aufweist.

Opéra Garnier ❷

Place de l'Opéra 75009. **Karte** 4 DF.
☎ 01 40 01 22 63. Ⓜ *Opéra.*
🕐 *tägl. 11–18.30 Uhr.*
Geschl. 14. Juli–15. Sep. u. Feiertage.

ALS GIGANTISCHE Hochzeitstorte haben boshafte Stimmen dieses extravagante Gebäude bezeichnet, das Charles Garnier 1862 entwarf. Der Krieg und die Aufstände von 1871 verzögerten die Eröffnung, die erst 1875 stattfand.

Das Opernhaus ist für sein grandioses Treppenhaus aus weißem Carrara-Marmor mit prächtigem Kronleuchter und den in Rot und Gold gehaltenen Zuschauerraum mit seinen fünf Rängen berühmt. Das Deckengemälde schuf Chagall 1964. Opern werden heute in der Opéra Bastille aufgeführt, die Opéra Garnier bleibt auch nach der Renovierung Heimat des Pariser Balletts.

Musée Grévin ❸

10, bd Montmartre 75009. **Karte** 4 F4.
☎ 01 47 70 85 05. Ⓜ *Rue Montmartre.* 🕐 *tägl. 13–19 Uhr; 10–19 Uhr während der Schulferien.*

Schild vor dem Musée Grévin

DIESES 1882 gegründete Wachsfigurenkabinett zeigt Szenen aus der Geschichte, etwa Louis XIV in Versailles oder die Verhaftung Louis' XVI. Es begegnen einem auch alle möglichen Berühmtheiten aus Kunst, Politik, Film und Sport. Das integrierte Holographiemuseum (im ersten Stock) überrascht durch optische Tricks. Im Museum befindet sich außerdem ein Theater mit 320 Sitzplätzen.

Les Galeries ❹

75002. **Karte** 4 F5. Ⓜ *Bourse.*

DIE MEISTEN DER Anfang des 19. Jahrhunderts entstandenen überdachten Einkaufspassagen (*galeries* oder *passages*) liegen zwischen dem Boulevard Montmatre und der Rue St-Marc. Sie beherbergen eine bunte Mischung kleiner Ladengeschäfte, die von Designerschmuck bis hin zu antiquarischen Büchern und Künstlerbedarf alles verkaufen. Sehenswert ist die Galerie Vivienne mit ihrem hübschen Mosaikboden.

Place Vendôme ❺

75001. **Karte** 8 D1. Ⓜ *Tuileries.*

Als vielleicht anschaulichstes Beispiel für die Eleganz der Stadt im 18. Jahrhundert kann der Platz des Architekten Jules Hardouin-Mansart gelten, der 1698 angelegt wurde. Ursprünglich war vorgesehen, hinter den arkadengeschmückten Fassaden Akademien und Botschaften unterzubringen, doch statt ihrer richteten sich Bankiers prunkvoll ein. Berühmte Anwohner waren Frédéric Chopin, der 1849 im Haus Nr. 12 starb, und César Ritz, der 1898 in Nr. 15 sein berühmtes Hotel gründete.

Monets *Seerosen* sind im Musée de l'Orangerie zu bewundern

Galerie National du Jeu de Paume ❻

Jardin des Tuileries, Place de la Concorde 75001. **Karte** 7 C1. 01 47 03 12 50. 01 42 60 69 69. Ⓜ *Concorde.* Di 12–21.30 Uhr, Mi–Fr 12–19 Uhr, Sa u. So 10–19 Uhr. **Geschl.** 1. Jan, 1. Mai, 25 Dez.

Jeu de Paume – ein Ballspiel – erfreute sich bei Napoléon III großer Beliebtheit, und er ließ 1851 dieses Gebäude mit zwei Plätzen errichten. Als das Interesse an dem Spiel nachließ, verwandelte man den Bau in ein Museum für französischen Impressionismus. Seit die Sammlung 1986 ins Musée d'Orsay *(siehe S. 116f)* umgezogen ist, finden im Jeu de Paume Ausstellungen zeitgenössischer Kunst statt.

Place de la Concorde ❼

75008. **Karte** 7 C1. Ⓜ *Concorde.*

Dieser Platz, der zu den historisch bedeutsamsten Europas zählt, war noch Mitte des 18. Jahrhunderts Sumpfland. 1775 beauftragte Louis XV den Architekten Jacques-Ange Gabriel mit der Planung eines würdigen Standortes für ein Reiterstandbild seiner Majestät, woraufhin dieser die acht Hektar große, damals nach dem König benannte Place anlegte.

Keine zwanzig Jahre später wurde das Denkmal durch die Guillotine (die sogenannte »Schwarze Witwe«) ersetzt, und der Platz erhielt den Namen Place de la Révolution. Am 21. Januar 1793 wurde hier Louis XVI hingerichtet. In den folgenden Jahren rollten über 1300 Köpfe, darunter die von Marie-Antoinette, Madame du Barry, Charlotte Corday (der Mörderin Marats), aber auch die der Revolutionsführer Danton und Robespierre. 1794, als die Schreckensherrschaft vorüber war, tauften die Stadtväter den Platz in Place de la Concorde (Eintracht) um. Jahrzehnte später erhielt Louis-Philippe vom ägyptischen Vizekönig einen 3200 Jahre alten Obelisken geschenkt und ließ ihn hier aufstellen.

An der Nordseite des Platzes stehen zwei der neoklassizistischen Palais von Gabriel: das Hôtel de la Marine und das vornehme Hôtel Crillon.

Der 3200 Jahre alte Obelisk aus Luxor

Musée de l'Orangerie ❽

Jardin des Tuileries, Place de la Concorde 75008. **Karte** 7 C1. 01 42 97 48 16. Ⓜ *Concorde.* *Ab Jan.1999 wegen Renovierung geschlossen*

Ein Teil von Claude Monets wunderbaren Seerosenbildern bedeckt die Wände zweier ovaler Räume im Souterrain dieses Museums. Die meisten seiner *Seerosen* entstanden zwischen 1899 und 1912 im Garten des Künstlers in Giverny bei Paris.

Zusätzlich zu diesen einmaligen Werken birgt das Museum die Walter-Guillaume-Sammlung: 24 Bilder von Renoir, darunter *Junge Mädchen am Klavier*, ausdrucksstarke Arbeiten von Soutine, 14 Cézannes, frühe Werke von Picasso und neun Gemälde von Rousseau, darunter *Die Hochzeit* und *Das Wägelchen des Père Juniet*. Darüber hinaus sind herausragende Bilder von Sisley, Derain, Modigliani und Utrillo zu bewundern.

Jardin des Tuileries ❾

75001. **Karte** 8 D1. Ⓜ *Tuileries, Concorde.*

Diese neoklassizistische Parkanlage gehörte einst zum Palais des Tuileries, den die Kommunarden 1871 dem

Erdboden gleichmachten. Im 17. Jahrhundert entwarf der Hofgärtner Le Nôtre die Allee sowie die Formbäume und -sträucher, bei denen Symmetrie oberstes Gebot ist. Heute zählt der Park zu den beliebtesten der Stadt und lädt zum Bummel oder Picknick ein.

St-Roch ❿

296, rue St-Honoré 75001. **Karte** 8 E1.
☎ 01 42 44 13 20. Ⓜ *Tuileries.*
⏰ *tägl. 8.15–19.30 Uhr.*
Geschl. *staatl. Feiertage.*

LOUIS XIV LEGTE 1653 den Grundstein zu dieser imposanten Kirche, die Jacques Lemercier, der Architekt des Louvre, entworfen hatte. St-Roch ist voll sakraler Kunstwerke, von denen viele aus abgerissenen Kirchen und Klöstern stammen. Der Dramatiker Pierre Corneille, der Hofgärtner André Le Nôtre und der Philosph Denis Diderot sind hier beigesetzt.

Viens *Predigt des hl. Dionysius vor den Galliern* (1767) in St-Roch

Musée des Arts Décoratifs ⓫

Palais du Louvre, 109, rue de Rivoli 75001. **Karte** 8 E2. ☎ 01 44 55 57 50. Ⓜ *Palais-Royal, Tuileries.* ⏰ *Di, Do, Fr 11–18 Uhr, Mi 11–21 Uhr, Sa, So 10–18 Uhr.* **Bibliothek** *Mi 10–18 Uhr., Do–Di 12.30–18 Uhr.*

DAS MUSEUM IM Nordwestflügel des Palais du Louvre bietet ein faszinierendes Potpourri dekorativer Kunst bis zur Gegenwart. Unbedingt se-

Daniel Burens Marmorsäulen im Hof des Palais Royal

henswert sind die Jugendstil- und die Art-deco-Räume, zu denen auch eine Rekonstruktion der Rive-Gauche-Wohnung der Modeschöpferin Jeanne Lanvin gehört.

Auf anderen Etagen werden Objekte und Mobiliar im Stil Louis' XIV, XV und XVI präsentiert. Die Moderne ist mit Entwürfen von Philippe Starck und Andrée Putman vertreten.

Arc de Triomphe du Carrousel ⓬

Place du Carrousel 75001.
Karte 8 E2. Ⓜ *Palais-Royal.*

NAPOLEON LIEß DEN Triumphbogen aus rosafarbenem Marmor zur Feier diverser militärischer Siege – unter anderem dem der Schlacht von Austerlitz 1805 – errichten. Bei der Quadriga, die 1828 hinzugefügt wurde, handelt es sich um Kopien der Pferde von San Marco, die Napoléon aus Venedig mitbrachte und die er 1815, nach der Niederlage bei Waterloo, zurückgeben mußte.

Palais Royal ⓭

Place du Palais-Royal 75001.
Karte 8 E1. Ⓜ *Palais-Royal.*
Gebäude nicht zugänglich.

DER EHEMALIGE Königspalast kann auf eine turbulente Vergangenheit zurückblicken. Anfang des 17. Jahrhunderts für Kardinal Richelieu erbaut, fiel er mit dessen Tod an die Krone. Louis XIV verbrachte hier seine Kindheit. Im 18. Jahrhundert erlebte das Palais als Sitz der Herzöge von Orléans viele Feierlichkeiten, aber auch Glücksspiel. Von hier aus ertönte der Ruf nach Freiheit, der den Mob am 14. Juli 1789 zum Sturm auf die Bastille anstiftete.

Im Südteil des Gebäudes sind heute Staats- und Verfassungsrat sowie das Kultusministerium untergebracht. Westlich des Palais (2, rue de Richelieu) befindet sich die Comédie Française, die Louis XIV 1680 ins Leben rief. Der hintere Teil, in dem einst Colette und Jean Cocteau lebten, beherbergt heute Nobelgeschäfte.

Eine vergoldete Siegesgöttin krönt den Arc de Triomphe du Carrousel

Musée du Louvre ⓮

DIE GESCHICHTE des Louvre, Heimstatt einer der bedeutendsten Kunstsammlungen der Welt, reicht bis ins Mittelalter zurück. 1190 von Philippe II Auguste als Festung gegen die Wikinger errichtet, wurde der Palast unter François I im Stil der Renaissance umgebaut. In den nächsten vier Jahrhunderten diente der Louvre als Residenz der Könige und Kaiser, die ihn ständig erweiterten. Als Teil eines umfassenden Renovierungsprojekts, das 1998 abgeschlossen wurde, konnte der Louvre viele bedeutende neue Kunstwerke erwerben.

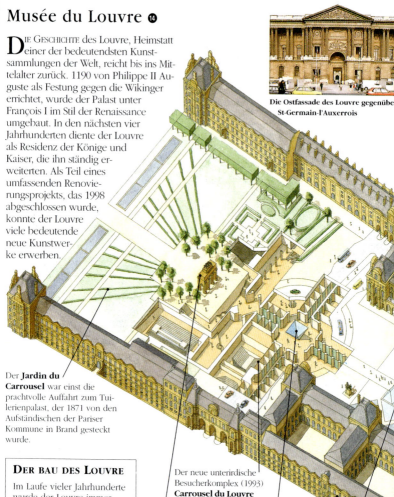

Die Ostfassade des Louvre gegenübe St-Germain-l'Auxerrois

Der **Jardin du Carrousel** war einst die prachtvolle Auffahrt zum Tuilerienpalast, der 1871 von den Aufständischen der Pariser Kommune in Brand gesteckt wurde.

Der neue unterirdische Besucherkomplex (1993) **Carrousel du Louvre** mit Galerien, Garderoben, Läden, Toiletten, Parkplätzen und Informationszentrum erstreckt sich unter dem Arc de Triomphe du Carrousel.

Denon-Flügel

Pyramide (Eingang)

Die auf die Spitze gestellte **Glaspyramide**, durch die Licht in den unterirdischen Besucherkomplex strömt, bildet das Gegenstück zum neuen Haupteingang in der Cour Napoléon.

DER BAU DES LOUVRE

Im Laufe vieler Jahrhunderte wurde der Louvre immer wieder erweitert. Wer was anbaute, sehen Sie unten:

WICHTIGSTE ÄNDERUNGEN

- Unter François I (1515–47)
- Katharina von Medici (um 1560)
- Unter Henri IV (1589–1610)
- Unter Louis XIII (1610–43)
- Unter Louis XIV (1643–1715)
- Unter Napoléon I (1804–15)
- Unter Napoléon III (1852–70)
- I. M. Pei (1989) (Architekt)

★ **Arc de Triomphe du Carrousel**
Dieser Triumphbogen erinnert an die Siege, die Napoléon 1805 errang.

NICHT VERSÄUMEN

★ **Perrault-Kolonnade**

★ **Grundmauern**

★ **Arc de Triomphe du Carrousel**

TUILERIES UND OPERA

DIE GLAS-PYRAMIDE

1981 kamen erstmals Pläne für den Umbau und eine Erweiterung des Louvre ins Gespräch. Dazu gehörte die Verlegung des Finanzministeriums aus dem Richelieu-Flügel des Louvre an einen anderen Ort ebenso wie die Neugestaltung der Eingangshalle nach Plänen von I. M. Pei (1989). Die Glas-und-Metall-Pyramide läßt den Blick auf die umliegenden Palastgebäude frei und bringt gleichzeitig Licht in den darunterliegenden Besucherkomplex.

INFOBOX

Karte 8 E2. 01 40 20 53 17.
01 40 20 51 51. M Palais-Royal, Musée du Louvre. 21, 24, 27, 39, 48, 68, 69, 72, 81, 95. RER Châtelet-Les-Halles. Louvre. P Carrousel du Louvre (Eingang in der Avenue du General-Lemmonier); Place du Louvre, Rue St-Honoré.
Museum Do–So 9–18 Uhr (letzter Einlaß 17.30 Uhr), Mo, Mi 9–21.45 Uhr (letzter Einlaß 21.30 Uhr).
Napoléon-Halle (mit Geschichte des Louvre, Auditorium, Sonderausstellungen, Restaurants, Buchladen) Mi–Mo 9–22 Uhr. (Ab 15 Uhr, und So halber Preis. Erster So im Monat Eintritt frei). teilweise. (tägl. außer So) unter 01 40 20 52 09.
Web Seite http://www.louvre.fr

Cour Marly heißt der glasüberdachte Hof, in dem heute die *Rosse von Marly* zu bewundern sind *(siehe S. 99).*

Richelieu-Flügel

Cour Puget

Napoléon-Halle Direkt unter der Pyramide.

Cour Khorsabad

Sully-Flügel

Cour Carrée

Cour Napoléon

★ **Perrault-Kolonnade**
Die majestätischen Säulenreihen, die die Ostfassade schmücken, entwarf Claude Perrault, der Mitte des 17. Jahrhunderts zusammen mit Louis Le Vau tätig war.

Die **Salle des Caryatides** verdankt ihren Namen den vier Monumentalstatuen, die Jean Goujon 1550 als Stützen für die obere Galerie anfertigte. Für Henri II erbaut, ist dieser Raum der älteste Teil des Palastes.

Der Louvre Charles' V
Um 1360 ließ Charles V Philippe II Augustes turmbewehrte ehemalige Festung zu einer königlichen Residenz umbauen.

★ **Mittelalterliche Grundmauern**
Zu sehen sind die Grundmauern der Türme und der Unterbau der Zugbrücke von Philippe II Augustes Festung.

Überblick: Musée du Louvre

IN ANBETRACHT DES Umfangs der Sammlung des Louvre empfiehlt es sich, vorab Schwerpunkte festzulegen. Die Kollektion europäischer Malerei (1400–1848) bietet einen umfassenden Überblick. In den umfassend renovierten Abteilungen für orientalische, ägyptische, griechische, etruskische und römische Kunst findet man seltene Schätze und zahlreiche Neuerwerbungen. Das Spektrum der gezeigten *objets d'art* reicht von Möbeln bis zu Juwelen.

Das Floß der Medusa (1819) von Théodore Géricault

EUROPÄISCHE MALEREI: 1400 BIS 1848

DIE NORDEUROPÄISCHE Malerei (flämische, niederländische, deutsche und englische Meister) ist gut repräsentiert. Zu den frühesten flämischen Bildern zählt Jan van Eycks *Madonna des Kanzlers Nicholas Rolin* (um 1435), das den Kanzler von Burgund vor der Muttergottes zeigt. Hieronymus Boschs *Narrenschiff* (1500) weist auf die Sinnlosigkeit des menschlichen Daseins hin.

Herausragende Stücke der niederländischen Sammlung sind Rembrandts Selbstbildnis, sein *Christus in Emmaus* (1648) und seine *Bathseba* (1654).

Mit wichtigen Arbeiten vertreten sind auch deutsche Meister des 15. und 16. Jahrhunderts: Dürer mit einem jugendlichen Selbstbildnis (1493), Lucas Cranach mit seiner *Venus* (1529) und Hans Holbein mit einem Porträt Erasmus' von Rotterdam.

Umfangreich ist die Kollektion italienischer Gemälde, die die Zeit zwischen 1200 und 1800 abdeckt. Werke von Ciambue und Giotto, den Vätern der Renaissance, findet man hier ebenso wie Fra Angelicos *Krönung Mariä* (1435) und Pisanellos entzückendes *Bildnis eines Mädchens* (um 1435). Zu sehen sind auch verschiedene Werke von Leonardo da Vinci, wobei die *Hl. Anna selbdritt* und die *Felsgrottenmadonna* ebenso bestechen wie die *Mona Lisa*.

Die Sammlung französischer Maler reicht vom 14. Jahrhundert bis 1848. Spätere Werke findet der Kunstliebhaber im Musée d'Orsay *(siehe S. 116 f.)*. Herausragend ist Enguerrand Quartons *Pietà von Villeneuve-les-Avignon* (1455). Der große Maler der Melancholie des 18. Jahrhunderts, J.-A. Watteau, ist ebenso vertreten wie J. H. Fragonard, Meister des Rokoko, dessen frivole Motivwahl in seinen *Badenden* (1770) schön zum Ausdruck kommt.

EUROPÄISCHE PLASTIK: 1100 BIS 1848

UNTER DEN FRÜHEN flämischen und deutschen Skulpturen der Sammlung sehen Sie Tilman Riemenschneiders *Mariä Verkündigung* (spätes 15. Jh.) und eine lebensgroße Statue der nackten Maria Magdalena von Gregor Erhart (frühes 16. Jh.). Adriaen de Vries' langgliedrige *Merkur und Psyche* (1593) waren für den Hof Rudolfs II. in Prag bestimmt.

Den Beginn der französischen Kollektion bilden frühromanische Arbeiten wie die Christusfigur eines burgundischen Bildhauers (12. Jh.) und ein Haupt des Apostels Petrus. Das *Grabmal des Philippe Pot* (eines hochrangigen Beamten aus Burgund) mit den acht schwarzgekleideten Trauernden zählt zu den ungewöhnlicheren Exponaten. Diane de Poitiers, die Mätresse Henris II, hatte im Hof ihres westlich von Paris gelegenen Schlosses eine große Statue ihrer Namenspatronin Diana (Göttin der Jagd) stehen; heute ist auch diese im Louvre.

Die Werke des französischen Bildhauers Pier-

Mona Lisa (um 1504) von Leonardo da Vinci

Grabmal des Philippe Pot (spätes 15. Jh.) von Antoine Le Moiturier

TUILERIES UND OPERA

OBJETS D'ART

Die *Rosse von Marly* (1745) von Guillaume Coustou

re Puget (1620–94) sind in der Cour Puget zusammengetragen. Unter anderem sehen Sie hier eine Statue des Milon von Kroton, jenes griechischen Athleten, der von einem Löwen gefressen wurde. Die *Rosse von Marly* bäumen sich jetzt in der Cour Marly – umgeben von anderen Meisterwerken französischer Bildhauerkunst wie Jean-Antoine Houdons Büsten berühmter Männer, darunter Diderot und Voltaire (frühes 19. Jh.).

In der Sammlung italienischer Plastik finden sich Exponate wie Michelangelos *Sklaven* und Benvenuto Cellinis *Nymphe von Fontainebleau*.

ORIENTALISCHE, ÄGYPTISCHE, GRIECHISCHE, ETRUSKISCHE UND RÖMISCHE ALTERTÜMER

IM RAHMEN einer umfassenden Generalüberholung des Louvre stieg die Bandbreite der antiken Stücke, die von der Neusteinzeit bis zum Niedergang des Römischen Reiches reicht. Zu den neuerworbenen Stücken zählt auch griechische und römische Glaskunst aus dem 6. Jahrhundert v.Chr. Unter die bedeutenden Stücke aus Mesopotamien fällt die älteste Gesetzessammlung der Welt – der Kodex Hammurabi (um 1700 v. Chr.).

Die Assyrer sind mit Reliefarbeiten und einer eindrucksvollen Rekonstruktion eines Teils des Palastes von Sargon II.

(722–705 v. Chr.) vertreten, dessen geflügelte Stiere jeder Hobbyarchäologe kennt. Ein schönes Beispiel persischer Kunst bilden die Keramikziegel, die die Bogenschützengarde des Perserkönigs zeigen (5. Jh. v. Chr.).

Die meisten ägyptischen Kunstwerke wurden für Verstorbene gefertigt, die man für ein Leben nach dem Tod ausstattete. Beispiele lebensechter Grabbeigaben sind der sogenannte *Sitzende Schreiber* und verschiedene Skulpturen die Ehepaare darstellen.

Die Abteilung, die dem antiken Griechenland, Rom und Etrurien gewidmet ist, enthält zahlreiche Fragmente. Unter diesen ragen einige grandiose Stücke heraus: ein geometrischer Kopf von den Kykladen (um 2700 v. Chr.) und eine elegante, aus Gold gehauene Schale mit Schwanenhals (2500 v. Chr.). Die berühmtesten Statuen – die *Nike von Samothrake* und die *Venus von Milo* – entstammen der hellenistischen Epoche (spätes 3. bis frühes 2. Jh. v. Chr.). Damals bevorzugte man realistische Darstellungen.

Glanzstück der etruskischen Kollektion ist der Terrakottasarkophag eines Ehepaars, das einem Festmahl beizuwohnen scheint. Den Höhepunkt der römischen Abteilung bildet ein Bronzekopf des Kaisers Hadrian (2. Jh.).

Die *Venus von Milo* (Griechenland, spätes 3.– frühes 2. Jh. v. Chr.)

Sitzender Schreiber (um 2500 v. Chr.), eine lebensecht wirkende ägyptische Grabbeigabe

OBJETS D'ART

DER BEGRIFF *objets d'art* (Kunstgegenstände) deckt ein breites Spektrum von Gegenständen ab: Schmuck, Möbel, mechanische und Sonnenuhren, Gobelins, Miniaturen, Silber- und Glaswaren, Bestecke, byzantinische und Pariser Elfenbeinschnitzereien, Limousiner Email, Porzellan, französisches und italienisches Steingut, Teppiche, Tabakdosen, wissenschaftliche Instrumente, Waffen und Rüstungen. Der Louvre besitzt über 8000 solcher Gegenstände aus allen Epochen und Regionen.

Viele der wertvollen Objekte stammen aus der Abtei St-Denis, in der die französischen Könige gekrönt wurden. Zu diesen Schätzen zählen eine Steinplatte (1. Jh.) mit einer Einfassung aus Gold und Edelsteinen (9. Jh.), eine Porphyrvase, die Suger, der Abt von St-Denis, in Form eines Adlers in Gold fassen ließ, und das goldene Zepter, das um 1380 für Charles V gefertigt wurde.

Zum französischen Kronschatz gehören unter anderem die Kronen, mit denen Louis XV und Napoléon gekrönt wurden, Zepter, Schwerter und andere Reichsinsignien. Ebenfalls ausgestellt ist der »Regent«, einer der reinsten Diamanten der Erde, den Louis XV 1722 zu seiner Krönung trug.

Einen Raum nehmen die Gobelins mit dem Titel *Die Jagden des Kaisers Maximilian* aus dem Jahr 1530 ein. Die Sammlung französischer Möbel stammt aus dem 16. bis 19. Jahrhundert und ist nach Epochen bzw. nach den Kunstsammlern geordnet, die ihre Kollektion dem Museum hinterließen. Gezeigt werden Stücke von Kunstschreinern wie André-Charles Boulle, der Ende des 17. Jahrhunderts für Louis XIV im Louvre tätig war.

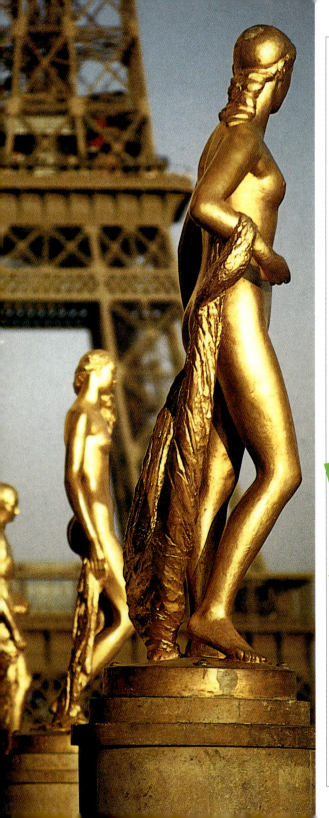

Vergoldete Bronzestatuen verschiedener Künstler schmücken den Platz vor dem Palais de Chaillot

PARIS UND ILE DE FRANCE   101

Champs-Elysées und Invalides

Die Seine fliesst hier durch eine Gegend, die an Monumentalität kaum zu wünschen übrig läßt – von den imposanten Bauten von Les Invalides (18. Jh.) bis hin zu den Jugendstilstraßen um den Eiffelturm. Zwei Prachtstraßen beherrschen das Viertel nördlich der Seine: die Champs-Elysées mit ihren Nobelhotels und -geschäften, die insgesamt jedoch an Exklusivität verloren haben, und die Rue du Faubourg-St-Honoré mit dem Elysée-Palast. Im 19. Jahrhundert wurde das Dorf Chaillot eingemeindet, und viele der Privatpalais aus der Zeit des Zweiten Kaiserreichs beherbergen heute Botschaften oder Konsulate. Die Straßen um die Place du Trocadéro und das neoklassizistische Palais de Chaillot werden von Museen und Cafés gesäumt.

Reichverzierte Laterne am Pont Alexandre III

Sehenswürdigkeiten auf einen Blick

Historische Gebäude
Avenue des Champs-Elysées ❷
Champ-de-Mars ⓰
Ecole Militaire ⓱
Hôtel des Invalides ⓳
Les Egouts ⓭
29, avenue Rapp ⓯
Palais de l'Elysée ❸

Museen und Galerien
Grand Palais ❺
Musée de l'Armée ⓴
Musée d'Art Moderne de la Ville de Paris ❼
Musée de la Mode et du Costume Palais Galliera ❽
Musée National des Arts Asiatiques Guimet ❾
Musée National d'Ennery ⓾
Musée Rodin ㉓
Palais de Chaillot ⓬
Petit Palais ❹

Kirchen
Dôme des Invalides ㉒
Sainte-Clothilde ㉔
St-Louis-des-Invalides ㉑

Denkmäler und Brunnen
Arc de Triomphe ❶
Tour Eiffel S. 109 ⓮
Fontaine des Quatre Saisons ㉕

Moderne Architektur
UNESCO ⓲

Gärten
Jardins du Trocadéro ⓫

Brücken
Pont Alexandre III ❻

Anfahrt
In dieser Gegend liegen die Métrostationen Etoile, Trocadéro und Champs-Elysées. Die Busse Nr. 42 und 73 fahren die Champs-Elysées hinunter, die Linien 87 und 69 verkehren entlang der Avenue de Suffren bzw. der Rue St-Dominique.

Legende
	Detailkarte S. 102f
M	Métro-Station
RER	RER-Station
	Batobus-Anlegestelle
P	Parken

Im Detail: Champs-Elysées

DIE FRANZÖSISCHEN GÄRTEN, die die Champs-Elysées zwischen der Place de la Concorde und dem Rond-Point säumen, haben sich seit ihrer Anlegung durch den Architekten Jacques Hittorff 1838 kaum verändert. Sie bildeten den Rahmen für die Weltausstellung des Jahres 1855, zu der auch das Palais de l'Industrie errichtet wurde. Diesen Kristallpalast ersetzte man später durch das Grand Palais und das Petit Palais – Paradestücke der Dritten Republik zur Weltausstellung von 1900. Heute flankieren sie den eindrucksvollen Blick von der Place Clémenceau über den Pont Alexandre III zum Invalidendom.

Das **Théâtre du Rond-Point** an den Champs-Elysées ist heute Sitz der Marcel-Maréchal-Theaterkompanie.

Métro Franklin-D.-Roosevelt

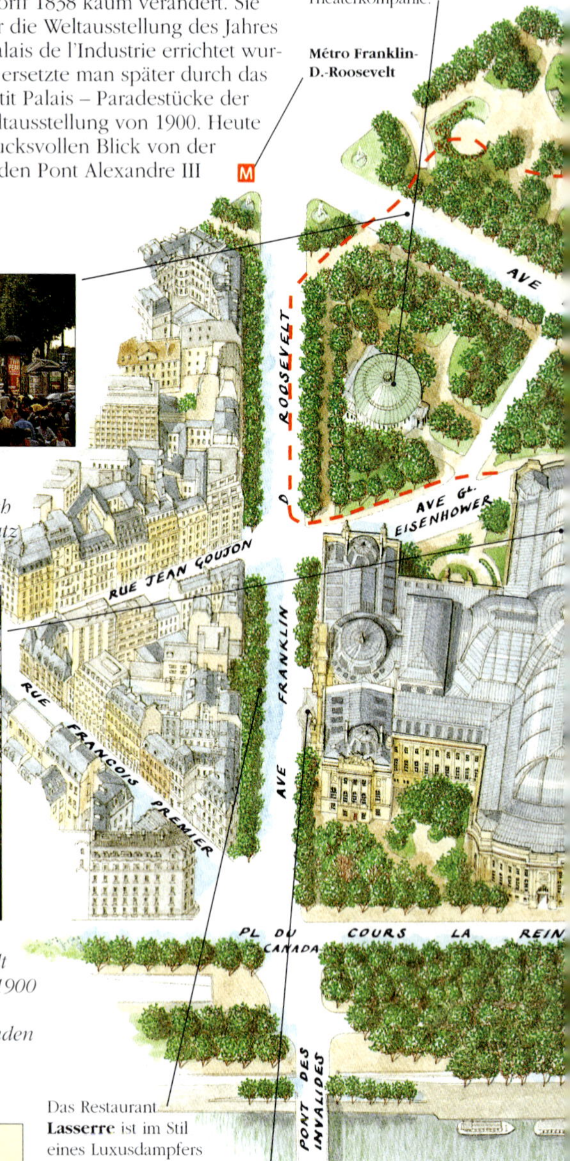

★ **Avenue des Champs-Elysées**
Die Prachtstraße war nach den Weltkriegen Schauplatz von Siegesfeiern. ❷

★ **Grand Palais**
In der von Charles Girault entworfenen und 1897–1900 erbauten Halle mit ihrer prächtigen Glaskuppel finden noch heute häufig Ausstellungen statt. ❺

RUE JEAN GOUJON

RUE FRANÇOIS PREMIER

AVE FRANKLIN

AVE ROOSEVELT

AVE GL. EISENHOWER

PL DU CANADA

COURS LA REIN

PONT DES INVALIDES

Das Restaurant **Lasserre** ist im Stil eines Luxusdampfers der 30er Jahre dekoriert.

NICHT VERSÄUMEN

★ Avenue des Champs-Elysées

★ Grand Palais

★ Petit Palais

Das **Palais de la Découverte**, ein Wissenschaftsmuseum, wurde zur Weltausstellung des Jahres 1937 eröffnet.

LEGENDE

- - - Routenempfehlung

0 Meter   100

CHAMPS-ELYSEES UND INVALIDES

Die **Jardins des Champs-Elysées** mit ihren Brunnen, Blumenrabatten und Pavillons erfreuen sich seit dem 19. Jahrhundert gleichbleibender Beliebtheit.

ZUR ORIENTIERUNG
Siehe Kartenteil, Karten 2, 3, 6, 7

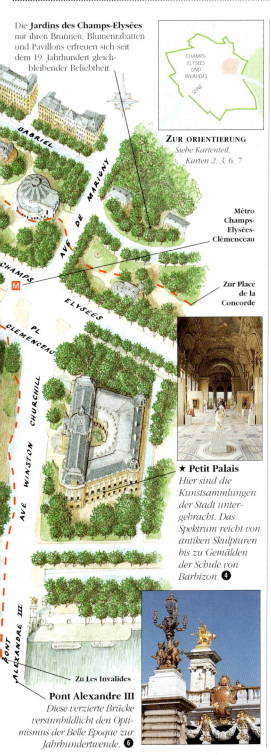

Métro Champs-Elysées-Clémenceau

Zur Place de la Concorde

★ **Petit Palais**
Hier sind die Kunstsammlungen der Stadt untergebracht. Das Spektrum reicht von antiken Skulpturen bis zu Gemälden der Schule von Barbizon. ❹

Zu Les Invalides

Pont Alexandre III
Diese verzierte Brücke versinnbildlicht den Optimismus der Belle Epoque zur Jahrhundertwende. ❻

Ostfassade des Arc de Triomphe

Arc de Triomphe ❶

Place Charles-de-Gaulle. **Karte** 2 D4. ☎ 01 43 80 31 31 ⏰ tägl. 10–22.30 Uhr. **Geschl.** Feiertage. 📷

NACH DER Schlacht von Austerlitz 1805 versprach Napoléon seinen Leuten, daß sie »durch Triumphbogen heimkehren« würden. Der Grundstein zum heute berühmtesten Triumphbogen der Welt wurde im folgenden Jahr gelegt. Doch verzögerte sich seine Vollendung bis 1836, weil die Pläne des Architekten Jean Chalgrin geändert wurden und Napoléons Stern unterging. Der fünfzig Meter hohe Bogen ist mit Reliefs, Schilden und Skulpturen geschmückt. Inschriften nennen die Daten siegreicher Schlachten. Von der Aussichtsplattform bietet sich ein wunderbarer Blick über Paris, und den Kreisverkehr weiter unten. Zur Erinnerung an die Toten des Ersten Weltkriegs wurde am 11. November 1920 der Unbekannte Soldat hier beigesetzt. Die Ewige Flamme wird allabendlich entzündet.

Triumph Napoléons, verherrlicht in einem Relief von J.-P. Corot

Baron Haussmann

1852 ernannte Napoléon III den Juristen und Staatsbeamten Georges-Eugène Haussmann (1809–91) zum Präfekten von Paris. 17 Jahre lang war Haussmann für die Modernisierung der Stadt verantwortlich. In Zusammenarbeit mit den besten Architekten und Ingenieuren der Zeit ließ er weite Teile der engen und unhygienischen Gassen zugunsten eines modernen und großzügigen Stadtbildes abreißen. Im Rahmen dieses Plans wurde das eine Ende der Champs-Elysées völlig neu gestaltet, und es entstand ein Stern aus zwölf Avenuen, die sich am neuen Arc de Triomphe treffen.

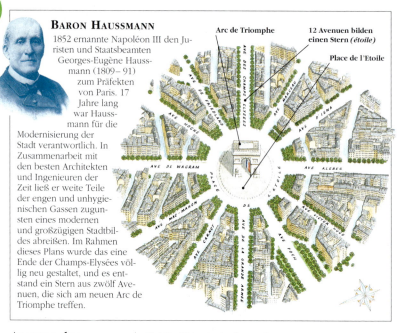

Avenue des Champs-Elysées ❷

75008. **Karte** 3 A5. **M** *Franklin-D.-Roosevelt, George V.*

Wo heute die berühmteste und wohl auch beliebteste Pariser Straße verläuft, lag Sumpfland – bis der Architekt André Le Nôtre *(siehe S. 169)* 1667 jene Allee entwarf, die er nach den elysischen Gefilden benannte. Seit der Rückführung des Leichnams Napoléons von St. Helena im Jahr 1840 gilt sie als »Triumphweg«. Heute lädt sie ein, bei einem Kaffee oder Drink den Charme der Stadt zu genießen und das Pariser Leben an sich vorüberziehen zu lassen.

Elysée-Wache

Palais de l'Elysée ❸

55, rue du Faubourg-St-Honoré 75008. **Karte** 3 B5. **M** *St-Philippe-du-Roule.* **Kein** *Publikumsverkehr.*

Der 1718 von Molet erbaute und in einem äußerst reizvollen Park gelegene Elysée-Palast dient seit 1873 als offizieller Wohnsitz des französischen Präsidenten. Im Laufe der Jahrhunderte hat er viele Veränderungen erlebt. Madame de Pompadour, die Mätresse Louis' XV, ließ den Bau prunkvoll erweitern. Nach der Revolution lebte hier Napoléons Schwester Caroline mit ihrem Gemahl Murat. Aus dieser Zeit sind zwei repräsentative Räume erhalten. General de Gaulle pflegte seine Pressekonferenzen im Spiegelsaal abzuhalten. Heute bewohnt der Präsident eine von Philippe Starck ausgestattete Wohnung im ersten Stock auf der anderen Seite der Rue de l'Elysée.

Petit Palais ❹

Avenue Winston-Churchill 75008. **Karte** 7 B1. **C** *01 42 65 12 73.* **M** *Champs-Elysées-Clémenceau.* **O** *Di–So 10–17.40 Uhr.* **Geschl.** *Feiertage.*

In dem für die Weltausstellung des Jahres 1900 als Pavillon für französische Kunst erbauten Palais ist heute das Musée des Beaux-Arts de la Ville de Paris untergebracht. Der Architekt Charles Girault plante zu dem Palais einen halbkreisförmigen Hof und Garten, ähnlich der Anlage des Grand Palais. Die Ausstellungsstücke sind nach Sammlungen geordnet: Die Dutuit-Kollektion umfaßt

Grand Palais

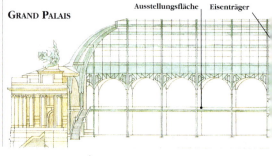

CHAMPS-ELYSEES UND INVALIDES 105

Pont Alexandre III, 1896–1900 für die Weltausstellung errichtet

Kunstgegenstände, Gemälde und Zeichnungen aus dem Mittelalter und der Renaissance; Mobiliar des 18. Jahrhunderts bildet den Grundstock der Tuck-Kollektion, und die Sammlungen der Stadt Paris beeindrucken mit Arbeiten von Ingres, Delacroix, Courbet und den Landschaftsmalern der Schule von Barbizon.

Grand Palais ❺

Porte A, Avenue Eisenhower 75008.
Karte 7 A1. 01 44 13 17 30.
Champs-Elysées-Clémenceau.
Do–Mo 10–20 Uhr, Mi 10–22 Uhr.
Geschl. Feiertage.

IN DIESEM MÄCHTIGEN Bau treffen eine imposante klassizistische Fassade und eine Jugendstil-Eisenkonstruktion aufeinander. Er wurde gleichzeitig mit dem gegenüberliegenden Petit Palais errichtet und wird von einem herrlichen Glasdach sowie an jeder Ecke von einer Quadriga geschmückt. Die eindrucksvollste Wirkung erzielt das Grand Palais bei Nacht, wenn das Glasdach von innen leuchtet und die Statuen sich silhouettenhaft abzeichnen. Die Große Halle und die Glaskuppel können Sie beim Besuch einer Ausstellung der Galeries Nationales du Grand Palais von innen bewundern. Der Salon des Antiquaires ist wegen Renovierung geschlosssen.

Pont Alexandre III ❻

75008. **Karte** 7 A1. Champs-Elysées-Clémenceau.

MIT IHREN ÜPPIGEN Jugendstilverzierungen (vergoldete und bronzene Laternen, Putten, Nymphen und geflügelte Pferde schmücken beide Enden) ist die 1896–1900 erbaute Brücke fraglos die reizvollste der Stadt. Rechtzeitig zur Weltausstellung des Jahres 1900 fertiggestellt, sollte der Pont an die französisch-russische Allianz von 1892 erinnern. Benannt ist er nach Zar Alexander III., der 1896 auch den Grundstein legte.

Im Stil spiegelt die Brücke das Grand Palais wider, zu dem sie am rechten Seine-Ufer führt. Die Konstruktion ist ein technisches Wunderwerk des 19. Jahrhunderts: Ohne Zwischenpfeiler spannt sie sich in einem sechs Meter hohen Stahlbogen über die Seine. Bei der Planung wurde streng darauf geachtet, daß die Brücke keinesfalls den Blick auf die Champs-Elysées oder Les Invalides verdeckte – eine weise Voraussicht, von der heutige Parisbesucher profitieren.

Eingang zum Petit Palais

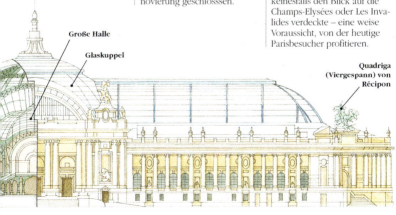

Große Halle
Glaskuppel
Quadriga (Viergespann) von Récipon

Musée d'Art Moderne de la Ville de Paris ❼

11, avenue du Président-Wilson 75116.
Karte 6 E1. ☎ *01 53 67 40 00.*
Ⓜ *Iéna.* 🕒 *Di-Fr 10–19 Uhr, Sa u. So 10–19 Uhr.* **Geschl.** *Feiertage.*

DIESES SEHENSWERTE, im Ostflügel des Palais de Tokyo untergebrachte Museum deckt die wichtigsten Kunstströmungen des 20. Jahrhunderts ab. Gut vertreten sind Fauvisten und Kubisten. Zu den Highlights zählen das 600 qm große Wandgemälde *Elektrizität*, das Raoul Dufy für die Weltausstellung des Jahres 1937 schuf, und Henri Matisses *Tanz* (1932). Interessant ist die Sammlung von Art-deco-Möbeln aus den Jahren 1920–37.

Musée de la Mode et du Costume Palais Galliera ❽

10, avenue Pierre-1er-de-Serbie 75116.
Karte 6 D1. ☎ *01 47 20 85 23.*
Ⓜ *Iéna, Alma-Marceau.* 🕒 *Di–So 10–17.40 Uhr (telefonische Anfrage nötig).* **Geschl.** *Feiertage.*

IN DEM 1892 für die Duchesse Maria de Ferrari Galliera errichteten Renaissancepalast befindet sich heute ein Modemuseum. Die mit über 100 000 Kleidungsstücken und Accessoires bestückte Sammlung reicht vom 18. Jahrhundert bis zur Gegenwart. Modische Damen wie Hélène de Rothschild und Gracia Patricia von Monaco haben den Fundus des Museums durch Spenden ebenso bereichert wie die Couturiers – beispielsweise Balmain und Balenciaga –, die der Sammlung Entwürfe überließen.

Um alle Stücke zeigen zu können, wechselt das Museum ein- bis zweimal pro Jahr die Exponate aus. Die Ausstellungen können einem Modeschöpfer, aber auch anderen Themen gewidmet sein.

Die Wasserspiele vor dem Palais de Chaillot

Jardins du Trocadéro ⓫

75016. **Karte** 6 D2. Ⓜ *Trocadéro.*

DIESE WUNDERSCHÖNE Grünanlage, deren Mittelpunkt ein rechteckiger Zierteich bildet, ist rund zehn Hektar groß. Steinerne und goldglänzende Bronzefiguren beeindrucken vor allem bei Dunkelheit, wenn die Fontänen angestrahlt werden. Unter den Statuen befinden sich Georges Braques *Frau* sowie *Pferd* von Georges Lucien Guyot.

Beiderseits des Teiches fallen die Hänge sanft zur Seine und dem Pont d'Iéna hin ab. In der nordwestlichen Ecke des weitläufigen, von Bächen, Brücken und Spazierwegen durchzogenen Parks verbirgt sich ein Aquarium.

Palais de Chaillot ⓬

17, place du Trocadéro 75016.
Karte 5 C2. Ⓜ *Trocadéro.* 🕒 *Mi–Mo 9.45–18 Uhr.* **Geschl.** *Feiertage.*
Cinémathèque Française
Vorführungen: ☎ *01 56 26 01 01.*

IN DEM PALAIS, dessen riesige, kolonnadengeschmückte Flügelbauten in stattlichen Pavillons enden, haben vier Museen, ein Theater und ein Kino Platz gefunden. Léon Azéma, Louis-Auguste Boileau und Jacques Carlu entwarfen den neoklassizistischen Bau für die Weltausstellung des Jahres 1937. Er ist mit Skulpturen und Reliefs geschmückt, und die Wände der Pavillons zieren Inschriften des Lyrikers und Essayisten Paul Valéry.

Der *parvis* (Hof) zwischen den beiden Pavillons weist reichen Skulpturenschmuck, Zierteiche und Springbrunnen auf; die Terrasse wird von zwei Bronzestatuen – Henri Bouchards *Apollo* und Pommiers *Herkules* – beherrscht. Von hier führen Stufen zum Théâtre National de Chaillot hinab, dessen Inszenierungen nach dem Krieg für Schlagzeilen sorgten.

Im Souterrain des Palais liegt das Heim der Cinémathèque Française. Das 1936 von Henri Langlois gegründete und nach dem Brand 1997 zerstörte Kino konnte restauriert werden, und zeigt bei täglich wechselndem Programm Filmklassiker. Exponate zum Thema finden Filmfreunde im Musée du Cinéma Henri Langlois, das nachwievor restauriert wird und viele interessante Stücke besitzt, die bis in die Anfänge des Kinos zurückreichen.

Der Ostflügel beherbergt das Musée des Monuments Fran-

Musée National des Arts Asiatiques Guimet ❾

6, place d'Iéna 75116. **Karte** 6 D1.
📞 01 45 05 00 98. Ⓜ Iéna. **Geschl.**
wg. Renovierung bis Dez 1999. 📷
♿ *Neue Ausstellungsräume in der avenue d'Iéna 19 (Öffnungszeiten bitte telefonisch erfragen).*

ALS EINES DER führenden Museen für asiatische Kunst besitzt das Guimet eine herausragende Sammlung kambodschanischer Kunstschätze. 1879 von dem Industriellen Emile Guimet in Lyon begründet, kam das Museum, zu dem auch ein asiatisches Kulturzentrum gehört, 1884 nach Paris.

Buddhakopf im Musée Guimet

Musée National d'Ennery ❿

59, av Foch 75016. **Karte** 1 B5.
📞 01 45 53 57 96. Ⓜ Porte Dauphine. 🕐 Do, So 14–17.45 Uhr.
Geschl. Aug. 📷 ♿

DIESE HOCHHERRSCHAFTLICHE Villa aus dem Zweiten Kaiserreich birgt Sammlungen fernöstlicher Kunst – von dem Dramatiker und Kunstliebhaber Adolphe d'Ennery im 19. Jahrhundert zusammengetragen.

Die chinesischen und japanischen Figuren, Keramikdosen, Ornamente und Möbel datieren fast ausschließlich aus dem 17. bis 19. Jahrhundert.

PALAIS DE CHAILLOT

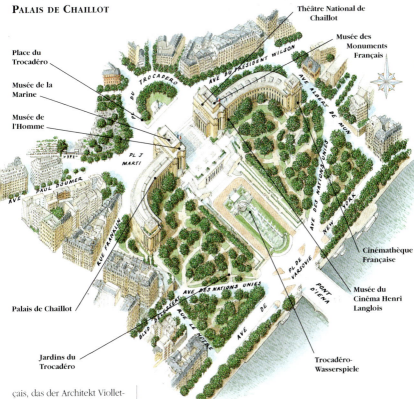

çais, das der Architekt Viollet-le-Duc 1882 entworfen hat. Es dokumentiert die Geschichte der französischen Baukunst von prärömischen Zeiten bis ins 19. Jahrhundert.

Ein Porträt der Entwicklung der Menschheit wird im Musée de l'Homme geboten, das im Westflügel untergebracht ist. Höhepunkte bilden eine Mumie der Inkas, und die afrikanische Abteilung. Ebenfalls im Westflügel finden Sie das Musée de la Marine, das die Geschichte der französischen Seegeschichte aufzeigt.

Teile der Ausstellung werden in das Palais de Tokyo verlegt, das in der Nähe gelegen ist.

Les Egouts ⓭

Vor dem Haus 93, quai d'Orsay 75007.
Karte 6 F2. ☎ 01 47 05 10 29.
Ⓜ *Pont de l'Alma*. 🕐 *Sa–Mi 11–16 Uhr (Im Sommer 17 Uhr).*

Zu den verdienstvollsten Taten des Baron Haussmann zählt der Ausbau der Pariser Kanalisation. Aneinandergereiht würden die 2100 km Abwasserleitungen *(égouts)* von Paris bis nach Istanbul reichen. In unserem Jahrhundert sind die aus dem Zweiten Kaiserreich stammenden Kanäle zur Touristenattraktion avanciert. Wer möchte, kann ein kleines Gebiet um den Quai d'Orsay zu Fuß besichtigen. Hier wurde ein Kanalisationsmuseum eingerichtet, in dem der Besucher in das unterirdische Paris eintauchen und sich über Modernisierungsmaßnahmen informieren kann.

Tour Eiffel ⓮

Siehe S. 109.

29, avenue Rapp ⓯

75005. **Karte** 6 E2. Ⓜ *Pont de l'Alma*.

Als Musterbeispiel für Jugendstilarchitektur trug das Haus Nummer 29 in der Avenue Rapp seinem Architekten Jules Lavirotte den ersten Preis beim Concours des Façades de la Ville de Paris im Jahr 1901 ein. Die Keramik- und Ziegelfassade ist mit Tier- und Pflanzenmotiven geschmückt, unter die sich auf mehrfarbigen Sandstein gesetzte Frauenfiguren mischen. Diese verleihen dem Ganzen einen erotischen Touch, der seinerzeit Anstoß erregt haben dürfte. Noch ein weiteres Gebäude von Lavirotte verdient einen Besuch: Es steht samt Wachturm am Square Rapp.

Champ-de-Mars ⓰

75007. **Karte** 6 E3. Ⓜ *Ecole-Militaire*.
RER *Champ-de-Mars–Tour-Eiffel*.

Der weitläufige Park erstreckt sich vom Eiffelturm bis zur Ecole Militaire und diente ursprünglich als Paradeplatz für die Offiziersanwärter. Später fanden hier Pferderennen, Ballonstarts und Massenveranstaltungen zur Feier des 14. Juli statt. Die erste Jubiläumsfeier erfolgte 1790 in Anwesenheit eines finster dreinblickenden, weil abgesetzten Louis XVI. Ende des 19. Jahrhunderts verwandelte man den Platz in eine riesige Ausstellungsfläche, auf der 1889 die Weltausstellung abgehalten wurde.

Ein Ballon über Paris

Ecole Militaire ⓱

1, place Joffre 75007. **Karte** 6 F4.
Ⓜ *Ecole Militaire*. **Besuche** nur mit Sondergenehmigung

Die königliche Militärakademie wurde 1751 von Louis XV gegründet, der hier verarmten Offizierssöhnen eine Ausbildung angedeihen lassen wollte. Der König und Madame de Pompadour beauftragten Jacques-Ange Gabriel mit dem Entwurf eines Baus, der sich mit dem Hôtel des Invalides Louis' XIV messen konnte. Da die Finanzierung des Projekts Probleme bereitete, führte Louis XV eine Kartenspielsteuer ein und gründete eine Lotterie.

Mit zehn korinthischen Säulen und einer viereckigen Kuppel sticht der mittlere Pavillon ins Auge, ein Beispiel des französischen Klassizismus. Allegorien Frankreichs schmücken das Hauptgesims.

Ein Kadett der Akademie war Napoléon; sein Abschlußzeugnis enthielt den Satz: »Sofern es die Umstände gestatten, steht ihm eine große Zukunft bevor.«

Die Planung der Ecole Militaire (Stich aus dem Jahr 1751)

UNESCO ⓲

7, place de Fontenoy 75007.
Karte 6 F5. ☎ 01 45 68 10 00.
Ⓜ *Ségur, Cambronne*. 🕐 *Mo–Fr 9–18 Uhr*. **Geschl.** *Feiertage u. während Konferenzen*.

Hier befindet sich das Hauptquartier der UNESCO (United Nations Educational, Scientific and Cultural Organization). Ziel dieser Organisation ist es, durch Förderung von Erziehung, Wissenschaft und Bildung zur Friedenssicherung beizutragen.

Das Gebäude ist ein Schrein der modernen Kunst: Es gibt ein Wandgemälde von Picasso, Keramiken von Joan Miró und Skulpturen von Henry Moore zu bewundern. Sehenswert ist auch die schlichte Gartenanlage des Japaners Noguchi.

Der Jugendstileingang des Hauses Nr. 29 in der Avenue Rapp

Tour Eiffel ⓮

Blick vom Trocadéro auf den Eiffelturm

Der Eiffelturm wurde zur Weltausstellung des Jahres 1889 und dem hundertsten Jahrestag der Revolution errichtet. Der 320 Meter hohe Turm sollte das Stadtbild nur vorübergehend prägen. Der Entwurf des Ingenieurs Gustave Eiffel wurde von Zeitgenossen heftig kritisiert. Bis zur Fertigstellung des Empire State Building (1931) war der Eiffelturm das höchste Bauwerk der Welt.

INFOBOX

Champ-de-Mars–Tour Eiffel.
Karte 6 D3. 📞 *01 44 11 23 11.*
Ⓜ *Bir-Hakeim.* 🚌 *42, 69, 72, 82, 87,91 zu den Champ-de-Mars.* RER *Champ-de-Mars.* 🚡 *Tour Eiffel.* 🅿 *vor Ort.* 🕘 *Sep–Jun 9.30–23 Uhr; Juli u. Aug 9–24 Uhr.*

Auf der **dritten Plattform**, 276 Meter über dem Erdboden, haben achtzig Personen Platz.

HELDENTATEN

Vom ersten Tag an hat der Turm Abenteurer zu Verrücktheiten animiert. 1912 startete der Pariser Schneider Reichelt einen Flugversuch. Als »Flügel« diente ihm ein Cape. Er stürzte in den Tod.

Reichelt

★ **Aussichtsplattform**
An klaren Tagen beträgt die Sicht über 70 km. Mit etwas Glück erblickt man sogar die Kathedrale von Chartres.

Die **Doppeldeckeraufzüge** haben ein begrenztes Fassungsvermögen, weshalb es in der Hochsaison zu langen Wartezeiten kommen kann. Das Schlangestehen erfordert viel Geduld und setzt Schwindelfreiheit voraus.

NICHT VERSÄUMEN

★ **Eiffel-Büste**

★ **Aussichtsplattform**

Die **zweite Plattform** (115 m) ist über 359 Stufen, oder mit dem Aufzug, von der ersten aus erreichbar.

Cineiffel
Das kleine audiovisuelle Museum informiert anschaulich über die Geschichte des Turms.

Das **Restaurant Jules Verne** bietet nicht nur exzellente Küche, sondern auch einen atemberaubenden Panoramablick.

★ **Eiffel-Büste**
Antoine Bourdelle ehrte Gustave Eiffel (1832–1923) mit dieser Büste, die 1923 am Fuß des Turmes aufgestellt wurde.

Die **erste Plattform** auf 57 Metern erreicht man über 345 Stufen oder mit dem Aufzug. Hier befindet sich ein Postamt.

LES INVALIDES

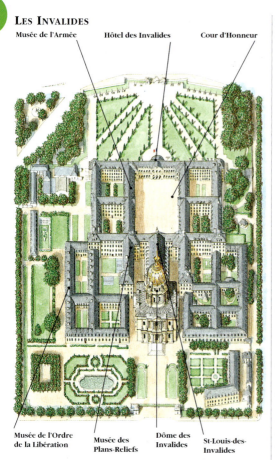

Musée de l'Armée — Hôtel des Invalides — Cour d'Honneur

Musée de l'Ordre de la Libération — Musée des Plans-Reliefs — Dôme des Invalides — St-Louis-des-Invalides

Hôtel des Invalides ⓳

75007. **Karte** 7 A3. ☎ 01 44 42 37 70. Ⓜ *Latour-Maubourg, Varenne.* 🕘 *tägl. 10–18 Uhr.* **Geschl.** *1. Jan, 1. Mai, 1 Nov, 25. Dez.*

Dieses imposante Bauwerk, das dem Viertel den Namen gab, wurde 1671 im Auftrag von Louis XIV als Unterkunft für die Kriegsversehrten errichtet, die bislang ein Bettlerdasein fristeten. Der Entwurf stammte von Libéral Bruand, die Fertigstellung erfolgte 1676 durch Jules Hardouin-Mansart, der später für Louis XIV den Invalidendom mit der goldglänzenden Kuppel als persönliches Bethaus anbauen ließ. Damals waren dort fast 6000 Soldaten untergebracht; heute sind es kaum noch hundert.

Die klassizistische Fassade, ein Meisterwerk der französischen Baukunst des 17. Jahrhunderts, gehört zu den eindrucksvollsten Sehenswürdigkeiten der Stadt. Die Anlage mit der baumbesäumten Esplanade bis hinab an die Seine erstrahlt in architektonischem und historischem Glanz. Neben dem Musée de l'Armée beherbergt es auch das Musée de l'Ordre de la Libération, das dem Wirken des Generals Charles de Gaulle im Zweiten Weltkrieg ein Denkmal setzt.

Im Musée des Plans-Reliefs im rechten Gebäudeflügel befindet sich eine Sammlung von Modellen französischer Militär- und Festungsanlagen, die noch in den 50er Jahren unter das Staatsgeheimnis fielen. Bruands Cour d'Honneur (Ehrenhof) ist noch heute Schauplatz militärischer Paraden.

Musée de l'Armée ⓴

Hôtel des Invalides 75007. **Karte** 7 A3. ☎ 01 44 42 37 70. Ⓜ *Latour-Maubourg, Varenne.* 🕘 *tägl. 10–18 Uhr (Okt–März 17 Uhr).* **Geschl.** *1. Jan, 1. Mai, 1 Nov, 25. Dez.*

Dieses Museum mit einer der weltweit umfassendsten militärgeschichtlichen Sammlungen (Exponate von der Steinzeit bis zum Zweiten Weltkrieg) reicht über zwei Stockwerke.

Mit einer hauptsächlich der napoleonischen Ära gewidmeten Sonderausstellung wird an die Triumphe und Niederlagen der französischen Nation erinnert. Neben Uniformen, Waffen und Schaubildern sind auch die Totenmaske und das Pferd Napoléons namens Vizier zu sehen. Außerdem können Sie die Jagdhörner aus Elfenbein des Königs François I bewundern, Waffen aus China, Japan und der Türkei und ein Schaubild der Landung der Alliierten in der Normandie im Jahr 1944.

St-Louis-des-Invalides ㉑

Hôtel des Invalides 75007. **Karte** 7 A3. Ⓜ *Varenne, Latour-Maubourg.* ☎ 01 44 42 37 65. 🕘 *tägl. 9.30–17 Uhr (Okt–März 16.30 Uhr).*

Die Kapelle der Invaliden ist auch als »Soldatenkirche« bekannt. Sie wurde von 1679 bis 1708 nach dem Entwurf

Die Fassade des Musée de l'Armée

CHAMPS-ELYSEES UND INVALIDES 111

Altar von St-Louis-des-Invalides mit Kampfbannern

von Bruand durch Jules Hardouin-Mansart erbaut. Das klassizistisch gestaltete Innere mit den schönen Proportionen hat die Form eines griechischen Kreuzes.

Die kostbare Orgel aus dem 17. Jahrhundert stammt von Alexandre Thierry. Anläßlich der Uraufführung von Berlioz' *Requiem* am 5. Dezember 1837 wurde dieses Instrument gespielt.

Dôme des Invalides ㉒

Hôtel des Invalides, Avenue de Tourville.
Karte 7 A3. 01 44 42 37 67. Latour-Maubourg, Varenne. 32, 63, 93 nach Les Invalides. Invalides. Tour Eiffel. Apr–Sep tägl. 10–18 Uhr (Okt–März 17 Uhr). Grab Jun–Aug tägl. 10–19 Uhr. **Geschl.** 1. Jan, 1. Mai, 17. Jun, 1. Nov, 25. Dez.

Jules Hardouin-Mansart erhielt 1676 von Louis XIV den Auftrag, die von Libéral Bruand entworfene und als soziale Einrichtung für Kriegsversehrte dienende Anlage der Invaliden um einen Domanbau zu erweitern. Der Dom war ausschließlich als königliche Grablege und privates Bethaus des Sonnenkönigs bestimmt.

Als ein Höhepunkt französischer Baukunst des 17. Jahrhunderts, des *grand siècle*, fügt das Bauwerk sich meisterlich in seine Umgebung ein. Die Absicht, die königliche Familie in der Kirche zu bestatten, wurde nach dem Tode Louis' XIV fallengelassen. Die Hauptattraktion bildet das Grab Napoléons. 20 Jahre nach seinem Tod auf der Insel St. Helena wurden seine Gebeine auf Befehl von König Louis-Philippe nach Frankreich überführt. Sie wurden auf sechs Särge verteilt und in die Krypta gestellt, auf ein Podest aus Granit in einem Sarkophag aus rotem Porphyr. Auch der Sohn und zwei Brüder Napoléons, Jérôme und Joseph, haben in der Krypta ihre letzte Ruhestätte gefunden.

Marschall Foch, Oberbefehlshaber der alliierten Truppen im Ersten Weltkrieg, ist auch hier bestattet. Eine Gedenktafel erinnert an den Militärarchitekten Le Prestre de Vauban.

Der Dom mit seiner 1715 erstmals vergoldeten Kuppel

Musée Rodin ㉓

77, rue de Varenne 75007.
Karte 7 B3. 01 47 05 01 34. Varenne. Di–So 9.30–17.45 Uhr. **Geschl.** 1. Jan, 1. Mai, 25. Dez eingeschränkt.

Auguste Rodin (1840–1917), einer der größten französischen Bildhauer, lebte von 1908 bis zu seinem Tode im Hôtel Biron, einem Herrenhaus des 18. Jahrhunderts. Als Dank für die Überlassung der Villa als Wohnstätte und Atelier vermachte der Künstler sein Werk dem Staat. Das Atelier kann besichtigt werden. Einige berühmte Skulpturen stehen im Garten: *Die Bürger von Calais*, *Der Denker*, *Die Tore zur Hölle* (siehe S. 116) und *Balzac*. Die im Inneren chronologisch angeordneten Exponate umfassen alle Perioden des Künstlers. Zu den Höhepunkten gehören die Skulpturen *Der Kuß* und *Eva*.

Sainte-Clothilde ㉔

12 rue Martignac. 75007.
Karte 7 B3. 01 44 18 62 64. Solférino, Varenne, Invalides. tägl. 8.30–19 Uhr.

Diese neogotische Kirche entstand in der Zeit von 1846–56 nach Entwürfen des deutschstämmigen Architekten Franz Christian Gau. Angeregt wurde er durch die damals weitverbreitete Hinwendung zum Mittelalter, die durch Schriftsteller wie Victor Hugo populär gemacht wurde. Besonders sehenswert sind die imposanten Zwillingstürme.

Wandgemälde von James Pradier und Glasmalereien mit Szenen aus dem Leben der Schutzheiligen schmücken das Innere; von 1858–90 wirkte hier der Komponist César Franck als Organist.

Fontaine des Quatre Saisons ㉕

57–59, rue de Grenelle 75007.
Karte 7 C4. Rue du Bac.

Der Bildhauer Edmé Bouchardon erhielt 1730 den Auftrag, einen Brunnen zu entwerfen, der die Bürger in der Umgebung des Boulevard Raspail mit Wasser versorgen sollte. Hinter dem Brunnen, der mit Allegorien der Stadt Paris und mit Flachreliefs der vier Jahreszeiten geschmückt ist, befindet sich das Haus (Nr. 59), in dem der Schriftsteller Alfred de Musset (1810–57) wohnte.

Rodins *Denker* im Museumsgarten

RIVE GAUCHE

JAHRZEHNTELANG WAR DAS linke Ufer der Seine der Stadtteil der Dichter, Philosophen, Künstler und radikalen Denker. Die Cafés atmen immer noch einen Hauch jener legendären Pariser Boheme; doch mit Yves Saint-Laurent und den Boutiquen in der Rue Jacob gewinnt der Geldadel die Oberhand.

Das Quartier Latin zwischen Seine und Jardin du Luxembourg wartet mit Buchhandlungen, Galerien und Cafés auf. Der Boulevard St-Michel an der Grenze zwischen Quartier Latin und St-Germain-des-Prés ist heute eine einzige Einkaufszone, in der sich Fast-food-Lokale und Billiggeschäfte aneinanderreihen. Gleich dahinter beginnt jedoch ein Gassenlabyrinth mit ausländischen Spezialitätenläden und Theatern der Avantgarde. Dort ist der alte Charakter des Stadtteils gewahrt. Und über all dem thront die Sorbonne, die 1253 erbaute Universität von Paris.

Eine Wohnung am Jardin du Luxembourg ist der Traum vieler Pariser. Es ist ein friedvolles Viertel mit malerischen Sträßchen und daneben dem Park mit Spazierwegen, Grünflächen und Alleen. Ein Treffpunkt für Studenten, und im Sommer spielt man dort *boule*.

Uhr im Musée d'Orsay

SEHENSWÜRDIGKEITEN AUF EINEN BLICK

Kirchen
Panthéon ⓭
St-Etienne-du-Mont ⓬
St-Germain-des-Prés ❺
St-Julien-le-Pauvre ❿
St-Séverin ❾

St-Sulpice ⓯
Val-de-Grâce ⓱

Museen und Galerien
Musée de Cluny ❽
Musée Eugène Delacroix ❻
Musée d'Orsay S. 116f ❶

Brunnen
Fontaine de l'Observatoire ⓰

Historische Gebäude und Straßen
Boulevard St-Germain ❷
Ecole Nationale Supérieure des Beaux-Arts ❹
Palais du Luxembourg ⓮
Quai Voltaire ❸
Rue de l'Odéon ❼
La Sorbonne ⓫

ANFAHRT

Mit der Métro bis St-Germain-des-Prés, St-Michel, St-Sulpice. Mit der RER bis Musée d'Orsay oder Luxembourg. Mit den Linienbussen 24, 63 und 87 zum Boulevard St-Germain, Linie 38 fährt über Boulevard St-Michel.

LEGENDE

	Detailkarte *S. 114f*
	Detailkarte *S. 120f*
	Detailkarte *S. 122f*
M	Métro-Station
RER	RER-Station
P	Parken
	Batobus-Anlegestelle

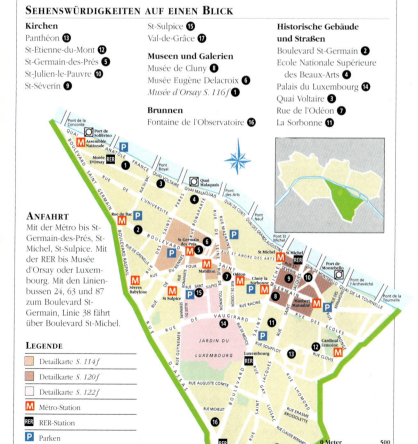

◁ Jardin du Luxembourg mit dem Panthéon

Im Detail: St-Germain-des-Prés

Leierkastenspieler in St-Germain

Nach dem Zweiten Weltkrieg wurden die Bars und Cafés von St-Germain-des-Prés zum Inbegriff des intellektuellen Lebens. Philosophen, Literaten, Schauspieler und Musiker trafen sich hier in Nachtclubs und Kneipen, die von der existentialistischen Auffassung und vom Jazz geprägt waren. Heute wirkt das Viertel eleganter als zu der Zeit, als Jean-Paul Sartre und Simone de Beauvoir, die Sängerin Juliette Gréco und die jungen Cineasten der Neuen Welle von sich reden machten. Les Deux Magots, Café de Flore – das sind zwei Adressen der heutigen Szene. Die Gebäude aus dem 17. Jahrhundert sind noch erhalten, aber die Antiquitätengeschäfte, Buchhandlungen und Modeboutiquen sind äußerliche Zeichen des Wandels.

Das Café **Les Deux Magots** war in den 20er Jahren ein Treffpunkt für Künstler und Literaten.

Das **Café de Flore**, das Stammlokal von Sartre, Simone de Beauvoir und anderen Intellektuellen, hat noch die Innenausstattung im klassischen Art-deco.

Métro St-Germain-des-Prés

Auch Politiker gehen gern in die renommierte, mit bunten Keramikfliesen geschmückte **Brasserie Lipp**.

★ **St-Germain-des-Prés**
In der ältesten Kirche von Paris liegt auch der Philosoph René Descartes begraben. ❺

★ **Boulevard St-Germain**
Cafés, Läden, Kinos, Restaurants und Buchhandlungen bestimmen den mittleren Abschnitt der Hauptstraße des linken Seine-Ufers. ❷

RIVE GAUCHE

Nicht versäumen

★ St-Germain-des-Prés

★ Boulevard St-Germain

★ Musée Delacroix

Legende

– – – Routenempfehlung

Zur Orientierung
Siehe Kartenregister, Karten 7, 8

★ **Musée Delacroix**
Das Museum ist dem Werk des romantischen Malers Eugène Delacroix (1798–1863) gewidmet, der früher dort lebte. ❻

Das **Palais Abbatial** diente von 1586 bis zum Ausbruch der Revolution 1789 als Äbteresidenz.

Jahrhundertelang wurde die **Rue de Buci** wegen ihrer Tennishallen geschätzt. Heute gibt es dort einen Markt, auf dem es geschäftig zugeht.

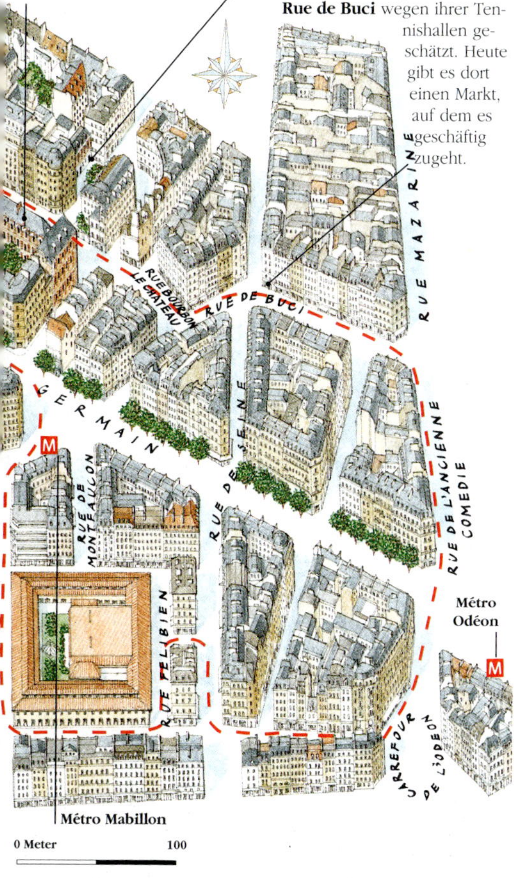

Métro Mabillon

0 Meter 100

Musée d'Orsay ❶

Siehe S. 116 f.

Boulevard St-Germain ❷

75006, 75007. **Karte** 8 D4.
Ⓜ *Solférino, Rue du Bac, St-Germain-des-Prés, Mabillon, Odéon.*

Der berühmteste Boulevard des linken Seine-Ufers durchquert drei Stadtteile zwischen der Ile St-Louis und dem Pont de la Concorde. Hinter der homogenen Architektur – das Ergebnis der Stadtplanung des Baron Haussmann im 19. Jahrhundert – verbirgt sich die Vielfalt der Lebensstile von der Boheme bis zum Bürgertum.

Von Osten her führt der Boulevard am Musée de Cluny und an der Sorbonne vorbei. Sehr verkehrsreich und geschäftig ist es an der Kreuzung der Boulevards St-Michel und St.-Germain-des-Prés.

Quai Voltaire ❸

75006, 75007. **Karte** 8 D3.
Ⓜ *Rue du Bac.*

Der Quai Voltaire in Paris ist heute die Adresse angesehener Antiquitätenhändler. Viele Berühmtheiten lebten in den schönen Häusern des 18. Jahrhunderts, so auch Voltaire (Nr. 27) sowie Richard Wagner, Jean Sibelius und Oscar Wilde (Nr. 19).

Wie die Tafelinschrift besagt, starb 1778 in diesem Hause Voltaire

Musée d'Orsay ●

1986, 47 Jahre nach der Schließung der als Fernbahnhof dienenden Gare d'Orsay von Victor Laloux, wurde der prächtige Bau im Stil des Fin de siècle zum Museum umfunktioniert. In den 70er Jahren wäre dieser Bahnhof für die Verbindung nach Orléans fast abgerissen worden. Auch nach dem Umbau ist ein großer Teil der Originalarchitektur erhalten. Das Museum präsentiert eine reiche Kunstsammlung aus der Zeit von 1848–1914, die unter sozialen, politischen und technisch-wissenschaftlichen Gesichtspunkten erläutert wird. Schwerpunkt der Sammlung sind Malerei und Plastik, die aber durch Möbel, Kunstgewerbe, Fotografie und Zeitschriftendruck ergänzt werden.

Statuette einer *14jährigen Tänzerin* (1881) von Edgar Degas

Das Höllentor
(1880–1917)
Rodins berühmte Plastik beinhaltet seine früheren Werke Der Denker *und* Der Kuß.

Le Moulin de la Galette *(1876)*
Dieses Bild malte Renoir unter freiem Himmel, um den durch die Bäume gefilterten Lichteinfall festzuhalten.

Der Tanz *(1867/68)*
Als diese dynamische Plastik von Carpeaux 1869 erstmals der Öffentlichkeit vorgestellt wurde, provozierte sie einen Skandal.

LEGENDE

☐	Architektur u. angewandte Kunst	☐	Naturalismus u. Symbolismus
☐	Skulpturen	☐	Jugendstil
☐	Malerei vor 1870	☐	Sonderausstellungen
☐	Impressionismus	☐	Keine Ausstellungsfläche
☐	Neoimpressionismus		

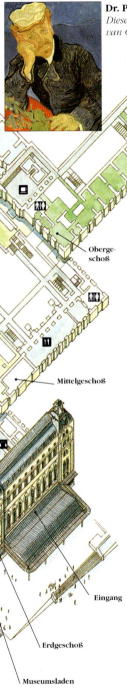

Dr. Paul Gachet *(1890)*
Dieses Porträt seines Arztes schuf van Gogh in seinem Todesjahr.

INFOBOX

1, rue de Bellechasse 75007.
Karte 8 D2. 01 40 49 48 14.
Solférino. 24, 68, 69, 84 zum Quai A. France; 73 zur Rue Solférino; 63, 83, 84, 94 zum Bd St-Germain. Musée d'Orsay. Quai d'Anatole France. Juni–Sep Di–So 9–18 Uhr (Do 21.45 Uhr); Okt–Mai Di–Sa 10–18 Uhr (Do 21.45 Uhr), So 9–18 Uhr. **Geschl.** 1. Jan, 1. Mai, 25. Dez.

KURZFÜHRER

Das Erdgeschoß ist der zweiten Hälfte des 19. Jahrhunderts gewidmet. Das Mittelgeschoß zeigt Exponate des Jugendstils sowie Gemälde und Skulpturen aus der Zeit um die Jahrhundertwende. Im Obergeschoß sind Impressionisten und Neoimpressionisten zu besichtigen.

- Obergeschoß
- Mittelgeschoß
- Eingang
- Erdgeschoß
- Museumsladen

ÜBERBLICK: MUSÉE D'ORSAY

Viele Stücke wurden aus dem Louvre und dem Jeu de Paume übernommen. Die Malerei bis 1870 befindet sich im Erdgeschoß mit Thomas Coutures berühmtem Werk *Die Römer der Verfallszeit*. Neoklassizistische Meisterwerke wie *Die Quelle* von Ingres hängen neben romantischen Bildern wie Delacroix' turbulenter *Tigerjagd*. Diese exotischen Visionen kontrastieren mit dem realistischen Werk von Künstlern wie Courbet oder dem Frühwerk von Degas und Manet, insbesondere mit der berühmten *Olympia*.

Blaue Seerosen (1919) von **Claude Monet**

Der Hauptteil des Museums enthält eine Fülle plastischer Arbeiten, von Daumiers satirischen Büsten der Parlamentsabgeordneten bis hin zu Carpeaux' überschwenglichem *Tanz* und Rodins *Höllentor*. Im Mittelgeschoß stößt man auf die angewandte Kunst und die Architektur. Dort befinden sich auch die Exponate der Künstler des Jugendstils – mit der Schlangenlinie als Stilmerkmal in den Goldschmiede- und Glasarbeiten eines René Lalique ebenso wie in den Entwürfen eines Hector Guimard, der den typischen gebogenen Eingang der Pariser Métro schuf.

Zu den Höhepunkten der Sammlung gehören Monets Bilderzyklus *Die Kathedrale von Rouen* (siehe S. 257) und Renoirs *Le Moulin de la Galette*. Bei den Postimpressionisten hängen van Goghs *Kirche von Anvers*, Werke von Cézanne, Seurats *Zirkus*, Gauguins farbenprächtige Bilder, Toulouse-Lautrecs Darstellungen der Pariser Bars und Rousseaus Traumwelt. Ein Beispiel für die Malerei ab 1900 ist das Bild *Luxe, Calme et Volupté* von Matisse.

Frühstück im Freien (1863) von Edouard Manet

118 PARIS UND ILE DE FRANCE

Fassade der Ecole Nationale Supérieure des Beaux-Arts

Ecole Nationale Supérieure des Beaux-Arts ❹

14, rue Bonaparte 75006.
Karte 8 E3. 01 47 03 50 00. St-Germain-des-Prés. 14–17 Uhr, jeden 3.Mo im Monat. nach Vereinbarung.

D IE LAGE DER französischen Kunsthochschule ist beneidenswert: direkt an der Seine, Ecke Rue Bonaparte/Quai Malaquais. Zu dem Gebäudekomplex gehört auch das Palais des Etudes aus dem 19. Jahrhundert. Studenten aus aller Welt strömen täglich durch den geräumigen Innenhof, an einer Kapelle aus dem 17. Jahrhundert vorbei, um in die Ateliers zu gelangen. Vor allem amerikanische Architekten setzen sich hier mit der Kunst des vergangenen Jahrhunderts auseinander.

St-Germain-des-Prés ❺

3, place St-Germain-des-Prés 75006.
Karte 8 E4. 01 43 25 41 71. St-Germain-des-Prés. tägl. 8.30–19.30 Uhr.

D IE ÄLTESTE PARISER Kirche wurde 542 als Basilika zur Aufbewahrung von Reliquien gebaut. Unter den Benediktinermönchen entwickelte sich zur mächtigen Abtei, die im 11. Jahrhundert umgebaut wurde und 1794 niederbrannte. Ein Originalturm mit dem ältesten Glockenturm Frankreichs ist nach der Restaurierung (19. Jh.) noch erhalten. Die Marmorsäulen aus dem 6. Jahrhundert, die gotischen Gewölbe und romanischen Bogen im Inneren sind zur faszinierenden Mischung der Baustile vereint. René Descartes, der Philosoph des 17. Jahrhunderts, liegt hier begraben.

Musée Eugène Delacroix ❻

6, rue de Fürstenberg 75006. **Karte** 8 E4. 01 43 54 04 87. St-Germain-des-Prés. Mi–Mo 9.30–17 Uhr.

I N DIESEM HAUS lebte und wirkte Eugène Delacroix, der nonkonformistische Maler der Romantik, von 1857 bis zu seinem Tod 1863. Dort entstanden seine *Grablegung* und *Der Weg nach Golgatha*. Außerdem schuf er Fresken für eine Seitenkapelle in der Kirche St-Sulpice. Wohnung und Gartenatelier, durch eine gußeiserne Treppe verbunden, beherbergen ein Bildnis von George Sand sowie Selbstbildnisse des Künstlers und Skizzen. Es finden auch Wanderausstellungen statt.

Jacobs Kampf mit dem Engel von Delacroix, St. Sulpice *(siehe S. 123)*

Rue de l'Odéon ❼

75006. **Karte** 8 F5. Odéon.

D IE 1779 ERÖFFNETE Zufahrt zum Théâtre de l'Odéon war als erste Straße in Paris mit Rinnsteinen versehen. Viele Häuser des 18. Jahrhunderts sind erhalten. Shakespeare & Company, die Buchhandlung von Sylvia Beach, war von 1921 bis 1940 in Nr. 12 untergebracht: ein Anziehungspunkt für Schriftsteller wie Joyce, Ezra Pound und Hemingway.

Musée de Cluny ❽

6, place Paul-Painlevé 75005. **Karte** 9 A5. 01 53 73 78 00. Cluny, St-Michel, Odéon. St-Michel. Mi–Mo 9.15–17.45 Uhr. **Geschl.** 1. Jan, 1. Nov, 25. Dez.

D AS MUSEUM, heute offiziell als Musée National du Moyen Age – Thermes de Cluny bezeichnet, bietet eine einzigartige Kombination: gal-

In Stein gemeißelte Köpfe der Könige von Judäa (um 1220)

St-Séverin ❾

1, rue des Prêtres-St-Séverin 75005.
Karte 9 A4. 01 42 34 93 50. St-Michel. Mo–Fr 11–19.45 Uhr, Sa 11–20 Uhr, So 9 – 20 Uhr.

D IE PARISER PRACHTKIRCHE St-Séverin, ein perfektes Beispiel für den spätgotischen Flamboyant-Stil, verdankt ihren Namen einem Eremiten des 6. Jahrhunderts. Der Bau wurde im frühen 16. Jahrhundert vollendet; ein beeindruckendes Doppelschiff umschließt den Altarraum. Das Beinhaus im Garten hat ein mittelalterliches Giebeldach.

Wasserspeier schmücken St-Séverin im gotischen Flamboyant-Stil

RIVE GAUCHE 119

Die Schule. Holzschnitzarbeit (englisch, frühes 16. Jh.)

Die Dame mit dem Einhorn

Diese sechs einzigartigen Gobelins sind großartige Beispiele für den Millefleurs-Stil des 15. und frühen 16. Jahrhunderts, der durch anmutige Darstellungen von Mensch und Tier und frische, harmonische Farben besticht.

Die Eleganz des Einhorns in einer der sechs Gobelins

loromanische Ruinen in einer mittelalterlichen Villa mit einer der weltweit schönsten Kunstsammlungen des Mittelalters. Benannt wurde das Museum nach dem burgundischen Abt von Cluny, Pierre de Chalus, der die Ruine 1330 erwarb. Der heutige Bau entstand 1485–98.

Zu den Höhepunkten der Sammlung gehören kostbare alte, guterhaltene Gobelins von bestechender Schönheit. Das Highlight der Skulpturenabteilung bildet die Galerie der Könige, und die Goldschmiedeabteilung enthält eine der Perlen von Cluny, die *Goldene Rose von Basel* (1330). Außerdem gibt es Glasmalereien, Schnitzereien, Stundenbücher und Emailarbeiten zu sehen.

St-Julien-le-Pauvre ❿

1, rue St-Julien-le-Pauvre 75005. **Karte** 9 A4. 01 43 29 09 09. M St-Michel. RER St-Michel. So–Fr 10–12, 15–18 Uhr.

Diese Kirche, eine der ältesten von Paris, wurde zwischen 1165 und 1220 erbaut. Zunächst diente sie als Versammlungssaal der Universität. Infolge der Studentenproteste von 1524 wurde das Bauwerk durch Parlamentsbeschluß als Versammlungsort untersagt. Ab 1889 ging sie in den Besitz der griechisch-orthodoxen Melchiten über; heute dient sie als Konzertsaal für klassische und religiöse Musik.

La Sorbonne ⓫

47, rue des Ecoles 75005. **Karte** 9 A5. 01 40 46 22 11. M Cluny-La Sorbonne, Maubert-Mutualité. Mo–Fr 9–17 Uhr. **Geschl.** Feiertage.

Die Sorbonne, bis 1969 Hauptsitz der Pariser Universität, wurde 1253 durch Robert de Sorbon, Beichtvater Louis' IX, für mittellose Theologiestudenten gegründet. Aus den bescheidenen Anfängen entwickelte sich ein Zentrum für theologische und kirchliche Fragen, und 1469 entstand hier mit drei Druckerpressen aus Mainz die erste französische Druckerei. Weil sie die liberalen Ideen des 18. Jahrhunderts ablehnte, wurde die Sorbonne während der Revolution geschlossen. Napoléon ließ sie 1806 wieder öffnen und die Gebäude des 17. Jahrhunderts ersetzen. Seit die Sorbonne 1969 in 13 Teiluniversitäten zergliedert wurde, finden hier nur wenige Vorlesungen statt.

St-Etienne-du-Mont ⓬

Place Ste-Geneviève 75005. **Karte** 13 A1. 01 43 54 11 79. M Cardinal-Lemoine. tägl. 8–12, 14–19 Uhr. **Geschl.** Feiertage, Mo im Juli u. Aug.

Diese Kirche beherbergt den Schrein der heiligen Geneviève, Schutzpatronin von Paris, und die Gebeine von Racine und Pascal. Neben gotischen Stilmerkmalen weist sie auch Elemente der Renaissance auf, u. a. den Lettner.

St-Etienne-du-Mont

Glockenturm, 16. Jh.

Lettner

Mittelalterliches Kirchenfenster

Im Detail: Quartier Latin

SEIT DEM MITTELALTER beherrscht die Sorbonne diesen Stadtteil an der Seine. Seinen Namen verdankt er den ersten Studenten lateinischer Sprache; zugleich erinnert er an die ehemals römische Ile de la Cité. Damals war die Rue St-Jacques eine Pariser Hauptverkehrsachse. Die Geschichte des Quartier Latin, Viertel der Boheme, Künstler und Intellektuellen, war stets auch politisch recht bewegt. 1871 war die Place St-Michel das Zentrum der Pariser Kommune, und im Mai 1968 nahm die Studentenrevolte dort ihren Ausgang. Mittlerweile gilt der Ostteil des Viertels aber auch als eine gute Adresse des Establishments.

Jazzmusiker

★ **St-Séverin**
Drei Jahrhunderte benötigte man für die Vollendung dieser Kirche, deren Bau im 13. Jahrhundert begann. Ein wunderschönes Beispiel für den spätgotischen Flamboyant-Stil. ❾

Métro St-Michel

Der **Boulevard St-Michel**, von den Parisern auch »Boul'mich« genannt, mit der lebendigen Mischung aus Cafés, Buchhandlungen und Modeläden neben Nightclubs und Filmkunsttheatern.

Métro Cluny-La Sorbonne

0 Meter 100

★ **Musée de Cluny**
Das Bauwerk des 15. Jahrhunderts mit den Ruinen der galloromanischen Thermen beherbergt eine der weltweit schönsten Sammlungen mittelalterlicher Kunst. ❽

LEGENDE
--- --- Routenempfehlung

Zur Orientierung
Siehe Kartenteil, Karten 8, 9, 12, 13

★ **St-Julien-le-Pauvre**
Im 17. Jahrhundert umgebaut, diente die Kirche während der Revolution als Lagerhalle. ❿

Métro
Maubert-
Mutualité

Nicht versäumen

★ **Musée de Cluny**

★ **St-Séverin**

★ **St-Julien-le-Pauvre**

Panthéon ⓭

Place du Panthéon 75005. **Karte** 13 A1. **☎** 01 44 32 18 00. **M** *Maubert-Mutualité, Cardinal-Lemoine.* **Krypta** 🕒 tägl. 9.30–18.30 Uhr (Okt–März 10–18.15 Uhr). **Geschl.** 1. Jan, 1. Mai, 11. Nov, 25. Dez.

NACHDEM Louis XV im Jahr 1744 von schwerer Krankheit genesen war, ließ er aus Dank eine Kirche zu Ehren der heiligen Geneviève errichten, der Schutzheiligen von Paris. Den neoklassizistischen Entwurf lieferte der französische Baumeister Jacques-Germain Soufflot. Der Bau begann 1764 und wurde 1790, zehn Jahre nach dem Tode Soufflots, unter Guillaume Rondelet vollendet.

Das Innere
Der Innenraum in Form des griechischen Kreuzes hat vier Seitenschiffe und in der Mitte die riesige Kuppelhalle.

Nach Ausbruch der Revolution wurde die Kirche in einen Ehrentempel mit den Gräbern der Helden verwandelt. 1806 führte Napoléon die Kirche wieder ihrer ursprünglichen Bestimmung zu. Säkularisiert und wieder entsäkularisiert, wurde 1885 schließlich ein Gebäude für rein zivile Zwecke daraus.

Die nach dem Vorbild des römischen Pantheons gestaltete Fassade hat im Ziergiebel ein Relief von David d'Angers mit der weiblichen Allegorie des Vaterlandes, die Kränze an die Helden der Nation verteilt. Die Gräber von Voltaire, Rousseau und Zola befinden sich hier, ebenso wie die Urnen von Pierre und Marie Curie.

Kuppel
Das Fresko in der steinernen Kuppel stellt die Himmelfahrt der heiligen Geneviève dar, entstanden 1811 im Auftrag von Napoléon.

Laterne

Kuppel-
galerien

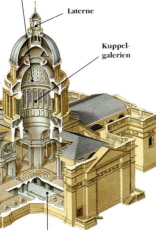

Eingang

Krypta
Dorische Säulen stützen die weitläufige Krypta. Zu den zahlreichen Persönlichkeiten, die hier begraben sind, gehören Voltaire und Emile Zola.

Im Detail: Luxembourg

Etwas ABSEITS DES Trubels von St-Germain-des-Prés liegt dieses hübsche historische Viertel wie eine stille Oase im Herzen der modernen Stadt. Der Jardin du Luxembourg und das Palais du Luxembourg prägen sein Gesicht. Im 19. Jahrhundert ließ der Eigentümer, der Comte de Provence (später Louis XVIII), den Garten für das Publikum öffnen, und gegen eine geringe Eintrittsgebühr durfte jeder Besucher sich an seinen Früchten laben. Garten, Palast und die angrenzenden Häuserzeilen im Norden bilden noch heute eine Attraktion, zu der die Menschen in Scharen pilgern.

NICHT VERSÄUMEN

★ St-Sulpice

★ Palais du Luxembourg

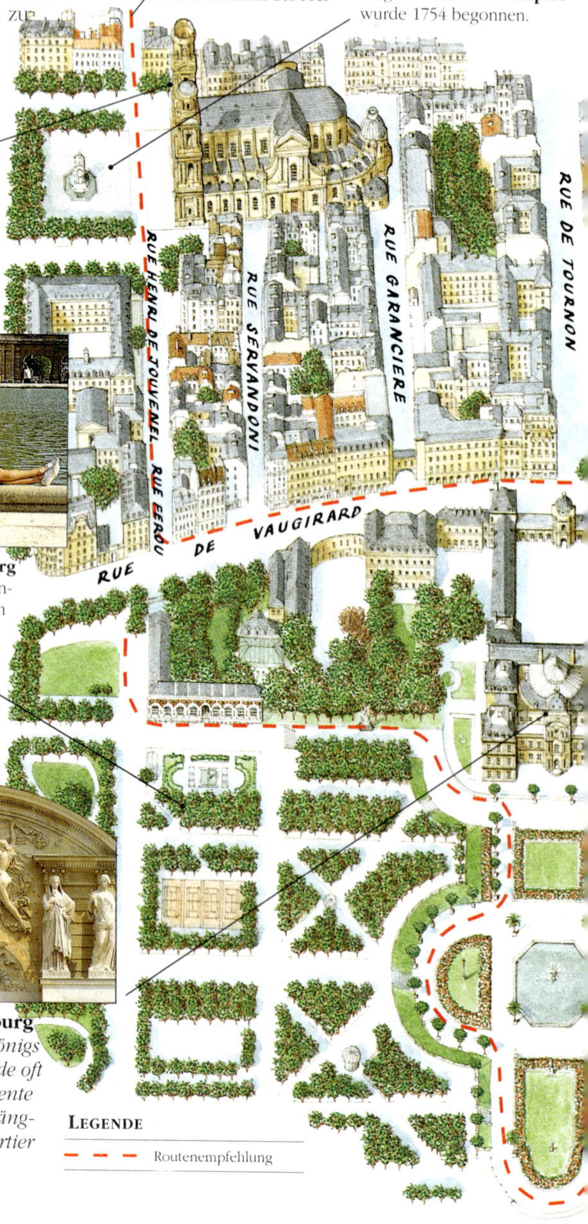

Nach St-Germain-des-Prés

Die von blühenden Kastanien umgebene **Place St-Sulpice** wurde 1754 begonnen.

★ St-Sulpice
Ein ganzes Jahrhundert und sechs Baumeister erforderte der Bau dieser gewaltigen Kirche im klassizistischen Stil. ⓯

Im **Jardin du Luxembourg** kann man entspannen, sonnenbaden, Modellboote im Teich fahren lassen und Skulpturen des 19. Jahrhundert bewundern.

0 Meter   100

★ Palais du Luxembourg
Der als Residenz des Königs konzipierte Palast wurde oft zweckentfremdet; er diente unter anderem als Gefängnis, aber auch als Quartier der Luftwaffe. ⓮

LEGENDE
--- --- Routenempfehlung

RIVE GAUCHE   123

ZUR ORIENTIERUNG
Siehe Kartenteil, Karten 8, 12, 13

Die **Fontaine de Médicis** entstand in Anlehnung an eine italienische Grotte im 17. Jahrhundert vermutlich nach Entwürfen von Salomon de Brosse.

Michel-Louis Victor errichtete die Statue der **heiligen Geneviève**, Schutzpatronin von Paris, 1845 als Dank für die Rettung vor den Hunnen 451.

Palais du Luxembourg ⓮

15, rue de Vaugirard 75006. **Karte** 8 E5. ☎ 01 42 34 20 00. Ⓜ Odéon. RER Luxembourg. **Besuche** organisiert am 1. So des Monats die Caisse Nationale des Monuments Historiques. ☎ 01 44 61 20 89. Anmeldung am Ersten jeden Monats.

DER PALAST, Sitz des französischen Senats, wurde für die Witwe von Henri IV in Erinnerung an ihre Heimatstadt Florenz gebaut. Obwohl Maria von Medici noch vor der Fertigstellung (1631) aus Paris verbannt worden war, blieb das Palais bis zur Revolution Königsresidenz. Später diente es als Gefängnis, und im Zweiten Weltkrieg war es das Hauptquartier der deutschen Luftwaffe. Den Entwurf schuf Salomon de Brosse in Anlehnung an den Palazzo Pitti in Florenz.

St-Sulpice ⓯

Place St-Sulpice 75006. **Karte** 8 E5. ☎ 01 46 33 21 78. Ⓜ St-Sulpice. ☉ tägl. 7.30–19.15 Uhr.

MEHR ALS HUNDERT Jahre dauerte der Bau dieser imposanten Kirche (ab 1646). So entstand eine einfache Fassade mit zwei Säulenreihen, die an den Enden von zwei ungleichen Türmen begrenzt werden. Durch die Bogenfenster dringt Tageslicht in den Innenraum. In einer Seitenkapelle sind Fresken von Eugène Delacroix zu sehen, so *Jakobs Kampf mit dem Engel (siehe S. 118)* und *Die Vertreibung des Heliodorus aus dem Tempel*.

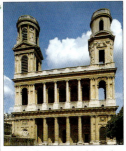

Die Westfront von St-Sulpice mit den beiden Türmen.

Die Brunnenskulptur von Carpeaux

Fontaine de l'Observatoire ⓰

Place Ernest-Denis, Avenue de l'Observatoire 75006. **Karte** 12 E2. RER Port-Royal.

AM SÜDENDE DES Jardin du Luxembourg steht einer der schönsten Brunnen von Paris. 1873 schuf Jean-Baptiste Carpeaux das bronzene Mittelstück: Vier Frauen heben die Weltkugel mit den vier Kontinenten – Ozeanien entfiel aus Gründen der Symmetrie. Dem Mittelteil untergeordnet sind Delphine, Rösser, eine Schildkröte und andere Figuren.

Val-de-Grâce ⓱

1, place Alphonse-Laveran 75005. **Karte** 12 F2. ☎ 01 40 51 51 92. RER Port-Royal. ☉ tägl. 13.30–17.30 Uhr.

DIESE KIRCHE wurde als Geschenk für Anna von Österreich erbaut, die ihrem Gemahl Louis XIII den ersehnten Thronfolger gebar. Den Grundstein legte der junge Louis XIV 1645.
Die nach Mansarts Entwürfen gebaute Kirche besticht durch ihre vergoldete Kuppel. Das Gewölbe schmückt ein Fresko von Mignard mit mehr als 200 überdimensionalen Figuren. Die sechs Marmorsäulen mit dem Altar in der Mitte erinnern an Berninis Säulen für die Peterskirche in Rom.

Abstecher

Ein Grossteil der Sehenswürdigkeiten liegt abseits des Zentrums. In Montmartre, dem ehemaligen Mekka der Künstler und Literaten, begegnet man den Spuren der Boheme, und Montparnasse ist voller Cafés; am Abend drängt sich dort die Menge der Theaterbesucher. In Verbindung mit den Parks und Gärten bildet der Friedhof Père Lachaise mit den Gräbern von Chopin, Oscar Wilde und Jim Morrison eine Oase der Ruhe. Moderne Architektur finden Sie in der Fondation Le Corbusier, in La Défense und in den Museen. Ein lohnender Ausflug für die ganze Familie ist das wissenschaftlich-technische Museum an der Villette.

Sehenswürdigkeiten auf einen Blick

Museen und Galerien
Musée de Cristal de Baccarat ❾
Musée Gustave Moreau ❽
Musée Marmottan ❺
Musée National d'Histoire Naturelle ㉓
Muséum National des Arts Africains et Océaniens ⓳

Kirchen und Moscheen
Mosquée de Paris/Institut musulman ㉖
Sacré-Cœur ⓫
St-Alexandre-Nevsky ❻

Parks und Gärten
Bois de Boulogne ❷
Jardin des Plantes ㉔
Parc André Citroën ㉗
Parc des Buttes-Chaumont ⓱

Parc Monceau ❼
Parc Montsouris ㉒

Moderne Architektur
La Défense ❶
Fondation Le Corbusier ❸
Institut du Monde Arabe ㉕

Historische Bezirke
Canal St-Martin ⓰
Montmartre S. 128f ❿
Montparnasse ㉘

Friedhöfe
Cimetière de Montmartre ⓭
Cimetière du Montparnasse ㉙
Cimetière du Père Lachaise ⓲

Legende
▨ Hauptsehenswürdigkeiten
━ Hauptstraßen

Märkte
Marché aux Puces de St-Ouen ⓮

Historische Gebäude und Straßen
Bibliothèque Nationale de France ㉑
Catacombes ㉚
Château de Vincennes ⓴
Moulin Rouge ⓬
Rue La Fontaine ❹

Vergnügungsparks
Cité des Sciences et de l'Industrie S. 132f ⓯

0 Kilometer 4

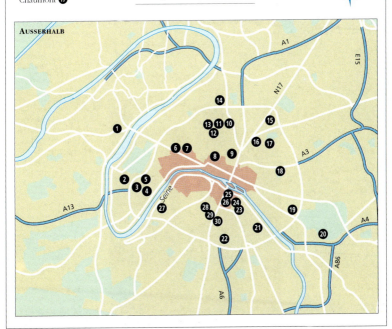

◁ Die schmale Rue St-Rustique windet sich den Hügel zur Kirche Sacré-Cœur hinauf

Westliches Paris

La Défense ❶

La Grande Arche. 01 49 07 27 27. *La Défense.* tägl. 10–18 Uhr. Siehe **Die Geschichte des Landes** S. 62 f.

DIESES HOCHHAUSVIERTEL im Westen von Paris ist der größte Bürohauskomplex Europas. Unter dem gigantischen Würfel der Grande Arche würde die Kathedrale von Notre-Dame Platz finden. Der nach Entwürfen des dänischen Architekten Otto von Spreckelsens Ende der 80er Jahre gebaute Bogen enthält eine Ausstellungshalle und ein Konferenzzentrum.

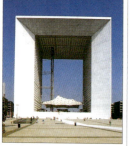
Grande Arche in La Défense

Bois de Boulogne ❷

75016. Porte Maillot, Porte Dauphine, Porte d'Auteuil, Sablons. tägl. 24 Std. für Spezialgarten und Museum.

DIESER 865 Hektar große Park zwischen dem Pariser Westen und der Seine lädt zum Wandern und Radfahren, zum Reiten, Bootfahren und Picknicken ein; auch ein Abstecher auf die Pferderennbahn ist möglich. Früher war der Bois de Boulogne Teil des riesigen Forêt du Rouvre. Mitte des 19. Jahrhunderts beauftragte Napoléon III Baron Haussmann mit der Neugestaltung in Anlehnung an den Londoner Hyde Park. Die Anlage umfaßt mehrere Parks wie den Pré Catalan und die Gärten von Bagatelle mit vielen architektonischen Spielarten. Es gibt auch eine Villa aus dem 18. Jahrhundert mit einem Rosengarten.

Tagsüber strömen Familien, Jogger und Spaziergänger in den Bois – nach Einbruch der Dunkelheit verkehren hier jedoch recht zweifelhafte Gestalten; er ist dann besser zu meiden.

Fondation Le Corbusier ❸

8–10, square du Docteur-Blanche 75016. 01 42 88 41 53. *Jasmin.* Mo–Fr 10–12.30, 13.30–18 Uhr (Fr 17 Uhr). Bibliothek im Jeanneret nur nachmittags. **Geschl.** Feiertage, Aug, 24. Dez –2. Jan.

IN AUTEUIL STEHEN die Villen La Roche und Jeanneret, die ersten beiden Häuser des einflußreichen Architekten des 20. Jahrhunderts, Charles-Edouard Jeanneret, berühmt als Le Corbusier. Die Anfang der 20er Jahre erbauten Villen sind das Ergebnis einer Bauweise, die weißen Beton und kubistische Formen verwendet. Die Fenster dieser auf Pfählen errichteten Häuser verlaufen in langen Reihen über die ganze Front, und die Anordnung der Räume sorgt für Weite und Licht.

La Roche war Eigentum des Kunstmäzens Raoul La Roche. Die Häuser bilden heute ein Dokumentationszentrum über die Arbeit Le Corbusiers.

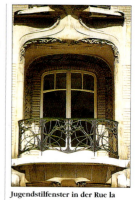
Jugendstilfenster in der Rue la Fontaine

Rue La Fontaine ❹

75016. **Karte** 5 A4. *Michel-Ange-Auteuil, Jasmin.* *Radio France.*

DIE RUE LA FONTAINE und die Straßen ringsum wirken wie das Aushängeschild der preiswerten Architektur mit der Schlangenlinie als dekorativem Detail, wie sie Anfang des 20. Jahrhunderts verbreitet war. Nr. 14 ist das Castel Béranger, mit dem Hector Guimard der Durchbruch gelang. Danach gestaltete er Eingänge der Métro im Jugendstil.

Musée Marmottan ❺

2, rue Louis-Boilly 75016. 01 44 96 50 33. *Muette.* Di–So 10–17.30 Uhr. **Geschl.** 1. Jan, 1.Mai, 25. Dez.

DIE VILLA (19. Jh.) des Kunsthistorikers Paul Marmottan wurde 1932 in ein Museum umgewandelt. Der Eigentümer vermachte sein Haus mitsamt Bildern und Mobiliar aus der Zeit der Renaissance, des Konsulats und des Ersten Kaiserreichs dem Institut de France.

1971 erwarb das Museum eine der weltweit bedeutendsten Sammlungen des impressionistischen Malers Claude Monet, eine Schenkung des Sohnes von Monet. Sie enthält einige der berühmtesten Bilder

Gestaltete Insel im Bois de Boulogne

Monets, wie *Impression – Sonnenaufgang* (daher der Spottname »Impressionismus«), *Die Kathedrale von Rouen (siehe S. 257)* und mehrere Werke aus der Serie der *Wasserlilien (siehe S. 94)*. Zu besichtigen sind auch spätere, in Giverny entstandene Arbeiten, so *Die japanische Brücke* und *Die Trauerweide*. Der ungestüm-ausdrucksvolle Pinselstrich und die leuchtende Farbgebung machen diese Bilder zu den eindrucksvollsten Stücken des Museums. Auch ein Teil der privaten Sammlung Monets wurde dem Museum überlassen. Sie enthält Werke der Impressionisten Camille Pissarro, Pierre-Auguste Renoir und Alfred Sisley. Außerdem sind mittelalterliche Illuminationen und burgundische Gobelins (16. Jh.) zu besichtigen.

Kolonnade am Naumachia-Becken im Parc Monceau

Form des griechischen Kreuzes und der Kirchenschmuck aus Mosaiken sind neobyzantinisch; die äußere Gestalt ist traditionelle russisch-orthodoxe Bauweise.

Nördliches Paris

St-Alexandre-Nevsky-Kathedrale

St-Alexandre-Nevsky ❻

12, rue Daru 75008. **Karte** 2 F3. ℂ *01 42 27 37 34.* Ⓜ *Courcelles, Ternes.* Ⓞ *Di, Fr u. So 15–17 Uhr.*

Die imposante russisch-orthodoxe Kirche mit den fünf Kuppeln aus Kupfergold ist das Wahrzeichen der russischen Gemeinde in Paris. Entworfen wurde die 1861 vollendete Kathedrale von Mitgliedern der Akademie der schönen Künste in St. Petersburg; Zar Alexander II. und in Paris ansässige Russen finanzierten sie. Das Innere wird durch eine Ikonenwand halbiert. Der Grundriß in

Parc Monceau ❼

Boulevard de Courcelles 75017. **Karte** 3 A3. ℂ *01 42 27 08 64.* Ⓜ *Monceau.* Ⓞ *tägl. 7–21 Uhr.*

Diese grüne Oase besteht seit 1778. Der Duc de Chartres beauftragte den Künstler, Philosophen und Landschaftsgärtner Louis Carmontelle mit der Gestaltung einer Gartenanlage. Das Ergebnis war eine exotisch anmutende Landschaft in vielen architektonischen Spielarten im deutschen und englischen Stil.

1852 wurde der Park Eigentum des Staates und zur öffentlichen Grünanlage. Einige Originalelemente sind vorhanden, so das Naumachia-Becken – die ornamentale Nachbildung eines Bassins, das die Römer zum Simulieren ihrer Seegefechte nutzten.

Musée Gustave Moreau ❽

14, rue de la Rochefoucauld 75009. **Karte** 4 E3. ℂ *01 48 74 38 50.* Ⓜ *Trinité.* Ⓞ *Mo u. Mi 11–17 Uhr, Do–So 10–12.30, 14–17 Uhr.*

In diesem schmucken Stadthaus lebte Ende des 19. Jahrhunderts der für seine symbolistischen Werke biblischen und mythologischen Inhalts bekannte Künstler Gustave Moreau (1826–98). Neben seiner großartigen Arbeit *Jupiter und Semele* sind weitere wichtige Gemälde zu sehen sowie 7000 Zeichnungen, 1000 Ölbilder und viele Aquarelle, die Moreau dem Staat vermachte.

Musée de Cristal de Baccarat ❾

30 bis, rue de Paradis 75010. ℂ *01 47 70 64 30.* Ⓜ *Château d'Eau, Poissonnières.* Ⓞ *Mo–Fr 9.30–18 Uhr, Sa 10–17 Uhr.* **Geschl.** *Feiertage.* Ⓞ *Nach Vereinbarung.*

Unter den Glas- und Keramikgeschäften in der Rue de Paradis befindet sich das 1764 gegründete lothringische Unternehmen Baccarat. Das Musée de Cristal oder Musée Baccarat direkt neben dem Ausstellungsraum zeigt über 1200 Produkte dieser Gesellschaft: Auftragskreationen für die europäischen Herrscherhäuser und andere Meisterstücke aus den Werkstätten.

Eine andere Ausstellung befaßt sich mit den Produktionsverfahren, die ebenso komplex sind wie das fertige Werk aus Kristall.

Le Vase d'Abyssinie (Kristall und Bronze) aus dem Hause Baccarat

Montmartre ⓘ

ÜBER 200 JAHRE lang war Montmartre das Viertel der Künstler. Anfang des 19. Jahrhunderts ließen sich Théodore Géricault und Camille Corot hier nieder, und im 20. Jahrhundert verewigte Maurice Utrillo die Straßen von Montmartre auf seiner Leinwand. Heute wird meist für die Touristen gemalt, doch ein Großteil des Viertels hat sich den ziemlich undurchsichtigen, dörflichen Charakter der Vorkriegszeit bewahrt. Der Name Montmartre – *mons martyrium* – erinnert an die Märtyrer, die dort um 250 v. Chr. getötet wurden.

Straßenkünstler

Weinberg am Montmartre
Der letzte Weinberg von Paris. Die Lese wird immer am ersten Samstag im Oktober zelebriert.

Au Lapin Agile
»Zum agilen Kaninchen«, früher ein Treffpunkt für Literaten, gehört heute zu den bekanntesten Pariser Cabarets.

A la Mère Catherine
Das Lieblingsrestaurant der russischen Kosaken, die vor lauter Durst immer »Bistro!« (»Schnell!«) riefen und dem Bistro damit seinen Namen gaben.

Espace Montmartre Salvador Dalí
Rund 330 Werke des surrealistischen Malers und Bildhauers sind hier zu sehen.

Place du Tertre
Das Touristenzentrum von Montmartre mit seinen Porträtmalern. Hier stellten die Künstler im 19. Jahrhundert erstmals ihre Bilder aus.

LEGENDE
- - - - Routenempfehlung

0 Meter 100

ABSTECHER

Musée de Montmartre
Ausgestellt werden die Werke ehemals hier lebender Montmartre-Künstler. Das Frauenbildnis (1918) stammt von dem italienischen Maler und Bildhauer Amedeo Modigliani.

ZUR ORIENTIERUNG
Siehe Kartenteil, Karten 3, 4

Sacré-Cœur
Diese neoromanische Kirche, erbaut von 1870 bis 1914, enthält zahlreiche Kunstschätze, so die Figur Jungfrau Maria mit Kind (1896) von P. Brunet. ⓫

St-Pierre-de-Montmartre
Eine frühe Pariser Kirche aus dem 6. Jahrhundert.

Am Ende der Rue Foyatier befindet sich der **Funiculaire**, ein Lift, der Sie zur Basilika Sacré-Cœur hinaufbefördert. Sie zahlen mit Métro-Tickets.

Der **Square Willette** unterhalb von Sacré-Cœur führt über terrassenförmig angelegte Grünanlagen mit Hecken, Bäumen und Blumenbeeten abwärts.

Musée d'Art Naïf Max Fourny
Nahezu 600 Beispiele naiver Kunst sind hier zu sehen, so Die Mauer (1944) von F. Tremblot.

Sacré-Cœur ⓫

35, rue de Chevalier 75018. **Karte 4 F1.** 01 53 41 89 00. **M** Abbesses (weiter mit der Zahnradbahn bis Sacré-Cœur), Anvers, Barbès-Rochechouart, Château-Rouge, Lamarck-Caulaincourt. 30, 54, 80, 85. **Basilika** tägl. 6.30–23 Uhr. **Kuppel und Krypta** tägl. 9–19 Uhr (18 Uhr im Winter). **zu Krypta und Kuppel.** eingeschränkt.

Die Basilika von Sacré-Cœur, dem »heiligsten Herzen Jesu« geweiht, war das Ergebnis eines Gelübdes. Zwei Investoren, Alexandre Legentil und Rouhault de Fleury, versprachen den Bau einer Sühnekirche, wenn Frankreich der Krieg mit Preußen erspart bliebe. Der Krieg brach aus, Paris wurde erorbert, aber die Invasion blieb aus. 1875 begann der Bau nach Plänen von Paul Abadie. Die imposante, ausladende Basilika, die bei der Kritik auf Ablehnung stieß, zählt dennoch zu den wichtigsten Bauten der römisch-katholischen Kirche Frankreichs.

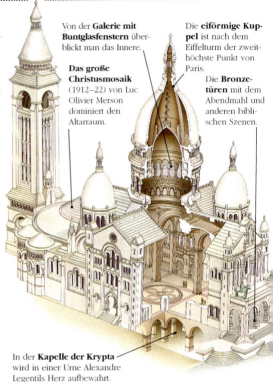

Von der **Galerie mit Buntglasfenstern** überblickt man das Innere.

Das große Christusmosaik (1912–22) von Luc Olivier Merson dominiert den Altarraum.

Die **eiförmige Kuppel** ist nach dem Eiffelturm der zweithöchste Punkt von Paris.

Die **Bronzetüren** mit dem Abendmahl und anderen biblischen Szenen.

In der **Kapelle der Krypta** wird in einer Urne Alexandre Legentils Herz aufbewahrt.

Moulin Rouge ⓬

82, boulevard de Clichy 75018. **Karte 4 E1.** 01 46 06 00 19. **M** Blanche. tägl. 21–1 Uhr. Siehe **Unterhaltung in Paris** S. 141.

Das 1885 gebaute Moulin Rouge ist seit 1900 Revuetheater, und aus der Gründerzeit des Tanzlokals ist nur die rote Windmühle über dem Eingang erhalten. Toulouse-Lautrec hat den wilden Cancan in seinen Zeichnungen festgehalten, und noch heute werfen Tänzerinnen ihre Beine in den glitzernden Shows.

Cimetière de Montmartre ⓭

20, avenue Rachel 75018. **Karte 4 D1.** 01 43 87 64 24. **M** Place de Clichy. Mo-Sa 8–17.30 Uhr, So 9–17.30 Uhr.

Seit Anfang des 19. Jahrhunderts ist dieser Friedhof als letzte Ruhestätte vieler herausragender Künstler bekannt. Die Komponisten Hector Berlioz und Jacques Offenbach (Meister des Cancans), der deutsche Dichter Heinrich Heine, der russische Tänzer Waslaw Nijinsky und der Regisseur François Truffaut sind nur einige von all den Prominenten, die hier begraben sind. Am Square Roland-Dorgelès gibt es dann noch den Friedhof St-Vincent; hier hat der Maler Maurice Utrillo seine letzte Ruhestätte gefunden.

Afrikanischer Stand auf dem Marché aux Puces in St-Ouen

Marché aux Puces de St-Ouen ⓮

Rue des Rosiers, St-Ouen 75018. **M** Porte de Clignancourt. Sa–Mo 7–18 Uhr. Siehe **Läden und Märkte** S. 138.

Der älteste und größte Pariser Flohmarkt an der Porte de Clignancourt bedeckt eine Fläche von sechs Hektar. Im 19. Jahrhundert kamen Lumpenhändler und Landstreicher außerhalb der Stadttore zusammen, um ihre Waren feilzubieten. Heute ist das Areal in verschiedene Märkte gegliedert; besonders sehenswert ist die Auswahl an Möbeln und Gegenständen im Stil des Spätempire. Schnäppchen sind rar, aber das schreckt die Kauflustigen nicht ab, die dort am Wochenende einfallen.

Cité des Sciences et de l'Industrie ⓯

Siehe S. 132 f.

Canal St-Martin ⓰

Ⓜ *Jaurès, J.-Bonsergent, Goncourt.*

Ein Spaziergang über die Kais am Canal St-Martin vermittelt einen Eindruck, wie dieses Arbeiterviertel am Ende des 19. Jahrhunderts aussah. Dank des 1825 eröffneten, fünf Kilometer langen Kanals konnten die Schiffe den längeren Weg über die Seine-Schleife verkürzen. Am Quai de Jemmapes sieht man noch die Reste der alten Lagerhallen und Fabrikgebäude aus Backstein und Eisen. Dort stoßen Sie auch auf das legendäre Hôtel du Nord, Schauplatz des 1930 entstandenen gleichnamigen Films von Marcel Carné. Der Kanalbetrieb ist auf einige Lastkähne und Angler reduziert, und die eisernen Fußgängerbrücken und die Gärten rings um die Kaianlagen laden zum Flanieren ein.

Bootshafen Port de l'Arsenal

Parc des Buttes-Chaumont ⓱

Rue Manin 75019 (Eingang in Rue Armand Carrel). ☏ *01 53 35 89 35.* Ⓜ *Botzaris, Buttes-Chaumont.* Ⓞ *tägl. 7–21 Uhr (im Sommer bis 22 Uhr).*

Für viele ist er der hübscheste und ungewöhnlichste Park. In den 60er Jahren des 19. Jahrhunderts verwandelte Baron Haussmann die Schutt- und Geröllhalde über dem Galgenberg in Gärten nach englischem Vorbild. Sein damaliger Partner, der Landschaftsgärtner Adolphe Alphand, leitete später auch die Umgestaltung der großen Pariser Straßen, die mit Sitzbänken, Straßenlaternen, Zeitungskiosken und öffentlichen Toiletten versehen wurden.

An der Gestaltung dieses hochgelobten Parks waren auch der Ingenieur Darcel und der Landschaftsgärtner Barillet-Deschamps beteiligt. So entstanden ein See mit einer Insel aus Natur- und Kunstgestein, ein römischer Tempel, ein Wasserfall und Bachläufe mit Fußgängerbrücken hinüber zur Insel. Heute können die Parkbesucher auch Boote und Reitesel mieten, oder sie legen sich in die Sonne auf den schön gepflegten Rasen.

Östliches Paris

Cimetière du Père Lachaise ⓲

16, rue du Repos 75020. ☏ *01 43 70 70 33.* Ⓜ *Père Lachaise, Alexandre-Dumas.* Ⓞ *Mo–Fr 8–17.30 Uhr, Sa u. So 9–18 Uhr.*

Der schönste Friedhof von Paris befindet sich auf einem Hügel über der Stadt. Der Eigentümer des Grundstücks war ein gewisser Père de La Chaise, Beichtvater Louis' XIV; unter Napoléon wurde es 1803 aufgekauft, und an der Stelle entstand ein völlig neuer Friedhof. Der Anklang war so groß, daß er im 19. Jahrhundert sechsmal erweitert werden mußte. Viele Berühmtheiten sind hier begraben: der Romanautor Honoré de Balzac, der Komponist Frédéric Chopin sowie der Sänger Jim Morrison und die Schauspieler Simone Signoret und Yves Montand.

Cité des Sciences et de l'Industrie ⓯

Die Moderne im Parc de la Villette

DAS POPULÄRE MUSEUM für Wissenschaft und Technik ist in der Halle des ehemaligen Schlachthofgeländes untergebracht. Dort entstand ein großer Park mit einer fünfstöckigen High-Tech-Architektur (40 m hoch bei einer Flächenausdehnung von über drei ha), deren Inneres Adrien Fainsilber mit einem Spiel aus Wasser, Licht und Vegetation belebt hat. Das Herzstück des Museums bildet die Explora, die das Publikum in die Welt der Wissenschaft einführt. Über Bild und Ton können die Besucher am Computer den Weltraum, die Erde und die Meere erkunden. Andere Ebenen enthalten Kinosäle, wissenschaftliche Dokumentationszentren, eine Bibliothek und Läden.

★ **Planetarium**
In diesem Saal mit 260 Sitzplätzen wird dem Publikum dank neuester Bild- und Tontechnik atemberaubendes Bildmaterial von Sternen und Planeten vorgeführt.

Sternenhimmel
Die 10 000 Objektive des Planetariums zeigen Aufnahmen aus dem Weltraum, die Astronauten von ihren Reisen mitbrachten.

★ **Ariane**
Anhand von Raketenmodellen wird der Start der Astronauten in den Weltraum demonstriert sowie ein Modell der Europarakete Ariane gezeigt.

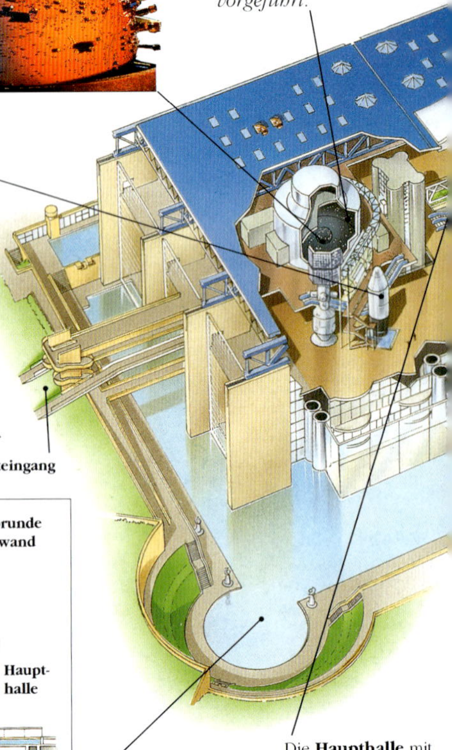

Westeingang

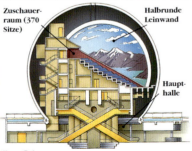

Zuschauerraum (370 Sitze)

Halbrunde Leinwand

Haupthalle

LA GÉODE
Dieses gewaltige Kugelkino mit der halbrunden Riesenleinwand (1000 qm) ermöglicht dem Publikum Ausflüge in die Natur, in ferne Länder und in den Weltraum.

Durch den **Wassergraben** von Fainsilber kann das natürliche Sonnenlicht bis in die untersten Ebenen des Museums vordringen.

Die **Haupthalle** mit ihren netzartig aufstrebenden Schächten, Brücken, Aufzügen und Galerien verströmt die andächtige Atmosphäre einer großen Kathedrale.

ABSTECHER 133

NICHT VERSÄUMEN

★ **Planetarium**

★ **Ariane**

★ **La Géode**

INFOBOX

30, avenue Corentin-Cariou
75019. 01 40 03 75 00.
M Porte de la Villette. 150,
152, 250A zur Porte de la Villette.
P O Di–So 9–18 Uhr, So bis
19 Uhr (letzter Einlaß 17.30 Uhr).
Geschl. 1. Mai, 25. Dez.
**Konzerte, Filme, Videos.
Konferenzzentrum. Bibliothek.**

Das Kuppeldach
*Die zwei Glaskuppeln von
17 Metern Durchmesser
filtern das in die Haupthalle
eindringende Sonnenlicht.*

Würfelförmige **Gewächshäuser** von 32 Meter Höhe und Breite verbinden das Parkgelände mit dem Museumsgebäude.

Nach La Géode

Mirage
*Ein Modell dieses
in Frankreich gebauten
Kampfflugzeuges in Originalgröße ist eines der
Ausstellungsstücke.*

Fußgängerbrücken
*Über den Wassergraben führen Brücken von den verschiedenen Ausstellungsebenen zur
Géode und zum Parkgelände.*

Wissenschaft für Kinder
*Auf dem weitläufigen Gelände können
Kinder wissenschaftliche Sachverhalte in
Spiel und Experiment selbständig erfahren.*

Bibliothèque Nationale de France

Muséum National des Arts Africains et Océaniens ⓲

293, avenue Daumesnil 75012.
☎ 01 44 74 84 60. Ⓜ Porte Dorée.
🕐 Mi–Mo 10–17.30 Uhr, Sa, So 12.30–18 Uhr. **Geschl.** 1. Mai.

Das Museum im Art-deco-Stil nach den Entwürfen von Albert Laprade und Léon Jaussely entstand anläßlich der großen Kolonialausstellung 1931. Es enthält eine bemerkenswerte Sammlung afrikanischer und ozeanischer Kunst mit Masken aus Mali, Elfenbeinschnitzereien aus Benin, Schmuck aus Marokko, Malereien der Aborigines und Holz- und Kupferarbeiten zum Themenbereich Leben und Tod.

Château de Vincennes ⓴

Avenue de Paris 94300 Vincennes.
☎ 01 43 28 15 48. Ⓜ Château de Vincennes. RER Vincennes. 🕐 tägl. 10–17 Uhr (letzter Einlaß 16.15 Uhr). Apr–Sep bis 18 Uhr. **Kapelle** nur

Bis zum 17. Jahrhundert war das Château de Vincennes die Residenz der französischen Könige. Sehenswert sind die Königsgemächer und die gotische Kapelle, aber auch die Sammlung des beeindruckenden Museums im mittelalterlichen Burgverlies. Jenseits des Schloßgrabens liegt der Bois de Vincennes. Die einstigen Jagdgründe sind heute ein Forst mit Zierteichen, Kaskaden und einem Zoo.

Bibliothèque Nationale de France ㉑

Quai François-Mauriac 75013.
☎ 01 53 79 59 59. Ⓜ Quai de la Gare. 🕐 Di–Sa 10–19 Uhr, So 12–18 Uhr. **Geschl.** Feiertage u. 2 Wo Mitte Sep.

Diese vier Türme in Buchform beherbergen 10 Millionen Bücher. Die Hand- und Leihbibliothek umfaßt über 400 000 Nachschlagewerke. Digitalisierte Bilder, ein Tonarchiv und CD-ROMs sind hier ebenfalls zu finden.

Südliches Paris

Parc Montsouris ㉒

Boulevard Jourdan 75014. ☎ 01 45 88 28 60. Ⓜ Porte d'Orléans. RER Cité Universitaire. 🕐 tägl. 7.30–19 Uhr.

Dieser zweitgrösste Park der Stadt im englischen Stil wurde von 1865 bis 1878 vom Landschaftsarchitekten Adolphe Alphand angelegt. Mit Restaurant, Grünflächen und einem See ist der Park beliebt bei Studenten und Kindern; viele verschiedene Vogelarten finden hier Zuflucht.

Schädel des Dimetrodons

Musée National d'Histoire Naturelle ㉓

2, rue Buffon 75005. **Karte** 14 D1. ☎ 01 40 79 30 00. Ⓜ Jussieu, Austerlitz. 🕐 Mi–Mo 10–17 Uhr. **Geschl.** Feiertage, die auf Werktage fallen.

Das naturgeschichtliche Museum hat vier Abteilungen; eine weitere Abteilung zur Evolutionsgeschichte ist geplant. Die paläontologische Abteilung enthält Skelette, Nachbildungen von Tieren und eine Sammlung über die Entwicklung der Wirbeltiere. Die paläobotanische Abteilung ist pflanzlichen Versteinerungen gewidmet, die Mineralienabteilung zeigt Gesteine und Edelsteine. In der entomologischen Abteilung sind Insektenversteinerungen zu sehen. Der Museumsbuchladen befindet sich in dem Gebäude, in dem der Wissenschaftler Buffon von 1772 bis 1788 lebte.

Jardin des Plantes ㉔

57, rue Cuvier 75005. **Karte** 13 C1.
Ⓜ Jussieu, Austerlitz. 🕐 tägl. 9–19 Uhr (17 Uhr im Winter).

Der botanische Garten wurde 1626 angelegt. Jean Hérouard und Guy de La Brosse, Leibärzte Louis' XIII, errichteten den königlichen Heilkräutergarten. Es folgte eine Schule für Botanik, Naturgeschichte und Heilkunde; 1640 wurde der Garten öffentlich zugänglich gemacht. Als einer der größten Pariser Parks enthält er ein naturgeschichtliches Museum, eine botanische Schule und einen Zoo.

Neben den von Statuen flankierten Spazierwegen beinhaltet der Park auch eine Anlage mit Gebirgsflora aus Korsika, Marokko, den Alpen und dem Himalaya sowie eine Sammlung von Wild- und Heilpflanzen. Eine Libanonzeder aus den englischen Kew Gardens war in Frankreich die erste ihrer Art.

Die Rue Mouffetard mit einem der vielen Märkte am Jardin des Plantes

Institut du Monde Arabe ㉕

1, rue des Fossés-St-Bernard 75005.
Karte 9 C5. **☎** *01 40 51 38 38.*
M *Jussieu, Cardinal-Lemoine.*
Museum u. Sonderausstellungen
◯ *Di–So 10–18 Uhr.* **Bibliothek**
◯ *Di–Sa 13–18 Uhr.*

Das prächtige moderne Bauwerk entstand nach den Plänen von Jean Nouvel, dem es hier wunderbar gelang, High-Tech mit traditioneller arabischer Architektur in Einklang zu bringen.

Das siebte Stockwerk enthält eine Sammlung arabischer Kunst vom 9. bis zum 19. Jahrhundert mit Glas, Keramik und Skulpturen. Den Höhepunkt des Museums bildet die Sammlung kostbarer *astrolabes*, jener Werkzeuge der Astronomen der alten arabischen Welt.

Mosquée de Paris/Institut musulman ㉖

Place du Puits-de-l'Ermite 75005.
☎ *01 45 35 97 33.* **M** *Place Monge.*
◯ *Sa–Do 9–12, 13–18 Uhr.* **Geschl.** *muslimische Feiertage.*

Diese Bauwerke aus den 20er Jahren bilden das Zentrum der moslemischen Gemeinde von Paris und sind Wohnstätte des Grand Imam. Die einst nur von Studenten benutzte Moschee wurde erweitert und beherbergt heute das beste türkische Dampfbad der Stadt, ein Restaurant und einen *salon de thé*.

Parc André Citroën ㉗

Rue Balard 75015. **M** *Javel, Balard.*
◯ *Mo–Fr 7.30–Sonnenuntergang, Sa, So u. Feiertage 9–Sonnenuntergang.*

Landschaftsplanern und Architekten ist hier eine faszinierende Mischung gelungen. Im Norden wandert man durch Wildblumenwiesen, im Süden befindet sich der Mineral- und Skulpturengarten. Moderne Wasserskulpturen durchziehen den Park.

Institut du Monde Arabe: Fotozellen auf der gläsernen Außenwand

Tour Montparnasse

Montparnasse ㉘

75014 u. 75015. **Karte** 11 u. 12.
M *Vavin, Raspail, Edgar-Quinet.*

Der Name des Viertels geht auf einen Scherz zurück, der daran erinnert, daß die Studenten des 17. Jahrhunderts auf einem »Berg« aus Trümmerresten arbeiteten. In der griechischen Antike war der Parnaß der Dichtung, Musik und Schönheit geweiht. Die Cabarets und Bars des 19. Jahrhunderts lockten die Menschen in Strömen herbei, indem sie zollfreie Getränke boten. Diese Mischung aus Kunst und Ausgelassenheit prägte die 20er und 30er Jahre, als Hemingway, Picasso, Cocteau, Giacometti, Matisse und Modigliani »Montparnos« waren.

Die Belle Epoque fand mit dem Zweiten Weltkrieg ein jähes Ende. Das moderne *quartier* wird beherrscht durch die weithin sichtbare Tour Montparnasse und ausladende Bürohauskomplexe.

Cimetière du Montparnasse ㉙

3, boulevard Edgar-Quinet 75014. **Karte**
12 D3. **☎** *01 44 10 86 50.* **M** *Edgar-Quinet.* **◯** *Mo–Fr 8–18 Uhr, Sa 8.30–18 Uhr, So 9–18 Uhr (17.30 im Winter).*

Der Sänger Serge Gainsbourg, die Dichter Charles Baudelaire, Jean-Paul Sartre, Simone de Beauvoir und der Autor Guy de Maupassant sind nur einige der Persönlichkeiten, die auf dem 1824 eröffneten Friedhof Montparnasse begraben liegen.

Catacombes ㉚

1, place Denfert-Rochereau 75014.
Karte 12 E3. **☎** *01 43 22 47 63.*
M *Denfert-Rochereau.* **◯** *Di–Fr 14–16 Uhr, Sa u. So 9–11, 14–16 Uhr.*
Geschl. *Feiertage.*

Haufenweise Schädel und Knochen lagern in den Katakomben, einem Labyrinth von Schächten aus der Zeit der Römer. In den 80er Jahren des 17. Jahrhunderts wurden die Leichen vom Friedhof in Les Halles aus hygienischen Gründen hierher überführt.

Schädel und Knochen in den Katakomben

LÄDEN UND MÄRKTE

Für viele Leute ist Paris der Inbegriff von Luxus und Lebensart. Vor dem prächtigen architektonischen Hintergrund an der Seine sitzen elegant gekleidete Frauen und Männer vor einem Glas Wein, andere kaufen in den luxuriösen Boutiquen ein. Am besten kaufen Sie in den Ausverkaufsmonaten Januar und Juli ein. Wenn Ihr Budget es erlaubt, sollten Sie sich einen Ausflug in die weltberühmten Pariser Modeboutiquen gönnen und anschließend die so verlockend arrangierten Schlemmereien kosten. Wer aber gern nur zum Sehen oder um gesehen zu werden durch Straßen und über Märkte schlendert, kann dieser Lust in Paris ungehindert frönen. Den letzten Schrei finden Sie mit Sicherheit in der Rue du Faubourg-St-Honoré, deren Glasvitrinen mit erlesenen Stücken der Haute Couture dekoriert sind. Sie können aber auch einfach an den Bücherständen an der Seine schmökern. Hier eine Auswahl der empfehlenswertesten Einkaufsmöglichkeiten in Paris.

Shopping in der Avenue Montaigne

ÖFFNUNGSZEITEN

Meist sind Geschäfte montags bis samstags von 9.30 bis 19 Uhr geöffnet. Märkte sind montags geschlossen; einige Händler machen im August Betriebsurlaub.

ZAHLUNGSMITTEL UND MEHRWERTSTEUER

Reiseschecks, die Kreditkarten Visa, American Express, Carte Bleue, Mastercard sowie Euroschecks sind gültige Zahlungsmittel. Die Mehrwertsteuer (TVA) in Höhe von 5 bis 25 % ist meist im Preis enthalten. Touristen aus nichteuropäischen Ländern können sich die Mehrwertsteuer zurückerstatten lassen, wenn der Einkauf mindestens 2000 F beträgt. Das ausgefüllte Antragsformular *(bordereau de détaxe* oder *bordereau de vente)* wird beim Zoll eingereicht.

DAMENMODE

Paris ist die Stadt der Haute Couture. So nennt man die Kreationen der 23 Modehäuser, die bei der Modekammer »Fédération Française de la Couture« registriert sind. Haute-Couture-Modelle sind Einzelstücke und unterliegen strengen Regelungen, und nicht einmal so weltberühmte Modedesigner wie Karl Lagerfeld und Claude Montana finden Zugang zum Kreis der Auserwählten. Obwohl die Haute Couture wegen astronomischer Preise nur ganz wenigen vorbehalten ist, behält sie einen prägenden Einfluß auf die französische Modebranche.

Das international bekannte Logo von Chanel

Die meisten Modehäuser befinden sich in der Nähe der Rue du Faubourg-St-Honoré, so **Chanel**, **Christian Lacroix**, **Guy Laroche**, **Nina Ricci**, **Yves Saint-Laurent** und **Christian Dior**.

Bei **Hermès** bevorzugt man das Klassische, und die italienische Eleganz eines **MaxMara** ist so unwiderstehlich wie die noble Schönheit der Kostüme von **Giorgio Armani**.

Karl Lagerfeld, Hausdesigner von Chanel, hat seine eigene Linie entwickelt. Wer es bunt mag, sollte die Kreationen von **Kenzo** tragen. **Equipment** ist bekannt für klassische Seidenhemden in allen erdenklichen Farben,

DAS ZENTRUM DER PARISER MODE

Die Modehäuser liegen meist auf dem rechten Seine-Ufer in der Nähe der Rue du Faubourg-St-Honoré und Avenue Montaigne.

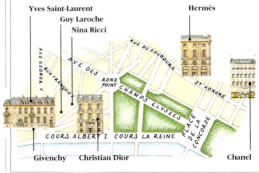

und bei **Comme des Garçons** gibt es auch für die Herren Avantgardistisches. Accessoires kauft man bei **Cartier** und **Christian Lacroix**.

Die nahegelegene Rue Jean-Jacques-Rousseau hat sich in den letzten Jahren zu einer attraktiven Einkaufsstraße entwickelt. **Jean-Paul Gaultier** hat hier einen Laden im Einkaufszentrum Les Halles, ebenso **Agnès B.**, die Schick und Komfort in ihren Modellen vereint. Hier gibt es auch billigere Geschäfte. In der Rue des Rosiers im Marais lohnt **Lolita Lempicka** einen Besuch, ebenso **Azzedine Alaïa**.

Designermode von Kenzo an der Place des Victoires

HERRENMODE

FÜR DIE HERREN gibt es statt Haute Couture nur Konfektionskleidung. Doch bringen die meisten bekannten Designer auch eine Herrenkollektion heraus, die allerdings teuer sein kann. Als Beispiel sei **Gianni Versace** mit seiner klassischen italienischen Mode für Herren erwähnt.

Auf dem rechten Seine-Ufer sind vor allem Designer wie **Giorgio Armani**, der elegante **Pierre Cardin**, **Yves Saint-Laurent** und **Lanvin** vertreten, letzterer bekannt für seine wunderschönen Accessoires aus Leder. Am anderen Ufer der Seine kauft der Mann vom Typ Jean-Paul Belmondo die eleganten Kreationen eines **Francesco Smalto**, und besonders Modemutige sind bei **Yohji Yamamoto** an der richtigen Adresse.

Das Kaufhaus La Samaritaine im Viertel Beaubourg/Les Halles

KAUFHÄUSER

WER WENIG ZEIT hat und lieber alles unter einem Dach kauft, geht in die *grands magasins* (Kaufhäuser). Die meisten Häuser verwenden noch das Ticket-Verkaufssystem: Die Verkäuferin schreibt die Waren auf einen Bon, den Sie an der Kasse einlösen. Danach wird Ihnen die Ware gegen Vorzeigen des Kassenbons ausgehändigt. Das ist zeitraubend, und Sie sollten Ihr Shopping daher früh am Tage und vor allem nicht samstags erledigen. Treten Sie selbstsicher auf, denn Warteschlangen werden gern ignoriert!

Au Printemps hat verschiedene Gebäude für Herrenoberbekleidung, Haushalts- und Einrichtungsgegenstände sowie Damen- und Kinderbekleidung. Dienstags um 10 Uhr gibt es *défilées* (im Sommer auch freitags). Die Abteilung für Schönheitspflege und Kosmetik lohnt den Besuch.

Cartier ist eines der weltweit teuersten Geschäfte

Au Bon Marché am linken Seine-Ufer ist das älteste, eleganteste Pariser Kaufhaus mit exklusiver Lebensmittelabteilung. Die **Galeries Lafayette** bieten Mode in jeder Preislage. Modeschauen gibt es mittwochs um 11 Uhr, in den Sommermonaten auch freitags. **La Samaritaine** ist eines der ältesten Kaufhäuser von Paris und berühmt für Sonderangebote. Dort gibt es Sportkleidung, Möbel- und Einrichtungsgegenstände und Haushaltswaren zu kaufen. Vom Restaurant (im Winter geschlossen) haben Sie einen schönen Ausblick.

KUNST UND ANTIQUITÄTEN

KUNST UND ANTIQUITÄTEN kauft man in renommierten Galerien und Läden oder auf Flohmärkten und in Avantgardegalerien.

Wer zollfrei kaufen will, benötigt ein Echtheitszertifikat. Das gilt für mehr als 20 Jahre alte *objets d'art* und alle Güter, die mehr als hundert Jahre alt und 1 000 000 F wert sind. Lassen Sie sich im Zweifelsfall von Fachleuten beraten.

Viele Antiquitätenhändler und Galerien befinden sich nahe der Rue Faubourg-St-Honoré. So auch **Le Louvre des Antiquaires**, bestehend aus 250 verschiedenen Geschäften. Auf dem linken Ufer haben sich 30 Antiquitätenhändler zum **Carré Rive Gauche** zusammengeschlossen, darunter auch **Didier Aaron**, ein Experte des 17. und 18. Jahrhunderts. Sehenswerte Galerien sind **Artcurial**, für Bücher und Drucke, und **Lavignes-Bastille.**

KINDER

In Paris gibt es viele Spielzeugläden, obendrein das berühmteste der Welt: **Au Nain Bleu** in der Rue du Faubourg-St-Honoré. Das Spielzeug ist so teuer, daß Sie den Besuch in diesem Laden als etwas ganz Besonderes genießen sollten.

Modeboutiquen für Kinder finden Sie in Paris mehr als genug, in jeder Stilrichtung und in allen Preislagen. Starten Sie in der Rue du Jour im Viertel Beaubourg/Les Halles, in dem mehrere solcher Läden geöffnet haben. Häufig bringen auch bekannte Modedesigner eine Kinderkollektion heraus: **Kenzo**, **Baby Dior** und **Agnès B.**, manchmal zu extremen Preisen. Prêt-à-porter-Handelsketten wie **Bonpoint** bieten teure, aber gut verarbeitete Kinderkleidung bei großem Angebot. Und daß bei **Tartine et Chocolat** in der Rue du Faubourg-St-Honoré der Kinderoverall zum bestverkauften Kleidungsstück geworden ist, wird niemanden überraschen.

Kinderschuhe kaufen Sie am besten bei **Froment-Leroyer**, der dem klassischen Allroundmodell den Vorzug gibt.

Die Figuren der Tintin-Serie im Spielzeugladen Au Nain Bleu

BÜCHER, ZEITUNGEN UND ZEITSCHRIFTEN

Deutsche und englische Publikationen sind bei größeren Zeitungshändlern und in einigen Buchhandlungen erhältlich. Wer Französisch liest, sollte sich die wöchentlichen Veranstaltungskalender *Pariscope* und *L'Officiel des Spectacles* kaufen.

Zwei Zeitungen in englischer Sprache werden in Frankreich verlegt: die Tageszeitung *International Herald*

Bücherstand in Vanves

Tribune und das Wochenmagazin *The European*. Auch die Monatszeitschrift *Boulevard* und die vierzehntägig erscheinende *France–US Contacts*.

Viele Buchläden gibt es auch in der Rue de Rivoli. Oder Sie gehen zu **WH Smith, Brentano, Village Voice**. **Gibert Joseph** verkauft nicht nur Schulbücher. **La Hune** bietet Fachliteratur über Kunst, Design, Kino, Mode und Fotografie. **Tea and Tattered Pages** ist eine britische Secondhand-Buchhandlung.

ESSEN UND TRINKEN

Zu den kulinarischen Höhepunkten der Pariser Küche gehören *foie gras*, *charcuterie*, Käse und Wein. Es gibt Straßen, die scheinbar nur aus Lebensmittelgeschäften bestehen – so die Rue Montorgueil oder die Rue Rambuteau mit Fischhändlern und Feinkostläden. **Fauchon** an der Place de la Madeleine und im Untergeschoß des Kaufhauses **Au Bon Marché** bietet Käse, Schalentiere, Trüffel, Kaviar und regionale Erzeugnisse.

Poilâne verkauft wohl als einziger Pariser Bäcker Brot unter seinem Namen. Am Wochenende und werktags gegen 16 Uhr, wenn das Brot frisch aus dem Ofen kommt, müssen Sie sich auf Warteschlangen gefaßt machen.

Auch Schokolade ist eine Spezialität. Die bekannten zuckerarmen Kreationen von **Christian Constant** bestehen aus reinem Kakao. **Barthélemy** in der Rue de

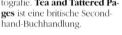

Stilvolle Verpackungen von Fauchon

Grenelle hat einen besonderen Roquefort. Die **Caves Taillevent**, ein riesiger Weinkeller, lohnen einen Abstecher.

MÄRKTE

Viele Franzosen kaufen auch heute täglich ein, so daß auf den Märkten viel los ist. Die meisten Märkte öffnen dienstags bis samstags von etwa 8–13 Uhr und von 16–19 Uhr; sonntags sind sie von 9–13 Uhr geöffnet. Achten Sie auf Qualität - kaufen Sie offene statt verpackte Waren. Sprachkenntnisse können hilfreich sein, so »Pas trop mûr« (»Nicht zu reif«) oder »Pour manger ce soir« (»Für heute abend«). Der renovierte **Marché St-Germain** ist ein guter Tip für italienische, mexikanische, griechische, asiatische Produkte und Erzeugnisse aus organischem Anbau. Auf dem Obst- und Gemüsemarkt der **Rue Lepic** am Montmartre geht es am Wochenende lebhaft zu. Der Lebensmittelmarkt in der **Rue Poncelet** lohnt sich wegen der Auswahl an Backwaren und *charcuteries*. In **Rue de Seine** und der **Rue de Buci** gibt es Blumenstände und gute Bäckereien.

Der berühmte Flohmarkt **Marché aux Puces de St-Ouen** bietet Möbel, Antiquitäten, Schmuck und Secondhand-Kleidung, der **Marché de la Porte de Vanves** Antiquarisches; die besten Geschäfte machen Sie in der Frühe.

Brot von Lionel Poilâne mit dem charakteristischen Viereck

LÄDEN UND MÄRKTE

AUF EINEN BLICK

DAMENMODE

Agnès B.
6, rue de Jour 75001.
Karte 9 A1.
☎ 01 45 08 56 56.

Azzedine Alaïa
7, rue de Moussy 75004.
Karte 9 C3.
☎ 01 40 27 85 58.

Cartier
13, rue de la Paix 75002.
Karte 4 D5.
☎ 01 42 61 58 56.

Chanel
42, avenue Montaigne
75008. **Karte** 3 A5.
☎ 01 47 20 84 45.

Christian Dior
30, avenue Montaigne
75008. **Karte** 6 F1.
☎ 01 40 73 54 44.

Christian Lacroix
73, rue du Faubourg-St-
Honoré 75008.
Karte 3 B5.
☎ 01 42 68 79 00.

**Comme des
Garçons**
40–42, rue Etienne-Marcel
75002. **Karte** 9 A1.
☎ 01 42 33 05 21.

Equipment
46, rue Etienne-Marcel
75002. **Karte** 9 A1.
☎ 01 40 26 17 84.

Giorgio Armani
6, place Vendôme 75001.
Karte 4 D5.
☎ 01 42 61 55 09.

Guy Laroche
29, avenue Montaigne
75008. **Karte** 3 C5.
☎ 01 40 69 69 50.

Jean-Paul Gaultier
6, rue Vivienne 75002.
Karte 8 F1.
☎ 01 42 86 05 05.

Hermès
24, rue du Faubourg-St-
Honoré 75008.
Karte 3 C5.
☎ 01 40 17 47 17.

Karl Lagerfeld
17, rue du Faubourg-St-
Honoré 75008.
Karte 3 C5.
☎ 01 42 66 64 64.

Kenzo
3, place des Victoires
75001. **Karte** 8 F1.
☎ 01 40 39 72 03.

Lolita Lempicka
3 bis, rue des Rosiers
75004. **Karte** 9 C3.
☎ 01 42 74 50 48.

MaxMara
37, rue du Four 75006.
Karte 8 D4.
☎ 01 43 29 91 10.

Nina Ricci
39, avenue Montaigne
75008. **Karte** 6 F1.
☎ 01 49 52 56 00.

Yves Saint-Laurent
5, avenue Marceau 75016.
Karte 6 E1.
☎ 01 44 31 64 00.

HERRENMODE

Francesco Smalto
44, rue François 1er 75008.
Karte 2 F5.
☎ 01 47 20 70 63.

Gianni Versace
62, rue du Faubourg-St-
Honoré 75008. **Karte** 3
C5. ☎ 01 47 42 88 02.

Lanvin
15, rue du Faubourg-St-
Honoré 75008. **Karte** 3
C5.
☎ 01 44 71 33 33.

Pierre Cardin
59, rue du Faubourg-St-
Honoré 75008. **Karte** 3
B5.
☎ 01 42 66 92 25.

Yohji Yamamoto
3, rue de Grenelle
75006.**Karte** 8 D4.
☎ 01 45 44 29 32.

KAUFHÄUSER

Au Bon Marché
22, rue de Sèvres 75007.
Karte 7 C5.
☎ 01 44 39 80 00.

Au Printemps
64, boulevard Haussmann
75009. **Karte** 4 D4.
☎ 01 42 82 50 00.

Galeries Lafayette
40, boulevard Haussmann
75009. **Karte** 4 E4.
☎ 01 42 82 34 56.

La Samaritaine
19, rue de la monnaie.
75001. **Karte** 8 F2.
☎ 01 40 41 20 20.

KUNST UND ANTIQUITÄTEN

Artcurial
9, avenue Matignon 75008.
Karte 3 A5.
☎ 01 42 99 16 16.

**Le Louvre des
Antiquaires**
2, place du Palais–Royal
75001. **Karte** 8 F2.
☎ 01 42 94 27 00.

Didier Aaron
118, rue du Faubourg-St-
Honoré 75008.
Karte 3 C5.
☎ 01 47 42 47 34.

Lavignes-Bastille
27, rue de Charonne
75011. **Karte** 10 F4.
☎ 01 47 00 88 18.

KINDER

Au Nain Bleu
406–410, rue St-Honoré
75008. **Karte** 3 C5.
☎ 01 42 60 39 01.

Baby Dior
30, avenue Montaigne
75008. **Karte** 6 F1.
☎ 01 40 73 55 44.

Bonpoint
15, rue Royale 75008.
Karte 3 C5.
☎ 01 47 42 52 63.

Froment-Leroyer
7, rue Vavin 75006.
Karte 12 E1.
☎ 01 43 54 33 15.

Tartine et Chocolat
105, rue du Faubourg-St-
Honoré 75008. **Karte** 3 B5.
☎ 01 45 62 44 04.

BÜCHER

Brentano
37, avenue de l'Opéra
75002. **Karte** 4 E5.
☎ 01 42 61 52 50.

Gibert Joseph
26, boulevard St-Michel
75006. **Karte** 8 F5.
☎ 01 44 41 88 88.

La Hune
170, boulevard St–Germain
75006. **Karte** 8 D4.
☎ 01 45 48 35 85.

**Tea and Tattered
Pages**
24, rue Mayet 75006.
Karte 11 B1.
☎ 01 40 65 94 35.

Village Voice
6, rue Princesse 75006.
Karte 8 E1.
☎ 01 46 33 36 47.

WH Smith
248, rue de Rivoli 75001.
Karte 7 C1.
☎ 01 44 77 88 99.

ESSEN UND TRINKEN

Barthélemy
51, rue de Grenelle
75007. **Karte** 8 D4.
☎ 01 45 48 56 75.

Caves Taillevent
199, rue du Faubourg-St-
Honoré 75008. **Karte** 2
F3. ☎ 01 45 61 14 09.

Christian Constant
37, rue d'Assas 75006.
Karte 12 E1.
☎ 01 45 48 45 51.

**L'établissement
Poilâne**
8, rue du Cherche-Midi
75006. **Karte** 8 D4.
☎ 01 45 48 42 59.

Fauchon
26, place de la Madeleine
75008. **Karte** 3 C5.
☎ 01 47 42 60 11.

MÄRKTE

Marché St-Germain
Rue Mabillon/Rue Lo-
bineau 75005.
Karte 8 E4.

Rue Lepic
75018. **Karte** 4 F1.

Rue Poncelet
75017. **Karte** 2 E3.

**Marché de la Porte
de Vanves**
Av Georges-Lafenestre/Av
Marc-Sangnier 75014.

**Marché aux Puces
de St-Ouen**
Rue des Rosiers, St-Ouen
75018.

**Rue de Seine
Rue de Buci**
75006. **Karte** 8 E4.

UNTERHALTUNG IN PARIS

Klassisches Drama, Theater der Avantgarde, Ballett, Oper, Jazz, Kino oder Diskothek – Unterhaltung gibt es für alle. Manchmal auch kostenlos: Performancekünstler treten am Centre Pompidou auf, Straßenmusikanten in der Métro und an vielen anderen Ecken dieser lebendigen Stadt.

Die Pariser bummeln am liebsten über die Boulevards und lassen in Cafés bei einem Drink genüßlich das Leben vorbeiziehen. Wer aber das exquisite Amüsement erleben will, kann einem der berühmten Nightclubs einen Besuch abstatten.

Für Fans von Sportveranstaltungen gibt es Tennis, die Tour de France und Pferderennen. Wer es aktiver mag, geht in eines der Sport- und Freizeitzentren. Ganz Bequeme können jederzeit auf das Boulespiel in den öffentlichen Anlagen ausweichen.

In den Sommermonaten werden die Touristengebiete wie das Centre Pompidou, Les Halles und St-Germain-des-Prés durch Straßentheatergruppen belebt. Im Shakespeare-Garten im Bois de Boulogne finden Open-air-Aufführungen mit den Dramen des Meisters und alter französischer Klassiker statt.

Gläserne Fassade der Opéra Bastille

KLASSISCHE KONZERTE

Noch nie war die Musikszene so lebhaft wie heute. Die Produktionen reichen von der Oper über klassische Musik bis hin zu zeitgenössischen Werken.

1989 wurde die **Opéra de Paris Bastille** eröffnet. Sie hat 2700 Sitzplätze und zeigt klassisches und modernes Musiktheater. Ausländische Produktionen zeigt die **Opéra Comique**.

Wichtigster Konzertsaal und Sitz des Orchestre de Paris ist die **Salle Pleyel**. Das **Théâtre des Champs-Elysées** und das **Auditorium du Châtelet** sind für Programmvielfalt und erstklassige Qualität empfehlenswert. Solokonzerte gibt es im

EINTRITTSKARTEN

Häufig werden noch Karten vor Vorstellungsbeginn an der Kasse verkauft. Bei großem Andrang empfiehlt es sich, bei **FNAC** oder im **Virgin Megastore** vorher Karten zu erwerben. Theaterkassen sind täglich von 11–19 Uhr geöffnet. Kreditkarten werden meist akzeptiert, und auch die telefonische Kartenreservierung ist möglich. Im **Kiosque Théâtre** sind übrig gebliebene Karten, am Tag der Vorführung, zum halben Preis erhältlich.

THEATER

Ob Comédie Française, Slapstick oder Avantgarde – die Bühnenkunst genießt hohes Ansehen in Paris. Die 1680 per Königserlaß gegründete **Comédie Française**, die Bastion des französischen Theaters, will das Interesse des Publikums für die Klassik erhalten. Das **Odéon Théâtre de l'Europe**, einst das zweite Haus der Comédie Française, zeigt Werke ausländischer Autoren in Originalfassung. Das **Théâtre National de Chaillot** befindet sich in einem unterirdischen Auditorium im Art-deco-Palais von Chaillot. Dort werden Adaptionen der wichtigsten europäischen Klassiker aufgeführt. Das **Théâtre National de la Colline** hat sich auf zeitgenössische Dramen spezialisiert.

Zu den bedeutendsten freien Bühnen gehört die **Comédie des Champs-Elysées**. Das **Palais Royal** dagegen war ein ganzes Jahrhundert lang ein Tempel des Amüsements. In den *café-théâtres* wie das **Théâtre d'Edgar** und **Au Bec Fin** entdeckt man neue Talente.

VERANSTALTUNGSKALENDER

Besonders empfehlenswerte Veranstaltungskalender sind *Pariscope* und *L'Officiel des Spectacles*. Sie erscheinen jeden Mittwoch und sind an jedem Kiosk erhältlich. Auch die Tageszeitung *Le Figaro* bringt mittwochs eine gute Übersicht. Überall erhältlich ist *Boulevard*, ein vierzehntägig erscheinendes Magazin in englischer Sprache.

UNTERHALTUNG IN PARIS

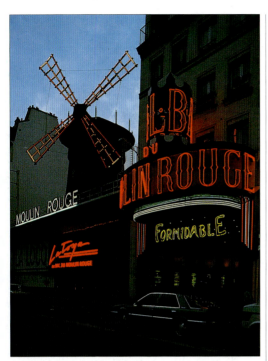

Die berühmte Fassade des Moulin Rouge

Théâtre de la Ville, in der **Salle Gaveau** und in der **Cité de la Musique** im Parc de la Villette. Dort ist auch das bekannte zeitgenössische Musikensemble InterContemporain, unter der Leitung von Pierre Boulez, zu Hause.

TANZ

MISSFALLEN ODER Begeisterung des Tanzpublikums macht sich in Frankreich geräuschvoll Luft. Ablehnung wird durch Buhs geäußert, und die tobende Menge verläßt den Saal während der Vorstellung.

Die **Opéra Garnier** hat ihre eigene Kompanie, das Ballet de l'Opéra de Paris, das weltweit als eines der besten klassischen Ballett-Ensembles Bekanntheit erlangt hat. Bei günstigen Eintrittspreisen ist das **Théâtre de la Ville** dank staatlicher Subventionspolitik inzwischen zur wichtigsten Pariser Bühne für modernen Tanz avanciert.

Die **Maison des Arts de Crétcil** zeigt Aufführungen renommierter Gastkompanien und eigene Produktionen.

CLUBS UND CABARET

DIE PARISER CLUBS tendieren zur Übernahme musikalischer Entwicklungen, die von amerikanischen und britischen Gruppen gesetzt werden. Nur wenige Clubs bringen wirklich aktuelle Musik, so Edith Piafs einstige Stammkneipe **Balajo** und die **Folies Pigalle**, früher ein Stripteaselokal.

La Locomotive mit dreistöckiger House-Party liegt voll im Trend. **Les Bains** ist ein Nachtclub für Leute aus der Szene und dem Showbusineß. Lateinamerikanische Klänge bietet das **La Java**. Wo einst Edith Piaf auftrat wird nun zu kubanischen und brasilianischen Klängen getanzt.

Für die Wahl eines Cabarets gibt es eine einfache Faustregel: Je bekannter, desto besser. Die älteste Pariser Music-hall, die **Folies-Bergères**, ist wohl auch die berühmteste der Welt. Gleich danach kommen der **Lido** und das **Moulin Rouge**, die Wiege des Cancans. **Paradis Latin** gilt als das »französischste« Cabaret der ganzen Stadt. Hier wird die Show durch einzigartige Spezialeffekte und Bühnenbilder belebt.

ROCK, JAZZ UND WORLD MUSIC

AUFFÜHRUNGEN VON Spitzenniveau finden meist in den riesigen Konzerthallen statt, wie **Palais Omnisports de Paris Bercy** oder **Zénith**. Das legendäre **Olympia** bietet eine intimere Atmosphäre; die Akustik ist gut, die Plätze werden angewiesen. Pariser Rockbands wie Les Négresses Vertes und Mano Negra hören Sie im **La Cigale** oder **Elysée-Montmartre** im Viertel von Pigalle.

Die Pariser Jazz-Szene kennt unzählige Clubs, in denen Künstler von Weltrang auftreten. Für alle Jazzmusiker ein Muß ist das **New Morning**, in dem es auch afrikanische und brasilianische Rhythmen zu hören gibt. Dixieland hört man im **Le Petit Journal St-Michel**. Liebhaber der World Music können in der schönen **Chapelle des Lombards** tanzen und erstklassige Konzerte erleben.

La Locomotive mit einer Riesendisko auf drei Etagen

KINO

PARIS IST EINE Weltmetropole des Films. Vor nahezu 100 Jahren wurde hier der erste Kinematograph aus der Wiege gehoben. Ende der 50er und Anfang der 60er Jahre entstand die sogenannte Neue Welle, eine avantgardistische Bewegung junger französischer Cineasten, die den Film revolutionierten, wie François Truffaut und Jean-Luc Godard.

Heute gibt es mehr als dreihundert Kinosäle innerhalb der Stadt. Sie sind in etwa hundert größeren Kinozentren zusammengefaßt. Häufig läßt sich Kino angenehm mit einem Essen im Restaurant und Shopping verbinden. Die dichteste Konzentration an Kinosälen bieten die Champs-Elysées, auf denen Sie die Hits aus Hollywood und die französischen Autorenfilme neben klassischer Filmkunst finden.

Unter den Kinos der großen Boulevards in der Nähe der Opéra de Paris Garnier sind zwei erwähnenswert: **Le Grand Rex** mit barockem Dekor und 2800 Sitzplätzen und das erst in den 80er Jahren renovierte **Max Linder Panorama**. Die Place de Clichy ist das letzte Bollwerk für Pathé, während der neueste Kinotreffpunkt der Rive Droite im Forum des Halles untergebracht wurde. Die größte Leinwand Frankreichs – abgesehen von der Leinwand der **Géode** – ist im neuen **Gaumont** bei der Place d'Italie.

Auf dem linken Ufer hat das Quartier Latin seinen Rang als Zentrum der Filmkunsttheater an Odéon-St-Germain-des-Prés abtreten müssen.

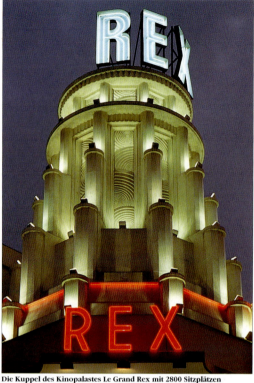

Die Kuppel des Kinopalastes Le Grand Rex mit 2800 Sitzplätzen

SPORT

IN PARIS FINDEN wichtige internationale Sportveranstaltungen statt. Im Juli, wenn die Teilnehmer der Tour de France auf ihren Rädern in Paris einfahren, gerät die ganze Stadt in einen Taumel. Von Mai bis Juni leben die Pariser im Zeichen ihrer nationalen Tennismeisterschaft **Roland Garros**. Der Prix de l'Arc de Triomphe wird auf der Pferderennbahn **Hippodrome Longchamp** am ersten Sonntag im Oktober verliehen.

Das **Palais Omnisports de Paris-Bercy** beherbergt die unterschiedlichsten Veranstaltungen: die offene Tennismeisterschaft, das Sechs-Tage-Radrennen, Springreiten, Kampfsport und auch Rockkonzerte. Der Parc des Princes ist die Adresse der besten Pariser Fußballmannschaft, Paris-St-Germain.

DIE BERÜHMTEN PARISER CAFÉS

Eine der Traditionen von Paris wurde durch Künstler, Literaten und Intellektuelle auf der Rive Gauche am Leben gehalten. Vor dem Ersten Weltkrieg verbrachten Trotzki und Lenin ihre Zeit in der Rotonde und im Dôme am Montparnasse. In den 20ern beherrschten die Surrealisten die Szene. Später kamen die amerikanischen Schriftsteller, allen voran Hemingway und Scott Fitzgerald, der seine Schauplätze auch ins La Coupole verlegte. Nach 1945 zog die Philosophenszene mit Sartre und anderen Existentialisten weiter nordwärts nach St-Germain-des-Prés.

Entspannung im Straßencafé

UNTERHALTUNG IN PARIS

AUF EINEN BLICK

EINTRITTSKARTEN

FNAC
26–30, avenue des Ternes
75017. **Karte** 2 D3.
☎ 01 44 09 18 00.
Forum Les Halles, 1–7 rue
Pierre Lescot 75001
Karte 9 A2
☎ 01 40 41 40 00.

Virgin Megastore
52–60, avenue des
Champs-Elysées 75008.
Karte 2 F5.
☎ 01 49 53 50 00.

Kiosque Théâtre
15, place de la Madeleine
75008. **Karte** 3 C5.

THEATER

Au Bec Fin
6, rue Thérèse 75001.
Karte 8 E1.
☎ 01 42 96 29 35.

**Comédie des
Champs-Elysées**
15, avenue Montaigne
75008. **Karte** 6 F1.
☎ 01 53 23 99 19.

Comédie Française
Place Colette 75001.
Karte 8 E1.
☎ 01 44 58 15 15.

**Odéon Théâtre de
l'Europe**
Pl de l'Odéon
75006. **Karte** 8 F5.
☎ 01 44 41 36 36.

Palais Royal
38, rue Montpensier
75001.
Karte 8 E1.
☎ 01 42 97 59 81.

Théâtre d'Edgar
58, boulevard Edgar-Quinet
75014.
Karte 12 D2.
☎ 01 42 79 97 97.

**Théâtre National de
Chaillot**
1, place du Trocadéro
75016.
Karte 5 C2.
☎ 01 53 65 30 00.

**Théâtre National de
la Colline**
15, rue Malte-Brun 75020.
☎ 01 44 62 52 52.

KLASSIK

**Auditorium du
Châtelet**
(Auditorium des Halles)
Forum des Halles, Porte St-
Eustache. **Karte** 9 A2.
☎ 01 42 28 28 40.

Cité de la Musique
221, avenue Jean-Jaurès
75019.
☎ 01 44 84 44 84.

Opéra Comique
(Salle Favart) 5, rue Favart
75002. **Karte** 4 F5.
☎ 01 42 44 45 46.

**Opéra de Paris
Bastille**
120, rue de Lyon 75012.
Karte 10 E4.
☎ 01 44 73 13 99.

Salle Gaveau
45, rue la Boétie 75008.
Karte 3 B4.
☎ 01 49 53 05 07.

Salle Pleyel
252, rue du Faubourg-St-
Honoré 75008.
Karte 2 E3.
☎ 01 45 61 53 00.

**Théâtre des
Champs-Elysées**
15, avenue Montaigne
75008. **Karte** 6 F1.
☎ 01 49 52 50 50.

Théâtre de la Ville
2, place du Châtelet
75004. **Karte** 9 A3.
☎ 01 42 74 22 77.

TANZ

**Maison des Arts de
Créteil**
Place Salvador-Allende
94000 Créteil.
☎ 01 45 13 19 19.

Opéra Garnier
Place de l'Opera 75009.
Karte 4 E5.
☎ 01 40 01 17 89.

Théâtre de la Ville
(Siehe Klassik.)

CLUBS UND CABARET

Les Bains
7, rue du Bourg-l'Abbé
75003. **Karte** 9 B1.
☎ 01 48 87 01 80.

Balajo
9, rue de Lappe 75011.
Karte 10 E4.
☎ 01 47 00 07 87.

Folies-Bergères
32, rue Richer 75009.
☎ 01 44 79 98 98.

Folies Pigalle
11, place Pigalle 75009.
Karte 4 E2.
☎ 01 48 78 25 56.

La Java
105 rue du Faubourg-du-
Temple 75010. **Karte** 2 E4.
☎ 01 42 02 20 52.

La Locomotive
90 boulevard de Clichy
75018. **Karte** 4 D1.
☎ 01 53 41 88 88.

Lido
116 bis, avenue des
Champs-Elysées 75008.
Karte 2 E4.
☎ 01 40 76 56 10.

Moulin Rouge
82, boulevard de Clichy
75018. **Karte** 4 E1.
☎ 01 46 06 00 19.

Paradis Latin
28, rue du Cardinal-Lemoine
75005. **Karte** 9 B5.
☎ 01 43 25 28 28.

ROCK, JAZZ UND WORLD MUSIC

**Chapelle des
Lombards**
19, rue de Lappe 75011.
Karten 10 F4.
☎ 01 43 57 24 24.

La Cigale
120, boulevard Roche-
chouart 75018. **Karten** 4
F2.
☎ 01 42 23 15 15.

Elysée-Montmartre
72, boulevard Roche-
chouart 75018.
Karte 4 F2.
☎ 01 44 92 45 45.

New Morning
7–9, rue des Petites-Ecuries
75010.
☎ 01 45 23 51 41.

Olympia
28, boulevard des
Capucines 75009. **Karte** 4
D5. ☎ 01 47 42 25 49.

**Palais Omnisports
de Paris-Bercy**
8, boulevard de Bercy
75012. **Karte** 14 F2.
☎ 01 44 68 44 68.

**Le Petit Journal St-
Michel**
71, boulevard St-Michel
75005. **Karte** 12 F1.
☎ 01 43 26 28 59.

Zénith
211, avenue Jean-Jaurès
75019.
☎ 01 42 08 60 00.

KINO

Gaumont Gobelins
58 u. 73, avenue des Go-
belins 75013. **Karte** 13 B4.
☎ 01 47 07 55 88.

La Géode
26, avenue Corentin-Cariou
75019.
☎ 01 40 05 80 00.

Le Grand Rex
1, boulevard Poissonnière
75002.
☎ 01 42 36 83 93.

**Max Linder
Panorama**
24, boulevard Poissonnière
75009.
☎ 01 48 24 88 88.

SPORT

**Hippodrome de
Longchamp**
Bois de Boulogne 75016.
☎ 01 44 30 75 00.

**Palais Omnisports
de Paris-Bercy**
(Siehe Rock, Jazz und World
Music.)

Parc des Princes
24, rue du Commandant-
Guilbaud 75016.
☎ 01 42 88 02 76.

**Stade Roland
Garros**
2, avenue Gordon-Bennett
75016. ☎ 01 47 43 48 00.

KARTENTEIL PARIS

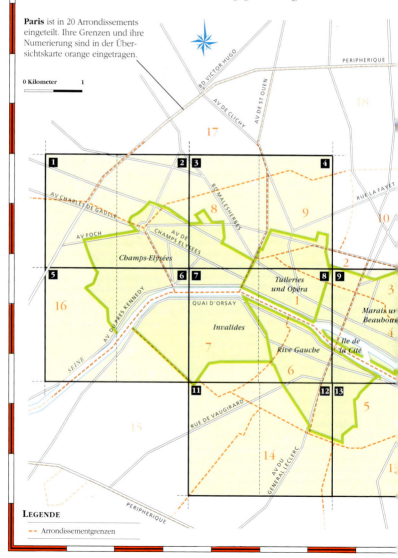

DIE KARTENVERWEISE für Sehenswürdigkeiten, Geschäfte und Unterhaltungsmöglichkeiten im Paris-Kapitel dieses Reiseführers beziehen sich auf die nachfolgenden Karten. Kartenverweise gelten auch für Pariser Hotels *(siehe S. 540ff)* und Restaurants *(S. 580ff)*, ebenso für nützliche Adressen in den Kapiteln *Zu Gast in Frankreich* und *Grundinformationen*. Die Karten enthalten die Hauptsehenswürdigkeiten, ebenso wie Hotels, Restaurants, Einkaufs- und Unterhaltungsmöglichkeiten. Die Übersichtskarte unten verbindet die Viertel von Paris, die der Kartenteil abdeckt, mit den Nummern der Arrondisements. Die Symbole für Sehenswürdigkeiten und anderes finden Sie auf der gegenüberliegenden Seite.

Paris ist in 20 Arrondissements eingeteilt. Ihre Grenzen und ihre Numerierung sind in der Übersichtskarte orange eingetragen.

LEGENDE

-- Arrondissementgrenzen

KARTENTEIL PARIS

So funktioniert das Verweissystem

Die **erste Zahl** gibt an, welche Seite des Kartenteils aufzuschlagen ist.

Hôtel de Ville ❿

Place de l'Hôtel-de-Ville 75004.
Karte 9 B3. 01 42 76 50 49.
M *Hôtel-de-Ville*. Führung auf französisch, Treffpunkt Infobüro 29, rue de Rivoli. Mo 10.30 Uhr. **Geschl.** Feiertage, offizielle Anlässe.

Buchstabe und Zahl bezeichnen das Planquadrat bzw. geben die horizontale und vertikale Koordinate an.

Zahlen mit Pfeil verweisen auf die Anschlußkarte.

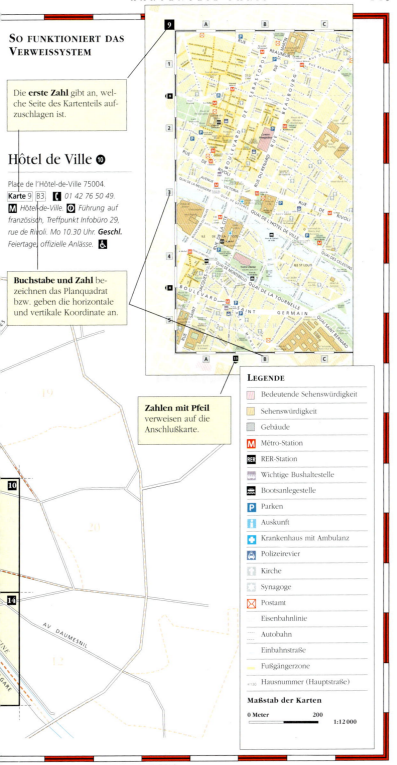

Legende

- Bedeutende Sehenswürdigkeit
- Sehenswürdigkeit
- Gebäude
- M Métro-Station
- RER RER-Station
- Wichtige Bushaltestelle
- Bootsanlegestelle
- P Parken
- Auskunft
- Krankenhaus mit Ambulanz
- Polizeirevier
- Kirche
- Synagoge
- Postamt
- Eisenbahnlinie
- Autobahn
- Einbahnstraße
- Fußgängerzone
- 130 Hausnummer (Hauptstraße)

Maßstab der Karten

0 Meter 200
1:12 000

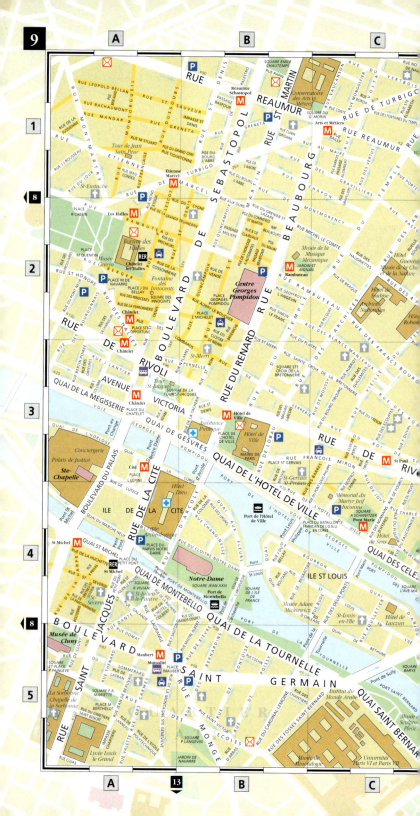

ILE DE FRANCE

Im Herzen Frankreichs erstreckt sich die Ile de France weit über die Vororte von Paris hinaus. Malerische Landschaften verleihen einer geschichtsträchtigen Region Pracht, die für die *gloire de la France* von besonderer Bedeutung ist.

Nachdem König François I 1528 Fontainebleau in ein Renaissanceschloß verwandelt hatte, stieg das Gebiet zur bevorzugten Gegend der königlichen Herrschaftshäuser auf. Als 1661 Louis XIV mit dem Bau von Versailles begann, war auch die Rolle der Ile de France als politisches Zentrum des Landes gesichert. Dieses klassische Schloß, das durch die Schöpferkraft von Le Nôtre, Le Vau, Le Brun und Jules Hardouin-Mansart entstand, ist heute die meistbesuchte Sehenswürdigkeit Frankreichs – Symbol der Macht des Sonnenkönigs – und dient noch immer als Schauplatz von Staatsempfängen. Rambouillet, das eng mit dem Namen Louis XVI verbunden ist, wird heute vom Präsidenten als Sommerresidenz genutzt, und Malmaison war Lieblingswohnsitz der Kaiserin Josephine. Das Château d'Ecouen bietet Einblick ins Leben der Renaissance, und im Süden besticht Vaux-le-Vicomte mit einer barocken Gartenanlage.

Maler wie Corot, Rousseau, Pissarro und Cézanne haben sich von dieser Landschaft mit ihren von Pappeln gesäumten Alleen inspirieren lassen.

SEHENSWÜRDIGKEITEN AUF EINEN BLICK

Schlösser und Museen
Château de Dampierre ❽
Château de Fontainebleau ⓭
Château de Malmaison ❺
Château de Rambouillet ❾
Château de Sceaux ❼
Château de Vaux-le-Vicomte ⓫
Château de Versailles ❻
Musée National de la Renaissance ❷

Städte
Provins ⓬
St-Germain-en-Laye ❹

Klöster und Kirchen
Abbaye de Royaumont ❶
Basilique St-Denis ❸

Vergnügungsparks
Euro Disney ❿

LEGENDE
☐ Großraum Paris
☐ Innenstadt von Paris
✈ Internationaler Flughafen
― Autobahn
― Hauptstraße
═ Nebenstraße

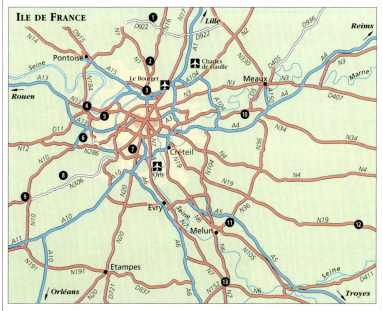

◁ Der großartige barocke Park des Château de Vaux-le-Vicomte

Das gotische Refektorium der Abbaye de Royaumont

Abbaye de Royaumont ❶

Fondation Royaumont, Asnières-sur-Oise, Val-d'Oise. 01 30 35 59 00.
tägl. eingeschränkt.
01 30 35 59 91. **Konzerte.**

Von Wäldern umgeben, liegt Royaumont, die schönste Zisterzienserabtei der Ile de France, 30 km nördlich von Paris. Das Mauerwerk und die strengen Formen der Abtei spiegeln die asketischen Lehren des heiligen Bernhard. Anders als dessen Abteien in Burgund wurde diese jedoch 1228 von seinen Gründern, Louis IX und dessen Mutter, Blanche de Castille, großzügig angelegt. »St Louis« überhäufte die Abtei mit Reichtümern und erwählte sie zur königlichen Grablege. Die Abtei behielt ihre Verbindungen zur Königsfamilie bis zur Revolution, als sie zerstört wurde. Danach diente sie als Baumwollspinnerei und Waisenhaus, bis sie als Kulturzentrum wiederbelebt wurde. Die Säulen sind noch vorhanden, zusammen mit einem Eckturm und dem größten Kreuzgang Frankreichs, der einen klassischen Garten umgibt. An einer Seite des Kreuzgangs befinden sich die Unterkünfte der Mönche.

Château de Royaumont, als Amtssitz des Abtes erbaut, steht abseits und ähnelt einer italienischen Villa. Beim Spaziergang durch die Anlage sieht man die Mönchswerkstätten.

In der Abtei finden auch Konzerte statt, Informationen gibt die Fondation Royaumont.

Musée National de la Renaissance ❷

Château d'Ecouen, Val-d'Oise.
01 34 38 38 50. Mi–Mo.
Geschl. 1. Jan, 1. Mai, 25. Dez.

Dieses imposante, von einem Graben umgebene Schloß liegt auf halbem Wege zwischen St-Denis und Royaumont. Heute ein Renaissancemuseum, bietet der großartige Bau von Ecouen eine stilechte Umgebung für die Sammlung von Gemälden, Wandteppichen, Truhen, Vertäfelungen und Treppenhäusern des 16. Jahrhunderts.

Ecouen wurde 1538 für Anne de Montmorency erbaut, den Berater François' I und Oberbefehlshaber der Armeen. Als zweitmächtigste Person im Königreich ließ er sein Schloß von Künstlern und Handwerkern der Ecole de Fontainebleau ausschmücken. Deren Einfluß ist an den mit Bibelszenen und klassischen Motiven verzierten Kaminen zu erkennen. Am beeindruckendsten ist die Kapelle, deren Decke mit dem Wappen von Montmorency bemalt ist.

Im ersten Stock beherbergt eine Galerie eine der prächtigsten Zusammenstellungen von Wandteppichen des 16. Jahrhunderts in Frankreich. Ebenso überwältigend sind die fürstlichen Gemächer, die Renaissancesteinböden, die Bibliothek und die Sammlung von Keramiken aus Lyon, Nevers, Venedig, Faenza und Iznik sowie eine Ausstellung von mathematischen Instrumenten und Uhren.

Da das Erdgeschoß am Vormittag geöffnet ist und die oberen Etagen nachmittags, empfiehlt sich ein Mittagessen in Ecouen.

Basilique St-Denis ❸

1, rue de la Légion-d'Honneur, St-Denis, Seine-St-Denis. tägl.
Geschl. 1. Jan, 1. May, 1. u. 11. Nov, 25. Dez.

Nach der Legende hielt hier der enthauptete heilige Denis im Todeskampf seinen Kopf in den Händen, und dem gemarterten Bischof zum Gedenken baute man an dieser Stelle eine Kapelle. Mit der Beisetzung Dagoberts I. in der Basilika 638 entstand eine Verbindung der Königsfamilie zu St-Denis, die zwölf Jahrhunderte lang bestehen sollte. Die meisten französischen Könige sind hier beigesetzt, und alle Königinnen wurden hier gekrönt.

Statue Louis' XVI in St-Denis

Die frühgotische Basilika ruht auf karolingischen und romanischen Krypten. Von den Plastiken ist die Charles' V (1364) besonders eindrucksvoll. Gleiches gilt für ein Bildnis von Blanche de France aus dem 12. Jahrhundert.

Der Westflügel des Musée National de la Renaissance

ILE DE FRANCE 163

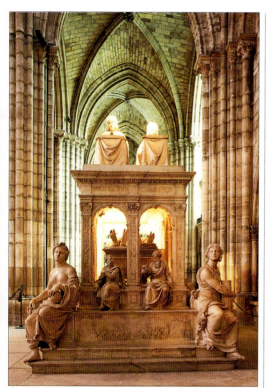

Das Renaissancegrabmal von Louis XII und Anne de Bretagne in St-Denis

Die Heiterkeit dieser Abbildungen steht in Kontrast zum realistisch wiedergegebenen Schmerz im Mausoleum von Louis XII und Anne de Bretagne. Die Porträts im Tabernakel zeigen sie unbekleidet und mit einem Ausdruck des Todes im Gesicht. Oberhalb davon ist das wohlgekleidete königliche Paar zu sehen, wie es die eigene Nacktheit betrachtet. Als Reflexion des Menschen im Angesicht des Todes suchen die Grabmäler der Basilika ihresgleichen.

St-Germain-en-Laye ❹

Yvelines. 41 000.
Maison Claude Debussy, 38, rue au Pain. 01 34 51 05 12.
Di, Fr u. So.

KENNZEICHEN DIESES Vororts ist das Château de St-Germain-en-Laye, Geburtsort Louis' XIV. Die Burg wurde 1124 von Louis VI erbaut. Davon sind heute nur noch der Hauptturm und die Kapelle St-Louis vorhanden. Unter François I und Henri II wurden die oberen Stockwerke geschliffen, übrig blieb ein fünfeckiger Bau mit Burggraben. Henri IV ergänzte das Gartenhaus und die Terrassen, bevor er 1682 nach Versailles zog; Louis XIV beauftragte Le Nôtre mit der Gestaltung des Parks.

Heute befindet sich im Schloß das **Musée des Antiquités Nationales**, in dem archäologische Funde aus vorgeschichtlicher Zeit bis zum Mittelalter ausgestellt sind. Die Sammlung zeigt unter anderem eine 22 000 Jahre alte geschnitzte weibliche Figur, ein Megalithgrab sowie einen Bronzehelm (3. Jh.) und keltischen Schmuck. Sein größter Schatz aber ist ein gallo-römischer Mosaikfußboden.

🏛 Musée des Antiquités Nationales
Château de St-Germain-en-Laye. 01 34 51 53 65. Mi–Mo.

Château de Malmaison ❺

Rueil-Malmaison, Hauts-de-Seine. 01 41 29 05 55. Mi–Fr 9.30–12.30, 13.30–17.45 Uhr, Sa u. So 10–18.30 (im Winter 18 Uhr). eingeschränkt.

DER LANDSITZ RICHELIEUS (17. Jh.) liegt 15 Kilometer westlich von Paris und ist heute bekannt durch seine Verbindungen zu Napoléon. Das Schloß wurde von Josephine als Rückzugsort vor der Strenge der kaiserlichen Residenzen in den Tuilerien und in Fontainebleau gekauft und ist von Parkanlagen umgeben. Josephine war begeistert von diesem Anwesen. Napoléon bezeichnete den Haupteingang verächtlich als nur der Bediensteten würdig und ließ sich eine Zugbrücke an der Rückseite des Schlosses bauen.

Die schönsten Zimmer sind die mit Fresken geschmückte Bibliothek und der Salon de Musique, in dem Bilder aus der Privatsammlung Josephines hängen. Bemerkenswert ist der Kontrast zwischen Napoléons zurückhaltend dekoriertem Schlafzimmer und dem üppig ausgestalteten Schlafgemach, in dem Josephine starb. Viele Zimmer bieten einen Ausblick auf die romantische Gartenanlage und den berühmten Rosengarten, den Josephine nach ihrer Scheidung kultivierte.

Viele Erinnerungsstücke sind zu sehen, von Reichsadlern über Davids Porträt von Napoléon bis zu Gérards Gemälde der Josephine. Das Château Bois Préau auf dem Gelände des Landsitzes beherbergt ein Napoléon gewidmetes Museum.

Das Bett der Kaiserin Josephine im Château de Malmaison

Château de Versailles 6

Flötenspieler im Garten

Das heutige Schloss, dessen Bau 1668 von Louis XIV begonnen wurde, ist aus einer Reihe von Erweiterungen des Jagdschlosses Louis' XIII entstanden. Den ersten Umbau leitete Louis Le Vau, der das Gebäude ergänzte und einen vergrößerten Innenhof schuf. 1678 übernahm Jules Hardouin-Mansart die Leitung der Arbeiten. Er fügte die Nord- und Südflügel und den Spiegelsaal hinzu. 1770 ließ Louis XV die Oper (L'Opéra) anbauen. Der Park wurde von André Le Nôtre erweitert, der die Symmetrie der Anlage durch Wasserflächen und eine originelle Einbindung von Bodenunebenheiten auflockerte. Das Musée des Carrosses gegenüber zeigt eine Sammlung königlicher Kutschen.

★ Parkanlagen
Geometrisch angeordnete Wege und Sträucher sind charakteristisch für die Parkanlagen.

Die **Orangerie** wurde als Unterstand für exotische Pflanzen im Winter unterhalb des Parterre du Midi erbaut.

Bassin de Latone
Balthazar Marsys Statue der Göttin Latona thront über vier Marmorbecken.

Parterre d'Eau

★ Schloß
Unter Louis XIV stieg Versailles zum Machtzentrum Frankreichs auf.

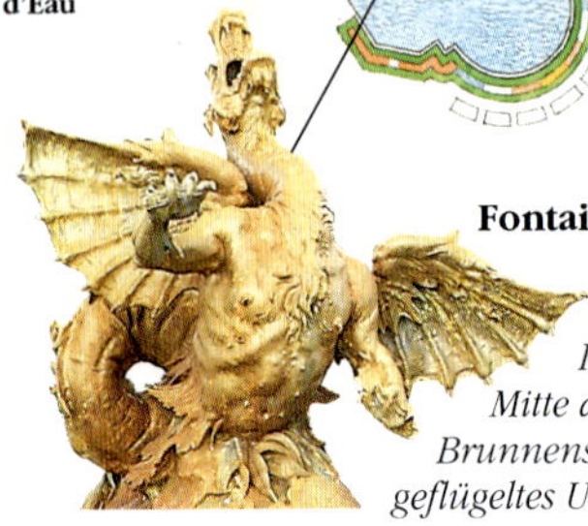

Fontaine de Neptune
In der Mitte des Brunnens steht ein geflügeltes Ungeheuer

ILE DE FRANCE

Im **Königsgarten** Louis' XVIII aus dem 19. Jahrhundert befindet sich ein sehenswertes Spiegelbecken.

Colonnade
Hardouin-Mansart erbaute 1685 diesen runden Säulengang aus Marmor.

> **INFOBOX**
>
> Versailles, Yvelines. 01 30 84 74 00. 171 von Paris.
> RER *Versailles Rive Gauche.*
> *Versailles Chantiers, Versailles-Rive Droite.* **Schloß**
> *Okt–Apr Di–So 9–17 Uhr; Mai–Sep Di–So 9–18 Uhr.*
> **Grand Trianon und Petit Trianon** *Okt–Apr Di–Fr 10–12, 14–17 Uhr, Sa u. So 10–17Uhr, Mai–Sep Di–So 10–18 Uhr (letzter Einlaß: 30 Min. vor Schließung).*
> **Musée des Carosses**
> *Sommer: Sa u. So 12.30–18 Uhr; Winter: Sa u. So 9.30–12.30, 14–17 Uhr.*

Auf dem **Grand Canal** feierte Louis XIV seine Bootsfeste.

Petit Trianon
1762 als Rückzugsort für Louis XV gebaut, wurde dieses kleine Schloß von Marie-Antoinette sehr geschätzt.

Bassin de Neptune
Figurengruppen spritzen Wasserfontänen in den Garten Le Nôtres aus dem 17. Jahrhundert.

> **NICHT VERSÄUMEN**
>
> ★ **Schloß**
>
> ★ **Parkanlagen**
>
> ★ **Grand Trianon**

★ Grand Trianon
Louis XIV erbaute 1687 dieses Lustschloß aus Stein und rötlichem Marmor, um den Zwängen des Hofes zu entkommen und ungestört die Gesellschaft der Madame de Maintenon zu genießen.

Das Innere des Château de Versailles

DIE PRACHTVOLLEN Prunkgemächer befinden sich im ersten Stock der riesigen Schloßanlage. Um den Marmorhof sind die Privaträume des Königs und der Königin angeordnet, und auf der Gartenseite liegen die Staatsräume, in denen das offizielle Hofleben stattfand. Charles Le Brun hatte sie mit farbigem Marmor, Schnitzereien, Skulpturen, Wandgemälden, Samt sowie versilberten und vergoldeten Möbeln üppig ausgestattet. Jedes Staatszimmer, angefangen vom Salon d'Hercule, ist einer griechischen Gottheit gewidmet. Den Höhepunkt bildet der Spiegelsaal, in dem 17 große Spiegel hohen Rundbogenfenstern gegenüberstehen.

Legende

- Südflügel
- Krönungssaal
- Gemächer der Madame de Maintenon
- Prunkgemächer und Privaträume der Königin
- Staatsräume
- Prunkgemächer und Privaträume des Königs
- Nordflügel
- Keine Ausstellungsfläche

★ **Schlafgemach der Königin**
Hier brachten die Königinnen ihre Kinder zur Welt.

Den **Marmorhof** ziert ein vergoldeter Balkon.

Der **Salon du Sacre** ist geschmückt mit Napoléon-Porträts von Jacques-Louis David.

★ **Salon de Vénus**
In diesem mit Marmor verzierten Raum steht eine Statue von Louis XIV.

Treppe zum Eingang

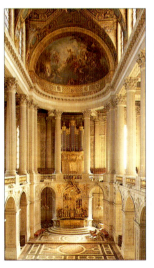

★ **Chapelle Royale**
Die obere Etage der Kapelle war der königlichen Familie vorbehalten, das Erdgeschoß den Angehörigen des Hofes. Das Innere ist mit korinthischen Säulen, weißem Marmor, Vergoldungen und barocken Wandmalereien ausgeschmückt.

Nicht versäumen

★ Chapelle Royale

★ Salon de Vénus

★ Galerie des Glaces

★ Prunkgemächer

ILE DE FRANCE

★ Galerie des Glaces
Staatsempfänge wurden im 70 Meter langen Spiegelsaal an der Westfassade gegeben. 1919 wurde hier der Vertrag von Versailles, mit dem der Erste Weltkrieg zu Ende ging, unterzeichnet.

Salon de l'Œil-de-Bœuf

Im **Schlafgemach des Königs** starb 1715 Louis XIV.

Das **Cabinet du Conseil** diente dem König als Empfangsraum für seine Minister und seine Familie.

Salon de la Guerre
Die Kriegsthematik dieses Raums wird noch von Antoine Coysevox' Stuckrelief von Louis XIV, wie er dem Sieg entgegenreitet, verstärkt.

Besonderheiten der **Bibliothek Louis' XVI** sind die Wandvertäfelungen und der Globus des Königs.

Salon d'Apollon
Der Thronsaal Louis' XIV wurde von Le Brun entworfen und dem Gott Apollon gewidmet. Hier hängt auch eine Kopie des berühmten Porträts Louis' XIV von Hyacinthe Rigaud (1710).

Salon d'Hercule

ZEITSKALA

1667 Baubeginn des Grand Canal	Louis XV	1793 Louis XVI und Marie-Antoinette werden hingerichtet	1833 Louis-Philippe macht das Schloß zum Museum
1668 Bau des neuen Schlosses durch Le Vau	1722 Louis XV kehrt nach Versailles zurück		

1650	1700	1750	1800	1850
1671 Beginn der Innenausstattung durch Le Brun	1715 Nach dem Tod Louis' XIV verläßt der Hof Versailles	1789 Der König und die Königin werden gezwungen, nach Paris überzusiedeln		1919 Unterzeichnung des Vertrags von Versailles am 28. Juni
1661 Erweiterung des Schlosses durch Louis XIV	1682 Louis XIV und Marie-Thérèse ziehen nach Versailles	1774 Louis XVI und Marie-Antoinette leben in Versailles		

Château de Sceaux ❼

Sceaux, Hauts-de-Seine.
☎ 01 46 61 06 71. 🕐 Mi–Mo.
Geschl. Feiertage. 🎟 ♿

DER PARC DE SCEAUX ist eine Mischung aus französischem Garten, Waldflächen und Parkanlagen von Le Nôtre. Wasser wird im Park wirkungsvoll eingesetzt. Es gibt Wasserfälle und einen Springbrunnen in Form einer beweglichen Treppe, von dem das Wasser in ein achteckiges Becken herabfließt. Von dort weiter in den Grand Canal, der den Blick auf den Pavillon de Hanovre lenkt. Das Gartenhäuschen ist nur eines von mehreren, die den Park schmücken, in dem auch Mansarts Orangerie steht. Heute ist er nicht nur Rahmen für Ausstellungen, sondern auch für klassische Konzerte.

Das Schloß wurde 1670 für Colbert erbaut, dann abgerissen und 1856 neu errichtet. Es beherbergt das Musée de l'Ile de France, das die Landschaft, Schlösser und Geschichte der Region durch eine Ausstellung von Gemälden, Möbeln und Keramiken würdigt.

Château de Dampierre ❽

Dampierre-en-Yvelines, Yvelines.
☎ 01 30 52 53 24. 🕐 April–Mitte Okt tägl. nachmittags 🎟 ♿ eingeschränkt.

NACH VERSAILLES und Rambouillet ist Dampierre das meistbewunderte Schloß südwestlich von Paris. Das Äußere dieses 1675 für den Duc de Chevreuse erschaffenen Baus stellt eine harmonische, von Hardouin-Mansart entworfene Komposition aus rötlichem Ziegel und kühlem Stein dar.

In Gegensatz dazu erinnern die Innenräume an Versailles, besonders die königlichen Gemächer und der Speisesaal. Sehenswert ist vor allem die freskengeschmückte und im 19. Jahrhundert nach römischen Vorbildern neugestaltete Salle des Fêtes. Von den Räumen aus überblickt man den von Le Nôtre angelegten Park.

Château de Rambouillet

Château de Rambouillet ❾

Rambouillet, Yvelines. ☎ 01 34 83 00 25. 🕐 Mi–Mo. **Geschl.** 1. Jan, 1. Mai, 1. u. 11. Nov, 25. Dez u. bei Anwesenheit des Präsidenten. 🎟

DAS SCHLOSS GRENZT an das Waldgebiet des Forêt de Rambouillet, früher ein königliches Jagdrevier. Das efeubewachsene Schloß aus rotem Ziegel wirkt mit seinen fünf steinernen Türmen eher kurios als schön. Es hat bereits als feudale Burg, als Landhaus sowie als königliche und kaiserliche Residenz gedient. Seit 1897 ist es offizieller Sommerwohnsitz des Präsidenten.

Die Räume im Inneren sind mit Möbeln im Empirestil sowie Wandteppichen aus Aubusson ausgestattet. Vor der Hauptfassade befindet sich eine Parkanlage. In der Nähe steht die Königliche Molkerei: ein Geschenk Louis' XVI an Marie-Antoinette, die darin Milchmagd spielte.

Umgebung

Etwa 28 Kilometer nördlich, an der D11, liegt das **Château de Thoiry** mit einem Zoo und einem modernen Abenteuerspielplatz für Kinder.

Disneyland Paris ❿

Marne-la-Vallée, Seine-et-Marne.
☎ 01 60 30 60 30. 🕐 tägl.
RER *Marne-La-Vallée–Chessy.* 🚄 *TGV ab Lille oder Lyon.* ✈ *von Flughäfen Charles de Gaulle u. Orly.* ♿

DER VERGNÜGUNGSPARK (40 ha) des insgesamt 600 ha großen Areals ist in fünf Bereiche aufgegliedert: Frontierland, Adventureland, Main Street USA, Fantasyland und Discoveryland. Man hat hier versucht, Disneyland an europäischen Verhältnissen auszurichten, was teilweise auch gelungen ist. **Minnie Mouse** Unter den Fahrmöglichkeiten stellt Space Mountain selbst die härtesten auf die Probe.

Château de Vaux-le-Vicomte ⓫

Maincy, Seine-et-Marne. ☎ 01 64 14 41 90. 🕐 März–11. Nov tägl. 🎟

NÖRDLICH VON MELUN, nahe Fontainebleau liegt das Schloß in ländlicher Umgebung. Nicolas Fouquet, mäch-

---

SÈVRES-PORZELLAN

1756 eröffneten Madame de Pompadour und Louis XV eine Porzellanmanufaktur, die die königlichen Residenzen mit Geschirr und Porzellan versorgte. Damit begann die Produktion von edlem Tafelgeschirr und Statuetten sowie Vasen in etruskischem Stil, Kameen und Porzellangemälden von Schlössern oder mythologischen Szenen. Sèvres-Porzellan ist berühmt für seine Haltbarkeit und seine leuchtenden Farben.

Le Pugilat (1832): eine Vase aus Sèvres

ILE DE FRANCE

ANDRÉ LE NÔTRE

Als größter französischer Landschaftsarchitekt schuf Le Nôtre (1613–1700) viele Meisterwerke. Seine Kunst brachte auch in der Ile de France viele Gärten hervor, wie in Dampierre, Sceaux und Vaux-le-Vicomte. In Vaux perfektionierte er das Konzept des französischen Gartens: Wege, gesäumt von Statuen und Hecken, Wasserspiele mit Springbrunnen und Bassins sowie Terrassen und geometrische Beete, deren Bepflanzung wie gestickte Muster erscheint. Seine Begabung zeigte sich in der symmetrischen architektonischen Komposition von Versailles am überzeugendsten verwirklicht.

tiger Geldgeber des Hofes unter Louis XIV, hatte Le Vau und Le Brun aufgefordert, ein Schloß zu schaffen. Das Ergebnis, einer der französischen Prachtbauten des 17. Jahrhunderts, übertraf alle Erwartungen. Es führte aber auch zu seinem Untergang. Louis und seine Minister waren erzürnt – denn der Luxus stellte den sämtlicher königlicher Schlösser in den Schatten – und ließen Fouquet verhaften.

Ganz nach dem erlesenen Geschmack Fouquets stellt sich das Innere als eine Komposition von Fresken, Stuckarbeiten, Säulenfiguren und Büsten dar. Der Salon des Muses besticht mit Le Bruns mit Freskendarstellungen von Nymphen und Sphinxen geschmückter Decke. Die Grande Chambre Carrée ist im Louis-XIII-Stil ausgeführt, mit vertäfelten Wänden und einem beeindruckenden Fries, der das alte Rom beschwört. Anders als in Versailles oder Fontainebleau verbreiten die Räume dieses Schlosses jedoch eine familiäre Stimmung, und es wirkt überschaubar.

Bekannt ist Vaux-le-Vicomte für seine Gartenanlage von André Le Nôtre. In den grandiosen Terrassen, künstlichen Seen und Brunnen kommt die frühere Malerausbildung des Landschaftsgärtners voll zur Geltung.

Provins ⑫

Seine-et-Marne. 🚶 12 000. 🚉 🚌
🛈 Chemin de Villecran (01 64 60 26 26). 🛒 Sa.

Als Außenposten des Römischen Reichs sicherte Provins die Grenze zwischen der Ile de France und der Champagne. Heute bietet es ein Abbild der mittelalterlichen Welt. Die Ville Haute (Oberstadt) liegt zwischen mit Verteidigungsgräben bewehrten Befestigungsanlagen aus dem 12. Jahrhundert. Die im Westen sind am vollständigsten erhalten. Hier, zwischen den Stadttoren Porte de Jouy und Porte St-Jean, wird der Mauerring ergänzt durch viereckige, runde und rechteckige Türme.

Das Stadtbild dominiert die Tour César, der Wehrturm. Der Wallgraben und ein Teil der Befestigungen wurden im Hundertjährigen Krieg von den Engländern ergänzt. Durch das Wachhäuschen gelangt man zum Wehrgang, der den Blick auf die Place du Chatel freigibt, einen von Giebelhäusern umsäumten Platz, sowie über den Grange aux Dîmes hinweg auf die endlosen Weizenfelder.

Provins ist stolz auf seine roten Rosen. Jedes Jahr im Juni findet ein Blumenfest im Rosengarten am Fluß statt.

Château de Vaux-le-Vicomte und der von Le Nôtre entworfene Garten

Château de Fontainebleau ⓭

Deckendetail in der Salle de Bal

FONTAINEBLEAU IST NICHT das Ergebnis eines Entwurfs, sondern ein Gefüge verschiedener Stilepochen. Louis VII baute hier eine Abtei, die Thomas Becket 1169 weihte. Zwar steht auch noch ein mittelalterlicher Turm, das heutige Schloß aber geht auf François I zurück. Der Renaissancekönig baute dann ein malerisches Schloß im florentinischen und römischen Stil. Fontainebleaus Charme beruht auf seiner Gestaltung und seiner reizvollen Lage inmitten von Wäldern. Obwohl sie unmöglich an einem Tag zu besichtigen sind, eignen sich die *grands appartements* (Prunkgemächer) gut als Einführung in dieses königliche Schloß.

Erdgeschoß

Jardin de Diane
Diana als Jägerin schmückt den Springbrunnen im Garten.

★ **Escalier du Fer-à-Cheval**
Diese hufeisenförmige Treppe von Jean Androuet du Cerceau (1634) liegt am Ende des Cour du Cheval Blanc. Ihre ausgeklügelte Konstruktion erlaubte Pferdegespannen die Durchfahrt unter den beiden Bögen.

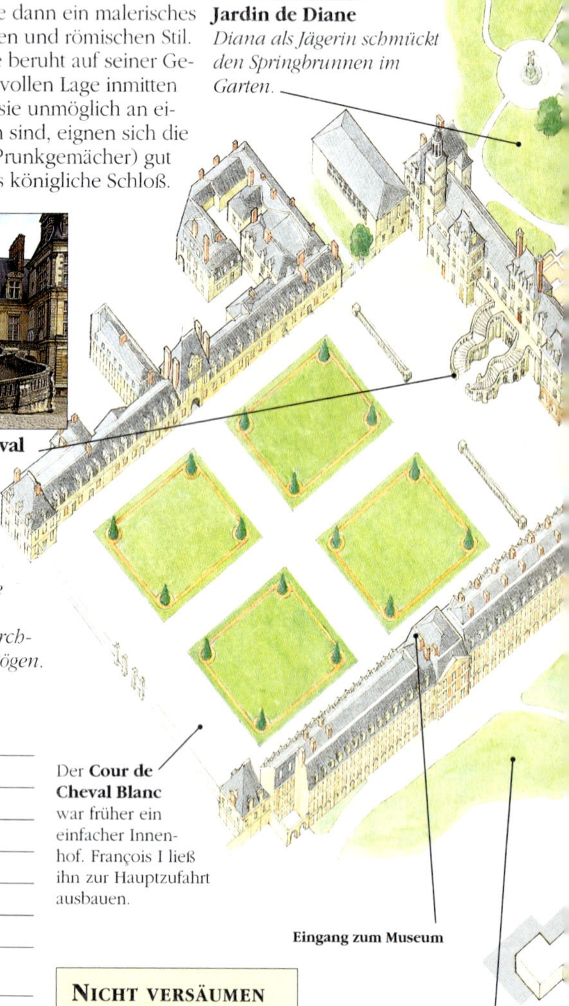

LEGENDE

☐	Petits Appartements
☐	Galerie des Cerfs
☐	Musée Chinois
☐	Musée Napoléon
☐	Grands Appartements
☐	Salle Renaissance
☐	Appartements de Madame de Maintenon
☐	Grands Appartements des Souverains
☐	Escalier de la Reine/ Appartements des Chasses
☐	Chapelle de la Trinité
☐	Appartement Intérieur de l'Empereur

Der **Cour de Cheval Blanc** war früher ein einfacher Innenhof. François I ließ ihn zur Hauptzufahrt ausbauen.

Eingang zum Museum

NICHT VERSÄUMEN

★ **Escalier du Fer-à-Cheval**

★ **Salle de Bal**

★ **Galerie François I**

Der **Jardin Anglais** ist ein romantischer Englischer Garten mit Zypressen und Pisangstauden. Er wurde im 19. Jahrhundert neu gestaltet.

ILE DE FRANCE   171

Porte Dorée
Das ursprüngliche mittelalterliche Portal wurde von Gilles Le Breton für François I als »Eingangstor« zum Wald umgestaltet.

Cour Oval

INFOBOX

Seine-et-Marne. 01 60 71 50 70. Mi–Mo 9.30–12.30, 14–17 Uhr. **Geschl.** 1. Jan, 1. Mai, 25. Dez.

Erster Stock

★ Salle de Bal
Der 1552 von Primaticcio entworfene Renaissanceballsaal wurde unter Henri II fertiggestellt. Seine Embleme zieren das Walnußholz der Kassettendecke und spiegeln sich als Muster auf dem Parkett des Fußbodens.

Die **Appartements de Napoléon I** beherbergen in der Salle de Trône, der vormaligen Chambre du Roi, den prächtigen Thron.

Cour de la Fontaine

Die **Chapelle de la Sainte Trinité** wurde 1550 von Henri II entworfen. Die Kapelle erhielt ihre Deckengewölbe und Fresken unter Henri IV und wurde von Louis XIII vollendet.

★ Galerie François I
Die Galerie ist zu Ehren der italienischen Künstler der Ecole de Fontainebleau entstanden. Rosso Fiorentinos allegorische Fresken sollten »ein zweites Rom« erschaffen.

DIE SCHULE VON BARBIZON

Seit den 40er Jahren des 18. Jahrhunderts, als eine Gruppe von Landschaftsmalern um Théodore Rousseau und Millet beschloß, nur mehr naturalistisch zu malen, zieht es Künstler nach Fontainebleau. Sie ließen sich im Dorf Barbizon nieder; heute ist im ehemaligen Atelier Rousseaus ein Museum untergebracht.

Frühling in Barbizon von Jean-François Millet (1814–75)

Nordost-Frankreich

Nordostfrankreich stellt sich vor 174-181
Norden und Picardie 182-195
Champagne 196-207
Elsass und Lothringen 208-223

Nordostfrankreich stellt sich vor

DIE FLACHEN EBENEN des Nordostens grenzen an die Vogesen und an die Ardennen. Abgesehen von Kriegsdenkmälern, ist die Region bekannt für die Weine der Champagne und des Elsaß sowie für die gotischen Kathedralen, die zu den bedeutendsten Frankreichs zählen. Kohle-, Stahl- und Textilindustrie haben an Bedeutung verloren, aber Weizenanbau und Weinproduktion sind gut entwickelt, und der Kanaltunnel stellt einen neuen Aufschwung in Aussicht. Auf der Karte ist eine Auswahl aus den vielen Sehenswürdigkeiten verzeichnet.

NORDEN UND PICARDIE
(Siehe S. 182ff)

Kathedrale von Amiens

Die **Kathedrale von Amiens** ist berühmt für ihre Schnitzereien und für ihr Mittelschiff, das höchste in Frankreich (siehe S. 192f).

Kathedrale von Beauvais

Château de Compiègne

Kath. von A...

Kathedr. von Troy...

Der **Stolz von Beauvais** ist die gotische Kathedrale mit ihrer astronomischen Uhr (siehe S. 190), *die den Zweiten Weltkrieg heil überstand.*

Fachwerkhäuser und Renaissance-villen säumen die Straßen und Gassen der nach dem Feuer von 1524 wiederaufgebauten Altstadt von Troyes (siehe S. 206). Die Kathedrale der Stadt hat sehenswerte Buntglasfenster.

NORDOSTFRANKREICH STELLT SICH VOR 175

Die **Erinnerung an den Ersten Weltkrieg** ist in diesem von ehemaligen Schlachtfeldern gekennzeichneten Landesteil sehr lebendig. Das Mahnmal von Douaumont bei Verdun (siehe S. 180 f) mit seinen 15 000 Soldatengräbern ist nur eines von vielen.

Haut-Kœnigsbourg, eine Burg, die Kaiser Wilhelm II. in neogotischem Stil wiederaufbaute, als Elsaß-Lothringen unter deutscher Herrschaft stand, ist eines der beliebtesten Reiseziele des Elsaß (siehe S. 218).

Strasbourg, Sitz des Europarats, besitzt eine herrliche, von reizenden historischen Gebäuden umgebene gotische Kathedrale (siehe S. 220 f).

Mahnmal von Douaumont

Porte Chaussée in Verdun

Place Stanislas in Nancy

Haut-Kœnigsbourg

Kathedrale von Strasbourg

CHAMPAGNE
(Siehe S. 196 ff)

ELSASS UND LOTHRINGEN
(Siehe S. 208 ff)

0 Kilometer 50

Spezialitäten des Nordostens

B ESUCHER VON BOULOGNE, Le Touquet und Calais kennen den Nordosten vor allem wegen seiner Fischgerichte. Neben Tellern voll *fruits de mer* (Meeresfrüchten) sind gedünstete Muscheln mit Pommes frites eine Spezialität der Küste; mit Puderzucker bestäubte Waffeln sind der passende Nachtisch. Hopfen wächst landeinwärts neben Chicoréefeldern. Sowohl Hopfen als auch Chicorée werden als Gemüse gegessen. In Elsaß und Lothringen hat das Brauen von Bier eine lange Tradition. In Lothringen wird es gerne zum Kochen verwendet, während man dazu im Elsaß den Wein bevorzugt. Im Zentrum der elsässischen Küche steht die *charcuterie* (Fleisch- und Wurstwaren), die in der klassischen *choucroute garnie* (Sauerkraut mit Schweinefleisch und Würstchen) gipfelt. Kuchen und Torten sind beliebt, besonders der *kougelhopf*, ein Kuchen mit Rosinen und Mandeln, der gelegentlich auch mit Kirschwasser getränkt ist.

Miesmuschel (moule)

Kartoffelsalat mit Wurst zeigt den deutschen Einfluß auf die elsässische Küche. Das Gericht wird warm serviert.

Brioche ist eine Art Brot mit Butter und vielen Eiern. Im Elsaß werden verschiedene Arten bei besonderen Festen verzehrt – neujohweka gibt es am 1. Januar, und zum Nikolaustag stellen die Bäcker kleine, bonshommes genannte Figuren her.

Heringe werden an der Küste gefangen und sind gegrillt oder eingelegt und mit Kartoffeln serviert sehr beliebt.

Speck · Frankfurter Würstchen · Sauerkraut · Salzkartoffeln · Schweinebauch

Pâté en croûte wird in einer Teighülle gebacken. Dadurch bleibt die Pastete im Ofen leicht rötlich und saftig.

Choucroute garnie ist ein deftiges Gericht aus Sauerkraut, Speck, geräuchertem Schweinekotelett und Würstchen, wie z. B. boudin noir (Blutwurst), saucisse de Strasbourg (eine Art dicke Frankfurter) und boudin blanc (weiße Schweinewürstchen). Dazu werden Salzkartoffeln und starker moutarde de Meaux gereicht sowie ein Glas gekühlter Elsässer Riesling.

Erbsensuppe oder Potage St-Germain wird mit den frischen Erbsen der Gärtnereien von Amiens zubereitet.

NORDOSTFRANKREICH STELLT SICH VOR

Truite ardennaise, gebratene Forelle mit Räucherschinken und Sahne, ist eine klassische Spezialität der Ardennen.

Zewelwai oder Zwiebelkuchen hat eine typisch elsässische Füllung aus Zwiebeln, Eiern und Sahne.

Porc aux deux pommes ist das elsässische Gericht schlechthin und besteht aus Schweinefleisch mit Kartoffeln und Äpfeln.

Ardenner Schinken wird nach tradtioneller Art getrocknet, gesalzen und dann kalt geräuchert.

Carbonnade ist ein in Bier geschmorter Rinderbraten; früher wurde das Fleisch über einem Koblenfeuer gegrillt.

Tarte alsacienne ist ein mit Eiercreme gefüllter Obstkuchen, der mit Hefeteig anstelle von Mürbeteig hergestellt wird.

Madeleines sind eine Art kleine Sandkuchen; sie sind sehr süß und werden zum Tee serviert.

Rum babas sind Hefekuchen mit Rosinen, Rum und Zuckerrübensirup.

Makronen bestehen aus Mandeln, einer Spezialität von Nancy, der Hauptstadt Lothringens.

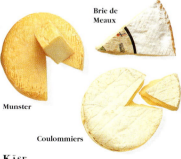

Brie de Meaux

Munster

Coulommiers

KÄSE
Neben dem Brie de Meaux und dem würzigen Munster hat der Nordosten noch eine Reihe weniger geläufiger, aber genauso schmackhafter Käsesorten zu bieten, wie Maroilles, Vieux Lille, Boulette d'Avesnes, Dauphin, Rollot und Coulommiers.

GETRÄNKE
Im Nordosten trinkt man gern Bier zum Essen. Große Brauereien, wie Kronenbourg, und auch viele kleinere Betriebe brauen ihr Bier noch immer nach traditionellen Techniken.

Savenne   Kronenbourg   Bière de Garde

Weinbaugebiete Frankreichs: Champagne

SEIT SEINER »ERFINDUNG« durch den Mönch Dom Pérignon im 17. Jahrhundert ist der Champagner das Symbol für Luxus. Die wenigsten Champagner gehören der Spitzenklasse an: Eine über lange Zeit gleichbleibende Qualität garantiert die Verschneidekunst der Kellermeister *(siehe S. 200)*, die mehrere Jahrgänge verwenden. Die »großen Namen« *(grandes marques)* sind bezüglich Prestige und Preis führend; viele kleinere Winzer produzieren aber auch gute Weine. Es lohnt sich, diese und den Jahrgangschampagner ausfindig zu machen.

Weinfaßschnitzereien, Épernay

ZUR ORIENTIERUNG
■ *Champagne*

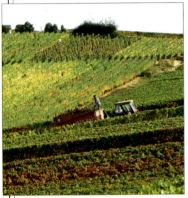

ANBAUGEBIETE
Die Champagne ist ein kleines Weinbaugebiet, das zum großen Teil im Département Marne liegt. In seinen Gegenden wachsen Weine mit jeweils bestimmten Eigenarten. Das Département Aube ist für seinen Champagner und für einen ausgefallenen und teuren Wein, den Rosé des Riceys, bekannt.

Trauben auf dem Weg zur Presse, Montagne de Reims

CHAMPAGNER IM ÜBERBLICK

Lage und Klima
Das kühle, trockene Klima läßt die Eleganz entstehen, die andere Schaumweine selten erreichen. Die Kalkböden und die Ost- und Nordlagen der Gewächse verleihen dem Champagner den charakteristischen, relativ hohen Säuregehalt.

Rebsorten
Es gibt rote **Pinot Noir** und **Pinot Meunier** und weiße **Chardonnay**. Die meisten Champagner sind eine Mischung aus allen dreien. Blanc de Blancs ist aus Chardonnay, Blanc de Noirs, ein Weißwein, wird aus roten Trauben gewonnen.

Marken
Grandes marques: Bollinger, Krug, Louis Roederer, Pol Roger, Deutz, Billecart-Salmon, Veuve Clicquot, Charles Heidsieck, Taittinger, Ruinart, Laurent Perrier.
Négociants, Genossenschaften, Winzer: A. Bonnet, Boizel, Bricout, Drappier, Ployez-Jacquemart, Union Champagne, Cattier, Gimmonet, André Jacquart, Jacques Selosses, Chartogne-Taillet, Alfred Gratien, Emile Hamm, Albert Beerens, Vilmart.

Gute Jahrgänge
1996, 1990, 1989, 1988, 1985, 1983.

Eine bekannte Marke
Dies ist die klassische Sorte brut *(trocken); nur* brut non dosage *und* brut sauvage *sind noch trockener.*

LEGENDE

- Gebiet der Champagne
- Vallée de la Marne
- Montagne de Reims
- Côte de Sézanne
- Côte des Blancs
- Aube

0 Kilometer 15

NORDOSTFRANKREICH STELLT SICH VOR 179

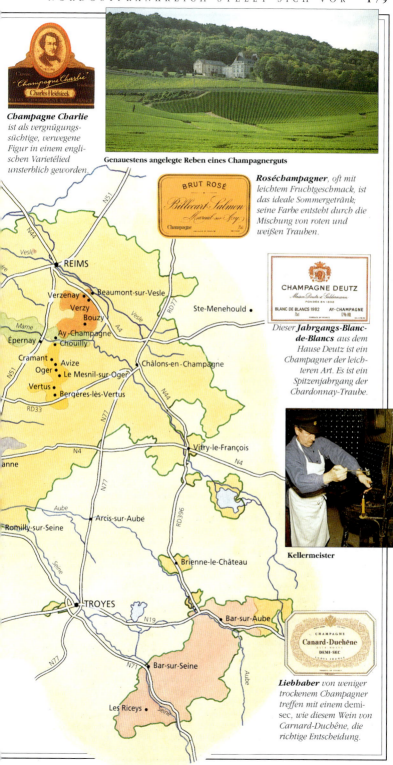

Champagne Charlie ist als vergnügungssüchtige, verwegene Figur in einem englischen Varietélied unsterblich geworden.

Genauestens angelegte Reben eines Champagnerguts

Roséchampagner, oft mit leichtem Fruchtgeschmack, ist das ideale Sommergetränk; seine Farbe entsteht durch die Mischung von roten und weißen Trauben.

Dieser **Jahrgangs-Blanc-de-Blancs** aus dem Hause Deutz ist ein Champagner der leichteren Art. Es ist ein Spitzenjahrgang der Chardonnay-Traube.

Kellermeister

Liebhaber von weniger trockenem Champagner treffen mit einem demi-sec, *wie diesem Wein von Carnard-Duchêne, die richtige Entscheidung.*

Die Schlacht an der Somme

ZUR ORIENTIERUNG

☐ *Schlachtfeld an der Somme*

DIE VIELEN SOLDATENFRIEDHÖFE der Somme-Region erinnern eindringlich an das massenhafte Töten, das im Ersten Weltkrieg, der mit dem Waffenstillstand vom 11. November 1918 endete, an der Westfront stattfand. Zwischen dem 1. Juli und dem 21. November 1916 fielen auf alliierter Seite über 600 000 Mann, auf der deutschen über 465 000. Die Somme-Schlacht, eine Reihe von Angriffen britischer und französischer Verbände gegen befestigte Stellungen der Deutschen, brachte den bedrängten Franzosen bei Verdun eine gewisse Erleichterung. Ein Durchbruch konnte aber nicht erzielt werden: Die Alliierten kamen nur 16 Kilometer voran.

Britischer Soldat

In der **Beaumont-Hamel-Gedenkstätte** zu Ehren des Königlichen Neufundland-Regiments steht ein großes bronzenes Karibu.

*Das **Mahnmal von Thiepval** wurde von Sir Edwin Lutyens entworfen. Es beherrscht die Landschaft um Thiepval, eines der am meisten umkämpften Gebiete, und hat als Gedenkstätte an 73 412 gefallene Briten einen angemessenen Standort gefunden.*

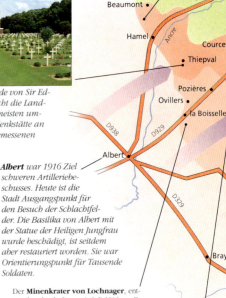

Albert war 1916 Ziel schweren Artilleriebeschusses. Heute ist die Stadt Ausgangspunkt für den Besuch der Schlachtfelder. Die Basilika von Albert mit der Statue der Heiligen Jungfrau wurde beschädigt, ist seitdem aber restauriert worden. Sie war Orientierungspunkt für Tausende Soldaten.

*Der **Minenkrater von Lochnager**, entstanden durch die am 1. Juli 1916 zur Explosion gebrachte größte britische Mine, liegt auf einer Anhöhe bei La Boiselle.*

*Das **britische Panzerdenkmal** an der Straße von Albert nach Bapaume erinnert an den ersten Kriegseinsatz von Panzern am 15. September 1916. Der Angriff war nur bedingt erfolgreich; die Panzer waren zu langsam, als daß sie in den durch Artillerie, Gewehre und Stacheldraht bestimmten Krieg hätten eingreifen können.*

NORDOSTFRANKREICH STELLT SICH VOR 181

Kriegspropaganda wurde von beiden Seiten zur Stärkung des Rückhalts in der Zivilbevölkerung eingesetzt. Diese französische Postkarte zeigt ein beliebtes Motiv: Unter den Augen einer sanft blickenden Krankenschwester küsst ein sterbender Soldat die Flagge und widmet so seinen letzten Atemzug dem Glauben an die gerechte Sache.

Delville Wood, Mahnmal und Museum der Südafrikaner, verdeutlicht die Rolle der Commonwealth-Truppen an der Somme.

INFOBOX

D929, D938 von Albert. 9, rue Gambetta, Albert. 03 22 75 16 42. **Albert Basilique, Beaumont-Hamel-Gedenkstätte, Thiepval, La Boiselle, Delville Wood und Gedenkstätte in Pozières** tägl. **Ulster Tower** Mai–Sep Di–So, Okt–Apr So. **Museum**, Delville Wood, Longueval. 03 22 85 02 17. Feb–Mitte Dez Di–So. **Geschl.** Feiertage. **Historial de Péronne** 03-22 83 14 18. Apr–Sep tägl.; Okt–Mai Di–So. **Geschl.** Mitte Dez–Mitte Jan.

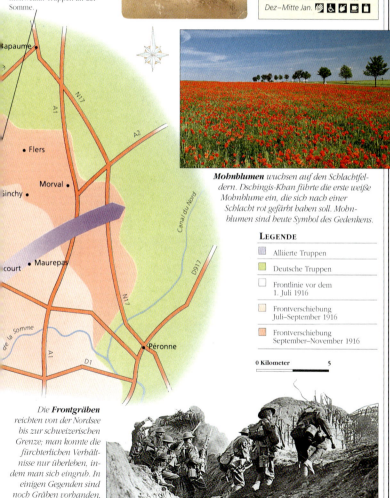

Mohnblumen wuchsen auf den Schlachtfeldern. Dschingis-Khan führte die erste weiße Mohnblume ein, die sich nach einer Schlacht rot gefärbt haben soll. Mohnblumen sind heute Symbol des Gedenkens.

LEGENDE

	Alliierte Truppen
	Deutsche Truppen
	Frontlinie vor dem 1. Juli 1916
	Frontverschiebung Juli–September 1916
	Frontverschiebung September–November 1916

0 Kilometer 5

Die **Frontgräben** *reichten von der Nordsee bis zur schweizerischen Grenze; man konnte die fürchterlichen Verhältnisse nur überleben, indem man sich eingrub. In einigen Gegenden sind noch Gräben vorhanden, so auch in der Beaumont-Hamel-Gedenkstätte.*

Norden und Picardie

....

Pas-de-Calais · Nord · Somme · Oise · Aisne

DIE SEHENSWÜRDIGKEITEN *der nördlichsten Region Frankreichs legen Zeugnis ab von einer glanzvollen, teils auch stürmischen Geschichte: emporstrebende Kathedralen, imposante Schlösser sowie die Gedenkstätten des Ersten Weltkriegs.*

Die Häfen Dunkerque, Calais und Boulogne sowie der Badeort Le Touquet sind die Mittelpunkte des Küstenabschnitts zwischen der Somme-Mündung und der belgischen Grenze. Boulogne ist vom Meer geprägt, und die weißen, bis nach Calais reichenden Klippen gehören zu den aufregendsten Landschaften an der Côte d'Opale.

An der Grenze zu Belgien dominiert die flämische Kultur: ein ungewohntes Stück Frankreich mit Windmühlen und Kanälen. Die wichtigste Stadt dieser Region ist Lille, eine moderne Großstadt mit einer bewegten Geschichte und einem hervorragenden Kunstmuseum. Südwestlich davon zeigt sich die Anmut der flämischen Architektur in Arras, der Hauptstadt des Artois.

Zwischen Arras und der Somme liegt das Vermächtnis des Ersten Weltkriegs mit Friedhöfen und Schlachtfeldern.

Hauptanziehungspunkt der Picardie sind ihre Kathedralen. Die Kirche Notre-Dame in Amiens ist ein Höhepunkt der Gotik, deren Großartigkeit sich in der schwindelerregenden Meisterleistung von Beauvais weiter südlich wiederholt. An den Kathedralen von Noyon, Senlis und des auf einem Hügel liegenden Laon läßt sich die Entfaltung der Gotik ablesen. Zwei näher an Paris gelegene Schlösser sollten aber nicht außer acht bleiben. Der Stolz von Chantilly, dem Zentrum des französischen Reitsports, ist ein Garten von Le Nôtre und ein Schloß des 19. Jahrhunderts mit reichhaltigen Kunstschätzen. Compiègne, am Rande eines großen, einladenden Waldes, hat ein verschwenderisch ausgestattetes Königsschloß, das bei französischen Herrschern von Louis XV bis zu Napoléon III sehr beliebt war.

Soldatenfriedhof in der Vallée de la Somme, einer Gegend, die den Ersten Weltkrieg nicht vergessen hat

◁ **Katamarane am belebten Strand von Le Touquet Paris-Plage**

Überblick: Norden und Picardie

Als Tor zu England und Belgien ist die nördliche Ecke Frankreichs gekennzeichnet durch Handel und Industrie. Dabei hat das große, europäisch orientierte Lille neben neuen High-Tech-Ansiedlungen auch reichlich Kultur zu bieten. Ruhige Plätze sind jedoch nie weit entfernt. Die Küste zwischen dem historischen Hafen von Boulogne-sur-Mer und der Vallée de la Somme hat eine abwechslungsreiche Vogelwelt und ist geradezu ideal für einen Badebesuch. Im Landesinneren gibt es eindrucksvolle gotische Kathedralen wie die von Amiens und Beauvais, und die Schlachtfelder und Mahnmale des Ersten Weltkriegs vermitteln einen wichtigen Einblick in die Geschichte des 20. Jahrhunderts. Etwas weiter südlich, an der Strecke nach Paris, liegen die glanzvollen Schlösser von Compiègne und Chantilly – mit dem faszinierenden Musée Condé.

Legende

- Autobahn
- Hauptstraße
- Nebenstraße
- Panoramastraße
- Fluss
- Aussichtspunkt

0 Kilometer   25

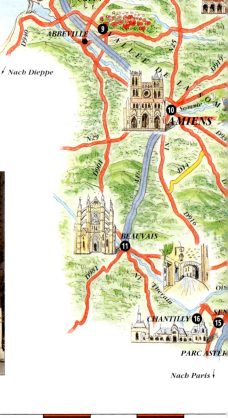

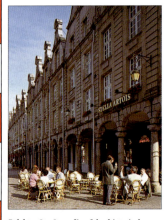

Belebtes Straßencafé auf der historischen Grand' Place im Herzen von Arras

NORDEN UND PICARDIE

Auf einen Blick

- Amiens ❿
- Arras ❽
- Beauvais ⓫
- Boulogne-sur-Mer ❷
- Calais ❸
- Chantilly ⓰
- Château de Pierrefonds ⓮
- Compiègne ⓭
- Dunkerque ❹
- Flandre Maritime ❻
- Laon ⓲
- Le Touquet ❶
- Lille ❼
- Noyon ⓬
- Parc Astérix ⓱
- St-Omer ❺
- Senlis ⓯
- Vallée de la Somme ❾

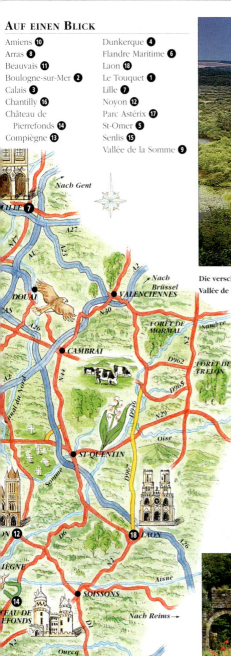

Die verschlungenen Gewässer in der Vallée de la Somme

Unterwegs

Es gibt gut ausgebaute Straßen- und Schienenverbindungen zwischen Paris und den Kanalhäfen Boulogne, Calais und Dunkerque sowie zum Kanaltunnel bei Sangatte. Die Autobahn A1 und der TGV schaffen eine Verbindung zwischen Lille und Belgien – Lille ist ein wichtiger TGV-Bahnhof. Von Amiens aus fahren Busse in die meisten größeren Orte der Region und nach Paris. Die A26 führt von Calais über Arras und Laon nach Troyes. Sie ist auch als Autoroute des Anglais bekannt und bietet eine gute Alternative, um auf dem Weg nach Süden Paris zu umgehen. In Lille gibt es auch einen internationalen Flughafen.

Mohnblumen, Symbol der Schlachten des Ersten Weltkriegs, in der Vallée de la Somme

Ebbe am Strand von Le Touquet

Le Touquet ●

Pas-de-Calais. 6000. ✈ 🚂 🚌
🛈 Palais de l'Europe (03 21 06 72 00).
🛒 Do u. Sa (Juni–Mitte Sep auch Mo).

Der Ferienort, der vollständig Le Touquet Paris-Plage heißt, wurde im 19. Jahrhundert gegründet und war zwischen den Kriegen sehr beliebt.

Ein 1855 angelegter Pinienwald umgibt die Stadt und schützt die Luxusvillen dieses Viertels. Am Sandstrand im Westen findet man Hotels und Ferienhäuser neben eleganten Läden und Restaurants. Rennplatz und Casino sorgen für eine luxuriöse Atmosphäre, die von Vergnügungs- und Sportmöglichkeiten, z. B. Golf, Reiten und Strandsegeln, unterstrichen wird.

Auf den Hügeln liegt **Montreuil**, ein Ort mit kalkgetünchten Häusern aus dem 17. Jahrhundert, vielen Restaurants und einer schattigen Allee auf dem ehemaligen Schutzwall.

Boulogne-sur-Mer ●

Pas-de-Calais. 44 000. 🚂 🚌 🚢
🛈 Forum Jean Wöel, quai de la Poste (03 21 31 68 38). 🛒 Mi u. Sa.

Der Fischerort und Kanalhafen lohnt einen Besuch. Seine historischen Sehenswürdigkeiten sind innerhalb der alten Stadtmauer der Haute Ville angeordnet. Durch die Porte des Dunes führt der Weg zur **Place de la Résistance** mit dem Palais de Justice, der Bibliothèque und dem Hôtel de Ville.

Die riesige Kuppel der **Basilique de Notre-Dame** aus dem 19. Jahrhundert ist weithin sichtbar. Im Inneren stellt eine edelsteingeschmückte Holzstatue die Schutzheilige von Boulogne, Notre Dame de Boulogne, dar. Sie trägt einen *soleil*, eine runde Kopfbedeckung, wie sie auch bei den Frauen der Stadt in der jährlich abgehaltenen Grande Procession zu finden ist. In der Nähe befindet sich das **Château** aus dem 13. Jahrhundert, das einst für die Grafen von Boulogne errichtet wurde und heute ein historisches Museum ist.

Im Zentrum säumen Geschäfte, Hotels und Fischrestaurants den Quai Gambetta am Ostufer des Flusses Liane. Im Norden liegen der Strand und **Nausicaa**, ein Meeresmuseum.

Nördlich der Stadt erinnert die 1841 errichtete **Colonne de la Grande Armée** an die 1803–05 von Napoléon I geplante Invasion Englands. Von ihrer Spitze aus hat man einen großartigen Blick entlang der Küste nach Calais. Mit den Vorsprüngen **Cap Gris-Nez** und **Cap Blanc-Nez** ist dies landschaftlich der reizvollste Teil der Côte d'Opale (Opalküste).

♣ **Château**
Rue de Bernet. ☎ 03 21 10 02 20.
🕒 Mi–Mo. **Geschl.** 1. Jan, 1. Mai. 25. Dez.
✖ **Nausicaa**
Boulevard Sainte-Beuve.
☎ 03 21 30 98 98. 🕒 tägl. **Geschl.** 2 Wochen im Jan, 25. Dez.

Calais ●

Pas-de-Calais. 80 000. 🚂 🚌 🚢
🛈 12, boulevard Clémenceau (03 21 96 62 40). 🛒 Mi, Do u. Sa.

Calais ist ein betriebsamer Ausgangspunkt für Kanalüberquerungen. Lieblos nach dem Zweiten Weltkrieg wiederaufgebaut, erscheint es zuerst nur wenig ansprechend.

Das **Musée des Beaux-Arts et de la Dentelle** besitzt jedoch Werke der niederländischen und flämischen Schulen und informiert über die Spitzen-Industrie der Stadt. Zu sehen sind Vorstudien zu Rodins berühmtem Denkmal *Die*

Das windgepeitschte Cap Blanc-Nez an der Côte d'Opale

NORDEN UND PICARDIE

Die Bürger von Calais von Auguste Rodin (1895)

Bürger von Calais (1895), das vor dem im Stil der flämischen Renaissance neuerrichteten Hôtel de Ville im Süden der Stadt steht. Es erinnert an sechs Bürger, die 1347 während der Belagerung von Calais durch Edward III bereit waren, ihr Leben zu opfern, um die Stadt zu retten. Später wurden sie jedoch verschont.

Musée de la Guerre ist dem Ort und seiner Umgebung im Zweiten Weltkrieg gewidmet.

🏛 **Musée des Beaux-Arts et de la Dentelle**
25, rue Richelieu. 03 21 46 48 40.
Mi–Mo (So nachmittags) *Geschl.* Feiertage.

🏛 **Musée de la Guerre**
Parc Saint-Pierre. 03 21 34 21 57.
Feb–Nov Mi–Mo.

Dunkerque ❹

Nord. 70 000. 4, place Général de Gaulle (03 28 66 79 21). Mi u. Sa.

DUNKERQUE IST eine wichtige Hafen- und Industriestadt mit Fährverbindungen über den Kanal. Die Place du Minck mit ihren Fischständen ist ein guter Ausgangspunkt für eine Hafenbesichtigung. Ein Spaziergang am Bassin du Commerce führt zum **Musée Portuaire**, das über die Geschichte des Hafens berichtet.

Im Zentrum erinnert eine Statue an Jean Bart, den Seeräuber des 17. Jahrhunderts, der in der **Eglise St-Eloi** beigesetzt ist. Der Glockenturm (1440) bietet eine gute Aussicht. Im **Musée des Beaux-Arts** ist eine Ausstellung über den 1940 erfolgten Rückzug von 350 000 britischen und französischen Truppen zu sehen.

Weiter nördlich, in der Nähe von Malo-Les-Bains, liegt das **Musée d'Art Contemporain**, in dem man Keramik- und Glaskunst findet.

Der Hafen von Dunkerque

🏛 **Musée Portuaire**
9, quai de la Citadelle.
03 28 63 33 39. Mi–Mo.
Geschl. 1. Jan, 1. Mai, 25. Dez.

🏛 **Musée des Beaux-Arts**
Place du Général-de-Gaulle.
03 28 59 21 65. Mi–Mo.
Geschl. einige Feiertage.

🏛 **Musée d'Art Contemporain**
Avenue des Bains.
03 28 59 21 65. Mi–Mo.
Geschl. einige Feiertage.

St-Omer ❺

Pas-de-Calais. 15 000.
Boulevard Pierre-Guillain (03 21 98 08 51). Sa.

KULTIVIERT UND etwas altmodisch, scheint St-Omer vom Krieg unberührt geblieben zu sein. Man findet elegante, verzierte Häuser des 17. und 18. Jahrhunderts. Eines von ihnen, das 1777 erbaute **Hôtel Sandelin**, ist heute ein Kunstmuseum. Kunstwerke aus dem 13. Jahrhundert und eine klassische Orgel sind in der **Cathédrale Notre-Dame** zu bewundern. Die **Bibliothèque Municipale** besitzt über 1600 seltene Handschriften und Drucke aus der Abtei St-Bertin östlich von St-Omer.

🏛 **Hôtel Sandelin**
14, rue Carnot. 03 21 38 00 94.
Mi–So. *Geschl.* Feiertage.
im Erdgeschoß.

🏛 **Bibliothèque Municipale**
40, rue Gambetta 03 21 38 35 08.
Di–Sa. *Geschl.* Feiertage.

KANALÜBERQUERUNGEN

Calais ist nur 36 km von der englischen Küste entfernt. Die Idee einer Kanalüberquerung – der Kanal heißt auf französisch »La Manche« (der Ärmel) – hat zu kühnen Unternehmungen geführt. Die erste Überquerung im Ballon schaffte 1785 Jean Pierre Blanchard; 1875 wurde er erstmals von M. Webb durchschwommen. Der epochemachende Flug Louis Blériots folgte 1909. Pläne für einen Tunnel, die erstmals 1751 vorgelegt wurden, konnten 1994 mit der Eröffnung einer Bahnverbindung zwischen Sangatte und Folkstone verwirklicht werden.

Kinder beobachten den Start Blériots 1909

Flandre Maritime ❻

Nord. ✈ Lille. 🚆 Bergues. 🚢 Dunkerque. ℹ Bergues, la Mairie (03 28 68 60 44).

SÜDLICH VON DUNKERQUE breitet sich eine flache, landwirtschaftlich genutzte Ebene aus – das Urbild einer flämischen Landschaft mit Kanälen, Radfahrern und Windmühlen. Die **Noordmeulen**, etwas nördlich von Hondschoote 1127 erbaut, dürfte die älteste Windmühle Europas sein.

Von Hondschoote führt die D3 westlich den Canal de la Basse Colme entlang nach Bergues, einer wollverarbeitenden Stadt mit flämischen Kunstwerken des 16. und 17. Jahrhunderts in seinem **Musée Municipal**. Weiter südlich liegt das reizende **Cassel** mit kopfsteinbedeckter Grande Place und Häusern aus dem 16. bis 18. Jahrhundert. Vom Jardin Public blickt man bis nach Belgien.

🏛 Musée Municipal

1, rue du Mont-de-Piété, Bergues. 📞 03 28 68 13 30. 🕐 Feb–Dez Mi–Mo.

Lille ❼

Nord. 🏠 175 000. ✈ 🚆 🚢 ℹ Palais Rihour (03 20 21 94 21). 🛒 tägl.

LILLE IST DIE Hauptstadt des Départements Nord und wichtigste Stadt im Norden Frankreichs. In der Nähe der belgischen Grenze gelegen, bildet Lille den Mittelpunkt eines Ballungsraums von Industriegebieten und Trabantenstädten mit über einer Million Einwohnern. Lille wird eine Schlüsselrolle im neuen Europa spielen – ein High-Tech-Gewerbegebiet wird hier errichtet: Eura-Lille, das einen eigenen Bahnhof namens Lille-Europa besitzt.

Der Reiz der Stadt liegt im historischen Zentrum, Vieux Lille – eine Mischung aus Plätzen mit Kopfsteinpflaster und Gassen voller modischer Geschäfte, Cafés und Restaurants. Mittelpunkt der Altstadt ist die Place du Général-de-Gaulle, an der das Art-deco-Bürogebäude der Zeitung *Voix du Nord* zu sehen ist wie auch die aus dem 17. Jahrhundert stammende **Vieille Bourse** (Alte Börse). Im Osten steht die **Nouvelle Bourse** (Neue Börse) und die **Opéra**, beide vom Beginn des 20. Jahrhunderts.

Eine Rundsicht bietet der Rathausturm aus den 20er Jahren.

Musik auf der Place du Général-de-Gaulle im Herzen von Vieux Lille

🏥 Hospice Comtesse

32, rue de la Monnaie. 📞 03 20 49 50 90. 🕐 Mi–Mo. **Geschl.** 1. Jan, 1. Mai, 14. Juli, 4. u. 5. Sep, 1. Nov, 25. Dez. 📷 ♿ eingeschränkt.

Als Krankenhaus wurde das Gebäude 1237 errichtet. Heute wird es als Ausstellungsfläche genutzt. Die Krankenstube (1470) hat eine Decke mit Tonnengewölbe, im Gemeinschaftsflügel findet sich eine mit Delfter Kacheln ausgelegte Küche. Das Hospiz besitzt eine Sammlung antiker Musikinstrumente.

🏛 Musée des Beaux-Arts

Pl de la République. 📞 03 20 06 78 00. 🕐 Mi–Mo. 📷 ♿

Das Museum hat eine bedeutende Kunstsammlung mit dem Schwerpunkt auf flämischen Künstlern, darunter Rubens, van Dyck und Dirk Bouts. Höhepunkte sind *Die Schlittschuhläufer* von van Goyen, *Der Brief* von Goya, Delacroix' *Medea* sowie Werke von Courbet.

Blumenstände in den Arkaden der Vieille Bourse in Lille

Arras ❽

Pas-de-Calais. 42 000. 🚆 🚌
🛈 Hôtel de Ville, Place des Héros
(03 21 51 26 95). 🛒 Mi u. Sa.

Das Zentrum der Hauptstadt der Region Artois schmückt sich mit zwei Plätzen, die von Häusern mit flämischen Fassaden im Stil des 17. Jahrhunderts umrahmt sind. Nach dem Krieg restauriert, unterscheidet sich jedes Haus an der **Grand' Place** und an der Place des Héros von seinem Nachbarn. Teilweise sind auch die ursprünglichen Aushängeschilder der Geschäfte erhalten.

Das **Hôtel de Ville**, im Stil der Spätgotik wiederaufgebaut, steht an der Westseite der Place des Héros – in seiner Eingangshalle befinden sich zwei Riesen, Colas und Jacqueline, die bei Volksfesten durch die Stadt schreiten. Vom Keller aus kann man mit einem Aufzug in den Glockenturm fahren oder eine Führung durch das Labyrinth der unterirdischen Gänge machen. Diese wurden schon im 10. Jahrhundert aus dem Kalkstein herausgehauen und dienten im Ersten Weltkrieg sogar als unterirdischer Stützpunkt der Armee.

Zur Abbaye St-Vaast gehört eine neoklassizistische Kathedrale des 18. und 19. Jahrhunderts sowie das **Musée des Beaux-Arts**, in dem zwei geschnitzte Engel aus dem 13. Jahrhundert zu sehen sind. Zu den Ausstellungsstücken gehören auch *arras* (Wandteppiche), Andenken an den berühmtesten Sohn der Stadt, Maximilien de Robespierre, und Kunstwerke der Schule von Arras (19. Jh.).

🏛 Hôtel de Ville
Place des Héros. 📞 03 21 51 26 95.
🕐 tägl. **Geschl.** 1. Jan, 25. Dez.
🏛 Musée des Beaux-Arts
22, rue Paul-Doumer.
📞 03 21 71 26 43. 🕐 Mi–Mo.
Geschl. Feiertage.

Vallée de la Somme ❾

Somme. 🛩 🚆 🚌 Amiens.
🛈 Péronne (03 22 84 42 38).

Von St-Quentin aus schlängelt sich die Somme westwärts durch die nördliche Picardie nach St-Valéry-sur-Somme. Bekannt ist die Somme schon wegen der hier geschlagenen Schlachten des Ersten Weltkriegs *(siehe S. 180 f.)*. Eine Darstellung findet man im **Historial de la Grande Guerre**, in dem Archivfilme, Poster, Waffen, Spielzeug und Werke von Otto Dix die Ereignisse beleuchten. Zwischen Péronne und Amiens *(siehe S. 190)* machen kleine Seen und Inseln das Somme-Tal zu einer reizvollen Gegend zum Zelten, Wandern und Angeln. Im Sommer werden Vergnügungsfahrten mit einem klei-

Madonna an einer Straße im Somme-Tal

Bootsfahrt auf der Somme

nen Dampfzug zwischen Froissy und Dompierre angeboten.

Westlich von Amiens liegt **Samara**, der größte archäologische Park in Frankreich. Er ist nach der römischen Bezeichnung von Amien benannt und zeigt Rekonstruktionen vorgeschichtlicher Wohnstätten. In Einzelausstellungen werden frühe Kulturtechniken erläutert, wie die Bearbeitung von Feuerstein, das Färben und das Mahlen von Getreide.

Flußabwärts lohnt sich ein Besuch der Eglise St-Vulfran in **Abbeville**. Sie wurde 1488 begonnen und hat eine spätgotische Westfront mit Türschnitzereien aus dem 16. Jahrhundert.

Von hier aus leitet der Canal de la Somme den Fluß weiter bis **St-Valéry-sur-Somme**, einem Hafen, der auch Urlaubsort ist. Die Haute Ville hat noch erhaltene Befestigungsanlagen sowie eine Promenade am Meer.

Meer, Sand und Landschaft lassen sich mit dem Zug genießen, der im Sommer zwischen Cayeux-sur-Mer und Le Crotoy verkehrt. Für Vogelliebhaber gibt es die **Maison de l'Oiseau** an der D3 in Richtung Cayeux-sur-Mer und den **Parc Ornithologique de Marquenterre** in St-Quentin-en-Tourmont.

🏛 Historial de la Grande Guerre
Château de Péronne. 📞 03 22 83 14 18. 🕐 Okt–Apr Di–So, Mai–Sep tägl.
Geschl. 1. Nov.
🏛 Samara
La Chaussée-Tirancourt. 📞 03 22 51 82 83. 🕐 Jan–Mitte Dez tägl.

Schnitzereien (16. Jh.) an der Eglise St-Vulfran in Abbeville, Somme-Tal

Amiens ❿

Somme. 130 000.
6 bis rue Duseval (03 22 71 60 58). Mi u. Sa.

AMIENS, DIE HAUPTSTADT der Picardie, hat mehr zu bieten als nur die **Cathédrale Notre-Dame** *(siehe S. 192f).* St-Leu ist eine Fußgängerzone mit niedrigen Häusern und Kanälen, an denen sich Restaurants, Bars und Kunsthandwerker niedergelassen haben. Weiter östlich befinden sich **Les Hortillonages**, farbenprächtige Gärtnereien in einem unter Naturschutz stehenden Sumpfgebiet.

Im **Musée de Picardie** sind mittelalterliche Figuren sowie Skulpturen des 19. Jahrhunderts ausgestellt. Zur Gemäldesammlung zählt eine Serie von Porträts, die im 16. Jahrhundert aus alljährlich als Spende für die Kathedrale vergebenen Auftragsarbeiten entstanden sind. Im Süden liegt der von Jules Verne (1828–1905) entworfene Platz. Sein Wohnhaus, die **Maison à la Tour**, ist heute ein Dokumentationszentrum. Im **Musée d'Art Local et d'Histoire Régionale** sind Kunstobjekte der Region ausgestellt.

🏛 **Musée de Picardie**
48, rue de la République.
03 22 91 36 44. tägl. **Geschl.** 1. Mai, 1. u. 11. Nov, 25. Dez.

🏛 **Musée d'Art Local et d'Histoire Régionale**
36, rue Victor-Hugo.
03 22 91 81 12. Ostern–Sep Do–So; Okt–Ostern So. **Geschl.** 1. Jan, 1. Mai, 1. u. 11. Nov, 25. Dez.

Die **Uhr** zeigt Christus im Kreise der Apostel.

Sonnenwendanzeiger

Mechanische Figuren zeigen Szenen des Letzten Gerichts.

Eine Uhr, die das Weltalter anzeigt

Die astronomische Uhr in der Kathedrale von Beauvais

Beauvais ⓫

Oise. 56000.
1, rue Beauregard (03 44 45 08 18). Mi u. Sa.

BEAUVAIS IST EINE moderne Stadt mit einem besonderen Juwel. Die **Cathédrale St-Pierre** ist nie vollendet worden, bildet aber den Gipfel des himmelstürmenden Strebens, das dem Bau gotischer Kathedralen zugrunde lag. 1227 begannen die Arbeiten an einem Gotteshaus, dessen Höhe alle Vorgänger in den Schatten stellen sollte. Eine ungenügende Abstützung ließ Anfang des 14. Jahrhunderts das Chorgewölbe noch vor der Fertigstellung zweimal einstürzen. Durch Kriege und Geldmangel verzögert, konnte das Querschiff erst 1550 fertiggestellt werden. Nachdem ein Turm hinzufügt wurde, brach 1573 auch noch die Vierung zusammen. Trotzdem ist das heute vorhandene Gebäude ein Meisterwerk, dessen Gewölbe 48 Meter über dem Boden schweben. Im Querschiff sind noch viele Glasfenster des 16. Jahrhunderts erhalten, und beim Nordportal befindet sich eine in den 60er Jahren des 19. Jahrhunderts aus 90 000 Teilen zusammengesetzte astronomische Uhr. Dort, wo das Mittelschiff geplant war, steht noch die Kirche Bass-Œuvre.

Der Bischofspalast beherbergt das **Musée Départemental de l'Oise**, das archäologische Funde, mittelalterliche Plastiken und Wandteppiche

---

VIOLLET-LE-DUC

Der Architekturtheoretiker (1814–79) erkannte als erster die Bedeutung des gotischen Baustils. In dem 1854 erschienenen Architekturlexikon würdigte er die mittelalterlichen Bautechniken. Er zeigte, daß Bogen und Maßwerkformen der gotischen Kathedralen nicht nur Schmuck, sondern Lösungen baulicher Probleme waren. Er restaurierte das Château de Pierrefonds, Notre-Dame in Paris *(siehe S. 82f)* und Carcassone *(siehe S. 478f).*

Mittelalterliche Architekten in der Darstellung Viollet-le-Ducs

ausstellt. Die **Galerie Nationale de la Tapisserie** zeigt Beispiele der staatl. Sammlung.

🏛 Musée Départemental de l'Oise
Ancien Palais Episcopal, 1, rue du Musée. 03 44 48 48 88. Mi–Mo. **Geschl.** 1. Jan, Oster- und Pfingstmontag, 1. Mai, 25. Dez.

🏛 Galerie Nationale de la Tapisserie
22, rue St-Pierre. 03 44 05 14 28. Di–So. **Geschl.** zwischen den Ausstellungen, anfragen.

Noyon ⓬

Oise. 15 000. Place de l'Hôtel-de-Ville (03 44 44 21 88). Mi u. Sa, erster Di im Monat.

NOYON IST SCHON lange ein religiöses Zentrum. Die zwischen 1150 und 1290 erbaute **Cathédrale de Notre-Dame** ist die fünfte an dieser Stelle. Sie zeigt den Übergang vom romanischen zum gotischen Baustil. Ein Museum der regionalen Geschichte, das **Musée du Noyonnais**, ist in einem Teil des ehemaligen Bischofspalasts untergebracht. An der Ostfassade der Kathedrale befindet sich in einem Fachwerkhaus von 1506 die Bibliothek des Domkapitels.

In Noyon wurde 1509 der Theologe Jean Calvin geboren, einer der Kirchenreformatoren; ihm ist das kleine **Musée Jean Calvin** gewidmet ist.

🏛 Musée du Noyonnais
Ancien Palais Episcopal, 7, rue de l'Evêché. 03 44 09 43 41. Mi–Mo. **Geschl.** 1. Jan, 11. Nov, 25. Dez.

Blick in das Mittelschiff der Cathédrale de Notre-Dame, Noyon

Im Forêt de Compiègne

Compiègne ⓭

Oise. 50 000. Place de Hôtel-de-Ville (03 44 40 01 00). Mi u. Sa.

IN COMPIEGNE WURDE Jeanne d'Arc 1430 durch die Burgunder gefangengenommen. Ein Hôtel de Ville des 16. Jahrhunderts beherrscht mit seinem Turm das Zentrum. Die Stadt ist vor allem wegen ihres königlichen **Château** bekannt.

Das Schloß war als Sommerresidenz von Jacques-Anges Gabriel für Louis XV entworfen und dann unter Louis XVI fertiggestellt worden. Napoléon ließ es restaurieren, Napoléon III und Kaiserin Eugénie liebten es. Führungen zeigen die Staatsräume und Privatgemächer, darunter die Schlafgemächer von Napoléon I und Marie-Louise.

Im Schloß befinden sich das Musée du Second Empire und das Musée de l'Impératrice, in denen Möbel und Porträts ausgestellt sind. Das Musée de la Voiture ist eine Schau historischer Kutschen, Fahrräder und früher Automobile.

Im Süden und Osten der Stadt reicht die **Fôret de Compiègne** bis nach Pierrefonds, einem Waldgebiet für Spaziergänge und Picknicks. Östlich der D130 bieten Les Beaux Monts einen großartigen Blick auf das Schloß.

Nördlich der N31 findet man die Clairière de l'Armistice: die Stelle, an der am 11. November 1918 der Waffenstillstand unterzeichnet wurde, der den Ersten Weltkrieg beendete. Im kleinen **Musée Wagon de l'Armistice** kann man den Eisenbahnwaggon besichtigen, in dem die Zeremonie stattfand. Eine demütigende Geste Hitlers war es, im Zweiten Weltkrieg hier die französische Kapitulation unterschreiben zu lassen (22. Juni 1940).

♠ Château de Compiègne
Place du Général-de-Gaulle. 03 44 38 47 00. Mi–Mo. **Geschl.** 1. Jan, 1. Mai, 1. Nov, 25. Dez.

🏛 Musée Wagon de l'Armistice
Clairière de l'Armistice (Richtung Soissons). 03 44 85 14 18. Mi–Mo. **Geschl.** 1. Jan, 25. Dez.

Château de Pierrefonds

Château de Pierrefonds ⓮

Oise. 03-44 42 72 72. tägl. **Geschl.** 1. Jan, 1. Mai, 1. Nov, 25. Dez.

DAS GEWALTIGE Château de Pierrefonds thront über dem kleinen Dorf. Eine mächtige Burg wurde hier im 14. Jahrhundert von Louis d'Orléans erbaut. 1813 war diese zu einer Ruine verfallen, die Napoléon I für weniger als 3000 Francs kaufte.

Napoléon III beauftragte 1857 Viollet-le-Duc mit der Restaurierung, und 1884 war Pierrefonds als kaiserliche Residenz wiederauferstanden. Äußerlich ist das Schloß mit Burggraben, Ziehbrücke, Türmen und Wehrgängen eine präzise Rekonstruktion einer mittelalterlichen Befestigung. Das Innere spiegelt die romantischen Vorstellungen Viollet-le-Ducs und seines Auftraggebers. Es gibt Führungen und eine historische Ausstellung.

Kathedrale von Amiens

Der Bau der größten Kathedrale Frankreichs wurde 1220 begonnen, finanziert durch den Anbau von Färberwaid, einer wegen ihres blauen Farbstoffs geschätzten Pflanze. Es sollte ein Aufbewahrungsort für den Kopf Johannes' des Täufers gebaut werden, der 1206 durch die Kreuzzüge nach Frankreich kam. Er ist noch heute in der Schatzkammer zu besichtigen. Schon nach 50 Jahren war Notre-Dame vollendet, ein Meisterwerk der Technik und Höhepunkt gotischer Baukunst. Die Kathedrale wurde in den 50er Jahren des 19. Jahrhunderts von Viollet-le-Duc (siehe S. 190) restauriert und überstand zwei Weltkriege. Sie ist berühmt für ihre wertvollen Plastiken und Reliefs.

★ Westfassade
Die Galerie der Könige, eine Reihe von 22 kolossalen Statuen französischer Könige, verläuft entlang der Westfassade. Möglicherweise symbolisieren die Figuren auch die Könige Israels.

Das **Portal des heiligen Firmin** ist mit Figuren und Szenen aus dem Leben des Märtyrers geschmückt, der das Christentum in die Picardie brachte und erster Bischof von Amiens wurde.

Der weinende Engel
Diese 1628 von Nicolas Blasset geschaffene Skulptur im Chorumgang war im Ersten Weltkrieg ein beliebtes Symbol.

Der **Kalender** zeigt Sternzeichen mit den entsprechenden Monaten und den dazugehörigen Arbeiten. Er ist ein Abbild des Alltags im 13. Jahrhundert.

Nicht versäumen

- ★ Westfassade
- ★ Mittelschiff
- ★ Chorgestühl
- ★ Chorschranken

Hauptportal
Szenen des Jüngsten Gerichts zieren das Tympanon mit dem Beau Dieu, einer Christusstatue, zwischen den Türen.

NORDEN UND PICARDIE 193

Türme

Zwei Türme unterschiedlicher Höhe begrenzen die Westfassade. Der Südturm wurde 1366 fertiggestellt, der Nordturm 1402. Der Glockenturm wurde 1627 und 1887 erneuert.

Spätgotisches Maßwerk aus dem 16. Jahrhundert.

INFOBOX

Cathédrale Notre-Dame,
Place Notre-Dame.
📞 *03 22 71 60 50.* 🕐 *Apr–Okt 8.30–19 Uhr; Nov–März 9–12, 14–17 Uhr (Sa 18 Uhr).* **Geschl.** *letzter So im Sep, 23. Dez.* ✝ *So 9, 10.15, 11.30, 18 Uhr.*

Eine **doppelte Reihe** von 22 eleganten Stützpfeilern stabilisiert das Bauwerk.

★ Mittelschiff

Mit einer Höhe von 42 m und von 126 schlanken Pfeilern gestützt, ist das hellerleuchtete Innere von Notre-Dame ein Heiligtum nach oben strebender Formen.

★ Chorschranken

Im Chorumgang zeigen anschauliche Schnitzarbeiten des 15. und 16. Jahrhunderts Szenen aus dem Leben des heiligen Firmin und Johannes' des Täufers.

Der **Fußboden** wurde 1288 ausgelegt und im späten 19. Jahrhundert erneuert. Früher bewegten sich Gläubige auf den Knien darüber.

★ Chorgestühl

Die 110 geschnitzten Chorstühle (1508–19) sind mit 4000 biblischen und mythologischen Szenen geschmückt.

Sénlis ⑮

Oise. 16 000. Place du Parvis-Notre-Dame (03 44 53 06 40). Di u. Fr.

In Senlis, 10 Kilometer östlich von Chantilly, lohnt sich ein Besuch der gotischen Kathedrale und der Altstadt. Die **Cathédrale Notre-Dame** wurde in der zweiten Hälfte des 12. Jahrhunderts erbaut. Ihr Hauptportal, mit Schnitzereien der Himmelfahrt Mariä verziert, hat den Bau anderer Kathedralen, wie auch in Amiens, beeinflußt *(siehe S. 192f)*. Die Spitze des Südturms stammt aus dem 13. Jahrhundert; das Querschiff des 16. Jahrhunderts kontrastiert dagegen mit der Strenge früherer Bauabschnitte. Gegenüber der Westfassade führt ein Tor zu den Ruinen und Gartenanlagen des Château Royal. Auf diesem Gelände befindet sich in einer ehemaligen Priorei das **Musée de la Vénerie**, das der Jagd gewidmet ist und entsprechende Bilder, alte Waffen und Trophäen ausstellt.

Das **Musée d'Art** erinnert an die römische Vergangenheit des Ortes und besitzt auch eine hervorragende Sammlung frühgotischer Plastiken.

🏛 Musée de la Vénerie
Château Royal, Place du Parvis-Notre-Dame. ☎ 03 44 53 00 80, Nebenstelle. 1315. Do–Mo, Di nachmittag. **Geschl.** 1. Mai. nur

🏛 Musée d'Art
Ancien Evêché, 2, place Notre-Dame. ☎ 03 44 53 00 80, Nebenstelle 1247. Mi nachmittag–Mo. **Geschl.** 1. Mai.

Les Très Riches Heures du Duc de Berry, ausgestellt in Chantilly

Chantilly ⑯

Oise. 11 000. 23, avenue du Maréchal-Joffre (03 44 57 08 58). Mi, Sa.

Die Hauptstadt des Pferdesports in Frankreich ist mit seinem Schloß, dem Park und dem Wald ein beliebtes Ausflugsziel.

Das Schloß hat zwar gallo-römische Ursprünge, in seiner heutigen Form geht es aber auf das Jahr 1528 zurück, als der berühmte Oberbefehlshaber von Frankreich, Anne de Montmorency, die alte Burg ersetzen und das Petit Château anbauen ließ. In der Zeit des Großfürsten von Condé (1621–86) wurde das Schloß renoviert; Le Nôtre legte einen Garten mit Springbrunnen an, der sogar bei Louis XIV Neid erregte.

PFERDERENNEN IN CHANTILLY

Chantilly ist die Hauptstadt des Pferderennsports in Frankreich, ein Heiligtum der alten Liebe der Oberschicht zur Welt der Pferde. Der Erbauer der monumentalen Grandes Ecuries in Chantilly, Fürst Louis-Henri de Bourbon, glaubte fest daran, eines Tages als Pferd wiedergeboren zu werden. Pferderennen wurden um 1830 aus England übernommen und erfreuten sich bald großer Beliebtheit. Das erste offizielle Rennen wurde hier 1834 abgehalten, und heute werden an die 3000 Pferde in den umliegenden Wäldern und Landschaften trainiert. Jedes Jahr im Juni wird Chantilly zum Mittelpunkt der Flachrennen. Die Spitzenjockeys versammeln sich hier mit ihren Pferden und kämpfen um die beiden historischen Trophäen, den Prix du Jockey-Club und den Prix de Diane-Hermès.

Prix Equipage de Hermès, eines der vielen Rennen in Chantilly

NORDEN UND PICARDIE

Nach seiner Zerstörung während der Revolution und seinem Wiederaufbau wurden das Grand Château und die dort abgehaltenen Gesellschaften und Jagdfeste von der Oberschicht der 20er und 30er Jahre des 19. Jahrhunderts ausgiebig besucht. Später ersetzte man es durch ein Schloß im Stil der Renaissance.

Heute bilden Grand Château und Petit Château zusammen das **Musée Condé**, in dem Kunstschätze aus der Sammlung ihres letzten Eigentümers, des Herzogs von Aumale, ausgestellt sind. Darunter befinden sich Arbeiten von Raffael, Botticelli, Poussin und Ingres sowie eine Galerie von Porträts der Brüder Clouet aus dem 16. Jahrhundert. Zu den kostbarsten Stücken zählt die Handschrift *Les Très Riches Heures du Duc de Berry* aus dem 15. Jahrhundert, von der eine Reproduktion zu sehen ist. Es gibt Führungen durch die Staatsräume mit ihren seltsamen Darstellungen von Affen und Schlachtszenen.

Die Stallungen (Grandes Ecuries) wurden 1719 von Jean Aubert entworfen und boten 240 Pferden und 500 Hunden Platz. Neben der Reitbahn gelegen, beherbergt sie heute das **Musée Vivant du Cheval**, in dem Reitvorführungen stattfinden.

🏛 Musée Condé
Château de Chantilly.
☎ 03 44 62 62 62. 🕒 Mi–Mo.
🎫 ♿

Musée Vivant du Cheval
Grandes Ecuries du Prince de Condé, Chantilly. ☎ 03 44 57 40 40.
🕒 Mi–Mo. 🎫 ♿

Parc Astérix ⓱

Plailly. ☎ 03 36 68 30 10. 🕒
Apr–Aug tägl., Sep–Okt Mi, Sa, So.
Geschl. Mai u. Jun gelegentlich Mo u. Fr. (bitte anrufen). 🎫 ♿

NACH KURZER FAHRT auf der A1 vom Flughafen Charles de Gaulle nach Norden erreicht man ein befestigtes gallisches Lager mit eigener Zollkontrolle, eigener Währung, einem Radiosender und Sicherheitskräften, deren Helme mit Plastikflügeln bewehrt sind. Der atmosphärische Themenpark vermittelt dem Besucher einen wirklichen Einblick in die Welt dieser von Goscinny und Uderzo geschaffenen Comic-Helden.

Bei einem Gang entlang der Via Antiqua entdeckt man Bauwerke und Souvenirs von Asterix' Reisen; das Dorf Asterix' und das römische Feldlager sind nach den Comic-Zeichnungen erbaut. Die Vergnügungen reichen von Hochgeschwindigkeits-Wasserfahrten für mutige, bis zu nostalgischen Karussells, und auf der Rue de Paris ist Paris im Laufe der Jahrhunderte dargestellt, mit dem Bau von Notre-Dame und den Abenteuern der drei Musketiere.

Asterix und Freunde, Parc Astérix

Laon ⓲

Aisne. 🏠 36 000. 🚉 ℹ️ *Place du Parvis-de-la-Cathédrale* (03 23 20 28 62). 🛒 *Do u. Sa.*

DIE HAUPTSTADT DES Départements Aisne liegt auf einer Anhöhe inmitten weiträumiger Ebenen. Am höchsten Punkt befindet sich die Alt-

Die Fußgängerzone der Rue Châtelaine, eine Einkaufsstraße in Laon

Fensterrosette (13. Jh.) der Cathédrale de Notre-Dame, Laon

stadt, die am besten mit der Poma, einer automatischen Seilbahn, zu erreichen ist, die sich vom Bahnhof hinauf zur Place du Général-Leclerc schwingt.

Die Fußgängerzone der Rue Châtelaine führt zur **Cathédrale de Notre-Dame**. Zwar hat die 1235 fertiggestellte Kathedrale während der Revolution zwei ihrer sieben Türme eingebüßt, dennoch ist sie ein vollkommenes Beispiel der Frühgotik.

Besonders hervorzuheben sind die Portale, das vierstöckige Mittelschiff und die Renaissanceumgrenzungen der Seitenkapellen. Die große Fensterrosette der Apsis aus dem 13. Jahrhundert zeigt eine beachtenswerte Darstellung der Glorifizierung der Kirche. Aus den Westtürmen ragen Figuren der Ochsen hervor, welche die zum Bau benötigten Steine den Berg hinaufzogen.

Das übrige mittelalterliche Laon lohnt einen Spaziergang: Eine Promenade umgibt die **Citadelle** des 16. Jahrhunderts weiter im Osten, während im Süden der Befestigungswall an der Porte d'Ardon und der Porte des Chenizelles vorbei auf die **Eglise St-Martin** zuführt. Hier, von der Rue Thibesard aus, hat man eine gute Aussicht über die Dächer der Stadt.

Südlich von Laon liegt der Chemin des Dames, der nach den Töchtern Louis' XV benannt ist, die diese Route oft benutzten. Besser bekannt ist er allerdings als Schlachtfeld des Ersten Weltkriegs.

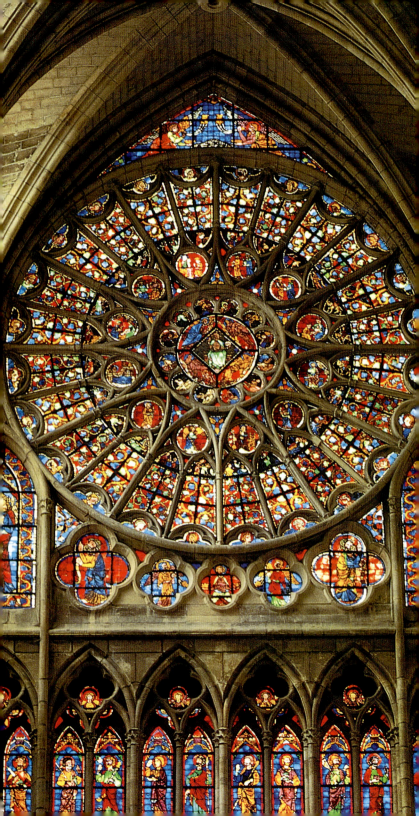

CHAMPAGNE

MARNE · ARDENNES · AUBE · HAUTE-MARNE

IN DEM NAMEN CHAMPAGNE *schwingt etwas von erhabener Größe mit. Die Vorstellung von Feierlichkeit und die Kathedrale von Reims sind unmittelbar mit ihm verknüpft. Jenseits dieser Bilder liegt jedoch eine ländliche Idylle zweier gegensätzlicher Landstriche: die weiten Ebenen der Champagne, die im Süden in eine Seen- und Wiesenlandschaft übergehen, und die Wälder und Berge der Ardennen im Norden.*

Das sogenannte »heilige Dreieck der Champagne« mit den Eckpunkten Épernay, Reims und Châlons-en-Champagne wirkt auf Weinliebhaber wie ein Magnet. Der Genuß von gutem Champagner wird hier durch besondere Speisen wie gefüllte Forelle, Ardenner Schinken und die berühmten Würste *andouillettes* noch verfeinert.

Die ausgeschilderte Route Touristique du Champagne führt durch Weinberge in die endlosen Getreidefelder, die im Süden in das Seengebiet mit seinen Eichenwäldern, Grasniederungen und Flüssen übergehen.

An der Grenze zu Belgien liegen die Ardennen, benannt in Anlehnung an die keltische Bezeichnung für tiefen Wald. Durch dieses wilde Grenzland mit zerklüfteten Tälern und Hügeln schlängelt sich die Maas (Meuse). Hier gibt es Grenzbefestigungen wie die Zitadelle von Sedan und die sternförmige Bastion von Rocroi oder die Maginotlinie, die vor dem Zweiten Weltkrieg errichtete Befestigungszone. Die Ardennen bieten viel reizvolle Landschaft; die Champagne aber ist mit ihren restaurierten Altstädten kulturell interessanter. Sie hat einige beachtliche Kirchen, von der überragenden gotischen Kathedrale in Reims bis zu den für die Champagne typischen Fachwerkkirchen. Diese sind mit sehenswerten Glasfenstern der Schule von Troyes ausgestattet, deren feinsinnige Kunst das besondere Gepräge dieses Landstrichs widerspiegelt.

Typische Fachwerkkirche der Champagne am Lac du Der-Chantecoq

◁ **Cathédrale St-Etienne in Châlons-en-Champagne**

Überblick: Champagne

DER SCHÄUMENDE CHAMPAGNER lockt Weinliebhaber in das »heilige Dreieck« zwischen Epernay, Reims und Châlons-en-Champagne, und die großen Kirchen der Region ziehen kulturell Interessierte an. Reims besitzt reichlich Restaurants, doch eignet sich Troyes, die ehemalige Hauptstadt der Champagne, besser als Ausgangspunkt. Die urtümlichen, waldbedeckten Ardennen im Norden bieten Wanderern und Naturliebhabern einen besonderen Reiz. Von Rethel aus werden Vergnügungsfahrten auf dem Ardennenkanal nördlich von Reims angeboten; auf den Seen östlich von Troyes ist Wassersport sehr beliebt.

Angeln an einem Kanal in Montier-en-Der

UNTERWEGS

Will man vom Ausland kommend zum Flughafen Reims-Champagne fliegen, muß man in der Regel in Paris zwischenlanden. Mit dem Auto ist Reims, das für Reisende meist den Auftakt bildet, vom Elsaß oder von Paris aus bequem auf der Autobahn A4 erreichbar. Die Zugfahrt von Paris dauert 90 Minuten.

Die Weinbaugebiete lassen sich von Reims aus am besten auf den zahlreichen als »Route de Champagne« beschilderten Straßen erkunden.

Windmühle in Verzenay, Parc Naturel de la Montagne de Reims

CHAMPAGNE

Auf einen Blick

Argonne ❼
Châlons-en-Champagne ❾
Charleville-Mézières ❺
Chaumont ⓫
Épernay ❷
L'Épine ❽
Langres ⓬
Reims ❶
Rocroi ❹
Sedan ❻
Troyes ❿
Vallée de la Meuse ❸

Eine grande marque, Champagner aus Reims

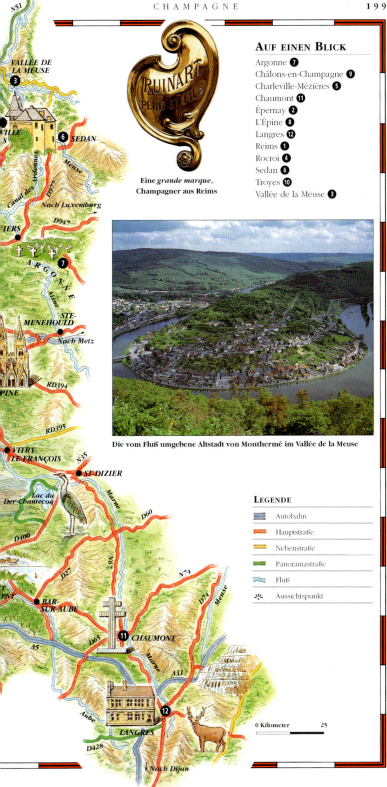

Die vom Fluß umgebene Altstadt von Monthermé im Vallée de la Meuse

Legende

- Autobahn
- Hauptstraße
- Nebenstraße
- Panoramastraße
- Fluß
- Aussichtspunkt

0 Kilometer 25

Vergoldeter Reliquienschrein (1896) des hl. Remi, Basilique St-Remi, Reims

Reims ❶

Marne. 187 000.
2, rue Guillaume-de-Machault
(03 26 77 45 250) tägl.

REIMS BRINGT NICHT NUR einige der berühmtesten *grandes marques* hervor. Ein weiterer Grund für sein Ansehen geht auf ältere Wurzeln zurück: Seit dem 11. Jahrhundert sind alle Monarchen Frankreichs in der gotischen **Cathédrale Notre-Dame** gekrönt worden *(siehe S.202 f)*.

Auch wenn im Zweiten Weltkrieg die architektonische Einheitlichkeit von Reims weitgehend zerstört wurde, sind hier dennoch einige bemerkenswerte Bauten zu finden. Die **Cryptoportique**, Teil des Forums, und die Porte Mars, ein grandioser klassischer Torbogen, erinnern an die römische Vergangenheit der Stadt. Im **Musée de la Reddition**, in Eisenhowers französischem Hauptquartier während des Zweiten Weltkriegs, wurde 1945 die deutsche Kapitulation entgegengenommen. Das **Musée des Beaux Arts** beherbergt eine ansehnliche Sammlung von Ölgemälden des 15. und 16. Jahrhunderts sowie den Cranachs gemalte Porträts und und über 20 Landschaften von Corot, der Schule von Barbizon, von Impressionisten und modernen Meistern.

1996 war Reims Schauplatz der Feierlichkeiten zum Gedenken an die vor 1500 Jahren erfolgte Taufe des ersten Frankenkönigs Chlodwig.

🏛 Ancien Collège des Jésuites & Planetarium

1, place Museus. 03 26 85 51 50.
College tägl. **Geschl.** Feiertage.
Planetarium Sa u. So.

Dieses 1606 gegründete, wenig bekannte Kollegium war bis 1976 ein Hospiz. Heute dienen seine romantischen Weinkeller und barocken Innenräume als Filmschauplatz, so z. B. für die Verfilmungen von *Germinal* (1992) und *Bartholomäusnacht* (1993) mit Isabelle Adjani.

Zu den Höhepunkten zählen die Intarsien an der Decke im Refektorium und die Küche, dem einzigen Raum, in dem eine Feuerstelle gestattet war. Eine doppelte Wendeltreppe führt in eine schöne barocke Bibliothek.

🔒 Basilique St-Remi

Place de Lenoncourt. tägl.

Heute steht die ehemalige Kirche einer Benediktinerabtei mitten in einem modernen Stadtviertel. Die älteste Kirche Reims war ursprünglich eine karolingische Basilika und dem Bischof Remi (440–533) geweiht. Das Innere hat einen frühgotischen Chor, Kranz-

Porte Mars, eine Erinnerung an die römische Vergangenheit von Reims

---

MÉTHODE CHAMPENOISE

Das Perlen wird durch eine zweifache Gärung erreicht.
Die erste Gärung: Der Ausgangswein wird in rostfreien Stahltanks oder, traditionell, in Eichenfässern bei 20–22° fermentiert. Dann wird er abgesaugt und anschließend bei niedriger Temperatur gelagert, um gänzlich klaren zu können, bevor er mit Weinen anderer Gegenden und Jahrgängen verschnitten wird (Ausnahme: Jahrgangschampagner). Nach der Abfüllung in Flaschen wird *liqueur de tirage* (Zucker, Wein und Hefe) beigemischt.

Die zweite Gärung: Die Flaschen werden für mindestens ein Jahr kühl gelagert. Die Hefe setzt den Zucker in Alkohol und Kohlensäure um und lagert sich dann ab. Die schräg liegenden Flaschen werden täglich gedreht und leicht angeklopft, damit sich der Satz in den Hals der Flasche absenkt *(remuage)*. Schließlich wird er durch ein *dégorgement* genanntes Verfahren ausgestoßen. Bevor der endgültige Korken eingesetzt wird, kommt zur Regulierung der Süße noch etwas Zucker *(liqueur d'expédition)* dazu.

Mumm-Champagner aus Reims

kapellen und romanische Kapitele im nördlichen Querschiff.

🏛 Musée St-Remi
53, rue Simon. 📞 03 26 85 23 36. 🕐 nachmittags. **Geschl.** 1. Jan, 1. Mai, 14. Juli, 1. u. 11. Nov, 25. Dez.

Das Museum ist in der ehemaligen Abtei neben der Kirche untergebracht und umfasst das ursprünglich gotische Stiftshaus in seinem mit einem Kreuzgang versehenen äußeren Gewand des 17. Jahrhunderts. Im Museum ist eine archäologische Sammlung zu sehen, Wandgemälde, die das Leben des Bischofs Remi beschreiben, und eine Auswahl von Waffen aus dem 16.–19. Jahrhundert.

Épernay ❷

Marne. 👥 28 000. 🚉 🚌 ℹ 7, avenue de Champagne (03 26 53 33 00). 🛒 Mi, Sa, So.

D<small>ER EINZIGE</small> G<small>RUND</small>, Épernay zu besuchen, sind die Weinkeller. Diese glanzlose Stadt mit dem höchsten Pro-Kopf-Einkommen Frankreichs beherrscht die Champagnerindustrie. Die Gegend um die Avenue de Champagne ist voll von nachgebauten Renaissancevillen. Die Villa

Statue von Dom Pérignon bei Moët

Moët et Chandon stammt allerdings aus dem Jahr 1743 und ist die größte und schickste *maison*, im Besitz von Moët-Hennessy.

Dem Unternehmen gehören aber auch andere Marken, wie Dom Pérignon, Pommery, Mercier und sogar Parfums Dior. 1993 provozierte Moët durch Arbeitsplatzabbau den ersten Streik in der Champagnerindustrie. Die Wahl zwischen einem Besuch bei Moët oder bei **Mercier** fällt nicht eben leicht – beide liegen an der Avenue de Champagne. Mercier stellt ein großes Faß aus, das 1889 für die Pariser Weltausstellung gebaut wurde, und fährt seine Besucher auf einer elektrischen Eisenbahn durch die Weinkeller.

De Castellane in der Avenue de Verdun ist etwas zurückhaltender und bietet eine mehr persönlich gestaltete Tour mit leicht berauschender Weinprobe.

🍷 Moët et Chandon
20, avenue de Champagne. 📞 03 26 51 20 00. 🕐 Apr–Mitte Nov tägl.; Mitte Nov–März Mo–Fr.

🍷 Mercier
70, avenue de Champagne. 📞 03 26 51 22 22. 🕐 März–Nov tägl; Dez–Feb Do–Mo. **Geschl.** 25. Dez–1. Jan.

🍷 De Castellane
154, rue de Verdun. 📞 03 26 51 19 11. 🕐 Apr–Nov tägl.

*Beim **dégorgement** werden die Ablagerungen entfernt. Der Flaschenhals wird in eine eiskalte Salzlake getaucht und der dann gefrorene Sedimentblock herausgenommen.*

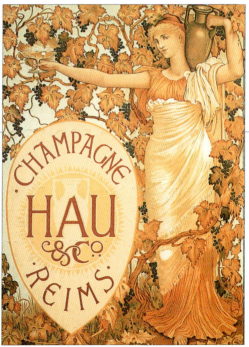

Geschicktes Marketing beschert dem Champagner seit der Jahrhundertwende anhaltenden Erfolg.

*Wenn der **Hefesatz** entfernt ist, werden die Flaschen mit neuen Korken versehen und liegend eingelagert. Eine mehrjährige Lagerung erhöht die Qualität des Champagners.*

Kathedrale von Reims

DIE GROSSARTIGE GOTISCHE Cathédrale Notre-Dame in Reims ist bekannt für ihre formvollendete architektonische Ausgewogenheit. Die Kathedrale wurde 1211 begonnen; Vorgängerbauten gab es am selben Standort bereits seit 401. Reims war Schauplatz von Krönungen vom Mittelalter bis 1825, als Charles I König wurde. Als Charles VII hier 1429 die Krone übernahm, war auch Jeanne d'Arc anwesend.

Die Ausbesserung der Schäden des Ersten Weltkriegs wurde 1996 abgeschlossen, rechtzeitig zur 1500-Jahr-Feier der Taufe des Frankenkönigs Chlodwig in Reims. Diese Taufe wird als die erste französische Königskrönung angesehen.

★ Große Fensterrosette
Am schönsten ist das Fenster (13. Jh.) bei Sonnenuntergang. Es zeigt die Heilige Jungfrau umgeben von Aposteln und Engeln. Dabei ist es in ein größeres Fenster eingebettet, eine früher häufige Erscheinung.

Mittelschiff
Im Vergleich zu Chartres (siehe S. 298 ff) ist das Mittelschiff in Reims höher. Die Kapitelle seiner anmutigen Säulen sind mit Efeu- und Beerenmotiven verziert.

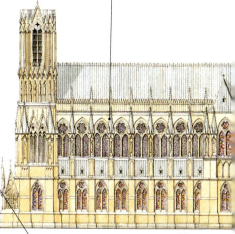

WESTFASSADE

SÜDFASSADE

★ Der lächelnde Engel
Das Gotteshaus wird auch »die Kathedrale der Engel« genannt. Über dem linken Portal befindet sich dieser rätselhafte Engel mit seinen ausgebreiteten Flügeln. Die Figur ist von den vielen, die das Gebäude schmücken, die bekannteste.

★ Königsgalerie
Das bemerkenswerteste an Reims ist die harmonische Westfassade mit ihren über 2300 Statuen. Die Königsgalerie besteht aus 56 Steinfiguren französischer Könige.

PALAIS DU TAU

Der Palast des Erzbischofs steht direkt neben der Kathedrale und ist nach seinem T-förmigen Grundriß benannt. (Tau ist Griechisch für »T«.) In diesem 1690 von Marsart und Robert de Cotte gebauten Palast sind eine gotische Kapelle und die Salle du Tau integriert, beides Räume, die bei Krönungsfeiern eine Rolle spielten. Der zukünftige König verbrachte die letzte Nacht vor seiner Krönung im Palast, und nach der Zeremonie gab er dort ein Bankett. Die Salle du Tau, der Festsaal, ist mit ihrem großartigen Tonnengewölbe und den Arras-Wandteppichen (15. Jh.) der schönste Raum im Palast. Heute beherbergt das Gebäude ein Museum für die Statuen und Wandteppiche der Kathedrale. Einer der Teppiche zeigt die Taufe Chlodwigs, des ersten christlichen Königs.

Die Salle du Tau – der Bankettsaal

INFOBOX

Cathédrale Notre-Dame, Place du Cardinal-Luçon. *03 26 47 55 34.* tägl. 7.30–19.30 Uhr Mo–Fr 8 u. 19 Uhr; So 9, 10.15, 12 Uhr.
Palais du Tau *03 26 47 81 79.* tägl. **Geschl.** 1. Jan, 1. Mai, 1. u. 11. Nov, 25. Dez.

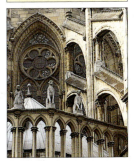

Apsisgalerie
Die restaurierte Durchbrucharbeit (claire-voie) der Apsisgalerie ist von mythologischen Tieren gekrönt.

Das südliche Querschiff

Die **Kapellenkränze** der Apsis werden von Strebebögen gestützt und sind mit achteckigen Pfeileraufsätzen verziert.

APSIS **SEITENQUERSCHNITT**

Die **Fenster im Lichtgaden** waren Vorreiter des gotischen Maßwerks. Dünne Steinstäbe teilten das Licht und ließen so sich überschneidende Muster entstehen.

Unter den **Fialen** der Strebepfeiler stehen Erzengel, die symbolischen Beschützer der Kathedrale.

NICHT VERSÄUMEN

★ **Königsgalerie**

★ **Der lächelnde Engel**

★ **Große Fensterrosette**

Chagall-Fenster
Die Fenster der Axialkapelle wurden im 20. Jahrhundert von Marc Chagall entworfen und von ortsansässigen Handwerkern angefertigt. Dieses zeigt Jesajas Kreuzigung und Opfer.

Der *sentier touristique*, ein Weg entlang den Befestigungen von Rocroi

Vallée de la Meuse ❸

Ardennes. 🚉 *Revin*. 🛈 *Revin (03 24 40 19 59).*

Landschaftlich reizvoll windet sich die Maas (Meuse) durch die wilden Schluchten, Wälder und geschwungenen Felsformationen der Ardennen.

In einer doppelten Schleife des Flusses liegt die Stadt **Revin**, deren Vieille Ville von der nördlichen Biegung umschlossen ist. Vom Kai aus blickt man zum **Mont Malgré Tout** und auf eine von Aussichtspunkten und steilen Pfaden gesäumte Straße. Etwas südlich ragt der Felsen **Dames de la Meuse** über die Schlucht.

Zu beiden Seiten des Flusses liegt **Monthermé** mit der Vieille Ville am linken Ufer. Gegenüber werden Kletterer und Wanderer von den felsigen Tälern um die **Roche à Sept Heures** angelockt, während etwas weiter die zerklüfteten Höhenrücken des **Rocher des Quatre Fils d'Aymon** wie das Schattenbild von vier legendären Reitern erscheinen.

Rocroi ❹

Ardennes. 👥 2600. 🚉 🚌 🛈 *14, place d'Armes (03 24 54 20 06).* 🛒 *Di.*

Die auf dem Ardenner Plateau gelegene sternförmige Zitadelle von Rocroi wurde 1555 unter Heinrich II. errichtet und 1675 von Vauban ausgebaut *(siehe S. 216)*. Hauptanziehungspunkt ist der *sentier touristique*, ein an der Porte de France, dem südlichen Eingangstor, beginnender Weg. Im Naturschutzgebiet von Rièzes wachsen Orchideen und fleischfressende Pflanzen.

Charleville-Mézières ❺

Ardennes. 👥 57 000. 🚉 🚌 🛈 *4, place Ducale (03 24 32 44 80).* 🛒 *Di, Do u. So.*

An diesem als Tor zu den Ardennen bekannten Flußübergang hat sich das mittelalterliche Mézières erst 1966 mit dem gegenüberliegenden klassizistischen Charleville vereinigt. Die Häuser von Mézières schmiegen sich an die Biegung der Maas (Meuse). Von der Avenue de St-Julien sieht man die Befestigungsanlagen, die die gotische Kirche **Notre-Dame de l'Espérance** umgeben.

Der Mittelpunkt von Charleville ist die **Place Ducale**, das Meisterwerk der Stadtplanung unter Louis XIII erinnert an die Place des Vosges in Paris (siehe S. 87). Der Dichter Arthur Rimbaud wurde 1854 unweit von hier geboren. Sein Geburtshaus liegt in der Rue Thiers Nr. 12, das Haus seiner Kindheit am Quai Arthur Rimbaud Nr. 7.

Ein Stück den Kai entlang liegt der Vieux Moulin, das Stadthaus, das Rimbaud zu seinem wohl bedeutendsten Gedicht *Das trunkene Schiff* inspiriert hat. Hier befindet sich auch das **Musée Rimbaud** mit Manuskripten und vom Dichter aufgenommenen Fotografien.

🏛 Musée Rimbaud
Quai Arthur-Rimbaud.
📞 *03 24 32 44 65.* 🕑 *Di – So.* **Geschl.** *1. Jan, 1. Mai, 25. Dez.*

Sedan ❻

Ardennes. 👥 22 000. 🚉 🚌 🛈 *place de Château Fort (03 24 27 73 73).* 🛒 *Mi u. Sa.*

Östlich von Charleville liegt seit dem 11. Jahrhundert das **Château de Sedan**, die größte Burganlage Europas.

Im Deutsch-Französischen Krieg kapitulierte 1870 Napoléon III in Sedan, und 83 000 französische Soldaten kamen in preußische Gefangenschaft. Im Mai 1940, nur eine Woche nach der Eroberung von Sedan, erreichten deutsche Truppen die französische Küste.

Einige Teile des sieben Stockwerke hohen Hauptturms entstammen noch dem Mittelalter. Die Höhepunkte eines Besuchs bilden aber die Schutzwälle und die Befestigungen des 16. Jahrhunderts

Der in Charleville geborene Dichter Rimbaud (19. Jh.)

sowie der großartige Dachstuhl aus dem 15. Jahrhundert in einem der Türme. Eine Abteilung des buntgemischten **Musée du Château,** das sich im Südflügel befindet, ist der Militärgeschichte gewidmet.

Die ganze Anlage ist von Schieferdachhäusern umgeben, die dicht gedrängt bis ans Ufer der Maas (Meuse) heranreichen. Sie spiegeln den ehemaligen Reichtum der Stadt aus der Zeit, als sie eine Hochburg der Hugenotten war.

🏛 **Musée du Château**
1, place du Château. 03 24 27 73 75. März–Okt Di–So.

Umgebung
Etwas südlich liegt das **Fort de Vitry-la-Ferté**, eine der wenigen Befestigungen der Maginotlinie, die 1940 in direkte Kämpfe verwickelt war und dafür bitter bezahlen mußte.

Innenhof der Festung Château de Sedan

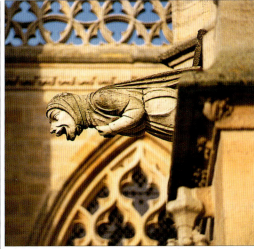

Ein Wasserspeier der Basilique de Notre-Dame de l'Épine

Argonne ❼

Ardennes u. Meuse. 🚌 *Vouziers.*
ℹ *Vouziers (03 24 71 97 57).*

ÖSTLICH VON REIMS liegen die Argonnen mit malerischen Tälern und Wäldern. Als Grenzland zwischen den Bistümern Champagne und Lothringen gibt es unzählige Abteien und Prioreien in den Argonnen. Die ehemalige Benediktinerabtei **Beaulieu-en-Argonne** ist heute eine Ruine mit einem wunderbaren Blick über die Wälder und einer beeindruckenden Weinpresse. Nördlich davon liegt **Les Islettes**, bekannt für Fayencen und Kacheln. Die hügelige Landschaft dieser Gegend war im Deutsch-Französischen Krieg sehr umkämpft und im Ersten Weltkrieg ein Abschnitt der Westfront. In dem Gebiet **Butte de Vauquois** nördlich von Les Islettes steht ein Kriegsdenkmal.

L'Épine ❽

Marne. 🏠 *650.* 🚌

L'ÉPINE IST WEGEN seiner **Basilique de Notre-Dame de l'Épine** einen Besuch wert. Diese im Stil einer Kathedrale erbaute spätgotische Kirche ist seit dem Mittelalter ein vielbesuchter Wallfahrtsort. Sogar französische Könige sind hierhergekommen, um der Statue der Heiligen Jungfrau zu huldigen.

Die drei Portale der Fassade erinnern an die Kathedrale von Reims. Eine Vielzahl schaurig gestalteter Wasserspeier symbolisiert böse Geister und die Todsünden, die durch die Heiligtümer im Inneren verscheucht werden. Leider sind die gewagtesten Figuren zerstört, da sie im 19. Jahrhundert von Puritanern als obszön eingestuft wurden. Im Halbdunkel des gotischen Innenraums befinden sich ein Lettner aus dem 15. Jahrhundert und die Marienstatue.

DIE FACHWERKKIRCHEN DER CHAMPAGNE

Im Waldgebiet um den Lac du Der-Chantecoq gibt es Fachwerkkirchen der Romanik und Renaissance mit merkwürdig spitzen Giebeln und *caquetoirs* genannten Holzportalen. Die Innenräume sind nicht selten mit Schnitzereien und Glasfenstern in den leuchtenden Farben der Schule von Troyes ausgeschmückt. Landstraßen verbinden die Kirchen von Bailly-le-France, Chatillon-sur-Broué, Lentilles, Vignory, Outines, Chavanges und Montier-en-Der.

Die Fachwerkkirche von Lentilles (16. Jh.)

Châlons-en-Champagne ❾

Marne. 48 000. 3, quai des Arts (03 26 65 17 89). Mi u. Sa.

Vom Wasser der Marne und einiger kleinerer Kanäle umgeben, entfaltet das verschlafene Châlon einen eigentümlichen Charme mit seinen Fachwerkhäusern. In den Weinbergen der Umgebung wächst ein Blanc de Blancs.

Der Quai de Notre-Dame bietet eine schöne Aussicht auf alte Brücken und die romanischen Türme von **Notre-Dame-en-Vaux**, einem Meisterwerk zwischen Romanik und Gotik. Hinter der Kirche liegt die mittelalterliche Altstadt und das **Musée du Cloître de Notre-Dame-en-Vaux**.

Die am Kanal gelegene gotische **Cathédrale St-Etienne** hat ein barockes Portal und eine romanische Krypta. Am Fluß sieht man die Gartenanlagen des **Petit Jard**, von denen aus man einen Blick auf das Château du Marché, eine von Henri IV erbaute Zollstelle, hat. An der benachbarten Place de la République gibt es gutbesuchte Bars und Restaurants.

🏛 Musée du Cloître de Notre-Dame-en-Vaux
Rue Nicolas-Durand. 03 26 64 03 87. Mi–Mo. **Geschl.** 1. Jan, 1. Mai, 1. u. 11. Nov, 25. Dez.

Troyes ❿

Aube. 60 000. 16, bd Carnot (03 25 82 62 50). Sa.

Troyes ist eine heitere Stadt mit einem historischen Zentrum in Form eines Champagnerkorkens und voll gotischer Kirchen und Innenhöfe aus dem 16. Jahrhundert. Es ist berühmt für seine Würste *(andouillettes)*, seine Textilindustrie und die ihr angeschlossenen Läden.

Hinter der spätgotischen Westfassade der **Cathédrale St-Pierre-et-St-Paul** verbirgt sich ein großartiger Innenraum. Das Mittelschiff ist getränkt vom lilaroten Licht, das durch die Fensterrosette des

Figurengruppe in der Cathédrale St-Pierre-et-St-Paul von Troyes

16. Jahrhunderts einfällt; es wird wirkungsvoll ergänzt durch das aus der Apsis herüberscheinende tiefe Blau und das Türkis des Fensters der Wurzel Jesse.

Nicht weit entfernt erhellt die **Eglise St-Nizier** mit ihrem schimmernden burgundischen Ziegeldach das alte Stadtviertel hinter der Kathedrale.

Die gotische **Basilique St-Urban** weist mächtige Strebebogen und schöne Glasfenster auf, die zur Zeit restauriert werden. Die **Eglise Ste-Madeleine** ist wegen ihres mit Blattwerk, Trauben und Feigen besetzten Lettners berühmt. Sehenswert ist auch die Reihe von Glasfenstern. Die malerisch überdach-

Die Rue Larivey, eine Straße mit Fachwerkhäusern in Troyes

te Ruelle des Chats verbindet die Rue Charbonnet mit der Rue Champeaux.

In einem der am besten erhaltenen Teile der Altstadt steht die **Eglise St-Pantaléon** direkt gegenüber einem herrschaftlichen Renaissancestadthaus. Der mit düsteren Fenstern versehene Innenraum ist im Stil der Gotik und der Renaissance ausgestattet und beherbergt Plastiken des 16. Jahrhunderts.

🏛 Musée d'Art Moderne
Palais Episcopal, Place St-Pierre. 03 25 76 26 80. Mi–Mo. **Geschl.** Feiertage.

Der ehemalige Bischofspalast neben der Kathedrale ist heute ein Museum moderner Kunst mit einer Statue von Rodin und einer reichhaltigen Sammlung fauvistischer Gemälde.

🏛 Hotel du Petit Louvre
Rue de la Montée-St-Pierre. **Nur Innenhof zugänglich.** tägl.

Am Quai Dampierre steht das restaurierte Bürgerhaus, zu dessen Besonderheiten die Fassade, das mit halbrunden Ziegeln gedeckte Dach und der Turm zählen; der Innenhof, die Treppe und der Brunnen sind im Renaissancestil.

CHAMPAGNE

Umgebung

Erholung findet man im 25 Kilometer entfernten Park **Lac et Fôret d'Orient**. Im Wald gibt es Sumpf- und Naturschutzgebiete. Der große künstliche See Lac d'Orient ist bei Seglern sehr beliebt, während man auf dem Lac Amance Wasserski fährt und am Lac du Temple angeln geht.

Chaumont ⓫

Haute-Marne. 29 000.
place du Général-de-Gaulle
(03 25 03 80 80). Mi u. Sa.

DIESE EHEMALIGE Residenz der Grafen der Champagne genoß im 13. Jahrhundert großes Ansehen. Die am Abhang einer Bergschlucht auf einem Felsvorsprung liegende Altstadt wird beherrscht vom Palais de Justice und der Tour Hautefeuille.

Der Hauptturm der mittelalterlichen Burg erinnert an die Vergangenheit des heute ruhigen Verwaltungszentrums. Diesen Eindruck verstärken die Renaissancebürgerhäuser, deren Treppenaufgänge mit zahlreichen Türmchen verziert sind.

Die bemerkenswerteste Sehenswürdigkeit ist die Steinkirche **Basilique St-Jean-Baptiste**, die innen durch ein dichtes Netz von Gewölberippen und einer eindrucksvollen Treppe mit Turmaufsätzen verblüfft. In der Nähe des Eingangs ist eine winzige Kapelle mit einer schauerlichen *mise au tombeau* (1471), die die Grablegung Jesu zeigt. Das linke Querschiff weist eine bizarre Wurzel Jesse auf. Das im Halbdunkel stehende Renaissancesteinrelief zeigt den liegenden Jesus, aus dessen Körper unbemerkt ein Familienbaum wächst. Er scheint in ruhigem Schlaf versunken – ganz wie Chaumont auch.

Umgebung

Colombey-les-Deux-Eglises wird immer mit dem Namen Charles de Gaulle verbunden bleiben. Die Familie de Gaulle kaufte hier 1933 **La Boisserie**, das im Krieg schwer beschädigt wurde.

Cathédrale St-Mammès in Langres

Nach der Instandsetzung kam de Gaulle regelmäßig aus Paris nach La Boisserie, um seine Memoiren zu schreiben und seine Rückkehr auf die politische Bühne vorzubereiten. Am 9. November 1970 starb er hier. Heute ist das Gebäude ein Museum, das eine Ausstellung über sein Leben zeigt.

Auf dem Friedhof der Dorfkirche ruht der General und ehemalige Präsident von Frankreich in einer einfachen Grabkammer. Jedoch ragt ein riesiges, 1972 errichtetes Lothringer Kreuz aus Granit in den Himmel – ein grandioses Denkmal.

🏛 La Boisserie
Colombey-les-Deux-Eglises.
03 25 01 52 52. März–Dez
Mi–Mo. **Geschl.** 25 Dez.

Langres ⓬

Haute-Marne. 10 000.
Square O.-Lahalle
(03 25 87 67 67). Fr.

LANGRES LIEGT AUF einem Felssporn hinter Chaumont im Süden der Champagne. Die alte Bischofsstadt ist der Geburtsort von Denis Diderot (1713–84); sie wirbt für sich als Kurort, dessen Nähe zu den Quellen der Seine und der Marne mystische Kräfte verleiht.

Praktisch die ganze Stadt ist umgeben von mittelalterlichen Befestigungsmauern. Von den Türmen und Wehrgängen aus erblickt man romantische Stadttore und verzierte Renaissancevillen. Die Mauern geben den Blick frei über das Marne-Tal sowie auf das Plateau von Langres, die Vogesen und gelegentlich sogar auf den Mont Blanc.

Nahe der Porte Henri IV steht die **Cathédrale St-Mammès**. Das schwermütige Dunkel des burgundisch-romanischen Innenraums wird von den Säulenkapitellen der Apsis, die angeblich aus einem Jupiter geweihten Tempel stammen, aufgewogen.

Zur Sommersaison bietet Langres ein neuentstandenes Renaissancegasthaus und einen Rundgang mit dem städtischen Nachtwächter – ein geschichtsträchtiger abendlicher Spaziergang.

Das Denkmal für General de Gaulle in Colombey-les-Eglises

ELSASS UND LOTHRINGEN

MEURTHE-ET-MOSELLE · MEUSE · MOSELLE · BAS-RHIN
HAUT-RHIN · VOSGES

ELSASS UND LOTHRINGEN waren jahrhundertelang von Frankreich und Deutschland umkämpft, und diese Vergangenheit spiegelt sich in der Vielzahl von militärischen Anlagen und Soldatenfriedhöfen. Heute aber sind es friedliche Dörfer, alte Stadtmauern und verschlafene Weingüter, die das Gesicht der Region prägen.

Im Nordosten Frankreichs gelegen und vom Rhein begrenzt, stellt das Elsaß die Wasserscheide zwischen den Vogesen und dem Schwarzwald dar. Die Hügellandschaft Lothringens ist nicht so wohlhabend und insgesamt deutlicher französisch geprägt.

UMKÄMPFTES GEBIET

Bedingt durch die deutsch-französischen Kriege hat Elsaß-Lothringen seit 1871 viermal die Nationalität gewechselt. Jahrhundertelange Auseinandersetzungen haben in Lothringen befestigte Grenzstädte wie Metz, Toul und Verdun entstehen lassen; das Elsaß dagegen ist mit Burgen gespickt: von der abenteuerlichen Nachbildung Haut-Kœnigsbourg bis zur Ruine der Festung von Saverne. Die Region als Ganzes verbindet aber ein starkes Identitätsbewußtsein; man ist stolz auf das regionale Brauchtum und pflegt die Dialekte. Die elsässische Route du Vin führt durch die Ausläufer der Vogesen und vorbei an Weingütern und Dörfern. Die Hauptstadt Strasbourg ist eine moderne Metropole mit einem Zentrum aus dem 16. Jahrhundert, während in Nancy, der historischen Hauptstadt Lothringens, elegante Gebäude des 18. Jahrhunderts vorherrschen. Ein Hauptanziehungspunkt der Region ist ihre Küche. Lothringen bietet Bier und Quiche Lorraine; im Elsaß serviert man in gemütlichen Weinstuben Sauerkraut und blumige Weißweine.

Dorfbewohner in Hunspach, einem Ort nördlich von Strasbourg in den nördlichen Vogesen

◁ Fachwerkhäuser mit blumengeschmückten Balkonen an der Route du Vin im Elsaß

Überblick: Elsaß und Lothringen

LIEBHABER VON Kunst und Architektur werden in den reizenden mittelalterlichen Städten und hervorragenden Museen gewiß auf ihre Kosten kommen. In Lothringen kann man über alte Festungsanlagen klettern und in Kurbädern den Alltag hinter sich lassen. Das Elsaß bietet dagegen die Wälder und Berge der Vogesen sowie malerische Dörfer und gute Weine. Eine der landschaftlich schönsten Straßen des Elsaß ist die Route du Vin *(siehe S. 222f)*. Sie ist während der Weinlese besonders beliebt, ihr zu folgen lohnt sich aber zu jeder Jahreszeit.

AUF EINEN BLICK

Betschdorf ⓲
Château de Haut-Kœnigsbourg ⓭
Colmar ⓾
Eguisheim ⓽
Gérardmer ⓹
Guebwiller ⓻
Metz ⓷
Mulhouse ⓺
Nancy ⓸
Neuf-Brisach ⓼
Obernai ⓯
Ribeauvillé ⓬
Riquewihr ⓫
Saverne ⓱
Sélestat ⓮
Strasbourg ⓰
Toul ⓶
Verdun ⓵

Sonnenblumenfeld in der Nähe des Dorfes Turckheim

LEGENDE

≋ Autobahn
— Hauptstraße
— Nebenstraße
— Panoramastraße
≈ Fluß
⁂ Aussichtspunkt

ELSASS UND LOTHRINGEN 211

Das malerische Riquewihr, ein Dorf an der Route du Vin

UNTERWEGS

Strasbourg hat einen internationalen Flughafen. Wer nicht mit dem eigenen Auto unterwegs ist, wählt am besten Strasbourg, Colmar oder Nancy als Ausgangspunkt. Es gibt gute Bahn- und Straßenverbindungen zwischen diesen Städten, in die Schweiz und nach Deutschland. Die Fahrt über die Vogesen und entlang der Route du Vin sollte man per Auto machen oder mit einer Reisegruppe von Colmar oder Strasbourg aus.

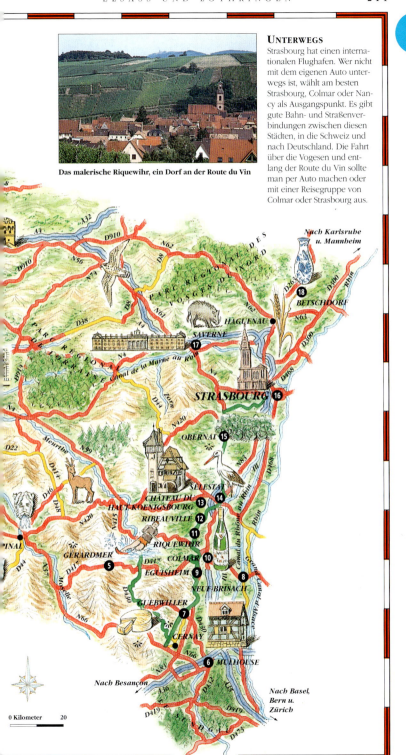

Der Ossuaire de Douaumont wacht über die Scharen von Kreuzen auf den Schlachtfeldern von Verdun

Verdun ❶

Meuse. 23 000. Place de la Nation (03 29 86 14 18). Fr.

STRATEGISCH WICHTIG an der Maas (Meuse) und in der Nähe der Grenze gelegen, ist Verdun in unzählige Kriege hineingeraten. Als 400 000 Franzosen 1916 bei der Verteidigung der Festung Verdun starben, wurde die Stadt zum Symbol des französischen Widerstands.

Die mit Zinnen bewehrte **Porte Chausée**, ein flußnahes mittelalterliches Tor, bewacht noch immer den östlichen Zugang zur Stadt.

Obwohl die Citadelle de Verdun im Krieg schwer beschädigt wurde, ist ihr aus dem 12. Jahrhundert stammender Turm noch vorhanden. Er ist der letzte erhaltene Bestandteil der ursprünglichen Abtei, die Vauban, der Architekt Louis' XIV, seinem neuen Festungsbau eingliederte. Im Erdgeschoß wird in der **Citadelle Souterraine** eine audiovisuelle Darstellung Verduns im Ersten Weltkrieg gezeigt. Dabei werden die Schrecken des Grabenkriegs wieder zum Leben erweckt, und die Führung endet mit der Wahl des Unbekannten Soldaten für das symbolische Grabmal unter dem Arc de Triomphe in Paris (siehe S.103).

Die **Cathédrale Notre-Dame** wirkt überwältigend; der Eindruck wird allerdings durch ihre ungeschickte Restaurierung abgeschwächt. Die im rheinischen Stil erbaute Kathedrale weist romanische Elemente auf, die vom mittelalterlichen Säulengang aus sichtbar sind. Im 18. Jahrhundert wurden die romanischen Teile zugemauert, da sie dem barocken Geschmack nicht entsprachen. Die Bombardierungen von 1916 legten sie jedoch wieder frei.

Umgebung

Die beklemmenden Schlachtfelder von Verdun liegen nördlich der Stadt zu beiden Seiten der Maas (Meuse). Da die Mehrzahl der Dörfer dem Erdboden gleichgemacht wurde, sind hier lediglich die Gräben und einige Befestigungen übriggeblieben. Die Landschaft ist heute gespickt mit Mahnmalen, darunter der Ossuaire de Douaumont, in dem 130 000 französische und deutsche Soldaten des Ersten Weltkriegs ihre letzte Ruhestätte gefunden haben.

🏛 Musée de la Citadelle Militaire

La Citadelle. 03 29 86 14 18. tägl. Geschl. 1. Jan, 25. Dez.

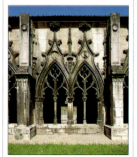

Kreuzgang des 16. Jahrhunderts in der Eglise St-Gengoult in Toul

Toul ❷

Meurthe-et-Moselle. 18 000. Parvis de la Cathédrale (03 83 64 11 69). Mi u. Fr.

UMGEBEN VON dunklen Wäldern, liegt die achteckige Festungsstadt Toul zwischen der Mosel und dem Canal de la Marne. Toul war neben Verdun und Metz im 4. Jahrhundert Bistum. Im frühen 18. Jahrhundert baute Vauban die Zitadelle, von der noch der Verteidigungsring und die **Porte de Metz** erhalten sind.

Der Bau der **Cathédrale St-Etienne** wurde im 13. Jahrhundert begonnen und zog sich über mehr als 300 Jahre hin. So zeigt das hauptsächlich spätgotische Gebäude mehrere verschiedene Stilrichtungen. Die Kathedrale wurde im Zweiten Weltkrieg beschädigt, aber ihre für die Champagne typische Geradlinigkeit ist in den hohen Arkaden und Galerien des Inneren erhalten geblieben. Die spätgotische Fassade wird von zwei achteckigen Türmen flankiert. Weitere Höhepunkte sind die beiden Renaissancekapellen nahe der Querschiffe und der Säulengang. Die gotische Fassade der **Eglise St-Gengoult** ist ebenfalls von zwei Türmen eingerahmt; ihre Glasfenster zeigen Darstellungen aus dem Leben des heiligen Gengoult.

An der Rue du Général-Gengoult gleich hinter der Kirche stehen verzierte Renaissancehäuser, und die Weingüter etwas nördlich der Stadt produzieren die »grauen« Côtes-de-Toul-Weine der Region.

ELSASS UND LOTHRINGEN

Umgebung: Von Metz oder Toul aus erreicht man den riesigen **Parc Régional de Lorraine** mit Weinbergen und Wäldern, Getreidefeldern und Weiden, Sümpfen und Seen. Die Gasthäuser hier sind besonders bekannt für ihr Quiche Lorraine und *potée lorraine*, eine Art Speckauflauf.

Jupiter tötet ein Ungeheuer auf der Säule von Merten in La Cour d'Or

Metz ❸

Moselle. 124 000.
Place d'Armes (03 87 55 53 76).
Mi, Do u. Sa.

DAS NÜCHTERNE, ABER sympathische Metz liegt am Zusammenfluß von Mosel und Seille. Es gibt zwanzig Brücken über die Flüsse und Kanäle. Die gallorömische Gründung, heute Hauptstadt von Lothringen, war häufig umkämpft – 1870 wurde sie von Deutschland annektiert, 1918 von Frankreich zurückgewonnen.

Auf einem Berg über der Mosel und der Altstadt liegt die **Cathédrale St-Etienne**. Das gotische Äußere fällt durch beeindruckende Strebebogen und langhalsige Wasserspeier auf. Im Inneren erhellt schimmerndes Licht von gotischen und modernen Buntglasfenstern (einige von Chagall) die Wände.

Nordwestlich der Kathedrale führt eine schmale Holzbrücke zur Insel Petit Saulcy, auf der das älteste noch bespielte Theater Frankreichs steht. Auf der anderen Seite der Kathedrale wirkt die den Fluß überspannende **Porte des Allemands** mit Wehrtürmen und Portal (13. Jh.) wie eine mittelalterliche Burg.

In der Vieille Ville säumen stolze, mit Arkaden geschmückte Bürgerhäuser des 14. Jahrhunderts die reizende Place St-Louis. Hier steht eine der ältesten Kirchen Frankreichs, die **Eglise St-Pierre-aux-Nonnains**. Außenmauern und Fassade stammen aus römischer Zeit, während das Übrige zum großen Teil zum Nonnenkloster aus dem 7. Jahrhundert gehört. Ganz in der Nähe sieht man die im 13. Jahrhundert von den Tempelrittern erbaute **Chapelle des Templiers**.

🏛 Musée de la Cour d'Or
2, rue du Haut-Poirier. 03 87 75 10 18. tägl. **Geschl.** an einigen Feiertagen.

Diese auch als Musée d'Art bekannte faszinierende Sammlung befindet sich in den Petits-Carmes, einem säkularisierten Kloster aus dem 17. Jahrhundert mit gallorömischen Thermalbädern und einer mittelalterlichen Scheune für den Zehnt. Zu sehen sind merowingische Steinarbeiten, bemalte gotische Decken sowie deutsche, flämische und französische Gemälde.

WEISSE STÖRCHE

Bis vor kurzem war der weiße Storch, traditionell ein Glückssymbol, im Nordosten Frankreichs häufig zu sehen. Die Vögel verbringen den Winter in Afrika, ziehen aber nach Norden, um zu brüten. Ihr Überleben ist hier jedoch durch die fortschreitende Trockenlegung von Sümpfen, Pestizide und Stromleitungen gefährdet. Im Zuge von Bemühungen, sie wieder anzusiedeln, sind u. a. in Molsheim und Turckheim Aufzuchtstationen entstanden.

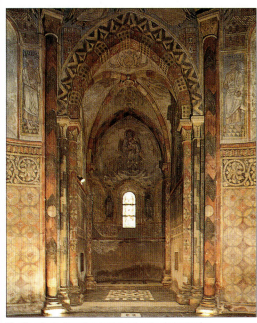

Die Chapelle des Templiers in Metz mit restaurierten Fresken

Place Stanislas in Nancy mit der Statue von Stanislas Leczinski, Herzog von Lothringen

Nancy ❹

Meurthe-et-Moselle. 100 000.
14, place Stanislas
(03 83 35 22 41). Di-Sa.

Die historische Hauptstadt Lothringens liegt an der Meurthe und dem Canal du Marne. Im 18. Jahrhundert ließ Stanislaus Leszczynski, Herzog von Lothringen (*siehe S. 292*), Nancy ausbauen und verschönern.

Eine zweite Blütezeit erlebte Nancy an der Wende zum 20. Jahrhundert, als der Glaskünstler Emile Gallé die Schule von Nancy gründete, eine Vorläuferin der Jugendstilbewegung in Frankreich.

Der berühmteste Anziehungspunkt in Nancy ist die **Place Stanislas**. Der Platz wurde in den 50er Jahren des 18. Jahrhunderts angelegt und ist eingesäumt von goldfarbenen schmiedeeisernen Gittern und Toren. Er wird von Pavillons gesäumt, darunter das Hôtel de Ville (Rathaus).

Ein Arc de Triomphe führt zur Place de la Carrière, einem von Bäumen eingefaßten Platz, an dem der gotische **Palais du Gouvernement** von Arkaden seitlich eingerahmt wird. Im angrenzenden Parc de la Pépinière kann man Rodins Statue des in Nancy geborenen Landschaftsmalers Claude Lorrain sehen.

Die Grande Rue gewährt einen Blick auf das mittelalterliche Nancy. Von den Befestigungsanlagen ist heute nur noch die nach der Revolution als Gefängnis genutzte Porte de la Craffe erhalten.

🔒 Eglise et Couvent des Cordeliers et Musée Régional des Arts et Traditions Populaires

66 u. 64, Grande Rue. *03 83 32 18 74.* Mi-Mo. **Geschl.** *1. Jan, 1. Mai, 14. Juli, 1. Nov, 25. Dez.*

Die Herzöge von Lothringen sind in der Krypta beigesetzt; das benachbarte ehemalige Kloster beherbergt ein Museum, das Volkskunst, Möbel, Kostüme und Handwerksgegenstände ausstellt.

🏛 Musée des Beaux-Arts

3, place Stanislas. *03 83 85 30 72.* Mi-Mo. **Geschl.** *wegen Renovierung bis 1999.*

Die Ausstellung des Kunstmuseums umfaßt u. a. das Bild *Der Tod Karls des Kühnen in Nancy* von Delacroix sowie Gemälde von Poussin und Lorrain. Im Erdgeschoß sind Bilder des 19. und 20. Jahrhunderts von Manet, Monet, Berthe Morisot, Utrillo und Modigliani ausgestellt.

🏛 Musée Historique Lorraine

Palais Ducal, 64, Grande Rue. *03 83 32 18 74.* Mi-Mo. **Geschl.** *1. Jan, 1. Mai, 14. Juli, 1. Nov, 25. Dez.*

Hier ist eine Sammlung von archäologischen Funden, Skulpturen und Gemälden zu sehen, darunter zwei Bilder von Georges de la Tour.

🏛 Musée de l'Ecole de Nancy

36-38, rue de Sergent-Blandan. *03 83 40 14 86.* Mi-So, Mo nachmittag. **Geschl.** *1. Jan, 1. Mai, 14. Juli, 1. Nov, 25. Dez.*

Das im Jugendstil eingerichtete Museum zeigt Möbel, Stoffe und Schmuck sowie Glasobjekte von Emile Gallé, dem

Der Arc de Triomphe auf der Place Stanislas

Ausblick von der Route des Crêtes

Route des Crêtes

Die strategisch wichtige Straße (83 km Länge) verbindet die Vogesentäler vom Col du Bonhomme bis Cernay, östlich von Thann, und führt auf weiten Strecken durch Waldgebiet. Sie wurde im Ersten Weltkrieg angelegt und eng an der Westseite der Vogesen entlanggeführt, um französische Truppenbewegungen vor den Deutschen zu verbergen. Die vielen höher gelegenen Stellen bieten bei klarem Wetter atemberaubende Blicke über Lothringen.

ELSASS UND LOTHRINGEN

Gérardmer ❺

Vosges. 10 000. *Place des Déportés (03 29 27 27 27).* Di u. Sa.

MEHR WIE EIN Bühnenbild denn wie eine Stadt wirkt Gérardmer, das sich malerisch, am Ufer eines herrlichen Sees gelegen, an die nach Lothringen hin abfallenden Hänge der Vogesen schmiegt. Im November 1944, kurz vor seiner Befreiung, wurde Gérardmer von den Nationalsozialisten vollkommen zerstört. Die traditionellen Erwerbszweige der Holzverarbeitung und Schnitzkunst sind hier noch lebendig, während die Textilindustrie jedoch immer mehr vom Tourismus verdrängt wird.

Im Winter fährt man an den steilen Hänge der Vogesen Ski, und im Sommer bietet der See reichlich Möglichkeiten zum Wassersport. Zu den Anziehungspunkten der Stadt zählen außerdem Spazier- und Wanderwege sowie Bootsausflüge; begehrt ist auch der hier heimische Käse Géromée. In Gérardmer befindet sich zudem das älteste Fremdenverkehrsbüro (1875) des Landes.

Letztlich sind es aber die Ausflugsmöglichkeiten und die Wanderwege der Vogesen, die den Besucher anlocken. Oft zieht es sie entlang der eindrucksvollen **Route des Crêtes**, auf die man am Paß Col de la Schlucht trifft, in Richtung Elsaß.

Ländlicher Handwerksbetrieb im Ecomusée d'Alsace in Ungersheim

Mulhouse ❻

Haut-Rhin. 109 000. *9, avenue du Maréchal-Foch (03 89 35 48 48).* Di, Do u. Sa.

DIE NICHT SONDERLICH verlockende Industriestadt Mulhouse wurde im Zweiten Weltkrieg schwer beschädigt. Es gibt hier jedoch zahlreiche technische Museen und Einkaufspassagen sowie elsässische Gasthäuser und schweizerische Weinstuben. Für Besucher ist Mulhouse in der Regel der Ausgangspunkt für Fahrten in die Berge des Sundgau an der Schweizer Grenze.

Das **Musée de l'Impression sur Etoffes** in der Rue Jean-Jaques Henner Nr. 14 stellt Textilien aus, im **Musée Français du Chemin de Fer** (2, rue Alfred Glehn) sind Lokomotiven zu sehen. Im **Musée de l'Automobile** in der Avenue de Colmar Nr. 192 kann man mit Bugattis, Mercedes und Ferraris sowie mit dem Rolls-Royce von Charlie Chaplin aufwarten. An der Place de la République beherbergt der Renaissancebau des ehemaligen Rathauses das **Musée Historique**.

Elsässisches Schwarzschwein im Ecomusée d'Alsace in Ungersheim

Umgebung

Im nördlich von Mulhouse gelegenen Ungersheim zeigt das **Ecomusée d'Alsace** das bäuerliche Leben anhand von Originalexponaten, die hier neu aufgebaut wurden. Man sieht u. a. ein Wohnhaus des 12. Jahrhunderts aus Mulhouse mitsamt seinem gotischen Garten. Bauernhöfe wirtschaften auf althergebrachte Weise, ländliche Handwerksbetriebe arbeiten nach traditionellen Methoden.

🏛 Ecomusée d'Alsace
Chemin du Grosswald.
📞 03 89 74 44 74. tägl.

Der See bei Gérardmer bietet viele Freizeitmöglichkeiten

Guebwiller ❼

Haut-Rhin. 11 000. 73, rue de la République. (03 89 76 10 63). Di u. Fr.

UMGEBEN VON Weinbergen und blumenübersäten Tälern, ist Guebwiller auch bekannt als »Tor zum Tal der Blumen«. Die Industriestadt scheint ihrer ländlichen Umgebung allerdings weit entrückt. Ihre Bauten sind erhaben, aber es sind eher die Weinkeller und die Kirchen, für die sich ein Besuch lohnt.

Die an einem hübschen Platz gelegene **Eglise Notre-Dame** vereint barocke Verspieltheit mit neoklassizistischer Eleganz, während die **Eglise des Dominicains** gotische Fresken und einen prachtvollen Lettner vorzuweisen hat. Am interessantesten ist sicher die romanische **Eglise St-Léger** mit ihrer Fassade und drei Gewändeportalen.

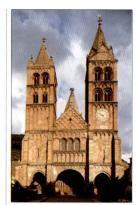

Die Eglise St-Léger in Guebwiller

Umgebung

Das Lauch-Tal nordwestlich von Guebwiller ist wegen seiner zahllosen Blumen als »Le Florival« bekannt. **Lautenbach** dient häufig als Ausgangspunkt für Wanderungen durch diese anerkannte Ruhezone. Das Dorf selbst besitzt eine rosafarbene romanische Kirche, an deren Portal sich eine Darstellung der menschlichen Leidenschaften befindet. Der friedliche Platz führt hinunter zum Fluß und zu einem kleinen Stauwehr mit öffentlichem Waschplatz.

Neuf-Brisach ❽

Haut-Rhin. 2100. Palais du Gouverneur, 6, place d'Armes (03 89 72 56 66). 1. u. 3. Mo im Monat.

NAHE DER GRENZE zu Deutschland steht die achteckige Zitadelle, das Meisterwerk des Militärarchitekten Vauban. Das in der sternförmigen Anordnung mit symmetrischen Türmen angelegte Bauwerk wurde zwischen 1698 und 1707 errichtet und umschließt 48 gleich große Rechtecke. Der Mittelpunkt ist die

DIE ZITADELLE VON NEUF-BRISACH

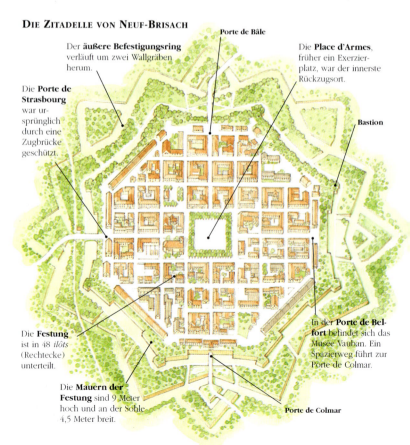

Porte de Bâle

Der **äußere Befestigungsring** verläuft um zwei Wallgräben herum.

Die **Place d'Armes**, früher ein Exerzierplatz, war der innerste Rückzugsort.

Die **Porte de Strasbourg** war ursprünglich durch eine Zugbrücke geschützt.

Bastion

In der **Porte de Belfort** befindet sich das Musée Vauban. Ein Spazierweg führt zur Porte de Colmar.

Die **Festung** ist in 48 îlôts (Rechtecke) unterteilt.

Die **Mauern der Festung** sind 9 Meter hoch und an der Sohle 4,5 Meter breit.

Porte de Colmar

ELSASS UND LOTHRINGEN

Der berühmte Isenheimer Altar von Matthias Grünewald in Colmar

Place d'Armes mit der 1731–36 hinzugefügten Eglise St-Louis. Diese zeigt die gewohnte Ehrerbietung Vaubans gegenüber seinem Gönner Louis XIV; ihre Stellung im Zentrum brachte zum Ausdruck, daß sie dem Sonnenkönig, und nicht dem Heiligen, geweiht war.

Das **Musée Vauban** in der Porte de Belfort beherbergt ein Modell, das auch die heute von Wald bedeckten Verteidigungsanlagen zeigt. Sie waren wichtigster Bestandteil von Vaubans Konzept – die Zitadelle konnte nie eingenommen werden.

Musée Vauban
Place Porte-de-Belfort. 03 89 72 56 66. Apr–Okt Mi–Mo, Nov–März max. 9 Gruppen, mit Vereinbarung.

Eguisheim 9

Haut-Rhin. 1500. 22a, Grand' Rue (03 89 23 40 33).

EGUISHEIM ist ein kleines Juwel, das von drei konzentrisch angeordneten Befestigungsringen umgeben ist.

Im Zentrum des Ortes steht die achteckige **Burg** der Grafen von Eguisheim. Die Statue davor zeigt Bruno Eguisheim, der 1002 hier geboren wurde und als Papst Leo IX. in die Geschichte einging. Später wurde er heiliggesprochen.

Die Grand' Rue ist von Fachwerkhäusern gesäumt, auf denen zum Teil das Datum ihrer Entstehung festgehalten ist. In der Nähe der Burg steht der **Marbacherhof**, früher ein klösterlicher Getreidespeicher und Abgabestelle für den Zehnt, und an einem benachbarten Platz zeigt die modernisierte Pfarrkirche noch ihren ursprünglichen romanischen Tympanon.

Der Ort insgesamt hat etwas Märchenhaftes, während hingegen einladende Hinterhöfe zugleich Kostproben verschiedener *grand crus* anbieten. Ein gekennzeichneter Spazierweg führt von der Rue de Hautvilliers außerhalb der Stadtmauern durch schön angelegte Weingärten.

Colmar 10

Haut-Rhin. 65 000. 4, rue d'Unterlinden (03 89 20 68 92). Mi, Do, Sa.

COLMAR IST DIE am besten erhaltene Stadt im Elsaß. Im 16. Jahrhundert war Colmar ein bedeutendes Handelszentrum mit Binnenhafen; Weinhändler transportierten damals ihre Ware auf den Wasserwegen des Kanalviertels, das auch als **Petite Venise** bezeichnet wird. »Klein-Venedig« läßt sich gut auf einer der Bootsfahrten erkunden, die vom Gerberviertel bis zur Rue des Tanneurs führen. Hier, an der Place de l'Alsacienne Douane, ist auch das **Koifhüs**, ein von Fachwerkhäusern umgebenes Zollhaus.

Nicht weit entfernt, im Viertel um die Place de la Cathédrale, sind die vielen alten Wohnhäuser aus dem 16. Jahrhundert mit Aushängeschildern. Die gotische **Eglise St-Martin** besitzt ein sehenswertes Portal, und ein Stück weiter ragt an der Place des Dominicains die gotische **Eglise Dominicains** empor. Im Inneren ist die *Madonna im Rosenhag* (1473) des berühmten, aus Colmar stammenden Künstlers Martin Schongauer zu bewundern.

Das **Musée d'Unterlinden** befindet sich an der Place d'Unterlinden. Das ehemalige Dominikanerkloster stellt Werke der frühen oberrheinischen Kunst aus. Der Höhepunkt der Sammlung ist der Isenheimer Altar, eine Gruppe elsässischer Tafelbilder (16. Jh.) von Matthias Grünewald.

In der historischen Altstadt steht an der malerischen Rue des Têtes die ehemalige Weinbörse. Wegen der grotesken Köpfe an seinen Giebeln wird das Renaissancebürgerhaus auch Maison des Têtes genannt. In der Rue Mercière findet man das Wahrzeichen der Stadt, die **Maison Pfister** mit ihrem schlanken Treppenturm und einer Galerie an der blumengeschmückten Fassade.

Am Quai de la Poissonerie in Petite Venise, Colmar

Riquewihr ⓫

Haut-Rhin. 1100.
2, rue de 1ère Armée
(03 89 49 08 40). Fr.

DER WEIN WÄCHST bis an den Ortsrand von Riquewihr, dem charmantesten Dorf an der Route du Vin *(siehe S. 222f.)*. Die Winzer von Riquewihr pflanzen Rosen am Ende jeder Rebenzeile – nicht nur weil sie schön anzusehen sind, sondern weil sie drohenden Parasitenbefall ankündigen. Das Dorf gehörte bis zur Revolution den Grafen von Württemberg und ist durch seinen Wein zu Wohlstand gekommen. Angebaut wird vor allem Pinot Gris, Gewürztraminer und Riesling. Riquewihr ist eine bunte Mischung aus Gassen, Balkonen und Innenhöfen; mit seinen alten Stadtmauern und Wachtürmen wirkt es wie ein Freilichtmuseum.

Vom Hôtel de Ville führt die **rue de Gaulle** vorbei an Fachwerk- und Steinhäusern aus dem Mittelalter und der Renaissance. Von Tragsteinen gestützte Erker, verzierte Portale und mittelalterliche Aushängeschilder bestimmen das Bild, und rechts vom Weg liegt die idyllische **Place des Trois Eglises**. Hinter der Wehranlage gelangt man zu den Weinbergen und weiter oben zu einem Turm aus dem 13. Jahrhundert sowie zur **Tour Haute**, wo sich der zweite Befestigungsring befindet. Sehenswert sind die **Cours des Bergers**, ein um die Befestigungen des 16. Jahrhunderts angelegter Garten. Die Romantik trübt nur der Besucherstrom, der das Dorf im Sommer und während der Weinlese völlig überschwemmt.

Das reizvolle, beliebte Dorf Riquewihr inmitten von Weinbergen

Ribeauvillé ⓬

Haut-Rhin. 4800.
1, Grand'Rue (03 89 73 62 22).
Sa.

RIBEAUVILLÉ WIRD VON drei Burgruinen überragt und erscheint etwas überladen und allzusehr herausgeputzt. Zum Teil dürfte dies im einträglichen Verkauf der elsässischen *grands crus*, vor allem des Rieslings, begründet sein. In der Nähe des Parks und im unteren Teil der Stadt gibt es reichlich Möglichkeiten, den Wein zu kosten *(siehe S. 222f.)*.

Grand'Rue Nr. 14 ist das **Pfifferhüs**, früher die Herberge der Stadtmusikanten und heute ein Spezialitätenlokal. Für elsässische Köche ist Ribeauvillé die Hauptstadt des *Kougelhopf*, eines elsässischen Kuchens.

In der Oberstadt schlängeln sich enge Gassen an den Läden von Kunsthandwerkern und Weinhändlern vorbei. Zudem gibt es Renaissancebrunnen, bemalte Fassaden, und die gotische Pfarrkirche **St-Grégoire-le-Grand**. Von diesem Teil der Stadt führt ein ausgeschilderter Weg in die Weinberge.

Château de Haut-Kœnigsbourg ⓭

Orschwiller. 03 88 92 11 46.
2. Woche im Feb–2. Woche im Jan tägl. **Geschl.** 1. Jan, 1. u. 11. Nov, 25. Dez.

HOCH ÜBER DEM Dorf St-Hippolyte beherrscht das beliebteste Reiseziel des Elsaß, das Château de Haut-Kœnigsbourg, die Landschaft. Die erste Burg an dieser Stelle baute 1114 Kaiser Friedrich von Hohenstaufen. Sie wurde 1462 zerstört, aber von den Habsburgern wiederaufgebaut und erweitert. Diese zweite Burg brannte 1633 nieder. Ende des letzten Jahrhunderts beauftragte Kaiser Wilhelm II. den Architekt Bodo Erhardt mit der Restaurierung. Das Ergebnis seiner gewissenhaften Arbeit war eine präzise Rekonstruktion der Originalgebäude.

Trotz der Zugbrücke, des Burgturms und der Ringmauern ist die Anlage zu überzogen, um wie eine echte mittelalterliche Burg zu wirken. Die Cour d'Honneur ist eine atemberaubende Nachbildung mit einem Eckturmchen und knarrenden, von Arkaden umrahmten Galerien. Am phantastischsten wirkt aber die Grande Salle mit einer neogotischen Empore und verzierten Vertäfelungen. Von den Wehrgängen aus überblickt man die Rheinebene bis zum Schwarzwald und zu den Alpen auf der einen Seite und die Weinberge und Dörfer der Vogesen auf der anderen.

Oberer Garten
Westliche Befestigung
Westflügel
Äußere Ringmauer

ELSASS UND LOTHRINGEN

Die Chapelle St-Sébastian bei Dambach-la-Ville an der Route du Vin

Sélestat ⓮

Bas-Rhin. 16 000.
Commanderie Saint-Jean, Boulevard du Général-Leclerc (03 88 58 87 20). Di.

IN DER RENAISSANCE war Sélestat der geistige Mittelpunkt des Elsaß, nicht zuletzt durch das Wirken von Beatus Rhenanus, einem Freund des Erasmus. Die **Bibliothèque Humaniste** besitzt eine großartige Sammlung von frühen Drucken und Handschriften. Ganz in der Nähe liegen die Cour des Prélats, ein mit Efeu bewachsenes Stadthaus, und die Tour de l'Horloge, ein mittelalterlicher Uhrenturm. Die **Eglise Ste-Foy** stammt aus dem 12. Jahrhundert und hat einen achteckigen Glockenturm. Ihr gegenüber steht die im Widerschein ihrer grünen und roten »burgundischen Ziegeln« glitzernde **Eglise St-Georges**.

🏛 Bibliothèque Humaniste
1, rue de la Bibliothèque.
📞 03 88 92 03 24.
Juli–Aug tägl.; Sep–Juni Mo–Sa. **Geschl.** Feiertage.

Umgebung
Eine reizvolle, durch Weinberge führende Landstraße verbindet das mittelalterliche **Dambach-la-Ville** mit Andlau und Ittersviller.

Das malerische Dorf **Ebersmunster** hat eine Abteikirche mit Zwiebelturm und üppigem, gold- und stuckbesetztem barockem Innenraum.

Obernai ⓯

Bas-Rhin. 10 000.
Place du Beffroi (03 88 95 64 13). Di u. Do.

AM NÖRDLICHSTEN PUNKT der Route du Vin hat Obernai etwas vom ursprünglichen Elsaß erhalten: Die Einwohner sprechen den elsässischen Dialekt, an Festtagen tragen die Frauen Tracht, und die Gottesdienste in der neogotischen **Eglise St-Pierre-et-St-Paul** sind gut besucht.

An der Place du Marché ist ein Renaissancebrunnen erhalten, ebenso die im 16. Jahrhundert über einem Schlachthof errichtete **Halle aux Blés**, ein Getreidespeicher. Die benachbarte Place de la Chapelle dient dem **Hôtel de Ville** sowie dem gotischen **Kapellturm** als Standort, in den Seitenstraßen sieht man Fachwerkhäuser der Renaissance und des Mittelalters. Ein Spaziergang an den Cafés der Rue du Marché vorbei führt den Besucher zu einem Park an der Stadtmauer.

Kinder aus Alcasien der örtlichen Tracht

Umgebung
Odile, die Schutzpatronin des Elsaß, wurde im 7. Jahrhundert in Obernai geboren und westlich der Stadt, in der Chapelle Ste-Odile auf dem **Mont Sainte-Odile**, beigesetzt.

Molsheim liegt 10 Kilometer nördlich und war früher ein Bistum und ein befestigter Marktflecken. Sehenswert ist auch der Marktplatz. Hauptanziehungspunkt ist aber der Metzig, das ehemalige Zunfthaus der Metzger im Stil der Renaissance und heutige Rathaus.

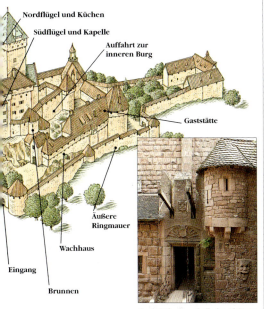

Nordflügel und Küchen
Südflügel und Kapelle
Auffahrt zur inneren Burg
Gaststätte
Äußere Ringmauer
Wachhaus
Eingang
Brunnen

Zugbrücke innerhalb des Château de Haut-Kœnigsbourg

Strasbourg ⓰

Statue in der Kathedrale

AUF HALBEM WEG zwischen Paris und Prag gelegen, wird Strasbourg oft als »Knotenpunkt Europas« bezeichnet. Es herrscht Weltoffenheit – nicht von ungefähr hat die berühmte Kathedrale sowohl katholischen als auch protestantischen Gemeinden gedient –, und als eine der Hauptstädte der Europäischen Union hat die Stadt ihren futuristisch anmutende Palais de l`Europe (Europarlament) folgerichtig am Rande des historischen Zentrums errichtet. Bei einer Bootsfahrt auf den Wasserwegen der Altstadt kann man es kennenlernen und geschichtlich Interessantes erkunden. Dabei kommt man an den Ponts-Couverts vorbei, den überbauten Brücken zwischen mittelalterlichen Wachtürmen, von denen aus die vier Kanäle der Ill einzusehen sind, sowie an dem malerischen früheren Gerberviertel Petite France. Hier gibt es auch alte Mühlen und zahllose Brücken, die das Wasser überspannen.

Boot auf dem Kanal

Das Hauptportal an der Westfassade der Kathedrale

🏛 Cathédrale Notre-Dame

Als Meisterwerk der Architektur erscheint die aus Sandstein erbaute Kathedrale in den Worten Goethes »ganz groß, und bis in den kleinsten Teil notwendig schön, wie Bäume Gottes«. Die Bauarbeiten begannen im 11. Jahrhundert (der Chor ist romanisch, das Mittelschiff gotisch), konnten aber erst 1439 mit der Fertigstellung der 1277 angefangenen Westfassade abgeschlossen werden. Ihre drei Portale sind mit Statuen verziert, die Krönung jedoch bildet die leuchtende Fensterrosette. Durch das Südportal gelangt man zum gotischen Pilier des Anges, dem Engelspfeiler (um 1230) neben der astronomischen Uhr: Jeden Tag um 12.31 Uhr erscheinen mechanische Figuren, begleitet von der Musik eines Glockenspiels. Die Aussichtsplattform bietet einen Rundblick über die Stadt, und an manchen Sommerabenden finden Orgelkonzerte statt.

An der Place de la Cathédrale steht das mit Schnitzereien geschmückte Bürgerhaus Maison Kammerzell, heute ein Restaurant. Beginnend an der Place du Château hinter der Kathedrale, fährt ein Mini-Zug zu dem Sehenswürdigkeiten der Altstadt und Petite France.

🏛 Musée de l'Œuvre de Notre-Dame

3, place du Château. ☎ 03 88 52 50 00. 🕐 Di–So. **Geschl.** 1. Jan, Karfreitag, 1. Mai, 11. Nov, 25. Dez. 📷 ♿ im Erdgeschoß.

Das Museum ist der Kathedrale angeschlossen und zeigt einen Großteil ihrer Originalskulpturen sowie

ELSASS UND LOTHRINGEN 221

Das Palais de l'Europe am Rande des Stadtzentrums

INFOBOX

Bas-Rhin. 250 000.
12 km von Strasbourg.
Place de la Gare (03 36 35 35 35). Place des Halles (03 88 77 70 70). 17, place de la Cathédrale (03 88 32 36 97).
Mo–Sa. Klassikmusikfestival (Juni); Jazzfestival (Juni); Musica, Festival zeitgenössischer Musik (Mitte Sep–Anfang Okt).

königlichen Architekten, geplant und war für die Fürstbischöfe von Strasbourg vorgesehen. Er beherbergt drei Museen: das Musée des Beaux-Arts, das Musée Archéologique und das Musée des Arts Décoratifs mit einer der schönsten Porzellansammlungen Frankreichs. Das Musée d'Art Moderne zeigt in verschiedenen Ausstellungen Arbeiten moderner Künstler.

🏛 Musée Historique

3, place de la Grande-Boucherie. 03 88 52 50 00. **Geschl.** wg. Renovierung bis 1999.
Das Museum im Schlachthaus aus dem 16. Jahrhundert behandelt die politische, wirtschaftliche und militärische Geschichte Strasbourgs.

🏛 Musée Alsacien

23, quai St-Nicolas. 03 88 35 55 36. Mi–Mo. **Geschl.** 1. Jan, Karfreitag, 1. Mai, 1. Nov, 25. Dez.
In einer Reihe von Renaissancegebäuden zeigt das Museum Exponate zu Brauchtum, Volkskunst und Handwerk der Region.

Buntglasfenster des 11. Jahrhunderts. In dem reizvollen Giebelhaus ist eine Sammlung elsässischer Kunst des Mittelalters und der Renaissance zu sehen.

🏛 Palais des Rohan

2, place du Château. 03 88 52 50 00. Mi–Mo. **Musée d'Art Moderne**, 5, rue du Château. Mi–Mo. **Museen geschl.** 1. Jan, Karfreitag, 1. Mai, 1. u. 11. Nov, 25. Dez.
Dieser klassische Palast wurde 1730 von Robert de Cotte, dem

ZENTRUM VON STRASBOURG

Cathédrale Notre-Dame ④
Maison Kammerzell ③
Musée Alsacien ⑦
Musée de l'Œuvre de Notre-Dame ⑤
Palais des Rohan ⑥
Petite France ②
Ponts-Couverts ①

LEGENDE

Bootsanlegestelle
P Parken
i Auskunft
Kirche

Die Ponts-Couverts mit mittelalterlichen Wachttürmen

Die elsässische Route du Vin

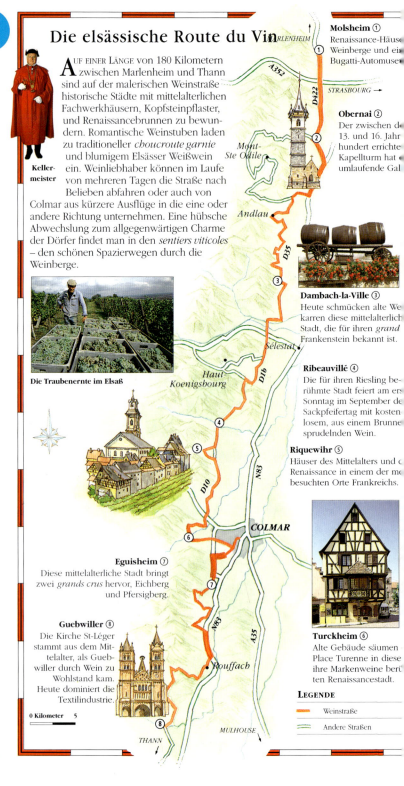

Auf einer Länge von 180 Kilometern zwischen Marlenheim und Thann sind auf der malerischen Weinstraße historische Städte mit mittelalterlichen Fachwerkhäusern, Kopfsteinpflaster, und Renaissancebrunnen zu bewundern. Romantische Weinstuben laden zu traditioneller *choucroute garnie* und blumigem Elsässer Weißwein ein. Weinliebhaber können im Laufe von mehreren Tagen die Straße nach Belieben abfahren oder auch von Colmar aus kürzere Ausflüge in die eine oder andere Richtung unternehmen. Eine hübsche Abwechslung zum allgegenwärtigen Charme der Dörfer findet man in den *sentiers viticoles* – den schönen Spazierwegen durch die Weinberge.

Kellermeister

Die Traubenernte im Elsaß

Molsheim ①
Renaissance-Häuse Weinberge und ei Bugatti-Automuse

Obernai ②
Der zwischen de 13. und 16. Jahr hundert errichte Kapellturm hat umlaufende Gal

Dambach-la-Ville ③
Heute schmücken alte We karren diese mittelalterlic Stadt, die für ihren *grand* Frankenstein bekannt ist.

Ribeauvillé ④
Die für ihren Riesling berühmte Stadt feiert am ers Sonntag im September de Sackpfeifertag mit kostenlosem, aus einem Brunne sprudelnden Wein.

Riquewihr ⑤
Häuser des Mittelalters und d Renaissance in einem der me besuchten Orte Frankreichs.

Turckheim ⑥
Alte Gebäude säumen Place Turenne in diese ihre Markenweine berü ten Renaissancestadt.

Eguisheim ⑦
Diese mittelalterliche Stadt bringt zwei *grands crus* hervor, Eichberg und Pfersigberg.

Guebwiller ⑧
Die Kirche St-Léger stammt aus dem Mittelalter, als Guebwiller durch Wein zu Wohlstand kam. Heute dominiert die Textilindustrie.

Legende

— Weinstraße
= Andere Straßen

ELSASS UND LOTHRINGEN 223

ÄSSER WEIN

Weine sind meist trocken körperreich. Es gibt nur e Rebsorten, nur Pinot wird zum Rotwein.

klassische Elsässer Spätlese

BERBLICK

Lage und Klima
Von den Vogesen geschützt, hat das Elsaß ein relativ ckenes und warmes ntinentales Klima.

Rebsorten
Das Elsaß ist bekannt für seine vielfältigen Rebten. Der **Gewürztramir** mit seinem ausgefallen, fruchtigen Charakter gibt den typischsten Wein, hrend der **Riesling** oft der beste angesehen rd. **Muscat** ist eine weie aromatische Sorte. Zum sen passen gut **Pinot is** und der trockene **not Blanc**. Der **Pinot ir** ist der einzige Rotein. Körperreiche Späten sind eine Spezialität s Elsaß.

Produzenten
Albert Boxler, Marcel Deiss, Marc Kreydenweiss, Bernard & bert Schoffit, Kuentz-Bas, omaine Weinbach, meyer, Olivier Zindmbrecht, Charles Schléret, omaines Schlumberger, omaine Ostertag, omaine Trimbach, Hugel Fils, Cave de Turckheim.

 Gute Jahrgänge
1996, 1995, 1994, 1990, 1989, 1988.

Die Kapelle (12. Jh.) der Château du Haut-Barr bei Saverne

Saverne ⓱

Bas Rhin. 10 600. Château des Rohan (03 88 91 80 47). Di, Do u. Sa.

Umgeben von Hügeln und zwischen dem Fluß Zorn und dem Marne-Rhein-Kanal gelegen, ist Saverne eine reizvolle Erscheinung. Die Stadt war ein Lehen der Fürstbischöfe von Strasbourg, und das aus Sandstein erbaute Château des Rohan eine Sommerresidenz. Heute beherbergt das Schloß das **Musée de la Ville de Saverne** mit einer Sammlung zur lokalen Geschichte. An der Grand' Rue befinden sich Spezialitätenrestaurants und Fachwerkhäuser der Renaissance.

🏛 Musée de la Ville de Saverne
Château des Rohan. 03 88 91 06 28. März–Nov Mi–Mo, Dez–Feb So.

Umgebung
Auf einem Felsvorsprung südwestlich der Stadt erhebt sich die Ruine des **Château du Haut-Barr** – das »Auge des Elsaß« –, das früher den Paß Col de Saverne beherrschte.
In **Marmoutier** steht eine Kirche mit romanischer Fassade und achteckigen Türmen.

Betschdorf ⓲

Bas Rhin. 3600. La Mairie (03 88 54 48 00).

Der betriebsame Ort Betschdorf (45 km nördlich von Strasbourg) grenzt an die Forêt de Haguenau. Ein Großteil der Einwohner lebt in Fachwerkhäusern aus dem 18. Jahrhundert, der Zeit, in der die Keramikindustrie dem Städtchen seinen Wohlstand brachte. Generationen von Töpfern haben die Technik der blaugrauen Glasierung an ihre Söhne weitergegeben, während die Frauen die kobaltblaue Bemalung übernahmen. Ein Töpfereimuseum zeigt die ländliche Handwerkskunst.

Steingut aus Betschdorf

Ebenfalls einen Besuch wert sind die gotische Kirche in Niederbetschdorf und die lutherische Kirche in Kuhlendorf, die einzige Fachwerkkirche im Elsaß. Nicht weit entfernt ist die Wacht, die ehemalige Unterkunft der Nachtwächter. In Betschdorf kann man gute *tartes flambées* bekommen – heiße Törtchen mit Käse- oder Obstauflage.

Umgebung
Ein weiterer Töpferort ist **Soufflenheim**, 10 Kilometer südwestlich. Seine Tonwaren sind meist mit Blumenmotiven bemalt.

WEST-FRANKREICH

WESTFRANKREICH STELLT SICH VOR 226-235
NORMANDIE 236-257
BRETAGNE 258-275
LOIRE-TAL 276-303

Westfrankreich stellt sich vor

DIE WESTLICHEN REGIONEN Frankreichs haben in der Geschichte sehr unterschiedliche Rollen gespielt, vom Kerngebiet des alten Königreichs, dem Loire-Tal, bis zur gelegentlich rebellischen Bretagne. Neben Erdölverarbeitung und Schwerindustrie sind Landwirtschaft und Fischereiwirtschaft Haupteinnahmequellen. Was aber Reisende anlockt, sind vor allem Strände, Landschaften und die Schlösser der Loire. Die folgende Karte verzeichnet einige der wichtigsten Reiseziele.

Der **eindrucksvolle Mont-St-Michel** ist seit dem 11. Jahrhundert das Ziel von Wallfahrern. Heute gehen fast eine Million Besucher jedes Jahr über den Sand zu der Inselabtei (siehe S. 246 ff).

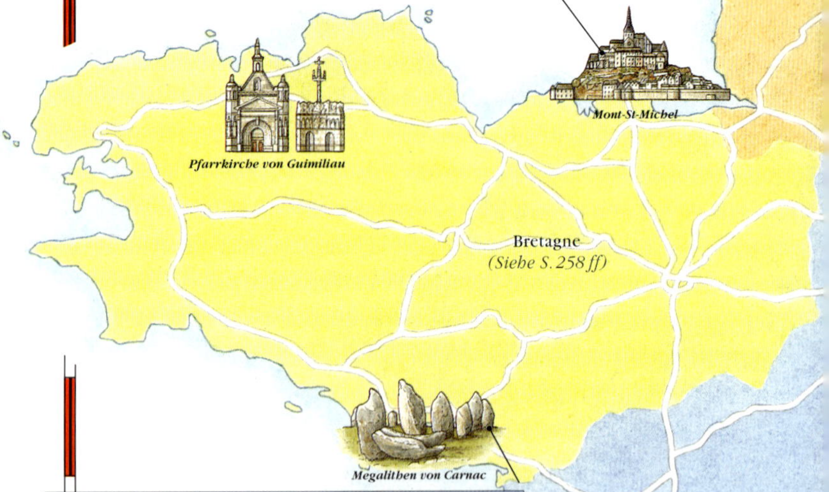

Pfarrkirche von Guimiliau

Mont-St-Michel

Bretagne
(Siehe S. 258 ff)

Megalithen von Carnac

Die **Megalithen von Carnac** geben Zeugnis von der frühen Besiedlung der Bretagne. Diese Granitblöcke stammen aus der Zeit um 4000 v. Chr. und dienten wohl religiösen oder astronomischen Zwecken (siehe S. 269).

WESTFRANKREICH STELLT SICH VOR

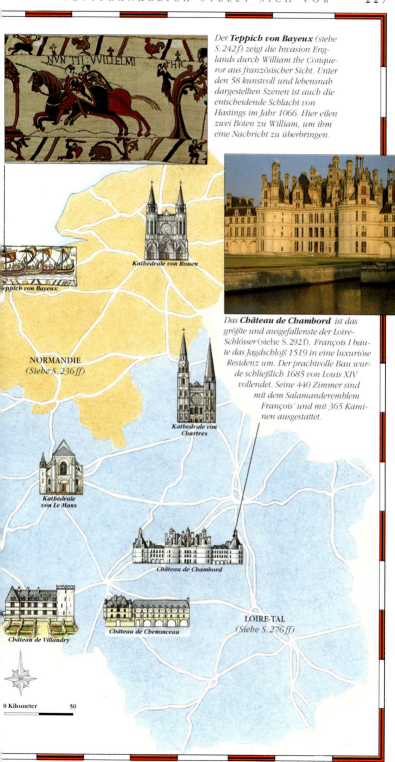

*Der **Teppich von Bayeux** (siehe S. 242f) zeigt die Invasion Englands durch William the Conqueror aus französischer Sicht. Unter den 58 kunstvoll und lebensnah dargestellten Szenen ist auch die entscheidende Schlacht von Hastings im Jahr 1066. Hier eilen zwei Boten zu William, um ihm eine Nachricht zu überbringen.*

*Das **Château de Chambord** ist das größte und ausgefallenste der Loire-Schlösser (siehe S. 292f). François I baute das Jagdschloß 1519 in eine luxuriöse Residenz um. Der prachtvolle Bau wurde schließlich 1685 von Louis XIV vollendet. Seine 440 Zimmer sind mit dem Salamanderemblem François' und mit 365 Kaminen ausgestattet.*

NORMANDIE (Siehe S. 236ff)

Kathedrale von Rouen

Kathedrale von Chartres

Kathedrale von Le Mans

Château de Chambord

Château de Villandry

Château de Chenonceau

LOIRE-TAL (Siehe S. 276ff)

0 Kilometer 50

Spezialitäten des Westens

Camembert

Die Küste der Normandie hat eine Länge von 480 Kilometern, und so baut ihre Küche naturgemäß vor allem auf Fisch und Schalentiere. Die Lämmer grasen in den Salzsümpfen, was ihrem Fleisch einen leicht salzigen Geschmack verleiht. Im Landesinneren wird aus der gehaltvollen Milch Sahne, Käse und Butter hergestellt, und hier reifen die Äpfel für den berühmten Calvados. Diese Spezialitäten, außer dem Calvados, findet man auch in der Bretagne. Typisch für die Bretagne ist aber frischer Quarkkäse oder Buttermilch mit Buchweizencrêpes – ein Gericht, das früher als eher anspruchslos galt, heute aber seinen festen Platz in der gepflegten regionalen Küche hat.

Im Loire-Tal führt der Fluß Süßwasserfische, und in den Höhlen an seinen Ufern werden Pilze gezüchtet. Die reichen Schwemmlandböden bringen schmackhaftes Gemüse, saftiges Obst und herrliche Weine hervor.

Moules marinières *sind in Weißwein gekochte Muscheln mit Zwiebeln, Schalotten, Petersilie und Butter.*

Austern *werden roh aus der Schale gegessen oder kurz gegrillt und mit einer Soße serviert.*

Reines Meersalz glitzert auf der Halbinsel Guérande in der südlichen Bretagne und wird traditionell in Pfannen geschöpft. So behält es seinen hohen Anteil an Mineralien und sein unverwechselbares Aroma.

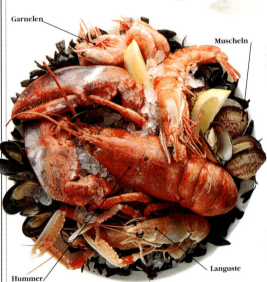

Garnelen · Muscheln · Hummer · Languste

Fruits de mer *ist eine Zusammenstellung von Meeresfrüchten der Region. Dazu gehören Austern, Muscheln, Krabben, Langusten, Shrimps und Strandschnecken, die oft auf einer gutbemessenen Unterlage von Eis und Seegras serviert werden.*

Rillettes *sind Pasteten aus gewürztem und in Schmalz gekochtem Schweine- und Gänsefleisch.*

Artischocken *werden in Wasser oder Wein gekocht und gefüllt oder mit Kräuter- oder Zitronenbutter serviert.*

Gigot d'agneau à la bretonne *ist Lammbraten mit gekochten Gartenbohnen, Tomaten, Knoblauch und Zwiebeln.*

Lachs mit beurre blanc, *einer Soße aus Butter, Wein und Schalotten, ist in der Bretagne und an der Loire sehr beliebt.*

Tripe à la mode de Caen *ist ein normannisches Gericht aus in Cidre gedünsteten Kutteln und Gemüse.*

Tarte tatin *ist ein mit Karamel überzogener gestürzter Apfelkuchen, der im Hôtel Tatin im Loire-Tal kreiert wurde.*

Crêpes Suzettes, *eines der berühmtesten Gerichte der Bretagne, werden mit Orangen und Grand Marnier gegessen.*

Galette biscuits *aus der Bretagne schmecken auffallend nach der dort häufig verwendeten leicht gesalzenen Butter.*

KÄSE

Einige der besten Käsesorten Frankreichs kommen aus der Normandie – Camembert, der scharfe Livarot und der cremige Pont-l'Evêque. Eine der beliebtesten Sorten von Ziegenkäse ist der Crottin de Chavignol von der Loire.

Pont l'Evêque

Livarot

Crottins de Chavignol

Camembert

Benedictine   **Calvados**   **Cidre**

GETRÄNKE

In der Normandie und auch in der Bretagne ist alkoholischer oder nichtalkoholischer Cidre das gängige Getränk. Er paßt besonders gut zu herzhaften Crêpes. Der Apfelbranntwein Calvados wird in der Bretagne *lambig* genannt. Der Kräuterlikör Benedictine wurde zuerst 1510 von einem Mönch in Fécamp zubereitet.

Weinbaugebiete Frankreichs: Loire

VON EINIGEN AUSNAHMEN abgesehen, werden im Anbaugebiet der Loire eher gute als hervorragende Weine hergestellt. Die fruchtbaren Böden der weiten Ebenen im »Garten Frankreichs« sind gut geeignet für den Anbau von Obst und Gemüse, jedoch weniger für die Kultivierung großer Weine. Im kühlen Atlantikklima wachsen aber dennoch aromatische Rot- und Weißweine, leichte Rosés und anregende Perlweine heran. Eindeutig in der Überzahl sind hier die Weißweine, die meist jung getrunken werden. Jahrgangsweine haben daher an der Loire keine besondere Bedeutung.

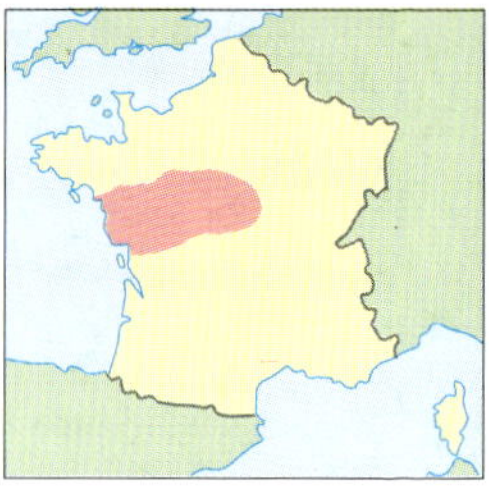

Cabernet Franc, Rebsorte der Loire

ZUR ORIENTIERUNG

Weinbaugebiet der Loire

*Dieser **großartige, süßliche Wein** von den Coteaux du Layon ist außerhalb Frankreichs kaum bekannt.*

***Muscadet** mit den Worten »sur lie« auf dem Etikett ist auf seinem Bodensatz gereift* (siehe S. 23) *und somit etwas kräftiger.*

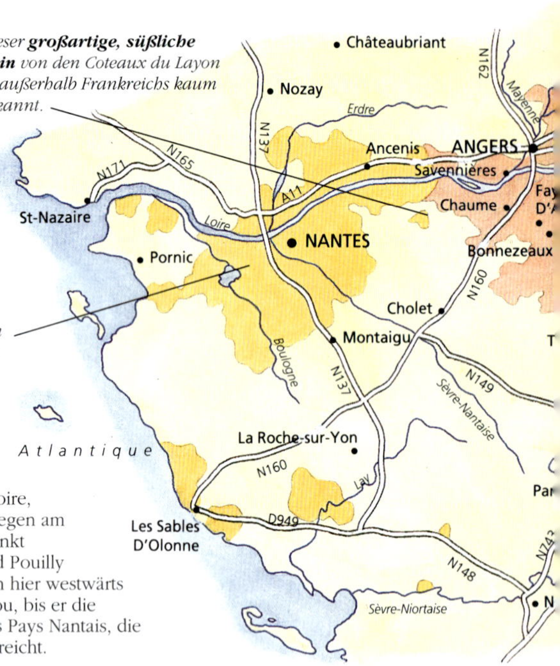

WEINBAUGEBIETE

Am Oberlauf der etwa 1000 Kilometer langen Loire, westlich von Burgund, liegen am geographischen Mittelpunkt Frankreichs Sancerre und Pouilly Fumé; der Fluß fließt von hier westwärts durch Touraine und Anjou, bis er die küstennahen Ebenen des Pays Nantais, die Heimat des Muscadet, erreicht.

Clos de l'Echo, Produzent von guten würzigen Rotweinen

LEGENDE

- Pays Nantais
- Anjou-Saumur
- Haut-Poitou
- Touraine
- Mittlere Weinanbaugebiete

0 Kilometer 15

WESTFRANKREICH STELLT SICH VOR   231

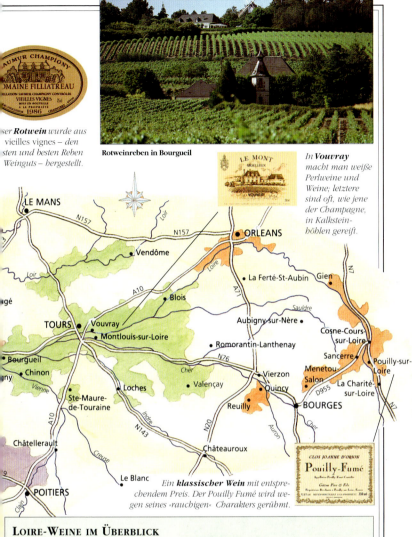

ser **Rotwein** wurde aus vieilles vignes – den ßten und besten Reben Weinguts – hergestellt.

Rotweinreben in Bourgueil

In **Vouvray** macht man weiße Perlweine und Weine; letztere sind oft, wie jene der Champagne, in Kalksteinhöhlen gereift.

Ein **klassischer Wein** mit entsprechendem Preis. Der Pouilly Fumé wird wegen seines »rauchigen« Charakters gerühmt.

LOIRE-WEINE IM ÜBERBLICK

Lage und Klima
Fruchtbare Böden bringen Obst, Gemüse, Getreide und auch Trauben hervor. Das kühle, vom nahen Atlantik beeinflußte Klima läßt erfrischende, säurereiche Weine entstehen.

Die Rebsorten
Aus der Traube **Muscadet** werden einfache Weißweine gewonnen. Die **Sauvignon** ergibt spritzige, feinsäuerliche, trockene Weine; die besten sind Sancerrre und Pouilly Fumé. Trockene und halbtrockene Weine aus **Chenin Blanc** sind Anjou, Savennières, Vouvray, Montlouis und Saumur sowie die perlenden Vouvray und

berühmten weißen Bonnezeaux, Vouvray und Quarts de Chaume. Leichte Rote ergeben **Gamay** und die fruchtige **Cabernet Franc**.

Führende Marken
Muscadet: Sauvion, Guy Bossard, Luneau. *Anjou, Savennières, Vouvray*: Richou, Domaine de la Bizolière, Coulée de Serrant, Huet, Domaine des Aubuissières, Bourillon-Dorléans. *Touraine* (weiß): Domaine des Acacias. *Saumur* (rot): Filliatreau, Domaine des Roches Neuves. *Chinon/Bourgueil* (rot): Joguet, Taluau, Druet. *Sancerre, Pouilly Fumé, Ménétou-Salon*: Dagueneau, Reverdy, Vacheron, Mellot, Henry Natter, Henry Pelle.

Von der Burg zum Schloß

DIE GROSSEN BURGEN des Loire-Tals verloren mit der Erfindung der Feuerwaffen ihre Funktion und entwickelten sich zu dekorativen Schlössern, in denen nun Komfort und Geschmack dominierten. Als Symbole ihrer einstmaligen Bedeutung blieben die Türme, Wälle, Gräben und Ziehbrücken jedoch erhalten; dazu kamen in der Renaissance Balkone und Dachfenster, die den Burgen mehr Eleganz verliehen.

Salamanderemblem von François I

Schiefer- und Steinmauern

Angers (siehe S. 281), 1230–40 unter Louis IX auf einem Felshügel im Stadtzentrum errichtet. 1585 ließ Henri III die Turmspitzen von 17 Wehrtürmen, die ursprünglich 30 Meter hoch waren, abnehmen.

Wehranlage mit abgedeckten Türmen

Rundturm, ehemals Teil der Burgbefestigung

Balkone mit Kragsteinen, wichtig für die Verteidigung

Chaumont (siehe S. 296), 1498–1510 von der Amboise-Familie im Stil der Renaissance wiedererrichtet und nach 1875 restauriert. Die Elemente einer Verteidigungsanlage wie Türme und Torhäuser dienen in erster Linie dekorativen Zwecken.

Verzierte Türme

Azay-le-Rideau (siehe S. 286) gilt als eines der elegantesten und schönsten Renaissanceschlösser, von Schatzmeister Gilles Berthelot und seiner Gattin Philippa Lesbaby erbaut (1518–27). Es ist eine Mischung aus traditionellen Bauelementen und solchen der Renaissance. Am herausragendsten ist wohl das große Treppenhaus mit seinem reichverzierten Giebel.

Renaissancefenster

Lisenen

Giebelfenster

Zylindrischer Turm

Ussé (siehe S. 285), 1462 von Jean de Bueil als Wehranlage mit offenen Brüstungen für Kanonen sowie Schießscharten errichtet. Die Espinays, Kammerherren sowohl am Hofe Louis' XI als auch Charles' VIII, kauften das Schloß und gestalteten den Innenhof im Stil der Renaissance, mit Dachfenstern und Stützpfeilern, um. Im 17. Jahrhundert wurde der Nordflügel des Schlosses abgerissen und die große Terrasse angelegt.

Bretonische Traditionen

DIE BRETAGNE ERHIELT ihren Namen von den keltischen Briten, die im 5. und 6. Jahrhundert aus Cornwall und Wales kamen. Sie prägten auch die Bräuche, die Sprache und die Religion der Gallier. Die Bretagne widerstand Karl dem Großen, den Wikingern, Normannen, Engländern und der französischen Oberherrschaft bis 1532. Bretonisch wird heute noch in der Schule gelehrt, und auch vieles andere verweist noch auf die keltische Geschichte der Bretagne.

Spitzenkopfschmuck

Bretonische Musik hat viele keltische Elemente; das dudelsackähnliche *biniou* und die der Oboe ähnliche *bombarde* hört man bei lokalen Festivals.

Ein **pardon** ist ein jährlich stattfindendes Fest, das einem örtlichen Heiligen gewidmet ist. Mit diesen Festen soll bewirkt werden, daß die Sünden des vergangenen Jahres vergeben werden. Einige dieser *pardons*, wie die in Ste-Anne-d'Auray und Ste-Anne-la-Palud, ziehen Tausende von Pilgern an. Die meisten *pardons* finden zwischen April und September statt.

Spitzenkopfschmuck **Filzhut** **Leinenkopfschmuck** **Kleiner Kopfschmuck**

Holzschuhe

Bestickte Schürze

Bretonische Hose

Die **bretonischen Trachten**, die man bei Hochzeiten und *pardons* sieht, unterscheiden sich u. a. in ihrem Kopfschmuck. Gauguin malte oft diese Trachten. In Quimper (siehe S. 264) und Pont-l'Abbé im Pays Bigouden (siehe S. 263) befinden sich schöne Trachtensammlungen.

Fauna und Flora der Bretagne

DIE BRETONISCHE KÜSTE mit ihren Klippen und Buchten verfügt über eine sehr vielfältige Fauna und Flora. Da hier zum Teil bei Flut das Wasser bis zu 15 Meter steigt, so hoch wie sonst nirgendwo in Frankreich, bietet die Küste viele verschiedene Lebenszonen. Die meisten Schalentiere leben in den niedriger gelegenen Küstengebieten, an Felsen und im schlammigen Sand, wo sie fast immer vom Wasser umspült werden. In den höher gelegenen Küstenregionen findet man Schnecken und Entenmuscheln sowie verschiedene Arten Seetang, der auch außerhalb des Wassers lange überleben kann. Hoch über dem Meer bieten die zerklüfteten Felsen einer ganzen Reihe von Vögeln und Pflanzen ideale Lebensbedingungen.

Seestern

Klippen bei der Pointe du Raz

Die Ile de Bréhat bei Ebbe

KÜSTENANSICHT
Diese Küstenansicht zeigt einige der typischen Charakteristika der bretonischen Küste. Wenn Sie die Küste entlanglaufen, achten Sie auf Ebbe und Flut, vor allem wenn Sie am Fuß der Felsen gehen wollen.

Salziges Marschland, in dem im Sommer die typischen Marschblumen blühen

Das harte Dünengras festigt den Sand der **Dünen**.

Schlamm und Sand bergen unzählige Muscheln, die ihr Futter aus dem Wasser filtern.

Felsen bieten ideale Nistplätze für Seevögel.

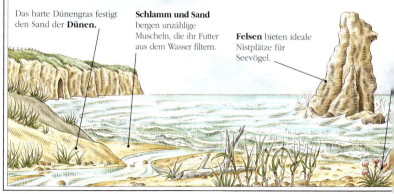

AUSTERNBÄNKE

Auch Austern beginnen ihr Leben zunächst als schwimmende Larven. Der erste Schritt hin zur *ostréculture*, zur Austernkultur, besteht darin, ihnen einen vom Meer umspülten Platz zu bieten, an dem sie sich niederlassen. Sind sie gewachsen, werden sie zu den Austernbänken gebracht, in denen sie bleiben, bis sie reif sind.

Austernbänke bei Cancale

Im **salzigen Marschland** blühen im Sommer die typischen Marschblumen.

Felsenbassins, die täglich zweimal geflutet werden, sind von Fischen, Weichtieren und Schwämmen bewohnt.

FAUNA UND FLORA DER KÜSTE

Bedingt durch die Beschaffenheit der Küste, findet man hier die unterschiedlichsten Arten von Tieren und Pflanzen. Die Felsen bieten vielen kleinen Lebewesen einen natürlichen Schutz vor Wind und Wasser, im Schlamm findet sich genügend Nahrung und ebenso vielfältiges Leben, auch wenn sich das meiste davon unter der Oberfläche abspielt.

Klippen

*Die **Felsentaube** ist ein natürlicher Vorfahre der bekannten Stadttaube.*

*Die **Grasnelke** ist eine Frühlingsblume, die in Küstennähe zu finden ist.*

Felsen und Felsenbassins

Seetang *der unterschiedlichsten Art erscheint täglich bei Ebbe auf dem Meeresgrund.*

*Die **Napfschnecke** schabt winzige Pflanzen von den Felsklippen.*

*Die **Meergrundel** mit ihrem scharfen Blick versteckt sich, sobald sich irgend etwas bewegt.*

Krebse leben in allen Meerestiefen, einige sind sehr gute Schwimmer.

Schlamm und Sand

Muscheln leben in großer Vielfalt im schlammigem Sand.

*Der **Brachvogel** ernährt sich von den im Schlick lebenden Schalentieren.*

NORMANDIE

EURE · SEINE-MARITIME · MANCHE · CALVADOS · ORNE

Das gängigste Bild *der Normandie ist das einer ländlichen Idylle mit Apfelhainen und zufriedenen Kühen, mit Cidre und scharfem Käse - doch zu dieser Region gehören auch die stürmischen Küsten des Cotentin und die Wälder des Seine-Tales. Zu den bedeutendsten Sehenswürdigkeiten zählen die Abteikirchen von Caen, die kleine Insel Mont-St-Michel und Monets Garten in Giverny.*

Die Normandie erhielt ihren Namen von den Wikingern, den »Nordmännern«, die im 9. Jahrhundert die Seine hinaufsegelten. Aus Plünderern wurden Siedler – ihre Hauptstadt wurde Rouen, heute eine Stadt mit einer altehrwürdiger Kathedrale, im Osten der Region gelegen. Hier windet sich die Seine an den alten Abteien von Jumièges und St-Wandrille vorbei bis zur Küste, im 19. Jahrhundert Freiluftatelier der Impressionisten.

Nördlich von Rouen liegen die Kreidefelsen der Côte d'Albâtre und landeinwärts das Pays d'Auge mit seinen wunderschönen Fachwerkhäusern. Der westliche Teil der Normandie ist eher ländlich geprägt, eine *bocage*-Landschaft mit kleinen, von Hecken umgebenen Feldern und Buchenwäldern. Besuchen Sie Caen mit seinen zwei großen Abteien aus dem 11. Jahrhundert, die zur Zeit von William the Conqueror und seiner Gattin Matilda erbaut wurden. Im nahen Bayeux erzählt der weltberühmte Wandteppich die Geschichte der Invasion Williams in England. Erinnerungen an die D-Day-Invasion von 1944 findet man noch an der Côte de Nacre und auf der Halbinsel von Cotentin. Tausende von alliierten Soldaten drangen hier zur Küste vor – mit diesem Ereignis wurde das Ende des Zweiten Weltkrieges eingeleitet. An der Spitze der Halbinsel Cotentin liegt der bedeutende Hafen von Cherbourg, und am westlichsten Punkt der Normandie befindet sich der berühmte Mont-St-Michel.

Fachwerkhaus in dem Dorf Beuvron-en-Auge nahe Lisieux

◁ **Saftige Weiden und braunweiße normannische Kühe, traditionell der Reichtum dieses Départements**

Überblick: Normandie

Die historischen und landschaftlichen Sehenswürdigkeiten der Normandie lassen sich ideal mit dem Auto oder Fahrrad erschließen. Entlang der Côte d'Albâtre und der Halbinsel Cotentin findet man wunderschöne Küstenabschnitte und Strände und weiter im Süden den berühmten Mont-St-Michel. Folgt man landeinwärts dem Flußlauf der Seine, kommt man an Apfelhainen und Fachwerkhäusern vorbei und erreicht schließlich Rouen und Monets Garten bei Giverny.

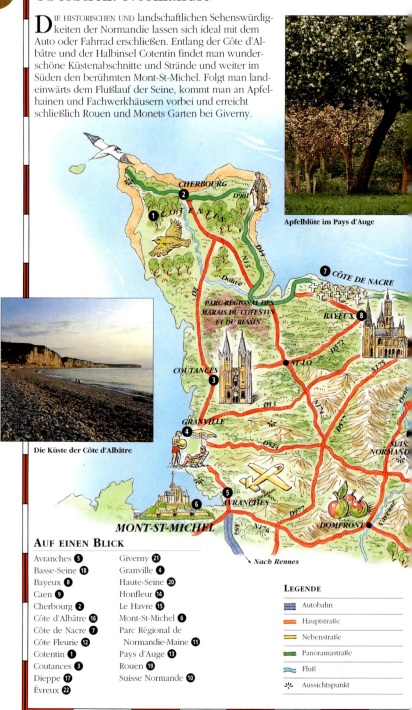

Apfelblüte im Pays d'Auge

Die Küste der Côte d'Albâtre

Auf einen Blick

- Avranches ❺
- Basse-Seine ⓲
- Bayeux ❽
- Caen ❾
- Cherbourg ❷
- Côte d'Albâtre ⓰
- Côte de Nacre ❼
- Côte Fleurie ⓬
- Cotentin ❶
- Coutances ❸
- Dieppe ⓱
- Évreux ㉒
- Giverny ㉑
- Granville ❹
- Haute-Seine ⓴
- Honfleur ⓮
- Le Havre ⓯
- Mont-St-Michel ❻
- Parc Régional de Normandie-Maine ⓫
- Pays d'Auge ⓭
- Rouen ⓳
- Suisse Normande ❿

Legende

- Autobahn
- Hauptstraße
- Nebenstraße
- Panoramastraße
- Fluß
- Aussichtspunkt

NORMANDIE

239

UNTERWEGS

Die Autobahn A13 führt von Paris nach Rouen und Caen, außerdem gibt es Landstraßen und Zugverbindungen zu den Hafenstädten Dieppe, Le Havre, Caen und Cherbourg. Darüber hinaus ist das öffentliche Verkehrsnetz jedoch begrenzt. Es gibt kleinere Straßen, die besonders im Pays d'Auge und auf der Halbinsel Cotentin landschaftlich reizvoll sind. Die wichtigsten Flughäfen sind Rouen, Le Havre und Caen.

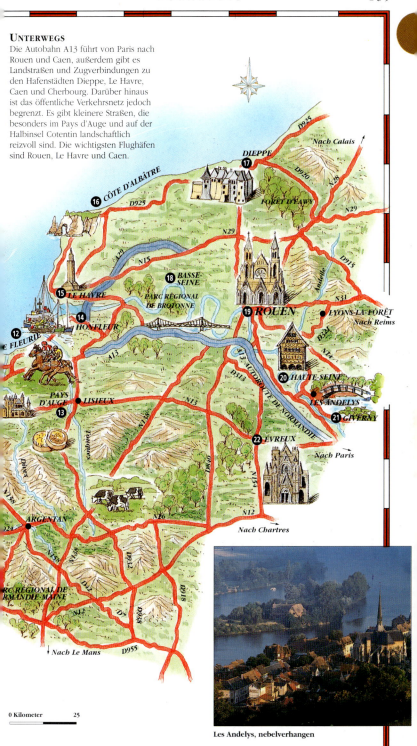

Les Andelys, nebelverhangen

Die schroffen Felsen der Halbinsel Cotentin

Cotentin ❶

Manche. ✈ 🚂 🚌 ⛴ Cherbourg.
ℹ Cherbourg (02 33 93 52 02).

Die Halbinsel Cotentin gleicht vom Landschaftsbild der englischen Küste. Ihre Sandstrände sind relativ unberührt, die Landzungen rund um Cap de la Hague und Nez de Jobourg sind wild und zerklüftet. Letztere ist interessant für Vogelbeobachtungen – Tölpel und Sturmtaucher kann man hier in ganzen Scharen sehen. Entlang der Ostküste erstreckt sich der weite Sandstrand von Utah Beach, an dem amerikanische Truppen als Teil der alliierten Armee am 6. Juni 1944 landeten. Weiter landeinwärts erinnert auch die Kirche Ste-Mère-Eglise mit ihrem **Musée des Troupes Aéroportées** an dieses Ereignis. Direkt außerhalb von Ste-Mère-Eglise bietet das **Musée de la Ferme du Cotentin** einen Einblick in das Landleben um 1900, während weiter im Norden, in der Marktstadt Valognes, das **Musée Régional du Cidre et du Calvados** den Erfolg des hiesigen Geschicks bei der Herstellung von Cidre und Calvados würdigt.

Zwei Fischerhäfen beherrschen die nordöstliche Ecke der Halbinsel: Barfleur und St-Vaast-la-Hougue, letzterer berühmt für seine Austern und ideal als Ausgangspunkt für Bootsfahrten zur Ile de Tatihou. Das Val de Saire eignet sich für Ausflüge, vom Aussichtspunkt La Pernelle hat man den schönsten Blick über die Küste. Im Westen der Halbinsel bietet Barneville-Carteret Sandstrände und Bootsausflüge zu den Kanalinseln. Die Marschlandschaft östlich von Carentan bildet das Herz des Parc Régional des Marais du Cotentin et du Bessin.

🏛 **Musée des Troupes Aéroportées**
Place du 6 Juin, Ste-Mère-Eglise.
📞 02 33 41 41 35. 🕐 Feb–Mitte Nov tägl.; Mitte Nov–Mitte Dez Sa u. So. 🎟 ♿

🏛 **Musée de la Ferme du Cotentin**
Route de Beauvais, Ste-Mère-Eglise.
📞 02 33 41 30 25. 🕐 Ostern–Okt Mi–Mo; Juli u. Aug tägl. 🎟

🏛 **Musée Régional du Cidre et du Calvados**
Rue du Petit-Versailles, Valognes.
📞 02 33 40 22 73. 🕐 Apr–Sep Mi–Mo, Juli u. Aug tägl. **Geschl.** So vormittags. 🎟

Cherbourg ❷

Manche. 👥 28 000. ✈ 🚂 🚌 ⛴
ℹ 2, quai Alexandre III
(02 33 93 52 02). 🛒 Di, Do u. Sa.

Cherbourg ist seit Mitte des 19. Jahrhunderts ein strategisch wichtiger Seestützpunkt. Die französische Marine nutzt noch heute die Hafenanlagen, außerdem verkehren von hier verschiedene Transatlantiklinien sowie Fähren über den Kanal nach England und Irland. Wollen Sie den Hafen überblicken, fahren Sie nach **Fort du Roule**, hoch auf dem Berg gelegen, dessen **Musée du Roule** an den D-Day und die Befreiung Cherbourgs erinnert. Am belebtesten sind hier der Marktplatz, die Place Général-de-Gaulle und die Einkaufsstraßen, so die Rue Tour-Carrée und die Rue de la Paix. Die Kunstsammlung der Stadt ist im **Musée Thomas-Henry** untergebracht und verfügt über hervorragende flämische Arbeiten des 17. Jahrhunderts sowie über Porträts von Jean François Millet, der in Gréville-Hague geboren wurde.

Im **Parc Emmanuel Lais** befinden sich botanische Anlagen wie auch das **Musée d'Histoire Naturelle**.

🏛 **Musée du Roule**
Fort du Roule. 📞 02 33 20 14 12.
🕐 Apr–Sep tägl.; Okt–März Di–So.
Geschl. 1. Jan, 1. Nov, 25. Dez. 🎟 ♿
🏛 **Musée Thomas-Henry**
Rue Vastel. 📞 02 33 23 02 23.
🕐 Di–So. **Geschl.** Feiertage. 🎟 ♿
🏛 **Musée d'Histoire Naturelle**
Parc Emmanuel Liais, 9, rue de l'Abbaye. 📞 02 33 53 51 61.
🕐 Di–So. **Geschl.** So vormittags, Feiertage. 🎟 ♿

Stadtzentrum von Cherbourg

Coutances ❸

Manche. 👥 12 000. 🚂 🚌 ℹ Place Georges-Leclerc (02 33 45 17 79).
🛒 Do.

Von römischer Zeit an bis zur Revolution war Coutances die Hauptstadt der Halbinsel Cotentin. Die **Cathédrale Notre-Dame**, ein Beispiel gotischer Baukunst in der Normandie, wurde um 1040 von der Familie De Hauteville mit einem 41 Meter hohen Turm errichtet, die doppelten Strebepfeiler im 13. Jahrhundert angefügt. Interessant sind auch die gotischen Buntglasfenster. Die Stadt wurde im Zweiten Weltkrieg stark zerstört, die Kathedrale sowie die Kirchen St Nicholas und St Pe-

NORMANDIE

241

ter blieben jedoch erhalten, wie auch die schönen Parkanlagen mit ihren seltenen Pflanzen.

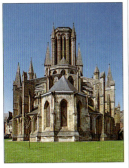

Rückansicht der Kathedrale von Coutances mit ihrem Turm

Granville ❹

Manche. 13 000.
4, cours Jonville (02 33 91 30 03).
Mi und Sa.

SCHUTZWÄLLE UMGEBEN die Oberstadt von Granville, die auf einem Felsen hoch über der Baie du Mont-St-Michel liegt. Die befestigte Stadt entwickelte sich aus Festungsanlagen, die die Engländer 1439 im Zuge ihrer Bedrohung des Mont-St-Michel errichteten. Die Seefahrertradition der Stadt kann im **Musée de Vieux Granville** verfolgt werden, das im ehemaligen Torhaus der Stadt untergebracht ist. Die Wände in den Kapellen der **Eglise de Notre-Dame** sind mit Gaben der Seeleute geschmückt, die sie einst ihrer Schutzpatronin Notre-Dame du Cap Lihou darbrachten.

Die Unterstadt von Granville ist ein Badeort mit Casino, Promenaden, Parkanlagen, einem Aquarium, einer Wachsfigurensammlung sowie der Féerie du Coquillage, einem Wunderland voller Muscheln. Vom Hafen aus fahren Boote zu den Iles Chausey, von denen die Steine für die Abtei von Mont-St-Michel stammen.

🏛 Musée de Vieux Granville
2, rue Lecarpentier.
📞 02 33 50 44 10. Apr–Juni Mi–So; Juli–Sep Mi–Mo; Okt–März Mi, Sa u. So. **Geschl.** 1. Jan, 1. Mai, 1. u. 11. Nov, 25. Dez.

D-DAY-LANDUNG

Am Morgen des 6. Juni 1944 begann die Landung der Alliierten und damit eine lange geplante Invasion in das von den Deutschen besetzte Frankreich, bekannt als »Operation Overlord«. Fallschirmspringer wurden nahe Ste-Mère-Eglise und Pegasus Bridge abgesetzt, und von der See her wurden einzelne, mit Decknamen versehene Küstenabschnitte angegriffen. US-Truppen landeten in Utah und Omaha im Westen, während britische und kanadische Truppen, die von Truppen des freien Frankreich unterstützt wurden, bei Gold, Juno und Sword landeten. Auch 50 Jahre später sind diese Codenamen noch

Amerikanische Truppen bei der Landung in der Normandie

an der Küste gebräuchlich. Pegasus Bridge, wo das erste französische Haus befreit wurde, ist heute Ausgangspunkt für eine Besichtigung der Gedenkstätten. Bei Arromanches-les-Bains kann man noch die Reste des künstlichen Hafens sehen, der damals von England aus hier angelegt wurde. Bei La Cambe, Ranville und St-Laurent-sur-Mer befinden sich Soldatenfriedhöfe; die Museen in Bayeux, Caen, Ste-Mère-Eglise und Cherbourg dokumentieren die Invasion und die Schlacht um die Normandie.

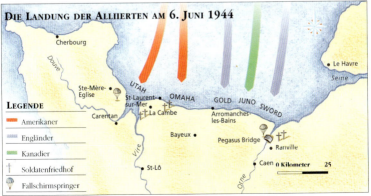

Am Ende des D-Day waren 135 000 Soldaten an die Küste vorgedrungen, 10 000 Soldaten verloren ihr Leben

Avranches

Manche. 8500. 2, rue Général-de-Gaulle (02 33 58 00 22). Sa.

Seit dem 6. Jahrhundert ist Avranches ein religiöses Zentrum und bekannt als letzte Station für Besucher auf dem Weg zum Mont-St-Michel. Die Ursprünge dieser Abtei liegen in einer Vision, die einst dem Bischof von Avranches, Aubert, erschien. Der Legende nach hieß ihn Erzengel Michael im Jahr 708, eine Kirche zu errichten. Auberts Totenschädel mit dem Fingerzeig des Engels ist als Teil des Kichenschatzes von **St-Gervais** zu sehen.

Den besten Blick auf Mont-St-Michel hat man vom **Jardin des Plantes** in Avranches. Im **Musée Hôtel de Ville** befinden sich 203 berühmte Handschriften, die nach 1789 aus der Abtei des Mont-St-Michel entwendet wurden, und das **Musée Municipal** gibt einen guten Überblick über das Leben in dieser Gegend während der letzten Jahrhunderte. Das Museum zeigt auch ein Modell der Kathedrale von Avranches, die 1794 abgerissen wurde.

🏛 **Musée Hôtel de Ville**
Place Littré. 02 33 89 29 40. Juni Mo–Sa, Juli u. Aug tägl., Sep Mo–Sa.

🏛 **Musée Municipal**
Place Jean-de-Saint-Avit. 02 33 58 25 15. Ostern–Juni u. Sept Mi–Mo, Juli–Aug tägl. **Geschl.** 1. Mai.

Reste des Mulberry Harbour an der Côte de Nacre

Mont-St-Michel

Siehe S. 246 ff.

Côte de Nacre

Calvados. Caen. Caen, Bayeux. Caen-Ouistreham. Caen (02 31 27 14 14).

Der Küstenabschnitt zwischen der Mündung der Orne und der der Vire wird seit dem 19. Jahrhundert Côte de Nacre (Perlmutterküste) genannt. Bekannt wurde sie vor allem im Rahmen der D-Day-Landung, als die Alliierten von hier aus die »Operation Overlord« starteten (siehe S. 241). Die Soldatenfriedhöfe, Gedenkstätten, Museen sowie die Überreste von Mulberry Harbour bei Arromanches-les-Bains bilden hier wichtige Sehenswürdigkeiten. Die Küste ist jedoch auch ein beliebtes Ferienziel, das Sandstrände sowie schöne Erholungs- und Freizeitmöglichkeiten bietet, wie in Courseulles-sur-Mer oder Luc-sur-Mer. Beide Orte sind preiswerter und angenehmer als die Erholungsgebiete an der östlicher gelegenen Côte Fleurie.

Bayeux

Calvados. 15 000 Pont St-Jean (02 31 51 28 28). Sa.

Bayeux war die erste Stadt, die 1944 von den Alliierten befreit wurde; sie erlitt im Krieg keine Beschädigungen. Rund um die Rue St-Martin und die Rue St-Jean, heute Fußgängerzone, befindet sich der historische Stadtkern mit Gebäu-

Der Wandteppich von Bayeux

Dieser Wandteppich, eine Bildergeschichte der Unterwerfung Englands durch William the Conqueror, ist 70 Meter lang und wurde wohl von Bischof Odo von Bayeux in Auftrag gegeben. Er zeigt Szenen aus dem Leben des 11. Jahrhunderts sowie die dramatische Verteidigung Englands durch König Harold II in der Schlacht von Hastings und ist so gleichermaßen Kunstwerk, historisches Dokument und unterhaltsame Lektüre.

Harolds Gefolge bricht nach Frankreich auf, um William mitzuteilen, daß er den englischen Thron erhält.

Bäume mit verschlungenen Ästen grenzen einige der 58 Szenen des Wandteppichs voneinander ab.

NORMANDIE

den des 17. und 19. Jahrhunderts. Über der Stadt erhebt sich die gotische **Cathédrale Notre-Dame**, unter deren Innenraum sich eine Krypta aus dem 11. Jahrhundert mit restaurierten Fresken aus dem 15. Jahrhundert, die musizierende Engel mit ihren Instrumenten zeigen, befindet. Ursprünglich stand hier eine romanische Kirche, die 1077 geweiht worden war. Zu diesem Anlaß entstand wohl auch der berühmte Wandteppich von Bayeux, von einer der bedeutendsten Persönlichkeiten der Stadt, Bischof Odo, in Auftrag gegeben.

Dieser Wandteppich ist heute im **Centre Guillaume-le-Conquérant** zu sehen, das auch Informationen über die Ereignisse gibt, die zur Eroberung Englands durch die Normannen führten. Am südwestlichen Rand des Zentrums befindet sich das **Musée Mémorial de la Bataille de Normandie**, das die Schlacht um die Normandie im Zweiten Weltkrieg dokumentiert, u. a. mit einem Film, der Zusammenschnitte aus Wochenschauen zeigt.

🏛 Centre Guillaume-le-Conquérant
Rue de Nesmond.
📞 02 31 51 25 50. ⏰ tägl. **Geschl.** 1. Jan, 25. Dez.

🏛 Musée Mémorial de la Bataille de Normandie
Boulevard Fabian-Ware. 📞 02 31 92 93 41. ⏰ tägl. **Geschl.** 1. Jan, letzten 2 Wochen im Jan, 25. Dez.

Die Abbaye des Hommes in Caen

Caen ❾

Calvados. 116 000
Place St-Pierre
(02 31 27 14 14). Fr u. So.

In der Mitte des 11. Jahrhunderts war Caen die bevorzugte Residenz von William the Conqueror und seiner Gattin Matilda, und obwohl die Stadt im Zweiten Weltkrieg zu zwei Dritteln zerstört wurde, blieben viele Zeugnisse aus dieser Zeit erhalten. Das Herrscherpaar ließ zwei Abteien und ein Schloß, am Nordufer der Orne gelegen, errichten, Sehenswürdigkeiten, die einen Besuch Caens trotz seiner Industriezonen und Nachkriegsbauten lohnen. An der Südseite des Schlosses wurde im 13. und 14. Jahrhundert die **Eglise St-Pierre** erbaut, die im 16. Jahrhundert nach Osten hin im Stil der Renaissance erweitert wurde. Der oft kopierte Glockenturm der Kirche aus dem 14. Jahrhundert wurde im Zweiten Weltkrieg zerstört, ist heute jedoch wieder restauriert. Im Vieux Quartier von Caen bildet die enge Rue du Vaugeux, heute Fußgängerzone, mit ihren Fachwerkhäusern das historische Herzstück, während ein Spaziergang über die Rue St-Pierre oder den Boulevard du Maréchal-Leclerc in das Einkaufszentrum der Stadt führt.

Die **Engländer** speisen ein letztes Mal an Land, bevor sie sich mit Hunden und Falken einschiffen.

Lateinische Inschriften begleiten die wichtigsten Szenen und verdeutlichen die heroischen Ideale der Beteiligten.

Wilde Schnurrbärte unterscheiden die Engländer von den Franzosen.

Fabelwesen »kommentieren« das Geschehen am Rande des Teppichs.

Die **bunte Wolle**, mit der das Leinen bestickt ist, hat seit dem 11. Jahrhundert kaum gelitten.

ZENTRUM VON CAEN

Abbaye-aux-Dames ⑥
Abbaye-aux-Hommes ①
Château de Caen ③
Eglise St-Etienne ②
Eglise St-Pierre ④
La Trinité ⑤

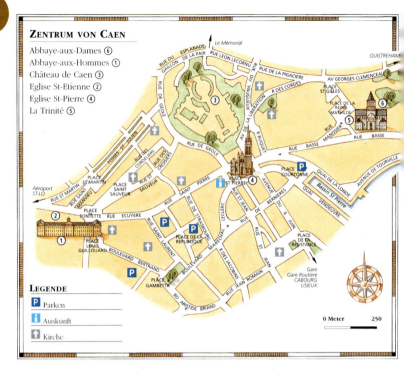

LEGENDE

P Parken
i Auskunft
✝ Kirche

🏛 Abbaye aux Hommes
Esplanade Jean-Marie-Louvel. **O** tägl.
Geschl. 1. Jan, 25. Dez. 📷 ♿ nur 📷
1066 begonnen, war das Männerkloster Williams bei seinem Tode 20 Jahre später fast vollendet. Die Abteikirche **Eglise St-Etienne** ist ein Meisterwerk normannischer Romanik mit einer strengen Westfassade, die von Spitztürmen aus dem 13. Jahrhundert überragt wird. Das Kirchenschiff erhielt im 12. Jahrhundert ein Gewölbedach, das schon den Stil der Gotik antizipiert.

🏛 Abbaye aux Dames
Place de la Reine-Mathilde. **O** tägl.
Geschl. 1. Jan, 25. Dez. 📷 obligatorisch.
Auch Matildas Frauenkloster hat eine Kirche, **La Trinité**, im normannisch-romanischen Stil; sie ist heute von Gebäuden aus dem 18. Jahrhundert umgeben. 1060 begonnen, wurde sie sechs Jahre später geweiht – einige Monate bevor William nach England aufbrach. Matilda liegt im Chorraum dieser Kirche begraben, die mit ihrer Abtei aus hellbraunem Caen-Stein eine würdige Ruhestätte darstellt.

🏛 Château de Caen
Esplanade du Château. **Musée des Beaux-Arts** ☎ 02 31 85 28 63.
Musée de Normandie ☎ 02 31 86 06 24. **Museen O** Mi–Mo. **Geschl.**
1. Jan, Ostern, 1. Mai, Himmelfahrt, 1. Nov, 25. Dez. 📷 ♿
Die Ruinen des Schlosses von Caen bieten Grünflächen, Museen und eindrucksvolle Ausblicke über die Stadt. Eine Kunstsammlung mit vor allem französischen und italienischen Bildern des 17. Jahrhunderts befindet sich im **Musée des Beaux Arts**. Das **Musée de Normandie** dokumentiert das traditionelle Leben und zeigt landwirtschaftliche Produkte und Klöppelarbeiten.

🏛 Mémorial
Esplanade Dwight-Eisenhower.
☎ 02 31 06 06 44. **O** Mitte Jan–Dez tägl. **Geschl.** 25. Dez. 📷 ♿
Nordwestlich von Caen, nahe der N13, befindet sich das Mémorial, ein Museum, das die Ereignisse des D-Day, des Zweiten Weltkriegs sowie andere Konflikte des 20. Jahrhunderts dokumentiert. 1988 eröffnet, setzt es eine Vielzahl interaktiver und audiovisueller Techniken ein und zeigt sehr gute Zusammenstellungen von Archiv- und Spielfilmmaterial, um so die Hintergründe und schrecklichen Ereignisse dieses Krieges zu erläutern.

Das fruchtbare Tal der Orne in der Suisse Normande

Suisse Normande ❿

Calvados u. Orne. 🚂 Caen. 🚌 Caen, Argentan. 🛈 Putanges-Pont-Ecrepin (02 33 35 86 57).

Obwohl den Schweizer Bergen wenig ähnlich, sind die Täler und Schluchten, die die Orne auf ihrem Weg nordwärts nach Caen in die Landschaft geschnitten hat, ein beliebtes Erholungsgebiet zum Wandern, Klettern, Campen und für Wassersport oder einfach für eine Spazierfahrt über Land. Ihr eindrucksvollster Punkt ist der Oëtre-Felsen nahe der D329, von dem aus man hinunter in die Schluchten der Rouvre blicken kann.

Parc Régional de Normandie-Maine ⓫

Orne u. Manche. 🚂 Alençon. 🚌 Argentan. 🛈 Carrouges (02 33 27 40 62).

Der südliche Teil der Zentralnormandie wurde in Frankreichs größten Regionalpark eingebunden. Zwischen Ackerland, Eichen- und Buchenwäldern liegen kleine Städte, so **Domfront**, das auf einem Felsvorsprung über der Varenne liegt, oder das an einem See gelegene **Bagnoles-de-l'Orne** mit einem Casino und Sporteinrichtungen, oder **Sées**, weiter im Osten, mit einer gotischen Kathedrale. Die **Maison du Parc** bei Carrouges informiert über Wander-,

Plakat von Deauville, um 1930

Reit- und Fahrradwege im Regionalpark.

🏛 Maison du Parc
Carrouges. 📞 02 33 81 75 75. 🕒 tägl. **Geschl.** Feiertage.

Umgebung
Bei Mortrée liegt das **Château d'O**, ein Renaissanceschloß mit schönen Fresken aus dem 17. Jahrhundert. Der nahe gelegene **Haras du Pin** ist Frankreichs Nationalgestüt, im 17. Jahrhundert errichtet, auch »Versailles der Pferde« genannt. Ganzjährig gibt es hier Pferdeschauen und Dressurreiten.

Côte Fleurie ⓬

Calvados. 🚂 🚌 Deauville. 🛈 Deauville (02 31 88 78 88).

Die Cote Fleurie (Blumenküste) zwischen Villerville und Cabourg wurde mit Tausenden von Blumen bepflanzt, die jeden Sommer in voller Pracht erblühen. **Trouville**, einst ein kleines Fischerdorf, wurde Mitte des 19. Jahrhunderts von den Schriftstellern Gustave Flaubert und Alexandre Dumas entdeckt. Seit 1870 gibt es hier große Hotels, eine Bahnstation sowie eine Vielzahl von Villen direkt am Strand. Lange Zeit wurde es jedoch vom Nachbarort **Deauville**, um 1860 vom Duc de Morny geschaffen, überflügelt. Hier gibt es ein Kasino, eine Rennbahn sowie die Strandpromenade Les Planches.

Ruhiger gelegen sind die Erholungsgebiete im Westen, wie Villers-sur-Mer und Houlgate. **Cabourg** ist berühmt für sein Grand Hôtel *(siehe S. 551)* aus der Zeit der Jahrhundertwende, hier verbrachte Marcel Proust viele Sommer. Proust benutzte dieses Hotel als Vorlage für jenes Hotel Balbec in seinem Roman *Auf der Suche nach der verlorenen Zeit*.

Pays d'Auge ⓭

Calvados. 🚂 Deauville. 🚌 Lisieux. 🛈 Lisieux (02 31 62 08 41).

Im Hinterland der Côte Fleurie liegt das Pays d'Auge, eine typische normannische Landschaft mit fruchtbaren Feldern, Tälern, Apfelhainen, Bauern- und Landhäusern. Hauptstadt des Pays d'Auge ist **Lisieux** mit seiner der heiligen Theresa von Lisieux, 1925 heiliggesprochen, gewidmeten Kathedrale, die alljährlich tausende von Pilgern in die Stadt zieht. Die Orte in der Umgebung, wie z. B. St-Pierre-sur-Dives oder Orbec, sind jedoch attraktiver.

Das Pays d'Auge entdeckt man am besten, wenn man auf den kleineren Landstraßen umherfährt. Zwei Touristenstraßen sind dem Cidre und dem Käse gewidmet, Bauernhäuser, Landhäuser und Schlösser geben Zeugnis vom Reichtum des fruchtbaren Landes. Zwei typische Landhäuser findet man in **Crèvecœur-en-Auge** und **St-Germain-de-Livet**, sehr schön ist auch das Fachwerkdorf **Beuvron-en-Auge**.

ÄPFEL UND CIDRE

Apfelhaine sind in der Normandie ein vertrautes Bild und ihre Früchte Bestandteil der Küche dieser Region. Keine *pâtisserie*, die etwas auf sich hält, versäumt es, ihre *tarte normande* (Apfeltarte) anzubieten, und an jeder Landstraße findet man Schilder mit »Ici Vente Cidre« (Cidre-Verkauf). Der größte Teil der Apfelernte wird für Cidre und für Calvados verwendet, einen Apfelbrand, der mindestens zwei Jahre im Eichenfaß liegen muß. Ein anderer regionaler Obstbrand wird aus Birnen gemacht und ist als *poré* bekannt.

Apfelsorten – von sauren Cidre-Äpfeln bis hin zu süßen Tafeläpfeln

Mont-St-Michel

St Michael

DER MONT-ST-MICHEL ist eine der eindrucksvollsten Sehenswürdigkeiten Frankreichs. Heute mit dem Festland durch einen Damm verbunden, liegt die Insel Mont-Tombé (Hügelgrab) bei der Mündung des Flusses Couesnon, gekrönt von einer befestigten Abtei, die die Höhe des Berges fast verdoppelt. Strategisch bedeutsam an der Grenze zwischen der Normandie und der Bretagne gelegen, befand sich auf dem Mont-St-Michel im 8. Jahrhundert ein schlichtes Oratorium, aus dem sich später ein Benediktinerkloster entwickelte, das vor allem im 12. und 13. Jahrhundert von überragender Bedeutung war. Pilger kamen von weit her und verehrten hier den heiligen Michael. Das Kloster war im Mittelalter ein Zentrum der Lehre und Wissenschaften. Nach der Revolution ein Gefängnis, wird die Abtei heute alljährlich von 850 000 Touristen besichtigt.

Abtei im Jahrh d

Abtei im 11. Jahrhundert

Abtei Mitte des 18. Jahrhundert

Chapelle St-Aubert
Kleine Kapelle aus dem 15. Jahrhundert, auf einem Felshügel errichtet und Aubert, dem Gründer des Mont-St-Michel, gewidmet.

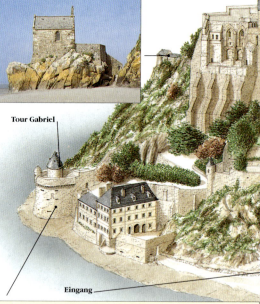

Tour Gabriel

★ **Befestigungen**
Die Angriffe der Engländer im Hundertjährigen Krieg führten zum Bau der Befestigungsmauern und -türme.

Eingang

ZEITSKALA

966 Benediktinerabtei, gegründet von Herzog Richard I	1211–28 Bau von La Merveille	1434 Letzter Angriff englischer Streitkräfte.	1789 Französische Revolution: Die Abtei wird Gefängnis	1874 Die Abtei wird zum Nationaldenkmal erklärt
				1922 Rekonstruktion der Abteikirche
700	**1000**	**1300**	**1600**	**1900**
1017 Beginn der Bauarbeiten für die Abteikirche	1516 Verfall der Abtei		1877–79 Bau des Damms zwischen Festland und Insel	1895–97 Glockenturm, Spitzturm und Statue des hl. Michael werden errichtet
708 St-Aubert baut auf dem Mont-Tombé ein Oratorium	1067–70 Mont-St-Michel wird im Teppich von Bayeux erwähnt			1969 Benediktiner kehren zurück
	Teppich von Bayeux (Detail)			

NORMANDIE

INFOBOX

🚆 bis Pontorson, dann mit dem Bus. 🛈 Boulevard de l'Avancée (02 33 60 14 30). 🎉 St-Michel de Printemps (Mai). **Abtei** 📞 02 33 60 14 14. 📠 02 33 60 14 14. 🕘 Mai–Sep tägl. 9.30–17.30 Uhr; Okt–Apr 9–16.30 Uhr (in Schulferien 9.30–17 Uhr). **Geschl.** 1. Jan, 1. Mai, 1. u. 11. Nov, 25. Dez. 🎟 ⛪ tägl. 12.15 Uhr. 📷 ♿

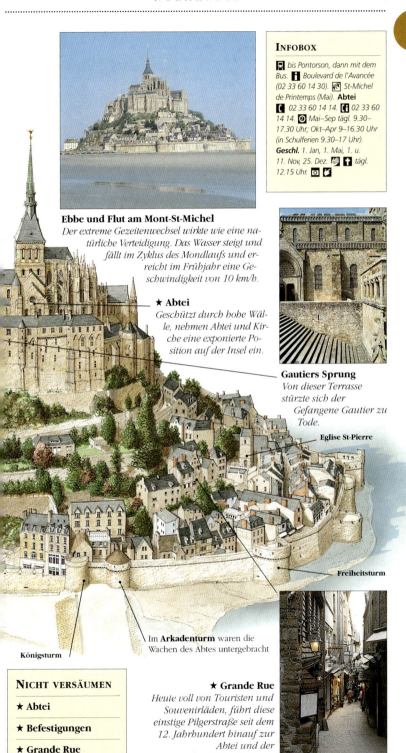

Ebbe und Flut am Mont-St-Michel
Der extreme Gezeitenwechsel wirkte wie eine natürliche Verteidigung. Das Wasser steigt und fällt im Zyklus des Mondlaufs und erreicht im Frühjahr eine Geschwindigkeit von 10 km/h.

★ Abtei
Geschützt durch hohe Wälle, nehmen Abtei und Kirche eine exponierte Position auf der Insel ein.

Gautiers Sprung
Von dieser Terrasse stürzte sich der Gefangene Gautier zu Tode.

Eglise St-Pierre

Freiheitsturm

Im **Arkadenturm** waren die Wachen des Abtes untergebracht

Königsturm

NICHT VERSÄUMEN

★ Abtei

★ Befestigungen

★ Grande Rue

★ Grande Rue
Heute voll von Touristen und Souvenirläden, führt diese einstige Pilgerstraße seit dem 12. Jahrhundert hinauf zur Abtei und der Eglise St-Pierre.

Abtei Mont-St-Michel

DAS HEUTIGE GEBÄUDE gibt Zeugnis von der Zeit, als die Abtei zum einen ein Benediktinerkloster war und zum anderen für 73 Jahre nach der Revolution Gefängnis für politische Gefangene. 1017 begann man auf dem höchsten Punkt der Insel mit dem Bau einer romanischen Kirche, und zwar über einem Vorgängerbau aus dem 10. Jahrhundert, der Kapelle Unserer lieben Frau, die heute noch unterhalb der Kirche liegt. Im 13. Jahrhundert wurde die Abtei La Merveille angefügt.

Kreuz im Chorraum

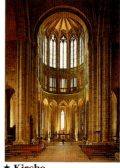

★ **Kirche**
Vier Stützpfeiler des romanischen Kirchenschiffs sind erhalten, drei weitere wurden 1776 für den Bau der Westterrasse herausgenommen.

★ **La Merveille**
Der Klosterkomplex auf drei Ebenen wurde in nur 16 Jahren erbaut.

Refektorium
In diesem Raum, in den durch große Fenster Licht einfällt, nahmen die Mönche ihre Mahlzeiten ein.

Rittersaal
Rippengewölbe und dekorierte Säulen sind typisch für die Gotik.

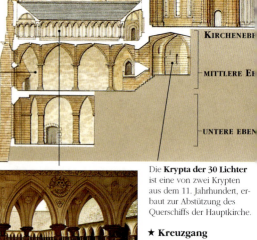

KIRCHENEB

MITTLERE E

UNTERE EBEN

Die **Krypta der 30 Lichter** ist eine von zwei Krypten aus dem 11. Jahrhundert, erbaut zur Abstützung des Querschiffs der Hauptkirche.

★ **Kreuzgang**
Der Kreuzgang im englischen Stil ist ein schönes Beispiel für den anglonormannischen Stil des frühen 13. Jahrhunderts.

BESICHTIGUNG DER ABTEI

Die Ebenen der Abtei spiegeln die Klosterhierarchie wider. Die Mönche lebten im obersten Stock, zwischen Kirche, Kloster und Refektorium. Der Abt empfing seine adligen Gäste im mittleren Stock; Soldaten und Pilger, auf der sozialen Leiter tiefer stehend, wurden im untersten Stockwerk empfangen. Führungen durch das Kloster beginnen an der Westterrasse bei der Kirche und enden im Almosensaal, in dem einst Almosen an die Armen verteilt wurden. Heute sind hier eine Buchhandlung und ein Souvenirladen.

KIRCHENEBENE

Kreuzgang — Refektorium — Abteikirche — Westterrasse — Gautiers Sprung — Großes Treppenhaus

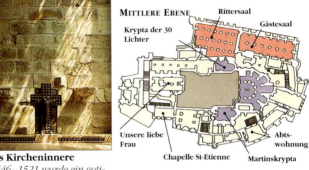

MITTLERE EBENE

Rittersaal — Gästesaal — Krypta der 30 Lichter — Unsere liebe Frau — Chapelle St-Etienne — Martinskrypta — Abtswohnung

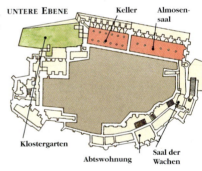

UNTERE EBENE

Keller — Almosensaal — Klostergarten — Abtswohnung — Saal der Wachen

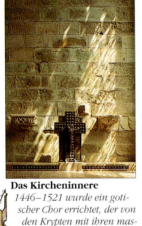

Das Kircheninnere
1446–1521 wurde ein gotischer Chor errichtet, der von den Krypten mit ihren massiven Pfeilern abgestützt wird.

Die **Krypta des heiligen Martin**, eine Kapelle aus dem 11. Jahrhundert, hat ein Tonnengewölbe, das dem ursprünglichen Stil der romanischen Abtei entspricht.

Die **Wohnung des Abtes** war direkt neben dem Eingang, und vornehme Besucher wurden im Gästeraum der Abtei empfangen; ärmere Pilger wurden im Almosensaal empfangen.

Benediktinermönche
Heute lebt nur noch eine kleine Klostergemeinde in der Abtei; sie orientiert sich an den Traditionen der Benediktiner aus dem Jahr 966.

NICHT VERSÄUMEN

★ Kirche

★ La Merveille

★ Kreuzgang

Mont-St-Michel bei Nacht ▷

Honfleur

Calvados. 8400. Deauville.
Place Arthur-Boudin
(02 31 89 23 30). Sa.

Im 15. Jahrhundert ein noch wenig bedeutender Hafen, hat Honfleur sich mit der Zeit zu einer der reizvollsten Hafenstädte der Normandie entwickelt. Rund um das Vieux Bassin (Altes Dock) aus dem 17. Jahrhundert stehen sechs Stockwerke hohe Häuser.

Im 19. Jahrhundert wurde Honfleur zum Zentrum künstlerischer Aktivitäten; Eugène Boudin, der Maler der Küstenlandschaften, wurde hier 1824 geboren. Maler wie Courbet, Sisley, Pissarro, Renoir und Cézanne kamen nach Honfleur und trafen sich oft in der Ferme St-Siméon, inzwischen ein Luxushotel. Auch heute noch stehen die Maler am Kai von Honfleur und stellen ihre Bilder in den **Greniers à Sel** aus, in zwei Lagerhäusern, die 1670 erbaut wurden, um Salz zu lagern. Sie liegen östlich des Vieux Bassin in einem Areal, das bekannt ist als l'En-clos, im 13. Jahrhundert die Verteidigungsanlage der Stadt.

Das **Musée de la Marine** zeigt die Geschichte der Seefahrt sowie ein Haus weiter, im ehemaligen Gefängnis, normannische Möbel und Inneneinrichtungen. Westlich des Vieux Bassin befindet sich an der Place Ste-Cathérine eine Holzkirche, von Schiffszimmerleuten im 15. Jahrhundert erbaut. Das **Musée Eugène Boudin** dokumentiert die malerische Atmosphäre Honfleurs sowie der Seine-Mündung mit Bildern von Eugène Boudin bis Raoul Dufy. Ein Weg führt zu **Notre-Dame de Grace**.

Greniers à Sel
Rue de la Ville/Quai de la Tour.
02 31 89 02 30. Für Reisegruppen, und während Ausstellungen (bitte anrufen). obligatorisch, außer Ausstellungen im Sommer.

Musée de la Marine
Quai St-Etienne. 02 31 89 14 12.
Mitte Feb–Nov: Di–So; Juli & Aug: tägl. **Geschl.** Jan–Mitte Feb.

Musée Eugène Boudin
Place Erik-Satie/Rue de l'Homme-de-Bois. 02 31 89 54 00.
Mitte März–Okt Mi–Mo, Nov, Dez, Mitte Feb–Mitte März Mi–Fr u. Mo nachmittag, Sa, So. **Geschl.** Jan–Mitte Feb.

Hafenansicht von Honfleur

Le Havre

Seine-Maritime. 195 000.
Place de l'Hôtel-de-Ville
(02 32 74 04 04). Mo, Mi, Fr.

Strategisch günstig an der Seine-Mündung gelegen, entstand Le Havre 1517 unter François I, da der Hafen von Honfleur immer mehr versandete. Während des Zweiten Weltkrieges wurde die Stadt von alliierten Bomben fast vollständig zerstört, doch abgesehen von der Industriezone und den Ölraffinerien am Hafen hat sie immer noch Atmosphäre. In den 50er und 60er Jahren wurden große Teile des Zentrums nach Plänen von Auguste Perret wiederaufgebaut, dessen **Eglise St-Joseph** am Boulevard François I in den Himmel ragt.

Das **Musée des Beaux-Arts**, das ganz aus Glas erbaut ist, verfügt über eine hervorragende Sammlung des in Le Havre geborenen Malers Raoul Dufy.

Musée des Beaux-Arts
Place Guynemer. 02 35 42 33 97. **Geschl** wegen Renovierung bis 1999.

Côte d'Albâtre

Seine-Maritime.
Dieppe (02 35 84 11 77).

Die Alabasterküste erhielt ihren Namen von den Kalkfelsen und dem milchigen Wasser der Küste zwischen Le Havre und Le Tréport. Sie ist vor allem bekannt wegen der **Falaise d'Aval** westlich von Etretat, wo die felsige Steilküste wie ein Torbogen aussieht. Der Schriftsteller Guy de Maupassant, 1850 nahe Dieppe geboren, verglich das Steingebilde mit einem Elefanten, der seinen Rüssel ins Meer taucht. Von Etretat führen mehrere Straßen nach Osten, entlang der Küste und durch bewaldete Täler nach Dieppe.

Fécamp ist die einzige größere Stadt. Ihre Benediktinerabtei, heute nur noch eine Ruine, war einst ein berühmter Wallfahrtsort, da hier im 7. Jahrhundert angeblich ein Baumstamm angeschwemmt wurde, der einige Tropfen vom Blut Christi enthielt. Er befindet sich heute in einem Reliquienschrein beim Eingang zur Kapelle Notre-Dame in der Abteikirche La Trinité.

Das **Palais Bénédictine** wurde 1880 für den Weinhändler Alexandre Le Grand in einem der Gotik und Renaissance nachempfundenen Stil errichtet. Hier ließ Le Grand den berühmten Kräuterlikör

Frau mit Sonnenschirm (1880) von Eugène Boudin

NORMANDIE

Die Klippen von Falaise d'Aval, geformt wie ein Elefant, der seinen Rüssel ins Wasser taucht

Bénédictine herstellen, dessen von den Benediktinermönchen entwickeltes Rezept er wiederentdeckte. Heute befindet sich im Palais eine Brennerei sowie ein Museum für Kunst und Kuriositäten.

🏛 Palais Bénédictine
110, rue Alexandre-Le-Grand, Fécamp. ☎ 02 35 10 26 00. 🕐 tägl. **Geschl.** 1. Jan, 25. Dez.

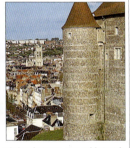

Blick auf Dieppe, vom Schloß und Museum aus

Dieppe ⑰

Seine-Maritime. 🏛 40 000. ✈ 🚂 🚌 🛈 Pont Jean-Ango (02 35 84 11 77). 🛒 Di, Do u. Sa.

DIEPPE, HAUPTORT des fruchtbaren Pays de Caux, war als Hafen- und Festungsstadt am Ärmelkanal von großer historischer Bedeutung und ist heute noch als Seebad beliebt. Der Aufschwung der Stadt begann im 16. und 17. Jahrhundert, als Jean Ango die Flotten der Engländer und Portugiesen ausplünderte und eine Handelsstation, Petit Dieppe genannt, an der westafrikanischen Küste gegründet wurde. Damals war Dieppe doppelt so groß wie heute, zur Bevölkerung zählten auch 300 Handwerker, die die Elfenbeinschnitzerei betrieben. Die Vergangenheit Dieppes als Seefahrer- und Handelsstadt dokumentiert das **Musée du Château**, in einem Schloß aus dem 15. Jahrhundert untergebracht, hoch über der Westküste gelegen. Hier befinden sich historische Landkarten, Modellschiffe, Elfenbeinschnitzereien sowie Gemälde, die über die Entwicklung Dieppes zum vornehmen Seebad informieren. Von Paris aus ist Dieppe die nächstgelegene Küstenstadt, und entsprechend früh wurden hier Promenaden und Badeeinrichtungen angelegt. Heute ist Dieppe ein belebter Badeort mit vielen Freizeitmöglichkeiten. Interessant ist die **Eglise St-Jacques** sowie das Ausstellungsgelände **Cité de la Mer**, in dem Wissenswertes rund um das Meer gezeigt wird.

🏛 Musée du Château
☎ 02 35 84 19 76. 🕐 Juni–Sep tägl.; Okt–Mai Mi–Mo. **Geschl.** 1. Jan, 1. Mai, 1. Nov, 25. Dez.

🏛 Cité de la Mer
37, rue de l'Asile-Thomas. ☎ 02 35 06 93 20. 🕐 tägl.

Basse-Seine ⑱

Seine-Maritime u. Eure. ✈ Le Havre, Rouen. 🚂 🚌 Yvetot. ⛴ Le Havre. 🛈 Yvetot (02 35 95 08 40).

ZWISCHEN ROUEN UND Le Havre windet sich die Seine in Richtung Meer, von zwei Brückenkonstruktionen überquert, dem Pont de Brotonne und, weiter im Westen, dem Pont de Tancarville. Eine dritte Brücke, der Pont de Normandie, soll 1995 fertiggestellt werden und Le Havre mit Honfleur verbinden. Größe und Stil dieser modernen Brücken erinnern an die kühne Architektur der Abteien, die am Flußufer der Seine im 7. und 8. Jahrhundert entstanden. Diese markieren heute sozusagen den Weg, den man bei einer Fahrt durch das untere Seine-Tal nehmen sollte.

Westlich von Rouen, in **St-Martin-de-Boscherville**, liegt die schöne Eglise de St-Georges, die bis zur Revolution die Kirche einer kleinen befestigten Abtei war. Von hier führt die D62 nach Süden zum Küstenort La Bouille.

Wendet man sich nach Norden, so kann man von Mesnil-sous-Jumièges zu jeder Stunde mit der Fähre zu den großartigen Ruinen der **Abbaye de Jumièges** übersetzen. Die Abtei wurde 654 gegründet und bestand einst aus 900 Mönchen sowie 1500 Laienbrüdern. Die Abteikirche datiert aus dem 11. Jahrhundert; als sie 1067 eingeweiht wurde, nahm auch William the Conqueror an dem Festakt teil.

Die D913 führt nun durch die Wälder des Parc Régional de Brotonne zur **Abbaye de St-Wandrille** aus dem 7. Jahrhundert. Das Musée de la Marine de Seine in **Caudebec-en-Caux** widmet sich eindrucksvoll dem Leben an den Ufern der Seine in den letzten 120 Jahren.

Mönch aus der Abbaye de St-Wandrille

Rouen ⑲

GEGRÜNDET AM niedrigsten Punkt, an dem die Seine überbrückt werden konnte, entwickelte sich Rouen dank Seehandel und Industrialisierung zu einer reichen Stadt. Trotz schwerer Zerstörungen im Zweiten Weltkrieg ist die Stadt reich an Sehenswürdigkeiten, die von der Cathédrale Notre-Dame aus bequem zu Fuß zu erreichen sind. Zunächst keltische Handelsstation, dann römische Garnison und später von den Wikingern besiedelt, wurde Rouen 911 Hauptstadt des Herzogtums Normandie. Im Hundertjährigen Krieg belagert, wurde es 1419 von Henri V eingenommen. 1431 wurde hier, auf der Place du Vieux-Marché, Jeanne d'Arc verbrannt.

Rouen, eine blühende Stadt an der Seine

Überblick: Rouen

Von der Kathedrale führt die Rue du Gros Horloge nach Westen, vorbei an der großen Uhr der Stadt zur Place du Vieux Marché mit der Eglise Ste-Jeanne-d'Arc, nach dem Zweiten Weltkrieg erbaut. Die Rue aux Juifs führt zu dem gotischen **Palais de Justice** aus dem 15. Jahrhundert, einst Sitz des normannischen Parlaments, und weiter in die Rue des Carmes. In der Rue Damiette und der Rue Eau de Robec befinden sich Fachwerkhäuser und nördlich, an der Place Général-de-Gaulle, steht das **Hôtel de Ville** aus dem 18. Jahrhundert.

🔒 Cathédrale Notre-Dame

Dieses Meisterwerk der Gotik besticht vor allem durch seine berühmte Westfassade *(siehe S. 257)* und die beiden ungleichen Türme – die nördliche Tour St-Romain und die später angefügte Tour du Beurre, deren Bau durch eine der Bevölkerung auferlegte Buttersteuer finanziert wurde. Über dem Mittelturm erhebt sich ein neogotisches Spitzdach, 1876 errichtet. Sowohl der nördliche Portail des Libraires aus dem 13. Jahrhundert als auch der südliche Portail de Calende aus dem 14. Jahrhundert mit ihren Figuren und Ornamenten sind sehenswert, auch das Grabmal von Richard the Lionheart, dessen Herz hier beigesetzt wurde, und die ungewöhnliche, halbkreisförmige Krypta aus dem 11. Jahrhundert, 1934 wiederentdeckt. Viele der Reichtümer der Kathedrale sind nur bei Führungen zugänglich.

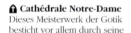

Cathédrale Notre-Dame, Rouen

LEGENDE

- 🅿 Parken
- 🛈 Auskunft
- ✝ Kirche

0 Meter 250

NORMANDIE

🛈 Eglise St-Maclou

Die Kirche im gotischen Flamboyant-Stil hat eine reichgeschmückte Westfassade mit einem fünfbogigen Portal, dessen geschnitzte Türen Szenen aus der Bibel darstellen. Hinter der Kirche befindet sich ein *aître* oder Beinhaus, eines der wenigen Beispiele eines mittelalterlichen Friedhofes für Pestopfer. Die Mauerbalken rund um das Haus sind mit Schnitzereien versehen, die makabre Figuren, wie Totengräber, Skelette, Stundengläser, gekreuzte Knochen und Totenschädel darstellen.

Krug im Musée de la Céramique

🛈 Eglise St-Ouen

Einst Teil einer Benediktinerabtei, beeindruckt die gotische Kirche St-Ouen vor allem durch ihren weiten schmucklosen Innenraum mit seinen restaurierten Buntglasfenstern aus dem 14. Jahrhundert. Hinter der Kirche befindet sich ein Park, ideal für eine Ruhepause.

🏛 Musée des Beaux-Arts

Square Verdrel. 02 35 71 28 40. Mi–Mo. **Geschl.** Feiertage.
Die Kunstsammlung der Stadt verfügt über Meisterwerke von Caravaggio und Velázquez, über Bilder von Théodore Géricault, Eugène Boudin und Raoul Dufy, letztere in der Normandie geboren. Auch Monets *Kathedrale von Rouen* und *Portal, trübes Wetter* sind hier zu sehen.

INFOBOX

Seine-Maritime. 103 000. 11 km von Rouen. Gare Rive Droite, Place Bernard-Tissot (08 36 35 35 35). 25, rue des Charrettes (02 35 52 92 00). 25, place de la Cathédrale (02 32 08 32 40). Di–So. Fest der Jeanne d'Arc (Ende Mai).

🏛 Musée de la Céramique

Hôtel d'Hocqueville, 1, rue Faucon. 02 35 71 28 40. Mi–Mo. **Geschl.** Feiertage.
6000 Rouen-Fayencen – farbig glasierte Tonware – sowie andere Ausstellungsstücke französischen und ausländischen Porzellans befinden sich in einem Haus aus dem 17. Jahrhundert. Die Arbeiten dokumentieren die Geschichte der Keramik bis zu ihrem Höhepunkt im 18. Jahrhundert.

🏛 Musée Le Secq des Tournelles

Rue Jacques-Villon. 02 35 71 28 40. Mi–Mo. **Geschl.** Feiertage.
In einer Kirche aus dem 15. Jahrhundert zeigt dieses Museum altes Eisen, von Schlüsseln bis zu Korkenziehern, von gallorömischen Nägeln bis zu Gasthausschildern.

🏛 Musée Flaubert

51, rue de Lecat. 02 35 15 59 95. Di–Sa. **Geschl.** Feiertage.

Flauberts Vater war Chirurg am Krankenhaus von Rouen, und das Haus, in dem die Familie wohnte, zeigt heute Erinnerungsstücke an Flaubert wie auch an die Medizin des 17. bis 19. Jahrhunderts.

NICHT VERSÄUMEN

Aître St-Maclou ⑨
Cathédrale Notre-Dame ⑦
Eglise St-Maclou ⑧
Eglise St-Ouen ⑩
Gros-Horloge ②
Hôtel de Ville ⑪
Musée des Beaux-Arts ⑤
Musée de la Céramique ④
Musée le Secq des Tournelles ⑥
Palais de Justice ③
Place du Vieux-Marché ①

GUSTAVE FLAUBERT

Gustave Flaubert (1821–80) wurde in Rouen geboren, wo er auch aufwuchs. Die Stadt ist der Hintergrund einiger der denkwürdigsten Szenen seines Romans *Madame Bovary*.
1857 erschienen, provozierte dieses Buch über die Frau eines Landarztes, die sich durch ihre Liebschaften hoffnungslos verstrickt, einen Skandal, der Flaubert schlagartig berühmt machte. Sein ausgestopfter grüner Papagei, heute im Musée Flaubert, saß stets auf seinem Schreibtisch.

Flauberts Papagei

Château Gaillard und das Dorf Les Andelys, an einer Seine-Schleife gelegen

Haute-Seine ⓴

Eure. 🚉 *Rouen.* 🚏 *Gaillon, Pont St-Pierre.* 🚌 *Pont de l'Arche, Louviers, Les Andelys.* 🛈 *Les Andelys (02 32 54 41 93).*

Südöstlich von Rouen windet sich der Lauf der Seine, an deren nördlichem Ufer es nun viel Interessantes zu sehen gibt. Mitten in der Forêt de Lyons, einst Jagdrevier der Herzöge der Normandie, liegt das Landstädtchen **Lyons-la-Forêt** mit Fachwerkhäusern und einem überdachten Markt aus dem 18. Jahrhundert.

Im Süden folgt die D 313 dem Lauf der Seine zu dem Dorf **Les Andelys**, überragt von den Ruinen des Château Gaillard, das Richard the Lionheart 1197 errichten ließ, um Rouen gegen die Franzosen zu verteidigen. Schließlich nahmen die Franzosen 1204 die Burg ein, indem sie durch die Latrinen eindrangen.

Giverny ⓴

Eure. 👥 *600.* 🛈 *36, rue Carnot, Vernon (02 32 51 39 60).*

Der impressionistische Maler Claude Monet mietete 1883 ein Haus in dem kleinen Dorf Giverny und arbeitete hier bis zu seinem Tode mit 86 Jahren. Das Haus, bekannt als **Fondation Claude Monet**, ist der Öffentlichkeit zugänglich. Es ist in den Originalfarben gehalten, die Monet so bewunderte; der Garten ist berühmt als eines der beliebtesten Studienobjekte des Malers. In der kleinen Galerie sind Kopien ausgestellt, Originale bedeutender Kunstwerke des 19. und 20. Jahrhunderts sehen Sie im nahe gelegenen **Musée d'Art Américain Giverny**.

🏛 Fondation Claude Monet
Giverny, Gasny. 📞 *02 32 51 28 21.* 🕐 *Apr–Okt Di–So.* 🎫
🏛 Musée d'Art Américain Giverny
99, rue Claude-Monet, Giverny.
📞 *02 32 51 94 65.* 🕐 *Apr–Okt Di–So.* 🎫 ♿

Évreux ⓴

Eure. 👥 *55 000.* 🚉 🚌 🛈 *3, place du Général de Gaulle (02 32 24 04 43).* 🛒 *Mi u. Sa.*

Obwohl im Krieg stark zerstört, ist Évreux ein angenehmes Städchen, eingebettet in eine Landschaft von Feldern und Wiesen. Im Herzen der Stadt steht die **Cathédrale Notre-Dame**, bekannt wegen ihrer Fenster aus dem 14. und 15. Jahrhundert. Zwar ist ihr Baustil hauptseitig gotisch, doch finden sich im Kirchenschiff noch romanische Rundbogen sowie Renaissance-wandgemälde in den Seitenkapellen. Neben der Kathedrale befindet sich im ehemaligen Bischofspalast das **Musée Municipal** mit Ausstellungsstücken aus verschiedenen Jahrhunderten.

Monets Garten, in seiner ursprünglichen Gestalt wiederhergestellt

Monets Kathedralenzyklus

Im Jahre 1890 malte Monet fast 30 Bilder der Kathedrale von Rouen, einige davon befinden sich heute im Musée d'Orsay in Paris *(siehe S. 116f)*. Er studierte die Lichteffekte an der Fassade und hielt dabei sowohl Oberflächendetails fest als auch die riesige Fläche, die er erst farblich ausarbeitete, bevor er sie konturierte. Monet sagte, er habe diese Serie geplant, als er beobachten konnte, wie die Sonne sich langsam aus dem Nebel löste und die goldenen Steine einer Landkirche wie in eine Dunsthülle tauchte.

HARMONIE IN BLAU UND GOLD *(1894)*
Monet wählte nur einen Standort für die Serie aus und verfolgte stets diesen südwestlichen Blick. Die Nachmittagssonne warf Schatten auf die Fassade, die die Portale und Fensterrosetten besonders akzentuierten.

*Diese **Studie Monets** deutet schon die Wirkung der Gemälde an.*

Harmonie in Braun *(1894), einziges Bild einer Frontansicht der Westfassade. Analysen ergaben, daß das Bild, wie alle anderen, aus südwestlicher Perspektive begonnen wurde.*

Harmonie in Blau *(1894) zeigt, verglichen mit* Harmonie in Blau und Gold, *die Steine der Westfassade im Licht eines nebligen Morgens weniger stark konturiert.*

Das Portal, trübes Wetter *(1894) ist eine von verschiedenen Variationen in Grau, die die Kathedrale im weichen Licht eines wolkenverhangenen Tages zeigen.*

BRETAGNE

FINISTÈRE · CÔTES-D'ARMOR · MORBIHAN · ILLE-ET-VILAINE

TROTZIG IN DEN ATLANTIK hinausragend, unterschied sich die nordwestliche Ecke lange Zeit vom größten Teil Frankreichs. Den Kelten als Armorica, das Land am Meer, bekannt, ist die Geschichte der Bretagne von Legenden untergegangener Städte und sagenhafter Wälder durchzogen. Prähistorische Steine erheben sich hier, und auch das Mittelalter ragt noch weit bis in die Moderne hinein.

Die lange, zerklüftete Küstenlinie hat wohl den Charakter dieser Region am stärksten geprägt. Schöne Strände, stets saubergespült durch die gewaltige Flut, säumen die Nordküste mit ihren Fischerhäfen und Austernbänken. Die Südküste ist etwas sanfter, das Klima milder, die Landschaft von bewaldeten Flußtälern durchzogen, während die Westküste, dem offenen Atlantik ausgesetzt, ein Schauspiel bietet, das ihren Namen Finistère – das Ende der Welt – rechtfertigt.

Im Landesinneren liegt das Argoat – einst bewaldet, heute eine Landschaft aus Feldern, Wäldern und Mooren. Der Parc Régional d'Armorique umfaßt nahezu das ganze innere Finistère, und hier ist auch die bretonische Kultur noch lebendig, wie in Quimper und im Pays Bigouden, wo Crêpes und Cidre, keltische Musik und traditionelle Trachten auch heute noch den Alltag bestimmen. Die östliche Bretagne ist etwas konventioneller. Vannes, Dinan und Rennes, die bretonische Hauptstadt, haben sehr gut erhaltene Fachwerkhäuser. Der befestigte Hafen von St-Malo an der Côte d'Emeraude erinnert an die alte Seefahrertradition der Region, während die Schlösser in Fougères und Vitré an die Befestigungsanlagen erinnern, die die Bretagne bis 1532 gegen Frankreich schützten.

Frauen in der traditionellen bretonischen Tracht mit ihrem typischen Kopfschmuck

◁ Die charakteristischen rosafarbenen Granitfelsen an der Côte de Granit Rose, im Norden der Bretagne

Überblick: Bretagne

IDEAL FÜR FERIEN an der See, bietet die Bretagne reizvolle Entdeckungsfahrten entlang der Küste an der nördlich gelegenen Côte d'Emeraude sowie der Côte de Granit Rose, während die Südküste bewaldete Täler und die prähistorischen Sehenswürdigkeiten von Carnac und am Golfe du Morbihan bietet. Die Pfarrhöfe *(siehe S. 266f)* geben einen interessanten Einblick in die Kultur der Bretagne, ebenso die Stadt Quimper mit ihrer Kathedrale. Besuchen Sie die Hauptstadt der Bretagne, Rennes, sowie das große Schloß von Fougères.

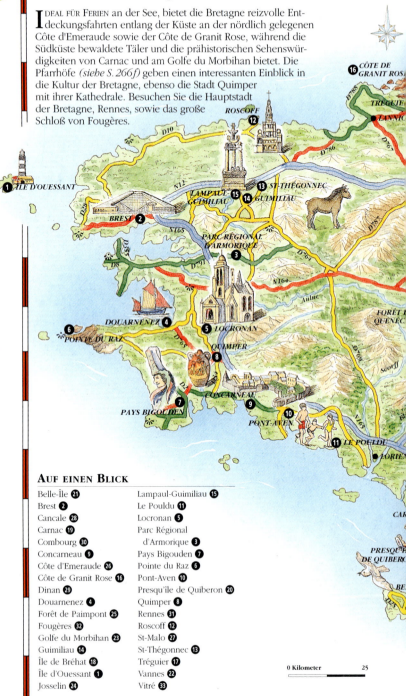

AUF EINEN BLICK

Belle-Île ㉑	Lampaul-Guimiliau ⑮
Brest ❷	Le Pouldu ⓫
Cancale ㉘	Locronan ❺
Carnac ⑲	Parc Régional
Combourg ㉚	d'Armorique ❸
Concarneau ❾	Pays Bigouden ❼
Côte d'Emeraude ㉖	Pointe du Raz ❻
Côte de Granit Rose ⑯	Pont-Aven ❿
Dinan ㉙	Presqu'île de Quiberon ⑳
Douarnenez ❹	Quimper ❽
Forêt de Paimpont ㉕	Rennes ㉛
Fougères ㉜	Roscoff ⑫
Golfe du Morbihan ㉓	St-Malo ㉗
Guimiliau ⑭	St-Thégonnec ⑬
Île de Bréhat ⑱	Tréguier ⑰
Île d'Ouessant ❶	Vannes ㉒
Josselin ㉔	Vitré ㉝

0 Kilometer 25

BRETAGNE 261

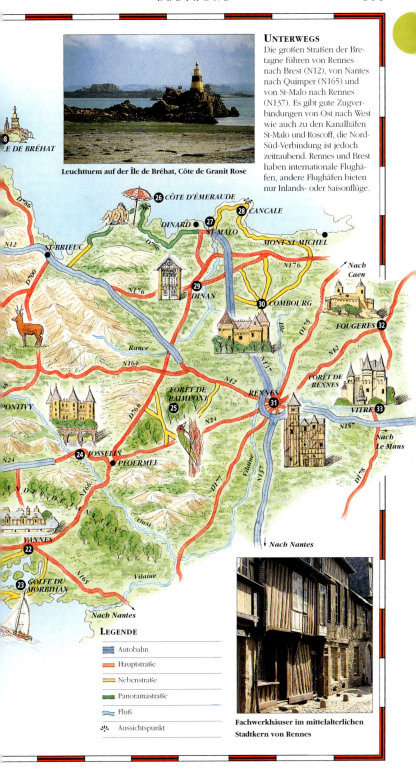

Leuchtturm auf der Île de Bréhat, Côte de Granit Rose

UNTERWEGS

Die großen Straßen der Bretagne führen von Rennes nach Brest (N12), von Nantes nach Quimper (N165) und von St-Malo nach Rennes (N137). Es gibt gute Zugverbindungen von Ost nach West wie auch zu den Kanalhäfen St-Malo und Roscoff, die Nord-Süd-Verbindung ist jedoch zeitraubend. Rennes und Brest haben internationale Flughäfen, andere Flughäfen bieten nur Inlands- oder Saisonflüge.

Fachwerkhäuser im mittelalterlichen Stadtkern von Rennes

LEGENDE

- Autobahn
- Hauptstraße
- Nebenstraße
- Panoramastraße
- Fluss
- ☼ Aussichtspunkt

Île d'Ouessant ❶

Finistère. ✈ Ouessant (via Brest).
🚆 Brest, dann Fähre. 🚌 Le
Conquet, dann Fähre. ℹ Place de
l'Eglise, Lampaul (02 98 48 85 83).

EIN BRETONISCHES Sprichwort lautet: »Wer Ouessant sieht, der sieht Blut.« Die auch Ushant genannte Insel ist unter Seeleuten wegen ihrer Strömungen und Stürme gefürchtet. Im Sommer aber prägt mildes Klima den westlichsten Ort Frankreichs. Selbst der Winter zeigt sich, wenngleich meist rauh und stürmisch, gelegentlich sehr sanft. Die windgepeitschte Insel ist als Teil des Parc Régional d'Armorique beliebter Rastplatz von Zugvögeln, die man, ebenso wie eine kleine Robbenkolonie, gut von Pern und der Landspitze Pen-ar-Roc'c beobachten kann.

Zwei Museen beleuchten die von Schiffsunglücken begleitete trutzige Inselgeschichte. In Niou Uhella zeigt das **Ecomusée d'Ouessant** aus Treib- und Wrackholz gefertigte, oft weiß und blau bemalte Haushaltsmöbel. Beim nahen Phare du Créac'h informiert das **Musée des Phares et Balises** über die Geschichte der bretonischen Leuchttürme und den Alltag der Turmwärter.

Heidemoor bei Ménez-Meur, Parc Régional d'Armorique

🏛 **Ecomusée d'Ouessant**
Niou Uhella. 📞 02 98 48 86 37.
🕐 Juni–Sep tägl.; Okt–Mai Di–So
nachmittags. 📷 ♿ eingeschränkt.

🏛 **Musée des Phares et Balises**
Phare du Créac'h. 📞 02 98 48 80 70.
🕐 Mai–Sep tägl.; Okt–Apr Di–So
nachmittags. 📷 ♿

Brest ❷

Finistère. 👥 153 000. ✈ 🚆 🚌 ⛴
ℹ av Clémenceau (02 98 44 24 96).
⛴ tägl.

DEN NATURHAFEN von Brest, Frankreichs wichtigsten, sehr geschichtsträchtigen Meereshafen, schützt die Presqu'île de Crozon. Das im Zweiten Weltkrieg schwer bombardierte Brest ist heute eine moderne Geschäftsstadt, in deren Gewässern Handelsschiffe und Fischerboote kreuzen. Die Promenade Cours Dajot erlaubt weite Blicke auf die Rade de Brest. Das Château (12.–17. Jh.) beherbergt das **Musée de la Marine**, dessen Sammlung von historischen Karten bis zu Modellschiffen, geschnitzten Galionsfiguren und nautischen Instrumenten reicht.

Jenseits des Flusses Penfeld lassen in der **Tour Tanguy** (16. Jh.) Dioramen das alte Brest wiedererstehen. Man erreicht sie über die Pont de Recouvrance, Europas größte Hebebrücke. Am Port de Plaisance liegt das »Meereszentrum« **Océanopolis** mit Aquarien, Seehunden und anfaßbaren Ausstellungsstücken.

⚓ **Musée de la Marine**
📞 02 98 22 12 39. 🕐 Mi–Mo. 📷
🏰 **Tour Tanguy**
Square Pierre-Peron. 📞 02 98 00 08 60 🕐 Juni–Sep tägl.; Okt–Mai Mi, Do, Sa u. So nachmittags.
🐬 **Océanopolis**
Port de Plaisance-du-Moulin-Blanc.
📞 02 98 34 40 40. 🕐 tägl. **Geschl.**
Sep–Mai Mo nachmittag. 📷 ♿

Traditioneller Bootsbau bei Le Port-Musée, Douarnenez

Parc Régional d'Armorique ❸

Finistère. ✈ Brest. 🚆 Chateaulin, Landerneau. 🚌 Le Faou, Huelgoat.
ℹ Hanvec (02 98 21 90 69).

DER ARMORIKANISCHE Naturpark erstreckt sich von den Heidemooren der Monts d'Arrée westlich zur Presqu'île de Crozon und Ile d'Ouessant. Dieses Schutzgebiet besteht aus Bauernland, Heide, Überresten alter Eichenwälder und unberührter Landschaft. Die malerische Küste des Parks bietet sich insbesondere für Wanderer, Reiter und Radfahrer an. Als guter Ausgangspunkt für Wanderungen landeinwärts dient **Huelgoat**. Reizvolle Ausblicke bietet der **Ménez-Hom** (300 m).

In **Hanvec** befinden sich das Informationszentrum des Parks, ein waldbestandenes Gut mit Haus- und Wildtieren sowie ein Pferdemuseum. Weitere neun kleine, im Park verstreute Museen widmen sich u. a. Jagd, Fischfang und Gerberei. Arbeiten zeitgenössischer Künstler und Kunsthandwerker zeigt in Brasparts die **Maison des Artisans**.

Das **Musée de l'Ecole Rurale** in Trégarven stellt eine Landschule zu Beginn des 20. Jahrhunderts nach. Den unterschiedlichsten Themen – mittelalterlichem Klosterdasein, Lumpensammlern, dem Leben bretonischer Landpriester – widmen sich weitere Museen.

BRETAGNE

Douarnenez

Finistère. 16 700. 2, rue Docteur-Mevel (02 98 92 13 35). Mo–Sa.

Zu Beginn dieses Jahrhunderts war Douarnenez mit nahezu 1000 Booten Frankreichs führender Sardinenfischerhafen. Heute trägt der Tourismus an den Stränden zum Einkommen bei.

Die nahe kleine **Île Tristan** bezieht ihren Namen von der tragischen Liebesgeschichte Tristans und Isoldes. Im 16. Jahrhundert war sie Stützpunkt des berüchtigten Briganten La Fontenelle.

Der malerische **Port du Rosmeur** bietet Cafés, hervorragende Fischrestaurants und Bootsausflüge. Frühmorgens steigt im nahen Nouveau Port die lebhafte *criée* (Fischauktion). Der Port-Rhu wurde in das schwimmende Museum **Le Port-Rhu Musée** mit über 100 Booten verwandelt. Exponate im originalen Maßstab erläutern den traditionellen Bootsbau.

🏛 Le Port-Musée
Place de l'Enfer. 02 98 92 65 20. tägl. (im Winter Di–So)

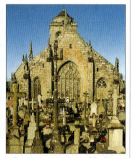

Eglise St-Ronan mit Kirchhof aus dem 15. Jahrhundert, Locronan

Locronan

Finistère. 800. Place de la Mairie (02 98 91 70 14).

Vom 15. bis 17. Jahrhundert wurde Locronan durch die Segeltuchfertigung wohlhabend. Nachdem Louis XIV dieses bretonische Monopol beendet hatte, verarmte die Stadt glorreich in eleganten Renaissancebauten, die heute Besuchermassen anlocken. Auf Locronans gepflastertem Hauptplatz befindet sich eine Kirche aus dem späten 15. Jahrhundert, die dem irischen Missionar Ronan geweiht ist. In der Rue Moal befindet sich die ansehnliche **Chapelle Notre-Dame-de-Bonne-Nouvelle** mit Kalvarienberg und Brunnen.

Den heiligen Ronan feiert jährlich im Juli eine Troménie (Prozession) und alle sechs Jahre die aufwendige Grande Troménie.

Pointe du Raz

Finistère. Quimper. Quimper, dann Bus. Audierne (02 98 70 12 20).

Die wilde Pointe du Raz reicht bei Cap Sizun als schmale, nahezu 80 Meter hohe Landzunge in den Atlantik. Ihre meerumtosten Felsen lassen einem den Atem stocken. Weiter westlich liegt baumlos flach die Ile de Sein, dahinter der Leuchtturm von Ar Men. Obgleich die Insel sich nur durchschnittlich 1,50 Meter aus dem Meer erhebt, beherbergt sie etwa 500 treue Bewohner. Von Audierne aus erreicht man sie nach einstündiger Bootsfahrt.

Die schroffen Klippen der Pointe du Raz

Pays Bigouden

Finistère. Pont l'Abbé. Pont l'Abbé (02 98 82 30 30).

Die Halbinsel des Pays Bigouden bildet die Südwestspitze der Bretagne. Zu ihren Traditionen gehören *coiffes* (Hauben), die Frauen heute noch bei Festen tragen, und *pardons* (siehe S. 233). Das **Musée Bigouden** ist damit reich bestückt.

Entlang der Baie d'Audierne breitet sich ein schier unendliches Muster wettergeduckter Weiler und einsamer Kapellen aus. Der Kalvarienberg von **Notre-Dame-de-Tronoën** ist der älteste der Bretagne (15. Jh.). Bei der **Pointe de la Torche** und dem **Eckmühl-Leuchtturm** berauschen Meeresblicke die Sinne.

🏛 Musée Bigouden
Le Château, Pont l'Abbé. 02 98 66 09 09. Ostern–Sep Mo–Sa. **Geschl.** 1. Mai. nur

Quimper ❽

Finistère. 63 000.
Place de la Résistance
(02 98 53 04 05). tägl.

Das Martyrium des heiligen Triphin (1910) von Sérusier

QUIMPER, ALTE HAUPTSTADT von Cornouaille, wirkt unverkennbar bretonisch. Die Geschäfte bieten neben bretonischen Sprachbüchern auch Literatur, Musikinstrumente und Trachten feil und die besten Crêpes und Cidres. Der Name geht zurück auf das bretonische Wort *kemper*, das Vereinigung zweier Flüsse bedeutet: Steir und Odet fließen in dieser gemächlichen Domstadt zusammen.

Westlich der Kathedrale prägen Fachwerkhäuser, Läden und Crêperien die Fußgängerzone **Vieux Quimper**. An der Hauptstraße Rue Kéréon liegt die Place au Beurre, nördlich von ihr die von vornehmen *hôtel particuliers* (Privatresidenzen) gesäumte Rue des Gentilshommes.

In Quimper werden seit 1690 Fayencen – kunstvolle, handbemalte Tonkeramiken – hergestellt. Zu den häufigsten Schmuckmotiven zählen blau und gelb umrahmte Blumen und Tiere. Fayencen, seinerzeit Hochzeitsgeschenke und Erbstücke, werden heute für Sammler in aller Welt gefertigt. Im Südwesten der Stadt befindet sich die älteste Produktionsstätte, **Faïenceries HB-Henriot**, die Besuchern von März bis Oktober zugänglich ist.

🛕 Cathédrale St-Corentin

Die 1240 begonnene, Corentin, dem Schutzheiligen der Stadt, gewidmete Kathedrale ist der älteste gotische Bau der Region. Der Chor steht in leichtem Winkel zum Hauptschiff – womöglich, um sich in mittlerweile verschwundene Bauten zu fügen. Die zwei Türme der Westfassade traten erst 1856 hinzu. Zwischen ihnen reitet eine Statue von König Gradlon, dem mythischen Gründer der versunkenen Stadt Ys. Nach deren Überschwemmung hatte Gradlon Quimper zur Hauptstadt und Corentin zum Schutzheiligen erwählt.

Typischer Fayenceteller aus Quimper

🏛 Musée des Beaux-Arts

40, place St-Corentin. 02 98 95 45 20. Juli–Aug tägl.; Sep–Juni Mi–Mo. **Geschl.** die meisten Feiertage; Nov–März So vormittag.
Quimpers Kunstmuseum, eines der besten der Region, wurde 1993 umfänglich renoviert. Die Stärken der Sammlung liegen bei Kunstwerken des späten 19. und frühen 20. Jahrhunderts (etwa Jean-Eugène Bulands *Besuch in Ste-Marie de Bénodet*), die die Romantisierung der Bretagne durch zeitweise hier lebende Künstler zeigen. Daneben sind Werke der Schule von Pont-Aven und lokaler Künstler wie J. J. Lermordant und Max Jacob ausgestellt.

🏛 Musée Départemental Breton

1, rue de Roi-Gradlon. 02 98 95 21 60. Juni–Sep tägl.; Okt–Mai Di–So. **Geschl.** Feiertage
Der Bischofspalast (16. Jh.) beherbergt eine gelungen aufbereitete Sammlung bretonischer Trachten, Möbel und Fayencen. Zu den Exponaten zählen *coiffes*, geschnitzte Himmelbetten, Kleiderschränke sowie Fremdenverkehrsplakate der Jahrhundertwende.

Concarneau ❾

Finistère. 19 000.
Quai d'Aiguillon
(02 98 97 01 44). Mo u. Fr.

HAUPTSEHENSWÜRDIGKEIT des Fischereihafens Concarneau ist die **Ville Close** (bewehrte Stadt) aus dem 14. Jahrhundert, auf einer Hafeninsel errichtet und von einer granitenen, überdachten Brustwehr umschlossen. Von der Place Jean-Jaurès über eine Brücke erreichbar, kann man Teile der mächtigen Brustwehr begehen. In den engen Straßen wimmelt es von Geschäften und Restaurants. Das **Musée de la Pêche** in der alten Hafenkaserne erläutert die Geschichte der lokalen Fischerei.

🏛 Musée de la Pêche

Rue Vauban. 02 98 97 10 20. tägl. **Geschl.** Jan.

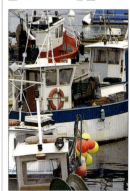

Fischerboote in Concarneaus betriebsamem Hafen

BRETAGNE

Pont-Aven

Finistère. 3000. Place de l'Hôtel-de-Ville (02 98 06 04 70). Di.

PONT-AVEN, EINST Marktflecken mit »14 Mühlen und 15 Häusern«, lockte durch seine malerische Lage an der bewaldeten Aven-Mündung im späten 19. Jahrhundert viele Künstler an.

1888 entwickelte Paul Gauguin (zusammen mit den geistesverwandten Malern Emile Bernard und Paul Sérusier) den Synthetismus, einen grobschnittigen, farbenfrohen Malstil. Diese sogenannte Schule von Pont-Aven ließ sich bis 1896 hier (und im nahen Le Pouldu) von Landschaft und Menschen der Bretagne inspirieren.

Die künstlerische Tradition der Stadt pflegen etwa fünfzig Galerien sowie das informative **Musée de Pont-Aven** mit Werken der gleichnamigen Schule. In der umgebenden Waldlandschaft, die Künstler beflügelte, entspannen Wanderungen, etwa durch den Bois d'Amour zur **Chapelle de Trémalo**, in der noch heute der hölzerne Christus hängt, der Gauguin zu dem Gemälde *Der gelbe Christus* inspirierte.

🏛 Musée de Pont-Aven
Place de l'Hôtel-de-Ville. 02 98 06 14 43. tägl. **Geschl.** zwischen den Ausstellungen.

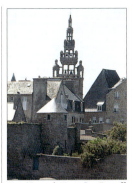

Notre-Dame-de-Kroaz-Baz, Roscoff

Le Pouldu

Finistère. 4000. Boulevard Charles-Filiger (02 98 39 93 42).

DIESER KLEINE HAFENORT an der Mündung des Flusses Laïta bietet angenehme Küsten- und Flußwanderungen. Hauptattraktion ist die **Maison de Marie Henry**, eine Rekonstruktion des Gasthofes, in dem Gauguin und andere Künstler zwischen 1889 und 1893 wohnten. Diese bemalten jede Handbreit des Speiseraums (einschließlich Fensterscheiben) mit Stilleben, Selbstporträts und Karikaturen – ein Schatz, den man 1924 unter den Tapeten entdeckte.

🏛 Maison de Marie Henry
Rue des Grandes-Sables. 02 98 39 98 51. Mitte Juni– Mitte Sep tägl., Mitte Sep–Mitte Juni nach telefonischer Absprache

Roscoff

Finistère. 3700. 46, rue Gambetta (02 98 61 12 13). Mi.

DAS FRÜHERE KORSARENNEST Roscoff ist heute belebter Kanalhafen und Meeressommerfrische. Der alte Hafen dokumentiert den Wohlstand der vergangenen Seefahrerei, besonders an der Rue Amiral-Réveillère und der Place Lacaze-Duthiers. Dort zeugen Granitfassaden von Reederhäusern (16. und 17. Jh.) sowie Kanone und Karavellen, die die **Eglise Notre-Dame-de-Kroaz-Baz** bewahren, von den Tagen, in denen Roscoffs Freibeuter ebenso berüchtigt waren wie jene von St-Malo *(siehe S. 272).* Notre-Dame (frühes 16. Jh.) besitzt einen Laternenturm.

Das nahe **Aquarium Charles Perez** ist den erstaunlichen Lebewesen des Kanals gewidmet. Vom Hafen führt eine kurze Bootsfahrt zur friedlichen **Ile de Batz**. Salzwasserkuren bieten die zwei meerestherapeutischen Institute von Roscoff. Der Seetang ist Thema des Forschungszentrums Thalado. Nahe der Pointe de Bloscon befindet sich ein farbenprächtiger tropischer Garten.

Aquarium Charles Perez
Place Georges-Teissier. 02 98 29 23 25. Ostern– Sep tägl. eingeschränkt.

PAUL GAUGUIN IN DER BRETAGNE

Schnitzerei, Chapelle de Trémalo

Das Leben Paul Gauguins (1848–1903) liest sich wie ein romantischer Roman. Mit 35 Jahren beendete er seine Laufbahn als Börsenmakler, um professioneller Maler zu werden. Er lebte und arbeitete 1886–94 in der Bretagne – in Pont-Aven und Le Pouldu, wo er Land und Leute auf die Leinwand bannte. Hier öffnete er sich dem nahezu naiv-innigen bretonischen Katholizismus. Diesen versuchte er in sein Werk zu übertragen, unter anderem, angeregt von einer Schnitzerei in der Chapelle de Trémalo, im *Gelben Christus*. Dieses Gemälde Gauguins zeigt die Kreuzigung als lebendiges Geschehen in zeitgenössischer bretonischer Landschaft. Dieses Motiv griff er in vielen Werken jener Phase auf, so auch in *Jakob ringt mit dem Engel* (1888).

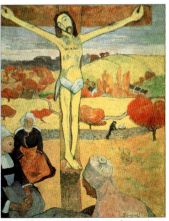

Der gelbe Christus (1889) von Paul Gauguin

St-Thégonnec ⓭

Finistère. 🚉 🅿 tägl. ♿

HIER, IN EINER DER besterhaltenen umwehrten Pfarranlagen der Bretagne, erblickt man nach Eintritt durch den Triumphbogen links das Beinhaus, voran den Kalvarienberg (1610), der in höchstem Maße das Geschick bretonischer Steinmetze belegt. Unter den zahlreichen lebendig gestalteten Figuren um die Kreuzachse fällt die nischengeborgene Statue des heiligen Thégonnec auf, den ein Gefährt von Wölfen zieht.

Guimiliau ⓮

Finistère. 🅿 tägl. ♿

NAHEZU 200 FIGUREN, viele in Gewändern (16. Jh.), schmücken Guimiliaus üppig verzierten Kalvarienberg (1581–88). Eine Darstellung erzählt die Leidensgeschichte des Dienstmädchens Katell Gollet, das Dämonen quälten, da sie für ihren Liebhaber eine Hostie gestohlen hatte. Die dem heiligen Miliau gewidmete Kirche besitzt ein reich dekoriertes Südportal. Der Eichenbaldachin ihres Taufbeckens stammt aus dem Jahr 1675.

Taufstein von Guimiliau (1675)

Lampaul-Guimiliau ⓯

Finistère. 🅿 tägl. ♿

NACH BETRETEN durch das mächtige Tor erkennt man links Kapelle und Beinhaus, rechts den Kalvarienberg. Hier verdient die Kirche die meiste Aufmerksamkeit. Ihr Interieur ist aufwendig geschnitzt und bemalt, unter anderem mit naiven Passionsszenen entlang dem Kreuzbalken (16. Jh.), der Chor und Schiff trennt.

Umwehrte Pfarrhöfe

Vom 16. bis 18. Jahrhundert entstanden die *enclos paroissiaux* (umwehrte Pfarrhöfe) als Ausdruck religiöser Inbrunst der Bretonen. Damals besaß die Bretagne wenige städtische Zentren, doch zahlreiche ländliche Siedlungen, denen Seehandel und Tuchproduktion Wohlstand verliehen. In kleinen Dörfern errichtete man, zum Teil in über 200 Jahren, großartige religiöse Bauten. Sie entsprangen religiösem Eifer und dem irdischen Verlangen, die Nachbarn zu übertrumpfen. Einige der schönsten Pfarrhöfe liegen – als »Circuit des Enclos Paroissiaux« gut ausgeschildert – im Tal von Elorn.

*Der **Pfarrhof**, von einer Steinmauer umfaßt, ist geweihtes Gelände. Die Mauerumrundung führt zum Triumphbogen (hier jenem von Pleyben).*

Der kleine **Friedhof** gibt Auskunft über die Größe der Gemeinde, die diese Kirchanlage baute.

ENCLOS PAROISSIAL VON GUIMILIAU
Ein *enclos paroissial* besitzt drei Merkmale: Triumphbogen als Eingang zum geweihten Bezirk, Kalvarienberg mit Passions- und Kreuzigungsszenen sowie das Beinhaus neben dem Kirchportal.

*Der **Kalvarienberg** gilt als bretonische Besonderheit. Womöglich geht er auf die Menhirkreuze (siehe S. 269) zurück. Er bietet eine Bibelstunde in Form eines Statuenrundgangs. Bei diesem Beispiel (St-Thégonnec) tragen die Figuren Kleider des 17. Jahrhunderts.*

BRETAGNE

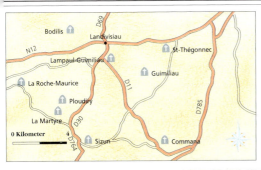

*Die bretonischen **enclos paroissiaux** liegen zumeist im Tal von Elorn. Neben St-Thégonnec, Guimiliau und Lampaul-Guimiliau verdienen die Pfarrhöfe von Bodilis, La Martyre, La Roche-Maurice, Ploudiry, Sizun und Commana eine Besichtigung. Weiter entfernt liegen Plougastel-Doulas und Pleyben, während Guéhenno bereits der Region Morbihan angehört.*

*Das **Kircheninnere** wurde meist mit Bildnissen und Szenen aus dem Leben örtlicher Heiliger, beschnitztem Balkenwerk sowie Möbeln ausgestattet. Hier sehen Sie die Altarwand von Guimiliau.*

Im **Beinhaus** lagerte man die aus dem kleinen Friedhof geborgenen Gebeine. Das am Kirchenportal gelegene Beinhaus galt als Brücke zwischen Leben und Tod.

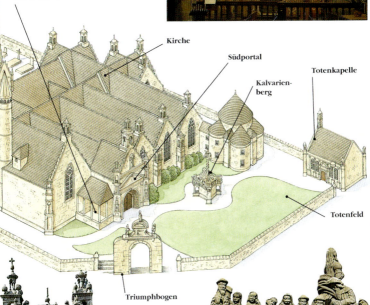

Kirche

Südportal

Kalvarienberg

Totenkapelle

Totenfeld

Triumphbogen

*Der **Triumphbogen** von St-Thégonnec, Symbol des Zutritts der Gerechten in den Himmel, läßt Gläubige wissen, daß sie geweihten Boden betreten.*

Steinskulpturen, biblischen Erzählungen entlehnt, sollten Besucher inspirieren. Während Wind und Wetter diese Botschaften oft unleserlich gemacht haben, ist die Skulptur von St-Thégonnec noch gut erhalten.

Die Kapelle Notre-Dame thront auf den Felsen über dem Strand von Port-Blanc, Côte de Granit Rose

Côte de Granit Rose ⓰

Côtes-d'Armor. ✈ 🚉 🚌 *Lannion.*
🛈 *Lannion (02 96 46 41 00).*

DIE KÜSTE ZWISCHEN Paimpol und Trébeurden wird wegen ihrer rosarötlichen Felsen Côte de Granit Rose genannt. Diese wirken am eindrucksvollsten zwischen Trégastel und Trébeurden. Auch in den Nachbarstädten taucht der rosafarbene Granit – als solider Baustoff – auf. Der Küstenstreifen zwischen Trébeurden und Perros-Guirec zählt zu den beliebtesten Urlaubszielen der Bretagne.

Weiter östlich liegen ruhigere Strände und Buchten, so jene von **Trévou-Tréguignec** und **Port-Blanc**. Vom Fischereihafen **Paimpol** brachen einst große Fangflotten nach Island und Neufundland auf, um Kabeljau und Wale zu fangen.

Tréguier ⓱

Côtes-d'Armor. 👥 *2900.*
🛈 *Place de Général-Leclerc (02 96 92 30 19).* 🛒 *Mi.*

TRÉGUIER LIEGT, abseits der Ferienorte der Côte de Granit Rose, auf einem Hügel über der Mündung der Flüsse Jaundy und Guindy. Der typisch bretonische Marktflecken begnügt sich mit einer einzigen Sehenswürdigkeit, der **Cathédrale St-Tugdual**. Die im 14. und 15. Jahrhundert erbaute Kirche ist dem heiligen Mönch Tugdual geweiht. Sie besitzt einen gotischen, einen romanischen sowie einen mit Scharten versehenen Turm (um den starken Winden zu widerstehen) aus dem 18. Jahrhundert.

Île de Bréhat ⓲

Côtes-d'Armor. 🚌 🚢 *Paimpol, dann Bus nach Pointe de l'Arcouest (im Winter Mo–Sa, im Sommer tägl.), dann Fähre.* 🛈 *Paimpol (02 96 20 83 16).*

EINE ÜBERFAHRT (15 Min.) bringt Sie von der Pointe de l'Arcouest zur verkehrsfreien Île de Bréhat. Die insgesamt 3,5 Kilometer lange Insel besteht eigentlich aus zwei durch eine Brücke verbundenen Eilanden. Zwischen Weidelandschaften blühen Oleander, Mimosen und Obstbäume in dem milden Klima. Im Hauptort **Port-Clos** werden Fahrradverleih und Bootstouren angeboten. Zu einem Spaziergang lockt die **Chapelle St-Michel** auf dem höchsten Punkt der Insel.

Die Chapelle St-Michel, ein Markstein der Ile de Bréhat

Carnac ⓳

Morbihan. 👥 *4400.* 🚉 🛈 *74, avenue des Druides (02 97 52 13 52).*

MIT SEINEN NAHEZU 3000 Menhiren – sie ragen in Reihen nördlich des Stadtzentrums auf – und dem **Musée de Préhistoire** zählt Carnac zu den weltweit bedeutendsten prähistorischen Stätten. In der Stadt ist die **Eglise St-Cornély** (17. Jh.) Cornelius, dem Patron der Horntiere, geweiht. Ihr Dach zeigt Malereien mit Szenen aus dem Leben des Heiligen. Der lange Sandstrand im Süden macht Carnac auch zum beliebten Badeort.

🏛 **Musée de Préhistoire**
10, place de la Chapelle.
📞 02 97 52 22 04.
🕘 Mi–Mo. **Geschl.** 1. Jan, 1. Mai, 25. Dez. 📷 ♿

Presqu'île de Quiberon ⓴

Morbihan. ✈ *Quiberon (via Lorient).*
🚉 *Juli, Aug* 🚌 *Quiberon.*
🛈 *Quiberon (02 97 50 07 84).*

STURMGEPEITSCHTE FELSEN säumen die rauhe Westküste (Côte Sauvage) der schmalen, ehemals insularen Halbinsel Quiberon. Im lieblicheren Osten findet man geschützte Buchten. Vom Fischereihafen und Erholungsort **Quiberon** an der Südspitze legt die Autofähre nach Belle-Ile ab.

1795 wurden hier 10000 royalistische Soldaten nach dem mißlungenen Versuch, das Rad der Revolution zurückzudrehen, niedergemetzelt.

Prähistorische Stätten der Bretagne

MEGALITHISCHE STÄMME ordneten bereits 4000 v. Chr. bei Carnac Tausende Granitblöcke in geheimnisvollen Linien und Mustern an. Sinn und Zweck bleiben unbekannt; vermutlich waren sie religiös, aber die Anlagemuster lassen auch auf einen frühen astronomischen Kalender schließen. Kelten, Römer und Christen machten die Bauten ihren Glaubensformen gefügig.

Der Gavrinis-Grabhügel, Golfe du Morbihan

MEGALITHEN

Es gibt viele verschiedene Megalithformen von unterschiedlicher Bedeutung. Man benennt sie heute noch mit bretonischen Begriffen wie *men* (Stein), *dole* (Tisch) und *hir* (lang).

Menhire, *die verbreitetsten Megalithen, stehen allein oder linear angeordnet. Kreisförmig sind sie als Cromlechs bekannt.*

Dolmen, *zwei senkrechte Steine, auf denen ein dritter quer ruht, dienten als Grabkammern («Kaufmannstisch» von Locmariaquer).*

Allée couverte, *reihenförmige, aufrechte und bedeckte Steine, die eine geschlossene Allee bilden (Carnac).*

Ein **Tumulus** besteht aus einem Dolmen, der seinerseits mit Erde bedeckt wurde, um ein Hügelgrab zu bilden.

Bedeutende Megalithstätten

Anlage bei Carnac

Menhire verschiedener Formen auf einem Feld bei Carnac

Belle-Île ㉑

Morbihan. ✈ *Quiberon (via Lorient).* ⛴ *von Quiberon.* ℹ *Le Palais (02 97 31 81 93).*

Bretonischer Schiffer

Die grösste Insel der Bretagne liegt 14 Kilometer südlich von Quiberon, von wo aus man sie in 45 Minuten mit der Autofähre erreicht. Ihre Küste bietet zerklüftete Felsen und angenehme Strände. Im Binnenland ragt blankes Hochland auf, durchzogen von Tälern. In der Hauptstadt Le Palais wacht die **Citadelle Vauban**, eine sternförmige Feste aus dem 16. Jahrhundert. Für Ausblicke bietet sich die Côte Sauvage an.

Kreuzgang von St-Pierre in Vannes

Vannes ㉒

Morbihan. 👥 *48 500.* 🚌 ℹ *1, rue Thiers (02 97 47 24 34).* 📅 *Mi, Sa.*

Vannes an der Spitze des Golfe du Morbihan war Hauptstadt der Veneti, eines seefahrenden Stammes, der 54 v. Chr. von Caesar besiegt wurde. Im 9. Jahrhundert schlug Nominoë, der erste Herzog der Bretagne, hier seine Zelte auf. Die Stadt wahrte ihre Bedeutung bis zum Unionsvertrag mit Frankreich (1532), nachdem Rennes zur bretonischen Hauptstadt aufstieg. Heute ist Vannes Geschäftsstadt mit einem guterhaltenen mittelalterlichen Viertel – und guter Ausgangspunkt, um den Golfe du Morbihan zu erkunden.

Die Ostmauern des alten Vannes erblickt man von der Promenade de la Garenne aus. An beiden Mauerenden haben die alten Stadttore überstanden: die Porte-Prison im Norden und die Porte-Poterne im Süden.

Von der Porte St-Vincent gelangt man zu den alten, noch betriebenen Marktplätzen der Stadt. Auf dem **Place des Lices** fanden im Mittelalter Turniere statt. In den Straßen um die Rue de la Monnaie stehen guterhaltene Häuser aus dem 16. Jahrhundert. Die im 13. Jahrhundert begonnene **Cathédrale St-Pierre** wurde im Laufe der Zeit radikal umgebaut und renoviert. Die Kapelle der Sakramente beherbergt das Grab des Vincent Ferrier, eines 1419 in Vannes verstorbenen spanischen Heiligen.

Gegenüber der Westseite der Kathedrale liegt der überdachte Markt **La Cohue**, einst wichtigster Treffpunkt der Stadt. Teile des Gebäudes stammen aus dem 13. Jahrhundert. Innen zeigt ein Museum Kunst und Kunsthandwerk in Zusammenhang mit der Geschichte von Vannes und des Golfe du Morbihan.

Im Château Gaillard (15. Jh.) hütet das **Musée d'Archéologie du Morbihan** eine reiche Sammlung von Schätzen aus Morbihans archäologischen Stätten, darunter Geschmeide, Waffen und Tonwaren. Daneben befindet sich eine Galerie mit Kunstwerken des Mittelalters und der Renaissance.

🏛 Musée d'Archéologie du Morbihan
Château Gaillard, 2, rue Noé.
📞 *02 97 42 59 80.* 🕘 *Apr–Okt Mo–Sa; Nov–März nur nachmittags.* **Geschl.** Feiertage.

Umgebung
Südlich der Stadt unterhält der Vergnügungspark **Parc du Golfe** auch mit einer Schmetterlingssammlung und einem Aquarium mit über 400 Fischarten. Nordöstlich von Vannes (abseits der N166) stehen die Überreste des **Tours d'Elven** (15. Jh.).

Golfe du Morbihan ㉓

Morbihan. ✈ *Lorient.* 🚌 *Vannes.* ℹ *Vannes (02 97 47 24 34).*

Der bretonische Ausdruck *morbihan* bedeutet »kleines Meer« – eine treffende Bezeichnung für die landumschlungenen Gewässer. Der Golf ist nur durch einen Kanal zwischen Locmariaquer und Rhuys mit dem Atlantik verbunden. Ihn sprenkeln Inseln, von denen vierzig bewohnt sind. Fähren steuern regelmäßig von Conleau bzw. Port-Blanc aus die größten Inseln, **Ile d'Arz** und **Ile aux Moines**, an.

Etwa die Hälfte der kleinen Golfhäfen lebt von Fischfang, Austernzucht und Tourismus.

Der malerische Fischerhafen Le Bono im Golfe du Morbihan

BRETAGNE

Junge Feriengäste am Strand von Dinard, einem beliebten Urlaubsort

Beachtlich sind die Megalithstätten, allen voran die Insel **Gavrinis**, bei der ein Grabhügel Steinmetzarbeiten aufweist *(siehe S. 269)*. Bootsfahrten nach Gavrinis werden in Larmor-Baden angeboten; Rundreisen in Locmariaquer, Auray, Vannes und Port-Navalo.

Das mittelalterliche Château de Josselin am Ufer des Flusses Oust

Josselin ㉔

Morbihan. 2600. Place de la Congrégation (02 97 22 36 43). Sa.

DAS DEN FLUSS Oust überblickende Josselin wird beherrscht von einem mittelalterlichen **Château**. Das seit Ende des 13. Jahrhunderts der Familie Rohan gehörende Schloß besitzt nur mehr vier von einst neun Türmen. In seine innere Granitfassade wurde der Buchstabe »A« gefügt – Widmung an die Herzogin Anne de Bretagne (1477–1514), Herrscherin während des Goldenen Zeitalters der Bretagne. Führungen erkunden das (im Stil des 19. Jh.) renovierte Schloßinnere. In den Ställen bezaubert ein Puppenmuseum. In der Stadt birgt die **Basilique Notre-Dame-du-Roncier** das Mausoleum von Olivier de Clisson (1336–1407), des Schloßeigentümers. Westlich von Josselin liegt in Kerguéhennec auf dem Grund eines Schlosses (18. Jh.) ein Skulpturenpark.

♟ Château de Josselin
☏ 02 97 22 36 45. **◐** Apr – Mai u. Okt Mi, Sa, So u. Feiertage nur nachmittags; Juni u. Sep tägl. nachmittags, Juli, Aug tägl.

Forêt de Paimpont ㉕

Ille-et-Vilaine. Rennes. Rennes, dann mit dem Bus. Ploërmel. Paimpont, im Sommer (02 99 07 84 23).

DIESER (auch Forêt de Brocéliande genannte) Wald bildet den letzten Überrest des dichten Urwaldes, der einst einen Großteil von Armorika bedeckte. Er steht in Zusammenhang mit den Sagen von König Artus. Und viele Besucher suchen tatsächlich nach der Zauberquelle, an der der Magier Merlin die Fee Viviane traf. Vom kleinen Dorf **Paimpont** aus kann man in Wald und Mythenwelt vordringen.

Côte d'Emeraude ㉖

Ille-et-Vilaine u. Côtes-d'Armor. Dinard–St-Malo. St-Malo (02 99 56 64 48).

ZWISCHEN LE VAL-ANDRÉ und der Pointe du Grouin (nahe Cancale) säumen sandige Strände, felsige Landzungen und traditionsreiche Badeorte die bretonische Nordküste. Selbsternanntes Kronjuwel der Smaragdküste ist **Dinard**, das Mitte des vorigen Jahrhunderts »entdeckt« wurde und noch heute die Reichen der Welt anzieht.

Westlich davon lebt die Atmosphäre von Sommerfrische in Orten wie St-Jacut-de-la-Mer, St-Cast-le-Guildo, Sables d'Or-le-Pins und Erquy – alle mit schönen Stränden. In der Baie de la Frênaye bietet das mittelalterliche **Fort La Latte** von seinem Wachturm aus einen guten Ausblick – einen noch besseren der nahe Leuchtturm von **Cap Fréhel.**

Östlich von Dinard führt die D186 über den **Barrage de la Rance** nach St-Malo. Der 1966 aufgeschüttete Damm erzeugte als weltweit erster Strom aus dem Tidenhub. Hinter St-Malo umfassen Strände und kleine Buchten La Guimorais. Intensiv smaragdfarben schimmert das Meer häufig um die Pointe du Grouin.

Der sagenumwobene Zauberer Merlin und die Fee Viviane

DIE SEEFAHRER VON ST-MALO

St-Malo verdankt Wohlstand und Ruf den Taten seiner Seefahrer. 1534 entdeckte der im nahen Rothéneuf geborene Jacques Cartier die Mündung des St.-Lorenz-Stromes in Kanada und beanspruchte das Gebiet für Frankreich. Bretonische Seeleute segelten 1698 nach Südamerika, um die Iles Malouines (heute als Malvinas oder Falklandinseln bekannt) zu kolonisieren. Um das 17. Jahrhundert war St-Malo Frankreichs größter Hafen und berühmt für seine Korsaren – Freibeuter mit königlichem Auftrag, Jagd auf ausländische Schiffe zu machen. Deren schillerndste Figuren waren der säbelrasselnde René Duguay-Trouin (1673–1736), der 1711 Rio de Janeiro von den Portugiesen kaperte, und der furchtlose Robert Surcouf (1773–1823), dessen Schiffe jene der British East India Company verfolgten. Mit ihren gewonnenen Reichtümern erbauten die Schiffseigner große Herrenhäuser.

Der Seefahrer Jacques Cartier (1491–1557)

St-Malo ❷

Ille-et-Vilaine. 49 000. *Esplanade St-Vincent (02 99 56 64 48).* Mo-Sa.

DIE EINST BEFESTIGTE Insel St-Malo liegt an der Mündung des Flusses Rance.
Der Name der Stadt geht zurück auf den walisischen Mönch Maclou, der (im 6. Jh.) als Missionar hierher kam. Vom 16. bis 19. Jahrhundert trugen Seefahrer dem Hafen Reichtum und Macht ein. Das 1944 schwer bombardierte St-Malo hat man äußerst genau restauriert. Es ist heute wichtiger Handels- und Fährhafen wie auch Urlaubsort.

Eine Brustwehr mit schönen Ausblicken auf St-Malo und die Inseln vor der Küste umkränzt die alte Stadt. Steigen Sie die Treppen der **Porte St-Vincent** hoch, und wandern Sie, vorbei an der mächtigen **Grande Porte** (15. Jh.), im Uhrzeigersinn.

Ein Gewirr enger Straßen mit Gebäuden des 18. Jahrhunderts, in denen Andenkenläden, Fischrestaurants und Crêperien untergebracht sind, durchzieht die Altstadt. Die Rue Porcon-de-la-Barbinais führt zur **Cathédrale St-Vincent**, deren Mittelschiff (12. Jh.) mit dem leuchtenden neuen Buntglas des Altarraumes kontrastiert. An der Cour La Houssaye hat man die Maison de la Duchesse Anne (15. Jh.) sorgfältig restauriert.

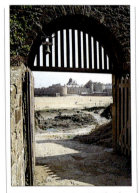

Blick auf St-Malo bei Ebbe durch das Tor des Fort National

🏰 Château de St-Malo
02 99 40 71 57. Ostern–Aug tägl.; Sep–Ostern Di–So. **Geschl.** *1. Jan, 1. u. 11. Nov, 25. Dez.*

Das Schloß von St-Malo stammt aus dem 15. und 16. Jahrhundert. Im großen Bergfried (1424) dokumentiert ein Museum die Stadtgeschichte samt den Abenteuern der vom Staat unterstützten Korsaren. Die Wachtürme bieten eindrucksvolle Blicke auf Meer und Küste. Der Nebenturm Quic-en-Groigne birgt ein Museum historischer Wachsfiguren. An der nahen Place Vauban wurde ein Aquarium in die Wehranlage eingefügt.

🏰 Fort National
Ostern – Ende Sep tägl. bei Ebbe.

Dieses Fort wurde 1689 von Vauban, dem berühmten Militärarchitekten Louis' XIV, errichtet. Es läßt sich bei Ebbe zu Fuß erreichen und gewährt gute Sicht auf St-Malo und seine Wehranlage. Bei Ebbe kann man zur Insel **Grand Bé** spazieren, um von ihrer Anhöhe Blicke auf die Côte d'Emeraude (*siehe S 271*) zu genießen. Hier liegt der in St-Malo geborene Schriftsteller François-René de Chateaubriand begraben.

🏰 Tour Solidor
St-Servan. 02 99 40 71 58. Ostern–Sep tägl.; Okt–Ostern Di–So. **Geschl.** *1. Jan, 1. Mai, 1. u. 11. Nov, 25. Dez.*

Im westlich gelegenen St-Servan beherbergt der dreitürmige Tour Solidor (1382), vormals Gefängnis, ein den Seefahrern um Kap Horn gewidmetes Museum. Darin fesseln Schiffsmodelle und nautische Instrumente.

Umgebung

Bei Ebbe enthüllen sich schöne Strände auch um St-Malo und die Vororte St-Servan und Paramé. Eine Fähre läuft regelmäßig Dinard (*siehe S. 271*) und die Channel Islands an. Bootsausflüge führen zu den Iles Chausey, der Ile de Cézembre, dem Cap Fréhel und den Fluß Rance hinauf nach Dinan.

In Rothéneuf lohnt das Haus des Seefahrers Jacques Cartier, **Manoir Limoëlou**, einen Besuch. Nahebei beeindrucken an der Küste Les Rochers

BRETAGNE 273

Den Geschmack der Austern von Cancale priesen schon die Römer.

Sculptés, eine Ansammlung granitener Gesichter und Figuren. Sie wurden gegen Ende des 19. Jahrhunderts von Abbé Foré in den Fels gehauen.

⌂ Manoir Limoëlou
Rue D.-Macdonald-Stuart, Limoëlou-Rothéneuf. 02 99 40 97 73.
Juni–Aug tägl.; Sep–Mai Mo–Fr.

Cancale ㉘

Ille-et-Vilaine. 5000.
44, rue du Port (02 99 89 63 72).
So.

DER KLEINE HAFENORT Cancale bietet bezaubernde Ausblicke über die Baie du Mont-St-Michel. Er hat sich Zucht und Verzehr von Austern verschrieben. Das schon von den Römern gelobte Aroma der Cancale-Austern soll vom starken Tidenhub herrühren. Von einem entlang der Klippen verlaufenden *sentier des douaniers* (Pfad der Küstenwache, GR34) aus kann man die Austernbänke überblicken.

Es besteht reichlich Gelegenheit, die lokale Spezialität zu kosten: in vielen Bars und Restaurants an den bevölkerten Quais des Port de la Houle, an dem die Fischerboote bei Flut anlegen. Besuchen Sie das **Musée de l'Huître et du Coquillage**.

🏛 Musée de l'Huître et du Coquillage
L'Aurore. 02 99 89 69 99.
Mitte Feb–Mitte Nov tägl.

Dinan ㉙

Côtes-d'Aurore. 12 800.
6, rue de l'Horloge
(02 96 39 75 40). Do.

AUF EINEM HÜGEL über dem bewaldeten Rance-Tal zeigt sich Dinan als moderne Marktstadt mit mittelalterlichem Kern. Die von Wehranlagen umfaßte Vieille Ville mit ihren guterhaltenen fachwerkverzierten Häusern und gepflasterten Straßen beeindruckt als unverfälschtes Ensemble, besonders wirkungsvoll von der Spitze des **Tour d'Horloge** (15. Jh.) in der Rue d'Horloge. Nahebei bewahrt die **Basilique St-Sauveur** das Herz von Bertrand du Guesclin, einem Krieger des 14. Jahrhunderts und Dinans berühmtestem Sohn.

Hinter der Kirche eröffnen Les Jardins Anglais den Blick auf den Rance-Fluß und den ihn überspannenden Viadukt. Einige Straßen nördlich windet sich die geraniengeschmückte Rue du Jerzual durch das Stadttor (14. Jh.) steil hinab zum Hafen. Der einst umtriebige, Tuch verschiffende Hafen ist heute ein stilles Wasser. Hier können Sie zu einer Bootspartie aufbrechen oder dem Treidelpfad zur restaurierten **Abbaye St-Magloire** (17. Jh.) bei Léhon folgen.

Im **Tour de Coëtquen** (15. Jh.) führt das **Musée Château** in Dinans Geschichte ein. Von hier bieten sich angenehme Spaziergänge neben den Wehranlagen über die Promenade des Petits Fossés und Promenade des Grands Fossés an.

⌂ Musée-Château
Château de Dinan, Rue du Château. 02 96 39 45 20.
Mitte Feb–Mai u. Mitte Okt–Dez Mi–Mo; Juni–Mitte Okt tägl.
Geschl. 25. Dez.

Schriftsteller und Diplomat: François-René de Chateaubriand (1768–1848)

Combourg ㉚

Ille-et-Vilaine. 4900.
Place Albert-Parent
(02 99 73 13 93). Mo.

DAS KLEINE COMBOURG liegt malerisch neben einem See, überschattet vom mächtigen **Château de Combourg**, dessen Bau im 11. Jahrhundert begonnen wurde. Die heutigen Gebäude stammen aus dem 14. und 15. Jahrhundert. 1761 erwarb der Comte de Chateaubriand das Schloß. Sein Sohn, der Schriftsteller und Diplomat Fraçois-René de Chateaubriand (1768–1848), verbrachte darin seine Kindheit, die er in seinen *Erinnerungen* geschildert hat.

Das nach der Revolution verlassene, im späten 19. Jahrhundert restaurierte Schloß steht heute Führungen offen. In einem kleinen Raum erinnern Dokumente und Einrichtungsgegenstände an François-René de Chateaubriand.

⌂ Château de Combourg
23, rue des Princes. 02 99 73 22 95. Apr–Okt Mi–Mo.

Blick auf Dinan und die gotische Brücke über den Rance-Fluß

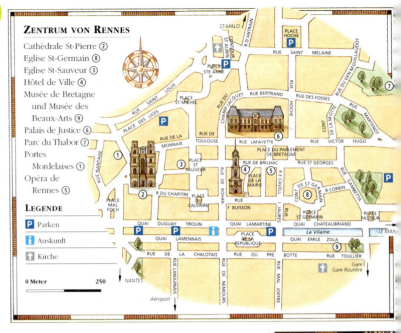

Zentrum von Rennes

Cathédrale St-Pierre ②
Eglise St-Germain ⑧
Eglise St-Sauveur ③
Hôtel de Ville ④
Musée de Bretagne
 und Musée des
 Beaux-Arts ⑨
Palais de Justice ⑥
Parc du Thabor ⑦
Portes
 Mordelaises ①
Opéra de
 Rennes ⑤

Legende

🅿 Parken
ℹ Auskunft
✝ Kirche

0 Meter — 250

Rennes ㉛

Ille-et-Vilaine. 204 000.
Pont de Nemours
(02 99 79 01 98). Di–Sa.

Das von den Galliern gegründete und den Römern kolonisierte Rennes liegt günstig am Zusammenfluß von Vilaine und Ille. Es wurde nach der Vereinigung der Bretagne mit Frankreich (1532) Regionalhauptstadt. 1720 zerstörte eine sechs Tage wütende Feuersbrunst Rennes bis auf einen kleinen Teil. Ihn ergänzt das Raster der neuerrichteten Gebäude des 18. Jahrhunderts. Um diesen historischen Kern siedelten die High-Tech-Fabriken des modernen Rennes, einer zukunftssicheren Provinzkapitale mit zwei Universitäten und pulsierender Kulturszene.

Bei der Erkundung der von der Place de Lices abgehenden Straßen meint man fast, die Atmosphäre von Rennes vor dem großen Feuer zu spüren. Zugleich wirkt dieser alte Kern (heute Fußgängerzone) durch Bars, Crêperien und Designershops jugendlich. Am Westende der Rue de la Monnaie wachen die **Portes Mordelaises**, einst Teil der Stadtumwehrung.

In der **Cathédrale St-Pierre**, dem dritten Kirchenbau (1844) an dieser Stelle, verdient das geschnitzte flämische Altarblatt (16. Jh.) Beachtung. Unweit erhebt sich die **Eglise St-Sauveur**. Knapp südlich der Rue St-George wartet die Eglise St-Germain mit bretonischem Glockenturm und hölzernem Gewölbe auf. Die Place de la Mairie zieren das **Hôtel de Ville** (frühes 18. Jh.) und die neoklassizistische **Opéra de Rennes**. Der **Parc du Thabor**, einst Teil eines Benediktinerklosters, lädt zu Spaziergang und Picknick ein.

Der lebhafte Markt der Place des Lices im Herzen von Rennes

Fachwerkhäuser säumen die engen Straßen des alten Rennes

🏛 Palais de Justice

Place du Parlement. *Geschl. wg. Restaurierung vorauss. bis 2000.*
Der von Salomon de Brosse entworfene Justizpalast von Rennes (erbaut 1618–55) war bis zur Revolution Sitz der Regionalregierung.

Das Gebäude diente bis Februar 1994, als es bei Demonstrationen der Fischer gegen die Fangpreise schweren Schaden erlitt, als Strafgericht. Im Zuge einer Innen- und Außenrestaurierung sollen die einzigartige Deckentäfelung und das Schnitzwerk der Grande Chambre original wiederhergestellt werden.

BRETAGNE

🏛 Musée de Bretagne, Musée des Beaux-Arts
20, quai Emile-Zola. 📞 02 99 28 55 84. 🕐 Mi–Mo. **Geschl. Feiertage.**

Das Musée de Bretagne am Südufer des Flusses Vilaine eröffnet einen anregenden Zugang zur bretonischen Geschichte. Die Ausstellung umfaßt traditionelle Kostüme und Möbel, prähistorische Megalithen sowie die Entwicklung des ländlichen Handwerks und der Fischerei. Dem Aufstieg der Stadt Rennes ist eine eigene Abteilung gewidmet.

Im gleichen Gebäude stellt das Musée des Beaux-Arts eine sich vom 14. Jahrhundert bis zur Gegenwart spannende Kunstsammlung aus; ein Raum widmet sich bretonischen Themen. Vertreten sind Gauguin, Bernard und andere Mitglieder der Schule von Pont-Aven (siehe S. 265), auch Picasso mit drei Werken, darunter die anmutige *Badende*, die er 1928 in Dinard gemalt hat.

Umgebung
Unmittelbar südlich von Rennes verfolgt das **Ecomusée du Pays de Rennes** die bäuerliche Geschichte bis ins 17. Jahrhundert zurück. 16 km südöstlich von Rennes liegt **Châteaugiron**, eine charmante mittelalterliche Stadt mit einer imposanten Burg.

🏛 Ecomusée du Pays de Rennes
Ferme de la Bintinais, route de Châtillon-sur-Seiche. 📞 02 99 51 38 15. 🕐 Mi–Mo. **Geschl. Sa, So vormittags, Feiertage.**

♣ Château de Châteaugiron
📞 02 99 37 89 02. 🕐 Juli–Aug tägl., Mai–Juni u. Sep So nachmittag

Fougères ③②

Ille-et-Vilaine. 🧍 23 000. 🚉
ℹ 1, place Aristide-Briand (02 99 94 12 20). 🛒 Sa.

DIE FESTUNGSSTADT FOUGÈRES liegt nahe der Grenze zur Normandie auf einem Hügel über dem Fluß Nançon. In das Tal (doch mit der Haute Ville durch eine alte Mauerwehr verbunden) bettet sich das mächtige **Château de**

Die mächtigen Wehranlagen des Château de Fougères

Fougères (11.–15. Jh.). Den besten Schloßblick bietet der Garten der Place aux Arbres hinter der **Eglise St-Léonard** (16. Jh.). Von hier kann man zum Fluß und den mittelalterlichen Häusern um die Place du Marchix hinabsteigen. Der Besuch der gotischen **Eglise St-Sulpice** mit der holzgetäfelten Innenausstattung (18. Jh.) und dem Retabel aus Granit lohnt sich.

Ein Gang um die massiven Außenbefestigungen des Schlosses enthüllt den baulichen Ehrgeiz der mit 13 Türmen und über 3 Meter dicken Mauern versehenen Anlage. Brustwehr und Türme ersteigend, vermag man sich in die Rolle der Verteidiger zurückzuversetzen. Ein Gutteil von Balzacs Roman *Die Königstreuen* (1829) spielt in und um Fougères und dessen Schloß.

♣ Château de Fougères
Place Pierre-Simon. 📞 02 99 99 79 59. 🕐 Feb–Dez tägl.

Vorgesetzte Fachwerkhäuser in der Rue Beaudrairie von Vitré

Vitré ③③

Ille-et-Vilaine. 🧍 14 000. 🚉 🚌
ℹ place St-Yves (02 99 75 04 46). 🛒 Mo.

DIESE BEFESTIGTE STADT ruht hoch über dem Vilaine-Tal. Bleistiftdünne Türmchen spicken Vitrés mittelalterliches **Château**, dem sich malerische Gebäude (15.–16. Jh.) beigesellen. Das Schloß wurde vom 15. bis 16. Jahrhundert auf dem Grundriß eines Dreiecks neu errichtet. Teile der Brustwehr sind begehbar. Ein Museum mit lokalen Sehenswürdigkeiten empfängt in der Tour St-Laurent Besucher.

Östlich, in der Rue Beaudrairie und der Rue d'Embras, prägen Fachwerkhäuser mit Vorbau und bemerkenswertem Muster das Bild.

An der feingearbeiteten Südfassade der im Flamboyant-Stil gestalteten **Cathédrale Notre-Dame** (15.–16. Jh.) fällt eine Steinkanzel auf. Die Promenade du Val (die Rue Notre-Dame hinab) begleitet die Mauerwehr.

Das südöstlich von Vitré an der D88 gelegene **Château des Rochers-Sévigné** war Sitz der Madame de Sévigné, der berühmten Briefeschreiberin und Chronistin des höfischen Lebens von Louis XIV. Park, Kapelle und einige ihrer Gemächer sind zugänglich.

♣ Château de Vitré
📞 02 99 75 04 54. 🕐 Apr–Sep tägl. **Geschl. Sa, So u. Mo vormittags, 1. Jan, Ostern, 1. Nov, 25. Dez.**

♣ Château des Rochers-Sévigné
📞 02 99 96 76 51. 🕐 Apr–Sep tägl. **Geschl. 1. Jan, Ostern, 1. Nov, 25. Dez.** eingeschränkt.

Loire-Tal

INDRE · INDRE-ET-LOIRE · LOIR-ET-CHER · LOIRET · EURE-ET-LOIR
CHER · VENDÉE · MAINE-ET-LOIRE · LOIRE-ATLANTIQUE · SARTHE

Entlang dem gleichnamigen Fluß durchzieht das weite, für seine Prunkschlösser berühmte Loire-Tal das Kernland Frankreichs. Kultivierte Städte, fruchtbare Landschaften, köstliche Küche und Weine gehören zu der mit geschichtlichen und architektonischen Relikten reichgefüllten Schatzkammer.

Das üppige Loire-Tal ist ein glanzvolles Schaustück des königlichen Frankreich. Im 13. Jahrhundert zog Orléans Dichter, Troubadoure und andere Künstler an den französischen Hof. Da dieser im Mittelalter nie lange Zeit an einem Ort residierte, entstanden prächtige Schlösser entlang der Loire. Chambord und Chenonceau, die zwei größten Renaissanceschlösser, prangen in ihren Ziergärten, als wollten sie das Zepter hochhalten.

Zentrale Lage, kulturelles und gastronomisches Angebot machen Tours zum Hauptreiseziel. An zweiter Stelle folgt das nahe Angers. Unverfälschter wirken die historischen Städte Amboise, Blois, Saumur und Beaugency, aufgereiht wie Perlen am Band des Flusses. Dort liegt das »klassische« Loire-Tal, ein Schlösserpfad, an dem der Renaissancegarten von Villandry und die Märchentürme von Azay-le-Rideau liegen. Nordwärts thronen die Kathedralenstädte Le Mans und Chartres mit mittelalterlichen, von Mauern umschlossenen Kernen. Im Westen streichen Brisen durch das Tor zum Atlantik, den Hafen Nantes.

Südlich säumt unberührte Küste die Vendée, Paradies für Windsurfer und Naturfreunde. Landeinwärts lassen sich die Nebenflüsse der Loire und die wasserreiche Sologne erkunden, ebenso Höhlenwohnungen, verträumte Weiler und freskenverzierte romanische Kirchen. In einladenden Gasthäusern läßt sich bei frischem Wild, Fisch und Gemüse sowie einem leichten Vouvray oder vollmundigen Bourgueil verweilen – in der Gewißheit, daß übermäßiger Genuß hier nicht als Sünde gilt.

Die Loire bei Montsoreau, südöstlich von Saumur

◁ **Das märchenhafte Château de Saumur überragt die Stadt und die Loire**

Überblick: Loire-Tal

Hauptattraktion des Loire-Tals ist seine üppige, von Frankreichs großartigsten Schlössern überzogene Landschaft. In Angers und Nantes bieten sich Flußfahrten an, an den Sandstränden der Atlantikküste Badeurlaub, in der Vendée sowie den Tälern von Loir und Indre beschauliche Ferien auf dem Land, um Bourgueil, Chinon, Muscadet und Vouvray weinselige Reisen. Die reizendsten Ausgangsorte sind Amboise, Blois, Beaugency und Saumur, doch kommen Kulturinteressierte in der gesamten Region auf ihre Kosten.

Ländliche Szenerie bei Vouvray

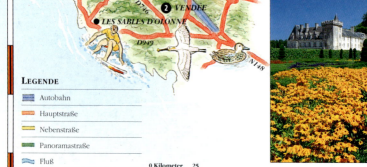

Das in Gärten gebettete Château de Villandry (16. Jh.)

Legende
- Autobahn
- Hauptstraße
- Nebenstraße
- Panoramastraße
- Fluß
- Aussichtspunkt

LOIRE-TAL

Auf einen Blick

Abbaye de Fontevraud ⑦	Le Mans ④
Amboise ⑱	Loches ⑮
Angers ③	Loir ㉓
Azay-le-Rideau ⑪	Montrésor ⑯
Beaugency ㉑	Montreuil-Bellay ⑥
Blois ⑳	Nantes ①
Bourges ㉗	Orléans ㉕
Chambord ⑲	St-Benoît-sur-Loire ㉖
Chartres ㉔	Saumur ⑤
Chenonceau ⑰	Tours ⑬
Chinon ⑧	Ussé ⑨
Langeais ⑩	Vendée ②
	Vendôme ㉒
	Villandry ⑫
	Vouvray ⑭

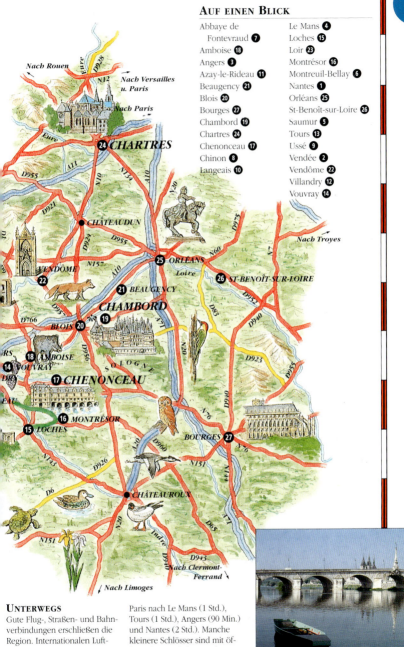

Brücke über die Loire, aufgenommen bei Tagesanbruch

UNTERWEGS

Gute Flug-, Straßen- und Bahnverbindungen erschließen die Region. Internationalen Luftverkehr bedient Nantes, der Flughafen von Tours besitzt Anschluß an Paris. Von Paris führt die A11 nach Chartres, Le Mans, Angers und Nantes; an der A10 liegen Orléans, Blois und Tours. Der TGV fährt von Paris nach Le Mans (1 Std.), Tours (1 Std.), Angers (90 Min.) und Nantes (2 Std.). Manche kleinere Schlösser sind mit öffentlichen Verkehrsmitteln schlecht zu erreichen, doch bieten die Touristenzentren Ausflüge dorthin an. Für Gruppen von drei bis vier Personen kann ein Mietwagen preiswerter kommen als öffentliche Verkehrsmittel.

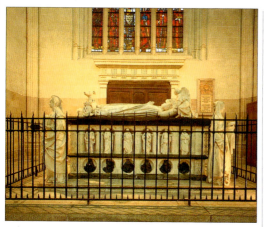

Grab von François II und Marguerite de Foix in der Cathédrale St-Pierre

Nantes ❶

Loire-Atlantique. 250 000.
Place du Commerce
(02 40 20 60 00). tägl.

JAHRHUNDERTELANG stritt Nantes mit Rennes um den Titel der Hauptstadt der Bretagne. Seine Bande zu den Plantagenets und Henri IV verknüpfte Nantes mit der »königlichen« Loire. Obwohl seit den 90er Jahren des 18. Jahrhunderts ausgegliedert und Hauptstadt des Pays de la Loire, ist Nantes bretonisch geblieben.

Nantes zeigt ein vielseitiges Gesicht mit High-Tech-Türmen, Kanälen und Jugendstilplätzen. Schicke Bars und Restaurants drängen sich im Kern.

Den 1434 begonnenen, erst 1893 vollendeten Bau der **Cathédrale St-Pierre** schmücken gotische Portale mit Reliefdekor. Innen ruht in einem Renaissancegrab François II, letzter Herzog der Bretagne. Im **Château des Ducs de Bretagne** wurde 1477 Anne de Bretagne geboren. Hier unterzeichnete 1598 Henri IV das Edikt von Nantes, das den Protestanten begrenzte Religionsfreiheit zugestand. Die koloniale Vergangenheit von Nantes und seinen im 18. und 19. Jahrhundert betriebenen Sklavenhandel veranschaulicht das Marinemuseum **Musée des Salorges** unter anderem mit dem Arbeitszimmer eines Sklavenhändlers und einer Dokumentation über die Lebensbedingungen der Galeerensklaven.

♦ Château des Ducs de Bretagne/Musée des Salorges
Place Marc-Elder. 02 40 41 56 56.
Juli–Aug tägl.; Sep–Juni Mi–Mo.
Geschl. Feiertage.

Umgebung

Von Nantes fahren Boote über die Flüsse Erdre und Sèvre, vorbei an Schlössern, Muscadet-Weingärten und sanfter, ländlicher Landschaft.

Die 1793 beim Vendée-Aufstand dem Erdboden gleichgemachte Stadt **Clisson** (16 km südöstlich von Nantes) wurde in italienischem Stil mit neoklassizistischen Villen, Backsteinglockentürmen und roten Ziegeldächern wiederaufgebaut. Teilweise restauriert wird das **Château de Clisson** (13. Jh.) auf einem Felsvorsprung über dem Fluß Sèvre.

♦ Château de Clisson
02 40 54 02 22. Mi–Mo.
Geschl. Weihnachtsferien.

Vendée ❷

Vendée u. Maine-et-Loire. Nantes.
La Roche-sur-Yon. La Roche-sur-Yon (02 51 36 00 85).

DIE VENDÉE beschwört Erinnerungen an die Gegenrevolution, die 1793–99 über Westfrankreich fegte. Sie wurde hier, in dieser Bastion des Ancien régime, von Aufständen gegen die städtischen republikanischen Werte eingeleitet. Ein blutiges Massaker raffte 1793 an einem einzigen Tag 80 000 Royalisten dahin, als diese bei St-Florent-le-Vieil über die Loire zu setzen versuchten. Die Vendée-Bauern waren standhafte Royalisten, und heute noch sind Konservatismus und religiöser Eifer in dieser Region keine Seltenheit.

In Cholet und Challans eröffneten zwei neue Museen anläßlich der 200-Jahr-Feier des Vendée-Aufstands. An diesen erinnern auch der Kriegsfriedhof beim zweimal belagerten Dorf La Gaubretière sowie die Buntglasfenster der Pfarrkirche von Luc-sur-Boulogne.

Heute ist die Vendée eine friedvolle Oase des Naturtourismus. Reitwege und Naturpfade durchziehen im Osten und Norden von La Roche-sur-Yon den *bocage vendéen*, trockengelegtes bewaldetes Marschland. Der Streifen zwischen der Loire und dem Poitou zählt zu den saubersten und unerschlossensten der französischen Atlantikküste. Das einzige bedeutende Seebad, **Les Sables d'Olonne**, wartet mit Jachthafen, Festung und Vendée-Kriegsmuseum auf. Im Norden verbindet bei

Hafen der Ile de Noirmoutier, Vendée

LOIRE-TAL

Ebbe der Gois-Damm die Marschen der **Ile de Noirmoutier** mit dem Festland.

Landeinwärts bergen die trockengelegten Sümpfe des **Marais Poitevin** *(siehe S. 398)* Vogelschutzgebiete und Weiler. Maillezais bietet eine romanische Abtei und Stakfahrten auf Kanälen, Chaillé-les-Marais schöne Kirchen des 17. Jahrhunderts. Ihr landesweit größtes Netz von künstlichen Wasserwegen trug dieser saftigen Gegend den Beinamen *Venise verte* (Grünes Venedig) ein.

Wandteppich (Apokalypse), Angers

Angers ❸

Maine-et-Loire. 140 000.
Pl Kennedy (02 41 23 51 11).
Mi.u.Sa.

Angers, historische Hauptstadt des Anjou, betrachtet sich als perfekte Verkörperung einer Loire-Stadt.

Wie es einer königlichen Stadt gebührt, besitzt Angers ein **Château** aus dem 13. Jahrhundert *(siehe S. 232)*. Es hütet einen der schönsten mittelalterlichen Wandteppiche. Gefertigt 1375–78, setzt er mit Kampfszenen zwischen Hydren und gestraften Engeln die Apokalypse ins Bild.

Die **Cathédrale St-Maurice** zieren eine romanische Fassade und Buntglasfenster aus dem 12. Jahrhundert, die **Maison d'Adam** an der nahen Place St-Croix Fachwerk und Schnitzereien in Form des Lebensbaums. In den Ruinen einer Kirche des 13. Jahrhunderts widmet sich das **Musée David d'Angers** seinem Namensgeber, einem hier geborenen Bildhauer des 19. Jahrhunderts. Im Hôpital St-Jean, 1174–1854 ein Armenkrankenhaus, ist das **Musée Jean Lurçat** untergebracht. Das kostbarste Exponat, den aufregenden Wandteppich *Chant du monde*, kreierte Lurçat 1957.

⚜ Château d'Angers
📞 02 41 87 43 47. 🕐 tägl. Geschl. 1. Jan, 1. Mai, 1. u. 11. Nov, 25. Dez.

🏛 Musée David d'Angers
33 bis, rue Toussaint. 📞 02 41 87 21 03. 🕐 Mitte Juni–Mitte Sep tägl.; Mitte Sep–Mitte Juni Di–So. Geschl. Feiertage.

🏛 Musée Jean Lurçat
4, boulevard Arago. 📞 02 41 24 18 45. 🕐 Mitte Juni–Mitte Sep tägl.; Mitte Sep–Mitte Juni Di–So. Geschl. Feiertage.

Umgebung
Von Angers gelangt man in einem Radius von 16 Kilometern zum **Château de Serrant** und zum **Château du Plessis-Bourrée**, Lustschloß in feudalem Gewand. Eine Landpartie führt entlang der Loire nach Osten. Unterwegs kann man sich in bodenständigen Fischlokalen stärken und bei einer Runde *boule de fort* zusehen.

⚜ Château de Serrant
St-Georges-sur-Loire. 📞 02 41 39 13 01. 🕐 Juli–Aug tägl., März–Juni u. Sep–Okt Mi–Mo.

⚜ Château du Plessis-Bourré
Ecuillé. 📞 02 41 32 06 01. 🕐 Mär–Nov Do nachmittag–Di, Dez–Feb Gruppen nach Vereinbarung.

Le Mans ❹

Sarthe. 150 000.
Hôtel des Ursulines, Rue de l'Etoile (02 43 28 17 22). Mi, Fr u. So.

Seit der Konstrukteur Bollée erstmals einen Motor unter eine Autohaube setzte, ist der Name Le Mans mit dem Motorenhandel verknüpft. Bollées Sohn rief den Vorläufer des Grand Prix *(siehe S. 33)* ins Leben, heute zusammen mit dem **Musée de l'Automobile**

Glasfenster mit Himmelfahrtsszenen, Cathédrale St-Julien, Le Mans

Hauptattraktion der Stadt.

Frankreichs größte galloromische Mauern umringen Vieux Mans. Der beste Blick auf dieses alte befestigte Zentrum bietet sich vom Quai Louis-Blanc aus. Das einst verlassene Viertel ist grundlegend renoviert und heute begehrte Kulisse für Verfilmungen von Epen wie *Cyrano de Bergerac*. Sein Reiz liegt in den Renaissancevillen, Arkadengassen und winzigen Höfen. Architektonischer Blickfang ist die gotische, von Strebebogen gestützte **Cathédrale St-Julien**, deren romanisches Portal jenem von Chartres kaum nachsteht. Innen öffnet sich das angevinische Schiff zu einem gotischen Chor. Reliefverzierte Kapitelle und ein Fenster (12. Jh.) mit Himmelfahrtsszenen runden das Bild ab.

🏛 Musée de l'Automobile
Circuit des 24 Heures du Mans. 📞 02 43 72 72 24. 🕐 Juni–Sep tägl.; Okt–Mai Mi–Mo.

Die Rennbahn von Le Mans im Magazin *Illustration* von 1933

Saumur 5

Maine-et-Loire. 32 000.
Pl de la Bilange (02 41 40 20 60).
Sa.

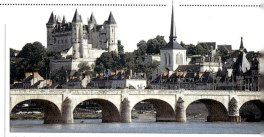

Blick auf das Château de Saumur und den Kirchturm von St-Pierre

IN SAUMUR, BERÜHMT für sein Märchenschloß, seine Kavallerieschule, Pilzzucht und Schaumweine, erinnern Steinvillen an die Blüte der Stadt im 17. Jahrhundert. Die damals protestantische Hochburg wetteiferte mit Angers um den Rang als Hauptstadt des Anjou.

Stadt und Fluß überragt das **Château de Saumur**. Die heutige Anlage begründete im 14. Jahrhundert Louis I von Anjou, dessen Enkel, König René, sie ein Jahrhundert später umbauen ließ. Eine 90minütige Führung zeigt auch Porzellan- und Reitkunstexponate.

Steinarchitektur prägt das Stadtbild. Mehrere gutrestaurierte Häuser schmücken die **Place St-Pierre**, bei der in einer mittelalterlichen Kirche Wandteppiche des 16. Jahrhunderts hängen. Stufen führen zur **Maison des Compagnons**, Schauplatz

König Renés Wappen

von Honoré de Balzacs Roman *Eugénie Grandet*.

Am Südufer der Loire, im westlichen Vorort St-Hilaire-St-Florent, unterhält der angesehene Cadre Noir in der **Ecole Nationale d'Equitation** Besuchern mit spannenden Reitvorführungen.

Das **Musée du Champignon** organisiert Ausflüge zu den Tuffsteinhöhlen der Region, die 75 Prozent der französischen Pilzerträge liefern. Kosten Sie vor der Rückkehr ins Stadtzentrum den lokalen Schaumwein *(méthode champenoise)* – er gilt als Frankreichs bester außerhalb des in der Champagne erzeugten Schaumweins.

Château de Saumur
02 41 40 24 40. Apr–Sep tägl.; Okt–Mär Mi–Mo. Geschl. 1. Jan, 25. Dez.

Ecole Nationale d'Equitation
St-Hilaire-St-Florent. 02 41 53 50 50. Apr–Sep Mo–Sa, Okt–März nach Vereinbarung. Geschl. Feiertage.

Musée du Champignon
St-Hilaire-St-Florent. 02 41 50 31 55. Mitte Feb–Mitte Nov tägl.

Umgebung
Von Saumur flußabwärts erreicht man die Abteikirche **Eglise de Cu-nault** (11. Jh.) mit schönem Westportal und aufwendig verzierten Kapitellen.

Montreuil-Bellay 6

Maine-et-Loire. 4000. Saumur
place du Concorde (02-41 52 32 39). Di (Juni–Sep auch So).

MONTREUIL-BELLAY ist eines der anmutigsten Städtchen der Region. Am Fluß Thouet, 17 Kilometer südlich von Saumur, blicken seine Villen über gotische Kirchen und die **Chapelle St-Jean**, ein Pilgerzentrum. Bei einem Uferbummel entdeckt man eine Priorei, das Haus eines Müllers und ein Stadttor.

Einem Bollwerk gleicht das 1025 errichtete **Château de Montreuil-Bellay** mit seinen Türmen, Außenbefestigungen und Schutzwällen. Hinter dem befestigten Tor entzückt ein Haus aus dem 15. Jahrhundert einschließlich mittelalterlicher Gewölbeküche, altem Weinkeller (Weinproben nicht versäumen) und Andachtsraum, dessen Fresken auch aus dem 15. Jahrhundert stammen.

Château de Montreuil-Bellay
02 41 52 33 06. Ostern–Nov Mi–Mo.

HÖHLENWOHNUNGEN

Aus dem weichen Kalkstein (Tuff) des Loire-Tals, vor allem um Saumur, Vouvray und entlang dem Loir, wurden einige der erstaunlichsten Höhlenbehausungen Frankreichs gehauen. In Felsflanken oder den Untergrund getrieben, gewährten sie über Jahrhunderte billige, sichere Unterkunft. Heute sind sie als *résidence secondaire* (Zweitwohnung) beliebt oder dienen zur Weinlagerung und Pilzzucht. Einige beherbergen sogar Restaurants oder Hotels, alte Steinbrüche bei Doué-la-Fontaine einen Zoo und ein Amphitheater (15. Jh.). Bei Rochemenier, nahe Saumur, zeigt ein Museum ein Höhlendorf. Vom zentralen Schacht geht ein Gewirr von Höhlen – Speicher, Weinkeller, Wohnungen, gar eine schlichte Kapelle – ab. Kaminaufsätze kündigen das unterirdische Dorf im nahen La Fosse an. Hier wohnt eine Familie, die ihr ausgefallenes Heim als lebendiges Museum Besuchern öffnet.

Eine typische Höhlenwohnung

Höfisches Leben in der Renaissance

ZUR REGIERUNGSZEIT von François I (1515–47) erlebte die französische Renaissance ihren von Schlösserbau, humanistischem und künstlerischem Interesse geprägten Höhepunkt. Der ständig reisende Hof zog im Loire-Tal zwischen den Palästen von Amboise, Blois und Chambord hin und her. Die Tage vertrieb man sich mit Jagen, Falknerei, *fêtes champêtres* (ländlichen Festen) und dem *jeu de paume*, einem Vorläufer des Tennis. Nachts unterhielt man sich mit Festessen, Bällen, Dichtung und Amouren.

Lauten- und Mandolinenmusik. Liedervorträge und Maskeraden waren in Mode. Musiker spielten bei den zweimal wöchentlich stattfindenden Bällen auf. Man tanzte Pavane und Gaillarde.

*Mit **Possen** belustigten Triboulet und Caillette, die Narren François' I, den Hof: Höflinge quälten Caillette, indem sie dessen Ohren an einen Pfosten nagelten und ihn so zum Schweigen brachten.*

RENAISSANCEFESTESSEN

Das Abendessen begann in der Regel vor 19 Uhr bei Klängen italienischer Musik. Humanistische Texte wurden vorgetragen, Hofnarren unterhielten das Gefolge.

Die **Höflinge** benutzten beim Abendessen ihre eigenen Messer. Gabeln waren selten, obwohl ihre Verwendung sich von Italien aus verbreitete.

Zu einem **typischen königlichen Festmahl** gehörten Räucheraal, Pökelschinken, Kalbspastete, Suppen mit Ei und Safran, Wildbraten, gekochtes Fleisch sowie Fischgerichte mit Zitronen- oder Stachelbeersoße.

Die **Kosten** für die Gewänder aus Damast, Satin und Seide trieben Höflinge oftmals in Verschuldung.

Diane de Poitiers *(1499–1566) wurde Mätresse von Henri II, als er noch ein 12jähriger Knabe war. Zwei Jahre später heiratete er Katharina von Medici, doch blieb Diane bis zu seinem Tod die Dame seines Herzens.*

*Die **Liebe** stellten Künstler der Renaissance mit allerlei Symbolen dar. Hier sprechen geflügelte Herzen eine beredte Sprache.*

Der Kreuzgang Grand Moûtier

Abbaye de Fontevraud ❼

Maine-et-Loire. 🚌 von Saumur.
📞 02 41 51 71 41. 🕐 tägl. **Geschl. 1. Jan, 1. u. 11. Nov, 25. Dez.**

Die Plantagenets

Der Name des Geschlechts der Grafen von Anjou verweist auf den Ginster *(genêt)*, der Geoffroi von Anjous Helm schmückte. Er heiratete Matilda, Tochter Henrys I von England. Als 1154 ihr Sohn Henry – er ehelichte Eleonore d'Aquitaine *(siehe S. 47)* – den Thron von England bestieg, wurde das englische Haus Plantagenet begründet, das 200 Jahre Frankreichs und Englands Geschicke verknüpfte.

Zwei Plantagenets: Henry II von England und Eleonore d'Aquitaine

Die Abbaye de Fontevraud, Frankreichs größte mittelalterliche Abtei, geht zurück auf den Wanderprediger Robert d'Arbrissel, der hier im frühen 12. Jahrhundert eine Benediktinerkongregation gründete. Mönche, Nonnen, Adlige, Aussätzige, Landstreicher und reuige Prostituierte zählten zur Gemeinschaft. Der asketische Stifter vertraute die Leitung der Abtei Äbtissinen an, die meist adlig waren. Das Kloster wurde zur Zuflucht von Aristokratinnen, darunter Eleonore d'Aquitaine.

Nachdem die Abtei 1804–1963 als Gefängnis gedient hatte, ließ die Regierung sie sorgfältig restaurieren. Ein Streifzug durch seine Bauten, Orangerie und Gärten entführt in das klösterliche Leben, dessen Mittelpunkt die 1119 eingeweihte romanische Abteikirche bildete. Sie besitzt herrlich verzierte Kapitelle. Ihr von vier Kuppeln gekröntes Schiff macht sie zu Frankreichs herausragendstem Beispiel einer Kuppelbasilika. Innen zeigen Bildnisse aus dem 13. Jahrhundert Mitglieder der Plantagenets: Henry II von England, seine Gemahlin Eleonore d'Aquitaine, ihren Sohn, den Kreuzritter Richard the Lionheart, und die hinterhältige Isabelle d'Angoulême, die ihren Gatten, König John I von England, vergiftete.

In den Renaissancebauten um den **Kreuzgang Grand Moûtier** lebte eine der größten Nonnengemeinschaften Frankreichs. In der **Priorei St-Lazare**, heute Klosterhotel *(siehe S. 555)*, wohnten die Schwestern, die die Aussätzigen pflegten. Zu den Überresten der Mönchsbezirke zählt das **Krankenhaus St-Benoît**. Als seltenes Beispiel weltlicher romanischer Architektur verblieb in der **Tour Evraud** die achteckige Küche, von Viollet-le-Duc im 19. Jahrhundert restauriert.

Heute ist die Abtei ein Kunstzentrum, in dem regelmäßig Konzerte und Ausstellungen stattfinden.

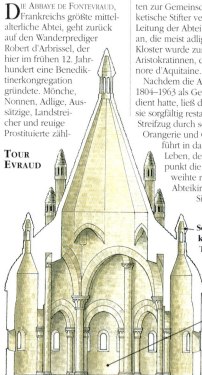

Tour Evraud

Schornsteinköpfe auf den Türmen der Küche ähneln Pfefferstreuern.

In **Kaminerkern** befanden sich die Herde.

Chinon ❽

Indre-et-Loire. 👥 9000. 🚂 🚌 ℹ️
12, rue Voltaire (02 47 93 17 85).
📅 Do.

Im eng mit der Geschichte der Jeanne d'Arc verknüpften Château de Chinon lassen sich viele Pilger ihre Francs. Hier überredete die Heilige 1429 den Dauphin, den späteren Charles VII (sie erkannte ihn trotz seiner Verkleidung), ihr zur Vertreibung der Engländer aus Frankreich ein Heer anzuvertrauen. Zuvor war das Schloß Lieblingsresidenz der Plantagenet-Könige. In seinen Mauern starb Henry II. Obwohl das **Château** heute eine Ruine ist, beeindruckt der Anblick vom gegenüberliegenden Vienne-Ufer aus.

Chinons Schmuckstück, der Stadtkern, gleicht einer mittelalterlichen Bilderbuchkulisse. Die **Rue Voltaire**, von Häusern des 15. und 16. Jahrhunderts gesäumt und einst innerhalb der Burgmauern, bietet einen Querschnitt durch die Stadtgeschichte. In der Nr. 12 erzählen im **Musée Animé du Vin** belebte Figuren von der Weinherstellung. In der **Nr. 44**, einer Villa,

Bei Chinons Sommerfestspiel

LOIRE-TAL

Weingarten im Weinbaugebiet von Chinon

soll 1199 Richard the Lionheart verstorben sein. Doppelten Treppenaufgang und Loggia besitzt das großartigste Haus, das **Hôtel du Gouvernement**. Liebreizender wirkt die **Maison Rouge** am Grand Carroi.

In der **Hostellerie Gargantua** aus dem 15. Jahrhundert, heute ein Gasthaus *(siehe S. 555)*, betrieb der Vater von Rabelais seine Advokatenpraxis. Der große Renaissanceschriftsteller lebte nahebei in der Rue Jean-Jacques-Rousseau.

Beim mittelalterlichen Markt im August, Chinons buntestem historischen Festspiel, füllen Minnesänger, Wanderschauspieler, Feuerschlucker und Jongleure die Straßen.

🏛 Musée Animé du Vin
12, rue Voltaire. 02 47 93 25 63. Apr–Sep tägl.

Umgebung
In La Devinière, der heutigen **Maison Rabelais**, wurde der berühmte Schriftsteller des 16. Jahrhunderts geboren.

🏛 Maison Rabelais
Seuilly. 02 47 95 91 18. tägl. **Geschl.** 1. Jan, 25. Dez.

Château d'Ussé ❾

Indre-et-Loire. Langeais, dann mit dem Taxi. 02 47 95 54 05. Mitte Feb–Mitte Nov tägl.

DAS MÄRCHENHAFTE Château d'Ussé erhebt sich in ländlicher Idylle über Feuchtwiesen und dem Fluß Indre. Seine romantischen weißen Türmchen, Spitztürme und Schornsteine inspirierten Charles Perrault zu seiner Fassung von *Dornröschen*.

Das im 15. Jahrhundert angelegte und ausgebaute Schloß befindet sich heute noch in Privatbesitz *(siehe S. 232)*. Das Interieur enttäuscht jedoch; lieblos präsentiert sind die *Dornröschen*-Illustrationen.

Der Eichenwald von Chinon umrahmt die Schloßkapelle. Ihre Aubusson-Gobelins kamen abhanden. Dafür entschädigt eine Madonna in Della-Robbia-Terrakottatechnik.

Château de Langeais ❿

Indre-et-Loire. Langeais. 02 47 96 72 60. tägl. **Geschl.** 25. Dez.

ANDERS ALS SEINE Nachbarstädte wirkt das untouristische Langeais angenehm bescheiden. Sein mittelalterliches Schloß, mit Zugbrücke und Fallgatter als Wehrburg angelegt, macht keine Zugeständnisse an die Renaissance. Seit Louis XI den Bau 1465–69 errichten ließ, erfuhr er kaum Veränderungen. Im kleinen Burghof machen die Ruinen eines von Foulques Nerra 994 angelegten Verlieses schaudern.

Ungelenke Wachsfiguren berichten von Charles' VIII und seiner Kindbraut Anne de Bretagne, die hier 1491 in der Salle du Mariage heirateten. Den Hochzeitssaal dekorieren Fliesenböden, geschnitzte Truhen sowie wertvolle flämische und Aubusson-Gobelins des 15. und 16. Jahrhunderts.

FRANÇOIS RABELAIS

Der 1494 geborene Geistliche, Arzt, Diplomat und Gelehrte Rabelais zeichnete sich durch Scharfsinn und Toleranz aus. Einen Namen machte er sich durch seine Satiren. Der große Zyklus über die Riesen Pantagruel und Gargantua spielt in der Gegend von Chinon, wo Rabelais aufwuchs.

Riese aus Rabelais' *Pantagruel* **(1532 veröffentlicht)**

Château d'Azay-le-Rideau ⓫

Indre-et-Loire. ⬛ Azay-le-Rideau. ⬛ 02 47 45 42 04. ⓞ tägl. **Geschl.** 1. Jan, 1. Mai, 1. u. 11. Nov, 25. Dez.

Azay-le-Rideau, von Balzac als »facettenreicher Diamant am Indre« gepriesen, ist das betörendste Loire-Schloß. Philippa Lesbahy, Frau des korrupten Finanzministers von François I, ließ es im frühen 16. Jahrhundert anlegen. Dem gotischen Anschein (siehe S. 50f) wirken die Ecktürmchen entgegen sowie die malerischen Wasserläufe der Gräben. Azay war ein Lustschloß, bei schönem Wetter bewohnt, im Winter verlassen. Den verspielten Eindruck verstärkt das Netz von Gräben und Wehren, durch das zwischen Seerosen im Renaissancestil gebaute Boote treiben.

Innen bezaubert luftiges Villenflair. Schwacher Zederntuft steigt in die Nase, während man Räume erkundet. Umgeben von Stilmöbeln, Familienporträts und erlesenen Wandteppichen, wähnt man sich in einem Renaissancemuseum. Zu den gefälligen Blickfängen zählen die tragbaren Spanischen Kabinette und Betthimmel. Der Treppenaufgang verbindet geradlinig vier Stockwerke.

Das Dorf erinnert mit Weinproben daran, daß man sich in einem Weinbaugebiet befindet. Dank seiner Licht-und-Ton-Schau (son et lumière) wirkt Azay bei Nacht nicht ausgestorben.

Der *jardin d'ornament* des Château de Villandry

Château de Villandry ⓬

Indre-et-Loire. ⬛ Savonnières od. Tours, dann Taxi. ⬛ 02 47 50 02 09. **Château** ⓞ Mitte Feb–Mitte Nov tägl., sonst nur 🅿. **Gärten** ⓞ tägl.

Villandry, vollendetes Beispiel der Architektur des 16. Jahrhunderts, wurde als letztes großes Renaissanceschloß im Loire-Tal erbaut. Seine Gärten ließ Joachim Carvallo in diesem Jahrhundert wieder in altem Renaissanceglanz erstrahlen.

Ornamental gestutzte Sträucher und Blumen bilden ein Ensemble auf drei Ebenen: Vom Küchengarten (*jardin potager*) geht es über den Ziergarten (*jardin d'ornament*) zum Wassergarten (*jardin d'eau*). Schilder erklären Herkunft und Bedeutung der Pflanzen: Der Gartenkürbis etwa symbolisiert Fruchtbarkeit, der Kohl sexuelle Verderbtheit. Auch wegen ihrer Heilkräfte zog man Pflanzen, den Kohl als Mittel gegen Kater, Piment zur Verdauungsförderung. Im *jardin d'amour* spiegeln Blumen die Gesichter der Liebe: Leidenschaft und Romanze, Tragik und Unbeständigkeit. Gekreuzte Schwerter versinnbildlichen Tragik, gelb, in der Farbe des Verrats blühende Blumen die Launenhaftigkeit der Liebe.

Ein Chocolatier in Tours

Tours ⓭

Indre-et-Loire. 🏠 140 000. ✈ ⬛ ⬛ ℹ 78, rue Bernard-Palissy (02 47 70 37 37). 🛒 tägl.

Bürgerlicher Wohlstand, intelligente Restaurierung und muntere Studentenszene machen Tours zu ansprechenden Großstadt. Über einer Römerstadt erbaut, stieg Tours im 4. Jahrhundert unter Bischof Martin zu einem Christenzentrum auf. Als Louis XI es 1461 zur Hauptstadt von Frankreich wählte, sorgten Waffenherstellung und Manufakturen für wirtschaftliche Blüte. Zur Regierungszeit von Henri IV verlor Tours die monarchische Gunst und trat die Hauptstadtrolle an Paris ab.

Bombardierungen – 1870 von Preußen sowie im Zweiten Weltkrieg – beschädigten die Stadt schwer. 1960 hatte die Mittelklasse das historische Zentrum verlassen, das zum

Das Château d'Azay-le-Rideau und sein Spiegelbild im Indre

LOIRE-TAL

Slum verkam, in dem mittelalterliches Bauwerk verfiel. Seine Verjüngungskur verdankt Tours Jean Royer, der 1958–1996 Bürgermeister war.

Um die Fußgängerzone der **Place Plumereau** drängen sich im mittelalterlichen Kern und stimmungsvollsten Viertel Cafés, Boutiquen und Galerien. In Straßen wie der Rue Briçonnet sind fachwerkverzierte Fassaden, versteckte Höfe und krumme Türme zu entdecken. Ein Torweg leitet zur Place St-Pierre-le-Puellier mit unterirdischen galloromischen Ruinen und einer in ein Café verwandelten Kirche. Einige Straßen weiter, an der Place Châteauneuf, zeugt von der ersten Kirche des heiligen Martin nur mehr die romanische **Tour Charlemagne**. Westlich davon ist die Rue du Petit-St-Martin der Nabel des Künstlerviertels.

Die Fassade der im frühen 13. Jahrhundert begonnenen und im 16. Jahrhundert vollendeten **Cathédrale St-Gatien** im Osten der Stadt zeigt spätgotischen Flamboyant-Stil. Obwohl schwarz angelaufen und bröcklig, beeindruckt sie ebenso wie die mittelalterlichen Buntglasfenster. Tours wartet mit ungewöhnlichen

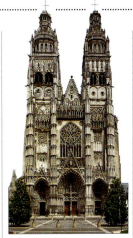

Die Cathédrale St-Gatien in Tours

Museen auf. Im einstigen Haus eines Seidenhändlers, dem **Hôtel Gouin** – es gilt als schönster Renaissancebau der Touraine –, hütet das archäologische Museum mittelalterliche Skulpturen. In einem vormaligen Bischofspalast überblickt das **Musée des Beaux-Arts** klassizistische Gärten und eine mächtige Libanonzeder. Zu den Highlights zählen Mantegnas *Auferstehung* und *Christus in Gethsemane*, aber Loire-Landschaften und Porträts überwiegen. 15 Jahrhunderte lokaler Geschichte veranschaulichen die 165 Wachsfiguren des **Historial de Touraine** im Château Royal. Unmittelbar westlich, an der Rue Colbert, beherbergen gotische Mönchszellen und der Kapitelsaal der **Eglise St-Julien** ein kleines Wein- und ein Kunsthandwerksmuseum.

🏛 Hôtel Gouin
25, rue du Commerce. ☎ 02 47 66 22 32. 🕐 Mitte März–Sep tägl.; Feb–Mitte März u. Okt–Nov Sa–Do.

🏛 Musée des Beaux-Arts
18, place François-Sicard. ☎ 02 47 05 68 73. 🕐 Mi–Mo. Geschl. 1. Jan, 1. Mai, 14. Juli, 1. u. 11. Nov, 25. Dez.

🏛 Historial de Touraine
Château Royal, 25, ave André Malraux. ☎ 02 47 61 02 95. 🕐 tägl.

Backgammonspieler in Tours, Place Plumereau

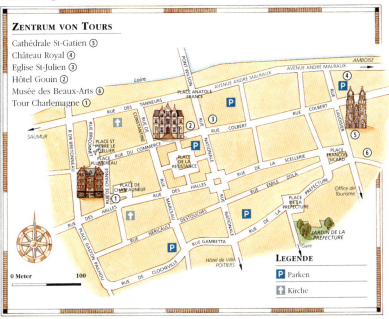

ZENTRUM VON TOURS

Cathédrale St-Gatien ⑤
Château Royal ④
Eglise St-Julien ③
Hôtel Gouin ②
Musée des Beaux-Arts ⑥
Tour Charlemagne ①

LEGENDE
🅿 Parken
✝ Kirche

Château de Chenonceau ⑰

AN DAS ROMANTISCHE Lustschloß Chenonceau legten seit der Renaissance Aristokratinnen Hand an. Eine prächtige Platanenallee führt zu dem symmetrischen Garten und dem Schloß, dessen gelöster Anblick Flaubert sagen ließ, es »schwebe auf Luft und Wasser«. Die 60 Meter lange Galerie überspannt auf Brückenbogen den Fluß Cher, dessen träge Wasser die elegante Schönheit des Schlosses spiegeln. Herrlich möblierte Räume, luftige Schlafzimmer, erlesene Gemälde und Wandteppiche machen das Innere nicht weniger prachtvoll.

Pavillon mit Ecktürmchen
Diesen Bau ließen Catherine Briçonnet und ihr Gatte Thomas Bohier 1513–21 über den Fundamenten einer alten Wassermühle anlegen.

Kapelle
Über Stützpfeiler mit Reliefdekor im Blatt- und Muschelmuster schwingt sich eine Kuppeldecke. Die bei Bombenangriffen 1944 zerstörten Buntglasfenster wurden 1953 ersetzt.

Garten der Katharina von Medici
Unter Katharina als Schloßdame fanden hier rauschende Empfänge und Maskenbälle statt.

ZEITSKALA

1533 Katharina von Medici (1519–89) heiratet Henri II (1519–59). Chenonceau wird königliches Loire-Schloß

1559 Nach Henris Tod fällt Diane in Ungnade. Katharina zwingt ihr im Tausch gegen Chenonceau das Château de Chaumont auf

Katharina von Medici

1789 Die Revolutionäre verschonen Chenonceau ein Verdienst Madame Dupins

1500	1600	1700	1800

1575 Louise de Lorraine (1554–1601) heiratet Henri III, Katharinas dritten Sohn

1547 Henri II schenkt Chenonceau seiner lebenslangen Mätresse Diane de Poitiers

1512 Thomas Bohier erwirbt das mittelalterliche Chenonceau. Seine Frau Catherine Briçonnet läßt es im Renaissancestil umbauen

1863 Madame Pelouze das Schloß originalg restaur

1730–99 Madame Dupin, Gattin eines Gutsverwalters, macht Chenonceau zum Treffpunkt von Intellektuellen

LOIRE-TAL 289

INFOBOX
Chenonceau. von Tours.
02 47 23 90 07. 16.
März–15. Sep tägl. 9–19 Uhr; 16.
Sep–15. März unterschiedliche
Öffnungszeiten.

Entstehungsgeschichte von Chenonceau

JEDE DER SCHLOSSHERRINNEN hinterließ ihre persönliche Note. Catherine Briçonnet, Gattin des Erstbesitzers, ließ den Türmchenpavillon und einen der ersten geraden Treppenaufgänge Frankreichs anlegen. Diane de Poitiers, Mätresse Henris II, fügte den symmetrischen Garten und die bogenverzierte Brücke über den Fluß Cher hinzu. Katharina von Medici wandelte die Brücke in eine italienisch angehauchte Galerie um. Louise de Lorraine, trauernde Witwe Henris III, erbte 1590 das Schloß und ließ die Decken in den Farben der Trauer, Schwarz und Weiß, streichen. Madame Dupin rettete im 18. Jahrhundert das Schloß vor der Zerstörung durch die Revolutionäre. Madame Pelouze ließ Chenonceau 1863 restaurieren.

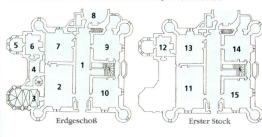

Erdgeschoß — Erster Stock

KURZFÜHRER
Die Hauptwohnbereiche liegen im viereckigen Türmchenpavillon über dem Fluß Cher. Vier Haupträume gehen von der Grande Galerie im Erdgeschoß ab: die Salle des Gardes und Chambre de Diane de Poitiers, beide mit flämischen Wandteppichen des 16. Jahrhunderts, die Chambre de François I mit einem Gemälde van Loos und der Salon Louis XIV. Der erste Stock, zu erreichen über die Treppenhalle, beherbergt weitere Luxuszimmer, darunter die Chambre de Catherine de Medici und die Chambre de Vendôme.

1 Treppenhalle
2 Salle des Gardes
3 Kapelle
4 Terrasse
5 Librairie de Catherine de Medici
6 Cabinet Vert
7 Chambre de Diane de Poitiers
8 Grande Galerie
9 Chambre de François I
10 Salon Louis XIV
11 Chambre des Cinq Reines
12 Cabinet des Estampes
13 Chambre de Catherine de Medici
14 Chambre de Vendôme
15 Chambre de Gabrielle d'Estrée

Grande Galerie
Katharina von Medici ließ diese elegante Galerie 1570–76 im florentinischen Stil anlegen

1913 Die Familie Menier kauft das Schloß, das heute noch im Besitz dieser Chocolatiers ist

1940 Ein Bombenangriff beschädigt die Kapelle von Chenonceau

Diane de Poitiers

Chambre de Catherine de Medici

Vouvray ⓮

Indre-et-Loire. 🚶 3000. 🚉 Le Moirie (02 47 52 70 48). 🗓 Di u. Fr.

Aus dem Dorf Vouvray, östlich von Tours, kommt jener Weißwein, den der Renaissanceschriftsteller Rabelais mit Taft verglich. Im Weinmuseum **Ecomusée du Pays de Vouvray** erwarten Sie Vorführungen, Film und Weinprobe. Wer an Markttagen in Vouvray weilt, sollte auf dem Markt Picknickvorräte einkaufen und sich hinaus in die Weinbaugebiete begeben.

1829 sang der schottische Dichter Walter Scott ein Loblied auf das bekannteste Weingut, **Huet**, auf seine trockenen Weißweine, die bizarren Höhlenbehausungen der Winzer und die gotische Kirche in den Weingärten. Wenig hat sich seither geändert. Huet pflegt traditionelle Herstellungsmethoden: Sein Wein gärt in Eichenfässern. Gaston Huet geriet 1990 in die Schlagzeilen, als er, unterstützt von lokalen Winzern, dagegen protestierte, TGV-Trassen durch Vouvrays Weinbaugebiete zu schlagen. Man schloß einen Kompromiß: Tunnels durchziehen nun die Hügel der Weingüter.

Die mittelalterliche Stadt Loches

🏛 Ecomusée du Pays de Vouvray
30, rue Victor-Herault.
📞 02 47 52 66 04. 🕒 tägl. 🅿 ♿

🍷 Huet
11–13, rue de la Croix-Buisée. 📞 02 47 52 78 87. 🕒 Juli-Aug Mo-Sa, Sep-Juni nach Vereinbarung. **Geschl.** Feiertage. 🅿

Loches ⓯

Indre-et-Loire. 🚶 7000. 🚌 🚉
ℹ place de la Marne (02 47 59 07 98). 🗓 Mi u. Sa.

Dieses mittelalterliche Städtchen mit spätgotischen Toren und skulpturenverzierten Fassaden liegt abseits des Schlösserpfades im Indre-Tal.

Die Szenerie beherrscht das **Château**, das die tiefsten Verliese im Loire-Tal besitzt. Das Schloß ist mit dem Schicksal Charles VII und seiner Mätresse Agnès Sorel verknüpft. Hier bat nach der Befreiung von Orléans Jeanne d'Arc Charles VII, sein Versprechen einzulösen und sich in Reims krönen zu lassen.

Die Kapelle der Anne de Bretagne zieren Hermeline und ein Alabasterbildnis der Agnès Sorel.

⚜ Château de Loches
📞 02 47 59 01 32. 🕒 tägl. 🅿

FRANKREICHS HELDIN

Jeanne d'Arc, jungfräuliche Kriegerin und Märtyrerin, ist *die* Nationalheldin Frankreichs. Ihr angeblich gottgewollter Feldzug zur Vertreibung der Engländer aus Frankreich im Hundertjährigen Krieg hat Dramatiker, Dichter und Filmregisseure von Voltaire bis Brecht inspiriert. Im Auftrag «überirdischer» Stimmen machte sie sich zur Fürsprecherin des Dauphins, des ungekrönten Charles VII. Angesichts der Allianz zwischen England und Burgund, die den größten Teil Nordfrankreichs besetzte, war er ins königliche Schloß an der Loire geflüchtet. Jeanne überzeugte ihn von ihrer Mission, zog die französischen Truppen zusammen und führte im Mai 1429 bei Orléans den Sieg über England herbei. Dann beschwor sie Charles VII, sich in Reims krönen zu lassen. 1430 wurde Jeanne verhaftet und den Engländern ausgeliefert. Als Hexe und Ketzerin verurteilt, starb sie 1431 19jährig in Rouen auf dem Scheiterhaufen. Als Märtyrerin wurde sie 1920 heiliggesprochen.

Die älteste bekannte Darstellung der Jeanne d'Arc (1429)

Porträt der Jeanne d'Arc *in der Maison Jeanne d'Arc* (siehe S. 302). *Der 8. Mai 1429, an dem Jeanne Orléans von den Engländern befreite, ist in Orléans ein Feiertag.*

Montrésor [16]

Indre-et-Loire. 400.
43, Grande Rue (02 47 92 71 04).

SEINEM RUF, schönstes Dorf Frankreichs zu sein, wird Montrésor, am Indrois in das hübscheste Tal der Touraine gebettet, gerecht. Das Dorf, einst Lehen der Kathedrale von Tours, wurde 1849 eine polnische Enklave. Der Pole Graf Branicki kaufte das **Château**, das man im 15. Jahrhundert über einer Stadtbefestigungen Foulques Nerras aus dem 11. Jahrhundert erbaut hatte. Seither blieb es in Familienbesitz, das Interieur nahezu unverändert.

Château de Montrésor
02 47 92 60 04. Apr–Okt tägl.

Château de Chenonceau [17]

Siehe S. 288 f.

Amboise [18]

Indre-et-Loire. 12 000.
233, 9 Quai du Général-de-Gaulle (02 47 57 09 28). Fr u. So.

NUR WENIGE BAUTEN sind so geschichtsträchtig wie das **Château d'Amboise**. Es war die Wohnstätte von Louis XI, Geburts- und Sterbeort von Charles VIII und beherbergte regelmäßig Gäste wie François I und später Katharina von Medici. 1560 war es Schauplatz der Verschwörung von Amboise, einem gescheiterten Komplott der Hugenotten gegen François II. Besuchern zeigt man jene Stelle der Schloßfassade, an der die Leichen von 1200 Verschwörern baumelten.

Bauernhof und Mohnfelder nahe dem Dorf Montrésor

Blick von der Loire auf Amboise

Die **Tour des Minimes**, der ursprüngliche Schloßeingang, besitzt eine spiralenförmige Rampe, über die Reiter Vorräte anlieferten.

Auf den Wällen steht die gotische **Chapelle St-Hubert**. Hier soll Leonardo da Vinci bestattet sein, der seine letzten Lebensjahre im nahen Herrensitz **Clos-Lucé** verbrachte. Dort sind im Keller nach Entwürfen Leonardos konstruierte mechanische Modelle zu sehen.

Château d'Amboise
02 47 57 00 98. tägl.
Geschl. 1. Jan, 25. Dez.
Clos-Lucé
2, rue de Clos-Lucé.
02 47 57 62 88. tägl. **Geschl.**
1.Jan, 25 Dez.

***Künstler romantisierten** die Heldin Jeanne d'Arc. Diese Darstellung malte François Léon Benouville (1821–59).*

***Tod auf dem Scheiterhaufen** – Szene aus Otto Premingers Historienfilm Heilige Johanna (1957) mit Jean Seberg in der Hauptrolle.*

Château de Chambord

DER AMERIKANISCHE SCHRIFTSTELLER Henry James sagte einst: »Chambord ist wahrhaft königlich – königlich in seinen Ausmaßen, seiner großartigen Atmosphäre und seiner Gleichgültigkeit gegenüber gewöhnlichen Maßstäben.« Diese größte Loire-Residenz entstand aus einem Jagdhaus in der Forêt de Boulogne. Der extravagante François I ließ dieses 1519 abreißen und – vermutlich nach einem Entwurf Leonardo da Vincis – den Grundstein zu Chambord legen. 1537 hatten 1800 Arbeiter und zwei Steinmetzmeister den mittleren Schloßturm, die Nebentürme und die Dachterrassen fertiggestellt. François wollte zur Zierde der Schloßfront die Loire umleiten lassen, nahm jedoch mit der Umlenkung des näheren Closson vorlieb. Sein Sohn Henri II setzte das Werk fort. Unter Louis XIV wurde 1685 das 400-Zimmer-Anwesen vollendet.

Das Château de Chambord mit dem Closson, einem Nebenfluß der Loire, im Vordergrund

Der **Kapellenbau** wurde begonnen, kurz bevor François I 1547 starb. Der zweite Stock wurde unter Henri II, das Dach unter Louis XIV erbaut.

Salamander
Zu seinem Wappentier machte François I den Feuersalamander. Dieser ist im Schloß über 700mal zu entdecken.

★ **Dachterrassen**
Die Silhouette der Kuppeln läßt an eine verkleinerte orientalische Stadtkulisse denken. Viele verlängerte Schornsteinköpfe, Miniaturspitztürme, muschelförmige Kuppeln und verschwenderisch gestaltete Giebel überragen die Dachterrassen.

NICHT VERSÄUMEN

★ **Dachterrassen**

★ **Gewölbewachstuben**

★ **Große Wendeltreppe**

Der **zentrale Schloßturm** *(donjon)* bildet mit seinen vier Rundtürmen den Kern der Anlage.

ZEITSKALA

1500	1600	1700	1800	1900

1519–47 François I läßt das Jagdhaus des Grafen von Blois abreißen und Schloß Chambord anlegen

1547–59 Henri II läßt Westflügel und zweiten Stock der Kapelle zufügen

1547 Nach dem Tod von François I zieht der Hof von Chambord nach Chenonceau und Blois

1669–85 Unter Louis XIV wird der Bau abgeschlossen

1670 In Chambord wird Molières *Bürger als Edelmann* aufgeführt

1725–33 Stanislaus Leszczynski, ins Exil vertriebener König von Polen, später Herzog von Lothringen.

1748 Marschall Moritz von Sachsen erwirbt Chambord. Nach seinem Tod zwei Jahre später verfällt das Schloß

1840 Chambord wird zum *monument historique* erklärt

1970er Jahre Unter Giscard d'Estaing werden Schloß, Inneneinrichtung und Grabenanlage restauriert

Molière

★ Gewölbewachstuben

Die Wachstuben, in Form eines griechischen Kreuzes um die Wendeltreppe gruppiert, waren Schauplatz von Bällen und Theateraufführungen. Initialen und Wappentier François' I, der Salamander, zieren die Decken.

INFOBOX

von Blois. 02 54 50 40 00. tägl. 9.30–18.15 Uhr (Juli– Aug 19.15 Uhr; Okt–März 9.30–17.15 Uhr). Letzter Einlaß 30 Min. vor Schließung.
Geschl. 1. Jan, 1. Mai, 25. Dez.

Die **Laterne**, der 32 Meter hohe Turmaufsatz, überragt, von gebogenen Strebepfeilern gestützt und einem Lilienwappen gekrönt, die Terrasse.

Im **Schlafgemach François' I** findet sich eine Notiz, vom König im Liebeskummer auf eine Glastafel gekratzt: »Souvent femme varie, bien fol est qui s'y fie.« (»Gar oft schwanken die Launen der Frau, ein Narr sei, wer ihr trau'.«)

Cabinet de François I
Das mit einem Tonnengewölbe versehene Arbeitszimmer (cabinet) des Königs ließ Königin Catherine Opalinska, Gemahlin von Stanislas I. Leszczyński (dem Schwiegervater Louis' XV), im 18. Jahrhundert in ein Oratorium umwandeln.

★ Große Wendeltreppe
Vermutlich entwarf Leonardo diese doppelte Wendeltreppe, damals eine Neuheit. Sie ermöglichte, daß auf- und absteigende Personen einander nicht begegneten.

Schlafgemach Louis' XIV
Dieser Schlafraum liegt in den Prunkgemächern des Sonnenkönigs, dem weitläufigsten Wohnbereich des Schlosses.

294 WESTFRANKREICH

Blick von der Loire auf Cathédrale St-Louis und Hôtel de Ville von Blois

Blois ⑳

Loir-et-Cher. 50 000. Pavillon Anne de Bretagne, 3, av Jean-Laigret (02 54 74 06 49). Di, Do, Sa, So.

Die Stadt, einst Lehen der Grafen von Blois, gewann im 15. Jahrhundert als Kronbesitz Bedeutung. Im Gewand historischer Fassaden behauptet sie ihre noble Atmosphäre. Schloß, Kathedrale und Fluß begrenzen das architektonische Juwel Vieux Blois, das hügelige, teilweise Fußgängern vorbehaltene Altstadtviertel. Auf der gutmarkierten *route royale* lassen sich zu Fuß beschaulich die vornehmen Villen und malerischen Höfe erkunden, die Blois zur charmantesten Loire-Stadt machen.

Das vom Nordufer des Flusses zurückgesetzte **Château de Blois** war Hauptresidenz der Könige, bis Henri IV 1598 den Hof nach Paris verlegte. Als Louis XIV Versailles (siehe S. 164ff) schuf, sank der Stern von Blois endgültig. Obwohl verschieden, bilden die vier Schloßflügel ein harmonisches Ensemble. Aus dem 13. Jahrhundert überdauerte nur die Salle des Etats. In diesem gotischen Saal des Loire-Tals versammelten sich Kronrat und Hof. Der anschließende Louis-XII-Flügel (15. Jh.) verbindet gotische Formgebung mit dem Geist der Renaissance; ihn zieren Wappentier (Stachelschwein) und Devise des Königs: »Gegen nah und fern weiß ich mich zu verteidigen.«

Im Flügel François' I (16. Jh.), einem Meisterwerk der Renaissance, durchwindet eine Wendeltreppe einen achteckigen Turm. Mit ihm kontrastiert der schlichte der Flügel des Gaston d'Orléans (17. Jh.).

Von der bewegten Vergangenheit erzählen im authentisch eingerichteten Schloß etliche historische Gemälde, so eine Zeichnung von der Ermordung des Herzogs von Guise. Dieser Anführer einer katholischen Liga gegen Henri III wurde hier 1588 im Zimmer des Königs von Wachen erdolcht. Die vertäfelten Wände des ungewöhnlichsten Raums, Katharina von Medicis Arbeitszimmer, bergen 237 Geheimfächer für Juwelen, Staatspapiere und Arzneien.

Wappen Louis' XII

Wendeltreppe François' I

Die 1515–24 achteckig angelegte Wendeltreppe ist ein Glanzstück der frühen französischen Renaissance.

Die **Galerie** war geeignet, den Turnieren und Empfängen im Innenhof zuzusehen.

Der **Salamander François' I** ziert die Balustraden.

Die **Wendeltreppe** im Turminneren steigt deutlich steiler an als die Balustraden.

Louis-XII-Flügel des Château de Blois

Den Ostteil der Stadt beherrscht die gotische **Cathédrale St-Louis**. 1678 bei einem Sturm nahezu vollständig zerstört, wurde sie im 17. Jahrhundert wiederaufgebaut. Der 1725 errichtete ehemalige Bischöfliche Palast dient seit 1940 als **Hôtel de Ville** (Rathaus). Die umgebenden Terrassengärten bieten herrliche Blicke über Stadt und Fluß.

An der Place Louis-XII, bis zum 18. Jahrhundert Marktplatz der Stadt, fallen Fassaden des 17. Jahrhunderts, Balkone und fachwerkverzierte Häuser ins Auge, am schönsten Bau, der **Maison des Acrobates**, Schnitzereien, die Figuren wie Akrobaten und Jongleure darstellen.

Die Rue Pierre-de-Blois, eine pittoreske Gasse, schlängelt sich zum mittelalterlichen jüdischen Ghetto. Die Rue des Juifs säumen vornehme *hôtels particuliers*, so das mit Galerien, Renaissance-Torbogen und -hof versehene **Hôtel de Condé**. Den ausgefallensten Hof besitzt das von Loggien mit Tonnengewölben und Außenwendeltreppe geschmückte **Hôtel Belot** aus dem 16. Jahrhundert. Die Gasse steigt ab zur Rue du Puits-Châtel mit ihren vielen Renaissancewohnhäusern.

Um die Place Vauvert, den ansprechendsten Platz von Vieux Blois, sammeln sich Restaurants und das galeriengesäumte **Hôtel Sardini**, dessen Besitzer Bankiers waren.

⚜ Château de Blois
☎ 02 54 78 06 62. **◯** tägl. **Geschl.** 1. Jan, 25. Dez.

Überdachter gotischer Durchgang in der Rue Pierre-de-Blois

Schiff der Abteikirche Notre-Dame in Beaugency

Beaugency ㉑

Loiret. 🚶 7000. 🚌 🚆 ℹ️
3, place de Docteur Hyvernaud
(02 38 44 54 42). 🛒 Sa.

BEAUGENCY, EIN mittelalterliches Ensemble und traditionelles östliches Tor zum Loire-Tal, bietet sich als ruhiges Standbein für Erkundungen der Région Orléanais an. Über steinerne Uferböschungen kann man, ein seltenes Vergnügen, entlang der Loire wandern. Der Quai de l'Abbaye eröffnet einen guten Blick auf die Brücke aus dem 14. Jahrhundert, bis in jüngste Tage einzige Loire-Brücke zwischen Blois und Orléans. Als strategisch wichtigen Punkt nahmen die Engländer sie im Hundertjährigen Krieg viermal ein, bis Jeanne d'Arc 1429 die Stadt zurückeroberte.

Die Ruinen eines Burgturms (11. Jh.) fallen im Zentrum an der **Place St-Firmin** ins Auge. Dort erheben sich auch ein Glockenturm aus dem 16. Jahrhundert (die zugehörige Kirche fiel der Revolution zum Opfer) sowie ein Reiterstandbild der Jeanne d'Arc. Den Platz säumen Stilbauten wie das als Renaissancevilla über einer Feudalburg errichtete **Château Dunois**. Darin stellt ein Regionalmuseum Trachten, Möbel und Spielzeug vor.

Gegenüber dem Château Dunois wurde in der romanischen Abteikirche **Notre-Dame** 1152 die Ehe zwischen Eleonore d'Aquitaine und Louis VII geschieden und so Eleonores Eheschließung mit dem künftigen Henry II von England der Weg geebnet.

In der Rue des Trois-Marchands steht der mittelalterliche Glockenturm und dahinter das gotische **Hôtel de Ville**, dessen Renaissancefassade das Stadtwappen zeigt. Zu einem Bummel lockt das Mühlenviertel zwischen Rue du Pont und Rue du Rü.

⚜ Château Dunois (Musée Régional de l'Orléanais)
Place Dunois. **☎** 02 38 44 55 23. **◯** Mi–Mo. **Geschl.** 1. Jan, 1. Mai, 25. Dez.

Schlössertour durch die Sologne

DIE SOLOGNE IST EINE verschwiegene, von Weingütern umsäumte Wald- und Marschlandschaft. Weinliebhaber können den Cheverny-Wein probieren und dabei saftig zubereitetes Wild aus den Wäldern der Region genießen, die seit Jahrhunderten beliebte Jagdgründe sind. Wer sich für die Jagd interessiert, kann sich in den Schlössern dieser Gegend über heute eingesetzte Jagdhunde ebenso informieren wie über Trophäen der Vergangenheit.

Diese Landpartie stellt höchst verschiedenartige Loire-Schlösser vor. Die fünf Schlösser an dieser mehrtägigen Route bieten, vom Feudalstil zur grazilen Renaissance und dem eleganten Klassizismus, einen reizvollen Ausschnitt regionaler Bauweisen. Einige Schlösser sind bewohnt, können aber dennoch besichtigt werden.

Château de Beauregard ②
Beauregard wurde um 1520 als Jagdschloß für François I errichtet. Seine Galerie zeigt 363 Porträts königlicher Hoheiten.

Château de Chaumont ①
Das Schloß mit Verschönerungen im Renaissancestil eröffnet Aussichten über die Loire *(siehe S. 232)*.

LEGENDE

— Routenempfehlung
= Andere Straßen

Vendôme ㉒

Loir-et-Cher. 18 000.
47, rue Poterie (02 54 77 05 07).
Fr und So.

VENDOME, EINST Pilgerstation auf dem Weg nach Santiago de Compostela, wurde durch Anschluß an den TGV Ziel moderner Wallfahrer. Denn seither ziehen es viele, die in Paris arbeiten, als Wohnsitz der Hauptstadt vor. Seinen Charme hat es dennoch bewahrt. Seine Steinhäuser umschließt der Loir, in dem sich üppige Gärten und schicke Restaurants spiegeln.

Größtes Baudenkmal der Stadt ist die 1034 gegründete Abteikirche **La Trinité**. Vom ursprünglichen Bau verblieb nur der Glockenturm. Ihn stellt das Kirchenportal, ein Meisterwerk des gotischen Flamboyant-Stils, in den Schatten. Das Innere enthüllt romanische Kapitelle und Chorstühle des 14. Jahrhunderts.

Hoch über dem Loir liegt das verfallene **Château**, unter den Grafen von Vendôme im 13. und 14. Jahrhundert errichtet. Darunter blieb im **Parc Ronsard** ein mittelalterliches zweistöckiges Waschhaus *(lavoir)* erhalten. Flußabwärts führen Spaziergänge an Weiden, verfallenen Türmen, Wehren und Mühlen vorbei.

Rochambeau, Sohn der Stadt – Held der amerikanischen Revolution

Loir ㉓

Loir-et-Cher. Tours.
Vendôme. Montoire-sur-Loir (02 54 85 00 29).

NÖRDLICH DER MAJESTÄTISCHEN Loire verströmt der Loir friedlichen Charme. Die reizvollste Strecke bietet zwischen Vendôme und Trôo Höhlenwohnungen *(siehe S. 282)*, Wanderpfade, Weinproben, Angelmöglichkeiten und Bootsausflüge.

In Felsen gehauene Wohnhöhlen besitzt das befestigte Dorf **Les Roches-l'Evêque**. Flußabwärts empfängt **Lavardin** mit romanischer Kirche, Fachwerkhäusern, gotischer Brücke und Schloß den Besucher. Romanische Fresken verkleiden in **Montoire-sur-Loir** die Chapelle St-Gilles, einst Kapelle einer Aussätzigenkolonie. **Trôo**, das nächstgrößere Dorf, ist bekannt für seine romanische Eglise de St-Martin und sein Wohnhöhlenlabyrinth.

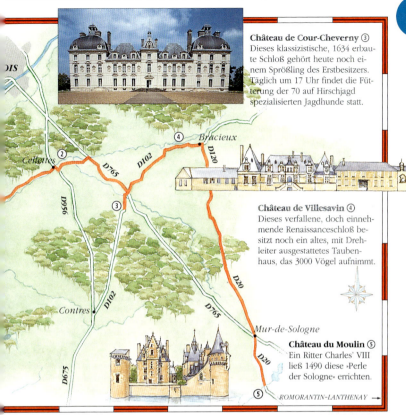

Château de Cour-Cheverny ③
Dieses klassizistische, 1634 erbaute Schloß gehört heute noch einem Sprößling des Erstbesitzers. Täglich um 17 Uhr findet die Fütterung der 70 auf Hirschjagd spezialisierten Jagdhunde statt.

Château de Villesavin ④
Dieses verfallene, doch einnehmende Renaissanceschloß besitzt noch ein altes, mit Drehleiter ausgestattetes Taubenhaus, das 3000 Vögel aufnimmt.

Château du Moulin ⑤
Ein Ritter Charles' VIII ließ 1490 diese »Perle der Sologne« errichten.

Freskenverzierte romanische Kapellen findet man in **St-Jacques-des-Guérets**, gegenüber von Trôo, und in **Poncé-sur-le-Loir**, weiter flußab. Von den Weinbergen kommen Jasnières und Côteaux du Vendômois. Weinproben muntern im verschlafenen **Poncé** und **La-Chartre-sur-le-Loir** auf. Als Weinkeller verwandte Höhlen durchlöchern die Felsen am gegenüberliegenden Ufer.

Nördlich durchziehen Pfade und Wasserläufe die **Forêt de Bercé**, während westlich, am Südufer des Loir, im Städtchen **Le Lude** die prächtige Licht- und Ton-Schau des romantischen Schlosses mit Feuerwerk und Fontänenspielen unterhält.

Etwa zwanzig Kilometer westlich von Le Lude stiftete Henri IV 1604 in **La Flèche** das einstige Jesuitenkolleg Prytanée National Militaire. Zu seinen ersten und berühmtesten Schülern zählte der Philosoph René Descartes.

Chartres ㉔

Eure-et-Loir. 42 000. Place de la Cathédrale (02 37 21 50 00). Sa.

ÜBER DER gotischen Kathedrale von Chartres (siehe S. 298ff), der größten Europas, sollte man die anderen Kirchen nicht vergessen. Mittelalterliche Buntglasfester bezaubern in der Benediktinerkirche **St-Pierre**, während **St-Aignan** sich an Wälle aus dem 9. Jahrhundert schmiegt. Am Fluß ist die romanische **Eglise de St-André** heute Schauplatz von Ausstellungen und Jazzkonzerten. Neben der Kathedrale zeigt das **Musée des Beaux-Arts** Wandteppiche, Bilder von Fragonard und Sonderausstellungen.

In Chartres, einem der landesweit ersten denkmalgeschützten Stadtensembles, blieben Fachwerkhäuser an kopfsteingepflasterten Straßen wie der Rue des Ecuyers er-

Eines der Waschhäuser an der Eure

halten. Steile Stufen (tertres) führen hinab zum Fluß Eure, Blicke über Mühlen, Gerbereien, bucklige Steinbrücken, Waschhäuser und die Kathedrale eröffnend.

In Bau ist, nach Plänen des Architekten Richard Rogers, ein archäologisches Museum, das vor Ort die Ruinen einer im Schatten der Kathedrale ausgegrabenen gallorömischen Stadt erläutern soll.

🏛 Musée des Beaux-Arts
29, cloître Notre-Dame. 02 37 36 41 39. Mi-Mo. **Geschl.** 1. Jan, 1. u. 8. Mai, 14. Juli, 11. Nov, 25. Dez.

Kathedrale von Chartres

Laut dem Kunsthistoriker Emile Male »offenbart sich in Chartres der Geist des Mittelalters«. Die 1020 begonnene romanische Kathedrale wurde 1194 ein Opfer der Flammen. Nur Nord- und Südturm, Westseite und Krypta hielten stand. Im Inneren verblieb von den Schätzen nur der *Schleier der Jungfrau.* Mit großer Begeisterung errichteten Bauern und Adel die Kirche in nur 25 Jahren wieder neu. Seit 1250 erfolgten nur wenige Ergänzungen. Chartres erlitt keinen Schaden durch Religionskriege und Französische Revolution. So verblieb eine gotische Kathedrale mit dem Ruf einer »in Stein gehauenen Bibel«.

Detail des Vendôme-Fensters

Gestreckte Statuen
Zu den Statuen am Königsportal inspirierten Figuren des Alten Testaments.

Der **höhere** der beiden **Haupttürme** stammt vom Beginn des 16. Jahrhunderts. Sein spätgotischer Flamboyant-Stil hebt sich ab vom feierlich ernsten romanischen Turm.

Nicht versäumen

★ **Buntglasfenster**

★ **Südeingang**

★ **Königsportal**

Gotisches Mittelschiff
Das Längsschiff erreicht die Breite der romanischen Krypta und die prächtige Höhe von 37 Metern.

★ **Königsportal**
Das mittlere Tympanon des Königsportals (1145–55) zeigt die Maiestas Domini.

Die **untere Hälfte** der Westfront überlebte als Teil des romanischen Bauwerks, das Portal stammt aus dem 12. Jahrhundert.

Labyrinth

DAS LABYRINTH

In den Boden des Längsschiffs ist, häufiges Merkmal mittelalterlicher Kathedralen, ein Labyrinth (13. Jh.) gearbeitet. Pilger pflegten es auf Knien abzurutschen. Die 262 Meter lange Wegstrecke entlang elf unterbrochenen konzentrischen Kreisen erforderte mindestens eine Stunde der Qual.

INFOBOX

Place de la Cathédrale.
02 37 21 75 02. Mo–Sa 7.30– 19.15 Uhr, So u. Feiertage 8.30 Uhr. Mo–Sa 11.45, 18 Uhr; So 9.30, 11, 18 Uhr. in Englisch 12, 14.45 Uhr; in Französisch 10.30, 15 Uhr.

Kapelle St-Piat
Die Kapelle beherbergt die ältesten Schätze der Kathedrale, darunter die Reliquie Schleier der Jungfrau, *die beim Feuer 1194 wundersamerweise unbeschädigt blieb. Weitere Artefakte befinden sich in der St-Piat-Kapelle.*

Gewölbtes Dach
Ein Netzwerk von Rippen trägt das gewölbte Dach.

★ **Buntglasfenster**
Die Buntglasfenster bedecken eine Fläche von über 3000 Quadratmetern.

★ **Südportal**
Über dem Portal (1197–1209) zeigen Skulpturen Szenen aus dem Neuen Testament

Krypta
Die größte aller französischen Krypten, weitgehend im 11. Jahrhundert angelegt, umschließt zwei parallele Emporen, etliche Kapellen und das St.-Lubin-Gewölbe (9. Jh.).

Die Buntglasfenster von Chartres

GILDEN SPENDETEN zwischen 1210 und 1240 die weltbekannten Buntglasfenster von Chartres. Über 150 Fenster setzen biblische Erzählungen und das Alltagsleben des 13. Jahrhunderts ins Bild (Ferngläser sind ratsam). Während der beiden Weltkriege wurden die Fenster Stück für Stück zur Sicherheit ausgelagert. Ein Teil wurde in den 70er Jahren ausgebessert und neu verbleit, aber viel Arbeit bleibt noch zu tun.

Buntglasfenster über der Apsis

Fenster der Erlösung
Sechs Szenen illustrieren Passion und Kreuzestod Christi (um 1210).

★ Wurzel Jesse
Dieses Buntglasfenster (12. Jh.) zeigt den Ahnenbaum Christi. Der Baum wurzelt bei Jesse, Davids Vater, und rankt empor zum thronenden Jesus.

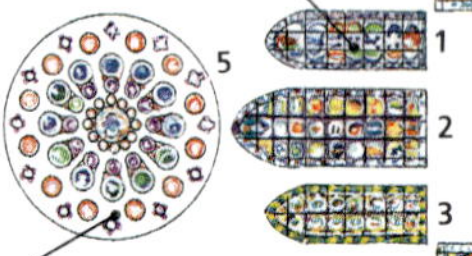

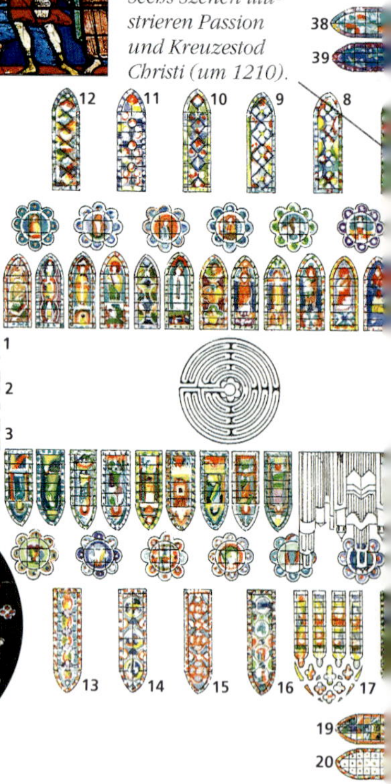

★ Westliche Fensterrosette
Auf diesem Fenster (1215) hält Jesus das Jüngste Gericht ab.

LEGENDE

1 Wurzel Jesse
2 Inkarnation
3 Passion und Auferstehung
4 Nördl. Fensterrosette
5 Westl. Fensterrosette
6 Südl. Fensterrosette
7 Fenster der Erlösung
8 St. Nikolaus
9 Joseph
10 St. Eustache
11 St. Lubin
12 Noah
13 Johannes der Täufer
14 Maria Magdalena
15 Der gute Samariter mit Adam und Eva
16 Mariä Himmelfahrt
17 Fenster der Vendôme-Kapelle
18 Marienwunder
19 St. Apollinaris
20 Neues Fenster
21 St. Fulbert
22 St. Anthonius und St. Paulus
23 Blaue Jungfrau
24 Leben der Jungfrau
25 Tierkreiszeichen
26 St. Martin
27 Thomas Becket
28 St. Margarete und St. Katharina
29 St. Nikolaus
30 St. Remigius
31 St. Jakob der Größere
32 Karl der Große
33 St. Theodor und St. Vinzenz
34 St. Stephan
35 St. Hieronymus
36 St. Thomas
37 Fenster des Friedens
38 Neues Fenster
39 Der verlorene Sohn
40 Hesekiel und David
41 Aaron
42 Jungfrau mit Kind
43 Jesaja und Moses
44 Daniel und Jeremias

LOIRE-TAL   301

Nördliche Fensterrosette
Sie zeigt die Lobpreisung der Jungfrau, mit judäischen Königen und Propheten (um 1230).

KURZFÜHRER ZUM VERSTÄNDNIS DER FENSTER

Die Felder der Fenster werden von links nach rechts und von unten nach oben (von der Erde zum Himmel) gelesen. Die Anzahl der Figuren oder Zeichen trägt symbolische Bedeutung: Die Drei versinnbildlicht die Kirche, die Ziffer Vier die materielle Welt oder die vier Elemente.

Maria mit Kind in der Mandorla (um 1150)

Zwei Engel in Verneigung vor dem himmlischen Thron

Jesu Einzug in Jerusalem am Palmsonntag

Felder des Fensters der Menschwerdung Jesu

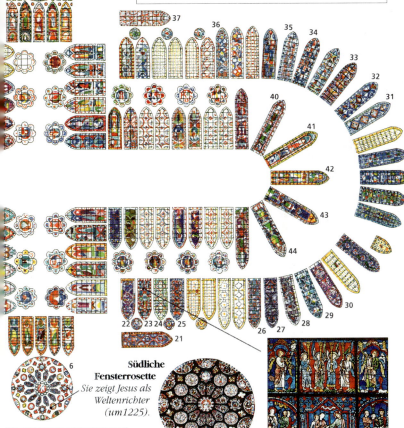

Südliche Fensterrosette
Sie zeigt Jesus als Weltenrichter (um 1225).

NICHT VERSÄUMEN

★ Westl. Fensterrosette

★ Wurzel Jesse

★ Blaue Jungfrau

★ **Blaue Jungfrau**
Szenen aus der Hochzeit von Kana: Auf die Bitte der Jungfrau Maria hin verwandelt Jesus Wasser in Wein.

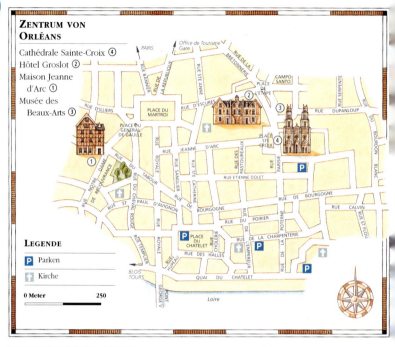

Zentrum von Orléans

Cathédrale Sainte-Croix ④
Hôtel Groslot ②
Maison Jeanne d'Arc ①
Musée des Beaux-Arts ③

Legende

🅿 Parken
✝ Kirche

0 Meter 250

Die Cathédrale Sainte-Croix

Orléans ㉕

Loiret. 👥 150 000. ✈ 🚆 🚌
ℹ Place Albert 1er (02 38 24 05 05).
🛍 Di–So.

ORLÉANS WIRKT trotz Renaissancefassaden seltsam nüchtern – entgegen dem Anschein aber nicht seelenlos. Immerhin hält diese Stadt ihre innige Beziehung zu Jeanne d'Arc lebendig. Die Jungfrau von Orléans *(siehe S. 290)*, die hier 1429 Frankreich von den Engländern befreite, ist seit ihrem Märtyrertod 1431 in Rouen eine in Orléans allgegenwärtige Figur. Alljährlich erinnern am 29. April sowie am 7. und 8. Mai Festspiele und Segenssprechung in der Kathedrale an Jeannes Befreiung der Stadt.

Durch das im Zweiten Weltkrieg schwer beschädigte, weitenteils wiederaufgebaute historische Zentrum Vieil Orléans weht ein Hauch vergangener Größe. Es wird begrenzt von der Kathedrale, der Loire und dem **Place du Martroi**, auf dem sich eine Reiterstatue der heiligen Johanna sowie einige Bars befinden. Audiovisuelle Medien berichten im nahe gelegenen, 1965 aus zeitgenössischen Bauten rekonstruierten Fachwerkhaus **Maison Jeanne d'Arc** vom Leben der Johanna.

Von der Place du Martroi führt die Rue d'Escures an Renaissancevillen vorbei zur Kathedrale. Im größten Gebäude, dem aus rotem Backstein erbauten **Hôtel Groslot** (16. Jh.), wohnten die Könige Charles IX, Henri III und Henri IV. Hier starb im Alter von 17 Jahren 1560 François II, nachdem er mit seiner Kindbraut Mary (der späteren Königin von Schottland) einer Versammlung der Generalstände beigewohnt hatte. Der Bau diente von 1790 bis 1982 als Rathaus der Stadt. Es beherbergt Erinnerungsstücke an Jeanne d'Arc und erlesene Renaissancegemälde.

Fast genau gegenüber dem Hôtel Groslot und neben dem neuen Rathaus versammelt das **Musée des Beaux-Arts** französische Werke des 15. bis 20. Jahrhunderts. Auch ausländische Meister wie Tintoretto, Correggio, van Ruysdael und Velázquez sind vertreten.

Die eindrucksvolle **Cathédrale Sainte-Croix**, südlich neben dem Museum, wurde im späten 13. Jahrhundert begonnen, 1568 von Hugenotten zerstört und zwischen 17. und 19. Jahrhundert in neogotischer Manier wiederaufgebaut.

🏛 **Hôtel Groslot**
Pl de l'Etape. ☎ 02 38 79 22 30.
⏰ tägl. **Geschl.** zeitweise u. 8. Mai.
🏛 **Musée des Beaux-Arts**
Place Sainte-Croix. ☎ 02 38 53 39 22.
⏰ Mi–Mo. **Geschl.** 1. Jan, 1. Mai, 8. Mai, 1. Nov, 25. Dez.
🏛 **Maison Jeanne d'Arc**
3, pl du Général-de-Gaulle. ☎ 02 38 52 99 89. ⏰ Di–So. **Geschl.** 1. Jan, 25. Dez, Nov–Mai So vormittags.

LOIRE-TAL 303

Jeanne d'Arc auf den Buntglasfenstern der Cathédrale Sainte-Croix

St-Benoît-sur-Loire ㉖

Loiret. 2000.
02 38 35 79 00.

Am Loire-Ufer, zwischen Orléans und Gien, überrascht in St-Benoît-sur-Loire eine der schönsten romanischen Abteikirchen Frankreichs. Zwischen 1067 und 1108 erbaut, ist sie einziger Überrest eines 650 n. Chr. gegründeten Klosters. Ihr Name erinnert an den heiligen Benedikt, dessen Reliquien Ende des 7. Jahrhunderts hierher überführt wurden.

Kapitelle biblischer Szenen schmücken die Vorhalle des Glockenturms. Staunen erregt das hohe, luftige Schiff und das Marmormuster des Chorbodens. Gregorianische Gesänge erklingen bei den täglichen, Besuchern geöffneten Gottesdiensten.

Bourges ㉗

Cher. 76 000.
21, rue Victor-Hugo (02 48 24 75 33). Do–So.

Von der gallorömischen Siedlung überlebten nur die Mauern. Bourges läßt vor allem an Jacques Cœur denken. Dieser wohl bedeutendste Händler des Mittelalters war ein Selfmademan par excellence. In erster Linie war er erfolgreicher Waffenhändler, und noch heute knüpft Bourges als Zentrum der französischen Rüstungsindustrie an diese Tradition an.

Das über gallorömischen Mauern errichtete **Palais Jacques Cœur**, ein 1453 vollendetes gotisches Juwel, zieren Cœurs Wappen, Kammuschel und Herzen sowie – ein Wortspiel mit seinem Familiennamen – die Devise: »A vaillan cœur, rien impossible.« (»Dem Tüchtigen ist nichts unmöglich.«) Eine 45minütige Führung stellt die Galerie mit Tonnengewölbe, die ausgemalte Kapelle und die Kammer vor, die Cœurs türkische Bäder beherbergte.

Bourges ist aber auch eine blühende Universitätsstadt und ein kulturelles Mekka, dessen Frühlingsfestival Musik und Tanz bietet.

Die Rue Bourbonnoux führt zu Frankreichs geräumigster gotischer Kathedrale, **St-Etienne**, die Notre-Dame in Paris sehr ähnelt. Das mittlere ihrer

Buntglasfenster in der Cathédrale St-Etienne

fünf Westportale zeigt eine bewegende Darstellung des Jüngsten Gerichts. Gilden spendeten die Buntglasfenster (13. Jh.) im Chor. In der Krypta liegt der Duc de Berry begraben, Auftraggeber der illustrierten Handschrift *Les Très Riches Heures (siehe S. 194f)*. Vom Nordturm schweift der Blick über das liebevoll renovierte mittelalterliche Viertel hin zur malerischen Marschlandschaft. Neben der Kathedrale beeindrucken eine Zehntscheune und Überreste der gallorömischen Befestigungen.

Am südlichen Yèvre-Ufer liegen im **Jardin des Prés Fichaux** Teiche, Blumen und eine Freilichtbühne. Der **Marais de Bourges** am Nordrand der Stadt, eine der schönsten Sumpflandschaften Frankreichs, läßt sich am besten in flachen Booten erkunden.

Statue des Jacques Cœur

⌂ Palais Jacques Cœur
Rue Jacques-Cœur. 02 48 24 06 87. tägl. **Geschl.** 1. Jan, 1. Mai, 1. u. 11. Nov, 25. Dez.

Umgebung
35 Kilometer südlich von Bourges erhebt sich in der Region Berry die 1136 begründete **Abbaye de Noirlac**, eines der besterhaltenen Zisterzienserklöster Frankreichs.

Statue im Jardin des Prés Fichaux

Zentralfrank- reich und Alpen

Zentralfrankreich und die Alpen
stellen sich vor 306–315
Burgund und Franche-Comté 316–341
Massif Central 342–361
Rhone-Tal und
Französische Alpen 362–381

Zentralfrankreich und die Alpen stellen sich vor

GEOLOGISCHE GEGENSÄTZE bewirken den Facettenreichtum dieser Region, die von Lyon bis zum weitgehend agrarischen Burgund reicht. Die Berge des Massif Central und die Alpen bieten herrliche Möglichkeiten für Wintersport, Wandern und andere Freiluftaktivitäten. Wir stellen Ihnen die landschaftlichen und architektonischen Hauptsehenswürdigkeiten dieses überaus lohnenden Reiseziels vor.

*Die **Basilique Ste-Madeleine**, berühmte Pilgerstätte, krönt das Bergdorf Vézelay. Plastischer Dekor von Tympanon und Kapitellen zeichnet dieses Meisterwerk burgundischer Romanik aus* (siehe S. 326 f).

*Die **Abbaye de Ste-Foy** im Dorf Conques (siehe S. 356 f), eine der großen Wallfahrtskirchen Frankreichs, ist eine von Goldreliquien aus Mittelalter und Renaissance berstende Schatzkammer.*

MASSIF CENTRAL
(siehe S. 342 ff)

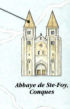

Abbaye de Ste-Foy, Conques

*Die **Gorges du Tarn** bieten einige der außergewöhnlichsten Naturschauspiele Frankreichs. Die dem tiefen Flußlauf des Tarn folgende Straße gewährt aufregende Blicke in die Schlucht und über die kalksteinernen causses (siehe S. 360 f).*

ZENTRALFRANKREICH STELLT SICH VOR **307**

*Die **Abbaye de Fontenay**, vom heiligen Bernhard im frühen 12. Jahrhundert gegründet, ist Frankreichs ältestes Zisterzienserkloster (siehe S. 322f). Die romanische Abtei setzt der Frömmigkeit der Zisterzienser ein Denkmal.*

Abbaye de Fontenay

Palais des Ducs, Dijon

Théâtre Romain, Autun

BURGUND UND FRANCHE-COMTÉ
(siehe S. 316ff)

Abteikirche von Brou, Bourg-en-Bresse

Mont Blanc

Temple d'Auguste et Livie, Vienne

RHONE-TAL UND FRANZÖSISCHE ALPEN
(siehe S. 362ff)

Palais Idéal du Facteur Cheval, Hauterives

Le Puy

0 Kilometer   50

Gorges du Tarn

Spezialitäten Zentralfrankreichs

LYON, TRADITIONELLE HOCHBURG der Gastronomie, ist der beste Ort, Lyoner und burgundische Spezialitäten zu kosten – entweder die raffinierte Drei-Sterne-Cuisine oder die bodenständigere »Hausfrauen«-Kost der *mères*, der Köchinnen von Lyon. Zum kulinarischen Ruhm tragen die vielen hochwertigen heimischen Produkte bei: das gepriesene Bresse-Huhn, mageres Fleisch vom Charolais-Rind, Schinken aus dem Morvan, Wildgeflügel und Frösche aus den Dombes-Sümpfen, Fisch aus Saône und Rhône sowie als »Austern von Burgund« bekannte Schnecken. Franche-Comté und Jura bereichern die regionale Speisekammer mit Räucherwurst, Bauernkäse, Walnußöl und Fisch aus gletschergespeisten Seen. Die Auvergne liefert Pökelschinken, Schweinefleisch, Käse, Kartoffeln, Kohl und Linsen.

Œufs en meurette *heißt ein Burgunder Gericht, bereitet aus pochierten Eiern in Rotweinsauce mit Zwiebeln, Pilzen und Speck.*

Pain d'epices

Dijon-Senf *verdankt sein Aroma einer Komposition aus hochwertigen Senfkörnern, Wein und verjus (fermentierter Saft unreifer Trauben). Dieses Würzmittel, erhältlich in feinen und grobkörnigen Varianten, fehlt in keinem französischen Haushalt.*

Grobkörniger Dijon-Senf

Feiner Dijon-Senf

Rosette de Lyon, *Lyons berühmteste, aus Schweinekeule hergestellte Wurst, serviert man in dicken Scheiben.*

Escargots à la bourguignonne *nennt man mit Petersilie und Knoblauchbutter gereichte Schnecken.*

Speck — Pilze — Rindfleisch — Weinsauce

Bœuf bourguignon, *dieser berühmte Schmortopf, ist raffinierter als viele andere Eintopfgerichte. Im Burgund verwendet man meist Charolais-Rindfleisch. Die marinierten Fleischstücke werden in Burgunder oder Beaujolais gekocht, bis sie zart sind, und mit Speckwürfeln, Zwiebelchen und Pilzen abgeschmeckt.*

Falette, *gefüllte Kalbsbrust, ist eine Spezialität der Auvergne. Man ißt sie warm mit geschmortem Kohl oder kalt mit Salat.*

ZENTRALFRANKREICH STELLT SICH VOR 309

Steak dijonnaise *ist ein Steak mit Rahm-Senf-Sauce. Kalb-, Kaninchen- und Schweinefleisch serviert man ebenso.*

Bresse-Huhn, *mit der Qualitätsbezeichnung* appellation contrôlée *wird mit Rahmsauce und Wildmorcheln serviert.*

Andouilletes à la lyonnaise *heißen die Würste aus Kalbskutteln, die mit gebratenen Zwiebeln serviert werden.*

Gepökeltes Schweinefleisch mit Linsen, *ein typisches Gericht der Auvergne, besteht aus Pökelfleisch und Puy-Linsen.*

Walnuß-Birnen-Tarte *ist eine flache Torte mit doppelter Kruste aus Walnußmehl, gefüllt mit Birnenstückchen.*

Kirschpudding (clafoutis) *wird aus Kirschen zubereitet, die man mit Eierteig auffüllt und mit einem Likör abschmeckt.*

KÄSESORTEN

Zentralfrankreich bietet das breiteste Käsesortiment des Landes. Dazu zählen der weiche, strenge, weinbrandgetränkte Epoisses aus Burgund, die Fonduesorten aus den Alpen, der an Cheddar erinnernde Cantal und Blauschimmelkäse wie Roquefort.

Burgunder Käsesorten

Epoisses   Pipo Crem'   Bleu de Bresse

Bergkäsesorten

Tomme au raisin   Raclette   Emmenthal Français   Vacherin

Käse aus dem Massif Central

St-Nectaire   Roquefort   Fourme d'Ambert   Cantal

Frankreichs Weinregionen: Burgund

Korb der Weinleser

DIE ERLESENEN Burgunderweine genießen seit Jahrhunderten hohen Ruf. Er verbreitete sich im 14. Jahrhundert unter den Burgunder Herzögen des Hauses Valois europaweit. Nach der Französischen Revolution zersplitterten die Weingüter in winzige Besitzungen: Dies führte zu einer verwirrenden Vielzahl von *appellations*. Bis heute ist das Qualifizierungssystem für Laien kaum durchschaubar. Für »ernsthafte« Weinliebhaber ist diese Region mit ihrer großen Weintradition und den erstklassigen *grands crus* ein unverzichtbares Reiseziel.

ZUR ORIENTIERUNG
Weinbaugebiet von Burgund

Clos de Vougeot an der Côte de Nuits

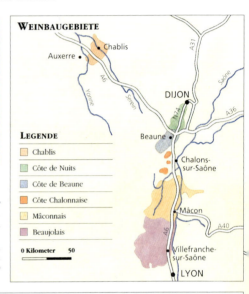

WEINBAUGEBIETE

LEGENDE
- Chablis
- Côte de Nuits
- Côte de Beaune
- Côte Chalonnaise
- Mâconnais
- Beaujolais

0 Kilometer 50

WEINBAUGEBIET
Zwischen Chablis und der Côte Chalonnaise sowie dem Mâconnais erstreckt sich die Côte d'Or, zu der die Côte de Nuits und Côte de Beaune zählen. Das Beaujolais-Gebiet *(siehe S. 366f)* liegt südlich von Mâcon.

KLEINE WEINKUNDE: BURGUNDERWEINE

Lage und Klima
Das Klima (rauhe Winter, heiße Sommer) kann sehr launisch sein und macht den Jahrgang zum entscheidenden Qualitätsfaktor. Die besten Weingüter liegen im Süden und im Osten.

Rebsorten
Zur Palette der Burgunder Rebsorten gehören der **Pinot Noir**, eine Traube mit süßem Himbeer-, Kirsch- oder Erdbeeraroma. Sie liefert roten Burgunder, die Traube **Gamay** roten Mâcon und Beaujolais. **Chardonnay** ist die bevorzugte Rebsorte für Chablis und Weißburgunder; in kleineren Mengen werden die weißen Trauben **Aligoté** und **Pinot Blanc** angebaut und in St-Bris die Rebe **Sauvignon**.

Namhafte Erzeuger
Weißer Burgunder: Jean-Marie Raveneau, René Dauvissat, La Chablisienne, Comtes Lafon, Guy Roulot, Etienne Sauzet, Pierre Moret, Louis Carillon, Jean-Marc Boillot, André Ramonet, Hubert Lamy, Jean-Marie Guffens-Heynen, Olivier Merlin, Louis Latour, Louis Jadot, Olivier Leflaive.
Roter Burgunder: Denis Bachelet, Daniel Rion, Domaine Dujac, Armand Rousseau, Joseph Roty, De Montille, Domaine de la Pousse d'Or, Domaine de l'Arlot, Jean-Jacques Confuron, Robert Chevillon, Georges Roumier, Leroy, Drouhin.

Gute Jahrgänge
(Rot) 1996, 1993, 1990, 1988.
(Weiß) 1996, 1995, 1993, 1992.

ZENTRALFRANKREICH STELLT SICH VOR **311**

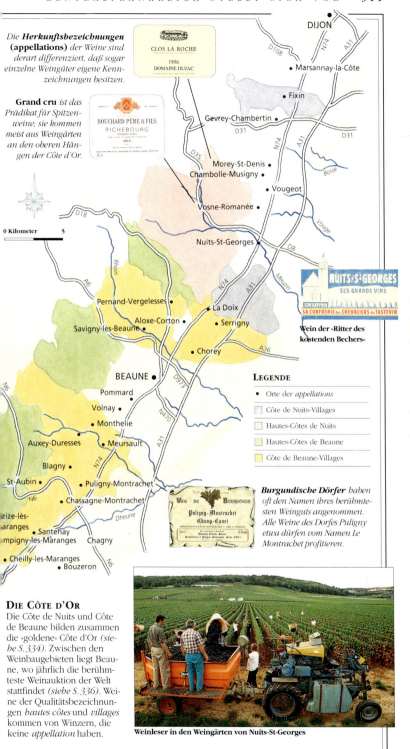

*Die **Herkunftsbezeichnungen** (appellations) der Weine sind derart differenziert, daß sogar einzelne Weingüter eigene Kennzeichnungen besitzen.*

Grand cru *ist das Prädikat für Spitzenweine; sie kommen meist aus Weingärten an den oberen Hängen der Côte d'Or.*

Wein der »Ritter des kostenden Bechers«

LEGENDE

- Orte der *appellations*
- Côte de Nuits-Villages
- Hautes-Côtes de Nuits
- Hautes-Côtes de Beaune
- Côte de Beaune-Villages

***Burgundische Dörfer** haben oft den Namen ihres berühmtesten Weinguts angenommen. Alle Weine des Dorfes Puligny etwa dürfen vom Namen Le Montrachet profitieren.*

DIE CÔTE D'OR

Die Côte de Nuits und Côte de Beaune bilden zusammen die »goldene« Côte d'Or *(siehe S. 334)*. Zwischen den Weinbaugebieten liegt Beaune, wo jährlich die berühmteste Weinauktion der Welt stattfindet *(siehe S. 336)*. Weine der Qualitätsbezeichnungen *hautes côtes* und *villages* kommen von Winzern, die keine *appellation* haben.

Weinleser in den Weingärten von Nuits-St-Georges

Die französischen Alpen

DIE ALPEN ENTBIETEN sich zu jeder Jahreszeit als eine der aufregendsten Landschaften Frankreichs. Majestätisch – mit Europas höchstem Berg, dem Mont Blanc (4800 m) – ziehen sie sich vom Süden des Genfer Sees bis fast ans Mittelmeer. Ihr Gebiet umschließt die historischen Landschaften Dauphiné und Savoie, das einst abgelegene und unabhängige, erst 1860 Frankreich eingegliederte Savoyen. Mit dem Siegeszug des Wintersports sind die Bewohner dieses Gebietes zu Wohlstand gelangt, ohne den Stolz auf ihre besondere Identität verloren zu haben.

Kinder in Savoyer Tracht

Winterliche Alpenlandschaft: Chalets und Skifahrer an den Hängen von Courchevel

WINTER

DIE SKISAISON währt in der Regel von kurz vor Weihnachten bis Ende April. Die meisten Ferienorte bieten Langlauf und Abfahrtski; viele Pisten verbinden mehrere Skigebiete. Weniger Sportliche können von einigen der weltweit höchsten Seilbahnen aus die Szenerie genießen.

Zu den meistbesuchten der rund hundert französischen Urlaubsorte zählen: **Chamonix-Mont Blanc**, historische Hochburg des Alpinskis und 1924 Schauplatz der ersten Olympischen Winterspiele; **Megève** mit einer der besten Skischulen Europas; das ganzjährig einladende **Morzine**, über ihm das autofreie **Avoriaz**; das moderne **Albertville**, Austragungsort der Olympischen Winterspiele 1992, **Les Trois Vallées** mit den glitzernden Orten **Courchevel** und **Méribel** sowie dem unbekannteren **Val Thorens/Les Ménuires**; **Tignes**, rund ums Jahr besucht; **Les Arcs** und **La Plagne**, beides Urlaubsorte aus der Retorte; **Val d'Isère**, Tummelplatz der Reichen und Berühmten.

Seilbahn bei Courchevel, Teil des Komplexes Les Trois Vallées

Abfahrtsläufer bei Val d'Isère

ALPENBLUMEN

Im Frühling und Frühsommer bedeckt die Weiden der französischen Alpen ein Teppich von Blüten, darunter Enzian, Glockenblumen, Lilien, Steinbrech und verschiedene Orchideenarten. Da die Bergwiesen sich intensiver Landwirtschaft verweigern, können Wildblumen von Düngern und Unkrautvertilgern ungehindert gedeihen.

Frühlingsenzian *(gentiana verna)*

Türkenbundlilie *(lilium martagon)*

Die französischen Alpen im Frühling: blütenübersäte Wiesen unter glitzernd weißen Gipfeln

FRÜHJAHR UND SOMMER

IN DEN ALPEN dauert die Sommersaison von Ende Juni bis Anfang September. Die meisten Urlaubsorte schließen im Oktober und November. Nach der Schneeschmelze machen buntblühende Wiesen, gletschergespeiste Bergseen und zahllose markierte Pfade die Region zu einem Wanderparadies. Allein bei Chamonix findet man Wanderwege von über 310 Kilometer Länge. Der bestbekannte Fernwanderweg, **Tour du Mont Blanc**, führt in zehn Tagen durch Frankreich, Italien und die Schweiz. Die **GR5** überquert – durch den **Parc National de la Vanoise** und **Parc Régional du Queyras** *(siehe S. 377)* südwärts – die gesamten Alpen. Mit *téléphériques* erreicht man mühelos höhere Wanderwege mit noch eindrucksvolleren Aussichten. Wegen des wechselhaften Wetters ist warme, regenfeste Kleidung vonnöten. Viele Ferienorte versuchen ihr Sommerangebot auszuweiten – Golf, Tennis, Mountainbiking, Reiten, Paragliding, Kanufahren, Wildwasserrafting, Gletscherski und Bergsteigen sind weithin möglich.

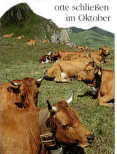

Glöckchenbehangene Milchkühe auf einer Hochgebirgsweide

Bersteiger beim Bezwingen der Gipfel um den Mont Blanc

Geologie: Massif Central

Das über 250 Millionen Jahre alte Massif Central bedeckt nahezu ein Fünftel der Fläche Frankreichs. Die meisten seiner Gipfel erodierten zu einem weiten, von Tälern durchzogenen Plateau. Der Kern des Massivs besteht aus hartem Eruptivgestein wie Granit mit weicherem Gestein wie Kalkstein an den Rändern. Verschiedene Gesteinsarten prägen Landschaft und Bauten: In den Gorges du Tarn sieht man Häuser aus rostfarbenem Kalkstein, im Limousin Bauernhöfe aus hartem Granit und in Le Puy-en-Velay mächtige Basaltsäulen.

Zur Orientierung

Ausdehnung des Massif Central

Basalt, ein dunkles, feinkörniges Ergußgestein, ist ein herkömmliches Baumaterial der Auvergne. Oft wird er in Blöcken gehauen und mit hellerem Mörtel abgesetzt. In der mittelalterlichen Stadt Salers (siehe S. 353) verwandte man Basalt für fast alle Bauten, so auch für dieses Haus an der Grande Place.

Dieses **Granitportal** öffnet sich in der romanischen Kirche von Moutier d'Abun (siehe S. 346). Granit kommt als Tiefengestein in weiten Teilen des Massif Central vor.

Dachschiefer deckt diese Häuser in Argentat. Schiefer ist ein kristallines Gestein, das leicht in dünne Platten bricht. Er kommt besonders am Rand des Massivs vor und dient zum Dachdecken.

Kalksteinmauern prägen Häuser in Espalion (siehe S. 356). Der weiche Kalkstein ist einfacher als andere Gesteine des Massif Central zu bearbeiten. Er bricht leicht und läßt sich mit der Handsäge in Blöcke teilen. Wie Granit besitzt er je nach Region eine unterschiedliche Farbe.

0 Kilometer 50

ZENTRALFRANKREICH STELLT SICH VOR

Kristallisierte Lava, wie in Prades, entstand, als flüssiger Basalt durch das Umgebungsgestein sickerte und sich zu riesigen Kristallformen verfestigte.

LEGENDE

- Sedimentgestein
- Vulkanisches Oberflächengestein
- Granit
- Metamorphes Gestein

Kalksteinplateaus kennzeichnen das Massif Central. Schluchten, von Flüssen in das Gestein gegraben, schneiden tief in diese causses (Hochebenen) ein.

Die alte *Landschaft des Mont Aigoual* bildet den höchsten Punkt der Cevennen (siehe S. 357), einer Scheide, von der Flüsse entweder zum Atlantik oder Mittelmeer strömen.

GESTEINSFÜHRER

Man unterscheidet drei Gesteinsarten: Vulkanisch entstandene Eruptivgesteine wie Granit erstarren an der Oberfläche oder in der Erdkruste. Sediment- oder Schichtgesteine bauen sich durch Ablagerungen auf. Metamorphe Gesteine haben durch Temperatur oder Druck Umgestaltungen erfahren.

SEDIMENTGESTEIN

Eolithischer Kalkstein enthält oft Fossilien und geringe Quarzanteile.

ERUPTIVGESTEIN

Basalt, der dichte Schichten bilden kann, ist das häufigste Lavagestein.

GRANIT

Rosafarbener Granit ist grobkörnig und bildet sich in der Erdkruste.

METAMORPHE GESTEINE

Glimmerschiefer ist ein tonerdehaltiges, kristallines Gestein.

BURGUND UND FRANCHE-COMTÉ

YONNE · NIÈVRE · CÔTE-D'OR · SAÔNE-ET-LOIRE
HAUTE-SAÔNE · DOUBS · JURA

BURGUND – EINE BLÜHENDE *Region mit weltbekannten Weinen, bodenständiger Küche und architektonischen Juwelen – ist das Herz Frankreichs. Östlich davon vereinigt die Franche-Comté liebliches Bauernland und erhabene Hochgebirgswälder.*

Unter den Herzögen von Valois war Burgund Frankreichs mächtigster Rivale. Sein Territorium griff weit über die heutigen Grenzen Burgunds hinaus. Die Franche-Comté (Freigrafschaft), einst Teil von Burgund, kämpfte um Unabhängigkeit von der französischen Krone und wurde Provinz des Heiligen Römischen Reiches, bis Louis XIV sie 1674 vereinnahmte.

Burgund, eine wie in der Vergangenheit wohlhabende Region, war im Mittelalter ein christliches Zentrum. Meisterliche romanische Sakralbauten entstanden in Vézelay, Fontenay und Cluny. In der prachtvollen Stadt Dijon sind Prunkpaläste der alten burgundischen Aristokratie sowie, im Musée des Beaux-Arts, kostbare Gemälde und Skulpturen zu entdecken. Die Weingüter der Côte d'Or, der Côte de Beaune und von Chablis erzeugen einige der gerühmtesten Weine der Welt. Andere, landschaftlich höchst unterschiedliche Gebiete – von den unberührten Wäldern des Morvan bis hin zum fruchtbaren Agrarland des Brionnais – liefern Schnecken, Bresse-Hühner und Charolais-Rindfleisch.

Hinter diesem Überfluß steht die Franche-Comté zurück. Doch pflegt ihre Haupstadt Besançon, ein altes Uhrmacherzentrum, die Tradition des 17. Jahrhunderts. Die Franche-Comté zeigt zwei topographische Gesichter: das sanft hügelige Nutzland des Saône-Tals und die Alpenszenerie im Osten. Aus dieser Waldlandschaft, in deren Gebirgsbächen sich Forellen tummeln, kommen berühmte Käse wie Vacherin und Comté sowie der *vin jaune* von Arbois.

Roche de Solutré, prähistorische Stätte nahe Mâcon

◁ Weingärten bei Santenay in der weltberühmten Weinregion Côte de Beaune

Überblick: Burgund und Franche-Comté

BURGUND IST FRANKREICHS reichste Provinz. Dies gilt mit Blick auf Geschichte, Kultur, Gastronomie und Wirtschaft. Hier, im Kern einer einstigen Großmacht, sammeln sich – in Fontenay und Vézelay etwa – Perlen romanischer Architektur. Die Weine von Burgund genießen Weltruhm. Dijon ist Pilgerstadt von Freunden der Kunst und guten Küche. Für Ferien auf dem Lande empfiehlt sich die Franche-Comté; unberührte Landschaft und kristallklare Flüsse laden Wanderer und Kanuten ein.

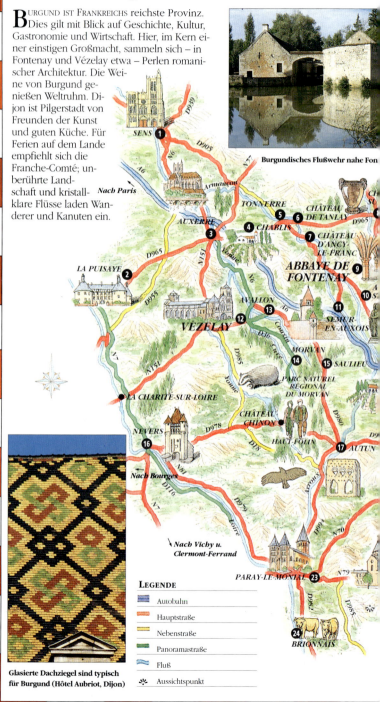

Burgundisches Flußwehr nahe Fon

Glasierte Dachziegel sind typisch für Burgund (Hôtel Aubriot, Dijon)

LEGENDE

- Autobahn
- Hauptstraße
- Nebenstraße
- Panoramastraße
- Fluß
- Aussichtspunkt

BURGUND UND FRANCHE-COMTE

AUF EINEN BLICK

- Abbaye de Fontenay ⑨
- Alise-Ste-Reine ⑩
- Arbois ㉗
- Arc-et-Senans ㉙
- Autun ⑰
- Auxerre ③
- Avallon ⑬
- Beaune ⑳
- Belfort ㉝
- Besançon ㉛
- Brionnais ㉔
- Cascades du Hérisson ㉖
- Chablis ④
- Champlitte ㉚
- Château d'Ancy-le-Franc ⑦
- Château de Tanlay ⑥
- Châtillon-sur-Seine ⑧
- Cluny ㉒
- Côte d'Or ⑲
- Dijon ⑱
- Dole ㉘
- La Puisaye ②
- Mâcon ㉕
- Morvan ⑭
- Nevers ⑯
- Ornans ㉜
- Paray-le-Monial ㉓
- Ronchamp ㉞
- Saulieu ⑮
- Semur-en-Auxois ⑪
- Sens ①
- Tonnerre ⑤
- Tournus ㉑
- Vézelay ⑫

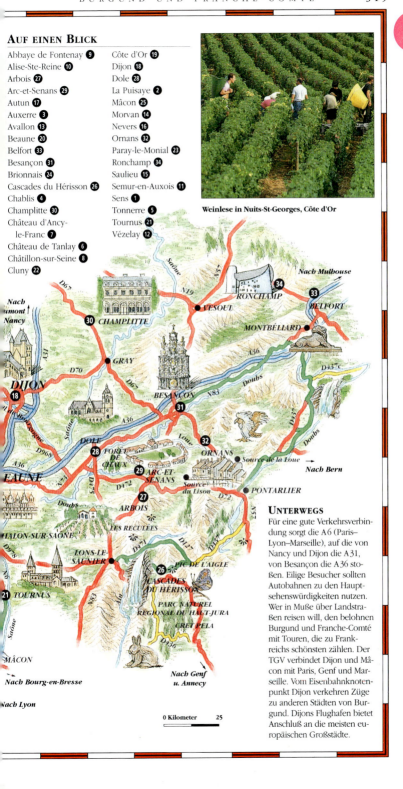

Weinlese in Nuits-St-Georges, Côte d'Or

UNTERWEGS

Für eine gute Verkehrsverbindung sorgt die A6 (Paris–Lyon–Marseille), auf die von Nancy und Dijon die A31, von Besançon die A36 stoßen. Eilige Besucher sollten Autobahnen zu den Hauptsehenswürdigkeiten nutzen. Wer in Muße über Landstraßen reisen will, den belohnen Burgund und Franche-Comté mit Touren, die zu Frankreichs schönsten zählen. Der TGV verbindet Dijon und Mâcon mit Paris, Genf und Marseille. Vom Eisenbahnknotenpunkt Dijon verkehren Züge zu anderen Städten von Burgund. Dijons Flughafen bietet Anschluß an die meisten europäischen Großstädte.

ZENTRALFRANKREICH UND ALPEN

Reliquie des Domschatzes von Sens

Sens ❶

Yonne. 27 000.
Place Jean-Jaurès (03 86 65 19 49).
Mo u. Fr.

Schon als Caesar in Gallien eindrang, besaß die kleine Stadt Sens Bedeutung. Von hier kamen die Senonen, deren hinterlistigen Anschlag auf Roms Kapitol eine Gänseherde vereitelte.

Die 1140 erbaute **Cathédrale St-Etienne**, die älteste der großen gotischen Kathedralen, ist der Stolz der Stadt. Ihre schlichte Noblesse beeinflußte viele andere Kirchen. Louis IX (*siehe S. 47*) erwies Sens die Ehre, sich in St-Etienne trauen zu lassen.

Die kostbaren Buntglasfenster (12.–16. Jh.) zeigen Szenen der Bibel, den Baum des Jesaja sowie Thomas Becket (Erzbischof von Canterbury), der hier im Exil lebte. Seine liturgischen Gewänder sind im **Musée de la Cathédrale St-Etienne** zu bewundern. Zu den Exponaten dieses reichen Domschatzes zählt ein herrlicher byzantinischer Schrein (11. Jh.).

Hervorragend ist der Markt bei der Kathedrale. Die Stadt ist für ihre Küche bekannt.

🏛 Musée de la Cathédrale St-Etieno
Place de la Cathédrale. ☎ 03 86 64 46 22, 03 86 64 15 27. ⏱ Juni–Sep tägl.; Okt– Mai Mo, Do u. Fr. nachmittags, Mi, Sa, So.

La Puisaye ❷

Yonne u. Nièvre. Auxerre, Clamecy, Bonny-sur-Loire, Cosne-Cours-sur-Loire. St-Fargeau, St-Sauveur-en-Puisaye. Maison de la Puisaye, St-Fargeau (03 86 74 15 72).

Colette (1873–1954) hat das Waldgebiet von La Puisaye schriftstellerisch verewigt. Sie kam in **St-Sauveur** zur Welt in einem »Haus, das nur zur Gartenseite hin lächelte …«; Das **Musée Colette** ist im Schloß der Stadt (17. Jh.) untergebracht, und zeigt neben Fotografien der Autorin auch ihre Bücher und Möbel.

Die Puisaye erkundet man am besten zu Fuß oder mit dem Rad. Ihre Täler, Wälder, Obsthaine und Wiesen unterscheiden sich gänzlich von anderen Gegenden im Burgund. Viele Ziele lohnen einen Besuch, vor allem das **Château de Ratilly** (13. Jh.). Es empfängt den Besucher nahe St-Sauveur mit Töpferwerkstatt und Kunstausstellungen. Aus dem Töpferzentrum **St-Amand** kommen die typischen Puisaye-Steingutwaren. In den Backsteinmauern des **Château de St-Fargeau** fand einst die Grande Mademoiselle Asyl (*siehe S. 53*). In der Kirche von **La Ferté-Loi-**

Colette um 1880 in St-Sauveur

pière illustriert ein Fresko (15. Jh.) den Totentanz, während die Fresken der Eglise St-Pierre von **Moutiers** das Leben Johannes' des Täufers und die Schöpfungsgeschichte aufgreifen.

🏛 Musée Colette
Château St-Sauveur-en-Puisaye.
☎ 03 86 45 61 95. ⏱ Apr–Sep Mi–Mo; Okt–März Sa, So und Feiertage.

Auxerre ❸

Yonne. 39 000. 1–2, quai de la République (03 86 52 06 19). Di u. Fr.

Das schmuck über der Yonne gelegene Auxerre ist zu Recht stolz auf seine herausragenden Kirchen und die Fußgängerzone des zentralen Place Charles-Surugue.

Nach drei Jahrhunderten war um 1500 die gotische **Cathédrale St-Etienne** endlich fertiggestellt. Berühmte Zierde sind ihre aufwendigen Buntglasfenster aus dem 13. Jahrhundert. Gotische Schwerelosigkeit und Eleganz verkörpert der Chor mit seinen schlanken Pfeilern und kleinen Säulen. Unter Kriegen und Witterung hat der im Flamboyant-Stil gehaltene Skulpturendekor der Westportale leider arg gelitten. Die romanische Krypta schmücken einzigartige Fresken (11.–13. Jh.), darunter eine Szene mit Christus auf einem Schimmel. Aus der schwer geplünderten Schatzkammer stammt eine faszinierende Sammlung illustrierter Handschriften.

In der ehemaligen Abteikirche St-Germain wurde der heilige Germanus, Ratgeber des heiligen Patrick und im 6.

Das in der Puisaye gelegene Château de St-Fargeau

BURGUND UND FRANCHE-COMTE

Jahrhundert Bischof von Auxerre, beigesetzt. Als Gründung Königin Chlothildes, der Gemahlin Chlodwigs *(siehe S. 44f)*, des ersten christlichen Frankenkönigs, besitzt die Abtei hohen historischen Wert. Die teilweise karolingische Krypta birgt Gräber und Fresken des 11. bis 13. Jahrhunderts. Die Abtei beherbergt heute das **Musée d'Art et d'Histoire**. Seine Ausstellung regionaler gallorömischer Funde belegt Auxerres Geschichte.

🏛 Musée d'Art et d'Histoire
2, place St-Germain. 03 86 51 09 74. Mi–Mo. **Geschl.** 1. Jan, 1. Mai, 1. u. 11. Nov, 25. Dez.

Mittelalterliches Fresko in Auxerres Cathédrale St-Etienne

Chablis ❹

Yonne. 2300. 🛈 quai du Biez (03 86 42 80 80). So.

CHABLIS SCHMECKT nirgendwo besser als in Chablis. Obwohl es eines der berühmtesten Weindörfer ist, erwecken seine schmalen Straßen den Eindruck trägen Wohlstands. Zu Ehren des Schutzpatrons der Winzer, des heiligen Vinzenz, finden im Februar Prozessionen statt, an denen die Weinbruderschaft »Piliers Chablisiens« teilnimmt.

Tonnerre ❺

Yonne. 6000. 🛈 12, rue du Collège (03 86 55 14 48). Sa.

DIE RÄTSELHAFTE QUELLE **Fosse Dionne** ist Grund genug, die Kleinstadt Tonnerre zu besuchen. Sie speit große Mengen trüben Wassers in einen Waschplatz des 18. Jahrhunderts. Tiefe und Wasserdruck haben die Erforschung der Quelle behindert, so daß sich die Legende von der Schlange, die dort leben soll, gehalten hat.

Tonnerres **Hôtel-Dieu** ist 150 Jahre älter als das Hospital von Beaune *(siehe S. 336f)*. Margarethe von Burgund stiftete es 1293 zur Pflege der Armen. Während sein Ziegeldach Opfer der Französischen Revolution wurde, blieb das Tonnengewölbe aus Eichenholz erhalten.

Heute noch gibt Tonnerres Quelle Fosse Dionne Rätsel auf.

🏥 Hôtel-Dieu
Rue du Prieuré. 03 86 55 33 00. Ostern–Mai u. Okt Sa, So u. Feiertage; Jun–Sep Mi–Mo.

Château de Tanlay ❻

Tanlay. 03 86 55 15 54. Apr–Mitte Nov Mi–Mo.

DAS VON WASSERGRÄBEN umsäumte Château de Tanlay wurde Mitte des 16. Jahrhunderts als bezauberndes Beispiel der französischen Renaissance angelegt. In der Grande Galerie überrascht ein Trompe-l'œil. Im Eckturm fesselt ein Deckengemälde der Schule von Fontainebleau: Es zeigt berühmte Persönlichkeiten des 16. Jahrhunderts als antike Gottheiten, so Diane de Poitiers als Venus.

Renaissancefassade und Cour d'Honneur des Château de Tanlay

Abbaye de Fontenay ●

DER HEILIGE BERNHARD gründete 1118 diese friedvolle Abtei. Frankreichs ältestes erhaltenes Zisterzienserkloster vermittelt einen seltenen Einblick in das mönchische Leben dieses Ordens. Seine Ideale finden im erhabenen Ernst der romanischen Klosterkirche und dem schlichten, doch eleganten frühgotischen Kapitelsaal Ausdruck. Das Kloster liegt tief im Wald, in jener Stille und Abgeschiedenheit, nach denen es die Zisterzienser verlangte. Mit Unterstützung der lokalen Aristokratie blühte das Kloster auf und bestand bis zur Französischen Revolution. Danach wurde es in eine Papierfabrik umgewandelt, wechselte 1906 erneut den Besitzer und wurde originalgetreu restauriert.

Taubenturm
Dieser mächtige runde Taubenturm wurde im 17. Jahrhundert als Nachbar des Zwingers errichtet, in dem die wertvollen Jagdhunde der Herzöge von Burgund von Wärtern gehütet wurden.

Diese **Abtsunterkünfte** wurden im 17. Jahrhundert angelegt, als der König die Äbte ernannte.

Von der **Bäckerei** blieben nur Ofen und Kamin aus dem 13. Jahrhundert erhalten.

Im **Gästehaus** boten die Mönche erschöpften Wanderern und Pilgern Kost und Logis.

★ Kreuzgang
Mönche des 12. Jahrhunderts strebten beim Wandeln durch den Kreuzgang, der zugleich vor Wind und Wetter schützte, nach Versenkung.

Wärmeraum

In der **Schmiede** stellten die Mönche Werkzeuge und Eisenwaren her.

Gefängnis
In diesem im 15. Jahrhundert erbauten Gebäude sollen die Äbte ursprünglich wichtige Archive aufbewahrt haben, um sie vor der Zerstörung durch Ratten zu schützen.

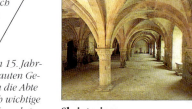

Skriptorium
Im Schreibsaal fertigte man Abschriften von Büchern und Manuskripten an.

★ Abteikirche

Auf verschwenderischen Schmuck verzichtet diese Kirche aus den 40er Jahren des 12. Jahrhunderts. Doch klare Formgebung, warme Tönung des Steines und diffuses Licht verleihen ihr eine besondere Würde.

INFOBOX
Marmagne. 📞 03 80 92 15 00. 🚉 Montbard. 🕐 tägl. 9–12, 14–18 Uhr (Okt–März 17 Uhr).

Dormitorium

In diesem unbeheizten Saal betteten die Mönche sich auf Strohmatten zur Ruhe. Der Dachstuhl stammt aus dem späten 15. Jahrhundert.

Im **Kräutergarten** zogen die Mönche sachkundig Heilpflanzen, die sie für Arzneien verwandten.

NICHT VERSÄUMEN
★ Abteikirche
★ Kreuzgang

Kapitelsaal

Hier versammelten sich einmal täglich die Mönche, um interne Angelegenheiten zu erörtern. Im Raum bestechen vor allem die eleganten Pfeiler und das Rippengewölbe aus dem 12. Jahrhundert.

Krankenhaus

DER HL. BERNHARD UND DIE ZISTERZIENSER

1112 trat Bernhard, ein junger Sprößling des burgundischen Adels, den Zisterziensern bei. Der Orden war erst 14 Jahre zuvor von Mönchen gegründet worden, die sich gegen den Lebensstil der Cluniazenser *(siehe S. 44f)* wandten, dem Weltlichen entsagen und zu Bescheidenheit zurückfinden wollten. Unter Bernhard stiegen die Zisterzienser zu einem der größten und namhaftesten Orden seiner Zeit auf. Dies war zu einem guten Teil der Persönlichkeit Bernhards zu verdanken, der sich als begnadeter Schriftsteller, Theologe und Staatsmann Einfluß verschaffte. 1174, nur 21 Jahre nach seinem Tod, wurde er heiliggesprochen.

***Die hl. Jungfrau beschirmt den Zisterzienserorden** (J. Bellegambe)*

Château d'Ancy-le-Franc ❼

Ancy-le-Franc. (03 86 75 14 63.
Apr–Mitte Nov tägl.
obligatorisch.

DIE FASSADE des Château d'Ancy-le-Franc, eines klassischen Renaissanceschlosses, wirkt schlicht. Doch im Innenhof überrascht reiches Schmuckwerk. Der Architekt Sebastiano Serlio erbaute das Schloß in den 40er Jahren des 16. Jahrhunderts im Auftrag des Herzogs von Clermont-Tonnerre. Die Innendekoration ist vorwiegend Primaticcio und anderen Künstlern der Schule von Fontainebleau *(siehe S. 170 f)* zu verdanken. In der Chambre de Judith et Holophernes zeigt ein Porträt Diane de Poitiers, die Schwägerin des Herzogs und Mätresse Henris II. Ein Nebengebäude beherbergt ein Oldtimermuseum.

Ohne spielerische Effekte: die Fassade des Château d'Ancy-le-Franc

Der Bronzekrug von Vix im Musée du Châtillonnais, Châtillon-sur-Seine

Châtillon-sur-Seine ❽

Côte-d'Or. 7500. 4, place Marmont (03 80 91 13 19). Sa.

DER ZWEITE Weltkrieg ließ Châtillon in Schutt und Asche zurück. Die Vergangenheit des in modernem Kleid wiederauferstandenen Städtchens lebt weiter im **Musée du Châtillonnais**: Dort ist unter anderem der Schatz von Vix zu sehen, der 1953 nahe Vix am Mont Lassois aus dem Grab einer keltischen Prinzessin des 6. Jahrhunderts v. Chr. geborgen wurde. Neben Kunsthandwerk griechischer Herkunft beeindruckt auch ein 208 Kilogramm schwerer Bronzekrug.

In der romanischen **Eglise St-Vorles** sind allein die Skulpturen der *Grablegung* (1527) eine Besichtigung wert.

Einen Besuch lohnt die reizvolle Grotte an der Quelle des Douix, die in die Seine mündet.

🏛 **Musée du Châtillonnais**
7, rue du Bourg. (03 80 91 24 67.
tägl.; Mitte Sep–Mitte Juni Mi–Mo.
Geschl. 1. Jan, 1. Mai, 25. Dez.

Abbaye de Fontenay ❾

Siehe S. 322 f.

Alise-Ste-Reine ❿

Côte-d'Or. 670. Venarey-les-Laumes, 3 km (03 80 96 89 13).

ÜBER DEM KLEINEN DORF Alise-Ste-Reine besiegte Caesar am Mont Auxois 52 v. Chr. nach sechswöchiger Belagerung endlich den heldenhaften Keltenfürsten Vercingetorix *(siehe S. 42)*. Die Mitte des 19. Jahrhunderts begonnenen Ausgrabungen brachten die Überreste einer blühenden gallorömischen Siedlung – Theater, Forum und Straßennetz – zutage. Die Funde von Schmuck, Kunsthandwerk und Bronzefiguren hütet das **Musée Alésia**.

Über Alise prangt, 1865 aufgestellt zum Gedenken an die ersten Ausgrabungen, Aimé Millets riesige Statue des schnurrbärtigen Vercingetorix. Böse Zungen behaupten, sie ähnele mehr als flüchtig Napoléon III, dem Förderer der Ausgrabungen.

🏛 **Musée Alésia**
Rue de l'Hôpital. (03 80 96 10 95.
Apr–11. Nov tägl.

Umgebung
In der Nachbarschaft liegt das **Château de Bussy-Rabutin**. Roger de Bussy-Rabutin, ein wegen seiner scharfen Zunge vom Hof Louis' XIV hierher

Ausgrabungen der römischen Siedlung nahe Alise-Ste-Reine

verbannter Militärmann, gestaltete es sehr eigenwillig: Einen Raum schmückte er mit Porträts von Mätressen, die eine Rolle in seinem Leben spielten.

♣ Château de Bussy-Rabutin
Bussy-le-Grand. 03 80 96 00 03. tägl., Nov–März Do–Mo. **Geschl.** 1. Jan, 1. Mai, 1.u.11. Nov, 25. Dez.

Semur-en-Auxois ⓫

Côte-d'Or. 4500. 2, place Gaveau (03 80 97 05 96). Do u. Sa.

SEMUR-EN-AUXOIS bietet einen überraschenden Anblick, wenn man sich von Westen auf der ansonsten abwechslungsarmen Straße nähert. Unvermittelt ragen über dem Pont Joly und dem stillen Fluß Armançon seine massigen runden Wachttürme (14. Jh.) auf. Eine tiefe Spalte zerfurcht einen der Türme.

Semur-en-Auxois am Fluß Armançon

Die **Eglise Notre-Dame** wurde im 13. und 14. Jahrhundert der Kathedrale von Auxerre nachempfunden. Ihre hohen Fassaden wurden im 15. und 19. Jahrhundert restauriert. Die Kirche besitzt bedeutende Kunstwerke. Von der Legende des ungläubigen Thomas berichtet das Tympanonrelief des Nordportals. Aus dem 15. Jahrhundert stammt Antoine le Moiturier Grablegungsgruppe. Die Buntglasfenster illustrieren das Leben der heiligen Barbara und die Arbeiten von Zünften.

Umgebung

Im Dorf Epoisses umsäumt ein Graben das **Château d'Epoisses**. Der Bau aus dem 11. bis 18. Jahrhundert vereint mittelalterliche Türme und Renaissanceelemente; der Taubenturm stammt aus dem 15. Jahrhundert. In Epoisses wird der

Buntglasfenster der Eglise Notre-Dame, Semur-en-Auxois

gleichnamige Käse hergestellt, den man in einem Café oder einer *fromagerie* kosten kann.

♣ Château d'Epoisses
Epoisses. 03 80 96 40 56. Juli–Aug Mi–Mo (Park ganzjährig geöffnet). nur im Erdgeschoß.

Vézelay ⓬

Siehe S. 326 f.

Avallon ⓭

Yonne. 8600. 4, rue Bocquillot (03 86 34 14 19). Sa.

DIESE ALTE Stadt liegt zwischen zwei Schluchten auf einem Granitvorsprung über dem Fluß Cousin.

Avallon wirkt abweisend wehrhaft, da Sarazenen, Normannen, Engländer und Franzosen es im Laufe der Jahrhunderte angriffen. Heute jedoch enthüllt es eine Fülle hübscher Details. Ein Spaziergang entlang den Wehranlagen eröffnet schöne Ausblicke auf das Tal des Cousin. Beim Baudenkmal der **Eglise St-Lazare** (12. Jh.), fallen zwei Portale ins Auge. Tierkreiszeichen, Monatsbilder und apokalyptische Gestalten zieren die Reliefs des größeren Portals, Akanthuskapitelle und farbige Skulpturen das Schiff.

Das **Musée de l'Avallonnais** zeigt Exponate wie das bezaubernde Venusmosaik aus dem 2. Jahrhundert sowie den berühmten expressionistischen Radierzyklus *Miserere* von Georges Rouault (1871–1958).

🏛 Musée de l'Avallonnais
Pl de la Collégiale. 03 86 34 03 19. Juli–Mitte Sep Mi–Mo nachmittags.

Umgebung

Südwestlich von Avallon liegt das **Château de Bazoches** (12. Jh.), das im 17. Jahrhundert in einen militärischen Stützpunkt umgewandelt wurde.

Aus Georges Rouaults Zyklus *Miserere*, Musée de l'Avallonnais

Vézelay *12*

Verziertes Kapitell

GOLDGELBEN SCHIMMERT, schon von ferne zu sehen, die Basilique Ste-Madeleine auf dem Hügel über dem Städtchen Vézelay. Touristen treten in die Fußstapfen mittelalterlicher Pilger und steigen über die schmale Straße zur einstigen Klosterkirche hinauf. Sie galt im 12. Jahrhundert als Hüterin der Reliquien Maria Magdalenas und war ein wichtiger Treffpunkt für Pilger auf dem Weg nach Santiago de Compostela in Spanien *(siehe S. 390f)*. Heute lockt der romanische Kirchenbau mit seinem schönen Dekor und gotischen Chor Besucher an.

Blick auf Vézelay
Die Abtei, die einst die weltlichen Geschicke der Umgebung bestimmte, beherrscht heute noch die Landschaft.

Der **Tour St-Michel**, errichtet 1230–40, trug die Statue des Erzengels in seinem Südwesteck den Namen ein.

Längsschiff von Ste-Madeleine
Die Gurtbögen des Längsschiffs (1120–35) zieren abwechselnd helle und dunkle Steine.

Längsschiff von Ste-Madeleine

Die **Fassade** wurde 1150 gestaltet und im 13. Jahrhundert mit einem weiten Fenster versehen. Sie war dem Zusammenbruch nahe, als Viollet-le-Duc sie ab 1840 nach alten Plänen restaurierte.

Der **Narthex** war bei Prozessionen im Mittelalter ein Ort der Zusammenkunft

★ **Tympanon**
Dieses bildhauerische Meisterwerk (1120–35) zeigt Christus auf dem Thron. Seine ausgestreckten Hände senden Lichtstrahlen zu den Aposteln.

NICHT VERSÄUMEN

★ **Tympanon**

★ **Kapitelle**

BURGUND UND FRANCHE-COMTE   327

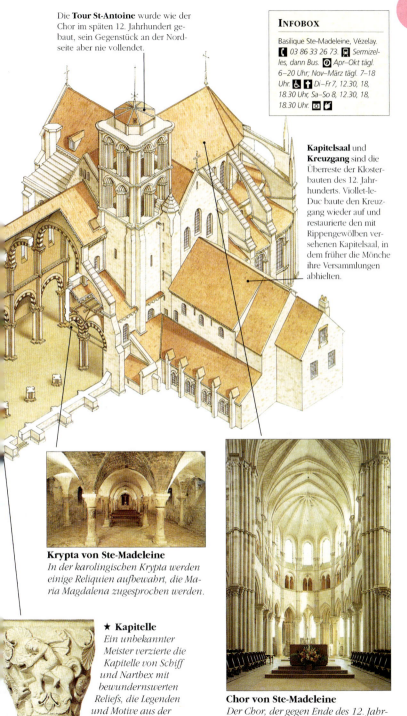

Die **Tour St-Antoine** wurde wie der Chor im späten 12. Jahrhundert gebaut, sein Gegenstück an der Nordseite aber nie vollendet.

INFOBOX

Basilique Ste-Madeleine, Vézelay. 03 86 33 26 73. Sermizelles, dann Bus. Apr–Okt tägl. 6–20 Uhr; Nov–März tägl. 7–18 Uhr. Di–Fr 7, 12.30, 18, 18.30 Uhr, Sa–So 8, 12.30, 18, 18.30 Uhr.

Kapitelsaal und **Kreuzgang** sind die Überreste der Klosterbauten des 12. Jahrhunderts. Viollet-le-Duc baute den Kreuzgang wieder auf und restaurierte den mit Rippengewölben versehenen Kapitelsaal, in dem früher die Mönche ihre Versammlungen abhielten.

Krypta von Ste-Madeleine
In der karolingischen Krypta werden einige Reliquien aufbewahrt, die Maria Magdalena zugesprochen werden.

★ **Kapitelle**
Ein unbekannter Meister verzierte die Kapitelle von Schiff und Narthex mit bewundernswerten Reliefs, die Legenden und Motive aus der Antike und der Bibel aufgreifen.

Chor von Ste-Madeleine
Der Chor, der gegen Ende des 12. Jahrhunderts erbaut wurde, zeigt sich im gotischen Stil der Ile de France.

Die Wälder und Flüsse des Morvan bieten Gelegenheit zum Fischen und anderen Unternehmungen in der Natur

Morvan ⑭

Yonne, Côte-d'Or, Nièvre, Saône-et-Loire. ✈ Dijon. 🚌 Autun, Avallon, Corbigny. 🚂 Château-Chinon, Saulieu. ℹ Château-Chinon (03 86 85 06 58); Maison du Parc, St-Brisson (03 86 78 79 00).

Das keltische Wort *morvan* bedeutet »schwarzer Berg« – treffende Beschreibung des Anblicks, den diese weite, dünnbesiedelte Gegend aus der Ferne bietet. Sie ragt im Herzen der Hügel und Felder des reichen Burgund unversehens als waldbestandenes Granitplateau auf, das von Nord nach Süd ansteigt und beim **Haut-Folin** (901 m) den höchsten Punkt erreicht.

Wasser im Überfluß und dichte Eichen-, Buchen- und Nadelwälder machen die natürlichen Ressourcen des Morvan aus. Früher flößte man Holz über die Yonne nach Paris. Heute transportieren es Lastwagen, und Yonne, Cousin und Cure dienen der Energiegewinnung.

Die Bevölkerung schrumpft, denn der Morvan gilt von jeher als armer, abgelegener Winkel. Seine größten Städte – Château-Chinon im Zentrum und Saulieu am Rande – zählen je kaum mehr als 3000 Einwohner.

Im Zweiten Weltkrieg war der Morvan eine Bastion der Résistance. Heute ist hier ein regionaler Naturpark eingerichtet, dessen Reiz immer noch in der Unberührtheit besteht. Über Freiluftunternehmungen – Vogelbeobachtungen, Reit-, ausflüge, Rad-, Kanu- oder Skifahren – informiert die Maison du Parc in St-Brisson. Dort verdient das **Musée de la Résistance** einen Besuch. Den Morvan durchziehen zahlreiche kurze, aber auch zwei längere Wanderwege: die GR13 (Vézelay–Autun) und der Tour du Morvan par les Grands Lacs.

🏛 Musée de la Résistance
Maison du Parc, St-Brisson.
📞 03 86 78 79 00. 🕐 Juli–Okt tägl. Apr–Juni Sa, So, Nov–März nur nach Vereinbarung.

Saulieu ⑮

Côte-d'Or. 🚶 2900. 🚌 🚂
ℹ 24, rue d'Argentine
(03 80 64 00 21). 🛒 Di u. Sa.

Am Saum des Morvan war Saulieu schon im 17. Jahrhundert Hort burgundischer Kochkunst. Damals rasteten hier, an der Strecke Paris–Lyon, die Postkutschen. Die gastronomische Tradition pflegt – weltberühmt – Bernard Loiseau im Restaurant **Côte d'Or** (siehe S.599). Doch Saulieu lockt nicht nur mit ris de veau de lait braisé oder poularde truffée à la vapeur Gäste an. In der romanischen **Basilique St-Andoche** aus dem frühen 12. Jahrhundert beeindrucken Kapitelle mit Reliefszenen wie der Flucht nach Ägypten und einer heiteren Darstellung des Propheten Bilaam auf seinem Esel, dem der Engel auflauert.

Nevers ⑯

Nièvre. 🚶 44 000. 🚌 🚂 ℹ Palais Ducal, rue Sabatier (03 86 68 46 00). 🛒 Sa.

Wie alle burgundischen Loire-Städte entfaltet Nevers seine Glanzseite, wenn man sich vom Westufer des Flusses nähert. Obwohl nie von herausragendem historischem Rang, wartet Nevers mit vielen Sehenswürdigkeiten auf. In der romanischen **Eglise St-Etienne** (11. Jh.) fallen grazile monolithische Säulen und ein Kranz von Radialkapellen in den Blick. Die Krypta der gotischen **Cathédrale St-Cyr** birgt eine meisterhafte Grablegungsgruppe, und die zeitgenössischen Buntglasfenster sind auch einen Blick wert. Im 16. Jahrhundert geriet Nevers unter die Oberherrschaft der italienischen Familie Gonzaga. Diese ließ Künstler folgen, die die Email- und Glasbläserkunst einführten, die man noch heute in Nevers pflegt. Auch die modernen, herkömmlich weiß, blau, gelb und grün gehaltenen Arbeiten sprechen an und sind am kleinen grünen, arabesken Knoten (*nœud vert*) zu erkennen. Das **Musée Mu-**

Fayencevase aus Nevers

BURGUND UND FRANCHE-COMTÉ

nicipal ist der beste Anschauungsort, die nahe **Faïencerie Montagnon** aus dem 17. Jahrhundert die beste Kaufadresse. In der **Porte du Croux** (12. Jh.) offenbart das **Musée Archéologique** auch romanische Skulpturen.

🏛 **Musée Municipal Frédéric Blandin**
Promenade des Ramparts. ☎ 03 86 23 92 89. ⏰ Mi–Mo.

🏛 **Musée Archéologique**
Rue de la Porte-du-Croux. ☎ 03 86 59 17 85. ⏰ Mi–Mo.

Umgebung
Im unmittelbaren Süden von Nevers leitet der **Pont du Guetin** (19. Jh.) majestätisch den Loire-Kanal über den Fluß Allier. In der Kirche von **St-Parize-le-Châtel** tummelt sich auf den Kapitellen der Krypta eine versteinerte burgundische Tierwelt.

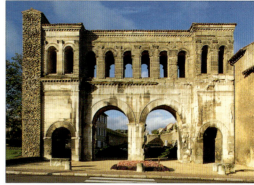
Autuns mächtige Porte St.-André war Teil der römischen Stadtmauer

Die Versuchung Evas, Autun

Autun ⑰

Saône-et-Loire. 👥 17 900. 🚆 🚌
ℹ 2, avenue Charles-de-Gaulle (03 85 86 80 38). 🛒 Mi, Fr u. So.

AGUSTODUNUM, die im späten 1. Jahrhundert v. Chr. begründete »Stadt des Augustus«, war eine berühmte Bildungsstätte mit vierfacher Einwohnerzahl des heutigen Autun. Das Theater (1. Jh. n. Chr.) bot 20 000 Sitzplätze.

Die – gastronomische wie kulturelle – Erkundung der Stadt bereitet großes Vergnügen. Die Wallfahrtskirche **Cathédrale St-Lazare** (12. Jh.) besticht vor allem durch ihre Skulpturen. Die meisten schuf Gislebertus, jener geniale Bildhauer des 12. Jahrhunderts. Er fertigte die Kapitellreliefs im Inneren sowie das berühmte Jüngste Gericht im Tympanon über dem Hauptportal. Ein glücklicher Zufall rettete dieses Meisterwerk – André Malraux pries es als »romanischen Cézanne« – vor den Zerstörungen der Französischen Revolution: Man hatte es im 18. Jahrhundert vergipst. Nicht übersehen sollte man die Skulptur des Pierre Jeannin und seiner Frau. Jeannin, Präsident des Dijon-Parlaments, hatte das Übergreifen des Massakers der Bartholomäusnacht (siehe S. 50f) auf Burgund verhindert, dabei den unvergeßlichen Ausspruch prägend: »Befehlen sehr zorniger Monarchen sollte höchst langsam gehorcht werden.«

Die glanzvolle Sammlung mittelalterlicher Kunst des **Musée Rolin** umfaßt das zarte Basrelief *Die Versuchung Evas* von Gislebertus, die bemalte steinerne Madonna von Autun (15. Jh.) und die *Geburt Christi* (mit Stifter Kardinalerzbischof Jean Rolin) des Meisters von Moulins (um 1480).

An Autuns glorreiche römische Vergangenheit erinnern die wuchtige **Porte St-André** und **Porte d'Arroux** sowie die Ruinen des **Théâtre Romain** und **Temple de Janus**.

🏛 **Musée Rolin**
5, rue des Bancs. ☎ 03 85 52 09 76.
⏰ Mi–Mo. **Geschl.** 1. Jan, 1. Mai, 14. Juli, 1. u. 11. Nov, 25. Dez.

Ruinenfeld des römischen Theaters (1. Jh. n. Chr.) von Autun

Im Detail: Dijon ⓲

Dijons Stadtkern stellt eine Perle der Architektur dar – Erbstück der Herzöge von Burgund *(siehe S. 333)*. Wohlhabende Parlamentsmitglieder ließen im 17. und 18. Jahrhundert elegante *hôtels particuliers* errichten. Die Hauptstadt von Burgund weist eine lebhafte Kulturszene und eine namhafte Universität vor. Ihre kostbaren Kunstschätze hütet der Palais des Ducs. Das einst an der Gewürzstraße gelegene Dijon – sein berühmter Senf *(siehe S. 308)* und *pain d'épice* (Pfefferkuchen) erinnern daran – wurde während des 19. Jahrhunderts wichtiger Bahnknotenpunkt und besitzt heute einen TGV-Anschluß an Paris.

Hôtel de Vogüé
Hugues Sambin verzierte diese elegante Prunkvilla (17. Jh.) mit burgundischen Motiven wie Kohl und Obstgirlanden.

★ Notre-Dame
Eine Fassade mit Wasserspeiern, Säulen und der Jacquemart-Glocke schmückt diese großartige gotische Kirche (13. Jh.). Die chouette (Eule) soll dem, der sie berührt, Glück bringen.

Musée des Beaux-Arts
Die Sammlung flämischer Meister beinhaltet auch dieses Triptychon (14. Jh.) von Jacques de Baerze und Melchior Broederlam.

Die **Place de la Libération** wurde im 17. Jahrhundert von Mansart gestaltet.

★ Palais des Ducs
Hier hielten die Herzöge von Burgund Hof. Der größte Teil wurde jedoch erst im 17. Jahrhundert erbaut. Heute hat hier das Musée des Beaux-Arts Domizil bezogen.

Rue Verrerie
Mittelalterliche Fachwerkhäuser säumen die kopfsteingepflasterte Straße im alten Kaufmannsviertel. Manche, so die Nrn. 8, 10 und 12, besitzen kunstvolle Holzschnitzereien.

INFOBOX
Côte-d'Or. 151 000.
5 km von Dijon. Cours de la Gare. Place D'Arcy (03 80 44 11 44). Di, Fr u. Sa.
Florissimo (alle 3 Jahre: 1999, 2002, etc.); Festival de Musique (Juni); Fêtes de la Vigne (Sep).
Hôtel de Vogüé
nur innerer Hof.
Musée Magnin
(03 80 67 11 10) Di–So.
Geschl. einige Feiertage.

★ St-Michel
Die Fassade dieser im 15. Jahrhundert begonnenen, im 17. Jahrhundert vollendeten Kirche vereint gotischen Flamboyant-Stil mit Renaissanceelementen. Beim reichen Portaldekor vermischen sich biblische und mythologische Motive.

Musée Magnin
Bilder französischer und ausländischer Maler des 16. bis 19. Jahrhunderts hängen in dieser Villa aus dem 17. Jahrhundert aus.

Die **Eglise St-Etienne** geht zurück auf das 11. Jahrhundert, wurde aber oft umgebaut. Ihr markanter Turmaufsatz stammt aus dem Jahr 1686.

NICHT VERSÄUMEN

★ **Palais des Ducs**

★ **Notre-Dame**

★ **St-Michel**

LEGENDE
– – – Routenempfehlung
0 Meter 100

Claus Sluters *Mosesbrunnen* in der Chartreuse de Champmol

Überblick: Dijon

Dijons von kleinen Straßen durchzogener Kern lohnt einen Streifzug. Die Rue des Forges hinter dem Palais des Ducs ist nach den Juwelieren und Goldschmieden benannt, die hier ihre Werkstätten hatten. In der Nr. 34 empfängt das Fremdenverkehrsamt im Hôtel Chambellan, einem Bau im gotischen Flamboyant-Stil mit steinerner Wendeltreppe und Holzgalerien. Hugues Sambin dekorierte die Steinfassade der Maison Milsand (1561) in der Nr. 38.

In der Rue Chaudronnerie fesselt die Maison des Cariatides (Nr. 28). Zehn meisterhaft gemeißelte Steinkaryatiden umrahmen ihre Fenster. Um die Place Darcy drängen sich Hotels und Restaurants, während der Jardin Darcy Erholung spendet.

🏛 Musée des Beaux-Arts

Place de la Ste-Chapelle. 03 80 74 52 70. Mi–Mo. **Geschl.** 1. Jan, 1. Mai, 8. Mai, 14. Juli, 1. u. 11. Nov, 25. Dez.

Der ehemalige Palais des Ducs *(siehe S. 330)* beherbergt Dijons hochangesehene Kunstsammlung. Die Salle des Gardes im ersten Stock wird von mächtigen Herzogsgräbern mit prächtigen Plastiken Claus Sluters (um 1345–1405) beherrscht. Auch vergoldete flämische Altarbilder und ein Porträt Philippes le Bon von Rogier van der Weyden sind hier zu sehen.

Die Kunstsammlung zeigt viele Werke niederländischer und flämischer Meister sowie Skulpturen von Sluter und François Rude. Aber auch frühe deutsche und Schweizer Meister sind vertreten. Der Donation Granville verdankt das Museum französische Kunst des 19. und 20. Jahrhunderts. Über all dem sollte man nicht die weitläumigen herzoglichen Küchen mit ihren sechs gewaltigen Herdstellen versäumen.

🔒 Cathédrale St-Bénigne

Von der im 11. Jahrhundert dem heiligen Benignus geweihten Benediktinerabtei verblieb nur wenig. Unter der gotischen Kirche liegt eine herrliche romanische Krypta mit einer von drei Säulenreihen umringten Rotunde.

🏛 Musée Archéologique

5, rue du Docteur-Maret. 03 80 30 88 54. Mi–Mo. **Geschl.** die meisten Feiertage.

Dieses Museum befindet sich im einstigen Dormitorium des Benediktinerklosters von St-Bénigne. Im Domkapitel (11. Jh.), dessen Säulen ein Tonnengewölbe stützen, sind gallorömische Plastiken zu sehen. Das Erdgeschoß mit seinem schmucken Fächergewölbe bewahrt unter anderem Claus Sluters Christuskopf, einst Zierde des *Mosesbrunnens*.

⛪ Chartreuse de Champmol

1, boulevard Chanoine-Kir. tägl.
Die als Familiengrab von Philippe le Hardi gegründete Nekropole und Kartause fiel bis auf ein Kapellenportal und Claus Sluters berühmten *Mosesbrunnen* der Revolution zum Opfer. Die Stätte, östlich des Bahnhofs auf dem Gelände einer psychiatrischen Klinik, ist nicht leicht zu finden, doch der Mühe wert. Trotz ihres Namens ist sie kein Brunnen, sondern eine monumentale Plastik, um deren Sockel, dem Lebensbrunnen zum Thema, einst Wasser floß. Der für seine tief skulpierten Arbeiten berühmte Sluter schuf hier sechs außergewöhnlich lebensechte Prophetenfiguren.

Grabmal Philippes le Hardi von Claus Sluter, heute in der Salle des Gardes des Musée des Beaux-Arts

Das Goldene Zeitalter von Burgund

WÄHREND DIE FRANZÖSISCHE Kapetingerdynastie *(siehe S. 48f)* in den Hundertjährigen Krieg verstrickt war, bauten die Herzöge von Burgund eines der mächtigsten Reiche Europas auf. Seit der Regierungszeit von Philippe le Hardi (1342–1404) entwickelte sich der herzogliche Hof zu einer treibenden kulturellen Kraft. Er förderte viele Künstler Europas, Maler wie Rogier van der Weyden und die Brüder van Eyck, Bildhauer wie Claus Sluter. Doch nach dem Tode Charles' le Hardi 1477 zerfiel das Herzogtum.

*Das **Grab** von **Philippe le Hardi** in Dijon fertigte der flämische Bildhauer Claus Sluter, einer der größten burgundischen Künstler. Die ergreifend realistische Darstellung der Trauernden zählt zu den auffälligsten Merkmalen des prächtigen, zu Lebzeiten des Herzogs begonnenen Grabmals.*

BURGUND IM JAHRE 1477
Ausdehnung des Herzogtums

DIE HOCHZEIT VON PHILIPPE LE BON
Philippe le Bon, 1419–67 Herzog von Burgund, heiratete 1430 Isabella von Portugal. Diese Kopie (17. Jh.) eines Gemäldes von van Eyck zeigt das Hochzeitsfest, bei dem auch die Einsetzung des Ritterordens vom Goldenen Vlies vollzogen wurde.

Die **Herzöge** umgaben sich mit Luxus wie erlesenen Gold- und Silberwaren.

Isabella von Portugal

Die Herzogin von Bedford, Philippes Schwester

Windhunde waren am burgundischen Hof geschätzte Jagdhunde.

Philippe le Bon trägt ein weißes Festgewand.

Burgundische Kunst, so dieses frankoflämische Stundenbuch, läßt die Vorliebe der Herzöge für flämische Künstler erkennen.

Dijons Palais des Ducs wurde 1450 unter Philippe le Bon umgebaut. Nach dem Tod Charles' le Hardi verlor diese Hochburg der Künste, Ritterherrlichkeit und großen Feste an Bedeutung. Im 17. Jahrhundert wurde sie umgestaltet.

Lese in den zur Côte d'Or zählenden Weinbergen von Nuits-St-Georges

Côte d'Or ⓘ

Côte-d'Or. ✈ *Dijon.* 🚌 🚊 *Dijon, Nuits-St-Georges, Beaune, Santenay.* 🛈 *Santenay (03 80 20 63 15; nur im Sommer); Beaune (03-80 26 21 30).*

DIE CÔTE D'OR umschließt die Côte de Beaune und Côte de Nuits. Nahezu ausschließlich vom Weinbau bestimmt, reicht sie von Dijon bis Santenay. Diese schmale, etwa 50 Kilometer lange Hügelkette wirkt wie eingepreßt zwischen der Saône-Ebene im Südosten und dem zerklüfteten Waldplateau im Nordwesten. Die Reben der berühmten Burgunder Weingüter gedeihen auf dem rotgoldenen (daher der Name) Boden ihrer Hänge.

Die Parzellenbeschaffenheit ist wesentlicher Faktor des Qualifikationssystems der Weine. Laien mag die Faustregel genügen, daß 95 Prozent der Spitzenweine aus Lagen an den oberen Hängen der Verkehrsader N 74 kommen *(siehe S. 310 f).* Schilder verkünden Namen, die die Gaumen von Weinkennern in aller Welt wässern: Gevrey-Chambertin, Vougeot, Chambolle-Musigny, Vosne-Romanée, Nuits-St-Georges, Aloxe-Corton, Meursault und Chassagne Montrachet.

Typischer Weinlesekorb in Beaunes Musée du Vin de Bourgogne

Beaune ⓘ

Côte-d'Or. 🏠 *22 000.* 🚌 🚊 🛈 *Rue de l'Hôtel-Dieu (03 80 26 21 30).* 🛒 *Sa u. Mi.*

DIE IN IHREN Befestigungen und einen Ring von Boulevards eingepreßte Altstadt von Beaune läßt sich bequem zu Fuß durchstreifen. Unbestrittenes Prunkstück ist das **Hôtel-Dieu** *(siehe S. 336 f).* Hinter der Flamboyant-Fassade des vom 14. bis 16. Jahrhundert erbauten, sehenswerten Hôtel des Ducs de Bourgogne stellt heute das **Musée du Vin de Bourgogne** traditionelle Winzergerätschaften aus.

Die **Collégiale Notre-Dame**, weiter nördlich, geht auf das frühe 12. Jahrhundert zurück. In dieser vorwiegend romanischen Stiftskirche hängen fünf wertvolle Wandteppiche. Im 15. Jahrhundert aus Wolle und Seide gefertigt und die frühe Renaissance andeutend, illustrieren sie in 19 Szenen das Leben der heiligen Maria.

🏛 **Musée du Vin de Bourgogne**
Rue d'Enfer. 📞 *03 80 22 08 19.* 🕒 *Apr–Nov tägl.; Dez–März Mi–Mo.* 🚫 ♿ *nur im Erdgeschoß.*

Tournus ⓘ

Saône-et-Loire. 🏠 *7400.* 🚌 🚊 🛈 *Place Carnot (03 85 51 13 10).* 🛒 *Sa.*

IN TOURNUS steht einer der ältesten und größten Bauten im Burgund, die **Abbaye de St-Philibert**. Im 9. Jahrhundert vor Normannen von der Insel Noirmoutier geflohene Mönche retteten Relikte ihres Patronen Philibert, und gründeten diese Abteikirche. Der zartrosa Stein kontrastiert mit ihrem wehrhaften Charakter. Ein Narthex leitet zum Hauptschiff mit aufstrebenden Pfeilern und schwarz-

Schmale Straße in Beaunes historischem Kern

Taubenpavillon im Park des Château Cormatin, Mâconnais

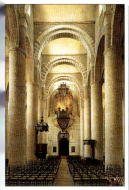

Mittelschiff von St-Philibert

weißem Gewölbe. Die Gebeine des heiligen Philibert sind im Chor zu sehen, einem gelungenem Werk der Maurerkunst, und in der Südseite ist die Holzschnitzerei Notre-Dame-la-Brune (12. Jh.) zu bewundern.

Umgebung

Südwestlich von Tournus erstreckt sich das Mâconnais: eine von Hügeln, Weingärten, Obsthainen, Bauernhöfen und romanischen Kirchen überzogene Landschaft. Als Abstecher locken das Dorf **Brancion**, die Kirche aus dem 11. Jahrhundert in **Chapaize** und das Renaissanceschloß von **Cormatin**. Das Dorf **Taizé** ist Zentrum einer weltbekannten ökumenischen Gemeinschaft. Im Norden bietet **Chalon-sur-Saône** das Musée Niepce, das dem Erfinder der Fotografie gewidmet ist.

Cluny ❷

Saône-et-Loire. 4400. 6, rue Mercière (03 85 59 05 34). Sa.

DIE KLEINSTADT Cluny steht im Schatten der Ruinen ihrer großen **Ancienne Abbaye de Cluny**, einst eines der mächtigsten Klöster Europas *(siehe S. 44 f)*.

Wilhelm von Aquitanien gründete 910 die Abtei. Binnen 200 Jahren stieg Cluny zum Nabel eines gewichtigen Reformordens mit Klöstern in ganz Europa auf. Seine Äbte besaßen kaum weniger Einfluß als Monarchen und Päpste; vier von ihnen werden als Heilige verehrt. Ab dem 14. Jahrhundert jedoch sank die Bedeutung des Ordens. 1790 wurde die Abtei geschlossen und die Kirche später abgetragen.

Eine Führung stellt die Überreste des Klosters vor, insbesondere den Clocher de l'Eau Bénite (Weihwasserturm), das **Musée d'Art**, untergebracht im ehemaligen Palast der Abt, und die figürlichen Kapitelle, zu begutachten im Getreidespeicher des 13. Jahrhunderts. In der Stadt sollte man die **Eglise St-Marcel** nicht achtlos liegenlassen.

Vorzügliche, jenen von Cluny vergleichbare Fresken des 12. Jahrhunderts verzieren die Kapelle von **Berzé-la-Ville** südwestlich der Stadt.

🔒 Ancienne Abbaye de Cluny
📞 03 85 59 12 79. 🕐 tägl. **Geschl.** Feiertage
🏛 **Musée d'Art** Palais Jean-de-Bourbon. 📞 03 85 59 23 97. 🕐 tägl. **Geschl.** 1. Jan, 1. Mai, 1. u. 11. Nov, 25. Dez.

Paray-le-Monial ❷

Saône-et-Loire. 10 500.
25, av Jean-Paul II (03 85 81 10 92).
Fr.

DIE DEM HERZEN Jesu geweihte **Basilique du Sacré-Cœur** machte Paray-le-Monial zu einer der bedeutendsten Pilgerstätten des modernen Frankreich. Die Herz-Jesu-Verehrung geht zurück auf Marguerite-Marie Alacoque, die hier 1647 geboren wurde. Doch erst im 19. Jahrhundert erblühte der Kult. Die Kirche, eine verkleinerte Ausgabe der zerstörten Abteikirche von Cluny, besticht durch harmonische, puristische Romanik.

Das im Kloster befindliche **Musée de la Faïence** zeigt unter anderem Charolles-Porzellan des 19. Jahrhunderts.

Auf dem place Guignaud befindet sich das reich verzierte **Maison Jayet**, das aus dem 16. Jahrhundert stammt, und in dem sich auch das Rathaus befindet.

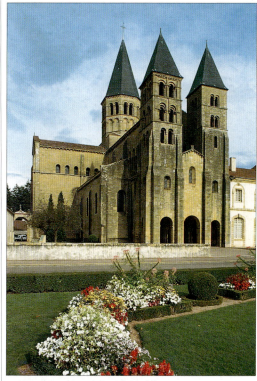

Basilique du Sacré-Cœur in Paray-le-Monial

Beaune: Hôtel-Dieu

Christ-de-Pitié

Nach dem Hundertjährigen Krieg litten viele Einwohner Beaunes Armut und Hunger. Zu ihrer Pflege gründeten Kanzler Nicolas Rolin und seine Frau, inspiriert vom Aufbau nordfranzösischer Hospitäler, hier 1443 ein Hospital. Mit einer jährlichen Unterstützung und für Weinanbau und Salzgewinnung geeigneten Ländereien sicherten die Rolins die Einkünfte des Hospitals. Dieses mittelalterliche, mit wunderschönen farbigen burgundischen Ziegeln überdachte Gebäude wird heute als Juwel betrachtet, und birgt zwei Meisterwerke sakraler Kunst: die Holzstatue *Christus im Elend* und Rogier van der Weydens Flügelaltar.

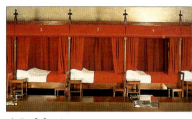

★ Saal der Armen
Der Krankensaal ist mit einer geschnitzten und bemalten Decke und 28 Himmelbetten ausgestattet. Das Essen wurde auf Tischen in der Mitte serviert.

Hommage an Rolins Gattin
Ein Ziermotiv – zusammengesetzt aus den Buchstaben »N« und »G«, Vögeln und Sternen sowie dem Wort seulle *– huldigt Rolins Frau, seiner »Einzigen«.*

In der **Salle St-Hugues** zeigen ein Gemälde den Heiligen bei der Heilung zweier Kinder und Fresken Issac Moillons die Wunder Christi.

Eingang

Die **Salle Ste-Anne** zieren ein Gemälde, das Nonnen bei der Arbeit in diesem einstigen Wäscheraum zeigt, und ein Gobelin.

VERSTEIGERUNG DER HOSPITALWEINE

Eine jährliche Wohlfahrtsversteigerung steht am dritten Novembersonntag im Mittelpunkt des dreitägigen Festes »Les Trois Glorieuses«. Nachdem am Samstag im Château Clos-de-Vougeot das Bankett Confrérie des Chevaliers du Tastevin stattgefunden hat, steigt am Sonntag die Auktion der Weine, die aus Weingütern umliegender Hospitäler kommen. Die Preise sind Richtschnur für den Wert aller Weine dieses Jahrgangs. Am Montag geht mit La Paulée des Meursault eine Feier einher, zu der Winzer beste Jahrgangsweine beisteuern.

Ein Wein der berühmten Auktion

NICHT VERSÄUMEN

★ Saal der Armen

★ Flügelaltar von Rogier van der Weyden

BURGUND UND FRANCHE-COMTE 337

Küche
Blickfang der Küche ist ein gotischer Kamin mit Doppelherd und mechanisch betriebenem Spieß, den ein hölzerner »Roboter« aus dem Jahre 1698 bewegte.

INFOBOX

Rue de l'Hôtel-Dieu, Beaune.
☎ 03 80 24 45 00. ◯ tägl. 9–11.30, 14–17.30 Uhr (Apr–Mitte Nov 9–18.30 Uhr).
🎨 📷 ♿ **Weinauktion** Les Halles de Beaune (03 80 24 45 00).
Datum 3. Sonntag im Nov.

Cour d'Honneur
Die Bauten des Hôtel-Dieu gruppieren sich um einen prächtigen Innenhof. Diesen umläuft eine Holzgalerie, über der hohe, von Wetterfahnen gekrönte Mansardenfenster aufragen. Der Brunnen im Hof ist ein gelungenes Beispiel gotischer Schmiedekunst.

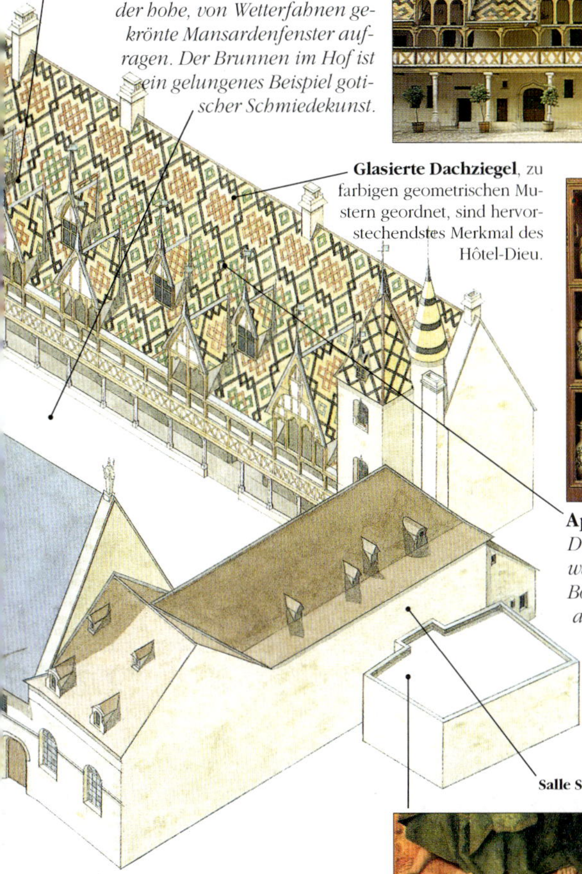

Glasierte Dachziegel, zu farbigen geometrischen Mustern geordnet, sind hervorstechendstes Merkmal des Hôtel-Dieu.

Apotheke
Diese irdenen Töpfe bewahren Arzneien wie Bohrassel-, Garnelenaugen- und Brechnußpulver. Mit einem nahebei ausgestellten Bronzemörser mischte man die Rezepturen.

Salle St-Louis

★ Das Jüngste Gericht
Im 19. Jahrhundert waren für kurze Zeit die Blößen der Gestalten auf Rogier van der Weydens Flügelaltar bedeckt. Zur selben Zeit teilte man das Altarbild entzwei, um Außen- und Innentafeln besser präsentieren zu können.

Château de Pierreclos in der Region Mâconnais

Brionnais ㉔

Saône-et-Loire. ✈ Mâcon.
🚂 Paray-le-Monial, La Clayette.
🚌 Paray-le-Monial, Anzy-le-Duc.
ℹ Marcigny (03 85 25 39 06).

Die kleine ländliche Region Brionnais liegt zwischen der Loire und den Ausläufern der Beaujolais-Berge im Süden Burgunds.

Die Viehzucht ist ein Standbein der Landwirtschaft: Allerorten grast hier das weiße Charolais-Rind. Seine Bedeutung führt der am frühen Donnerstagmorgen stattfindende Rindermarkt in **St-Christophe** lebhaft vor Augen.

Das Brionnais ist reich an romanischen, zumeist aus hiesigem ockerfarbenem Stein erbauten Kirchen. Mit majestätischem dreistöckigem Achteckturm und schönen Kapitellen wartet die Kirche (11. Jh.) von **Anzy-le-Duc** auf. Die Kirche von **Semur-en-Brionnais**, Geburtsort des berühmten Cluny-Abtes Hugues, zeigt Einflüsse des Cluny-Klosters. An der Kirche von **St-Julien-de-Jonzy** fesselt ein äußerst fein gearbeitetes Tympanon.

Zierde des Städtchens **La Clayette** am Fluß Genette ist ein Wasserschloß. Es ist, anders als sein Oldtimermuseum, nicht zu besichtigen. Im Sommer findet hier eine *son et lumière* Show statt.

Knapp über 700 Meter ragt südöstlich von La Clayette die **Montagne de Dun** auf. Sie eröffnet Panoramablicke über die Hügel des Brionnais. Verträumte Winkel und Seitenwege machen diese Landschaft zu einer der schönsten Picknickgegenden Burgunds.

Kapitell in St-Julien-de-Jonzy

Mâcon ㉕

Saône-et-Loire. ✈ 38 000. 🚂 🚌
ℹ 187, rue Carnot (03 85 39 71 37). 🛒 Sa.

Mâcon, Industriestadt und Weinhandelszentrum, liegt an der Saône an der Grenze zwischen Burgund und Südfrankreich.

Die Französische Revolution vernichtete hier 14 Kirchen – daher Mâcons Mangel an Gotteshäusern. In einem ehemaligen Nonnenkloster (17. Jh.) widmet sich das **Musée des Ursulines** französischer und flämischer Malerei sowie der prähistorischen Stätte Solutré. Die Place aux Herbes empfängt mit einem Markt und der von bizarren Schnitzereien bedeckten **Masion de Bois** aus dem 15. Jahrhundert.

🏛 Musée des Ursulines
Allée de Matisco. ☎ 03 85 39 90 38. ◯ Mo u. Mi–Sa, So nur vorm. *Geschl. viele Feiertage.*

Umgebung
Die sich über die Weinberge von Pouilly-Fuissé im Mâconnais *(siehe S. 335)* erhebende **Roche de Solutré** ist nicht nur eine optisch beeindruckende, sondern auch archäologisch bedeutende Stätte. Das Mâconnais ist auch die Heimat Lamartines (1790–1869). Der romantische Dichter wurde in Mâcon geboren, verbrachte seine Kindheit in Milly Lamatrine und lebte später im Château de St-Point. Zu seinem epischen Gedicht *Jocelyne* inspirierte ihn das **Château de Pierreclos**.

Auf den sanften Hügeln des Brionnais weidende Charolais-Rinder

BURGUND UND FRANCHE-COMTÉ 339

Franche-Comté

DIE WALD- und wasserreiche Franche-Comté enthüllt sich als Naturschönheit und Gelände für Kanuten, Wanderer und Skifahrer. Hier locken, trotz einiger sehenswerter Städte, vor allem Erkundungen in freier Natur. Grotten und Wasserfälle begleiten als herrliche Schauspiele den Weg durch die Vallée du Doubs. Weiter südlich bezaubern die Quellen von Lison und Loue. Die Reculées bezeichnen eine außergewöhnliche, tief durchfurchte Landschaft mit Wasserfällen wie den Baume-les-Messieurs. In der Région des Lacs umgeben Berggipfel und unberührte Wälder verschwiegene Seen.

Cascades du Hérisson ㉖

Pays-des-Lacs. *Clairvaux-les-Lacs (03 84 25 27 47).*

Natur in Reinkultur: die Source du Lison in der Franche-Comté

VOM DORF Doucier zu Füßen des Pic de l'Aigle gelangt man zum Flußtal des Hérisson, einer der schönsten Szenerien des Jura. Parken Sie bei der Moulin Jacquand, um über den Pfad zum 65 Meter hinabstürzenden Wasserfall Cascade de l'Eventail hinauf und weiter zur kaum minder eindrucksvollen Cascade du Grand Saut zu wandern. Der zuweilen steile, doch nie gefährliche Weg kostet hin und zurück etwa zwei Stunden Zeit, und erfordert festes Schuhwerk.

Arbois ㉗

Jura. ﹟ 4000. ▯ ▯ ▯ *10, rue de l'Hôtel-de-Ville (03 84 37 47 37).* ▯ *Fr.*

DAS WINZERSTÄDTCHEN an den von Weinbergen gesäumten Ufern der Cuisance läßt an liebliche Weine, vor allem aber an den sherryähnlichen *vin jaune* (gelben Wein) denken. Im Norden der Stadt liegt die Maison de Pasteur (Wiedereröffnung nach Abschluß der Restaurierung), das vollständig erhaltene Wohnhaus und Labor des Chemikers und Mikrobiologen Louis Pasteur (1822–95), der erstmals erfolgreich Impfstoffe an Menschen erprobte.

Umgebung
Südöstlich von Dole liegt das **Château d'Arlay** (18.Jh.) mit seinen makellos gepflegten Gärten.

Dole ㉘

Jura. ﹟ 27 000. ▯ ▯ ▯ *6, Place Grévy (03 84 72 11 22).* ▯ *Di, Do, Sa.*

BEI DER STATTLICHEN Stadt Dole treffen sich der Doubs und der Rhein-Rhône-Kanal. Die alte Hauptstadt der Comté galt stets als ein Symbol des hiesigen Widerstands gegen die Franzosen. Die Region genoß relative Unabhängigkeit, sowohl im Burgund als auch als Teil des Heiligen Römischen Reiches. Doles Einwohnern, obwohl stets französischsprachig, behagte der französische Absolutismus wenig, und sie nahmen 1636 eine langwierige Belagerung auf sich. Erst 1668, und erneut 1674 ergab sich die Stadt Louis XIV.

Gassen mit Häusern, die auf das 15. Jahrhundert zurückgehen, und stillen Innenhöfen winden sich durch das historische Viertel im Herzen der Stadt. Die Place aux Fleurs bietet einen ausgezeichneten Blick auf die Altstadt und die **Eglise Notre-Dame** (16. Jh.) mit ihrem hohen Glockenturm.

Madonna mit Kind am Nordportal der Eglise Notre-Dame, Dole

Die Saline Royale in Arc-et-Senans

Arc-et-Senans

Doubs. 1300.
03 81 57 46 44

Die 1982 unter die Weltkulturdenkmäler aufgenommene Saline Royale in Arc-et-Senas wurde vom französischen Architekt Claude-Nicolas Ledoux (1736–1806) entworfen. Von den Hauptbauten aus sollte die beeindruckende Anlage in konzentrischen Ringen wachsen. Von diesen Träumen wurden »nur« die Salinengebäude (1775) verwirklicht. Doch sie lassen ahnen, welches Vorhaben Ledoux beflügelte: Salzwasser sollte aus den nahen Salins-les-Bains herbeigeleitet und das Salz mit Brennholz aus dem Chaux-Wald gewonnen werden. Finanzieller Erfolg blieb aus, und 1895 schloß man das Salzwerk.

Im **Musée Ledoux** sprechen Modelle der Salinenstadt und vieler Projekte von Weitblick und Vorstellungskraft des Baumeisters im 18. Jahrhundert.

🏛 Musée Ledoux
Ancienne Saline Royale. 03 81 54 45 00. tägl. **Geschl.** 1. Jan, 25. Dez.

Champlitte

Haute-Saône. 1900. La Mairie (03 84 67 68 78).

In finer Zeit, in der Frankreichs ländliche Kleinbetriebe dahinschwinden, gewinnt eine Einrichtung wie das **Musée des Arts et Traditions Populaires** des Städtchens Champlitte an Bedeutung. Den Anstoß gab ein einheimischer Schäfer, der mit lokalem Brauchtum verknüpfte Gebrauchsgegenstände sammelte. Das Ergebnis fasziniert: In einem Renaissanceschloß leben Volkskünste und -traditionen fort. Eine Dokumentation des Museums erinnert an die Auswanderung von 400 Einwohnern nach Mexiko im 19. Jahrhundert.

🏛 Musée des Arts et Traditions Populaires
Cours du Château. 03 84 67 82 00. Apr–Sep tägl.; Okt–Mär Mi–Mo **Geschl.** 1. Jan, 1. Nov, 25. Dez.

Besançon

Doubs. 120 000.
2, place de la 1re-Armée-Française (03 81 80 92 55). Di, Fr u. So.

Besançon, das im 17. Jahrhundert Dole als Hauptstadt der Franche-Comté ablöste, hat sich von einem kirchlichen zu einem industriellen Zentrum entwickelt, das sich auf die Herstellung von Präzisionsmeßinstrumenten spezialisiert hat. Die stattlichen, oftmals eleganten, schmiedeeisernen Dekor tragenden Bauten der Altstadt sind Nachlaß des 17. Jahrhunderts.

Ein Bummel über die Grande Rue enthüllt die Seiten der Stadtgeschichte. Renaissance blickt aus der Fassade des **Palais Granvelle**, 1534–42 für den gleichnamigen Kanzler des Heiligen Römischen Reiches erbaut. Wenig später begegnet man berühmten Söhnen der Stadt: Die Nr. 140 ist das Geburtshaus Victor Hugos (1802–85), die Place Victor-Hugo das der Brüder Lumière *(siehe S. 59)*. Hinter dem römischen Torbogen **Porte Noire** stößt man auf die Cathédrale St-Jean (12. Jh.). An ihrem Glockenturm dreht sich die **Horloge Astronomique**, herausragender Beleg der Uhrmachertradition Besançons. Zur vollen Stunde setzen sich die Figuren wie von Zauberhand in Bewegung.

Das **Musée des Beaux-Arts et d'Archéologie** am alten Getreidemarkt verfügt über eine sehenswerte Sammlung alter und moderner Meister.

Neben der Zitadelle von Vauban, die sich über den Doubs erhebt, ist das **Musée Populaire Comtoise**, das Kunsthandwerk zeigt, eine weitere Sehenswürdigkeit.

🕰 Horloge Astronomique
Rue de la Convention. 03 81 81 12 76. Apr–Sep Mi–Mo; Okt–Dez u. Feb–März Do–Mo.
Geschl. 1. Jan, 1. Mai, 1. u. 11. Nov, 25. Dez.

🏛 Musée des Beaux-Arts et d'Archéologie
1, place de la Révolution.
03 81 81 44 47. Mi–Mo.
Geschl. 1. Jan, 1. Mai, 1. Nov, 25. Dez. außer So.

🏛 Musée Comtois
La Citadelle. 03 81 65 07 44.
tägl. **Geschl.** 1. Jan, 25. Dez.

Besançons phantasievolle astronomische Uhr entstand 1857–60

Ornans

Doubs. 4300. 7, rue Pierre-Vernier (03 81 62 21 50).

In Ornans kam 1819 der Maler Gustave Courbet zur Welt. Der Vertreter des Realismus bannte alle erdenklichen Ansichten der Stadt auf die Leinwand. Zu den aufsehenregendsten Gemälden des 19.

Ausgefallener Anblick: Le Corbusiers Chapelle Notre-Dame-du-Haut in Ronchamp

Jahrhunderts zählt sein *Begräbnis in Ornans*. Courbet-Fans pilgern zum reizvollen Städtchen, um Courbets Grab und im Geburtshaus, dem heutigen **Musée Courbet**, seine Bilder zu besichtigen.

🏛 Musée Courbet
Place Robert-Fernier. 03 81 62 23 30 Apr–Okt tägl.; Nov–März Mi–Mo. **Geschl.** 1. Jan, 1. Mai, 1. Nov, 25. Dez.

Umgebung
Das Tal des Jura, die **Vallée de la Loue**, ist ein Kanutenparadies. Die D67 folgt dem Fluß von Ornans ostwärts bis Ouhans. Dort führt ein 15minütiger Fußweg zur Loue-Quelle, die einen einzigartigen Ausblick bietet.

Südwestlich von Ornans beeindruckt der Anblick der **Source du Lion** (siehe S. 339), von Nans-sous-Ste-Anne in 20 Minuten zu Fuß erreichbar.

Belfort ③

Territoire de Belfort. 52 000. 2 bis rue Clemenceau (03 84 55 90 90). tägl.

Frédéric Bartholdi (1834–1904), dem New York seine Freiheitsstatue verdankt, schuf Belforts Wahrzeichen, einen gewaltigen Löwen aus rosarotem Sandstein, eher Bauwerk denn Skulptur.

Ein wahres Bollwerk ist Belforts **Citadelle**, von Vauban unter Louis XIV entworfen. Die Feste trotzte – 1814, 1815 und 1870 – drei Belagerungen. Heute laden die mächtigen Befestigungen zu kurzweiligen Spaziergängen und weiten Aussichten ein. Das in Wohnquartieren untergebrachte **Musée d'Art et d'Histoire** erläutert anhand von Modellen die Festungsanlage, zeigt aber auch Kunst und Kunsthandwerk der Region.

Ronchamp ③

Haute-Saône. 3100. Place du 14 juillet (Apr–Nov: 03 84 63 50 82). Sa.

Le Corbusiers verwegene **Chapelle Notre-Dame-du-Haut** beherrscht dieses vormalige Bergwerkstädtchen. Der bauchige Betonbau, der wie eine Skulptur wirkt, wurde 1955 vollendet. Innen finden Licht, Form und Raum in spielerischer Harmonie zusammen.

Der Alltag der hiesigen Kumpel wird im **Musée de la Mine** wieder lebendig.

***Der Spiegel von Ornans**, zu sehen im Musée Courbet (Ornans)*

MASSIF CENTRAL

Allier · Aveyron · Cantal · Corrèze · Creuse · Haute-Loire
Haute-Vienne · Lozère · Puy-de-Dôme

Das Massif Central *(Zentralmassiv) ist der Sockel Frankreichs. Abseits der Städte Clermont-Ferrand, Vichy und Limoges sowie der vielen kleinen Badekurorte ist es überraschend wenig bekannt. Diese eindrucksvolle, aber abgelegene und zerklüftete Region zählt zu den bestgehüteten Geheimnissen Frankreichs.*

Das riesige Zentralplateau aus Urgranit und kristallinem Felsgestein – genannt Massif Central – umschließt die dramatischen Landschaften von Auvergne, Limousin, Aveyron und Lozère. Einst Knotenpunkt anstrengender Pilgerwege, überrascht die vulkandurchsetzte Landschaft durch ungeahnten touristischen Reichtum: von der faszinierenden Stadt Le Puy-en-Velay zu den einzigartigen Schätzen von Conques.

Mit ihren Kraterseen und heißen Quellen bildet die Auvergne den üppigen vulkanischen Kern des Massif Central – ein Freiluftparadies für Wanderer im Sommer und Skiläufer im Winter. Sie bietet auch einige von Frankreichs schönsten romanischen Kirchen, mittelalterlichen Burgen und Renaissanceschlössern. Im Osten erheben sich die Bergzüge von Forez, Livardois und Velay, im Westen die Ketten der Vulkanriesen Monts Dômes, Monts Dore und Monts du Cantal. Das Limousin am Nordwestrand des Massivs mutet mit seinen grünen Weiden (und angenehm leeren Straßen) sanfter an.

Das Aveyron erstreckt sich von den Aubrac-Bergen südwestwärts. Ihm folgen die Flüsse Lot, Aveyron und Tarn durch Schluchten und Täler mit an den Felsen klebenden Dörfern. Im östlichen Lozère liegen die Grands Causses, das weite und abgelegene Hochland der Cevennen. Dieses kahle Plateau ernährt seine Bauern nur schlecht, lag aber für Jahrhunderte auf der Pilgerroute nach Santiago de Compostela.

La Borboule, ein Badekurort in den Monts Dore

◁ Der Gipfel des Puy Mary (1787 m), ein faszinierender Anblick beim Aufstieg

Überblick: Massif Central

In den vulkanischen Bergzügen und wilden Flußschluchten des Massif Central überwältigt die Naturszenerie. Dieses weite und unzerstörte Gebiet ermöglicht großartige Besichtigungen und nahezu jede Art sportlicher Freizeitaktivität wie Rafting, Paragliding, Kanufahren und Wandern. Hunderte von Kirchen, Schlössern und Museen begeistern Liebhaber von Geschichte, Architektur und Kunst. Die gute und herzhafte Küche und die delikaten Weine verstärken das sinnliche Erlebnis.

LEGENDE

- Autobahn
- Hauptstraße
- Nebenstraße
- Panoramastraße
- Fluß
- Aussichtspunkt

0 Kilometer 25

Kalksteinfelsen in den Gorges du Tarn

UNTERWEGS

Die bedeutenden Städte Limoges, Clermont-Ferrand und Vichy verfügen über gute Flug- und Bahnverbindungen nach Paris. Innerhalb der Region sind die meisten interessanten Orte nur mit dem Auto bequem zu erreichen. Clermont-Ferrand, Issoire und Thiers liegen nahe an wichtigen Autobahnen, Limoges an der gutausgebauten Nationalstraße N20. Die meisten Nebenstraßen sind in ordentlichem Zustand, in den Bergen jedoch nur langsam befahrbar. Zu den schwindelerregenden Straßen zählt der Weg auf den Puy-Mary-Gipfel.

MASSIF CENTRAL

AUF EINEN BLICK

Aubusson ❷
Château de Lapalisse ❺
Clermont-Ferrand ❿
Collonges-la-Rouge ⓰
Conques ㉒
Corniche des Cévennes ㉔
Gorges du Tarn ㉖
Grands Causses ㉕
Issoire ❽
La Chaise-Dieu ⓳
Le Puy-en-Velay ⓴
Limoges ❶
Montluçon ❸
Monts Dômes ⓬
Monts Dore ⓭
Monts du Cantal ⓲
Moulins ❹
Orcival ⓫
Rodez ㉓
St-Nectaire ❾
Salers ⓱
Thiers ❼
Turenne ⓯
Uzerche ⓮
Vallée du Lot ㉑
Vichy ❻

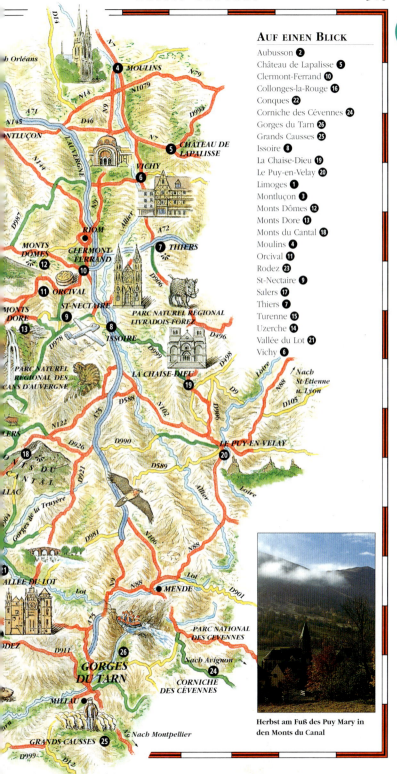

Herbst am Fuß des Puy Mary in den Monts du Canal

Der schlechte Hirte, Emailtafel aus Limoges

Limoges ❶

Haute-Vienne. 150 000. *Boulevard de Fleurus (05 55 34 46 87).* tägl.

In Limoges, der Hauptstadt des Limousin, schlagen zwei Herzen: das der alten Cité, die um die Kathedrale auf einem den Fluß Vienne überblickenden Plateau heranwuchs, und jenes des kommerziellen Zentrums der Neustadt, das um das Château auf dem Nachbarhügel entstand. Die Cité wurde während des Hundertjährigen Krieges 1370 vom Schwarzen Prinzen geplündert. Sie ist heute ein ruhiger, zum Bummeln in engen Straßen einladender Fleck. Die Gegend war in Mittelalter und Renaissance für ihre Emailarbeiten berühmt. Seit 1770, als man Kaolinvorräte entdeckte, wird in Limoges Porzellan produziert. Sein gepriesenes Porzellan ist im **Musée National Adrien-Dubouché** ausgestellt. Über 10 000 Exponate, einschließlich frühgriechischer und chinesischer Stücke, veranschaulichen die Keramikentwicklung bis heute. Das **Musée Municipal de l'Evêché** zeigt etwa 500 Emailarbeiten des Limousin.

🏛 **Musée National Adrien-Dubouché**
Place Winston-Churchill.
📞 05 55 33 08 50. 🕐 Mi–Mo. **Geschl.** 1. Jan, 1. Mai, 25. Dez.

🏛 **Musée Municipal de l'Evêché**
Place de la Cathédrale. 📞 05 55 45 61 75. 🕐 Juli, Aug: tägl, Okt–Juni Mi–Mo. **Geschl.** 1. Jan, 1. Mai, 1. u. 11. Nov, 25. Dez.

Umgebung
Die regen Widerstandsaktivitäten im Limousin während des Zweiten Weltkriegs wurden von den Besatzern schwer vergolten. Am 10. Juni 1944 verbrannte die SS sämtliche 650 Bewohner des Dorfes Oradour-sur-Glane bei lebendigem Leib. Die Ruinen blieben als Mahnmal, daneben entstand ein neues Dorf. Die lebhafte Stadt St-Junien, seit dem Mittelalter ein Zentrum der Handschuhfertigung, besitzt eine Kirche (Collégiale St-Junien, 11. Jh.) mit einer Statue der heiligen Madeleine, deren Blößen ihr blondes Haar verhüllt.

Aubusson ❷

Creuse. 6000. *Rue Vieille (05 55 66 32 12).* Sa.

Aubusson verdankt seinen Ruf dem reinen Wasser des Flusses Creuse, das man zur Erzeugung der für Gobelins und Brücken verwandten Farben besonders schätzt. Die Gobelinherstellung erreichte im 16./17. Jahrhundert ihren Höhepunkt. Ende des 18. Jahrhunderts machten die Revolution und gemusterte Tapeten dieser Kunst den Garaus.

Nach 1940 erfuhr die Tapisserie in Aubusson eine Wiederbelebung – vorrangig durch Jean Lurçat, der andere Künstler zu Designentwürfen bewegte. Das **Musée Départemental de la Tapisserie** zeigt in einer ständigen Ausstellung diese modernen Werke. In der **Manufacture St-Jean** sind Besucher willkommen. Hier fertigt und bessert man Gobelins und Teppiche noch von Hand aus.

🏛 **Musée Départemental de la Tapisserie**
Avenue des Lissiers. 📞 05 55 66 33 06. 🕐 Mi–Mo.

🏛 **Manufacture St-Jean**
3, rue St-Jean. 📞 05 55 66 10 08. 🕐 März–Okt tägl.; Nov–Feb Mo–Fr. **Geschl.** 23. Dez–1. Jan.

Umgebung
Moûtier-d'Ahun besteht lediglich aus einer Straße mit Häusern des 15. Jahrhunderts und einer romanischen

Ausbesserung von Gobelins in der Manufacture St-Jean, Aubusson

MASSIF CENTRAL 347

Die romanische Kirche von Moûtier-d'Ahun bei Aubusson

Brücke. Es versteckt sich im üppigen Creuse-Tal. Bei der teils romanischen, teils gotischen Kirche liegen Überreste einer Benediktinerabtei. Das hölzerne Chorgestühl zeigt meisterliche Schnitzwerke des 17. Jahrhunderts mit phantastischen Tier- und Pflanzenmotiven, die Gut und Böse versinnbildlichen. Wo sich einst das Kirchenschiff befand, wächst heute ein Garten.

Montluçon ❸

Allier. 45 000. ✈ 🚂 🚌
🛈 5 place Piquand (04 70 05 11 44).
🛒 Sa.

Montluçon, eine kleine Industriestadt mit mittelalterlichem Kern, ist das wirtschaftliche Zentrum der Region. Das bourbonische Schloß in seiner Mitte beherbergt heute das **Musée des Instruments et des Musiques Populaires**. Hier finden Sie eine Sammlung von vielles (Drehleiern), im Oberstock Drucke (19. und 20. Jh.) sowie Steingutarbeiten.

Die **Eglise de St.-Pierre** (12. Jh.) überrascht mit ihren mächtigen Steinsäulen und einer riesigen faßrunden Kuppel.

🏛 **Musée des Instruments et des Musiques Populaires**
Château des Ducs de Bourbon.
📞 04 70 02 56 56. 🕐 Mo–Sa 9–17 Uhr.

Moulins ❹

Allier. 23 000. 🚂 🚌 🛈 Place de l'Hôtel-de-Ville (04 70 44 14 14).
🛒 Di u. Fr.

Moulins ist das Bourbonnais-Regionalzentrum und seit dem 10. Jahrhundert Sitz der bourbonischen Herzöge. Es erlebte seine Blütezeit während der Renaissance und ist nun ein anziehend verschlafener Ort.

Die bekannteste Sehenswürdigkeit von Moulins ist die **Cathédrale Notre-Dame** im Flamboyant-Stil. In ihren Buntglasfenstern (15. und 16. Jh.) tauchen unter Heiligen Mitglieder des Bourbonenhofes auf. Das Schatzhaus enthält ein 1498 gemaltes Maria-mit-dem-Kind-Triptychon des Meisters von Moulins. Die Mitteltafel zeigt die Spender Herzog Pierre II und seine Frau Anne de Beaujeu: Überbordend mit Stickereien und Juwelen geschmückt, werden sie einer Madonna vorgestellt.

Der Burgfried und der einzig verbliebene Flügel des bourbonischen **Vieux Château** beherbergen eine erlesene Sammlung von Skulpturen, Gemälden und angewandter Kunst (12.–16. Jh.).

🏛 **Cathédrale Notre-Dame**
Rue Louis-Mantin. **Schatzkammer**
🕐 tägl. **Geschl.** So vormittag.

Buntglasfenster der Cathédrale Notre-Dame in Moulins

Château de Lapalisse ❺

Allier. ☎ 04 70 99 08 51, 04 70 55 01 12. 🕓 Ostern – Okt Mi–Mo. 🏛

ANFANG DES 16. Jahrhunderts heuerte Jacques II de Chabannes, Marschall von Frankreich, Florentiner Architekten für den Umbau des Schlosses an. Es entstand ein edles Renaissanceschloß, das seither Nachkommen des Bauherren bewohnen. Den *salon doré* schmücken eine Balkendecke mit vergoldeten Fächern und zwei flämische Gobelins (15. Jh.), die den Kreuzritter Godefroy de Bouillon und den antiken Helden Hektor zeigen.

Umgebung
Von Lapalisse führt die D480 durch das schöne Besbre-Tal, vorbei an einigen kleinen Schlössern. Nur das **Château de Thoury** mit seiner alten Jagdsammlung und verschiedenen Kunstrichtungen ist Besuchern zugänglich.

♣ Château de Thoury
Dompierre. ☎ 04 70 42 00 41. 🕓 Apr–Okt tägl. 🏛 ♿ eingeschränkt.

Decke, Château de Lapalisse

Vichy ❻

Allier. 👥 26 000. 🚉 🚌 ℹ *19, rue du Parc (04 70 98 71 94).* 🛒 Mi.

DIESE KLEINE STADT am Fluß Allier ist seit der Zeit der Römer für ihre heißen und kalten Quellen sowie Kuren gegen Rheumatismus, Arthritis und Verdauungsprobleme bekannt. Die gefeierte Briefautorin Madame de Sévigné und die Töchter von Louis XV kamen im späten 17. und 18. Jahrhundert hierher. De Sévigné nannte die Badegüsse »Generalprobe für das Fegefeuer«. Nach 1860 brachten Besuche Napoléons III Vichy auf die Landkarte und Wasserkuren in aller Munde. Die Kleinstadt wurde herausgeputzt und wuchs dem französischen Adel und wohlhabenden Mittelstand aller Welt ans Herz.

Inzwischen ist die große alte (1900 erbaute) Thermalanlage in Einkaufsgalerien verwandelt. Die modernen Bäder dienen rein medizinischen Zwecken.

Innenausstattung des alten Thermalbads in Vichy

Plakat (um 1930–50) von Badia-Vilato

Alle Behandlungen erfordern ärztliche Verschreibung sowie 30 Tage Anmeldefrist. Kurzentschlossenen stehen Montag bis Freitag nachmittags einige Einrichtungen des **Centre Thermal des Dômes** zur Verfügung. Hier gibt es eine Whirlpool, Unterwassermassage, Sauna und Dampfbad.

Vichys Geschick wandelte sich erneut in den 60er Jahren, als durch Stauung des Allier-Flusses ein riesiger See inmitten der Stadt entstand, der zum lebhaften (Wasser-) Sportzentrum wurde. Gegen geringe Gebühr können Sie Sportarten von Aikido bis Wasserski betreiben oder sich auf dem (künstlichen) Fluß im Kanupaddeln üben. Vichys Puls des Lebens schlägt im zentralen **Parc des Sources** mit seinem Musikpavillon der Jahrhundertwende (Nachmittagskonzerte während der Saison), glasbedachten Galerien der Belle Epoque, Grand Casino (jeden Nachmittag Glückspiel) und Opernhaus (Abendvorstellungen). Auch die bronzenen Wasserhähne der **Source Cele-**

stin kann man bestaunen – in einem Park am Fluß mit den Überresten eines gleichnamigen Konvents. An die unglückselige Vichy-Regierung von 1940–44 *(siehe S. 61)* möge man sich nur erinnern, wenn man sich die Stadt in Wochenschau-Schwarz-Weiß vorstellt.

Centre Thermal des Dômes
1, avenue Thermale. 04 70 97 39 59. Feb–Nov Mo–Sa

Source Celestin
Boulevard Kennedy. tägl.

Thiers ❼

Puy-de-Dôme. 15 000. *Maison du Pirou (04 73 80 10 74).* Do u. Sa.

DER SCHRIFTSTELLER La Bruyère meinte, Thiers »scheine den Hügelhängen aufgemalt zu sein« – verwaschen hängt es in einer Kerbe über einer scharfen Kehre des Durolle-Flusses. Die Stadt ist seit dem Mittelalter für ihre Messerwaren bekannt. Der Überlieferung zufolge brachten Kreuzfahrer die Kunst des Messerschmiedens aus dem Nahen Osten mit. Dutzende von Wasserfällen auf der anderen Flußseite trieben die Schleifsteine an und schliffen Tischmesser wie Guillotine-Fallbeile ebenso. Noch heute stellen Messerwaren ein wichtiges Industrieprodukt von Thiers dar. Das **Musée de la Coutellerie** erläutert die Tradition.

In der Altstadt entdecken Sie geheimnisvolle Viertel wie »Schicksalsecke« und »Höllenloch«, aber auch schön restaurierte Häuser (15.–17. Jh.), viele davon mit feingeschnitzten Holzfassaden geschmückt – so die Maison du Pirou (Place

WALLFAHRTEN UND MONSTRANZENZÜGE

Die Kirchengemeinden in der Auvergne und im Limousin sind bekannt für ihre zu Ehren Heiliger stattfindenden Prozessionen. In der Nacht vor dem Himmelfahrtstag wird die Jungfrau von Orcival auf die Höhe hinter das Dorf getragen, im Gefolge taufwillige Zigeuner mit ihren Kindern. Alle sieben Jahre hält eine Reihe von Dörfern im Limousin Monstranzenzüge ab. Die Saison der *ostensions* beginnt am Sonntag nach Ostern und dauert bis Juni. Das nächste Mal wird der Siebenjahreszyklus 1995 fällig.

Die Jungfrau von Orcival, Prozession oberhalb des Dorfes (1903)

Pirou). Von der Wallterrasse bietet sich häufig ein faszinierender Blick auf die Monts Dômes und Monts Dore im Westen.

Musée de la Coutellerie
Maison des Coutelliers, 21–23 u. 58, rue de la Coutellerie. 04 73 80 58 86. Juni–Sep tägl.; Okt–Mai Di–So. **Geschl.** 1. Jan, 1. Mai, 14. Juli, 1. Nov, 25. Dez.

Issoire ❽

Puy-de-Dôme. 14 000. *Place du Général-de-Gaulle (04 73 89 15 90).* Sa.

DER GROSSTEIL DES alten Issoire wurde in den Religionskriegen des 17. Jahrhunderts zerstört. Die neuzeitliche Stadt ist seit dem Zweiten Weltkrieg ein wichtiges Industriezentrum. Issoire rühmt sich nicht nur einer lebhaften Luftfahrttradition, es ist heute auch ein Mekka für Segelflieger, die die kräftigen örtlichen Aufwinde schätzen.

Zu den wenigen Überresten des alten Issoire zählt die farbenfrohe Abteikirche **St-Austremoine** (12. Jh.), eine der bedeutenden romanischen Kirchen der Region. Die Kapitelle zeigen Dämonen und Bestien, aber auch Szenen aus dem Leben Jesu (mit einem eingeschlafenen Apostel beim Letzten Abendmahl). Auf dem Fresko vom Jüngsten Gericht (15. Jh.) werden im Stile von H. Bosch Sünder in ein Drachenmaul geworfen und ein Mägdlein wird in einem Handkorb zur Hölle befördert.

Thiers (Blick von Süden) erstreckt sich über die Hänge oberhalb des Durolle-Flusses

St-Nectaire

Puy-de-Dôme. 650. *Les Grandes Thermes (04 73 88 50 86).*

DIE AUVERGNE ist für ihre romanischen Kirchen bekannt. Die **Eglise St-Nectaire** im oberen Teil des Städtchens St-Nectaire-le-Haut gehört in ihrer hochstrebenden Eleganz und ihren ausgewogenen Proportionen zu den schönsten. Die 103 Steinkapitelle (22 davon mehrfarbig) sind schwungvoll behauen. Zum Kirchenschatz zählt eine Goldbüste des heiligen Baudime (12. Jh.). Der untere Ort, St-Nectaire-le-Bas, ist Kurort mit über 40 heißen und kalten Quellen, die Nieren- und Stoffwechselbeschwerden lindern.

Umgebung

In der – nach der Französischen Revolution verfallenen – Zitadelle **Château de Murol** (12. Jh.) erläutern kostümierte Führer mittelalterliches Leben und präsentieren Ritterkämpfe. Ein Vergnügen für Kinder.

Château de Murol

Murol. 04 73 88 67 11. Apr–Sep So–Fr; Okt–März So u. Schulferien

Fontaine d'Amboise (1515) in Clermont-Ferrand

Clermont-Ferrand

Puy-de-Dôme. 140 000. Place de la Victoire (04 73 98 65 00). Mo–Sa.

CLERMONT-FERRAND bestand ursprünglich aus zwei rivalisierenden (1630 vereinten) Städten. Es ist ein lebendiges und umtriebiges Wirtschaftszentrum und Studenten bevölkern die Cafés und Restaurants. Vor den Römern siedelten hier die Kelten. Die erste Kathedrale entstand bereits im 5. Jahrhundert. 1095 war die Stadt schon so bedeutsam, daß der Papst hier den ersten Kreuzzug ausrief. Die Grafen der Auvergne forderten die bischöfliche Macht von Clermont heraus und setzten sich im heutigen Montferrand fest (eine kurze Fahrtstrecke vom Zentrum Clermonts). In diesem Ort mit seinen ruhigen Straßen und Renaissancehäusern scheint die Uhr zurückgedreht.

Die Place St-Pierre ist Clermonts Hauptmarktplatz mit einem täglichen, samstags besonders üppigen Lebensmittelmarkt. Nahebei sprudelt die **Fontaine d'Amboise** (1515) – aus schwarzer Lava – mit Ausblick auf den Puy de Dôme. Die von kleinen Läden eingerahmte Fußgängerzone Rue du Port führt vom Brunnen steil hinab zur **Basilique Notre-Dame-du-Port**, einer der bedeutendsten romanischen Kirchen der Region. Der steinerne, bestechend ebenmäßige Innenbau besitzt einen erhöhten Chor und lebendig gestaltete Kapitelle. Suchen Sie nach Largesse im Kampf mit Avarice, dargestellt als zwei Ritter mit Kettenpanzer und Pike.

Überraschend widersprüchlich bietet sich die **Cathédrale de Notre-Dame-de-l'Assomption** aus schwarzem Lavagestein dar: dort nüchterne

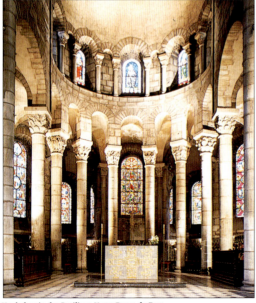

Hochchor in der Basilique Notre-Dame-du-Port

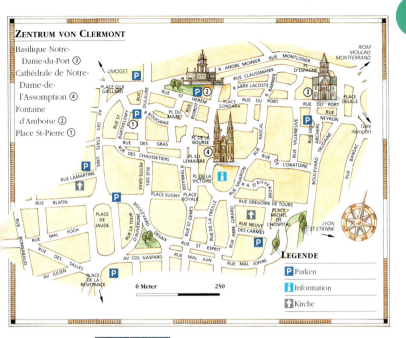

ZENTRUM VON CLERMONT

Basilique Notre-Dame-du-Port ③
Cathédrale de Notre-Dame-de-l'Assomption ④
Fontaine d'Amboise ②
Place St-Pierre ①

LEGENDE

P Parken
i Information
✝ Kirche

Romanik (12. Jh.), hier hochfliegende Gotik (13. Jh.). Die Härte des örtlichen Gesteins ermöglichte die anmutige Innengestaltung: So ließen sich die Pfeiler dünner, die Gesamtstruktur graziler gestalten. Der Hintergrund aus dunklem Vulkanstein betont die juwelenhaften Buntglasfenster (15. Jh.), die angeblich aus derselben Werkstatt wie jene der Pariser Sainte-Chapelle (siehe S. 80 f) stammen.

Die Altstadt Montferrands blühte vom 13. bis 17. Jahrhundert. Viele Privatresidenzen jener Zeit – *hôtels particuliers* ge-

Chor der Cathédrale de Notre-Dame-de-l'Assomption

Michelin-Männchen

nannt – blieben erhalten. Einige der besten (mit Loggien, Sprossenfenstern und malerischen Höfen) reihen sich entlang der **Rue Kléber**. Zwischen Clermont und Montferrand liegt eine dritte »Stadt« mit Verwaltung und Produktion der Michelin-Reifenfabrik, die 1830 hier gegründet wurde und die Stadt seitdem industriell prägt.

Umgebung

Riom, einst Rivale von Clermont-Ferrand um die Vorrangstellung in der Auvergne, ist eine düstere Provinzstadt mit Häusern aus schwarzem Stein. Das Château (14. Jh.) des Herzogs Jean de Berry riß man im 19. Jahrhundert zugunsten des Palais de Justice ab. Es blieb allerdings die feine Sainte-Chapelle mit ihren hübschen Buntglasfenstern (15. Jh.).

Rioms größter Schatz ist eine anmutige Madonna mit Kind, das einen kleinen Vogel in der Hand hält. Die Statue steht in der (ursprünglich aus dem 14. Jh. stammenden) Eglise de Notre-Dame-du-Marthuret.

Orcival ⓫

Puy-de-Dôme. 🚶 300.
☎ 04 73 65 82 55.

O RCIVAL IST VOLLER HOTELS und im Sommer überlaufen. Und doch lohnt ein Besuch: Die **Basilique d'Orcival** gilt vielen als die bedeutendste romanische Kirche der Region. Sie wurde zu Beginn des 12. Jahrhunderts im Auvergne-Stil vollendet. Mächtige Strebepfeiler und starke Bogen stützen die Seitenwände. Im Inneren sitzt in steifer, vorwärtsblickender »Majestäts«-Haltung die reichverzierte, silberne und zinnoberrote *Jungfrau mit Kind* rätselhaft in ihrem groben, stabilen Stuhl. Allein Gestaltung und Auslegung der Kirche – mit großer Krypta und 14 das Innere erhellenden Fenstern – sind einen Abstecher nach Orcival wert.

Jungfrau mit Kind in der Basilique d'Orcival

Gipfel des Puy de Pariou in den Monts Dôme

Monts Dômes ⓬

Puy-de-Dôme. ✈ 🚌 🚆 Clermont-Ferrand. 🛈 Puy-de-Dôme-Gipfel Apr–Okt (04 73 62 21 45); Montlosier (04 73 65 64 00).

Die Monts Dômes – auch Chaîne des Puys – sind bei einem Alter von 4000 Jahren der jüngste Vulkanzug der Auvergne. Sie umfassen 112 erloschene Vulkane in einer 30 Kilometer langen Kette unmittelbar westlich von Clermont-Ferrand. In der Mitte übertürmt der **Puy de Dôme** ein Hochplateau. Eine Abzweigung von der N922 schraubt sich mit stetigen zwölf Prozent Steigung auf den Gipfel. Den aus der Zeit der Römer erhaltenen Zickzackpfad benutzen heute Wanderer.

Auf dem Berggipfel liegt neben dem Fernmeldeturm ein römischer Merkurtempel als Ruine. An einem der seltenen klaren Tage raubt die Sicht über die Vulkanlandschaft dem Wanderer den letzten Atem. Im südwestlichen Winkel der Monts Dôme liegt das **Château de Cordès**, ein kleines Herrenhaus (15. Jh.) in Privatbesitz. Den weitläufigen Garten legte Le Nôtre *(siehe S. 169)* an, der Landschaftsarchitekt von Versailles.

⚜ Château de Cordès
Orcival. ☎ 04 73 65 81 34. 🕒 Ostern–Okt tägl. (außerhalb der Saison bitte telefonisch anfragen).

Monts Dore ⓭

Puy-de-Dôme. ✈ Clermont-Ferrand. 🚌 🚆 Le Mont-Dore. 🛈 Montlosier (04 73 65 64 00).

Die Monts Dore bestehen aus drei mächtigen Vulkanen – Puy de Sancy, Banne d'Ordanche und Puy de l'Aiguiller – und deren Nebenkegeln. Es sind dichtbewaldete Berge, durchzogen von Flüssen, durchsetzt mit Seen, gesprenkelt mit Sommer- und Winterferienorten, die Skifahren, Wandern, Paddeln, Segeln und Paragliding anbieten.

Der **Puy de Sancy** ist mit 1885 Metern Zentralfrankreichs höchste Erhebung. Man erreicht den Gipfel, indem man von der Stadt Le Mont-Dore die Seilbahn nimmt und dann über offenes Gelände steigt. Von Le Mont-Dore führt eine atemberaubend schöne Strecke auf der D36 zum **Couze-de-Chambon-Tal**, einem idyllischen, von Wasserfällen durchschnittenen Hochmoor.

In dem Gebiet befinden sich zwei beliebte Badekurorte: **La Bourboule** ist ein sonniger Kinderkurort – dem **Grand Casino** ist sogar ein Kinderkasino angeschlossen. In Le Mont-Dore fasziniert das auf Asthma und Atmungsleiden spezialisierte **Etablissement Therma** durch seine Innenausstattung im Stil der Jahrhundertwende.

Unterhalb des Col de Guéry (an der D983) erheben sich die **Roche Sanadoire** und die **Roche Tuilière**. Von ihren Spitzen blickt man weit über den Cirque de Chausse und das Tal dahinter.

♨ Etablissement Thermal
1, place du Panthéon, Le Mont-Dore. ☎ 04 73 65 05 10. 🕒 Mitte Mai–9. Okt Mo–Sa.

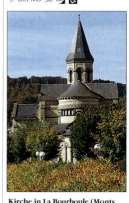

Kirche in La Bourboule (Monts Dore)

Uzerche ⓮

Corrèze. 👥 3500. 🚌 🚆 🛈 Place de la Lunade (05 55 73 15 71).

Uzerches Anblick beeindruckt: Graue Schieferdächer, Türmchen und Glockentürme ragen auf einem Hügel oberhalb des Vézère-Flusses empor. Die reiche Stadt kapitulierte während der Kämpfe des Mittelalters nie. Sie trotzte einer siebenjährigen Belagerung durch die Mauren (732). Kurz vor der Übergabe sandten die Belagerten ihren Feinden einen Festschmaus – ihre letzte Nahrung. Die Mauren sahen dies als Zeichen üppiger Vorräte an und zogen ab.

Die romanische **Eglise St-Pierre** liegt oberhalb der Stadt. Hinter Uzerche fließt der Vézère-Fluß durch die grünen Schluchten von Saillant.

Die Roche Tuilière unterhalb des Col de Guéry in den Monts Dore

CANTAL-KÄSE

In der Auvergne kennt man noch den Almauftrieb. Das lokale Salers-Vieh verbringt den Winter im Tal und in den Ställen und wird im Sommer auf die Bergalmen getrieben. Die kräftigen Weidegräser und -blumen (Enzian, Immergrün, Anemonen) garantieren eine geschmackreiche Milch, Rohmaterial für den berühmten Käse der Region: Cantal. Die geronnene Milch rührte man traditionell von Hand und preßte sie durch ein Tuch. Heute herrscht moderne Technik vor. Cantal ist Hauptbestandteil von *aligot*, dem knoblauchduftenden Käse-Kartoffel-Püree, einem der bekanntesten Gerichte der Gegend.

Salers-Rinder auf saftiger Weide

Turenne ⓯

Corrèze. 750.
Ancienne Mairie (Sommer: 05 55 85 94 38; Winter: 05 55 85 91 15).

TURENNE IST eine der anziehendsten mittelalterlichen Städte im Corrèze. Die halbmondförmige, sich an die Felsen drängende Stadt war eines der letzten feudalen Lehen in Frankreich und stand bis 1738 unter der absoluten Herrschaft der Familie La Tour d'Auvergne. Deren bekanntestes Mitglied, Henri de la Tour d'Auvergne, war Marschall unter Louis XIV und gilt als einer der größten Soldaten der Neuzeit.

Heute bestehen vom **Château du Turenne** nur noch der Uhrturm (Ende 13. Jh.) und der Caesar-Turm (11. Jh.), der einen Rundumblick über die Cantal-Berge ins Dordogne-Tal ermöglicht. In der Nähe befindet sich auch eine Stiftskirche aus dem 16. Jahrhundert und die **Chapelle des Capucins**, die aus dem 18. Jahrhundert stammt.

Château du Turenne
05 55 85 91 87 Ostern–Okt tägl.; Nov–Feb So.

Collonges-la-Rouge ⓰

Corrèze. 400.

VON COLLONGES GEHT etwas Beunruhigendes aus: Die Architektur aus karminrotem Sandstein wirkt beim einzelnen Haus zwar attraktiv, aber en masse bedrückend – besonders bei den Gebäuden mit weißer Mörtelumrahmung der roten Steinblöcke. Das im 8. Jahrhundert gegründete Collonges geriet unter die Herrschaft von Turenne, dessen Bürger die türmchenverzierten Häuser in den umgebenden Weingärten errichteten. Halten Sie nach dem Gemeindebackofen auf dem Marktplatz und der Kirche (11. Jh.) mit dem wehrhaften Turm Ausschau. Das Kalkstein-Tympanon zeigt unter seinen lebensechten Figuren einen Mann, der einen Bären treibt.

Salers ⓱

Cantal. 450. Place Tyssandier-d'Escous (04 71 40 70 68). Mi.

SALERS, EINE SOLIDE, hübsche Stadt mit Häusern aus grauem Lavagestein und Schutzwall (aus dem 15. Jh.), liegt auf einer steilen Anhöhe am Rande der Cantal-Berge. Es zählt zu den wenigen hinreichend erhaltenen Renaissanceorten der Region. Die Kirche besitzt eine wundervolle mehrfarbige Grablegung von 1495 und fünf feine Aubusson-Gobelins (17. Jh.).

Vom Brunnen führen Straßen zur Felskante hinauf, von der aus man einen großartigen Blick auf die umliegenden Täler hat. Die Stadt ist im Sommer zwar überlaufen, aber ein günstiger Ausgangspunkt für Ausflüge zum Puy Mary *(siehe S. 354)*, dem großen Staudamm von Bort-les-Orgues, dem nahen Château de Val und dem Cère-Tal im Süden.

Das mittelalterliche Château de Val bei Bort-les-Orgues (nahe Salers)

Gipfel des Puy Mary in den vulkanischen Monts du Cantal

Monts du Cantal [18]

Cantal. ✈ Aurillac. 🚆 🚌 Lioran.
ℹ Super-Lioran (04 71 49 50 08).

DIE CANTAL-BERGE waren ursprünglich ein einziger gigantischer Vulkan – der älteste (Tertiär) und größte Europas. Nebenkegelkränze und tiefe Flußtäler umgeben die höchsten Gipfel, **Plomb du Cantal** (1855 m) und **Puy Mary** (1787 m). Beim schwindelerregenden Fahren über die engen, steilen Straßen entschädigen nach jeder Haarnadelkurve großartige Ausblicke. Zwischen Gipfeln und Schluchten bieten saftige Almen Weidefutter für die rotgoldenen Salers-Rinder *(siehe S. 353)*. Vom **Pas de Peyrol**, Frankreichs höchstem Straßenpaß (1582 m), führt ein etwa 45minütiger Fußweg auf den Gipfel des Puy Mary.

Umgebung

Das **Château d'Anjony**, eines der schönsten Schlösser der Auvergne, ließ Louis II d'Anjony erbauen, ein Gefolgsmann der Jeanne d'Arc *(siehe S. 290f)*. Zu den Sehenswürdigkeiten zählen die Fresken aus dem 16. Jahrhundert: Lebens- und Leidensszenen Christi in der Kapelle, in der Salle des Preux (Rittersaal) im oberen Stock eine bestechende Folge der neun Helden der Rittersage. Im Südwesten ist die kleine Marktstadt **Aurillac** günstiger Ausgangspunkt für Erkundungen der Cantal-Region.

⛪ **Château d'Anjony**
Tournemire. 📞 04 71 47 61 67.
🕐 Mitte Jan–Mitte Nov tägl.

La Chaise-Dieu [19]

Haute-Loire. 🏘 950. 🚌 ℹ *Place de la Mairie (04 71 00 01 16).* 🛒 *Do.*

DIE DÜSTERE, MASSIGE Abteikirche **St-Robert**, im Stil zwischen Romanik und Gotik gehalten, ist Hauptmotiv für einen Besuch des kleinen Dorfes La Chaise-Dieu. Der Bau (14. Jh.) bildet ein Amalgam der Stile und Geschmäcker. Im Chor faszinieren 144 Eichenstühle, deren geschnitzte Figuren Tugend und Laster darstellen. Über ihnen, die Wand nahezu verhüllend, hängen einige der reizvollsten Gobelins Frankreichs. In Brüssel und Arras (frühes 16. Jh.) geknüpft, illustrieren sie farbenfroh und detailreich Szenen des Alten und Neuen Testaments.

An den Außenwänden des Chors zeigt das Wandgemälde einen Totentanz, in dem der Tod als Skelett Reiche und Arme zum selben Ziel führt. Im Echoraum hinter dem Kreuzgang können sich zwei Personen in entgegengesetzten Ecken flüsternd verstehen. Diese geschickte mittelalterliche Akustik diente der Beichte von Leprakranken.

Le Puy-en-Velay [20]

Haute-Loire. 🏘 23 000. ✈ 🚆 🚌
ℹ *Place du Breuil (04 71 09 38 41).*
🛒 *Sa.* 🎉 *Sep.*

Statue der Notre-Dame-de-France in Le Puy

LE PUY LIEGT in einem Vulkankrater auf einer Reihe von Felsauswürfen und Basaltpfeilern. Die Stadt erscheint wie auf drei Hügeln gelegen, jeder davon von einer Kirche oder Statue gekrönt. Von weitem betrachtet, bietet sich einer der berückendsten Anblicke.

Hauptattraktion des heute industrie- und touristenorientierten Le Puy ist die mittelalterliche **Heilige Stadt**. Sie wurde ein Pilgerzentrum, nachdem Gotescalk, Bischof von Le Puy, 962 von hier zu einer der ersten Wallfahrten nach Santiago de Compostela aufgebrochen war und nach seiner Rückkehr die **Chapelle St-Michel d'Aiguilhe** errichtet hatte.

Ausschnitt des Totentanzes in der Kirche St-Robert in La Chaise-Dieu

DIE SCHWARZEN MADONNEN DER AUVERGNE

Die Vielzahl von Madonnenstatuen belegt, daß der Marienkult in der Auvergne stark ausgeprägt war. Die meist aus dunklem Walnuß- oder Zedernholz geschnitzten, mit der Zeit nachgedunkelten Madonnen sollen über die Kreuzfahrer byzantinisch inspiriert worden sein. Die berühmteste Statue (in Le Puy-en-Velay) ist eine Kopie (17. Jh.) des Originals, das im Mittelalter Louis IX gehörte.

Die Schwarze Madonna von Louis IX

Pilger aus Ostfrankreich und Deutschland sammelten sich vor ihrer Weiterreise nach Santiago bei der **Cathédrale de Notre-Dame** mit ihrer berühmten Schwarzen Madonna und dem »Fieberstein«, einem in eine Mauer eingelassenen Druidenstein mit Heilkraft.

Die auf ursprünglich heidnischer Anlage errichtete Kathedrale geriet zum großangelegten romanischen Bau. Vielförmige Bogen, in Stein gehauene Palmen- und Blattmuster sowie eine Schachbrettfassade zeugen vom Einfluß des maurischen Spanien und zugleich von dem regen kulturellen Austausch mit Südfrankreich im 11. und 12. Jahrhundert. Im Querschiff entdecken Sie romanische Fresken, insbesondere einen großflächigen heiligen Michael (11.–12. Jh.). Zum Sakristeischatz gehört die handschriftliche Bibel des Theodolphus aus der Zeit Karls des Großen. Die Kathedrale ist Herzstück der die Oberstadt beherrschenden Heiligen Stadt. Ihr sind Taufkapelle, Kreuzgang, Haus des Priors und Bußkapelle angeschlossen.

1680 stellte man auf der Spitze des Rocher Corneille die Statue der **Notre-Dame-de-France** auf – gegossen aus 213 während des Krimkrieges bei Sewastopol erbeuteten Kanonen. Ein steiler Pfad führt zur Statue, die sich über eine eiserne Innenleiter erklimmen läßt.

Die Chapelle St-Michel zeigt wie die Kathedrale maurischen Einfluß beim Kleeblattdekor und den Farbmosaiken des Rundbogens über dem Haupteingang. Die Kirche scheint natürlich wie der Finger einer Riesenhand aus dem Lavafelsen zu wachsen und ist über 268 Treppenstufen zu erreichen. Sie wurde vermutlich über einem römischen Merkurtempel errichtet. Ihr Kern wurde im 10. Jahrhundert, der Großteil des Anwesens aber ein Jahrhundert später erbaut. Die Anlage des Bodens folgt der Felsbeschaffenheit. Das Innere zieren einige verblichene Wandmalereien (10. Jh.) und Buntglasfenster (20. Jh.).

In der Unterstadt führen enge Straßen mit Häusern des 15. und 16. Jahrhunderts zum Vinay-Garten und dem **Musée Crozatier** mit seiner Sammlung von Spitzen (16. Jh. bis heute). Spitzenklöppelei erlebt heute einen Wiederaufschwung. Im Museum überraschen die mittelalterlichen Kunstwerke und Gemälde des 15. Jahrhunderts, darunter von Rubens, de Heem und Salomon Ruysdael.

Beim Festival »Roi de l'Oiseau« Mitte September kostümiert sich Le Puy zu einem Renaissancekarneval – eine Tradition zu Ehren der besten Bogenschützen *(siehe S. 34)*.

Chapelle St-Michel d'Aiguilhe
Aiguilhe. 04 71 09 50 03. Mitte Feb–Mitte Nov u. 21. Dez–5. Jan tägl. **Geschl.** 1. Jan, 25. Dez.

Notre-Dame-de-France
Rocher Corneille. 04 71 04 11 33. Feb–Nov tägl.; Dez, Jan u. in Schulferien nachmittags. **Geschl.** 1. Jan, 25. Dez.

Musée Crozatier 55
Jardin Henri Vinay. 04 71 09 38 90. Mi–Mo. **Geschl.** 1. Jan, 1. Nov, 25. Dez.

Die auf einem Lavafinger thronende Chapelle St-Michel d'Aiguilhe

Ruinen des Schlosses Calmont d'Olt, Espalion im Lot-Tal

Vallée du Lot ㉑

Aveyron. ✈ Aurillac, Rodez. 🚆 Rodez, Séverac-le-Château. 🚌 St-Geniez, Conques. 🛈 Espalion (05 65 44 10 63).

DER FLUSS LOT (oder Olt in altem Sprachgebrauch) bahnt sich von Mende und dem alten Flußhafen La Canourgue seinen Weg bis Conques durch ein fruchtbares Tal, vorbei an Obst- und Weingärten und Pinienwäldern. Im Dorf **St-Côme d'Olt**, nahe den Aubrac-Bergen, umgeben mittelalterliche und Renaissancehäuser die Kirche (15. Jh.). In **Espalion** spiegeln sich pastellfarbene Steinhäuser und ein türmchenbewehrtes Schloß (16. Jh.) im Fluß, der unter einer steinernen Bogenbrücke (13. Jh.) dahinzieht. Freitag morgens findet hier einer der interessantesten Märkte der Region statt. Außerhalb der Stadt liegt die Kirche aus dem 11. Jahrhundert. Ihre steingehauenen Kapitelle zeigen Ritter und Phantasievögel, die aus einem Kelch nippen.

Das Dorf **Estaing** (13. Jh.), einst Lehen einer der bedeutendsten Familien von Rouergue, schmiegt sich an sein heute als Kloster dienendes Schloß am Flußufer. Auf dem Weg nach **Entraygues** («zwischen Wassern») mit seinem sehenswerten alten Viertel und der gotischen Brücke (13. Jh.) führt die Straße durch die Lot-Schlucht. Hinter Entraygues verbreitert sich der Fluß und mündet in die Garonne.

Conques ㉒

Siehe S. 358 f.

Rodez ㉓

Aveyron. 👥 25 000. ✈ 🚆 🚌 🛈 Place Foch (05 65 68 02 27). 🛒 Mi u. Sa.

RODEZ WAR, wie viele mittelalterliche französische Städte, politisch gespalten: die ladengesäumte **Place du Bourg** auf der einen, die **Place de la Cité** nahe der Kathedrale auf der anderen Seite der Stadt – dazwischen der Graben weltlichen und kirchlichen Interessenwiderspruchs. Das Geschäftszentrum, größtes der Region, ist heute Hauptanziehungspunkt, doch zur Morgenmesse auch die **Cathédrale Notre-Dame**. Diesem riesigen, mit einer festungsartigen Westfassade versehenen Gebäude aus rosafarbenem Stein (1277) kam einst die Aufgabe einer Wehrkirche zu. Die engen Straßen lassen nur einen Blick gen Himmel zu, in den sich der prächtige, verzierte Glockenturm bohrt.

Die gotische Innengestaltung prägen hohe Säulenreihen und eine Orgel, auf deren langen silbernen Pfeifen holzgeschnitzte Engel sitzen. Seltsame Kreaturen, darunter ein geflügelter Löwe und ein garstiger Bursche, der sein Hinterteil entblößt, umrahmen die Chorstühle (15. Jh.).

Grablegung in der Kathedrale von Rodez

ROBERT LOUIS STEVENSON

R. L. Stevenson (1850–94) machten vor allem seine Romane *Die Schatzinsel*, *Entführt* sowie *Dr. Jekyll und Mr. Hyde* berühmt. Doch er war auch ein gebildeter Reiseschriftsteller. 1878 brach er in der Gesellschaft des kleinen Esels Modestine zu einer Tour in die abgelegenen Berge der Cevennen auf. Sein Bericht über diese ereignisreiche Erkundung *(Cévennen-Reise mit Esel)* erschien im Jahr darauf.

Robert Louis Stevenson

Eindrucksvolle Szenerie im Nationalpark Corniche des Cévennes

Corniche des Cévennes ㉔

Lozère, Gard. ✈ Rodez-Marcillac. 🚌 Alès. 🚌 St-Jean-du-Gard. ℹ St-Jean-du-Gard (04 66 85 32 11).

DIE DEN KAMISARDEN, protestantischen Rebellen, nachsetzende Armee Louis' XIV schlug im frühen 18. Jahrhundert die Straße von Florac am Tarn bis St-Jean-du-Gard in die Landschaft. Die Kamisarden besaßen keine Uniformen und kämpften in Hemden (*camiso* in der *langue d'oc*). Die Strecke auf der D983 wird Sie begeistern – Robert L. Stevenson fesselte die Geschichte der Kamisarden so sehr, daß er mit der Eselin Modestine seinen Marsch in die Cevennen unternahm (niedergeschrieben in *Cevennen-Reise mit Esel*).

Bei St-Laurent-de-Treves lassen Fossilien darauf schließen, daß sich einst Dinosaurier in der Lagune aufhielten. Hier bietet sich ein hinreißender Blick auf die Grands Causses und die Gipfel von Lozère und Aigoual. Die Corniche endet in St-Jean-du-Gard, wo in einem Gasthof (17. Jh.) das dem bäuerlichen Leben gewidmete **Musée des Vallées Cévenoles** untergebracht ist.

🏛 Musée des Vallées Cévenoles
95, Grand' Rue, St-Jean-du-Gard. 📞 04 66 85 10 48. 🕐 Juli–Aug tägl.; Mai–Juni u. Sep Di–So; Okt–Apr Di, Do u. So nachmittag nach Vereinbarung. **Geschl.** 1. Jan, 25. Dez.

Grands Causses ㉕

Aveyron. ✈ Rodez-Marcillac. 🚌 🚌 Millau. ℹ Millau (05 65 60 02 42).

DIE CAUSSES SIND weite, aride Kalksteinplateaus, durchfurcht von überraschend grünen, fruchtbaren Talschluchten. Manchmal ist ein auf den Höhen kreisender Raubvogel das einzige Anzeichen von Leben. Vereinzelt stehen steinerne Bauernhäuser oder Schäferhütten. Wer Einsamkeit liebt, sollte hier wandern.

Die vier Grands Causses – Sauveterre, Méjean, Noir und Larzac – erstrecken sich östlich der Stadt Millau und vom nördlichen Mende zum südlichen Vis-Flußtal.

Zu den Causses-Sehenswürdigkeiten zählen die *chaos*, bizarre Felsgebilde, die Ruinenstädten ähneln und entsprechende Namen tragen: **Montpellier-le-Vieux**, **Nîmes-le-Vieux** und **Roquesaltes**. **Aven Armand** und **Dargilan** sind weite und tiefe Untergrundhöhlen mit ähnlich beeindruckender Felsformation.

Einen Windschutz auf den Höhen von Larzac Causse bietet das seltsame, aus grob behauenem Stein errichtete Dorf **La Couvertoirade**, im 12. Jahrhundert eine Zitadelle des Templerordens. Die ungepflasterten Straßen und mittelalterlichen Häuser erinnern an die dunkle Seite jener Zeit. Der zu entrichtende Eintritt ins Dorf holt einen jedoch schnell in die Realität zurück.

Roquefort-sur-Soulzon ist wohl der bekannteste Ort vom Causse du Larzac. Die kleine, graue Stadt liegt terrassenartig auf einem brüchigen Kalksteinfelsen. Von hier stammt der Roquefort-Käse. Er wird aus roher Schafsmilch hergestellt, mit Blauschimmel (auf Brotlaiben gezogen) geimpft und reift im Labyrinth der feuchten Keller oberhalb der Stadt.

Blick über Méjean, eines der vier Plateaus der Grands Causses

Conques

Reliquien-schrein (12. Jh.)

Der Ort Conques umdrängt die Abbaye de Ste-Foy, die sich an einen zerklüfteten Hang schmiegt. Die heilige Foy wurde als junges Mädchen zur Märtyrerin. Ihre Überreste ruhten zunächst in einem rivalisierenden Kloster in Agen. Im 9. Jahrhundert stahl ein Mönch der Abtei von Conques die Reliquien, die fortan Pilger anlockten und Conques zur Station auf dem Weg nach Santiago de Compostela *(siehe S. 390f)* machten. Die Schatzkammer hütet Westeuropas bedeutendste Sammlung mittelalterlicher und Renaissancegoldarbeiten. Einige wurden bereits im 9. Jahrhundert in den Werkstätten der Abtei gefertigt. Die romanische Abteikirche besitzt wunderschöne Buntglasfenster, und das Tympanon zählt zu den Höhepunkten mittelalterlicher Bildhauerei.

Blick über das Dorf auf die Kirche

Die **breiten Querschiffe** dienten der Aufnahme der Pilgerströme.

Inneres Kirchenschiff
Die reine und elegant-kühle romanische Innengestaltung stammt von 1050–1135. Das kurze Mittelschiff strebt mit seinen drei von 250 verzierten Steinkapitellen gekrönten Bogenstockwerken 22 Meter auf.

Tympanon
Diese Skulptur zeigt das Jüngste Gericht mit dem Teufel in der Hölle (Abbildung) im unteren Bereich und Jesus im Himmel im Zentrum des Türbogenfeldes.

MASSIF CENTRAL   359

DIE SCHATZKAMMER VON CONQUES

Die Sammlung (9.–16. Jh.) wird für ihre Schönheit und Einmaligkeit gepriesen. Die goldbeschlagene Reliquienumkleidung der heiligen Foy ist mit Edelsteinen und Felskristallen besetzt und trägt ein Intaglio des römischen Kaisers Caracalla. Der Körper (9. Jh.) ist möglicherweise jünger als der Kopf (vermutlich 5. Jh.). Weitere Sehenswürdigkeiten sind der – angeblich von Karl dem Großen gestiftete – Reliquienschrein und ein Prozessionskreuz (spätes 15. Jh.).

Die Reliquienumkleidung der hl. Foy

INFOBOX

Abbaye de Sainte-Foy, Conques.
📞 05 65 69 85 12.
🚌 🚉 *von Rodez.*
Schatzkammer I und II
🕐 *Juli–Aug tägl. 9–19 Uhr; Sep–Juni tägl. 9–12 (So 11 Uhr), 14–18 Uhr.* 📷 ✝ *Mo–Sa 8.15 u. 11.30 Uhr, So 7.45 und 11 Uhr.*
📷 ♿ *eingeschränkt.*

Romanische Kapellen
Den dreistöckigen Ostteil der Kirche schließen in der Höhe die blinde Arkade des Chores und der Glockenturm ab. Drei Kapellen umgeben die östliche Apsis, die zusätzliche Altäre für Meßfeiern enthalten.

Schatzkammer I
Während der Französischen Revolution versteckten die Stadtbewohner hier ihre wertvolle Sammlung, um ihre Zerstörung zu verhindern. Bei der Rückgabe fehlte tatsächlich kein Stück.

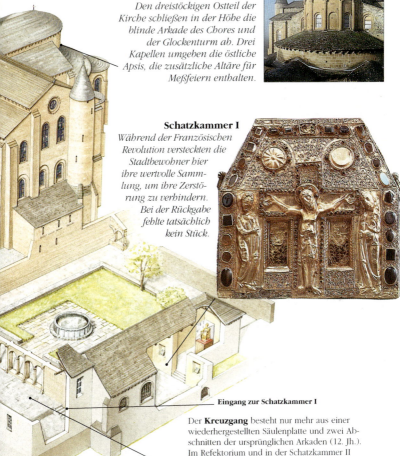

Eingang zur Schatzkammer I

Der **Kreuzgang** besteht nur mehr aus einer wiederhergestellten Säulenplatte und zwei Abschnitten der ursprünglichen Arkaden (12. Jh.). Im Refektorium und in der Schatzkammer II (über dem Touristenbüro) sind jedoch 30 der originalen Steinmetzkapitelle ausgestellt.

Gorges du Tarn ㉖

NAHE DEM BEGINN seiner Reise zur Vereinigung mit dem Fluß Garonne durchfließt der Tarn einige der wildesten Schluchten Europas. In Jahrmillionen haben Tarn und sein Zufluß Jonte ihren Weg durch die Kalkstein-Hochplateaus der Cevennen gegraben und dabei ein gewundenes Tal von etwa 25 Kilometer Länge und nahezu 600 Meter Tiefe geschaffen. Straßen mit schwindelerregenden Kurven und faszinierenden Ausblicken erklimmen die felsigen Steilufer am Saum der Schluchten. Diese sind in den Ferien viel besucht. Die umgebenden Plateaus *(causses)* wirken verwirrend anders: eine offene, schnörkellose Landschaft – trocken im Sommer, schneebedeckt im Winter –, verlassen bis auf weidende Schafe und einsame Bauernhöfe.

Point Sublime
Oberhalb 800 Metern eröffnen sich hinreißende Ausblicke auf eine weite Schleife der Tarn-Schlucht und die Causse Méjean in der Ferne.

Unternehmungen im Freien
Die Tarn- und Jonte-Schluchten ziehen Kanu- und Raftingsportler an. Die im Sommer friedlichen Flüsse können durch die Schneeschmelze im Frühjahr gefährlich anschwellen.

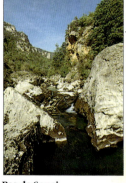

Pas de Souci
Unmittelbar flußaufwärts ab Les Vignes begleitet der Pas de Souci eine enge Schlucht, bei der sich der Tarn nordwärts wendet.

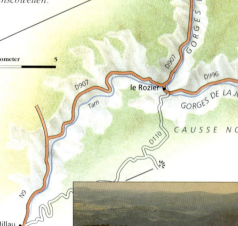

Chaos de Montpellier-le-Vieux
Am Causse-Noir-Rand (abseits der D110) fesselt eine ungewöhnliche geologische Formation – bizarre Felsbildungen, durch Kalksteinerosion modelliert.

INFOBOX

Lozère. ✈ Rodez-Marcillac. 🚆 Mende, Banassac, Séverac-le-Château. 🚌 Florac, Le Rozier. ℹ Le Rozier (im Sommer 05 65 62 60 89). St-Enimie (04 66 48 53 44).

La Malène
Der Ort zwischen Causse Sauveterre und Causse Méjean bietet sich mit seinem burgartigen Herrenhaus (14. Jh.) als Ausgangspunkt für Bootsfahrten an.

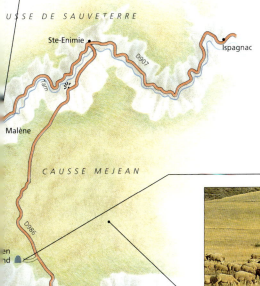

Caves Aven Armand
Auf der Méjean-Hochebene sind viele Höhlenstalaktiten von Mineralien gefärbt, die mit dem Tropfwasser abgelagert werden.

Causse Méjean
Die Hochebenen (causses) sind mit über 900 Arten von Wildblumen (einschließlich Orchideen) ein Paradies für Botaniker.

DIE WILDEN CEVENNEN

Die Cevennen, eines der bevölkerungsärmsten Gebiete Frankreichs, sind auch für ihre Wildblumen und Greifvögel bekannt. Die Weißköpfigen Geier waren hier einst verbreitet. Diese riesigen, aber harmlosen Aasfresser waren früher durch Jagd beinahe ausgerottet, aber ein Wiederansiedlungsprogramm hat die Zahl der Vögel ansteigen lassen.

*Zu den **Wildblumen**, die in diesem Gebiet vorkommen, zählen auch Alpengattungen.*

*Der **Weißköpfige Geier** der Cevennen erreicht eine Flügelspannweite von über 2,5 Metern.*

Rhône-Tal und Französische Alpen

Loire · Rhône · Ain · Isère · Drôme
Ardèche · Haute-Savoie · Savoie · Hautes-Alpes

Die Rhone und *die französischen Alpen prägen den eindrucksvollen geographischen Charakter dieser Region. Den Osten dominieren schneebedeckte Gipfel, während die Rhône einen lebenswichtigen Verbindungsstrang zwischen Nord und Süd darstellt.*

Als die Römer vor über 2000 Jahren Lyon gründeten, erkannten sie bereits die strategische Lage der Stadt. Heute ist Lyon mit seinen großartigen Museen und Renaissancebauten zweitbedeutendste Stadt Frankreichs. Sie zählt zu den wirtschaftlichen und kulturellen Zentren des Landes und gilt als französisches Schlaraffenland. Nördlich liegen die Sumpfgebiete der Dombes und die fruchtbare Ebene von Bresse. Auch hier gibt es die berühmten Beaujolais-Weinberge, die mit denen der Côtes du Rhône die Gegend zur wichtigen Weinregion machen.

Die französischen Alpen gehören zu den beliebtesten Erholungsgebieten. Zu den Anziehungspunkten zählen international bekannte Skiorte wie Chamonix, Mégève und Courchevel sowie historische Städte wie Chambéry, das vor dem Anschluß an Frankreich die Hauptstadt Savoyens war. Elegante Kurorte reihen sich am Ufer des Genfer Sees. Grenoble, lebendige Universitätsstadt und High-Tech-Zentrum, liegt inmitten zweier Naturschutzgebiete: Chartreuse und Vercors. Im Süden gehen die Obstgärten und Sonnenblumenfelder in leuchtende Lavendelreihen über, die von Weingärten und Olivenhainen aufgelockert werden. Schlösser und alte Städtchen zieren die Landschaft. Berge und malerisch altmodische Kurorte prägen die zerklüftete Ardèche, deren Schluchten zu Frankreichs wildesten Landschaften gehören.

Die restaurierte Ferme de la Fôret von St-Trivier-de-Courtes, nördlich von Bourg-en-Bresse

◁ Das mittelalterliche Viertel von Annecy

Überblick: Rhône-Tal und französische Alpen

LYON IST DIE GRÖSSTE Stadt der Region und berühmt für seine historischen Bauten und gastronomische Tradition. Bacchusjünger können zwischen Weinen aus Beaujolais, Rhône-Tal und Drôme-Gebiet (im Süden) wählen. Im Westen lockt die Ardèche mit wilder Landschaft, Wildwasser-Kanupaddeln und Klettern. Kurliebhaber aus aller Welt zieht es nach Évian-les-Bains und Aix-les-Bains, Sportbegeisterte vorwiegend in die Alpen *(siehe S. 312f)*.

AUF EINEN BLICK

Aix-les-Bains ㉒
Annecy ㉓
Ardèche ⓫
Bourg-en-Bresse ❶
Briançon ⓰
Chambéry ㉑
Chartreuse ⓴
Dombes ❷
Grenoble ⓲
Grignan ⓭
Lac Léman ㉔
Le Bourg d'Oisans ⓱
Lyon ❹
Montélimar ⓭
Nyons ⓯
Palais Idéal du Facteur Cheval ❽
Pérouges ❸
St-Étienne ❼
St-Romain-en-Gal ❻
Tournon-sur-Rhône ❾
Valence ❿
Vals-les-Bains ⓬
Vercors ⓳
Vienne ❺

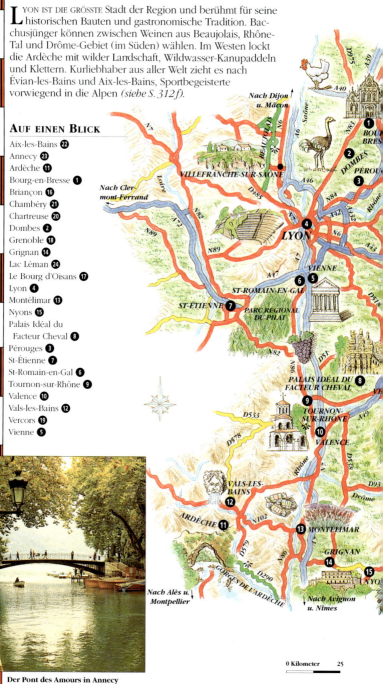

Der Pont des Amours in Annecy

0 Kilometer 25

RHONE-TAL UND FRANZÖSISCHE ALPEN

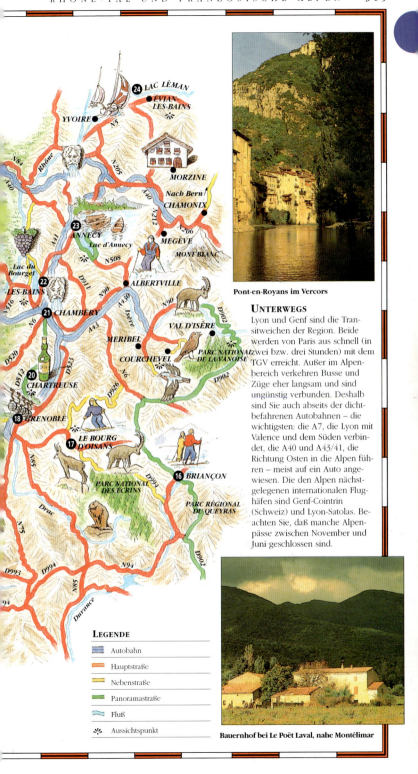

Pont-en-Royans im Vercors

UNTERWEGS

Lyon und Genf sind die Transitweichen der Region. Beide werden von Paris aus schnell (in zwei bzw. drei Stunden) mit dem TGV erreicht. Außer im Alpenbereich verkehren Busse und Züge eher langsam und sind ungünstig verbunden. Deshalb sind Sie auch abseits der dichtbefahrenen Autobahnen – die wichtigsten: die A7, die Lyon mit Valence und dem Süden verbindet, die A40 und A43/41, die Richtung Osten in die Alpen führen – meist auf ein Auto angewiesen. Die den Alpen nächstgelegenen internationalen Flughäfen sind Genf-Cointrin (Schweiz) und Lyon-Satolas. Beachten Sie, daß manche Alpenpässe zwischen November und Juni geschlossen sind.

Bauernhof bei Le Poët Laval, nahe Montélimar

LEGENDE

- Autobahn
- Hauptstraße
- Nebenstraße
- Panoramastraße
- Fluß
- Aussichtspunkt

Bourg-en-Bresse ❶

Ain. 43 000. Centre Culturel Albert Camus, 6, av Alsace-Lorraine (04 74 22 49 40). Mi u. Sa.

BOURG-EN-BRESSE ist eine geschäftige Marktstadt mit renovierten Fachwerkhäusern. Bekanntestes Baudenkmal ist die **Eglise de Brou** im Südosten der Stadt, bekannteste Delikatesse *Poulet de Bresse* – Hähnchen aus Bresse mit dem Qualitätsmerkmal *appellation contrôlée* (siehe S. 309).

Die Abteikirche ist eine der populärsten Sehenswürdigkeiten Frankreichs. Sie wurde 1505–36 im Flamboyant-Stil von Margarete von Österreich nach dem Tod (1504) ihres Gatten Philibert, des Herzogs von Savoyen, errichtet.

Im Chor sind die aus Carrara-Marmor fein gehauenen Grabstätten des Paares sowie das Grab der Marguerite de Bourbon, Philiberts Mutter (gest. 1483), zu sehen. Beachtung verdienen das stilvoll geschnitzte Chorgestühl, die Buntglasfenster und der Lettner mit seinen schwungvollen Korbhenkelbogen.

Der anschließende Kreuzgang beherbergt ein kleines Museum mit einer erlesenen Sammlung von Werken holländischer und flämischer Meister (16.–17. Jh.) sowie zeitgenössischer lokaler Künstler.

Umgebung

Das **Ferme-Musée de la Fôret** entführt einen in das bäuerliche Leben der Region im 17. Jahrhundert. Das Museum, ein Fachwerkbau mit Lehmflechtfüllung, liegt 24 Kilometer nördlich von Bourg-en-Bresse bei St-Trivier-de-Courtes. Innen entdeckt man einen »Sarazenen-Kamin« mit Ziegelhaube (in der Raummitte, ähnlich wie in Sizilien und Portugal) und eine Sammlung von alten landwirtschaftlichen Geräten.

Bresse-Hühner

🏛 Ferme-Musée de la Forêt
☎ 04 74 30 71 89. Ostern–Juni u. Okt–Nov Sa, So u. Feiertage; Juli–Mitte Sep tägl.

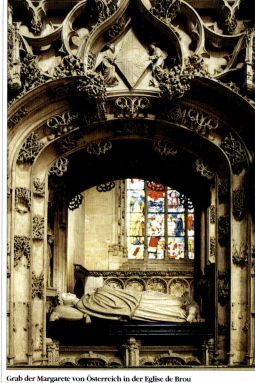

Grab der Margarete von Österreich in der Eglise de Brou

Dombes ❷

Ain. Lyon. Lyon, Villars les Dombes, Bourg-en-Bresse. Villars-les-Dombes (von Bourg-en-Bresse). 3 pl de Hôtel de Ville, Villars-les-Dombes (04 74 98 06 29).

KLEINE HÜGEL und etwa tausend Seen und Sümpfe – ein Paradies für Angler und Vogelliebhaber – sprenkeln die gletschergeschürfte Hochebene südlich von Bourg-en-Bresse.

Im Mittelpunkt des Gebietes, bei **Villars-les-Dombes**, sind im ornithologischen **Parc des Oiseaux** über 400 einheimische und exotische Vogelarten, darunter auch Geier, Emus, Flamingos und Strauße, zu sehen.

Parc des Oiseaux
Route Nationale 83, Villars-les-Dombes. ☎ 04 74 98 05 54. tägl.

Pérouges ❸

Ain. 900. Meximieux-Pérouges. 04 74 60 01 14.

AUF EINER Hügelkuppe liegen mauerumwehrt die mittelalterlichen Häuser und Straßen von Pérouges. Ursprünglich eine Kolonie von Emigranten aus Perugia, war der Ort in seiner hohen Zeit (13. Jh.) geschäftiges Zentrum der Leinenweberei. Doch infolge der industriellen Tuchfertigung (19. Jh.) schrumpfte die Bevölkerung von 1500 auf 900.

Die Restaurierung der historischen Gebäude und die Wiederbelebung des Handwerks haben dem Ort frischen Atem eingehaucht. Es wundert nicht, daß Pérouges als Filmkulisse für historische Dramen wie *Die drei Musketiere* und *Monsieur Vincent* diente. Eine mächtige, 1792 zu Ehren der Revolution gepflanzte Linde beschattet den Hauptplatz, die Place de la Halle.

Eine Reise durch das Beaujolais

Das Beaujolais ist ein Schlaraffenland für Weinkenner. Es bietet feine Weine in einer faszinierenden Landschaft. Der Süden des Gebietes produziert den Großteil des Beaujolais Primeur, der jährlich am dritten Novemberdonnerstag frisch aus den Kellern in alle Lande geht. Der Norden wartet mit zehn edlen *crus* auf (St-Amour, Juliénas, Moulin-à-Vent, Chénas, Fleurie, Chiroubles, Morgon, Brouilly, Côte de Brouilly und Regnié), allesamt im Verlauf einer Tagestour zu kosten. Bei den exquisiten *maisons du pays* sind die Unterkünfte auf dem Weinkeller errichtet. Jeder Ort besitzt seine *cave*, die neben Proben einen kleinen Einblick in die das örtliche Leben beherrschende Weinkultur gewährt.

Côte de Brouilly

Juliénas ①
In diesem für seinen *coq au vin* bekannten Ort lagert der Wein in Kirche, Schloß und Maison de la Dime (Zehntscheune aus dem 16. Jh.).

Moulin-à-Vent ②
Von dieser Windmühle (17. Jh.) eröffnen sich Ausblicke auf das Saône-Tal. Proben der ältesten *crus* finden in den *caves* nebenan statt.

Weingarten mit Gamay-Reben

Chiroubles ⑦
Eine Büste auf dem Ortsplatz ehrt Victor Pulliat, der in den 80er Jahren des 19. Jahrhunderts durch Einfuhr amerikanischer Reben die Weinberge vor der Reblaus schützte.

Fleurie ③
Die Madonnenkapelle (1875) wacht über die Weinberge. Dorfrestaurants servieren *andouillettes au Fleurie*.

Villié-Morgon ④
Weinproben finden im Keller des Château de Corcelles (18. Jh.) im Ortskern statt. Das Schloß besitzt einen Renaissance-Hof.

Beaujeu ⑥
Die geschichtliche Hauptstadt der Region bietet Weinproben im abgebildeten hölzernen Renaissancegebäude und den Hospices de Beaujeu (17. Jh.).

Brouilly ⑤
Die Kapelle Notre-Dame du Raisin (19. Jh.) steht auf einem Hügel mit reizvollem Ausblick, auf dem jährlich ein Weinfest veranstaltet wird.

LEGENDE

▬▬▬	Tourenempfehlung
═══	Andere Straßen
✲	Aussichtspunkt

0 Kilometer — 2

MÂCON →

Chénas

Romanèche-Thorins

Régnié-Durette

Cercié

VILLEFRANCHE-SUR-SAONE

Im Detail: Lyon ❹

AM WESTUFER DER Saône bietet die restaurierte Altstadt Vieux Lyon ein dichtes Gewirr aus *traboules* (überdachten Passagen), gepflasterten Straßen, Renaissancepalästen, hervorragenden Restaurants, *bouchons* (Bistros) und schicken Designerboutiquen. Hier lag die römische Stadt Lugdunum, das von Caesar 44 v. Chr. gegründete militärische und wirtschaftliche Zentrum Galliens. Überreste dieser wohlhabenden Stadt entdecken Sie im galloromischen Museum auf dem Fourvière-Hügel. In zwei freigelegten römischen Theatern finden noch Vorstellungen – von Opern bis zu Rockkonzerten – statt. Am Fuß des Hügels stehen die erlesensten Renaissanceherrenhäuser Frankreichs – Zeugnis des durch Banken, Druckgewerbe und Seidenhandel angehäuften Reichtums.

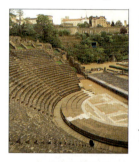

★ Théâtres Romains
Lyon besitzt noch zwei römische Amphitheater: Das Grand Théâtre mit 10 000 Plätzen, Frankreichs ältestes Theater (15 v. Chr.), dient zeitgenössischen Darbietungen; das kleinere Odéon fällt durch seinen geometrisch ausgelegten Ziegelboden auf.

★ Musée de la Civilisation Gallo-Romaine
Das unterirdische Museum besitzt eine reiche Sammlung von Statuen, Mosaiken, Münzen und Inschriften, die Lyons römische Vergangenheit aufleben lassen.

Eingang zur Zahnradbahn

NICHT VERSÄUMEN

★ **Théâtres Romains**

★ **Musée de la Civilisation Gallo-Romaine**

★ **Basilique Notre-Dame de Fourvière**

Cathédrale St-Jean
Die (im späten 12. Jh. begonnene) Kathedrale besitzt eine astronomische Uhr (14. Jh.), die religiöse ertage bis zum Jahr 2019 anzei

RHONE-TAL UND FRANZÖSISCHE ALPEN 369

★ Basilique Notre-Dame de Fourvière
Diese prunkende, pseudobyzantinische Kirche mit ihrem Wust an Türmchen und Zacken, Marmor und Mosaiken wurde im späten 19. Jahrhundert errichtet und zählt zu Lyons Wahrzeichen.

INFOBOX

Rhône. 420 000. 25 km östlich von Lyon. Perrache u. Part Dieu (08 36 35 35 35). Perrache (04 78 71 70 00). Place Bellecour (04 72 77 69 69). Di–So **Biennale Internationale d'Art Contemporain** und **Biennale Internationale de la Danse** (Sep). **Hôtel Gadagne** 04 78 42 03 61. Mi–Mo. **Geschl.** Feiertage. **Musée de la Civilisation Gallo-Romaine** 04 72 38 81 90. Mi–So. **Geschl.** Feiertage.

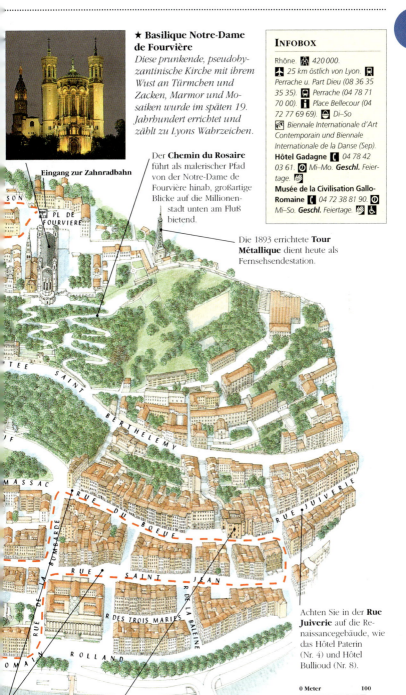

Eingang zur Zahnradbahn

Der **Chemin du Rosaire** führt als malerischer Pfad von der Notre-Dame de Fourvière hinab, großartige Blicke auf die Millionenstadt unten am Fluß bietend.

Die 1893 errichtete **Tour Métallique** dient heute als Fernsehsendestation.

Achten Sie in der **Rue Juiverie** auf die Renaissancegebäude, wie das Hôtel Paterin (Nr. 4) und Hôtel Bullioud (Nr. 8).

0 Meter 100

In der **Rue St-Jean** und **Rue du Bœuf** befinden sich die Renaissanceherrenhäuser früherer Bankiers und Seidenhändler.

Das **Hôtel Gadagne** (15. Jh.) beherbergt zwei Museen: das **Musée Historique de Lyon** und das bezaubernde **Musée de la Marionette** mit den berühmten Lyoner Puppen.

LEGENDE

- - - - Routenempfehlung

Überblick: Lyon

FRANKREICHS ZWEITBEDEUTENDSTE Stadt liegt eindrucksvoll an den Ufern von Rhône und Saône. Sie stellt seit der Antike die Grenze zwischen Nord und Süd dar. Schon bei der Ankunft verspürt man den *brin du sud*, den Hauch des Südens. Die Menschen bewegen sich weniger hastig als in Paris, die Sonne scheint häufiger und stärker als im Norden. Trotz Lyons Bedeutung als Bank-, Textil- und pharmazeutisches Zentrum assoziieren die meisten Franzosen die Stadt mit Gaumenfreuden. Lyon ist gespickt voll von Speiselokalen – von einfachen *bouchons* (Bistros) zu den erlesensten Gourmettempeln.

Rue St-Jean in Vieux Lyon

Die Presqu'île

Die Presqu'île ist das Herz Lyons – eine schmale Halbinsel zwischen Rhône und Saône, unmittelbar nördlich ihrer Vereinigung. Die Fußgängerzone Rue de la République verbindet die Zwillingspole des urbanen Lebens: die weite **Place Bellecour** (mit der Reiterstatue von Louis XIV in der Mitte) und die **Place des Terreaux**. Letztere wird beherrscht vom verzierten Hôtel de Ville (17. Jh.) und dem Palais St-Pierre, einem früheren Benediktinerkonvent, das heute das **Musée des Beaux-Arts** beherbergt. Die Platzmitte nimmt der imposante Brunnen (19. Jh.) ein, ein Werk Bartholdis, des Schöpfers der New Yorker Freiheitsstatue.

Hinter dem Rathaus liegt die von Jean Nouvel futuristisch gestaltete **Opéra de Lyon**: ein schwarzes Tonnengewölbe aus Stahl und Glas in einer neoklassizistischen Kapsel. 1993 wiedergeöffnet, wird sie seitdem heftig kritisiert.

Nicht weit südlich zeigt das **Musée de l'Imprimerie** Lyons Beitrag zur Entwicklung der Druckkunst im späten 15. Jahrhundert.

Zwei weitere Museen auf der Presqu'île lohnen einen Besuch: das **Musée Historique des Tissus** mit seinen außergewöhnlichen Seiden- und Gobelinsammlungen aus nahezu 2000 Jahren sowie das **Musée des Arts Décoratifs**, das Möbel, Porzellan, Gobelins und *objets d'art* ausstellt. In der Nähe liegt die **Abbaye St-Martin d'Ainy**, eine eindrucksvoll restaurierte karolingische Kirche (1107).

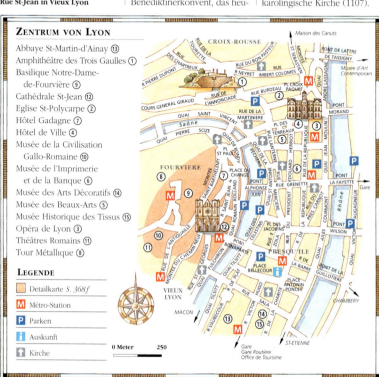

ZENTRUM VON LYON

- Abbaye St-Martin-d'Ainy ⑬
- Amphithéâtre des Trois Gaulles ①
- Basilique Notre-Dame-de-Fourvière ⑨
- Cathédrale St-Jean ⑫
- Eglise St-Polycarpe ②
- Hôtel Gadagne ⑦
- Hôtel de Ville ④
- Musée de la Civilisation Gallo-Romaine ⑩
- Musée de l'Imprimerie et de la Banque ⑥
- Musée des Arts Décoratifs ⑭
- Musée des Beaux-Arts ⑤
- Musée Historique des Tissus ⑮
- Opéra de Lyon ③
- Théâtres Romains ⑪
- Tour Métallique ⑧

LEGENDE

- Detailkarte S. *368f*
- Métro-Station
- Parken
- Auskunft
- Kirche

Musée des Beaux-Arts

Auf dem Markt Quai St-Antoine

Lyons kürzlich renoviertes Musée des Beaux-Arts ist nach dem Louvre Frankreichs größtes und wichtigstes Kunstmuseum. Es ist im Palais St-Pierre (17. Jh.) untergebracht, einem früheren Benediktinerkonvent für Adelstöchter. Das Musée d'Art Contemporain (bislang ebenfalls im Palais St-Pierre) befindet sich nun in 81 Cité Internationale, nördlich des Jardin Tête d'Or. In dem Gebäude, entworfen von Renzo Piano, sind vor allem Arbeiten ab Mitte des 20. Jahrhunderts untergebracht.

La Croix-Rousse

Dieses Arbeiterviertel nördlich der Presqu'île entwickelte sich im 15. Jahrhundert zum Mittelpunkt der Seidenweberei. Es ist durchzogen von überdachten Passagen *(traboules)*, die die fertigen Webprodukte beim Transport schützten. Betreten Sie die Passage an der Place des Terreaux Nr. 6, und folgen Sie ihr bis zur **Eglise St-Polycarpe**. Von dort ist es nicht weit zu den Ruinen des **Amphithéâtre des Trois Gaulles** (19 v. Chr.) und der **Maison des Canuts**, in dem Sie die Arbeit an einem Seidenwebstuhl beobachten können.

La Part-Dieu

In diesem modernen Geschäftsviertel am Ostufer der Rhône liegt der TGV-Bahnhof mit neuem Einkaufszentrum und öffentlicher Bibliothek. Auch der Kulturpalast **Auditorium Maurice Ravel** ist hier angesiedelt.

Musée de l'Imprimerie
13, rue de la Poulaillerie.
04 78 37 65 98.
Mi–So. Geschl. Feiertage.

Musée Historique des Tissus
34, rue de la Charité. 04 78 37 15 05. Di–So. Geschl. Feiertage.

Musée des Arts Décoratifs
30, rue de la Charité. 04 78 37 15 05. Di–So. Geschl. Feiertage.

Maison des Canuts
10–12, rue d'Ivry. 04 78 28 62 04. Mo–Sa (Aug Di–Sa). Geschl. Feiertage.

ANTIQUITÄTEN

Zu dieser weitgefaßten Sammlung zählen archäologische Funde aus Ägypten, etruskische Statuetten und 4000 Jahre alte zyprische Keramik. Diese Abteilung belegt das Erdgeschoß des Museums, das jedoch auch Sonderausstellungen dient.

SKULPTUREN UND ANDERE KUNSTWERKE

In der alten Kapelle im Erdgeschoß finden sich in der Skulpturenabteilung Werke der französischen Romanik, der italienischen Renaissance und des späten 19. und frühen 20. Jahrhunderts. Vertreten sind unter anderem Rodin und Bourdelle (auch im Hof stehen einige ihrer Statuen), Maillol, Despiau und Pompon. Die Sammlung von *objets d'art* (im ersten Stock) schließt mittelalterliche Elfenbeinarbeiten, Bronzen und Keramiken, Münzen, Medaillen, Waffen, Schmuck, Möbel und Gobelins ein.

Odalisque (1841), James Pradier

GEMÄLDE UND ZEICHNUNGEN

Die ausgezeichnete Gemäldesammlung des Museums im ersten und zweiten Stock umfaßt alle Zeiträume. Zu sehen sind spanische und holländische Meister, französische Schulen des 17. bis 19. Jahrhunderts, Impressionisten

Fleurs des champs (1845) von Louis Janmot (Lyoner Schule)

und Moderne sowie Arbeiten der Lyoner Schule, deren feine Blumenmalereien die Designer der Seidenstoffe über Generationen inspirierten. Im Cabinet d'Arts Graphiques (erster Stock, Zugang nach Absprache) sind über 4000 Zeichnungen und Radierungen von Delacroix, Poussin, Géricault, Degas, Rodin und anderen zu bewundern.

Musée des Beaux-Arts
Palais St-Pierre, 20, place des Terreaux. 04 72 10 17 40.
Mi–So. Geschl. Feiertage.

Medusa (1923) von Alexej Jawlensky

Châtiment de Lycurgue im Musée Archéologique, St-Romain-en-Gal

Vienne ❺

Isère. 29 000. Cours Brillier (04 74 85 12 62). Sa.

K EINE ANDERE STADT des Rhône-Tals bietet solch verdichtete Baugeschichte wie Vienne. Bereits die Römer schätzten die strategischen und natürlichen Vorzüge dieses in einem Becken zwischen Fluß und Hügeln gelegenen Ortes. Nach ihrer Besetzung des Gebietes (1. Jh. v. Chr.) bauten sie das bestehende Dorf weitflächig aus.

Das Zentrum der römischen Siedlung bildete der **Temple d'Auguste et Livie** (25 v. Chr.) auf dem Place du Palais mit ihrer stilvollen Anlage korinthischer Säulen. Unweit der Place de Miremont liegen die Überreste des **Théâtre de Cybèle**, eines Tempels der Göttin Kybele, deren Verehrung mit orgiastischen Riten einherging.

Das **Théâtre Romain** am Fuß des Mont Pipet (abseits der Rue du Cirque) zählte mit 13 000 Plätzen zu den größten Amphitheatern des römischen Gallien. 1938 restauriert, dient es nun verschiedenen Anlässen, so einem internationalen Jazzfestival (in den ersten beiden Juliwochen). Bei den höchsten Plätzen belohnt ein Blick auf Stadt und Fluß.

Zu den weiteren sehenswerten römischen Überbleibseln gehören ein Stück Straße in den öffentlichen Anlagen und die **Pyramide du Cirque** im Südteil der Stadt – ein seltsamer, etwa 20 m hoher Bau in der Mitte der einstigen Streitwagenbahn. Das **Musée des Beaux-Arts et d'Archéologie** besitzt eine gute Sammlung galloromischen Kunsthandwerks, französische Fayencen (18. Jh.) sowie Gemälde (17. Jh.) weniger bekannter Künstler der Region.

Die **Cathédrale de St-Maurice** gilt als wichtigstes mittelalterliches Monument der Stadt. Sie wurde zwischen dem 12. und 16. Jahrhundert in einem romanisch-gotischen Zwitterstil erbaut. Sie hat kein Quer-, dafür aber drei Seitenschiffe und birgt im Inneren zahlreiche wertvolle romanische Skulpturen.

Zu Viennes frühesten christlichen Kirchen zählen die **Eglise St-André-le-Bas** (12. Jh.) mit Kreuzgang und reichverzierten Kapitellen sowie die teilweise aus dem 5./6. Jahrhundert stammende **Eglise St-Pierre**. Letztere beherbergt das **Musée Lapidaire**, ein Steinmetzmuseum, mit einer Sammlung von Flachreliefs und Statuen aus galloromanischen Gebäuden.

🏛 Musée des Beaux-Arts et d'Archéologie
Place de Miremont. ☎ 04 74 85 50 42. ◷ Apr–Mitte Okt Mi–Mo; Mitte Okt–März Mi–Sa, So nachmittags. **Geschl.** 1. Jan, 1. Mai, 1. u. 11. Nov, 25. Dez.

🏛 Musée Lapidaire
Place St-Pierre. ☎ 04 74 85 20 35. ◷ Apr–Mitte Okt Mi–Mo; Mitte Okt–März Mi–Sa, So nachmittags. **Geschl.** 1. Jan, 1. Mai, 1. u. 11. Nov, 25. Dez.

Cathédrale de St-Maurice, Vienne

St-Romain-en-Gal ❻

Rhône. 1300. Vienne.

B AUARBEITEN BRACHTEN 1967 in dieser Geschäftsstadt (unmittelbar gegenüber von Vienne auf der anderen Rhôneseite) weitläufige Reste einer offenbar sehr bedeutenden römischen Siedlung des 1. bis 3. Jahrhunderts zutage. Man legte Ruinen von Villen, öffentlichen Bädern, Läden und Warenhäusern frei. Einen besonderen Fund stellt das Haus der Meeresgötter dar, in dem ein Mosaikboden den bärtigen Neptun sowie andere Götter und Geister zeigt.

Viele der Funde sind im **Musée Archéologique** ne-

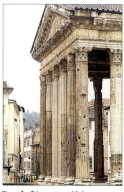

Temple d'Auguste et Livie (1. Jh. v. Chr.) in Vienne

ben den Ruinen untergebracht. Die beeindruckende Sammlung enthält Haushaltsgegenstände, Wandbilder und Mosaike. Die Hauptattraktion ist *Châtiment de Lycurgue*, ein 1907 entdecktes Mosaik.

🏛 Site Archéologique
📞 04 74 53 74 01. 🕐 Di–Do.
Geschl. *öffentliche Feiertage.*

St-Étienne ❼

Loire. 👥 200 000. ✈ 🚂 🚌 🛈 3, pl Roannelle (04 77 25 12 14). 🛒 *tägl.*

IHREN SCHLECHTEN RUF als Zentrum der Rüstungsindustrie und des Kohlebergbaus verdient diese Stadt kaum mehr. Die Innenstadt um die Place des Peuple wirkt lebendig und atmosphäregeladen. Und das nahe, gut gestaltete **Musée d'Art et d'Industrie** wird alle Technikfreunde begeistern. Es zeigt St-Étiennes industriellen Hintergrund – einschließlich der Entwicklung der Jacquard-Webmaschine.

Hauptattraktion ist jedoch das **Musée d'Art Moderne**, ein modernes, mit schwarzen Keramikplatten verkleidetes Gebäude am Nordrand der Stadt (gleich neben der N82). Es bietet wechselnde Ausstellungen sowie eine Sammlung von Kunst des 20. Jahrhunderts, darunter Arbeiten von Andy Warhol und Frank Stella.

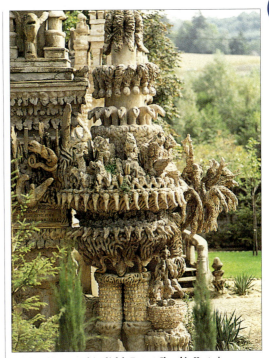

Detail des bizarren Palais Idéal du Facteur Cheval in Hauterives

🏛 Musée d'Art et d'Industrie
Place Louis-Comte. 📞 04 77 33 04 85. **Geschl.** *wg. Renovierung bis Anfang 1999.*
🏛 Musée d'Art Moderne
La Terrasse. 📞 04 77 79 52 52. 🕐 *tägl.* **Geschl.** *1. Jan, 1. Mai, 14. Juli, 15. Aug, 1. Nov, 25. Dez.*

Palais Idéal du Facteur Cheval ❽

Hauterives, Drôme. 🚂 *Romans-sur-Isère* 📞 04 75 68 81 19. 🕐 *tägl.* **Geschl.** *1. Jan, 25. Dez.*

BEI HAUTERIVES, 25 Kilometer nördlich von Roman-sur-Isère an der D538, harrt eine der ausgefallensten Skurrilitäten Frankreichs: ein exzentrischer, aus Feldsteinen erbauter »Palast« mit ägyptischer, römischer, aztekischer und siamesischer Architektur. Er wurde einzig und allein von dem örtlichen Postboten Ferdinand Cheval erbaut, der die Steine beim täglichen Austragen auf Pferderücken sammelte. Das von Nachbarn für verrückt erklärte Projekt zog die bewundernde Aufmerksamkeit des Surrealisten André Breton und anderer Künstler auf sich.

Im Inneren fallen Inschriften Chevals auf – die ergreifendste belegt seine Bemühungen, seinen Traum zu verwirklichen: »1879–1912: 10 000 Tage, 93 000 Stunden, 33 Jahre Mühsal.«

DIE RHÔNE-BRÜCKEN

Die Rhône hat in der Geschichte Frankreichs eine entscheidende Rolle gespielt: Sie hat Armeen und Handelsschiffe zwischen Nord und Süd transportiert. Über Jahrhunderte forderte sie Bootsbauer und Schiffer heraus. 1825 errichtete der wagemutige Ingenieur Marc Seguin die erste Hängebrücke aus Stahlseilen. Ihr folgten 20 weitere auf der gesamten Länge der Rhône, die damit die Trennung zwischen Ost und West dauerhaft aufgehoben haben.

Hängebrücke bei Tournon-sur-Rhône

Die Stadt Tournon-sur-Rhône

Tournon-sur-Rhône ❾

Ardèche. 10 000. Hôtel de la Tourette (04 75 08 10 23). Mi u. Sa.

Tournon liegt am Fuße beeindruckender Graniterhebungen. Es ist ein hübsches Städtchen mit baumbestandenen Promenaden. Reizvolle Blicke auf Stadt und Fluß bieten sich von den Terrassen des stattlichen **Château** (11.–16. Jh.), in dem ein Heimatmuseum untergebracht ist.

Die anschließende Stiftskirche **Collégiale St-Julien** mit viereckigem Glockenturm und kunstsinniger Fassade gibt ein Beispiel für den Einfluß italienischer Architektur im 14. Jahrhundert. Innen besticht die kraftvolle *Auferstehung* (1576) des Raffael-Schülers Capassin.

Der **Lycée Gabriel-Faure** am Quai Charles-de-Gaulle ist Frankreichs älteste (1536) höhere Schule.

Jenseits der Rhône, genau gegenüber von Tournon, steigen die Weinberge des Ortes **Tain l'Hermitage** steil an. Dort erzeugt man den Rot- und Weißwein Hermitage, den erlesensten (und teuersten) aller Côtes-du-Rhône-Weine.

Umgebung

Von Tournons Hauptplatz, der Place Jean-Jaurès, führt die enge, gewundene **Route Panoramique** über die Orte Plats und St-Romain-de-Lerps nach St-Péray. Diese ausgeschilderte Strecke eröffnet bei jeder Kurve atemberaubende Sichten – bei St-Romain sogar einen großartigen Panoramablick über 13 Départements.

Valence ❿

Drôme. 65 000. Parvis de la Gare (04 75 44 90 40). Mi, Sa.

Am Ostufer der Rhône blickt die blühende Marktstadt Valence auf die Felsen der Ardèche jenseits des Flusses. Hauptsehenswürdigkeit ist die romanische, 1095 gegründete **Cathédrale St-Apollinaire** (Wiederaufbau im 17. Jh.) an der Place des Clercs.

Neben der Kathedrale hat im früheren Bischofspalais das kleine **Musée des Beaux-Arts** Kreidezeichnungen (spätes 18. Jh.) von Hubert Robert gesammelt.

Ein kurzer Fußweg führt zu zwei Renaissanceherrenhäusern. In der Grande Rue Nr. 57 zieren Skulpturenköpfe antiker Griechen – darunter Aristoteles, Homer und Hippokrates – die **Maison des Têtes** (1532). Bei der **Maison Dupré-Latour**, Rue Pérollerie, fallen die feinen Reliefarbeiten von Portal und Treppenaufgang auf.

Der **Parc Jouvet** südlich der Avenue Gambetta bietet auf sechs Hektar Teiche und Gärten sowie schöne Blicke über den Fluß auf das zerstörte **Château de Crussol**.

🏛 **Musée des Beaux-Arts**
4, place des Ormeaux. ☎ 04 75 79 20 80. tägl. Geschl. Mo, Di, Do u. Fr vormittag, Feiertage außer So.

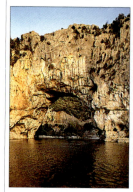

Der Pont d'Arc aus Kalkstein

Ardèche ⓫

Ardèche. Valence, Avignon. Montélimar, Pont St-Esprit. Montélimar, Vallon-Pont-d'Arc. Vallon-Pont-d'Arc (04 75 88 04 01).

Wind und Wasser formten in Jahrtausenden die wilde, zerfurchte Landschaft dieser Region im Süden Zentral-

---

Côtes-du-Rhône-Weinberge

Côtes du Rhône

Die mächtige Rhône entspringt den Schweizer Alpen, um südwärts zum Mittelmeer zu strömen. Sie ist das Bindeglied der Weinberge in ihrem Tal. Die Hierarchie von *appellations* kennt drei Qualitätsstufen: Côtes du Rhône bezeichnet die Masse der einfachen Rhône-Weine, Côtes-du-Rhône-Villages-Weine kommen aus einer Vielzahl malerischer Weinorte, und die Spitzenklasse umfaßt 13 verschiedene Lagen. Die bekanntesten dieser *appellations* stammen von den steilen Hänge der Hermitage und Côte Rôtie (nördliche Rhône) und dem Châteauneuf-du-Pape *(siehe S. 493)* im Süden. Der Rotwein auf Basis der Syrah-Traube – würzig, robust, viel Körper – stellt den Löwenanteil der Produktion.

RHONE-TAL UND FRANZÖSISCHE ALPEN

frankreichs, die man eher in Amerikas Südwesten als dem sattgrünen ländlichen Frankreich vermuten würde. Das augenfällige Schauspiel setzt sich unterirdisch fort: Höhlen voll bizarrer Stalagmiten und Stalaktiten durchlöchern die Ardèche. Besonders beeindrucken die Höhlen **Aven d'Orgnac** *(aven* bedeutet Hohlraum) im Süden von Vallon-Pont-d'Arc und **Grotte de la Madeleine**, zu erreichen über eine markierte Abzweigung von der D290.

Wer lieber über der Erde bleiben will, entdeckt die fesselndsten Szenerien in den **Gorges de l'Ardèche**, am besten zu bewundern von der D290 aus. An dieser zweispurigen, über 32 Kilometer dem tief eingeschnittenen Flußbett folgenden Straße liegen viele Aussichtspunkte. Nahe dem westlichen Schluchtende überquert der **Pont d'Arc**, eine von Erosion und Elementen der Natur geschaffene Kalkstein-»Brücke«, den Fluß.

Hier sind Kanufahren und Wildwasserrafting die beliebtesten Sportarten. Die Ausrüstung kann man vor Ort leihen; Veranstalter bieten in Vallon-Pont-d'Arc und andernorts Zweierkanus mit Rücktransport ab St-Martin-d'Ardèche (32 km flußab) an. Vor allem Anfänger sollten beachten, daß die Ardèche einer der schnellstfließenden Flüsse Frankreichs ist. Ihre Wasser sind im Mai und Juni am sichersten, im Herbst oft gefährlich unberechenbar.

Gorges de l'Ardèche zwischen Vallon-Pont-d'Arc und Pont St-Esprit

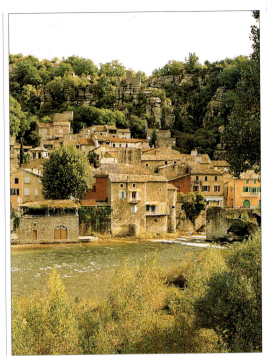

Das Dorf Vogüé am Ufer der Ardèche

Alte, malerische Dörfer, ansprechende Kurorte, Weingüter und Edelkastanienplantagen (eine Maronenköstlichkeit ist *marron glacé*) zeichnen das sanfte Gesicht der Region.

Auf das 12. Jahrhundert geht **Balazuc**, ein typisches Dorf 13 Kilometer südlich von Aubenas, zurück. Seine Steinhäuser überblicken hoch auf einem Felsen eine abgeschiedene Schlucht des Flusses Ardèche. Herrliche Panoramen bieten sich an der D294, die zum Dorf führt.

Das benachbarte **Vogüé** schmiegt sich zwischen den Fluß Ardèche und einen Kalksteinfels. Wahrzeichen dieses winzigen, stimmungsvollen Nestes ist das **Château de Vogüé** (12. Jh.), einst Sitz der Barone von Languedoc und im 17. Jahrhundert wiederaufgebaut. Im Schloß informiert ein Museum über die Region.

⌂ Château de Vogüé
📞 04 75 37 76 50. 🕐 *Ostern–Mitte Juni So u. Feiertage; Mitte Juni–Mitte Sep So–Fr.*

Vals-les-Bains ⑫

Ardèche. 🏠 3700. 🚌
🛈 *116 bis, Rue Jean-Jaurès* (04 75 37 49 27). 🗓 *Do u. So.*

DIESES BELIEBTE kleine Heilbad bezaubert durch altmodischen Touch. Hier, im Tal des Flusses Volane, sprudeln gut 150 Quellen, davon zwei warme. Das Natriumbikarbonat und andere Mineralien enthaltende Wasser soll Verdauungsbeschwerden, Rheuma und Diabetis lindern.

Erst um 1600 »entdeckt«, zählt Vals-les-Bains zu den wenigen Bädern Südfrankreichs, die seinerzeit von den Römern übersehen wurden. Es erreichte Ende des 19. Jahrhunderts den Gipfel seiner Popularität. Mit Casino, Landschaftsgärten und breitgefächertem Hotel- und Restaurantangebot empfiehlt sich Vals als Ausgangspunkt für Ausflüge zur Ardèche.

Umgebung
Etwa 15 km östlich von Vals liegt die herrliche romanische Kirche von **St-Julien du Serre**.

Bauernhof nahe Le Poët Laval, östlich von Montélimar

Montélimar ⓭

Drôme. 🅿 31 000. 🚌 🚆
🛈 Allées Procençales
(04 75 01 00 20). 🛒 Mi u. Sa.

Insbesondere Süßmäuler wird Montélimar zu einem Abstecher verführen: Der mittelalterliche Kern dieses Marktfleckens quillt über von Läden, die mandelstrotzendes Nougat anbieten. Das köstliche Konfekt bereitet man hier zu, seit zu Beginn des 17. Jahrhunderts der Mandelbaum erstmals von Asien nach Frankreich eingeführt wurde.

Auf einem hohen Hügel im Osten überragt das **Château des Adhémar**, ein Konglomerat von Stilen des 12., 14. und 16. Jahrhunderts, die Stadt.

⌂ Château des Adhémar
📞 04 75 01 07 85. 🕒 Apr–Okt tägl.; Nov–März Mi–Mo.
Geschl. 1. Jan, 25. Dez. 🎟 ♿

Umgebung
Die Gegend östlich von Montélimar ist reich an malerischen mittelalterlichen Dörfern und landschaftlich reizvollen Strecken. Auf einem Hügel thront die befestigte Altstadt des blühenden kleinen Ferienzentrums **La Bégude-de-Mazenc.** Weiter östlich betten sich im winzigen mittelalterlichen Dorf **Le Poët Laval** honigfarbene Steinhäuser in die Alpenausläufer. **Dieulefit**, Hauptort dieser bezaubernden Region, bietet mehrere kleine Hotels und Restaurants, Tennis-, Bade- und Angelmöglichkeiten. Spezialität des Wehrdorfes **Taulignan** im Süden sind mit Trüffeln bereitete Speisen.

Grignan ⓮

Drôme. 🅿 1300. 🚌 🛈 Grande Rue, Vieux Village (04 75 46 56 75). 🛒 Di.

Dieser reizende Weiler liegt inmitten von Lavendelfeldern auf einem Felshügel. Seinen Namen machte Madame de Sévigné bekannt, die hier während ihres Aufenthalts im **Château de Grignan** viele ihrer berühmten Briefe verfaßte.

Das im 15. und 16. Jahrhundert erbaute Schloß zählt zu den schönsten Renaissancebauten in diesem Teil Frankreichs. Erlesene Louis-XII-Möbel gehören zum Interieur.

Von der Schloßterrasse reicht der Panoramablick bis zu den Vivarais-Bergen des Départements Ardèche. Unterhalb der Terrasse birgt die **Eglise de St-Sauveur**, erbaut in den 30er Jahren des 16. Jahrhunderts, das Grab der Madame de Sévigné. Im Alter von 69 Jahren starb sie 1696 im Schloß.

⌂ Château de Grignan
📞 04 75 46 51 56. 🕒 Apr–Okt tägl.; Nov–März Mi–Mo.
Geschl. 1. Jan, 25. Dez. 🎟

Nyons ⓯

Drôme. 🅿 7000. 🚌 🛈 Place de la Libération (04 75 26 10 35). 🛒 Do.

Der Name Nyons steht in Frankreich für Oliven. Die Region ist ein bedeutendes Zentrum der Olivenverarbeitung. Am Donnerstag morgen bietet der bunte Markt von Seife bis zur im Süden beliebten Olivenpaste *tapenade* die erdenklichsten Olivenprodukte feil.

Nyons ältestes Viertel, das **Quartier des Forts**, ist ein Netzwerk schmaler Straßen und in Stufen ansteigender Gassen. Besonders bezaubert die überdachte Rue des Grands Forts. Den Fluß Aygues überspannt graziös eine Brücke aus dem 13. Jahrhundert. An ihrer Stadtseite sind in zu Geschäften verwandelten alten Mühlen noch die mächtigen, früher benutzten Olivenpressen zu sehen. Im **Musée de l'Olivier** erfährt man alles Wissenswerte über Oliven.

Der Aussichtsplatz über der Stadt gewährt einen schönen Blick über die Umgebung von Nyons, das im Schutz von Bergen nahezu südländisches Klima genießt. Hier gedeihen von der Riviera bekannte Bäume und Pflanzen.

🏛 Musée de l'Olivier
Ave des Tilleuls. 📞 04 75 26 12 12.
🕒 März–Okt tägl; Nov–Feb Mo–Sa.
🎟 ♿

Umgebung
Von Nyons führt die D94 westlich nach **Suze-la-Rousse**, im Mittelalter bedeutendste Stadt der Gegend. Heute ist das hübsche Weindorf bekannt für seine »Weinuniversität«. Dieses international renommierte Öno-

Die Bergsiedlung Grignan und ihr Renaissanceschloß

RHONE-TAL UND FRANZÖSISCHE ALPEN

Olivenhaine vor den Toren von Nyons

logiezentrum ist im **Château de Suze-la-Rousse** (14. Jh.) untergebracht, dem vormaligen Jagdschloß der Fürsten von Orange. Sein Innenhof ist ein Glanzstück der Renaissance. In einigen Innenräumen blieben die originale Bemalung und Stuckverzierung erhalten.

▲ Château de Suze-la-Rousse
04 75 04 81 44. Ostern–Okt tägl.; Nov–Ostern Mi–Mo. **Geschl.** 1. Jan, 25 Dez.

Boules-Spieler in Nyons

Briançon ⓰

Hautes-Alpes. 12 000. Maison des Templiers, pl du Temple (04 92 21 08 50). Mi.

BRIANÇON, Europas höchstgelegene Stadt (1320 m), war seit vorrömischer Zeit ein wichtiger Stützpunkt. Es bewacht die Straße zum Col de Montgenèvre, einem der ältesten und bedeutendsten Pässe nach Italien. Zu Beginn des 18. Jahrhunderts befestigte der Militärarchitekt von Louis XIV, Vauban, die Stadt mit Wällen und Toren. Autofahrer sollten den Wagen auf dem Parkplatz Champs-de-Mars abstellen und die Altstadt durch die **Porte de Pignerol** betreten.

Diese führt zur steilen **Grande Rue**. Ein Bach plätschert in der Mitte dieser schmalen, von schmucken Altbauten gesäumten Straße hinab. Die nahe **Eglise de Notre-Dame** wurde 1718 ebenfalls von Vauban wehrhaft angelegt. Wer Vaubans **Citadelle** besichtigen will, sollte sich beim Fremdenverkehrsamt nach organisierten Führungen erkundigen.

Heute zieht Briançon viele Freizeitsportler an. Im Winter kann man hier Ski fahren, im Sommer Rafting, Radfahren und *parapente* betreiben.

Umgebung
Unmittelbar westlich von Briançon beeindruckt der **Parc National des Ecrins**, Frankreichs größter Nationalpark, mit erhabenen Gletschern und artenreicher Alpenflora.

Zum **Parc Régional du Queyras** gelangt man von Briançon aus über den Col de l'Izoard. Einige 3000 Meter hohe Gipfel trennen diesen aufregend schönen Nationalpark vom benachbarten Italien.

Le Bourg d'Oisans ⓱

Isère. 2900. Quai Girard (04 76 80 03 25). Sa.

LE BOURG D'OISANS ist ein idealer Ausgangspunkt für Erkundungen des Romanche-Tals und anderer Nachbartäler. Die Umgebung ermöglicht Freiluftsportarten wie Klettern, Rad- und Skifahren im nahen Wintersportort **L'Alpe d'Huez**.

Seit dem Mittelalter baut man in der Region Silber und andere Erze ab. Wissenschaftlern ist die Stadt als Zentrum der Geologie und Mineralogie ein Begriff. Das **Musée des Mineraux et de la Faune des Alpes** besitzt eine weltberühmte Sammlung von Kristallen und Edelsteinen.

🏛 Musée des Minéraux et de la Faune des Alpes
04 76 80 27 54. tägl. (Okt–Mitte Nov nur nachmittags). **Geschl.** 1. Jan, 25. Dez.

LEBEN IM HOCHGEBIRGE

Der Alpensteinbock, seltenster Bewohner der französischen Alpen, lebt fast nur oberhalb der Baumgrenze. Vor Einrichtung des Parc National de la Vanoise war der Kletterer in Frankreich fast ausgestorben. Dank rigoroser Schutzmaßnahmen zählt man heute wieder 500 Steinböcke. Beide Geschlechter tragen Hörner, die bei den Männchen bis zu einem Meter lang werden.

Steinbock im Parc National de la Vanoise

378   ZENTRALFRANKREICH UND ALPEN

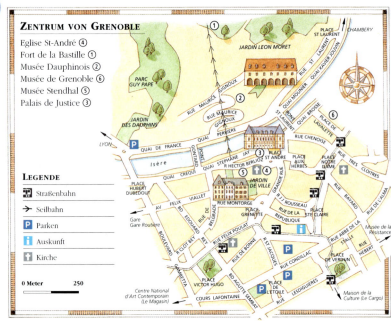

ZENTRUM VON GRENOBLE

Eglise St-André ④
Fort de la Bastille ①
Musée Dauphinois ②
Musée de Grenoble ⑥
Musée Stendhal ⑤
Palais de Justice ③

LEGENDE

- Straßenbahn
- Seilbahn
- P Parken
- i Auskunft
- Kirche

0 Meter   250

Ehemaliges Rathaus von Grenoble, heute das Musée Stendhal

Grenoble ⑱

Isère. 200 000.
14, rue de la République
(04 76 42 41 41). Di–So.

GRENOBLE, ALTE Hauptstadt der historischen Landschaft Dauphiné und 1968 Austragungsort der Olympischen Winterspiele, ist eine blühende Stadt. Sie ist Sitz einer Universität, Zentrum chemischer und elektronischer Industrie und der Nuklearforschung. Attraktiv ist ihre Lage am Zusammenfluß von Drac und Isère, im Westen und Norden umragt von den Bergketten des Vercors und der Chartreuse.

Vom Quai Stéphane-Jay führt eine Schwebebahn hinauf zum **Fort de la Bastille** (16. Jh.).

Dort belohnen einzigartige Ausblicke auf die Stadt- und Bergkulisse. Pfade führen wieder hinab durch den Parc Guy Pape und Jardin des Dauphins zum **Musée Dauphinois**. Das Regionalmuseum beleuchtet in einem Kloster des 17. Jahrhunderts lokale Geschichte, Kunst und Kunsthandwerk.

Das Leben quirlt am linken Ufer der Isère um die Place Grenette. Das Herz der mittelalterlichen Stadt schlägt bei der Place St-André, auf die von Grenobles ältesten Bauten wie die **Eglise St-André** (13. Jh.) und der **Palais de Justice** (15. Jh.) herabblicken.

Stendhal, namhafter Schriftsteller des 19. Jahrhunderts, wurde in Grenoble geboren. Die Ausstellung des **Musée Stendhal** informiert im ehemaligen Rathaus über sein Leben. Das **Musée de Grenoble** an der Place de Lavalette zeigt Kunst aller Perioden, darunter eine herausragende Sammlung, darunter Werke von Chagall, Picasso und Matisse. In der Rue Hébert dokumentiert das **Musée de la Résistance** die französische Widerstandsbewegung.

Wechselnde Kunstausstellungen bietet das **Centre National d'Art Contemporain** («Le Magasin») am Cours Berriat. Unterschiedlichste Veranstaltungen, von Filmfestivals bis zu Konzerten, finden in der **Maison de la Culture** im Viertel Malherbe statt. Wegen umfangreicher Renovierung werden die Veranstaltungen ab Mitte 1998 verlegt.

Musée Dauphinois
30, rue Maurice-Gignoux.
04 76 85 19 01. Mi–Mo.
Geschl. 1. Jan, 1. Mai, 25. Dez.

Musée Stendhal
1, rue Hector-Berlioz. 04 76 54 44 14. Öffnungszeiten telefonisch erfragen.

Grenobles Schwebebahn

🏛 Musée de Grenoble
5, place de Lavalette. 📞 04 76 63 44 44. 🕐 Mi–Mo. **Geschl.** 1. Jan, 1. Mai, 25. Dez. 📷 ♿

🏛 Musée de la Résistance
14, rue Hébert. 📞 04 76 42 38 53. 🕐 Mi–Mo. **Geschl.** 1. Jan, 1. Mai, 25. Dez. 📷 ♿

🏛 CNAC (Le Magasin)
155, cours Berriat. 📞 04 76 21 95 84. 🕐 Di–So (bei Ausstellungen). **Geschl.** 1. Mai, 25. Dez. 📷 ♿

🏛 Maison de la Culture
4, rue Paul-Claudel. 📞 04 76 25 92 00. 🕐 Sep–Juni Di–Sa nachmittag. 📷 obligatorisch **Geschl.** 24. Dez–4. Jan, Schulferien und Feiertage. 📷 ♿

Vercors ⑲

Isère u. Drôme. ✈ Grenoble. 🚆 Romans-sur-Isère, St-Marcellien, Grenoble. 🚌 Pont-en-Royans, Romans-sur-Isère. ℹ Pont-en-Royans (04 76 36 09 10).

Im Süden und Westen von Grenoble befindet sich einer der eindrucksvollsten Regionalparks Frankreichs, der Vercors, eine wilde Szenerie mit Kiefernwäldern, Wasserfällen, Höhlen und tiefen Schluchten.

Die D531 durchquert nach Verlassen Grenobles **Villard-de-Lans** – ideal für Ausflüge in die Umgebung – und führt westlich zu den dunklen **Gorges de la Bournes**. Etwa acht Kilometer weiter westlich hängt über einer sehr engen Kalksteinschlucht der Weiler **Pont-en-Royans**. Seine Steinhäuser krallen sich in die Felsen, als fürchteten sie den Sturz in die Wasser der Bourne.

Südlich von Pont-en-Royans führt die D76 zur **Route de Combe-Laval**. Sie schlängelt sich einen jäh abfallenden Felshang entlang, in dessen Abgrund der Fluß rauscht. 6,5 Kilometer östlich beeindrucken die **Grands Goulets**, eine tiefe, schmale Klamm, überragt von steilen Klippen, die die Sicht gen Himmel versperren. Bekanntester Berg des Parks ist der **Mont Aiguille** (2086 m).

Der Vercors war im Zweiten Weltkrieg ein Stützpunkt des französischen Widerstands. Im Juli 1944 machte ein Luftangriff der Deutschen mehrere Dörfer dem Erdboden gleich. In Vassieux und Grenoble erinnern Museen an die Résistance.

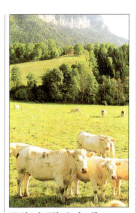

Weidende Kühe in der Chartreuse

Chartreuse ⑳

Isère u. Savoie. ✈ Grenoble, Chambéry. 🚆 Grenoble, Voiron. 🚌 St-Pierre-de-Chartreuse. ℹ St-Pierre-de-Chartreuse (04 76 88 62 08).

Von Grenoble führt die D512 nördlich Richtung Chambéry in die Chartreuse. In dieser majestätischen Gebirgs- und Waldlandschaft wurde im späten 19. Jahrhundert das erste Wasserkraftwerk erbaut. Hauptanziehungspunkt ist das **Monastère de la Grande Chartreuse**, westlicher Nachbar von St-Pierre-de-Chartreuse abseits der D520-B.

Das vom heiligen Bruno 1084 gegründete Kloster erlangte weltlichen Ruhm durch die Chartreuse-Liköre, die die Mönche 1605 erstmals herstellten. Bei dem geheimgehaltenen Rezept soll es sich um ein Elixier aus 130 Kräutern handeln. Heute produziert man die Liköre in der nahen Stadt Voiron.

Im Kloster wohnen in abgeschiedener Stille etwa 40 Mönche. Es ist Besuchern nicht zugänglich, doch das **Musée de la Correrie** vermittelt einen Einblick in den mönchischen Alltag der Kartäuser.

🏛 Musée de la Correrie
St-Pierre-de-Chartreuse. 📞 04 76 88 60 45. 🕐 Ostern–Okt tägl. 📷

Bauernhof in den kieferbestandenen Bergen des Chartreuse-Massivs

Chambéry

Savoie. 55 000.
*24, boulevard de la Colonne
(04 79 33 42 47).* Sa.

DIE WÜRDEVOLLE einstige Hauptstadt Savoyens verströmt aristokratisches und unverkennbar italienisches Flair. Ihr bezauberndstes Baudenkmal, die extravagante **Fontaine des Éléphants** in der Rue de Boigne, wurde 1838 zu Ehren des hier gebürtigen Comte de Boigne aufgestellt, der seiner Heimatstadt einen Teil seines in Indien angesammelten Vermögens vermacht hatte.

Das **Château des Ducs de Savoie** (14. Jh.) am anderen Ende der Rue de Boigne dient heute als Sitz der Préfecture. Nur Teile des Anwesens sind zu besichtigen, so die spätgotische Ste-Chapelle.

Im Landhaus **Les Charmettes** (17. Jh.) am Südstrand der Stadt lebte 1732–42 der romantische Schriftsteller und Moralphilosoph Rousseau mit seiner Mätresse Madame de Warens. Die weinbelaubten malerischen Gärten und das kleine Rousseau-Museum lohnen einen Besuch.

Les Charmettes
892, chemin des Charmettes.
04 79 33 39 44.
Mi–Mo. **Geschl.** Feiertage.

Lac du Bourget bei Aix-les-Bains

Aix-les-Bains

Savoie. 25 000.
*Place Jean Mollard
(04 79 35 05 92).* Mi u. Sa.

DER GROSSE romantische Dichter Lamartine beschrieb die Schönheit des Lac du Bourget, an dessen Ufer das Heilbad Aix-les-Bains liegt. Im Herzen der Stadt befinden sich die **Thermes Nationaux** aus dem 19. Jahrhundert, deren Vorläufer schon die Römer zu schätzen wußten. Reste der römischen Bäder sind im Untergeschoß zu sehen. Gegenüber den Thermen hütet der **Tempel der Diana** eine Sammlung galloromischer Handwerkskunst. Als Juwel entpuppt sich das **Musée Faure** mit seiner impressionistischen Sammlung, darunter Werke von Degas, Sisley, Rodin und Erinnerungsstücke an Lamartine.

Römische Skulptur im Tempel der Diana

Thermes Nationaux
Pl Maurice-Mollard. *04 79 35 38 50.* Mi nachmittag. obligatorisch. **Geschl.** Mitte Dez–Mitte Jan, 1. Mai, 14. Juli, 15. Aug.

Musée Faure
Villa des Chimères, 10, bd des Côtes.
04 79 61 06 57. Mi–Mo. **Geschl.** 18. Dez–2. Jan, Feiertage.

Umgebung
Vom Grand Port in Aix-les-Bains fahren Boote mehrmals täglich über den Lac du Bourget zur **Abbeye d'Hautecombe**. Die Benediktinerabtei birgt das Mausoleum der Savoyer Dynastie. Wanderpfade und Langlaufloipen umziehen das nahe Städtchen **Le Revard** an der D913. Herrliche Aussichten über den See und den Mont Blanc sind zu genießen.

Annecy

Haute-Savoie. 50 000.
1, rue Jean Jaurès (04 50 45 00 33). Di, Fr u. So.

ANNECY, EINE der anziehendsten Städte in den französischen Alpen, liegt reizvoll am

Annecy: Palais de l'Isle (12. Jh.) mit dem Fluß Thiou im Vordergrund

RHONE-TAL UND FRANZÖSICHE ALPEN

Ein Vergnügen: Radfahren um den Genfer See

Nordzipfel des Lac d'Annecy, umgeben von einem Ring schneebekappter Berge. Blumengeschmückte Brücken und Straßen mit Laubengängen prägen das kleine mittelalterliche Viertel. Hier ist, vor allem am Markttag, Bummeln der schönste Zeitvertreib. Darüber sollte man die Sehenswürdigkeiten nicht versäumen: das **Palais de l'Isle**, ein ehemaliges Gefängnis auf einer Insel im Fluß Thiou, und das betürmte **Château d'Annecy**, von dessen Hügel aus man eine herrliche Aussicht über Vieil Annecy und den See hat. Schwimmen und anderen Wassersport betreiben kann man gut nahe dem Hotel Imperial Palace am Ostende der Avenue d'Albigny. Und vom Quai Thiou brechen Boote zu Ausflügen auf.

Umgebung
Am besten genießt man die Landschaft bei einer Bootsfahrt von Annecy nach **Talloires**. Das winzige Dorf am Ufer des Sees besitzt schöne Restaurants. Gegenüber Talloires, an der schmalsten Stelle des Sees, erhebt sich das – Besuchern nicht geöffnete – **Château de Duingt** (15. Jh.).

Am Westufer des Sees eröffnen der Berg Semnoz und sein Gipfel **Crêt de Châtillon** das einzigartige Panorama des Mont Blanc und der Alpen.

Lac Léman ❷

Haute-Savoie u. Schweiz. ✈ Genf. 🚆 🚌 Genf, Thonon-les-Bains, Évian-les-Bains. 🛈 Thonon-les-Bains (04 50 71 55 55).

PRÄCHTIGE Landschaftskulisse und mildes Klima haben das französische Ufer des Genfer Sees zur beliebten Urlaubsregion gemacht. 1839 wurden in Évian-les-Bains die ersten Kuranlagen erbaut.

Als Ausgangspunkt für Erkundungen eignet sich **Yvoire**. Eine Burg (14. Jh.) bewacht den mittelalterlichen Fischerhafen mit seinen dichtgedrängten Häusern.

Weiter östlich gelangt man entlang dem Lac Léman nach **Thonon-les-Bains**. Auf einer Klippe überblickt das kleine, blühende Kurbad den See. Eine Seilbahn bringt Sie hinab nach Rives, einem kleinen Hafen zu Füßen der Klippen. Dort kann man Segelboote mieten, und es legen Ausflugsschiffe nach Genf und Lausanne ab. Dem **Château de Ripaille** (15. Jh.) vor den Toren der Stadt hat sein ehemaliger Bewohner, Herzog Amadeus VIII., der spätere Gegenpapst Felix V., Ruhm verschafft. Trotz Modernisierung und internationalen Renommees des Quellwassers, das **Évian-les-Bains** seinen Namen eingetragen hat, verströmt der Ort noch den feinen Charme eines *vie en rose*. Die baumgesäumte Uferpromenade wimmelt von Spaziergängern, während Tatendurstigere die breite Sportpalette in Anspruch nehmen: Tennis, Golf, Reiten, Segeln, im Winter Skifahren. Moderne Kurbehandlungen werden angeboten. Im exotischen Casino geht es nachts bei Blackjack, Roulette und anderen Glücksspielen heiß her.

Von Évian fahren täglich Fähren über den Genfer See nach Lausanne. Busse ermöglichen Ausflüge in die umgebenden Berge.

Hôtel Royal in Évian-les-Bains *(siehe S. 563)*

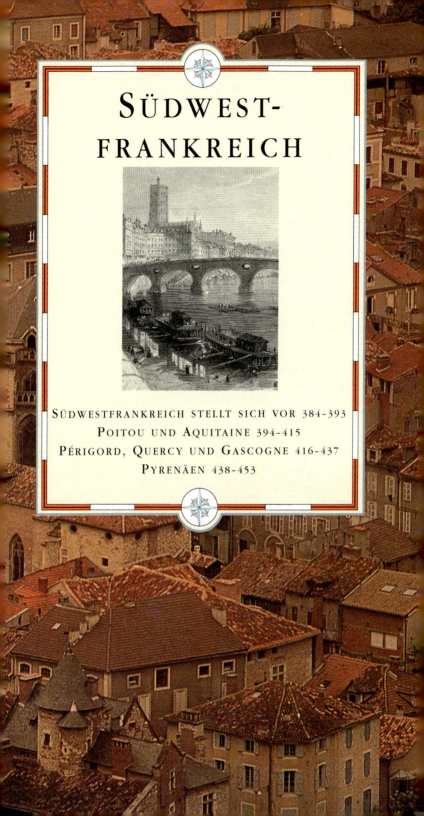

SÜDWEST-
FRANKREICH

SÜDWESTFRANKREICH STELLT SICH VOR 384-393
POITOU UND AQUITAINE 394-415
PÉRIGORD, QUERCY UND GASCOGNE 416-437
PYRENÄEN 438-453

Südwestfrankreich stellt sich vor

FRANKREICHS SÜDWESTEN mutet bäuerlich, grün und friedvoll an. Seine breite agrarwirtschaftliche Palette reicht von Sonnenblumen bis Gänseleberpastete *(foie gras)*, von Nutzholz aus den Landeswäldern bis zu den Weinen und Cognacs von Bordeaux. Die modernen Industrien, darunter Raumfahrt, ballen sich in den beiden größten Städten, Bordeaux und Toulouse. Besucher zieht es meist an die breiten Atlantikstrände, die Skihänge der Pyrenäen und in die ländliche Stille der Dordogne. Die Hauptsehenswürdigkeiten dieser beliebten Urlaubsregion, unter ihnen einige der berühmtesten romanischen Bauten Frankreichs, stellen wir Ihnen vor.

La Rochelle

Römische Ruinen, Saintes

*Der **Hafen von La Rochelle** ist heute Ankerplatz von Vergnügungsjachten, aber auch wichtiger Handelsplatz (siehe S. 406). Die Tour de la Chaîne und Tour St-Nicholas bewachen den alten Hafen. Von Kaufmannshäusern gesäumte Kopfsteinpflasterstraßen durchziehen das historische Stadtzentrum.*

Grand Théâtre, Bo

POITOU UND AQUITAINE
(Siehe S. 394 ff)

PYRENÄEN
(Siehe S. 438 ff)

***Bordeaux** empfängt mit prächtigen Denkmälern und Bauten wie dem Theater. Das mit Bronzestatuen und Fontänen geschmückte Monument aux Girondins erhebt sich an der Esplanade des Quinconces (siehe S. 410 ff).*

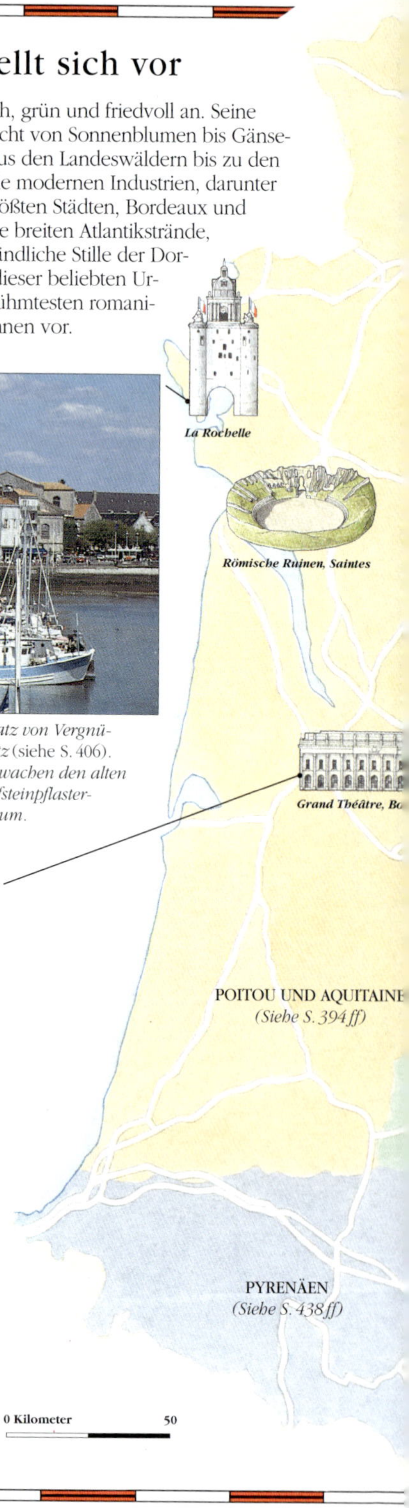

0 Kilometer 50

SÜDWESTFRANKREICH STELLT SICH VOR | **385**

Notre-Dame-la-Grande, Königin der Kirchen von Poitiers (siehe S. 402f), besitzt erlesene Buntglasfenster und eine einzigartige, im poitevinischen Stil reichverzierte romanische Fassade.

PERIGORD, QUERCY UND GASCOGNE
(Siehe S. 416ff)

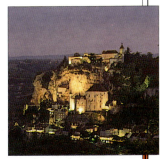

Rocamadour ist Wallfahrtsort frommer wie touristischer Pilger. Seine Kapellen und Schreine kleben am Rande des Felshügels (siehe S. 426f). Anbetung erfährt hier unter anderem die Schwarze Madonna mit dem Kind.

Die **Abtei von Moissac** ist Südwestfrankreichs bedeutendstes mittelalterliches Kloster (siehe S. 432f). Das die Apokalypse darstellende Tympanon und die Kapitelle des Kreuzgangs beweisen höchste romanische Bildhauerkunst.

Spezialitäten des Südwestens

Der Renaissancekönig Henri IV stellte fest: »Große Küche und große Weine bereiten ein Paradies auf Erden.« Diese Erkenntnis trifft auf die köstliche, vielfältige Cuisine Südwestfrankreichs zu. Austern und Muscheln gibt es an der Küste von Arcachon bis Marennes reichlich und dazu in der ländlichen Umgebung von Bordeaux Wein in solchem Überfluß, daß er nahezu jedes lokale Gericht verfeinert (*à la bordelaise* meint in der Regel »in Weinsauce«). In den Regionen Périgord, Quercy und Gascogne hält man Gänse, Enten und Ziegen für *foie gras*, *confit* und Käse. Trüffel, gepriesener und kostbarer Schatz der Wälder, verwendet man sparsam für Suppen, Saucen, *pâtés* und Füllungen. Gänseschmalz ist Zutat von Speisen wie *cassoulet* und *daube de bœuf*. Im Baskenland kommt – ob der berühmte Bayonner Schinken, *piperade*, Fisch oder Eintopf – kaum eine Delikatesse ohne *piment d'Espelette* (Pfeffer) aus.

Knoblauch

Piperade *ist ein beliebtes baskisches Gericht – ein lockeres Omelett oder Rührei, mit Knoblauch, Paprika und Schinken.*

Foie gras, *die Leber von gestopften Gänsen oder Enten, serviert man u. a. in Portwein oder Cognac geschmort.*

Pain de campagne, *das herzhafte Bauernbrot, findet man nur mehr selten. Doch einige traditionsverbundene Bäcker stellen die runden Laibe noch her. Man backt das Sauerteigbrot in altbewährten holzgefeuerten Öfen, wobei der Rauch zum Aroma beiträgt.*

Homard persillé *ist eine Hummerterrine, abgeschmeckt mit Petersilie und anderen Kräutern.*

Toulouser Wurst — **Ente**

Weiße Bohnen — **Knoblauchsauce**

Cassoulet *beflügelt den Ehrgeiz der Kochkünstler des Südwestens. In dieses dicke Ragout kommen weiße Bohnen, verschiedene Wurstsorten und Fleischstücke. Cassoulet gibt es in verschiedenen Varationen, auch mit Ente, Hammel- und frischem oder gepökeltem Schweinefleisch.*

Chèvre tiede sur un lit de salade *umschreibt gegrillten Ziegenkäse, serviert auf grünem Salatbett, meist mit Croutons.*

***Ente mit* cèpes** *besteht aus confit (im eigenen Saft eingewecktes Fleisch) mit Steinpilzen und Knoblauch.*

***Frische Trüffel** gart man gern im Omelett, um ihr erdiges Aroma hervorzuheben. Trüffel aus dem Périgord gelten als die besten.*

***Kaninchen** mit den beliebten süßsauren Pflaumen aus Agen ist eine klassische Schmortopfkomposition.*

Saucisson sec

Saucisson au poivre

Saucissons, *frische oder luftgetrocknete* (sec) *Würste, bestehen aus verschiedenen Fleischsorten, Kräutern und Gewürzen.*

Ziegenkäse *wird oft in Olivenöl eingelegt, gewürzt mit Lorbeerblättern, schwarzen Pfefferkörnern und Thymian.*

***Marzipanbrot**, die baskische Spezialität* touron, *besteht aus Mandelmus mit Pistazien, Haselnüssen und Früchten.*

Pilze

Das Pilzesammeln ist beliebter Zeitvertreib der Franzosen. Geschätzt sind die großen, kräftigen *cèpes* (boletus edulis, Steinpilze), dotterfarbenen *chanterelles* (cantharellus cibarius, Pfifferlinge) und braunen *morilles* (Morcheln). Frische Pilze dienen als preiswerter, doch delikater Ersatz für Trüffel.

Chanterelles

Morille

Cèpe

Walnußöl *verwendet man im Südwesten gern für das Salatdressing. Walnußbäume wachsen in Tälern und selbst auf den kargen Böden des Hochlands. Die Dordogne liefert mehr Walnüsse als andere Regionen Frankreichs.*

Getränke
Neben hochwertigen Weinen sind Branntweine aus weißen Trauben das berühmteste Getränk der Region. Weinbrände destilliert man in Cognac und Armagnac. In der Region Quercy gewinnt man aus Walnüssen den Aperitif Quercy Noix.

Armagnac   Cognac   Quercy Noix

Weinbaugebiete Frankreichs: Bordelais

DAS BORDELAIS IST DIE weltweit größte und wohl bekannteste Anbauregion von Spitzenrotweinen. Die Heirat Henrys II mit Eleonore d'Aquitaine leitete den höfischen Handel mit England ein: Roter Bordeaux fehlte an keiner vornehmen Tafel des Auslands. Im 19. Jahrhundert schlugen gewitzte Händler Kapital aus diesem Ruhm und trugen der Region ungeahnte Gewinne ein. Die 1855 eingeführte Klassifizierung der berühmten Weine aus Médoc, die die Lagen verschiedener Weingüter auszeichnete, besitzt bis heute Bedeutung.

Ein Faßbinder

ZUR ORIENTIERUNG
Weinbaugebiet Bordelais

Cos d'Estournel verweist wie alle châteaux, crus classés *(klassifizierte Lagen)* von 1855, auf dem Etikett stolz auf diese Auszeichnung.

WEINBAUGEBIETE
Die großen Gebiete der Bordeaux-Weine liegen beiderseits zweier großer Flüsse; das Gebiet zwischen den Flüssen («Entre-Deux-Mers») erbringt weniger und vorrangig weiße Weine. Die Flüsse und der Binnenhafen Bordeaux förderten entscheidend den Weinhandel; einige der hübschesten Weingüter säumen verkehrsgünstig die Flußufer.

Lese roter Merlot-Trauben am Château Palmer

KLEINE WEINKUNDE: BORDEAUX-WEINE

 Lage und Klima
Die Klimaverhältnisse schwanken nicht nur jährlich, sondern auch innerhalb der Region. Auch der Boden ist unterschiedlich. Im Médoc und den Graves sind die Böden eher steinig, am rechten Ufer lehmiger.

Rebsorten
Die fünf bedeutendsten sind *Cabernet Sauvignon*, *Cabernet Franc*, *Merlot*, *Petit Verdot* und *Malbec*. Cabernet-Reben überwiegen am Westufer der Gironde, Merlot im Osten. Die meisten roten Bordeaux-Weine sind indes Verschnitte verschiedener Rebsorten. Die hier angebauten Reben *Sauvignon Blanc* und *Sémillon* werden oft verschnitten.

 Namhafte Erzeuger *(Rotweine)*
Latour, Margaux, Haut-Brion, Cos d'Estournel, Montrose, Léoville Lascases, Léoville Barton, Lascombes, Pichon Longueville, Pichon Lalande, Lynch-Bages, Palmer, Rausan-Ségla, Duhart Milon, Clerc Milon, Grand Puy Lacoste, Sociando-Mallet, d'Angludet, Monbrison, Les Ormes de Pez, de Pez, Phélan-Segur, Chasse-Spleen, Poujeaux, Domaine de Chevalier, Pape Clément, Cheval Blanc, Canon, Pavie, l'Angelus, Le Tertre Rôteboeuf, Larmande, Troplong Mondot, La Conseillante.

Gute Jahrgänge
(rot) 1990, 1989, 1988, 1986, 1985.

Haut-Brion, eine der klassifizierten Bordeaux-Spitzenlagen, war und ist das einzige Graves-château der Médoc-Weingüter.

Diese berühmte Aufschrift garantiert Château-Abfüllung in Bordeaux und soll Handelsschwindel vorbeugen.

SÜDWESTFRANKREICH STELLT SICH VOR 389

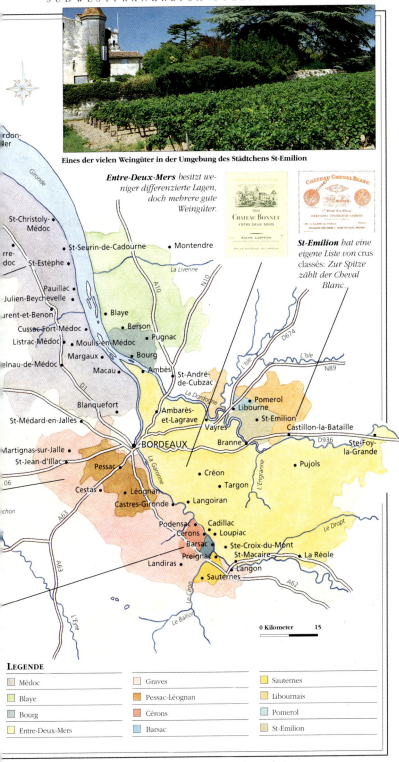

Eines der vielen Weingüter in der Umgebung des Städtchens St-Emilion

Entre-Deux-Mers besitzt weniger differenzierte Lagen, doch mehrere gute Weingüter.

St-Emilion hat eine eigene Liste von crus classés: Zur Spitze zählt der Cheval Blanc.

LEGENDE

- Médoc
- Blaye
- Bourg
- Entre-Deux-Mers
- Graves
- Pessac-Léognan
- Cérons
- Barsac
- Sauternes
- Libournais
- Pomerol
- St-Emilion

Der Weg nach Santiago

Jakobsmuschel

IM MITTELALTER pilgerten Millionen Christen nach Santiago de Compostela in Spanien, um das Grab des Apostels Jakobus d. Ä. zu besuchen. Auf dem Weg durch Frankreich rasteten sie in Klöstern oder schlichten Unterkünften. Mit einer Kammuschel, der Jakobsmuschel, als Souvenir kehrten sie zurück. Die meisten Pilger trieb die Hoffnung auf Erlösung an; oft waren sie Jahre unterwegs. 1140 beschrieb ein Mönch namens Picaud in einem der ersten Reiseführer die Pilgerfahrt. Wer heute dieser Pilgerroute folgt, gelangt durch alte Städte und Dörfer mit herrlichen Schreinen und Kirchen.

Ausländische Pilger sammelten sich in Häfen wie St-Malo.

*Den **ersten Kathedralenbau** von Santiago de Compostela ließ Alfonso II 813 über dem Grab des Jakobus errichten. 1075 begann man mit dem Bau der großartigen romanischen Kirche. Zu den späteren Hinzufügungen zählt die prächtige Barockfassade (17./18. Jh.).*

Die **Pilgerwege** trafen sich bei Santiago de Compostela.

Die **meisten Pilger** überquerten bei Roncesvalles die Pyrenäen.

***Jakobus der Ältere**, einer der Apostel, kam der Legende zufolge nach Spanien, um dort das Evangelium zu verbreiten. Bei seiner Rückkehr nach Judäa ließ Herodes ihn hinrichten. Man brachte seine Gebeine nach Spanien, wo sie unentdeckt 800 Jahre ruhten.*

*Das **mächtige Kloster von Cluny** in Burgund (siehe S. 44f) und seine Ableger förderten maßgeblich diese Pilgerreise. Sie errichteten Unterkünfte sowie Kirchen und Schreine, die hochverehrte Reliquien hüteten, um die Wallfahrer auf ihrem Weg anzufeuern.*

DIE PILGERROUTE

Paris, Vézelay *(siehe S. 326f)*, Le Puy *(siehe S. 354)* und Arles sind Sammelpunkte auf den vier »offiziellen« Routen durch Frankreich. Diese überqueren die Pyrenäen bei Roncesvalles und Somport und vereinen sich in Puente la Reina zu einem Weg.

VERBLIEBENE SEHENSWÜRDIGKEITEN

Gewaltige romanische Kirchen, wie Ste-Madeleine in Vézelay (S. 326), Ste-Foy in Conques (S. 358f) und St-Sernin in Toulouse (S. 437), sowie etliche kleine Kapellen wurden für die zahllosen Pilger gebaut.

Basilique Ste-Madeleine, Vézelay

Conques entwendete aus Geltungsbedürfnis Reliquien.

Le Puy war eine Hauptstation der Pilger.

*Die **erste schriftlich überlieferte Pilgerreise** unternahm 951 der Bischof von Le Puy. Vermutlich aber setzten Wallfahrten schon 814 nach Entdeckung des Grabes ein.*

*Das **Reliquiar** von Ste-Foy in Conques zog, wie viele kostbare Reliquienschreine, Ströme von Pilgern an. Den Reliquien von Heiligen wurden wundertätige Kräfte zugeschrieben.*

Der Name **Santiago de Compostela** soll auf das lateinische *campus stellae* (Sternenfeld) zurückgehen. Der Legende nach schwebten 814 unbekannte Sterne über einem Feld, und am 25. Juli, dem heutigen Festtag des Schutzpatrons von Santiago, fand man die Gebeine des Jakobus.

Höhlenwelt des Südwestens

SÜDWESTFRANKREICH ist bekannt für seine ungewöhnlichen Felsformationen. Sie sind durch langsame Anhäufung sich zersetzender Mineralienablagerungen entstanden. In den Ausläufern der Pyrenäen und der Dordogne bieten die Kalksteinhöhlen dem Besucher mehr als bloße Naturschauspiele: außergewöhnliche Felsmalereien, die zum Teil aus der letzten Eiszeit datieren. Diese schufen prähistorische Menschen, als sie zu malen, ritzen und meißeln begannen. Diese künstlerische Tradition hatte über 25 000 Jahre Bestand und erlangte ihren Höhepunkt vor etwa 17 000 Jahren. Einige höchst eindrucksvolle Höhlenmalereien kann man noch heute bewundern.

Alte Höhlenmalerei in Lascaux

HÖHLEN DER DORDOGNE

Im und nahe dem Dordogne-Tal kann man viele verschiedene Höhlensysteme besichtigen. Die Region Périgord zählt zu den Gebieten mit den weltweit meisten vorzeitlichen Stätten. Angesichts der Unbilden des Klimas erschienen den prähistorischen Menschen die von Höhlen und Felszufluchten gesäumten Flüsse verlockend.

HÖHLENBILDUNG

Kalkstein lagert sich in Schichten ab, durch deren Risse Wasser unter die Oberfläche dringen kann. Es löst in Jahrtausenden den Fels ab, zunächst Hohlräume, dann größere Höhlen bildend. Stalaktiten entstehen, wo Wasser von Höhlendecken tropft, während Stalagmiten vom Boden emporwachsen.

Grotte du Grand Roc im Vézère-Tal, Limousin

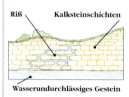

1 *Wasser sickert durch Risse und löst allmählich umgebendes Gestein auf.*

2 *Das Wasser schafft Hohlräume und zersetzt umgebendes Gestein, das langsam abbröckelt.*

3 *Das Kalksinter ausscheidende Sickerwasser formt Stalaktiten und Stalagmiten.*

GOUFFRE DE PADIRAC

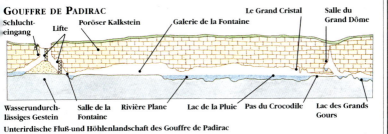

Unterirdische Fluß-und Höhlenlandschaft des Gouffre de Padirac

Prähistorische Höhle bei Les Eyzies

HÖHLENBESICHTIGUNGEN

Prähistorische Malereien in den Höhlenspalten und -gängen von **Cougnac** zeigen auch menschliche Figuren. Um **Les Eyzies** (siehe S. 424f) beeindrucken die Höhlen **Font de Gaume**, **Les Combarelles** und **La Mouthe**. Sie bergen, ebenso wie das weitläufige Höhlennetz **Rouffignac**, einnehmende vorzeitliche Zeichnungen. Kammern mit bizarren Stalaktiten und Stalagmiten durchziehen den **Grand Roc**. Außergewöhnliche Felsformationen faszinieren in den Kammern und Gängen von **La Fage** nordöstlich von Les Eyziers.

Am Südufer der Dordogne, bei **Lacave**, beeindrucken ein unterirdischer Fluß und See mit seltenen Felsbildungen. Noch phantastischer wirkt das gigantische Höhlensystem von **Padirac** (siehe S. 428). Die schönsten prähistorischen Malereien zieren die (geschlossenen) Höhlen von **Lascaux**; mit originalgetreuen Kopien beeindruckt **Lascaux II** (siehe S. 424). Weiter südlich zeigen die Höhlen von **Pech-Merle** (siehe S. 428) bizarre Felsgestalten.

ENTDECKUNG DER HÖHLENKUNST

1879 entdeckte man in Nordwestspanien die ersten vorzeitlichen Höhlenmalereien Europas. Seither ist man in Spanien und Frankreich, besonders der Dordogne, auf über 200 verzierte Höhlen und Felsspalten gestoßen. Hinweise wie Steinleuchten bis hin zu erhaltenen Fußabdrücken, gaben Forschern Aufschluß über die Techniken der Höhlenkünstler. Fast alle Darstellungen zeigen Tiere, selten Menschen. Viele befinden sich in unzugänglichen unterirdischen Kammern. Ohne Zweifel besaßen die Malereien symbolische oder magische Bedeutung – laut einer neuen Theorie sind sie ein Werk von Schamanen.

Zu den Techniken der Künstler der Eiszeit zählte das Ritzen der Konturen in weichen Fels, wobei natürliche Konturen in den Entwurf einflossen. Für schwarze Linien und Schattierungen verwandten sie Holzkohle, für Farbflächen Pigmente von Mineralien wie Kaolin und Hämatit. Für Handsilhouetten sogen sie verflüssigte Mineralienpigmente auf und sprühten sie durch dünne Pflanzenhalme auf. Die zurückbleibenden klaren Konturen muten heute recht unheimlich an.

Verzierte Steinleuchte, entdeckt in den Höhlen von Lascaux

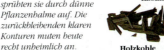

Kaolin   Holzkohle   Hämatit

Ausschnitt aus der bemalten Halle der Stiere (Lascaux)

Poitou und Aquitaine

Deux-Sèvres · Vienne · Charente-Maritime
Charente · Gironde · Landes

Dieser weite Teil *Südwestfrankreichs besetzt ein Viertel der windumtosten Atlantikküste des Landes, um dort mit ausgedehnten, feinen Sandstränden aufzuwarten. Er reicht von den Sümpfen des Marais Poitevin zu den großen Kieferwäldern der Landes. Im Zentrum liegt das berühmte Weinbaugebiet des Bordelais mit seinen prächtigen Schlössern.*

Ein reiches architektonisches und kulturelles Erbe belegt die turbulente Geschichte der jahrhundertelang umkämpften Regionen Poitou und Aquitaine. Triumphbogen und Amphitheater von Saintes bezeugen die römische Einflußnahme. Im Mittelalter förderte der Pilgerweg nach Santiago de Compostela *(siehe S. 390f)* den Bau mächtiger romanischer Kirchen, so in Poitiers und Parthenay, aber auch winziger Kapellen und bewegender Fresken. Der Hundertjährige Krieg *(siehe S. 48f)* brachte große Unruhe; massige, von den englischen Plantagenet-Königen erbaute Wehrtürme zählen zu seinem Nachlaß. Die Glaubenskriege *(siehe S. 50f)* ließen viele Städte, Kirchen und Schlösser in Trümmern zurück, die es wiederaufzubauen galt.

Das heutige Poitiers ist ein großes florierendes Handelszentrum. Im Westen liegen die historischen Hafenstädte La Rochelle und Rochefort. Weiter südlich tragen die berühmten Weine des Bordelais und die Weinbrände von Cognac wesentlich zum Einkommen der Region bei. Die Stadt Bordeaux, blühend wie zu Zeiten der Römer, zieht mit eleganter Architektur des 18. Jahrhunderts und lebhafter Kulturszene an. Bordeaux-Weine munden zu den regionalen Spezialitäten: Aale, Muscheln und Austern von der Küste, gepökeltes Lamm und Ziegenkäse von den Weiden des Hinterlands.

Häuser mit Jalousienfenstern in St-Martin-de-Ré (Ile de Ré vor La Rochelle)

◁ **Der Ferienort Arcachon an den Sanddünen des Bassin d'Arcachon**

Überblick: Poitou und Aquitaine

DIE SCHIER ENDLOSE Atlantikküste, etliche schiffbare Wasserwege, köstliche Portweine, erlesene Weine und Weinbrände der Weltklasse machen die Region zu einem Paradies für einen Erholungsurlaub. Die meisten Sommertouristen eilen an die wellenumbrandeten Strände. Dabei hat auch das üppige Binnenland viel zu bieten. Herrliche mittelalterliche Bauten stehen entlang dem Pilgerweg nach Santiago de Compostela *(siehe S. 390f)*, Schlösser aller Stile und Größen prägen die Weinbaugebiete um Bordeaux. In Bordeaux selbst, der einzig bedeutenden Stadt der Region, reizen elegante Bauten des 18. Jahrhunderts und das bunte Kulturleben. Das ausgedehnte, künstlich angelegte Waldgebiet der Landes trägt zum Charme dieses weit unterschätzten Winkels von Frankreich bei.

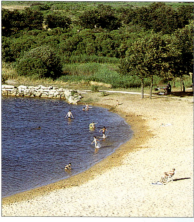

Strandleben beim Bassin d'Arcachon an der Côte d'Argent

UNTERWEGS

Die A10, Hauptverkehrsader der Region, verbindet Paris und Poitiers mit Bordeaux sowie Zielen im Osten wie Toulouse, im Westen Rochefort und Süden (Bayonne und Spanien). Diese Autobahn fängt den größten Teil des Schwerlastverkehrs auf und entlastet die ausgezeichneten kleineren Straßen, auf denen das Fahren meist ein Vergnügen ist. Die TGV-Strecke Paris–Poitiers–Angoulême–Bordeaux hat die Bahnfahrzeiten halbiert (Paris–Bordeaux knapp 4 Stunden). In Bordeaux bieten der internationale Flughafen und Fernbusse Anschluß an nahezu alle Großstädte Europas. Von Poitiers fahren Busse verschiedene Städte der Umgebung an, darunter Parthenay, Chauvigny und St-Savin.

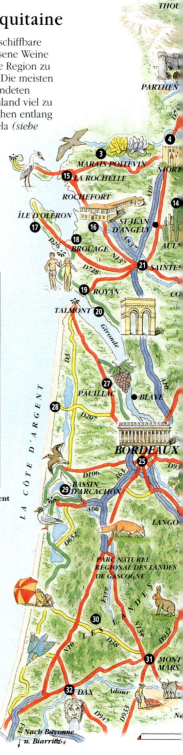

POITOU UND AQUITAINE 397

Der Hafen von Île de Ré

Auf einen Blick

- Abbaye de Nouaillé-Maupertuis ❼
- Angles-sur-Anglin ❾
- Angoulême ㉓
- Aubeterre-sur-Dronne ㉔
- Aulnay ⑭
- Bassin d'Arcachon ㉙
- Bordeaux ㉕
- Brouage ⑱
- Charroux ⑬
- Chauvigny ❽
- Cognac ㉒
- Confolens ⑫
- Côte d'Argent ㉘
- Dax ㉜
- Île d'Oléron ⑰
- La Rochelle ⑮
- Landes ㉚
- Marais Poitevin ❸
- Melle ❺
- Mont-de-Marsan ㉛
- Montmorillon ⑪
- Niort ❹
- Parthenay ❷
- Pauillac ㉗
- Poitiers ❻
- Rochefort ⑯
- Royan ⑲
- Saintes ㉑
- St-Émilion ㉖
- St-Savin ⑩
- Talmont ⑳
- Thouars ❶

Legende

- ▬ Autobahn
- ▬ Hauptstraße
- ▬ Nebenstraße
- ▬ Panoramastraße
- ～ Fluß
- ☼ Aussichtspunkt

0 Kilometer 25

Bei Coulon im Marais Poitevin dümpelnde Boote

Fensterrosette von St-Médard

Thouars ●

Deux-Sèvres. 🚶 *12 600.* 🚉 🚌 🛈
*3 bis, boulevard Pierre-Curie
(05 49 66 17 65).* 🛒 *Di u. Fr.*

DAS AUF EINEM Felsvorsprung vom Thouet umflossene Thouars liegt an der Grenze zwischen dem Anjou und Poitou. Nordischer Schiefer deckt seine Dächer ebenso wie südländischer roter Ziegel.

Die romanische Fassade der **Eglise St-Médard** im Zentrum belegt den regionaltypischen poitevinischen Stil *(siehe S. 402)*. Ihre herrliche gotische Fensterrosette wurde nachträglich angebracht. Mittelalterliche Fachwerkhäuser begleiten die Rue du Château hinauf zum Schloß. Der die Stadt überragende Bau (17. Jh.) beherbergt heute ein Gymnasium und ist im Sommer geöffnet.

Kunstausstellungen empfangen den Besucher im umwallten **Château d'Oiron**, einer 1518–49 geschaffenen Renaissanceperle östlich von Thouars.

⚜ Château d'Oiron

Oiron. 📞 *05 49 96 51 25.* 🕐 *tägl.*
Geschl. *Feiertage.*

Parthenay ●

Deux-Sèvres. 🚶 *11 000.* 🚉 🚌
🛈 *8, Rue de la Vau-St-Jacques .
(05 49 64 24 24).* 🛒 *Mi.*

PARTHENAY, EINE TYPISCH westfranzösische Provinzstadt, erwacht Mittwoch morgens zu Leben. Dann steigt hier Frankreichs zweitgrößter Viehmarkt. Im Mittelalter war es eine wichtige Station auf der Pilgerroute nach Santiago de Compostela *(siehe S. 390f).* Die bewehrte Porte St-Jacques aus dem 13. Jahrhundert bewacht die Brücke über den Thouet. Von ihr steigt das Kopfsteinpflaster der Rue de la Vaux-St-Jacques steil auf zu den Festungsanlagen des 13. Jahrhunderts.

Westlich von Parthenay ziert eine poitevinische Fassade die Kirche **St-Pierre-de-Parthenay-le-Vieux** (12. Jh.). Schmuckelemente zeigen Samson und den Löwen sowie einen Ritter mit einem Falken.

Marais Poitevin ●

Charente-Maritime, Deux-Sèvres, Vendée. ✈ *La Rochelle.* 🚉 *Niort, Marans.* 🚌 *Coulon, Arcais.*
🛈 *Coulon (05 49 35 99 29).*

MIT KANÄLEN, DEICHEN und Schleusen hat man die poitevinischen Sümpfe trockengelegt. Sie bedecken zwischen Niort und der Küste 90 000 Hektar Fläche. Heute sind sie als Nationalpark ausgewiesen, der zwei Gesichter zeigt. Im Norden und Süden der Sèvre-Mündung liegt der fruchtbare Marais Desséché (trockengelegter Sumpf), in dem Getreide angebaut wird. Flußaufwärts gen Niort zieht sich der Marais Mouillé (feuchter Sumpf).

Landschaftlich reizvoller sind die feuchten, auch Venise verte (Grünes Venedig) genannten Sümpfe. Durch sie zieht sich ein Labyrinth grünumwucherter Kanäle, die, gefleckt mit Orchideen und Seerosen, beschattet von Pappeln und Buchen, einer Vielzahl von Vögeln und anderen Tieren einen idealen Lebensraum bieten. Niemand weiß besser als die Bewohner, die *maraîchins,* daß große Teile der weiten, unter Wasser stehenden Wälder noch unerforscht sind. Hier sind die weißen Häuser der pittoresken Dörfer allesamt erhöht angelegt; flache Boote *(plattes)* bilden das Hauptverkehrsmittel.

Coulon, St-Hilaire-la-Palud, La Garette und Arçais sowie Damvix und Maillezais in Vendée eignen sich als Ausgangspunkte für Bootstouren durch die Sümpfe. Boote kann man

Mittelalterliche Häuser in der Rue de la Vau-St-Jacques, Parthenay

POITOU UND AQUITAINE 399

In Coulon (Marais Poitevin) vertäute flache Boote

mit oder ohne Führer mieten. Nehmen Sie sich mindestens drei Stunden Zeit, und wappnen Sie sich mit einem Insektenschutzmittel.

Coulon, das größte Dorf, ist Hauptort der Gegend. In seinem Aquarium lungert ein 20 Kilo schwerer Wels *(silure)* herum, Frankreichs häßlichster in Gefangenschaft lebender Fisch. In Coulon bieten am Hauptarm der Sèvre Boote Flußfahrten an.

Der *donjon* der Plantagenets in Niort, heute ein Heimatmuseum

Niort ❹

Deux-Sèvres. 58 000. *Rue Ernest Perochon (05 49 24 18 79).* Do u. Sa.

NIORT, IM MITTELALTER bedeutender Hafen an der Sèvre, ist zur Industriestadt mit den Schwerpunkten Werkzeugmaschinen, Elektronik, Chemie und Versicherung aufgestiegen.

Lokale Spezialitäten zeugen von der Nähe zu den Sümpfen: Aale, Schnecken und Engelwurz. Diese in den Feuchtgebieten kultivierte Pflanze wird, von Likör bis Eiskrem, für viele Produkte verwendet.

Nicht zu übersehen ist Niorts Attraktion: der gewaltige, die Vieux Ponts überblickende Donjon. Im 12. Jahrhundert von Henry II und Richard the Lionheart angelegt, spielte er eine Rolle im Hundertjährigen Krieg. Später diente er als Gefängnis. Zu seinen Insassen zählte der Vater der Madame de Maintenon (siehe S. 52), die in Niort geboren wurde und dort ihre Kindheit verbrachte. Heute ist es ein Museum für Kunsthandwerk und Archäologie.

Umgebung

In der Abteikirche von **St-Maixent-l'Ecole**, auf halber Strecke nach Poitiers, spielen Licht und Raum zauberhaft zusammen. Mit diesem gotischen Bau ersetzte François Le Duc 1670 die in den Religionskriegen zerstörte Vorgängerin. Westlich vereinen sich fünf Tumuli (Grabhügel), der älteste von 4500 v. Chr., zum **Tumulus de Bougon**.

Melle ❺

Deux-Sèvres. 4000. *Place de la Poste (05-49 29 15 10).* Fr.

EINE SILBERMINE bildete den Grundstein von Melle, das im 9. Jahrhundert die einzige Münze Aquitaniens besaß. Später trug ihm der *baudet de Poitou* Bekanntheit ein, in der Gegend gezüchteter Maulesel.

Heute ist Melle vor allem für seine Kirchen bekannt. Die schönste, **St-Hilaire**, erhebt sich in Uferlage mit poitevinischer Fassade (12. Jh.). Die Reiterstatue über dem Nordportal soll Kaiser Konstantin darstellen. Die Schmuckmotive der Kapitelle des Schiffs reichen von Engeln bis hin zu wunderlichen wilden Tieren.

Umgebung

Das maurische Portal der Abteikirche von **Celles-sur-Belle** kontrastiert auffällig mit der Gesamtgestaltung des Bauwerks, im 17. Jahrhundert im gotischen Stil renoviert.

Reiterstatue des Konstantin an der Fassade von St-Hilaire, Melle

Kanal in Venise verte, Marais Poitevin ▷

Poitiers ❻

DREI DER GRÖSSTEN SCHLACHTEN der französischen Geschichte wurden bei Poitiers geschlagen, die berühmteste im Jahr 732, als Karl Martell den Vormarsch der Araber stoppte. Nach zweimaliger englischer Herrschaft *(siehe S. 47)* erlebte Poitiers unter dem Kunstförderer Jean de Berry (1369–1416) eine Blütezeit. Die 1431 gegründete Universität, an der auch Rabelais studierte, machte Poitiers zu einem der geistigen Zentren der Zeit. Dann stürzten die Religionskriege die Stadt ins Chaos. Erst Ende des 19. Jahrhunderts setzte wieder eine Entwicklung ein. Heute ist die Hauptstadt des Départements Vienne eine moderne Stadt mit historischem Stadtkern und reichem architektonischem Erbe.

Fresko in der Eglise St-Hilaire-le-Grand

🔒 Notre-Dame-la-Grande
Diese berühmte Pilgerkirche heißt zwar »la Grande«, ist aber in Wirklichkeit nicht sehr groß. Bekannt ist sie vor allem für ihre prächtigen Fassadenreliefs (12. Jh.). Den Chor ziert ein romanisches Fresko von Christus und der Heiligen Jungfrau. Die meisten Kapellen wurden in der Renaissance hinzugefügt.

🏛 Palais de Justice
Place Alphonse-le-Petit.
📞 05 49 50 22 00. 🕐 Mo–Fr.
Hinter der Renaissancefassade verbirgt sich der ehemalige Palast der Könige von Anjou – Henry II und Richard the Lionheart –, in dessen Großem Saal 1429 Jeanne d'Arc vom geistlichen Gericht verhört worden sein soll.

🔒 Cathédrale St-Pierre
Das Chorgestühl aus dem 13. Jahrhundert ist das älteste Frankreichs. Das große Fenster mit der Kreuzigungsdarstellung läßt Licht in den geraden

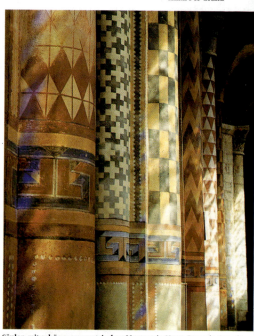

Säulen mit schönen geometrischen Mustern in Notre-Dame-la-Grande

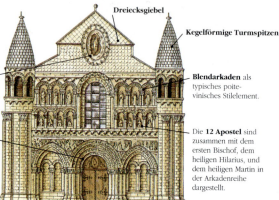

NOTRE-DAME-LA-GRANDE

Dreiecksgiebel

Kegelförmige Turmspitzen

Maiestas Domini im Giebelfeld, umrahmt von den Symbolen der Evangelisten.

Blendarkaden als typisches poitevinisches Stilelement.

Die **Portale** unter den mehrfach abgestuften Archivolten sind reich verziert und zeigen stellenweise deutlich maurischen Einfluß.

Die **12 Apostel** sind zusammen mit dem ersten Bischof, dem heiligen Hilarius, und dem heiligen Martin in der Arkadenreihe dargestellt.

POITOU UND AQUITAINE 403

FUTUROSCOPE

Im Futuroscope werden in futuristischer Architektur die neuesten Entwicklungen der visuellen Kommunikation gezeigt. Zu den Attraktionen zählen der »fliegende Teppich«, ein Saal mit dem Fußboden als zweiter Projektionsfläche, so daß man zu fliegen glaubt, und das Kinemax mit der größten Projektionswand Europas.

Kinemax im Futuroscope

INFOBOX

Vienne. 84 000. 5 km westl. von Poitiers.
8, rue des Grandes Ecoles (05 49 41 21 24). Di-So.
Printemps Musical (erste zwei Wochen im Apr).

Eglise St-Hilaire-le-Grand

Brände und Wiederaufbau haben die Kirche zum Mosaik der Stile gemacht. Der Bau stammt aus dem 6., der Glockenturm aus dem 11. und das Mittelschiff aus dem 12. Jh.

Chorabschluß. Unterhalb des Fensters sind die Stifter der Kirche, Henry II und Eleonore d'Aquitaine, zu sehen.

Eglise Ste-Radegonde

In dieser Kirche liegt Radegunde, die Gattin eines Merowingerkönigs aus dem 6. Jahrhundert, begraben. Hier gründete sie das erste Nonnenkloster Frankreichs. Die Fenster (13. Jh.) schildern ihr Leben.

Baptistère St-Jean

Rue Jean-Jaurès. Juli-Aug tägl., Sep-Juni Mi-Mo.
Der Baptistère St-Jean (4. Jh.) mit seinem polygonalen Narthex ist eine frühchristliche Taufkirche und zugleich eines der ältesten christlichen Bauwerke Frankreichs. Außer den romanischen Fresken (Christus und Kaiser Konstantin) birgt es ein Museum und Sarkophage aus der Merowingerzeit.

Musée Sainte-Croix

3, bis rue Jean Jaure's. 05 49 41 07 53. Di-So. **Geschl.** Feiertage. (außer Di).
Das Musée Sainte-Croix beherbergt archäologische Funde aus der Antike und dem Mittelalter, Gemälde und Plastiken, darunter drei (z. B. *Der Walzer*) von Camille Claudel, des weiteren Emailarbeiten aus Limoges und Gemälde.

Médiathèque François Mitterrand

4, rue de l'Université. 05 49 52 31 51. Di-Sa.
Dieses moderne Gebäude im historischen Viertel ist für seine Kommunikationstechnik bekannt. Im **Musée du Moyen Age** finden sich mittelalterliche Manuskripte und Kupferstiche.

Umgebung

Das **Futuroscope**, sieben Kilometer nördlich von Poitiers, zeigt neue Entwicklungen der visuellen Kommunikation.

Futuroscope

Jaunay-Clan. 05 49 49 30 00. tägl.

ZENTRUM VON POITIERS

Baptistère St-Jean ⑤
Cathédrale St-Pierre ③
Eglise St-Hilaire-le-Grand ⑦
Eglise Ste-Radegonde ④
Musée Sainte-Croix ⑥
Notre-Dame-la-Grande ①
Palais de Justice ②

LEGENDE

Bahnhof
Busbahnhof
Parken
Auskunft
Kirche

Die Burgruine von Angles-sur-Anglin mit der alten Wassermühle im Vordergrund

Abbaye de Nouaillé-Maupertuis ❼

Nouaillé-Maupertuis. 05 49 55 90 25. Kirche tägl. (nur Nachmittag). eingeschränkt.

An den Ufern des Miosson liegt die Abbaye de Nouaillé-Maupertuis. Das 780 zum erstenmal erwähnte Kloster wurde 808 nach Erlangung der Unabhängigkeit zur Benediktinerabtei. Ein Besuch lohnt sich wegen der im 11. und 12. Jahrhundert errichteten, mehrmals zerstörten und wiederaufgebauten Abteikirche. Hinter dem Altar steht der Sarkophag (10. Jh.) des heiligen Junien, der von drei majestätischen Wappenadlern geziert wird.

Noch sehenswerter ist das geschichtsträchtige Schlachtfeld unweit der Abtei. Hier unterlagen die Franzosen 1356 dem Schwarzen Prinzen. Das Landschaftsbild hat sich in den letzten 600 Jahren kaum verändert. Fahren Sie entlang der (rechts von der D142 abzweigenden) Landstraße nach La Cardinerie. Sie kommen nach Gue de l'Omme, dem Zentrum des Geschehens. Auf dem Hügel steht ein Denkmal an der Stelle, an der König Jean le Bon gefangengenommen wurde, nachdem er sich zunächst mit seiner Streitaxt allein zur Wehr gesetzt hatte, unterstützt von seinem Sohn Philippe, der ihn vor jedem neuen englischen Angreifer warnte.

Chauvigny ❽

Vienne. 8000. 5, rue St-Pierre (05 49 46 39 01). Sa.

Chauvigny liegt auf einem Felsvorsprung hoch über der Vienne. Hier stehen die Ruinen von sage und schreibe vier mittelalterlichen Burgen, denn der nahe gelegene Steinbruch bot genügend Baumaterial, daß niemand daran dachte, ältere Burgen abzureißen, um neuere zu errichten.

Die Hauptsehenswürdigkeit ist jedoch die **Eglise St-Pierre** (11./12. Jh.) mit ihren verzierten Kapitellen – sehenswert sind vor allem die des Chors. Dargestellt sind biblische Szenen, wilde Bestien, Sphingen und Sirenen. Achten Sie besonders auf das Kapitell mit der Inschrift »Gofridus me fecit« (Gofridus schuf mich) mit einer sehr naturalistischen Darstellung der Anbetung der Könige.

Umgebung
Unweit des Ortes liegt das **Château de Touffou**, ein Renaissancebau in Rosa und Ocker mit Terrassen und hängenden Gärten. Folgt man der Vienne in nördlicher Richtung, kommt man nach **Bonneuil-Matours**, dessen romanische Kirche ein prächtig verziertes Chorgestühl zu bieten hat.

⚜ Château de Touffou
Bonnes. 05 49 56 40 08. Mitte Juni–Mitte Sep Di–So; Okt–Mai Sa u. So.

Wilde Bestien auf den Kapitellen der Eglise St-Pierre in Chauvigny

Angles-sur-Anglin ❾

Vienne. 420. La Mairie (05 49 48 86 87 oder 05 49 48 61 20). So.

Das idyllische Dorf Angles liegt in schöner Flußlandschaft unterhalb einer Burgruine. Die Wassermühle am schilfgesäumten und zum Teil von Seerosen bedeckten Anglin paßt hervorragend in das idyllische Bild.

Angles ist für seine Stickarbeiten, die *jours d'Angles*, bekannt, eine Tradition, die Frauen auch heute noch pflegen.

Da dieses bezaubernde Dorf im Sommer leider meist überlaufen ist, kommt man am besten in der Nachsaison.

St-Savin ❿

Vienne. 1100.
15, rue St-Louis (05 49 48 11 00).
Fr.

Hauptanziehungspunkt von St-Savin ist die Abteikirche aus dem 11. Jahrhundert mit ihrem gotischen Turm und ihrem gewaltigen Mittelschiff.

Im Hundertjährigen Krieg wurde die einflußreiche Abtei niedergebrannt und später, während der Religionskriege, mehrmals geplündert. Sie wurde im 17. und 19. Jahrhundert von den Mönchen restauriert.

Im Inneren befindet sich der schönste romanische Freskenzyklus (12. Jh.) Europas. Die Wandgemälde zählen zu den bedeutendsten Kunstwerken Frankreichs, die von Prosper Mérimée, dem Autor von *Carmen* und Inspektor historischer Denkmäler, zum *monument historique* erklärt wurden. Einige wurden von 1967 bis 1974 restauriert und von der UNESCO in die Liste des internationalen Kulturerbes aufgenommen. Im Pariser Palais de Chaillot *(siehe S. 106 f)* ist eine Replik der Wandgemälde von St-Savin ausgestellt.

Glockenturm von St-Savin

Montmorillon ⓫

Vienne. 7200. 21, pl du Marechal Leclerc (05 49 91 11 96).
Mi, Sa.

Das beiderseits der Gartempe errichtete Montmorillon geht auf das 11. Jahrhundert zurück. Wie die meisten Städte der Region ist auch Montmorillon im Hundertjährigen Krieg und in den Religionskriegen großteils zerstört worden. Einige Bauwerke sind erhalten, zum Beispiel die **Eglise Notre-Dame** mit wunderschönen Fresken in der Krypta (12. Jh.). Die Szenen schildern u. a. das Leben der heiligen Katharina von Alexandria.

Umgebung

Dreißig Gehminuten vom Pont de Chez Ragon entfernt, südlich von Montmorillon, liegen die **Portes d'Enfer**, bizarre Felsen oberhalb der Stromschnellen der Gartempe.

Confolens ⓬

Charente. 3150. Place des Marronniers (05 45 84 22 22).
Mi u. Sa.

An der Grenze zum Limousin liegt Confolens, einst bedeutende Grenzstadt mit acht Kirchen. Heute wandern immer mehr Jugendliche ab. Hier findet im August ein internationales Folklorefestival statt. Dann prägen Musik, Trachten und Kunsthandwerk aus aller Herren Länder das Stadtbild.

Von historischem Interesse ist unter anderem die im 19. Jahrhundert großteils restaurierte mittelalterliche Brücke über die Vienne.

Charroux ⓭

Vienne. 1400. 2, route de Chatain (05 49 87 60 12). Do.

Die **Abbaye du St-Sauveur** (8. Jh.) in Charroux war einst eine der reichsten der Region. Heute ist davon nur eine Ruine übriggeblieben.

Das wichtigste mit dieser Kirche verknüpfte Geschichtsdatum ist das Jahr 879, als auf dem Konzil von Charroux der »Gottesfriede« festgelegt wurde. Dabei handelte es sich um den ersten geschichtlich belegten Versuch einer Art Genfer Konvention. Darin hieß es unter anderem, christliche Soldaten dürften auf ihren Feldzügen weder Kirchen plündern noch Geistliche angreifen, noch den Bauern das Vieh stehlen.

Der imposante Turm und die im Museum ausgestellten Portalskulpturen lassen ahnen, wie grandios die Abtei in ihrer Blütezeit gewesen sein muß.

Wandgemälde von St-Savin

Die Fresken schildern Szenen aus dem Alten Testament: von der Schöpfung bis zur Übergabe der Zehn Gebote. Der Zyklus beginnt links vom Eingang mit der Erschaffung der Sterne und der Erschaffung Evas. Es folgen die Arche Noah und der Turmbau zu Babel, die Geschichte Josephs und die Teilung des Roten Meers. Wegen der stilistischen Ähnlichkeiten geht man davon aus, daß alle Fresken von denselben Künstlern stammen. Die aufeinander abgestimmten Farben – Rot, Ockergelb, Grün, Schwarz und Weiß – sind verblaßt.

Die Arche Noah, Wandgemälde (12. Jh.) in St-Savin

Aulnay ⓮

Charente-Maritime. 1400.
290, avenue de l'Eglise
(05 46 33 14 44). So.

Das Erstaunlichste an der **Eglise St-Pierre** (12. Jh.) in Aulnay ist die Tatsache, daß der gesamte Bau in einem fertiggestellt wurde. Die von Zypressen umringte Kirche ist seit der Zeit der großen Wallfahrten dieselbe geblieben.

Besondere Erwähnung verdient die Verzierung, vor allem an der Außenseite des südlichen Querschiffs. St-Pierre ist eine der wenigen Kirchen mit einheitlicher romanischer Fassade. Am Südportal wechseln sich Bestien mit anmutigen Gestalten ab. Beachten Sie den Esel mit der Harfe. Im Inneren trägt eine mit Elefanten verzierte Säule die Inschrift: »Hier mögen Elefanten sein.«

Fassade der Eglise St-Pierre in Aulnay

La Rochelle ⓯

Charente-Maritime. 71 000.
Place de la Petite-Sirène,
Le Gabut (05 46 41 14 68). tägl.

La Rochelle, seit dem 11. Jahrhundert ein bedeutender Hafen und Warenumschlagplatz, hat immer die falsche Seite unterstützt, z.B. die Engländer und die Calvinisten. Das führte 1628 zur unmenschlichen Belagerung der Stadt durch Kardinal Richelieu, bei der 23000 Menschen verhungerten. Die Stadt wurde sämtlicher Privilegien entho-

Tour St-Nicolas in La Rochelle

ben, und ihre Häuser dem Erdboden gleich gemacht.

Hauptanziehungspunkt ist der alte Hafen, heute der größte Jachthafen an der französischen Atlantikküste. Beiderseits der Hafeneinfahrt stehen die **Tour de la Chaîne** und die **Tour St-Nicolas**. Früher war zum Schutz vor Angreifern vom Meer zwischen beiden Türmen eine schwere Kette gespannt.

Die Kopfsteinpflasterstraßen und Arkaden von La Rochelle lassen sich bequem zu Fuß erkunden, aber besser nicht im Sommer. Einen guten Überblick hat man von der **Tour de la Lanterne** (15. Jh.). In die Wände haben die Gefangenen, ausländische Matrosen (17.-19. Jh.), allerlei Bilder und Texte geritzt.

Das **Musée d'Histoire Naturelle** umfaßt das Studienzimmer des Wissenschaftlers Clément Lafaille, ein Kabinett für Naturgeschichte sowie ausgestopfte Tiere und afrikanische Masken. Die Verbindung der Stadt zur Neuen Welt ist Gegenstand des **Musée du Nouveau Monde**. Emigration sowie Übersee- und Sklavenhandel werden anhand alter Karten, Gemälde und kunsthandwerklicher Gegenstände illustriert.

Sehenswert sind auch die hintere Fassade des **Hôtel de Ville** sowie die Flakonsammlung im **Musée du Flacon à Parfum** (in der Parfümerie Rue du Temple Nr. 33).

Das außerhalb des historischen Stadtkerns gelegene **Aquarium** bietet Meeresbiotope mit ihren typischen Bewohnern, darunter auch Haie.

Tour de la Lanterne
Le Port. 05 46 41 56 04.
Apr–15 Sep tägl; 16. Sep–März Di–So. **Geschl.** 1. Jan, 1. Mai, 1. u. 11. Nov, 25. Dez.
Muséum d'Histoire Naturelle
28, rue Albert-Premier. 05 46 41 18 25. Di–So. **Geschl.** Feiertage.
Musée du Nouveau Monde
10, rue Fleuriau. 05 46 41 46 50. Mi–Mo. **Geschl.** 1. Jan, 1. Mai, 14. Juli, 1. u. 11. Nov, 25. Dez.
Aquarium
Port des Minimes. 05 46 34 00 00. tägl.

Umgebung

Die Ile de Ré, auch »Weiße Insel« genannt, ist ein langgestrecktes Vogelparadies mit Kreidefelsen und Dünen. Seit 1988 ist sie durch eine – noch heute sehr umstrittene – drei Kilometer lange Brücke mit dem Festland verbunden.

Besuchen Sie das größte Dorf der Insel: **St-Martin-de-Ré**. Abgesehen von den Befestigungsmauern (17. Jh.) gibt es Fischrestaurants, in denen Austern serviert werden.

Arkade in der Rue du Palais, La Rochelle

Rochefort ⓰

Charente-Maritime. 28 000.
Avenue Sadi-Carnot
(05 46 99 08 60). Di, Do u. Sa.

Rochefort wurde im 17. Jahrhundert unter Colbert (siehe S. 52f) als Standort für die größte Werft Frankreichs

POITOU UND AQUITAINE

Phare des Baleines an der Ostspitze der Ile de Ré vor La Rochelle

angelegt. Über 300 Segelschiffe liefen dort jährlich vom Stapel.

An diese maritime Vergangenheit erinnert die **Corderie Royale** (Königliche Seilerei) aus dem Jahr 1670. Die Ausstellung vermittelt einen Einblick in die Herstellung von Tauen. Im **Musée de la Marine** stehen Modelle aller auf dieser Werft gebauten Schiffe.

Die elegante, etwas nüchtern wirkende Stadt ist heute eher als Geburtsort des Schriftstellers Pierre Loti (1850–1923) bekannt. Die extravagant eingerichtete **Maison de Pierre Loti** mit ihrem orientalischen Interieur enthält zahllose Erinnerungsstücke an den Autor.

Das **Musée d'Art et d'Histoire** beherbergt eine völkerkundliche Sammlung und eine Karte der alten Werft.

🏛 Corderie Royale
Centre International de la Mer, Rue Audebert. 📞 05 46 87 01 90. 🕐 tägl. **Geschl.** 1. Jan, 25. Dez. 📷 ♿

🏛 Musée de la Marine
Place de la Galissonnière. 📞 05 46 99 86 57. 🕐 Mi–Mo. **Geschl.** Feiertage (außer Ostern u. Pfingsten). 📷

🏛 Maison de Pierre Loti
141, rue Pierre-Loti. 📞 05 46 99 16 88. 🕐 Mi–Mo; Juli–Sep tägl. **Geschl.** 20. Dez–20 Jan, Feiertage. 📷

🏛 Musée d'Art et d'Histoire
63, avenue Charles-de-Gaulle. 📞 05 46 99 83 99. 🕐 Juli–Aug tägl.; Sep–Juni Di–Sa. **Geschl.** Feiertage. 📷

Umgebung
Von Fouras kann man mit der Fähre zur **Ile d'Aix** übersetzen. Hier wurde Napoleon gefangengehalten, bevor er nach St. Helena gebracht wurde. An ihn erinnert das **Musée Napoléonien**. Das Kamel, das er in Ägypten ritt, steht heute ausgestopft im **Musée Africain**.

🏛 Musée Napoléonien
30, rue Napoléon. 📞 05 46 84 66 40. 🕐 Mi–Mo. **Geschl.** 1. Mai. 📷

🏛 Musée Africain
Rue Napoléon. 📞 05 46 84 66 40. 🕐 Do–Di. **Geschl.** 1. Mai. 📷 ♿

Napoléon wurde 1814 auf der Ile d'Aix gefangengehalten

Île d'Oléron ⓱

Charente-Maritime. ✈ La Rochelle. 🚂 Rochefort, Marennes (Sommer), dann Bus. 🚌 von La Rochelle. 🛈 Château d'Oléron (05 46 47 60 51).

OLÉRON IST DIE zweitgrößte französische Insel nach Korsika und ein beliebtes Ferienziel. Dünen, Kiefernwälder und sehr schöne Strände bei Vert Bois und Grande Plage, unweit des Fischerhafens La Cotinière, prägen die Südküste, die **Côte Sauvage**. Der Norden ist weniger romantisch. Hier dominieren Landwirtschaft und Fischfang.

Eine altmodische Bahn zuckelt im Sommer von **St-Trojan** durch Dünen und Wälder zur Pointe de Maumusson.

Brouage ⓲

Charente-Maritime. 👥 180. 🛈 2, rue de Québec, Hiers-Brouage (05 46 85 19 16).

KARDINAL RICHELIEUS Festung bei Brouage, sein Sitz während der Belagerung von La Rochelle (1627/28), bot einst Ausblick auf einen florierenden Hafen. Wohlstand und Einwohnerzahl gingen jedoch im 18. Jahrhundert zurück, als der Hafen versandete. Kardinal Mazarin schickte 1659 seine Nichte Marie Mancini hierher, um die ihm mißliebige Liaison mit Louis XIV zu beenden, der jedoch Marie nicht vergessen konnte. Noch nach seiner Vermählung fuhr er allein nach Brouage, um dort zu übernachten, wo einst seine große Liebe geweilt hatte. Heute leben die Einwohner von der Austernzucht.

Umgebung
Zwei Gründe sprechen dafür, **Marennes** einen Besuch abzustatten: die berühmten grünen Austern und der Blick vom Turm der Eglise St-Pierre-de-Sales. Im nahe gelegenen **Château de la Gataudière** sind Pferdefuhrwerke ausgestellt.

Einer der fünf beliebten Strände von Royan

Royan ❶❾

Charente-Maritime. 🚶 17 500. ✈ 🚆 ⛴ nur nach Verdon. 🛈 Rond-Point de la Poste (05 46 05 04 71). 🗓 tägl.

R OYAN WURDE Ende des Zweiten Weltkriegs durch das Flächenbombardement der Alliierten größtenteils zerstört und ist daher heute eine moderne Stadt, die sich deutlich von den anderen Städten dieses Küstenstreifens abhebt. Die fünf Sandstrände, die man hier *conches* nennt, machen den Ort im Sommer zu einem beliebten Ferienziel.

Die von 1955 bis 1958 erbaute **Eglise Notre-Dame** ist ein frühes Beispiel für die Verwendung von Stahlbeton. Die Buntglasfenster lassen großzügig Licht ins Innere.

Abwechslung von der modernen Architektur bietet der **Phare de Cordouan** im Renaissancestil. Verschiedene Leuchttürme sind seit dem 11. Jahrhundert an dieser Stelle errichtet worden. Der heutige, mit einer Kapelle im Inneren, wurde 1611 fertiggestellt. Später wurden die Mauern verstärkt und der ganze Turm um 40 Meter höher. Der seit 1789 unveränderte Leuchtturm steht auch auf dem Programm der von Royan aus angebotenen Schiffsausflüge.

Talmont ❷⓿

Charente-Maritime. 🚶 83.

D IE WINZIGE ROMANISCHE **Eglise Ste-Radegonde** steht an exponierter Stelle oberhalb der Gironde. Auffällig ist vor allem die 1094 in Form eines Schiffsbugs gebaute Apsis – angesichts der Tatsache, daß das Mittelschiff bereits ins Wasser gestürzt ist, eigentlich ganz passend. Eine Fassade aus dem 15. Jahrhundert verkleidet die restlichen Mauern. Im Inneren locken aufwendig verzierte Kapitelle und eine Darstellung des heiligen Georg mit dem Drachen. Talmont ist ein bezaubernder Ort mit zahllosen kleinen weißen und rosenumrankten Häusern.

Saintes ❷❶

Charente-Maritime. 🚶 27 000. 🚆 🛈 Villa Musso, 62, cours National (05 46 74 23 82). 🗓 Di–So.

S AINTES, DIE HAUPTSTADT der Saintonge, besitzt ein reiches architektonisches Erbe. Jahrhundertelang befand sich hier die einzige Brücke über den Unterlauf der Charente, die von zahllosen Pilgern auf ihrem Weg nach Santiago de Compostela benutzt wurde. Die römische Brücke gibt es nicht mehr, den **Arc de Germanicus** (19 v. Chr.), der einst direkt an der Brücke stand, kann man aber auch heute noch bewundern.

Auf derselben Seite des Flusses steht die schlichte, aber schöne **Abbaye aux Dames**. Die 1047 geweihte Kirche wurde im 12. Jahrhundert modernisiert. Später (17./18. Jh.) war die Abtei ein Mädchenpensionat. Man beachte die Skulpturen des Portals und das Haupt Christi (12. Jh.) in der Apsis.

Auf dem linken Charente-Ufer stehen die Überreste eines römischen **Amphitheaters** (1. Jh.). Etwas weiter befindet sich die **Eglise St-Etrope**. Im 15. Jahrhundert wurde hier Louis XI auf wundersame Weise von der Wassersucht geheilt und bescherte der Kirche aus Dankbarkeit einen Stilbruch nach dem anderen in Form zusätzlicher gotischer Elemente.

Arc de Germanicus in Saintes

Cognac ❷❷

Charente. 🚶 20 000. 🚆 🚌 🛈 16, rue du 14 Juillet (05 45 82 10 71). 🗓 tägl.

D ER VERRÄTERISCHE schwarze Pilzbewuchs an den Hauswänden deutet darauf hin, daß im Inneren Alkohol verdunstet

POITOU UND AQUITAINE

Nekropolis der in Fels gehauenen Eglise St-Jean in Aubeterre-sur-Dronne

Das **Centre National de la Bande Dessinée et de l'Image** verfügt über eine repräsentative Sammlung der seit 1946 in Frankreich entstandenen Comics und Zeichentrickfilme. Vorgestellt werden unter anderem Tim und Struppi, Asterix, Snoopy und Flash Gordon.

🏛 **Centre National de la Bande Dessinée et de l'Image**
121, rue de Bordeaux. ☎ 05 45 38 65 65. 🕒 Di–So (Schulferien tägl.). **Geschl.** 1. Jan, 1. Mai, 25. Dez.

Umgebung

Angoulême war früher für seine Papierfabriken bekannt. Im Museum **Moulin de Fleurac** in Nersac wird heute noch Hadernpapier genauso wie im 18. Jahrhundert hergestellt.

🍴 **Moulin de Fleurac**
Nersac. ☎ 05 45 91 50 69. 🕒 Mi–Mo. nur

ist, das heißt Cognac gelagert wird. In Cognac begibt man sich am besten auf dem kürzesten Weg in die Kellerei **Cognac Otard**, die in einem Schloß aus dem 15. und 16. Jahrhundert, dem Geburtsort François' I, untergebracht ist. Sie wurde 1795 von einem Schotten namens Otard gegründet. Ein großer Teil der Renaissancearchitektur ist jedoch erhalten geblieben und stellt eine schöne Kulisse für die Besichtigung der Kellerei dar.

Ausgangsprodukt des Cognacs ist der alkoholarme einheimische Weißwein. Dieser wird gebrannt und reift dann 5 bis 40 Jahre in Eichenfässern. Ausschlaggebend für den Geschmack ist die Kunst des Verschneidens. Qualität ist daher in erster Linie eine Frage der Marke.

Traditioneller Cognacschwenker

tung verdienen die Fassadenskulpturen, die von außerordentlicher Liebe zum Detail zeugen. Im 19. Jahrhundert wurde St-Pierre von dem Architekten Abadie mehr oder weniger erfolgreich restauriert. In seinem Bestreben, alle nach dem 12. Jahrhundert hinzugefügten Details zu eliminieren, gelang ihm sogar die Zerstörung der Krypta aus dem 6. Jahrhundert. Leider hat man ihn auch auf das alte Schloß angesetzt. Das Resultat ist das neogotische **Hôtel de Ville** (Rathaus). Der Turm aus dem 15. Jahrhundert, in dem Marguerite d'Angoulême 1492 zur Welt kam, ist jedoch erhalten geblieben. Eine Statue im Garten erinnert an die kulturbeflissene Schwester François' I, die sechs Sprachen beherrschte, eine wichtige Rolle in der Außenpolitik spielte und die bekannte Erzählung *Heptaméron* schrieb.

🍴 **Cognac d'Otard**
Château de Cognac, Boulevard Denfert-Rochereau. ☎ 05 45 36 88 86. 🕒 Apr–Sep tägl.; Okt–März Mo–Fr. **Geschl.** Feiertage.

Angoulême ㉓

Charente. 👥 46 000. 🚉 🚌
ℹ 7 bis, rue du Chat (05 45 95 16 84). 🛒 tägl.

DIE INDUSTRIESTADT Angoulême steht ganz im Zeichen ihrer berühmten **Cathédrale St-Pierre** (12. Jh.), der vierten, die an dieser Stelle errichtet wurde. Besondere Beach-

Aubeterre-sur-Dronne ㉔

Charente. 👥 390. 🚌 ℹ Rue St Jean (05 45 98 57 18). 🛒 Do u. So.

DIE SEHENSWÜRDIGKEIT dieses hübschen kleinen weißen Dorfs ist die ungewöhnliche **Eglise St-Jean**. Dem weißen Kreidefelsen, in den sie gehauen wurde, verdankt der Ort seinen Namen (alba terra = weiße Erde). Die Kirche geht teilweise auf das 6. Jahrhundert zurück. Bei Ausgrabungen legte man ein frühchristliches Taufbecken und einen Reliquienschrein frei.

Detail der romanischen Fassade der Cathédrale St-Pierre in Angoulême

Im Detail: Bordeaux ㉕

DIE AN EINER BIEGUNG der Garonne errichtete Stadt Bordeaux war schon vor der Zeit der Römer ein bedeutender Hafen und später jahrhundertelang Knotenpunkt des europäischen Handels. Heute findet man in der fünftgrößten Stadt Frankreichs nur noch wenige Zeugnisse der Römer, Franken, Engländer oder der Religionskriege, die die Stadtgeschichte geprägt haben. Bis auf den eleganten Stadtkern aus dem 18. Jahrhundert ist Bordeaux heute eine moderne Hafen- und Industriestadt. Die Uferpromenaden dieser wohlhabenden Weinmetropole säumen Bauten mit eleganten klassizistischen Fassaden, die ursprünglich den Blick auf die baufälligen mittelalterlichen Stadtviertel versperren sollten.

Eglise Notre-Dame, 1684–1707 errichtet

Die **Maison du Vin** erteilt Auskunft über »Wein-Touren«.

★ **Grand Théâtre**
Das 1773–80 erbaute, von zwölf Musenstatuen gekrönte Theater ist ein Meisterwerk klassizistischer Baukunst.

NICHT VERSÄUMEN

★ Grand Théâtre

★ Esplanade des Quinconces

★ Place de la Bourse

LEGENDE

– – – Routenempfehlung

0 Meter 100

Die **Quais** laden zu einem Spaziergang vor der Kulisse eleganter Fassaden ein.

★ **Place de la Bourse**
Der harmonisch gestaltete Platz wird von zwei imposanten Bauwerken des 18. Jahrhunderts flankiert: dem Palais de la Bourse und dem Hôtel des Douanes.

POITOU UND AQUITAINE

★ Esplanade des Quinconces

Diese großflächige Anlage mit ihren baumgesäumten Alleen, Statuen und Brunnen entstand 1827–58 an der Stelle des Château de Trompette (15. Jh.).

INFOBOX

Gironde. 214 000. 10 km von Bordeaux. Gare St-Jean, Rue Charles-Domerq. Place des Quinconces. 12, cours du 30 Juillet (05 56 00 66 00). Mo–Sa. L'Eté Girondin (Jazz; Juli–Aug); Fête du Vin Nouveau (Ende Okt).

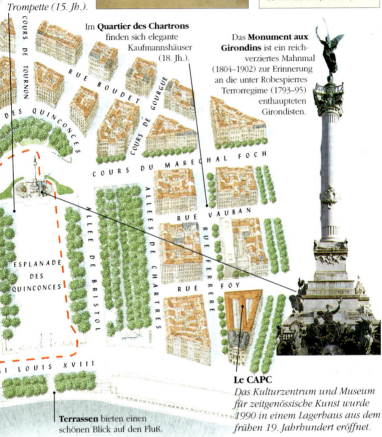

Im **Quartier des Chartrons** finden sich elegante Kaufmannshäuser (18. Jh.).

Das **Monument aux Girondins** ist ein reichverziertes Mahnmal (1804–1902) zur Erinnerung an die unter Robespierres Terrorregime (1793–95) enthaupteten Girondisten.

Le CAPC
Das Kulturzentrum und Museum für zeitgenössische Kunst wurde 1990 in einem Lagerhaus aus dem frühen 19. Jahrhundert eröffnet.

Terrassen bieten einen schönen Blick auf den Fluß.

Das Verladen von Weinfässern (Bordeaux, 19. Jh.)

WEINHANDEL IN BORDEAUX

Bordeaux ist nach Marseille der älteste Hafen Frankreichs. Seit der Antike gewährleistete der Weinexport einen gewissen Wohlstand, der unter englischer Herrschaft (1154–1453; siehe S. 46ff) dank der Monopolstellung der Stadt bei der Belieferung Englands noch zunahm. Nach der Entdeckung der Neuen Welt nutzte Bordeaux seine günstige Lage zur Diversifizierung und Ausweitung des Weinhandels. Heute werden im Bordelais jährlich über 44 Millionen Kisten Wein produziert.

GRAND THÉÂTRE DE BORDEAUX

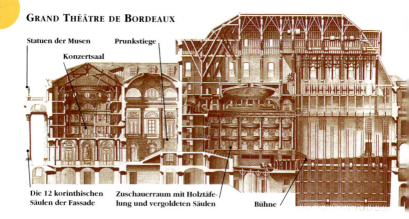

- Statuen der Musen
- Prunkstiege
- Konzertsaal
- Die 12 korinthischen Säulen der Fassade
- Zuschauerraum mit Holztäfelung und vergoldeten Säulen
- Bühne

Überblick: Bordeaux
Der belebteste Teil ist das vom Cours de l'Intendance, dem Cours Clemenceau und der Allée de Tourny begrenzte Dreieck mit seinen schicken Geschäften und Cafés. Große Kaufhäuser gibt es in der Fußgängerzone (Rue Ste-Catherine) und an der Porte Dijeaux.

Grand Théâtre
Place de la Comédie. 05 56 48 58 54.
Das vom Architekten Victor Louis errichtete Grand Théâtre (18. Jh.) zählt zu den schönsten klassizistischen Bauwerken Frankreichs. Der Zuschauerraum ist für seine ausgezeichnete Akustik berühmt. Die Prunkstiege diente später beim Bau der Pariser Oper *(siehe S. 93)* als Vorbild.

Eglise St-Seurin
Diese Kirche wirkt wie ein etwas unübersichtlicher Flickenteppich verschiedener Stilrichtungen aus dem 11. bis 18. Jahrhundert. Am interessantesten sind die gallorömischen Sarkophage (6. Jh.) in der Krypta und der steinerne Bischofsthron (14. Jh.).

Basilique St-Michel
200 Jahre dauerte die Fertigstellung der 1350 begonnenen massiven Basilique St-Michel. Größter Stolz der um 1990 restaurierten dreischiffigen Basilika ist die Statue der heiligen Ursula mit ihren Jungfrauen in einer der Seitenkapellen. Der freistehende, 1472–92 errichtete Glockenturm (114 m) ist der höchste Südfrankreichs.

Musée des Beaux-Arts
20, cours d'Albret. 05 56 10 16 93. Mi–Mo. **Geschl.** Feiertags.

Das im nördlichen und südlichen Flügel des Hôtel de Ville untergebrachte Musée des Beaux-Arts (Renaissance bis Neuzeit) zeigt Werke von Tizian, Veronese, Rubens, Delacroix, Corot, Renoir, Matisse und Boudin.

Musée d'Aquitaine
20, cours Pasteur. 05 56 01 51 00. Di–So. **Geschl.** Feiertage.

Dieses Museum illustriert anhand von Handarbeiten, Möbeln und Geräten der Weinbauern die Geschichte der Region von der Steinzeit bis heute. Zu den historisch interessantesten Ausstellungsstücken zählen die Funde von Tayac (2. Jh. v. Chr.), unter anderem eine prächtige Goldkette, und die Funde von der Garonne, darunter über 4000 römische Münzen.

Ruhige Straße in Bordeaux (nahe der Porte de la Grosse-Cloche)

Cathédrale St-André
Das Mittelschiff dieser gewaltigen Kirche wurde im 11. Jahrhundert begonnen und 200 Jahre später umgebaut. Der gotische Chor und die Querschiffe wurden im 14. und 15. Jahrhundert hinzugefügt. Unter den mittelalterlichen Skulpturen an der Porte Royale sind auch Szenen des Jüngsten Gerichts.

Le CAPC
Entrepôt Lainé, 7, rue Ferrère. 05 56 00 81 50. Di–So nachmittags. **Geschl.** 1. Jan, 1. Mai, 25. Dez.

Das 1990 eröffnete CAPC (Centre d'Arts Plastiques Contemporains) ist ein in einem ehemaligen Lagerhaus (19. Jh.) untergebrachtes Kulturzentrum und Museum für zeitgenössische Kunst, in dem Sonderausstellungen, Filmvorführungen, Vorträge und Podiumsdiskussionen stattfinden.

St-Émilion ㉖

Gironde. 2800. place de Créneaux (05 57 24 72 03). So.

Für die meisten ist St-Émilion der Name eines guten Rotweins *(siehe S. 388 f)*, hinter dem sich aber auch eine reizende Kleinstadt im Herzen des gleichnamigen Weinbaugebiets verbirgt. Ihre Ursprünge reichen bis ins 8. Jahrhundert zurück. Hier hat sich der Eremit Émilion eine Höhle in den Fels gehauen. Später entstand an der Stelle ein Kloster, und im Mittelalter war St-Émilion bereits zur Kleinstadt an-

POITOU UND AQUITAINE

gewachsen. Noch heute säumen mittelalterliche Häuser die Straßen, und auch die Befestigungsmauern (13. Jh.) sind teilweise erhalten. Außerdem gibt es hier eine interessante Felsenkirche.

Zu den berühmten Weingütern dieser Region zählen **Figeac**, **Cheval Blanc** und **Ausone**, bekannt für ihren *premier cru classé*.

Weingut unweit von Margaux (Médoc westlich von Bordeaux)

Pauillac ❷

Gironde. 5700. quai de Pauillac, la Verrerie (05 56 59 03 08). Do u. Sa.

Einer der berühmtesten Orte im Médoc *(siehe S. 388 f)* ist Pauillac. Drei der dortigen Weingüter produzieren einen *premier cru classé*. Das **Château Mouton-Rothschild** läßt seine Weinetiketten von berühmten Künstlern entwerfen und beherbergt ein Museum mit Gemälden zum Thema Wein. Das **Château Lafite-Rothschild** besteht seit dem Mittelalter, und das **Château Latour** erkennt man sofort an seinem Türmchen. Eine Besichtigung ist möglich, muß jedoch zuvor vereinbart werden (im Fremdenverkehrsamt). Das Städtchen Pauillac liegt am Westufer der Gironde. Im 19. Jahrhundert gingen hier die Überseedampfer vor Anker, heute liegen im Hafen dieses Städtchens fast überwiegend Privatboote. Genießen Sie nach einem Spaziergang an den Kaien den einheimischen Wein in einem der vielen Cafés.

DIE WEINGÜTER DES BORDELAIS

Die *châteaux* des Bordelais, größtes Spitzenwein-Anbaugebiet der Welt, bürgen für Qualität. Ein *château* besteht aus dem Weinberg und einem Gebäude, das bescheiden bis protzig und historisch bis modern sein kann. Das *château* steht für Tradition und für die Philosophie, daß der Boden ausschlaggebend für die Qualität und den Geschmack eines Weins ist. Manche *châteaux* bieten Weinproben und Direktverkauf an. Nähere Informationen dazu erteilen die Maison du Vin und das Fremdenverkehrsamt in Bordeaux *(siehe S. 411)*.

Latour *(Pauillac) ist für seine schweren Weine bekannt. Markenzeichen ist das mittelalterliche Türmchen auf dem Etikett.*

Das Weingut **Cheval Blanc** *produziert einen vollmundigen, würzigen* premier grand cru.

Margaux, *erbaut 1802, keltert einen klassischen, harmonischen* premier cru.

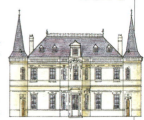

Palmer, *ein* château *im Neorenaissancestil (1856), stellt einen sehr guten* Margaux troisième cru *her.*

Gruaud-Larose, *ein cremefarbenes* château *mit klassizistischer Fassade, zeichnet sich durch seinen körperreichen* St-Julien deuxième cru classé *aus.*

Vieux Château Certan *befindet sich in belgischem Besitz. Hier werden die Pomerol-Weine produziert, die von jeher zu den besten der Region gehören.*

Die drei Kilometer lange Dune du Pilat südlich des Bassin d'Arcachon

Côte d'Argent ❷❽

Gironde u. Landes. ✈ Bordeaux, Biarritz. 🚆 Soulac-sur-Mer, Arcachon, Labenne, Dax. 🚌 Lacanau, Arcachon, Mimizan. ℹ Lacanau (05 56 03 21 01), Mimizan-Plage (05 58 09 11 20), Capbreton (05 58 72 12 11).

DEN KÜSTENSTREIFEN zwischen Pointe de Grave an der Gironde-Mündung und Bayonne *(siehe S. 442)* nennt man Côte d'Argent, Silberküste. Die Wanderdünen sind mittlerweile durch Baumpflanzungen gebremst worden.

Typische Badeorte sind **Soulac-sur-Mer**, gefolgt von größeren Orten wie **Lacanau-Océan** und **Mimizan-Plage.** Weiter südlich liegen **Hossegor** und **Capbreton.** Zwischen den alten Orten liegen einige moderne Badeorte.

Die zahlreichen Binnenseen sind bei Anglern und Freizeitkapitänen sehr beliebt. Sie sind untereinander und mit dem Meer zum Teil durch sogenannte *courants* (kleine Flüsse, wie der **Courant d'Huchet**) verbunden. Dieses Naturschutzgebiet läßt sich mit dem Boot bequem erkunden.

Bassin d'Arcachon ❷❾

Gironde. 👥 12 000. 🚆 🚌 ℹ Esplanade Georges-Pompidou (05 56 83 01 69). 🛥 tägl.

DIE SONST SO gerade Küstenlinie der Côte d'Argent wird auf halber Höhe durch eine große Einbuchtung unterbrochen. Das für seinen landschaftlichen Reiz, seine schönen Strände und seine Austern berühmte Bassin d'Arcachon steht unter Naturschutz und ist ein wahres Ferienparadies, nicht nur für Segler und Austernliebhaber.

Rund um die strandgesäumte Bucht liegen verschiedene sehenswerte Ferienorte und Fischerdörfer (mit Austernzucht).

Cap Ferret, die Landzunge, die das Becken vor der steifen Atlantikbrise schützt, ist ein Erholungsgebiet für Wohlhabende, was man unschwer an den luxuriösen, von Kiefern abgeschirmten Villen erkennen kann. Hier gibt es eine Allee, die von Lège zu den wildromantischen Stränden von Grand-Crohot führt.

Im **Parc Ornithologique du Teich** zwischen Cap Ferret und Arcachon, unweit von Gujan-Mestras, werden kranke und verletzte Vögel gepflegt und seltene Arten geschützt. Vogelfreunden sind zwei gutmarkierte Wege mit verschiedenen Unterständen empfohlen, aus denen man die Vögel beobachten kann.

Das Seebad **Arcachon** besteht seit 1845. Mit steigender Beliebtheit um die Jahrhundertwende wurden hier viele Villen im ruhigen Ville d'Hiver gebaut. Im lebhafteren Ortsteil Ville d'Eté gibt es ein Casino und jede Menge Sportmöglichkeiten.

Die gewaltige Dune du Pilat (3 km lang, 115 m hoch und 500 m breit) ist die größte Düne der Welt. Abgesehen von dem herrlichen Panoramablick, den sie bietet, ist die Düne auch im Herbst ein herrlicher Aussichtspunkt zum Beobachten ganzer Schwärme von Zugvögeln auf ihrem Weg ins Schutzgebiet von Le Teich.

🍴 Parc Ornithologique du Teich
Le Teich. 📞 05 56 22 80 93. 🕐 tägl. 🚫 ♿

Parc Ornithologique du Teich (ein Vogelschutzgebiet am Bassin d'Arcachon

Der Wald in den Landes

Die Aufforstung im 19. Jahrhundert war ein ambitioniertes Projekt zur Nutzung einer aus Sandböden und Sümpfen bestehenden Region. An der Küste wurden Kiefern gepflanzt und Wiesen angelegt, um die Wanderdünen zu bremsen; auch im Hinterland »befestigte« man die Dünen mit Kiefern, Schilf und Ginster. 1855 wurden die Sümpfe trockengelegt.

Kiefernwald in den Landes

Landes ❸⓪

Gironde u. Landes. 🚆 *Bordeaux.* 🚉 *Morcenx, Dax, Mont-de-Marsan.* 🚌 *Mont de Marsan.* 🛈 *Mont-de-Marsan (05 58 05 87 37).*

DIE FAST VOLLSTÄNDIG mit Kiefernwäldern bewachsenen Landes bedecken die Départements Gironde und Landes. Der Sandboden dieser Region verwandelte sich im Winter regelmäßig in einen Sumpf, da die poröse Kalktuffschicht unterhalb der Oberfläche das Brackwasser aus den Seen wie ein Schwamm aufsog. Wegen der Wanderdünen war es völlig aussichtslos, die Küste zu besiedeln. Und obendrein suchte sich der Adour in dem 32 Kilometer langen Küstenstreifen zwischen Capbreton und Vieux-Boucau ständig eine neue Mündung.

Im 16. Jahrhundert wurde er schließlich durch ein festes Flußbett bei Bayonne ins Meer geleitet. Dies war der Beginn der langsamen Eroberung der Landes. Mit zunehmender Anpflanzung von Kiefern und Korkeichen verschwanden allmählich die Schäfer mit ihren Herden. Auch heute noch ist das Hinterland relativ dünn besiedelt, dafür aber dank der Holzverarbeitung einigermaßen wohlhabend. Außerdem ziehen die Badeorte an der Küste jedes Jahr zahllose Touristen an.

Ein Teil des Waldes wurde 1970 zum Naturpark erklärt. Eine kleine Eisenbahn bringt Besucher nach **Marqueze**, wo eine für das 19. Jahrhundert typische *airial* (Lichtung) wiederhergestellt wurde. Sie erinnert an die Landes vor der Trockenlegung, als die Schäfer noch auf Stelzen gingen. Außerdem gibt es typische *auberges landaises* (Holzhäuser) und Hühnerställe, die zum Schutz vor Füchsen auf Pfählen errichtet wurden. In **Luxey** erinnert ein Museum an Harzgewinnung und -destillation. Ein typisches Dorf ist **Levignacq**, mit naiver Freskenmalerei in der Wehrkirche (14. Jh.).

Mont-de-Marsan ❸①

Landes. 👥 *32 000.* 🚉 🚌 🛈 *6, place du Général-Leclerc (05 58 05 87 37).* 🛒 *Di–Sa.*

DAS ELDORADO FÜR Freunde des Stierkampfs zieht im Sommer die besten Matadore an. In den Landes erfreut sich nämlich eine weniger blutige Variante des Stierkampfs, die sogenannte *course landaise*, großer Beliebtheit. Dabei geht es darum, über Hörner und Rücken des angreifenden Stieres zu springen.

Die Hauptstadt der Landes ist außerdem für ihr Hippodrom sowie die Geflügelzucht bekannt. Das **Musée Despiau-Wlérick** enthält Skulpturen des 20. Jahrhunderts.

Dax ❸②

Landes. 👥 *20 000.* 🚉 🚌 🛈 *place Thiers (05 58 56 86 86).* 🛒 *Sa.*

DAX IST NACH Aix-les-Bains *(siehe S. 380)* der zweitgrößte Kurort Frankreichs. Die heißen Quellen (64° C) und der Heilschlamm aus dem Adour haben seit der Zeit von Kaiser Augustus schon so manches Leiden gelindert oder geheilt. Die **Cathédrale Notre-Dame** (17. Jh.) dieses anheimelnden, ruhigen Orts hat außer ihrem Portal aus dem 13. Jahrhundert kaum architektonische Reize zu bieten. Sehr lohnend sind dagegen ein Spaziergang entlang des Adour und ein Besuch der weltberühmten Stierkampfarena.

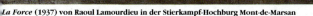

La Force (1937) von Raoul Lamourdieu in der Stierkampf-Hochburg Mont-de-Marsan

PÉRIGORD, QUERCY UND GASCOGNE

DORDOGNE · LOT · TARN · HAUTE-GARONNE · LOT-ET-GARONNE
TARN-ET-GARONNE · GERS · CORRÈZE

IE ARCHÄOLOGIE HAT BEWIESEN, *daß der Südwesten Frankreichs seit Zehntausenden von Jahren, länger als jedes andere Gebiet Europas, besiedelt ist. Die Landschaft ist geprägt vom jahrhundertelangen harmonischen Miteinander von Mensch und Natur.*

Die Höhlen von Les Eyzies und Lascaux bergen die ältesten Zeugnisse primitiver Kunst, die bisher gefunden wurden. Die Schlösser, Bastiden *(siehe S. 435)* und Kirchen zwischen Périgueux und den Pyrenäen, zwischen der Biscaya und Toulouse und weiter bis zum Mittelmeer sind jüngeren Datums. Vom Beginn der christlichen Zeitrechnung bis Ende des 18. Jahrhunderts war diese bezaubernde Region mit Unterbrechungen immer wieder Kriegsschauplatz. Hier verloren die Engländer den Hundertjährigen Krieg um Aquitanien (1345–1453). Es folgten die Religionskriege mit ihren blutigen Massakern zwischen den Katholiken und den französischen Protestanten, den Hugenotten *(siehe S. 48 f.)*.

Von dieser bewegten Vergangenheit zeugen heute nur noch die Überreste von Befestigungsmauern, Wehrtürmen und Bastiden – ein kulturelles Erbe, das jährlich Tausende von Besuchern anlockt. Man sollte sich jedoch stets vor Augen halten, daß alle großen Sehenswürdigkeiten – von der Abteikirche in Moissac mit ihrem romanischen Portal aus dem 12. Jahrhundert bis zu dem in luftiger Höhe an den Felsen geschmiegten Ort Rocamadour – früher einmal hart umkämpft waren.

Die Region ist zwar ein ideales Ferienparadies – unberührte Landschaft, leere Straßen, saubere Flüsse und gute einheimische Küche –, steht aber wirtschaftlich trotzdem auf wackligen Beinen. Seit 100 Jahren schwindet die Bevölkerung der ländlichen Gegenden des Südwestens durch Abwanderung in die Städte.

Périgord-Gänse, aus denen die berühmte *foie gras* gemacht wird

◁ La Roque-Gageac im Tal der Dordogne

Überblick: Périgord, Quercy und Gascogne

Die Marktflecken Périgueux, Cahors und Albi sind gute Ausgangspunkte für Ausflüge in die Umgebung und zugleich ruhigere Alternativen zu Toulouse, der einzigen Großstadt der Region. Wer das beschauliche Landleben vorzieht, kann die grünen Hügel und verschlafenen Dörfer der Gascogne genießen. Die Region hat außer Ruhe und guter Küche auch einige der schönsten mittelalterlichen Bauten Frankreichs und die bedeutendsten prähistorischen Höhlenmalereien Europas (zum Beispiel bei Lascaux) zu bieten.

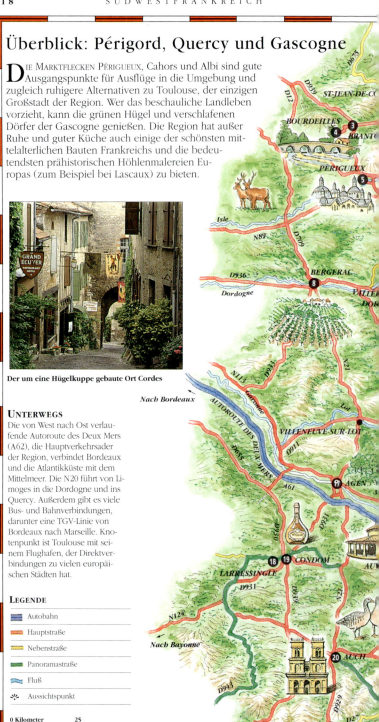

Der um eine Hügelkuppe gebaute Ort Cordes

Unterwegs

Die von West nach Ost verlaufende Autoroute des Deux Mers (A62), die Hauptverkehrsader der Region, verbindet Bordeaux und die Atlantikküste mit dem Mittelmeer. Die N20 führt von Limoges in die Dordogne und ins Quercy. Außerdem gibt es viele Bus- und Bahnverbindungen, darunter eine TGV-Linie von Bordeaux nach Marseille. Knotenpunkt ist Toulouse mit seinem Flughafen, der Direktverbindungen zu vielen europäischen Städten hat.

Legende

- Autobahn
- Hauptstraße
- Nebenstraße
- Panoramastraße
- Fluß
- Aussichtspunkt

0 Kilometer 25

PERIGORD, QUERCY UND GASCOGNE   419

AUF EINEN BLICK

Agen [17]	Gorges de l'Aveyron [24]
Albi [26]	Gouffre de Padirac [14]
Auch [20]	Larressingle [18]
Autoire [15]	Lascaux II [7]
Auvillar [21]	Les Eyzies [9]
Bergerac [8]	Moissac [22]
Bourdeilles [4]	Montauban [23]
Brantôme [3]	Périgueux [5]
Cahors [16]	Rocamadour [13]
Castres [27]	St-Amand-de-Coly [6]
Condom [19]	St-Jean-de-Côle [1]
Cordes [25]	St-Robert [2]
Domme [12]	Sarlat [11]
Dordogne [10]	Toulouse [28]

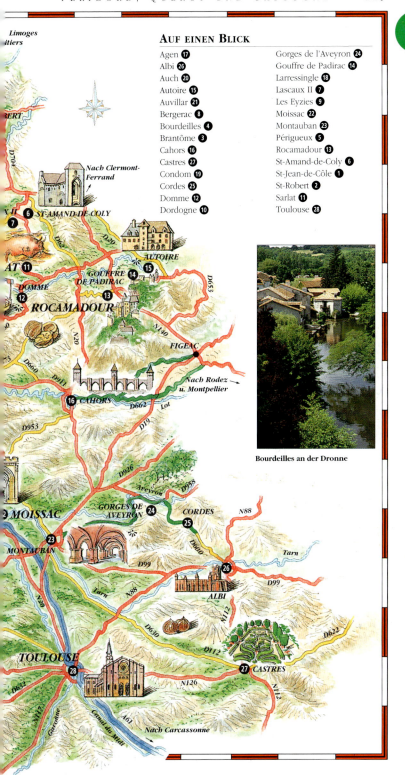

Bourdeilles an der Dronne

St-Jean-de-Côle ❶

Dordogne. 350. 05 53 62 14 15.

Den schönsten Blick auf diesen in lieblicher Hügellandschaft liegenden Ort hat man von der mittelalterlichen Brücke, die sich in hohem Bogen über den Fluß spannt. Stein- und Fachwerkhäuser mit charakteristischen rotbraunen Dachschindeln säumen die engen Straßen um den Hauptplatz mit seiner Markthalle, dem Schloß und der Kirche (12. Jh.).

Die Kuppel der Kirche war einst die größte der Region, doch offenbar war sie zu groß, denn sie stürzte im 18. und 19. Jahrhundert zweimal ein. Nach dem zweiten Einsturz gaben die Architekten auf. Seitdem besitzt die Kirche nur noch eine einfache Holzdecke.

Der malerische Hauptplatz von St-Jean-de-Côle

St-Robert ❷

Corrèze. 350. *La Mairie (05 55 25 11 12).*

St-Robert ist ein hübscher Ort auf einer Hügelkuppe mit herrlicher Aussicht auf die Wiesen, Pappeln und Walnußbäume der Dordogne sowie einer Prioratskirche aus dem frühen 12. Jahrhundert mit vielen interessanten Details, viele davon in verspieltem romanischem Stil. Sehenswert sind vor allem das Kapitell mit den zwei alten Männern, die einander am Bart ziehen (Chorumgang), und eine hölzerne Christusstatue (13. Jh.) von einem spanischen Künstler. Auf dem Hauptplatz werden in der letzten Juli- und ersten Augustwoche Klassikkonzerte gegeben.

Brantôme, Abtei mit Glockenturm

Brantôme ❸

Dordogne. 2100. *Pavillon Renaissance (05 53 05 80 52).* Fr.

Brantôme liegt auf einer Insel in der Dronne und hat außer lebhaftem Autoverkehr immerhin so manches gute Restaurant und eine mittelalterliche Abtei zu bieten, die heute als Rathaus fungiert.

Der massive Bau (11. Jh.) überragt mit seinem Glockenturm das Dorf. Einer der Äbte war der mit 15 ernannte, allerdings nicht gerade keusche Dichter Pierre de Bourdeille (1540–1614), zu dessen Mätressen auch Mary Stuart gezählt haben soll. Nachdem er durch einen Sturz gelähmt war, zog er sich 1569 in die Abtei zurück, um seine Memoiren zu schreiben. Noch kann man durch die Kreuzgänge gehen und im Klosterhof eine Reihe von Höhlen bewundern, die in den Fels gehauen wurden (darunter eine mit einer im 16. Jh. in den Stein gemeißelten Kreuzigung). Auf der anderen Flußseite findet man das **Musée Rêve et Miniatures**, eine Privatsammlung von Puppenhäusern. Jedes dieser Häuser ist bis ins Detail der Realität nachempfunden.

Außerhalb von Brantôme liegt das **Château de Puyguilhem**.

⚜ **Musée Rêve et Miniatures**
8, rue Puyjoli. 05 53 35 29 00. Apr–Nov, Di–So (Jul–Sep, tägl.).
⚜ **Château de Puyguilhem**
Villars. 05 53 54 82 18. Feb–Juni u. Sep–Dez Di–So; Juli–Aug tägl.

Bourdeilles ❹

Dordogne. 800. *Rue Principale (05 53 03 42 96: nur im Sommer).*

Diese Kleinstadt hat viele Reize: eine schmale gotische Brücke auf Pfeilerköpfen, eine Wassermühle ein Stück flußaufwärts und ein **Château** (13.–16. Jh.).

Die Burgherrin Jacquette de Montbron wollte die Burg im 16. Jahrhundert angesichts des bevorstehenden Besuchs Katharina von Medicis noch schnell etwas ausbauen lassen. Als der Besuch jedoch abgesagt wurde, wurden auch die Bauarbeiten einfach eingestellt. Glanzstück der Burg ist der vergoldete Salon im ersten Stock, der zwischen 1560 und 1570 von Ambroise le Noble prunkvoll ausgestattet wurde.

⚜ **Château de Bourdeilles**
05 53 03 73 36. Feb–Juni u. Sep–Dez Mi–Mo; Juli–Aug tägl.

Das eindrucksvolle Château de Bourdeilles

PERIGORD, QUERCY UND GASCOGNE

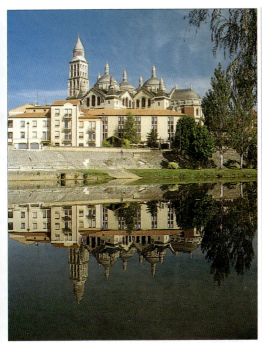

Die im 19. Jahrhundert restaurierte Cathédrale St-Front in Périgueux

Périgueux ❺

Dordogne. 32 000. 26, place Francheville (05 53 53 10 63). tägl.

DIE ALTEHRWÜRDIGE Gastronomiehochburg Périgueux sollte man wie die Nachbarorte Bergerac und Riberac an einem Markttag besuchen, denn dann bietet der mittelalterliche Stadtkern einen zusätzlichen Augenschmaus: die an allen Ständen ausliegenden einheimischen Spezialitäten. Périgueux, lange Zeit Knotenpunkt des Périgord, ist heute die lebhafte Hauptstadt des Départements Dordogne und wird in drei Bezirke eingeteilt. Das Zentrum der Stadt umschließt die weithin sichtbare **Cathédrale St-Front**. Im Westen liegen die Vororte und im Südwesten das Viertel **La Cité** mit den Ruinen der gallorömischen Stadt Vesunna.

Archäologieliebhaber sollten mit der Cité beginnen. Von der Zeit der Römer bis zum Mittelalter war dies das Zentrum von Périgueux. Die meisten Bauten von Vesunna wurden im 3. Jahrhundert abgerissen, aber einige Überreste eines Tempels, einer Arena und einer luxuriösen Villa sind bis heute erhalten. Der Weg von der Cité zur strahlend weißen Cathédrale St-Front führt durch belebte Straßen und Plätze. Zu den Spezialitäten der Region zählen Trüffel, *charcuterie* (Fleisch- und Wurstwaren) und die saftigen Pasteten, die *pâtés du Périgord*.

Im Mittelalter verhalfen die Wallfahrer nach Santiago *(siehe S. 390 f)* dem Viertel zu Ruhm und Wohlstand, wodurch die Cité allmählich an Bedeutung verlor. Das vor kurzem restaurierte neue Zentrum umfaßt Renaissancebauten wie die **Maison Estignard** (3, rue Limogeanne) sowie einige Häuser in der Rue Aubergerie und der Rue de la Constitution.

Die **Cathédrale St-Front**, die größte Kathedrale in Südwestfrankreich, wurde im 19. Jahrhundert grundlegend restauriert (manche behaupten »zu Tode restauriert«). Der Architekt Paul Abadie fügte damals die exotischen Kuppeln und Türme hinzu. Später diente ihm St-Front als Vorbild für Sacré-Cœur in Paris *(siehe S. 130)*. In dem Viertel um die Kathedrale liegt auch das **Musée du Périgord** mit einer der umfangreichsten prähistorischen Sammlungen Frankreichs. Zu den Hauptsehenswürdigkeiten zählen die über 70 000 Jahre alten Grabstelen, die römischen Mosaiken sowie die Fayencen und andere Handarbeiten aus Vesunna.

⌂ Musée du Périgord
22, cours Tourny. 05 53 06 40 70. Mi–Mo. **Geschl.** Feiertage.

Glasfenster (19. Jh.) in der Cathédrale St-Front

St-Amand-de-Coly ❻

Dordogne. 05 53 51 67 50. tägl. (im Winter nach Vereinbarung)

DIE ABTEIKIRCHE ist ein herausragendes Beispiel für Befestigungsarchitektur. Sie wurde im 12. und 13. Jahrhundert von Augustinermönchen zum Schutz ihres Klosters errichtet. Sowohl der hohe steinerne Festungswall als auch der Turm der Kirche dienten der Verteidigung. Der Turm hatte früher Schießscharten.

Das Innere der Kirche ist angenehm schlicht: klare Linien, ein Kreuzrippengewölbe, eine Kuppel aus dem 12. Jahrhundert, ein hohes Mittelschiff und ein zum Altar hin ansteigender Steinfußboden. Sogar das Innere wurde unter dem Aspekt der Verteidigung geplant. Von einem Umgang aus konnten Eindringlinge beschossen werden.

St-Amand wurde im Hundertjährigen Krieg stark beschädigt. Im Jahre 1575 hielt die Kirche einer Belagerung durch eine 2000 Mann starke Hugenottenarmee und sechstägigem Beschuß stand. Seit der Französischen Revolution steht das Gebäude leer.

Sarlat

Gänseskulpturen in Sarlat

NIRGENDWO IN Frankreich sind Mittelalter, Renaissance und 17. Jahrhundert noch so präsent wie in Sarlat. Der Wohlstand der Stadt erklärt sich durch den privilegierten Status, den die französische Krone ihr als Dank für ihre Loyalität im Hundertjährigen Krieg eingeräumt hatte. Beiderseits der Rue de la République gibt es malerische schmale Gassen sowie alte, reichverzierte Steinhäuser, die seit 1962 unter Denkmalschutz stehen und heute ein riesiges Freiluftmuseum bilden. Außerdem ist die Stadt für ihren Markt, einen der schönsten Frankreichs, berühmt.

Place de la Liberté
Im Renaissanceviertel sind heute zahlreiche schicke Geschäfte angesie

Die **Rue des Consuls** säumen Herrenhäuser aus dem 16. und 17. Jahrhundert, in denen Kaufleute, Richter und klerikale Würdenträger wohnten.

Die **Rue Jean-Jacques-Rousseau** war die Hauptstraße des Orts, bis sie im 19. Jahrhundert von der Rue de la République abgelöst wurde.

Walnüsse, ein einheimisches Erzeugnis

DER MARKT VON SARLAT

Jeden Samstag findet auf der Place de la Liberté der Wochenmarkt statt und einmal im Monat ein großer Markt, der auch Einheimische aus der Umgebung anlockt. Sarlat liegt im Herzen einer für *foie gras* und Walnüsse bekannten Region. Diesen beiden Produkten verdankt die Stadt wie schon zu ihrer Blütezeit im 13. und 14. Jahrhundert einen großen Teil ihres Wohlstands. Weitere hochgeschätzte Spezialitäten sind die im November geernteten schwarzen Trüffel und Pilze. Kosten Sie auch die verschiedenen Käsesorten und das in jeder Form verarbeitete Schweinefleisch, ob eingemacht, frisch, geräuchert, getrocknet, gepökelt, gegrillt, gebraten oder gekocht.

Rosa Knoblauch

Stadtmauer

LEGENDE

– – – Routenempfehlung

0 Meter 50

PERIGORD, QUERCY UND GASCOGNE 423

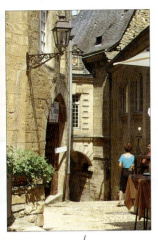

Rue de la Salamandre
Die Gasse wurde nach dem Salamanderemblem König François' I benannt, das an vielen Häusern aus dem 16. Jahrhundert prangt.

INFOBOX

Dordogne. 10000. av de la Gare (05 53 59 00 21). 31, Rue de Cahors (05 53 59 01 48). Place de la Liberté (05 53 59 27 67). Mi u. Sa. Theater (3 Wochen Juli–Aug), Film (Nov).

Laterne des Morts
Dieser kegelförmige Friedhofsturm wurde zu Ehren des heiligen Bernhard errichtet, der hier 1147 zu Gast war.

Cathédrale St-Sacerdos
Die im 16. und 17. Jahrhundert errichtete Kathedrale ist heute vor allem für ihre Orgel (18. Jh.) berühmt.

Die **Chapelle des Pénitents Bleus**, erbaut im romanischen Stil, ist der Rest einer Abtei aus dem 12. Jahrhundert.

Der alte **Bischofspalast** mit den Überresten einer Loggia aus dem 16. Jahrhundert und Renaissanceinterieur ist heute ein Theater.

Cour des Fontaines
Eine Quelle veranlaßte die Mönche im 9. Jahrhundert, hier die erste Abtei der Stadt zu gründen.

Stierzeichnung in den Originalhöhlen von Lascaux

Lascaux II ❼

Montignac. **(** 05 53 51 95 03. **◯** Feb–Juni u. Sep–Dez Di–So; Juli–Aug tägl. **Geschl.** 1. Jan, 25. Dez.

Lascaux ist die berühmteste prähistorische Stätte in der Nähe des Zusammenflusses von Vézère und Beune *(siehe S. 392 f)*. Zwei Jungen entdeckten 1940 die Höhlen mit ihren einzigartigen Malereien aus dem Paläolithikum. Man erkannte sehr schnell die Bedeutung ihrer Entdeckung.

Seit 1963, als eine mysteriöse »Krankheit« die Malereien befiel, sind die Höhlen der Öffentlichkeit nicht mehr zugänglich, aber eine exakte Kopie wurde aus den gleichen Materialien in einem Lascaux II genannten Museum ein Stück weiter unten angelegt. Die Replik verdient durchaus Beachtung. Elche mit imposantem Geweih, Bisons und stämmige Pferde – in Herden oder Reihen – zieren die Wände, umrahmt von Pfeilen und Symbolen mit vermutlich ritueller Bedeutung.

Bergerac ❽

Dordogne. 28 000. ✕ 🚆 🚌
i 97, rue Neuve-d'Argenson (05 53 57 03 11). Mi u. Sa.

Die kleine Hafenstadt beiderseits der Dordogne lebt vom Handel und vom Tabakanbau. Die Hauptanziehungspunkte sind das **Musée du Tabac**, in dem alle möglichen Utensilien für Raucher sowie einige Kalumets ausgestellt sind, die gute Küche und die durchweg ausgezeichneten Weine. Der berühmteste Bergerac-Wein ist der Monbazillac, ein süßer Weißwein, der gern zu feierlichen Anlässen getrunken wird.

🏛 Musée du Tabac
Maison Peyrarède, Place du Feu.
(05 53 63 04 13. **◯** Di–So. **Geschl.** Feiertage.

Les Eyzies ❾

Dordogne. 900. 🚆 **i** Place de la Mairie (05 53 06 97 05). Mo.

Vier bedeutende prähistorische Stätten und mehrere kleine Höhlen sind in der Umgebung des unscheinbaren Dorfs Les Eyzies konzentriert. Beginnen Sie mit einem Besuch des **Musée National de Préhistoire**, das in einer Burg aus dem 16. Jahrhundert oberhalb des Dorfs untergebracht ist. Die Zeittafeln und Ausstellungsstücke helfen Ihnen, die gewaltige Masse an vorhistorischen Gemälden und Skulpturen richtig einzuordnen.

Die **Grotte de Font de Gaume**, 20 Gehminuten von der Straße entfernt, bietet sich als erster Halt nach dem Museum an. Diese 1901 entdeckte Höhle enthält die schönsten prähistorischen Malereien, die in Frankreich noch zugänglich sind. Unweit davon liegt die **Grotte des Combarelles** mit Zeichnungen von Bisons, Ren-

Les Eyzies, Zentrum einer Gegend mit vielen prähistorischen Höhlen

tieren, magischen Symbolen und Menschen sowie vielen in die Wand geritzten Motiven. Ein Stück weiter liegt die 1911 entdeckte Felshöhle **Abri du Cap Blanc** mit einem lebensgroßen, in den Fels gehauenen Pferde-und-Bison-Fries.

Auf der anderen Seite von Les Eyzies erstrecken sich über acht Kilometer die Höhlen von **Rouffignac**, die seit dem 15. Jahrhundert ein beliebter Ausflugsort sind. Eine Bahn bringt Besucher 2,5 Kilometer in die Höhlen hinein. Zu sehen gibt es Zeichnungen von Mammuts und ein Fries mit zwei sich angreifenden Bisons. Da die Eintrittskarten im Sommer weggehen wie warme Semmeln, sollten Sie früh dasein.

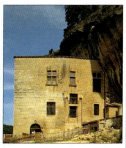

Das Musée National de Préhistoire

🏛 **Musée National de Préhistoire**
☎ 05 53 06 45 45. 🕐 Mi–Mo. **Geschl.** 25. Dez, 1. Jan.
Grotte de Font de Gaume
☎ 05 53 06 90 80. 🕐 Do–Di nach Vereinbarung. **Geschl.** 1. Jan, 1. Mai, 1. u. 11. Nov, 25. Dez.
Grotte des Combarelles
☎ 05 53 06 90 80. 🕐 Do–Di. **Geschl.** 1. Jan, 1. Mai, 1. u. 11. Nov, 25. Dez.
Abri du Cap Blanc
Marquay, Les Eyzies. ☎ 05 53 59 21 74. 🕐 Apr–Nov tägl.
Grotte de Rouffignac
☎ 05 53 05 41 71. 🕐 Ostern–Okt tägl.

Dordogne ❿

Dordogne. ✈ Bergerac. 🚆 Beynac, Bergerac, Le Buisson de Cadouin. ℹ Le Buisson de Cadouin (05-53 22 06 09).

K<small>EIN ANDERER</small> französischer Fluß durchfließt eine so vielgestaltige Landschaft und so unterschiedliche geologische

Blick von der mittelalterlichen Porte de la Combe auf Domme

Formationen wie die Dordogne. Sie entspringt in einer der Granitschluchten des Massif Central, fließt dann unweit von Souillac durch die Kalksteinlandschaft der Causses und erreicht kurz vor dem Zusammenfluß mit der Garonne eine Breite von fast 3 Kilometern.

Das Tal der Dordogne ist zwar ein gutbesuchtes Feriengebiet, aber trotzdem sehr schön und zudem ein Paradies für Wanderer. Viele kleine Dörfer eignen sich als Rastplatz, zum Beispiel Limeuil, an der Gabelung von Dordogne oder Vézère. Das gleiche gilt für Beynac und La Roque-Gageac, wo man im Sommer *gabarres* (Kanus) mieten kann. Hoch über dem Fluß liegt das **Château de Marqueyssac**. Sein Formsträucherpark bietet Ausblicke vom Domme bis zum Beynac, und auf das Château de Castelnaud, auf der gegenüberliegenden Flußseite.

Sarlat ⓫

Siehe S. 422 f.

Domme ⓬

Dordogne. 🏠 1000. ℹ Place de la Halle (05 53 28 37 09). 🛒 Do.

H<small>ENRY</small> M<small>ILLER</small> schrieb einmal: »Selbst ein flüchtiger Ausblick auf den schwarzen, geheimnisvollen Fluß bei Domme ... ist etwas, für das man das ganze Leben lang dankbar sein muß.« Der Ort selbst ist eine hübsche Bastide *(siehe S. 435)* mit gelben Steinhäusern und mittelalterlichen Durchgängen. Was die Besucher vor allem anzieht, sind der schöne Blick über das Tal vom Beynac (im Westen) bis nach Montfort (im Osten) und die verwinkelten alten Gassen. Unter der alten Markthalle (19. Jh.) liegt der Eingang zu einer gewaltigen Tropfsteinhöhle, in die sich die Einwohner während der Religionskriege (16. Jh.) bei Gefahr geflüchtet haben. Trotz ihres Rufes, uneinnehmbar zu sein, haben es 30 Hugenotten geschafft, in die Stadt einzudringen, indem sie nachts die Felsen erklommen und die Stadttore öffneten.

Blick von Domme auf eine *cingle* (Schleife) der Dordogne

Rocamadour ⓭

Muttergottes mit Kind

ROCAMADOUR WURDE zu einem der berühmtesten Wallfahrtsorte, nachdem 1166 ein altes Grab mit einem unverwesten Leichnam entdeckt worden war, der der eines frühchristlichen Eremiten, des heiligen Amadour, gewesen sein soll. Die Entdeckung leitete eine Reihe von Wundertaten ein, die, so heißt es, von der Glocke im Gewölbe der Chapelle Miraculeuse durch selbsttätiges Läuten kundgetan wurden. Der Ort litt zwar im 17. und 19. Jahrhundert unter der rückläufigen Zahl der Pilger, wurde dafür aber im 19. Jahrhundert mit viel Aufwand restauriert. Rocamadour mit seinen vielen Kapellen und seiner guten Lage oberhalb des Alzou-Tals zieht auch heute noch viele Touristen an. Den schönsten Blick auf den Ort hat man von L'Hospitalet.

Das **Château** steht an der Stelle, an der einst eine Festung die Basilika vor Angriffen schützte.

Überblick
Rocamadour wirkt im frühmorgendlichen Sonnenlicht am schönsten. Die eng zusammenstehenden mittelalterlichen Häuser, Türme und Zinnen scheinen aus dem Felsen zu wachsen.

Die **Chapelle St-Michel** birgt gutherhaltene Fresken (12. Jh.).

Das **Grab des heiligen Amadour** barg einst den Leichnam des Einsiedlers namens *roc amator* (Felsliebhaber), nach dem der Ort benannt ist.

Museum für sakrale Kunst

Große Treppe
Diese Treppe rutschten einst die Pilger auf Knien hinauf, während sie Gebete sprachen. Sie führt zu dem Platz, um den sich die wichtigsten Wallfahrtskapellen gruppieren.

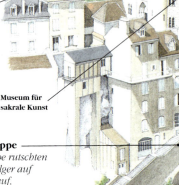

PERIGORD, QUERCY UND GASCOGNE 427

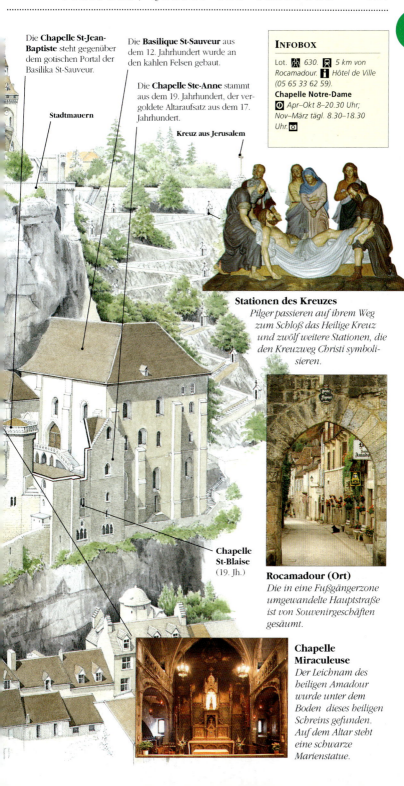

Die **Chapelle St-Jean-Baptiste** steht gegenüber dem gotischen Portal der Basilika St-Sauveur.

Die **Basilique St-Sauveur** aus dem 12. Jahrhundert wurde an den kahlen Felsen gebaut.

Die **Chapelle Ste-Anne** stammt aus dem 19. Jahrhundert, der vergoldete Altaraufsatz aus dem 17. Jahrhundert.

Stadtmauern

Kreuz aus Jerusalem

INFOBOX

Lot. 630. 5 km von Rocamadour. Hôtel de Ville (05 65 33 62 59).
Chapelle Notre-Dame
Apr–Okt 8–20.30 Uhr; Nov–März tägl. 8.30–18.30 Uhr.

Stationen des Kreuzes
Pilger passieren auf ihrem Weg zum Schloß das Heilige Kreuz und zwölf weitere Stationen, die den Kreuzweg Christi symbolisieren.

Chapelle St-Blaise (19. Jh.)

Rocamadour (Ort)
Die in eine Fußgängerzone umgewandelte Hauptstraße ist von Souvenirgeschäften gesäumt.

Chapelle Miraculeuse
Der Leichnam des heiligen Amadour wurde unter dem Boden dieses heiligen Schreins gefunden. Auf dem Altar steht eine schwarze Marienstatue.

Gouffre de Padirac ⓮

Lot. 05 65 33 64 56. Apr–Mitte Okt tägl.

DER GOUFFRE ist ein Krater mit einem Durchmesser von 35 m und einer Tiefe von 75 m, der durch den Einsturz einer Höhle entstanden ist. Die eindrucksvollen Höhlen an seinem Boden *(siehe S. 393)* sind seit Ende des 19. Jahrhunderts eine der größten Touristenattraktionen der Region. Die als Salle du Grand Dôme bekannte Höhle stellt selbst die größte Kathedrale in den Schatten.

Autoire ⓯

Lot. 250.

AUTOIRE IST EINER der schönsten Plätze im Quercy, der fruchtbaren Gegend östlich des Périgord. Hier gibt es zwar keine Zeugnisse geschichtlicher Ereignisse, dafür aber einen urwüchsigen Ort oberhalb einer Schlucht. Das **Château de Limarque** am Hauptplatz und das **Château de Busquielle** etwas weiter oben tragen die für die Landschaft typischen kleinen Türme und Türmchen. Überall stehen Taubenschläge mitten auf den Feldern oder direkt neben den Häusern.

Außerhalb von Autoire führt ein Pfad an einem 30 Meter hohen Wasserfall vorbei zu einem Felsenhalbrund mit herrlichem Blick auf die Landschaft.

Blick über die Schlucht auf das pittoreske Autoire

Cahors ⓰

Lot. 20 000. place François Mitterrand (05 65 53 20 65). Mi u. Sa.

AUF EINER HALBINSEL in einer Schleife des Lot liegt die 2000 Jahre alte Hauptstadt des Quercy. Der kleine Ort ist für seine Trüffel, seinen samstäglichen Wochenmarkt und seinen tiefroten, schweren Wein bekannt, der hier bereits zur Zeit der Römer angebaut wurde. Die Hauptstraße, der Boulevard Gambetta, entspricht mit seinen Platanen, Cafés und Geschäften dem typischen südfranzösischen Straßenbild. Wie viele andere Straßen Frankreichs wurde auch diese nach dem hier geborenen Politiker Léon Gambetta (1838–82) benannt, der Frankreich nach der Niederlage gegen Preußen 1870 aus der Krise führte.

Die **Cathédrale de St-Etienne** in der Altstadt hat

Zwei-Flüsse-Tour

LOT UND CÉLÉ winden sich zwischen atemberaubenden Kalkfelsen hindurch, vorbei an mittelalterlichen Dörfern und Burgen und durch enge Schluchten, mal als tosende Wasserfälle, mal sacht dahinfließend. Wer beide Täler in aller Ruhe genießen möchte (insgesamt 160 km), sollte die Tour auf zwei Tage verteilen, so daß neben der herrlichen Landschaft auch noch genügend Zeit für kulinarische Freuden bleibt. Die Straße von Cahors folgt den Windungen des Lot. Typisch für diese Region sind Trüffel sowie im eigenen Fett eingemachtes Enten- und Gänsefleisch *(confit)*, Ziegenkäse und der fast schwarze Cahors-Wein. Gute Übernachtungsmöglichkeiten gibt es in Figeac mit einer malerischen Altstadt und einer großen Auswahl an Hotels und Restaurants.

Grotte du Pech-Merle ①
Die gewaltigen Höhlen dieser 25 000 Jahre alten prähistorischen Stätte außerhalb von Cabrerets enthalten Zeichnungen von Mammuts, Pferden, Bisons und Menschen.

St-Cirq-Lapopie ⑥
Dieser hoch über dem Lot liegende Ort mit seiner Kirche (15. Jh.) und seinen an die Felswand geschmiegten erkergeschmückten Häusern zählt zu den hübschesten Dörfern Frankreichs.

PERIGORD, QUERCY UND GASCOGNE

einige dekorative Details aus dem Mittelalter zu bieten. Achten Sie auf das romanische Nordportal, die im Tympanon dargestellte Himmelfahrt Christi und die freskenverzierte Kuppel über dem Mittelschiff (die größte Frankreichs). Sie ist bedeckt mit Fresken aus dem 14. Jahrhundert, die die Steinigung des St Étienne darstellen. Die aufwendigen Schnitzereien im Renaissancekreuzgang sind leider etwas beschädigt.

In der Nähe der Kathedrale steht auch die verzierte **Maison de Roaldès** aus dem 16. Jahrhundert, deren Nordfassade die für diese Region typischen Baum-, Sonnen- und Rosenornamente aufweist. Hier verbrachte Henri von Navarra (später König Henri IV) nach seiner Eroberung von Cahors 1580 eine Nacht.

Wahrzeichen des Orts ist der **Pont Valentré**, eine Brücke, die sich in sieben Spitzbogen und mit drei Türmen über den Lot spannt. Sie wurde zwischen 1308 und 1360 gebaut und hat seitdem vielen Belagerungen standgehalten. Diese wahrlich atemberaubende Sehenswürdigkeit zählt zu den am häufigsten fotografierten Monumenten in Frankreich. Im Mittelturm, dem Tour du Diable (Teufelsturm), befindet sich ein kleines Museum, das die Geschichte der Brücke und der Stadt darstellt.

Umgebung
Etwa 60 km westlich von Cahors befindet sich das **Châteaux de Bonaguil**, ein herrliches Beispiel militärischer Architektur aus dem Mittelalter.

Eine bewehrte Brücke über den Lot: der Pont Valentré

hac-sur-Célé ②
ac ist ein altes it den Ruinen ei- nediktinerabtei m 10. Jahrhundert. außerhalb liegt die de Bellevue mit n Stalaktiten und n Fels- onen.

Espagnac-Ste-Eulalie ③
Die Prioratskirche Notre-Dame- Ste-Eulalie (12. Jh.) hat einen sehenswerten Glockenturm.

Figeac ④
Hier gibt es gute Hotels und Restaurants sowie das Musée Champollion mit Informationen über den gleichnamigen Ägyptologen.

Cajarc ⑤
Mittelalterliche Häuser und das etwas außerhalb liegende Renaissanceschloß Château de Cénevières erwarten den Besucher dieses kleinen Dorfs.

LEGENDE

▬▬▬	Routenempfehlung
═══	Andere Straßen

Pflaumenbäume und Weinberge um Agen

Agen ⓱

Lot-et-Garonne. 32 000. *107, boulevard Carnot* (05 53 47 36 09). Mi, Sa, So.

In einer vor kurzem landesweit vorgenommenen Meinungsumfrage haben sich die Einwohner dieser gemütlichen Départementhauptstadt an der Garonne als zufriedenste Bürger Frankreichs erwiesen. Agen ist die Hochburg des französischen Rugby (die Mannschaft hat in den letzten Jahren drei Titel gewonnen) und der Dörrpflaumenproduktion.

Aber Agen hat mehr zu bieten als zufriedene Bürger und saftige Pflaumen, zum Beispiel das **Musée Municipal des Beaux-Arts** mit Gemälden von Goya, darunter *El Globo*, Sisleys *Septembermorgen* und eine von Corots schönsten Landschaften, *Der Teich von Avray*. Kleinod der Sammlung ist die *Vénus du mas* aus griechischem Marmor, eine 1876 auf einem Feld entdeckte wohlproportionierte Statue aus dem 1. Jahrhundert v. Chr.

Die Umgebung der Stadt ist durch riesige Felder mit Pflaumenbäumen gekennzeichnet. Kreuzritter brachten die Frucht im 11. Jahrhundert aus dem Vorderen Orient nach Frankreich. Die Mönche im nahe gelegenen Lot-Tal waren die ersten, die Pflaumen trockneten und als Dörrpflaumen verkauften. Heute verlassen jährlich rund 35 500 Tonnen Dörrpflaumen die Fabriken von Agen.

🏛 Musée Municipal des Beaux-Arts
Place du Docteur-Esquirol. ⓒ 05 53 69 47 23. Mi–Mo. **Geschl.** 1. Jan, 1. Mai, 1. Nov, 25. Dez.

Umgebung
Das befestigte Dorf Moirax hat eine sehr schöne romanische Kirche (12. Jh.), die früher zu einem kluniazensischen Priorat gehörte. Daniel in der Löwengrube und die Erbsünde sind die Motive zweier aufwendig verzierter Kapitelle.

Larressingle ⓲

Gers. 150. nach Condom. (05 62 28 00 80: nur im Sommer).

Dieses winzige Dorf mit seinen Befestigungswällen, seinem *donjon* (Wehrturm) und seinem Wehrtor liegt im Herzen der Gascogne. Es wurde im 13. Jahrhundert erbaut und zählt in dieser Gegend zu den wenigen Dörfern mit noch intakten Befestigungsmauern. Es ist außergewöhnlich gut erhalten und vermittelt einen Eindruck davon, wie das Leben der von endlosen Kriegen heimgesuchten Dorfbewohner gewesen sein muß.

Condom ⓳

Gers. 8000. *Place Bossuet* (05 62 28 00 80). Mi.

Die alte Hochburg der Armagnac-Herstellung ist ein kleiner Marktflecken, in dessen Mitte die spätgotische **Cathédrale St-Pierre** aufragt. Während der Religionskriege drohte die Hugenottenarmee 1569 mit der Zerstörung des Doms, was jedoch von den Dorfbewohnern durch Zahlung von 30 000 Francs Lösegeld verhindert werden konnte.

Unter den Patrizierhäusern aus dem 17. und 18. Jahrhundert verdient vor allem das **Hôtel de Cugnac** in der Avenue Général-de-Gaulle mit seinem alten *chai* (Weinlager) und seiner Brennerei Erwähnung. Am Rand des Stadtzentrums liegt auch das **Musée de l'Armagnac**, in dem man eine Antwort auf die Frage nach dem Unterschied zwischen Cognac und Armagnac bekommt.

🏛 Musée de l'Armagnac.
2, rue Jules-Ferry. ⓒ 05 62 28 31 41. Mi–Mo. **Geschl.** Feiertage.

ARMAGNAC

Armagnac ist einer der teuersten Weinbrände der Welt. Rund 40 Prozent des Armagnac bleiben in der Gascogne, und vier Fünftel der restlichen 60 Prozent in Frankreich. Das Armagnac-Anbaugebiet liegt an der Grenze zwischen den Départements Gers, Lot-et-Garonne und Landes. Der Armagnac ähnelt seinem Verwandten, dem Cognac, weist aber wegen der nur einmaligen Destillation einen individuelleren Geschmack auf. Die meisten Hersteller verkaufen ihren Armagnac direkt, was man an den oft halb versteckten Schildern mit der Aufschrift »Vente directe« erkennt.

Armagnac aus Tenarèze

D'ARTAGNAN

Die Gascogner nennen ihr Land das »Pays d'Artagnan« nach dem Helden aus Alexandre Dumas' Roman *Die drei Musketiere* (1844). Inspiration für die Figur d'Artagnans war Charles de Batz, ein Gascogner, dessen Ritterlichkeit, Leidenschaft und Temperament ihn zu einem idealen Musketier, einem königlichen Leibgardisten, machten. Sein Leben war so bewegt wie das des Romanhelden. Er vollbrachte das diplomatische Meisterstück, den wichtigsten Minister Louis' XIV zu verhaften, ohne jemanden zu brüskieren. Die Franzosen denken heute anders über die Gascogner: Für sie ist ein leeres Versprechen *une promesse de Gascon*.

Statue des Dumas-Musketiers d'Artagnan in Auch

Auch ❷

Gers. 25 000. 1, rue Dessoles (05 62 05 22 89). Do u. Sa.

DIE ALTEHRWÜRDIGE Hauptstadt des Départements Gers war lange ein verschlafenes Nest, das nur an Markttagen aufwachte. Das neue Auch (gesprochen »Ohsch«) um den Bahnhof herum ist nicht besonders einladend, was aber ganz und gar nicht für die auf einem Felsplateau gelegene Altstadt gilt. Wenn Sie die 232 Steinstufen vom Fluß hinaufgehen, kommen Sie direkt zur 1489 begonnenen spätgotischen **Cathédrale de Ste-Marie** mit ihrer prächtigen Innenausstattung. Glanzlichter sind das holzgeschnitzte Chorgestühl mit über 1500 biblischen, historischen und mythologischen Figuren sowie die Arnaud de Moles zugeschriebenen Glasfenster aus dem 15. Jahrhundert. Sie zeigen verschiedene Propheten, Kirchenväter und Apostel (insgesamt 360 verschiedene Figuren in außergewöhnlichen Farben), auch in drei Schlüsselszenen: die Schöpfung, die Kreuzigung und die Auferstehung.

Medaillon in der Cathédrale de Ste-Marie

Im 18. Jahrhundert wurden die Allées d'Etigny mit dem grandiosen Hôtel de Ville und dem Palais de Justice angelegt. Einige hübsche Häuser aus dieser Zeit säumen auch die Rue Dessoles, die heute Fußgängerzone ist. Die Restaurants der Stadt sind für ihre herzhafte Küche, zum Beispiel verschiedene Varianten von *foie gras de canard* (Entenleber), bekannt und zählen zu den besten der Gascogne.

Auvillar ㉑

Tarn-et-Garonne. 1000. Place de l'Horloge (05 63 39 89 82: nur im Sommer).

DAS DORF AUVILLAR wirkt wie ein Pendant zu Moissac *(siehe S. 432f)* und zählt zu den hübschesten Bergdörfern Frankreichs. Der Marktplatz ist von Arkaden gesäumt. Ein Spazierweg oberhalb der Garonne bietet einen herrlichen Blick auf die Landschaft und mehrere Plätze für ein Picknick im Grünen. Auf einer Orientierungskarte ist die gesamte Umgebung eingezeichnet – außer den zum Kernkraftwerk Golfech gehörenden Schloten.

Sonnenblumenkerne und -öl gehören zu den typischen Erzeugnissen des Südwestens

Moissac ❷

Abbot Durand

DAS MALERISCHE DORF Moissac ist in Weinberge gebettet. Hauptsehenswürdigkeit ist die im 7. Jahrhundert von einem Benediktinermönch gegründete Abtei St-Pierre, die im Laufe der Jahrhunderte von den Arabern, Normannen und Ungarn geplündert wurde. Im Jahre 1047 wurde die Abtei dem Kloster von Cluny angeschlossen und erlebte unter Abt Durand de Bredon eine Blütezeit. Im 12. Jahrhundert war die Abtei das bedeutendste Kloster im Südwesten Frankreichs. Das in dieser Zeit geschaffene Südportal ist ein Meisterwerk romanischer Bildhauerkunst.

Abteikirche St-Pierre
Die Fassade der Kirche stammt aus zwei Perioden: Der Teil aus Stein ist romanisch, der aus Backstein gotisch.

Tympanon
Die untere Reihe des Tympanons zeigt die ausdrucksvollen »24 Ältesten mit Goldkronen« aus der Offenbarung des Johannes.

Maiestas Domini
Christus sitzt als Richter im Mittelpunkt des Geschehens. In der linken Hand hält er das Buch des Lebens, während er seine rechte zur Segnung erhoben hat.

★ **Südportal**
Das Südportal (1100–30) ist eine Umsetzung der Offenbarung des Johannes (Kapitel 4 und 5). Die Evangelisten Matthäus, Markus, Lukas und Johannes erscheinen als »vier wilde Bestien voller Augen«. Die maurischen Details an den Türpfosten sind Ausdruck des wechselseitigen künstlerischen Einflusses zwischen Frankreich und Spanien.

PERIGORD, QUERCY UND GASCOGNE   433

INFOBOX

Tarn-et-Garonne. 🚌 🚆
🛈 6, place Durand-de-Bredon
(05 63 04 01 85).
Abtei 🕐 8–18 Uhr tägl.
Geschl. 1. Jan, 25. Dez.
✝ So 10.30 Uhr.

★ Kreuzgang

Der Kreuzgang (insgesamt 76 reichverzierte Arkaden) aus dem späten 11. Jahrhundert ist abwechselnd von einzelnen Säulen und Doppelsäulen in Marmor gesäumt.

GRUNDRISS: KIRCHE UND KREUZGANG

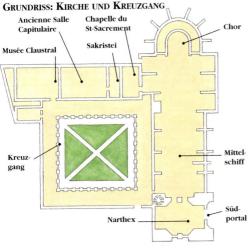

- Ancienne Salle Capitulaire
- Chapelle du St-Sacrement
- Chor
- Musée Claustral
- Sakristei
- Kreuzgang
- Mittelschiff
- Narthex
- Südportal

Kreuzgangkapitelle

Blumen, wilde Tiere sowie Szenen aus dem Alten und Neuen Testament zieren die feinskulptierten romanischen Kapitele aus dem 11. Jahrhundert.

NICHT VERSÄUMEN

★ Südportal

★ Kreuzgang

Montauban ㉓

Tarn-et-Garonne. 🏠 54 000. 🚌 🚆
🛈 Place Prax-Paris (05 63 63 60 60).
🛒 Sa.

MONTAUBAN verdient mehr Beachtung, als der kleinen »Schwester von Toulouse« und einstigen Hauptstadt der Protestantischen Republik Südfrankreichs gemeinhin zuteil wird. Im **Musée Ingres** sind Gemälde und 4000 Zeichnungen des 1780 hier geborenen Malers Ingres zu bewundern. Das Museum besitzt außerdem einige Werke des ebenfalls hier geborenen, zur Werkstatt Rodins gehörigen Bildhauers Emile Bourdelle.

Montauban mit seinem Hauptplatz (Place Nationale) aus dem 17. und 18. Jahrhundert ist außerdem ein wahres Einkaufsparadies. Einige Straßen weiter liegt die strahlend weiße **Cathédrale Notre-Dame**, die 1685 auf Befehl Louis' XIV als Gegenpol zum Protestantismus errichtet wurde.

🏛 Musée Ingres
Palais Episcopal. ☎ 05 63 22 12 91.
🕐 Di–So; Juli–Aug tägl.
Geschl. 1. Jan, 14. Juli, 1. u. 11. Nov, 25. Dez.

Gorges de l'Aveyron ㉔

Tarn-et-Garonne. ✈ Toulouse. 🚆
Montauban, Lexos. 🚌 Montauban.
🛈 Montauban (05 63 63 31 40).

BEI DEN Gorges de l'Aveyron gehen die Ebenen von Montauban plötzlich in Hügel über. Die Dörfer unterscheiden sich deutlich von denen im Périgord und im Quercy. Man erkennt das Bemühen um die eigene Sicherheit. Das Château von Bruniquel (6. Jh.) steht direkt am Abgrund; der Aufstieg durch das Dorf ist ziemlich steil. Auf der D115 kommt man in das an einem Abgrund gelegene Dorf Penne. Hier wird die Schlucht noch enger und noch dunkler. Hinter dem an den Felsen geschmiegten Ort St-Antonin-Noble-Val verläuft das Tal in südlicher Richtung weiter nach Cordes.

Cordes ㉕

Tarn. 970. place Bouteillerie (05 63 56 00 52). Sa.

DAS HÜBSCH GELEGENE Cordes an einem Steilufer des Cerou wird manchmal auch Cordes-sur-Ciel (*ciel* = Himmel) genannt – ein passender Name, denn Cordes scheint tatsächlich am Himmel zu hängen. Während der Katharerkriege im 13. Jahrhundert wurde die gesamte Stadt exkommuniziert. Pestepidemien taten ein übriges, so daß die Stadt Anfang dieses Jahrhunderts im fortgeschrittenen Stadium des Verfalls war.

In den 40er Jahren wurde Cordes unter Leitung des Künstlers Yves Brayer restauriert. Die Stadtmauern und Stadttore, die der Stadtgründer, der Albigensergraf Raymond VII von Toulouse, 1222 anlegen ließ, waren noch gut erhalten. Das gleiche galt für einige an steilen Kopfsteinpflasterstraßen gelegene gotische Häuser wie die **Maison du Grand Fauconnier** mit ihrem Falkendekor an der Fassade und die **Maison du Grand Veneur** (Haus des großen Jägers).

Heute umgibt Cordes immer noch ein Hauch von Morbidität. Die Stadt, von der Albert Camus einst schrieb: »Alles ist schön dort, selbst die Trauer«, ist heute auf den Tourismus angewiesen. Handwerkskunst des »Mittelalters« wird angeboten, aber von den einst blühenden Webereien, den Gerbereien und den Farbstoffabriken ist nichts geblieben.

Die Cathédrale de Ste-Cécile liegt an der höchsten Stelle von Albi

Albi ㉖

Tarn. 47 000. Palais de la Berbie, Place Ste-Cécile (05 63 49 48 80). Sa.

WIE VIELE SÜDLICHE Städte verwandelt sich auch Albi im Sommer in einen Backofen, das heißt, ein kurzer Nachmittagsbesuch scheidet aus. Die Straßen und Märkte um die **Cathédrale de Ste-Cécile** herum erkundet man am besten am frühen Morgen.

Danach sollte man sich zum Palais de la Berbie begeben, um noch vor dem großen Andrang im **Musée Henri de Toulouse-Lautrec** die umfangreichste Toulouse-Lautrec-Sammlung der Welt zu betrachten, in der auch seine berühmten Plakate für das Moulin-Rouge zu bewundern sind. Ebenfalls zu sehen sind auch Gemälde von Matisse, Duffy und Yves Brayer.

Nach einem Rundgang durch die terrassierten Gärten des Palais de la Berbie mit Blick auf den Tarn empfiehlt sich eine Besichtigung der Backsteinkathedrale, die nach dem Albigenserkreuzzug 1265 errichtet wurde. Sie sollte potentiellen Häretikern Ehrfurcht vor der Kirche einflößen. Aus der Entfernung sieht sie allerdings mehr wie eine Festung aus. Jedes Element – vom Glockenturm bis hin zum apokalyptischen Fresko vom Jüngsten Gericht – ist bewußt bombastisch gestaltet worden, um den Menschen noch kleiner erscheinen zu lassen.

🏛 Musée Henri de Toulouse-Lautrec
Palais de la Berbie. 05 63 49 48 70. Apr–Sep tägl.; Okt–März Mi–Mo. **Geschl.** 1. Jan, 1. Mai, 1. Nov, 25. Dez.

Castres ㉗

Tarn. 47 000. 3, rue Milhau-Ducommun (05 63 62 63 62). Di u. Do–Sa.

CASTRES IST SEIT DEM 14. Jahrhundert eine Hochburg der Textilherstellung. Heute ist die lebhafte, anheimelnde Stadt außerdem Standort der größten Pharmakonzerne Frankreichs. Das **Musée Goya** birgt eine große Sammlung spanischer Kunst, darunter auch Werke des gleichnamigen Künstlers (z. B. eine Serie aus dem Zyklus *Los Caprichos*). Die Gärten zwischen dem Rathaus und dem Agout wurden im 17. Jahrhundert vom Gartenarchitekten Le Nôtre *(siehe S. 169)* angelegt, auf den auch die Gärten von Vaux-le-Vicomte und Versailles zurückgehen.

🏛 Musée Goya
Hôtel de Ville. 05 63 71 59 30 oder 05 63 71 59 27. Juli–Aug tägl.; Sep–Juni Di–So. **Geschl.** 1. Jan, 1. Mai, 1. Nov, 25. Dez.

TOULOUSE-LAUTREC

Graf Henri de Toulouse-Lautrec wurde 1864 in Albi geboren. Mit 15 wurde er infolge zweier Stürze zum Krüppel. 1882 ging er nach Paris, um das Leben in den Bordellen und im Zirkus in seinen Werken festzuhalten. Seine Plakate machten die Lithographie zu einer anerkannten Kunstform. Er starb mit 36 an Syphillis und übermäßigem Alkoholgenuß.

Toulouse-Lautrecs *Modistin* (1900)

Bastiden

DIE BASTIDEN wurden im 13. Jahrhundert von den Engländern und Franzosen in kürzester Zeit gebaut, um vor Beginn des Hundertjährigen Krieges noch schnell Menschen in den unbewohnten Gegenden anzusiedeln. Sie sind das mittelalterliche Pendant zu den heutigen »Satellitenstädten«. Heute existieren noch über 300 Bastiden zwischen dem Périgord und den Pyrenäen.

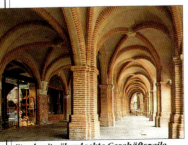

Eine breite überdachte Geschäftszeile, wie hier in Montauban, ist ein typisches Merkmal der meisten Bastiden.

Lauzerte, gegründet 1241 vom Grafen von Toulouse, ist eine typische Bastide mit grauen Steinhäusern. Der langjährige Vorposten der Engländer wurde auf einer Hügelkuppe angelegt.

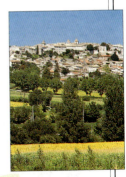

Die **Kirche** diente als Festung, wenn die äußeren Befestigungsanlagen bereits durchbrochen waren.

Steinhäuser hinter der Stadtmauer.

Der **Hauptplatz** liegt inmitten gitternetzartig verlaufender Straßen. Der Straßenplan der Bastiden unterscheidet sich deutlich vom üblichen mittelalterlichen Straßengewirr.

MONFLANQUIN
Diese Bastide wurde 1256 von den Franzosen an einer strategisch wichtigen Route gebaut. Im Laufe des Hundertjährigen Kriegs wechselte sie öfter den Besitzer.

Heute sind die Bastiden im Südwesten Frankreichs an der sogenannten route des bastides konzentriert. Man besichtigt sie am besten an einem Markttag.

*Die **Porte de la Jane** in Cordes ist typisch für eine Bastide. Diese engen Tore konnte man leicht mit Fallgattern schließen.*

Toulouse ⓜ

TOULOUSE IM SÜDWESTEN ist die sechstgrößte Stadt Frankreichs, Universitätsstadt und außerdem ein berühmter Standort der Luftfahrtindustrie, wie das Cité de l'Espace am Rande der Stadt zeigt (Concorde, Airbus und die Trägerrakete Ariane wurde hier entwickelt).

Toulouse erkundet man am besten zu Fuß. Man findet gute Küche, zwei interessante Kirchen, belebte Straßen und eine Altstadt mit Backsteinhäusern, die – wie die Franzosen sagen – »morgens rosa, mittags rot und abends violett erscheinen«.

Die Garonne – im Vordergrund der Pont Neuf

Vertäute Hausboote auf dem Canal du Midi

Überblick: Toulouse

Toulouse, die einstige Römerstadt am Garonne-Ufer, hat sich halbmondförmig ausgedehnt und erlebte bereits unter den Westgoten eine Blütezeit. Es wurde in der Renaissance dank des Handels mit Getreide und blauem Farbpulver zu einer wohlhabenden Stadt mit Backsteinpalästen, von denen einige der schönsten an der Place du Capitole und in der Altstadt um das **Hôtel de Ville** (18. Jh.) herum erhalten sind. Hier sowie an der Place St-Georges und in der Rue Alsace-Lorraine findet man Geschäfte, Bars und Straßencafés.

Der 1229 gegründeten Universität von Toulouse ist es zu verdanken, daß die Preise in vielen Cafés, Buchhandlungen sowie auf dem Sonntags auf der Place St-Sernin stattfindenden Flohmarkt akzeptabel geblieben sind.

Ein Ring von Boulevards aus dem 18. und 19. Jahrhundert umschließt die Stadt. Die Autobahnen führen jenseits des Rings vorbei. Das ultramoderne Métro-Netz mit fahrerlosen Zügen verbindet heute die Innenstadt mit den Vororten.

🛇 Les Jacobins

Die Jakobinerkirche wurde 1216 begonnen und im Laufe der folgenden zwei Jahrhunderte fertiggestellt. Das erste Dominikanerkloster wurde zur Bekämpfung der Häretiker gegründet. Die Mönche veranlaßten die Gründung der Universität. Die Backsteinkirche ist ein Meisterwerk gotischer Baukunst. Herausragende Elemente sind das hohe Sternengewölbe mit 22 Rippen in der Apsis und der flach abschließende Glockenturm (1294), der meistkopierte im Südwesten Frankreichs. Die gotische Chapelle St-Antonin (1337) enthält Fresken der Apokalypse.

🏛 Musée des Augustins

21, rue de Metz. 📞 05 61 22 21 82. 🕒 Mi–Mo. **Geschl.** Feiertage. 📷 ♿
Dank seiner Lage auf der Pilgerroute nach Santiago de Compostela *(siehe S. 390f)* wurde Toulouse zu einer der Hoch-

Sternengewölbe in der Apsis der Eglise des Jacobins

PERIGORD, QUERCY UND GASCOGNE 437

burgen romanischer Kunst. Dieses Museum zeigt in zwei Kreuzgängen eines ehemaligen Augustinerklosters (14. Jh.) die schönsten Skulpturen dieser Zeit sowie romanische Kapitelle (12. Jh.), viele aus der überwiegend aus dem 18. Jahrhundert stammenden **Basilique de Notre-Dame-de-la-Daurade**.

Fassade des Musée des Augustins

⚜ Hôtel d'Assézat
Place d'Assézat. 05 61 12 06 89. Di–So. **Geschl.** 1. Jan, 25. Dez.

Dieser Palast aus dem 16. Jahrhundert beherbergt die Sammlung der Fondation Bamberg mit Renaissance-Malereien, *objects d'art*, italienischen, französischen und flämischen Statuen sowie Gemälden aus dem 19. und 20. Jahrhundert.

INFOBOX
Haute-Garonne. 360 000. 6 km von Toulouse. Gare Matabiau, bd Pierre Semard. Rue Marengo. Donjon du Capitole (05 61 11 02 22). tägl. Piano Jacobins (Sep); Jazz (Okt).

🛡 Basilique de St-Sernin
Die größte romanische Basilika Europas wurde im 11. bis 12. Jahrhundert als Zwischenstation für die Wallfahrer nach Santiago gebaut. Glanzpunkt ist der spitz zulaufende achteckige Backsteinglockenturm mit seinen dekorativen Arkaden. Die Krypta birgt Bernard Gilduins Marmorflachreliefs (11. Jh.) mit Darstellungen Christi und der Symbole der Evangelisten.

🏛 Cité de l'Espace
Avenue Jean Gonord. 05 62 71 64 80. Di–So.
Dieser »Weltraumpark« im Südosten von Toulouse besitzt ein Planetarium und interaktive Modelle, die die Erforschung des Weltraums beschreiben. Im Kontrollraum kann der Besucher lernen, eine Rakete oder einen Satelliten starten zu lassen.

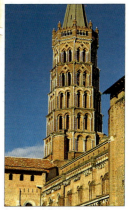

Die Arkaden des Glockenturms (12. Jh.) der Basilique de St-Sernin

AUF EINEN BLICK
Basilique de Notre-Dame-de-la-Daurade ④
Basilique de St-Sernin ①
Hôtel d'Assézat ⑤
Hôtel de Ville ②
Les Jacobins ③
Musée des Augustins ⑥

LEGENDE
P Parken
i Auskunft
Kirche

0 Meter 250

PYRENÄEN

PYRÉNÉES-ATLANTIQUES · HAUTES-PYRÉNÉES · ARIÈGE
HAUTE-GARONNE

DIE REGION GEHÖRT *in vielerlei Hinsicht mehr zu Spanien als zu Frankreich. Jahrhundertelang haben die Bewohner der Region Ketzern Unterschlupf gewährt und Flüchtlingen über die Grenze geholfen. Heute sind die Pyrenäen eine der letzten unberührten Landschaften Europas und Heimat vieler seltener Tierarten.*

Fährt man von der Atlantikküste Richtung Osten, kommt man zunächst in eine liebliche Hügellandschaft. Je weiter man jedoch in die Pyrenäen vordringt, desto imposanter werden die Berge. Im Sommer bieten die Pyrenäen über 1600 Kilometer Wanderwege sowie zahlreiche Camping-, Angel- und Klettermöglichkeiten. Für Wintersportler gibt es zahlreiche Loipen und Pisten in den grenznahen Skiorten, in denen weit mehr Leben herrscht als in ihren Pendants auf der spanischen Seite.

Hier wurde auch Henri IV geboren, der 1593 die Religionskriege beendete und Frankreich einte. Im großen und ganzen war die Region meist unter unabhängigen Lehnsherren aufgeteilt. Ihre ältesten Bewohner, die Basken *(siehe S. 445)*, haben ihre eigene Sprache und ihre Kultur bis heute bewahrt, was die vielen Touristen in den Küstenorten Bayonne, Biarritz und St-Jean-de-Luz bestätigen können.

Die im Hinterland gelegenen Orte wie Pau, Tarbes und Foix leben vom Tourismus und von mittelständischen Industriebetrieben. Nach Lourdes strömen jedes Jahr rund vier Millionen Pilger. Im restlichen Gebiet überwiegt die Landwirtschaft, allerdings wandern wegen der wirtschaftlichen Schwierigkeiten seit einiger Zeit mehr und mehr Bewohner in die Städte ab.

Landschaft um St-Lizier, im Herzen der Pyrenäen

◁ **Barèges, Wintersport- und Kurort in den Hautes-Pyrénées**

Überblick: Pyrenäen

DIE MAJESTÄTISCHE BERGKETTE der Pyrenäen zieht sich durch Südwestfrankreich vom Atlantik bis zum Mittelmeer. Zu ihren Füßen liegen Sehenswürdigkeiten wie die Festung von Montségur, Lourdes, Pau, die Hügel des Béarn und die baskische Hafenstadt Bayonne. Dieses Wander-, Angel- und Skiparadies, das unter anderem den Parc National des Pyrénées einschließt, ist auf der französischen Seite grün, auf der spanischen karstig. Den Besucher erwarten angenehme Temperaturen und eine einmalig schöne Landschaft. Auch Kunst- und Architekturliebhaber kommen hier auf ihre Kosten, so in St-Bertrand-de-Comminges und St-Jean-de-Luz mit den bedeutendsten Sehenswürdigkeiten der Region.

Marzipan, eine Spezialität des Südwestens *(siehe S. 387)*

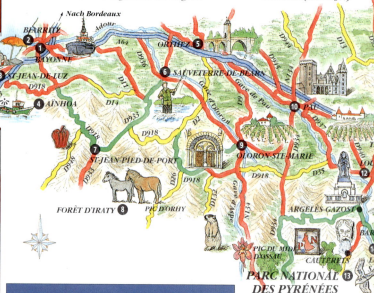

UNTERWEGS

Über die A63 gelangt man von Bordeaux zur baskischen Küste im Westen der Pyrenäen. Die A64 – mit vielen Abzweigungen ins Gebirge – führt von Lannemesan, in der Nähe von Tarbes, entlang den Pyrenäen bis nach Bayonne. Auf den schmalen Serpentinen der Pyrenäen sollten Sie vorsichtig fahren und somit längere Fahrzeiten einkalkulieren. Die landschaftlich schöne D918/118 vom Atlantik durch die Pyrenäen bis zum Mittelmeer stellt mit ihren 18 Pässen ziemlich hohe Anforderungen an den Fahrer. Flughäfen gibt es in Biarritz, Pau und Lourdes. Diese drei Städte liegen zusammen mit Orthez und Tarbes an der Bahnlinie zwischen Bordeaux und Toulouse.

Die Dorfkirche von Espelette (Baskenland)

PYRENÄEN

Auf einen Blick

Aïnhoa ④
Arreau ⑮
Bayonne ①
Biarritz ②
Foix ⑱
Forêt d'Iraty ⑧
Lourdes ⑫
Luz-St-Sauveur ⑭
Mirepoix ⑳
Montségur ⑲
Oloron-Ste-Marie ⑨
Orthez ⑤
Parc National des Pyrénées ⑬
Pau ⑩
St-Bertrand-de-Comminges ⑯
St-Jean-de-Luz ③
St-Jean-Pied-de-Port ⑦
St-Lizier ⑰
Sauveterre-de-Béarn ⑥
Tarbes ⑪

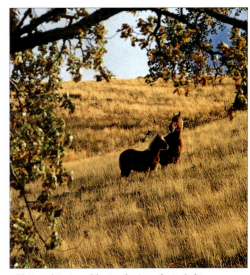

Wilde Pottock-Ponys auf den Feuchtwiesen der Forêt d'Iraty

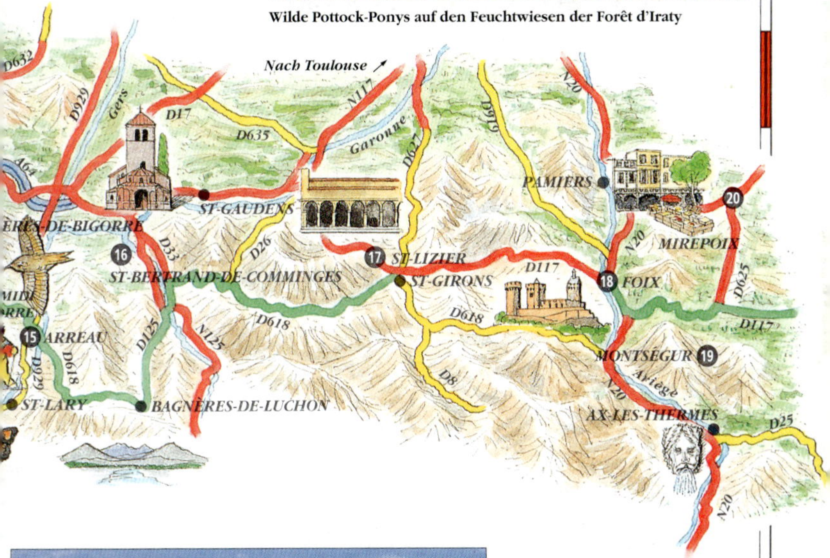

St-Jean-de-Luz von Ciboure aus gesehen

Legende

- Autobahn
- Hauptstraße
- Nebenstraße
- Panoramastraße
- Fluß
- Aussichtspunkt

0 Kilometer 25

Bayonne ❶

Pyrénées-Atlantiques. 🚶 40 000.
🚆 🚌 ℹ️ (05 59 46 01 46) Place
des Basques. 🛒 tägl.

BAYONNE, DIE Hauptstadt des französischen Baskenlands, liegt zwischen zwei Flüssen: der Nive, die in den Pyrenäen entspringt, und dem breiteren Adour. Bayonne ist wegen seiner Lage an einer der wenigen leicht befahrbaren Übergänge nach Spanien seit der Zeit der Römer eine strategisch wichtige Stadt, die unter der Herrschaft der Engländer von 1154 bis 1451 eine Blütezeit erlebte. 14 Belagerungen hat sie standgehalten, darunter eine besonders blutige 1813 durch die Armee Wellingtons.

Grand Bayonne, das Viertel um die Kathedrale, erkundet man am besten zu Fuß. Die im 13. Jahrhundert entstandene **Cathédrale de Sainte-Marie** wurde unter englischer Herrschaft begonnen, was den für diese Region eher seltenen gotischen Baustil erklärt. Sehenswert sind der Kreuzgang und der Türklopfer (15. Jh.) am Nordportal. Jedem Flüchtling, der ihn erreichte, wurde Einlaß gewährt. Das Viertel um die Kathedrale (Fußgängerzone) eignet sich für einen Einkaufsbummel, vor allem die Rue du Pont-Neuf. Dort gibt es nicht nur Cafés, in denen Sie sich mit heißer Schokolade verwöhnen lassen können, sondern auch Geschäfte, die zwei weitere Spezialitäten der Stadt,

Grand Bayonne mit der zweitürmigen Kathedrale

Leuchtturm bei Biarritz

Schinken und herzhafte *loukinkos* (Wurst), verkaufen.

Petit Bayonne liegt am anderen Nive-Ufer. Das **Musée Basque** vermittelt einen Einblick in die Geschichte der Basken. Das **Musée Bonnat** besitzt eine außergewöhnliche Gemäldegalerie. Nicht versäumen sollte man den ersten Stock mit Zeichnungen von Leonardo, van Dyck, Rembrandt und Rubens sowie Gemälden von Goya, Constable, Poussin und Ingres.

🏛 Musée Basque
1, rue Marengo. ☎ 05 59 59 08 98.
Geschl. auf unbestimmte Zeit.
🏛 Musée Bonnat
5, rue Jacques-Lafitte. ☎ 05 59 59 08 52. 🕐 Mi–Mo. **Geschl.** Feiertage. 📷 ♿

Biarritz ❷

Pyrénées-Atlantiques. 🚶 29 000. ✈
🚆 🚌 ℹ️ Javalquinto, Square
d'Ixelles (05 59 22 37 10). 🛒 tägl.

BIARRITZ, WESTLICH von Bayonne, dehnt sich mit Villenvororten zwar unaufhörlich entlang der Küste aus, hat aber seinen alten Ortskern bewahrt. Biarritz lebte ursprünglich vom Walfang, bevor es im 19. Jahrhundert zum Tummelplatz der Reichen wurde. Die Beliebtheit wuchs zusätzlich, als Kaiserin Eugénie, die Gattin Napoléons III, das milde Winterklima dieses Orts entdeckte.

Heute sind ein Viertel der Einwohner von Biarritz Ruheständler. Den Feriengast erwarten drei schöne Strände, die besten Surfmöglichkeiten Europas, zwei Casinos und eines der letzten großen Luxushotels Frankreichs, das Palais (siehe S. 569), in dem einst Kaiserin Eugénie weilte.

Das Aquarium des **Musée de la Mer** im Port des Pêcheurs gibt einen Überblick über die Fische der Biscaya. Vom benachbarten Plateau de l'Atalaye wurden im 16. Jahrhundert Rauchsignale gegeben, sobald Wale in der Nähe des Hafens gesichtet worden waren. Unterhalb des Turms führt ein schmaler Weg zum Rocher de la Vierge mit herrlichem Blick auf die gesamte baskische Küste.

🏛 Musée de la Mer
Esplanade du Rocher-de-la-Vierge, 14, plateau Atalaye. ☎ 05 59 24 02 59. 🕐 tägl. 📷 ♿

Altar in der Eglise St-Jean-Baptiste

St-Jean-de-Luz ❸

Pyrénées-Atlantiques. 🚶 13 000. 🚆
🚌 ℹ️ Place Maréchal-Foch
(05 59 26 03 16). 🛒 Di u. Fr.

ST-JEAN IST ein verschlafenes Fischerdorf, das sich in der Hochsaison in einen mondänen Badeort verwandelt, mit Geschäften, die denen in der Rue du Faubourg-St-Honoré in Paris in nichts nachstehen. Im 11. Jahrhundert wurden die erlegten Wale in den Hafen von St-Jean gebracht und dort unter den Einwohnern aufgeteilt. Der Strand von St-Jean liegt in einer Bucht, so daß man hier im Gegensatz zu den anderen Stränden an dieser Küste gefahrlos schwimmen kann.

Eines der wichtigsten Ereignisse in der Geschichte des

PYRENÄEN

Das Fischerdorf St-Jean-de-Luz ist im Sommer nicht wiederzuerkennen

Orts war die Hochzeit Louis' XIV mit der Infantin Maria Teresa von Spanien im Jahr 1660, eine Verbindung, mit der die Allianz zwischen Frankreich und Spanien besiegelt wurde und wegen der Frankreich später in den Spanischen Erbfolgekrieg hineingezogen wurde. Die Hochzeit fand in der **Eglise St-Jean-Baptiste** statt, die noch heute die größte und schönste Kirche des Baskenlandes ist, ein Kleinod mit einer dreigeschossigen Galerie und einem vergoldeten Retabel aus dem 17. Jahrhundert. Das Portal, durch das der Sonnenkönig seine Braut führte, wurde hinterher sofort zugemauert. Eine Gedenktafel kennzeichnet die Stelle.

Eine weitere Sehenswürdigkeit ist die **Maison Louis XIV** mit Stilmöbeln, in der der König 1660 wohnte. Nicht versäumen sollten Sie das Treiben am Hafen und die in den dortigen Restaurants erhältliche hiesige Spezialität: *chipirones* (in eigener Tinte gekochte Tintenfische).

🏛 **Maison Louis XIV**
Place Louis XIV. ☎ 05 59 26 01 56.
🕐 *Juni–Sep tägl.*

Umgebung
Ciboure, am anderen Nivelle-Ufer, ist der Geburtsort Maurice Ravels. Charakteristisch für Ciboure sind die Häuser der Kaufleute aus dem 18. Jahrhundert, die engen Straßen und die Fischrestaurants. Geht man immer an der Küste entlang, kommt man nach zwei Stunden ins Dorf **Socoa**. Der dortige Leuchtturm hoch oben auf der Steilküste bietet einen Blick bis nach Biarritz.

Die Baskenmütze gehört dazu

Aïnhoa ❹

Pyrénées-Atlantiques. 550.

DIESER WINZIGE ORT an der Straße zur spanischen Grenze wurde im 12. Jahrhundert gegründet und war Zwischenstation der Santiago-Wallfahrer (*siehe S. 390 f.*). Aus dieser Zeit sind noch die Baskenhäuser (17. Jh.) an der Hauptstraße und die Kirche mit den charakteristischen Galerien (17. Jh.) erhalten.

Umgebung
Eine Kirche ähnlichen Typs steht im nahen **Espelette**. Die Galerien im Inneren erhöhten nicht nur die Zahl der Sitzplätze, sondern hatten zudem noch den Vorteil, daß die Männer getrennt von den Frauen und Kindern sitzen konnten. In Espelette werden jedes Jahr Ende Januar die Pottocks, die hier heimischen Wildponys, verkauft. In der Umgebung werden rote Paprikaschoten angebaut, und jedes Jahr im Oktober findet das »Paprikafest« statt.

Südlich von Aïnhoa liegt **Sare**, ein kleines Bergdorf am Fuße des St-Ignace-Passes. Von hier aus kann man mit der Zahnradbahn auf den Gipfel von La Rhune fahren, den besten Aussichtsberg des Baskenlands.

Baskisches Bauernhaus in der Nähe von Espelette

Sauveterre-de-Béarn mit den Überresten der Brücke über den Gave d'Oloron

Orthez ❺

Pyrénées-Atlantiques. 10 700.
Maison de Jeanne d'Albret,
Rue du Bourg-Vieux (05 59 69 02 75,
05 59 69 37 50). Di.

ORTHEZ WAR BEREITS im Mittelalter dank seiner Brücke (13./14. Jh.) über den Gave du Pau ein strategisch wichtiger Ort. Von November bis Februar werden jeden Dienstag vormittag auf dem Markt Delikatessen wie *foie gras*, geräucherter und lufttrockneter Schinken, Geflügel und andere frische Erzeugnisse feilgeboten. Die Rue du Bourg-Vieux zeichnet sich durch ihre hübschen Häuser aus, vor allem das der Jeanne d'Albret, der Mutter Henris IV an der Ecke Rue Roarie. Ihr protestantischer Glaube mißfiel sowohl ihren Untertanen als auch Charles IX, bis schließlich die ganze Region in die Religionskriege (1562–93) hineingezogen wurde.

Sauveterre-de-Béarn ❻

Pyrénées-Atlantiques. 1400.
La Mairie, Château de Nays (05 59 38 50 17). Mi, Sa.

DIESER HÜBSCHE Marktflecken ist eine Übernachtung wert, schon allein wegen des herrlichen Blicks auf die Überreste jener Brücke, die im Süden in großem Bogen über den Gave d'Oloron führte, und auf das **Château de Nays** (16. Jh.). Jedes Jahr werden hier am Oloron von März bis Juli die Lachsfang-Weltmeisterschaften ausgetragen.

Ebenfalls sehenswert ist das über die D27 erreichbare **Château de Laàs** (9 km außerhalb des Orts) mit einer Sammlung angewandter Kunst sowie Möbeln aus dem 18. Jahrhundert, darunter auch das Bett, in dem Napoléon nach der Niederlage bei Waterloo geschlafen haben soll (sofern er überhaupt schlafen konnte).

⚜ Château de Laàs
05 59 38 91 53. Apr–Okt Mi–Mo.

Das Château de Nays unweit von Sauveterre-de-Béarn

St-Jean-Pied-de-Port ❼

Pyrénées-Atlantiques. 1500.
14, place Charles-de-Gaulle (05 59 37 03 57). Mo.

ST-JEAN-PIED-DE-PORT, die einstige Hauptstadt von Basse-Navarre, liegt am Fuße des Roncesvalles-Passes. Hier überwältigten die Basken 778 die Armee Karls des Großen und töteten Roland, den Führer der Nachhut, der später im *Rolandslied* besungen wurde.

Im Mittelalter war der befestigte Ort mit den roten Sandsteinhäusern die letzte Pilgerstation vor der spanischen Grenze. Sobald die Dorfbewohner Santiago-Wallfahrer (siehe S. 390 f) ausmachten, läuteten sie die Kirchenglocken, um ihnen den Weg zu weisen. Die Pilger antworteten darauf mit Gesang.

Noch heute leben die Cafés, Restaurants und Hotels von St-Jean von den Touristen und Pilgern. Man betritt die Oberstadt durch die Porte d'Espagne und steigt durch enge, steile Straßen hinauf zur Zitadelle mit ihrem Panoramablick. Aber auch die Stadtmauern sind Entschädigung genug für die Anstrengung. Montags findet ein Viehmarkt statt, *Pelote* wird gespielt, und im Sommer gibt es sogar ein Bullenrennen.

Forêt d'Iraty

Pyrénées-Atlantiques. St-Jean-Pied-de-Port. Larrau (05 59 28 51 29).

DIE HOCHEBENE aus Buchenwäldern und Feuchtwiesen, die Forêt d'Iraty, ist für ihre Loipen und Wanderwege bekannt. Dies ist auch die Heimat der baskischen Wildponys, der Pottocks, die heute noch so aussehen wie die prähistorischen Zeichnungen, die man in einigen Höhlen der Umgebung entdeckt hat.

Wanderkarten sind im Besucherzentrum in Larrau erhältlich. Eine der schönsten Wanderungen beginnt am Parkplatz des Chalet Pedro, südlich des Sees auf der Iraty-Hochebene, und führt entlang der Markierung GR10 zu 3000 Jahre alten Menhiren an der Westflanke des Sommet d'Occabé.

Oloron-Ste-Marie

Pyrénées-Atlantiques. 11 000. Place de la Résistance (05 59 39 98 00). Fr.

DIE STADT HAT sich aus einer bereits vor der Zeit der Römer bestehenden keltiberischen Siedlung entwickelt. Im Mai und September findet hier eine Ausstellung zu landwirtschaftliche Produkte statt. Hier werden die berühmten Baskenmützen hergestellt. Der

BASKISCHE LEBENSART

Das Baskenland gehört größtenteils zu Spanien, zehn Prozent des Territoriums liegen in Frankreich. Die Basken haben ihre eigenständige Sprache sowie individuelle Musik, Spiele und Traditionen. Die Separatismusbewegung ist auf französischer Seite weniger militant als auf spanischer, aber in beiden Teilen hält man eisern an der eigenen Lebensart fest.

Pelota, traditionelles Spiel der Basken

Marmorportal der Eglise Ste-Marie

Stolz der Stadt ist das verzierte Portal der romanischen **Eglise Ste-Marie**. Oloron liegt am Fuße des Somport-Passes, des höchsten Gipfels des Aspe-Tals und der Grenze nach Spanien. Der Einfluß spanischer Steinmetze zeigt sich in den maurischen Rundbogen der **Eglise Sainte-Croix**. Da die beiden Kirchen die einzigen Sehenswürdigkeiten des Orts sind, sollten Sie die Gelegenheit zu einem Ausflug ins Aspe-Tal nutzen und dort den berühmten Schafskäse oder einen je zur Hälfte aus Kuh- und Ziegenmilch hergestellten Käse probieren.

Eine Straße führt nach Lescun, ein um eine Kirche gescharrtes Dorf am Fuße der Berge, von denen der höchste der **Pic d'Anie** (2504 m) ist. Lescun ist bisher eines der schönsten Fleckchen der Pyrenäen. Leider wurde in Somport ein Autobahn- und Tunnelprojekt genehmigt, das eine Bedrohung für die traditionelle Landwirtschaft dieser Bergwelt, und den letzten Lebensraum des Braunbären darstellt.

Franzosen und Spanier ließen die Bäume oberhalb der Forêt d'Iraty zum Bau von Schiffen abholzen

Gobelin im Château de Pau

Pau ⓾

Pyrénées-Atlantiques. 👥 87 000. ✈
🚆 🚌 ℹ *Place Royale
(05 59 27 27 08).* 🛒 *Mo–Sa.*

DIE HAUPTSTADT des Béarn und zugleich interessanteste größere Stadt der Zentralpyrenäen ist eine Universitätsstadt mit Belle-Epoque-Architektur und schattigen Parks. Das milde Klima im Herbst und Winter zieht seit Beginn des 19. Jahrhunderts Urlauber aus dem Ausland an, vor allem Engländer.

Pau ist in erster Linie als Geburtsstadt Henris IV bekannt. Seine Mutter, Jeanne d'Albret, nahm noch im achten Monat die 19tägige Reise aus der Picardie in Kauf, nur um ihr Kind hier zur Welt zu bringen. Sie sang, als die Wehen einsetzten, weil sie glaubte, daß ihr Kind dann so unbeugsam und widerstandsfähig sein würde wie sie selbst. Gleich nach der Geburt wurden dem Säugling entsprechend der Tradition die Lippen mit Knoblauch und einheimischem Wein (Jurançon) eingerieben.

Hauptsehenswürdigkeit der Stadt ist das **Château de Pau**, das im 14. Jahrhundert für den Herrscher des Béarn, Gaston Phoebus *(siehe S. 453)*, zum erstenmal umgebaut wurde. 400 Jahre später wurde es dann großteils restauriert. Hier wohnte im 16. Jahrhundert Marguerite d'Angoulême, die Schwester des König François I. Sie machte Pau zu einer Stadt der Künstler und Freidenker. Im Inneren des Schlosses verdienen vor allem die von flämischen Webern in Paris hergestellten Gobelins und das Musée Béarnais im dritten Stock Beachtung. Hier erfährt man alles über die Geschichte und Kultur des Béarn.

Der Boulevard des Pyrénées bietet einen einmaligen Blick auf die weiter unten liegenden Gärten und auf die höchsten Gipfel der Pyrenäen, die oft das ganze Jahr über schneebedeckt sind. Gehen Sie von hier zum **Musée des Beaux-Arts**, in dem ein sehr schöner Degas hängt – *Das Baumwollkontor in New Orleans* – sowie Rubens' *Jüngstes Gericht* und diverse Werke El Grecos.

♣ Château de Pau
Rue du Château. 📞 *05 59 82 38 00.*
🕐 *tägl.* **Geschl.** *1. Jan, 1. Mai, 25. Dez.* 🎟 *obligatorisch.*

🏛 Musée des Beaux-Arts
Rue Mathieu-Lalanne 📞 *05 59 27 33 02.* 🕐 *Mi–Mo.* **Geschl.** *Feiertage.*

Tarbes ⓫

Hautes-Pyrénées. 👥 *48 000.* ✈
🚆 🚌 ℹ *3, cours Gambetta
(05 62 51 30 31).* 🛒 *Do, Sa u. So.*

TARBES IST DIE wohlhabendste Stadt der ehemaligen Grafschaft Bigorre, was es der chemischen Industrie, dem Maschinenbau, den Geschäften und dem großen Markt für landwirtschaftliche Erzeugnisse verdankt. Der **Jardin Massey** im Stadtzentrum wurde Ende des 18., Anfang des 19. Jahrhunderts entworfen und zählt mit seinen Spazierwegen und seltenen Pflanzen (zum Beispiel Sassafras) zu den schönsten Parks Südwestfrankreichs. Auch das **Musée Massey** mit seinen Reiteruniformen des 19. und 20. Jahrhunderts und die Gestüte mit Vollbluthengsten sind sehenswert.

🏛 Musée Massey
Jardin Massey. 📞 *05 62 36 31 49.*
🕐 *Juli–Aug tägl; Sep–Juni Mi–So.*
Geschl. *Feiertage.*

Lourdes ⓬

Hautes-Pyrénées. 👥 *16 500.* ✈ 🚆
🚌 ℹ *Place Peyramale (05 62 42 77 40).* 🛒 *jeden zweiten Do.*

LOURDES, DER Hauptort der Marienverehrung, verdankt seine Berühmtheit Bernadette Soubirous, einem 14jährigen Mädchen, der 1858 mehrmals die Jungfrau Maria erschienen

Château de Pau. Hier wurde 1553 Henri IV geboren

◁ **Ausläufer der Pyrenäen**

Pilger bei einer Messe unter freiem Himmel in Lourdes

sein soll. Vier Millionen kranke oder körperlich behinderte Pilger begeben sich jährlich in der Hoffnung auf Wunderheilung in die **Grotte Massabielle**, die Erscheinungshöhle, und in das Zimmer in der Rue des Petits-Fossés, in der Bernadette lebte.

Wen nicht der Glaube nach Lourdes treibt, der kann die **Grottes de Bétharram** besuchen, riesige Höhlen, die man per Boot oder Bahn erkundet, oder das **Musée Pyrénéen** mit Ausstellungsstücken aus der Zeit, als die ersten Pioniere die Berge der Pyrenäen erschlossen.

Grottes de Bétharram
St-Pé-de-Bigorre. 05 62 41 80 04. Mitte Apr–Mitte Okt tägl.

Bizarre Kalksteinformationen in den Grottes de Bétharram

Musée Pyrénéen
Château Fort, Rue du Fort. 05 62 42 37 37. Apr–Mitte Okt tägl.; Mitte Okt–März Mi–Mo. **Geschl. Feiertage (nur im Winter).**

Parc National des Pyrénées ⑬

Siehe S. 450 f.

Luz-St-Sauveur ⑭

Hautes-Pyrénées. 1200. nach Lourdes Place du 8 mai (05 62 92 81 60). Mo.

Luz-St-Sauveur ist ein hübscher Kurort mit einer ungewöhnlichen Kirche, die im 14. Jahrhundert von den Hospitaliers de Saint Jean de Jérusalem, den späteren Malteserrittern, errichtet wurde. Durch die Schießscharten der Kirche, die auch Wallfahrern nach Santiago Schutz bot, konnte man Stadt und Tal überblicken.

Umgebung
Der schicke Kurort **Cauterets** ist ein idealer Ausgangspunkt für Kletter-, Wander- und Skitouren in der Berglandschaft der Umgebung.

Gavarnie war früher Station auf der Pilgerroute nach Santiago de Compostela. Von hier führt ein von Zwei- und Vierbeinern frequentierter Trampelpfad hinauf zu einem außergewöhnlichen Naturspektakel, dem sogenannten **Cirque de Gavarnie**, einer der Hauptsehenswürdigkeiten der Pyrenäen. Hier stürzen die Wassermassen des längsten Wasserfalls Europas vor der Kulisse von elf rundum aufragenden Dreitausendern 240 Meter in die Tiefe.

Das **Observatoire Pic du Midi de Bigorre** erreicht man vom Col de Tourmalet aus in 30 Gehminuten. Die Franzosen sind zu Recht stolz auf ihr hochgelegenes Observatorium, dem wir die deutlichsten Bilder der Venus und anderer Planeten unseres Sonnensystems verdanken, die je von der Erde aus gemacht wurden. Mit Hilfe des riesigen Teleskops (2 m Durchmesser) wurde im Vorfeld der Apollo-Mission für die NASA eine Karte der Mondoberfläche erstellt.

Observatoire Pic du Midi de Bigorre
Le Sommet des Loisirs, Pic du Midi, Bagnères de Bigorre. 05 62 91 90 33. 25. Juni–Okt, tägl. (vom Wetter abhängig).

DAS WUNDER VON LOURDES

Einem jungen Mädchen namens Bernadette Soubirous soll 1858 insgesamt 18mal die Jungfrau Maria in der Grotte Massabielle unweit der Stadt erschienen sein. Obwohl das Betreten der Höhle verboten war, ging das Mädchen hinein. Dort fand es eine Quelle mit angeblich wundersamen Heilkräften. Die Kirche gestattete einige Jahre später die Marienverehrung, und seitdem behaupten viele Pilger, von ihren Leiden geheilt worden zu sein. Rund um die Quelle entstanden Kirchen, Kapellen und Hospize, und dementsprechend boomt die Touristikindustrie.

Bernadettes Vision

Parc National des Pyrénées ⓭

Pyrenäen-Steinbock

DER NATIONALPARK wurde 1967 gegründet. Er erstreckt sich über 100 km entlang der französisch-spanischen Grenze. Hier findet man einige der schönsten Landschaften Europas: Bergwiesen mit bunten Schmetterlingen und majestätische Berge, die auch im Sommer schneebedeckt sind. Den Höhen- und Klimaunterschieden verdankt der Park seine reiche Fauna und Flora, die man am besten zu Fuß auf den insgesamt 350 Kilometern gutmarkierter Wege erkundet.

Vallée d'Aspe
Zerklüftete Berge säumen das Vallée d'Aspe und den Cirque de Lescun. D Gegend droht der Bau einer neuen Autobahn (siehe S. 445).

Col du Somport, die Somport-Paßstraße (1632 m), führt nach Spanien (von Dezember bis April meist gesperrt).

Pic d'Anie
Der 2504 Meter hohe Kalksteingipfel des Pic d'Anie versorgt die saftigen Bergwiesen an seinen Hängen mit Schmelzwasser. Im Frühjahr blühen hier Enzian- und Akeleiarten, die man nirgendwo anders findet.

Pic du Midi d'Ossau
Ein Pfad führt vom Lac de Bious-Artigues (228 m) hinauf zum Gipfel Pic du Midi d'Ossau (2884 m) und um die herum.

FAUNA UND FLORA

Die Pyrenäen sind Heimat vieler Tierarten, die zum Teil nur hier vorkommen. Der Steinbock ist in der Vallée d'Ossau und Vallée de Cauterets zahlreich anzutreffen. Zu den hier heimischen Greifvögeln zählen der Aas-, der Gänse- und der Bartgeier. Hier leben auch der Pyrenäen-Luchs, die Zibetkatze, der Baummarder und der Hermelin. Die Bäche sind der Lebensraum der Bisamspitzmaus, eines im Wasser lebenden Verwandten des Maulwurfs.

*Die **Pyrenäen-Lilie** blüht im Frühling und Frühsommer auf den Wiesen der Pyrenäen.*

*Die **Türkenbundlilie** blüht vo Juni bis August an Felshängen bis 2000 m Höhe.*

PYRENÄEN

Brèche de Roland
Der berühmte Einschnitt in den steilen Felsen des Cirque de Gavarnie bildet einen natürlichen Durchbruch zwischen Frankreich und Spanien.

TIPS FÜR WANDERER

Zahlreiche numerierte Wege führen durch den Park. Jeder ist gut markiert (mit Angabe der Gehzeit). Überall gibt es Hütten, in denen man übernachten kann. Wanderkarten und weitere Auskünfte erhalten Sie im Büro in Cauterets oder im Fremdenverkehrsamt in Luz-St-Sauveur (siehe S. 449). Beide sind ganzjährig geöffnet.

Bergwandern im Sommer

Der **Pyrenäen-Wanderweg GR10** vom Atlantik zum Mittelmeer zählt zu den schönsten Wanderwegen Frankreichs.

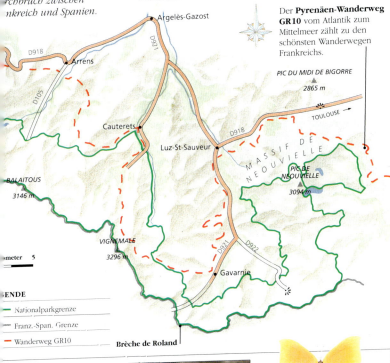

Aasgeier zieht überall in den Pyrenäen seine Kreise, vor allem an steilen Felswänden.

Der **Pyrenäen-Braunbär** lebt im Vallée d'Aspe und Vallée d'Ossau.

Kleopatra

Schwalbenschwanz

Diese **Schmetterlinge** zählen zu den farbenprächtigen Arten, die man in großer Höhe findet.

Arreau ⑮

Hautes-Pyrénées. 860.
Château de la Nestes
(05 62 98 63 15). Do.

Kreuzgang der Cathédrale Ste-Marie in St-Bertrand-de-Comminges

Arreau, eine belebte Kleinstadt mit Fachwerkhäusern, Geschäften und Restaurants, liegt am Zusammenfluß von Aure und Louron. Hier bekommen Bergwanderer und Angler alles, was sie für ihr Hobby brauchen (Karten, Wanderschuhe und -stöcke).

Umgebung

St-Lary-Soulan ist ein Wintersportort und im Sommer ein guter Ausgangspunkt für die Erkundung des Massif du Néouvielle. Von hier führen Straßen nach oben, so daß man auch ohne große Eigenleistung in beachtliche Höhen kommt. Sehenswert sind das Dorf Fabian und die oberhalb gelegenen Seen. Überall gibt es Wanderwege, etwa die GR10 *(siehe S. 451)*. Über den Schneefeldern sieht man Goldadler oder Lämmergeier ihre Kreise ziehen.

St-Bertrand-de-Comminges ⑯

Haute-Garonne. 220.
Mont Regeau, dann Taxi.
Les Olivetains, Parvis de la Cathédrale (05 61 95 44 44).

Das Bergstädtchen ist künstlerisch und historisch gesehen der interessanteste Ort in den Zentralpyrenäen. Jeden Sommer findet hier ein renommiertes Musikfestival *(siehe S. 33)* statt. Die schönsten Skulpturen der Region findet man am Portal der **Cathédrale Ste-Marie**, während im angrenzenden romanischen und gotischen Kreuzgang Sarkophage, skulptierte Kapitelle und Statuen der vier Evangelisten zu sehen sind.

Die ursprüngliche Stadt wurde vom römischen Staatsmann Pompeius 72 v. Chr. auf der etwas weiter unten gelegenen Ebene gegründet. Sie bestand aus zwei Thermen, einem Theater, einem Tempel, einem Markt und einer christlichen Basilika, wurde allerdings 585 von Gontran, dem Enkel von Clovis zerstört *(siehe S. 202)*. Danach vergingen 600 Jahre, bevor der Bischof von Comminges, Bertrand de l'Isle, hier den Standort für eine neue Kathedrale und ein neues Kloster sah. Die politisch unbedeutende Stadt wurde zu einem wichtigen religiösen Zentrum.

Das Innere der Kathedrale umfaßt 66 aus Holz gefertigte Chorstühle und eine Orgel aus dem 16. Jahrhundert. Das Grabmal des Bertrand de l'Isle samt dem daneben stehenden Altar befindet sich am Chorabschluß. Direkt daneben eine Marienkapelle mit dem Marmorgrab des Hugues de Châtillon, ein Bischof aus der Region, der im 14. Jahrhundert das Geld für die Fertigstellung der Kathedrale stiftete.

🔒 **Cathédrale Ste-Marie**
05 61 89 04 91. tägl.

Fresko in der Cathédrale St-Lizier

St-Lizier ⑰

Ariège. 1600. Place de l'Eglise (05 61 96 77 77).

St-Lizier liegt im Département Ariège, das für seine Täler inmitten steil aufragender Berge bekannt ist. Das Dorf wurde zur Zeit der Römer gegründet und war noch im Mittelalter ein bedeutender religiöser Ort, der jedoch im 12. Jahrhundert vom nahe gelegenen St-Girons in den Schatten gestellt wurde. Das Dorf besitzt zwei Kathedralen. Die schönere ist die im 12. und 14. Jahrhundert gebaute **Cathédrale St-Lizier** mit romanischen Fresken und einem mit geschnitzten Säulen versehe-

Die imposante Cathédrale Ste-Marie (12. Jh.) in St-Bertrand

PYRENÄEN

St-Lizier mit schneebedeckten Gipfeln im Hintergrund

nem Kreuzgang; den schöneren Blick hat man allerdings, wenn man durch die engen Straßen hinauf zur **Cathédrale de la Sède** geht.

Foix ⓲

Ariège. 🚶 10 500. 🚌 🚆 🛈 45, cours Gabriel-Fauré (05 61 65 12 12). 🛒 1. u. 3. Mo im Monat.

FOIX MIT SEINEN Zinnen und Wehrtürmen liegt wie eine riesige Festung oberhalb des Zusammenflusses von Arget und Ariège. Im Mittelalter regierten die Grafen von Foix die Grafschaft Béarn. Die herausragendste Persönlichkeit war Graf Gaston Phoebus (1331–91), ein Dichter, der sich mit Troubadouren umgab und eine Abhandlung über die Jagd schrieb. Er war ein skrupelloser Machtpolitiker, der seinen eigenen Bruder und seinen einzigen Sohn töten ließ.

Jeden Sommer finden hier Umzüge in historischen Kostümen und mittelalterliche Reiterturniere anläßlich der Médiévales Gaston Phoebus statt. Eine Besteigung des **Château de Foix** (15. Jh.) lohnt sich wegen der Aussicht. Die restaurierte **Eglise de St-Volusien** (14. Jh.) besticht durch ihre schlichte Eleganz.

♜ Château de Foix
📞 05 61 65 56 05. 🕐 tägl. **Geschl.** 1. Jan, 1. Mo im Sep, 25. Dez. 📷

Montségur ⓳

Ariège. 🚶 100. 🛈 05 61 03 03 03 (Sommer), 05 61 01 10 27 (Winter). 📷

MONTSÉGUR WAR die letzte Bastion der Katharer *(siehe S. 481)*. Vom Parkplatz am Fuß des Hügels führt ein Weg zur Garnisonsstadt der Katharer, in der im 13. Jahrhundert auch die *faydits* (enteignete Adlige) lebten. Die Katharer wohnten außerhalb der Stadtmauern in Häusern, die direkt an den Felsen gebaut waren. Als Feinde der katholischen Kirche zogen sie 1243 nach Avignonet und töteten dort Mitglieder des Inquisitionsgerichts. Die Katholiken belagerten daraufhin Montségur zehn Monate mit 10 000 Soldaten. 225 Katharer verbrannten sich lieber als sich zum katholischen Glauben bekehren zu lassen.

Mirepoix ⓴

Ariège. 🚶 3000. 🚌 🛈 Place du Maréchal-Leclerc (05 61 68 83 76). 🛒 Mo u. Do.

MIREPOIX IST EINE typische Bastide *(siehe S. 435)* mit einem großen Hauptplatz, einem der schönsten in Südwestfrankreich, der von Fachwerkhäusern und Laubengängen aus dem 13. und 15. Jahrhundert gesäumt wird. An Markttagen ist der Platz voller Stände, an denen viele verschiedene Spezialitäten verkauft werden.

Die **Kathedrale** (14. Jh.), an der zuletzt 1867 noch gebaut wurde, besitzt das breiteste gotische Mittelschiff in ganz Frankreich.

Der von Laubengängen gesäumte Hauptplatz von Mirepoix

Süd-Frankreich

Südfrankreich stellt sich vor 456-465
Languedoc-Roussillon 466-487
Provence und Côte d'Azur 488-521
Korsika 522-533

Südfrankreich stellt sich vor

DER SÜDEN, Frankreichs beliebteste Ferienregion, lockt jährlich Millionen von Urlaubern an die Riviera und in die Badeorte im Westen. In dieser von der Landwirtschaft geprägten Region gibt es Obst und Wein in Hülle und Fülle. Die in Nizza und Montpellier angesiedelten High-Tech-Firmen sind Ausdruck der zunehmenden Industrialisierung des Südens, während Korsika bis heute seine unberührte Naturlandschaft bewahrt hat. Die Karte zeigt die Hauptsehenswürdigkeiten der von der Sonne gesegneten Region.

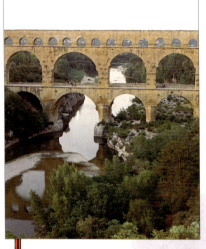

Pont du Gard, *ein 2000 Jahre altes Meisterwerk römischer Baukunst* (siehe S. 485). *Die Brücke war Teil einer 17 Kilometer langen, teils unterirdisch verlaufenden Wasserleitung, die Nîmes mit Wasser aus einer Quelle bei Uzès versorgte.*

St-Guilhem-le-Désert

Pont du Gard

LANGUEDOC-ROUSSILLON
(siehe S. 466 ff)

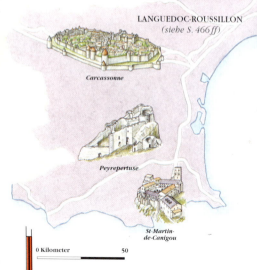

Carcassonne

Peyrepertuse

St-Martin-de-Canigou

0 Kilometer   50

Die **Camargue**, *das Sumpfgebiet des Rhône-Deltas, zeichnet sich durch seine reiche Fauna und Flora aus. Drei Besucherzentren vermitteln einen guten Eindruck dieses Biotops mit seinen rosa Flamingos und weißen Wildpferden* (siehe S. 500 f).

SÜDFRANKREICH STELLT SICH VOR

Avignon: Im 14. Jahrhundert gingen die Päpste hierher ins Exil (siehe S. 493) und residierten fortan im massiven Palais des Papes. Im Sommer findet hier das berühmte Festival d'Avignon statt.

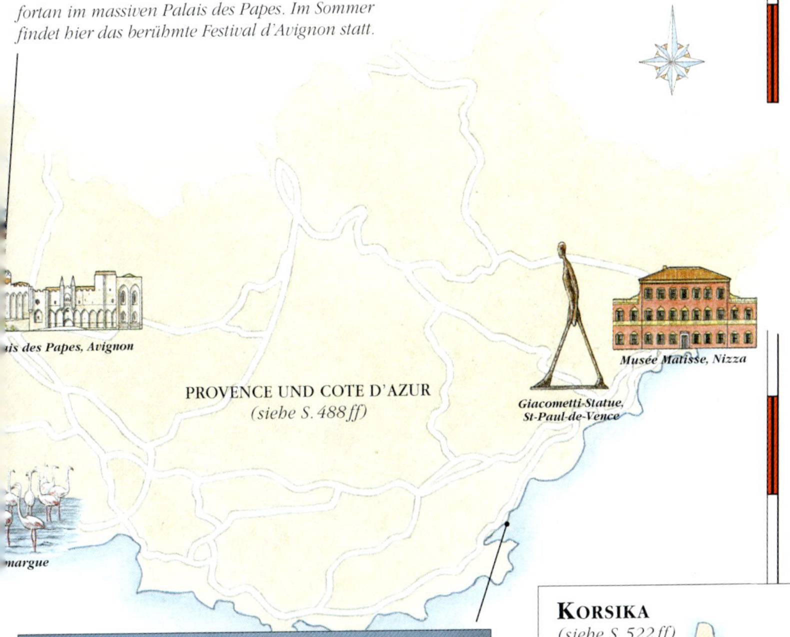

ais des Papes, Avignon

PROVENCE UND COTE D'AZUR
(siehe S. 488ff)

Musée Matisse, Nizza

*Giacometti-Statue,
St-Paul-de-Vence*

margue

Die **Côte d'Azur** ist seit den 20er Jahren Tummelplatz der Sonnenhungrigen (siehe S. 464f). In einigen Orten gibt es Kunstsammlungen (20. Jh.) und internationale Veranstaltungen wie das Filmfestival in Cannes oder das Jazzfestival in Antibes.

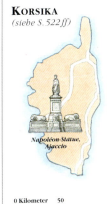

KORSIKA
(siehe S. 522ff)

*Napoléon-Statue,
Ajaccio*

0 Kilometer 50

Spezialitäten des Südens

DER BESUCH EINES provenzalischen Markts ist ein berauschendes Erlebnis für Augen und Nase. Die Tische scheinen unter der Last der Knoblauchzöpfe, der Paprikaschoten, Tomaten, Auberginen, Zucchini und Spargel geradezu zusammenzubrechen. Die Netzmelonen sind reif und verströmen ihren süßen Duft. Im Herbst und Winter, wenn sich Pilze, Mangold, spanische Artischocken, Walnüsse, Quitten, Kürbisse, Fenchel und schwarze Oliven an den Ständen türmen, liegt ein erdiger Geruch in der Luft. An der Küste wird gern Fischsuppe – *bouillabaisse* oder *bourride* – gegessen, im Hinterland am liebsten Lammfleisch. Das beste kommt aus der Camargue und aus der Crau, wo sich die Lämmer von den Kräutern und Gräsern der saftigen Salzwiesen ernähren. Die ersten Pfirsiche, Kirschen und Aprikosen der Saison kommen aus dem Languedoc-Roussillon, dessen Küstengewässer reich an fleischigen Miesmuscheln, Austern und *tellines* (Tellmuscheln) sind. Die herzhafte korsische Küche zeigt einen italienischen Einfluß. Maronen sind Bestandteil vieler Gerichte.

Rosmarin

Salade Niçoise *mit den Grundbestandteilen grüner Salat, grüne Bohnen, Tomaten, Oliven, Eier und Sardellen.*

Soupe au pistou, *eine Gemüsesuppe, wird mit* pistou, *einer Sauce aus Basilikum, Knoblauch und Olivenöl, gewürzt.*

Fischsuppe

Croûtons

Knurrhahn

Rouille (= »Rost«), eine Mayonnaise aus Chilischoten und Knoblauch

Bouillabaisse, *eine Spezialität aus Marseille, ist heutzutage ein Luxus. Man bereitet sie aus einheimischen Fischen wie Meeraal, Seewolf, Meerbarbe und Meeräsche sowie Tomaten, Safran und Olivenöl zu. Traditionsgemäß wird zuerst die Suppe mit Croûtons serviert, die man mit* rouille, *einer würzigen Mayonnaise, bestreicht. Erst dann ißt man den Fisch.*

Meeraal

Meerbarbe

Seeteufel

Ratatouille *ist ein Gemüseeintopf aus Zwiebeln, Auberginen, Zucchini, Tomaten, Paprika und Knoblauch.*

Pissaladière *ist eine Art Zwiebelkuchen mit Oliven und Sardellenpaste und in jeder provenzalischen* boulangerie *erhältlich.*

Aïoli *ist eine Sauce aus Eigelb, Knoblauch und Olivenöl. Es wird u. a. zu Stockfisch, Schnecken und Gemüse serviert.*

Daube de bœuf, *ein Ragout aus Rind-, Lamm- und Hammelfleisch, wird auf Rotwein in einer* daubière *geschmort.*

Brandade de morue, *eine Spezialität aus Nîmes, ist ein Gericht aus Stockfisch mit Olivenöl, Knoblauch und Kartoffeln.*

Tarte au citron *ist ein süßer Kuchen mit Zitronencremefüllung. Menton ist für seine vielen Zitronenbäume bekannt.*

Fougasse *ist ein flaches Brot mit schwarzen Oliven, Sardellen, Zwiebeln und Gewürzen. Die süße Variante wird mit Mandeln zubereitet.*

OLIVEN

Die meisten Oliven werden zu Öl verarbeitet; sie können aber auch in Salzlake oder Öl konserviert werden. Nach Abschluß der Olivenernte ißt man hier traditionell Brot mit *tapenade*, einer Paste aus schwarzen Oliven, Kapern, Sardellen und Olivenöl.

Honig *gibt es in verschiedenen Geschmacksrichtungen, je nachdem, wo die Bienen den Nektar gesammelt haben. In Frage kommen Blüten oder Kräuter.*

Tapenade

Schwarze Oliven

Entsteinte Oliven

Olivenöl

TISANES

In Südfrankreich trinkt man gern *tisanes* (Blüten- oder Kräutertees). Lindenblütentee *(tilleuil)* ist am beliebtesten. Er gilt als Hausmittel gegen Verdauungs- oder Schlafstörungen. Kamillentee regt die Nierentätigkeit an, während Eisenkrauttee *(verveine)* gut für die Leber sein soll.

Eisenkraut   **Kamille**   **Lindenblüten**

Frankreichs Weinregionen: Süden

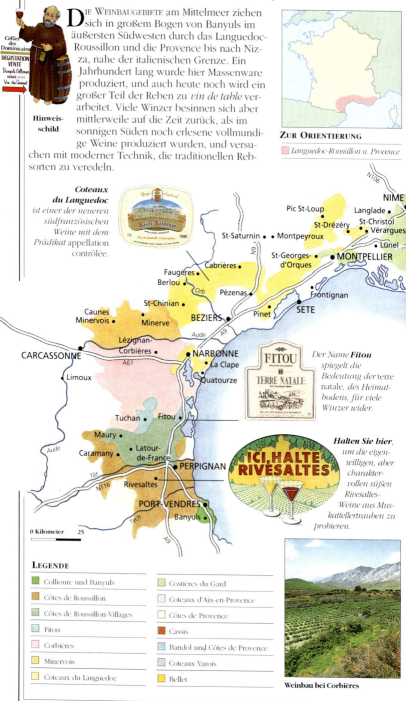

Die Weinbaugebiete am Mittelmeer ziehen sich in großem Bogen von Banyuls im äußersten Südwesten durch das Languedoc-Roussillon und die Provence bis nach Nizza, nahe der italienischen Grenze. Ein Jahrhundert lang wurde hier Massenware produziert, und auch heute noch wird ein großer Teil der Reben zu *vin de table* verarbeitet. Viele Winzer besinnen sich aber mittlerweile auf die Zeit zurück, als im sonnigen Süden noch erlesene vollmundige Weine produziert wurden, und versuchen mit moderner Technik, die traditionellen Rebsorten zu veredeln.

Hinweisschild

Zur Orientierung

Languedoc-Roussillon u. Provence

Coteaux du Languedoc ist einer der neueren südfranzösischen Weine mit dem Prädikat appellation contrôlée.

Der Name **Fitou** spiegelt die Bedeutung der terre natale, des Heimatbodens, für viele Winzer wider.

Halten Sie hier, um die eigenwilligen, aber charaktervollen süßen Rivesaltes-Weine aus Muskatellertrauben zu probieren.

Legende

- Collioure und Banyuls
- Côtes de Roussillon
- Côtes de Roussillon-Villages
- Fitou
- Corbières
- Minervois
- Coteaux du Languedoc
- Costières du Gard
- Coteaux d'Aix-en-Provence
- Côtes de Provence
- Cassis
- Bandol und Côtes de Provence
- Coteaux Varois
- Bellet

Weinbau bei Corbières

SÜDFRANKREICH STELLT SICH VOR

461

Die Trauben für den roten Côtes de Provence werden von Hand gepflückt

WEINBAUGEBIETE

Sowohl in der Provence als auch im Languedoc-Roussillon werden neuerdings neben den bekannten Tischweinen auch bessere Weine *(appellation contrôlée)* angebaut.

Die würzigen Roséweine der Provence sind in den letzten zehn Jahres deutlich besser geworden.

Bandol ist ein aus den klassischen südfranzösischen Mourvèdre-Trauben gekelterter Wein, der sein Prädikat zu Recht verdient.

KLEINE WEINKUNDE: SÜDFRANZÖSISCHE WEINE

Lage und Klima
Die Weine dieser warmen, sonnigen Region sind meist alkoholreich. Die größten Anbaugebiete liegen nahe der Küste, die besten an den Schiefer- und Kalksteinhängen im Hinterland.

Rebsorten
Massenproduktionsreben wie **Carignan** und **Aramon** werden durch erlesenere Sorten wie **Syrah**, **Mourvèdre** und **Grenache** ersetzt. Aus **Cabernet Sauvignon**, **Merlot** und **Syrah** sowie den weißen **Chardonnay**-, **Sauvignon-Blanc**- und **Viognier**-Reben werden *vin de pays* gemacht. Süße Weißweine werden aus den aromatischen **Muscat**-Trauben gekeltert.

Namhafte Erzeuger
Corbières und *Minervois*: La Voulte Gasparets, Saint Auriol, Lastours, Villerambert-Julien, Daniel Domergue. *Faugères*: Château des Estanilles, Gilbert Alquier, Château de la Liquiere. *St-Chinian*: Château Cazals-Viel, Domaine des Jougla, Cave de Roquebrun. *Coteaux du Languedoc* und *vins de pays*: Mas Jullien, Prieuré de St-Jean-de-Bebian, Mas de Daumas Gassac, Pech-Celeyran. *Roussillon*: Domaine Gauby, Domaine de la Rectorie. *Provence*: Domaine Tempier, Domaine de Pibarnon, Domaine de Trevallon, Mas de la Dame, Mas de Gourgonnier, Domaine Richeaume, Domaine de la Bernarde, Commanderie de Peyrassol, La Courtade.

Maler und Schriftsteller in Südfrankreich

Monets Palette

MALER UND SCHRIFTSTELLER haben viel zum Image Südfrankreichs beigetragen. Der Dichter Stephen Liégeard gab der Côte d'Azur 1887 ihren Namen. Viele Autoren, französische wie ausländische, haben im warmen Süden Frankreichs eine neue Heimat gefunden. Von Cézanne über Monet und van Gogh bis hin zu Picasso haben sich die Maler vom hellen Licht und den intensiven Farben dieser einmaligen Landschaft bezaubern lassen. Heute kann man ihre Werke in den vielen Museen der Region bewundern, wie in Céret, Nîmes, Montpellier, St-Tropez, St-Paul-de-Vence und Nizza *(siehe S. 472ff).*

Picasso und Françoise Gilot in Golfe-Juan (1948)

Paul Cézannes Atelier in Aix-en-Provence *(siehe S. 501)*

DIE FAUVISTEN

DIE FAUVISTEN ODER »WILDEN« – so genannt wegen der von ihnen verwendeten grellen, kühnen Farben – waren die ersten Avantgardisten des 20. Jahrhunderts. Begründer dieser Stilrichtung war Matisse 1905 in Collioure *(siehe S. 25).* Zu den Fauvisten zählten außerdem Derain, Vlaminck, Marquet, van Dongen und Dufy. Matisse besuchte 1898 Korsika und dann St-Tropez. Er ließ sich von der Sinnlichkeit der Provence inspirieren und schuf sein berühmtes Werk *Luxe, Calme et Volupté*. Schließlich zog er nach Nizza, wo er seine Odaliskenserie malte. Er schrieb: »Was mich zum Bleiben bewog, waren die grandiosen Farben des Januars und das intensive Tageslicht.« In Vence schuf er eine einmalige blauweiße Kapelle *(siehe S. 513).*

FESTBELEUCHTUNG

DIE IMPRESSIONISTEN waren von den Lichteffekten fasziniert. Monet war geradezu verzaubert vom »gleißend-festlichen Licht« des Südens, das die Farben so kräftig erscheinen ließ, daß niemand sie für echt hielt, wenn man sie getreu wiedergab. Renoir begleitete ihn 1883 in den Süden und kam noch des öfteren hierher, um seine sinnlichen Akte zu malen. Auch Bonnard ließ sich im Süden nieder. Seine Lieblingsmotive waren Palmen und rote Ziegeldächer.

Maler wie van Gogh und Gauguin kamen 1888. Der 1839 in Aix geborene Cézanne beschäftigte sich mit Landschaften, vor allem denen der Provence, und mit dem von ihm so geliebten Mont-Ste-Victoire, während der Pointillist Paul Signac vorzugsweise in St-Tropez wirkte.

Vincent van Goghs *Sonnenblumen* (1888)

DAS LAND PICASSOS

SÜDFRANKREICH KANN mit Recht als Land Picassos bezeichnet werden. Seine Nymphen und Seeigel, seine über den Strand laufenden Frauen, seine Formen und Farben, seine Keramik und Skulpturen – all das ist inspiriert von den grellen Farben und harten Schatten des Südens.

Pablo Picasso wurde 1881 in Málaga geboren, verbrachte jedoch einen großen Teil seines Lebens in Südfrankreich, wo er in Céret mit Braque den Kubismus weiterentwickelte. 1920 ging er nach Juan-les-Pins. Bei Kriegsausbruch 1939 hielt er sich in Antibes auf. Dort malte er *Nächtlicher Fischfang in Antibes*, eine lichtdurchflutete nächtliche Meerlandschaft.

1946 überließ man ihm den Palast der Grimaldis als Atelier. Dort ist heute ein Picasso-Museum untergebracht *(siehe S. 511)*. Zeitweilig lebte Picasso auch in Vallauris *(siehe S. 512)*.

Laufende Frauen am Strand (1933) von Pablo Picasso

LITERATENKÜSTE

EBENSO WIE F. Scott Fitzgeralds Romane Teilursache und Spiegelbild des »Jazz Age« waren, prägte der Autor mit *Zärtlich ist die Nacht* auch das Bild vom Leben an der Riviera. Er und seine Frau Zelda kamen 1924, angezogen vom warmen Klima und dem einfachen Leben. »Hier ist alles ungezwungener, und alles, was man tut, scheint etwas mit Kunst zu tun zu haben«, schrieb er. Nach ihnen bezog Ernest . Hemingway ihre Villa. Andere Schriftsteller haben auch hier gelebt, unter ihnen Katherine Mansfield, D. H. Lawrence, Aldous Huxley, Friedrich Nietzsche, Lawrence Durrell und Graham Greene. Manche, wie Somerset Maugham, führten ein Leben im Luxus und umgaben sich mit schillernden Persönlichkeiten. Auch Colette zog es schon sehr früh nach St-Tropez, und 1954 fing Françoise Sagan den damaligen Hedonismus in ihrem Roman *Bonjour Tristesse* ein.

Scott und Zelda Fitzgerald mit Tochter Scottie

NEOREALISMUS

IN DEN 50ER JAHREN entstand in Nizza die Schule der Nouveaux Réalistes, zu denen unter anderen Yves Klein, Arman, Martial Raysse, Tinguely, César, Niki de Saint-Phalle und Daniel Spoerri *(siehe S. 516f)* zählten. Sie experimentierten mit Gegenständen des Alltags: Arman zersägte Violinen und verpackte Müll, Tinguely sprengte Fernseher und Autos. Dahinter verbarg sich eine einfache Philosophie: »Wir leben in einer Feriengegend, daher unser Hang zum Verrückten«, sagte Klein, der seine Bilder in einem ihm eigenen Blauton malte. Seine Inspirationsquelle war das Mittelmeer.

PROVENZALISCHE SCHRIFTSTELLER

Die Provence und das Languedoc hatten schon immer ihre eigene Literatur, zumindest seit der Zeit der Troubadoure (12./13. Jh.), die sich bei ihrer Liebeslyrik an die *langue d'oc*, eine aus dem Lateinischen hervorgegangene Sprache hielten. Im letzten Jahrhundert ließen sich viele Autoren von Landschaft und Tradition inspirieren. Sie standen unter dem Einfluß der von Frédéric Mistral angeführten Schule der Dichter von Félibrige zur Wiederbelebung der *langue d'oc*. Manche, wie Daudet oder Marcel Pagnol, befaßten sich vor allem mit Charakteren, während sich andere der Beziehung zwischen Mensch und Natur widmeten.

Frédéric Mistral im *Petit Journal*

Strände in Südfrankreich

Logo des Carlton-Hotels

DIE MONDÄNE MITTELMEERKÜSTE ist die beliebteste Urlaubsgegend Frankreichs. Im Osten liegen die bekannten Badeorte der Riviera wie Menton, Nizza, Cannes und Monte-Carlo, westlich davon kleinere Orte wie St-Tropez und Cassis. Noch weiter westlich liegen die langen Sandstrände des Languedoc-Roussillon. Dort sind seit den 60er Jahren zahllose Sumpfgebiete in kilometerlange saubere Sandstrände umgewandelt worden. Zusätzlich wurden moderne oder den alten Fischerdörfern nachempfundene Badeorte angelegt.

Im Osten gibt es überwiegend Kieselstrände. Initiativen zur Strandsäuberung haben mittlerweile an den meisten Stränden mit Ausnahme einiger weniger westlich von Marseille und in der Nähe von Nizza eine deutliche Wirkung gezeigt. Die gutausgestatteten Strände der Badeorte sind oft gebührenpflichtig.

Dieses Plakat von Domergue wirbt für die Côte d'Azur

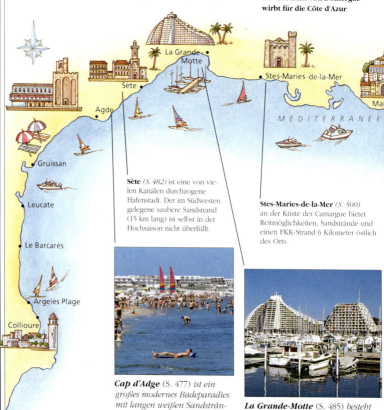

Sète (S. 482) ist eine von vielen Kanälen durchzogene Hafenstadt. Der im Südwesten gelegene saubere Sandstrand (15 km lang) ist selbst in der Hochsaison nicht überfüllt.

Stes-Maries-de-la-Mer (S. 500) an der Küste der Camargue bietet Reitmöglichkeiten, Sandstrände und einen FKK-Strand 6 Kilometer östlich des Orts.

Cap d'Adge (S. 477) ist ein großes modernes Badeparadies mit langen weißen Sandstränden, vielen Sportmöglichkeiten und der größten FKK-Anlage Europas (über 20 000 Betten).

La Grande-Motte (S. 485) besteht eigentlich nur aus riesigen pyramidenartigen Bettenburgen, bietet aber jede Menge sportlicher Betätigungen.

SÜDFRANKREICH STELLT SICH VOR

Im letzten Jahrhundert war die Côte d'Azur Tummelplatz der Adligen und Reichen, die hier den Winter verbrachten und dem Glücksspiel frönten. Der Sommerurlaub kam erst in den 20er Jahren in Mode. Heute ist hier ganzjährig Saison. Schöne Strände und Nachtleben ziehen immer noch viele Touristen an.

Menton *(S. 519)* hat auch im Winter ein so warmes Klima, daß das ganze Jahr über Saison ist. Hinter den Kieselstränden liegen elegante Villen.

Cannes *(S. 510)* ist für seine Filmfestspiele bekannt und stolz auf seine äußerst sauberen Sandstrände.

Cassis *(S. 503)* ist ein bezauberndes Fischerdorf mit einem Casino, einer schönen Felsküste und geschützten Buchten.

St-Tropez *(S. 506):* Die goldenen Sandstrände werden meist von Cliquen mit dickerer Brieftasche bevölkert.

Nizza *(S. 516),* die Hauptstadt der Côte d'Azur, besitzt 5 Kilometer Kieselstrand in einwandfreiem Zustand. Die Privatstrände sind billiger als in Cannes.

Cap Ferrat *(S. 518):* Die 10 Kilometer langen Wege über die bewaldete Halbinsel geben Blicke auf elegante Villen und Privatstrände frei.

LANGUEDOC-ROUSSILLON

AUDE · GARD · HÉRAULT · PYRÉNÉES-ORIENTALES

Die beiden Provinzen Languedoc und Roussillon ziehen sich von den Ausläufern der Pyrenäen an der spanischen Grenze bis zum Rhône-Delta. Die neuangelegten Ferienorte an den kilometerlangen Sandstränden beherbergen jährlich Millionen von Urlaubern. Aus dem Hinterland kommen 50 Prozent des französischen Tafelweins sowie die ersten Pfirsiche und Kirschen der Saison.

Diese Ferienregion blickt auf eine bewegte Vergangenheit zurück, die nicht zuletzt auch die Vereinigung beider Provinzen umfaßt. Die Bewohner des ehemals unabhängigen Languedoc sprachen Okzitanisch, die Sprache der Troubadoure, und pflegen diese Eigenständigkeit heute noch. Die Provinz Roussillon gehörte bis zum Pyrenäenfrieden 1659 den Spaniern. Das katalanische Erbe zeigt sich auch heute noch – von den Straßenschildern bis hin zur Sardana (einem spanischen Tanz). Der spanische Einfluß spiegelt sich außerdem in der Vorliebe für Stierkämpfe, Paella und farbige Fassaden wider.

Der Küstenstreifen war das erste von den Römern besiedelte Gebiet Galliens. Aus dieser Zeit stammen unter anderem das Amphitheater von Nîmes und der eindrucksvolle Pont du Gard. Die Klöster St-Martin-du-Canigou, St-Michel-de-Cuxa und St-Guilhem-le-Désert sind Meisterwerke frühromanischer Baukunst. Die imposanten Katharerburgen und die hervorragend restaurierte Stadt Carcassonne zeugen von den blutigen Auseinandersetzungen im Mittelalter.

Hier gibt es stellenweise noch urwüchsige Landschaft – von den Hochplateaus der Cerdagne bis hin zu den wildromantischen Bergen der Corbières oder dem Hochland des Haut-Languedoc –, aber auch einige der fortschrittlichsten Städte Frankreichs wie die Universitätsstadt Montpellier oder Nîmes mit der großen *feria* und Stierkämpfen. Die gesamte Region ist durch ein Nebeneinander von Alt und Neu, von römischen Tempeln und postmoderner Stadtarchitektur, von alten Abteien und Sonnenkraftwerken geprägt.

Küste bei Cap d'Agde

◁ **Die Abtei Saint-Martin-du-Canigou auf dem Mont Canigou**

Überblick: Languedoc-Roussillon

DAS LANGUEDOC-ROUSSILLON ist eine Mischung aus kilometerlangen Stränden und bergigem Hinterland. Die Sandstrände sind ideal für Urlauber mit Kindern. Bei der Übernachtung hat man die Wahl zwischen urigen Fischerdörfern und hochmodernen Bettenburgen. Das Haut-Languedoc und die Cerdagne sind ein Paradies für Bergwanderer, während Corbières und Minervois ganz im Zeichen des Weinbaus stehen. Das reiche architektonische Erbe kontrastiert mit der modernen Architektur der großen Städte.

AUF EINEN BLICK

Aigues-Mortes ㉔
Béziers ⑰
Carcassonne ⑮
Cerdagne ①
Céret ⑥
Collioure ⑧
Corbières ⑫
Côte Vermeille ⑦
Elne ⑨
Golfe du Lion ⑭
La Grande-Motte ㉓
Minerve ⑯
Montpellier ㉒
Narbonne ⑬

Nîmes ㉖
Parc Régional du Haut-
   Languedoc ⑳
Perpignan ⑩
Pézenas ⑲
Pont du Gard ㉕
Prieuré de Serrabone ⑤
St-Guilhem-le-Désert ㉑
St-Martin-du-Canigou ④
St-Michel-de-Cuxa ③
Salses ⑪
Sète ⑱
Villefranche-de-Conflent ②

Jeden Sommer wird in Sète das Lanzenstechen auf Booten ausgetragen

LANGUEDOC-ROUSSILLON

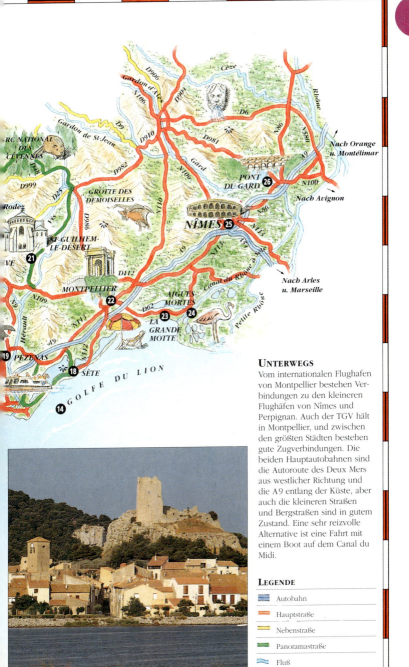

UNTERWEGS

Vom internationalen Flughafen von Montpellier bestehen Verbindungen zu den kleineren Flughäfen von Nîmes und Perpignan. Auch der TGV hält in Montpellier, und zwischen den größten Städten bestehen gute Zugverbindungen. Die beiden Hauptautobahnen sind die Autoroute des Deux Mers aus westlicher Richtung und die A9 entlang der Küste, aber auch die kleineren Straßen und Bergstraßen sind in gutem Zustand. Eine sehr reizvolle Alternative ist eine Fahrt mit einem Boot auf dem Canal du Midi.

LEGENDE

- Autobahn
- Hauptstraße
- Nebenstraße
- Panoramastraße
- Fluß
- Aussichtspunkt

0 Kilometer   25

Die Ruinen des Barbarossaturms bei Gruissan am Golfe du Lion

Cerdagne ❶

Pyrénées-Orientales. ✈ Perpignan.
🚌 🚆 Mont Louis, Bourg Madame.
ℹ Mont Louis (04 68 04 21 97).

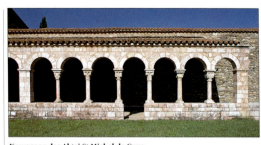
Kreuzgang der Abtei St-Michel-de-Cuxa

Die abgelegene Region der Cerdagne, die im Mittelalter ein eigenständiger Staat war, gehört heute teils zu Frankreich, teils zu Spanien. Die Hochplateaus mit ihren Bergseen, Kiefern- und Kastanienwäldern sind ein gutes Ski- und Wandergebiet, das man mit dem Zug bequem in einem Tag erkunden kann. Er hält in **Mont Louis** (einer Stadt, deren Befestigungsanlagen von Vauban, dem Militärarchitekten Louis' XIV. stammen), im Wintersportort **Font-Romeu**, in **Latour-de-Carol** und etwas weiter unten in **Yravals**. Unweit des Orts **Odeillo** befindet sich ein großes Solarkraftwerk (45m hoch, und 50m breit) aus dem Jahr 1969, das mit seinen Rundspiegeln eine lohnenswerte Sehenswürdigkeit ist.

Villefranche-de-Conflent ❷

Pyrénées-Orientales. 🚶 260. 🚌 🚆
ℹ 1, place de l'Eglise (04 68 96 22 96).

Im Mittelalter war Villefranche dank seiner Lage an der engsten Stelle des Têt-Tals eine leicht zu verteidigende Festungsstadt und damit ein erster »Stolperstein« für die maurischen Invasoren. Heute sind noch Fragmente der Stadtmauern (11. Jh.) sowie die von Vauban angelegten massiven Befestigungswälle, Tore und das Fort Liberia (17. Jh.) hoch über der Schlucht erhalten. Die Innenausstattung der **Eglise de St-Jacques** umfaßt schön skulptierte Kapitelle von einem Meister aus St-Michel-de-Cuxa und bemalte Holzskulpturen, darunter eine Madonna mit Kind (14. Jh.). Das Eichenportal (13. Jh.) trägt schmiedeeiserne Verzierungen. Die Eisenschmiedekunst hat hier Tradition. Vom Ort aus kann man zu den **Grottes des Canalettes**, einer eindrucksvollen unterirdischen Kulisse für Konzerte, hinaufsteigen oder mit dem Kleinen Gelben Zug zum großartigen Hochplateau der Cerdagne hinauffahren.

Statue in St-Jacques (Villefranche)

St-Michel-de-Cuxa ❸

Prades, Pyrénées-Orientales. 📞 04 68 96 15 35). 🕐 tägl. **Geschl.** So vormittag, Feiertage.

Prades, eine Kleinstadt im Tal der Têt, ist mit seinen rosa Marmorfassaden typisch für das Stadtbild dieser Gegend. Die **Eglise St-Pierre** hat einen gotischen Glockenturm mit schmiedeeiserner Verzierung und eine barocke Innenausstattung von einem katalanischen Künstler. Wahrzeichen der Stadt, in der der spanische Cellist Pablo Casals nach dem spanischen Bürgerkrieg mehrere Jahre im Exil lebte, ist jedoch die frühromanische Abtei St-Michel-de-Cuxa drei Kilometer talaufwärts. Jeden August findet hier das Pablo-Casals-Festival statt.

Die bereits 878 von Benediktinermönchen gegründete vorromanische Abtei St-Michel-de-Cuxa war bald in ganz Frankreich und Spanien bekannt. Stark überzogene Bogen im maurischen Stil durchbrechen die massiven Mauern der 974 geweihten Abteikirche. Der Kreuzgang aus rosa Marmor wurde mit seinen phantastisch gestalteten Kapitellen im 12. Jahrhundert hinzugefügt.

Nach der Revolution stand die Abtei leer. Sie wurde erbarmungslos in ihre Bestand-

Der Kleine Gelbe Zug

Wer einen guten Platz im *Petit Train Jaune* möchte, sollte früh da sein. Die Schmalspurbahn windet sich auf schmalen Gleisen durch Schluchten und über Viadukte zur Cerdagne hinauf. Die Fahrt führt von Villefranche-de-Conflent über verschiedene kleine Bergdörfer bis zur Endstation Latour-de-Carol. Die 1910 zur besseren Erschließung der Bergregion gebaute Bahn befördert heute überwiegend Touristen.

Der Kleine Gelbe Zug mit seinen offenen Waggons

teile zerlegt. 1913 entdeckte der amerikanische Künstler George Grey Bernard Teile davon in verschiedenen Häusern der Umgebung, und verkaufte sie 1925 ans Metropolitan Museum of Art in New York. Sie bildeten die Grundlage von The Cloisters, der naturgetreuen Nachbildung einer romanischen Abtei in der unvorstellbaren Umgebung von Manhattan.

St-Martin-du-Canigou ❹

Casteil. ☏ 04 68 05 50 03. ⏰ (nur ✉) Mitte Juni–Mitte Sep tägl. Einlaß um 10, 12, 14, 15, 16, 17 Uhr; Mitte Sep–Mitte Juni Mi–Mo. Einlaß um 14.30, 15.30, 16.30 Uhr.

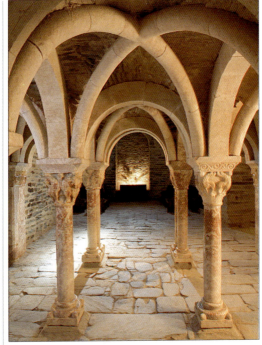

Säulen aus einheimischem Marmor in der Prioratskirche von Serrabone

SAINT-MARTIN-DU-CANIGOU liegt auf einem zerklüfteten Felsvorsprung im unteren Drittel des Pic du Canigou und ist nur mit dem Geländewagen (kann in Vernet-les-Bains gemietet werden) oder nach 40minütigem Aufstieg von Casteil aus zu erreichen. Die Abtei wurde zwischen 1001 und 1026 errichtet. Den Bau finanzierte Guifred, Graf von Cerdagne, der seine Familie 1035 verließ, um in das von ihm gestiftete Kloster einzutreten. Hier wurde er 14 Jahre später in einem bis heute erhaltenen Grab beigesetzt, das er selbst in den Felsen gehauen hatte. Die frühromanische Kirche hat einen basilikalen Grundriß. Hier wurden buchstäblich zwei Kirchen übereinander gebaut, so daß die untere zur Krypta der oberen wurde.

Nonne in St-Martin

Geht man ein Stück weiter nach oben, hat man einen guten Blick auf die ungeometrische Klosteranlage in eindrucksvoller Berglandschaft – ein Zeugnis der Schaffenskraft und Genialität ihrer Erbauer.

Prieuré de Serrabone ❺

Serrabone. ☏ 04 68 84 09 30. ⏰ tägl. **Geschl.** 1. Jan, 1. Mai, 1. Nov, 25. Dez.

HOCH OBEN AN der Nordseite des Pic du Canigou, des heiligen Bergs der Katalanen, liegt das Priorat Serrabone. Nach einer letzten Haarnadelkurve der D 618 erblickt man plötzlich am Hang den schlichten Turm und die Apsis der romanischen Abtei, umgeben von einem botanischen Garten mit einheimischen Kräutern und Pflanzen.

Im Inneren des geradezu asketisch wirkenden Gebäudes aus dem 12. Jahrhundert befindet sich eine überraschend reich verzierte Sängerkanzel, deren Säulen und Arkaden aus rosa Marmor von einem anonymen Meister aus Cuxa stammen, dessen Werke überall in der Region zu sehen sind. Man beachte den üppigen Skulpturenschmuck mit Blumen-, Palmetten- und Tierfriesen.

Kreuzgang (11. Jh.) von St-Martin-du-Canigou

Céret ❻

Pyrénées-Orientales. 7500.
🚆 🚌 *1, avenue Clemenceau (04 68 87 00 53).* 🛒 *Sa.*

CÉRET IST DIE Stadt der Kirschen. Im Frühjahr stehen überall in der Umgebung die Kirschbäume in Blüte, an denen die ersten Kirschen der Saison reifen. Die gestrichenen Fassaden und Loggien erinnern an Spanien. Sowohl Picasso als auch Braque und Matisse zog die Stadt an. In einem modernen Gebäude ist das **Musée d'Art Moderne** untergebracht, dessen außergewöhnliche Kunstsammlung Werke des katalanischen Künstlers Tapiès und Capdeville, eine Reihe von Schalen, die von Picasso mit Stierkampfszenen bemalt wurden, sowie Werke von Matisse, Chagall, Juan Gris und Salvador Dalí umfaßt.

Der katalanische Einfluß zeigt sich in den regelmäßig in der Arena stattfindenden Stierkämpfen sowie dem Sardana-Festival Ende August.

🏛 Musée d'Art Moderne
Boulevard Maréchal-Joffre. 📞 *04 68 87 27 76.* 🕐 *Mai–Sep tägl.; Okt–Apr Mi–Mo.* **Geschl.** *1. Jan, 1. Mai, 1. Nov, 25. Dez.* 📷 ♿

Umgebung
Die D115 führt von Céret durch das Tech-Tal zum Kurort

Skulptur von Maillol (Banyuls)

Amélie-les-Bains, wo man Fragmente römischer Thermen entdeckt hat. Ein Stückchen weiter liegt **Arles-sur-Tech**. An Sehenswertem bietet die dortige Eglise de Ste-Marie Fresken aus dem 12. Jahrhundert und einen Sarkophag, aus dem, so sagen die Einheimischen, Jahr für Jahr tropfenweise Wasser austritt.

Katalanische Flagge

Côte Vermeille ❼

Pyrénées-Orientales. 🛫 *Perpignan.*
🚆 *Collioure, Cerbère.* 🚌 *Collioure, Banyuls-sur-Mer.* ⚓ *Port Vendres.*
🛈 *Collioure (04 68 82 15 47), Cerbère (04 68 88 42 36).*

DORT, WO DIE Pyrenäen ans Mittelmeer grenzen, schlängelt sich die Küstenstraße an ruhigen Buchten mit Kieselstränden und felsigen Abschnitten entlang. Der schönste Küstenstreifen des Languedoc-Roussillon wurde nach den zinnoberroten Felsen (*vermeille* = leuchtend rot) der Vorgebirge benannt.

Die Côte Vermeille reicht bis zur Costa Brava. Wegen des katalanischen Einschlags wirkt das Ambiente halb spanisch, halb französisch.

Argelès-Plage mit dem größten Campingplatz Europas hat drei Sandstrände und eine Promenade. Der kleine Ferienort **Cerbère**, der letzte französische vor der spanischen Grenze, hißt stolz die katalanische Flagge zum Zeichen seiner wahren Zugehörigkeit. An der gesamten Küste werden an den Hängen des Vorgebirges süße, schwere Weine wie Banyuls oder Muscat angebaut. Die Weinlese gestaltet sich wegen des Geländes allerdings immer etwas kompliziert. Griechische Siedler waren die ersten, die hier im 7. Jahrhundert v. Chr. Wein anbauten. Banyuls verfügt über Weinlagerräume aus dem Mittelalter.

Banyuls ist Geburtsort des Bildhauers Aristide Maillol (19. Jh.). **Port Vendres** verdankt seine Befestigungsanlagen Vauban (dem Architekten Louis' XIV). Heute lebt der Ort vom Fischfang (Sardellen).

Die bezaubernde Côte Vermeille – von der Straße südlich von Banyuls aus gesehen

LANGUEDOC-ROUSSILLON

Der Hafen von Collioure mit Strand und der Eglise Notre-Dame-des-Anges

Collioure

Pyrénées-Orientales. 2700. Place de 18 juin (04 68 82 15 47). Mi u. So.

Die Farben von Collioure lockten Matisse 1905 zum erstenmal in die Stadt der hellen, zypressenumsäumten Stuckhäuser und farbenfroh bemalten Fischkutter – das Ganze im intensiven Licht des Südens vor der Kulisse des türkisblauen Meeres. Aber auch andere Maler, unter ihnen André Derain, arbeiteten hier im Bannkreis des großen Meisters. Man nannte sie wegen ihrer kühnen Farbexperimente die *fauves* (die »Wilden«). Heute sind die Kopfsteinpflastergassen von Kunstgalerien und Souvenirläden gesäumt, aber trotz allem hat sich dieses Fischerdorf seit damals überraschend wenig verändert. Auch heute noch lebt man hier hauptsächlich vom Fischfang (Sardellen). Drei Salzhäuser zeugen von dieser Tradition.

Drei Strände (Sand- und Kieselstrand) liegen rechts und links vom Hafen, der vom **Château Royal**, einem Teil der Hafenmauer, beherrscht wird. Es wurde im 13. Jahrhundert von den Rittern des Templerordens errichtet. Collioure wurde zum Hafen von Perpignan und blieb unter der Herrschaft Aragóns, bis es 1659 an Frankreich fiel. Die äußeren Befestigungsanlagen wurden zehn Jahre später von Vauban verstärkt, der dabei einen großen Teil des alten Orts abreißen ließ. Heute kann man an einer der Führungen durch das Schloß teilnehmen oder sich eine der wechselnden Ausstellungen moderner Kunst ansehen.

Die an der Hafeneinfahrt gelegene **Eglise Notre-Dame-des-Anges** wurde im 17. Jahrhundert anstelle der von Vauban zerstörten alten Kirche errichtet. Der Glockenturm ist ein ehemaliger Leuchtturm. Im Inneren gibt es nicht weniger als fünf Altäre von Joseph Sunyer und anderen katalanischen Künstlern.

Collioure ist im Sommer völlig überlaufen, und Staus sind trotz einer neuen Trasse (D86) möglich.

⌂ Château Royal
04 68 82 06 43. tägl. **Geschl.** 1. Jan, 1. Mai, 25. Dez.

Elne

Pyrénées-Orientales. 6500. 2, rue de Docteur Bolte (04 68 22 05 07). Mo, Mi u. Fr.

In dieser alten Stadt machte Hannibal 218 v. Chr. Zwischenstation, als er mit seinen Elefanten gen Rom zog. Elne, bis zum 16. Jahrhundert eine der bedeutendsten Städte des Roussillon, ist heute vor allem für die **Cathédrale de Ste-Eulalie et Ste-Julie** (11. Jh.) mit ihrem Kreuzgang bekannt. Die aus blauem Marmor gefertigten Kapitelle sind meisterhaft skulptiert und reich verziert. Die an die Kathedrale angrenzende Seite des Kreuzgangs entstand Anfang des 12. Jahrhunderts, die anderen drei im 13. und 14. Jahrhundert. Vom Vorplatz hat man einen schönen Blick auf Weinberge und Obstgärten des Umlands.

Skulptiertes Kapitell in der Cathédrale de Ste-Eulalie et Ste-Julie, Elne

Breiter Sandstrand bei Perpignan – ideal für Urlaub mit Kindern

Perpignan ❿

Pyrénées-Orientales.
108 000
Place Armand-Lanoux (04 68 66 30 30). tägl.

PERPIGNAN BESITZT eindeutig südlich-katalanisches Ambiente. Die Promenade entlang des Têt-Flusses ist von Palmen gesäumt, die Fassaden der Geschäfte und Häuser sind in leuchtendem Türkis oder Rosa gestrichen, und im arabischen Viertel werden Gewürze, Kuskus und Paella verkauft.

Heute ist Perpignan die pulsierende Hauptstadt des Roussillon und eine der bedeutendsten Städte des französischen Mittelmeerraums. Ihre Blütezeit hatte die Stadt im 13. und 14. Jahrhundert unter den Königen von Mallorca und den Königen von Aragón, denen große Teile Spaniens und Südfrankreichs gehörten. Zeugnis dieser Epoche ist der imposante **Palais des Rois de Majorque** im Süden der Stadt.

Der katalanische Einfluß zeigt sich im Sommer noch deutlicher. Dann wird auf der Place de la Loge zweimal wöchentlich Sardana getanzt, ein katalanischer Tanz, bei dem jung und alt mitmachen. Mit erhobenen Armen wird in konzentrischen Kreisen zur Musik katalanischer Holzbläser getanzt.

Eines der schönsten Gebäude der Stadt, die **Loge de Mer**, liegt an diesem Platz. Sie wurde 1397 als Börse und Handelsgericht gebaut. Nur der östliche Flügel ist noch im ursprünglichen gotischen Stil. Der Rest des Gebäudes wurde 1540 im Renaissancestil – mit prächtigen geschnitzten Holzdecken und skulptierten Fensterrahmen – erneuert. Manche Besucher stören sich zwar am Anblick des Fast-food-Restaurants im Inneren, aber gerade deshalb ist die Loge de Mer auch heute noch mehr als ein Museum.

Sie ist ein vielfrequentierter Treffpunkt, nicht zuletzt dank der eleganten Cafés in unmittelbarer Nähe. Neben der Loge de Mer steht das **Hôtel de Ville** mit seiner Kieselsteinfassade und seinen Portalen. Im Inneren befindet sich ein Arkadenhof, der teilweise auf das Jahr 1315 zurückgeht. In der Mitte steht Aristide Maillols allegorische Statue der *Méditerranée* (1905). Im Osten liegt das labyrinthartige Straßengewirr um die Cathédrale de St-Jean. Hier stehen heute noch einige hübsche Häuser aus dem 14. und 15. Jahrhundert.

Dévot Christ in St-Jean

🔒 Cathédrale St-Jean
Place de Gambetta.
Die Kathedrale mit ihrem schmiedeeisernen Glockenturm wurde 1324 begonnen und 1509 aus Flußsteinen und Backsteinen fertiggestellt – ein in dieser Region wegen des geringen Vorkommens anderer Baumaterialien weitverbreiteter Baustil.

Das Innere wirkt eher düster: vergoldete Altaraufsätze und bemalte Holzstatuen entlang dem Mittelschiff. Schön ist das massive vorromanische Marmortaufbecken. An die Kirche grenzen der von einem

DIE PROZESSION DER CONFRATERNIDAD DE LA SANCH

Anläßlich der Karfreitagsprozession der »La Sanch« (Bruderschaft des Heiligen Blutes) ist ganz Perpignan von einem katalanischen Ambiente erfüllt. Die Mönche, die sich im 15. Jahrhundert um die verurteilten Gefangenen kümmerten, tragen heute noch rote oder schwarze Kutten, während sie die Reliquien und den berühmten Dévot Christ aus der Kapelle der Cathédrale de St-Jean durch die Stadt tragen.

LANGUEDOC-ROUSSILLON 475

Kreuzgang umgebene Friedhof, und eine Kapelle mit einem ergreifend realistischen hölzernen Kruzifix, dem Dévot Christ. Die Kathedrale trat an die Stelle der Kirche St-Jean-le-Vieux aus dem 11. Jahrhundert, deren romanisches Portal durch die Pforten links vom Haupteingang zu sehen ist.

🏛 Palais des Rois de Majorque
Rue des Archés. 📞 04 68 34 48 29. 🕐 tägl. **Geschl.** 1. Jan, 1. Mai, 1. Nov, 25. Dez. 📷

Der Zugang zum riesigen befestigten Palast der ehemaligen Könige von Mallorca (13. Jh.) ist heute immer noch so verwirrend wie früher, als es darum ging, Eindringlinge aufzuhalten. Zahllose Treppen führen im Zickzack durch die Befestigungswälle aus Backstein, die im 15. Jahrhundert begonnen und im Laufe der folgenden zwei Jahrhunderte erweitert wurden. Schließlich kommt man durch die Tour de l'Hommage (schöner Panoramablick über Stadt, Meer und Gebirge) aber doch zu dem im Inneren verborgenen Palast mit seiner schönen Gartenanlage.

Der Palast selbst ist um einen Arkadenhof gebaut, an den die Salle de Majorque grenzt, ein riesiger Saal mit einem imposanten Kamin und riesigen gotischen Spitzbogenfenstern. Die zweistöckige Kapelle ist ein Meisterwerk hiesiger Sondergotik: Spitzbogen, Freskenfragmente und Gewölbekappen mit Sternenbesatz, die deutlich den maurischen Einfluß widerspiegeln. Das elegante rosa Marmorportal der oberen Kapelle ist ein typi-

Innenhof des Hôtel de Ville

sches Beispiel für den romanischen Baustil des Roussillon. Die skulptierten Kapitelle sind allerdings gotisch. Im Innenhof des Palastes finden ab und zu Konzerte statt.

🏛 Musée Catalan
Le Castillet. 📞 04 68 35 42 05. 🕐 Mi–Mo. **Geschl.** Feiertage. 📷

Der rote Backsteinturm und der rosafarbene Glockenturm wurden 1368 als Wehrtor errichtet und zu einem Gefängnis ausgebaut. Sie sind das einzige, was von den Stadtmauern übriggeblieben ist, und beherbergen ein katalanisches Volkskundemuseum.

🏛 Musée Hyacinthe-Rigaud
16, rue de l'Ange. 📞 04 68 35 43 40. 🕐 Mi–Mo. **Geschl.** Feiertage.

Das Patrizierhaus aus dem 17. Jahrhundert birgt eine Gemäldesammlung, die von dem in Perpignan geborenen Hyacinthe Rigaud (1659–1743), dem Hofmaler Louis' XIV und Louis' XV, beherrscht wird. Die anderen Bilder reichen vom 13. Jahrhundert bis heute, unter anderem gibt es eine Reihe von Werken katalanischer und spanischer Künstler aus dem 14. bis 16. Jahrhundert, so auch den *Retable de la Trinité* (1489) von einem unbekannten Meister aus Canapost.

Weitere Ausstellungsstücke sind Skulpturen von Aristide Maillol, der im nahe gelegenen Banyuls geboren wurde, Werke von Raoul Dufy, Picasso, Jean-Baptiste Greuze, Ingres und Géricault sowie eine Sammlung spanisch-maurischer Keramik im Erdgeschoß.

Turm des Châteaufort de Salses

Salses ⓫

Pyrénées-Orientales. 🚶 2500. 🚉 🚌 ℹ Place de la République (04 68 38 66 13). 🛒 Mi.

WIE EINE riesige Sandburg sieht das **Châteaufort de Salses** an der alten französisch-spanischen Grenze vor dem Hintergrund der Weinberge der Corbières aus. Es bewacht den Engpaß zwischen den Bergen und dem Etang de Leucate. König Ferdinand von Aragón ließ die Festung zwischen 1497 und 1506 zur besseren Verteidigung des in spanischem Besitz befindlichen Roussillon errichten. Die massiven Mauern und Türme sind ein typisches Beispiel spanischer Befestigungsarchitektur und so angelegt, daß sie Kanonenkugeln standhielten.

Im Inneren befanden sich Ställe für 300 Pferde und ein Netz unterirdischer Gänge unter dem Innenhof.

Hier genießt man einen herrlichen Ausblick über die Lagunen und die Küste.

Die Kiesel- und Backsteinfassade der Cathédrale de St-Jean in Perpignan

Weinberge in den Corbières

Corbières ⑫

Aude. ✈ Perpignan. 🚆 Salses-le-Château, Lézignan-Corbières. 🚌 Lézignan-Corbières, Salses-le-Château, St-Paul-de-Fenouillet. ℹ Lézignan-Corbières (04 68 27 05 42).

Die Corbières, eine der urwüchsigsten Gegenden Frankreichs mit wenigen Straßen und noch weniger Dörfern, sind vor allem für ihre Weine und ihre Katharertrutzburgen *(siehe S. 481)* bekannt. Das Landschaftsbild wird von *garrigues* (Zwergsträuchern) geprägt, die den Geruch von Geißblatt und Ginster verströmen. Vielversprechende Südhänge dienen dem Weinanbau.

Im Süden liegen die mittelalterlichen Festungen **Peyrepertuse** und **Quéribus**. Diese war eine der letzten Bastionen der Katharer. **Villerouge-Termenes** gedenkt seiner bewegten Vergangenheit jährlich mit einem mittelalterlichen Bankett. Im Westen liegt die karge ehemalige Grafschaft Razès im oberen Aude-Tal. Ein Geheimtip ist **Alet-les-Bains** mit guterhaltenen Fachwerkhäusern und den Ruinen einer ehemaligen Benediktinerabtei.

Narbonne ⑬

Aude. 🚶 46 000. 🚆 🚌 ℹ Place Roger-Salengro (04 68 65 15 60). 🛒 Do u. So.

Narbonne ist eine freundlich wirkende Stadt inmitten von Weinbergen. Die Stadt wird durch den von Bäumen gesäumten Canal de la Robine in zwei Hälften geteilt. Im Norden liegt das restaurierte mittelalterliche Stadtviertel mit vielen schicken Geschäften, guten Restaurants und einer der interessantesten Sehenswürdigkeiten der Stadt, dem **Horreum**. Dieser gewaltige unterirdische Kornspeicher stammt aus dem 1. Jahrhundert v. Chr., als Narbonne ein bedeutender Hafen und Hauptstadt der größten römischen Provinz Galliens war.

Der Stadt ging es bis zum 14. Jahrhundert finanziell sehr gut. Dann versandete der Hafen, und die Aude suchte sich ein anderes Flußbett. Zu diesem Zeitpunkt war Narbonne bereits ein bedeutendes Bistum. Die Kirche hatte eine Kathedrale nach dem Vorbild der großen gotischen Kathedralen Nordfrankreichs in Auftrag gegeben, die dann allerdings weniger großartig als geplant wurde. Bei der heutigen **Cathédrale St-Just et St-Pasteur** handelt es sich eigentlich um den 1272 begonnenen Chor.

Sie ist aber trotzdem eindrucksvoll, nicht zuletzt dank der Skulpturen (14. Jh.), der Glasfenster und der prächtigen Orgel (18. Jh.). Die Wände werden von Gobelins aus Aubusson geziert. Die Chapelle de l'Annonciade birgt einen überaus sehenswerten Kirchenschatz.

Dort, wo das Querschiff hätte sein sollen, ist heute ein Hof. Südlich der Kathedrale liegt ein Kreuzgang mit Gewölben aus dem 14. Jahrhundert. Im Südosten schließt sich das **Palais des Archevêques** an.

Dieser gewaltige Komplex aus Kathedrale und Palast beherrscht das Stadtbild Narbonnes. Zwischen den massiven Türmen (14. Jh.) des Palais des Archevêques liegt das Rathaus mit einer neogotischen Fassade (19. Jh.) von Viollet-le-Duc *(siehe S. 190)*, der viele mittelalterliche Bauten Frankreichs

Das Chorgewölbe der Cathédrale St-Just et St-Pasteur in Narbonne

---

Canal du Midi

Der 240 Kilometer lange Canal du Midi windet sich von Sète vorbei an Platanen, Weinbergen und verschlafenen Dörfern bis nach Toulouse. Die vielen Wehre, Aquädukte und Brücken wurden von Paul Riquet, dem Ingenieur aus Béziers, angelegt. Der 1681 fertiggestellte Kanal erleichterte den Handel im Languedoc und stellte mit der Garonne die Verbindung zwischen Atlantik und Mittelmeer her. Heute wird er meist von Urlaubern befahren.

Der Canal du Midi – eine ruhige Wasserstraße

LANGUEDOC-ROUSSILLON 477

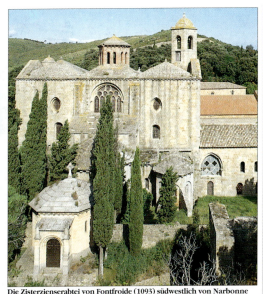

Die Zisterzienserabtei von Fontfroide (1093) südwestlich von Narbonne

restaurierte. Der Palast selbst gliedert sich in das Palais Vieux und das Palais Neuf. Die größten Museen der Stadt sind im Palais Neuf untergebracht, links vom mittelalterlichen Eingangsportal, dem Passage de l'Ancre. Die Sammlung des **Musée d'Archéologie et de Préhistoire** umfaßt Fragmente des römischen Erbes der Stadt – von Meilensteinen über Teile der ursprünglichen Stadtmauer bis hin zu Gebrauchsgegenständen, Münzen, Werkzeugen und Glas. Die mit Wandgemälden (14. Jh.) geschmückte **Chapelle de la Madeleine** enthält eine Sammlung griechischer Gebrauchskunst und Mosaiken.

In den ehemaligen Gemächern des Erzbischofs ist das **Musée d'Art et d'Histoire** mit luxuriösen Möbeln, reichverzierten Decken und einer interessanten Kunstsammlung untergebracht. Letztere umfaßt Werke von Canaletto, Brueghel, Boucher und Veronese sowie eine Sammlung einheimischer Töpferwaren.

Südlich des Canal de la Robine liegt eine Reihe hübscher Patrizierhäuser, darunter die **Maison des Trois Nourrices** an der Ecke der Rue des Trois-Nourrices und der Rue Edgard-Quinet. Ganz in der Nähe ist auch das **Musée Lapidaire** mit architektonischen Fragmenten des gallorömischen Narbonne und die gotische **Basilique St-Paul-Serge** aus dem 13. Jahrhundert. Die Krypta und einige Sarkophage der früheren Kirche sind bis heute erhalten.

Horreum
Rue Rouget-de-l'Isle. 04 68 32 45 30. Mai–Sep tägl.; Okt–Apr Di–So. **Geschl.** 1. Jan, 1. Mai, 14. Juli, 25. Dez.

Musée d'Archéologie et de Préhistoire/Musée d'Art et d'Histoire
Palais des Archevêques. 04 68 90 30 54. Mai–Sep tägl.; Okt–Apr Di–So. **Geschl.** 1. Jan, 1. Mai, 14. Juli, 25. Dez.

Musée Lapidaire
Eglise Notre-Dame de Lamourguier. 04 68 65 53 58. Juli–Aug Di–So. **Geschl.** 14. Juli.

Umgebung

Das 13 Kilometer südwestlich von Narbonne in einem ruhigen Tal inmitten von Zypressen gelegene Zisterzienserkloster, die **Abbaye de Fontfroide**, ist schon allein wegen des Kreuzgangs einen Abstecher wert.

Golfe du Lion ⓮

Aude, Hérault. ✈ 🚆 🚌 *Montpellier.* ⛴ *Sète.* ℹ *Grande Motte (04 67 29 03 37).*

BIS ZU DEN 60ER Jahren war die Küstenregion ein Sumpf mit einigen Fischerdörfern. Zeugnisse der Vergangenheit findet man heute noch in Städten wie **Gruissan** mit seinem mittelalterlichen Barbarossaturm. Durch staatliche Förderung wurde diese 100 Kilometer lange Küste zu einem riesigen Feriengebiet, wobei man sich immerhin um eine umweltgerechte Entwicklung bemüht und lange Küstenabschnitte unbebaut gelassen hat.

Port Leucate und **Port Bacarès** sind ideale Ferienorte für Wassersportler. Die riesigen Strandhotels von **Cap d'Agde** beherbergen jedes Jahr Tausende von Urlaubern. Hier gibt es außerdem die größte FKK-Anlage Europas. Der alte Ort **Agde** im Hinterland ist für seine schwarzen Basalthäuser bekannt, insbesondere die festungsähnliche, trutzige **Cathédrale St-Etienne** aus dem 12. Jahrhundert.

Breiter Sandstrand am Cap d'Agde

Carcassonne ⓯

CARCASSONNE WURDE umfassend restauriert. Der befestigte Teil liegt am Steilufer oberhalb der Aude und beherrscht mit seinem zinnenbedeckten Mauerwerk die weiter unten gelegene Basse Ville. Die strategisch günstige Lage zwischen Atlantik und Mittelmeer, am Übergang von Spanien zum restlichen Europa war der ausschlaggebende Standortfaktor. Die Römer bauten die Stadt im 2. Jahrhundert v. Chr. weiter aus. Im Mittelalter stand Carcassonne ständig im Zentrum des Kriegsgeschehens. Während der Blütezeit unter den Trencavels wurden das Schloß und die Kathedrale errichtet. Die Neuerungen auf militärischem Gebiet und die Neufestlegung der französisch-spanischen Grenze beim Pyrenäenfrieden 1659 ließen Carcassonne an Bedeutung verlieren. Die Anlagen verfielen allmählich, bis Viollet-le-Duc *(siehe S. 190)* sie im 19. Jahrhundert restaurierte.

Die restaurierte Oberstadt
Die Restaurierung ist umstritten. Die Anhänger romantischer Ruinen bemängeln, die Stadt sehe jetzt zu proper aus.

★ **Château Comtal**
Die Anlagen dieser Festung umfassen einen Wehrgang, einen breiten Graben und fünf Türme.

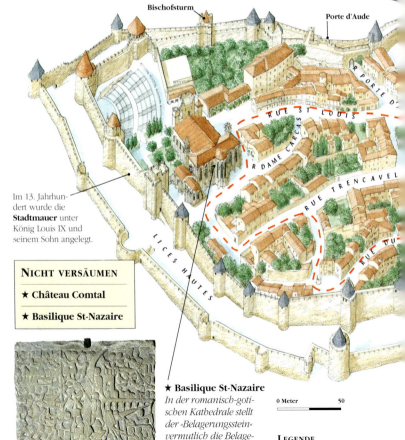

Bischofsturm

Porte d'Aude

Im 13. Jahrhundert wurde die **Stadtmauer** unter König Louis IX und seinem Sohn angelegt.

NICHT VERSÄUMEN

★ **Château Comtal**

★ **Basilique St-Nazaire**

★ **Basilique St-Nazaire**
In der romanisch-gotischen Kathedrale stellt der »Belagerungsstein« vermutlich die Belagerung Carcassonnes im Jahre 1209 dar.

0 Meter   50

LEGENDE

- - - Routenempfehlung

RELIGIÖSE VERFOLGUNG

Carcassonne stand wegen seiner besonderen Lage oft im Zentrum religiöser Konflikte. Den Katharern *(siehe S. 481)* gewährte Raymond-Roger Trencavel hier 1209 Unterschlupf, woraufhin die Stadt von der Armee des Simon de Montfort belagert wurde. Die Inquisition versuchte auch im 14. Jahrhundert, die Katharer auszurotten. Dieses Bild zeigt die in Carcassonne Gefangenen der Inquisition.

Les Emmurés de Carcassonne, Laurens

INFOBOX

Aude. 45 000. Port du Canal du Midi (08 36 35 35 35). Boulevard de Varsovie. Tour Narbonnaise, La Cité (04 68 25 07 04), 15 boulevard Camille-Pelleton (04 68 10 24 30). Di, Do u. Sa. Festival de la Cité (den ganzen Juli); L'Embrasement de la Cité (14. Juli); Les Médiévales (vierzehntägig, um Mitte Aug). **Château Comtal** tägl. **Geschl.** 1. Jan, 1. Mai, 14. Juli, 1. u. 11. Nov, 25 Dez.

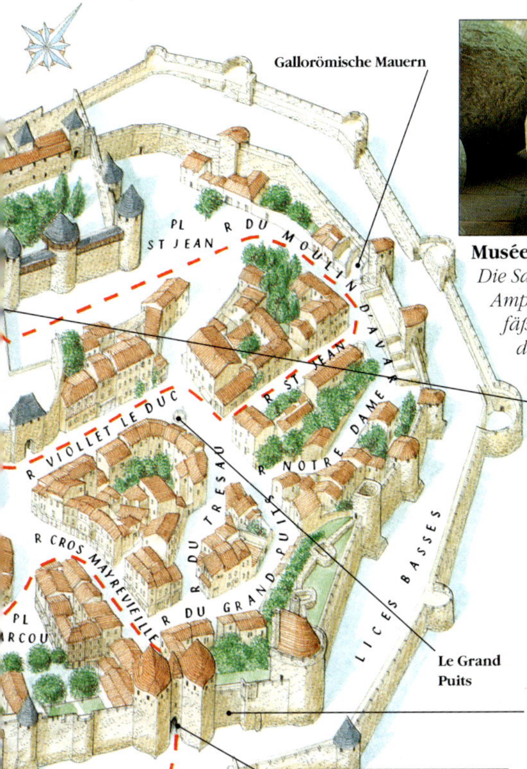

Gallorömische Mauern

Musée Lapidaire
Die Sammlung umfaßt römische Amphoren und Terrakottagefäße, romanische Wandgemälde, Fragmente der Kathedrale, gotische Fenster und mittelalterliche Steingeschosse.

Le Grand Puits

Porte Narbonnaise
Das von einem Graben geschützte und durch zwei Türme flankierte Wehrtor umfaßt zwei Fallgatter, zwei Eisentore und eine Zugbrücke.

Haupteingang zur Cité

Die *lices*, die leicht zu verteidigenden Zwischenräume zwischen den beiden Befestigungswällen, wurden auch für Turniere, Armbrustschießen und als Lagerfläche genutzt.

Tor zur Oberstadt
Mit Betreten der Oberstadt wird man in die Vergangenheit versetzt. La Cité ist einer der größten Touristenmagneten Frankreichs.

Béziers mit mittelalterlicher Kathedrale vom südwestlich gelegenen Pont Vieux aus gesehen

Minerve ⓰

Hérault. 🚗 100. 🛈 *Place du Monument (04 68 91 81 43).*

AUF EINEM FELSEN am Zusammenfluß von Cesse und Briant liegt Minerve inmitten ausgedörrter Hügel unter der sengenden Sonne des Minervois. Die Stadt hatte früher einen achteckigen Wehrturm, die »Candela« (Kerze), das einzige, was vom mittelalterlichen Schloß übriggeblieben ist. Im Jahr 1210 hielt Minerve sieben Wochen lang der Belagerung durch die Armee des Simon de Montfort, des Schreckens der Katharer, stand. Schließlich wurden aber doch 140 Katharer, die sich weigerten, ihrem Glauben abzuschwören, verbrannt.

Heute kommt man über eine hoch über die Schlucht gespannte Brücke in die Stadt. Biegen Sie nach rechts ab und fahren Sie an der romanischen Porte des Templiers vorbei bis zur **Eglise St-Etienne** (12. Jh.). Vor der Kirche sieht man eine eher grob skulptierte Taube, das Symbol der Katharer. Im Inneren steht ein weißer Tischaltar aus dem 5. Jahrhundert, eines der ältesten Werke einheimischer Handwerker.

Ein steiniger Weg führt unterhalb der Stadt am Fluß entlang, der hier zwei Höhlen und zwei Brücken – den Grand Pont und den Petit Pont – in die weichen Kalkfelsen gewaschen hat.

Béziers ⓱

Hérault. 🚗 76 000. ✈ 🚆 🚌
🛈 *Palais des Congrès, 29 av saint Saëns* 📞 *04 67 76 47 00.* 🌐 *Fr.*

BÉZIERS IST für Stierkämpfe, Rugby und Weine bekannt, besitzt aber auch noch weitere Attraktionen. Die Stadt wirkt abgeschottet. Straßen führen hinauf zur massiven **Cathédrale St-Nazaire** (14. Jh.) mit ihren schönen Skulpturen, Glasfenstern und Fresken. Im Jahr 1209 wurden Tausende von Bürgern bei dem Kreuzzug gegen die Katharer getötet. Auf die Frage der ratlosen Soldaten, wie man die Katholiken denn von den Katharern unterscheiden sollte, folgte der Befehl: »Tötet sie alle, Gott wird die Seinen schon erkennen!«

Statue des Paul Riquet in den Allées Paul-Riquet, Béziers

Das **Musée du Biterrois** gibt Aufschluß über die Geschichte der Region, den Weinbau und den Canal du Midi, der im 17. Jahrhundert von Paul Riquet, dem berühmtesten Sohn der Stadt *(siehe S. 476),* angelegt wurde. Seine Statue steht in den Allées Paul-Riquet, der breiten Promenade am Fuße der Anhöhe. Diese wird beiderseits von Platanenreihen und überdachten Restaurants gesäumt – eine Insel der Ruhe in der eher geschäftigen Stadt.

🏛 Musée du Biterrois
Caserne St-Jacques. 📞 *04 67 36 71 01.* ⏰ *Di–So.* **Geschl.** *1. Jan, 1. Mai, 25. Dez.* 📷 ♿

Umgebung

Oppidum d'Ensérune ist eine auf einem Hügel oberhalb der Ebene von Béziers gelegene ehemalige römische Siedlung mit Blick auf die Berge im Norden. Heute erinnern nur mehr die Fundamente der Häuser – manche mit in den Boden eingelassenen Terrakottaamphoren – an die Siedlung. Das **Musée de l'Oppidum d'Ensérune** beherbergt eine gute archäologische Sammlung: von keltischen Vasen über Schmuck und Grabfragmente bis hin zu Waffen.

🏛 Musée de l'Oppidum d'Ensérune
Nissan-les-Ensérune. 📞 *04 67 37 01 23.* ⏰ *tägl.* **Geschl.** *1. Jan, 1. Mai, 1. u. 11. Nov, 25. Dez.* 📷 ♿ *im Erdgeschoß.*

Die Katharer

DIE KATHARER (vom griechischen *katharos* = rein) sagten sich im 13. Jahrhundert von der ihrer Meinung nach korrupten katholischen Kirche los und gründeten eine eigene Sekte. Diese fand vor allem im unabhängigen Languedoc viele Anhänger, wurde aber bald zu einem Politikum. Peter II. von Aragón wollte das Languedoc annektieren, und auch Philippe II von Frankreich verbündete sich 1209 mit dem Papst, um die Katharer in einem von Simon de Montfort geführten »Kreuzzug« zu vernichten. Das Morden dauerte ein Jahrhundert.

KATHARERFESTUNGEN
Die Katharer verschanzten sich in Festungen in den Corbières und in Ariège. Eine der abgelegensten ist die Festung Peyrepertuse – eine lange, schmale Zitadelle auf einem über 600 Meter hohen Felsen –, die selbst heute noch schwer zu erreichen ist.

*Die **Katharer** (auch Albigenser genannt) glaubten an die Dualität von Gut und Böse. Für sie war die Welt böse. Um wirklich rein zu sein, entsagten sie der Gewalt, dem Verzehr von Fleisch und jeglichen sexuellen Gelüsten.*

*Der **Kreuzzug** gegen die Katharer war erbarmungslos. Der Papst hatte den Kreuzrittern den Besitz aller Häretiker versprochen. 1209 wurden 20 000 Einwohner von Béziers massakriert, im folgenden Jahr starben in Minerve 140 auf dem Scheiterhaufen. 1244 kamen 225 Katharer bei der Verteidigung von Montségur ums Leben.*

LAND DER KATHARER
Die teilweise sehr sehenswerten Katharerfestungen und -städte liegen überwiegend im Languedoc-Roussillon, wo im Mittelalter die meisten Katharer lebten.

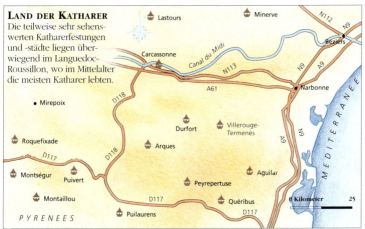

Das Grand Hôtel *(siehe S. 571)* am Quai de la Résistance in Sète

Sète ⓲

Hérault. 42 000.
60, Grand' Rue Mario-Roustan (04 67 74 71 71). Mi u. Fr.

SÈTE IST EIN großer Fischerei- und Industriehafen. Hier ist mehr los als in den typischen Ferienorten des Mittelmeers. In den Geschäften werden Schiffslaternen und -schrauben verkauft, und in den Restaurants verschlingen hungrige Matrosen riesige Schüsseln voller Muscheln, Austern oder Meeresschnecken, die frisch vom Kutter gekommen sind. Die meisten Restaurants der Stadt liegen am Grand Canal. Die Häuser erinnern an Italien: pastellfarbene Fassaden und schmiedeeiserne Balkone (mit Blick auf die Kanäle und Brücken der Stadt). Zu einem zweiwöchigen Sommerfestival gehört das Lanzenstechen *(siehe S. 33)*, das auf das Jahr 1666 zurückgeht.

Oberhalb der Stadt, auf dem Mont St-Clair, liegt der **Cimetière Marin**, auf dem der berühmteste Sohn der Stadt, der Dichter Paul Valéry (1871–1945), begraben liegt. Ein kleines Museum erinnert an den großen Künstler. Von einer Aussichtsterrasse hat man einen herrlichen Blick auf die Küste, die Cevennen, das Bassin de Thau mit großem Austernzuchtgebiet und die Sandstrände im Süden.

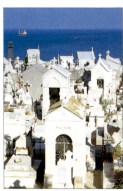

Cimetière Marin in Sète, letzte Ruhestätte des Dichters Paul Valéry

Pézenas ⓳

Hérault. 8000. 1, place Gambetta (04 67 98 35 39). Sa.

PÉZENAS IST eine bezaubernde Kleinstadt, deren Hauptsehenswürdigkeiten mit ihren vielen interessanten Details sich dank der vielen Hinweisschilder ohne weiteres zu Fuß erkunden lassen: hier ein schönes Renaissancefenster, dort ein altes Portal oder eine anmutige Madonna in einer Nische – fragmentarische Zeugnisse der Blütezeit im 16. und 17. Jahrhundert, als Pézenas Regierungssitz des Languedoc war. Außerdem gaben zahlreiche Musiker und Schauspieler hier ein Gastspiel, unter ihnen auch Molière Mitte des 17. Jahrhunderts.

Am schönsten sind die Hinterhöfe wie der des **Hôtel des Barons de Lacoste** (8, rue François-Oustrin) mit seiner hübschen Steintreppe oder der Hof der **Maison des Pauvres** (12, rue Alfred-Sabatier) mit drei Galerien und einer Treppe.

Achten Sie auch auf das mittelalterliche Schaufenster in der Rue Triperie-Vieille und die **Porte Faugères** (14. Jh.), durch die man in die engen Straßen des mittelalterlichen Ghettos gelangt, das geradezu beklemmend abgeschlossen wirkt. Antiquitäten-, Secondhand- und Buchläden tragen ihren Teil zum Reiz der Stadt bei, die – soweit das Auge reicht – von Weinbergen umringt ist.

Die Steintreppe des Hôtel des Barons de Lacoste in Pézenas

Parc Régional du Haut-Languedoc ⓴

Hérault u. Tarn. ✈ *Béziers.* 🚆 *Béziers, Bédarieux.* 🚌 *St-Pons-de-Thomières, Mazamet, Lamalou-les-Bains.* ℹ *St-Pons-de-Thomières (04 67 97 06 65).*

DIE HOCHEBENEN und bewaldeten Hänge des Haut-Languedoc sind eine Welt für sich. Von der Montagne Noire, einer Bergregion zwischen Béziers und Castres, bis zu den Cevennen prägen abgelegene Bauernhöfe, Schafe, verwitterte Felsen und tiefe Schluchten das Landschaftsbild. Ein großer Teil dieser Gegend ist zum Parc Régional du Haut-Languedoc erklärt worden, der nach Ecrins der zweitgrößte Nationalpark Frankreichs ist.

Der Eingang zum Park ist bei **St-Pons-de-Thomières**. Von hier führen zahlreiche Wald- und Bergwege für Zwei- und Vierbeiner in den Park. Außerdem gibt es hier eine Forschungsstation mit Mufflons (wilden Bergschafen), Adlern und Wildschweinen, die einst hier heimisch waren.

Fährt man auf der D908 von St-Pons durch den Park, kommt man an den Dörfern **Olargues** am Jaur (Brücke aus dem 12. Jh.) und **Lamalou-les-Bains** am Ostende des Parks vorbei (ein kleiner Kurort mit einem restaurierten Belle-Epoque-Kurhaus, einem Theater, Palmen und rosa Villen).

Im Nordosten grenzt eine Landschaft mit mehreren Naturschauspielen an den Park: Beim **Cirque de Navacelles** teilt sich der Vis, um ein Stück weiter wieder zusammenzufließen. Auf der dadurch entstandenen Insel liegt das von der oberhalb verlaufenden Straße gut sichtbare Dörfchen Navacelles. Die **Grotte des Demoiselles** ist eine der schönsten Höhlen der Umgebung, und eröffnet dem Besucher eine bizarre Felswelt. Eine Zahnradbahn befördert den Besucher auf den Berggipfel.

Die **Grotte de Clamouse** bietet auch einen einmaligen Anblick. Das von den unterirdischen Flußläufen und Seen reflektierte Licht tanzt an der Höhlendecke. Die Stalakmiten erinnern an Tropfkerzen, die Stalaktiten an gotische Pfeiler.

🏛 **Grotte des Demoiselles**
St-Bauzille-de-Putois. 📞 04 67 73 70 02. 🕒 tägl. **Geschl.** 1. Jan, 25. Dez. 💶 ♿

🏛 **Grotte de Clamouse**
Rte de St-Guilhem-le-Désert, St-Jean-de-Fos. 📞 04 67 57 71 05. 🕒 März–Okt tägl., Nov–Feb So u. Fr. 💶

Apsis von St-Guilhem-le-Désert

St-Guilhem-le-Désert ㉑

Hérault. 👥 200. 🚌 ℹ *Maison Communale (04 67 57 44 33).*

DIESER IN DAS Celette-Gebirge eingebettete Ort ist nicht mehr so abgelegen, wie er im 9. Jahrhundert war, als sich Wilhelm von Aquitanien als Einsiedler hierher zurückzog. Nachdem er sein Leben lang in der Armee Karls des Großen gedient hatte, bekam er zum Dank eine Kreuzpartikelreliquie und gründete hier, im felsigen Tal des Hérault, ein Kloster.

Man hat zwar Überreste der Kirche aus dem 10. Jahrhundert gefunden, der größte Teil des Gebäudes stammt jedoch aus dem 11. und 12. Jahrhundert und ist ein typisches Beispiel romanischer Baukunst. Ein reichverziertes Portal führt auf den Klosterhof.

Das von einem Tonnengewölbe bedeckte Mittelschiff führt zur Hauptapsis. Vom Kreuzgang sind nur zwei Flügel erhalten. Die anderen beiden stehen mit Teilen der Abtei St-Michel-de-Cuxa *(siehe S. 471)* in The Cloisters in New York.

Bizarre Kalksteinformationen in der Grotte de Clamouse

SÜDFRANKREICH

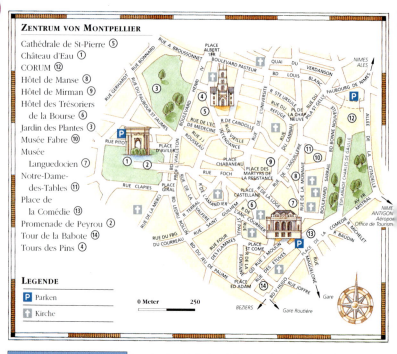

ZENTRUM VON MONTPELLIER

Cathédrale de St-Pierre ⑤
Château d'Eau ①
CORUM ⑫
Hôtel de Manse ⑧
Hôtel de Mirman ⑨
Hôtel des Trésoriers
  de la Bourse ⑥
Jardin des Plantes ③
Musée Fabre ⑩
Musée
  Languedocien ⑦
Notre-Dame-
  des-Tables ⑪
Place de
  la Comédie ⑬
Promenade de Peyrou ②
Tour de la Babote ⑭
Tours des Pins ④

LEGENDE

🅿 Parken
✝ Kirche

Straßencafé an der Place de la Comédie, Montpellier

Montpellier ㉒

Hérault. 211 000.
Allée de Tourisme, Le Triangle Bas
(04 67 58 67 58). tägl.

MONTPELLIER gehört zu den dynamischsten Städten Südfrankreichs. Ein Viertel der Einwohner ist unter 25. Während des Sommersemesters hat man an manchen Abenden den Eindruck, auf einem Rockfestival zu sein und nicht in der Hauptstadt des Languedoc-Roussillon. Mittelpunkt des Geschehens ist die ovale **Place de la Comédie**, auch »l'Œuf« (das Ei) genannt, mit ihrem von gutbesuchten Cafés umgebenen Opernhaus aus dem 19. Jahrhundert. Vor der Oper steht die Fontaine des Trois Graces. Eine breite, platanengesäumte Promenade führt zum **CORUM**, einem Opern- und Kongreßhaus, das typisch ist für den neuen architektonischen Stil der Stadt. Das gelungenste Beispiel dafür ist Ricardo Bofills postmoderner Wohnblock, genannt »Antigone«, der nach dem Vorbild der Peterskirche in Rom gestaltet wurde.

Montpellier entstand im 10. Jahrhundert im Zuge des Gewürzhandels mit dem Vorderen Orient und damit relativ spät für diese schon früh von den Römern besiedelte Region. Hier wurde 1220 die älteste Medizinschule Frankreichs gegründet, die noch heute zu den renommiertesten französischen Hochschulen zählt.

Große Teile Montpelliers wurden während der Religionskriege im 16. Jahrhundert zerstört. Von den Befestigungsanlagen aus dem 12. Jahrhundert sind lediglich die **Tour de la Babote** und die **Tours des Pins** erhalten. Mit Ausnahme der **Cathédrale de St-Pierre** und **Notre-Dame des Tables** (18. Jh.) gibt es kaum Kirchen.

Im Zuge des Wiederaufbaus im 17. Jahrhundert entstanden elegante Patrizierhäuser, einige davon sind zugänglich wie zum Beispiel das **Hôtel de Manse** in der Rue Embouque-d'Or, das **Hôtel de Mirman** nahe der Place des Martyrs de la Resistance und das **Hôtel des Trésoriers de la Bourse**. Das Hôtel des Lunaret beherbergt heute das **Musée Languedocien** mit einer Sammlung romanischer und prähistorischer Gebrauchsgegenstände.

Das **Musée Fabre** ist in einem Gebäude aus dem 17. Jahrhundert untergebracht. Es umfaßt eine Gemäldesamm-

PONT DU GARD

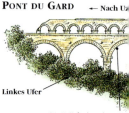

← Nach Uz

Linkes Ufer

Die **Brücke** besteht aus drei Arkadenreihen.

LANGUEDOC-ROUSSILLON 485

lung mit Werken überwiegend französischer Künstler. Zu den Glanzlichtern zählen Courbets *Bonjour M. Courbet*, Berthe Morisots *L'Eté*, Robert Delaunays *Nature morte portugaise* sowie einige Bilder mit Landschaften von Raoul Dufy und François Desnoyer.

Von der **Promenade de Peyrou**, einem im 18. Jahrhundert erbauten Platz nahe des **Château d'Eau** und des Aquädukts, hat man eine schöne Aussicht. Der **Jardin des Plantes** im Norden, angelegt im Jahr 1593, ist einer der ältesten botanischen Gärten des Landes.

🏛 **Musée Languedocien**
7, rue Jacques-Cœur. 04 67 52 93 03. Mo-Sa. **Geschl.** Feiertage.

🏛 **Musée Fabre**
39, boulevard Bonne-Nouvelle. 04 67 14 83 00. Di-So. **Geschl.** 1. Jan, 1. Mai, 14. Juli, 1. u. 11. Nov, 25. Dez.

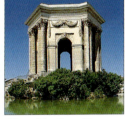

Château d'Eau, Montpellier

La Grande-Motte ❷❸

Hérault. 7000. Place de la Mairie (04 67 29 03 37). So (u. Do Mitte Juni–Mitte Sep).

DIE BIZARREN weißen Stufenpyramiden dieses modernen Badeorts sind typisch für die Entwicklung der Küste des Languedoc-Roussil-

La Grande-Motte

lon. La Grande-Motte ist einer von vielen Badeorten südlich von Montpellier mit goldenen Sandstränden und umfangreichem Freizeitangebot für jedermann. Im Osten liegen Le Grau-du-Roi, einst ein winziges Fischerdorf, und Port-Camargue mit seinem großen Bootshafen.

Aigues-Mortes ❷❹

Gard. 5000. Porte de la Gardette (04 66 53 73 00). Mi u. So.

AM BESTEN erreicht man diese Stadt mit ihren noch völlig intakten Befestigungsmauern, wenn man durch die Salinen der Petite Camargue fährt. Die Stadt ist dank ihrer eindrucksvollen Befestigungsanlagen ein beliebtes und sehenswertes Touristenziel. Aigues-Mortes («Ort der toten Wasser») wurde im 13. Jahrhundert auf Befehl Louis' XI zur Konsolidierung seiner Macht am Mittelmeer gebaut. Die Straßen verlaufen streng rechtwinklig zueinander. Einen herrlichen Blick über die Camargue bietet der **Tour de Constance** (mit Zugang zu einem Teil der Stadtmauer).

Umgebung

Nordöstlich, auf der anderen Seite der Bucht, liegt der Ort **St-Gilles-du-Gard**, der ebenfalls im Mittelalter ein bedeutender Hafen war. Ein Abstecher lohnt sich schon wegen der großartigen Fassade (12. Jh.) der Abteikirche, die von Mönchen aus Cluny als Stätte der Verehrung des heiligen Gilles und Zwischenstation auf der Pilgerroute nach Santiago de Compostela *(siehe S. 390f)* gegründet wurde.

Pont du Gard ❷❺

Gard. von Nîmes.

DER 2000 JAHRE alte Pont du Gard ist gewiß eine der beeindruckendsten Sehenswürdigkeiten der Gegend. Auch die Römer betrachteten die 49 m hohe Brücke – die höchste, die sie je gebaut hatten – als das vollkommenste Zeugnis ihrer Größe. Die Brücke wurde aus riesigen Steinquadern errichtet, die ein gewaltiges Sklavenaufgebot mit Hilfe eines genialen, flaschenzugähnlichen Systems nach oben beförderte. Die Kalkablagerungen in der Wasserleitung deuten darauf hin, daß der Aquädukt 400 bis 500 Jahre lang seinen Dienst tat.

Einen besonders schönen Blick hat man von ganz oben. Dort ist auch die Wasserrinne, durch die das Wasser von der Quelle bei **Uzès** (einer hübschen Kleinstadt mit mittelalterlichen Türmen, darunter die Tour Fenestrelle aus dem 12. Jahrhundert) bis nach Nîmes geleitet wurde.

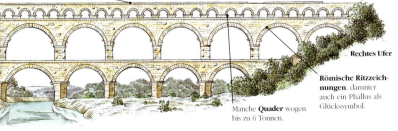

Wasserleitung

Nach Nîmes →

Rechtes Ufer

Römische Ritzzeichnungen, darunter auch ein Phallus als Glückssymbol.

Manche **Quader** wogen bis zu 6 Tonnen.

Nîmes

An erster Stelle der Touristenattraktionen von Nîmes steht die von Philippe Starck entworfene Bushaltestelle, der auch mit der Verschönerung der Fußgängerzone von Nîmes beauftragt ist. Die Stadt erfährt zur Zeit unter ihrem dynamischen Bürgermeister eine große bauliche Veränderung, die phantasievolle Wohnhäuser und futuristische Baukomplexe einschließt. Als wichtiger Knotenpunkt der Antike ist Nîmes vor allem für seine römischen Bauwerke bekannt, insbesondere für das Amphitheater, das besterhaltene seiner Art. Neben drei bekannten Festivals sowie Stierkämpfen sollte man sich auch den Rest von Nîmes anschauen: Museen, archäologische Sammlungen und die malerische Altstadt mit ihren engen Gassen.

Die Arkaden des römischen Amphitheaters

Das historische Nîmes

Nîmes blickt auf eine bewegte Geschichte zurück. Die Stadt hat während der Religionskriege im 16. Jahrhundert besonders gelitten. Die romanische **Cathédrale Notre-Dame et St-Castor** wurde stark beschädigt. Im 17. und 18. Jahrhundert brachten die Textilfabriken den Wohlstand. Eines der gefragtesten Produkte war Baumwolldrillich oder Denim (von »de Nîmes«). Viele der Altstadthäuser aus dieser Zeit sind restauriert worden, zum Beispiel in der Rue de l'Aspic, in der Rue des Marchands und in der Rue de Chapitre. Außerhalb des Zentrums befindet sich das futuristische Apartmenthaus **Nemausus I**.

Das römische Stadttor, die **Porte Auguste**, das 20 Jahre vor der **Maison Carrée** errichtet wurde, war einst Teil der längsten Stadtmauer Galliens. Die Bogen sind bis heute erhalten: zwei große für Wagen und zwei kleinere für Fußgänger. Ein weiteres Relikt aus der Zeit der Römer ist das **Castellum**, in dem das Wasser aus Uzès (siehe S. 485) gesammelt wurde. Vom Castellum aus wurde es durch dicke Rohre in alle Teile der Stadt geleitet.

Krug, Musée Archéologique

🌷 Jardin de la Fontaine

Quai de la Fontaine. ◯ tägl. ♿

Als die Römer Nîmes erreichten, fanden sie eine Stadt vor, die von den Galliern um eine Quelle herum errichtet worden war. Sie gaben der Siedlung den Namen Nemausus – nach ihrem Flußgott. Im 18. Jahrhundert wurden hier die

Der Jardin de la Fontaine

Auf einen Blick

Carré d'Art ⑥
Castellum ④
Cathédrale Notre-Dame et St-Castor ⑧
Jardin de la Fontaine ③
Les Arènes ⑩
Maison Carrée ⑤
Mont Cavalier ②
Musée Archéologique ⑨
Musée des Beaux-Arts ⑪
Porte Auguste ⑦
Tour Magne ①

LANGUEDOC-ROUSSILLON

Gärten angelegt. Die Teiche und Steinterrassen stammen noch aus dieser Zeit. Auf dem Mont Cavalier steht die Tour Magne, einst wichtiger Bestandteil der römischen Befestigungsmauern.

Les Arènes
Boulevard des Arènes. 04 66 76 72 77. tägl. **Geschl.** 1. Jan, 1. Mai, 25. Dez u. zu Vorstellungen.

Alle Straßen führen zu dem im 1. Jahrhundert v. Chr. errichte-

Das Wappen der Stadt als Skulptur von Martial Raysse

ten Amphitheater, Les Arènes, mit seiner ovalen Arena und den ansteigenden Steinreihen, die Sitzplätze für bis zu 25 000 Zuschauer boten. Heute finden im Amphitheater Konzerte, Sportveranstaltungen und Stierkämpfe statt.

Maison Carrée
Place de la Maison-Carrée. 04 66 36 26 76. tägl.

Quadratisches Haus ist ein prosaischer Name für den römischen Tempel, den Stolz der Stadt. Das Bauwerk aus den Jahren 2–3 n. Chr. ist mit seinen kannelierten korinthischen Säulen und seinem Fries einer der besterhaltenen Tempel der Welt.

Musée des Beaux-Arts
Rue Cité-Foulc. 04 66 67 38 21. Di–So. **Geschl.** 1. Jan, 1. Mai, 11. Nov, 25. Dez.

Das Kunstmuseum beherbergt eine Sammlung mit Werken holländischer, französischer, italienischer und flämischer Maler, darunter Jacopo Bassanos *Susanna im Bade* und Michele Giambonos *Mystische Hochzeit der heiligen Katharina*. Einem gallorömischen Mosaik wurde ein Ehrenplatz eingeräumt.

Musée Archéologique
Musée d'Histoire Naturelle, 13 bis, boulevard Amiral Courbet. 04 66 67 25 57. Di–So. **Geschl.** 1. Jan, 1. Mai, 11. Nov, 25. Dez.

Die eindrucksvolle Sammlung des archäologischen Museums – römische Statuen, Keramik, Glas, Münzen und Mosaiken – ist im naturhistorischen Museum der Stadt untergebracht. Sie umfaßt auch Menhire aus der Eisenzeit.

Carré d'Art
Place de la Maison-Carrée. 04 66 76 35 35. Di–So.

Der umstrittene Kunstkomplex von Norman Foster wurde 1993 eröffnet. Fünf Stockwerke dieser Glas-und-Stahl-Konstruktion, die als Hommage an die gegenüberliegende Maison Carrée gebaut wurde, liegen unter der Erde. Der Komplex besteht aus einer Bibliothek, einem Dachrestaurant mit Glas-Atrium und dem Musée d'Art Contemporain. Dessen Sammlung umfaßt Werke von Raysse, Boltanski und Lavier.

INFOBOX
Gard. 133 000. 12 km von Nîmes. bd Talabot (36 35 35). Rue St-Félicité (04 66 29 52 00). 6, rue Auguste (04 66 67 29 11). Mo, So. Feria d'Hiver (Feb), Feria de Pentecôte (Pfingsten), Feria des Vendanges (Weinernte; letztes Wochenende im Sep).

Die Maison Carrée

Stierkampf in der Arena von Nîmes

LEGENDE
- **P** Parken
- **i** Auskunft
- **†** Kirche

0 Meter 250

Provence und Côte d'Azur

BOUCHES-DU-RHÔNE · VAUCLUSE · VAR
ALPES-DE-HAUTE-PROVENCE · ALPES-MARITIMES

Keine andere Region *Frankreichs verzaubert ihre Besucher so wie die Provence mit ihren malerischen Hügeln, ihren Jachthäfen und ihrem Licht, das Maler und Schriftsteller – von van Gogh bis Picasso, von Scott Fitzgerald bis Pagnol – gleichermaßen inspirierte.*

Die Provence hat natürliche Grenzen: im Westen die Rhône, im Süden das Mittelmeer, im Norden das Ende der Olivenhaine und im Osten die Alpen sowie eine Grenze zwischen Frankreich und Italien, die im Laufe der Jahrhunderte mehrmals neu gezogen wurde. Dazwischen liegt eine Landschaft mit Schluchten, Salinen, Lavendelfeldern und sonnigen Stränden.

Frühere Siedler haben ihre Spuren hinterlassen. In Orange und Arles werden die römischen Bauten heute noch genutzt. Befestigte Dörfer wie Èze wurden angelegt, um den Sarazenen, die im 6. Jahrhundert die Küste bedrohten, die Stirn zu bieten. Im 19. Jahrhundert zog es die reichen Nordeuropäer im Winter an die warme Riviera. Ab den 20er Jahren unseres Jahrhunderts war hier für die High-Society ganzjährig Saison, wovon die eleganten Villen noch heute zeugen. Die Sonne verlieh der Landschaft ihr »Aroma«: Erst die Kräuter machen ein Fischgericht zur *bouillabaisse*, der Krönung der provenzalischen Küche.

Das Bild der sonnigen Provence trübt sich nur, wenn der eisige Mistral über das Land peitscht. Ebenso wie die Olivenbäume haben sich auch die Provenzalen mit dem Mistral arrangiert, und mit dem ersten Sonnenstrahl kehrt ihre Lebensfreude zurück.

Cap Martin – von Roquebrune aus gesehen

◁ **Lavendelfeld in der Nähe der Gorges du Verdon**

Überblick: Provence

Der sonnige Südosten ist Frankreichs beliebtestes Feriengebiet. Sonnenanbeter bevölkern im Sommer die Strände. An Unterhaltung bietet die Provence Jazzfestivals, Stierkämpfe, Autorennen, Casinos und *boule*. Das Hinterland mit seinen einsamen Hochplateaus, Dörfern und wildromantischen Schluchten ist ein Paradies für Wanderer und Naturfreunde.

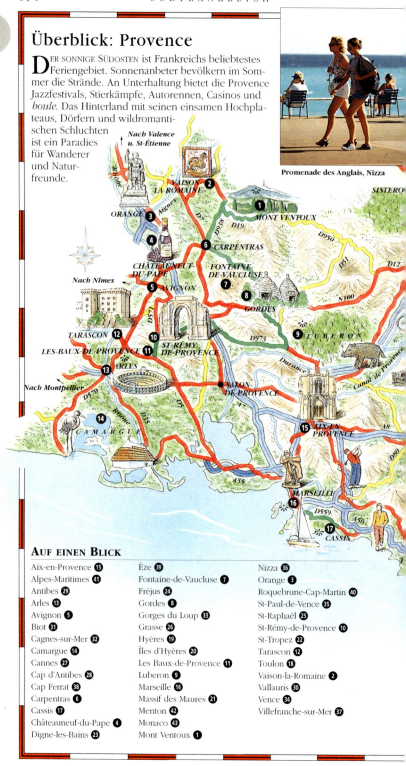

Promenade des Anglais, Nizza

AUF EINEN BLICK

Aix-en-Provence ⑮	Èze ㊴	Nizza ㊱
Alpes-Maritimes ㊶	Fontaine-de-Vaucluse ⑦	Orange ③
Antibes ㉙	Fréjus ㉔	Roquebrune-Cap-Martin ㊵
Arles ⑬	Gordes ⑧	St-Paul-de-Vence ㉟
Avignon ⑤	Gorges du Loup ㉝	St-Raphaël ㉕
Biot ㉛	Grasse ㉖	St-Rémy-de-Provence ⑩
Cagnes-sur-Mer ㉜	Hyères ⑲	St-Tropez ㉒
Camargue ⑭	Îles d'Hyères ⑳	Tarascon ⑫
Cannes ㉗	Les Baux-de-Provence ⑪	Toulon ⑱
Cap d'Antibes ㉘	Luberon ⑨	Vaison-la-Romaine ②
Cap Ferrat ㊳	Marseille ⑯	Vallauris ㉚
Carpentras ⑥	Massif des Maures ㉑	Vence ㉞
Cassis ⑰	Menton ㊷	Villefranche-sur-Mer ㊲
Châteauneuf-du-Pape ④	Monaco ㊸	
Digne-les-Bains ㉓	Mont Ventoux ①	

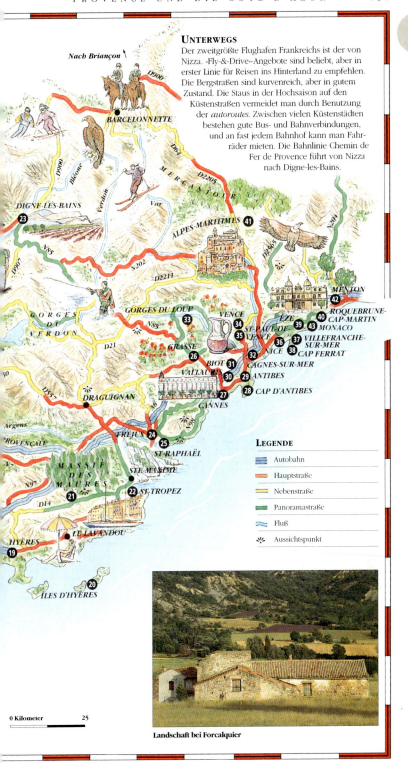

Landschaft bei Forcalquier

Mont Ventoux ❶

Vaucluse. ✈ Avignon. 🚉 Orange. 🚌 Bédoin. 🛈 Bédoin (04 90 65 63 95).

SEINEN NAMEN «Windiger Berg» verdient der Mont Ventoux zu Recht. An den unteren Hängen findet man noch eine relativ reiche Fauna und Flora, am Gipfel dagegen nur Moose. Dort können die Temperaturen im Winter bis auf -27° C fallen. Das Geröll auf dem Gipfel läßt den Mont Ventoux selbst im Sommer schneebedeckt erscheinen.

Die erste geschichtlich belegte Besteigung des 1909 m hohen Berges unternahm 1336 der Dichter Petrarca. Heute führt eine Straße zum Gipfel. Es empfiehlt sich, diese nur bei guter Witterung zu benutzen, denn der aufregende Panoramablick wäre sonst getrübt.

Römisches Mosaik aus der Villa du Paon in Vaison-la-Romaine

Vaison-la-Romaine ❷

Vaucluse. 👥 5500. 🚌 🛈 Place du Chanoine-Sautel (04 90 36 02 11). 📅 Di.

DER ORT am Ufer der Ouvèze besteht seit der Bronzezeit, sein Name bezieht sich jedoch auf die fünf Jahrhunderte, in denen hier eine reiche römische Stadt war.

Die von einer Festung aus dem 12. Jahrhundert beherrschte Oberstadt besitzt zwar einige reizende Straßen, Häuser und Brunnen, die Sehenswürdigkeiten liegen aber auf der anderen Flußseite.

Heute ist die **römische Stadt** in zwei Bezirke gegliedert: Puymin und La Villasse. In Puymin hat man ein prunkvolles Patrizierhaus, die Villa du Paon, und ein römisches Theater entdeckt. 1992 trat die Ouvèze über die Ufer und forderte viele Leben. Schäden an den Ruinen, wie an der romanischen Brücke, konnten seither behoben werden. In Vaison findet man auch die romanische **Cathédrale Notre-Dame-de-Nazareth** mit ihren mittelalterlichen Klöstern.

🏛 Römische Stadt
Fouilles de Puymin, Place du Chanoine-Sautel. 📞 04 90 36 02 11. 🕘 Mi-Mo. **Geschl.** 1. Jan, 1. Mai, 25. Dez. 🎫

Orange ❸

Vaucluse. 👥 29 000. 🚉 🚌 🛈 Cours Aristide-Briand (04 90 34 70 88). 📅 Do.

ORANGE, das lebendige Zentrum der Region, liegt mitten im Anbaugebiet des Côtes du Rhône. Auf den Märkten werden Honig, Trauben, Oliven und Trüffel aus dem Umland verkauft. Darüber sollte man aber nicht das Viertel um das Hôtel de Ville (17. Jh.) vergessen, in dem hübsche Straßen in ruhige, schattige Plätze münden. Außerdem besitzt Orange zwei der bedeutendsten römischen Bauwerke Europas.

🏛 Théâtre Antique
Place du Théâtre. 📞 04 90 51 17 60. 🕘 tägl. **Geschl.** 1. Jan, 25. Dez. 🎫 Das Theater aus dem 1. Jahrhundert stammt aus der Zeit des Augustus und verfügt über eine hervorragende Akustik. Heute geben hier berühmte Stars Konzerte. Die rückwärtige Mauer («die schönste Mauer des Königreichs», wie Louis XIV sie nannte) ist 38 Meter hoch und 103 Meter lang.

🏛 Arc de Triomphe
Avenue de l'Arc-de-Triomphe. Dieser mit Schlachtszenen, Kriegstrophäen, Blumen und

Statue des Kaisers Augustus im Théâtre Antique von Orange

Früchten verzierte Dreifachbogen wurde um 20 n. Chr. gebaut. Die Tiberius preisenden Inschriften wurden später hinzugefügt.

🏛 Musée de la Ville
Place des Frères-Mounet. 📞 04 90 51 18 24. 🕘 tägl. **Geschl.** 1. Jan, 25. Dez. 🎫
Das Museum gibt Aufschluß über die Stadtgeschichte. Man sieht eine Katasterplatte aus 400 Marmorfragmenten, in die seit dem 1. Jahrhundert v. Chr. unter Kaiser Vespasian Angaben über Grundstücke und ihre Besitzer eingeritzt wurden.

Châteauneuf-du-Pape ❹

Vaucluse. 👥 2100. 🚉 Sorgues, dann mit dem Bus. 🛈 Place du Portail (04 90 83 71 08). 📅 Fr.

IM 14. JAHRHUNDERT beschlossen die Päpste von Avignon, hier eine neue Burg (*château neuf*) zu errichten und Wein anzubauen, den Wein, der

Blick auf das Anbaugebiet von Châteauneuf-du-Pape

PROVENCE UND COTE D'AZUR

heute zu den besten der Côtes du Rhône zählt. Heute scheint sich fast hinter jeder Pforte dieser hübschen Kleinstadt der Keller eines *vigneron* (Weinbauern) zu verbergen.

Nach den Religionskriegen *(siehe S. 50f)* waren von der Festung lediglich Mauerfragmente und der Wehrturm übrig, die aber immer noch imposant aussehen und einen herrlichen Ausblick bieten.

Weinfeste gibt es das ganze Jahr, zum Beispiel die Fête de la Véraison im August *(siehe S. 34)*, wenn die Trauben zu reifen beginnen, und den Ban des Vendanges im September zu Beginn der Weinlese.

Avignon ❺

Vaucluse. 87 000.
41, cours Jean-Jaurès (04 90 82 65 11). Di–So.

MASSIVE MAUERN umgeben eine der faszinierendsten Städte Südfrankreichs. Wahrzeichen Avignons ist das **Palais des Papes** *(siehe S. 494f)*, die Stadt bietet aber auch noch andere Schätze. Nördlich des Papstpalastes liegt der **Petit Palais**, der ehemalige Sitz des Erzbischofs von Avignon. Hier weilten Cesare Borgia und Louis XIV. Heute beherbergt es ein Museum mit romanischen und gotischen Skulpturen sowie Gemälden von Künstlern aus Avignon und Italien, darunter Werke von Botticelli und Carpaccio.

Herrliche Häuser aus dem 17. und 18. Jahrhundert stehen in der Rue Joseph-Vernet und der Rue du Roi-René. Avignon bietet sehenswerte Kirchen, etwa die **Cathédrale de Notre-Dame-des-Doms** mit ihrer romanischen Kuppel oder die **Eglise St-Didier**. Im **Musée Lapidaire** befinden sich Werke von der vorrömischen Zeit bis zur Renaissance. Das **Musée Calvet** zeigt eine Reihe herausragender Stücke, darunter Schmiedekunst und romanische Funde.

Mittelpunkt des gesellschaftlichen Lebens ist die Place de l'Horloge. Cafés, Karussells aus dem Jahr 1900 und der gotische Uhrturm des Rathauses bestimmen das Bild dieses

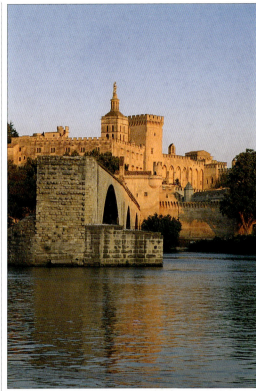

Pont St-Bénezet und der Palais des Papes in Avignon

Platzes. Eine der schönsten Straßen der Stadt ist die Rue des Teinturiers. Bis zum 19. Jahrhundert wurde hier Baumwollstoff *(indienne)* in prächtigen Farben bedruckt. Darauf gehen viele der heutigen provenzalischen Muster zurück.

Im Juli und August findet im Papstpalast das Festival d'Avignon statt *(siehe S. 33)*. Es umfaßt Ballett, Theater und Konzerte, Straßentheater und -musik (von Folklore bis Jazz). Bei Avignon denken viele an »Sur le pont d'Avignon«. Die Menschen tanzten früher auf einer kleinen Insel unter der Brücke, doch im Laufe der Jahre ist aus *sous* (unter) *sur* (auf) geworden. Der 1171–85 errichtete **Pont St-Bénezet** bestand aus 22 Bogen, die meisten durch das Hochwasser 1668 zerstört. Auf einem der Bogen steht die Chapelle St-Nicolas.

Freilichttheater beim Festival d'Avignon

🏛 Petit Palais
Place du Palais. 04 90 86 44 58. Mi–Mo. **Geschl.** 1. Jan, 1. Mai, 14. Juli, 1. Nov, 25. Dez.

🏛 Musée Lapidaire
27, rue de la République. 04 90 85 75 38. Mi–Mo. **Geschl.** einige Feiertage. nur Mai–Okt.

🏛 Musée Calvet
65, rue Joseph-Vernet. 04 90 86 33 84. Mi–Mo. **Geschl.** einige Feiertage.

Palais des Papes

RIVALISIERENDE MÄCHTE in Rom trieben Papst Clemens V. dazu, seinen Sitz 1309 nach Avignon zu verlegen, worin er durch König Philippe IV von Frankreich ermutigt wurde. Bis 1376 blieben die Päpste im Exil. In dieser Zeit verwandelten seine Nachfolger den bescheidenen Bau in den Palast, den wir heute kennen. Die Befestigungsanlagen dienten als Schutz vor Angriffen durch Söldner. Der Prunk, der die Residenz im 14. Jahrhundert kennzeichnete, fehlt heute. Alle Einrichtungsgegenstände und Kunstwerke wurden im Lauf der Jahrhunderte zerstört oder gestohlen.

Papst Clemens VI. (1342–52)

Der **Kreuzgang Benedikts XII.** umfaßt den Gäste- und Gesindeflügel sowie eine Kapelle.

Tour de Trouillas

Tour de la Campagne

Befestigungsarchitektur
Der Palast mit seinen zehn Türmen sollte eine uneinnehmbare Festung sein. Er nimmt eine Fläche von 15 000 m² ein.

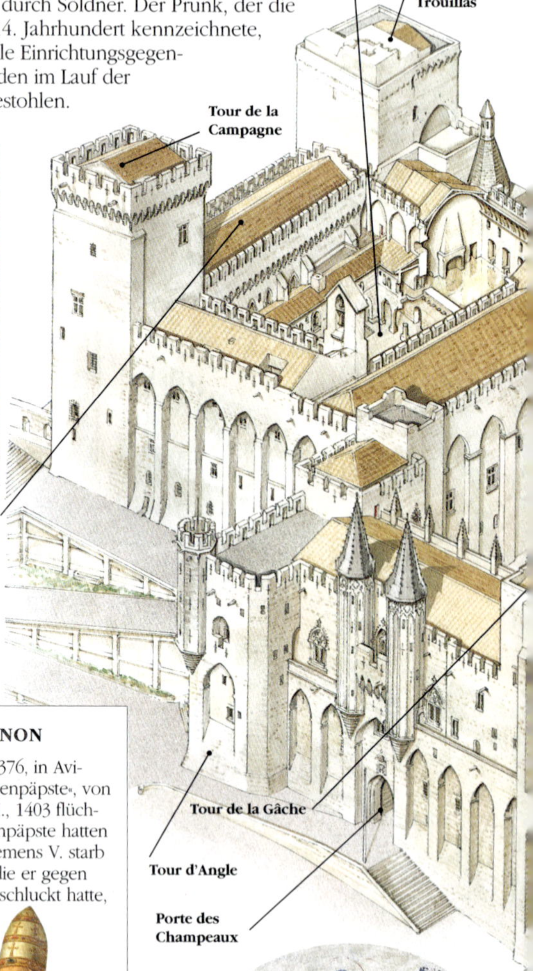

DIE PÄPSTE VON AVIGNON

Sieben Päpste residierten bis 1376, in Avignon. Ihnen folgten zwei »Gegenpäpste«, von denen der letzte, Benedikt XIII., 1403 flüchtete. Weder Päpste noch Gegenpäpste hatten etwas für die Askese übrig. Clemens V. starb an pulverisierten Smaragden, die er gegen seine Verdauungsstörungen geschluckt hatte, und Clemens VI. (1342–52) hielt Luxus für die beste Art, Gott zu verehren. Petrarca war entsetzt über das Leben am päpstlichen Hof. 1367 verlegte Urban V. die Kurie wieder nach Rom; 1376 war der Papstsitz wieder offiziell in Rom.

Tour de la Gâche

Tour d'Angle

Porte des Champeaux

Benedikt XII. (1334–42)

Konsistorium
Die Reste von Simone Martinis Fresken (1340) stammen aus der Kathedrale und ersetzten 1413 die zerstörten Werke im Empfangssaal.

PROVENCE UND COTE D'AZUR

Päpstliche Macht
Die Befestigungsanlagen passen besser zu einer Burg als zu einem Palast – ein Zeichen für das unsichere Klima der Kirche im 14. Jahrhundert.

INFOBOX

Place du Palais, Avignon. 04 90 25 27 50 00. Nov–März tägl. 9–12.45, 14–18 Uhr; Apr–Okt tägl. 9–19 Uhr, Juli 9–21 Uhr, Aug–15. Sep 9–20 Uhr.
Letzter Einlaß 45 Min. vor Schluß.
Geschl. 1. Jan, 25. Dez. nur im Sommer in den Gärten.

★ Grand Tinel
Gobelins aus dem 17. und 19. Jahrhundert schmücken den Großen Festsaal, in dem die Kardinäle zur Wahl des neuen Papstes zusammenkamen.

Tour des Anges

★ Chambre du Cerf
Sehenswerte Jagdfresken (14. Jh.) und Keramikkacheln im Arbeitszimmer Clemens' VI.

Schlafgemach des Papstes

Cour d'Honneur

DER BAU DES PALASTES

Der Palast umfaßt Papst Benedikts XII. Palais Vieux (1334–42) und Clemens' VI. Palais Neuf (1342–52). Zehn Türme, manche davon über 50 Meter hoch, waren zum Schutz der vier Flügel in die Mauern eingegliedert.

Die **Grande Chapelle** ist 20 Meter hoch und nimmt eine Fläche von 780 m² ein.

NICHT VERSÄUMEN

★ Grand Tinel

★ Chambre du Cerf

LEGENDE

☐ von Benedikt XII. (1334–42)

☐ von Clemens VI. (1342–52)

Die **Grande Audience** wird durch fünf Säulen mit Bestiarienkapitellen in zwei Hälften geteilt.

Carpentras ❻

Vaucluse. 25 500. 170, allée Jean-Jaurès (04 90 63 57 88). *Fr.*

CARPENTRAS WAR von 1320 bis 1791 Hauptstadt der Grafschaft Venaissin. Moderne Boulevards haben die Stadtmauer ersetzt, von der nur die Porte d'Orange erhalten ist.

Seit dem Mittelalter gibt es in Carpentras eine große jüdische Gemeinde. Die 1367 gebaute **Synagoge** ist die älteste Frankreichs. Das Sanktuarium wurde restauriert, andere Teile sind noch authentisch.

Juden wurden zwar von der katholischen Kirche nicht offen verfolgt, dennoch traten viele zum christlichen Glauben über. Die Konvertierten betraten die **Cathédrale St-Siffrein** durch die Porte Juive (das Judentor).

Das Justizgebäude befindet sich seit 1640 im Bischöflichen Palast. Erhalten geblieben sind Holztäfelungen und die Decke im Prunkzimmer des Bischofs. Fayencen gibt es in der Apotheke des Hôtel-Dieu zu sehen. Das **Musée Comtadin** vermittelt einen Eindruck von der Geschichte der Region.

✡ Synagoge
Place de la Mairie. 04 90 63 39 97. *Mo–Fr Geschl. jüdische Feiertage.*

🏛 Musée Comtadin
234, boulevard Albin-Durand. 04 90 63 04 92. *Mi–Mo.* eingeschränkt.

Uferansicht mit Wassermühle in Fontaine-de-Vaucluse

Fontaine-de-Vaucluse ❼

Vaucluse. 500. *Chemin de la Fontaine (04 90 20 32 22).*

HAUPTATTRAKTION ist die Quelle der Sorgue, die gewaltigste Quelle Frankreichs. Bis zu 90 000 Liter Wasser sprudeln pro Sekunde am Fuße eines Felsens aus der Erde, genug, um eine Papierfabrik mit Energie zu versorgen, die heute noch mit Techniken des 15. Jahrhunderts arbeitet. Außerdem gibt es mehrere Museen. Eines ist Petrarca gewidmet, der hier lebte, ein anderes der Widerstandsbewegung im Zweiten Weltkrieg. Makaber ist das **Musée Historique de la Justice et de l'Injustice**, das eine Guillotine zu seinen Ausstellungsstücken zählt.

Gordes ❽

Vaucluse. 2000. *Le Château (04 90 72 02 75). Di.*

DÖRFER, DIE SICH an eine Hügelkuppe schmiegen, gibt es viele, aber Gordes zieht die meisten Besucher an, und wer einmal dort war weiß auch warum. Das ganze Dorf bildet eine harmonische Einheit – wie das Werk eines Architekten, der mittelalterliche Arkadengäßchen in eine bezaubernde Hügellandschaft einfließen ließ.

In **Village des Bories** findet man bizarre Behausungen. *Bories* sind bienenstockähnliche Steinhütten, die ohne Werkzeuge zusammengesetzt wurden. Die Bautechnik soll auf das Neolithikum zurückgehen. Die Hütten waren bis Anfang des 20. Jahrhunderts bewohnt.

Nördlich von Gordes liegt das **Abbaye de Sénanque**, eines der schönsten romanischen Klöster in Frankreich.

🏛 Château
Château de Gordes 04 90 72 02 75. *Mo–Fr. Geschl. 1. Jan, 1. Mai, 25. Dez.*

🏠 Village des Bories
Les Savourins, Route de Cavaillon. 04 90 72 03 48. *tägl.*

Luberon ❾

Vaucluse. ✈ Avignon. 🚉 Cavaillon, Avignon. 🚌 Apt. *Apt (04 90 74 03 18).*

DIE MONTAGNE DU LUBERON, ein weitläufiges Kalksteinmassiv, zählt zu den schönsten Landschaften der Provence. In den bis zu 1125 m hohen Bergen gibt es un-

Das an die Hügelkuppe geschmiegte Dorf Gordes

PROVENCE UND COTE D'AZUR

berührte Landstriche und malerische Dörfer. Fast die ganze Gegend mit über 1000 verschiedenen Pflanzenarten und ihren Zedern- und Eichenwäldern wurde zum Naturpark erklärt. Die hier heimische Fauna umfaßt Adler, Geier, Schlangen, Biber, Wildschweine und die größten Eidechsen Europas. Der Hauptsitz der Parkleitung ist in **Apt**, Luberons Hauptstadt.

Einst als Hochburg der Räuber verschrien, verfügt Luberon heute über schöne Unterkunftsmöglichkeiten. **Bonnieux** mit einer Kirche aus dem 12. und Befestigungsmauern aus dem 13. Jahrhundert ist ebenso beliebt wie **Roussillon** mit rötlichfarbenen Häusern, **Lacoste**, mit den Ruinen des Schloß des Marquis de Sade, und **Ansouis** mit der Eglise St-Martin (14. Jh.). Das Dorf **Ménerbes** zog den Schriftsteller Peter Mayle an, dessen Erzählungen die Gegend berühmt machten.

Kräuter in St-Rémy-de-Provence

St-Rémy-de-Provence ❿

Bouches-du-Rhône. 9500. *Place Jean-Jaurès (04 90 92 05 22). Mi u. Sa.*

ZWEI BERÜHMTHEITEN weilten in St-Rémy mit seinen Boulevards, Brunnen und engen Straßen. Zum einen Vincent van Gogh, der 1889/90 im Hospital St-Paul-de-Mausole behandelt wurde und hier, neben 150 weiteren Werken, das *Kornfeld mit Zypressen* schuf, zum anderen der durch seine Prophezeiungen bekannt gewordene Astrologe Nostradamus, der hier 1503 geboren wurde. 1921 gelangte die Stadt zu neuem Ruhm, als Archäologen römische Ruinen bei **Glanum** freilegten. Von der alten Stadt, die 480 von den Goten geplündert wurde, ist nur wenig erhalten, trotzdem ist die Ausgrabungsstätte eindrucksvoll.

Glanum
04 90 92 23 79. tägl. **Geschl.** 1. Jan, 1. Mai, 1. u. 11. Nov, 25. Dez.

Les Baux-de-Provence ⓫

Bouches-du-Rhône. 460. Arles. Ilôt "Post Tenebras Lux" (04 90 54 34 39).

DAS FELSENDORF Les Baux, einer der bizarrsten Orte der Provence, scheint aus einem riesigen Felsen herausgehauen zu sein. Die Burgruine und die alten Häuser stehen oberhalb des Val d'Enfer mit den gewaltigen Felsen.

Im Mittelalter war Les Baux der Sitz mächtiger Lehnsherren, die behaupteten, Nachfahren von Magus Balthazar zu sein. Les Baux war der berühmteste der provenzalischen Cours d'Amour, an denen die Troubadoure die Vorzüge ihrer Angebeteten mit verklärender Lyrik priesen. Das Ideal der ewigen platonischen Liebe stand jedoch in Gegensatz zum kriegerischen Verhalten der Burgherren.

Die Glanzzeit endete 1632, als Louis XIII die Zerstörung der gesamten Anlage befahl, die zu einer Bastion der Protestanten geworden war. Das Dorf zu Füßen der Ruinen bietet einen hübschen kleinen Platz, die **Eglise St-Vincent**

Die Ruinen von Les Baux-de-Provence

(12. Jh.) und das **Musée Yves Brayer**.

1821 wurde hier Bauxit entdeckt, und benannt. Die stillgelegten Gruben bilden heute den Hintergrund für spektakuläre audio-visuelle Vorführungen, bekannt als **Cathédrale d'Images**.
Südwestlich stehen die Ruinen der **Abbaye de Montmajour**. Ihre romanische Kirche Eglise de Notre-Dame (12. Jh.) ist bekannt für ihr Gruftgewölbe.

Musée Yves Brayer
Hôtel des Porcelet.
04 90 54 36 99.
tägl. **Geschl.** Jan–Mitte Feb.

Der Tarasque-Umzug (1850)

Tarascon ⓬

Bouches-du-Rhône. 11 000. 59, rue des Halles (04 90 91 03 52). Di.

MAN SAGT, die Stadt sei nach dem Ungeheuer Tarasque – halb Drache, halb Fisch – benannt worden. Es soll von der heiligen Marthe gezähmt worden sein, die hier in der nach ihr benannten Kirche beigesetzt wurde. Noch heute wird jedes Jahr im Juni bei einem Umzug ein Drache durch die Stadt getragen *(siehe S. 33)*.

Wahrzeichen der Stadt ist das **Château** (15. Jh.) am Ufer der Rhône, eines der schönsten provenzalischen Beispiele gotischer Befestigungsarchitektur. Das Äußere läßt die im Inneren verborgene Pracht kaum vermuten: ein flämisch-gotischer Hof, eine Wendeltreppe und eine bemalte Decke im Festsaal.

Am anderen Ufer liegt Beaucaire mit einer Burgruine.

Château
Boulevard du Roi-René. *04 90 91 01 93.* tägl. **Geschl.** 1. Jan, 1. Mai, 1. u. 11. Nov, 25. Dez.

Arles ⓭

Kaiser Konstantin

NUR WENIGE PROVENZALISCHE Städte vereinen die vielen Facetten der Region auf so gelungene Weise wie Arles. Dank seiner Lage an der Rhône ist Arles von jeher das Tor zur Camargue *(siehe S. 500 f.)*. Neben römischen Bauwerken wie der Arena oder den Thermen des Konstantin prägen ockerfarbene Hauswände und rote Ziegeldächer das Stadtbild. Die Museen dieser Kulturstadt zählen zu den interessantesten der Region. Van Gogh lebte hier von 1888 bis 1889. Arles ist jedoch nicht mehr die Industriestadt, wie er sie malte, sondern lebt heute überwiegend vom Tourismus.

Der **Palais Constantine** war einst ein prunkvoller kaiserlicher Palast, von dem allerdings nur noch die Thermen (4. Jh.) übriggeblieben sind. Sie sind außergewöhnlich gut erhalten und lassen den Komfort der Bäder erahnen.

Musée Réattu
Dieses in der alten Komturei des Malteserordens untergebrachte Museum besitzt Zeichnungen von Picasso, Gemälde von Jacques Réattu (1760–1833) und Skulpturen von Ossip Zadkine, darunter auch La Grande odalisque *(1932, oben).*

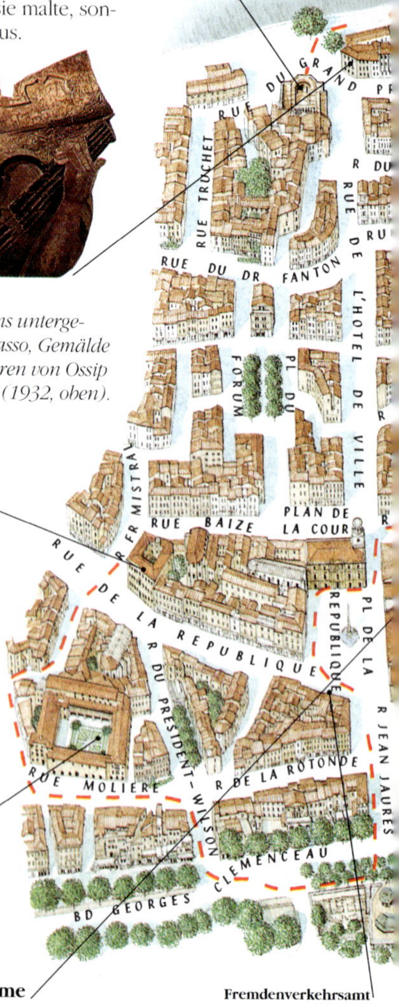

Museon Arlaten
Der Dichter Frédéric Mistral stiftete 1904 die mit dem Nobelpreis verbundene Geldprämie für die Gründung dieses seiner Heimat gewidmeten Museums. Ein Teil der Sammlung ist in authentischen Räumen ausgestellt. Die Wärter tragen Originaltrachten.

Espace van Gogh, das Hospital, in dem van Gogh 1889 behandelt wurde, ist ein rühriges Kulturzentrum.

Fremdenverkehrsamt

★ **Eglise St-Trophime**
Diese Kirche verbindet eine romanische Fassade aus dem 12. Jahrhundert mit einem romanisch-gotischen Kreuzgang. Das Hauptportal zieren Plastiken von Heiligen.

0 Meter 100

LES ALYSCAMPS

Paul Gauguins *Les Alyscamps*

Eine Allee mit leeren mittelalterlichen Gräbern bildet den Mittelpunkt dieser »Elysischen Gefilde« im Südosten der Stadt. Diese waren vom 4. bis zum 12. Jahrhundert eine christliche Totenstadt. Manche Sarkophage wurden an Museen verkauft, andere ließ man stehen. Dieser Ort inspirierte nicht nur den Dichter Dante, der ihn in seiner *Göttlichen Komödie* beschrieb, sondern auch van Gogh und Gauguin.

INFOBOX

Bouches-du-Rhône. 52 600.
25 km von Arles. Av Paulin-Talabot. Av Paulin-Talabot.
Place de la République (04 90 18 41 20). Mi u. Sa. Arles Festival (Juli); Premices du Riz (Sep). **Geschl.** Feiertage. **Museon Arlaten** Juli–Sep tägl.; Okt–Juni Di–So. **Musée Réattu** tägl. **Geschl.** Feiertage.

Zum Bahnhof und Busbahnhof

★ Antikes Amphitheater
Diese Arena mit ihren 20 000 Plätzen ist eines der besterhaltenen römischen Bauwerke der Provence. Jeder Bogen wird von Säulen gestützt. Im Sommer finden hier Stierkämpfe statt. Von oben hat man einen herrlichen Panoramablick.

Notre-Dame-de-la-Major
ist die Kirche, in der die *gardiens* der Camargue den Tag ihres Schutzheiligen, des heiligen Georg, feiern. Hunderte von Jahren vor dem Bau dieser Kirche (14.–17. Jh.) befand sich an dieser Stelle ein römischer Tempel.

★ Römisches Theater
Die Steine der einstigen römischen Festung wurden später zum Bau anderer Gebäude verwendet. Heute findet hier das Festival de Folklore statt.

NICHT VERSÄUMEN

★ Antikes Amphitheater

★ Römisches Theater

★ Eglise St-Trophime

LEGENDE
– – – Routenempfehlung

Die Camargue ⑭

DAS DELTA ZWISCHEN den beiden Hauptmündungsarmen der Rhône umfaßt 140 000 Hektar Sumpf, Wiesen, Marschland, Dünen und Salzfelder: die Camargue. Heute muß der Mensch dafür sorgen, daß das ökologische Gleichgewicht dieses atemberaubend schönen Biotops, der Heimat einer einzigartigen Fauna (so Reiher und Ibisse) und Flora (unter anderem Tamarisken und Narzissen), erhalten bleibt. Auf den Wiesen weiden Schafe, Rinder und die halbwilden weißen Araberpferde. Die *gardians* leben in reetgedeckten Häusern *(cabanes)* und halten die Tradition der Camargue aufrecht.

Gardian der Camargue

Sonnenuntergang in der Camargue

Schwarze Stiere
Bei provenzalischen Stierkämpfen (courses) werden die Tiere nicht getötet. Es muß eine rote Rosette zwischen den Hörnern des Stiers aufgespießt werden.

Les Stes-Maries-de-la-Mer
Die Zigeunerwallfahrt erinnert an das Jahr 18 n. Chr., als Maria Magdalena, Martha und die Schwester der Jungfrau Maria hier landeten. Die Statuen der Kirche schildern dieses Ereignis.

Flamingos
Mit der Camargue verbinden viele diese farbenprächtigen Vögel, hier leben jedoch noch andere Arten wie Reiher, Eisvögel, Eulen und Greifvögel. Am besten lassen sich die Flamingos in der Umgebung von Ginès beobachten.

INFOBOX

Bouches-du-Rhône. ✈ 90 km östl. von Marseille. 🚉 Avenue Paulin-Talabot, Arles. 🚌 Avenue Paulin-Talabot, Arles. 🛈 5, avenue van Gogh, Les Stes-Maries-de-la-Mer; La Capelière, Abfahrt D36B. ☎ 04 90 97 82 55. 🎉 Les Pèlerinages (Ende Mai, Ende Okt).

Musée Camarguais, Mas du Pont de Rousty, ☎ 04 90 97 10 82. ⏰ Apr–Sep tägl. 9.15–17.45 Uhr; Okt–März Mi–Mo 10.15–16.45 Uhr. **Geschl.** Feiertage. 🅿 ♿

Aix-en-Provence ⑮

Bouches du Rhône. 👥 126 000. 🚉 🚌 🛈 2, place du Général-de-Gaulle (04 42 16 11 61). 🛒 tägl.

Die 103 v. Chr. gegründete Stadt Aix wurde mehrmals angegriffen, das erste Mal 477 von den Westgoten, später von den Langobarden, Franken und Sarazenen, was dem Wohlstand der Stadt aber keinen Abbruch tat. Ende des 12. Jahrhunderts war Aix die Hauptstadt der Provence. Die Stadt der Künstler und Gelehrten erlebte im 15. Jahrhundert unter der Herrschaft des Königs René le Bon ihre Blütezeit. Dieser ist auch in Nicolas Froments Triptychon *Der brennende Dornbusch* in der sehenswerten gotischen **Cathédrale de St-Sauveur** (13. Jh.) dargestellt.

Zu den zahlreichen Museen zählen das **Musée Granet**, den Schönen Künsten gewidmet, sowie das **Musée des Tapisseries** (Wandteppiche).

Aix wird auch »die Stadt der tausend Brunnen« genannt. Drei der schönsten liegen am Cours Mirabeau, einer eleganten Straße, die auf einer Seite von Häusern aus dem 17. und 18. Jahrhundert gesäumt ist. Auf der anderen befinden sich die Cafés. Die Altstadt wurde um die Place de l'Hôtel de Ville mit ihrem farbenprächtigen Blumenmarkt errichtet.

Im Nordwesten der Stadt liegt der **Pavillon de Vendôme**. Er beherbergt Möbel und Kunstwerke von Van Loo.

Der berühmteste Sohn der Stadt ist Paul Cézanne. Das **Atelier de Paul Cézanne** ist seit seinem Tode 1906 unverändert geblieben. Der Mont St-Victoire, eines seiner Lieblingsmotive, liegt 15 Kilometer östlich von Aix.

🏛 **Musée Granet**
13, rue Cardinale. ☎ 04 42 38 14 70. ⏰ Mi–Mo. **Geschl.** Einige Feiertage. ♿
🏛 **Musée des Tapisseries**
28, place des Martyrs-de-la-Résistance. ☎ 04 42 23 09 91. ⏰ Mi–Mo. **Geschl.** Einige Feiertage. 🅿
🏛 **Atelier de Paul Cézanne**
9, av Paul-Cézanne. ☎ 04 42 21 06 53. ⏰ tägl. **Geschl.** Einige Feiertage. ♿

Weiße Pferde
Diese kleinen Pferde wurden früher zum Dreschen eingesetzt. Die schwarzen Fohlen bekommen mit rund fünf Jahren ihr typisches weißes Fell.

Die Häuser der *gardians*
Die gardians *leben von jeher in reetgedeckten Häusern. Jedes Jahr im April stellen sie in der Arena von Arles ihre Reitkünste unter Beweis.*

Salzberge
Meersalz ist das wichtigste Produkt der Camargue. Den Sommer über verdunstet das Wasser auf den riesigen Salzfeldern. Die Salzkristalle türmen sich zu bis zu acht Meter hohen camelles.

LEGENDE
— Naturparkgrenze
- - - Wanderwege
— — Wander- und Fahrradwege

Alter Hafen von Marseille (Blick auf den Quai de Rive-Neuve)

Marseille ⓰

Bouches-du-Rhône. 800 000.
4, La Canebière
(04 91 13 89 00). tägl.

MARSEILLE, die im 7. Jahrhundert v. Chr. gegründete griechische Siedlung namens Massilia, wurde im Jahr 49 v. Chr. von den Römern erobert. Die Stadt wurde für die orientalischen Händler das »Tor zum Westen«. Frankreichs größter Hafen und zweitgrößte Stadt hat auch heute noch enge Verbindungen zum Nahen Osten und zu Nordafrika. Marseille gilt einerseits als exotische und kosmopolitische Stadt, andererseits aber auch als Hochburg der Korruption und des Drogenhandels. Im Vieux Port von Marseille spielt Marcel Pagnols satirische, als Spiegel der Volksseele gedachte *Marseiller Trilogie*.

In Marseille kontrastieren enge Treppengassen, ruhige Plätze und schöne Häuser aus dem 18. Jahrhundert mit dem Trubel der Canebière oder der Cité Radieuse (eine von Le Corbusier geschaffene Wohnsiedlung). Ein weiteres Wahrzeichen ist das von Will Alsop entworfene Hôtel du Département, der Sitz der Départementverwaltung.

Der Vieux Port ist heute vor allem für seinen täglichen Fischmarkt bekannt. Gourmets schwören auf die hiesige *bouillabaisse (siehe S. 458)*.

Zu den Museen in der Hafengegend zählt das **Musée des Docks Romains**. Das Wrack eines römischen Schiffs steht im **Musée d'Histoire de Marseille**. Alte Stadtansichten findet man im **Musée du Vieux Marseille**.

Château d'If
04 91 59 02 30. tägl.

Das Château d'If liegt auf einer winzigen Insel zwei Kilometer südwestlich des Hafens. Die gewaltige Festung wurde 1524 zu Verteidigungszwecken gebaut, aber dann doch nie militärisch genutzt, sondern in ein Gefängnis umfunktioniert. Hier wurde – so erzählt man – Alexandre Dumas' Graf von Monte Cristo gefangengehalten.

Notre-Dame-de-la-Garde
Wahrzeichen der Stadt ist die von 1853 bis 1864 gebaute neobyzantinische Basilika. Der 46 Meter hohe Glockenturm wird von einer riesigen Statue der Heiligen Jungfrau gekrönt. Marmor- und Mosaikverkleidungen kennzeichnen die Innenausstattung.

Abbaye St-Victor
Die festungsähnliche Abtei wurde im 11. Jahrhundert nach der Zerstörung durch die Sarazenen wiederaufgebaut. Während der Französischen Revolution diente sie als Kaserne und Gefängnis.

Faszinierend ist die Krypta mit ihren Katakomben sowie einer Reihe christlicher und heidnischer Sarkophage.

Jedes Jahr am 2. Februar wird St-Victor zur Pilgerstätte. Dann werden Kuchen in Schiffsform verkauft zum Gedenken an das legendäre Schiff, das vor fast 2000 Jahren Maria Magdalena, Lazarus und die heilige Martha an diese Küste brachte.

Cathédrale de la Major
Diese im neobyzantinischen Stil errichtete Kirche ist mit einer Länge von 141 Metern und einer Höhe von 70 Metern die größte französische Kirche des 19. Jahrhunderts. In ihrer Gruft finden Bischöfe aus Marseille die letzte Ruhe. Unweit ist auch die kleine, bezaubernde Ancienne Cathédrale de la Major.

Vieille Charité
2, rue de la Charité.
04 91 14 58 80. Di–So.
Geschl. Feiertage.

Im Jahre 1640 ordnete der König die Errichtung eines Heims »für die Bedürftigen und die Bettler« von Marseille an. Hundert Jahre später wurden Pierre Pugets Hospital und Kirche

Le Corbusiers moderne Cité Radieuse in Marseille

Fischmarkt in Marseille

schließlich eröffnet. Heute ist in dem restaurierten Gebäude ein ägyptisches Museum, das Musée d'Archéologie Egyptienne, untergebracht.

🏛 Musée des Beaux-Arts
Palais Longchamp, place Henri-Dunan. ☎ 04 91 62 21 17. 🕒 Di–So. **Geschl.** 1. Jan, 1. Mai, 25. Dez.
Dieses im Palais Longchamp (19. Jh.) befindliche Museum zeigt u. a. Stadtansichten aus der Zeit der Pest von 1721, die Entwürfe des Stadtplaners Pierre Puget sowie Stadtansichten zur Zeit der griechischen und römischen Besiedlung.

Cassis ⓘ

Bouches-du-Rhône. 👥 *8000*. 🚉 🚌 ℹ *Place Baragnon (04 42 01 71 17)*. 🍴 *Mi u. Fr.*

VIELE DÖRFER dieses Küstenstreifens haben unter der regen Bautätigkeit gelitten und ihren ursprünglichen Charme fast völlig verloren. Cassis ist aber auch heute noch zum großen Teil der malerische Fischerhafen, der Künstler wie Dufy, Signac und Derain so faszinierte. Hier kann man sich in den Cafés am Ufer niederlassen und bei einem Fischgericht und einer Flasche des hiesigen Weißweins den Fischern zuschauen.

Zwischen Marseille und Cassis ist die Küste von kleinen fjordartigen Einbuchtungen, sogenannten **Calanques**, gekennzeichnet, mit zerklüfteten, bis zu 400 Meter hohen weißen Felsen. Dies ist die Heimat von zahllosen Seevogelarten, Füchsen, Steinmardern, Fledermäusen, Schlangen und Eidechsen. Ebenso beeindruckend ist die Flora mit über 900 Pflanzenarten. Besonders schön sind die Calanques von En-Vau und Sormiou.

Toulon ⓘ

Var. 👥 *170 000*. ✈ 🚉 🚌 🛳 ℹ *Pl Raimu (04 94 18 53 00)*. 🍴 *Di–So.*

TOULON IST SEIT langem ein Marinehafen. 1793 wurde er von der englisch-spanischen Flotte erobert, doch kurze Zeit später von dem kühnen, damals noch unbekannten Napoléon Bonaparte zurückerobert. Fast 150 Jahre später besetzten Hitlers Truppen den Hafen. Das **Musée de la Marine** bietet einen Einblick in die Geschichte des Hafens. Zu sehen gibt es unter anderem Galionsfiguren und Schiffsmodelle.

Der Turm des ehemaligen Rathauses ist alles, was seit dem letzten Krieg vom Quai Cronstadt übriggeblieben ist. Heute ist die Uferstraße eine beliebte Bummelmeile. In der im Krieg zerstörten Altstadt sind nur einige wenige historische Bauten erhalten geblieben, aber schon allein der allmorgendlich stattfindende Fischmarkt ist einen Besuch wert.

🏛 Musée de la Marine
Place Monsenergue. ☎ 04 94 02 02 01. 🕒 Juli–Aug tägl.; Sep–Juni Mi–Mo. **Geschl.** Feiertage.

Paul Signacs *Cap Canaille*, entstanden 1889 in Cassis

Gorges du Verdon

DIE VERDON-SCHLUCHT zählt zu den atemberaubendsten Landschaften Europas. Tief unten schlängelt sich dunkelgrün der Verdon zwischen Bergkegeln mit bizarren Felsen hindurch. An manchen Stellen ist die Schlucht 700 Meter tief. Dieser Landstrich zwischen Moustiers-Ste-Marie und Castellane ist größtenteils unbewohnt. Zu den auf der vorgeschlagenen Route liegenden Aussichtspunkten gehören die Balcons de la Mescla unmittelbar hinter dem Pont de l'Artuby, bei dem sich die Gorges du Verdon und die Gorges de l'Artuby treffen, und der Point Sublime.

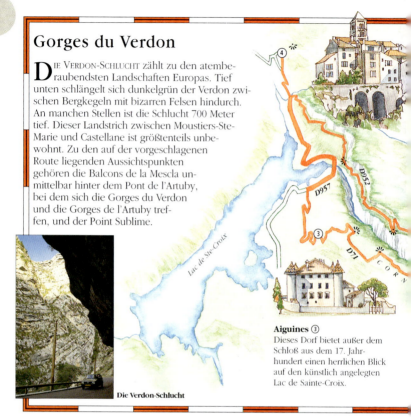

Die Verdon-Schlucht

Aiguines ③
Dieses Dorf bietet außer dem Schloß aus dem 17. Jahrhundert einen herrlichen Blick auf den künstlich angelegten Lac de Sainte-Croix.

Hyères ⓮

Var. 52 000.
Rotonde Jean-Salusse, Avenue de Belgique (04 94 65 18 55). Di, Sa u. jeder 3. Do im Monat.

GEGEN ENDE des 18. Jahrhunderts wurde Hyères zu einem der bedeutendsten Badeorte der Côte d'Azur. Unter den illustren Gästen, die im 19. Jahrhundert hierher kamen, waren auch Königin Victoria und Robert Louis Stevenson.

Die Hauptsehenswürdigkeiten liegen in der mittelalterlichen Vieille Ville, darunter die Place Massillon (täglich Markt) und eine Burgruine mit Panoramablick auf die Küste.

Der modernere Teil von Hyères zeichnet sich durch seinen Belle-Epoque-Charme aus, der die experimentellen Filmemacher so fasziniert. Hyères lockt auch heute noch viele Badegäste an, die hier Wassersportmöglichkeiten aller Art vorfinden.

Angeln auf Porquerolles, der größten der drei Iles d'Hyères

PROVENCE UND COTE D'AZUR

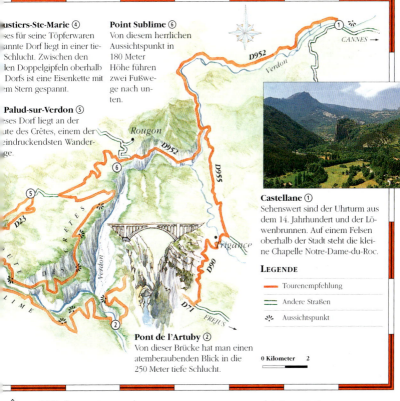

ustiers-Ste-Marie ④
ses für seine Töpferwaren
annte Dorf liegt in einer tie-
Schlucht. Zwischen den
len Doppelgipfeln oberhalb
Dorfs ist eine Eisenkette mit
m Stern gespannt.

Palud-sur-Verdon ⑤
ses Dorf liegt an der
te des Crêtes, einem der
eindruckendsten Wander-
ge.

Point Sublime ⑥
Von diesem herrlichen
Aussichtspunkt in
180 Meter
Höhe führen
zwei Fußwe-
ge nach un-
ten.

Castellane ①
Sehenswert sind der Uhrturm aus dem 14. Jahrhundert und der Löwenbrunnen. Auf einem Felsen oberhalb der Stadt steht die kleine Chapelle Notre-Dame-du-Roc.

LEGENDE

— Tourenempfehlung
— Andere Straßen
☼ Aussichtspunkt

Pont de l'Artuby ②
Von dieser Brücke hat man einen atemberaubenden Blick in die 250 Meter tiefe Schlucht.

0 Kilometer 2

Îles d'Hyères ⓴

Var. ✈ Toulon-Hyères. 🚌 🚂 ⛴
Hyères. ℹ Hyères (04 94 65 18 55).

DIE PARADIESISCHEN drei Inseln, die wegen ihrer goldgelb wirkenden Felsen auch als Iles d'Or bezeichnet werden, kann man von Hyères aus bequem mit dem Schiff erreichen.

Porquerolles, die größte der drei Inseln, ist sieben Kilometer lang und drei Kilometer breit. Die üppige Vegetation wurde teilweise aus anderen Ländern eingeführt, zum Beispiel Bellombra-Bäume aus Mexiko. Der Hauptort der Insel, der ebenfalls Porquerolles heißt, erinnert mehr an eine nordafrikanische Kolonialsiedlung als an ein provenzalisches Dorf. Er wurde 1820 für die verdienstvollsten Veteranen der napoleonischen Armee angelegt.

Sämtliche Strände liegen an der Nordküste. Einer der schönsten Strände der Provence ist die lange Plage Notre-Dame in einer geschützten Bucht ungefähr 60 Gehminuten von Porquerolles entfernt.

Ein Rundgang um die nur 2,5 km² große Insel **Port-Cros** nimmt fast einen Tag in Anspruch. Der höchste Punkt (195 m) ist zugleich der höchste der ganzen Inselgruppe.

Port-Cros ist wegen seiner einzigartigen Tier- und Pflanzenvielfalt seit 1963 einschließlich der Küstengewässer Nationalpark. Mit Taucherbrille und Schnorchel kann man auf einer 300 Meter langen Route die Unterwasserwelt beobachten (die Strecke wird in einem wasserfesten Führer erklärt).

Von Port-Cros kann man zur kargen **Île de Levant** übersetzen. Hauptattraktion ist die 1931 gegründete Héliopolis, die älteste FKK-Anlage Frankreichs. Die Osthälfte der Insel ist Stützpunkt der französischen Marine und daher ein Sperrgebiet.

Massif des Maures ⓴

Var. ✈ Toulon-Hyères. 🚂 Hyères, Toulon od. Fréjus. 🚌 Bormes-les-Mimosas. ⛴ Toulon. ℹ Bormes-les-Mimosas (04 94 71 15 17).

DICHTE KIEFERN-, Eichen- und Kastanienwälder bedecken das fast 65 Kilometer lange Massif des Maures, das sich von Hyères bis nach Fréjus zieht.

Die D558 nördlich von Cogolin führt mitten ins Bergmassiv. An dieser Route befindet sich Garde-Freinet, das Zentrum der Korkenherstellung.

Nördlich von Cannet-des-Maures liegt in völliger Abgeschiedenheit die romanische Abbaye de Thoronet, die zusammen mit der von Sénanque (im Département Vaucluse) und der von Silvacane (Bouches-du-Rhône) die »drei Schwestern« der Provence bildet.

Der Hafen von St-Tropez

St-Tropez ㉒

Var. 6000. Quai Jean-Jaurès (04 94 97 45 21). Di u. Sa.

S<small>T-TROPEZ</small> BLIEB dank seiner geographischen Lage an der Spitze einer Halbinsel von der anfänglichen Entwicklung an der Côte d'Azur unberührt. Der einzige nach Norden liegende Ort der Côte d'Azur sagte den Wärmehungrigen als Winterquartier zunächst nicht zu. Der Maler Paul Signac erlag 1892 als einer der ersten Individualisten dem Charme dieses unberührten Orts. Er zog Kollegen wie van Dongen, Matisse und Bonnard nach sich. In den 20er Jahren ließ sich die mondäne Pariser Schriftstellerin Colette hier nieder.

Im Zweiten Weltkrieg landeten die Alliierten an den Stränden von St-Tropez. Der Ort wurde daher massiv bombardiert. In den 50er Jahren kam dann die Pariser Jugend aus wohlhabendem Hause, und auch der Film von Roger Vadim mit Brigitte Bardot in der Hauptrolle trug zum neuen Image von St-Tropez bei. Das ausschweifende Leben und die Affären von Roger Vadim, Brigitte Bardot, Sacha Distel und anderen wirkten wie ein Magnet. Der Massentourismus setzte ein, und die Leute kamen, um eine Berühmtheit zu sehen, und nicht, um sich das in einer Zitadelle (16. Jh.) oberhalb des Orts untergebrachte **Musée de la Marine** anzuschauen oder das **Musée de l'Annonciade** mit Werken von Signac, Derain, Rouault, Bonnard und anderen. Bardot hatte eine Villa in La Madrague, die sie jedoch aufgab, als die ersten Touristen auf ihrem Privatgrund auftauchten.

Heute sind weit mehr Luxusjachten als Fischerboote im Hafen von St-Tropez vertäut. Die Hafencafés sind ideal zum Beobachten von Leuten und Jachten. Viel zu sehen gibt es auch auf der Place des Lices: Harley-Davidson-Fahrer und den allmorgendlichen Markt.

St-Tropez hat seinen eigenen Strand, schöner sind allerdings die Strände außerhalb des Orts, zum Beispiel bei Pampelonne mit zahlreichen Strandclubs und Restaurants. Hier heißt es sehen und gesehen werden. Da St-Tropez keinen Bahnhof hat, kann das Autofahren und vor allem die Parkplatzsuche in der Hochsaison zum Alptraum werden.

Es heißt, St-Tropez sei nach einem römischen Soldaten benannt worden, der als Christ unter Nero den Märtyrertod starb. Jedes Jahr im Mai findet zum Gedenken an diesen Soldaten die *bravade* statt, bei der eine Puppe unter Gewehrschüssen durch den Ort getragen wird.

In der Nähe liegen zwei ebenfalls reizvolle Orte: **Port Grimaud** wurde zwar erst 1966 angelegt, wirkt jedoch dank der traditionellen Architektur älter. Viele Häuser haben ihren eigenen Anlegeplatz. In dem auf der Anhöhe gelegenen Ort **Ramatuelle** hat sich der dort ansässige Jet-set mit Erfolg für die Restaurierung des Straßenbilds eingesetzt.

🏛 **Musée de la Marine**
Montée de la Citadelle. ☎ 04 94 97 49 53. Mitte Dez–Mitte Nov Mi–Mo. **Geschl.** 1. Jan, 1. Mai, 25. Dez.

🏛 **Musée de l'Annonciade**
Place Grammont. ☎ 04 94 97 04 01. Dez–Okt Mi–Mo. **Geschl.** 1. Jan, Himmelfahrt, 1. Mai, 25. Dez.

Originelle Lösung der Verkehrsprobleme in St-Tropez

BRIGITTE BARDOT

Roger Vadim drehte 1956 mit seiner Ehefrau Brigitte Bardot in St-Tropez den Film *Und ewig lockt das Weib*. Damit läutete das Sexsymbol »BB« eine neue Epoche für das verschlafene Fischerdorf und letztlich die gesamte Côte d'Azur ein, die zum Aufenthaltsort des mondänen Filmstars wurde. An ihrem 40. Geburtstag, 1974, feierte sie am Strand von Pampelonne ihren Abschied vom Filmgeschäft. Seither engagiert sie sich als Tierschützerin.

Brigitte Bardot 1956

Digne-les-Bains ❷❸

Alpes-de-Haute-Provence. 16 000.
🚉 🚌 ℹ️ *Rond point du 11 novembre (04 92 31 42 73).* 🛒 *Mi u. Sa.*

DIESER BEZAUBERNDE Kurort in den Ausläufern der Seealpen kommt schon in den *Elenden* von Victor Hugo vor. Schöne Aussichten bieten sich bei einer Fahrt mit dem Train des Pignes von Nizza. Attraktionen sind das Lavendelfest *(siehe S. 34)* und ein tibetisches Zentrum, die **Fondation Alexandra David-Néel**.

🏛 Fondation Alexandra David-Néel
27, avenue du Juin. 📞 *04 92 31 32 38.* 🕐 *tägl.* ♿

Fréjus ❷❹

Var. 53 000. 🚉 🚌 ℹ️ *325, rue Jean-Jaurès (04 94 17 19 19).* 🛒 *Mi u. Sa (Juli–Aug auch Mo).*

DER MODERNE Ort steht ganz im Schatten zweier historischer Stätten: der Überreste des römischen Hafens und des 49 v. Chr. von Julius Caesar gegründeten **Amphithéâtre**. Die römischen Bauten sind zwar nicht so gut erhalten wie die in Orange oder Arles, dafür gibt es aber eine ganze Menge zu besichtigen: ein riesiges Amphitheater, Fragmente eines Aquädukts, ein Theater und Teile eines Wehrtors. Der ursprüngliche Hafen ist heute nicht mehr zu erkennen.

Die Kathedrale an der Place Formigé bildet das Tor zur **Cité Episcopale**. Dieser Komplex umfaßt eine Taufkirche aus dem 5. Jahrhundert, die Kathedrale, das Kloster und den Bischofspalast.

1959 brachen gewaltige Wassermassen über den Ort herein, als der Malpasset-Damm brach. Seine Ruinen sind heute noch zu sehen.

⌂ Amphithéâtre
Rue Henri Vadon. 📞 *04 94 17 19 19.* 🕐 *Mi–Mo.* **Geschl.** *1. Jan, 25. Dez.* ♿

⌂ Cité Episcopale
58, rue de Fleury. 📞 *04 94 51 26 30.* 🕐 *Apr–Sep tägl.; Okt–März Mi–Mo.* **Geschl.** *1. Jan, 1. Mai, 1. u. 11. Nov, 25. Dez.* 📷

PARFÜMHERSTELLUNG

Die besten Parfüme entstehen aus einer Mischung verschiedener extrahierter Essenzöle auf natürlicher Basis. Manche Parfüme bestehen aus bis zu 300 Essenzölen, die alle mühevoll mit Hilfe verschiedener Methoden – Destillation, Extraktion und *enfleurage à froid* (bei empfindlichen Blüten, die bei der Destillation keine Essenzöle liefern) – aus Pflanzen gewonnen werden. Zunächst müssen die stark duftenden Blüten mehrere Monate in Fett getränkt werden, bis dieses saturiert ist. Die Öle werden dann mit Alkohol »ausgewaschen«. Wenn dieser verdunstet ist, bleibt schließlich die »reine« Parfümessenz übrig.

Lavendelwasser

Grasse-Blüten

St-Raphaël ❷❺

Var. 28 000. 🚉 🚌 ℹ️ *Rue Waldeck-Rousseau (04 94 19 52 52).* 🛒 *tägl.*

ST-RAPHAEL mit seinen Jugendstilhäusern und seiner palmengesäumten Uferpromenade besitzt heute noch den Charme der guten alten Zeit. Außer Strand hat der Ort einen Hafen, ein Casino, römische Ruinen, eine romanische Kirche aus dem 12. Jahrhundert und ein Museum mit Funden aus dem Wrack eines römischen Schiffs zu bieten.. Hier landete Napoléon 1799 bei seiner Rückkehr aus Ägypten.

Grasse ❷❻

Alpes-Maritimes. 44 000. 🚌 *Palais des Congrès, cours Honoré Cresp.* ℹ️ *04 93 36 03 56.* 🛒 *Di–So.*

VOR DER KULISSE des bergigen Hinterlandes liegt die von Lavendel-, Jasmin- und Rosenfeldern umgebene Stadt Grasse, seit dem 16. Jahrhundert internationale Hochburg der Parfümherstellung. Damals brachte Katharina von Medici die Mode parfümierter Lederhandschuhe auf. Grasse war zu der Zeit auch Standort vieler Gerbereien.

Letztere gibt es nicht mehr, aber die im 18. und 19. Jahrhundert gegründeten Parfümfabriken sind immer noch in Betrieb. Den besten Einblick in die Parfümherstellung bietet jedoch das **Musée International de la Parfumerie** mit einem eigenen Garten voll duftender Pflanzen.

Grasse ist die Geburtsstadt Fragonards. Fragonard und Molinard ist jeweils ein Museum gewidmet. Die **Villa-Musée Fragonard** wird von Wandgemälden seines Sohnes geziert. Das einzige bekannte religiöse Werk Fragonards ist in der Altstadt in der **Cathédrale de Notre-Dame-du-Puy** zusammen mit zwei Gemälden von Rubens zu sehen. Die Place aux Aires mit ihren schönen Renaissancehäusern und die Place du Cours inmitten von malerischen engen Straßen haben den typischen Charme dieser Stadt bis heute bewahrt.

🏛 Musée International de la Parfumerie
8, place du Cours. 📞 *04 93 36 80 20.* 🕐 *Juni–Sep tägl.; Okt–Dez Mi–So.* **Geschl.** *Feiertage.* 📷♿

🏛 Villa-Musée Fragonard
23, boulevard Fragonard. 📞 *04 93 36 01 61.* 🕐 *Juni–Sep tägl.; Okt–Mai Mi–So.* **Geschl.** *Feiertage.* 📷

Statue zu Ehren Jean-Honoré Fragonards in Grasse

Lavendelfelder bei Puimoisson, Alpes-de-Haute-Provence ▷

Hochsaison am Strand von Cannes (im Hintergrund das Carlton)

Cannes ❷⓻

Alpes-Maritimes. 70 000.
Palais des Festivals, 1, prom de la Croisette (04 93 39 24 53). Di–So.

Bei Cannes denken die meisten zunächst an das jedes Jahr im Mai stattfindende Filmfestival. Die Stadt hat jedoch weit mehr zu bieten als den alljährlichen Aufmarsch der Stars. Eigentlich hat Lord Brougham, der britische Lordkanzler, Cannes berühmt gemacht. Lord Brougham mußte 1834 seine Reise nach Nizza in Cannes abbrechen, weil in Nizza die Cholera ausgebrochen war. Er war auf Anhieb von der Schönheit und dem milden Klima des Fischerdorfes angetan und ließ sich hier eine Villa bauen. Andere Ausländer taten es ihm gleich, und so wurde Cannes zu einem der mondänsten Orte an der Côte d'Azur. Die Altstadt liegt in dem am Hang des Mont Chevalier hochgezogenen Viertel Le Suquet. An der Place de la Castre ist noch ein Teil der alten Stadtmauer erhalten. Den Platz beherrscht die Kirche **Notre-Dame-de-l'Espérance** (16./17. Jh.) im Stil der provenzalischen Gotik. Eine weitere Sehenswürdigkeit dieses Viertels ist ein *donjon* aus dem 11. Jahrhundert. Der Wehrturm der Burg beherbergt das **Musée de la Castre** mit den Funden des Baron Lyckama, eines holländischen Archäologen des 19. Jahrhunderts.

Der berühmte **Boulevard de la Croisette** mit seinen Palmen und Grünflächen ist an der einen Seite von Luxusboutiquen und Hotels wie dem im Belle-Epoque-Stil gebauten Carlton gesäumt, dessen zwei Kuppeln nach den Brüsten von »La Belle Otero«, einer berühmten Kurtisane des 19. Jahrhunderts, gestaltet wurden. Auf der anderen Seite liegt der Sandstrand, der zu den schönsten der Côte d'Azur zählt. Im Sommer hat man Mühe, die Straße vor Abgasen und Autos noch zu erkennen.

Iles de Lérins

Abfahrt von: Gare Maritime, Vieux Port. 04 93 39 11 82. Sommer: Abfahrt alle 30 Min. von 7.30-19 Uhr; zurück 12, 15, 16, 17, 18 Uhr. Winter: Abfahrt 10, 11, 12.15, 14, 15.15, 16.15 Uhr; zurück 12, 15, 16, 17 Uhr.

Vor der Küste von Cannes liegen die Iles de Lérins. Auf der **Ile Sainte-Marguerite** wurde Ende des 17. Jahrhunderts der geheimnisumwitterte »Mann mit der eisernen

---

Das Festival von Cannes

Das erste Filmfestival fand 1946 statt. Fast 20 Jahre lang blieb es einem kleinen, erlesenen Kreis vorbehalten. Unter den Gästen waren die an der Côte d'Azur ansässigen Künstler und Berühmtheiten. Mit dem »Filmsternchen« Brigitte Bardot Mitte der 50er Jahre wurde das Kunstereignis zum Medienspektakel. Trotzdem bleibt Cannes die Drehscheibe des internationalen Filmgeschehens, nicht zuletzt dank der Verleihung der »Palme d'Or« für den besten Film, die den Marktwert des Gewinners beträchtlich erhöht. Das Festival findet jedes Jahr in dem großzügigen, 1982 eröffneten Palais des Festivals statt.

Gérard Départieu mit Familie beim Festival

Maske« über 10 Jahre lang gefangengehalten, von dem behauptet wird, er sei der Halbbruder Louis' XIV gewesen. Auf der **Ile Saint-Honorat** steht ein Turm aus dem 11. Jahrhundert, in den sich die Mönche bei Überfällen der Sarazenen flüchteten. Außerdem sind fünf alte Kapellen erhalten geblieben. Auf beiden Inseln kann man schöne Waldspaziergänge machen, die Aussicht genießen oder in ruhigen Buchten schwimmen.

Am Boulevard de la Croisette

Cap d'Antibes ㉘

Alpes-Maritimes. Nizza. Antibes. Nizza. Antibes (04 92 90 53 00).

SEIT DEN 20ER JAHREN, als Scott Fitzgerald und der amerikanische Jet-set hierher kamen, gilt die oft einfach nur als »das Kap« bezeichnete bewaldete Felsenhalbinsel mit ihren Prunkvillen inmitten üppiger Gärten als Inbegriff des luxuriösen Lebens. Einer der Reichsten, Frank Jay Gould, investierte in den Urlaubsort Juan-les-Pins, der heute das Glanzlicht am Cap ist. Das alljährlich unter Mitwirkung internationaler Größen stattfindende Jazzfestival von Antibes *(siehe S. 33)* erinnert an das goldene Zeitalter des Jazz.

An der höchsten Stelle der Halbinsel steht die Kapelle **La Garoupe** mit einer Votivgabensammlung und einer russischen Ikone (14. Jh.). Ganz in der Nähe liegt der 1856 zur Akklimatisierung tropischer Pflanzen angelegte **Jardin Thuret**. Ein großer Teil der exotischen Flora dieser Region stammt aus diesem Garten.

♣ **Jardin Thuret**
41, bd du Cap. 04 93 67 88 00. Mo–Fr. *Geschl. Feiertage.*

Antibes ㉙

Alpes-Maritimes. 70 000. 11, place du Général-de-Gaulle (04 92 90 53 00). Di–So.

DIE BELEBTE STADT geht auf die griechische Siedlung Antipolis zurück. Später wurde sie von den Römern erobert. Antibes gehörte danach zu Savoyen, bis es Frankreich 1481 gelang, die Stadt zu annektieren. Daraufhin entstand das **Fort Carré**. Auch der heutige Jachthafen wurde damals von Vauban umgestaltet.

Das Château Grimaldi, die ehemalige Residenz der Fürsten von Monaco, stammt aus dem 12. Jahrhundert. Heute befindet sich hier das **Musée Picasso**. 1946 benutzte der Maler einen Teil des Schlosses als Atelier und stiftete aus Dankbarkeit die 150 hier entstandenen Werke, darunter

Die Ziege (1946) von Pablo Picasso

auch *Die Ziege*. Die meisten Bilder sind von seiner Liebe zum Meer geprägt, etwa *Lebensfreude*.

Unter den Töpferwaren im **Musée d'Archéologie** sind auch Funde aus Schiffswracks (Mittelalter bis 18. Jh.).

🏛 **Musée Picasso**
Château Grimaldi. 04 92 90 54 20. Di–So. *Geschl. Feiertage.*

🏛 **Musée d'Archéologie**
1, avenue Mezières. 04 92 90 54 35. Dez–Okt Di–So. *Geschl. Feiertage.*

Segeljachten im Hafen von Antibes

Vallauris ③⓪

Alpes-Maritimes. 24 000.
 6 Square 8 mai 1945 (04 93 63 82 58). Di – So.

Vallauris verdankt seine Bekanntheit Pablo Picasso, der sich für die Erhaltung der Töpferwerkstätten einsetzte. 1951 bekam Picasso den Auftrag, ein Wandgemälde in der Kapelle neben der Festung zu malen. Dieses Gemälde, *Krieg und Frieden* (1952), ist das wichtigste Ausstellungsstück des **Musée Picasso**. Die Bronzeskulptur *Mann mit Hammel* auf dem Hauptplatz schenkte Picasso der Stadt.

Musée Picasso
Place de la Libération. 04 93 64 16 05. Mi – Mo. Geschl. Feiertage. nur Erdgeschoß.

Biot ③①

Alpes-Maritimes. 8000.
 Place de la Chapelle (04 93 65 05 85). Di u. Fr.

Das typische Bergdorf Biot mit seinem unverfälschten Charme zieht von jeher Handwerker und Künstler an. Der bekannteste ist Fernand Léger, der hier 1949 seine Keramiken schuf. Diese sind zusammen mit vielen anderen Werken im **Musée Fernand Léger** ausgestellt. Die Fassade ziert ein riesiges Mosaik des Künstlers.

Außerdem ist Biot für mundgeblasenes Glas bekannt. Die Werke der Glasbläser kann man in der **Verrerie de Biot** bewundern und kaufen.

Musée Fernand Léger
Chemin du Val-de-Pôme. 04 92 91 50 30. Mi – Mo. Geschl. 1. Jan, 1. Mai, 25. Dez.
La Verrerie de Biot
Chemin des Combes. 04 93 65 03 00. tägl. Geschl. 25. Dez.

Renoirs Atelier in der Maison Les Colettes in Cagnes-sur-Mer

Cagnes-sur-Mer ③②

Alpes-Maritimes. 43 000.
 6, boulevard Maréchal-Juin (04 93 20 61 64). Di – Fr.

Cagnes-sur-Mer ist in drei Bezirke gegliedert. Der älteste und interessanteste ist Haut-de-Cagnes mit steilen Straßen, Laubengängen und alten Häusern, darunter einige Arkadenhäuser aus der Renaissance. Cagnes-Ville ist der moderne Stadtteil mit vielen Hotels und Geschäften und Cros-de-Cagnes das Seebad mit Jachthafen und Angelmöglichkeit. Das **Château** in Haut-de-Cagnes aus dem 14. Jahrhundert wurde im 17. Jahrhundert von Henri Grimaldi umgebaut. Hinter den Befestigungsmauern verbirgt sich ein Hof mit einem 200 Jahre alten Pfefferbaum, um den herum ein dem Ölbaum gewidmetes Museum liegt, in dem auch Kunst aus dem Mittelmeerraum ausgestellt ist, darunter eine Reihe von Bildern, die die *chanteuse* Suzy Solidor dem Museum vermacht hat. Diese 40 Werke, ausnahmslos Porträts der Sängerin, stammen u. a. von Marie Laurencin und Cocteau. Die Decke des Festsaals ziert ein äußerst suggestives Fresko, *Der Fall des Phaeton*, das Carlone 1621–24 schuf.

Pierre Auguste Renoir verbrachte die letzten 12 Jahre seines Lebens in Cagnes, in der **Maison Les Collettes**. Das warme, trockene Klima war gut für den an Arthritis leidenden Künstler. Das Haus ist seit Renoirs Tod 1919 nahezu un-

Fassade des Musée Fernand Léger in Biot mit einem Mosaik des Künstlers

verändert geblieben und birgt zehn seiner Werke. Es liegt in einem Olivenhain, in dem auch Renoirs Bronzestatue *Venus Victrix* steht.

♠ Château de Cagnes
(04 93 20 85 57.) Juli–Sep tägl.; Okt–Juni Mi–Mo. **Geschl.** Mitte Nov–Mitte Dez.

🏛 Maison Les Collettes
(04 93 20 61 07.) Mi–Mo. **Geschl.** 20.Okt–9.Nov, Feiertage.

Renoirs *Bauernhaus in Les Colettes* (1915), in Cagnes-sur-Mer gemalt

Gorges du Loup ㉝

Alpes-Maritimes. ✈ Nizza. 🚆 Cagnes-sur-Mer. 🚌 Grasse. ⛴ Nizza. ℹ Grasse (04 93 36 66 66).

DER LOUP entspringt in den Pré-Alpes hinter Grasse und bahnt sich dann durch eine tiefe Schlucht seinen Weg zum Mittelmeer. Immer wieder blickt man auf tosende Wasserfälle. Die Krönung dieser wildromantischen Landschaft sind die typischen, auf Hügelkuppen errichteten Dörfer.

Gourdon verdankt seinen Reiz zum großen Teil den alten Häusern, die sich um das **Château** aus dem 13. Jahrhundert scharen, das an der Stelle einer einstigen Sarazenenfestung errichtet wurde. Die terrassierten Gärten stammen von Le Nôtre *(siehe S. 169)*. Das Museum mit naiver Kunst besitzt auch ein Werk Henri Rousseaus.

Die Befestigungsmauern von **Tourrette-sur-Loup** bestehen aus den äußeren Häusern. Auf den Feldern rings um das Dorf wachsen Veilchen, aus denen Parfüm und Pastillen gemacht werden.

♠ Château Gourdon
(04 93 09 68 02.) Juni–Sep tägl.; Okt–Mai Mi–Mo.

Vence ㉞

Alpes-Maritimes. 👥 15 000. 🚌 ℹ Place du Grand-Jardin (04 93 58 06 38). 🛒 Di, Do u. Fr.

VENCE IST seit jeher für sein mildes Klima bekannt. Heute ist der im Mittelalter bedeutende religiöse Ort von Ferienvillen umgeben. Die **Cathédrale** wurde unter Antoine Godeau, dem berühmtesten Bischof der Stadt, restauriert. Als Altar dient ein römischer Sarkophag (5. Jh.). Die Wände werden von karolingischen Flachreliefs geschmückt. Beachtenswert ist auch das Chorgestühl (15. Jh.) und das Bischofsgrab. Innerhalb der Altstadtmauern und seiner Tore (13./14. Jh.) liegt die Place du Peyra, eine ehemalige Arena mit einem Brunnen aus dem Jahr 1822. Die **Chapelle du Rosaire** (1946–51) wurde von Henri Matisse aus Dankbarkeit gegenüber den Nonnen, die ihn gepflegt hatten, mit Glasfenstern und Wandmalereien versehen. Die biblischen Szenen beschränken sich auf schwarze Linien auf weißem Untergrund. Die einzigen Farbakzente setzt das durch die blau-gelben Glasfenster einfallende Licht.

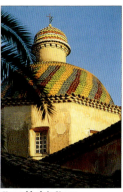

Kuppeldach in Vence

🛐 Chapelle du Rosaire
Avenue Henri-Matisse, (04 93 58 03 26.) tägl.(Fr–Mo, Mi nach Vereinbarung, 48 Stunden vorher); Schulferien, Di–Sa Nachmittag. **Geschl.** Nov.

Markt in der Altstadt von Vence

Im Detail: St-Paul-de-Vence ㉟

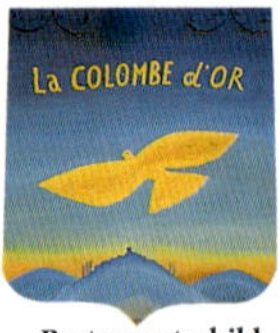
La COLOMBE d'OR

Restaurantschild (St-Paul-de-Vence)

St-Paul-de-Vence, einer der berühmtesten Touristenorte im hügeligen Hinterland von Nizza, lag einst an der Grenze zwischen Frankreich und Savoyen. Von den Befestigungsmauern (16. Jh.) blickt man auf Zypressen, Palmen und Villen. Das Dorf wurde größtenteils restauriert, die verwinkelten Straßen und mittelalterlichen Häuser sind jedoch authentisch. Im 20. Jahrhundert haben sich hier viele Künstler – etablierte wie angehende – niedergelassen, wovon auch die vielen Galerien und Ateliers zeugen.

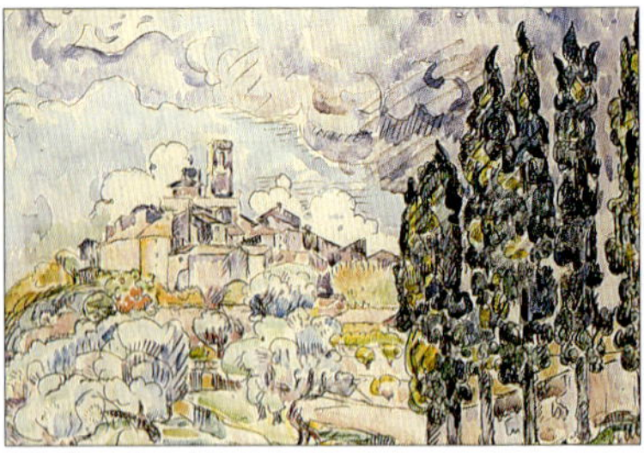

Blick auf St-Paul-de-Vence
Die Landschaft ist ein beliebtes Motiv. Diese Ansicht von St-Paul schuf der Neoimpressionist Paul Signac (1863–1935).

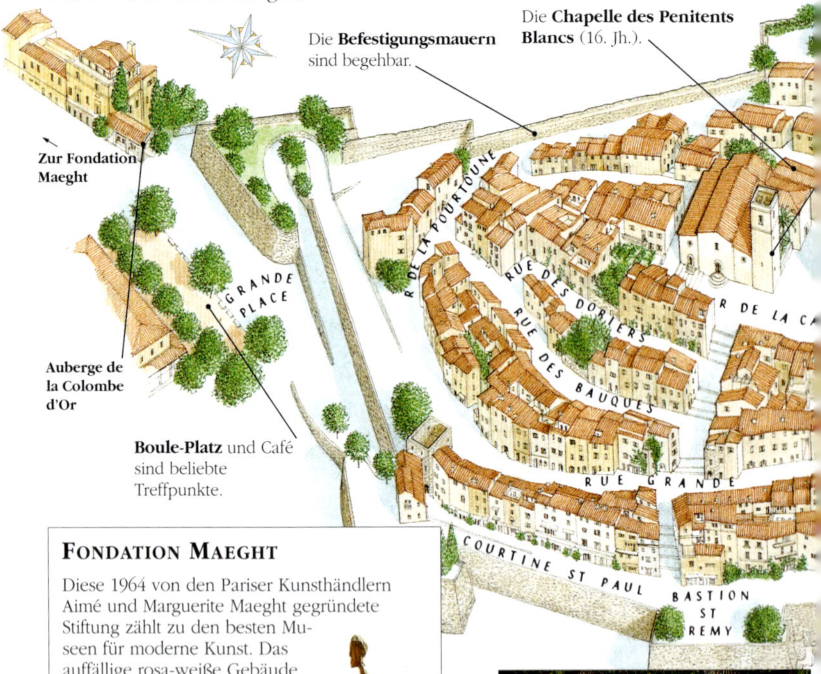
Die **Chapelle des Penitents Blancs** (16. Jh.).
Die **Befestigungsmauern** sind begehbar.
Zur Fondation Maeght
R DE LA POURTOUNE
GRANDE PLACE
RUE DES DORIERS
RUE DES BAUQUES
R DE LA CA
RUE GRANDE
COURTINE ST PAUL
BASTION ST REMY
Auberge de la Colombe d'Or
Boule-Platz und Café sind beliebte Treffpunkte.

Fondation Maeght

Diese 1964 von den Pariser Kunsthändlern Aimé und Marguerite Maeght gegründete Stiftung zählt zu den besten Museen für moderne Kunst. Das auffällige rosa-weiße Gebäude außerhalb von St-Paul wurde von dem katalanischen Architekten José-Luis Sert entworfen, der dabei mit Künstlern wie Miró und Chagall zusammenarbeitete. Die Sammlung umfaßt Werke von Bonnard, Braque, Kandinsky, Chagall und anderen. Eine Bibliothek, Sommerkonzerte, Ausstellungen und Filme ergänzen das Angebot. In den terrassenartig angelegten Gärten stehen Plastiken, Mobiles und Mosaiken.

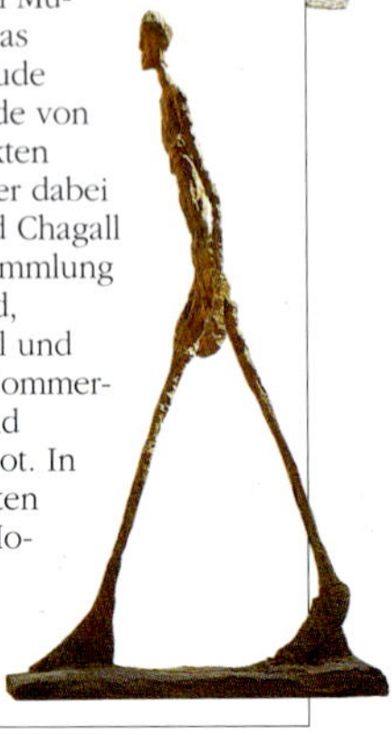

***L'Homme qui marche* von Giacometti**

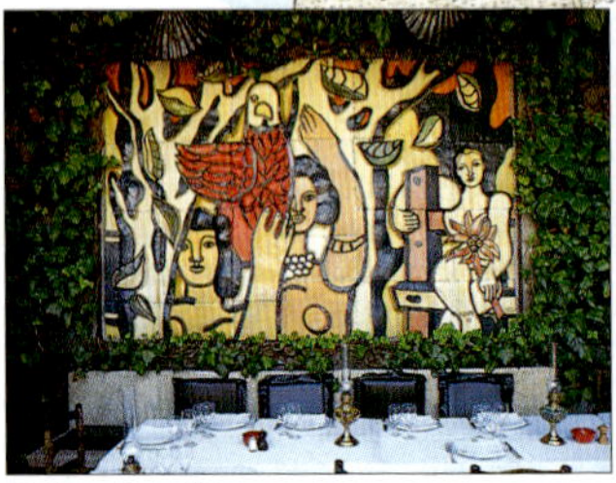

Colombe d'Or
Den Gasthof zieren ein Wandgemälde von Léger (auf der Terrasse), eine Taube von Braque (am Pool), ein Picasso und ein Matisse im Speisesaal.

PROVENCE UND COTE D'AZUR   515

Eglise Collégiale
Die im 12. Jahrhundert begonnene Kirche birgt ein Tintoretto zugeschriebenes Gemälde der hl. Katharina.

INFOBOX

Alpes-Maritimes. 2900.
12, place du Grand-Jardin, Vence (04 93 58 37 60).
Maison de la Tour, 2, rue Grande (04 93 32 86 95).
Fondation Maeght tägl.

Im **Musée d'Histoire de Saint-Paul** sind Tafeln mit Szenen aus der Geschichte des Ortes zu sehen.

Le Donjon, ein düsterer mittelalterlicher Turm, war bis zum 19. Jahrhundert ein Gefängnis.

Brunnen
Auf diesem bezaubernden Platz steht ein urnenförmiger Brunnen.

Rue Grande
Die Türen der Häuser (16. und 17. Jh.) sind mit Wappen verziert.

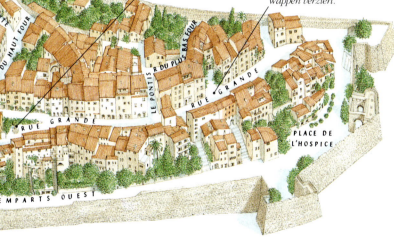

BERÜHMTE GÄSTE

Der Gasthof Colombe d'Or (Goldene Taube) *(siehe S. 574)* zog viele der Maler und Schriftsteller an, die in den 20er Jahren die Riviera entdeckten. Zu den ersten Gästen zählten Picasso, Soutine, Modigliani, Signac, Colette, die für Essen und Übernachtung oft mit einem Gemälde bezahlten, was die eindrucksvolle Sammlung erklärt, die Gäste heute sehen können. Hier stritten eines Abends Zelda und Scott Fitzgerald erbittert über Isadora Duncan, auf dieser Terrasse heiratete Yves Montand Simone Signoret. Im Museum von St-Paul hängen Fotos aller Berühmtheiten, die je hierher kamen, unter ihnen Sartre und Simone de Beauvoir, Greta Garbo, Sophia Loren, Burt Lancaster und Catherine Deneuve.

Marc Chagall (1887–1985) zog 1950 nach St-Paul-de-Vence

Nizza ㊱

SCHON GRIECHEN UND RÖMER bewohnten die heute fünftgrößte Stadt Frankreichs, die wegen ihrer milden Winter und üppigen subtropischen Vegetation schon seit langem ein Mekka für Touristen aus aller Herren Länder ist. Bis zum Zweiten Weltkrieg konnten sich den Aufenthalt hier jedoch nur die Reichen leisten; im Jahr 1856 kam die Witwe von Zar Nikolaus I., 1895 Königin Victoria von England. Dank seiner schillernden Vergangenheit ist Nizza heute Fremdenparadies und ungekrönte Hauptstadt der Côte d'Azur. Besucher finden hier zahlreiche Museen, schöne Strände und eine unvergleichliche Atmosphäre. Mit zum Schönsten gehört der achtzehntägige Karneval, der am Fastnachtsdienstag mit einem riesigen Feuerwerk und einer wahren Blumenschlacht endet *(siehe S. 35)*.

Altstadt von Nizza

Jachten im Hafen von Nizza

Überblick: Nizza

Die Promenade des Anglais entlang des Hafens wurde in den 30er Jahren des letzten Jahrhunderts von der englischen Kolonie erbaut. Heute ist sie eine achtspurige kilometerlange Uferstraße mit Galerien, Geschäften und Luxushotels wie **Le Négresco**.

Nizza hat jedoch auch eine dunkle Seite, die der englische Schriftsteller Graham Greene 1982 in einer Anklageschrift gegen Jacques Médécin festhielt. Der rechtsgerichtete Bürgermeister der Stadt floh nach Paraguay, um einer Anklage in Frankreich zu entgehen.

Bis 1860 war Nizza italienisch, und so wirken die alten pastellfarbenen Fassaden und Balkone in der Altstadt auch heute noch. Sie liegt am Fuße des ehemaligen Burgberges. Die Altstadt wird derzeit restauriert, und die hohen, schmalen Gebäude beherbergen inzwischen Künstler, Galerien, Boutiquen und Restaurants. Der täglich stattfindende Blumen- und Gemüsemarkt am Cours Saleya ist eine Augenweide.

Der Stadtteil Cimiez liegt an den Berghängen und ist seit mehr als 100 Jahren Villenviertel. Sehenswert ist das ehemalige Kloster Notre-Dame-de-Cimiez, des weiteren die Überreste einer großen römischen Siedlung mit Thermalbädern und Amphitheater. Die antiken Schätze sind im Musee d'Archéologie zu besichtigen.

🏛 Musée Matisse
164, av des Arènes-de-Cimiez. ☎ 04 93 81 08 08. ⓘ Mi–Mo. **Geschl.** *Einige Feiertage.* ♿

Henri Matisse verbrachte viele Jahre in Nizza, denn das Licht hatte es ihm angetan. Im Museum in und unterhalb der Villa des Arènes sind neben Skizzen und Gemälden Skulpturen und Grafiken zu besichtigen. Zu den schönsten Ausstellungsstücken gehören *Stillleben mit Granatäpfeln* und sein letztes Werk *Blumen und Früchte*.

🏛 Palais Lascaris
15, rue Droite. ☎ 04 93 62 05 54. ⓘ Dez–Okt Di–So. **Geschl.** *Einige Feiertage.*

Der prunkvolle Palast (17. Jh.) mit Schnitzereien, flämischen Gobelins und mythologischen Fresken wird dem Genueser Carlone zugeschrieben. Zu der kleinen, aber sehenswerten Sammlung gehört die Nachbildung einer Apotheke aus dem 18. Jahrhundert.

🏛 Musée d'Art Contemporain
Promenade des Arts. ☎ 04 93 62 61 62. ⓘ Mi–Mo. **Geschl.** *1. Jan, Ostern, 1. Mai, 25. Dez.* 🚻 ♿

Das Museum mit den eindrucksvollen marmorverkleideten Türmen, die durch gläserne Korridore miteinander verbunden sind, beherbergt eine Sammlung mit Werken des Neorealismus und der Pop-Art von Künstlern wie Warhol, Jean Tinguely und Niki de Saint-Phalle sowie von Künstlern der Schule von Nizza, darunter César, Arman und Yves Klein.

Blaue Nackte IV (1952) von Henri Matisse

PROVENCE UND COTE D'AZUR

Ein azurblauer Blick – von der Promenade des Anglais

INFOBOX

Alpes-Maritimes. 345 000. 7 km SW. av Thiers (04 36 35 35 35). prom des Arts (04 93 85 61 81). Quai du Commerce (04 93 66 13 66). 5, prom des Anglais (04 92 14 48 00). Di–So. Karneval (Feb).

Cathédrale Ste-Réparate

Das barocke Bauwerk (17. Jh.) wird von einem getäfelten Turm überragt; das Innere ist mit Marmor und Wandmalereien ausgestattet.

Musée Chagall

Avenue du Docteur-Ménard. 04 93 53 87 20. Mi–Mo. **Geschl.** 1. Jan, 1. Mai, 25. Dez.
Das Museum besitzt die größte Sammlung von Marc Chagalls Werken, darunter Gemälde, Skizzen, Skulpturen, Buntglasarbeiten und Mosaiken. Höhepunkt sind die 17 Teile der *Biblischen Botschaft*.

Musée des Beaux-Arts

33, avenue des Baumettes. 04 93 44 50 72. Di–So. **Geschl.** 1. Jan, Ostern, 1. Mai, 25. Dez.
In der Villa einer ukrainischen Prinzessin sind Arbeiten ausgestellt, die Napoléon III nach Nizza sandte, nachdem die Italiener 1860 die Stadt verlassen hatten. Werke von Dufy, Monet, Renoir und Sisley runden die Sammlung ab.

Palais Masséna

65, rue du France. 04 93 88 11 34. Dez–Okt Di–So. **Geschl.** 1. Jan, 1. Mai, Schulferien im Nov, 25. Dez.
Die italienisch anmutende, für den gleichnamigen Marschall Napoléons erbaute Residenz (19. Jh.) beherbergt Gemälde der Schule von Nizza, dazu Volkskunst sowie einen goldenen Mantel von Napoléons geliebter Josephine. Darüber hinaus findet man hier Werke einiger Impressionisten sowie Keramikarbeiten.

Cathédrale Orthodoxe Russe St-Nicolas

Die im Jahr 1912 vollendete Kathedrale wurde im Andenken an einen Zarensohn errichtet, der hier 1865 starb. Die Backsteinfassade ist mit grauem Marmor und Mosaikarbeiten versehen, das Innere mit Ikonen und feinen Holzarbeiten ausgestattet. Die Zwiebeltürme sind das fremdländischste Wahrzeichen Nizzas.

NIZZA

Cathédrale Ste-Réparate ④
Hôtel Le Négresco ②
Musée d'Art Contemporain ⑥
Musée Chagall ①
Palais Lascaris ⑤
Palais Masséna ③

LEGENDE

- Busbahnhof
- Parken
- Auskunft
- Kirche

Chapelle St-Pierre, Villefranche

Villefranche-sur-Mer ⊛

Alpes-Maritimes. 8000.
Jardin François Binon (04 93 01 73 68). Di, Sa, So u. Feiertage.

Die Stadt liegt am Fuße eines Berges, der einem riesigen geschützten Amphitheater gleicht. Zu ihren Füßen liegt ein natürlicher Hafen, durch seine Tiefe hat sie einen nennenswerten Seehafen.

Von der lebhaften Uferpromenade mit ihren italienischen Fassaden, Cafés und Bars kann man die Fischer beobachten. Hier steht auch die **Chapelle St-Pierre**, die 1957 restauriert und von Jean Cocteau neu gestaltet wurde. Seine Fresken zeigen sowohl nichtreligiöse Motive wie auch das Leben des heiligen Petrus.

In der sehenswerten **Citadelle St-Elme** aus dem 16. Jahrhundert sind das Rathaus und zwei Galerien untergebracht.

Die Straßen hinter dem Hafen sind eng und schmal und führen oftmals über Treppen und unter vorhängenden Gebäuden nach oben. Die überdachte Straße aus dem 13. Jahrhundert, die Rue Obscure, hat bis zum Zweiten Weltkrieg Schutz vor Beschuß und Bomben geboten.

🏠 **Chapelle St-Pierre**
Port de Villefranche. 04 93 76 90 70. Mitte Dez – Mitte Nov Di – So. Geschl. 25. Dez.

Cap Ferrat ⊛

Alpes-Maritimes. Nizza. Nizza. Beaulieu-sur-Mer. St-Jean-Cap-Ferrat (04 93 76 08 90).

Auf der Halbinsel Cap Ferrat stehen einige der prunkvollsten Villen der ganzen Riviera. Zu den berühmtesten gehörte die des Schriftstellers Somerset Maugham, der hier von 1926 bis zu seinem Tode lebte. Noël Coward, Winston Churchill und der Herzog von Windsor zählten zu seinen illustren Gästen. Die meisten Villen verstecken sich hinter schlanken Pinien und hohen Mauern, aber die vielleicht schönste ist der Öffentlichkeit zugänglich. Die **Fondation Ephrussi de Rothschild** ist ein Bauwerk aus Terrakotta und Marmor inmitten wundervoller Gärten. Die Baronin Ephrussi de Rothschild vermachte es 1934 dem Institute de France. Alles wurde wie zu ihren Lebzeiten belassen: die unschätzbare Porzellansammlung, persönliche Gegenstände von Marie-Antoinette, Wandteppiche, Gemälde und eine einzigartige Sammlung von Werken des Malers Fragonard.

Das malerische Hafenstädtchen **Beaulieu** mit seinen vornehmen Hotels bietet einen phantastischen Blick auf die Bucht von Fourmis. Die Attraktion ist die im griechischen Stil erbaute **Villa Kérylos**. Der wohlhabende Archäologe Théodore Reinach ließ sie zwischen 1902 und 1908 errichten und mit Mosaiken, Fresken und wunderschönem Mobiliar ausstatten.

🏛 **Fondation Ephrussi de Rothschild**
Cap Ferrat. 04 93 01 33 09. tägl. Geschl. 25. Dez.
🏛 **Villa Kérylos**
Impasse Eiffel, Beaulieu.
04 93 01 01 44. tägl. Geschl. 1. Jan, 25. Dez.

Die Villa Kérylos im griechischen Stil in Beaulieu auf Cap Ferrat

PROVENCE UND COTE D'AZUR

Louis-XV-Salon in der Fondation Ephrussi de Rothschild, Cap Ferrat

Èze ❸

Alpes-Maritimes. 2600.
Place de Gaulle (04 93 41 26 00).

Der kleine Ort schmiegt sich wie ein Adlerhorst an den Felsen hoch über dem Mittelmeer. Jedes Jahr strömen Tausende von Besuchern durch das Stadttor (14. Jh.) und die engen Gassen. Die sorgsam restaurierten Häuser beherbergen heute fast ausschließlich Geschäfte, Galerien und dergleichen. Über dem Ort thront die ehemalige Burg inmitten der reichen Pflanzenwelt des **Jardin Exotique**. Der Blick von hier oben ist unvergleichlich.

Entlang der Corniche gelangt man auf der alten Römerstraße zum Siegerdenkmal **La Turbie** *(siehe S. 42 f)*, im Jahre 6 v. Chr. nach dem Sieg über die einheimischen Stämme errichtet. Auch von hier hat man einen herrlichen Ausblick auf das nahe gelegene Monaco.

🌿 **Jardin Exotique**
Rue du Château. 04 93 41 10 11.
tägl.
🏛 **La Turbie**
tägl.

Roquebrune-Cap-Martin ❹

Alpes-Maritimes. Nizza.
20, av Paul-Doumer (04 93 35 62 87). tägl.

Der mittelalterliche Ort liegt oberhalb des Kaps, zu dessen Bewohnern einst Coco Chanel ebenso gehörte wie Greta Garbo. Aber nicht immer war das Kap seinen Gästen wohlgesonnen: der Dichter W. B. Yeats starb hier 1939, und der Architekt Le Corbusier ertrank 1965 nicht weit vom Ufer.

Jeweils im August finden in Roquebrune Passionsspiele statt, denn angeblich hat ein solches im Jahr 1467 die Bewohner vor der Pest bewahrt.

Blick von Roquebrune

Alpes-Maritimes ❹

Alpes-Maritimes. Nizza.
Nizza. Peille. Nizza. Peille (04 93 79 91 04).

Im Hinterland der Côte d'Azur findet man noch ruhige Orte abseits des Touristenstroms. Typisch sind die winzigen Zwillingsorte **Peille** und **Peillon**. Ihre Torbogen und steilen, treppenreichen Gäßchen schmiegen sich hoch über dem Paillon in den Felsen. Peille ist etwas verschlafener und hat sich sogar seinen eigenen Dialekt bewahrt. Die Schönheit der Alpes-Maritimes mit den Schluchten, Flüssen und Hochebenen ist noch weitgehend unberührt. Sehenswert sind die interessanten Felsmalereien in der **Vallée des Merveilles** aus der Frühzeit sowie die seltenen Wildtiere im **Parc National du Mercantour**.

Menton ❷

Alpes-Maritimes. 30 000.
Palais de l'Europe, Avenue Boyer (04 93 57 57 00). tägl.

Zwischen Meer und Alpen gelegen, locken goldene Gebäude und Villen der Belle Epoque Besucher in die Stadt. Queen Victoria und bekannte Schriftsteller erkoren diesen Ort zu ihrem Urlaubsdomizil. Für die tropischen Gärten und Zitrusfrüchte herrscht das perfekte Klima, im milden Februar findet das Zitronenfest statt *(siehe S. 35)*.

Die **Kirche St-Michel** ist ein Prachtexemplar barocker Baukunst aus gelbem und rotem Stein. Auf dem mit dem Grimaldi-Wappen gepflasterten Vorplatz findet alljährlich ein Musikfestival statt.

Das **Hôtel de Ville** im Zentrum der Stadt wurde 1957 von Jean Cocteau dekoriert. Zeichnungen, Gemälde, Keramiken und Bühnenausstattung des Künstlers finden sich im **Musée Cocteau** in einer Festung aus dem 17. Jahrhundert.

Im Palais Carnolès zeigt das **Musée des Beaux 'Arts** Kunst vom Mittelalter bis ins 20. Jahrhundert.

🏛 **Hôtel de Ville**
Place Ardoiono. 04 92 10 50 00.
Mo–Fr. **Geschl.** Feiertage.
🏛 **Musée Cocteau**
Bastion du Port. 04 93 57 72 30.
Mi–Mo. **Geschl.** Feiertage.
🏛 **Musée des Beaux Arts**
3 avenue de la Madone. 04 93 35 49 71. Mi–So. **Geschl.** Feiertage.

Mosaik am Musée Cocteau in Menton

Monaco

Besucher, die mit dem Auto anreisen, täten gut daran, die untere Corniche entlang der malerischen Küste zu nehmen, denn mit ihrem unvergleichlichen Blick auf das Mittelmeer gehört sie zu den schönsten Straßen der Welt. Beim Anblick der hohen Wolkenkratzer fällt es jedoch schwer, sich die alte und ehrwürdige Geschichte vorzustellen. Die ehemals griechische Siedlung wurde später von den Römern erobert, und 1297 kaufte ein Grimaldi sie der Seemacht Genua ab. Seine Nachfahren regieren trotz erbitterter Familienfehden in der Vergangenheit und wenigstens eines politischen Mords auch heute noch im ältesten Fürstentum der Welt, das mit seinen 1,9 km² kleiner ist als der Central Park in New York.

Luftaufnahme von Monaco

Grand Casino

Überblick: Monaco

Seinen Ruhm verdankt Monaco hauptsächlich seinem Casino, erbaut von Charles III, der mit dem Glücksspiel den Staatssäckel auffüllen wollte. Der 1865 eingeweihte Spielsalon stand auf einer kahlen Landzunge (später in Erinnerung an Charles in Monte-Carlo umbenannt) gegenüber dem alten Stadtkern. Charles' Geldbeschaffungsmaßnahme funktionierte so gut, daß er 1870 sogar die Steuer in seinem Land abschaffen konnte. Heute ist Monaco ein Steuerparadies, und seine Bewohner haben das höchste Pro-Kopf-Einkommen der Welt.

Das Grand-Prix-Rennen im Mai und die Monte-Carlo-Rallye im Januar *(siehe S. 35)* locken Tausende an. Aber auch die größten Sänger treten hier während der Opernsaison auf. Im Juli und August findet ein Feuerwerksfestival statt, Ende Januar ein Zirkusfestival; auch die Ballettaufführungen und Konzerte genießen Weltruf. So bietet sich jedem Besucher das Seine, und man kann viel genießen, auch ohne die Bank zu sprengen, darunter **Fort Antoine** und die neoromanische **Cathédrale**.

♣ Casino

Place du Casino. 00 377 92 16 21 21. tägl.

Der 1878 von Charles Garnier, dem Architekten der Pariser Oper *(siehe S. 93)*, errichtete Bau inmitten einer Gartenanlage bietet einen herrlichen Blick auf Monaco. Die verschwenderische Innenausstattung geht auf die Belle Epoque zurück, als sich hier russische Großfürsten, englische Lords und Abenteurer tummelten. Heute kann jeder sein Glück an den einarmigen Banditen in der Salle Blanche und an den Rouletterädern in der Salle Europe versuchen. Die großen Spielsäle sind gegen ein Eintrittsgeld zu besichtigen, die Tische hingegen für die Superreichen reserviert.

♣ Palais du Prince

Place du Palais. 00 377 93 25 18 31. Juni–Okt tägl.

Der Fürstenpalast aus dem 13. Jahrhundert steht mitten in der Stadt. In Abwesenheit des Hausherrn finden

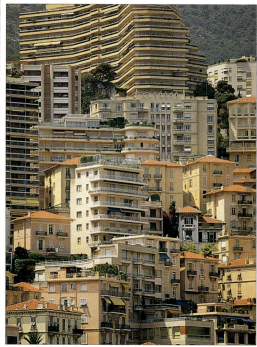

Wolkenkratzer und Wohnhäuser im modernen Monte-Carlo

MONACOS FÜRSTENFAMILIE

Seit 1949 herrscht hier Fürst Rainier III, Nachkomme jenes Grimaldi, der, als Mönch verkleidet, 1297 in die Burg von Monaco eindrang. Die Fürstin, die ehemalige Schauspielerin Grace Kelly, kam 1982 bei einem Autounfall ums Leben. Ihr Sohn, Prinz Albert, ist Anwärter auf den Thron; für Aufmerksamkeit in der Presse sorgen hingegen seine Schwestern Caroline und Stephanie.

Rainier III und Gracia Patricia mit Töchterchen Caroline

INFOBOX

Monaco. 30.000. 7 km von Nice. Avenue Prince-Pierre (00 377 93 10 60 15). 2a, boulevard des Moulins (00 377 92 16 61 16). tägl. *Festival du Cirque (Jan–Feb); Internationales Feuerwerksfestival (Juli– Aug); Fête Nationale Monégasque (Nov).*

Führungen durch den mit unschätzbarem Mobiliar, Teppichen und Fresken ausgestatteten Palast statt. Wachablösung ist jeden Tag um 11.55 Uhr.

🏛 Musée des Souvenirs Napoléoniens

Palais du Prince.
00 377 93 25 18 31.
Juni–Mitte Nov tägl.; Mitte Dez–Mai Di–So.

Ein Stammbaum zeigt die Familienbande zwischen den Grimaldis und Bonapartes. Zu besichtigen sind persönliche Gegenstände von Napoléon sowie Porträts von Napoléon und Josephine.

Musée Océanographique

Avenue Saint-Martin.
00 377 93 15 36 00.
tägl.
Gegründet hat es Prinz Albert I im Jahr 1910 mit den Einnahmen aus dem Casino. Im Meerwasseraquarium finden sich seltene Pflanzen- und Tierexemplare. Für jeden an Meeresforschung Interessierten ist das Mu-

Wache vor dem Palais du Prince

seum ein unbedingtes Muß. Der Meeresforscher Jacques Cousteau hat hier sein Forschungszentrum.

🌿 Jardin Exotique

62, bd du Jardin-Exotique. 00 377 93 30 33 65. tägl. **Geschl.** 19. Nov, 25. Dez. zum Garten (teilweise).
Die Anlage zählt mit ihren (sub-) tropischen Pflanzen zu den schönsten Europas. Im Musée d'Anthropologie findet man Beweise dafür, daß einst Bären, Mammuts und Flußpferde die Küste bewohnten.

🏛 Musée des Automates et Poupées d'Autrefois

17, avenue Princesse-Grace. 00 377 93 30 91 26. tägl. **Geschl.** 1. Jan, 1. Mai, 19. Nov, 25. Dez.
Über 400 Puppen aus dem 18. Jahrhundert sind hier ausgestellt. Die ungewöhnlichen Automaten werden mehrmals täglich in Gang gesetzt.

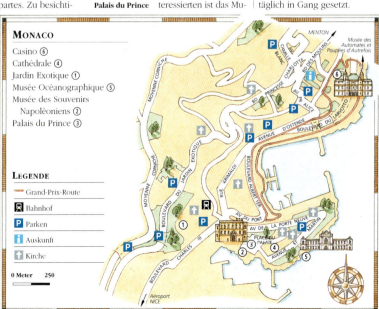

MONACO

Casino ⑥
Cathédrale ④
Jardin Exotique ①
Musée Océanographique ⑤
Musée des Souvenirs Napoléoniens ②
Palais du Prince ③

LEGENDE

— Grand-Prix-Route
🚉 Bahnhof
P Parken
i Auskunft
✝ Kirche

0 Meter 250

KORSIKA

HAUTE-CORSE · CORSE-DU-SUD

DIE INSEL, *deren Bewohner immer noch ihren italienischen Dialekt sprechen, ist wie ein kleiner Kontinent. Hier findet man Palmen, Weingärten, Oliven- und Orangenhaine, Kastanienwälder, Pinien, hochgelegene Seen und Gebirgsbäche. Am charakteristischsten ist wohl die Macchia, das Dickicht aus Kräutern, Sträuchern und Bäumen, deren Duft nach Myrte schwer in der Luft liegt.*

Korsika ist nach Sizilien und Sardinien die drittgrößte Insel im Mittelmeer. Seit Louis XV 1769 die Insel für 40 Millionen Franc von den Genuesern »gekauft« hat, hat sie Frankreich nichts als Probleme bereitet. Weil die Korsen davor unter der Führung von Pasquale Paoli 15 Jahre lang unabhängig waren, fühlten sie sich durch den Handel mit Frankreich verraten; ihr Unmut darüber ist auch heute noch zu spüren. Dem Besucher der Insel – im Juli und August gibt es hier sechsmal so viele Touristen wie Einheimische – sind die korsisch-französischen Beziehungen wahrscheinlich egal. Es gibt jedoch eine ziemlich starke (manchmal auch gewaltsame) Separatistenbewegung, die einige Touristen von einem Besuch abschreckt. Das Gute daran ist, daß die wilde Schönheit Korsikas in einem Maß erhalten blieb, die im Mittelmeerraum einzigartig ist. Vom 11.–13. Jahrhundert stand Korsika unter der Herrschaft der toskanischen Republik Pisa, deren Kirchenbaumeister romanische Kirchen schufen. Diese Bauwerke sind neben den Megalithen der Krieger von Filitosa die interessantesten Kulturdenkmäler. Ansonsten ist die Insel, auf der Napoléon geboren wurde, ein Ort der zerklüfteten Küsten und hohen wilden Felsen, eine der letzten unberührten Fleckchen Erde im ganzen Mittelmeerraum: arm, wenig bevölkert, schön, altmodisch und verschlossen.

Das Dorf Oletta in Nebbio südlich von St-Florent

◁ **Ein Fischer mit Katzenfamilie in Bastia**

Überblick: Korsika

Was Korsika so attraktiv macht, ist die wilde Schönheit seiner Landschaft mit ihren Bergen, Wäldern und der Macchia mit ihrem unvergleichlichen Myrtenduft und endlos langen Sandstränden. Der späte Frühling (zur Blütezeit der Wildblumen) und der frühe Herbst sind die besten Reisezeiten – die Temperatur ist angenehm, und die Touristen sind nicht in der Überzahl. Die Insel ist berühmt für ihre guten Wanderwege, die im Winter teilweise als Langlaufpisten von Küste zu Küste genutzt werden. Im Februar und März ist sogar Abfahrtslauf möglich.

Calvis Hafen und Zitadelle aus dem 15. Jahrhundert

Legende

- Autobahn
- Hauptstraße
- Panoramastraße
- Panoramabahnstrecke
- Fluß
- Aussichtspunkt

Winde auf Korsika

Die beiden hier nicht eingezeichneten sind der Mezzogiorno, der zur Mittagszeit bläst, und der Terrana, am stärksten um Mitternacht.

Tramontane (kalter Wind aus dem Norden)

Maestrale (kann sehr stark sein)

Grecale (bringt im Winter Regen)

Ponente (milder Westwind)

Levante (warm)

Libeccio (bringt im Winter Regen)

Sirocco (staubiger Wind aus Afrika)

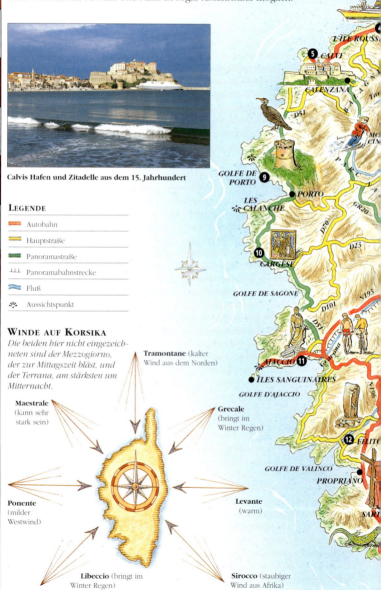

KORSIKA 525

AUF EINEN BLICK

- Ajaccio ⑪
- Bastia ②
- Bonifacio ⑭
- Calvi ⑤
- Cap Corse ①
- Cargèse ⑩
- Castagniccia ⑧
- Corte ⑦
- Côte Orientale ⑮
- Filitosa ⑫
- Golfe de Porto ⑨
- L'Île Rousse ④
- Niolo ⑥
- St-Florent ③
- Sartène ⑬

Die Calanche-Felsen im Golfe de Porto

UNTERWEGS

Autofähren (für die rechtzeitig Plätze gebucht werden sollten) verkehren zwischen Marseille, Nizza, Toulon, Sardinien und den italienischen Häfen Genua, Livorno und La Spezia und Bastia, L'Île Rousse, Calvi, Ajaccio und Propriano. Kleine Flughäfen gibt es in Ajaccio, Bastia, Calvi und Figari (in der Nähe von Bonifacio). Die Straßen auf der Insel sind schmal, die Fahrt manchmal langsam, dafür aber oft mit herrlichem Blick. Ein Auto ist, da öffentliche Verkehrsmittel rar sind, ein Muß; einen Ersatzkanister sollte man immer dabeihaben, denn Tankstellen gibt es nur wenige.

0 Kilometer 20

Altstadt von Corte mit hochgelegener Zitadelle

Cap Corse ❶

Haute-Corse. ✈ Bastia. 🚍 Bastia, Macinaggio, Rogliano. ⛴ Bastia.
ℹ Bastia (04 95 31 00 89).

Cap Corse ist die nördliche Landzunge der Insel, 40 Kilometer lang und selten mehr als 12 Kilometer breit, ragt sie wie ein Zeigefinger in Richtung Genua.

Von Bastia führen zwei Straßen zum Kap: Die D81 führt über die Berge nach Westen und trifft nach dem Weinort Patrimonio auf die D80, die dann entlang der Ostküste durch **Erbalunga** und **Macinaggio** nach Norden führt. Beide Straßen sind eng und kurvenreich wie fast überall auf Korsika.

Vom Küstenstädtchen **Lavasina** geht die D54 ab nach Pozzo, und von dort bietet sich ein fünfstündiger Aufstieg auf den mit 1307 Meter höchsten Gipfel des Kaps an. Vom **Monte Stello** hat man eine hinreißende Aussicht in alle Richtungen, von St-Florent im Westen und den Bergen im Süden bis zu der italienischen Insel Elba im Osten.

Weiter nördlich trifft man auf die **Tour de Losse**, einen der vielen Türme aus der Zeit der Genueser entlang der Küste, die alle Teil eines ausgeklügelten Verteidigungssystems waren, das es den Korsen erlaubte, herannahende Feinde schon von weitem zu sehen.

Der reizvolle Fischerhafen **Centuri** aus dem 18. Jahrhundert an der Westseite ist der ideale Ort für ein hervorragendes Fischessen. In dem hübschen kleinen Dorf **Pino** etwas weiter südlich gibt es kein einziges Hotel, dafür aber eine Kirche, die der Heiligen Jungfrau Maria geweiht ist, der die Fischer zum Dank für ihren Schutz viele kleine Schiffsmodelle dargebracht haben.

Fährt man weiter entlang der Küste nach Süden, sollte man nicht versäumen, einen kleinen Abstecher landeinwärts nach **Canari** zu machen, mit der sehenswerten Kirche Santa Maria Assunta aus dem 12. Jahrhundert und dem gastlichen Hotel-Restaurant. Aber praktisch jede Straße in dieser dichtbewaldeten Gegend scheint an einen interessanten Ort zu führen. Dutzende von malerischen Fleckchen und Weilern sind sehenswert, bevor man Richtung Süden vorbei an den Asbestbergwerken an die schwarzen Strände von **Nonza** gelangt.

Erbalunga an der Ostküste von Cap Corse

Bastia ❷

Haute-Corse. 👥 39 000. ✈ 🚍 🚆 ⛴ ℹ Place St-Nicolas (04 95 31 00 89). 🛒 Di–So.

Die lebhafte Hafenstadt und Hauptstadt des nördlichen Teils der Insel unterscheidet sich ganz wesentlich von ihrer ruhigen Rivalin Ajaccio an der Westküste. Die Zitadelle und die italienischen Häuser aus dem 19. Jahrhundert um den alten Hafen herum sind für viele der erste Eindruck des mediterranen Lebensgefühls, das aus der Erinnerung scheinbar nicht verschwinden will.

Am lebhaftesten geht es auf der **Place St-Nicolas** zu; von ihr blickt man direkt auf den Hafen mit seinen Fähren vom Festland und von Italien. Geht man weiter in südlicher Richtung, gelangt man zur **Place de l'Hôtel-de-Ville**, auf der jeden Morgen Markt ist. Der Platz ist umgeben von der **Chapelle de l'Immaculée Conception** (17. Jh.) mit der schönen Innenausstattung aus dem 18. Jahrhundert sowie der ebenfalls aus dem 17. Jahrhundert stammenden **Eglise de St-Jean-Baptiste**, die den alten Hafen beherrscht.

Von hier ist es nur ein kurzer Fußweg bis zur alten Zitadelle mit ihren beiden Kirchen, der barocken **Chapelle Ste-Croix** mit ihrem schwarzen Kruzifix, das 1428 aus dem Meer gefischt wurde, und der Kirche **Ste-Marie** mit der Statue der Jungfrau Maria, die aus einer Tonne Silber gefertigt ist.

Bastias Vieux Port von der Jetée du Dragon aus gesehen

St-Florent ❸

Haute-Corse. 1400.
Bâtiment Administratif (04 95 37 06 04). erster Mi im Monat.

ST-FLORENT IST das St-Tropez von Korsika – schick, weltstädtisch und mit vielen teuren Jachten im Hafen. Die Zitadelle (nicht zu besichtigen) ist ein schönes Beispiel der Genueser Militärarchitektur. In der Stadt selbst kann man wunderbar flanieren, sehenswert ist vor allem die **Cathédrale de Santa Maria Assunta** im pisanischem Stil aus dem 12. Jahrhundert.

Umgebung
Während der gemütlichen vierstündigen Fahrt durch diese Landschaft namens **Nebbio** läßt sich folgendes besichtigen: **Santo Petro de Tenda**, **Murato**, berühmt wegen seiner herrlichen **Eglise de San Michele de Murato**, eines pisanischen romanischen Baus aus weißem und grünem Stein, der **San-Stefano**-Paß mit dem Meer zu beiden Seiten, **Oletta**, wo ein besonderer Blauschimmelkäse aus Schafsmilch gemacht wird, der **Teghime**-Paß und schließlich der Weinbauort **Patrimonio** mit seinem seltsamen großohrigen Menhir aus dem 8. Jahrhundert v. Chr.

An der Küste westlich von St-Florent liegt das unbewohnte Felsenchaos **Désert des Agriates**. Wer die zehn Kilometer von Saleccia bis zum Strand zu Fuß, mit dem Fahrrad oder Motorrad nicht scheut, wird mit dem schönsten und einsamsten Strand der ganzen Insel belohnt.

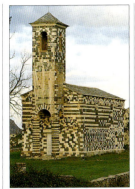

San Michele de Murato

L'Île Rousse ❹

Haute-Corse. 2300.
Place Paoli (04 95 60 04 35). tägl.

DER VON Pasquale Paoli gegründete Ort ist heute ein beliebter Touristenort mit vielen Fährverbindungen. Das Zentrum bildet die von Platanen geschützte Place Paoli mit der Marmorstatue des korsischen Nationalhelden. An der Nordseite des Platzes liegt der überdachte Marktplatz; dahinter schließt sich die Altstadt an.

Während der Sommermonate tummeln sich hier und an den Stränden unzählige Touristen. Lohnenswert ist deshalb die Fahrt in das zehn Kilometer entfernte **Lozari** mit seinem schönen, fast unberührten Sandstrand.

Umgebung
Eine Möglichkeit zur Erkundung der **Balagne** besteht darin, zwischen Juni und September mit der Inselbahn von L'Île Rousse nach Calvi und zurück zu fahren. Die Strecke verläuft mehr oder weniger an der Küste entlang und führt durch Algajola, Lumio und andere malerische Orte.

Calvi ❺

Haute-Corse. 5000.
Port de Plaisance (04 95 65 16 67). tägl.

LORD NELSON, so wird berichtet, hat in der Stadt, die heute halb Militärstadt, halb billiges Touristenzentrum ist, ein Auge verloren. Die Zitadelle aus dem 15. Jahrhundert beherbergt ein Regiment der französischen Fremdenlegion, und hinter dem Hafen erstreckt sich ein schier endloser Campingplatz.

Die Stadt gibt vor, Geburtsort von Kolumbus zu sein, ohne allerdings Beweise dafür zu erbringen. Ruhm gebührt ihr schon eher wegen ihrer ausgezeichneten Küche, die vielfältig und für korsische Verhältnisse keineswegs teuer ist. In der dritten Juniwoche findet hier alljährlich ein Jazzfestival statt.

Etwas außerhalb befindet sich auf einer Anhöhe die **Chapelle de Notre-Dame-de-la-Serra** mit einem herrlichen Panoramablick.

Fremdenlegionär

Die Chapelle de Notre-Dame-de-la-Serra 6 km südwestlich von Calvi

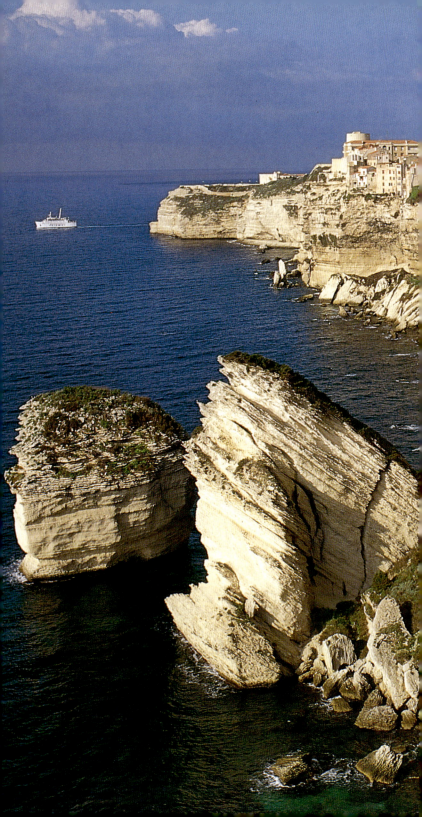

Zitadelle von Corte in der Abenddämmerung

Niolo ❻

Haute-Corse. 🚌 *Bastia.*
ℹ️ *Calacuccia (04 95 48 05 22).*

DAS GEBIET, DAS SICH von Corte bis zum Vergio-Paß und dem Golo-Becken und im Osten bis nach Scala di Santa Regina erstreckt, wird Niolo genannt; zu ihm gehört auch der mit 2706 Metern höchste Berg Korsikas, der **Monte Cinto** sowie der größte Fluß **Golo**, der südlich von Bastia ins Meer fließt. Als einzige korsische Region findet im Niolo kommerzielle Viehzucht statt. Die größte Stadt ist **Calacuccia**, von wo sich eine Besteigung des Monte Cinto anbietet. Ins nahe gelegene Skigebiet **Haut-Asco** gelangt man am besten über die D147 von **Asco** aus, der Fußweg von Calacuccia aus ist in acht bis neun Stunden zu schaffen. Im Süden liegen die riesigen Wälder von **Valdu Niello**.

Corte ❼

Haute-Corse. 🚶 *6 000.* 🚌 🚉
ℹ️ *15, quartier Quatre Fontaines (04 95 46 26 70).* ⛴ *Fr.*

NICHT ZULETZT WEIL sie geographischer Mittelpunkt ist, hat Pasquale Paoli Corte 1755–69 zur Hauptstadt des unabhängigen Korsika gemacht. Auch die einzige Universität wurde hier eingerichtet.

◁ **Kalkfelsen von Bonifacio** *(siehe S. 533)*

In der Altstadt befindet sich in einer Zitadelle (15. Jh.) das **Musée de la Corse**. Die Ausstellungsstücke erzählen vom traditionellen Leben der Menschen auf der Insel. Corte ist der beste Ausgangspunkt für eine Erkundung der umliegenden Berge, zumal es auf dem 220 Kilometer langen Wanderweg von Calenzana nach Conca, auf halber Strecke liegt.

🏛 Musée de la Corse

La Citadelle. ☎ *04 95 45 25 45*
Mitte Jun–Mitte Sep tägl. 10–19.30 Uhr; Mitte Sep– Mitte Jun Di–Sa 10–12.30, 14–17.45 Uhr. **Geschl. Feiertage.**

Umgebung

Sollten Sie nur wenig Zeit haben, dann besuchen Sie die Wildwasserschlucht **Gorges de la Restonica**, die an der D623 etwa zwölf Kilometer stadtauswärts liegt. Erfahrene Bergsteiger können von hier aus auf einem Pfad zum hochgelegenen Bergsee **Lac de Melo** klettern (60–90 Min.) oder zum **Lac de Capitello** (30 Min. weiter), wo auch noch Anfang Juni Schnee liegt. Der Pfad folgt dem Fluß.

Südlich von Corte liegt die **Forêt de Vizzavona** mit ihren Buchen- und Kiefernwäldern, die von Flüßchen und Wanderwegen durchquert werden. Hier hat man Gelegenheit, die Inselbahn von Ajaccio oder Bastia zu benutzen, die auch in Vizzavona hält.

Castagniccia ❽

Haute-Corse. 🚶 *Bastia.* 🚌 *Corte, Ponte Leccia.* 🚉 *Piedicroce, La Porta, Valle-d'Alesani.* ℹ️ *Piedicroce (04 95 35 82 54).*

ÖSTLICH VON CORTE liegt das nach den hier wachsenden Kastanien benannte Mittelgebirge Castagniccia, das nach Ansicht der meisten Korsen das Herz der Insel bildet. Hier wurde 1725 Pasquale Paoli geboren, und hier begannen 1729 die Aufstände gegen Genua und später Frankreich. Aber viele Städtchen und Dörfer in dieser schönen Gegend sind fast menschenleer, denn ihre Bewohner haben sich dem Heer jener 800000 Korsen (dreimal mehr als die derzeitige Bevölkerung auf der Insel) angeschlossen, die in Frankreich oder Italien leben und arbeiten. Heute kann man sich nur schwer vorstellen, daß diese Region einst zur wohlhabendsten und dichtbevölkertsten in ganz Korsika gehörte.

Die D71, die von Ponte Leccia (nördlich von Corte) an die Ostküste führt, windet sich durch die Mitte der Castagniccia, und wer genügend Zeit hat, sollte hier ruhig einen Tag einplanen. Nehmen Sie etwas zu essen und zu trinken mit, denn unterwegs gibt es nur wenig zu kaufen.

Golfe de Porto ❾

Corse-du-Sud. ✈ 🚌 ⛴ Ajaccio. 🚌 Porto. ℹ Porto (04 95 26 10 55).

Hafen und Wachturm in Porto

DER GOLF VON PORTO ist eine der schönsten Buchten im ganzen Mittelmeer und wurde von der UNESCO in die Liste der Weltkulturdenkmäler aufgenommen. Dies hat jedoch auf den Ort nur die Wirkung gehabt, daß hier die Hotel- und Restaurantpreise gestiegen sind. Das Beste hier ist der Sonnenuntergang vom Genueser Wachturm aus gesehen sowie die Boote nach Calanche, Scandola und Girolata.

Die **Calanche**, eine einzigartige Felsenwelt, beginnt etwa zwei Kilometer außerhalb von Porto in Richtung Piana. Die 300 Meter hohen roten Granitfelsen ragen steil in den Himmel und sind atemberaubend. Man kann sie nur mit dem Boot oder zu Fuß erreichen: Gutausgeschilderte Pfade gibt es ab Tête du Chien und Pont de Mezanu, Fahrkarten für die Boote im Hôtel Le Cyrnée.

Östlich von Porto sind die Gorges de la Spelunca, mit ihren Mauleselpfaden, und genoesischen Brücken.

Ansonsten ist das Dorf **Piana**, unterhalb von Porto, ein guter Ausgangspunkt und ein sehr viel angenehmerer Aufenthaltsort als Porto selbst. Auch in Piana erhält man Auskunft über Wanderungen und Spaziergänge in der Umgebung; nicht versäumen sollte man die kleine Bucht **Ficajola** mit ihrem wunderschönen Strand.

Umgebung

Nimmt man die Straße von Porto nach Calvi über die Berge, sieht man wenig von diesem Teil Korsikas, und richtig schätzen kann man die Schönheit nur vom Meer aus (Fähren von Porto und Galéria).

Der winzige Weiler **Girolata** nördlich von Porto ist nur vom Wasser aus oder über einen Mauleselpfad zu erreichen (in gut vier Stunden zu Fuß hin und zurück; ab geht es von einem gutmarkierten Punkt 23 Kilometer nördlich von Porto an der D81).

An der breitesten Stelle des Golfe de Girolata ist 1975 das Naturschutzgebiet **Réserve Naturelle de Scandola** eingerichtet worden, das erste Land und Meer umfassende in Frankreich; die Artenvielfalt in diesem klaren Wasser ist ebenso überwältigend wie die an Land.

KORSISCHE BLUMEN

Für jeden Pflanzenliebhaber ist Korsika ein Paradies. Ein Großteil der Insel ist mit Macchia bedeckt, einer Mischung aus Sträuchern, niedrigen Bäumen und Kräutern, die ab dem späten Winter blühen. Hier findet man Zistrosen, nach deren kurzer Blüte der Boden mit Blütenblättern übersät ist, und leuchtend gelben Ginster. An den Berghängen wachsen schopfige Traubenhyazinthen und Illyrische Gladiolen, die nur auf Korsika und Sardinien vorkommen.

Zistrose

Spanischer Ginster

Illyrische Gladiole

Schopfige Traubenhyazinthe

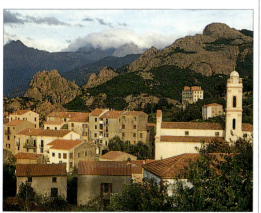

Das Dorf Piana mit der Calanche im Hintergrund

Griechische Kirche in Cargèse

Cargèse ❿

Corse-du-Sud. 🚶 900. 🚌 ℹ️ *Rue du Docteur-Dragacci (04 95 26 41 31).*

DER ORT LIEGT auf einer Landzunge zwischen den beiden Meeresbuchten von Sagone und Pero und hat eine ganz eigene Geschichte: Die meisten Bewohner sind Nachfahren jener Griechen, die im 17. Jahrhundert auf der Flucht vor den Türken hier Zuflucht fanden.

Einige sprechen auch heute noch Griechisch, und ihre mit wertvollen Ikonen ausgestattete morgenländische Kirche steht wie trotzend gegenüber der römisch-katholischen. Doch die einstigen Feindseligkeiten sind längst begraben, die beiden Pfarrer vertreten sich heute gegenseitig. In der Umgebung gibt es mehrere herrliche Strände, vor allem in der Nähe von **Pero** und **Chiuni** im Norden und **Ménasina** und **Stagnoli** im Süden.

Ajaccio ⓫

Corse-du-Sud. 🚶 59 000. ✈️ 🚆 🚌 ⛴️ ℹ️ *Place Maréchal-Foch (04 95 51 53 03).* 🛍️ *Di– So.*

NAPOLÉON Bonaparte erblickte hier 1769 das Licht der Welt. Obwohl er nach seiner Krönung zum Kaiser nie nach Korsika zurückkehrte, feiert die Hauptstadt des Südens am 15. August den Geburtstag ihres berühmten Sohnes.

Die **Cathédrale Notre-Dame-de-la-Miséricorde**, in der Napoléon am 21. Juli 1771 getauft wurde, stammt aus dem 15. Jahrhundert. Zu sehen ist unter anderem Eugène Delacroix' berühmtes Gemälde *Jungfrau von Sacré-Cœur*.

Unweit davon befindet sich die **Maison Bonaparte**, in der Napoléon geboren wurde und aufwuchs; zu besichtigen sind Familienporträts, Möbel und allerhand Andenken. Hier wohnte für kurze Zeit Hudson Lowe, Napoléons späterer Kerkermeister auf St. Helena, nachdem die Familie Bonaparte von den Bewohnern von Ajaccio 1793 vor die Tür gesetzt worden war.

Viel interessanter ist die Sammlung von Kunstwerken, die der skrupellose Onkel Napoléons, Kardinal Fesch, mit Duldung seines Neffen durch Plünderung italienischer Kirchen, Paläste und Museen »zusammentragen« und nach Ajaccio bringen konnte. Das **Musée Fesch** ist im Palais Fesch (19. Jh.) untergebracht und wird in seiner Sammlung italienischer Meister in Frankreich nur vom Louvre übertroffen. Zu den Meisterwerken zählen Arbeiten von Boticelli, Tizian und Veronese. Neben dem Palais Fesch befindet sich die **Chapelle Impériale**, erbaut 1855 von Napoléon III als Grabkapelle.

Von hier spaziert man am besten am Hafen entlang zur Jeteé de la Citadelle; von dort hat man einen wunderbaren Blick auf die Stadt, den Hafen und die Bucht von Ajaccio. Die **Zitadelle** (16. Jh.) wird heute von der Armee genutzt.

🏛️ **Maison Bonaparte**
Rue St-Charles. 📞 04 95 21 43 89. 🕐 *Mo–So.* **Geschl.** *Mo vormittag, So nachmittag.* 💶

🏛️ **Musée Fesch**
50, rue Fesch. 📞 04 95 21 48 17. 🕐 *Juni–Sep Di–So, Okt–Mai Sa–Di.* **Geschl.** *Feiertage.* 💶 ♿

Umgebung
Vom Quai de la Citadelle fahren täglich Boote zu den **Îles Sanguinaires** im Golfe d'Ajaccio.

Menhirstatue in Filitosa

Filitosa ⓬

Centre Préhistorique de Filitosa, Corse-du-Sud. 📞 04 95 74 00 91. 🕐 *tägl.* 💶 ♿ *nur Museum.*

DIE VIERTAUSEND Jahre alten Steinkrieger von Filitosa sind Zeugen einer prähistorischen Kultur. An den phallusartigen Menhiren aus Granitstein, die erst 1946 entdeckt wurden, erkennt man die damalige Entwicklung von einfachen Steinblöcken bis hin zu Gestalten mit Gesichtern und Waffen.

Die neuesten und differenziertesten Statuen (ca. 1500 v. Chr.) umringen einen tausend Jahre alten Olivenbaum

Napoléon-Denkmal auf der Place Maréchal-Foch, Ajaccio

KORSIKA

Die befestigte Altstadt von Bonifacio mit Hafen im Vordergrund

unterhalb eines Grabhügels. Andere Ausgrabungsfunde, wie z. B. Krieger mit Helm und Schwert, können im angeschlossenen archäologischen Museum besichtigt werden.

Sartène

Corse-du-Sud. 3600.
6, rue Borgo (04 95 77 15 40).
Winter Di u. Sa; Sommer Mi–Mo.

SARTÈNE IST EINE mittelalterliche befestigte Stadt mit Kopfsteinpflasterstraßen und grauen Granithäusern, die sich über dem Rizzanese-Tal erhebt. Seit ihrer Gründung im 16. Jahrhundert hat sie nicht nur den Angriffen der Berberpiraten, sondern auch den jahrhundertelangen blutigen Fehden der mächtigen Familien der Stadt widerstanden.

Trotz alledem hat Sartène den Ruf einer frommen Stadt, in der alljährlich am Karfreitag die Prozession des *catenacciu*, des geketteten Büßers, stattfindet. Ein roter Büßer trägt barfüßig und in Ketten in Erinnerung an den Leidensweg Christi ein Kreuz durch die Altstadt.

Umgebung
Unweit der Stadt befindet sich im ehemaligen Gefängnis von Sartène das **Musée de Préhistoire Corse** mit einer Sammlung von Gegenständen aus der Jungsteinzeit, der Bronze- und der Eisenzeit.

🏛 Musée de Préhistoire Corse
Rue Croce. 04 95 77 01 09.
Mitte Juni–Mitte Sep Mo–Sa; Mitte Sep–Mitte Juni Mo–Fr.
Geschl. Feiertage.

Bonifacio

Corse-du-Sud. 2700.
Place de l'Europe (04 95 73 11 88).
Mi.

DAS AUF EINEM Kalksteinfelsen ins Meer hineinragende Bonifacio ist die südlichste Stadt Korsikas und bietet einen atemberaubenden Blick auf das Mittelmeer *(siehe S. 528 f.)*. Der schmucke Hafen am Fuße des Felsens ist Mittelpunkt des Lebens: Hier gibt es teure Cafés, Restaurants und Boutiquen zuhauf, und Schiffe legen nach Sardinien und zu den unbewohnten Inseln Lavezzi und Cavallo ab. Vom Hafen gelangt man über Stufen in die Altstadt. Die Zitadelle, Ende des 12. Jahrhunderts von den erobernden Genuesern erbaut, war lange Zeit die einzige Verteidigungsanlage der Stadt und beherbergte von 1963–83 das Hauptquartier der französischen Fremdenlegion. Von hier bietet sich ein Spaziergang hinunter zu den zwei alten Windmühlen und der Ruine eines Franziskanerklosters an.

Côte Orientale

Haute-Corse u. Corse-du-Sud.
Bastia. Porto-Vecchio, Aléria, Salenzara. Bastia, Porto-Vecchio.
Aléria (04 95 57 06 26), Porto-Vecchio (04 95 70 09 58).

DIESES FLACHE Schwemmland zwischen Bastia und Solenzara wird seit 1945, seit es endgültig entwässert und malariafrei ist, als fruchtbares Ackerland genutzt. Inzwischen haben sich auch Feriendörfer und Hotelburgen entlang der breiten Sandstrände angesiedelt.

Das schönste an **Mariana**, das ansonsten in unangenehmer Nähe zum Flughafen Bastia-Poretta liegt, ist die aus dem frühen 12. Jahrhundert stammende Kathedrale **La Canonica**. Nicht weit davon entfernt steht inmitten einer Wiese die etwas ältere **Eglise de San Parteo**.

Ungefähr auf halbem Wege zur Südspitze kommt man zum Hafenstädtchen **Aléria**, ursprünglich eine griechische Kolonie und 259 v. Chr. von den Römern erobert. Die Stadt ist reich an archäologischen Zeugnissen, die teilweise im Fort de Matra ausgestellt sind.

Noch weiter südlich liegt das von den Genueser Eroberern gegründete **Porto-Vecchio**, heute ein beliebter Ferienort an der Küste. Die natürliche Umgebung mit ihren Schirmkiefern, Korkeichenwäldern und herrlichen weißen Sandstränden, vor allem in **Palombaggia** und **Pinarello**, bietet sich geradezu zum Urlaubmachen an.

Golfe de Porto-Vecchio

Zu Gast in Frankreich

Übernachten 536-575
Restaurants, Cafés und Bars 576-613

ÜBERNACHTEN

Viele der 22 000 offiziellen Hotels halten, was sie versprechen. Auf den folgenden Seiten finden Sie Informationen zu den verschiedenen Übernachtungsmöglichkeiten. Im Hotelverzeichnis *(siehe S. 540ff)* werden die besten Hotels des Landes in jeder Klasse und Preiskategorie, also vom Luxushotel bis zum Familienhotel, beschrieben. Sie finden des weiteren *chambres d'hôte* (Zimmer mit Frühstück), die auf dem Bauernhof, aber auch in Schlössern und in den besten Hotels zu haben sind. Frankreich zählt zu den Ländern, in denen man am besten keine Pauschalreise bucht, sondern lieber auf eigene Faust loszieht. Informationen über Unterkunft auf dem Bauernhof oder in einer *gîte* sowie die Planung eines Campingurlaubs finden Sie im folgenden.

Das Hôtel Euzkadi in Espelette in den Pyrenäen *(siehe S. 569)*

Klassische Familienhotels

Wer aufs Geld achtet, ist mit den kinderfreundlichen Familienbetrieben, die es praktisch in jedem Dorf gibt, gut bedient. Möglicherweise befindet sich das Hotel sogar mitten im Ort, und an der Bar und im Restaurant (sofern die Küche gut ist) finden sich abends Einheimische ein. Die Atmosphäre ist ungezwungen, so daß auch Kinder, Hunde und Katzen sich wohl fühlen. Und der Charme der Gästezimmer wird Sie den vielleicht fehlenden Komfort und die möglicherweise kaputte Dusche sicher vergessen lassen.

Im Führer *Logis de France* findet man mehr als 4000 dieser Familienbetriebe, die in der Regel ein bis zwei Sterne haben und in Kleinstädten und auf dem Land zu finden sind, keinesfalls jedoch in Paris. Die meisten liegen an größeren Straßen, aber wer kleine Umwege nicht scheut, findet auch Bauernhöfe und günstige Hotels am Meer. Aber trotz Führer muß man sich auf die eigene Nase verlassen.

Schlosshotels

Viele ehemalige Schlösser und Herrenhäuser in Frankreich sind heute Luxushotels. So kann man, ganz nach Geschmack, im Renaissanceschloß oder auf der mittelalterlichen Burg übernachten. Man findet sie überall in Frankreich, vor allem aber entlang der Loire, in Savoyen und der Haute-Savoie und am Rhône-Delta. Empfohlen werden die Häuser im Führer **Relais et Château**.

Die Zimmer und das Essen entsprechen dabei stets höchsten Ansprüchen. Man findet alles, von der Suite bis zum einfachen Nachtlager, oftmals in umgebauten Gutshöfen, und wenn Sie nicht unbedingt ein Himmelbett brauchen, können Sie im Luxus schwelgen, ohne vorher die Bank zu plündern.

Stadthotels

In jeder Stadt drängen sich zahlreiche Hotels im Bahnhofs- und Hafenviertel. Man findet hier billige Absteigen, aber meist auch ein oder zwei große Hotels. Die berühmtesten Stadthotels sind in Paris und an der Riviera in Nizza und Cannes. Zu beachten ist, daß die meisten Stadthotels kein Restaurant haben und man gut daran tut, sich die Zimmer vor der Buchung anzuschauen.

Moderne Hotelketten

Hier bekommt man auf seiner Reise durch Frankreich immer eine günstige Übernachtung. Viele findet man in den Randbezirken der Städte in der Nähe der Autobahnen und großen Straßen. Die billigste Ein-Stern-Hotelkette heißt **Formula 1**; sie bietet Einzel- und Doppelzimmer.

Zu den Zwei-Sterne-Hotelketten gehören **Ibis/Arcade**, **Campanile**, **Climat de France** und **Inter Hôtel**, zu den Drei-Sterne-Hotelketten **Novotel** und **Mercure/Altéa**; in beiden kann ein Kind kostenlos übernachten, sofern die ganze Familie in einem Zimmer schläft (in den Hotels der

Le Négresco in Nizza *(siehe S. 573)*

Das Pariser Hotel Meurice in der Nähe der Tuilerien *(siehe S. 541)*

HOTELKATEGORIEN

DIE FRANZÖSISCHEN Hotels rangieren von keinem bis zu vier Sternen (dazu gibt's noch eine Vier-Sterne-Luxus-Kategorie). An den Sternen kann man sich gut orientieren. Ein Ein-Sterne Hotel bietet einfachen, ein Zwei-Sterne-Hotel mittleren Komfort. Bei zwei und mehr Sternen muß das Hotel über einen Aufzug sowie Telefon in jedem Zimmer verfügen. Drei-Sterne-Hotels müssen Frühstück auf dem Zimmer anbieten, aber nur Vier-Sterne-Hotels (Luxushotel) müssen über ein Restaurant verfügen.

PREISE

DIE PREISE einschließlich Steuer und Service verstehen sich pro Zimmer (außer bei Halb- und Vollpension). In der Regel bezahlt man für eine dritte Person einen kleinen Aufpreis, für eine Einzelperson gibt es nur wenig Nachlaß.

Wie überall bezahlt man um so mehr, je mehr Sterne ein Hotel hat. Ein Doppelzimmer in einem Ein-Sterne-Hotel bekommt man schon ab 130 FF, das gleiche in einem Vier-Sterne-Hotel ab 500 FF. Die Preise richten sich auch nach der Region; so findet man die günstigsten überhaupt in der Bretagne. In beliebten Gegenden wie der Dordogne oder der Provence kann man mit 20 Prozent mehr rechnen, in Paris mit noch einmal 20 Prozent; die Preise an der Côte d'Azur hängen wie auch in Skigebieten ganz von der Jahreszeit ab.

RESERVIERUNG

IN PARIS EMPFIEHLT es sich, weit im voraus zu buchen, in den Ferienorten vor allem für Juli und August. Da manche Hotels von Oktober bis März geschlossen haben, sollten Sie, falls Sie in der Zeit reisen, vorher anrufen. Reservierungen werden in der Regel in Verbindung mit einer Kreditkarte vorgenommen. Wenn Sie in Frankreich selbst buchen wollen, können Sie dies in jedem Fremdenverkehrsamt in allen größeren Städten bis zu acht Tage im voraus tun.

Novotel-Kette können zwei Kinder unter 16 Jahren kostenlos mitübernachten).

RESTAURANTS MIT ÜBERNACHTUNG

ÜBERALL IN Frankreich kann man in vielen besseren Restaurants übernachten. In der Regel ähneln sich Restaurant und Unterkunft in Qualität und Preis; manchmal bieten allerdings auch erstklassige Restaurants einfache Zimmer an, was besonders denen entgegenkommt, die das, was sie bei der Unterkunft sparen, fürs Essen ausgeben. Die Restaurants finden Sie auf S. 580 ff.

AUSSTATTUNG UND ESSEN

IN DER HOCHSAISON vermieten viele Hotels nur mit Halbpension oder Vollpension. Obwohl diese Angebote meist günstig sind, ist die Auswahl der Speisen begrenzt, so daß man meist nicht in den Genuß interessanter einheimischer Gerichte kommt. In kleineren Hotels gibt es Sonntag abend kein Essen und an anderen Tagen oft auch nur bis 21 Uhr.

Die Zimmer verfügen meist über Doppelbetten; wer ein einzelnes Bett oder zwei getrennte Betten haben möchte, muß dies bei der Buchung angeben. In den Hotels der Mittelklasse kann man zwischen Bad *(un bain)* und Dusche *(une douche)* wählen, wobei Bad meist teurer ist. *Un cabinet de toilette* verfügt über Waschbecken und Bidet, nicht jedoch über Badewanne, Dusche und WC. Wem es nichts ausmacht, sich Bad oder Dusche mit anderen zu teilen, kann viel Geld sparen. Wer nicht mit Voll- oder Halbpension bucht, muß das Frühstück meist extra bezahlen. Gehen Sie lieber ins nächste Café, denn dort ist es meist billiger und besser.

Hôtel de l'Abbaye in Talloires in den Alpen *(siehe S. 564)*

Der Speisesaal im Grand Hôtel in Sète *(siehe S. 571)*

PRIVATUNTERKÜNFTE

FRANZÖSISCHE *chambres d'hôte* gibt es in allen Variationen, von Hütten bis zu Schlössern voller Antiquitäten und *ferme-auberges (siehe S. 577).* Da Sie in Privathäusern nächtigen, dürfen Sie keinen Hotelstandard erwarten. In einigen Häusern können Sie die Mahlzeiten mit der Familie einnehmen *(table d'hôte)*. Im **Gîtes de France** sind 5000 *chambres d'hôte* verzeichnet, ihre grünen Hinweisschilder findet man am Straßenrand. Dort stehen auch Schilder für Unterkünfte, die nicht im Verzeichnis stehen. Informationen darüber erhält man in den Fremdenverkehrsämtern. Daneben gibt es **Café-Couette** mit seinen *chambres d'ami*; die Organisation betont die Nähe zwischen den Völkern. Übernachtet wird deshalb nur in Privathäusern, und die jeweiligen Gastgeber kennen sich in in Land und Kultur ihrer Region bestens aus. Reservierungen für ein *café-couette* werden von einem Zentralbüro entgegengenommen.

Das Logo von Gîtes de France

FERIENWOHNUNGEN

DIE ÜBERAUS BELIEBTEN *gîtes* sind ländliche Ferienunterkünfte, die früher vielleicht einmal Bauernhäuser waren. *Gîte*-Urlaube sind sehr preiswert und gut, aber um die besten *gîtes* zu bekommen, muß man schon Monate im voraus buchen.
Im **Gîtes de France** sind ungefähr 40 000 *gîtes* verzeichnet, alle mit entsprechender Beschreibung. Den Katalog für Ferienhäuser und Ferienwohnungen mit Selbstverpflegung gibt es kostenlos, das Buch mit allen *gîtes* für 26 DM.
Frankreich bietet sehr vielfältige Möglichkeiten an Ferienwohnungen, von der Villa an der Riviera über das Chalet in den Bergen bis zum Stadtapartment kann man alles mieten.
Die *Allo-Vacances*-Broschüre mit den nützlichen Adressen und Telefonnummern der entsprechenden Vermittlungsagenturen können Sie beim **französischen Fremdenverkehrsamt in Frankfurt (Maison de la France)** anfordern.

CAMPING

ELFTAUSEND Campingplätze gibt es in Frankreich. Die **Féderation Française de Camping et de Caravaning** gibt eine Campingplatzliste heraus, die jährlich auf den neuesten Stand gebracht wird. Das Verzeichnis *Camping à la ferme* (Campingplätze auf Bauernhöfen) gibt es bei Gîtes de France.
Auch Campingplätze sind in Sternekategorien eingeteilt. Drei- und Vier-Sterne-Plätze sind in der Regel sehr geräumig und gut ausgestattet. Ein- bis Zwei-Sterne-Plätze verfügen über Toiletten, ein öffentliches Telefon und fließendes Wasser (manchmal nur kalt), dafür aber oft über um so mehr Charme.

JUGENDHERBERGEN

JUGENDHERBERGEN sind ideal für Einzelpersonen, für zwei Personen allerdings manchmal genauso teuer wie einfache Hotels.
Im Verzeichnis der **FUAJ** (Fédération Unie des Auberge de Jeunesse) sind 220 Jugendherbergen in ganz Frankreich aufgeführt, die Gästen aller Altersgruppen zur Verfügung stehen. Sollten Sie in Ihrem Heimatland nicht Mitglied beim **Jugendherbergsverband** sein, müssen Sie in den französischen Jugendherbergen einen kleinen Aufpreis bezahlen.
UCRIF (Union des Centres de Rencontres Internationales de France) verfügt über 63

Campingplatz nahe Bordeaux in der Hochsaison

ÜBERNACHTEN

kulturelle Zentren in ganz Frankreich. In allen Häusern gibt es Einzel- und Mehrbettunterkünfte und ein Restaurant.

Im Sommer können Sie auch in Universitäten übernachten. Hierzu gibt **CROUS** (Centre Régional des Œuvres Universitaires et Scolaires) Auskunft.

Gîtes d'étapes sind in der Regel große Bauernhöfe mit Mehrbettzimmern, günstig gelegen in der Nähe von Wander-, Fahrrad- und Reitwegen. Der *Gîtes-d'étape*-Führer verzeichnet ungefähr 1000 solcher Unterkünfte.

BEHINDERTE REISENDE

Das **CNRH** (Comité National Français de Liaison pour la Réadaption des Handicapés) veröffentlicht Informationen über behindertengerechte Hotels in ganz Frankreich. Die **Assocation des Paralysés de France** gibt einen ähnlichen Führer namens *Où ferons nous étape* heraus, bei Gîtes de France

Das Carlton International Continental in Cannes *(siehe S. 572)*

können Sie ebenfalls einen Führer mit den Adressen von behindertengerechten *gîtes* bekommen. Dieser hat den Titel *Gîtes accessibles aux Handicapés*.

WEITERE INFORMATIONEN

Vom französischen Fremdenverkehrsamt in Frankfurt bekommen Sie das ausführliche Verzeichnis *Logis de France* mit Adressen von Hotels und Restaurants, und dazu bietet man hier viele Urlaubsbroschüren und -prospekte sowie Hinweise auf weiteres Informationsmaterial. Auch speziell für junge Leute bietet das französische Fremdenverkehrsamt umfangreiches Material, das bei der Urlaubsplanung sehr hilfreich sein kann. Die Reservierungszentrale für französische Hotelketten in Deutschland, ebenfalls in Frankfurt (HIF), tätigt Buchungen in ganz Frankreich sowohl für bestimmte Hotelketten als auch für einige unabhängige Häuser. Die deutsche Reservierungszentrale von Gîtes de France verschickt auf Anfrage einen kostenlosen Katalog sowie Hinweise auf weitere Informationen *(siehe auch S. 617)*.

In Frankreich selbst bekommt man die besten und aktuellsten Informationen über Unterkunft und Verpflegung bei den zuständigen Fremdenverkehrsämtern vor Ort.

AUF EINEN BLICK

HOTELKETTEN

Campanile
069-68 35 99 in D.
01 64 62 46 46 in F.

Climat de France und Inter Hôtel
01 64 46 01 23 für Climat de France in F.
01 42 06 46 46 für Inter Hôtel in F.

Formula 1
089-68 09 13 00 in D.

Ibis/Arcade, Novotel, Mercure/Altéa
01 60 77 27 27 in F.

Reservierungszentrale französischer Hotelketten in Deutschland
Friedrichstr. 37
60323 Frankfurt.
069-72 76 33.
FAX 069-17 26 61.

FERIENWOHNUNGEN

Gîtes de France
Sachsenhäuser Landlehrweg 108
60599 Frankfurt.
069-68 35 99.
FAX 069-68 62 36.

Maison des Gîtes de France
59 St-Lazare.
75009 Paris
01 49 70 75 75.

JUGENDHERBERGEN

CROUS
39, avenue G.-Bernanos
75231 Paris Cedex 05.
01 40 51 36 00.

FUAJ
27, rue Pajol
75018 Paris.
01 44 89 87 27.

UCRIF
27, rue de Turbigo,
75002 Paris.
01 40 26 57 64.

DJH (Jugendherbergswerk)
Postfach 1455
32754 Detmold.
05231-74 01 0.

PRIVATUNTERKÜNFTE

Café-Couette
8, rue de l'Isly
75008 Paris.
01 42 94 92 00.
FAX 01 42 94 93 12.

BEHINDERTE REISENDE

Association des Paralysés de France
17, boulevard August-Blanqui
75013 Paris.
01 40 78 69 00.

CNRH (Comité National pour la Réadaptation des Handicapés)
236 bis, rue de Tolbiac,
75013 Paris.
01 53 80 66 66.

CAMPING

Fédération Française de Camping et de Caravaning
78, rue de Rivoli
75004 Paris.
01 42 72 84 08.

WEITERE INFORMATIONEN

Maison de la France
Postfach 100 128
60001 Frankfurt.
069-75 60 83 0.
FAX 069-75 21 87.

Office du Tourisme et des Congrès de Paris
127, avenue des Champs-Elysées, 75008 Paris.
01 49 52 53 54.
FAX 01 49 52 53 00.

Hotelauswahl

NACHFOLGENDE TABELLE gibt einen Überblick über Hotels in allen Preisklassen, meist in guter Lage und mit ansprechender Ausstattung. Die Hotels werden nach Regionen geordnet vorgestellt, angefangen mit Paris. Informationen über weitere Übernachtungsmöglichkeiten finden Sie auf S. 580 ff.

PARIS	KREDITKARTEN	KINDERFREUNDLICH	PARKEN	SWIMMINGPOOL	GARTEN
ILE ST-LOUIS: *Hôtel des Deux Iles*. Karte 9 C4. ⒡⒡⒡ 59, rue St-Louis-en-l'Ile, 75004. ☎ 01 43 26 13 35. FAX 01 43 29 60 25. *Zimmer: 17.* Wer auf der Ile St-Louis wohnt, kann sich glücklich schätzen. Die Preise sind im Verhältnis zur Lage günstig, die Zimmer allerdings klein.	AE V	●	●		●
ILE ST-LOUIS: *Hôtel du Jeu de Paume*. Karte 9 C4. ⒡⒡⒡⒡ 54, rue St-Louis-en-l'Ile, 75004. ☎ 01 43 26 14 18. FAX 01 40 46 02 76. *Zimmer: 32* Ein schmuckes Familienhotel mit gläsernem Aufzug, antiker Innenausstattung, alten Terrakottafliesen und Sauna.	AE DC EC V	●			●
MARAIS: *Hôtel de la Place des Vosges*. Karte 10 D4. ⒡⒡⒡ 12, rue de Birague, 75004. ☎ 01 42 72 60 46. FAX 01 42 72 02 64. *Zimmer: 16.* Schönes altes Gebäude in der Nähe eines der schönsten Plätze in Paris. Die größten Zimmer im Obergeschoß mit herrlicher Aussicht.	DC EC V				
MARAIS: *Hôtel de la Bretonnerie*. Karte 9 C3. ⒡⒡⒡ 22, rue Ste-Croix-de-la-Bretonnerie, 75004. ☎ 01 48 87 77 63. FAX 01 42 77 26 78. *Zimmer: 30.* Auch wegen seiner reizvollen Lage eines der besten Hotels im Marais. Geräumige Zimmer mit antikem Mobiliar.	EC V	●			
MARAIS: *St-Paul-le-Marais*. Karte 10 D3. ⒡⒡⒡ 8, rue de Sévigné, 75004 . ☎ 01 48 04 97 27 FAX 01 48 87 37 04. *Zimmer: 27.* Rustikale Atmosphäre durch altes Holz und Stein. Wer es ruhig haben will, wohnt auf der Hofseite.	AE DC EC V	●			●
MARAIS: *Pavillon de la Reine*. Karte 10 D3. ⒡⒡⒡⒡⒡ 28, place des Vosges, 75003. ☎ 01 40 29 19 19. FAX 01 40 29 19 20. *Zimmer: 55.* Das Luxushotel im Marais. Verschwenderisch renovierte Zimmer, herrlich ruhiger Innenhof.	AE DC EC V	●	●		
BEAUBOURG: *Hôtel Beaubourg*. Karte 9 B2. ⒡⒡⒡ 11, rue Simon-le-Franc, 75004. ☎ 01 42 74 34 24. FAX 01 42 78 68 11. *Zimmer: 29.* Komfortables, geschmackvoll renoviertes und eingerichtetes Hotel mit hübschem Innenhof.	AE DC EC V	●			●
BEAUBOURG: *Hôtel Britannique*. Karte 9 A3. ⒡⒡⒡ 20, avenue Victoria, 75001. ☎ 01 42 33 74 59. FAX 01 42 33 82 65. *Zimmer: 40.* Ein relativ günstiges, angenehmes Hotel im Familienbesitz in renoviertem Gebäude aus dem 19. Jahrhundert.	AE DC EC V	●			
LES HALLES: *Hôtel Agora*. Karte 9 A2. ⒡⒡⒡ 7, rue de la Cossonerie, 75001. ☎ 01 42 33 46 02. FAX 01 42 33 80 99. *Zimmer: 29.* Außergewöhnlich renoviertes Hotel in relativ ruhiger Umgebung. Angenehme Zimmer mit blitzblanken Möbeln und alten Bildern.	AE EC V	●			
LES HALLES: *Hôtel St-Merry*. Karte 9 B3. ⒡⒡⒡⒡ 78, rue de la Verrerie, 75004. ☎ 01 42 78 14 15. FAX 01 40 29 06 82. *Zimmer: 11.* Ein Gebäude im ähnlich strengen Stil wie die Kirche St-Merry. Eingerichtet mit Himmelbetten und Teppichen aus dem 17. Jahrhundert.	V				
TUILERIES: *Hôtel Brighton*. Karte 8 D1. ⒡⒡⒡⒡ 218, rue de Rivoli, 75001. ☎ 01 47 03 61 61. FAX 01 42 60 41 78. *Zimmer: 70.* Zimmer mit hohen verzierten Decken und großen Fenstern zum Innenhof und dem Jardin des Tuileries. Zimmer zum Innenhof sind ruhiger, jedoch nicht so nett eingerichtet.	AE DC EC V	●			
TUILERIES: *Hôtel de Crillon*. Karte 7 C1. ⒡⒡⒡⒡⒡ 10, place de la Concorde, 75008. ☎ 01 44 71 15 00. FAX 01 44 71 15 02. *Zimmer: 163.* Luxuriöses Hotel mit verhaltener Eleganz in unvergleichlicher Lage im Herzen der Stadt. Herrliche Terrasse.	AE DC EC V	●	●		●

ÜBERNACHTEN

	KREDITKARTEN	KINDERFREUNDLICH	PARKEN	SWIMMINGPOOL	GARTEN

Preiskategorien für Doppelzimmer pro Nacht mit Bad/Dusche inklusive Steuer und Service:
- **F** unter 200 FF
- **FF** 200–400 FF
- **FFF** 400–600 FF
- **FFFF** 600–1000 FF
- **FFFFF** über 1000 FF

KINDERFREUNDLICH
Babysitter stehen zur Verfügung. Einige Hotels haben Kinderstühle und -portionen im Restaurant.

HOTELPARKPLATZ
Hotels mit eigenem Parkplatz. Einige Hotels verfügen über eine eigene Parkgarage oder Parkplätze in der Nähe.

SWIMMINGPOOL
Die Pools in den Hotels sind meist sehr klein und draußen, wenn nicht anders vermerkt.

GARTEN
Hotels mit Garten, Innenhof oder Terrasse bieten oft die Möglichkeit, im Freien zu essen.

	KREDITKARTEN	KINDERFREUNDLICH	PARKEN	SWIMMINGPOOL	GARTEN
TUILERIES: *Hôtel du Louvre.* **Karte** 8 E1. **FFFF** Place André-Malraux, 75001. (01 44 58 38 38. FAX 01 44 58 38 01. **Zimmer:** 197. Wenn Sie in diesem Hotel wohnen, dann in der Pissarro-Suite, in der der Meister gemalt hat. Ausgezeichnete Brasserie.	AE DC EC V	●			▦
TUILERIES: *Intercontinental.* **Karte** 8 D1. **FFFF** 3, rue de Castiglione, 75001. (01 44 77 11 11. FAX 01 44 77 14 60. **Zimmer:** 450. Gebaut hat dieses elegante Hotel aus dem späten 19. Jahrhundert Charles Garnier, Architekt der Pariser Oper. Hier finden auch Modeschauen statt.	AE DC EC V	●			▦
TUILERIES: *Meurice.* **Karte** 8 D1. **FFFF** 228, rue de Rivoli, 75001. (01 44 58 10 10. FAX 01 44 58 10 15. **Zimmer:** 180. Erfolgreiche Restaurierung mit hervorragenden Repliken von Stuckarbeiten und Mobiliar.	AE DC EC V	●			
TUILERIES: *Ritz.* **Karte** 4 D5. **FFFFF** 15, place Vendôme, 75001. (01 43 16 30 30. FAX 01 43 16 31 78. **Zimmer:** 187. Seinen diskreten guten Ruf hat sich das Hotel bis heute bewahrt. Louis-XV-Möbel, Kamine und Kronleuchter.	AE DC EC V	●	▦	●	▦
OPÉRA: *Ambassador.* **Karte** 4 E4. **FFFF** 16, boulevard Haussmann, 75009. (01 42 46 92 63. FAX 01 40 22 08 74. **Zimmer:** 289. Wunderschönes Art-deco-Hotel, originalgetreu restauriert mit weichen Teppichen, antiken Möbeln und Kronleuchtern im Erdgeschoß. Ausgezeichnetes Restaurant.	AE DC EC V	●			
OPÉRA: *Grand Hôtel.* **Karte** 4 D5. **FFFF** 2, rue Scribe, 75009. (01 40 07 32 32. FAX 01 42 66 12 51. **Zimmer:** 540. Millionen sind in die Renovierung geflossen; die Zimmer bieten deshalb größten Komfort. Das Hotel verfügt über ein Fitneßstudio.	AE DC EC V	●			
OPÉRA: *Westminster.* **Karte** 4 D5. **FFFF** 13, rue de la Paix, 75002. (01 42 61 57 46. FAX 01 42 60 30 66. **Zimmer:** 101. Die Zimmer sind komfortabel, einige mit antiken Möbeln, Kronleuchtern und Uhren aus dem 18. Jahrhundert.	AE DC EC V	●	▦		
INVALIDES: *Pavillon.* **Karte** 7 A2. **FF** 54, rue Saint-Dominique, 75007. (01 45 51 42 87. FAX 01 45 51 32 79. **Zimmer:** 20 Ein kleines Hotel im Familienbesitz zum Entspannen. Obwohl die Zimmer klein sind, besitzen sie Charme und Eleganz. Im Sommer wird das Frühstück im Innenhof serviert.	AE DC EC V	●			▦
INVALIDES: *Hôtel de Varenne.* **Karte** 7 B2. **FFF** 44, rue de Bourgogne, 75007. (01 45 51 45 55. FAX 01 45 51 86 63. **Zimmer:** 24. Hinter strenger Fassade wird im kleinen Innenhof im Sommer gefrühstückt. Schalldichte Fenster in den Zimmern sorgen für angenehme Ruhe. Die Zimmer zum Innenhof sind ruhig und heiter.	AE EC V	●			▦
INVALIDES: *Hôtel de Suède.* **Karte** 7 B4. **FFF** 31, rue Vaneau, 75007. (01 47 05 00 08. FAX 01 47 05 69 27. **Zimmer:** 39. Dieses elegante Hotel aus dem späten 18. Jahrhundert blickt auf den Park des Hôtel Matignon, Sitz des Premierministers.	AE EC V	●			▦
INVALIDES: *Hôtel de Bourgogne et Montana.* **Karte** 7 B2. **FFF** 3, rue de Bourgogne, 75007. (01 45 51 20 22. FAX 01 45 56 11 98. **Zimmer:** 34. Auf den ersten Blick beeindrucken Mahagonibau, alter Aufzug und Rundhalle mit rosafarbenen Marmorsäulen. Die Zimmer sind nicht ganz so ungewöhnlich, außer die im vierten Stock wegen ihrer herrlichen Aussicht.	AE DC EC V	●			
TOUR EIFFEL: *Grand Hôtel Lévêque.* **Karte** 6 F3. **FF** 29, rue Cler, 75007. (01 47 05 49 15. FAX 01 45 50 49 36. **Zimmer:** 50. Günstiges Hotel in ausgezeichneter Lage mit freundlichen Besitzern. Helle und luftige Zimmer in verschiedenen Preislagen.	AE EC V	●			

Zeichenerklärung siehe hintere Umschlagklappe

542 ZU GAST IN FRANKREICH

Preiskategorien für Doppelzimmer pro Nacht mit Bad/Dusche inklusive Steuer und Service:
- Ⓕ unter 200 FF
- ⒻⒻ 200–400 FF
- ⒻⒻⒻ 400–600 FF
- ⒻⒻⒻⒻ 600–1000 FF
- ⒻⒻⒻⒻⒻ über 1000 FF

KINDERFREUNDLICH
Babysitter stehen zur Verfügung. Einige Hotels haben Kinderstühle und -portionen im Restaurant.

HOTELPARKPLATZ
Hotels mit eigenem Parkplatz. Einige Hotels verfügen über eine eigene Parkgarage oder Parkplätze in der Nähe.

SWIMMINGPOOL
Die Pools in den Hotels sind meist sehr klein und draußen, wenn nicht anders vermerkt.

GARTEN
Hotels mit Garten, Innenhof oder Terrasse bieten oft die Möglichkeit, im Freien zu essen.

	Preis	Kreditkarten	Kinderfreundlich	Parken	Swimmingpool	Garten
CHAILLOT: *Alexander*. Karte 1 B5. 102, avenue Victor-Hugo, 75116. ☎ 01 45 53 64 65. FAX 01 45 53 12 51. **Zimmer:** 62. Dieses luxuriöse, altehrwürdige Hotel spiegelt die bourgeoise Zufriedenheit der Avenue Victor-Hugo wider. Die kleinen, ruhigen, offenen Räume vermitteln ein Gefühl von Wärme und Vertraulichkeit.	ⒻⒻⒻⒻ	AE DC EC V		■		■
CHAILLOT: *Raphaël*. Karte 2 D4. 17, avenue Kléber, 75016. ☎ 01 44 28 00 28. FAX 01 45 01 21 50. **Zimmer:** 90. Die neogotische Bar, in der die Stars gern unter sich sind, diente unzählige Male als Filmkulisse. In der Halle hängt ein Gemälde von Turner.	ⒻⒻⒻⒻⒻ	AE DC EC V	●			
CHAILLOT: *Hôtel Paris Kléber Palace*. Karte 5 C1. 81, avenue Kléber, 75116. ☎ 01 44 05 75 75. FAX 01 44 05 74 74. **Zimmer:** 83. Die vom spanischen Architekt Ricardo Bofill gestalteten Zimmer sind elegant, und luxuriös. Die Eingangshalle schmücken riesige Bambusstauden.	ⒻⒻⒻⒻⒻ	AE DC EC V		■	●	
CHAILLOT: *Villa Maillot*. Karte 1 C4. 143, avenue de Malakoff, 75116. ☎ 01 53 64 52 52. FAX 01 45 00 60 61. **Zimmer:** 42. Ein modernes Hotel mit Mobiliar im Stil des Art deco. Zimmer mit herrlich großen Betten, Zimmersafe, und marmornen Bädern.	ⒻⒻⒻⒻ	AE DC EC V	●	■		
CHAMPS-ELYSÉES: *Résidence Lord Byron*. Karte 2 E4. 5, rue Chateaubriand, 75008. ☎ 01 43 59 89 98. FAX 01 42 89 46 04. **Zimmer:** 31. Kleines diskretes Hotel mit Innenhof, in dem im Sommer gefrühstückt werden kann. Die Zimmer sind verhältnismäßig klein, aber ruhig.	ⒻⒻⒻ	AE DC EC V	●			■
CHAMPS-ELYSÉES: *Atala*. Karte 2 E4. 10, rue Chateaubriand, 75008. ☎ 01 45 62 01 62. FAX 01 42 25 66 38. **Zimmer:** 48. Trotz der Nähe zur Champs-Elysées ruhig gelegenes Hotel. Zimmer mit Blick auf einen beschaulichen Garten mit hohen Bäumen, aus dem 8. Stock herrlicher Blick auf den Eiffelturm.	ⒻⒻⒻⒻ	AE DC EC V	●	■		■
CHAMPS-ELYSÉES: *Concorde La Fayette*. Karte 1 C2. 3, place du Général-Kœnig, 75017. ☎ 01 40 68 50 68. FAX 01 40 68 50 43. **Zimmer:** 970. Ein High-Tech-Turm mit allem Komfort einschließlich Fitneßstudio, Shoppingcenter und Bar im 33. Stockwerk.	ⒻⒻⒻⒻⒻ	AE DC EC V	●			
CHAMPS-ELYSÉES: *Bristol*. Karte 3 A4. 112, rue du Faubourg-St-Honoré, 75008. ☎ 01 53 43 43 00. FAX 01 53 43 43 01. **Zimmer:** 194. Eines der besten Hotels der Stadt. Große Zimmer mit ausgesuchten Antiquitäten und wunderschönen Badezimmern.	ⒻⒻⒻⒻⒻ	AE DC EC V	●	■	●	■
CHAMPS-ELYSÉES: *George V*. Karte 2 E5. 31, avenue George V, 75008. ☎ 01 47 23 54 00. FAX 01 47 20 40 00. **Zimmer:** 260. Legendäres Hotel mit versteckten Salons, antiken Möbeln und wertvollen Gemälden, aber auch allen modernen Annehmlichkeiten.	ⒻⒻⒻⒻⒻ	AE DC EC V	●	■		
CHAMPS-ELYSÉES: *Plaza Athénée*. Karte 6 F1. 25, avenue Montaigne, 75008. ☎ 01 53 67 66 65. FAX 01 53 67 66 66. **Zimmer:** 211. Ein Hotel für Hochzeitsreisende und alte Aristokraten, das höchsten Ansprüchen gerecht wird.	ⒻⒻⒻⒻⒻ	AE DC EC V	●			■
CHAMPS-ELYSÉES: *Royal Monceau*. Karte 2 F3. 37, avenue Hoche, 75008. ☎ 01 42 99 88 00. FAX 01 42 99 89 90. **Zimmer:** 219. Das elegante Royal Monceau besitzt eines der luxuriösesten Fitneßstudios und eines der besten italienischen Restaurants.	ⒻⒻⒻⒻⒻ	AE DC EC V	●		●	
ST-GERMAIN-DES-PRÉS: *Hôtel Solférino*. Karte 7 C2. 91, rue de Lille, 75007. ☎ 01 47 05 85 54. FAX 01 45 55 51 16. **Zimmer:** 33. Kleines Garnihotel nahe dem Musée d'Orsay mit einfach ausgestatteten Zimmern und herrlichem Blick vom Dach. Gutes Preis-Leistungs-Verhältnis.	ⒻⒻⒻ	AE EC V	●			

ÜBERNACHTEN

St-Germain-des-Prés: *Buci Latin.* **Karte** 8 E4. — ⓕⓕⓕⓕ — AE DC EC V — ●
34, rue de Buci, 75006. 01 43 29 07 20. **FAX** 01 43 29 67 44. *Zimmer:* 27.
Ein Hotel ohne viel Schnörkel, das vor allem junge Gäste anzieht. Mehrere Suiten verfügen über Balkone und große Whirlpool-Badewannen.

St-Germain-des-Prés: *Hôtel St-Germain-des-Prés.* **Karte** 8 E4. — ⓕⓕⓕⓕ — AE EC V — ●
36, rue Bonaparte, 75006. 01 43 26 00 19. **FAX** 01 40 46 83 63. *Zimmer:* 30.
Obwohl dieses ungewöhnliche Hotel auf der Rive Gauche an einer geschäftigen Straße liegt, dringt der Lärm nicht herein. Unterschiedlich große Zimmer.

St-Germain-des-Prés: *Hôtel de l'Université.* **Karte** 8 D3. — ⓕⓕⓕⓕⓕ — AE EC V — ●
22, rue de l'Université, 75007. 01 42 61 09 39. **FAX** 01 42 60 40 84. *Zimmer:* 27.
Ein umgebautes Stadthaus mit Antiquitäten und Wandteppichen. Im Souterrain ist eine Krypta aus dem 14. Jahrhundert.

Quarter Latin: *Esmeralda.* **Karte** 9 A4. — ⓕⓕ — ●
4, rue St-Julien-le-Pauvre, 75005. 01 43 54 19 20. **FAX** 01 40 51 00 68. *Zimmer:* 19.
Steinmauern, Holzdecken, verschiedene Epochen und Stile charakterisieren das Haus. Die besten Zimmer mit herrlichem Blick auf Notre-Dame.

Quarter Latin: *Hôtel les Degrés de Notre-Dame.* **Karte** 9 B4. — ⓕⓕⓕ — EC V
10, rue des Grands-Degrés, 75005. 01 43 25 88 38. **FAX** 01 40 46 95 34. *Zimmer:* 10.
Hier hat man die Wahl zwischen einem ruhigen Zimmer und einem mit Blick auf Notre-Dame. Gute Lage.

Quarter Latin: *Hôtel des Grandes Ecoles.* **Karte** 9 B5. — ⓕⓕⓕ — EC V — ● — ▨
75, rue Cardinal-Lemoine, 75005. 01 43 26 79 23. **FAX** 01 43 25 28 15. *Zimmer:* 50.
Ein ungewöhnlicher Gebäudekomplex aus drei kleinen Häusern mit Garten; zwei davon haben sich ihren alten Charme erhalten.

Quarter Latin: *Hôtel des Grands Hommes.* **Karte** 13 A1. — ⓕⓕⓕⓕ — AE DC EC V — ● — ▨
17, place du Panthéon, 75005. 01 46 34 19 60. **FAX** 01 43 26 67 32. *Zimmer:* 32.
Professoren der Sorbonne mögen dieses ruhige Hotel nahe dem Jardin du Luxembourg. Die Zimmer im Obergeschoß blicken auf das Panthéon.

Quarter Latin: *Hôtel de Notre-Dame.* **Karte** 9 B5. — ⓕⓕⓕⓕ — AE EC V — ▨
19, rue Maître-Albert, 75005. 01 43 26 79 00. **FAX** 01 46 33 50 11. *Zimmer:* 34.
Ruhig gelegen, und mit Notre-Dame in Reichweite, ist dieses Hotel ein guter Ausgangspunkt für die Erkundung des alten Paris.

Quarter Latin: *Hôtel du Panthéon.* **Karte** 13 A1. — ⓕⓕⓕⓕ — AE DC EC V — ●
19, place du Panthéon, 75005. 01 43 54 32 95. **FAX** 01 43 26 64 65. *Zimmer:* 34.
Das Hotel ist in den gleichen Händen wie das Hôtel des Grands Hommes und ebenso gut.

Luxembourg: *Perreyve.* **Karte** 8 E5. — ⓕⓕⓕ — AE DC EC V
63, rue Madame, 75006. 01 45 48 35 01. **FAX** 01 42 84 03 30. *Zimmer:* 30.
Die Zimmer sind schlicht und sauber. Die besten sind die Eckzimmer und die im 6. Stock.

Luxembourg: *Récamier.* **Karte** 8 E4. — ⓕⓕⓕ — EC V
3 bis, place St-Sulpice, 75006. 01 43 26 04 89. **FAX** 01 46 33 27 73. *Zimmer:* 30.
Ein Familienhotel ohne Fernsehen und Restaurant. Die besten Zimmer sind die mit Blick auf Innenhof und Place St-Sulpice.

Luxembourg: *Hôtel de l'Abbaye St-Germain.* **Karte** 8 D5. — ⓕⓕⓕⓕ — AE EC V — ● — ▨
10, rue Cassette, 75006. 01 45 44 38 11. **FAX** 01 45 48 07 86. *Zimmer:* 46.
Das Hotel im ehemaligen Kloster verströmt auch heute noch eine beschauliche Atmosphäre. Bepflanzter Innenhof und Halle mit offenem Kamin.

Jardin des Plantes: *Le Jardin des Plantes.* **Karte** 13 B1. — ⓕⓕⓕ — DC EC V — ▨
5, rue Linné, 75005. 01 47 07 06 20. **FAX** 01 47 07 62 74. *Zimmer:* 33.
Dieses schmucke Hotel in einer Wohngegend verfügt über eine Dachterrasse und einer Sauna im Kellergewölbe.

Montparnasse: *Ferrandi.* **Karte** 11 C1. — ⓕⓕⓕ — AE DC EC V — ● — ▨
92, rue du Cherche Midi, 75006. 01 42 22 97 40. **FAX** 01 45 44 89 97. *Zimmer:* 42.
Ruhiges Hotel mit offenem Kamin in der Halle und schönen Zimmern, viele davon mit Himmelbetten.

Montparnasse: *L'Atelier Montparnasse.* **Karte** 12 D1. — ⓕⓕⓕ — AE DC EC V
49, rue Vavin, 75006. 01 46 33 60 00. **FAX** 01 40 51 04 21. *Zimmer:* 17.
Jeder Besucher wird hier herzlich willkommen geheißen. Die Badezimmer sind mit Mosaikreproduktionen berühmter Gemälde ausgestattet.

Zeichenerklärung siehe hintere Umschlagklappe

ZU GAST IN FRANKREICH

Preiskategorien für Doppelzimmer pro Nacht mit Bad/Dusche inklusive Steuer und Service:
- Ⓕ unter 200 FF
- ⒻⒻ 200–400 FF
- ⒻⒻⒻ 400–600 FF
- ⒻⒻⒻⒻ 600–1000 FF
- ⒻⒻⒻⒻⒻ über 1000 FF

KINDERFREUNDLICH
Babysitter stehen zur Verfügung. Einige Hotels haben Kinderstühle und -portionen im Restaurant.

HOTELPARKPLATZ
Hotels mit eigenem Parkplatz. Einige Hotels verfügen über eine eigene Parkgarage oder Parkplätze in der Nähe.

SWIMMINGPOOL
Die Pools in den Hotels sind meist sehr klein und draußen, wenn nicht anders vermerkt.

GARTEN
Hotels mit Garten, Innenhof oder Terrasse bieten oft die Möglichkeit, im Freien zu essen.

Hotel	Preis	KREDITKARTEN	KINDERFREUNDLICH	PARKEN	SWIMMINGPOOL	GARTEN
MONTPARNASSE: *Hôtel la Ste-Beuve*. **Karte 12 D1.** 9, rue Ste-Beuve, 75006. ☎ 01 45 48 20 07. FAX 01 45 48 67 52. *Zimmer:* 22. Eine heimelige Atmosphäre zeichnet dieses Hotel aus. Das Frühstück kann man entweder an Bridgetischen oder auf dem Sofa im Salon einnehmen.	ⒻⒻⒻⒻ	AE EC V	●			
MONTPARNASSE: *Lenox Montparnasse.* **Karte 12 D2.** 15, rue Delambre, 75014. ☎ 01 43 35 34 50. FAX 01 43 20 46 64. *Zimmer:* 52. Hier dominiert verhaltene Eleganz. Jede der sechs großen Suiten im oberen Stockwerk verfügt über einen offenen Kamin.	ⒻⒻⒻⒻ	AE DC EC V	●			
MONTPARNASSE: *Villa des Artistes.* **Karte 12 D2.** 9, rue de la Grande-Chaumière, 75006. ☎ 01 43 26 60 86. FAX 01 43 54 73 70. *Zimmer:* 60. Das schönste an diesem Hotel, in dem die Belle Epoque wiederauflebt, ist der große Garten, in dem man in Ruhe frühstücken kann.	ⒻⒻⒻⒻ	AE DC EC V	●			▓
MONTMARTRE: *Timbôtel.* **Karte 4 E1.** 11, rue Ravignan, 75018. ☎ 01 42 55 74 79. FAX 01 42 55 71 01. *Zimmer:* 60. Eines der hübschesten Hotels in Montmartre an einem ruhigen, reizvollen Platz. Gute Aussicht aus den oberen Zimmern.	ⒻⒻⒻ	AE DC EC V	●	▓		
MONTMARTRE: *Terrass.* **Karte 4 E1.** 12, rue Joseph-de-Maistre, 75018. ☎ 01 46 06 72 85. FAX 01 42 52 29 11. *Zimmer:* 101. Herrlicher Rundblick von den oberen Stockwerken. Einige Zimmer sind mit echten Art-deco-Holzarbeiten ausgestattet.	ⒻⒻⒻⒻⒻ	AE DC EC V	●	▓		▓

ILE DE FRANCE

Hotel	Preis	KREDITKARTEN	KINDERFREUNDLICH	PARKEN	SWIMMINGPOOL	GARTEN
BARBIZON: *Hostellerie la Dague* 5, Grand' rue, 77630. ☎ 01 60 66 40 49. FAX 01 60 69 24 59. *Zimmer:* 25. Dieses rustikale, aber schicke efeuumrankte Hotel ist bei den Parisern sehr beliebt, weshalb sich eine Reservierung empfiehlt. Hübsches Restaurant.	ⒻⒻ	EC DC V	●	▓		▓
FONTAINEBLEAU: *Hôtel de l'Aigle Noir* 27, pl Napoléon, 77300. ☎ 01 60 74 60 00. FAX 01 60 74 00 01. *Zimmer:* 57. Dieses angesehene Haus bietet einen wunderschönen Blick auf Schloß Fontainebleau und seinen riesigen Park. Restaurant der Spitzenklasse.	ⒻⒻⒻⒻⒻ	AE DC EC V	●	▓	●	▓
FONTENAY-TRÉSIGNY: *Le Manoir* Départementale 402, 77610. ☎ 01 64 25 91 17. FAX 01 64 25 95 49. *Zimmer:* 20. Das Herrenhaus auf einem riesigen Grundstück macht den Traum vom idyllischen Landleben wahr. Berühmte Gäste kommen im Hubschrauber.	ⒻⒻⒻⒻⒻ	AE DC EC	●	▓	●	▓
HERBEVILLE: *Le Mont au Vent* 2, rue de Maule, 78580. ☎ 01 30 90 65 22. FAX 01 34 75 12 54. *Zimmer:* 6. Das kleine Dorfhotel in schöner ländlicher Umgebung ist idealer Ausgangspunkt für einen Besuch in Versailles. Frühstück ist im Preis inbegriffen. Nur Bargeld.	ⒻⒻⒻ		●	▓	●	▓
ROISSY-CHARLES-DE-GAULLE: *Novotel Paris Roissy* Flughafen Charles de Gaulle, 95705. ☎ 01 49 19 27 27. FAX 01 49 19 27 99. *Zimmer:* 201. Dieses Kettenhotel, in dem Komfort und guter Service großgeschrieben werden, bietet eine gute Übernachtungsmöglichkeit.	ⒻⒻⒻⒻ	AE DC EC V	●	▓		
ST-GERMAIN-EN-LAYE: *La Forestière* 1, avenue du Président-Kennedy, 78100. ☎ 01 39 10 38 38. FAX 01 39 73 73 88. *Zimmer:* 30. Die Abgeschiedenheit tut der ländlichen Eleganz keinen Abbruch. Genießen Sie die Gaumenfreuden im ausgezeichneten Restaurant.	ⒻⒻⒻⒻ	AE EC V	●			▓
ST-GERMAIN-EN-LAYE: *Pavillon Henri IV* 19–21, rue Thiers, 78100. ☎ 01 39 10 15 15. FAX 01 39 73 93 73. *Zimmer:* 42. Prächtiges Hotelrestaurant in der eleganten Jagdhütte Henris IV, in dem Louis XIV geboren wurde und Alexandre Dumas *Die drei Musketiere* schrieb. Herrlicher Ausblick auf das Seine-Tal.	ⒻⒻⒻⒻⒻ	AE DC EC V	●	▓		▓

ÜBERNACHTEN

VERSAILLES: Hôtel de Clagny (F)(F)
6, impasse de Clagny, 78000. ☏ 01 39 50 18 09. FAX 01 39 50 85 17. **Zimmer:** 21.
Ganz in der Nähe des Bahnhofs und ruhig dazu. Die Zimmer sind einfach und schlicht, aber der Service ist hervorragend. 🛏 TV
DC EC V

VERSAILLES: Trianon Palace (F)(F)(F)(F)
1, boulevard de la Reine, 78000. ☏ 01 30 84 38 00. FAX 01 39 49 00 77. **Zimmer:** 90.
Zweifellos das schönste Hotel weit und breit, das sich der Bezeichnung »Palast« als würdig erweist, denn es harmoniert in wunderbarer Weise mit dem Park von Versailles. Das Restaurant ist Spitzenklasse. 🛏 ▤ TV
AE DC EC V

VILLEPREUX: Château de Villepreux (F)(F)(F)(F)
Chemin de Grand-Maison, 78450. ☏ 01 30 81 78 00.
FAX 01 30 56 12 12. **Zimmer:** 10.
Dieses große Schloßhotel ist seit 200 Jahren im Besitz der Familie Saint-Seine. Es befindet sich ganz in der Nähe des Golfplatzes von St-Nom-la-Bretèche. 🛏
EC V

NORDEN UND PICARDIE

AMIENS: Hôtel de Normandie (F)(F)
1 bis, rue Lamartine, 80000. ☏ 03 22 91 74 99. FAX 03 22 92 06 56. **Zimmer:** 27.
Nur fünf Minuten zu Fuß sind es zum Bahnhof und noch weniger zur Kathedrale. Eine ruhige Oase in der lebhaften Stadt. 🛏 TV
EC V

AMIENS: La Résidence (F)(F)
17, rue Porion, 80000. ☏ 03 22 92 27 67. FAX 03 22 92 46 16. **Zimmer:** 21.
Ein außergewöhnlich angenehmes Hotel mit geschmackvollen Zimmern und antiken Möbeln. Nur ein paar Schritte von der Kathedrale entfernt. 🛏 TV
DC EC V

ARMBOUTS-CAPPEL: Hôtel du Lac (F)(F)(F)
2, rue du Lac, 59380. ☏ 03 28 60 70 60. FAX 03 28 61 06 39. **Zimmer:** 66.
Dieses komfortable moderne Hotel liegt südlich von Dunkerque an einem See, der für seine Vogelvielfalt berühmt ist. 🛏 TV
AE DC EC V

BERCK-SUR-MER: Hôtel Neptune (F)(F)
Esplanade Parmentier, 62600. ☏ 03 21 09 21 21. FAX 03 21 09 29 29. **Zimmer:** 63.
Ein freundliches Hotel am Meer. Die Zimmer sind einfach, aber schick in Weiß- und Blautönen. Vom Restaurant hat man einen herrlichen Blick aufs Meer. 🛏 TV
AE EC V

BOULOGNE-SUR-MER: Hôtel Métropole (F)(F)(F)
51, rue Thiers, 62200. ☏ 03 21 31 54 30. FAX 03 21 30 45 72. **Zimmer:** 25.
Es heißt, Boulogne habe nur wenige gute Hotels zu bieten. Das Métropole ist gut und ideal gelegen. 🛏 TV
AE DC EC V

CALAIS: Le Climat de France (F)(F)
Digue G.-Berthe, 62100. ☏ 03 21 34 64 64. FAX 03 21 34 35 39. **Zimmer:** 45.
Direkt am Strand liegt dieses schöne Hotel mit einem preiswerten Restaurant. 🛏 TV
AE DC EC V

CAMBRAI: Le Mouton Blanc (F)(F)
33, rue Alsace-Lorraine, 59400. ☏ 03 27 81 30 16. FAX 03 27 81 83 54. **Zimmer:** 32.
Dieses Hotel zwischen der schönen alten Kirche St-Géry und dem alten Stadtkern bietet modernen Komfort. 🛏 TV
AE EC V

DUNKERQUE: Welcome Hotel (F)(F)
37, rue du Président-Poincaré, 59140. ☏ 03 28 59 20 70. FAX 03 28 21 03 49. **Zimmer:** 39.
Dieses herrlich ruhige Haus liegt zentral und bietet alle Annehmlichkeiten von Minibar bis Kabelfernsehen, dazu Restaurant und mexikanische Bar. 🛏 TV
AE EC V

FREVENT: Le Vert Bocage (F)(F)
Monchel-sur-Canche, 62270. ☏ 03 21 47 96 75. FAX 03 21 03 24 17 **Zimmer:** 10.
Inmitten eines großen gepflegten Gartens mit kleinem See steht dieses moderne Hotel, in dem man Ruhe und Komfort findet. 🛏 TV
EC V

GOSNAY: La Chartreuse de Val St-Esprit (F)(F)(F)
1, rue de Fouquières, 62199. ☏ 03 21 62 80 00. FAX 03 21 62 42 50. **Zimmer:** 56.
Ein herrliches und friedliches Schloß mit teilweise altem Mobiliar. Im Restaurant werden vor allem Fischspezialitäten serviert, die man in eleganter Atmosphäre genießen kann. 🛏 TV
AE DC EC V

GUISE: Hôtel Champagne Picardie (F)(F)
41, rue A.-Godin, 02120. ☏ 03 23 60 43 44. **Zimmer:** 12.
Ein Herrenhaus in der historischen Altstadt. Die Hälfte der Zimmer mit Blick auf den herrlichen hauseigenen Garten. 🛏 TV
EC V

Zeichenerklärung siehe hintere Umschlagklappe

ZU GAST IN FRANKREICH

Preiskategorien für Doppelzimmer pro Nacht mit Bad/Dusche inklusive Steuer und Service:

Ⓕ unter 200 FF
ⒻⒻ 200–400 FF
ⒻⒻⒻ 400–600 FF
ⒻⒻⒻⒻ 600–1000 FF
ⒻⒻⒻⒻⒻ über 1000 FF

KINDERFREUNDLICH
Babysitter stehen zur Verfügung. Einige Hotels haben Kinderstühle und -portionen im Restaurant.

HOTELPARKPLATZ
Hotels mit eigenem Parkplatz. Einige Hotels verfügen über eine eigene Parkgarage oder Parkplätze in der Nähe.

SWIMMINGPOOL
Die Pools in den Hotels sind meist sehr klein und draußen, wenn nicht anders vermerkt.

GARTEN
Hotels mit Garten, Innenhof oder Terrasse bieten oft die Möglichkeit, im Freien zu essen.

	KREDITKARTEN	KINDERFREUNDLICH	PARKEN	SWIMMINGPOOL	GARTEN
LAON: *Hôtel de la Bannière de France* ⒻⒻ 11, rue Franklin-Roosevelt, 02000. ☎ 03 23 23 21 44. FAX 03 23 23 31 56. *Zimmer: 18.* Hübsche Herberge im alten, von Stadtmauern umgebenen Laon. Schöner Blick und ideal als Zwischenstation zu den Hafenstädten am Kanal. 🚗 TV AE DC EC V	●	▨			
LAON: *Hostellerie St-Vincent* ⒻⒻ 29, avenue Charles-de-Gaulle, 02000. ☎ 03 23 23 42 43. FAX 03 23 79 22 55. *Zimmer: 47.* Ein komfortables und modernes Haus im Osten der Stadt. Sowohl Hotel als auch Restaurant bieten ein gutes Preis-Leistungs-Verhältnis. 🚗 TV AE EC V			▨		▨
LE TOUQUET: *Novotel-Thalamer* ⒻⒻⒻⒻ Front de Mer, 62520. ☎ 03 21 09 85 00. FAX 03 21 09 85 10. *Zimmer: 149.* Großes Hotel am Meer mit komfortabel eingerichteten Zimmern mit herrlichem Blick. Zum Entspannen sind Salzwasserschwimmbecken und Sauna da. 🚗 TV AE EC V	●		▨	●	
LONGPONT: *Hôtel de l'Abbaye* Ⓕ 8, rue des Tourelles, 02600. ☎ 03 23 96 02 44. FAX 03 23 96 02 44. *Zimmer: 12.* Der Name stammt von einem nahen früheren Kloster aus dem 12. Jahrhundert; das Hotel ist fast ebenso alt. Das Restaurant bietet regionale Spezialitäten. EC V	●		▨		
MAUBEUGE: *Hôtel Shakespeare* ⒻⒻ 3, rue du Commerce, 59600. ☎ 03 27 65 14 14. FAX 03 27 64 04 66. *Zimmer: 35.* Modernes, komfortables Hotel mit freundlicher Atmosphäre, das über Restaurant und großzügige Bar verfügt. 🚗 TV AE DC EC V			▨		
MONTREUIL: *Le Darnetal* ⒻⒻ Place Darnetal, 62170. ☎ 03 21 06 04 87. FAX 03 21 86 64 67. *Zimmer: 4.* In diesem Hotel-Restaurant muß man im voraus reservieren. Stilvolle Zimmer mit angrenzenden Badezimmern. Das Restaurant bietet Besonderes zu angemessenen Preisen, vor allem Austern. 🚗 AE DC EC V					
PÉRONNE: *Hostellerie des Remparts* ⒻⒻ 21, rue Beaubois, 80200. ☎ 03 22 84 01 22. FAX 03 22 84 31 96. *Zimmer: 16.* Von einigen Zimmern hat man einen wunderschönen Blick auf die alte Festung der Stadt und ihre prachtvolle Gartenanlage. Innen wurde das Hotel vor kurzem neugestaltet. 🚗 TV AE DC EC V	●		▨		▨
REUILLY-SAUVIGNY: *L'Auberge le Relais* ⒻⒻ 2, rue de Paris, 02850. ☎ 03 23 70 35 36. FAX 03 23 70 27 76. *Zimmer: 7.* Ehemaliger Bauernhof mit einigen modernen Annehmlichkeiten. Vom verglasten Wintergarten blickt man auf den herrlichen Garten. 🚗 TV AE DC EC V			▨		▨
ST-OMER: *Hôtel St-Louis* ⒻⒻ 25, rue d'Arras, 62500. ☎ 03 21 38 35 21. FAX 03 21 38 57 26. *Zimmer: 30.* Herberge aus dem 18. Jahrhundert in der Nähe der alten Kathedrale. Die Zimmer sind modern eingerichtet, das Restaurant blieb im alten Stil erhalten. 🚗 TV EC V	●		▨		
ST-QUENTIN: *Grand Hôtel* ⒻⒻⒻ 6–8, rue Dachery, 02100. ☎ 03 23 62 69 77. FAX 03 23 62 53 52. *Zimmer: 24.* Geschmackvoll eingerichtete Zimmer. Das Restaurant Le Président, in dem Frühstück und Abendessen serviert werden, ist ein Muß. 🚗 TV AE DC EC V	●		▨		
SARS-POTERIES: *Hôtel Fleuri* ⒻⒻ 65, rue du Général-de-Gaulle, 59216. ☎ 03 27 61 62 72. FAX 03 27 26 50 08. *Zimmer: 11.* Einfache, aber charmante Zimmer mit Frühstück. Das Restaurant nebenan ist sehr empfehlenswert. 🚗 EC V			▨		▨
SEBOURG: *Hôtel et Restaurant Jardin Fleuri* ⒻⒻ 23, rue du Moulin, 59990. ☎ 03 27 26 53 31. FAX 03 27 26 50 08. *Zimmer: 10.* Dieses ruhige, ländliche Hotel-Restaurant liegt südöstlich von Valenciennes in einem riesigen Blumengarten, in dem man auch sitzen kann. Das wenige Schritte entfernte Restaurant liegt an der Dorfstraße. 🚗 TV EC V			▨		▨

ÜBERNACHTEN

VERVINS: *La Tour de Roy* ⒻⒻⒻ
45, rue du Général-Leclerc, 02140. ☎ 03 23 98 00 11. FAX 03 23 98 00 72. **Zimmer:** 18.
Ein außergewöhnlich komfortables und ruhiges Hotel mit Tischen im
Freien und herrlichem Garten. 🚗 TV ▤

	AE			
	EC	●	▨	▨
	V			

WIMEREUX: *Hôtel Paul et Virginie* ⒻⒻ
19, rue Général-de-Gaulle, 62930. ☎ 03 21 32 42 12. FAX 03 21 87 65 85. **Zimmer:** 15.
Schmuckes Gebäude aus dem 19. Jahrhundert zwischen Strand und Geschäften in hübschem Städtchen am Meer. Besonders geeignet für Familien. 🚗 TV

	EC	●	▨	▨
	V			

CHAMPAGNE

ANDELOT: *Le Cantarel* ⒻⒻ
Place Cantarel, 52700. ☎ 03 25 01 31 13. FAX 03 25 03 15 41. **Zimmer:** 8.
Andelot liegt nordöstlich von Chaumont an der Straße nach Neufchâteau.
Dieses Hotel am Markplatz besitzt ein gutes, preiswertes Restaurant. 🚗 TV

	EC		▨	▨
	V			

BOURBONNE-LES-BAINS: *Hôtel Jeanne d'Arc* ⒻⒻ
Rue Amiral-Pierre, 52400. ☎ 03 25 90 46 00. FAX 03 25 90 46 00. **Zimmer:** 32.
Das komfortable Hotel liegt direkt neben dem Mineralbad.
Die umliegende Landschaft ist einfach großartig. 🚗 TV

	AE	●	▨	●	▨
	EC				
	V				

CHÂLONS-EN-CHAMPAGNE: *Hôtel du Pot d'Etain* ⒻⒻ
18, place de la République, 51000. ☎ 03 26 68 09 09. FAX 03 26 68 58 18. **Zimmer:** 27.
Das Hotel aus dem 15. Jahrhundert in der Stadtmitte gehört einer Bäckersfamilie,
die Croissants auf dem Frühstückstisch sind daher ofenfrisch. 🚗 TV

	DC	●	▨	▨
	EC			
	V			

CHAMPILLON: *Royal Champagne* ⒻⒻⒻⒻ
Bellevue, 51160. ☎ 03 26 52 87 11. FAX 03 26 52 89 69. **Zimmer:** 29<.
Das moderne Hotel-Restaurant in der ehemaligen Poststation aus dem
16. Jahrhundert krönt die Spitze des bewaldeten Montagne de Reims. 🚗 TV

	AE	●	▨	▨
	DC			
	EC			
	V			

CHARLEVILLE-MÉZIÈRES: *Le Clèves* ⒻⒻ
43, rue de l'Arquebuse, 08000. ☎ 03 24 33 10 75. FAX 03 24 59 01 25. **Zimmer:** 47.
Hotel in ruhiger Straße neben dem Geburtshaus des Dichters Rimbaud.
Schickes und komfortables Speisezimmer. 🚗 TV

	AE	●	▨	▨
	DC			
	EC			
	V			

CHARLEVILLE-MÉZIÈRES: *Le Relais du Square* ⒻⒻ
3, place de la Gare, 08000. ☎ 03 24 33 38 76. FAX 03 24 33 56 66. **Zimmer:** 49.
Trotz der Adresse liegt das Hotel außer Hörweite von Zügen.
Dafür gibt es eine gemütliche Bar und ein angenehmes Restaurant. 🚗 TV

	AE	●	▨	▨
	DC			
	EC			
	V			

CHAUMONT: *Le Grand Val* ⒻⒻ
Route de Langres, 52000. ☎ 03 25 03 90 35. FAX 03 25 32 11 80. **Zimmer:** 52.
An der Straße nach Langres und Dijon steht dieses einfache holzverzierte
Hotel mit Blick über das Marne-Tal. 🚗

	AE	●	▨	▨
	DC			
	EC			
	V			

EPERNAY: *Hôtel de la Cloche* Ⓕ
3, place Mendès-France, 51200. ☎ 03 26 55 24 05. FAX 03 26 51 88 05. **Zimmer:** 19.
Das beste Hotel-Restaurant in seiner Kategorie in Epernay, der Hauptstadt der
Champagne. Es bietet einfache, aber sonnige Zimmer und ein gutes Restaurant,
in dem regionale Spezialitäten serviert werden. 🚗 TV

	AE	●	▨	▨
	EC			
	V			

EPERNAY: *Micheline & Jean-Marie Tarlant* ⒻⒻ
Œuilly, RN 3 51480. ☎ 03 26 58 30 60. FAX 03 26 58 37 31. **Zimmer:** 4.
Auf dem Weingut in Familienbesitz wurden die Hütten der Traubenpflücker
zu Gästezimmern umgebaut. Nach dem Frühstück im Wintergarten
bietet sich ein Besuch im Champagnerkeller ein Stockwerk tiefer an. 🚗

	EC	●	▨	▨
	V			

ETOGES: *Château d'Etoges* ⒻⒻⒻ
4, rue Richebourg, 51270. ☎ 03 26 59 30 08. FAX 03 26 59 35 57. **Zimmer:** 21.
In diesem eindrucksvollen Schloß aus dem 17. Jahrhundert mit Schloßgraben
und Türmen wohnt man, als wär's das eigene. 🚗 TV

	AE	●	▨	▨
	DC			
	EC			
	V			

HAYBES-SUR-MEUSE: *L'Ermitage Moulin Labotte* ⒻⒻ
08170. ☎ 03 24 41 13 44. FAX 03 24 40 46 72. **Zimmer:** 10.
Eine umgebaute abgelegene Mühle aus dem 18. Jahrhundert, umgeben
von Wald. Altes Restaurant mit Schieferfußboden und Mühlenrad. 🚗 TV

	EC	●	▨	▨
	V			

LANGRES: *Grand Hôtel de l'Europe* ⒻⒻ
23–25, rue Diderot, 52200. ☎ 03 25 87 10 88. FAX 03 25 87 60 65. **Zimmer:** 28.
Das Hotel in der Hauptstraße ist leicht zu finden. Das Gebäude stammt aus
dem 17. Jahrhundert, die schöne Gaststube ist originalgetreu erhalten geblieben,
die Gästezimmer sind geschmackvoll renoviert. 🚗 TV

	EC	●	▨	▨
	V			

Zeichenerklärung siehe hintere Umschlagklappe

Preiskategorien für
Doppelzimmer pro Nacht mit
Bad/Dusche inklusive Steuer
und Service:
Ⓕ unter 200 FF
ⒻⒻ 200–400 FF
ⒻⒻⒻ 400–600 FF
ⒻⒻⒻⒻ 600–1000 FF
ⒻⒻⒻⒻⒻ über 1000 FF

KINDERFREUNDLICH
Babysitter stehen zur Verfügung. Einige Hotels haben
Kinderstühle und -portionen im Restaurant.

HOTELPARKPLATZ
Hotels mit eigenem Parkplatz. Einige Hotels verfügen
über eine eigene Parkgarage oder Parkplätze in der Nähe.

SWIMMINGPOOL
Die Pools in den Hotels sind meist sehr klein und
draußen, wenn nicht anders vermerkt.

GARTEN
Hotels mit Garten, Innenhof oder Terrasse bieten oft die
Möglichkeit, im Freien zu essen.

		KREDITKARTEN	KINDERFREUNDLICH	PARKEN	SWIMMINGPOOL	GARTEN
MAGNANT: *Le Val Moret*	ⒻⒻ	AE EC V	●	▨		▨
10110. ☎ 03 25 29 85 12. FAX 03 25 29 70 81. *Zimmer: 30.* Einstöckiges modernes Hotel an der Autobahn von Calais nach Dijon. Komfortabel mit gutem und preiswertem Restaurant. 🚗 📺						
MESNIL-ST-PÈRE: *L'Auberge du Lac*	ⒻⒻ	EC V		▨		▨
10140. ☎ 03 25 41 27 16. FAX 03 25 41 57 59. *Zimmer: 15.* Altmodischer Gasthof, benannt nach dem nahe gelegenen See in der Forêt d'Orien; man kann fischen, baden und Tennis spielen. 🚗 📺						
MONTHERMÉ: *Le Franco-Belge*	ⒻⒻ	EC V	●	▨		▨
2, rue Pasteur, 08800. ☎ 03 24 53 01 20. FAX 03 24 53 54 49. *Zimmer: 15.* Ein Hotel im Familienbesitz am Marktplatz. Die Speisen im Restaurant werden unter Verwendung des selbstangebauten Gemüses stets frisch zubereitet. 🚗 📺						
REIMS: *Hôtel Crystal*	ⒻⒻ	AE EC V				▨
86, place Drouet-d'Erlon, 51100. ☎ 03 26 88 44 44. FAX 03 26 47 49 28. *Zimmer: 31.* Obwohl dieses altmodische Hotel an einem der lebhaftesten Plätze in Reims steht, ist es erstaunlich ruhig. Im Sommer gibt es Frühstück auf der Terrasse. 🚗 📺						
REIMS: *Boyer les Crayères*	ⒻⒻⒻⒻ	AE DC EC V	●	▨		▨
64, boulevard Henri-Vasnier, 51100. ☎ 03 26 82 80 80. FAX 03 26 82 65 52. *Zimmer: 19.* Ein Hotel, das man in kulinarischer Hinsicht auf keinen Fall auslassen sollte. Das Herrenhaus aus der Belle Epoque in angenehmer Umgebung am Stadtrand von Reims strahlt diskrete Eleganz aus. 🚗 🍴 📺						
RETHEL: *Le Moderne*	ⒻⒻ	AE DC EC V		▨		
Place de la Gare, 08300. ☎ 03 24 38 44 54. FAX 03 24 38 37 84. *Zimmer: 22.* Ein sorgfältig renoviertes Haus, das Ruhe und Komfort garantiert. Ausgezeichnete regionale Küche gibt es im hauseigenen Restaurant. 🚗 🍴 📺						
ST-DIZIER: *Hôtel Gambetta*	ⒻⒻ	AE DC EC V	●	▨		
62, rue Gambetta, 52100. ☎ 03 25 56 52 10. FAX 03 25 56 39 47. *Zimmer: 63.* Ein modernes Hotel mit Konferenzmöglichkeiten und preiswertem Restaurant. Viele Touristen kommen nach St-Dizier wegen der Vögel am nahe gelegenen Lac du Der-Chantecoq. 🚗 📺						
SEDAN: *L'Auberge du Port*	ⒻⒻ	AE DC EC V		▨		▨
Bazeilles, 08140. ☎ 03 24 27 13 89. FAX 03 24 29 35 58. *Zimmer: 20.* Außergewöhnlich komfortables Hotel an der Meuse, ideal für Gäste, die eine ruhige und friedliche Atmosphäre suchen. Mahlzeiten auf der Terrasse. 🚗 📺						
SEPT-SAULX: *Le Cheval Blanc*	ⒻⒻⒻ	AE DC EC V	●	▨		▨
Rue du Moulin, 51400. ☎ 03 26 03 90 27. FAX 03 26 03 97 09. *Zimmer: 25.* Auf der Fahrt ins Elsaß und nach Burgund sollte man unbedingt einen Zwischenstopp in diesem inmitten von Weinbergen gelegenen Hotel einlegen. Und wenn nicht im Hotel, dann wenigstens im Restaurant. 🚗 📺						
TROYES: *Grand Hôtel*	ⒻⒻ	EC V	●	▨	●	▨
4, avenue Maréchal-Joffre, 10000. ☎ 03 25 79 90 90. FAX 03 25 78 48 93. *Zimmer: 100.* Ein großes modernes Haus mit nicht weniger als acht Restaurants, einschließlich Brasserie, Pizzeria und Feinschmeckerlokal. 🚗 📺						
TROYES: *Hôtel des Comtes de Champagne*	ⒻⒻ	EC V	●	▨		▨
54–56, rue de la Monnaie, 10000. ☎ 03 25 73 11 70. FAX 03 25 73 06 02. *Zimmer: 27.* Dieses herrschaftliche Haus in ruhiger Straße war im Mittelalter die Bank der Grafen von Champagne. Die Zimmer sind teilweise mit antiken Möbeln ausgestattet. Guter Ausgangspunkt, um die Stadt zu erkunden. 🚗 📺						
VIGNORY: *Le Relais Verdoyant*	ⒻⒻ	EC V	●	▨		▨
Quartier de la Gare, 52320. ☎ 03 25 02 44 49. FAX 03 25 01 96 89. *Zimmer: 7.* Ein umgebauter ehemaliger Bauernhof in friedlichem Dorf auf halber Strecke zwischen Chaumont und Joinville. Angenehme, entspannende Atmosphäre. 🚗 📺						

ELSASS UND LOTHRINGEN

BAREMBACH: *Château de Barembach* ⓕⓕⓕ
AE DC EC V
5, rue du Mal-de-Lattre, 67130. 📞 *03 88 97 97 50.* FAX *03 88 47 17 19.* **Zimmer:** *15.*
Herrliches Renaissanceschloß, heute familienbetriebenes Hotel. Mit eigenen
Tennisplätzen, ideal für die, die sich gern sportlich betätigen möchten. 🛏 📺

COLMAR: *Hôtel Beauséjour* ⓕⓕ
AE EC V
25, rue du Ladhof, 68000. 📞 *03 89 41 37 16.* FAX *03 89 41 43 07.* **Zimmer:** *44.*
Ein Familienhotel: preiswerte Zimmer, zum Teil mit Kochgelegenheit. Neben
Spielecken für Kinder verfügt das Hotel über Sauna und Fitneßraum. 🛏 📺

COLMAR: *Hôtel Le Maréchal* ⓕⓕⓕⓕ
AE EC V
4–6, place des Six-Montagnes-Noires, 68000. 📞 *03 89 41 60 32.*
FAX *03 89 24 59 40.* **Zimmer:** *30.*
Colmars erstes Stadthotel in einem Fachwerkhaus aus dem 16. Jahrhundert
liegt im stimmungsvollen Viertel Petite Venise direkt am Wasser. 🛏 🍽 📺

EGUISHEIM: *Hostellerie du Pape* ⓕⓕ
AE DC EC V
10, Grand' rue, 68420. 📞 *03 89 41 41 21.* FAX *03 89 41 41 31.* **Zimmer:** *33.*
Einladendes Hotel-Restaurant in malerischem Ort in der Nähe des alten
Stadtkerns und der modernen Geschäfte. 🛏 📺

EPINAL: *Hôtel de l'Europe* ⓕⓕ
AE DC EC V
16, rue Blaudez, 88000. 📞 *03 29 82 21 04.* FAX *03 29 64 23 47.* **Zimmer:** *36.*
Auf der anderen Seite des Flusses liegt das Musée des Vosges. Das Hotel
wurde sorgfältig restauriert, einige Zimmer im Louis-XV-Stil. Sauna. 🛏 📺

GÉRARDMER: *M. Paul Gegout* ⓕ
Le Phény, 123, chemin des Rochottes, 88400. 📞 *03 29 63 03 39.* **Zimmer:** *3.*
Bauernhaus mit Blick auf die Vogesen mit einfachen, rustikalen Zimmern
und wunderbarem Ausblick. Ausgezeichnete regionale Küche.

METZ: *Grand Hôtel de Metz* ⓕⓕ
AE DC EC V
3, rue des Clercs, 57000. 📞 *03 87 36 16 33.* FAX *03 87 74 17 04.* **Zimmer:** *62.*
Hotel mit neobarocker Halle und Zimmern im ländlichen Stil in der Nähe
der Kathedrale, des Marktes und verschiedener Restaurants. 🛏 📺

MOLSHEIM: *Hôtel Bugatti* ⓕⓕ
AE EC V
Rue de la Commanderie, 67120. 📞 *03 88 49 89 00.* FAX *03 88 38 36 00.* **Zimmer:** *45.*
Hier wohnte der Autohersteller Bugatti, dessen Fabrik sich gegenüber vom
Hotel befindet. Gäste können das Schwimmbad im Hôtel Diana und die
nahe gelegenen Reitställe nutzen. 🛏 📺

MULHOUSE: *Novotel Mulhouse-Sausheim* ⓕⓕⓕ
AE DC EC V
Rue de l'Ile-Napoléon, 68390. 📞 *03 89 61 84 84.* FAX *03 89 61 77 99.* **Zimmer:** *77.*
Die Novotels bieten gute Arrangements für Familien mit Kindern; es gibt im
Hotel auch eine Spielecke. 🛏 🍽 📺

NANCY: *Hôtel Albert 1er et Astoria* ⓕⓕ
AE DC EC V
3, rue Armée-Patton, 54000. 📞 *03 33 40 31 24.* FAX *03 33 28 47 78.* **Zimmer:** *85.*
Von diesem einladenden Hotel sind es nur Minuten bis zum Place Stanislas. Die Zimmer sind gut ausgestattet, komfortabel und ruhig. 🛏 📺

NANCY: *Grand Hôtel de la Reine* ⓕⓕⓕⓕ
AE DC EC V
2, place Stanislas, 54000. 📞 *03 83 35 03 01.* FAX *03 83 32 86 04.* **Zimmer:** *48.*
In diesem Hotel am Hauptplatz findet man Eleganz und Luxus,
im Restaurant ausgezeichnete Küche. 🛏 📺

OBERNAI: *Hôtel des Vosges* ⓕⓕ
EC V
5, place de la Gare, 67210. 📞 *03 88 95 53 78.* FAX *03 88 49 92 65.* **Zimmer:** *20*
Hier denkt man modern und funktionell, keineswegs großspurig. Trotzdem
trifft man auf hohen Standard und ein ausgezeichnetes Restaurant. 🛏 📺

REMIREMONT: *Hôtel du Cheval de Bronze* ⓕⓕ
AE EC V
59, rue du Charles-de-Gaulle, 88200. 📞 *03 29 62 52 24.* FAX *03 29 62 34 90.* **Zimmer:** *35<*
Ein altmodisches Hotel, empfehlenswert für Durchreisende und
Besucher der Vogesen. Weil das Hotel kein eigenes Restaurant besitzt,
empfiehlt der Besitzer gern eines in der Umgebung. 🛏 📺

RIBEAUVILLE: *Hôtel de Mouton* ⓕⓕ
EC V
5, place de la Sinne, 68150. 📞 *03 89 73 60 11.* FAX *03 89 73 74 62.* **Zimmer:** *14.*
Ein hübsches Winzerhaus aus dem 14. Jahrhundert im historischen Teil
des Städtchens. Geräumige, hübsche Zimmer und preiswertes Restaurant. 🛏 📺

Zeichenerklärung siehe hintere Umschlagklappe

550 ZU GAST IN FRANKREICH

	KREDITKARTEN	KINDERFREUNDLICH	PARKEN	SWIMMINGPOOL	GARTEN

Preiskategorien für
Doppelzimmer pro Nacht mit
Bad/Dusche inklusive Steuer
und Service:
(F) unter 200 FF
(F)(F) 200–400 FF
(F)(F)(F) 400–600 FF
(F)(F)(F)(F) 600–1000 FF
(F)(F)(F)(F)(F) über 1000 FF

KINDERFREUNDLICH
Babysitter stehen zur Verfügung. Einige Hotels haben
Kinderstühle und -portionen im Restaurant.
HOTELPARKPLATZ
Hotels mit eigenem Parkplatz. Einige Hotels verfügen
über eine eigene Parkgarage oder Parkplätze in der Nähe.
SWIMMINGPOOL
Die Pools in den Hotels sind meist sehr klein und
draußen, wenn nicht anders vermerkt.
GARTEN
Hotels mit Garten, Innenhof oder Terrasse bieten oft die
Möglichkeit, im Freien zu essen.

SAVERNE: *Chez Jean* **(F)(F)(F)** 3, rue de la Gare, 67700. **(** 03 88 91 10 19. **FAX** 03 88 91 27 45. *Zimmer:* 25. Ein vierstöckiges traditionelles Elsässer Haus mit Blick über die Hügel hinter der Stadt. Hübscher Weinkeller im Untergeschoß. 🛏 TV	AE DC EC V		▦		▦
SÉLESTAT: *Auberge des Alliés* **(F)(F)** 39, rue des Chevaliers, 67600. **(** 03 88 92 09 34. **FAX** 03 88 92 12 88. *Zimmer:* 17. Reizvolle Inneneinrichtung mit Balken, viel glänzendem Holz und hübschen Nipps. 🛏 TV	EC V				
STRASBOURG: *Au Cerf d'Or* **(F)(F)** 6, place de l'Hôpital, 67000. **(** 03 88 36 20 05. **FAX** 03 88 36 68 67. *Zimmer:* 37. Die Zimmer im Haupthaus sind hübscher, der Anbau hat jedoch Schwimm- bad und Sauna. In der Nähe gibt es mehrere Restaurants am Wasser. 🛏 TV	EC	●		●	
STRASBOURG: *Relais Mercure* **(F)(F)** 3, rue Maire-Kuss, 67000. **(** 03 88 32 80 80. **FAX** 03 88 23 05 39. *Zimmer:* 52. Hotel in altem Backsteingebäude mit freundlichem, gutem Personal. 🛏 ▤ TV	AE EC V				▦
STRASBOURG: *Régent Petite France* **(F)(F)(F)(F)(F)** 5, rue des Moulins, 67000. **(** 03 88 76 43 43. **FAX** 03 88 76 43 76. *Zimmer:* 72. Das angesehenste und bestgelegene Hotel der Stadt in umgebauter Wassermühle mit Blick auf das Viertel Petite France. 🛏 ▤ TV	AE DC EC V	●	▦		
VERDUN: *Hostellerie du Coq Hardie* **(F)(F)(F)** 8, avenue de la Victoire, 55100. **(** 03 29 86 36 36. **FAX** 03 29 86 09 21. *Zimmer:* 35. Dieses schmucke Hotel bietet gediegenen Komfort und freundlichen Service. Ausgezeichnete traditionelle, aber auch ziemlich teure Küche. 🛏 TV	AE DC EC V		▦		
WANTZENAU: *Le Moulin de la Wantzenau* **(F)(F)(F)** 3, impasse de Moulin, 67610. **(** 03 88 59 22 22. **FAX** 03 88 59 22 00. *Zimmer:* 20. Die eindrucksvolle, umgebaute Mühle in friedlicher Umgebung bietet die ideale Übernachtungsmöglichkeit auf der Fahrt von Lothringen nach Deutschland. 🛏 TV	AE EC V	●	▦		▦

NORMANDIE

L'AIGLE: *Hôtel du Dauphin* **(F)(F)** Place de la Halle, 61300. **(** 02 33 84 18 00. **FAX** 02 33 34 09 28. *Zimmer:* 30. Eine hübsche Herberge in der Nähe des größten Marktes in der Normandie. Erstklassiges, traditionelles, gleichzeitig modern ausgestattetes Haus. 🛏 TV	AE DC EC V	●	▦		
ALENÇON: *Hôtel le Chapeau Rouge* **(F)(F)** 3, boulevard Duchamp, 61000. **(** 02 33 26 20 23. **FAX** 02 33 26 54 05. *Zimmer:* 14. Modernes freundliches Hotel nur zehn Minuten vom Stadtzentrum. Das gleichnamige Restaurant nebenan hat einen englischen Besitzer. 🛏 TV	AE EC V		▦		
BAGNOLES DE L'ORNE: *Hôtel de Normandie* **(F)(F)** 2, avenue de la Ferté-Macé, 61140. **(** 02 33 30 80 16. **FAX** 02 33 37 06 19. *Zimmer:* 20. Eine schmucke Herberge mit empfehlenswertem Restaurant. Zusätzlich zum hauseigenen schönen Garten hat man von der Vorderseite einen schönen Ausblick über das Land. Moderate Preise. 🛏 TV	AE DC EC V	●	▦		▦
BALISNE: *Hôtel Moulin de Balisne* **(F)(F)** Le Moulin de Balisne, 27130. **(** 02 32 32 03 48. **FAX** 02 32 60 11 22. *Zimmer:* 12. Dieses Hotel inmitten eines riesigen Parks hält, was es verspricht. Der Umbau der alten Mühle ist mehr als gelungen. 🛏 TV	AE DC EC V	●	▦		▦
BÉNOUVILLE: *Le Manoir d'Hastings* **(F)(F)(F)** 18 avenue de la Côte-de-Nacre, 14970. **(** 02 31 44 62 43 **FAX** 02 31 44 76 18. *Zimmer:* 15. Ein modernes Haus an einem Gebäude aus dem 17. Jahrhundert, dem heutigen Restaurant. Jedes Zimmer mit Salon. Hilfsbereites Personal. 🛏 TV	AE DC EC V	●	▦		▦

ÜBERNACHTEN

BRIONNE: *Auberge du Vieux Donjon* ⓕⓕ
Place Frémont-des Essarts, 27800. ☎ 02 32 44 80 62. FAX 02 32 45 83 23. *Zimmer: 8.*
Schöner alter Landgasthof am Marktplatz. Seit Jahrhunderten kommen
die Bauern hierher, um ein deftiges Mahl einzunehmen. 🍽 TV
EC V

CABOURG: *Grand Hôtel* ⓕⓕⓕⓕⓕ
Promenade Marcel-Proust, 14390. ☎ 02 31 91 01 79. FAX 02 31 24 03 20. *Zimmer: 70.*
Ein riesiges weißes Belle-Epoque-Hotel am Meer; große Zimmer mit Balkonen.
Marcel Proust hat oft hier gewohnt. 🍽 TV
AE DC EC V

CAEN: *Le Relais des Gourmets* ⓕⓕⓕ
15, rue de Geôle, 14000. ☎ 02 31 86 06 01. FAX 02 31 39 06 00. *Zimmer: 28.*
Ein modernes Hotel mit traditioneller Inneneinrichtung und elegantem
Speisezimmer. Herrlicher Ausblick auf Schloß Caen. 🍽 TV
AE DC EC V

CAEN: *Hôtel Mercure* ⓕⓕⓕ
1, rue Courtonne, 14000. ☎ 02 31 47 24 24. FAX 02 31 47 43 88. *Zimmer: 114.*
Obwohl es mitten in der Stadt liegt, herrscht hier eine ruhige Eleganz vor,
in der die Gäste mit Zuvorkommenheit verwöhnt werden. 🍽 ▤ TV
AE DC EC V

CEAUX: *Le Relais du Mont* ⓕⓕ
Labuvette, 50220. ☎ 02 33 70 92 55. FAX 02 33 70 94 57. *Zimmer: 28.*
Modernes Familienhotel mit Blick nach Westen auf die herrlichen Sonnen-
untergänge über Mont-St-Michel. Ausgezeichnetes Restaurant. 🍽 TV
AE EC V

DEAUVILLE: *Hôtel Normandie* ⓕⓕⓕⓕⓕ
38, rue J-Mermoz, 14800. ☎ 02 31 98 66 22. FAX 02 31 98 66 23. *Zimmer: 300.*
Trotz der Modernisierung hat sich dieses freundliche Hotel seinen Charme bewahrt. Die Mahlzeiten werden im Garten unter Apfelbäumen serviert. 🍽 TV
AE DC EC V

EVREUX: *Le Paris* ⓕ
32, rue de la Harpe, 27000. ☎ 02 32 39 12 97. *Zimmer: 6.*
Ruhige Lage in einer Fußgängerzone. Nicht weit von Kathedrale und
Stadtzentrum entfernt. Saubere, einfache Zimmer, herzlicher Empfang. 🍽 TV
AE DC EC V

FALAISE: *Hôtel de la Poste* ⓕⓕ
38, rue Georges-Clemenceau,14700. ☎ 02 31 90 13 14. FAX 02 31 90 01 81. *Zimmer: 20.*
Das Hotel ist komfortabel, das Restaurant preiswert und gut.
Die lebhafte Straße wird erst am Abend ruhiger. 🍽 TV
AE DC EC V

FÉCAMP: *Hôtel de l'Univers* ⓕ
5, place St-Etienne, 76400. ☎ 02 35 28 05 88. FAX 02 35 27 82 58. *Zimmer: 16.*
Ein preiswertes, familienbetriebenes Hotel im Zentrum des hübschen
Fischerortes. Einfache Ausstattung, aufmerksames Personal. 🍽 TV
EC V

FONTENAI-SUR-ORNE: *Le Faisan Doré* ⓕⓕ
Route de Paris, 61200. ☎ 02 33 67 18 11. FAX 02 33 35 82 15. *Zimmer: 14.*
Ein großes, relativ preiswertes und gutes Hotel. Im Sommer kann im
herrlichen Garten mit Terrasse gegessen werden. 🍽 TV
AE EC V

GACÉ: *Castel le Morphée* ⓕⓕ
2, route de Lisieux, 61230. ☎ 02 33 35 51 01. FAX 02 33 35 51 62. *Zimmer: 11.*
Ein großes Gebäude mit Türmen etwas abseits von der Straße. Die Zimmer
im Hauptgebäude sind elegant, die im Anbau etwas einfacher. 🍽 TV
AE DC EC V

GRANDCAMP-MAISY: *Hôtel Duguésclin* ⓕⓕ
4, quai Crampon, 14450. ☎ 02 31 22 64 22. FAX 02 31 22 34 79. *Zimmer: 30.*
Freundliches und komfortables modernes Hotel am Meer mit
ausgezeichnetem Restaurant. 🍽 TV
AE EC V

GRANVILLE: *Hôtel Normandie Chaumière* ⓕⓕ
20, rue Dr.-Paul-Poirier, 50400. ☎ 02 33 50 01 71. FAX 02 33 50 15 34. *Zimmer: 6.*
Das Hotel befindet sich in der Nähe mehrerer Geschäfte, Restaurants
und eines Casinos. Empfehlenswertes Restaurant mit Fischspezialitäten. 🍽 TV
EC V

HONFLEUR: *La Ferme St-Siméon* ⓕⓕⓕⓕⓕ
Rue A.-Marais, 14600. ☎ 02 31 89 23 61. FAX 02 31 89 48 48. *Zimmer: 34*
Ehemaliger Bauernhof an der Seinemündung mit wunderschönen Zimmern.
Hier trafen sich Renoir, Cézanne und andere Impressionisten. 🍽 TV
AE EC V

ISIGNY-SUR-MER: *Hôtel de France* ⓕⓕ
17, rue Emile-Demagny, 14230. ☎ 02 31 22 00 33. FAX 02 31 22 79 19. *Zimmer: 19.*
Ein freundliches und komfortables kleines Hotel in malerischem Fischerort. Im
ausgezeichneten Restaurant werden einheimische Spezialitäten serviert. 🍽 TV
EC V

Zeichenerklärung siehe hintere Umschlagklappe

ZU GAST IN FRANKREICH

Preiskategorien für Doppelzimmer pro Nacht mit Bad/Dusche inklusive Steuer und Service:
- Ⓕ unter 200 FF
- ⒻⒻ 200–400 FF
- ⒻⒻⒻ 400–600 FF
- ⒻⒻⒻⒻ 600–1000 FF
- ⒻⒻⒻⒻⒻ über 1000 FF

KINDERFREUNDLICH
Babysitter stehen zur Verfügung. Einige Hotels haben Kinderstühle und -portionen im Restaurant.

HOTELPARKPLATZ
Hotels mit eigenem Parkplatz. Einige Hotels verfügen über eine eigene Parkgarage oder Parkplätze in der Nähe.

SWIMMINGPOOL
Die Pools in den Hotels sind meist sehr klein und draußen, wenn nicht anders vermerkt.

GARTEN
Hotels mit Garten, Innenhof oder Terrasse bieten oft die Möglichkeit, im Freien zu essen.

	KREDITKARTEN	KINDERFREUNDLICH	PARKEN	SWIMMINGPOOL	GARTEN
LISIEUX: *Grand Hôtel de l'Espérance* ⒻⒻ 16, boulevard Ste-Anne, 14100. 📞 02 31 62 17 53. FAX 02 31 62 34 00. **Zimmer:** 100. Das traditionelle normannische Gebäude liegt an einer belebten Straße, aber die Doppelglasfenster sorgen für Ruhe und Frieden. 🖥 TV	AE DC EC V		▩		
MESNIL-VAL: *Hostellerie de la Vieille Ferme* ⒻⒻⒻ 23, rue de la Mer, 76910. 📞 02 35 86 72 18. FAX 02 35 86 12 67. **Zimmer:** 33. Das Bauernhaus aus dem 18. Jahrhundert inmitten eines Parks besteht eigentlich aus mehreren umgebauten kleinen Katen. 🖥 TV	AE DC EC V	●			▩
MORTAGNE-AU-PERCHE: *Hostellerie Genty-Home* ⒻⒻ 4, rue Notre-Dame, 61400. 📞 02 33 25 11 53. FAX 02 33 25 41 38. **Zimmer:** 8. Ein traditionelles Gebäude im Zentrum eines verschlafenen Marktstädtchens. Die Innenausstattung im Hotel ist funktionell, im Restaurant dagegen verschnörkelt im Louis-XV-Stil. 🖥 TV	AE EC V	●	▩		▩
MORTAIN: *Hôtel de la Poste* ⒻⒻ Place des Arcades, 50140. 📞 02 33 59 00 05. FAX 02 33 69 53 89. **Zimmer:** 28. Herrliche Lage auf der Halbinsel Cherbourg mit Blick auf einen bezaubernden Fluß. 🖥 TV	EC	●	▩		▩
PONT-AUDEMER: *Belle-Isle-sur-Risle* ⒻⒻⒻⒻ 112, route de Rouen, 27500. 📞 02 32 56 96 22. FAX 02 32 42 88 96. **Zimmer:** 19. Das Hotel im riesigen Garten liegt auf einer Insel eingebettet zwischen Bäumen und Rosen. Komfortable Zimmer und ausgezeichnetes Restaurant im Kellergewölbe. 🖥 TV	AE DC EC V	●	▩	●	▩
PONT-DE L'ARCHE: *Hôtel de la Tour* ⒻⒻ 41, quai Foch, 27340. 📞 02 35 23 00 99. FAX 02 35 23 46 22. **Zimmer:** 16. Ein schönes Normannenhaus aus dem 18. Jahrhundert mit komfortabel renovierten Zimmern mit Ausblick auf den Fluß. 🖥 TV			▩		▩
ROUEN: *Hôtel de Bordeaux* ⒻⒻ 9, place de la République, 76000. 📞 02 35 71 93 58. FAX 02 35 71 92 15. **Zimmer:** 48. Ein modernes, freundliches Hotel mit der Seine auf der einen und den Türmen der Kathedrale auf der anderen Seite. 🖥 TV	AE DC EC V	●			
ROUEN: *Hôtel de Lisieux* ⒻⒻ 4, rue de la Savonnerie, 76000. 📞 02 35 71 87 73. FAX 02 35 89 31 52. **Zimmer:** 30. Das Personal ist freundlich und hilfsbereit, die Zimmer, einige mit Blick auf den Fluß und die Kathedrale, sind geräumig. Sehr gutes Preis-Leistungs-Verhältnis und herzliche Atmosphäre. 🖥 TV	AE DC EC V	●			
SAINT-LÔ: *Hôtel des Voyageurs* ⒻⒻ 5–7, avenue de Briovère, 50000. 📞 02 33 05 08 63. FAX 02 33 05 14 34. **Zimmer:** 31. Modernes Haus mit komfortablen, ruhigen Zimmern. Im Restaurant werden Fischspezialitäten serviert. 🖥 TV	AE DC EC V	●	▩		▩
ST-PATERNE: *Château de St-Paterne* ⒻⒻⒻ 72610. 📞 02 33 27 54 71. FAX 02 33 29 16 71. **Zimmer:** 8. Weniger ein Hotel als ein Familienschloß, in dem das Essen en famille eingenommen wird. Die de Valbrays bewohnen das Schloß inmitten eines Parks am Stadtrand von Alençon auch heute noch. 🖥 TV	AE EC V	●	▩		▩
SÉES: *Hôtel du Cheval Blanc* ⒻⒻ 1, place St-Pierre, 61500. 📞 02 33 27 80 48. FAX 02 33 28 58 05. **Zimmer:** 9. Ein ruhiges, komfortables Hotel an der Straße von den Hafenstädten am Kanal Richtung Süden. Beste französische Gastfreundlichkeit. 🖥 TV	EC V	●	▩		
VERNON: *Hôtel d'Evreux* ⒻⒻ 11, place d'Evreux, 27200. 📞 02 32 21 16 12. FAX 02 32 21 32 73. **Zimmer:** 18. Eine Herberge aus dem 18. Jahrhundert mit romantischem Innenhof, in dem bei schönem Wetter gespeist wird. 🖥 TV	AE DC EC V	●	▩		▩

ÜBERNACHTEN

BRETAGNE

AUDIERNE: *Le Goyen* (F)(F)(F)
Place Jean-Simon, 29770. [02 98 70 08 88. FAX 02 98 70 18 77. **Zimmer:** 27.
Die meisten Zimmer des restaurierten Gebäudes blicken auf den Fischerhafen,
der auch das ausgezeichnete hoteleigene Restaurant beliefert. [TV]
AE EC V

BREST: *Hôtel de la Corniche* (F)(F)
1, rue Amiral-Nicol, 29200. [02 98 45 12 42. FAX 02 98 49 01 53. **Zimmer:** 16.
Dieses moderne Hotel im bretonischen Stil befindet sich im Westen
der Stadt in der Nähe des Marinestützpunkts. Idealer Ausgangspunkt für
Spaziergänge entlang der Küste. Hoteleigene Tennisplätze. [TV]
AE EC V

CANCALE: *Hôtel Richeux* (F)(F)(F)(F)
Le Point du Jour, 35260. [02 99 89 64 76. FAX 02 99 89 88 47. **Zimmer:** 13.
Hübsche Art-deco-Villa mit Blick auf die Bucht von Mont-St-Michel.
Zimmer mit antiken Möbeln. [TV]
AE DC EC V

CARNAC: *Lann Roz* (F)(F)(F)
36, avenue de la Poste, 56340. [02 97 52 10 48. FAX 02 97 52 24 36. **Zimmer:** 13.
Ein freundliches Hotel mit hübschem Garten nur zehn Minuten vom Strand.
Restaurant mit exzellenten Weinen. [TV]
AE EC V

CESSON-SÉVIGNÉ: *Hôtel Germinal* (F)(F)
9, cours de la Vilaine, 35510. [02 99 83 11 01. FAX 02 99 83 45 16. **Zimmer:** 20.
Zwischen zwei Flußarmen gelegene ehemalige Mühle.
Die Einrichtung aus Holz ist rustikal. [TV]
AE EC V

DINARD: *Le Prieuré* (F)(F)
1, place Général-de-Gaulle, 35800. [02 99 46 13 74. FAX 02 99 46 81 90. **Zimmer:** 4.
In diesem Hotel mit Blick auf die Westseite des Prieuré-Strands empfiehlt
sich eine Reservierung. Das Restaurant ist gut und preiswert. [TV]
EC V

FOUGÈRES: *Balzac Hôtel* (F)(F)
15 rue Nationale, 35300. [02 99 99 42 46. FAX 02 99 99 65 43. **Zimmer:** 20.
In einem der hübschesten Orte im Westen Frankreichs gelegen, bietet dieses im Stil des 18.Jahrhunderts gebaute Hotel eine wohlige Atmosphäre. [TV]
AE DC EC V

GROIX (ÎLE DE): *Hôtel de la Marine* (F)(F)
7, rue Général-de-Gaulle, 56590. [02 97 86 80 05. FAX 02 97 86 56 37. **Zimmer:** 22.
Ein altes Gebäude mit traditioneller Einrichtung auf der Insel Groix.
Der richtige Ort, um ungestört auszuspannen.
EC V

LA FORÊT-FOUESNANT: *Le Manoir du Stang* (F)(F)(F)(F)(F)
29940. [u. FAX 02 98 56 97 37. **Zimmer:** 24.
Ein herrliches Renaissancegebäude in einem großen Park mit Wald-
bestand und See. Innenausstattung mit antiken Holztäfelungen und
antiken Möbeln, die seit Generationen im Besitz der Familie sind.

LAMBALLE: *Hôtel de l'Angleterre* (F)(F)
29, boulevard Jobert, 22400. [02 96 31 00 16. FAX 02 96 31 91 54. **Zimmer:** 20.
Ein komfortables preiswertes Hotel gegenüber vom Bahnhof.
Restaurant mit günstigen Preisen. [TV]
AE DC EC V

MORLAIX: *Hôtel de l'Europe* (F)(F)
1, rue d'Aiguillon, 29600. [02 98 62 11 99. FAX 02 98 88 83 38. **Zimmer:** 60.
Hotel mit antiken Möbeln in zentraler Lage.
Preiswerte Brasserie und Grill. [TV]
AE DC EC V

PÉNESTIN: *Hôtel Loscolo* (F)(F)(F)
La Pointe de Loscolo, 56760. [02 99 90 31 90. FAX 02 99 90 32 14. **Zimmer:** 16.
Ein modernes Gebäude am Kap mit herrlichem Blick aufs Meer und
schönen Spazierwegen. Restaurant mit reichhaltigen Speisen. [TV]
EC V

PLÉVEN: *Le Manoir de Vaumadeuc* (F)(F)(F)(F)
22130. [02 96 84 46 17. FAX 02 96 84 40 16. **Zimmer:** 14.
Altes Herrenhaus mit großen Fenstern und eleganter Treppe
aus dem 15. Jahrhundert. Angrenzender Park mit wunderschönem Rosengarten.
AE DC EC V

PLOUGASTEL-DAOULAS: *Hôtel Kastel Roc'h* (F)(F)
Roc'h Kérézen, 29470. [02 98 40 32 00. FAX 02 98 04 25 40. **Zimmer:** 45.
Das Hotel in der Nähe von Océanopolis und Hafen mit familiengerechten
Zimmern ist ideal für einen Urlaub mit Kindern. [TV]
AE EC V

Zeichenerklärung siehe hintere Umschlagklappe

Preiskategorien für Doppelzimmer pro Nacht mit Bad/Dusche inklusive Steuer und Service:

F unter 200 FF
FF 200–400 FF
FFF 400–600 FF
FFFF 600–1000 FF
FFFFF über 1000 FF

KINDERFREUNDLICH
Babysitter stehen zur Verfügung. Einige Hotels haben Kinderstühle und -portionen im Restaurant.

HOTELPARKPLATZ
Hotels mit eigenem Parkplatz. Einige Hotels verfügen über eine eigene Parkgarage oder Parkplätze in der Nähe.

SWIMMINGPOOL
Die Pools in den Hotels sind meist sehr klein und draußen, wenn nicht anders vermerkt.

GARTEN
Hotels mit Garten, Innenhof oder Terrasse bieten oft die Möglichkeit, im Freien zu essen.

	KREDITKARTEN	KINDERFREUNDLICH	PARKEN	SWIMMINGPOOL	GARTEN
PLUMAUDAN: *Le Plessis* FF 22350. 02 96 86 00 44. *Zimmer: 3.* Komfortables Bauernhaus aus dem 18. Jahrhundert auf dem Land in der Nähe von Dinan. Entspannte Atmosphäre. Nur vegetarische Küche.			▦		▦
QUIBERON: *Hôtel Bellevue* FFF Rue Tiviec, 56170. 02 97 50 16 28. FAX 02 97 30 44 34. *Zimmer: 40.* Das L-förmig um den Swimmingpool gebaute strandnahe Hotel befindet sich in der Nähe des Casinos. Gemütliche Halle und Bar.	AE EC V	●	▦	●	▦
QUIMPER: *La Tour d'Auvergne* FFF 13, rue des Réguaires, 29000. 02 98 95 08 70. FAX 02 98 95 17 31. *Zimmer: 42.* Ein vor kurzem renoviertes Hotel mit hübschem Innenhof und freundlicher Familienatmosphäre. Die Zimmer sind geräumig und komfortabel.	AE EC V	●	▦		▦
ROSCOFF: *Hôtel Bellevue* FF Rue Jeanne-d'Arc, 29680. 02 98 61 23 38. FAX 02 98 61 11 80. *Zimmer: 18.* Ein altes Gebäude mit herrlichem Blick auf das Meer und den alten Hafen. Ruhiger Garten hinter dem Haus. Im Restaurant ißt man Fisch und trinkt Weißwein von der Loire.	EC V	●	▦		▦
ST-MALO: *Hôtel Elisabeth* FFF 2, rue des Cordiers, 35400. 02 99 56 24 98. FAX 02 99 56 39 24. *Zimmer: 17.* Hotel im historischen Stadtzentrum mit Fassade aus dem 17. Jahrhundert. Englisches Fernsehprogramm via Satellit.	AE DC EC V	●	▦		
VANNES: *La Marébaudière* FF 4, rue Aristide-Briand, 56000. 02 97 47 34 29. FAX 02 97 54 14 11. *Zimmer: 41.* Ruhiges, geschmackvoll eingerichtetes Hotel mit teilweise antiken Betten. Die alte Stadt mit Stadtmauer ist in wenigen Minuten zu Fuß zu erreichen.	AE EC V	●	▦		▦

LOIRE-TAL

	KREDITKARTEN	KINDERFREUNDLICH	PARKEN	SWIMMINGPOOL	GARTEN
AMBOISE: *Le Choiseul* FFFF 36, quai Charles-Guinot, 37400. 02 47 30 45 45. FAX 02 47 30 46 10. *Zimmer: 32.* Ein efeuumranktes Herrenhaus in eleganter Umgebung. Die berühmten Keller sind zu besichtigen. Das Restaurant serviert Fischspezialitäten in Weißwein.	AE EC V	●	▦	●	▦
AZAY-LE-RIDEAU: *Le Clos Philippa* FF 10, rue Pineau, 37190. 02 47 45 26 49. *Zimmer: 4.* Die Gäste können sich im Salon, im Wohnzimmer, in der Bibliothek und im Garten aufhalten. Es gibt kein Restaurant.	EC V				
AZAY-LE-RIDEAU: *Manoir de la Rémonière* FFF La Chapelle St-Blaise, 37190. 02 47 45 24 88. FAX 02 47 45 45 69. *Zimmer: 6.* Ein Herrenhaus mit großem Grundstück, bestens geeignet für Kinder. Zu den Mahlzeiten kommt auch selbstgebautes Gemüse auf den Tisch.			▦	●	▦
BEAUGENCY: *Hotel de la Sologne* FF 6, place St-Firmin, 45190. 02 38 44 50 27. FAX 02 38 44 90 19. *Zimmer: 16.* Von diesem altmodischen Hotel am Hauptplatz blickt man direkt auf die Burgruine. Frühstück wird im hübschen Wintergarten serviert.	EC V	●	▦		▦
BEAUGENCY: *Hotel de l'Abbaye* FFF 2, quai de l'Abbaye, 45190. 02 38 44 67 35. FAX 02 38 44 87 92. *Zimmer: 18.* Am schönsten wohnt es sich in einer der alten Klostenzellen dieser umgebauten Abtei am Fluß. Das Restaurant ist gut, aber zu teuer.	AE DC EC V		▦		▦
LA BOHALLE: *L'Hermitage* FF 5, route de Brain, 49800. 02 41 54 96 05. *Zimmer: 2.* Ein freundliches und hilfsbereites schottisch-französisches Ehepaar betreibt die *chambres d'hôte* in dem kleinen Fischerdorf am Nordufer der Loire, in dem es sich wahrhaft gut leben läßt.		●	▦		▦

BOURGUEIL: *Châteaux des Réaux* ⓕⓕⓕ AE EC V
Le Port-Boulet, 37140. ☎ 02 47 95 14 40. FAX 02 47 95 18 34. *Zimmer:* 17.
Ein schön renoviertes Renaissanceschloß in einer Weinbaugegend.
Die Besitzer zeigen es mit Stolz. 🔒

BRÉHÉMONT: *Les Brunets* ⓕⓕ
37130. ☎ 02 47 96 55 81. *Zimmer:* 3.
Dieses reizvolle Landhaus in einem verträumten Dorf an der Loire wird
von einem englischen Ehepaar vermietet. 🔒 📺

BRÉHÉMONT: *Le Castel de Bray et Monts* ⓕⓕⓕ EC V
Le Bourg, 37130. ☎ 02 47 96 70 47. FAX 02 47 96 57 36. *Zimmer:* 9.
Ein schönes Herrenhaus aus dem 18. Jahrhundert an einem Bach auf großem
Grundstück. Die Zimmer sind hübsch, das Frühstück ausgezeichnet. 🔒 📺

CHAMBORD: *Hôtel Saint-Michel* ⓕⓕ EC V
41250. ☎ 02 54 20 31 31. FAX 02 54 20 36 40. *Zimmer:* 38.
Buchen Sie im voraus und nehmen Sie ein Zimmer mit Blick auf das Schloß.
Das Restaurant ist etwas muffig, das Essen jedoch gut. 🔒 📺

CHAMPIGNÉ: *Château des Briottières* ⓕⓕⓕⓕ AE DC EC V
49330. ☎ 02 41 42 00 02. FAX 02 41 42 01 55. *Zimmer:* 18.
Das weiße Schloß diente schon als Filmkulisse. Neben romantischem Dinner werden kulinarische Streifzüge in die Gegend angeboten. 🔒

CHARTRES: *Grand Monarque* ⓕⓕⓕⓕ AE DC EC V
22, place des Epars, 28005. ☎ 02 37 21 00 72. FAX 02 37 36 34 18. *Zimmer:* 54.
Ein modernes Hotel am Rande der Altstadt. Das Feinschmeckerrestaurant
ist ausgezeichnet. 🔒 📺

CHENONCEAUX: *Hostel du Roy* ⓕⓕ AE EC V
9, rue de Dr.-Bretonneau, 37150. ☎ 02 47 23 90 17. FAX 02 47 23 89 81. *Zimmer:* 37.
Ein geräumiges Hotel-Restaurant mit einfachen, aber hübschen Zimmern und
Speizezimmer mit Jagdtrophäen. Spezialisiert auf Weine aus der Umgebung. 🔒 📺

CHINON: *Hôtel Diderot* ⓕⓕ AE DC EC V
4, rue Buffon, 37500. ☎ 02 47 93 18 87. FAX 02 47 93 37 10. *Zimmer:* 27.
Ein elegantes, efeuumranktes Haus aus dem 18. Jahrhundert in ruhiger Straße.
Einfache Zimmer mit schönem Ausblick. 🔒

CHINON: *Hôtel de France* ⓕⓕ AE DC EC V
47, place de Général-de-Gaulle, 37500. ☎ 02 47 93 33 91. FAX 02 47 98 37 03. *Zimmer:* 30.
Dieses unterschätzte Hotel ist freundlich und einfach. Es liegt in der Nähe
des Alten Stadtkerns, unweit von der malerischen Hauptstraße. 🔒 📺

CHINON: *Hostellerie Gargantua* ⓕⓕ AE EC V
73, rue Voltaire, 37500. ☎ 02 47 93 04 71. *Zimmer:* 7.
Das spitze Dach und der Turm machen dieses alte Gebäude direkt am Fluß zu
einem Wahrzeichen. Der Koch versteht es, Altes mit Neuem zu kombinieren. 🔒

FONDETTES: *Manoir du Grand Martigny* ⓕⓕⓕⓕ
Fondettes, 37230. ☎ 02 47 42 29 87. FAX 02 47 42 24 44. *Zimmer:* 7.
Das Herrenhaus steht in einem verwilderten Garten; hier geht es weniger
formell zu als in vergleichbaren Häusern an der Loire. Ohne Restaurant. 🔒

FONTEVRAUD-L'ABBAYE: *Hôtellerie Prieuré St-Lazare* ⓕⓕⓕ AE EC V
49590. ☎ 02 41 51 73 16. FAX 02 41 51 75 50. *Zimmer:* 52.
Dieses charmante Hotel ist in den Räumen des ehemaligen Priorats St-Lazare
untergebracht, das Teil des berühmten Klosters war. 🔒 📺

GENNES: *Le Prieuré* ⓕⓕⓕⓕ AE DC EC V
Chênehutte-les-Tuffeaux, 49350. ☎ 02 41 67 90 14. FAX 02 41 67 92 24. *Zimmer:* 35.
Von den meisten Zimmern dieses luxuriösen Renaissancehotels blickt
man auf die Loire. Ein Feinschmeckerrestaurant krönt das Ganze. 🔒 📺

GIEN: *Hôtel du Rivage* ⓕⓕⓕ AE DC EC V
1, quai de Nice, 45500. ☎ 02 38 37 19 00. FAX 02 38 38 10 21. *Zimmer:* 19.
Das Hotel am Fluß ist berühmt für seine ausgezeichnete Küche,
in der der Besitzer Christian Gaillard selbst kocht. 🔒 📋 📺

LA CHARTRE-SUR-LE-LOIR: *Hôtel de France* ⓕⓕ EC V
20, place de la République, 72340. ☎ 02 43 44 40 16. FAX 02 43 79 62 20. *Zimmer:* 28.
Dieses Hotel im Stadtzentrum verfügt über einen Garten neben dem Fluß.
Im preisgekrönten Restaurant werden großzügige Portionen serviert. 🔒 📺

Zeichenerklärung siehe hintere Umschlagklappe

ZU GAST IN FRANKREICH

Preiskategorien für Doppelzimmer pro Nacht mit Bad/Dusche inklusive Steuer und Service:
- Ⓕ unter 200 FF
- ⒻⒻ 200–400 FF
- ⒻⒻⒻ 400–600 FF
- ⒻⒻⒻⒻ 600–1000 FF
- ⒻⒻⒻⒻⒻ über 1000 FF

KINDERFREUNDLICH
Babysitter stehen zur Verfügung. Einige Hotels haben Kinderstühle und -portionen im Restaurant.

HOTELPARKPLATZ
Hotels mit eigenem Parkplatz. Einige Hotels verfügen über eine eigene Parkgarage oder Parkplätze in der Nähe.

SWIMMINGPOOL
Die Pools in den Hotels sind meist sehr klein und draußen, wenn nicht anders vermerkt.

GARTEN
Hotels mit Garten, Innenhof oder Terrasse bieten oft die Möglichkeit, im Freien zu essen.

	KREDITKARTEN	KINDERFREUNDLICH	PARKEN	SWIMMINGPOOL	GARTEN
LE MANS: *Ibis Centre* ⒻⒻ Quai Ledru-Rolin, 72000. ☎ 02 43 23 18 23. FAX 02 43 24 00 72. *Zimmer:* 85. Dieses Hotel mit Blick auf den Fluß und die Altstadt ist das beste, das Le Mans preisbewußten Reisenden zu bieten hat. Herrliches Frühstücksbüffet. 🛏 TV	AE DC EC V	●	▦		▦
LOCHES: *Hôtel de France* ⒻⒻ 6, rue Picois, 37600. ☎ 02 47 59 00 32. FAX 02 47 59 28 66. *Zimmer:* 19. Elegantes Hotel in der Nähe des mittelalterlichen Stadttors mit Halbpension. Ausgezeichnetes Restaurant. 🛏 TV	DC EC V		▦		▦
LUYNES: *Domaine de Beauvois* ⒻⒻⒻⒻ Route de Cleré, 37230. ☎ 02 47 55 50 11. FAX 02 47 55 59 62. *Zimmer:* 40. Das um einen Turm aus dem 15. Jahrhundert erbaute Gut mit Blick auf den eigenen See verfügt über große Zimmer und ein gutes Restaurant. 🛏 TV	AE DC EC V	●	▦	●	▦
MARÇAY: *Château de Marçay* ⒻⒻⒻⒻⒻ 37500. ☎ 02 47 93 03 47. FAX 02 47 93 45 33. *Zimmer:* 38. Der Service und die Küche dieses Hotel-Restaurants sind tadellos. Schöner Blick auf die umgebenden Weinberge. 🛏 TV	AE DC EC V	●	▦	●	▦
MONTBAZON: *Château d'Artigny* ⒻⒻⒻⒻ Route de Monts, 37250. ☎ 02 47 34 30 30. FAX 02 47 34 30 39. *Zimmer:* 55. Das Innere im Empirestil steht dem klassischen Äußeren in nichts nach. Das Gourmetrestaurant serviert einheimische Spezialitäten. 🛏 TV	AE DC EC V	●	▦	●	▦
MONTLOUIS-SUR-LOIRE: *Château de la Bourdaisière* ⒻⒻⒻⒻ 25, rue de la Bourdaisière, 37270. ☎ 02 47 45 16 31. FAX 02 47 45 09 11. *Zimmer:* 17. Dieses großartige Schloß, in dem 1565 Gabrielle d'Estrées, die Geliebte Henry IV, geboren wurde, ist heute eine Luxusherberge. Zu den Annehmlichkeiten zählen Tennisplätze und Reitpferde. 🛏 TV	EC V		▦	●	▦
MONTREUIL-BELLAY: *Demeure des Petits Augustins* ⒻⒻ 49260. ☎ 02 41 52 33 88. *Zimmer:* 3. Gäste werden wärmstens empfangen. Von den geräumigen, individuell eingerichteten Zimmern blickt man auf den hübschen Innenhof. Empfehlenswert ist vor allem die »weiße« Suite. 🛏	EC V	●	▦		▦
MONTREUIL-BELLAY: *Splendid Hôtel* ⒻⒻ 139, rue Docteur-Gaudrez, 49260. ☎ 02 41 53 10 00. FAX 02 41 52 45 17. *Zimmer:* 60. Ein altmodisches Hotel in der Stadtmitte mit ausgezeichnetem Restaurant. Der Nebenbau verfügt über ruhigere, hübschere Zimmer. 🛏 TV	EC V	●	▦		
MUIDES-SUR-LOIRE: *Château de Colliers* ⒻⒻⒻⒻ 41500. ☎ 02 54 87 50 75. FAX 02 54 87 03 64. *Zimmer:* 5. In diesem Schloß im Wald unweit von Blois findet man schlichte Vornehmheit. Im 18. Jahrhundert war es im Besitz eines Gouverneurs von Louisiana. 🛏	EC V	●	▦	●	▦
NANTES: *Jules Verne* ⒻⒻ 3, rue du Couëdic, 44000. ☎ 02 40 35 74 50. FAX 02 40 20 09 35. *Zimmer:* 65. Modernes Hotel in der Fußgängerzone mit freundlichem Service und komfortablen Zimmern. Parkplätze am nahe gelegenen Place du Commerce. 🛏 🗄 TV	AE DC EC V	●	▦		
NANTES: *Hôtel la Perouse* ⒻⒻⒻ 3, alleé Duquesne, 44000. ☎ 02 40 89 75 00. FAX 02 40 89 76 00. *Zimmer:* 46. Dieses schicke, erst 1993 eröffnete Hotel bietet schlichtes, zeitgemäßes Design und guten Service. Verhältnismäßig ruhig für ein Stadthotel. 🛏 🗄 TV	AE DC EC V	●	▦		
NOIZAY: *Château de Noizay* ⒻⒻⒻⒻ 37210. ☎ 02 47 52 11 01. FAX 02 47 52 04 64. *Zimmer:* 14. Ein Renaissanceschloß in klassischem Garten am rechten Loire-Ufer. Die Zimmer sind geschmackvoll und elegant eingerichtet. Bei gutem Wetter wird auf der Terrasse gefrühstückt. 🛏 TV	AE EC V	●	▦	●	▦

ÜBERNACHTEN

ONZAIN: *Domaine des Hauts de Loire* ⒻⒻⒻⒻ — AE DC EC V
Route d'Herbault, 41150. 02 54 20 72 57. FAX 02 54 20 77 32. **Zimmer: 15.**
Das ehemalige gräfliche Jagdhaus mit großem Grundstück und See ist der
ideale Ort, um teuer zu entspannen und gut zu speisen.

ROCHECORBON: *Les Hautes Roches* ⒻⒻⒻⒻ — AE EC V
86, quai de la Loire, 37210. 02 47 52 88 88. FAX 02 47 52 81 30. **Zimmer: 15.**
Die Zimmer, die in die Kalkfelsen gehauen sind, sind nicht sehr geräumig,
bieten aber dafür mehr Charme als die anderen.

ROMORANTIN-LANTHENAY: *Grand Hôtel Lion d'Or* ⒻⒻⒻⒻ — AE DC EC V
69, rue Clemenceau, 41200. 02 54 94 15 15. FAX 02 54 88 24 87. **Zimmer: 16.**
Diese ehemalige Posthalterei aus dem 17. Jahrhundert ist heute ein
gastronomisches Juwel in einem ruhigen historischen Städtchen.

ST-JULIEN-LE-PAUVRE: *Château de la Renaudière* ⒻⒻⒻ
72240. 02 43 20 71 09. **Zimmer: 3.**
Das anmutige Schloß im Besitz des Marquis de Mascureau liegt inmitten der
wogenden Felder zwischen Le Mans und Laval. Die Familie ist stolz auf jeden
Gast in ihrem relativ unbekannten Schloß.

ST-LAMBERT-DES-LEVÉES: *La Croix de la Voulte* ⒻⒻ
Route de Boumois, 49400. 02 41 38 46 66. FAX 02 41 38 46 66. **Zimmer: 4.**
Die geschmackvollen Zimmer in diesem alten Herrenhaus außerhalb von Saumur
sind alle verschieden. Bitten Sie um genaue Beschreibung, bevor Sie buchen.

SAUMUR: *Hôtel Anne d'Anjou* ⒻⒻⒻ — AE DC EC V
32–34, quai Mayaud, 49400. 02 41 67 30 30. FAX 02 41 67 51 00. **Zimmer: 50.**
Die Einrichtung dieses Herrenhauses an der Loire ist elegant und romantisch,
der Innenhof und die breite Treppe sind beeindruckend.

TOURS: *Hôtel Balzac* ⒻⒻ — AE DC EC V
47, rue de la Scellerie, 37000. 02 47 05 40 87. FAX 02 47 05 67 93. **Zimmer: 18.**
Die günstige Lage, der freundliche Service und ein gutes Restaurant lassen
die etwas abgenutzten Zimmer schnell vergessen.

TOURS: *Hôtel Moderne* ⒻⒻ — AE EC V
1–3, rue Victor-Laloux, 37000. 02 47 05 32 81. FAX 02 47 05 71 50. **Zimmer: 23.**
Gemütliches altmodisches Hotel zwischen Theater und Kathedrale. Drinks
werden im Innenhof serviert.

TOURS: *Hôtel de l'Univers* ⒻⒻⒻⒻ — AE EC V
5, boulevard Heurteloup, 37000. 02 47 05 37 12. FAX 02 47 61 51 80. **Zimmer: 85.**
Staatsmänner wie Churchill und Monarchen wohnten in diesem luxuriösen
Belle-Epoque-Hotel. Die Zimmer sind mit antiken Möbeln ausgestattet.

VARADES: *Le Grand Patis* ⒻⒻ
44370. 02 40 83 42 28. **Zimmer: 5.**
Die Zimmer in diesem restaurierten Schloß sind einfach, sauber und geräumig,
zwei davon haben Balkone mit Blick auf den ruhigen grünen Garten.

VOUVRAY: *Château de Jallanges* ⒻⒻⒻⒻ — AE EC V
Vallée de Vaugoudy, 37210. 02 47 52 11 18. FAX 02 47 52 11 18. **Zimmer: 6.**
Eindrucksvolles Renaissanceherrenhaus mit hübschen, komfortablen Zimmern.
Für die Gäste werden Führungen durch das Gebäude veranstaltet. Guter
Ausgangspunkt für die Besichtigung der Touraine.

BURGUND UND FRANCHE-COMTÉ

ARBOIS: *Jean Paul Jeunet* ⒻⒻⒻ — DC EC V
9, rue de l'Hôtel-de-Ville, 39600. 03 84 66 05 67. FAX 03 84 66 24 20. **Zimmer: 18.**
Im Zentrum dieser malerischen Stadt bietet das Hotel modernen Komfort.
Reichhaltige Auswahl an Jura-Weinen im Restaurant.

ARNAY-LE-DUC: *Chez Camille* ⒻⒻⒻ — AE DC EC V
1, place Edouard-Herriot, 21230. 03 80 90 01 38. FAX 03 80 90 04 64. **Zimmer: 11.**
Ein schmuckes und geschmackvoll eingerichtetes Hotel mit geräumigen
Zimmern und antikem Mobiliar, dazu Wärme und Ruhe durch den Kamin in der
Halle und Doppelglasfenster. Traditionelle Küche.

AUTUN: *Les Granges* ⒻⒻ
Monthélon, 71400. 03 85 52 22 99. **Zimmer: 3.**
Dieser Bauernhof ist der ideale Ausgangspunkt für Ausflüge in Burgund.
Freundliche Besitzer, dafür kein Restaurant, man akzeptiert nur Bargeld.

Zeichenerklärung siehe hintere Umschlagklappe

Preiskategorien für
Doppelzimmer pro Nacht mit
Bad/Dusche inklusive Steuer
und Service:
Ⓕ unter 200 FF
ⒻⒻ 200–400 FF
ⒻⒻⒻ 400–600 FF
ⒻⒻⒻⒻ 600–1000 FF
ⒻⒻⒻⒻⒻ über 1000 FF

KINDERFREUNDLICH
Babysitter stehen zur Verfügung. Einige Hotels haben
Kinderstühle und -portionen im Restaurant.

HOTELPARKPLATZ
Hotels mit eigenem Parkplatz. Einige Hotels verfügen
über eine eigene Parkgarage oder Parkplätze in der Nähe.

SWIMMINGPOOL
Die Pools in den Hotels sind meist sehr klein und
draußen, wenn nicht anders vermerkt.

GARTEN
Hotels mit Garten, Innenhof oder Terrasse bieten oft die
Möglichkeit, im Freien zu essen.

AUTUN: *Hôtel St-Louis* — ⒻⒻ
6, rue de l'Arbalète, 71400. ☎ 03 85 52 21 03. FAX 03 85 86 32 54. **Zimmer:** 44.
Dieses ruhige Hotel war früher eine Posthalterei. Die Zimmerpreise
variieren, am teuersten ist Napoléons ehemaliges Schlafgemach. 📶 TV
Karten: AE EC V — Kinderfreundlich · Parken · Garten

BEAUNE: *Hôtel du Parc* — ⒻⒻ
Route Verdun, Levernois, 21200. ☎ 03 80 24 63 00. FAX 03 80 24 21 19. **Zimmer:** 25.
Ein ruhiges, malerisches Landhotel am Rand von Beaune in einem herrlichen
Garten. Von hier aus bieten sich Ausflüge in die nahen Weinberge an. 📶 TV
Karten: EC V — Kinderfreundlich · Parken · Garten

BEAUNE: *Le Home* — ⒻⒻ
138, route Dijon, 21200. ☎ 03 80 22 16 43. FAX 03 80 24 90 74. **Zimmer:** 20.
Etwas abseits von der Hauptstraße liegt dieses einfache Hotel inmitten
eines hübschen Gartens. Hier fühlt man sich wohl. 📶
Karten: EC V — Kinderfreundlich · Parken

BEAUNE: *Hôtel du Cep* — ⒻⒻⒻⒻ
27, rue Maufoux, 21200. ☎ 03 80 22 35 48. FAX 03 80 22 76 80. **Zimmer:** 49.
Ein elegantes, geschmackvoll renoviertes Hotel im Herzen der Altstadt.
Jedes Zimmer ist nach einem Wein aus den Côte-d'Or-Weinbergen benannt.
Restaurant und Bar. 📶 TV
Karten: AE DC EC V — Kinderfreundlich · Parken · Garten

BESANÇON: *Hôtel Mercure Parc Micaud* — ⒻⒻⒻ
3, avenue E.-Droz, 25000. ☎ 03 81 80 14 44. FAX 03 81 53 29 83. **Zimmer:** 91.
Ein luxuriöses, modernes Hotel am Wasser mit Komfort. Gutes Frühstück
und ausgezeichnetes Restaurant Le Vesontio. 📶 TV
Karten: AE DC EC V — Kinderfreundlich · Parken

BOUILLAND: *Le Vieux Moulin* — ⒻⒻⒻ
21420. ☎ 03 80 21 51 16. FAX 03 80 21 59 90. **Zimmer:** 26.
Eine erst vor kurzem renovierte Mühle in einem der schönsten Dörfer in
Burgund. Der Koch ist berühmt für seine Kreationen. 📶 TV
Karten: EC V — Kinderfreundlich · Parken · Swimmingpool · Garten

CHABLIS: *Hostellerie de Clos* — ⒻⒻⒻ
Rue Jules-Rathier, 89800. ☎ 03 86 42 10 63. FAX 03 86 42 17 11. **Zimmer:** 26.
Der Besitzer hat ein mittelalterliches Kloster zu einem modernen und
komfortablen Hotel umgebaut. Der Garten ist eine Augenweide und
das Restaurant eines der besten in der ganzen Gegend. 📶 TV
Karten: AE EC V — Kinderfreundlich · Parken · Garten

CHAILLY-SUR-ARMANÇON: *Château de Chailly* — ⒻⒻⒻⒻⒻ
21320. ☎ 03 80 90 30 30. FAX 03 80 90 30 00. **Zimmer:** 45.
Ein japanischer Industrieller hat dieses herrliche Schloß in ein Luxushotel
mit Golfplatz umbauen lassen. 📶 TV
Karten: AE DC EC V — Kinderfreundlich · Parken · Swimmingpool · Garten

CHÂTEAU CHINON: *Hôtel du Vieux Morvan* — ⒻⒻ
8, place Gudin, 58120. ☎ 03 86 85 05 01. FAX 03 86 85 02 78. **Zimmer:** 24.
François Mitterand erfuhr hier von seiner Wahl zum Staatspräsidenten – er
kam jahrelang hierher und wohnte stets in Zimmer 15. Die Besitzerin hat sich
inzwischen zur Ruhe gesetzt, aber der alte Charme ist erhalten geblieben. 📶 TV
Karten: EC V — Parken

CLUNY: *Hostellerie de Bourgogne* — ⒻⒻⒻ
Place de l'Abbaye, 71250. ☎ 03 85 59 00 58. FAX 03 85 59 03 73. **Zimmer:** 12.
Dieses altmodische Hotel befindet sich direkt neben der herrlichen Abtei von
Cluny. Im Restaurant wird vorzüglich gekocht. 📶 TV
Karten: AE DC EC V — Kinderfreundlich · Parken · Garten

DIJON: *Hostellerie le Sauvage* — ⒻⒻ
64, rue Monge, 21000. ☎ 03 80 41 31 21. FAX 03 80 42 06 07. **Zimmer:** 21.
Dieses Stadthotel in günstiger Lage befindet sich in unmittelbarer Nähe
des historischen Stadtzentrums. Im Restaurant ißt man ausgezeichnet. 📶 TV
Karten: EC V — Parken

FLAVIGNY-SUR-OZERAIN: *Mme Marc Brigand* — Ⓕ
21150. ☎ 03 80 96 20 91. **Zimmer:** 3.
Einfache Unterkunft in einem altmodischen Haus bei flotten Gastgebern.
Man kann hier auch essen, aber bezahlt wird in bar.
Garten

ÜBERNACHTEN

FONTETTE: *Hôtel Crispol* ⒻⒻⒻ
St-Père-sous-Vezelay, 89450. **☎** *03 86 33 26 25*. **FAX** *03 86 33 33 10*. **Zimmer:** *12*.
Geschmackvolle, schicke Inneneinrichtung zeichnet dieses luxuriöse
und moderne Hotel aus. Reichhaltige und kreative regionale Küche. ⌂ TV
AE EC V

GEVREY-CHAMBERTIN: *Hôtel des Grands Crus* ⒻⒻ
Route des Grands-Crus, 21220. **☎** *03 80 3434 15*. **FAX** *03 80 51 89 07*. **Zimmer:** *24*.
Helles, traditionelles Hotel mit wunderbarem Blick auf die Weinberge.
Kein Restaurant im Haus, aber in unmittelbarer Nähe. ⌂
EC V

GEVREY-CHAMBERTIN: *Mme Geneviève Sylvain* ⒻⒻ
14, rue de l'Eglise, 21220. **☎** *03 80 51 86 39*. **Zimmer:** *3*.
Freundliche Besitzer betreiben diese geräumigen *chambres d'hôte*. Idealer
Ausgangspunkt, um die örtlichen Restaurants und Weine auszuprobieren. ⌂

JOIGNY: *La Côte St-Jacques* ⒻⒻⒻⒻⒻ
14, rue Faubourg-Paris, 89300. **☎** *03 86 62 09 70*. **FAX** *03 86 91 49 70*. **Zimmer:** *29*.
Man nennt dieses herrliche Hotel an der Yonne oft Mini-Versailles.
Das Restaurant ist überragend. ⌂ ▤ TV
AE DC EC V

LEVERNOIS: *Le Parc* ⒻⒻⒻⒻ
Levernois, 21200. **☎** *03 80 22 22 51*. **FAX** *03 80 24 21 19*. **Zimmer:** *25*.
Gelegen im Herzen einer Parkanlage, ist dieses Hotel ein Ort der Ent-
spannung. In der Nähe werden Heißluftballonfahrten angeboten. ⌂ TV
AE DC V

LIGNY-LE-CHATEL: *Relais Saint-Vincent* ⒻⒻ
14, Grande-Rue, 89144. **☎** *03 86 47 53 38*. **FAX** *03 86 47 54 16*. **Zimmer:** *15*.
Dieses ältere Haus, zur Hälfte aus Holz gebaut, biete ein gute Ausstattung
und modernen Komfort. Das Restaurant serviert regionale Spezialitäten. ⌂ TV
EC V

OYE-ET-PALLET: *Hôtel Parnet* ⒻⒻ
11, rue de la Fauconnière, 25160. **☎** *03 81 89 42 03*. **FAX** *03 81 89 41 47*. **Zimmer:** *17*.
Ideales Hotel für die, die im Jura Langlauf betreiben wollen.
Es ist sauber, bequem und ruhig, das Essen gut. ⌂
EC V

POLIGNY: *Hostellerie des Monts de Vaux* ⒻⒻⒻⒻ
39800. **☎** *03 84 37 12 50*. **FAX** *03 84 37 09 07*. **Zimmer:** *10*.
Eine elegante Herberge am Rand von Poligny. Freundliche Besitzer,
gute Küche und Weine; für die Sportlichen gibt es Tennisplätze. ⌂ TV
AE DC EC V

PULIGNY-MONTRACHET: *Le Montrachet* ⒻⒻⒻ
Place des Marroniers, 21190. **☎** *03 80 21 30 06*. **FAX** *03 80 21 39 06*. **Zimmer:** *32*.
Ein ruhiger Ort zum Erholen mitten in den Weinbergen von Burgund.
Im Restaurant werden ausgezeichnete Speisen und Weine kredenzt. ⌂ TV
AE DC EC V

ST-GERVAIS-EN-VALLIÈRE: *Moulin d'Hauterive* ⒻⒻⒻ
Chaublanc, 71350. **☎** *03 85 91 55 56*. **FAX** *03 85 91 89 65*. **Zimmer:** *21*.
Eine umgebaute Mühle in ruhiger Umgebung mit Tennisplätzen und Sauna.
Der Besitzer kocht originell. ⌂ TV
AE EC V

ST-PÈRE-SOUS-VÉZELAY: *Mme Demeule* ⒻⒻ
Le Petit Cléret, Fontette, 89450. **☎** *03 86 33 25 87*. **Zimmer:** *2*.
Dieses reizvolle viktorianische Haus wird von zwei Tierfreunden als
chambres d'hôte betrieben. Nehmen Sie das Zimmer unter dem Dach.

SAULIEU: *La Côte d'Or* ⒻⒻⒻⒻ
2, rue Argentine, 21210. **☎** *03 80 90 53 53*. **FAX** *03 80 64 08 92*. **Zimmer:** *27*.
Eines der besten und fortschrittlichsten Restaurants in Frankreich.
Einige der älteren Zimmer sind relativ günstig. ⌂ TV
AE DC EC V

TONNERRE: *L'Abbaye St-Michel* ⒻⒻⒻⒻ
Montée de St-Michel, 89700. **☎** *03 86 55 05 99*. **FAX** *03 86 55 00 10*. **Zimmer:** *15*.
Eine umgebaute Abtei mit vielgepriesenem Restaurant. Das Hotel vereint
auf ideale Weise alte und moderne Stile. ⌂ TV
AE DC EC V

TOURNUS: *Château de Beaufer* ⒻⒻⒻⒻ
Tournus, 71700. **☎** *03 85 51 18 24*. **FAX** *03 85 51 25 04*. **Zimmer:** *6*.
Wählen Sie zwischen einem Zimmer im efeuumrankten Schloß aus
dem 16. Jahrhundert oder dem Anbau. Restaurants in der Nähe. ⌂
EC V

VÉZELAY: *Cabalus* ⒻⒻ
Rue St-Pierre, 89450. **☎** *03 86 33 20 66*. **FAX** *03 86 33 38 03*. **Zimmer:** *7*.
Ehemaliges Wirtshaus der Abtei aus dem 12. Jahrhundert mitten im alten
Stadtzentrum. Einige Zimmer mit herrlichem Ausblick. ⌂
AE EC V

Zeichenerklärung siehe hintere Umschlagklappe

Preiskategorien

Preiskategorien für Doppelzimmer pro Nacht mit Bad/Dusche inklusive Steuer und Service:

Ⓕ unter 200 FF
ⒻⒻ 200–400 FF
ⒻⒻⒻ 400–600 FF
ⒻⒻⒻⒻ 600–1000 FF
ⒻⒻⒻⒻⒻ über 1000 FF

KINDERFREUNDLICH
Babysitter stehen zur Verfügung. Einige Hotels haben Kinderstühle und -portionen im Restaurant.

HOTELPARKPLATZ
Hotels mit eigenem Parkplatz. Einige Hotels verfügen über eine eigene Parkgarage oder Parkplätze in der Nähe.

SWIMMINGPOOL
Die Pools in den Hotels sind meist sehr klein und draußen, wenn nicht anders vermerkt.

GARTEN
Hotels mit Garten, Innenhof oder Terrasse bieten oft die Möglichkeit, im Freien zu essen.

VÉZELAY: *L'Espérance* ⒻⒻⒻⒻ
St-Père-sous-Vézelay, 89450. ☎ 03 86 33 20 45. FAX 03 86 33 26 15. **Zimmer:** 21.
Zimmer mit Blick auf den Garten, andere befinden sich in einer umgebauten Mühle. Die Gäste kommen jedoch wegen des Restaurants.
Kreditkarten: AE DC V

VONNAS: *Georges Blanc* ⒻⒻⒻⒻⒻ
01540. ☎ 04 70 50 90 90. FAX 04 74 50 08 80. **Zimmer:** 32.
Ein herrliches Hotel-Restaurant mit luxuriösen Zimmern, eingerichtet im Landhausstil mit Stein, Kacheln und Wandteppichen.
Kreditkarten: AE DC EC V

MASSIF CENTRAL

AUBUSSON-D'AUVERGNE: *Au Bon Coin* Ⓕ
Aubusson-D'Auvergne, 63120. ☎ 04 73 53 55 78. FAX 04 73 53 56 29. **Zimmer:** 6.
Der freundliche Besitzer ist zugleich Bürgermeister des Städtchens; die Küche spiegelt seinen Stolz auf die kulinarischen Köstlichkeiten seiner Heimat wider.
Kreditkarten: EC V

BEAULIEU-SUR-DORDOGNE: *Château d'Arnac* ⒻⒻⒻ
Nonards, 19120. ☎ 05 55 91 54 13. FAX 05 55 91 52 62. **Zimmer:** 3.
Die gastfreundlichen englischen Besitzer haben dieses Schloß liebevoll renoviert. Zum Grundstück gehört ein kleiner See. Abendessen erhältlich.
Kreditkarten: V

BELCASTEL: *Le Vieux Pont* ⒻⒻⒻ
12390. ☎ 05 65 64 52 29. FAX 05 65 64 44 32. **Zimmer:** 7.
Nebengebäude des vorzüglichen und gleichzeitig erschwinglichen Restaurants der Fagegaltier-Schwestern mit Blick auf die mittelalterliche Stadt mit Burg.
Kreditkarten: EC V

CALVINET: *Hôtel Beauséjour* ⒻⒻ
Route de Maurs, 15340. ☎ 04 71 49 91 68. FAX 04 71 49 98 63. **Zimmer:** 12.
Ein vor kurzem renoviertes, wunderbar helles Hotel mit ausgezeichneter Küche. Die Stadt ist bekannt für ihre Schieferdächer.
Kreditkarten: EC V

CHAMALIÈRES: *Hôtel Radio* ⒻⒻⒻ
43, avenue Pierre-Curie, 63400. ☎ 04 73 30 87 83. FAX 04 73 36 42 44. **Zimmer:** 26.
Ruhiges Art-deco-Gebäude auf einem Hügel oberhalb von Clermont-Ferrand, dekoriert mit alten Radioapparaten. Erstklassige Küche.
Kreditkarten: AE DC EC V

FLORAC: *Grand Hôtel du Parc* ⒻⒻ
47, avenue Jean-Monestier, 48400. ☎ 04 66 45 03 05. FAX 04 66 45 11 81. **Zimmer:** 60.
In diesem Hotel in schöner Umgebung herrscht eine bezaubernde altmodische Atmosphäre zu erschwinglichen Preisen.
Kreditkarten: AE DC EC V

LAGUIOLE: *Michel Bras* ⒻⒻⒻⒻ
Route de l'Aubrac, 12210. ☎ 05 65 44 32 24. FAX 05 65 48 47 02. **Zimmer:** 15.
Der berühmteste Koch der Auvergne – bekannt für Kreationen mit Wildpflanzen – bietet außerdem ultramoderne Zimmer mit Blick auf das Aubrac-Plateau. Die Atmosphäre ist überraschend locker.
Kreditkarten: AE EC V

LAQUEUILLE: *Les Clarines* ⒻⒻ
Laqueuille-Gare, 63820. ☎ 04 73 22 00 43. FAX 04 73 22 06 10. **Zimmer:** 12.
In diesem umgebauten Bauernhaus im hügeligen Land gibt es einfache Zimmer und stets gutes Essen.
Kreditkarten: AE DC EC V

MILLAU: *Château de Creissels* ⒻⒻ
Route de Ste-Afrique, 12100. ☎ 05 65 60 16 59. FAX 05 65 61 24 63. **Zimmer:** 31.
Eine umgebaute Burg aus dem 13. Jahrhundert mit Speisegewölbe, modernen Zimmern und herrlichem Ausblick auf das Tarn-Tal. Zu essen gibt es Köstliches aus der regionalen Küche.
Kreditkarten: AE DC EC V

MOULINS: *Hôtel de Paris-Jacquemart* ⒻⒻⒻⒻ
21, rue de Paris, 03000. ☎ 04 70 44 00 58. FAX 04 70 34 05 39. **Zimmer:** 28
Eine charmante Herberge am Tor zum Massif Central. Das Restaurant hat einen schönen Garten.
Kreditkarten: AE DC EC V

ÜBERNACHTEN

MUR-DE-BARREZ: *Auberge de Barrez* ⓕⓕ — AE EC V
Avenue du Carladez, 12600. ☎ 05 65 66 00 76. FAX 05 65 66 07 98. *Zimmer: 18.*
Freundliches und komfortables modernes Hotel direkt im Skigebiet. Christian
Gaudels ausgezeichnete Küche macht den Aufenthalt noch angenehmer.

NAJAC: *Oustal del Barry* ⓕⓕ — AE EC V
Place du Bourg, 12270. ☎ 05 65 29 74 32. FAX 05 65 29 75 32. *Zimmer: 20.*
Ländliche Herberge mit Blick auf den Marktplatz eines der malerischsten
französischen Dörfer. Die Küche ist hervorragend.

NEUVÉGLISE: *Auberge du Pont Lanau* ⓕⓕ — EC V
15260. ☎ 04 71 23 57 76. FAX 04 71 23 53 84. *Zimmer: 8.*
In diesem Haus in den Gorges de la Truyère finden Sie kleine, aber
angenehme Zimmer. Man bekommt hier außerdem ein gutes Essen.

PLAISANCE: *Les Magnolias* ⓕⓕ — AE EC V
Rue des Magnolias, 12550. ☎ 05 65 99 77 34. FAX 05 65 99 70 57. *Zimmer: 6.*
Riesige jahrhundertealte Magnolienbäume umgeben dieses wunderschöne
alte Herrenhaus aus dem 14. Jahrhundert.

PONTAUMUR: *Hôtel de la Poste* ⓕⓕ — EC V
Avenue du Marronnier, 63380. ☎ 04 73 79 90 15. FAX 04 73 79 73 17. *Zimmer: 15.*
Geschmackvoll eingerichtetes modernes Hotel in kleinem Städtchen.
Der Besitzer und Koch ist stolz auf seine einheimischen Zutaten.

PONTEMPEYRAT: *Hôtel Mistou* ⓕⓕⓕ — AE EC V
Craponne-sur-Arzon, 43500. ☎ 04 71 50 62 46. FAX 04 77 50 66 70. *Zimmer: 24.*
Ein ruhiges Hotel in einer umgebauten alten Mühle. Der stets gutaufgelegte
Bernard Roux bietet zu allen Zeiten kreative Küche.

ROANNE: *Troisgros* ⓕⓕⓕⓕ — AE DC EC V
Place Jean-Troisgros, 42300. ☎ 04 77 71 66 97. FAX 04 77 70 39 77. *Zimmer: 19.*
Das einst schlichte Bahnhofshotel ist heute eine Luxusherberge mit
weltberühmten Spezialitäten auf der Speisekarte.

ST-BONNET-LE-FROID: *Auberge des Cimes* ⓕⓕⓕ — AE EC V
St-Bonnet-Le-Froid, 43290. ☎ 04 71 59 93 72. FAX 04 71 59 93 40. *Zimmer: 19.*
Gourmetreisende geben viel, um ein Zimmer in diesem außergewöhnlichen Dorf-
gasthof zu bekommen, dessen Koch von Tag zu Tag berühmter wird.

ST-FLOUR: *Le Bout du Monde* ⓕⓕ — EC V
St-Georges, 15100. ☎ 04 71 60 15 84. FAX 04 71 73 05 10. *Zimmer: 14.*
Eine altmodische Begrüßung ist Tradition in diesem Hotel im Flußtal.
Restaurant mit einheimischen Spezialitäten zu unschlagbaren Preisen.

ST-HILAIRE-LE-CHÂTEAU: *Hôtel du Thaurion* ⓕⓕ — AE DC EC V
St-Hilaire-le-Château, 23250. ☎ 05 55 64 50 12. FAX 05 55 64 90 92. *Zimmer: 19.*
Die renovierte Posthalterei befindet sich seit 200 Jahren im Besitz der Familie.
In der Küche wird nach überlieferten Rezepten gekocht.

ST-JEAN-DU-BRUEL: *Hôtel du Midi Papillon* ⓕ — EC V
St-Jean-du-Bruel, 12230. ☎ 05 65 62 26 04. FAX 05 65 62 12 97. *Zimmer: 19.*
Ein ruhiges, freundliches Hotel mit Blumengarten und einem Fluß.
Das Essen ist gut, das Frühstück ausgezeichnet.

ST-PRIVAT-D'ALLIER: *La Vieille Auberge* ⓕⓕ — V
Route de Saugues, 43580. ☎ 04 71 57 20 56. *Zimmer: 17.*
Eine vor kurzem renovierte ländliche Herberge. Die Zimmer sind einfach,
das Essen ist herzhaft, alles ist preiswert und gut.

SALERS: *Hostellerie de la Maronne* ⓕⓕⓕ — AE EC V
Le Theil, St-Martin-Valmeroux 15140. ☎ 04 71 69 20 33. FAX 04 71 69 28 22. *Zimmer: 21.*
Dieses stilvolle Hotel in einem Herrenhaus aus dem 19. Jahrhundert ist
ein friedliches Paradies. Das Restaurant ist ein Geheimtip für Gourmets.

VICHY: *Le Pavillon d'Enghien* ⓕⓕⓕ — AE DC EC V
32, rue Callou, 03200. ☎ 04 70 98 33 30. FAX 04 70 31 67 82. *Zimmer: 22*
In diesem kleinen, verhältnismäßig günstigen Hotel gegenüber dem Callou-Bad
spürt man noch etwas von der Vorkriegsatmosphäre des Kurorts.

VILLEFORT: *Hôtel Balme* ⓕⓕ — AE DC EC V
Place du Portalet, 48800. ☎ 04 66 46 80 14. FAX 04 66 46 85 26. *Zimmer: 18.*
Ungewöhnliches Hotel mit winzigem Kastanienmuseum. Das Essen zeugt
von den vielen Reisen des Kochs in den Orient.

Zeichenerklärung siehe hintere Umschlagklappe

Preiskategorien für Doppelzimmer pro Nacht mit Bad/Dusche inklusive Steuer und Service:

Ⓕ unter 200 FF
ⒻⒻ 200–400 FF
ⒻⒻⒻ 400–600 FF
ⒻⒻⒻⒻ 600–1000 FF
ⒻⒻⒻⒻⒻ über 1000 FF

KINDERFREUNDLICH
Babysitter stehen zur Verfügung. Einige Hotels haben Kinderstühle und -portionen im Restaurant.

HOTELPARKPLATZ
Hotels mit eigenem Parkplatz. Einige Hotels verfügen über eine eigene Parkgarage oder Parkplätze in der Nähe.

SWIMMINGPOOL
Die Pools in den Hotels sind meist sehr klein und draußen, wenn nicht anders vermerkt.

GARTEN
Hotels mit Garten, Innenhof oder Terrasse bieten oft die Möglichkeit, im Freien zu essen.

		KREDITKARTEN	KINDERFREUNDLICH	PARKEN	SWIMMINGPOOL	GARTEN
VITRAC: *Auberge de la Tommette* — ⒻⒻ Vitrac, 15220. ☎ 04 71 64 70 94. FAX 04 71 64 77 11. *Zimmer: 19.* Das Haupthaus ist umgeben von einem Blumenmeer. Die hübsche Gaststube ist mit Holz verkleidet. 🛏 TV	AE EC V	●	●		●	▦
YDES: *Château de Trancis* — ⒻⒻⒻⒻ 15210. ☎ 04 71 40 60 40. FAX 04 71 40 62 13. *Zimmer: 7.* Stilvolles Schloß mit schön ausgestatteten Zimmern und reichverziertem Louis-XV-Salon am Rand des Regionalparks der Auvergne. 🛏 TV	AE EC V			▦	●	▦

RHÔNE-TAL UND FRANZÖSISCHE ALPEN

		KREDITKARTEN	KINDERFREUNDLICH	PARKEN	SWIMMINGPOOL	GARTEN
AIX-LES-BAINS: *Hôtel Le Manoir* — ⒻⒻ 37, rue Georges-1er, 73105. ☎ 04 79 61 44 00. FAX 04 79 35 67 67. *Zimmer: 73.* Ein reizendes altes Hotel im Parc du Splendide-Royal nur wenige Gehminuten vom Thermalbad. 🛏 TV	AE DC EC V	●	▦		●	▦
ALBERTVILLE: *Hôtel Million* — ⒻⒻ 8, place de la Liberté, 73200. ☎ 04 79 32 25 15. FAX 04 79 32 25 36. *Zimmer: 28.* Gegründet wurde es 1770 von einem Vorfahren des jetzigen Besitzers, berühmt ist es wegen seines Restaurants mit der herrlichen Savoyer Küche. 🛏 TV	AE DC EC V	●	▦			▦
ANNECY: *Hôtel de l'Abbaye* — ⒻⒻⒻ 15, chemin de l'Abbaye, 74940. ☎ 04 50 23 61 08. FAX 04 50 27 77 65. *Zimmer: 18.* Reizvolles Hotel-Restaurant im ehemaligen Dominikanerkloster aus dem 15. Jahrhundert mit herrlichem Garten. 🛏 TV	AE DC EC V	●	▦			
BAGNOLS: *Château de Bagnols* — ⒻⒻⒻⒻ 69620. ☎ 04 74 71 40 00. FAX 04 74 71 40 49. *Zimmer: 20.* Dieses schöne Schloß aus dem 13. Jahrhundert nördlich von Lyon liegt auf einer von Weinbergen umgebenen Anhöhe. 🛏 ☰ TV	AE DC EC V	●	▦			
BOURG-EN-BRESSE: *Hôtel du Prieuré* — ⒻⒻ 49–51, boulevard de Brou, 01000. ☎ 04 74 22 44 60. FAX 04 74 22 71 07. *Zimmer: 14.* Ein reizvolles Hotel mit Garten und Steinmauern aus dem 16. Jahrhundert, nur wenige Minuten von der berühmten Eglise de Brou entfernt. Die großen Zimmer sind im französischen Landhausstil eingerichtet. 🛏 TV	AE DC EC V	●	▦			
CHAMBÉRY: *Hôtel des Princes* — ⒻⒻ 4, rue de Boigne, 73000. ☎ 04 79 33 45 36. FAX 04 79 70 31 47. *Zimmer: 45.* Im Herzen der historischen Altstadt steht dieses hübsche altmodische Hotel mit komfortablen Zimmern und gutem Restaurant. 🛏 TV	AE DC EC V	●	▦			
CHAMONIX-MONT-BLANC: *Le Hameau Albert 1er* — ⒻⒻⒻⒻⒻ 119, impasse Montenvers, 74402. ☎ 04 50 53 05 09. FAX 04 50 55 95 48. *Zimmer: 30.* Dieses große chaletartige Hotel mit den elegant eingerichteten Zimmern und dem unbeschreiblichen Blick auf den Mont Blanc verfügt über ein Restaurant, das als das beste am Ort gilt. 🛏 TV	AE DC EC V	●	▦		●	▦
COMBLOUX: *Aux Ducs de Savoie* — ⒻⒻⒻ 253, route du Bouchet, 74920. ☎ 04 50 58 61 43. FAX 04 50 58 67 43. *Zimmer: 50.* Die Zimmer in diesem Hotel bieten modernen Komfort und teilweise Blick auf den Mont Blanc. Jeden Abend wird ein fünfgängiges Menü serviert. 🛏 TV	AE DC EC V	●	▦			▦
CORDON: *Le Cordonant* — ⒻⒻ 74700. ☎ 04 50 58 34 56. FAX 04 50 47 95 57. *Zimmer: 16.* Freundliches, familienbetriebenes Hotel westlich von Chamonix mit komfortablen Zimmern, Blick auf den Mont Blanc und bester Küche. 🛏 TV	EC V			▦		▦
COURCHEVEL: *La Sivolière* — ⒻⒻⒻⒻ 1850, route des Chenus, 73120. ☎ 04 79 08 08 33. FAX 04 79 08 15 73. *Zimmer: 30.* In diesem geschmackvoll eingerichteten Hotel am Fuße der Skipisten haben schon so illustre Gäste wie die spanische Königsfamilie gewohnt. 🛏 TV	EC V	●	▦			▦

ÜBERNACHTEN

EVIAN-LES-BAINS: *Hôtel Royal* ⒻⒻⒻⒻ
Rive Sud du Lac-de-Génève, 74500. ℂ 04 50 26 85 00. FAX 04 55 37 28 92. *Zimmer:* 156.
Dieses eindrucksvolle Hotel aus der Zeit der Jahrhundertwende bietet sechs
Restaurants und alles vom Trimm-dich-Pfad bis zum Kinderspielplatz. ⌂ TV
AE DC EC V

EVIAN-LES-BAINS: *Hôtel de la Verniaz et ses Chalets* ⒻⒻⒻ
Avenue d'Abondance, 74500. ℂ 04 50 75 04 90. FAX 04 50 70 78 92. *Zimmer:* 35.
Dieses herrliche Anwesen oberhalb von Evian besteht aus einer großen Villa
und fünf Chalets mit jeweils eigenem Garten. ⌂ ▤ TV
AE DC EC V

GRENOBLE: *Parc Hôtel* ⒻⒻⒻ
10, place Paul-Mistral, 38027. ℂ 04 7685 81 23. FAX 04 76 46 49 88. *Zimmer:* 52.
Das führende moderne Hotel von Grenoble bietet komfortable Zimmer mit
vielen Annehmlichkeiten. Zuvorkommendes und hilfsbereites Personal. ⌂ ▤ TV
AE DC EC V

LA CHAPELLE-EN-VERCORS: *Hôtel Bellier* ⒻⒻ
26420. ℂ 04 75 48 20 03. FAX 04 75 48 25 31. *Zimmer:* 12.
Dieses chaletartige Hotel im Familienbesitz im Vercors-Massiv südwestlich
von Grenoble ist freundlich und bescheiden. ⌂ TV
AE DC EC V

LAMASTRE: *Château d'Urbillac* ⒻⒻⒻⒻ
Route de Vernoux, 07270. ℂ 04 75 06 42 11. FAX 04 75 06 52 75. *Zimmer:* 13.
Ein Schloßhotel (16. Jh.) mit Zimmern im Stil des 19. Jahrhunderts,
umgeben von einem Park in der schönen Ardèche-Landschaft. ⌂
AE DC EC V

LE POËT LAVAL: *Les Hospitaliers* ⒻⒻⒻⒻ
Le Poët Laval, 26160. ℂ 04 75 46 22 32. FAX 04 75 46 49 99. *Zimmer:* 22.
Wunderschön renoviertes Hotel in einem winzigen mittelalterlichen Städtchen
östlich von Montélimar. Erstklassiger Service und Küche. ⌂
AE DC EC V

LES ROCHES-DE-CONDRIEU: *Hôtel Bellevue* ⒻⒻ
Quai du Rhône, 38370. ℂ 04 74 56 41 42. FAX 04 74 56 47 56. *Zimmer:* 18.
Freundliches modernes Hotel südwestlich von Vienne mit komfortablen
Zimmern mit Balkon und schmuckem Restaurant mit Blick auf die Rhône.
EC V

LYON: *Hôtel des Artistes* ⒻⒻⒻ
8, rue Gaspard-André, 69002. ℂ 04 78 42 04 88. FAX 04 78 42 93 76. *Zimmer:* 45.
Künstler fühlen sich in diesem hübschen Hotel in der Nähe der Place
Bellecour und des Théâtre des Célestins besonders wohl. ⌂ TV
AE DC EC V

LYON: *Hôtel Carlton* ⒻⒻⒻ
4, rue Jussieu, 69002. ℂ 04 78 42 56 51. FAX 04 78 42 10 71. *Zimmer:* 83.
In diesem vor kurzem renovierten Hotel im Herzen der Presqu'île spürt man
noch die glanzvolle Vergangenheit der Belle Epoque. ⌂ ▤ TV
AE DC EC V

LYON: *Cour des Loges* ⒻⒻⒻⒻⒻ
6, rue du Bœuf, 69005. ℂ 04 78 42 75 75. FAX 04 72 40 93 61. *Zimmer:* 63.
Das Luxushotel besteht aus vier renovierten Renaissancehäusern im
Herzen von Vieux Lyon. Die Zimmer sind modern. ⌂ ▤ TV
AE DC EC V

MALATAVERNE: *Domaine du Colombier* ⒻⒻⒻ
Route de Donzère, 26780. ℂ 04 75 90 86 86. FAX 04 75 90 79 40. *Zimmer:* 25.
Freundliches Hotel in der Abtei aus dem 14. Jahrhundert südlich von Mont-
élimar mit modernen Zimmern und großem Garten mit Swimmingpool. ⌂ TV
AE DC EC V

MANIGOD: *Hôtel de la Croix-Fry* ⒻⒻⒻ
Route du Col de la Croix-Fry, 74230. ℂ 04 50 44 90 16. FAX 04 50 44 94 87. *Zimmer:* 12.
An einem Bergpaß östlich von Annecy liegt dieses hübsche chaletartige
Hotel mit ländlichem Charme und modernem Komfort. ⌂ TV
AE EC V

MEGÈVE: *Le Fer à Cheval* ⒻⒻⒻⒻ
36, route du Crêt-d'Arbois, 74120. ℂ 04 50 21 30 39. FAX 04 50 93 07 60. *Zimmer:* 41.
Ein reizendes Hotel mit unverkennbarer Savoyer Atmosphäre.
Im Winter speisen die Gäste am offenen Feuer. ⌂ TV
AE EC V

MORZINE: *Hôtel Champs-Fleuris* ⒻⒻⒻⒻ
La Cuisat, 74110. ℂ 04 50 79 14 44. FAX 04 50 79 27 75. *Zimmer:* 45.
Inmitten der Savoyer Alpen liegt dieses rund ums Jahr beliebte Hotel
ganz in der Nähe der Skilifte. ⌂ TV
EC V

PÉROUGES: *Hostellerie du Vieux Pérouges* ⒻⒻⒻⒻ
Place du Tilleul, 01800. ℂ 04 74 61 00 88. FAX 04 74 34 77 90. *Zimmer:* 28.
Diese historische Herberge aus dem 13. Jahrhundert in einem mittel-
alterlichen Dorf ist der Traum eines jeden Filmemachers. ⌂ TV
EC V

Zeichenerklärung siehe hintere Umschlagklappe

Preiskategorien

Preiskategorien für Doppelzimmer pro Nacht mit Bad/Dusche inklusive Steuer und Service:

- Ⓕ unter 200 FF
- ⒻⒻ 200–400 FF
- ⒻⒻⒻ 400–600 FF
- ⒻⒻⒻⒻ 600–1000 FF
- ⒻⒻⒻⒻⒻ über 1000 FF

KINDERFREUNDLICH Babysitter stehen zur Verfügung. Einige Hotels haben Kinderstühle und -portionen im Restaurant.

HOTELPARKPLATZ Hotels mit eigenem Parkplatz. Einige Hotels verfügen über eine eigene Parkgarage oder Parkplätze in der Nähe.

SWIMMINGPOOL Die Pools in den Hotels sind meist sehr klein und draußen, wenn nicht anders vermerkt.

GARTEN Hotels mit Garten, Innenhof oder Terrasse bieten oft die Möglichkeit, im Freien zu essen.

	KREDITKARTEN	KINDERFREUNDLICH	PARKEN	SWIMMINGPOOL	GARTEN
SAINT-LATTIER: *Le Lièvre Amoureux* ⒻⒻ Quartier de la Gare, 38840. ☎ 04 76 64 50 67. FAX 04 76 64 31 21. *Zimmer: 12.* Östlich von Valence, gegenüber den Vorbergen des Vercors, liegt dieses kleine freundliche Hotel mit altmodischer Atmosphäre.	AE DC EC V	●	●		●
TALLOIRES: *Hôtel de l'Abbaye* ⒻⒻⒻⒻ Route du Port, 74290. ☎ 04 50 60 77 33. FAX 04 50 60 78 81. *Zimmer: 31.* Elegantes Hotel in ehemaliger Benediktinerabtei aus dem 17. Jahrhundert in wunderschöner Lage am Lac d'Annecy.	AE DC EC V	●	●		●
TALLOIRES: *Hôtel Beau-Site* ⒻⒻⒻ Talloires, 74290. ☎ 04 50 60 71 04. FAX 04 50 60 79 22. *Zimmer: 29.* Dieses elegante Hotel ist bekannt für seine angenehme und freundliche Atmosphäre. Wassersport am nahe gelegenen See.	AE DC EC V	●	●	●	

POITOU UND AQUITAINE

	KREDITKARTEN	KINDERFREUNDLICH	PARKEN	SWIMMINGPOOL	GARTEN
ARCACHON: *Arc-Hôtel-sur-Mer* ⒻⒻⒻⒻ 89, boulevard de la Plage, 33120. ☎ 05 56 83 06 85. FAX 05 56 83 53 72. *Zimmer: 30.* Swimmingpool im Freien, nahe gelegener Sandstrand, herrlicher Blick aufs Meer sowie günstige Lage sorgen für die Beliebtheit dieses Hotels.	AE DC EC V	●	●	●	
BEQUEY-CADILLAC: *Hôtel du Château de la Tour* ⒻⒻ D10, 33410. ☎ 05 56 76 92 00. FAX 05 56 62 11 59. *Zimmer: 32.* Einladendes Hotel mit modernen Annehmlichkeiten in historischem Städtchen. Guter Ausgangspunkt für die Erkundung der umliegenden Weingegend	AE DC EC V	●	●		●
BORDEAUX: *Grand Hôtel Français* ⒻⒻⒻ 12, rue du Temple, 33000. ☎ 05 56 48 10 35. FAX 05 56 81 76 18. *Zimmer: 35.* Ein preiswertes Hotel im Stadtzentrum mit hübsch eingerichteten, komfortablen, ruhigen Zimmern. Ohne Restaurant.	AE DC EC V	●	●		
CIERZAC: *Moulin de Cierzac* ⒻⒻ Cierzac, 17520. ☎ 05 45 83 01 32. FAX 05 45 83 03 59. *Zimmer: 10.* Kleines Hotel-Restaurant in einem Landhaus aus dem 17. Jahrhundert südlich von Cognac. Auch hier gibt es Cognac, «das Wasser des Lebens».	AE EC V	●			●
COGNAC: *Les Pigeons Blancs* ⒻⒻⒻ 110, rue Jules-Brisson, 16100. ☎ 05 45 82 16 36. FAX 05 45 82 29 29. *Zimmer: 7.* Ein kleines, relativ preiswertes Hotel-Restaurant, das seit dem 18. Jahrhundert im Besitz derselben Familie ist.	AE DC EC V	●	●		●
CONFOLENS: *Hôtel de Vienne* ⒻⒻ 4, rue de la Ferrandie, 16500. ☎ 05 45 84 09 24. FAX 05 45 84 11 60. *Zimmer: 15.* Preiswertes Hotel in perfekter Lage neben der Vienne, in dem auf der schön bepflanzten Terrasse gegessen wird. Essen und Einrichtung sind traditionell. Nehmen Sie ein Zimmer mit Aussicht.	EC V				●
COULON: *Hôtel du Marais* ⒻⒻ 46-48, quai Louis-Tardy, 79510. ☎ 05 49 35 90 43. FAX 05 49 35 81 98. *Zimmer: 18.* Mitten im Sumpfland des Marais Poitevin liegt dieses hübsche kleine Hotel. In der Stadt sind Boote zu mieten.	EC V				
EUGÉNIE-LES-BAINS: *Les Prés d'Eugénie* ⒻⒻⒻⒻⒻ 40320. ☎ 05 58 05 06 07. FAX 05 58 51 10 10. *Zimmer: 43.* Zu Michel Guérard pilgern die Gäste wegen der Küche und des Thermalbads. Auf dem Grundstück gibt es auch preiswertere Übernachtungsmöglichkeiten. Wer sich das Teure leisten kann, wird noch lange davon schwärmen.	AE DC EC V	●	●	●	●
GRADIGNAN: *Le Chalet Lyrique* ⒻⒻ 169, cours du Général-de-Gaulle, 33170. ☎ 05 56 89 11 59. FAX 05 56 89 53 37. *Zimmer: 44.* Unweit des Flughafen Bordeaux-Mérignac liegt dieses Hotel, und besitzt einen unglaublichen Patio.	AE DC EC V	●			●

ÜBERNACHTEN

GRENADE-SUR-L'ADOUR: *Pain Adour et Fantaisie* (F)(F)(F)
14–16, place de Tilleuls, 40270. 05 58 45 18 80. FAX 05 58 45 16 57. *Zimmer: 11.*
Anmutiges Hotel aus dem 18. Jahrhundert neben dem Adour. Ungewöhnliche
Umgebung und außergewöhnliche Küche.
AE DC EC V

HIERSAC: *Hostellerie de Maine Brun* (F)(F)(F)
La Vigerie, 16290. 05 45 90 83 00. FAX 05 45 96 91 14. *Zimmer: 20.*
Eine Mühle am Ufer der Nouère ist heute ein Hotel, in dem sich gut
entspannen und genießen läßt – Küche, Weine und Cognac.
AE DC EC V

HOSSEGOR: *Hôtel de la Plage* (F)(F)
Place des Landais, 40150. 05 58 41 76 41. FAX 05 58 41 76 54. *Zimmer: 7.*
In einem beliebten Sommerferienort steht dieses preiswerte, einladende
Hotel am Strand. Nehmen Sie ein Zimmer mit Blick aufs Meer.
EC V

LA ROCHELLE: *Les Brises* (F)(F)(F)
Chemin de la Digue-de-Richelieu, 17000. 05 46 43 89 37. FAX 05 46 43 27 97. *Zimmer: 50.*
Komfortables und beliebtes Hotel westlich der hübschen und lebhaften Stadt.
Wunderbare Aussicht aufs Meer und die vorgelagerten Inseln.
AE EC V

MAGESCQ: *Relais de la Poste* (F)(F)(F)
40140. 05 58 47 70 25. FAX 05 58 47 76 17. *Zimmer: 12.*
Kleines Hotel mit Garten und Swimmingpool, modernem Komfort,
ausgezeichneter Küche, exzellenten Weinen und Familientradition.
AE DC EC V

MARGAUX: *Relais de Margaux* (F)(F)(F)(F)
Chemin de l'Ile-Vincent, 33460. 05 57 88 38 30. FAX 05 57 88 31 73. *Zimmer: 31.*
Das Geld, das man im Hotel ausgibt, ist gut angelegt. Es liegt ruhig in herrlicher
Umgebung und bietet Swimmingpool, Tennis und eine exzellente Küche.
AE DC EC V

MIMIZAN: *Au Bon Coin du Lac* (F)(F)(F)
34, avenue du Lac, 40200. 05 58 09 01 55. FAX 05 58 09 40 84. *Zimmer: 8.*
Viele kommen in dieses kleine Hotel wegen seiner Küche, aber auch die
Lage zwischen hohen Kiefern und See machen es zu einem Kleinod.
AE V

NIEUIL: *Château de Nieuil* (F)(F)(F)(F)
16270. 05 45 71 36 38. FAX 05 45 71 46 45. *Zimmer: 14.*
König François I ging in dem ausgedehnten Park um das herrliche Renaissanceschloß, das nach 1930 zu einem Hotel ausgebaut wurde, auf die Jagd.
AE DC EC V

POITIERS: *Château Clos de la Ribaudière* (F)(F)(F)
Chasseneuil-du-Poitou, 86360. 05 49 52 86 66. FAX 05 49 52 86 32. *Zimmer: 43.*
Gebäude aus dem 19. Jahrhundert in einem Park in der Nähe von Poitiers;
ein komfortables Paradies abseits vom Lärm der Großstadt.
AE DC EC V

RETJONS: *L'Hostellerie Landaise* (F)
40120. 05 58 93 36 33. *Zimmer: 6.*
Diese von der Bauweise echte *auberge landaise* liegt inmitten des eigenen
Parks mit See und Enten. Ein angenehmes Haus mit kreativem Koch.
EC V

ROYAN: *Family Golf Hôtel* (F)(F)(F)
28, boulevard Garnier, 17200. 05 46 05 14 66. FAX 05 46 06 52 56. *Zimmer: 30.*
Ein bescheidenes Hotel am Meer in einem lebhaften Ferienort nicht weit von
der Gironde. Zentral gelegen, aber ohne Restaurant.
EC V

SABRES: *Auberge des Pins* (F)(F)
Route de la Piscine, 40630. 05 58 07 50 47. FAX 05 58 07 56 74. *Zimmer: 24.*
Das im tiefen Wald der Landes gelegene komfortable Haus ist
der Prototyp eines guten Familienhotels.
AE EC V

ST-CLAUD: *Le Bragier* (F)(F)
16450 St-Claud. 05 45 71 47 49. *Zimmer: 3.*
In einem kleinen Dorf am Rande von Wiesen und Wäldern liegt dieses
vegetarische Chambres d'Hôte, in dem die Gäste verwöhnt werden wie zu Hause.

ST-EMILION: *Château Meylet* (F)(F)
La Gomerie, 33330. 05 57 24 68 85. *Zimmer: 4.*
Ein umgebautes Bauernhaus inmitten eigener Weinberge – idealer Ausgangspunkt
für Ausflüge in die Umgebung. Der Preis beinhaltet ein herrliches Frühstück.

ST-EMILION: *Hostellerie Plaisance* (F)(F)(F)(F)
5, place du Clocher, 33330. 05 57 24 72 32. FAX 05 57 74 41 11. *Zimmer: 12.*
Ausgezeichnetes kleines Hotel in herrlichem Gebäude im oberen Teil der
Stadt, berühmt für seine Weine und die ausgezeichnete Küche.
AE DC EC V

Zeichenerklärung siehe hintere Umschlagklappe

Preiskategorien für Doppelzimmer pro Nacht mit Bad/Dusche inklusive Steuer und Service:

Ⓕ unter 200 FF
ⒻⒻ 200–400 FF
ⒻⒻⒻ 400–600 FF
ⒻⒻⒻⒻ 600–1000 FF
ⒻⒻⒻⒻⒻ über 1000 FF

KINDERFREUNDLICH
Babysitter stehen zur Verfügung. Einige Hotels haben Kinderstühle und -portionen im Restaurant.

HOTELPARKPLATZ
Hotels mit eigenem Parkplatz. Einige Hotels verfügen über eine eigene Parkgarage oder Parkplätze in der Nähe.

SWIMMINGPOOL
Die Pools in den Hotels sind meist sehr klein und draußen, wenn nicht anders vermerkt.

GARTEN
Hotels mit Garten, Innenhof oder Terrasse bieten oft die Möglichkeit, im Freien zu essen.

VELLUIRE: *Auberge de la Rivière* ⒻⒻ
Rue Fouarne, 85770. 05 51 52 32 15. FAX 02 51 52 37 42. *Zimmer: 11.*
Efeuumrankte, abgeschieden gelegene Herberge am Ufer der Vendée. Komfortable Zimmer mit Blick auf den Fluß. Vorzügliche Küche.

	KREDITKARTEN	KINDERFREUNDLICH	PARKEN	SWIMMINGPOOL	GARTEN
	EC V		■		■

VILLENEUVE-DE-MARSAN: *Francis Darroze* ⒻⒻⒻ
57, Grand' rue, 40190. 05 58 45 20 07. FAX 05 58 45 82 67. *Zimmer: 15.*
Hotel im Landhausstil, umgeben von hohen Kiefern. Darroze ist ein altehrwürdiger Familienname, der für Qualität in der Küche bürgt.

	KREDITKARTEN	KINDERFREUNDLICH	PARKEN	SWIMMINGPOOL	GARTEN
	AE DC EC V	●	■	●	■

PÉRIGORD, QUERCY UND GASCOGNE

ALBI: *Hostellerie du Vigan* ⒻⒻ
16, place du Vigan, 81000. 05 63 54 01 23. FAX 05 63 47 05 42. *Zimmer: 40.*
Ein schlichtes, komfortables und preiswertes Hotel im Stadtzentrum. Ausgezeichnetes Restaurant.

	KREDITKARTEN	KINDERFREUNDLICH	PARKEN	SWIMMINGPOOL	GARTEN
	AE DC EC V	●	■		

ALBI: *Hôtel St-Clair* ⒻⒻ
8, rue St-Clair, 81000. 05 63 54 25 66. *Zimmer: 11.*
Geschmackvoll renoviertes Hotel aus dem 18. Jahrhundert, seit Generationen im Familienbesitz. Gute Lage.

	KREDITKARTEN	KINDERFREUNDLICH	PARKEN	SWIMMINGPOOL	GARTEN
	EC V		■		■

AUVILLAR: *D'Astros* ⒻⒻ
Le Pin, 82340. 05 63 95 95 20. FAX 05 63 95 93 55. *Zimmer: 4.*
Kleines, freundliches Gästehaus abseits der Touristenpfade in verwildertem Garten. Vegetarische Gerichte und Diätkost sind hier kein Problem.

	KREDITKARTEN	KINDERFREUNDLICH	PARKEN	SWIMMINGPOOL	GARTEN
		●	■		

BEYNAC: *Hôtel Bonnet* ⒻⒻ
Beynac, 24220. 05 53 29 50 01. FAX 05 53 29 83 74. *Zimmer: 21.*
Diese kleine Herberge heißt wie die Familie, in deren Besitz sie schon seit Jahren ist. Einfach, hell und traditionell.

	KREDITKARTEN	KINDERFREUNDLICH	PARKEN	SWIMMINGPOOL	GARTEN
	AE DC EC V	●	■		

BRANTÔME: *Le Chatenet* ⒻⒻⒻ
Brantôme, 24310. 05 53 05 81 08. FAX 05 53 05 85 52. *Zimmer: 8.*
Abseits der lebhaften Uferstraße gelegenes, wunderschön restauriertes Herrenhaus aus dem 17. Jahrhundert mit Tennisplätzen und Clubhaus.

	KREDITKARTEN	KINDERFREUNDLICH	PARKEN	SWIMMINGPOOL	GARTEN
	EC V	●	■	●	■

BRANTÔME: *Le Moulin de l'Abbaye* ⒻⒻⒻⒻ
1, route de Bourdeilles, 24310. 05 53 05 80 22. FAX 05 53 05 75 27. *Zimmer: 20.*
Eine hübsche, efeuumrankte Mühle am Flußufer mit Speisesaal und angrenzender Terrasse.

	KREDITKARTEN	KINDERFREUNDLICH	PARKEN	SWIMMINGPOOL	GARTEN
	AE DC EC V	●	■		■

CAHORS: *Terminus* ⒻⒻⒻ
5, avenue Charles-de-Freycinet, 46000. 05 65 35 24 50. FAX 05 65 22 06 40. *Zimmer: 22*
Ein Kleinod im Land der Trüffeln, nur zwei Minuten vom Bahnhof. Elegante Einrichtung im Stil der 20er Jahre, dazu farbige Fenster.

	KREDITKARTEN	KINDERFREUNDLICH	PARKEN	SWIMMINGPOOL	GARTEN
	AE EC V	●	■		

CARSAC-AILLAC: *Le Relais du Touron* ⒻⒻ
Carsac-Aillac, 24200. 05 53 28 16 70. FAX 05 53 28 52 51. *Zimmer: 12.*
Das friedliche, kleine Herrenhaus liegt östlich von Sarlat mitten im Wald. Einfache, aber köstliche Küche.

	KREDITKARTEN	KINDERFREUNDLICH	PARKEN	SWIMMINGPOOL	GARTEN
	EC V	●	■	●	■

CHAMPAGNAC-DE-BELAIR: *Hôtel Moulin du Roc* ⒻⒻⒻ
24530 Champagnac-de-Belair. 05 53 02 86 00. FAX 05 53 54 21 31. *Zimmer: 14.*
In schöner Umgebung etwas außerhalb von Brantôme liegt diese umgebaute Walnußmühle. Überdachter Swimmingpool, gute Küche.

	KREDITKARTEN	KINDERFREUNDLICH	PARKEN	SWIMMINGPOOL	GARTEN
	AE DC EC V	●	■	●	■

COLY: *Manoir d'Hautegente* ⒻⒻⒻ
Coly, 24120. 05 53 51 68 03. FAX 05 53 50 38 52. *Zimmer: 12.*
Nördlich von Sarlat liegt das malerische Gebäude, einst Mühle und Schmiede einer Abtei. Das freundliche Hotel im Familienbesitz bietet offenen Kamin, private Fischgründe, Swimmingpool und Bibliothek.

	KREDITKARTEN	KINDERFREUNDLICH	PARKEN	SWIMMINGPOOL	GARTEN
	AE EC V	●	■	●	■

ÜBERNACHTEN

CONDOM: *Hôtel des Trois Lys* ⒻⒻⒻ — AE EC V
38, rue Gambetta, 32100. ☎ 05 62 28 33 33. FAX 05 62 28 41 85. **Zimmer:** 10.
Hotel aus dem 17. Jahrhundert im Herzen der ehemaligen Grafschaft Armagnac. Frühstück wird im Freien serviert.

DOMME: *Hôtel de l'Esplanade* ⒻⒻ — AE EC V
24250. ☎ 05 53 28 31 41. FAX 05 53 28 49 92. **Zimmer:** 25.
Dieses Hotel auf den Klippen mit dem wunderbaren Blick von der Terrasse bietet geschmackvoll eingerichtete Zimmer, teilweise mit tollem Blick.

DURAS: *Hostellerie des Ducs* ⒻⒻ — EC V
Duras, 47120. ☎ 05 53 83 74 58. FAX 05 53 83 75 03. **Zimmer:** 15.
Die einfache Herberge mit Blick auf eine Burg aus dem 14. Jahrhundert liegt zwischen Dordogne und Garonne.

FLORIMONT-GAUMIERS: *La Daille* ⒻⒻ
24250 Dordogne. ☎ 05 53 28 40 71. **Zimmer:** 4.
Das alte steinerne Bauernhaus mit herrlichem Ausblick liegt wenige Kilometer von Gaumiers entfernt. Gutes Restaurant.

GARABIT: *Hôtel-Restaurant Beau Site* ⒻⒻ — DC EC V
Garabit, Loubaresse, 15320. ☎ 05 71 23 41 46. FAX 05 71 23 46 34. **Zimmer:** 17.
Bietet eine spektakuläre Aussicht auf den See und das Viadukt von G. Eiffel. Große komfortable Zimmer, gutes Essen, beheizter Swimmingpool.

LACAVE: *Le Pont de l'Ouysse* ⒻⒻⒻ — AE DC EC V
Lacave, 46200. ☎ 05 65 37 87 04. FAX 05 65 32 77 41. **Zimmer:** 14.
Schickes Restaurant mit Übernachtungsmöglichkeiten unweit von Rocamadour. Angeboten werden kreative Variationen einheimischer Gerichte.

LA COQUILLE: *Hôtel des Voyageurs* ⒻⒻ — EC V
Rue de la République, 24450. ☎ 05 53 52 80 13. FAX 05 53 60 18 29. **Zimmer:** 10.
Dieses kleine Hotel ist komfortabel und freundlich geführt. Ausgezeichnetes, regionales Essen genießt man in ländlicher Umgebung.

LES EYZIES-DE-TAYAC: *Le Moulin de la Beune* ⒻⒻ — AE EC V
Les-Eyzies-de-Tayac, 24620. ☎ 05 53 06 94 33. FAX 05 53 06 98 06. **Zimmer:** 20.
Große, komfortable Zimmer zeichnen diese umgebaute Mühle aus, in der man preiswert übernachten kann. Restaurant mit gutem Ruf.

LES EYZIES-DE-TAYAC: *Le Centenaire* ⒻⒻⒻ — AE DC EC V
Les-Eyzies-de-Tayac, 24620. ☎ 05 53 06 68 68. FAX 05 53 06 92 41. **Zimmer:** 20.
Ein luxuriöses, modernes Hotel am Stadtrand. Geräumige Zimmer mit Balkon und Blick auf Rasen und Swimmingpool.

MARQUAY: *Hôtel des Bories* ⒻⒻ — EC V
Marquay, 24620. ☎ 05 53 29 67 02. FAX 05 53 29 64 15. **Zimmer:** 30.
Schlichtes, überaus preiswertes Hotel im Familienbesitz. Einfache Zimmer mit gewölbten Decken; nahe gelegener See mit Wassersportmöglichkeiten.

MERCUÈS: *Château de Mercuès* ⒻⒻⒻⒻ — AE DC EC V
Mercuès, 46090. ☎ 05 65 20 00 01. FAX 05 65 20 05 72. **Zimmer:** 31.
Das Schloß mit den Türmen am Lot wurde geschmackvoll renoviert. Reichhaltiges Frühstück.

MEYRONNE: *La Terrasse* ⒻⒻ — EC V
Meyronne, 46200. ☎ 05 65 32 21 60. FAX 05 65 32 26 93. **Zimmer:** 18.
Einige Zimmer in diesem umgebauten Kloster befinden sich in der angrenzenden Burg aus dem 9. Jahrhundert. Mahlzeiten im großen Speisesaal.

NONTRON: *Le Grand Hôtel* ⒻⒻ — EC V
3, place A.-Agard, 24300. ☎ 05 53 56 11 22. FAX 05 53 56 59 94. **Zimmer:** 28.
Preisgünstiges Hotel im Zentrum der Marktstadt. Swimmingpool, hübscher Garten und herzhaftes Essen.

PÉRIGUEUX: *Hôtel Périgord* ⒻⒻ — EC V
74, rue Victor-Hugo, 24000. ☎ 05 53 53 33 63. FAX 05 53 08 19 74. **Zimmer:** 20.
Empfehlenswertes Hotel in der Nähe des Zentrums der malerischen Stadt. Preiswertes Restaurant mit traditioneller Küche.

RIBÉRAC: *Pauliac* ⒻⒻ — EC V
Celles, 24600. ☎ 05 53 91 97 45. FAX 05 53 90 43 46. **Zimmer:** 5.
Einfacher, schön umgebauter Bauernhof in winzigem Weiler mit Gartenterrasse und Tischen. Einfaches, gutes Essen.

Zeichenerklärung siehe hintere Umschlagklappe

Preiskategorien für

Doppelzimmer pro Nacht mit Bad/Dusche inklusive Steuer und Service:

- Ⓕ unter 200 FF
- ⒻⒻ 200–400 FF
- ⒻⒻⒻ 400–600 FF
- ⒻⒻⒻⒻ 600–1000 FF
- ⒻⒻⒻⒻⒻ über 1000 FF

KINDERFREUNDLICH
Babysitter stehen zur Verfügung. Einige Hotels haben Kinderstühle und -portionen im Restaurant.

HOTELPARKPLATZ
Hotels mit eigenem Parkplatz. Einige Hotels verfügen über eine eigene Parkgarage oder Parkplätze in der Nähe.

SWIMMINGPOOL
Die Pools in den Hotels sind meist sehr klein und draußen, wenn nicht anders vermerkt.

GARTEN
Hotels mit Garten, Innenhof oder Terrasse bieten oft die Möglichkeit, im Freien zu essen.

	KREDITKARTEN	KINDERFREUNDLICH	PARKEN	SWIMMINGPOOL	GARTEN
ROCAMADOUR: *Domaine de la Rhue* ⒻⒻⒻ Rocamadour, 46500. ☎ 05 65 33 71 50. FAX 05 65 33 72 48. **Zimmer:** *12.* Nur wenige Autominuten von Rocamadour liegt dieses ruhige, geschmackvoll umgebaute Hotel aus dem 19. Jahrhundert. Geräumige Zimmer.	EC V	●	■	●	■
ST-CIRC-LAPOPIE: *Hôtel de la Pélissaria* ⒻⒻⒻ St-Circ-Lapopie, 46330. ☎ 05 65 31 25 14. FAX 05 65 30 25 52. **Zimmer:** *10.* Ein winziges Hotel in einem Dorf oberhalb des Lot. Zimmer mit gekachelten Böden, weißen Wänden und Kiefertüren. ▣ TV	EC V			●	
SARLAT: *Hostellerie de Meysset* ⒻⒻⒻ Route des Eyzies, 24200. ☎ 05 53 59 08 29. FAX 05 53 28 47 61. **Zimmer:** *26.* Angenehmes, ländliches Hotel mit eigenem Park, zu erreichen über die Veranda. Ausgezeichnete Küche. ▣	AE DC EC V	●	■		■
TAMNIÈS: *Hôtel Laborderie* ⒻⒻ Tamniès, 24620. ☎ 05 53 29 68 59. FAX 05 53 29 65 31. **Zimmer:** *32.* Modernes Hotel zwischen Sarlat und Les Eyzies. Offener Kamin im Winter; Schwimmen und Mahlzeiten im Freien im Sommer. ▣ TV	EC V		■	●	■
TOULOUSE: *Hôtel Albert 1er* ⒻⒻ 8, rue Rivals, 31000. ☎ 05 61 21 17 91. FAX 05 61 21 09 64. **Zimmer:** *50.* Preiswertes Hotel in guter Lage mit netten Zimmern und modernen Bädern. Frühstückszimmer, aber kein Restaurant. ▣ ▤ TV	AE DC EC V	●			
TOULOUSE: *Hôtel Jean-Mermoz* ⒻⒻⒻ 50, rue Matabiau, 31000. ☎ 05 61 63 04 04. FAX 05 61 63 15 64. **Zimmer:** *53.* Modernes, komfortables Hotel im Stadtzentrum, aber dennoch überraschend ruhig. Schöner Garten und Restaurant.	AE EC V	●	■		■
VIEUX MAREUIL: *Château de Vieux-Mareuil* ⒻⒻⒻ Route Angoulême-Périgueux, 24340. ☎ 05 53 60 77 15. FAX 05 53 56 49 33. **Zimmer:** *14.* Geräumige Zimmer und ausgezeichnete Küche in der ehemaligen Burg aus dem 15. Jahrhundert. Schöne Spaziergänge in der Umgebung möglich. ▣ TV	AE DC EC V	●	■	●	■
PYRENÄEN					
AÏNHOA: *Hôtel-Restaurant Ithurria* ⒻⒻⒻ Aïnhoa, 64250. ☎ 05 59 29 92 11. FAX 05 59 29 81 28. **Zimmer:** *27.* Die gemütlichen Zimmer, der Speisesaal mit der Holzdecke und die ausgezeichnete Küche machen diese alte Herberge in einem der schönsten baskischen Dörfer zu einem Kleinod. ▣ TV	AE DC EC V	●	■	●	■
ANGLET: *Château de Brindos* ⒻⒻⒻⒻ Allée du Château, 64600. ☎ 05 59 23 17 68. FAX 05 59 23 48 47. **Zimmer:** *14.* An diesem friedlichen See ist das Leben ruhig und beschaulich. Der Strand ist wie der Golfplatz nur wenige Autominuten entfernt. ▣ TV	AE DC V	●	■	●	■
ARGELÈS-GAZOST: *Hôtel le Miramont* ⒻⒻ 44, avenue des Pyrénées, 65400. ☎ 05 62 97 01 26. FAX 05 62 97 56 67. **Zimmer:** *28.* Ein stilvolles, komfortables Hotel mit Garten in einem kleinen Kurort. Im schönen Restaurant kann man ausgezeichnet essen. ▣ TV	EC V		■		■
ARREAU: *Hôtel d'Angleterre* ⒻⒻ Route de Luchon, 65240. ☎ 05 62 98 63 30. FAX 05 62 98 69 66. **Zimmer:** *24.* Vier Flüsse fließen durch das kleine Arreau mit den schiefergedeckten Häusern. In der alten Herberge kann man gut und preiswert essen; von hier aus läßt sich auch die schöne Umgebung wunderbar erkunden. ▣ TV	EC V	●	■		■
BARRAZAN: *Hostellerie de L'Aristou* ⒻⒻ Route Sauveterre, 31510. ☎ 05 61 88 30 67. FAX 05 61 95 55 66. **Zimmer:** *7.* Dieses hübsche Landhaus ist der ideale Standort zur Erkundung der nahegelegenen römischen Ruinen. Gutes Restaurant.	AE DC EC V	●	■		

BIARRITZ: *Château du Claire de Lune* ⓕⓕⓕ — AE DC EC V
48, avenue Alan-Seeger, 64200. ☎ 05 59 41 53 20. 𝖥𝖠𝖷 05 59 41 53 29. **Zimmer:** *16.*
Dieses Herrenhaus aus der Belle-Époque ist heute ein ruhiges Hotel;
es liegt etwas abseits inmitten eines duftenden Gartens. 🛗 📺

BIARRITZ: *Hôtel Windsor* ⓕⓕⓕ — AE DC EC V
Avenue Edouard-VII, 64200. ☎ 05 59 24 08 52. 𝖥𝖠𝖷 05 59 24 98 90. **Zimmer:** *49.*
Das oberhalb der berühmten Grande Plage gelegene und vor kurzem
renovierte Hotel ist der ideale Ort für einen anregenden Urlaub. 🛗 📺

BIARRITZ: *Hôtel du Palais* ⓕⓕⓕⓕⓕ — AE DC EC V
1, avenue de l'Impératrice, 64200. ☎ 05 59 41 64 00. 𝖥𝖠𝖷 05 59 41 67 99. **Zimmer:** *156.*
Herrliches Hotel voller Pracht und Eleganz. Das Personal ist zuvorkommend,
das Essen vorzüglich, die Atmosphäre erfrischend locker. 🛗 📺 ▤

ESPELETTE: *Hôtel Euzkadi* ⓕⓕ — V
Espelette, 64250. ☎ 05 59 93 91 88. 𝖥𝖠𝖷 05 59 93 90 19. **Zimmer:** *32.*
Seine reichhaltige, wohlschmeckende baskische Küche hat dieses
Hotel über die Grenzen des Ortes hinaus beliebt gemacht. 🛗

FOIX: *Hôtel Audoye-Lons* ⓕⓕ — AE DC EC V
6, place G-Duthil, 09000. ☎ 05 61 65 52 44. 𝖥𝖠𝖷 05 61 02 68 18. **Zimmer:** *39.*
Das Hotel mit den großen Zimmern und dem verglasten Speisesaal liegt in der
Altstadt direkt oberhalb des Flusses. 🛗 📺

GAVARNIE: *Hôtel Vignemale* ⓕⓕⓕ — AE EC V
Gavarnie, 65120. ☎ 05 62 92 40 00. 𝖥𝖠𝖷 05 62 92 40 08. **Zimmer:** *24.*
Von dem vor kurzem modernisierten Hotel lassen sich wunderbare Ausflüge
in die Berge oder zum einheimischen Zirkus unternehen. 🛗 📺

NUZENAC: *L'Oustal* ⓕⓕ — EC V
Unac, 09250. ☎ 05 61 64 48 44. **Zimmer:** *5.*
Hoch in den Bergen, in der Nähe von Ax-les-Thermes, liegt dieses einladende
Wirtshaus mit wunderbarer Aussicht und ausgezeichneter Küche. 🛗

OLORON-STE-MARIE: *L'Alysson* ⓕⓕ — EC V
Boulevard des Pyrénées, 64400. ☎ 05 59 39 70 70. 𝖥𝖠𝖷 05 59 39 24 47. **Zimmer:** *34.*
Das komfortabelste Hotel in der malerischen Stadt am Fluß, in dessen
modernem Speisesaal man auch gut essen kann. 🛗 📺

PAU: *Grand Hôtel du Commerce* ⓕⓕ — AE DC EC V
9, rue Maréchal-Joffre, 64000. ☎ 05 59 27 24 40. 𝖥𝖠𝖷 05 59 83 81 74. **Zimmer:** *51.*
Das beliebte, traditionelle Hotel in der Nähe des Schlosses bietet
komfortable Zimmer und ein preiswertes Restaurant.. 🛗 📺

ST-ETIENNE-DE-BAÏGORRY: *Hôtel Arcé* ⓕⓕⓕ — EC V
St-Etienne-de-Baïgorry, 64430. ☎ 05 59 37 40 14. 𝖥𝖠𝖷 05 59 37 40 27. **Zimmer:** *22.*
Tief im Baskenland gelegenes Familienhotel in wunderbarer Umgebung
an einem reißenden Fluß. 🛗 📺 ECEC

ST-GIRONS: *Hôtel Eychenne* ⓕⓕⓕ — EC V
8, avenue Paul-Laffont, 09200. ☎ 05 61 04 04 50. 𝖥𝖠𝖷 05 61 96 07 20. **Zimmer:** *60.*
Vornehmes Hotel mit antiken Möbeln, Garten, Swimmingpool und
ausgezeichnetem Restaurant. 🛗 📺

ST-JEAN-DE-LUZ: *La Devinière* ⓕⓕⓕ — EC V
5, rue Loquin, 64500. ☎ 05 59 26 05 51. 𝖥𝖠𝖷 05 59 51 26 38. **Zimmer:** *9.*
Kleines, ruhiges Hotel mit gemütlichen, elegant eingerichten Zimmern
und hübschem Garten in der historischen Altstadt. Ein Juwel. 🛗

ST-JEAN-DE-LUZ: *Le Parc Victoria* ⓕⓕⓕⓕⓕ — AE DC EC V
5, rue Cépé, 64500. ☎ 05 59 26 78 78. 𝖥𝖠𝖷 05 59 26 78 08. **Zimmer:** *12.*
Viktorianisches Herrenhaus in Strandnähe mit herrlichem Garten und
Swimmingpool, eingerichtet im Stil der 30er Jahre. 🛗 📺

ST-JEAN-PIED-DE-PORT: *Hôtel les Pyrénées* ⓕⓕⓕⓕ — AE EC V
19, place du Général-de-Gaulle, 64220. ☎ 05 59 37 01 01. 𝖥𝖠𝖷 05 59 37 18 97.
Zimmer: *20.* Das ruhige, allerdings teure Hotel mit seiner berühmten
baskischen Küche bietet Schutz vor den Touristenmassen. 🛗 📺 ▤

ST-JEAN-PIED-DE-PORT: *Hôtel Larramendy Andreinia* ⓕ — EC V
Esterençuby, 64220. ☎ 05 59 37 09 70. 𝖥𝖠𝖷 05 59 37 36 05. **Zimmer:** *26.*
Dieses baskische Hotel in einem winzigen Ort liegt an einem sanft
dahinplätschernden Bach,.und ist ein idealer Standort für Wanderer. 🛗 📺

5 7 0   ZU GAST IN FRANKREICH

Preiskategorien für Doppelzimmer pro Nacht mit Bad/Dusche inklusive Steuer und Service:
Ⓕ unter 200 FF
ⒻⒻ 200–400 FF
ⒻⒻⒻ 400–600 FF
ⒻⒻⒻⒻ 606–1000 FF
ⒻⒻⒻⒻⒻ über 1000 FF

KINDERFREUNDLICH
Babysitter stehen zur Verfügung. Einige Hotels haben Kinderstühle und -portionen im Restaurant.

HOTELPARKPLATZ
Hotels mit eigenem Parkplatz. Einige Hotels verfügen über eine eigene Parkgarage oder Parkplätze in der Nähe.

SWIMMINGPOOL
Die Pools in den Hotels sind meist sehr klein und draußen, wenn nicht anders vermerkt.

GARTEN
Hotels mit Garten, Innenhof oder Terrasse bieten oft die Möglichkeit, im Freien zu essen.

SARE: *Hôtel Arraya*   ⒻⒻⒻ
Place du village, 64310. ☎ 05 59 54 20 46. ℻ 05 59 54 27 04. *Zimmer: 20.*
Dieses zentral gelegene, moderne Hotel bietet Ruhe und Komfort. Jedes Zimmer mit angrenzendem Bad. 🛏 📺

	KREDITKARTEN	KINDERFREUNDLICH	PARKEN	SWIMMINGPOOL	GARTEN
	AE EC V		■		■

TARBES: *Hôtel de l'Avenue*   ⒻⒻ
778-80, avenue Bertrand-Barère, 65000. ☎ 05 62 93 06 36. *Zimmer: 28.*
Zwei Minuten vom Bahnhof entfernt, liegt dieses kleine familiengeführte Hotel. Ruhige Zimmer (zum Innenhof). 🛏 📺

	KREDITKARTEN	KINDERFREUNDLICH	PARKEN	SWIMMINGPOOL	GARTEN
	EC V	●	■		

LANGUEDOC-ROUSSILLON

AIGUES-MORTES: *Hôtel des Croisades*   ⒻⒻ
2, rue du Port, 30220. ☎ 04 66 53 67 85. ℻ 04 66 53 72 95. *Zimmer: 14.*
Mit seinem freundlichen Personal, und seinem entzückendem Garten, ist dieses Hotel mehr als sein Geld wert. 🛏 ▤ 📺

	KREDITKARTEN	KINDERFREUNDLICH	PARKEN	SWIMMINGPOOL	GARTEN
	EC V		■		■

AIGUES-MORTES: *Hôtel Saint-Louis*   ⒻⒻⒻ
10, rue de l'Amiral-Courbet, 30220. ☎ 04 66 53 72 68. ℻ 04 66 53 75 92. *Zimmer: 22.*
Reizvolles Hotel, erbaut von Louis IX, hinter dicken Steinmauern einer lebhaften Stadt. In die Camargue ist es nicht weit. 🛏 📺

	KREDITKARTEN	KINDERFREUNDLICH	PARKEN	SWIMMINGPOOL	GARTEN
	AE DC EC V	●	■		■

BARJAC: *Hôtel le Mas du Termes*   ⒻⒻⒻ
Route de Bagnol-sur-Cèze, 30430. ☎ 04 66 24 56 31. ℻ 04 66 24 58 54. *Zimmer: 32.*
Vornehmes altes Hotel in wunderschöner Umgebung in der Nähe der Ardèche-Sümpfe. Im Restaurant wird hauseigener Wein kredenzt. 🛏 📺

	KREDITKARTEN	KINDERFREUNDLICH	PARKEN	SWIMMINGPOOL	GARTEN
	EC V	●	■		■

BÉZIERS: *Grand Hôtel du Nord*   ⒻⒻ
15, place Jean-Jaurès, 34500. ☎ 04 67 28 34 09. ℻ 04 67 49 00 37. *Zimmer: 40.*
Günstig gelegenes, massives Stadthaus nicht weit von der Hauptstraße. Die Zimmer nach hinten mit Blick auf den Fluß sind ruhiger. 🛏 📺

	KREDITKARTEN	KINDERFREUNDLICH	PARKEN	SWIMMINGPOOL	GARTEN
	AE DC EC V		■		

BOUZIQUES: *La Côte Bleue*   ⒻⒻ
Avenue Louis-Tudesq, 34140. ☎ 04 67 78 31 42. ℻ 04 67 78 35 49. *Zimmer: 32.*
Dieses Hotel mit den komfortablen Zimmern, dem Swimmingpool und dem berühmten Terrassenrestaurant am Strand ist zu Recht beliebt. 🛏 📺

	KREDITKARTEN	KINDERFREUNDLICH	PARKEN	SWIMMINGPOOL	GARTEN
	EC V		■	●	■

CARCASSONNE: *Hôtel du Donjon*   ⒻⒻⒻ
2, rue du Comte-Roger, 11000. ☎ 04 68 71 08 80. ℻ 04 68 25 06 60. *Zimmer: 37.*
Mitten im Herzen der mittelalterlichen Stadt gelegen, bietet dieses Hotel modernsten Komfort. Wunderschönes Gebäude (14.Jh.). 🛏 ▤ 📺

	KREDITKARTEN	KINDERFREUNDLICH	PARKEN	SWIMMINGPOOL	GARTEN
	AE DC EC V		■		■

CARCASSONE: *Hôtel Mercure la Vicomté*   ⒻⒻⒻ
18, rue C.-Saint-Saëns, 11000. ☎ 04 68 71 45 45. ℻ 04 68 71 11 45. *Zimmer: 61.*
Am östlichen Stadttor liegt dieses komfortable Hotel abseits der großen Touristenpfade. 🛏 ▤ 📺

	KREDITKARTEN	KINDERFREUNDLICH	PARKEN	SWIMMINGPOOL	GARTEN
	AE DC EC V	●	■	●	■

CASTILLON-DU-GARD: *Le Vieux Castillon*   ⒻⒻⒻⒻ
Rue Citernasse, 30210. ☎ 04 66 37 61 67. ℻ 04 66 37 28 17. *Zimmer: 35.*
Dieses stilvolle Hotel im mittelalterlichen Städtchen in der Nähe des Pont du Gard besteht aus mehreren restaurierten Gebäuden. Sogar der Pool schmiegt sich elegant an eine Ruine. 🛏 📺

	KREDITKARTEN	KINDERFREUNDLICH	PARKEN	SWIMMINGPOOL	GARTEN
	AE EC V	●	■	●	■

CÉRET: *La Terrasse au Soleil*   ⒻⒻⒻⒻ
Route de Fontfrède, 66400. ☎ 04 68 87 01 94. ℻ 04 68 87 39 24. *Zimmer: 27.*
Ein friedliches und komfortables Hotel zwischen Bergen und Meer mit herrlichem Ausblick. Empfehlenswertes Restaurant. 🛏 ▤ 📺

	KREDITKARTEN	KINDERFREUNDLICH	PARKEN	SWIMMINGPOOL	GARTEN
	DC EC V	●	■	●	■

COLLIOURE: *Relais de Trois Mas*   ⒻⒻⒻ
Route de Port-Vendres, 66190. ☎ 04 68 82 05 07. ℻ 04 68 82 38 08. *Zimmer: 23.*
Das Hotel besteht aus mehreren geschmackvoll restaurierten Gebäuden. Von den Zimmern, teilweise mit Terrasse, blickt man entweder aufs Meer oder auf den Hafen. Das Restaurant La Balette ist berühmt. 🛏 ▤ 📺

	KREDITKARTEN	KINDERFREUNDLICH	PARKEN	SWIMMINGPOOL	GARTEN
	EC V	●	■	●	■

ÜBERNACHTEN

FUILLA: *Rozinante* ⒻⒻ
7, Carni Ribere Enclose, 66820 . 【 04 68 96 34 50. FAX 04 68 96 34 50. **Zimmer:** 3.
Schönes Gästehaus am Fuße des Mount Canigou, mit eigenem Swimmingpool und gepflegten Rasenflächen.

EC V

MINERVE: *Relais Chantovent* ⒻⒻ
Minerve, 34210. 【 04 68 91 14 18. FAX 04 68 91 81 99. **Zimmer:** 10.
Die Hotelgebäude sind über etliche schmale Straßen verstreut. Die Zimmer im Anbau, einem ehemaligen Dorfhaus, haben Stil und Charme. 🛏

EC V

MONTPELLIER: *Hôtel Guilhem* ⒻⒻⒻ
18, rue JJ.-Rousseau, 34000. 【 04 67 52 90 90. FAX 04 67 60 67 67. **Zimmer:** 33.
Einladendes Haus für Übernachtung und Frühstück mit freundlichen Besitzern; ein Ort der Ruhe und Erholung in einer lebhaften Stadt. 🛏 📺

AE DC EC V

NARBONNE: *Grand Hôtel du Languedoc* ⒻⒻ
22, boulevard Gambetta, 11100. 【 04 68 65 14 74. FAX 04 68 65 81 48. **Zimmer:** 40.
Ein hübsches Stadthotel nur wenige Minuten von Kathedrale, Geschäften und Museen. Das Restaurant im Belle-Epoque-Stil ist sehr beliebt. 🛏 📺

AE DC V

NÎMES: *Hôtel Plazza* ⒻⒻ
10, rue Roussy, 30000. 【 04 66 76 16 20. FAX 04 66 67 65 99. **Zimmer:** 28.
Ein friedliches Haus mit schön ausgestatteten modernen Zimmern und Bädern zu vernünftigen Preisen. 🛏 ▤ 📺

AE DC EC V

NÎMES: *Imperator Concorde* ⒻⒻⒻⒻ
Quai de la Fontaine, 30000. 【 04 66 21 90 30. FAX 04 66 67 70 25. **Zimmer:** 61.
Das großartigste Hotel in Nîmes steht inmitten eines Gartens aus dem 17. Jahrhundert mit Springbrunnen und romanischer Architektur. 🛏 ▤ 📺

AE DC V

PERPIGNAN: *Hôtel de la Loge* ⒻⒻ
1, rue des Fabriques-Nabot, 66000. 【 04 68 34 41 02. FAX 04 68 34 25 13. **Zimmer:** 22. DC
Im Herzen der Stadt steht dieses ruhige katalanische Herrenhaus mit einem mit Mosaiksteinen ausgelegten Vorhof und Springbrunnen. 🛏 ▤ 📺

AE EC V

PEYRIAC-MINERVOIS: *Château de Violet* ⒻⒻⒻⒻ
Route de Pépieux, 11160. 【 04 68 78 10 42. FAX 04 68 78 30 01. **Zimmer:** 12.
Holzdecken und große offene Kamine tragen zur Atmosphäre in diesem Schloß bei, das hoch über dem eigenen Parks und Weinbergen steht. 🛏 📺

AE DC EC V

PONT DE MONTVERT: *Hôtel des Cévennes* ⒻⒻ
Pont de Montvert, 48220. 【 04 66 45 80 01. **Zimmer:** 10.
Diese Herberge thront über dem reißenden Tarn. Zimmer 1, 2 und 3 bieten Blick auf den Fluß. Vom Speisesaal hat man einen guten Blick auf das Dorf. 🛏

PRADES: *Grand Hôtel Thermal* ⒻⒻⒻ
Molitg-les-Bains, 66500. 【 04 68 05 00 50. FAX 04 68 05 02 91. **Zimmer:** 70.
Ein Kurhotel in den Bergen, umgeben von Palmen und angrenzend an einen See. Geräumig, ruhig und verhältnismäßig preiswert. 🛏 📺

AE EC V

QUILLAN: *Hôtel Cartier* ⒻⒻ
31, boulevard Charles-de-Gaulle, 11500. 【 04 68 20 05 14. FAX 04 68 20 02 57. **Zimmer:** 30.
Komfortables, bescheidenes Hotel-Restaurant im Stadtzentrum. 🛏 📺

AE EC V

ST-CYPRIEN-PLAGE: *Le Mas d'Huston* ⒻⒻⒻⒻ
66750. 【 04 68 37 63 63. FAX 04 68 37 64 64. **Zimmer:** 50.
Ein entspannendes Hotel am Strand mit allen Annehmlichkeiten eines lebhaften Urlaubsortes. Restaurant mit Blick auf den Golfplatz. 🛏 ▤ 📺

AE DC EC V

SÈTE: *Grand Hôtel* ⒻⒻⒻ
17, quai du Maréchal-de-Lattre-de-Tassigny, 34200. 【 04 67 74 71 77.
FAX 04 67 74 29 27. **Zimmer:** 45.
Hotel im Belle-Epoque-Stil mit Blick auf den Grand Canal und herrlicher palmengeschmückter Halle sowie Zimmern mit Balkonen. 🛏 ▤ 📺

AE DC EC V

SOMMIÈRES: *Auberge du Pont-Romain* ⒻⒻ
2, rue Emile-Jamais, 30250. 【 04 66 80 00 58. FAX 04 66 80 31 52. **Zimmer:** 18.
Hinter abschreckender Fassade verbirgt sich ein herrlicher Garten, der am Fluß endet. Große Zimmer, teilweise mit Blick auf den Garten. 🛏

AE DC EC V

UZÈS: *Le Mas d'Oléandre* ⒻⒻ
Saint-Médiers, 30700. 【 04 66 22 63 43. **Zimmer:** 6.
Sorgsam restauriertes Bauernhaus in einem von Weinbergen umgebenen Dorf. Ideal für Ausflüge in die Umgebung und nahe gelegene Restaurants. 🛏

Zeichenerklärung siehe hintere Umschlagklappe

572 ZU GAST IN FRANKREICH

Preiskategorien für
Doppelzimmer pro Nacht mit
Bad/Dusche inklusive Steuer
und Service:
- Ⓕ unter 200 FF
- ⒻⒻ 200–400 FF
- ⒻⒻⒻ 400–600 FF
- ⒻⒻⒻⒻ 600–1000 FF
- ⒻⒻⒻⒻⒻ über 1000 FF

KINDERFREUNDLICH
Babysitter stehen zur Verfügung. Einige Hotels haben
Kinderstühle und -portionen im Restaurant.

HOTELPARKPLATZ
Hotels mit eigenem Parkplatz. Einige Hotels verfügen
über eine eigene Parkgarage oder Parkplätze in der Nähe.

SWIMMINGPOOL
Die Pools in den Hotels sind meist sehr klein und
draußen, wenn nicht anders vermerkt.

GARTEN
Hotels mit Garten, Innenhof oder Terrasse bieten oft die
Möglichkeit, im Freien zu essen.

	Preiskat.	KREDITKARTEN	KINDERFREUNDLICH	PARKEN	SWIMMINGPOOL	GARTEN
UZÈS: *Château d'Arpaillargues* Uzès, 30700. ☎ 04 66 22 14 48. FAX 04 66 22 56 10. *Zimmer: 29.* Schloß aus dem 18. Jahrhundert mit geschmackvoll eingerichteten Zimmern in verschiedenen Größen und ausgezeichneter Küche. 🖼 ▤ TV	ⒻⒻⒻ	AE DC EC V	●	▦	●	▦
VILLENEUVE-LES-BÉZIERS: *Maison Viner* 7, rue de la Fontaine, 34420. ☎ 04 66 39 87 15. FAX 04 67 39 87 15. *Zimmer: 4.* Liebevoll restauriertes Frühstückshotel, nur drei Kilometer vom Meer entfernt. Auch Abendessen und Lunchpakete erhältlich. 🖼	ⒻⒻ		●			▦

PROVENCE UND CÔTE D'AZUR

	Preiskat.	KREDITKARTEN	KINDERFREUNDLICH	PARKEN	SWIMMINGPOOL	GARTEN
AIX-EN-PROVENCE: *Hôtel des Augustins* 3, rue de la Masse, 13100. ☎ 04 42 27 28 59. FAX 04 42 26 74 87. *Zimmer: 29.* Ein umgebautes Kloster aus dem 12. Jahrhundert mit großen, traditionell eingerichteten Zimmern. Ein Ort des Friedens im Herzen von Aix. 🖼 ▤ TV	ⒻⒻⒻⒻ	AE DC EC V		▦		
AIX-EN-PROVENCE: *Mas d'Entremont* Montée d'Avignon, Célony, 13090. ☎ 04 42 17 42 42. FAX 04 42 21 15 83. *Zimmer: 18.* Einst provenzalisches Bauernhaus, heute luxuriöses Hotel in schöner Umgebung am Stadtrand. Geräumig und geschmackvoll eingerichtet. 🖼 ▤ TV	ⒻⒻⒻⒻ	EC V	●	▦	●	▦
ANTIBES: *Mas Djoliba* 29, avenue de Provence, 06600. ☎ 04 93 34 02 48. FAX 04 93 34 02 48. *Zimmer: 13.* Dieses Hotel in provenzalischem Stil liegt nicht weit vom Strand in einem schönen Garten, und bietet komfortabel eingerichtete, rustikale Zimmer. 🖼	ⒻⒻⒻ	AE DC EC V		▦	●	▦
ARLES: *Hôtel d'Arlatan* 26, rue du Sauvage, 13631. ☎ 04 90 93 56 66. FAX 04 90 49 68 45. *Zimmer: 41.* Dieses Hotel im Herzen von Arles geht auf das 16. Jahrhundert zurück. Salon mit Steinmauern und einem höhlenartigen Kamin. 🖼 ▤ TV	ⒻⒻⒻ	AE DC EC V	●	▦		▦
AVIGNON: *L'Europe* 12, place Crillon, 84000. ☎ 04 90 14 76 76. FAX 04 90 85 43 66. *Zimmer: 47.* Seit Napoléons Zeiten ist dieses Hotel das beste von Avignon. Die Zimmer sind groß und elegant, den Salon schmücken Marmorfußboden und Wandteppiche, das Restaurant ist ausgezeichnet. 🖼 ▤ TV	ⒻⒻⒻⒻ	AE DC EC V		▦		▦
AVIGNON: *Hôtel de la Mirande* 4, place de la Mirande, 84000. ☎ 04 90 85 93 93. FAX 04 90 86 26 85. *Zimmer: 20.* Ein herrliches Hotel mit ebensolchen, antik eingerichteten Zimmern im provenzalischen Stil und einem Innenhof zum Entspannen. 🖼 ▤ TV	ⒻⒻⒻⒻⒻ	AE DC EC V	●	▦		▦
BEAULIEU-SUR-MER: *Le Métropole* 15, boulevard du-Maréchal-Leclerc, 06310. ☎ 04 93 01 00 08. FAX 04 93 01 18 51. *Zimmer: 46.* Ein italienischer Palast mit mediterraner Terrasse, dazu luxuriöse Zimmer mit Blick auf das gegenüberliegende St-Jean-Cap-Ferrat. 🖼 ▤ TV	ⒻⒻⒻⒻⒻ	AE EC V	●	●	●	▦
BEAURECUEIL: *Relais Sainte-Victoire* 13100. ☎ 04 42 66 94 98. FAX 04 42 66 85 96. *Zimmer: 10.* Ein kleines, preisgünstiges Hotel in wunderschöner ländlicher Umgebung unterhalb des Mont Ste-Victoire. Ausgezeichnetes Restaurant. 🖼 ▤ TV	ⒻⒻⒻ	AE DC EC V	●	▦	●	▦
BORMES-LES-MIMOSAS: *Le Bellevue* 14, place Gambetta, 83230. ☎ 04 94 71 15 15. *Zimmer: 12.* Kleines, familienbetriebenes Hotel. Von den geräumigen Zimmern mit Balkon blickt man über hübsche Hausdächer auf das Meer. 🖼	Ⓕ	EC V				
CANNES: *Carlton International* 58, bv. de la Croisette, 06400. ☎ 04 93 06 40 06. FAX 04 93 06 40 25. *Zimmer: 354.* Nur Le Négresco kann mit dem Carlton konkurrieren. Hier wohnen während des Filmfestivals die Stars. Vom hoteleigenen Schiffsanlegeplatz kann man von der Jacht das Hotel betreten. 🖼 ▤ TV	ⒻⒻⒻⒻⒻ	AE DC EC V	●	▦		

ÜBERNACHTEN

DIGNE-LES-BAINS: *Hôtel du Grand-Paris* ⒻⒻⒻ · AE DC EC V
19, boulevard Thiers, 04000. ☎ 04 92 31 11 15. FAX 04 92 32 32 82. **Zimmer:** 29.
Dieses ehemalige Kloster bietet komfortable Zimmer und eine mittelalterliche Umgebung im Herzen der Stadt. 🛏 TV

FONTVIEILLE: *La Régalido* ⒻⒻⒻⒻ · AE DC EC V
Rue Mistral, 13990. ☎ 04 90 54 60 22. FAX 04 90 54 64 29. **Zimmer:** 15.
Diese geruhsame ehemalige Olivenmühle, efeuumrankt inmitten eines Blumengartens, ist eines der einladendsten und luxuriösesten Hotels weit und breit. Geschmackvoll eingerichtete Zimmer, teilweise mit Terrasse. 🛏 ☰ TV

FOX AMPHOUX: *L'Auberge du Vieux Fox* ⒻⒻⒻ · AE EC V
Place de l'Eglise, 83670. ☎ 04 94 80 71 69. FAX 04 94 80 78 38. **Zimmer:** 8.
Teile des Hotels, die ehemalige Posthalterei, stammen aus dem 11. Jahrhundert. Die Zimmer sind klein, dafür ist der Blick herrlich. 🛏 TV

JUAN-LES-PINS: *La Jabotte* ⒻⒻ · AE EC V
13, avenue M.-Mauray, Cap d'Antibes, 06160. ☎ 04 93 61 45 89. FAX 04 93 61 07 04.
Zimmer: 13. Fünf Minuten entfernt von Zentrum von Juan-les-Pins und Antibes hat dieses freundliche Hotel viel zu bieten, und es besteht auch die Möglichkeit sich einen der Bungalows auf der Terrasse zu mieten. 🛏 TV

LA CADIÈRE D'AZUR: *Hostellerie Bérand* ⒻⒻⒻⒻ · AE EC V
Rue Gabriel Peri, 83740. ☎ 04 94 90 11 43. FAX 04 94 90 01 94. **Zimmer:** 40.
Freundliches Hotel mit Restaurant in hochgelegener Straße. Vier umgebaute Gebäudeteile mit unterschiedlich eingerichteten Zimmern. 🛏 ☰ TV

LES ARCS-SUR-ARGENS: *Logis du Guetteur* ⒻⒻⒻ · AE EC V
Place du Château, 83460. ☎ 04 94 73 30 82. FAX 04 94 73 39 95. **Zimmer:** 10.
Dieses Schloß aus dem 11. Jahrhundert auf einem Hügel über dem Dorf bietet einen Speisesaal mit gewölbter Decke und geräumige Zimmer. 🛏 TV

LES BAUX-DE-PROVENCE: *Le Mas d'Aigret* ⒻⒻⒻⒻ · AE DC EC V
Les Baux-de-Provence, 13520. ☎ 04 90 54 33 54. FAX 04 90 54 41 37. **Zimmer:** 15.
Ein schmuckes Hotel nur wenige Schritte von der mittelalterlichen Zitadelle entfernt. Der Speisesaal und einige Zimmer dieses interessanten alten Bauernhauses sind aus dem Fels gehauen. 🛏 TV

NIZZA: *Hôtel Windsor* ⒻⒻⒻ · AE DC EC V
11, rue Dalpozzo, 06000. ☎ 04 93 88 59 35. FAX 04 93 88 94 57. **Zimmer:** 60.
Freundliches familienbetriebenes Hotel mit Palmengarten. Einfache Zimmer mit modernen Wandgemälden, Flügelfenster und Balkonen. 🛏 ☰ TV

NIZZA: *Le Négresco* ⒻⒻⒻⒻⒻ · AE DC EC V
37, promenade des Anglais, 06000. ☎ 04 93 16 64 00. FAX 04 93 88 35 68.
Zimmer: 143. Das berühmteste Hotel an der Riviera, das durch die kürzliche Renovierung alte Pracht und alten Glanz wiedererhalten hat. 🛏 ☰ TV

PEILLON: *Auberge de la Madone* ⒻⒻⒻ · EC V
Peillon, 06440. ☎ 04 93 79 91 17. FAX 04 93 79 99 36. **Zimmer:** 20.
Ein modernes Hotel im Familienbesitz in dem ungewöhnlichen Dorf Peillon. Kreative regionale Küche, komfortable Zimmer. 🛏

REILLANNE: *Auberge de Reillanne* ⒻⒻ · EC V
Le Pigeonnier, 04110. ☎ 04 92 76 45 95. **Zimmer:** 7.
Ein schönes altes Landhaus im östlichen Lubéron-Gebirge abseits der Touristenpfade. Das Hotel ist einfach, aber faszinierend, denn hier scheint das 20. Jahrhundert noch gar nicht angebrochen. 🛏

ROUSSILLON: *Le Mas de Garrigon* ⒻⒻⒻⒻ · AE DC EC V
Route de St-Saturnin d'Apt, 84220. ☎ 04 90 05 63 22. FAX 04 90 05 70 01. **Zimmer:** 9.
In der Abgeschiedenheit der Haute-Provence liegt umgeben von Kiefern dieses traditionelle Landhaus, in dem in den gemütlichen Salons klassische Musik gespielt wird und jedes Zimmer über eine eigene Terrasse verfügt. 🛏 TV

SAIGNON: *Auberge du Presbytère* ⒻⒻ · AE EC V
Place de la Fontaine, 84400. ☎ 04 90 74 11 50. FAX 04 90 04 68 51. **Zimmer:** 10.
Eine kleine Herberge am Marktplatz des unverfälschten hochgelegenen Dorfes. Einfache, gemütliche Zimmer, einheimische Küche und die erste Bar am Ort. 🛏

ST-JEAN-CAP-FERRAT: *Clair Logis* ⒻⒻⒻ · AE DC EC V
12, Avenue Centrale, 06230. ☎ 04 93 76 04 57. FAX 04 93 76 11 85. **Zimmer:** 18.
Diese abgeschiedene altmodische Villa mit dem großen verwilderten Garten ist ihr Geld wert. Die größeren Zimmer befinden sich im Hauptgebäude. 🛏

Zeichenerklärung siehe hintere Umschlagklappe

Preiskategorien für Doppelzimmer pro Nacht mit Bad/Dusche inklusive Steuer und Service:

- Ⓕ unter 200 FF
- ⒻⒻ 200–400 FF
- ⒻⒻⒻ 400–600 FF
- ⒻⒻⒻⒻ 600–1000 FF
- ⒻⒻⒻⒻⒻ über 1000 FF

KINDERFREUNDLICH
Babysitter stehen zur Verfügung. Einige Hotels haben Kinderstühle und -portionen im Restaurant.

HOTELPARKPLATZ
Hotels mit eigenem Parkplatz. Einige Hotels verfügen über eine eigene Parkgarage oder Parkplätze in der Nähe.

SWIMMINGPOOL
Die Pools in den Hotels sind meist sehr klein und draußen, wenn nicht anders vermerkt.

GARTEN
Hotels mit Garten, Innenhof oder Terrasse bieten oft die Möglichkeit, im Freien zu essen.

	KREDITKARTEN	KINDERFREUNDLICH	PARKEN	SWIMMINGPOOL	GARTEN
LES SAINTES-MARIES-DE-LA-MER: *Hostellerie de Cacharel* ⒻⒻⒻⒻ Route de Cacharel, 13460. ☎ 04 90 97 95 44. FAX 04 90 97 87 97. *Zimmer: 15.* Einst bewohnten provenzalische *gardiens* diese alte Ranch inmitten der Sümpfe, in denen man auch heute noch reiten kann. Das Hotel ist überraschend komfortabel, es verfügt über große Zimmer und behagliche Salons. 🛏	AE DC EC	●	▩	●	▩
ST-PAUL-DE-VENCE: *La Colombe d'Or* ⒻⒻⒻⒻⒻ Place De-Gaulle, 06570. ☎ 04 93 32 80 02. FAX 04 93 32 77 78. *Zimmer: 25.* Das alte Bauernhaus, in dem einst impressionistische Maler wohnten, wird heute von Filmstars und Modellen bevölkert. Die echten Attraktionen sind aber die Originale von Picasso und Matisse *(siehe S. 514)*. 🛏 ≡ TV	AE DC EC V	●	▩	●	▩
ST-RÉMY-DE-PROVENCE: *Le Château de Roussan* ⒻⒻⒻⒻ Route de Tarascon, 13210. ☎ 04 90 92 11 63. FAX 04 90 92 50 59. *Zimmer: 21.* Eines der schönsten Hotels in der Provence – ein umgebautes Schloß aus dem 18. Jahrhundert in weitläufigem, schön angelegtem Garten. 🛏	AE EC V		▩		▩
ST-RÉMY-DE-PROVENCE: *Le Mas de Carassins* ⒻⒻⒻ 1, chemin Gaulois, 13210. ☎ 04 90 92 15 48. *Zimmer: 10.* Bauernhaus aus dem 19. Jahrhundert am Stadtrand, eingerichtet im Landhausstil, mit freundlicher Atmosphäre und hilfsbereitem Personal. 🛏	EC V		▩		▩
ST-TROPEZ: *Lou Cagnard* ⒻⒻ Avenue P.-Roussel, 83990. ☎ 04 94 97 04 24. FAX 04 94 97 09 44. *Zimmer: 19.* Ein beliebtes, preiswertes Hotel im neuen Teil der Stadt, nur wenige Schritte vom Hafen entfernt. Nette Zimmer, hübscher Innenhof. 🛏	EC V		▩		▩
SALON-DE-PROVENCE: *L'Abbaye de Sainte-Croix* ⒻⒻⒻⒻ Route du Val-de-Cuech, 13300. ☎ 04 90 56 24 55. FAX 04 90 56 31 12. *Zimmer: 24.* Abtei aus dem 12. Jahrhundert mit mittelalterlichem Charme. Die Zimmer, ursprünglich die Zellen der Mönche, sind unterschiedlich groß. 🛏 ≡ TV	AE DC EC V	●	▩	●	▩
SEILLANS: *Hôtel les Deux Rocs* ⒻⒻ Place Font d'Amont, 83440. ☎ 04 94 76 87 32. FAX 04 94 76 88 68. *Zimmer: 14.* Ein bezauberndes Herrenhaus aus dem 18. Jahrhundert am friedlichen Dorfplatz. Familiäre Atmosphäre und ausgezeichnete traditionelle Küche. 🛏	EC V		▩		▩
TOURTOUR: *La Petite Auberge* ⒻⒻⒻ 83690. ☎ 04 94 70 57 16. FAX 04 94 70 54 52. *Zimmer: 11.* Wenn Sie Ruhe und Beschaulichkeit, eine herrliche Aussicht und ländliche Umgebung suchen, dann sind Sie hier genau richtig. 🛏 TV	EC V	●	▩	●	▩
TRIGANCE: *Château de Trigance* ⒻⒻⒻⒻ Trigance, 83840. ☎ 04 94 76 91 18. FAX 04 94 85 68 99. *Zimmer: 10.* Ein romantisches Versteck in den Bergen. Himmelbetten, Wandteppiche und gewölbte Decken zeichnen diese sorgsam restaurierte Burg aus dem 11. Jahrhundert aus. Zugang über Privatstraße. 🛏 TV	AE DC EC V		▩		▩
VAISON-LA-ROMAINE: *Le Beffroi* ⒻⒻⒻ Rue de l'Evêché, 84110. ☎ 04 90 36 04 71. FAX 04 90 36 24 78. *Zimmer: 22.* Dieses alte Hotel besticht mit Antiquitäten, offenen Kaminen, gekachelten Fußböden und schönen Gemälden. Jedes Zimmer ist anders eingerichtet. 🛏 TV	AE DC EC V	●	▩	●	▩
VENCE: *Auberge les Seigneurs* ⒻⒻ Place du Frêne, 06140. ☎ 04 93 58 04 24. FAX 04 93 24 08 01. *Zimmer: 6.* In diesem Hotel-Restaurant scheint die Zeit stehengeblieben. Die Zimmer sind spartanisch, aber billig. Gute Auswahl an provenzalischen Gerichten. 🛏	AE DC EC V				
VILLEFRANCHE-SUR-MER: *Hôtel Welcome* ⒻⒻⒻⒻ 1, quai Courbet, 06230. ☎ 04 93 76 76 93. FAX 04 93 01 88 81. *Zimmer: 32.* Hohes, schmales Gebäude über einem Fischrestaraunt in der Nähe des alten Hafens. Die meisten der kleinen, aber komfortablen Zimmer haben einen Balkon. Seit einem halben Jahrhundert im Familienbesitz. 🛏 ≡ TV	AE DC EC V	●	▩		

ÜBERNACHTEN

KORSIKA

AJACCIO: *Hôtel Dolce Vita* — ⓕⓕⓕⓕ
Route des Sanguinaires, 20000. ☎ 04 95 52 00 93. FAX 04 95 52 07 15. *Zimmer: 32.*
Modernes Hotel mit Blick aufs Meer und direktem Zugang zum Strand. Eindrucksvolle Inneneinrichtung und beleuchteter Swimmingpool. 🖙 ▤ TV
Kreditkarten: AE, DC, EC, V

BARCAGGIO ERSA: *La Giraglia* — ⓕⓕⓕ
Ersa, 20275. ☎ 04 95 35 60 54. FAX 04 95 35 65 92. *Zimmer: 13.*
Abseits der Touristenpfade liegt dieses schlichte Strandhotel mit einfachen Zimmern. In den nahe gelegenen Fischrestaurants kann man gut speisen. 🖙

BASTIA: *Hôtel de la Corniche* — ⓕⓕⓕ
San-Martino-di-Lota, 20200. ☎ 04 95 31 40 98. FAX 04 95 32 37 69. *Zimmer: 19.*
Einfaches und preiswertes Hotel an kurvenreicher Straße zehn Autominuten von Bastia. Atemberaubender Blick von der Terrasse. 🖙 TV
Kreditkarten: AE, DC, EC, V

BONIFACIO: *Résidence du Centre Nautique* — ⓕⓕⓕⓕ
Quai Nord, 20169. ☎ 04 95 73 02 11. FAX 04 95 73 17 47. *Zimmer: 10.*
Ein ideales Hotel am Hafen für Segelbegeisterte. Die Zimmer sind in kleine zweistöckige Apartments umgebaut worden. 🖙 ▤ TV
Kreditkarten: AE, DC, EC, V

BONIFACIO: *Hôtel Genovese* — ⓕⓕⓕⓕⓕ
Quartier de la Citadelle, 20169. ☎ 04 95 73 12 34. FAX 04 95 73 09 03. *Zimmer: 14.*
Luxuriöses Hotel in der Altstadt, einst Unterkunft der Fremdenlegionäre. Die großen Zimmer und Suiten sind stilvoll eingerichtet. 🖙 ▤ TV
Kreditkarten: AE, DC, EC, V

CALVI: *Auberge de la Signoria* — ⓕⓕⓕⓕ
Rte de la Forêt-de-Bonifato, 20260. ☎ 04 95 65 93 00. FAX 04 95 65 38 77. *Zimmer: 10.*
Bei der vor kurzem durchgeführten Renovierung ist der Originalcharakter erhalten geblieben. Ein Ort der Ruhe und des Friedens, wenn bei Kerzenschein auf der Terrasse unter Palmen gespeist wird. 🖙 ▤ TV
Kreditkarten: AE, EC, V

CALVI: *Hôtel Balanéa* — ⓕⓕⓕⓕ
6, rue Clemenceau, 20260. ☎ 04 95 65 94 94. FAX 04 95 65 29 71. *Zimmer: 37.*
Renoviertes Hotel im Stadtzentrum am Hafen. Geräumige, schön eingerichtete Zimmer mit großen Bädern. 🖙 ▤ TV
Kreditkarten: AE, DC, EC, V

FELICETO: *Hôtel Mare e Monti* — ⓕⓕ
Feliceto, 20225. ☎ 04 95 63 02 00. FAX 04 95 63 02 01. *Zimmer: 18.*
Am Fuße von Felsklippen oberhalb des Meeres steht dieses Hotel, das seit 1870 im Familienbesitz ist. Freundliches Personal und ausgezeichnete Küche, dazu Obst aus dem Garten. 🖙
Kreditkarten: AE, DC, EC, V

L'ILE ROUSSE: *A Pastorella* — ⓕⓕ
Monticello, 20220. ☎ 04 95 60 05 65. FAX 04 95 60 21 78. *Zimmer: 12.*
Von diesem Hotel am Marktplatz, das ursprünglich nur Bar und Restaurant war, ist es nicht weit zum Meer. 🖙
Kreditkarten: AE, DC, EC, V

L'ILE ROUSSE: *Santa Maria* — ⓕⓕⓕ
Route du Port, 20220. ☎ 04 95 60 13 49. FAX 04 95 60 32 48. *Zimmer: 56.*
Modernes Hotel zwischen zwei Stränden mit kleinen, aber hellen komfortablen Zimmern mit Balkon. Auf Wunsch werden auch Mahlzeiten serviert. 🖙 ▤ TV
Kreditkarten: AE, DC, EC, V

PIANA: *Les Roches Rouges* — ⓕⓕⓕ
Piana, 20115. ☎ 04 95 27 81 81. FAX 04 95 27 81 76. *Zimmer: 30.*
Altes korsisches Haus mit einfachen Zimmern und einem hübschen Restaurant mit Terrasse und herrlichem Blick. 🖙 TV
Kreditkarten: AE, DC, EC, V

PORTICCIO: *Le Maquis* — ⓕⓕⓕⓕⓕ
Porticcio, 20166. ☎ 04 95 25 05 55. FAX 04 95 25 11 70. *Zimmer: 27.*
Stilvolles Hotel, bestehend aus kleinen Gebäuden mit weißen Fensterläden neben Terrasse und Frischwasserpool. Ausgezeichnete Küche. 🖙 ▤ TV
Kreditkarten: AE, DC, EC, V

SARTÈNE: *Villa Piana* — ⓕⓕ
Route de Propriano, 20100. ☎ 04 95 77 07 04. FAX 04 95 73 45 65. *Zimmer: 32.*
Große, freundliche Villa in provenzalischem Stil mit herrlichem Blick über die Stadt auf die Berge. Die ländlich eingerichteten Zimmer sind luftig und hell. Beleuchtete Tennisplätze. 🖙
Kreditkarten: AE, DC, EC, V

SPELONCATO: *A Spelunca* — ⓕⓕ
Speloncato, 20226. ☎ 04 95 61 50 38. FAX 04 95 61 53 14. *Zimmer: 18.*
Ein herrliches Hotel im ehemaligen Kardinalspalast. Riesige Zimmer zu günstigen Preisen. Kein Restaurant. 🖙 TV
Kreditkarten: EC, V

Zeichenerklärung siehe hintere Umschlagklappe

Restaurants, Cafés und Bars

Die Franzosen sind Genießer, was sich vor allem an ihrer Liebe zum guten Essen zeigt. Nirgendwo sonst findet man Menschen, die sich so für Küche und Wein interessieren, weshalb auch in Zeitung und Fernsehen dem Thema Rechnung getragen wird. Auch die Qualität frischer Lebensmittel sowie der Restaurants ist hier um Klassen besser als in den meisten anderen europäischen Ländern. In dieser Einführung zu den Restaurants, die nach Region und Stadt *(siehe S. 580 ff)* aufgeführt sind, erfahren Sie, welche verschiedenen Arten von Restaurants es gibt, wie man die Speisekarte liest, bestellt und sein Essen genießt. Am Anfang des Führers finden Sie ein typisch französisches Menü sowie eine Einführung in die französischen Weine *(siehe S. 20 ff)*. Die Spezialitäten und Weine der fünf Regionen finden Sie jeweils zu Beginn der entsprechenden Kapitel.

Eßgewohnheiten

Das grosse Mittagsmahl findet man fast nur noch auf dem Land, ansonsten ißt man heute ein Sandwich, einen Salat oder ein Steak und nimmt die Hauptmahlzeit abends ein. Das Mittagessen wird zwischen 12 und 14, das Abendessen zwischen 20 und 22 Uhr eingenommen; die letzte Bestellung wird eine halbe Stunde vor Schluß aufgenommen.

Einige Gaststätten sind am Wochenende geschlossen, weshalb es schwierig sein könnte, sonntags außerhalb des Hotels zu speisen. In Ferienorten sind viele Restaurants und Hotels nur während der Saison geöffnet, außerhalb der Saison empfiehlt sich ein Anruf.

Im Laufe der letzten 30 Jahre haben sich die Eßgewohnheiten der Franzosen deutlich verändert. Der Beliebtheit der Küche ehemaliger französischer Kolonien ist es zu verdanken, daß heute neben chinesischen auch nordafrikanische und vietnamesische Restaurants zu finden sind. Aber auch Fast-food wird immer beliebter. Und da die Franzosen wie alle anderen Europäer ebenfalls das Ideal der Schlankheit hochhalten, gibt es immer mehr leichte Kost; an den *hypermarchés* (riesige Supermärkte) erkennt man, daß immer weniger frische Produkte, aber immer mehr Fertiggerichte auf den Tisch kommen.

Regionale Küche

Zu den grössten Freuden einer Reise durch Frankreich gehören die regionalen Spezia-

Taverne Magenageuse in Mougins, Provence *(siehe S. 612)*

litäten. In jedem Département findet man auf fast allen Speisekarten regionale Gerichte, zubereitet aus einheimischen Produkten. Es gibt in Frankreich eine gastronomische Trennlinie, die das Land in Butter- und Olivenregion unterteilt; im Norden wird zum Kochen vornehmlich Butter, im Süden dagegen Olivenöl verwendet, und im Südwesten Gänse- und Entenschmalz.

Jede Region ist stolz auf ihre Küche. Die bekanntesten Gerichte stammen aus vier Regionen: dem Elsaß mit deutschem Einfluß, dem Südwesten mit dem *cassoulet*, einem Eintopf aus weißen Bohnen, Tomaten, Wurst und Ente, der Alpenregion, in der das Fondue erfunden wurde, und der Provence mit der *bouillabaisse*, einer Fischsuppe aus Marseille.

Als gastronomische Hauptstadt Frankreichs gilt allerdings Lyon mit vielen der besten Restaurants des Landes und zahlreichen ausgezeichneten Bistros, die man hier *bouchon* nennt.

Die Belle-Epoque-Brasserie La Cigale in Nantes *(siehe S. 595)*

RESTAURANTS, CAFÉS UND BARS

RESTAURANTS

Die Restaurants, deren Köche jede nur erdenkliche Köstlichkeit zubereiten, reichen von winzigen geweißten Gaststuben mit durchgesessenen Stühlen bis zu vornehmen Speisesälen in Schlössern mit weltberühmten Köchen. Auch in Hotels findet man gute Restaurants, die deshalb im Hotelverzeichnis aufgeführt sind *(siehe S. 540ff).*

Die Preise sind, abgesehen von den Großstädten, mehr oder weniger die gleichen in ganz Frankreich. Bezahlt wird jedoch immer die Qualität eines Restaurants, wobei man in den teuren leicht 1000 FF und mehr ausgeben kann.

Man unterscheidet heute zwischen der *haute cuisine*, der traditionellen Küche, die den Geschmack der Speisen durch reichhaltige Saucen unterstreicht, der *nouvelle cuisine*, die im Gegensatz zu der ersten Art für die Figurbewußteren leichtere Saucen verwendet, der *cuisine bourgeoise*, der französischen Hausmannskost, und der *cuisine des Provinces*, die für die Zubereitung traditioneller Gerichte hochwertige Zutaten verwendet. Viele Küchenchefs favorisieren die *cuisine moderne*, die in erster Linie auf die Naturbelassenheit der Speisen Wert legt. Aber auch traditionelle Methoden sind wieder im Kommen.

Das Restaurant L'Excelsior in Nancy *(siehe S. 589)*

Camembert

BISTROS

Wenn die Franzosen auswärts essen, dann tun sie dies meist in den Bistros, die einfach alles sein können, vom formellen Restaurant über das Café bis zur einfachen Stehkneipe. Meist bekommt man hier ein preiswertes, gutes Essen, bestehend aus *entrée* bzw. *hors d'œuvre* (Vorspeise), *plats mijotés* (Gekochtes oder Geschmortes) und *grillades* (gegrillter Fisch oder Fleisch), gefolgt von Käse und Nachspeise.

BRASSERIEN

Das Wort bedeutet eigentlich Brauerei; zum erstenmal aufgetaucht sind die Brasserien im Elsaß, wo sie immer die Gaststube einer Brauerei waren. Heute findet man die lebhaften Brasserien in allen großen Städten, und oft bieten sie leckere, frische Schalentiere an. Hier trinkt man Bier vom Faß genauso wie *vin de la maison* (Hauswein) und andere Weine. Auf der Speisekarte findet man überwiegend einfache Fisch- und Fleischgerichte und daneben auch Elsässer Spezialitäten wie *choucroute garnie* (Sauerkraut mit Wurst und Fleisch). Die Preise sind ähnlich wie in den Bistros. Brasserien sind wie Cafés ganztägig geöffnet.

FERME-AUBERGES

Auf dem Land bekommt man nicht selten gute, preiswerte Gerichte, zubereitet aus frischen Zutaten vom eigenen Feld; eingenommen werden sie im Kreis der Familie, auf deren Bauernhof man gerade übernachtet. Ausführlichere Informationen dazu finden Sie unter der Überschrift *Privatunterkünfte* auf S. 538.

CAFÉS

Cafés gehören zu Frankreich wie Käse und Wein. Sie findet man überall, und in der Regel sind sie vom frühen Morgen bis 22 Uhr geöffnet. Hier bekommt man Alkoholisches genauso wie Kaffee, Tee, einfache und kleine Gerichte und oftmals ein billigeres Frühstück als im Hotel.

Aber man geht nicht nur ins Café, um zu essen und zu trinken, sondern auch um Neuigkeiten auszutauschen. Für jeden Reisenden bieten sie deshalb reichhaltig Gelegenheit, die Einheimischen zu beobachten und kennenzulernen.

Auf dem Land kommt im Laufe eines Tages nicht selten das ganze Dorf irgendwann ins Café, während in der Stadt jedes Café seine Stammkunden hat, wie beispielsweise Arbeiter oder Studenten. In den berühmtesten Cafés von Paris haben sich die bekanntesten Intellektuellen und Künstler getroffen *(siehe S. 142).*

Auberge du XII Siècle in Saché im Loire-Tal *(siehe S. 595)*

Straßencafé in der Altstadt von Nizza

NEBENBISTRO

SEIT EIN PAAR Jahren gibt es in größeren Städten, vor allem in Paris und Lyon, kleine Bistros oder Nebenbistros. Sie sind die preisgünstigeren Schwesterlokale der berühmten und teureren Restaurants. Viele bieten ein *menu à prix fixe* (vom Wirt zusammengestelltes Tagesmenü zu einem bestimmten Preis) und die Möglichkeit, die Kreationen der berühmten Köche in angenehmer Atmosphäre zu kosten.

FAST-FOOD

WER NICHT scharf auf amerikanische Fast-food-Ketten ist, dem bietet sich die Alternative Café oder *salon du thé*. In Einkaufszentren findet man manchmal Cafeterias mit preiswerten, guten Gerichten.

RESERVIERUNGEN

IN GRÖSSEREN Städten empfiehlt es sich immer zu reservieren, vor allem in der Urlaubszeit von Mai bis September. Nicht reservieren muß man dagegen in den Cafés auf dem Land, in denen man jederzeit willkommen ist. Wenn Sie sich allerdings in abgeschiedene Gegenden begeben, sollten Sie sich vorher erkundigen, ob das Restaurant ganzjährig geöffnet ist.

Wenn Sie reserviert haben und sich Ihre Pläne ändern, sollten Sie dies dem Restaurant unbedingt mitteilen. Vor allem kleinere Lokale sind auf jeden Gast angewiesen.

SPEISEKARTE UND BESTELLUNG

WENN MAN Ihnen die Speisekarte reicht, wird man Sie fragen, ob Sie einen Aperitif wünschen, z. B. einen leichten Portwein, Martini, Kir oder etwas Nichtalkoholisches.

Wenn Sie kein Tagesmenü, sondern à la carte bestellen, finden Sie auf der Speisekarte folgendes: *les entrées* bzw. *hors d'œuvres*, die Vorspeisen, *les plats*, die Hauptgerichte; die meisten Restaurants bieten ein *plat du jour*, ein an diesem Tag zu empfehlendes, oftmals saisonales oder regionales Gericht an. Ein Beispiel für ein klassisches französisches Menü finden Sie auf S. 20 f.

Käse wird zwischen Hauptgang und Nachspeise serviert. Dann trinkt man schwarzen Kaffee, man kann ihn jedoch auch mit Milch *(crème)* haben. Wer keinen Kaffee mag, trinkt Kräutertee.

WEIN

DA WEIN IM Restaurant immer teurer ist als im Laden, sollten Sie Ihre Weinkenntnisse nicht unbedingt vertiefen, indem Sie im Restaurant Flaschenweine bestellen. Einheimische Weine werden oft auch in Karaffen serviert. Eine halbe oder viertel Karaffe ist eine gute Möglichkeit, die regionalen Weine kennenzulernen.

Das Gesetz unterscheidet vier Kategorien von Weinen, angefangen vom Tafelwein *(vin de table)* über Landwein *(vin de pays)* und den Wein höherer Qualität *(vin délimité de qualité supérieure: VDQS)* bis zum Wein mit Herkunftsbezeichnung *(appellation d'orgine contrôlée: AOC)*. Landweine findet man selten im Restaurant, für die Wahl eines regionalen Weines verweisen wir auf die Landesregionen. Eine Einführung finden Sie auf S. 22 f. Beim Hauswein liegen Sie immer richtig; kein Restaurant setzt seinen guten Ruf aufs Spiel.

WASSER

WASSER WIRD auf Wunsch kostenlos zur Verfügung gestellt. Die Franzosen sind auch stolz auf ihre große Auswahl an Mineralwassern. Zu den beliebtesten Mineralwassern gehören Evian und Badoit.

Le Moulin de Mougins *(siehe S. 612)*

BEZAHLEN

DIE AM MEISTEN benutzten Kreditkarten sind Visa/Carte Bleue (V), Mastercard/Access (MC), American Express (AE) und Diners Club (DC). Die Abkürzungen in Klammern, die Sie im Restaurantteil wiederfinden, weisen darauf hin, welche Kreditkarten wo angenommen werden.

La Tour d'Argent im Qartier Latin in Paris *(siehe S. 583)*

Es empfiehlt sich allerdings, stets genügend Bargeld bei sich zu haben, vor allem auf dem Land, da oft keine Kreditkarten angenommen werden. Vergewissern Sie sich notfalls schon bei der Reservierung.

Bedienung und Trinkgeld

In Frankreich läßt man sich Zeit zum Essen, und es ist keinesfalls ungewöhnlich, daß eine Mahlzeit vier Stunden dauert. Wenn Sie nicht ganz so viel Zeit haben, gehen Sie lieber ins Café oder in eine Brasserie. Obwohl die Bedienung mit 12,5 bis 15 Prozent im Preis inbegriffen ist, gehört es zum guten Ton, im Café ein paar Franc zu geben, im Restaurant ungefähr 5 Prozent, und im Spitzenrestaurant, wo der Service in der Regel ausgezeichnet ist, bis zu 10 Prozent.

In Waschräumen und Toiletten reichen zwei Franc, für die Garderobiere 5 Franc.

Kleidung

Da die Franzosen selbst in Jeans und Freizeithemd schick und gut angezogen wirken, sollte der Besucher dasselbe anstreben. Turnschuhe, kurze Hosen und Sportkleidung sind grundsätzlich nur am Strand und in unmittelbarer Nähe davon erlaubt.

Dem Restaurantteil entnehmen Sie auch, welche Lokale Jackett und Krawatte für die Herren vorschreiben *(siehe S. 580 ff.)*.

Kinder

Kinder sind in Frankreich überall willkommen, so auch in Restaurants. Da sie schon von klein auf mitgenommen werden, wissen sie sich in der Regel zu benehmen. Trotzdem besitzen nur wenige Restaurants Hochstühle für Kinder und dergleichen, auch für Kinderwagen ist oftmals nicht genügend Platz.

Haustiere

Da die Franzosen große Hundeliebhaber sind, sind Hunde in der Regel in allen Restaurants erlaubt, ausgenommen in den Spitzenrestaurants.

Hotel-Restaurant Eychenne in St-Girons in den Pyrenäen *(siehe S. 607)*

Rauchen

Obwohl seit kurzem das Gesetz vorschreibt, daß eine öffentliche Gaststätte über Raucher- und Nichtraucherteile verfügen muß, wird dies in der Praxis locker gehandhabt. So trägt beispielsweise ein Pariser Wirt ein Nichtraucherschild um den Hals, das er an die Wand hängt, sobald ein Gast einen Nichtraucherplatz verlangt. Wenn Sie Rauch nur schlecht vertragen, bitten Sie um einen Fensterplatz.

Hôtel Royal in Evian-les-Bains in den Alpen *(siehe S. 563)*

Rollstuhlfahrer

Nur die Restaurants neuerer Hotels verfügen in der Regel über Zugang für Rollstühle. Sie sollten deshalb schon bei der Buchung sicherstellen, daß Sie einen bequem zu erreichenden Tisch und notfalls Hilfe bekommen. Im Restaurantteil wird darauf hingewiesen, welche Lokale über behindertengerechte Einrichtungen verfügen.

Auf S. 539 finden Sie die Adressen von Organisationen, an die sich behinderte Reisende wenden können.

Vegetarisches Essen

Vegetarier haben es in Frankreich verhältnismäßig schwer, obwohl sich hier in den letzten Jahren viel getan hat. In den meisten Restaurants besteht die Hauptmahlzeit aus Fisch oder Fleisch, die Sie jedoch umgehen können, indem Sie nur von den *entrées* bestellen. Und der Koch eines kleineren Restaurants wird Ihnen, wenn Sie Ihre Bitte im voraus äußern, sicherlich gern ein leckeres vegetarisches Gericht zubereiten.

Rein vegetarische Restaurants findet man nur in größeren und Universitätsstädten. Ansonsten empfehlen sich Cafés, Pizzerias, Crêperien und orientalische Restaurants.

Picknick

Ein Picknick ist die beste Möglichkeit, um die wunderbaren frischen Produkte von Märkten und Lebensmittelgeschäften zu genießen. Weitere Informationen zu Märkten und Geschäften finden Sie auf S. 62 f.

Ein Picknick ist preiswert, und man kann gleichzeitig die schöne französische Landschaft genießen. Picknickplätze mit Tischen und Stühlen findet man in der Regel entlang jeder größeren Straße.

Restaurantauswahl

DIE RESTAURANTS sind wegen ihrer angemessenen Preise, der Qualität ihrer Küche sowie ihres interessanten Standortes in diesen Führer aufgenommen worden. Die nachstehend genannten Restaurants sind, angefangen mit Paris, nach Regionen geordnet; farbige Seitenmarkierungen helfen beim Auffinden der einzelnen Regionen. *Bon appétit!*

PARIS

	Kreditkarten	Kinderfreundlich	Tagesmenü	Gute Weinkarte	Tische im Freien
ILE DE LA CITÉ: *Le Caveau du Palais.* **Karte 8 F3.** 17–19, place Dauphine, 75001. 📞 *01 43 26 04 28.* In einem alten Kellergewölbe wird auf Holzofengrill frischer Fisch und Fleisch gegrillt. Samstags und sonntags geschlossen. ⓕⓕ	AE EC V		▦	●	▦
ILE DE LA CITÉ: *Le Vieux Bistrot.* **Karte 9 B4.** 14, rue du Cloître-Notre-Dame, 75004. 📞 *01 43 54 18 95.* Ein authentisches, nettes Bistro, in dem viele Restaurateure und Künstler verkehren. Das Essen ist einfach, aber gut. ⓕⓕⓕ	V			●	▦
ILE ST-LOUIS: *Au Franc Pinot.* **Karte 9 C4.** 1, quai de Bourbon, 75004. 📞 *01 46 33 60 64.* Die Weinbar befindet sich im Erdgeschoß, das Restaurant im Keller. Ausgezeichnete Küche und gediegene Atmosphäre. ⓕ	EC V		▦		
ILE ST-LOUIS: *Le Monde des Chimères.* **Karte 9 C4.** 69, rue St-Louis-en-l'île, 75004. 📞 *01 43 54 45 27.* Bistro in dreihundert Jahre altem Gebäude mit traditionellen Gerichten, zubereitet aus frischen Produkten. ⓕⓕⓕ	EC V		▦	●	
MARAIS: *Baracane.* **Karte 10 E4.** 38, rue des Tournelles, 75004. 📞 *01 42 71 43 33.* Trotz der exponierten Lage bekommt man in diesem winzigen Restaurant gute südwestfranzösische Gerichte zu moderaten Preisen. ⓕⓕ	EC V		▦		
MARAIS: *Le Bar à Huîtres.* **Karte 10 E3.** 33, boulevard Beaumarchais, 75003. 📞 *01 48 87 98 92.* Hier ißt man am besten Austern und andere Schalentiere. Dem selbst zusammengestellten Vorspeisenteller folgt Fisch oder Fleisch. ⓕⓕⓕ	AE EC V	●	▦		▦
MARAIS: *Miravile.* **Karte 9 B3.** 72, quai de l'Hôtel-Ville, 75004. 📞 *01 42 74 72 22.* Die Auswahl ist kreativ und anregend, so gibt es Kaninchen mit Oliven und Hummer mit Kartoffeln, darüber hinaus auch vegetarische Gerichte. ⓕⓕⓕ	AE EC V		▦	●	
MARAIS: *L'Ambroisie.* **Karte 10 D3.** 9, place des Vosges, 75004. 📞 *01 42 78 51 45.* Dieses romantische Lokal gehört zu den fünf von Michelin mit drei Sternen gekrönten Restaurants. Einen Monat im voraus reservieren. ♿ ⓕⓕⓕⓕ	AE EC V			●	
BEAUBOURG: *Benoît.* **Karte 9 B2.** 20, rue St-Martin, 75004. 📞 *01 42 72 25 76.* Das vornehmste aller Pariser Bistros. Die ausgezeichnete traditionelle Küche bietet kalte Salate, hausgemachte *foie gras* und *boeuf à la mode.* ⓕⓕⓕ			▦	●	
LES HALLES: *Chez Elle.* **Karte 9 A2.** 7, rue des Prouvaires, 75001. 📞 *01 45 08 04 10.* Klassisches Bistro, in dem stets frische Zutaten aus der Region verwendet werden, und der Speiseplan sich nach den Jahreszeiten orientiert. Die traditionellen Deserts sind köstlich, wie etwa die *crème caramel* . ⓕⓕ	AE EC V		▦		▦
LES HALLES: *Le Grizzli.* **Karte 9 B3.** 7, rue St-Martin, 75004. 📞 *01 48 87 77 56.* Der Wirt bezieht viele Zutaten aus seiner südwestfranzösischen Heimat, so auch Schinken und Käse sowie Wein aus dem Familienweinkeller. ⓕⓕ	AE EC V		▦		▦
LES HALLES: *Au Pied de Cochon.* **Karte 8 F1.** 6, rue Coquillière, 75001. 📞 *01 40 13 77 00.* Die berühmte Institution im Herzen von Les Halles ist jeden Tag rund um die Uhr geöffnet. Wegen der herzhaften Küche und der Atmosphäre muß man nach 22 Uhr mit Wartezeiten rechnen. ⓕⓕ	AE DC EC V		▦		▦

RESTAURANTS

		KREDITKARTEN	KINDERFREUNDLICH	TAGESMENÜ	GUTE WEINKARTE	TISCHE IM FREIEN

Preise für ein Drei-Gänge-Menü und eine halbe Flasche Hauswein für eine Person inkl. Gedeck, Steuer und Bedienung:
F unter 150 FF
FF 150–250 FF
FFF 250–350 FF
FFFF 350–500 FF
FFFFF über 500 FF

KINDERFREUNDLICH
Einige Restaurants haben Kinderstühle und bieten Kinderportionen an.
TAGESMENÜ
Menü zum festen Preis, mittags oder abends oder zu beiden Zeiten, oftmals mit drei oder mehr Gängen.
GUTE WEINKARTE
Bietet eine große Auswahl an guten Weinen oder aber eine besondere Auswahl an regionalen Weinen.
TISCHE IM FREIEN
Hier kann man auf einer Terrasse, in einem Garten oder in einem netten Innenhof essen.

	Karten	Kinder	Tagesmenü	Wein	Freien
TUILERIES: *Armand au Palais Royal.* **Karte 8 F1.** **FF** 6, rue de Beaujolais, 75001. ☎ *01 42 60 05 11.* Hinter dem Palais Royal versteckt sich dieses reizvolle Restaurant. Heute wird typische Pariser Küche in dem einstigen Pferdestall serviert.	AE EC V	●	▓		
TUILERIES: *Le Grand Louvre.* **Karte 8 F2.** **FF** Le Louvre, 75001. ☎ *01 40 20 53 41.* In einem Museum findet man selten ein so gutes Restaurant. André Daguin, der Spitzenkoch aus dem Südwesten, ist verantwortlich für die Küche.	AE DC EC V	●	▓		
TUILERIES: *L'Espadon.* **Karte 4 D5.** **FFFFF** 15, place Vendôme, 75001. ☎ *01 43 16 30 80.* Es gehört zum Ritz und ist eines der von Michelin am besten beur- teilten Restaurants. Küchenchef Guy Legay kocht klassisch-modern. ♿ 🍽	AE DC EC V	●	▓	●	▓
TUILERIES: *Le Grand Véfour.* **Karte 8 F1.** **FFFFF** 17, rue de Beaujolais, 75001. ☎ *01 42 96 56 27.* Das Zwei-Sterne-Restaurant aus dem 18. Jahrhundert gilt bei vielen als das beliebteste in ganz Paris. Ein Ort für besondere Gelegenheiten. ♿ 🍽	AE DC EC V		▓	●	
OPÉRA: *A G Le Poète.* **FF** 27, rue Pasquier, 75008. ☎ *01 47 42 00 64.* Sanfte Beleuchtung und roter Samt schaffen eine romantische Atmosphäre, in der Gerichte wie Seebarbe und Kammuscheln auf Brennesselsahne serviert werden.	AE EC V		▓		
OPÉRA: *Chartier.* **Karte 4 F4.** **F** 7, rue du Faubourg-Montmartre, 75009. ☎ *01 47 70 86 29.* In diesem Gewölbe werden unzählige Gäste schnell und preiswert bedient. Hier treffen Studenten, Durchreisende und Stammkunden in gemütlicher Atmosphäre aufeinander.	AE EC V		▓		
OPÉRA: *Café Runtz.* **Karte 4 F5.** **FF** 16, rue Favart, 75002. ☎ *01 42 96 69 86.* Diese freundliche Brasserie ist eines der wenigen echten Elsässer Lokale in Paris, in dem man große Portionen der regionalen Spezialitäten bekommt.	AE DC EC V		▓		
OPÉRA: *Le Vaudeville.* **Karte 4 F5.** **FF** 29, rue Vivienne, 75002. ☎ *01 40 20 04 62.* Die schöne Art-deco-Innenausstattung ist der ideale Hintergrund für das Essen: gute Fischgerichte, einschließlich geräucherter Lachs sowie die klassischen Schweinsfüße und *andouillette* (Würste mit Innereien).	AE DC EC V	●	▓		▓
OPÉRA: *Lucas Carton.* **Karte 3 C5.** **FFFFF** 9, place de la Madeleine, 75008. ☎ *01 42 65 22 90.* Die einfallsreiche und exotische Küche belohnte Michelin mit drei Sternen. Die Einrichtung ist betörend, der Service ausgezeichnet, und die Gäste sind elegant. 🍽	EC V		▓	●	
INVALIDES: *Thoumieux.* **Karte 7 A2.** **FF** 79, rue St-Dominique, 75007. ☎ *01 47 05 49 75.* Ausgezeichnetes Restaurant, in dem nur die besten Zutaten Verwendung finden und alles frisch zubereitet wird, einschließlich *foie gras* und *rillettes* (Pastete). Der Eintopf aus weißen Bohnen und Fleisch *(cassoulet)* ist eine Spezialität des Hauses.	AE V	●	▓		
INVALIDES: *L'Arpège.* **Karte 7 B3.** **FFFFF** 84, rue de Varenne, 75007. ☎ *01 45 51 47 33.* Das Restaurant von Alain Passard ist in der Nähe des Musée Rodin. Sein Hummer mit Rübenvinaigrette sowie die Louise-Passard-Ente sind Klassiker.	AE DC EC V		▓	●	
TOUR EIFFEL: *La Serre.* **FF** 29, rue de l'Exposition, 75007. ☎ *01 45 55 20 96.* Kleines gemütliches nachbarschaftliches Restaurant, von denen es heute nicht mehr viele gibt. Rustikale Spezialitäten, darunter *pot au feu* und *cassoulet.*	EC V	●	▓		

Zeichenerklärung siehe hintere Umschlagklappen

582 ZU GAST IN FRANKREICH

Preise für ein Drei-Gänge-Menü und eine halbe Flasche Hauswein für eine Person inkl. Gedeck, Steuer und Bedienung:
- Ⓕ unter 150 FF
- ⒻⒻ 150–250 FF
- ⒻⒻⒻ 250–350 FF
- ⒻⒻⒻⒻ 350–500 FF
- ⒻⒻⒻⒻⒻ über 500 FF

KINDERFREUNDLICH
Einige Restaurants haben Kinderstühle und bieten Kinderportionen an.

TAGESMENÜ
Menü zum festen Preis, mittags oder abends oder zu beiden Zeiten, oftmals mit drei oder mehr Gängen.

GUTE WEINKARTE
Bietet eine große Auswahl an guten Weinen oder aber eine besondere Auswahl an regionalen Weinen.

TISCHE IM FREIEN
Hier kann man auf einer Terrasse, in einem Garten oder in einem netten Innenhof essen.

	Kreditkarten	Kinderfreundlich	Tagesmenü	Gute Weinkarte	Tische im Freien
CHAILLOT: *La Butte Chaillot.* **Karte 2 D5.** ⒻⒻⒻ 110 bis, avenue Kléber, 75116. 📞 01 47 27 88 88. Eines der jüngsten Restaurants von Chefkoch Guy Savoy. Die anspruchsvolle Küche in moderner Umgebung zieht elegante Gäste an. ♿	AE EC V	●	●		●
CHAILLOT: *Le Relais du Parc.* **Karte 5 C1.** ⒻⒻⒻ 55–57, avenue Raymond-Poincaré, 75116. 📞 01 44 05 66 10. Meisterkoch Joël Robuchon vom Drei-Sterne-Restaurant Jamin ist für die kulinarischen Köstlichkeiten in diesem schicken Bistro verantwortlich. ♿	AE DC EC V			●	●
CHAILLOT: *Le Port-Alma.* **Karte 6 E1.** ⒻⒻⒻⒻ 10, avenue de New-York, 75116. 📞 01 47 23 75 11. Den Gerichten merkt man die südwestfranzösische Heimat des Kochs an. Versuchen Sie *bourride* (Fischsuppe mit Knoblauch) oder Barsch im Salzmantel. ♿	AE DC EC V		●		
CHAILLOT: *Alain Ducasse.* **Karte 9 C1.** ⒻⒻⒻⒻⒻ 59, avenue Raymond-Poincaré, 75116. 📞 01 47 27 12 27. In dem mit *trompe l'œil* und Skulpturen ausgestatteten Restaurant kreiert Alain Ducasse seine klassischen Gerichte aus ausgewählten Zutaten. 🍽	AE DC EC V	●		●	
CHAMPS-ELYSÉES: *Berry's.* **Karte 3 B3.** ⒻⒻ 44–46, rue de Naples, 75008. 📞 01 40 75 01 56. Das kleine Bistro des ausgezeichneten großen Bruders hat sich auf die Küche von Le Berry, einer Gegend im Herzen von Frankreich, spezialisiert. Ganz vorzüglich sind die Lauch-Ziegenkäse-Torte und die Schweinefleischgerichte.	EC V		●		●
CHAMPS-ELYSÉES: *Le Cercle Ledoyen.* ⒻⒻⒻ 1, avenue Dutui, 75001. 📞 01 53 05 10 00. Wände und Decken sind mit Szenen aus dem Pariser Leben dekoriert. Die Gerichte sind einfach, aber raffiniert. Leckere Nachspeisen mit Schokolade.	AE DC EC V		●		●
CHAMPS-ELYSÉES: *La Fermette Marbeuf 1900.* **Karte 2 F5.** ⒻⒻⒻ 5, rue Marbeuf, 75008. 📞 01 53 23 08 00. Hier speist man in Belle-Epoque-Einrichtung. Bei den mehrgängigen Tagesmenüs kann man aus vielen Weinen der *appellation contrôlée* wählen.	AE DC EC V		●	●	●
CHAMPS-ELYSÉES: *Lasserre.* ⒻⒻⒻⒻⒻ 17, avenue Franklin D Roosevelt, 75008. 📞 01 43 59 53 43. Seit über 50 Jahren werden im Restaurant des charismatischen Besitzers René Lasserre die feinsten Speisen serviert. Die Hauptgerichte sind Klassiker. 🍽	AE EC V			●	
CHAMPS-ELYSÉES: *Au Petit Colombier.* **Karte 2 D3.** ⒻⒻⒻⒻ 42, rue des Acacias, 75017. 📞 01 43 80 28 54. Das ländlich anmutende Ambiente dieses komfortablen Restaurants paßt zur traditionellen Küche. Idealer Ort für einen entspannten Abend. ♿	AE EC V		●	●	
CHAMPS-ELYSÉES: *Taillevent.* **Karte 2 F4.** ⒻⒻⒻⒻⒻ 15, rue Lamennais, 75008. 📞 01 45 61 12 90. Das eleganteste der Drei-Sterne-Restaurants in Paris. Der makellose Service, die außergewöhnlichen Weine und die neoklassische Küche von Philippe Legendre machen den Besuch unvergeßlich. ♿ 🍽	AE DC EC V			●	
ST-GERMAIN-DES-PRÉS: *Le Petit St-Benoît.* **Karte 8 E3.** Ⓕ 4, rue St-Benoît, 75006. 📞 01 42 60 27 92. Das ideale Lokal für alle Preisbewußten und die, die gerne unter Einheimischen sind. Das Essen ist einfach, gut und preiswert.					●
ST-GERMAIN-DES-PRÉS: *Marie et Fils.* **Karte 8 F4.** ⒻⒻ 34, rue Mazarine, 75006. 📞 01 43 26 69 49. Im Herzen von St-Germain finden sich allabendlich die Jungen und Schönen ein. Das Essen ist überraschend gut, zu empfehlen vor allem Kaninchentopf, gedämpfter Gemüsesalat, Thunfischsteaks und ausgezeichnete Nachspeisen.	AE EC V		●	●	●

RESTAURANTS

ST-GERMAIN-DES-PRÉS: *Le Vigneraie*. **Karte 7 C2.** ⓕⓕ
16, rue du Dragon, 75006. ☎ 01 45 48 57 04.
Diese geschäftige Art-Deco-Brasserie wird gerne von Schauspielern und Politikern
besucht. Traditionelle Gerichte, zum Tagesmenü wird ein Glas Bordeaux serviert.

EC		▦	
V			

ST-GERMAIN-DES-PRÉS: *Restaurant Jacques Cagna*. **Karte 8 F4.** ⓕⓕⓕⓕ
14, rue des Grands-Augustins, 75006. ☎ 01 43 26 49 39.
Dieses elegante Stadthaus (17. Jh.) ist das Paradebeispiel eines klassisch-
modernen Restaurants; Besitzer und Koch ist Jacques Cagna. 🍴

AE		▦	●
DC			
EC			
V			

QUARTIER LATIN: *Le Bistrot d'A Côté*. **Karte 9 B5.** ⓕⓕ
16, boulevard Saint-Germain, 75005. ☎ 01 43 54 59 10.
Das neueste Bistro des Meisterkochs Michel Rostang. Er bietet
eine herrliche Auswahl an Fisch- und Fleischgerichten.

AE		▦	▦
EC			
V			

QUARTIER LATIN: *Le Michalain*. **Karte 9 B5.** ⓕ
18, rue du Cardinal-Lemoine, 75005. ☎ 01 44 07 29 50.
Ein gemütliches Bistro, ungefähr zehn Minuten vom Odéon, mit
freundlichem Personal und gutem Essen zu vernünftigen Preisen.

AE		▦	
EC			
V			

QUARTIER LATIN: *Loubnane*. **Karte 9 A4.** ⓕⓕ
29, rue Galande, 75005. ☎ 01 43 27 70 60.
In diesem libanesischen Restaurant werden großzügige Portionen serviert, -
während *ein aufmerksamer Patron auf das Wohl seiner Gäste achtet*. 🖐

AE	●	▦	▦
DC			
EC			
V			

QUARTIER LATIN: *La Tour d'Argent*. **Karte 9 B5.** ⓕⓕⓕⓕ
15–17, quai de la Tournelle, 75005. ☎ 01 43 54 23 31.
Seit 1582 gilt das La Tour d'Argent als eines der besten Luxus-
restaurants mit einem der besten Weinkeller der Welt. 🍴

AE	●	▦	●
DC			
EC			
V			

LUXEMBOURG: *Perraudin*. **Karte 12 F1.** ⓕ
157, rue St-Jacques, 75005. ☎ 01 46 33 15 75.
Generationen von Studenten haben sich in diesem Bistro aus der Jahrhundertwende satt gegessen. Das Tagesmenü ist ausgesprochen preiswert.

		▦	▦

LUXEMBOURG: *Polidor*. **Karte 8 F5.** ⓕ
41, rue Monsieur-le-Prince, 75006. ☎ 01 43 26 95 34.
Maler, Poeten und Schriftsteller zieht es seit Jahrzehnten in dieses
gemütliche Bistro. Auch James Joyce war hier Stammgast.

		▦	

LUXEMBOURG: *Au Petit Marquéry*. **Karte 13 B3.** ⓕⓕ
9, boulevard de Port-Royal, 75013. ☎ 01 43 31 58 59.
Kalte Hummerconsommé mit Kaviar, Pilzsalat mit *foie gras* und Kabeljau
mit Gewürzen sind nur einige der ungewöhnlichen Gerichte.

AE		▦	
DC			
EC			
V			

LUXEMBOURG: *La Petite Cour*. **Karte 8 E4.** ⓕⓕ
8, rue Mabillon, 75006. ☎ 01 43 26 52 26.
Altes Restaurant mit einer Einrichtung aus der Zeit Napoléons III und Innenhof.
Auf der Karte stehen u. a. Rochen mit Kohl und Schmorbraten mit Karotten.

AE		▦	▦
EC			
V			

LUXEMBOURG: *L'Ecaille de PCB*. **Karte 8 E4.** ⓕⓕⓕ
5, rue Mabillon, 75006. ☎ 01 43 26 73 70.
Ruhiges Restaurant mit der Inneneinrichtung eines Ozeandampfers.
Für Gäste, die gern Tiefseefisch und andere Meeresfrüchte essen.

AE		▦	
EC			
V			

MONTPARNASSE: *La Coupole*. **Karte 12 D2.** ⓕⓕ
102, boulevard du Montparnasse, 75014. ☎ 01 43 20 14 20.
Ein lebhaftes, lautes Lokal, das rund um die Uhr geöffnet ist. Seit 1927
kommen Künstler und Intellektuelle hierher. Auch vegetarische Gerichte.

AE		▦	
DC			
EC			
V			

MONTPARNASSE: *L'Ostréade*. **Karte 11 B2.** ⓕⓕ
11, boulevard Vaugirard, 75015. ☎ 01 43 21 87 41.
Nahe dem Gare Montparnasse findet man dieses einladende Fischlokal.
Gegrillter Hummer, gegrillter Barsch und Austerngerichte sind köstlich.

AE			▦
EC			
V			

MONTPARNASSE: *La Cagouille*. **Karte 11 C3.** ⓕⓕ
10–12, place Constantin-Brancusi, 75014. ☎ 01 43 22 09 01.
Eines der besten Fischrestaurants in ganz Paris. Besonders zu
empfehlen sind Schalentiere und saisonale Gerichte.

AE		▦	●	▦
EC			
V			

MONTPARNASSE: *La Regalade*. **Karte 12 D5.** ⓕⓕ
49, avenue Jean-Moulin, 75014. ☎ 01 45 45 68 58.
Das Essen ist ausgezeichnet und dazu noch preiswert. Der Koch
Yves Camdeborde hat seinen eigenen unverwechselbaren Stil. 🖐

EC		▦	●

Zeichenerklärung siehe hintere Umschlagklappen

		KREDITKARTEN	KINDERFREUNDLICH	TAGESMENÜ	GUTE WEINKARTE	TISCHE IM FREIEN

Preise für ein Drei-Gänge-Menü und eine halbe Flasche Hauswein für eine Person inkl. Gedeck, Steuer und Bedienung:
Ⓕ unter 150 FF
ⒻⒻ 150–250 FF
ⒻⒻⓕ 250–350 FF
ⒻⒻⒻⓕ 350–500 FF
ⒻⒻⒻⒻⓕ über 500 FF

KINDERFREUNDLICH
Einige Restaurants haben Kinderstühle und bieten Kinderportionen an.

TAGESMENÜ
Menü zum festen Preis, mittags oder abends oder zu beiden Zeiten, oftmals mit drei oder mehr Gängen.

GUTE WEINKARTE
Bietet eine große Auswahl an guten Weinen oder aber eine besondere Auswahl an regionalen Weinen.

TISCHE IM FREIEN
Hier kann man auf einer Terrasse, in einem Garten oder in einem netten Innenhof essen.

MONTPARNASSE: *L'Assiette*. Karte 11 C4. ⒻⒻⒻⓕ 181, rue du Château, 75014. ☎ 01 43 22 64 86. Die ehemalige einfache *charcuterie* mit ausgezeichneter Küche ist heute ein bei Politikern und Filmstars gleichermaßen beliebtes Restaurant.	AE EC V				●	
MONTMARTRE: *Au Grain de Folie*. Karte 4 F1. Ⓕ 24, rue La-Vieuville, 75018. ☎ 01 42 58 15 57. Preiswertes vegetarisches Restaurant mit reichhaltigen Portionen und ökologisch angebautem Wein. Die Spezialität ist eine gemischte vegetarische Platte.			▪			
MONTMARTRE: *Le Maquis*. ⒻⒻ 69, rue Caulaincourt, 75018. ☎ 01 42 59 76 07. Ein freundliches Bistro, in dem man auf der schattigen Terrasse ein einfaches, aber köstliches Mahl genießen kann. Preiswert.	EC V		▪		▪	
MONTMARTRE: *La Pomponette*. Karte 4 E1. ⒻⒻ 42, rue Lepic, 75018. ☎ 01 46 06 08 36. Ein für Montmartre typisches Restaurant – die vergilbten Wände sind mit allerlei Sprüchen, Malereien und alten Bildern versehen. Sogar das Essen hat sich etwas Bohemehaftes bewahrt.	EC V		▪	●	▪	
MONTMARTRE: *Charlot Roi des Coquillages*. Karte 4 E2. ⒻⒻⓕ 12, place de Clichy, 75009. ☎ 01 53 20 48 50. Zu den Spezialitäten des Hauses gehören die *bouillabaisse* und eine reichhaltige Schalentierplatte. Originaleinrichtung aus den 30er Jahren.	AE DC EC V	●	▪			
MONTMARTRE: *Beauvilliers*. ⒻⒻⒻⓕ 52, rue Lamarck, 75018. ☎ 01 42 54 54 42. Schon auf der Schwelle begreift man, was *joie de vivre* bedeutet. Die Küche des Kochs Edouard Carlier ist immer aufregend. 🍴	AE DC EC V		▪			

ILE DE FRANCE

BARBIZON: *La Clé d'Or*. ⒻⒻ 73, rue Grande. ☎ 01 60 66 40 96. Dieses vor kurzem renovierte Gasthaus hat sich seinen alten Charme bewahrt. Die Spezialitäten sind Schalentiere, Fisch und Wild.	AE DC EC V	●	▪	●	▪
BARBIZON: *Hostellerie les Pléiades*. ⒻⒻⓕ 21, rue Grande. ☎ 01 60 66 40 25. Im ehemaligen Studio des Malers Daubigny ißt man heute traditionelle Gerichte wie Nieren und Kalbsbries mit Waldpilzen.	AE DC EC V	●	▪		▪
DAMPIERRE: *Auberge Saint-Pierre*. ⒻⒻⓕ 1, rue de Chevreuse. ☎ 01 30 52 53 53. Dieses Gasthaus steht gegenüber des großen Château de Dampierre. Auf der Speisekarte stehen Klassiker wie *magret de canard* und *tête de veau* (Kalbskopf).	EC V	●	▪	●	▪
DAMPIERRE: *Les Ecuries du Château*. ⒻⒻⓕ Château de Dampierre. ☎ 01 30 52 52 99. Das im Schloß gelegene Restaurant bietet auf seiner klassischen Speisekarte Fisch- und Fleischgerichte in stilvoller Umgebung.	AE DC EC V		▪	●	
FONTAINEBLEAU: *Le Caveau des Ducs*. ⒻⒻⓕ 24, rue de Ferrare. ☎ 01 64 22 05 05. Klassische französische Küche in ländlicher Umgebung unweit des herrlichen Château de Fontainebleau.	AE EC V	●	▪		
MAISONS-LAFFITTE: *Le Tastevin*. ⒻⒻⒻⒻⓕ 9, avenue Eglé. ☎ 01 39 62 11 67. Außergewöhnliche Küche und sorgfältig ausgewählte Weine machen Michel Blanchets Restaurant zu einem der besten in der Umgebung von Paris. Zu den Spezialitäten gehören Meeresfrüchte und Geflügel.	AE DC EC V		▪	●	▪

RESTAURANTS

RAMBOUILLET: *Auberge Villa Marinette*   ⒻⒻ
20, avenue Général-de-Gaulle, D906, Gazeran. ☎ *01 34 83 19 01.*
Hier genießt man die herrliche Mischung aus Spezialitäten des Elsaß und
der Ile de France, darunter hausgemachte *terrines* und Fischgerichte.

| | EC | | ▨ | ◉ | ▨ |
| V | | | | |

RUEIL-MALMAISON: *Relais de St-Cucufa*   ⒻⒻ
114, rue Général-de-Miribel. ☎ *01 47 49 79 05.*
Beim Mittagessen auf der Terrasse oder beim Abendessen vor dem offenen
Kamin genießen Gäste Spezialitäten wie Krebsravioli und gedünsteten Lachs.

VERSAILLES: *Restaurant Chez Lazare*   Ⓕ
18, rue de Satory. ☎ *01 39 50 41 45.*
Dieses lebhafte südamerikanische Restaurant ist eine willkommene
Abwechslung zur klassischen französischen Küche. Besonders zu empfehlen sind der gegrillte Fisch und Steaks. Mittagsmenüs.

VERSAILLES: *Brasserie La Fontaine (Trianon Palace)*   ⒻⒻ
1, boulevard de la Reine. ☎ *01 30 84 38 47.*
Der Anbau des Les Trois Marches ist kein Spitzenrestaurant, aber man
kann hier in schönem Ambiente ein erschwingliches Mahl genießen,
darunter Fisch, gegrilltes Fleisch und reichhaltige Schokoladendesserts.

VERSAILLES: *Les Trois Marches (Trianon Palace)*   ⒻⒻⒻⒻ
1, boulevard de la Reine. ☎ *01 39 50 13 21.*
Das Restaurant ist Teil eines herrlichen Palastes mit Blick auf den französischen Garten. Die *haute cuisine* paßt zur vornehmen Umgebung.

NORDEN UND PICARDIE

ABBEVILLE: *Au Châteaubriant*   ⒻⒻ
1, place de l'Hôtel-de-Ville. ☎ *03 22 24 08 23.*
Quiche picarde (Quiche mit süßen Zwiebeln, Schinken und saurer
Sahne) und Steak mit Pilzen und Calvados sind besonders zu empfehlen.

AMIENS: *La Couronne*   ⒻⒻ
64, rue Saint-Leu. ☎ *03 22 91 88 57.*
Als Vorspeise sollten Sie die hausgemachte pikante Entenpâté probieren,
danach Lamm von der nahe gelegenen Somme-Abtei und dazu ein Chinon-Wein.

ARRAS: *La Rapière*   Ⓕ
44, Grand' place. ☎ *03 21 55 09 92.*
Es gibt mehrere Menüs, probieren sollte man das preiswerte, gut zusammen-
gestellte *menu régional.* Das mit Bier zubereitete Huhn schmeckt köstlich. ♿

ARRAS: *La Faisanderie*   ⒻⒻⒻⒻ
45, Grand' place. ☎ *03 21 48 20 76.*
La Faisanderie ist ein historisches Gebäude mit einer herrlichen
gewölbten Gaststube. Die Gerichte variieren je nach Saison.

AVESNES-SUR-HELPE: *La Crémaillière*   ⒻⒻ
26, place Général Leclerc. ☎ *03 27 61 02 30.*
Ein herrlicher Platz, an dem ortstypische Gerichte, wie zum Beispiel
gefüllte Wachteln, serviert werden.

CALAIS: *La Diligence*   ⒻⒻⒻ
5–7, rue Edmond-Roche. ☎ *03 21 96 92 89.*
Ein erstklassiges Restaurant. Die Schnecken mit Pilzen und das
fricassée von Seezunge und Krebs sind unwiderstehlich.

CAMBRAI: *L'Escargot*   ⒻⒻ
10, rue Général-de-Gaulle. ☎ *03 27 81 24 54.*
Das wechselnde Tagesgericht wird bei Mme Maton fast nur von
Stammgästen verzehrt. Sie macht auch eigene *terrines* und *foie gras.*

COUDEKERQUE-BRANCHE: *Le Soubise*   ⒻⒻ
49, route de Bergues. ☎ *03 28 64 66 00.*
Der Koch verwendet das, was er am Morgen auf dem Markt einkauft.
Die frischen Gemüse werden auf ungewöhnliche Weise zubereitet,
und die köstlichen Obstkuchen sind alle hausgemacht.

DOUAI: *La Terrasse*   ⒻⒻⒻ
36, terrasse St-Pierre. ☎ *03 27 88 70 04.*
Entenbrust mit frischen Feigen und Hecht auf süßen Zwiebeln sind
nur zwei Beispiele der ausgezeichneten Küche des Hauses.

Zeichenerklärung siehe hintere Umschlagklappen

Preise für ein Drei-Gänge-Menü und eine halbe Flasche Hauswein für eine Person inkl. Gedeck, Steuer und Bedienung:
Ⓕ unter 150 FF
ⒻⒻ 150–250 FF
ⒻⒻⒻ 250–350 FF
ⒻⒻⒻⒻ 350–500 FF
ⒻⒻⒻⒻⒻ über 500 FF

KINDERFREUNDLICH
Einige Restaurants haben Kinderstühle und bieten Kinderportionen an.

TAGESMENÜ
Menü zum festen Preis, mittags oder abends oder zu beiden Zeiten, oftmals mit drei oder mehr Gängen.

GUTE WEINKARTE
Bietet eine große Auswahl an guten Weinen oder aber eine besondere Auswahl an regionalen Weinen.

TISCHE IM FREIEN
Hier kann man auf einer Terrasse, in einem Garten oder in einem netten Innenhof essen.

	Preise	KREDITKARTEN	KINDERFREUNDLICH	TAGESMENÜ	GUTE WEINKARTE	TISCHE IM FREIEN
DURY-LES-AMIENS: *L'Aubergade* N78, Saleux. ☎ 03 22 89 51 41. Versuchen Sie die ausgezeichnete *charlotte de pommes de terre au pain d'épice et foie gras* (Kartoffelbrei mit gerösteten Brotschnitten und *foie gras*).	ⒻⒻⒻ	AE EC V	●	■	●	■
HALLINES: *L'Hostellerie St-Hubert* 1, rue du Moulin. ☎ 03 21 39 77 77. Das Restaurant inmitten eines Parks am Ufer der Aa bietet ein klassisches französisches Menü mit einer großen Auswahl an Käsen.	ⒻⒻⒻ	DC EC V	●	■	●	
LILLE: *La Pâte Brisée* 65, rue de la Monnaie. ☎ 03 20 74 29 00. Dieses rustikale Bistro in der Altstadt serviert Quiches, Tartes, Gratins und gemischte Salate. Zur Mittagszeit es ist hier sehr voll.	Ⓕ	EC V	●	■		
LILLE: *Restaurant aux Moules* 34, rue de Béthune. ☎ 03 20 57 12 46. Muscheln in den verschiedensten Variationen. Leckere regionale Gerichte wie *carbonnade flamande*. Geschäftige Atmosphäre einer Brasserie der 30er Jahre.	ⒻⒻ	AE DC EC V	●	■		
LONGUEAU: *La Potinière* 2, avenue Henri-Barbusse. ☎ 03 22 46 22 83. Das bei den Einheimischen beliebte gemütliche Restaurant kocht mit täglich frischen Erzeugnissen. Im Winter sind die Gerichte reichhaltiger.	ⒻⒻ	EC V	●	■		
MONTREUIL-SUR-MER: *Auberge de la Grenouillère* Rue de la Grenouillère, La Madeleine-sous-Montreuil. ☎ 03 21 06 07 22. Ein ausgezeichnetes Restaurant westlich von Montreuil (3 km) mit hervorragender ländlicher Küche: Geschmorte Wachteln mit Langusten und Froschschenkel sind nur zwei Spezialitäten.	ⒻⒻⒻ	AE DC EC V	●	■		■
POIX-DE-PICARDIE: *L'Auberge de la Forge* 29, Route Nationale, Caulières. ☎ 03 22 38 00 91. Traditioneller Gasthof, in dem gut und altmodisch gekocht wird: probieren Sie das Lamm, oder die Forelle mit foie gras.	ⒻⒻⒻ	EC V	●	■	●	
ROYE: *La Flamiche* 20, place de l'Hôtel-de-Ville. ☎ 03 22 87 00 56. Geschmorter Aal und Wildente mit Waldpilzen sind zwei Spezialitäten des Hauses. Als Vorspeise empfiehlt sich *flamiche* (gedeckte Quiche) mit Lauch oder gebratene Langusten mit Grapefruit.	ⒻⒻⒻⒻ	AE DC EC V	●	■		
ST-QUENTIN: *Le Pot d'Etain* N29, Holnon. ☎ 03 23 09 34 35. Ein vor kurzem eröffnetes Hotel-Restaurant, in dem in erster Linie Wert auf Funktionalität und Service gelegt wird. Das Essen ist einfach und gut. ♿	ⒻⒻ	AE DC EC V	●	■	●	■
SANGATTE: *Les Dunes* Blériot-Plage. ☎ 03 21 34 54 30. Drei Minuten vom Strand entfernt, unweit des Kanaltunnels, serviert dieses Restaurant Muschelgerichte, wie Herzmuscheln auf Whisky flambiert. ♿	ⒻⒻ	AE DC EC V	●	■		
SARS-POTERIES: *L'Auberge Fleurie* 67, rue Général-de-Gaulle. ☎ 03 27 61 62 48. In hübscher ländlicher Umgebung liegt dieses alte, große, umgebaute Bauernhaus. Im Winter gibt es Wildbret, Wildschwein und Rebhuhn. Ansonsten auch Schalentiere aus dem Meer.	ⒻⒻⒻ	AE DC EC V		■		■
WIMEREUX: *La Liégeoise* La digue. ☎ 03 21 31 61 15. In diesem Fischrestaurant empfiehlt sich ein Salat mit Seebarbe in Balsamessig als Vorspeise und danach gedünsteter Steinbutt mit Jakobsmuscheln. ♿	ⒻⒻ	AE DC EC V	●	■	●	

R E S T A U R A N T S   **5 8 7**

CHAMPAGNE

AIX-EN-OTHE: *Auberge de la Scierie*   ⓕⓕⓕ   AE DC EC V
La Vove. ⓒ 03 25 46 71 26.
Efeuumranktes Gasthaus inmitten eines Gartens am Fluß. Auf der Speisekarte stehen Kalbsnieren mit Preiselbeeren und Schnecken im Teigmantel.

AMBONNAY: *Auberge Saint-Vincent*   ⓕⓕⓕ   AE DC EC V
1, rue St-Vincent. ⓒ 03 26 57 01 98.
In diesem eleganten Restaurant, mit Raumdecken von Louis XIII., läßt es sich vorzüglich speisen. Die Gerichte ändern sich mit den Jahreszeiten.

AUBRIVES: *Debette*   ⓕ   AE EC V
2, place Louis Debette. ⓒ 03 24 41 64 72.
Zu den Spezialitäten gehören geräucherter Schinken, Forelle und Wildterrinen, dazu herrliche Desserts mit Obst aus dem eigenen Garten. ♿

BIÈVRES: *Relais de St-Walfroy*   ⓕ   EC V
Bièvres. ⓒ 03 24 22 61 62.
Ein ungewöhnliches Gericht ist das geschmorte Perlhuhn mit kleinen Mirabellen. Es gibt aber auch Klassiker wie *canard à l'orange*.

CHALONS-EN-CHAMPAGNE: *Les Ardennes*   ⓕⓕ   AE EC V
34, place de la République. ⓒ 03 26 68 21 42.
Der Wirt M. Bouffonais arbeitete in den 50er Jahren im Savoy in London. Sein Restaurant befindet sich in einem Gebäude aus dem 17. Jahrhundert. Allerlei Köstlichkeiten und eine außergewöhnliche Auswahl an Nachspeisen.

CHAUMONT: *Bleu Comme Orange*   ⓕ   EC V
11, rue Saint-Louis. ⓒ 03 25 01 26 87.
Um die Mittagszeit drängen sich in diesem Restaurant in der Altstadt von Chaumont die Einheimischen. Es ist eigentlich eine Crêperie, in der Crêpes mit kreativen Füllungen serviert werden.

EPERNAY: *L'Auberge Champenoise*   ⓕ   EC V
Moussy. ⓒ 03 26 54 03 48.
Nach einem Besuch der riesigen Champagnerkeller in Epernay ist dieses freundliche Gasthaus der richtige Ort für ein preiswertes Mahl.

L'EPINE: *Aux Armes de Champagne*   ⓕⓕⓕ   AE DC EC V
31, avenue du Luxembourg. ⓒ 03 26 69 30 30.
Das Gourmetrestaurant in einem hübschen Dorf nördlich von Châlons-en-Champagne serviert köstliche Spezialitäten der Region.

FLORENT-EN-ARGONNE: *Auberge de la Menyère*   ⓕⓕ   EC V
Rue Basse. ⓒ 03 26 60 93 70.
Das Restaurant befindet sich in einem guterhaltenen, 400 Jahre alten Gebäude im Wald. Während der Jagdsaison gibt es hier herrliche Wildgerichte mit Waldpilzen.

JOINVILLE: *Le Soleil d'Or*   ⓕⓕ   AE DC EC V
9, rue des Capucins. ⓒ 03 25 94 15 66.
Im klösterlichen Ambiente wählt man nach Kammuschelart mit feinem Basilikum, oder Meeresfrüchte von einer ausgewählten Speisekarte. ♿

LANGRES: *Le Lion d'Or*   ⓕⓕ   EC V
Route de Vesoul. ⓒ 03 25 87 03 30.
Nicht nur gute regionale Speisen, sondern auch einen Panoramablick auf den Liez-See werden geboten.

LE MESNIL-SUR-OGER: *Le Mesnil*   ⓕⓕⓕ   EC V
2, rue Pasteur. ⓒ 03 26 57 95 57.
Gourmetrestaurant in einem der hübschesten Dörfer in der Champagne zwischen Cramant und Verbis, umgeben von Weinbergen. Der Wirt zeigt seinen Gästen gern seine Keller.

NOGENT-SUR-SEINE: *Au Beau Rivage*   ⓕⓕ   EC V
20, rue Villiers-aux-Choux. ⓒ 03 25 39 84 22.
Von der Terrasse dieses Restaurants hat man einen wunderschönen Blick auf den Fluß. Gekocht wird vor allen Dingen Fisch mit frischen Kräutern.

REIMS: *La Coupole*   ⓕⓕ   AE DC EC V
73, place Drouet-d'Erlon. ⓒ 03 26 47 86 28.
Im La Coupole schmeckt es allen, auch den Vegetariern. Die Speisekarte verheißt eine große Auswahl an *hors d'œuvres*, Salaten und Obstsorbets.

Zeichenerklärung siehe hintere Umschlagklappen

ZU GAST IN FRANKREICH

Preise für ein Drei-Gänge-Menü und eine halbe Flasche Hauswein für eine Person inkl. Gedeck, Steuer und Bedienung:
- Ⓕ unter 150 FF
- ⒻⒻ 150–250 FF
- ⒻⒻⒻ 250–350 FF
- ⒻⒻⒻⒻ 350–500 FF
- ⒻⒻⒻⒻⒻ über 500 FF

KINDERFREUNDLICH
Einige Restaurants haben Kinderstühle und bieten Kinderportionen an.

TAGESMENÜ
Menü zum festen Preis, mittags oder abends oder zu beiden Zeiten, oftmals mit drei oder mehr Gängen.

GUTE WEINKARTE
Bietet eine große Auswahl an guten Weinen oder aber eine besondere Auswahl an regionalen Weinen.

TISCHE IM FREIEN
Hier kann man auf einer Terrasse, in einem Garten oder in einem netten Innenhof essen.

		KREDITKARTEN	KINDERFREUNDLICH	TAGESMENÜ	GUTE WEINKARTE	TISCHE IM FREIEN
REIMS: *Le Vigneron*	ⒻⒻⒻ	EC V		■		■
REIMS: *Les Crayères*	ⒻⒻⒻⒻⒻ	AE DC EC V			●	■
ST-DIZIER: *La Gentilhommière*	ⒻⒻ	EC V		■		
ST-DIZIER: *Hôtellerie du Moulin*	ⒻⒻ	EC V	●	■	●	
ST-IMOGES: *La Maison du Vigneron*	ⒻⒻ	AE DC EC V	●	■	●	
TROYES: *Le Jardin Gourmand*	ⒻⒻ	EC V		■		■
TROYES: *Le Bourgogne*	ⒻⒻⒻ	EC V		■	●	
BORNY: *Le Jardin de Bellevue*	ⒻⒻ	EC V	●	■	●	
COLMAR: *Le Caveau Saint-Pierre*	ⒻⒻ	V	●	■		
COLMAR: *La Maison des Têtes*	ⒻⒻⒻ	AE DC EC V	●	■	●	■
DOLE: *Les Templiers*	ⒻⒻ	AE DC EC V				
HAGUENAU: *Restaurant Barberousse*	ⒻⒻ	EC V	●	■		■

REIMS: *Le Vigneron*
Place Paul Jamot. ☎ 03 26 47 00 71.
Dieses beliebte Restaurant wird all denen empfohlen, die herzhafte einheimische Speisen kosten wollen. Reservierung ist ein Muß.

REIMS: *Les Crayères*
64, boulevard Vasnier. ☎ 03 26 82 80 80.
Der Weinkeller dieses hochgelobten Restaurants ist zu besichtigen. Zu den Spezialitäten gehören geräucherter Lachs und Kaviar.

ST-DIZIER: *La Gentilhommière*
29, rue Jean-Jaurès. ☎ 03 25 56 32 97.
Gehacktes Lammfilet im Netz mit Estragon und Hecht in einer Soße mit Wildpilzen sind nur zwei der Spezialitäten des Hauses. ♿

ST-DIZIER: *Hôtellerie du Moulin*
Edaron (9 km von St-Dizier entfernt). ☎ 03 25 04 17 76.
Seine vielfältige und dabei leichte Küche hat diesem im ländlichen Stil eingerichteten Restaurant eine beachtliche Schar an Stammgästen eingebracht. ♿

ST-IMOGES: *La Maison du Vigneron*
N51. ☎ 03 26 52 88 00.
Champagnerhaus und elegantes Restaurant. Regionale Küche, zu der der hauseigene Champagner getrunken wird. ♿

TROYES: *Le Jardin Gourmand*
31, rue Paillot de Montabert. ☎ 03 25 73 69 24.
Mitten in der Altstadt befindet sich dieses Restaurant mit romantischem Innenhof. Hier probiert man die Spezialität der Stadt - *andouliettes.*

TROYES: *Le Bourgogne*
40, rue Général-de-Gaulle. ☎ 03 25 73 02 67.
Das Le Bourgogne gilt als das beste Restaurant in Troyes (im August geschl.). Probieren Sie die *mousseline* vom Hecht oder den Lammtopf.

ELSASS UND LOTHRINGEN

BORNY: *Le Jardin de Bellevue*
58, rue Claude-Bernard. ☎ 03 87 37 10 27.
Der Koch hat ein bekanntes Buch über die traditionelle lothringische Küche geschrieben. ♿

COLMAR: *Le Caveau Saint-Pierre*
24, rue de la Herse. ☎ 03 89 41 99 33.
Über einen Steg erreicht man dieses Restaurant im »Klein Venedig« von Colmar. An Winterwochenenden sollten Sie die klassische Spezialität *baeckoff* (Eintopf) versuchen.

COLMAR: *La Maison des Têtes*
19, rue des Têtes. ☎ 03 89 24 43 43.
Die Fassade dieser einzigartigen Brasserie aus dem 17. Jahrhundert steht unter Denkmalschutz. Traditionelle elsässische Küche. ♿

DOLE: *Les Templiers*
35, grande rue. ☎ 03 84 82 78 78.
In aufwendig gestalteter gotischer Atmosphäre werden hier wirklich abenteuerliche Gerichte aufgetragen. Und alles zu moderaten Preisen.

HAGUENAU: *Restaurant Barberousse*
8, place Barberousse. ☎ 03 88 73 31 09.
Gut und preiswert, vor allem das Mittagsmenü. Die einheimischen Gerichte sind schlicht: hausgemachte *foie gras* und *terrines*, *choucroute* mit Fleisch oder Fisch und leckere heiße Nachspeisen. ♿

RESTAURANTS

MARLENHEIM: *Le Cerf* ⓕⓕⓕ | AE DC EC V
30, rue du Général de Gaulle. 📞 03 88 87 73 73.
Die Gäste müssen hungrig sein, denn hier ist die elsässische Küche am reichhaltigsten. Willkommen sind auch Vegetarier. ♿

METZ: *Restaurant des Roches* ⓕⓕ | AE DC EC V
29, rue des Roches. 📞 03 87 74 06 51.
Eigentlich ein Fischrestaurant, aber auch die Fleischgerichte sind nicht zu verachten. Zum Abschluß empfiehlt sich der *soufflé glacé*.

MULHOUSE: *Restaurant de la Poste* ⓕⓕⓕ | AE EC V
7, rue Général-de-Gaulle, Riedisheim. 📞 03 89 44 07 71.
Sechs Generationen von Köchen haben zu dem heutigen Ruf des Restaurants beigetragen. Die Speisekarte ist vielfältig und kreativ.

NANCY: *L'Excelsior* ⓕⓕ | AE DC EC V
50, rue Henri Poincaré. 📞 03 83 35 24 57.
In diesem beeindruckenden, unter Denkmalschutz stehenden Haus speist man herrlich. Klassische französische Küche.

RIQUEWIHR: *Au Péché Mignon* ⓕ | EC V
5, rue de Dinzheim. 📞 03 89 49 04 17.
Dieses ländliche Restaurant bietet elsässische Spezialitäten, gekocht wird nach Großmutters Art: herzhaft, altmodisch und reichhaltig.

SAVERNE: *Taverne Katz* ⓕⓕ | EC V
80, Grand-Rue. 📞 03 88 71 16 56.
Die gemütliche Einrichtung aus Holz ist der ideale Rahmen für die traditionellen Gerichte wie Spätzle und *jambonneau braisé* (Schinken).

SÉLESTAT: *Restaurant Jean-Frédéric Edel* ⓕⓕ | AE DC EC V
7, rue des Serruriers. 📞 03 88 92 86 55.
Hausgemachte *foie gras* und zarte Hühnerbrust mit köstlichem *choucroute* sind nur zwei Spezialitäten dieses bekannten Restaurants.

STRASBOURG: *Zum Strissel* ⓕ | EC V
5, place de la Grande-Boucherie. 📞 03 88 32 14 73.
Altmodische Weinstube in einem Gebäude aus dem 14. Jahrhundert in der Nähe der Kathedrale, in dem Fleischtöpfe und Zwiebelkuchen serviert werden.

STRASBOURG: *Restaurant au Crocodile* ⓕⓕⓕⓕⓕ | AE DC EC V
10, rue de l'Outre. 📞 03 88 32 13 02.
Wahrscheinlich Strasbourgs teuerstes Restaurant. Die Gäste speisen in gediegener Atmosphäre. Eine Spezialität ist der gebackene Hecht mit geräuchertem Aal und Karpfeneiern.

TURCKHEIM: *Auberge du Brand* ⓕⓕ | EC V
8, Grand rue. 📞 03 89 27 06 10.
Die Küche ist regional angehaucht, aber nicht ausgesprochen elsässisch, die Bedienung flott und zuvorkommend, und auch Vegetarier sind hier zufrieden.

VERDUN: *Le Coq Hardi* ⓕⓕⓕ | AE DC EC V
8, avenue de la Victoire. 📞 03 29 86 36 36.
Dieses Gourmetrestaurant ist das beste in Verdun, einer Stadt mit wenigen guten und zugleich preiswerten Restaurants.

NORMANDIE

ACHERIE: *Le Manoir de l'Acherie* ⓕⓕ | AE EC V
St-Cécil. 📞 02 33 51 13 87.
Calvados schmeckt man hier überall – so im Schinken und natürlich in der Apfeltarte, selbst der Merlon wird darin gegart. ♿

ARGENTAN: *Auberge de l'Ancienne Abbaye* ⓕⓕ | AE DC EC V
25, rue St-Martin. 📞 02 33 39 37 42.
Die *auberge* befindet sich im ältesten Kirchenbau von Argentan, heute vielbesuchtes Kulturdenkmal. Es ist schon ein besonderer Genuß, in dieser Umgebung zu speisen. Einige vegetarische Gerichte. ♿

AUDRIEU: *Château d'Audrieu* ⓕⓕⓕⓕ | EC V
Audrieu. 📞 02 31 80 21 52.
Dieses Schloß aus dem 18. Jahrhundert wurde 1976 in ein luxuriöses Hotel umgebaut. Der richtige Ort für ein elegantes Abendessen.

Zeichenerklärung siehe hintere Umschlagklappe

590 ZU GAST IN FRANKREICH

Preise für ein Drei-Gänge-Menü und eine halbe Flasche Hauswein für eine Person inkl. Gedeck, Steuer und Bedienung:
- (F) unter 150 FF
- (F)(F) 150–250 FF
- (F)(F)(F) 250–350 FF
- (F)(F)(F)(F) 350–500 FF
- (F)(F)(F)(F)(F) über 500 FF

KINDERFREUNDLICH
Einige Restaurants haben Kinderstühle und bieten Kinderportionen an.

TAGESMENÜ
Menü zum festen Preis, mittags oder abends oder zu beiden Zeiten, oftmals mit drei oder mehr Gängen.

GUTE WEINKARTE
Bietet eine große Auswahl an guten Weinen oder aber eine besondere Auswahl an regionalen Weinen.

TISCHE IM FREIEN
Hier kann man auf einer Terrasse, in einem Garten oder in einem netten Innenhof essen.

	KREDITKARTEN	KINDERFREUNDLICH	TAGESMENÜ	GUTE WEINKARTE	TISCHE IM FREIEN
BAYEUX: *Le Lion d'Or* (F)(F)(F) 71, rue St-Jean. 📞 02 31 92 06 90. Dieses Lokal ist seit 1929 im Familienbesitz. Probieren Sie die ungewöhnliche *foie gras* mit Honig, die heiße *andouille* oder die Quiche mit Waldpilzen, die geradezu auf der Zunge zergeht.	AE DC EC V	●	▦	●	
LE BEC-HELLOUIN: *Restaurant de la Tour* (F)(F) Place Guillaume-le-Conquérant. 📞 02 32 44 86 15. Um in den Genuß der hier gekochten normannischen Küche zu kommen, sollte man reservieren. Verkauf von Calvados und Cidre zum Mitnehmen.	AE DC EC V	●	▦		▦
CHAMPEAUX: *Au Marquis de Tombelaine* (F)(F) Sartilly. 📞 02 33 61 85 94. Hier ißt man am besten *foie gras*, Austern und Hummer Thermidor, dazu trinkt man einen Burgunder und beendet das Mahl mit Käse.	EC V		▦	●	▦
CHERBOURG: *La Cendrée* (F) 18–20, passage Digard. 📞 02 33 93 67 04. Dieses schlichte Restaurant ist wahrscheinlich das preiswerteste in der Stadt. Weil es bei den Einheimischen beliebt ist, empfiehlt es sich zu reservieren.	EC V	●	▦		▦
COSQUEVILLE: *Au Bouquet de Cosqueville* (F)(F)(F) Hameau Renond. 📞 02 33 54 32 81. Zu den Spezialitäten zählen Hummer gegart in Whisky und Steinbutt mit Lauch und Trüffeln. Als Nachspeise empfiehlt sich *crème brûlée*. ♿	EC V	●	▦	●	▦
CRESSERONS: *La Valise Gourmande* (F)(F) 7, route de Lion-sur-Mer. 📞 02 31 37 39 10. Hier wird die traditionelle normannische Küche gepflegt. Probieren Sie die Muscheln in Butter und zum Nachtisch Reisauflauf.	EC V		▦	●	▦
DEAUVILLE: *Le Dauphin* (F)(F)(F) Le Breuil-en-Auge, Pont l'Evêque. 📞 02 31 65 08 11. In diesem beliebten Restaurant muß man unbedingt reservieren. Die stolzen Besitzer M und Mme Lecomte scheuen keine Mühe, um jeden Besuch zu einem denkwürdigen Erlebnis zu machen.	AE EC V		▦	●	
DEAUVILLE: *Le Spinnaker* (F)(F)(F) 52, rue Mirabeau. 📞 02 31 88 24 40. Das Ein-Sterne-Fischrestaurant ist eines der besten in der Normandie. Den Steinbutt mit Jakobsmuscheln muß man einfach probieren. ♿	AE EC V	●	▦	●	
DIEPPE: *La Marmite Dieppoise* (F)(F) 8, rue St-Jean. 📞 02 35 84 24 26. Die Kreation des Chefkochs namens *marmite dieppoise* ist eine köstliche Mischung aus Fisch und Schalentieren in einer Sahnesauce.	EC V	●	▦		
DOZULÉ: *Le Pavé d'Auge* (F)(F) Beuvron-en-Auge. 📞 02 31 79 26 71. Der erfahrene Koch serviert gern Gerichte aus einheimischen Produkten. Auf der Speisekarte findet man vor allem Fisch, aber auch Fleisch und Geflügel fehlen nicht. Große Käseauswahl.	EC V	●	▦		
GISORS: *Hostellerie des Trois Poissons* (F)(F) 13, rue Cappeville. 📞 02 32 55 01 09. Das holzvertäfelte Haus, mit einer wunderschönen Sommerterrasse, serviert als Spezialität des Hauses Kaninchen in Cidre gekocht.	V		▦		
HONFLEUR: *Le Champlain* (F)(F) 6, place Hamelin. 📞 02 31 89 14 91. Spezialitäten dieses Familienbetriebs sind Jakobsmuscheln in feinem Blätterteig mit Orangenbutter und geschmorte Kalbsnieren.	AE EC V		▦		▦

RESTAURANTS

HONFLEUR: *La Ferme St-Siméon* ⓕⓕⓕⓕⓕ
Rue A-Marais. ▐ 02 31 89 23 61.
Das leichte Mittagessen auf der Terrasse ist ein wahres Vergnügen, das Essen ausgezeichnet.
AE EC V

LA FERTÉ MACÉ: *Auberge le Clouet* ⓕⓕ
Chemin de Clouet. ▐ 02 33 37 18 22.
Einen ausgedehnten Spaziergang durch den kleinen Marktflecken sollte man mit einem köstlichen Mahl auf der Blumenterrasse beenden.
EC V

LOUVIERS: *Le Clos Normand* ⓕⓕ
16, rue de la Gare. ▐ 02 32 40 03 56.
Die Besitzerin Mme Deniau kocht gern für Gäste, die ihre Kochkunst zu schätzen wissen. Auf Verlangen gibt es auch vegetarische Gerichte.
AE EC V

LYONS-LA-FORÊT: *La Licorne* ⓕⓕⓕ
Place Benserade. ▐ 02 32 49 62 02.
Das ausgezeichnete Essen ist hier erstaunlich preiswert; man sitzt vor einem großen offenen Kamin. Auch vegetarische Gerichte. ♿
AE DC EC V

MONT-ST-MICHEL: *Hôtel Saint-Pierre* ⓕ
Grand-Rue. ▐ 02 33 60 14 03.
Das Fleisch der Lämmer, die im salzigen Moor geweidet haben und als *agneau pré-salé* bekannt sind, ist eine Spezialität des Hauses.
AE EC V

MONT-ST-MICHEL: *La Mère Poulard* ⓕⓕⓕⓕ
Grande-rue. ▐ 02 33 60 14 01.
Gäste aus ganz Europa pilgern hierher, um das berühmte *omelette Mère Poulard* zu kosten, das auf offenem Feuer zubereitet wird.
AE DC EC V

NONANT-LE-PIN: *Hôtel Saint-Pierre* ⓕ
Nonant-le-Pin. ▐ 02 33 39 94 04.
Das Restaurant liegt an der Straße Richtung Dordogne und Spanien, mitten im Land der Pferdezucht. Das Essen ist einfach, aber keineswegs einfallslos.
EC V

PUTANGES-PONT-ECREPIN: *Hôtel du Lion Verd* ⓕ
Place de l'Hôtel-de-Ville. ▐ 02 33 35 01 86.
Die Besitzerin ist stolz auf ihr in Cidre zubereitetes Kalbfleisch. Das Mittagsmenü, darunter auch Vegetarisches, ist gut und preiswert. ♿
EC V

ROUEN: *La Marmite* ⓕⓕ
3, rue Florence. ▐ 02 35 71 75 55.
Einladendes Restaurant in einem Gebäude aus dem 18. Jahrhundert. Hier können die Gäste bei Kerzenschein dinieren.
AE EC V

ROUEN: *Restaurant Gill* ⓕⓕⓕⓕ
9, quai de la Bourse. ▐ 02 35 71 16 14.
Panaché de poissons ist ein Gericht aus Fisch und anderen Meeresfrüchten. Eine weitere Spezialität sind die Schweinsfüßchen mit Linsen.
AE DC EC V

ST-GERMAIN DE TALLEVENDE: *Auberge Saint-Germain* ⓕⓕ
Place de l'Eglise. ▐ 02 31 68 24 13.
Ein ideales Restaurant für Familien; hier bekommt man Hausmannskost für jeden Geschmack, auch vegetarischen. ♿
EC V

THIBERVILLE: *La Levrette* ⓕ
10, rue de Lieurey. ▐ 02 32 46 80 22.
Die einfache Hausmannskost macht dieses Gasthaus so attraktiv. Probieren Sie das Fleisch von freilaufenden Hühnern.
V

TROUVILLE-SUR-MER: *Brasserie les Vapeurs* ⓕⓕ
160, boulevard Fernard-Moureaux. ▐ 02 31 88 15 24.
Bis zum Fischmarkt ist es nur über die Straße, weshalb der Fisch gar nicht frischer sein könnte.
AE EC V

VEULES-LES-ROSES: *Les Galets* ⓕⓕⓕⓕ
3, rue Victor Hugo. ▐ 02 35 97 61 33.
Wenn Sie gern am Meer speisen, dann sind Sie hier genau richtig. Unbedingt reservieren, da auch die Einheimischen gern hier essen.
AE DC EC V

VILLERS-BOCAGE: *Les Trois Rois* ⓕⓕ
2, place Jeanne d'Arc. ▐ 02 31 77 00 32.
Das Spezialmenü, bekannt unter dem Namen *mon marché*, besteht aus Kompositionen, die der Besitzer aus dem morgendlichen Fang kreiert.
AE DC EC V

Zeichenerklärung siehe hintere Umschlagklappe

ZU GAST IN FRANKREICH

Preise für ein Drei-Gänge-Menü und eine halbe Flasche Hauswein für eine Person inkl. Gedeck, Steuer und Bedienung:

Ⓕ unter 150 FF
ⒻⒻ 150 – 250 FF
ⒻⒻⒻ 250 – 350 FF
ⒻⒻⒻⒻ 350 – 500 FF
ⒻⒻⒻⒻⒻ über 500 FF

KINDERFREUNDLICH
Einige Restaurants haben Kinderstühle und bieten Kinderportionen an.

TAGESMENÜ
Menü zum festen Preis, mittags oder abends oder zu beiden Zeiten, oftmals mit drei oder mehr Gängen.

GUTE WEINKARTE
Bietet eine große Auswahl an guten Weinen oder aber eine besondere Auswahl an regionalen Weinen.

TISCHE IM FREIEN
Hier kann man auf einer Terrasse, in einem Garten oder in einem netten Innenhof essen.

BRETAGNE

	Preise	Kreditkarten	Kinderfreundlich	Tagesmenü	Gute Weinkarte	Tische im Freien
AURAY: *La Closerie de Kerdrain* 20, rue Louis-Billet. ☎ 02 97 56 61 27. Landhaus mit schönem Treppenaufgang und Wandbehängen aus dem Ersten Kaiserreich im Restaurant. Seebarsch und Muscheln sind die Spezialitäten.	ⒻⒻⒻ	AE DC EC V	●	▦		▦
BELLE-ISLE-EN-TERRE: *Le Relais de l'Argoat* 9, rue de Guic. ☎ 02 96 43 00 34. Die alte Herberge am Rande eines hübschen Dorfes hat zwei Gaststuben mit freundlicher Atmosphäre. Ausgezeichnetes Käsebüffet.	ⒻⒻ	EC V	●	▦		
CHEVAIGNÉ: *La Marinière* Route du Mont-St-Michel. ☎ 02 99 55 74 64. Altmodisches Restaurant in einem Park, in dem hauptsächlich Fisch serviert wird, dazu einheimischer Käse und Wein von der Loire.	ⒻⒻ	AE DC EC V		▦	●	▦
CONCARNEAU: *Le Galion* 15, rue St-Guénolé. ☎ 02 98 97 30 16. An der Spitze einer Landzunge gelegen, ist dieses Restaurant fast gänzlich vom Wasser umgeben. Große Auswahl an Fischgerichten.	ⒻⒻⒻ	AE DC EC V	●	▦	●	
DINAN: *Chez la Mère Pourcel* 3, place des Merciers. ☎ 02 96 39 03 80. Restaurant in herrlichem gotischem Gebäude. Die Speisekarte variiert je nach Saison. Gleichbleibende Qualität, gute Weine der Loire.	ⒻⒻⒻ	AE EC V	●	▦	●	▦
FOUGÈRES: *Restaurant des Voyageurs* 10, place Gambetta. ☎ 02 99 99 14 17. Restaurant im Zentrum mit hohen Decken und massiven Kronleuchtern. Regionale Küche mit herzhaften Wildgerichten im Winter.	ⒻⒻ	AE EC V	●	▦		
HÉDÉ: *L'Hostellerie du Vieux Moulin* Ancienne route de St-Malo. ☎ 02 99 45 45 70. Die alte Mühle war Teil eines im 19. Jahrhundert errichteten Gebäudekomplexes zur Wasserversorgung. Von hier aus sieht man die Ruinen des Hédé-Schlosses. Ausgezeichnete Mittagskarte.	ⒻⒻⒻ	AE DC EC V	●	▦		▦
LE CONQUET: *Les Boucaniers* 3, rue Poncelin. ☎ 02 98 89 06 25. Eine Crêperie in einem Gebäude aus Granitsteinen. Die Crêpes mit Ziegenkäse oder Orangen und Schokolade sind ein Gedicht.	Ⓕ	EC V	●			▦
LORIENT: *Le Neptune* 15, avenue de la Perrière. ☎ 02 97 37 04 56. Nehmen Sie besser einen Tisch im hinteren Teil mit Wintergarten. Große Auswahl an Fischgerichten, probieren Sie Hummer und Seewolf.	ⒻⒻ	AE DC EC V	●	▦		
MORLAIX: *La Marée Bleue* 3, rampe St-Melaine. ☎ 02 98 63 24 21. Altes Stadthaus im Schatten des alten Viadukts, erstklassiges Restaurant. Gäste zieht es immer wieder zu den Fischgerichten.	ⒻⒻ	EC V	●	▦	●	
PAIMPOL: *La Vieille Tour* 13, rue de l'Eglise. ☎ 02 96 20 83 18. Freundliches, altmodisches Restaurant mit Gaststube im ersten Stock. Man serviert seltene Köstlichkeiten, so Ravioli gefüllt mit Panzerkrebsschwänzen und Schokoladenmousse in Himbeersauce.	ⒻⒻ	EC V	●	▦		
PLÉLAN-LE-GRAND: *L'Auberge du Presbytère* Treffendel. ☎ 02 99 61 00 76. In dem alten Pfarrhaus hat sich über die Jahrhunderte wenig verändert; der Koch serviert traditionelle Geflügelgerichte.	ⒻⒻ	EC V	●	▦		▦

RESTAURANTS

PLOMEUR: *Le Relais Bigouden* (F)(F)
Rue Pen-Allée. 02 98 82 04 79.
Ein fröhliches, freundliches Restaurant voll frischer Blumen mit
Spezialitäten wie Ente in Limetten und Hummerragout.

PLOUNÉRIN: *Restaurant Patrick Jeffroy* (F)(F)(F)(F)
Le Bourg. 02 96 38 61 80.
Das Restaurant verfügt über 45 Plätze in zwei Gaststuben. Die
Panzerkrebse mit Artischocken sind ein Muß, dazu der lokale Cidre.

PONT L'ABBÉ: *Le Relais de Ty-Boutic* (F)(F)
Route de Plomeur. 02 98 87 03 90.
Der Koch erhielt mehrere Auszeichnungen. Zu seinen Kreationen gehört
Seewolf mit Apfelwein sowie Langustinen mit Lauch.

QUIBERON: *Le Relax* (F)(F)
27, boulevard Castéro. 02 97 50 12 84.
Zur großen Auswahl an hervorragenden Fischgerichten gibt es einen
wunderschönen Ausblick aufs Meer und einen hübschen Garten.

QUIMPER: *L'Ambroisie* (F)(F)
49, rue Elie-Fréron. 02 98 95 00 02.
Im neugestalteten Restaurant nahe der Kathedrale hängen Francis-Bacon-
Drucke an der Wand. Fisch und Nachspeisen sind ausgezeichnet.

RENNES: *Le Corsaire* (F)(F)
52, rue d'Antrain. 02 99 36 33 69.
Bekanntes Restaurant in einem großen Stadthaus. Der geschmorte
Ochsenschwanz und die *abalones* sind Spezialitäten. Gute Muscadet-Weine.

RENNES: *Le Palais* (F)(F)(F)
7, place du Parlement-de-Bretagne. 02 99 79 45 01.
In der Altstadt von Rennes kann man hier in elegantem Ambiente
die beste Küche der Region genießen. Vorzüglicher Service
geht Hand in Hand mit erstklassigen Gerichten.

ST-BRIEUC: *Amadeus* (F)(F)(F)
22, rue de Gouët. 02 96 33 92 44.
Eines der ältesten Fachwerkhäuser der alten Stadt. Hier bekommt
man hauptsächlich Fisch, – das Seezungenfilet mit Entenleber ist vorzüglich
– und eine reiche Auswahl an Nachspeisen.

ST-MALO: *Le Franklin* (F)
4, chaussée du Sillon. 02 99 40 50 93.
Restaurant mit Blick aufs Meer. Zu den Spezialitäten gehören
Fisch, zubereitet mit vielen Gewürzen, und *pré-salé*-Lamm.

VITRÉ: *La Taverne de l'Ecu* (F)(F)
12, rue Baudrairie. 02 99 75 11 09.
Ein Renaissancegebäude mit Innenhof und Gaststube aus dem 16. Jahrhundert. Der Fisch ist leicht und köstlich.

LOIRE-TAL

AMBOISE: *Le Manoir St-Thomas* (F)(F)(F)
Place Richelieu. 02 47 57 22 52.
Die vornehme, mit Renaissance Einrichtung, die Kochkünste
und der Weinkeller machen dieses Restaurant einfach unwiderstehlich.

ANGERS: *Restaurant La Ferme* (F)
2, place Freppel. 02 41 87 09 90.
Lebhaftes Restaurant, in dem die Gäste im Sommer auch draußen sitzen.
Ländliche Küche, *coq au vin* und Schnecken, dazu weißer Anjou-Wein.

ANGERS: *La Terrasse* (F)(F)
La Pointe de Bouchemaine, Bouchemaine. 02 41 77 11 96.
In einem kleinen Weiler, dort, wo Loire und Maine zusammenfließen, liegt
dieses Aussichtsrestaurant, in dem nur fangfrischer Aal, Hecht, Lachs und
andere Süßwasserfische in den Topf und auf den Tisch kommen.

ANGERS: *La Salamandre* (F)(F)(F)
1, boulevard du Maréchal-Foch. 02 41 88 99 55.
Die etwas kitschige Inneneinrichtung trügt, das Essen ist ausgezeichnet.
Probieren Sie Ravioli mit Hummer, Steaks, Fischsuppen und den Käse.

Zeichenerklärung siehe hintere Umschlagklappe

ZU GAST IN FRANKREICH

Preise für ein Drei-Gänge-Menü und eine halbe Flasche Hauswein für eine Person inkl. Gedeck, Steuer und Bedienung: **(F)** unter 150 FF **(F)(F)** 150–250 FF **(F)(F)(F)** 250–350 FF **(F)(F)(F)(F)** 350–500 FF **(F)(F)(F)(F)(F)** über 500 FF	**KINDERFREUNDLICH** Einige Restaurants haben Kinderstühle und bieten Kinderportionen an. **TAGESMENÜ** Menü zum festen Preis, mittags oder abends oder zu beiden Zeiten, oftmals mit drei oder mehr Gängen. **GUTE WEINKARTE** Bietet eine große Auswahl an guten Weinen oder aber eine besondere Auswahl an regionalen Weinen. **TISCHE IM FREIEN** Hier kann man auf einer Terrasse, in einem Garten oder in einem netten Innenhof essen.

	KREDITKARTEN	KINDERFREUNDLICH	TAGESMENÜ	GUTE WEINKARTE	TISCHE IM FREIEN
BEAUGENCY: *Le P'tit Bateau* **(F)(F)** 54, rue du Pont. 02 38 44 56 38. Das Restaurant in der Nähe des Schlosses ist das freundlichste in der ganzen Umgebung. Auch die Einheimischen kommen gern hierher zu Fisch, Wild, Waldpilzen und einheimischen Weinen.	AE DC EC V		▦		▦
BLOIS: *La Mesa* **(F)** 11, rue Vauvert. 02 54 78 70 70. Im Sommer kann man auch im Freien ungewöhnliche Salate, Fisch, Kalb und eine Reihe von köstlichen *crudités* kosten.	AE EC V		▦		▦
BLOIS: *Le Duc de Guise* **(F)(F)** 15, place Louis XII. 02 54 78 22 39. Ein lebhaftes, familienfreundliches, italienisches Restaurant beim Schloß. Die Pizzen kommen aus dem Holzofen. ♿	AE EC V	●	▦		▦
BLOIS: *La Péniche* **(F)(F)** Promenade du Mail. 02 54 74 37 23. Restaurant auf einem wunderschön restaurierten Hausboot. Auf hübsch gedeckten Tischen wird köstlicher Fisch serviert.	AE DC EC V		▦	●	
BOURGES: *La Courcillière* **(F)(F)** Rue de Babylone. 02 48 24 41 91. Der zwanzigminütige Fußmarsch lohnt sich, um sich hier am Rande des Moors mit Blick über den Fluß an Süßwasserfisch und Ente zu laben.	AE MC V	●	▦		▦
BOURGES: *Le Jardin Gourmand* **(F)(F)** 15 bis, boulevard Ernest-Renan. 02 48 21 35 91. Ein Gourmetrestaurant in elegantem, stilvollem altem Stadthaus. Zu den Spezialitäten gehören Meeresfrüchte, Lamm und Geflügel.	AE EC V		▦	●	▦
BOURGUEIL: *L'Auberge la Lande* **(F)(F)** Bourgueil. 02 47 97 92 41. In dieser Gastwirtschaft werden nur Zutaten aus der Umgebung verwendet. Die Gerichte sind einfach, aber köstlich. Gute Auswahl an Weinen der Region.	EC V		▦	●	
CHARTRES: *Le Buisson Ardent* **(F)(F)** 10, rue au Lait. 02 37 34 04 66. Das Restaurant mit dem herrlichen Blick auf die Kathedrale ist das älteste in Chartres. Der gebackene Lachs in Vinaigrette und der Kabeljau in Koriander sind ganz ausgezeichnet.	EC EC V	●	▦	●	
CHARTRES: *Le Grand Monarque* **(F)(F)(F)** 22, place des Epars. 02 37 21 00 72. Das Innere des Restaurants in dem großen Bauernhaus aus dem 17. Jahrhundert wurde 1987 renoviert. Das Essen ist meist ausgezeichnet, die Weine sind erstklassig.	DC EC V	●	▦	●	▦
CHEVERNY: *Le Pousse-Rapière* **(F)(F)** Rue Nationale. 02 54 79 94 23. Restaurant mit Blick auf das Schloß mit Gerichten von Loire und Gascogne, deren Einfluß sich in *foie gras* und *cassoulet* bemerkbar machen.	AE EC V	●	▦	●	
CHINON: *Les Années 30* **(F)(F)** 78, rue Voltaire. 02 47 93 37 18. Ein elegantes kleines Lokal auf halbem Weg zum Schloß. Hecht, Schweinsgrieben und *coq au vin* werden in der luftigen Gaststube oder auf der Terrasse serviert.	EC V	●	▦	●	▦
FONTEVRAUD-L'ABBAYE: *La Licorne* **(F)(F)(F)** Allée Sainte-Cathérine. 02 41 51 72 49. Elegantes Ambiente und ein hübscher Innenhof, dazu die Austern und der Spargel lassen alles andere vergessen. Im Sommer unbedingt reservieren.	AE DC EC V		▦		▦

RESTAURANTS

GIEN: *Le Rivage* ⓕⓕ
1, quai de Nice. 【 02 38 37 79 00.
Speisen Sie auf der Terrasse mit Blick auf die Loire. Probieren Sie die
Fleischgerichte, den Käse und die ungewöhnlichen einheimischen Weine.
AE DC EC V — ● ▦ ●

LA BOHALLE: *Auberge de la Gare* ⓕ
3, impasse de la Gare. 【 02 41 80 41 20.
Nach einem Menü aus Schnecken, Meeresfrüchten, Steak und Käse
bietet sich ein Uferspaziergang hinter dem Gasthaus an.
EC V — ● ▦

LAMOTTE-BEUVRON: *Hôtel Tatin* ⓕⓕ
5, avenue de Vierzon. 【 02 54 88 00 03.
Das Menü, zu dem Wild, Forelle und ein einheimischer Rotwein gehören,
wird durch das berühmte Dessert *tarte tatin* fast in den Schatten gestellt.
AE DC EC V — ● ▦

LE MANS: *La Cité d'Aleth* ⓕ
7 u. 9, rue de la Vieille-Porte. 【 02 43 28 73 81.
Eine Crêperie im Familienbesitz in Le Vieux Mans; hier gibt es Crêpes in
allen Variationen, dazu Salate und zum Schluß obstige Nachspeisen. ♿
EC V — ▦

LE MANS: *Le Grenier à Sel* ⓕⓕ
26, place de L'Eperon. 【 02 43 23 26 30.
Dieses Restaurant mitten im historischen Stadtkern hat sich auf Fischgerichte
in leichten Saucen spezialisiert. ♿
AE EC V — ● ▦

LE MANS: *La Vie en Rose* ⓕ
55, Grand' rue. 【 02 43 23 27 37.
Steinmauern und rosenfarbene Inneneinrichtung schaffen eine angenehme
Atmosphäre. Die Küche ist *nouvelle*, die Gerichte sind auch ein Augenschmaus.
AE DC EC V — ● ▦ ● ●

MONTBAZON: *La Chancelière* ⓕⓕⓕⓕ
1, place des Marronniers. 【 02 47 26 00 67.
In diesem bei den Einheimischen beliebten Lokal ißt man herrliche
Schweinsfüßchen, Kalbsbries und allerlei regionale Gerichte.
EC V — ● ▦ ●

NANTES: *La Taverne de Maitre Kanter* ⓕ
1, place Royale. 【 02 40 48 55 28.
Dieses elsässische Gasthaus gehört zu einer Kette und bietet ausgezeichnetes *choucroute* und kalte Gerichte. Probieren Sie auch das Bier.
AE DC EC V — ● ▦ ▦

NANTES: *La Cigale* ⓕⓕ
4, place Graslin. 【 02 51 84 94 94.
Das Innere dieser Belle-Epoque-Brasserie ist gekachelt und vergoldet;
auch Qualität und Auswahl der Gerichte sind außergewöhnlich.
EC V — ● ▦ ● ▦

NANTES: *Torigai* ⓕⓕⓕⓕ
Ile de Versailles. 【 02 40 37 06 37.
In einem Wintergarten voll exotischer Pflanzen können Sie die großartige
Mischung aus orientalischer und französischer Küche kosten. ♿
AE EC V — ● ▦ ▦

ORLÉANS: *Auberge de la Croix Blanche* ⓕⓕ
Marcilly-en-Villette. 【 02 38 76 10 14.
Zwanzig Kilometer südlich von Orléans befindet sich das Gasthaus, in dem
gute Fischgerichte, dazu guter Käse, ein Dessert und Wein serviert werden.
EC V — ● ▦ ●

ORLÉANS: *La Chancellerie* ⓕⓕ
27, place du Martroi. 【 02 38 53 57 54.
Diese Brasserie am Hauptplatz zieht die Gäste durch ihre Lebendigkeit an.
Die einfache Kost wird durch die Weine aufgewertet.
AE MC V — ● ▦ ● ▦

ORLÉANS: *La Tête de l'Art* ⓕ
Cloître St-Pierre-Empont. 【 02 38 54 14 39.
Eine junge Gästeschar sorgt für Stimmung und gute Laune.
Preiswert und gut sind *tête de veau*, *coq au vin* und riesige Salate. ♿
EC V — ● ▦ ▦

SACHÉ: *Auberge du XII Siécle* ⓕⓕⓕ
Rue Principal. 【 02 47 26 88 77.
In einem alten Gebäude im Stadtzentrum stehen regionale Spezialitäten
wie *sandre* (einheimischer Fisch) und Schnecken auf der Speisekarte.
EC V — ● ▦ ● ▦

SAUMUR: *Auberge St-Pierre* ⓕ
6, place St-Pierre. 【 02 41 51 26 25.
Das Gasthaus an einem Platz in der Nähe des Schlosses muß man erst suchen.
Die regionalen Spezialitäten sind Hecht in Butter und *coq au vin*. ♿
AE EC V — ● ▦ ▦

Zeichenerklärung siehe hintere Umschlagklappe

ZU GAST IN FRANKREICH

Preise für ein Drei-Gänge-Menü und eine halbe Flasche Hauswein für eine Person inkl. Gedeck, Steuer und Bedienung:
Ⓕ unter 150 FF
ⒻⒻ 150–250 FF
ⒻⒻⒻ 250–350 FF
ⒻⒻⒻⒻ 350–500 FF
ⒻⒻⒻⒻⒻ über 500 FF

KINDERFREUNDLICH
Einige Restaurants haben Kinderstühle und bieten Kinderportionen an.

TAGESMENÜ
Menü zum festen Preis, mittags oder abends oder zu beiden Zeiten, oftmals mit drei oder mehr Gängen.

GUTE WEINKARTE
Bietet eine große Auswahl an guten Weinen oder aber eine besondere Auswahl an regionalen Weinen.

TISCHE IM FREIEN
Hier kann man auf einer Terrasse, in einem Garten oder in einem netten Innenhof essen.

	KREDITKARTEN	KINDERFREUNDLICH	TAGESMENÜ	GUTE WEINKARTE	TISCHE IM FREIEN
SAUMUR: *Les Caves de Marson* Ⓕ Rou-Marson. ☎ 02 41 50 50 05. In diesem Kellerrestaurant muß man reservieren. Mit dem Tagesmenü bekommt man unter anderem Crêpes mit Bohnen und Ziegenkäse.	EC V	●	▨		
TOURS: *La Renaissance* ⒻⒻ 64, rue Colbert. ☎ 02 47 66 63 25. Holzbalken und eine niedrige Decke bestimmen die Atmosphäre. Die Küche ist klassisch französisch mit regionalen Akzenten.	EC V	●	▨	●	
TOURS: *Les Naiades* ⒻⒻ 63, rue Blaise-Pascal. ☎ 02 47 05 27 92. Das Restaurant ist kürzlich im Louis-XV-Stil renoviert worden. Nicht versäumen sollte man die gebratenen Garnelen und die Tauben in Kuskus.	EC V	●	▨	●	
TOURS: *La Roche Le Roy* ⒻⒻⒻⒻ 55, rue de St-Avertin. ☎ 02 47 27 22 00. Ein von Michelin ausgezeichnetes Restaurant in romantischem Landhaus. Größten Wert wird hier auf den Fisch der Saison und Wild gelegt. ♿	AE EC V	●	▨	●	▨
TOURS: *Barrier* ⒻⒻⒻⒻ 101, avenue de la Tranchée. ☎ 02 47 54 20 39. Früher war das Restaurant zwar besser, aber ein Besuch lohnt sich, um die im Topf gerösteten Langusten zu kosten.	AE EC V	●	▨		
TOURS: *Jean Bardet* ⒻⒻⒻⒻⒻ 57, rue Groisson. ☎ 02 47 41 41 11. Der gastronomische Tempel an der Loire mit zwei Sternen von Michelin. Zu guten Weinen kann man in Austern, Hummer, Jakobsmuscheln und Trüffeln jeder Art schwelgen, sofern Geld keine Rolle spielt.	AE DC EC V	●	▨	●	
VENDÔME: *Le Vieux Moulin* Ⓕ 21–23, rue du Change. ☎ 02 54 72 29 10. Diese Brasserie in der umgebauten Mühle ist wohl bekannter wegen des Ambientes, weniger wegen der zwar erfreulichen, doch durchschnittlichen Küche.	EC V	●	▨		▨
VILLANDRY: *Domaine de la Giraudière* Ⓕ Route de Druye. ☎ 02 47 50 08 60. Bauernhof an der Straßenrand. Alles, was hier auf den Tisch kommt, wird selbst geerntet oder zubereitet: Pâtés, gefüllte Tomaten, Quiches und Omeletts.			▨		▨
VOUVRAY: *La Cave Martin* Ⓕ 66, vallée Coquette. ☎ 02 47 52 62 18. Ein Keller, neben den Weinkellern in den Fels gehauen, dient heute als Restaurant mit typisch ländlicher Küche	EC V	●	▨		
BURGUND UND FRANCHE-COMTÉ					
BEAUNE: *La Bouzerotte* ⒻⒻ Bouze-les-Beaune. ☎ 03 80 26 01 37. Nirgendwo in Burgund ist es im Winter so gemütlich wie hier am Kaminfeuer. Im Sommer genießt man die lauen Abende und das Essen auf der Terrasse. Herzhafte regionale Gerichte werden frisch zubereitet.	EC V	●	▨		▨
BEAUNE: *La Ciboullette* ⒻⒻ 69, rue Lorraine. ☎ 03 80 24 70 72. Einfache Einrichtung, aber sehr gute Küche im Bistro, das seinesgleichen sucht. Herzhaftes wie Steak und Schwein wird serviert.	EC V	●	▨		
BEAUNE: *Le Gourmandin* ⒻⒻ 8, place Carnot. ☎ 03 80 24 07 88. Die Einrichtung aus rostfreiem Stahl wird von lebhaften Gästen erwärmt. Der Koch serviert Sättigendes wie *bœuf bourguignon*.	EC V		▨		▨

R E S T A U R A N T S

BEAUNE: *Les Coquines* ⒻⒻ — AE DC EC V
Ladoix Serrigny. ☎ 03 80 26 43 58.
Hier kann man gut und vor allen Dingen reichlich essen. Das Restaurant
befindet sich in einem Weinberg, und die Weine sind außergewöhnlich.

BEAUNE: *Jean-Crotet* ⒻⒻⒻⒻ — AE DC EC V
Route de Combertault, Levernois. ☎ 03 80 24 73 58.
In diesem wunderschönen alten Herrenhaus wird hervorragend gekocht.
Vor allem Bresse-Hühner und Kalbsbries sind ganz ausgezeichnet. ♿

CHAGNY: *Château de Bellecroix* ⒻⒻⒻⒻ — AE DC EC V
N6. ☎ 03 85 87 13 86.
Dieses bezaubernde Herrenhaus gehörte einst dem Malteserorden; heute
werden in dem beeindruckendem, neogotischen Speisezimmer Fischspezialitäten und köstliche Desserts serviert. ♿

CHAGNY: *Lameloise* ⒻⒻⒻⒻⒻ — AE EC V
36, place d'Armes. ☎ 03 85 87 08 85.
Das preiswerteste Drei-Sterne-Restaurant in Frankreich. In diesem
Familienbetrieb geht es auch überhaupt nicht snobistisch zu, hier kümmert
man sich nur um hervorragendes, klassisches burgundisches Essen.

CHÂTEAUNEUF: *La Fontaine* ⒻⒻ — AE EC V
☎ 03 85 26 26 87.
Extravagante rosa- und pistazienfarbene Einrichtung als Hintergrund für
kreative und schmackhafte Interpretationen traditioneller Gerichte.

CHÂTEAUNEUF: *Hostellerie du Château* ⒻⒻⒻ — AE EC V
☎ 03 80 49 22 00.
Dieser preiswerte Gasthof in der malerischen mittelalterlichen Stadt ist einfach
und freundlich. Das einfache Essen ist sein Geld wert.

DIJON: *Le Bistrot des Halles* ⒻⒻ — EC V
10, rue Bannelier. ☎ 03 80 49 94 15.
Zur Mittagszeit geht es hier in jeder Beziehung heiß her. Da
das Bistro in unmittelbarer Nähe zum Markt liegt, kommen Händler und
Geschäftsleute zu Fischpâté, Hacksteak und gegrillten Lammkoteletts.

DIJON: *Le Chabrot* ⒻⒻ — V
36, rue Monge. ☎ 03 80 30 69 61.
Die gemütliche Atmosphäre und der Besitzer tragen ebenso zur Beliebtheit
bei wie das gute Tagesmenü. Burgunder wird im Glas ausgeschenkt.

DIJON: *Breuil La Chouette* ⒻⒻ — AE DC EC V
1, rue de la Chouette. ☎ 03 80 30 18 10.
Obwohl aus der alten Schule, bereitet der Koch Klassiker wie Frosch-
schenkel und Lachs auf neue Art zu. Riesiger Weinkeller. ♿

DIJON: *Jean-Pierre Billoux* ⒻⒻⒻⒻ — AE EC V
13, place de la Libération. ☎ 03 80 38 05 05.
Der berühmteste Koch von Dijon versteht es, in diesem
Restaurant traditionelle Zutaten und neuartige Aromen ideal zu
verbinden. ♿

FONTANGY: *Ferme Auberge de la Morvandelle* Ⓕ
Précy-sous-Thil. ☎ 03 80 84 33 32.
Bauernhof, in dem man am Wochenende auch übernachten kann. Buchen Sie im
voraus, damit Ihnen Kaninchen, Perlhühner und Kuchen nicht entgehen. ♿

GEVREY-CHAMBERTIN: *Le Bon Bistro* ⒻⒻ — V
Rue de Chambertin. ☎ 03 80 34 33 20.
Hier werden feinste burgundische Delikatessen zu sehr vernünftigen Preisen
serviert. An schönen Tagen kann man auf der Terrasse essen.

GEVREY-CHAMBERTIN: *La Sommellerie* ⒻⒻⒻ — EC V
7, rue Souvert. ☎ 03 80 34 31 48.
Stilvoller Service und regionale Küche in weinfarbener Umgebung.
Lachs-Ravioli mit Kaviar und Weine der Côte de Nuit sind ein Muß.

GEVREY-CHAMBERTIN: *Les Millésimes* ⒻⒻⒻⒻⒻ — DC EC V
25, rue de l'Eglise. ☎ 03 80 51 84 24.
Dieser Familienbetrieb in einem Weinkeller bietet freundliche Bedienung,
ausgezeichnete Küche und exzellente Weine. Kalbsgerichte, Kalbsbries,
Trüffel und herrliche Käse überzeugen jeden Gast.

Zeichenerklärung siehe hintere Umschlagklappe

Preise für ein Drei-Gänge-Menü und eine halbe Flasche Hauswein für eine Person inkl. Gedeck, Steuer und Bedienung:

Ⓕ unter 150 FF
ⒻⒻ 150–250 FF
ⒻⒻⒻ 250–350 FF
ⒻⒻⒻⒻ 350–500 FF
ⒻⒻⒻⒻⒻ über 500 FF

KINDERFREUNDLICH
Einige Restaurants haben Kinderstühle und bieten Kinderportionen an.

TAGESMENÜ
Menü zum festen Preis, mittags oder abends oder zu beiden Zeiten, oftmals mit drei oder mehr Gängen.

GUTE WEINKARTE
Bietet eine große Auswahl an guten Weinen oder aber eine besondere Auswahl an regionalen Weinen.

TISCHE IM FREIEN
Hier kann man auf einer Terrasse, in einem Garten oder in einem netten Innenhof essen.

	KREDITKARTEN	KINDERFREUNDLICH	TAGESMENÜ	GUTE WEINKARTE	TISCHE IM FREIEN
LA CROIX-BLANCHE: *Le Relais Mâconnais* — ⒻⒻ Berze la Ville. ☎ 03 85 36 60 72. Rindfleisch in rotem Mâcon-Wein zubereitet und Entenleber in Erdbeeressig – nur zwei Gerichte auf der Speisekarte dieses hochgelobten Restaurants. ♿	AE DC EC V	●	▨		▨
MARCIGNY-SOUS-THIL: *L'Auberge Pénélopé* — Ⓕ Marcigny. ☎ 03 80 64 52 34. Landgasthof in ruhiger Umgebung. Das Innere verbirgt die kulinarischen und doch preiswerten Köstlichkeiten. Sie lohnen den Umweg. ♿	EC V		▨		▨
MEURSAULT: *Relais de la Diligence* — ⒻⒻ 23, rue de la Gare. ☎ 03 80 21 21 32. Trotz der langweiligen Umgebung nahe einer alten Bahnstation tummeln sich hier am Sonntagmorgen die Einheimischen. Quantität und Qualität der Speisen wie *coq au vin* und *bœuf bourguignon* sind ausgezeichnet. ♿	AE DC EC V	●	▨		▨
NITRY: *La Beursaudière* — ⒻⒻ Chemin de Ronde. ☎ 03 86 33 62 51. Das Personal trägt Bauernkostüme. Ein viergängiges Menü – einfach anzusehen und trotzdem köstlich – kommt preiswert auf den Tisch. ♿	AE DC EC V	●	▨		▨
QUARRÉ LES TOMBES: *Auberge de l'Atre* — ⒻⒻⒻ Les Lavaults. ☎ 03 86 32 20 79. Die dekorative Innenausstattung dieses Restaurants steht in krassem Gegensatz zum ländlich einfachen Äußeren. Beliebt bei den Einheimischen, weil es gut und preiswert ist. ♿	AE DC EC V	●	▨		
RABOLIOT: *Le Raboliot* — Ⓕ Place Marché. ☎ 02 38 97 44 52. Unweit der A6 trifft man hier auf korsische und französische Küche. Während der Jagdsaison reichliche Wildportionen.	EC V	●	▨		
SAINTE-MAGNANCE: *La Chenevotte* — ⒻⒻ N6. ☎ 03 86 33 14 79. Einfacher, schlichter Landgasthof mit herzerwärmender Küche. Besonders zu empfehlen sind die Spezialitäten aus Burgund, wie etwa coq au vin.	EC V	●	▨		
ST-LAURENT-SUR-SAÔNE: *Le St-Laurent* — ⒻⒻ 1, quai Bouchacourt. ☎ 03 85 39 29 19. In Jahrhundertwende-Ambiente werden abenteuerliche Versionen einheimischer Spezialitäten serviert. Der weiße Mâcon ist gut. ♿	AE EC V	●	▨		▨
ST-PÈRE-SOUS-VÉZELAY: *Le Pré des Marguerites* — ⒻⒻ ☎ 03 86 33 20 45. In diesem Anbau des L'Espérance werden einfache Versionen traditioneller Gerichte aus Burgund in kalter Umgebung serviert. ♿	AE EC V	●	▨		▨
ST-PÈRE-SOUS-VÉZELAY: *L'Espérance* — ⒻⒻⒻⒻⒻ ☎ 03 86 33 39 10. Für einige das kulinarische Ereignis Burgunds. Im hellen Restaurant mit schöner Terasse verwandelt Marc Meneau, einer der besten Köche Frankreichs, traditionelle Gerichte in moderne Klassiker. ♿	AE DC EC V	●	▨	●	
SAULIEU: *La Poste* — ⒻⒻ 1, rue Grillot. ☎ 03 80 64 05 67. Probieren Sie die Fischterrine oder Schweinsfüßchen in Trüffelsauce in heimeliger Atmosphäre, dazu einen einheimischen Wein. ♿	AE DC EC V	●	▨	●	
SAULIEU: *La Côte d'Or* — ⒻⒻⒻⒻⒻ 2, rue d'Argentine. ☎ 03 80 64 07 66. Die altmodische Einrichtung ist irreführend, denn die Küche ist einfallsreich und kreativ; so kommt Kaninchenleber ebenso auf den Tisch wie Nessel-suppe und Flußbarsch in Wein. Herrliche Weine.	AE DC EC V	●	▨	●	

RESTAURANTS

SINCEY-LES-ROUVRAY: *Ferme Auberge de la Mothe* (F)
03 80 64 71 13.
Ein Schloß aus dem 15. Jahrhundert, das heute als *ferme-auberge* dient.
Nur geöffnet am Wochenende, aber dann gibt es Hausgemachtes.

TOURNUS: *Restaurant Greuze* (F)(F)(F)(F)(F) · AE EC V
1, rue A.-Thibaudet. 03 85 51 09 11.
Eines der besten Restaurants Frankreichs; es ist Symbol einer vergangenen
Zeit. Serviert werden mit Cognac gefüllte Klößchen, in Butter gebratene
Froschschenkel und köstliche gebackene Appetithäppchen.

VILLARS-FONTAINE: *Auberge du Coteau* (F) · V
Villars-Fontaine, D35 W von Nuits St.Georges.. 03 80 61 10 50.
Inmitten der Weinberge der Haute-Côtes de Nuits liegt dieses gemütliche
Gasthaus, in dem man burgundische Gerichte zu guten Preisen bekommt.

VILLENEUVE-SUR-YONNE: *Auberge la Lucarne aux Chouettes* (F)(F) · AE EC V
Quai Bretoche. 03 86 87 18 26.
Die Schauspielerin Leslie Caron hat dieses hübsche Restaurant am
Yonne renovieren lassen. Äußerst zuvorkommendes Personal.

VONNAS: *L'Ancienne Auberge* (F)(F)(F) · AE EC V
Place de Marché. 04 74 50 90 50.
Oftmals trifft man hier mehr reiche Pariser als Einheimische. Obwohl
es teurer ist als die meisten Bistros, ist es einen Besuch wert.

VONNAS: *Georges Blanc* (F)(F)(F)(F)(F) · AE DC EC V
Vonnas. 04 70 50 90 90.
Ein kulinarischer Tempel mit gutem Service in einem mit Antiquitäten
überladenen Restaurant. Auch Fisch- und Wildgerichte.

MASSIF CENTRAL

AUMONT-AUBRAC: *Proubèze* (F)(F)(F) · V
2, route du Languedoc. 04 66 42 80 07.
Der vielgelobte Koch nimmt nur die frischesten Zutaten, um den besten
Geschmack zu erzielen. Die Anordnung ist manchmal etwas schlicht.

AURILLAC: *A la Reine Margot* (F)(F) · EC V
19, rue Guy-de-Veyre. 04 71 48 26 46.
Ein Ort, um die einfachen Gerichte der Auvergne zu kosten. Besonders stolz
sind die Bewohner auf ihren Schinken, ihr Schweine- und Rindfleisch.

BESSE-EN-CHANDESSE: *Les Mouflons* (F)(F) · AE EC V
Route de Super-Besse. 04 73 79 56 93.
Der Fisch kommt aus eigenen Gewässern und schmeckt herrlich; probieren
Sie Lachsforelle oder Steinbutt mit Crêpes und dazu den roten Chanturgue.

BOURGES: *Jacques-Cœur* (F)(F) · AE DC EC V
3, place Jacques-Cœur. 02 48 70 12 72.
Einheimische Spezialitäten in mittelalterlichem Ambiente. Die Küche kann
etwas fad sein; zu empfehlen sind Nieren, Jakobsmuscheln und Lachs.

BOUSSAC: *Le Relais Creusois* (F)(F)(F) · EC V
Route de la Châtre. 05 55 65 02 20.
Das Herrliche an diesem Besuch ist die Küche und nicht so sehr die
Umgebung. Die Nachspeisen sind wie die Bordeaux-Weine ausgezeichnet.

CLERMONT-FERRAND: *Le Charade* (F)(F) · AE DC EC V
51, rue Bonnabaud. 04 73 93 59 69.
Der neue Koch kreiert herrliche Salate, Ente und eine Reihe von
köstlichen Nachspeisen. Zu dem Tagesmenü gehört auch Wein.

CLERMONT-FERRAND: *Le Chardonnay* (F) · V
1, place Philippe-Marcombes. 04 73 90 18 28.
Weinkenner können hier nicht nur die herzhafte Küche Auvergniens genießen,
sondern sich auch vom *patron-sommelier*, mit seiner Auswahl an erlesenen
Weinen, beraten lassen. Viele der Weine können im Glas probiert werden.

ESPALION: *Le Méjane* (F)(F)(F) · AE DC EC V
8, rue Méjane. 05 65 48 22 37.
Ausgesprochen preiswert für ein Restaurant, in dem Kaninchen auf *foie gras*,
und Schnecken in Garlic-Creme serviert wird.

Zeichenerklärung siehe hintere Umschlagklappe

ZU GAST IN FRANKREICH

Preise für ein Drei-Gänge-Menü und eine halbe Flasche Hauswein für eine Person inkl. Gedeck, Steuer und Bedienung:
- Ⓕ unter 150 FF
- ⒻⒻ 150–250 FF
- ⒻⒻⒻ 250–350 FF
- ⒻⒻⒻⒻ 350–500 FF
- ⒻⒻⒻⒻⒻ über 500 FF

KINDERFREUNDLICH
Einige Restaurants haben Kinderstühle und bieten Kinderportionen an.

TAGESMENÜ
Menü zum festen Preis, mittags oder abends oder zu beiden Zeiten, oftmals mit drei oder mehr Gängen.

GUTE WEINKARTE
Bietet eine große Auswahl an guten Weinen oder aber eine besondere Auswahl an regionalen Weinen.

TISCHE IM FREIEN
Hier kann man auf einer Terrasse, in einem Garten oder in einem netten Innenhof essen.

	Kreditkarten	Kinderfreundlich	Tagesmenü	Gute Weinkarte	Tische im Freien
LAGUIOLE: *Michel Bras* ⒻⒻⒻ Route de l'Aubrac. ☎ 05 65 44 32 24. Durch eine riesige Glaswand blickt man bis weit hinunter ins Tal. Michel Bras spielt und kreiert mit Vorliebe mit Kräutern. Zu empfehlen sind daneben die köstlichen Ziegen- und Schafskäse.	AE DC V	●	▪		
LIMOGES: *Philippe Redon* ⒻⒻ 3, rue d'Aguesseau. ☎ 05 55 34 66 22. Philippe Redon bietet erstklassige einheimische Küche, vor allem Fischgerichte. Die Weine sind ebenfalls gut und preiswert.	AE DC EC V	●	▪	●	
MONTSALVY: *Auberge Fleurie* Ⓕ Place du Barry. ☎ 04 71 49 20 02. Freundlicher Landgasthof mit fröhlicher Atmosphäre und einer mütterlichen Köchin, die herrliche Pilzomeletts und grüne Salate zubereitet. ♿	EC V	●	▪	●	▪
MURAT: *Le Jarrousset* ⒻⒻⒻ N122. ☎ 04 71 20 10 69. Diskretes, schlichtes Restaurant, dessen Koch einheimische Zutaten wie grüne Linsen und Kalbfleisch auf köstliche Weise zubereitet. ♿	EC V	●	▪	●	▪
RODEZ: *Le St-Amans* ⒻⒻ 12, rue de la Madeleine. ☎ 05 65 68 03 18. Traditionelle Küche mit gewissem Etwas – *cassoulet des fruits de mer* mit Anissamen, Taube mit einem Hauch von Kakao. ♿	EC V		▪		
ROYAT: *La Belle Meunière* ⒻⒻ 25, avenue de la Vallée. ☎ 04 73 35 80 17. Der Koch Jean-Claude Bon wurde von Gault Millau für seine einheimischen Gerichte ausgezeichnet. Die Speisekarte wechselt, aber Klassiker wie Kraut gefüllt mit Schweinsfüßchen und Crêpes mit Bleu d'Auvergne Käse bleiben. ♿	AE DC EC V	●	▪		▪
ST-ETIENNE: *Nouvelle* ⒻⒻ 30, rue St-Jean. ☎ 04 77 32 32 60. Elegantes Ambiente, aufmerksames Personal sowie kulinarische Überraschungen haben das Lokal bekannt gemacht. Rechtzeitige Tischreservierung ist ratsam.	AE EC V		▪		
ST-JEANNE-EN-VAL: *La Bergerie* ⒻⒻⒻ Sarpoil. ☎ 04 73 71 02 54. Weil es bei den Einheimischen so beliebt ist, empfiehlt es sich zu reservieren. Die Küche ist vielfältig und kreativ. ♿	AE DC EC V	●	▪		
ST-JULIEN-CHAPTEUIL: *Vidal* ⒻⒻⒻ Place du Marché. ☎ 04 71 08 70 50. Herrliche einheimische Produkte kommen hier auf den Tisch; die Speisekarte wechselt je nach Saison. ♿	AE EC V		▪		
VICHY: *La Veranda* ⒻⒻ 3, place Joseph-Aletti. ☎ 04 70 31 78 77. Das moderne La Veranda gehört zum Hotel Aletti Palace. Auf der Speisekarte stehen Langusten, Rindfleisch sowie einheimischer Käse.	AE DC EC V	●	▪		

RHÔNE-TAL UND FRANZÖSISCHE ALPEN

	Kreditkarten	Kinderfreundlich	Tagesmenü	Gute Weinkarte	Tische im Freien
AIX-LES-BAINS: *Lille* ⒻⒻ Grand Port. ☎ 04 79 63 40 00. Eines der besten Restaurants in Aix, berühmt für seine köstlichen Fischgerichte. Es befindet sich in Nähe der Landungsbrücken für die Flußdampfer. ♿	AE DC EC V	●	▪		▪
BOURG-EN-BRESSE: *Jacques Guy* ⒻⒻⒻ 19, place Bernard. ☎ 04 74 45 29 11. Die einheimischen Spezialitäten sind Bresse-Huhn, Terrinen und *hors d'œuvres*, aber auch die Nachspeisen und Weine sind ausgezeichnet. ♿	AE DC EC V	●	▪	●	▪

R E S T A U R A N T S

CHAMBÉRY: *La Chaumière* ⒻⒻ
44, avenue Pierre-Lanfrey. ☎ 04 79 69 02 78.
Im gemütlichen Speisesaal werden traditionelle Gerichte aus hochwertigen
Zutaten serviert. Alle 15 Tage wechselt die Speisekarte. ♿

AE EC V

CHAMBÉRY: *La Vanoise* ⒻⒻⒻ
4, rue de Boigne. ☎ 04 79 33 45 36.
Frischer Fisch aus den Seen der Umgebung wird serviert mit den delikaten
Saucen von Chef Philippe Lenain. Die Menüs wechseln alle zwei Wochen .

AE DC EC V

CHAMONIX: *Albert Ier* ⒻⒻⒻⒻ
119, impasse du Montenvers. ☎ 04 50 53 05 09.
Hier paßt alles zusammen: der Michelin-Stern für Chefkoch Pierre Carrier
und die großartige Ausssicht auf den Mont Blancs. Carriers *fois gras* wird
ganz besonders gelobt.

AE DC V

CHAMONIX: *L'Impossible* ⒻⒻ
Route des Pèlerins. ☎ 04 50 53 20 36.
Ehemals ein Bauernhof, heute eine einfache Gaststube mit offenem Kamin.
Die Spezialität des Hauses sind Käsegerichte wie Raclette und Fondue.
Auf Wunsch werden aber auch Fleischgerichte zubereitet.

EC V

COLLONGES-AU-MONT-D'OR: *Paul Bocuse* ⒻⒻⒻⒻⒻ
50, quai de la Plage. ☎ 04 72 42 90 90.
Probieren Sie die Spezialitäten wie schwarze Trüffelsuppe und Seezungenfilet
mit Koriander und Vanillebutter. Auch die Weine sind ausgezeichnet. ♿

AE DC EC V

COURCHEVEL: *Le Chabichou* ⒻⒻⒻⒻ
Quartier des Chenus. ☎ 04 79 08 00 55.
Reservieren Sie einen Tisch an den riesigen Fenstern, damit Sie die
Aussicht auf die Berge genießen können. Die Küche in diesem beliebten
(aber teuren) Restaurant ist kreativ und außergewöhnlich. ♿

AE DC EC V

COURCHEVEL: *La Bergerie* ⒻⒻⒻ
Route de Nogentil. ☎ 04 79 08 24 70.
Beliebt bei den Schönen und Reichen ist das zweistöckige Restaurant mit
Tanzfläche auf der ersten Ebene. Mittagessen und Drinks werden oben serviert.

AE EC V

EVIAN-LES-BAINS: *Savoy* ⒻⒻ
17, quai Charles-Besson. ☎ 04 50 83 15 00.
Der Ausblick in die Schweiz ist atemberaubend. Zu den Savoyer
Spezialitäten gehören Fondue und *gratin dauphinois*. ♿

AE DC EC V

GRENOBLE: *Amerindia* Ⓕ
4, place des Gordes. ☎ 04 76 51 58 39.
Ein fröhliches Restaurant mit südamerikanischer Atmosphäre, das eine
reichhaltige Auswahl an vegetarischen Gerichten bietet.

EC V

GRENOBLE: *Le Berlioz* ⒻⒻⒻ
4, rue de Strasbourg. ☎ 04 76 56 22 39.
Dieses Restaurant in einem Herrenhaus aus dem 18. Jahrhundert bietet
saisonale und regionale Gerichte. ♿

AE DC EC V

LYON: *Le Bouchon aux Vins* ⒻⒻ
62, rue Mercière. ☎ 04 78 42 88 90.
Ein beliebtes Restaurant mit einheimischer Küche. Probieren Sie
charcuterie, Kaninchen und *pot-au-feu* und Nußtorte zum Dessert. ♿

AE EC V

LYON: *Le Mercière* ⒻⒻ
56, rue Mercière. ☎ 04 78 37 67 35.
Ein erstklassiges Restaurant, in dem man unbedingt reservieren muß.
Wer das Tagesmenü bestellt, bekommt Nahrhaftes, wer à la carte wählt,
Besonderes, darunter Schnecken, Seewolf und Muscheln. ♿

AE DC EC V

LYON: *La Tour Rose* ⒻⒻⒻⒻ
22, rue du Bœuf. ☎ 04 78 37 25 90.
In einem alten Renaissancekloster bietet der Koch herrliche Fisch- und
Gemüsegerichte, dazu eine große Käseauswahl und gute Weine.

AE DC EC V

LYON: *Léon de Lyon* ⒻⒻⒻⒻⒻ
1, rue Pléney. ☎ 04 78 28 11 33.
In einem zweistöckigen Gebäude auf der Presqu'Île, im Herzen der Stadt,
serviert der ausgezeichnete Koch und Besitzer einheimische und moderne Küche.
Die Menüs wechseln zehn Mal im Jahr. ♿

AE EC V

Zeichenerklärung siehe hintere Umschlagklappe

602 ZU GAST IN FRANKREICH

Preise für ein Drei-Gänge-Menü und eine halbe Flasche Hauswein für eine Person inkl. Gedeck, Steuer und Bedienung:
- (F) unter 150 FF
- (F)(F) 150–250 FF
- (F)(F)(F) 250–350 FF
- (F)(F)(F)(F) 350–500 FF
- (F)(F)(F)(F)(F) über 500 FF

KINDERFREUNDLICH
Einige Restaurants haben Kinderstühle und bieten Kinderportionen an.

TAGESMENÜ
Menü zum festen Preis, mittags oder abends oder zu beiden Zeiten, oftmals mit drei oder mehr Gängen.

GUTE WEINKARTE
Bietet eine große Auswahl an guten Weinen oder aber eine besondere Auswahl an regionalen Weinen.

TISCHE IM FREIEN
Hier kann man auf einer Terrasse, in einem Garten oder in einem netten Innenhof essen.

	KREDITKARTEN	KINDERFREUNDLICH	TAGESMENÜ	GUTE WEINKARTE	TISCHE IM FREIEN
MEGÈVE: *Le Chamonix* (F) Place de l'Eglise. 04 50 21 25 01. Beliebtes Restaurant im Stadtzentrum, in dem regionale Spezialitäten wie zum Beispiel Räucherschinken auf den Tisch kommen.	EC V		▪		
MEGÈVE: *Les Enfants Terribles* (F)(F) Place de l'Eglise. 04 50 58 76 69. Gehobene Küche, in der Zutaten wie Trüffel und *foie gras* Verwendung finden, um einheimischen Gerichten eine besondere Note zu verleihen.	AE EC V	●	▪		▪
MORZINE: *La Chamade* (F)(F) 04 50 79 13 91. Die extravagante Einrichtung paßt zu den herrlich angerichteten Hauptgängen und köstlichen, ungewöhnlichen Desserts.	AE DC EC V	●	▪		▪
PÉROUGES: *Hostellerie du Vieux Pérouges* (F)(F)(F) Place du Tilleul. 04 74 61 00 88. Ausgezeichnetes Restaurant in einem Holzhaus aus dem 13. Jahrhundert. Probieren Sie Ypocras, einen Likör nach mittelalterlichem Rezept.	EC V	●	▪		
ROANNE: *Chez Troisgros* (F)(F)(F)(F)(F) Place de la Gare. 04 77 71 66 97. Eines der angesehensten Restaurants in ganz Frankreich mit eleganter zeitgemäßer Einrichtung. Auf der Speisekarte steht auch Lachs mit Sauerampfer.	AE DC EC V	●	▪	●	
TALLOIRES: *Villa des Fleurs* (F)(F)(F) Route du Port. 04 50 60 71 14. Der hauseigene See ist ein malerischer Anblick und liefert dem Restaurant außerdem seine köstlichste Speise: den seltenen Fisch namens *féra*.	EC V	●	▪		▪
TALLOIRES: *Le Père Bise* (F)(F)(F)(F)(F) Route du Port. 04 50 60 72 01. Einheimische und wohlhabende Touristen finden sich in diesem Gastronomietempel ein, um die hervorragende Küche und den Seeblick zu genießen, der in gewisser Weise den Schock über die Preise mildert.	AE DC EC V	●	▪		▪
THONON-LES-BAINS: *Le Belvédère* (F) 3, rue des Ursules. 04 50 71 75 64. Das in unmittelbarer Nähe zum Genfer See gelegene Restaurant bietet verschiedene *feuilletés*, leichte Blätterteigpasteten gefüllt mit Fleisch und Gemüse.	EC V	●	▪		▪
VALANCE: *Restaurant Pic* (F)(F)(F)(F) 285, avenue Victor-Hugo. 04 75 44 15 32. Zackenbarschfilet in Kaviar, Rindfleisch *charolais* und ungewöhnliche Nachspeisen haben den Ruf dieses Restaurants begründet.	AE DC EC V		▪	●	
VIENNE: *Magnard* (F)(F) 45, cours Brillier. 04 74 85 10 43. Traditionelle Küche mit Steinbuttfilet mit Muscheln, Rindsfilet in Morchelsauce und Huhn mit Krabben.	EC V	●	▪		▪

POITOU UND AQUITAINE

	KREDITKARTEN	KINDERFREUNDLICH	TAGESMENÜ	GUTE WEINKARTE	TISCHE IM FREIEN
ANGOULÊME: *Auberge du Pont de la Meure* (F)(F) Nersac. 05 45 90 60 48. Café und Restaurant am Flußufer. Salat mit Hühnerleber, geschmorter Aal und Ziege in Knoblauch sind einen Besuch wert.	AE DC EC V		▪	●	
BORDEAUX: *La Mamounia* (F) 51, rue Lafourie-Monbadon. 05 56 81 21 84. Man wähnt sich in einem Wüstenzelt, wenn man dieses mit Tüchern verhangene marokkanische Restaurant betritt. Ein Paradies für Vegetarier. Zu vielfältigen Kuskusgerichten gibt es süßen Pfefferminztee.	AE DC EC V				

RESTAURANTS

BORDEAUX: *La Tupina* Ⓕ Ⓕ
6, rue Porte-de-la-Monnaie. 📞 05 56 91 56 37.
Alles in diesem Restaurant wird über offenem Feuer gegart. In erster Linie gibt
es Bistrogerichte wie gegrilltes Geflügel und *pétoucles* (Jakobsmuscheln).

	AE	●	▦	●	
DC				
EC				
V				

BORDEAUX: *Chez Philippe* Ⓕ Ⓕ Ⓕ
1, place du Parlement. 📞 05 56 81 83 15.
Lebhaftes Lokal, in dem frischer Fisch und andere Meeresfrüchte serviert
werden. Es gilt zu Recht als bestes Fischrestaurant in Bordeaux.

AE		▦		▦
DC				
EC				
V				

BORDEAUX: *Le Clavel St-Jean* Ⓕ Ⓕ
44, rue Charles-Domercq. 📞 05 56 92 63 07.
Dieses moderne Bistro ist eines der wenigen Lokale, in dem Bordeaux-Weine
im Glas ausgeschenkt werden. Die Gerichte sind gut und zahlreich. 🔾

| EC | ● | ▦ | ● | |
| V | | | | |

BORDEAUX: *Le Chapon Fin* Ⓕ Ⓕ Ⓕ Ⓕ
5, rue de Montesquieu. 📞 05 56 79 10 10.
Herzhafte Fleischsuppen mit Taubenstücken und Kastanien, Aal- und Rot-
weineintöpfe sowie einheimische Austern sind nur einige der Spezialitäten. 🔾

AE	●	▦	●	
DC				
EC				
V				

BOULIAC: *Le Bistroy* Ⓕ Ⓕ
3, place Camille-Hostein. 📞 04 57 97 06 06.
Dieser belebte Ort bezieht sein Essen von Nachbar und Spitzenrestaurant
St-James, bedeutet die selbe sensationelle Küche zum kleinen Preis. 🔾

AE		▦		
DC				
EC				
V				

COGNAC: *Les Pigeons Blancs* Ⓕ Ⓕ
110, rue Jules-Brisson. 📞 05 45 82 16 36.
Diese ehemalige Posthalterei befindet sich seit dem 18. Jahrhundert im
Familienbesitz. Küche, Wein und Service sind ausgezeichnet. 🔾

AE	●	▦	●	▦
DC				
EC				
V				

CROUTELLE: *La Chenaie* Ⓕ Ⓕ
Ligugé. 📞 05 49 57 11 52.
In diesem Bauernhaus in den Bergen bekommt man köstliche *salades de
langouste*, Kaninchen mit Artischocken und würzigen Ziegenkäse. 🔾

AE		▦	●	▦
EC				
V				

ILE DE RÉ: *Café du Phare* Ⓕ
St-Clément-des-Baleines. 📞 05 46 29 46 66.
In diesem Café serviert man die Spezialität der Region namens *poutargue*
(Dorscheier, Jakobsmuscheln und saure Sahne) in Art-deco-Umgebung. 🔾

| EC | ● | ▦ | | ▦ |
| V | | | | |

JARNAC: *Restaurant du Château* Ⓕ Ⓕ
15, Place du Château. 📞 05 45 81 07 17.
Ein bei den Einheimischen beliebtes traditionelles Restaurant, in dem man
Garnelensalat, Zackenbarsch und Kraut gefüllt mit Kaninchen ißt.

AE		▦		
EC				
V				

LANGON: *Claude Darroze* Ⓕ Ⓕ Ⓕ Ⓕ
95, cours du Général-Leclerc. 📞 05 56 63 00 48.
Die protzige Einrichtung sollte nicht abschrecken, denn die Qualität der
Speisen, zu denen man jungen Bordeaux-Wein trinkt, ist hervorragend. 🔾

AE	●	▦	●	●
DC				
EC				
V				

LA ROCHELLE: *Yachtman* Ⓕ Ⓕ Ⓕ
23, quai Valin. 📞 05 46 50 63 14.
Die Gäste schwärmen vom frischen Fisch in angenehmer Hafennähe.
Der Weinkeller ist klein, aber fein.

AE	●	▦	●	●
DC				
EC				
V				

LA ROCHELLE: *Richard Coutanceau* Ⓕ Ⓕ Ⓕ Ⓕ
Plage de la Concurrence. 📞 05 46 41 48 19.
Dieses helle Restaurant mit Ausblick auf den Strand gehört einem jungen
Koch, der einfache Gerichte sowie ausgefallene Nachspeisen serviert. 🔾

AE		▦		
DC				
EC				
V				

MARGAUX: *Le Savoie* Ⓕ Ⓕ
Rue de la Poste. 📞 05 57 88 31 76.
Dieses kleine Restaurant, in der Nähe eines *maison du vin*, serviert preis-
werte Menüs, bestehend aus einfachen Gerichten, mit Spezialität Fisch. 🔾

| V | | ▦ | | |

MIMIZAN: *Au Bon Coin du Lac* Ⓕ Ⓕ Ⓕ Ⓕ
34, avenue du Lac. 📞 05 58 09 01 55.
In diesem Restaurant am See findet man Eleganz und Luxus. Wunderschöner
Ausblick auf den See vom Restaurant und der hübschen Terrasse. 🔾

AE	●	▦	●	▦
EC				
V				

NIORT: *Les Mangeux du Lumas* Ⓕ Ⓕ
La Garette. 📞 05 49 35 93 42.
Probieren Sie die regionale Spezialität namens *lumas*, winzige Schnecken
geschmort in Butter und Sahne, oder den Aperitif *pineau des Charentes*. 🔾

| EC | ● | ▦ | | ▦ |
| V | | | | |

Zeichenerklärung siehe hintere Umschlagklappe

ZU GAST IN FRANKREICH

Preise für ein Drei-Gänge-Menü und eine halbe Flasche Hauswein für eine Person inkl. Gedeck, Steuer und Bedienung:
Ⓕ unter 150 FF
ⒻⒻ 150–250 FF
ⒻⒻⒻ 250–350 FF
ⒻⒻⒻⒻ 350–500 FF
ⒻⒻⒻⒻⒻ über 500 FF

KINDERFREUNDLICH
Einige Restaurants haben Kinderstühle und bieten Kinderportionen an.

TAGESMENÜ
Menü zum festen Preis, mittags oder abends oder zu beiden Zeiten, oftmals mit drei oder mehr Gängen.

GUTE WEINKARTE
Bietet eine große Auswahl an guten Weinen oder aber eine besondere Auswahl an regionalen Weinen.

TISCHE IM FREIEN
Hier kann man auf einer Terrasse, in einem Garten oder in einem netten Innenhof essen.

		KREDITKARTEN	KINDERFREUNDLICH	TAGESMENÜ	GUTE WEINKARTE	TISCHE IM FREIEN
PAUILLAC: *Château Cordeillan-Bages* — ⒻⒻⒻⒻ Route des Châteaux. 📞 05 56 59 24 24. Der ausgezeichnete Weinkellner dieses Restaurants im Herzen des Bordelais wird Sie gekonnt durch die Weinkarte führen, um genau das Passende zu Ihrem vorzüglichen Mahl zu finden.		AE DC EC V	●	▪	●	▪
POITIERS: *Maxime* — ⒻⒻ 4, rue St-Nicholas. 📞 05 49 41 09 55. Ein Restaurant für anspruchsvolle Gaumen. Serviert werden Ente in ungarischem Tokayer, Seewolf und Ravioli von scharfen Austern.		AE EC V		▪		
ROYAN: *La Jabotière* — ⒻⒻⒻ Pontaillac. 📞 05 46 39 91 29. Dieses renovierte Restaurant am Wasser bietet moderne Küche. Probieren Sie Ravioli mit Kaninchenfüllung in Pistazienöl, Seezunge und Apfelgratin.		AE EC V	●	▪		▪
ST-EMILION: *Hostellerie de Plaisance* — ⒻⒻ Place du Clocher. 📞 05 57 24 72 32. Genießen Sie den Blick über die Dächer der mittelalterlichen Stadt und kosten Sie dabei die gute regionale Küche und die herrlichen Weine.		AE DC EC V	●	▪	●	
SAINTES: *Brasserie Louis* — ⒻⒻ 116, avenue Gambetta. 📞 05 46 74 16 85. Diese gutbesuchte, preiswerte Brasserie ist ein beliebter Treffpunkt für die Einheimischen. Die *fruits de mer* sind ein Muß.		V	●	▪		▪

PÉRIGORD, QUERCY UND GASCOGNE

		KREDITKARTEN	KINDERFREUNDLICH	TAGESMENÜ	GUTE WEINKARTE	TISCHE IM FREIEN
ALBI: *Hostellerie du Vigan* — ⒻⒻ 16, place Vigan. 📞 05 63 54 01 23. Ein schlichtes, preiswertes Lokal, in dem man in kühler Atmosphäre gute einheimische Gerichte zu sich nimmt.		AE DC EC V	●	▪		▪
ALBI: *Le Moulin de la Mothe* — ⒻⒻ Rue de la Mothe. 📞 05 63 60 38 15. Das Restaurant im hübschen Garten befindet sich in der Nähe der Kathedrale. Zu den Spezialitäten gehören Hechtfilet und gebratene Tauben.		AE EC V	●	▪		▪
AUCH: *L'Auberge de Lartigue* — Ⓕ Saramon. 📞 05 62 65 41 22. Lassen Sie sich vom Äußeren nicht abschrecken – Sie befinden sich in der wunderschönen Gascogne. Die *foie gras* gibt es in vielen Variationen.			●	▪		▪
AUCH: *Restaurant Roland Garreau* — ⒻⒻⒻⒻⒻ 2, place de la Libération. 📞 05 62 61 71 71. Lassen Sie sich auf keine Experimente ein, sondern halten Sie sich an die Klassiker – *assiette des trois fois gras*, frische Gans und süße Weine.		AE DC EC V	●	▪	●	
BARBOTAN-LES-THERMES: *La Bastide Gasconne* — ⒻⒻ 📞 05 62 08 31 00. Die Einheimischen schwören immer mehr auf dieses Restaurant, ein wahrhaft positives Zeichen. Köstliche Gerichte wie »Pizza« von Spargelspitzen und Pilzen, Kalbsbries und Thunfisch mariniert mit grünen Oliven.		AE EC V	●	▪		▪
BERGERAC: *Le Cyrano* — ⒻⒻ 2, boulevard Montaigne. 📞 05 53 57 02 76. Verführerische regionale Küche in höchster Perfektion – ein Tagesmenü ist wirklich günstig. Dazu trinkt man einheimische Bergerac-Weine.		AE DC EC V	●	▪	●	
BRANTÔME: *Les Frères Charbonnel* — ⒻⒻⒻ 57, rue Gambetta. 📞 05 53 05 70 15. Preisgünstige Weine, herzhafte Salate, Seebarbe in Hummersauce und *foie gras* genießt man, während man die Enten auf dem Fluß beobachtet.		AE DC EC V	●	▪	●	▪

RESTAURANTS

BRANTÔME: *Moulin de L'Abbaye* ⓕⓕⓕⓕ — AE DC V
1, route de Bourdeilles. ☎ 05 53 05 80 22.
Luxuriöses Restaurant, das sich der kulinarischen Tradition des Perigord
verschrieben hat. Daneben serviert man Gerichte wie *terrine* vom Glattbut.

BRANTÔME: *Le Moulin du Roc* ⓕⓕⓕⓕ — AE DC EC V
Champagnac-de-Belair. ☎ 05 53 02 86 00.
Alte Ölmühle in romantischer Umgebung mit Blick auf den Fluß. Die Küche
läßt manchmal zu wünschen übrig, der Fisch jedoch ist empfehlenswert. ♿

CAHORS: *Claude Marco* ⓕⓕ — AE V
Lamagdelaine. ☎ 05 65 35 30 64.
In einem rustikalen Speisezimmer mit Eichengebälk, und auf einer entzückenden
Terrasse, wird ein reiches Angebot an regionalen Spezialitäten serviert.

CAHORS: *Le Troquet des Halles* ⓕ — EC V
55, rue St-Maurice. ☎ 05 65 22 15 81.
Ein Lokal der Einheimischen direkt neben dem Markt. Das Essen ist einfach
und gut, das Tagesmenü ausgesprochen preiswert. ♿

CAHORS: *Le Balandre* ⓕⓕⓕ — AE EC V
5, avenue Charles-de-Freycinet. ☎ 05 65 30 01 97.
Ein blitzblankes Restaurant, in dem man große Portionen der typischen
südwestfranzösischen Küche und die guten Cahors-Weine genießen kann. ♿

DOMME: *L'Esplanade* ⓕⓕⓕ — AE EC V
Place de la Barre ☎ 05 53 28 31 41.
Meiden Sie die teuren Gerichte, indem Sie Forelle, Lachs und Lamm
bestellen. Großes Restaurant mit herrlichem Ausblick. ♿

LES-EYZIES-DE-TAYAC: *Cro-Magnon* ⓕⓕⓕ — AE DC EC V
☎ 05 53 06 97 06.
Ein altmodisches, von Weinreben umranktes Restaurant mit Holzbalken und
Kamin. *Foie gras*, Taube und Gans gehören zur guten regionalen Küche. ♿

MARMANDE: *Restaurant Trianon* ⓕⓕ — EC V
Route d'Agen. ☎ 05 53 20 80 94.
Frische Produkte, darunter Seewolf und Taube; der fangfrische Aal, die
Spezialität des Hauses, stammt aus der Garonne. ♿

MONTAUBAN: *Le Ventadour* ⓕⓕ — EC V
23, quai Villebourbon. ☎ 05 63 63 34 58.
Ein bei den Einheimischen wegen seiner einfachen und preiswerten
Küche beliebtes, zentral gelegenes Lokal.

MONTFORT-CAUDON: *La Ferme* ⓕⓕ — EC V
Caudon-de-Vitrac. ☎ 05 53 28 33 35.
Den Umweg lohnt allein der Charme dieses umgebauten Bauernhofs. Brotsuppe,
Schinken und Lammkoteletts werden in riesigen Portionen serviert.

MONTRÉAL-DU-GERS: *Chez Simone* ⓕⓕⓕ — AE DC EC V
Montréal-du-Gers. ☎ 05 62 29 44 40.
Ein bei Kennern sehr beliebtes Restaurant, denn hier bekommt man reich-
liche Portionen der ausgezeichneten hausgemachten *foie gras*.

PÉRIGUEUX: *Au Petit Chef* ⓕ — DC EC V
5, place du Coderc. ☎ 05 53 53 16 03.
Frische hausgemachte Speisen. Reichhaltiges Tagesgericht.
Samstag abends leider geschlossen.

PÉRIGUEUX: *Hôtel-Restaurant Périgord* ⓕⓕ — V
74, rue Victor-Hugo. ☎ 05 53 53 33 63.
Dieses entzückendes Hotel hat eine sehr angesehene Küche. Die Gerichte
werden in einem reizvollem altertümlichen Speisezimmer aufgetragen. ♿

POUDENAS: *A la Belle Gasconne* ⓕⓕⓕ — AE DC EC V
☎ 05 53 65 71 58.
Das Restaurant in einer Mühle aus dem 13. Jahrhundert bietet hervorragende
Speisen. Empfehlenswert sind Hecht, *foie gras*, Schwein und Taube.

PUYMIROL: *Les Loges de l'Aubergade* ⓕⓕⓕⓕ — AE DC EC V
52, rue Royale. ☎ 05 53 95 31 46.
Eines der besten Restaurants im Südwesten, das man nicht versäumen sollte.
Das mittelalterliche Gebäude auf der Anhöhe verschönt den Besuch. ♿

Zeichenerklärung siehe hintere Umschlagklappe

| | KREDITKARTEN | KINDERFREUNDLICH | TAGESMENÜ | GUTE WEINKARTE | TISCHE IM FREIEN |

Preise für ein Drei-Gänge-Menü und eine halbe Flasche Hauswein für eine Person inkl. Gedeck, Steuer und Bedienung:
- (F) unter 150 FF
- (F)(F) 150–250 FF
- (F)(F)(F) 250–350 FF
- (F)(F)(F)(F) 350–500 FF
- (F)(F)(F)(F)(F) über 500 FF

KINDERFREUNDLICH
Einige Restaurants haben Kinderstühle und bieten Kinderportionen an.

TAGESMENÜ
Menü zum festen Preis, mittags oder abends oder zu beiden Zeiten, oftmals mit drei oder mehr Gängen.

GUTE WEINKARTE
Bietet eine große Auswahl an guten Weinen oder aber eine besondere Auswahl an regionalen Weinen.

TISCHE IM FREIEN
Hier kann man auf einer Terrasse, in einem Garten oder in einem netten Innenhof essen.

ROCAMADOUR: *Jehan de Valon*   (F)(F)(F)
Cité Médiévale. **(** 05 65 33 63 08.
Restaurant im mittelalterlichen Stadtzentrum mit herrlichem Ausblick. Zu den Spezialitäten gehören Lamm und Entenleber.

AE DC EC V — KINDERFREUNDLICH ●, TAGESMENÜ ▪, TISCHE IM FREIEN ▪

TOULOUSE: *A la Truffe de Quercy*   (F)
17, rue Croix-Baragnon. **(** 05 61 53 34 24.
In diesem rustikalem Familienbetrieb wurden seit 70.Jahren traditionelle Rezepte vom Vater an den Sohn weitergereicht. Probieren sie das *cassoulet*. ♿

EC V — TAGESMENÜ ▪

TOULOUSE: *La Côte de Bœuf*   (F)(F)
12, rue des Gestes. **(** 05 61 21 19 61.
Kleines freundliches Restaurant mit riesigen Portionen. Hervorragendes Preis-Leistungs-Verhältnis. ♿

EC V — TAGESMENÜ ▪, TISCHE IM FREIEN ▪

TOULOUSE: *Brasserie des Beaux-Arts*   (F)(F)(F)
1, quai de la Daurade. **(** 05 61 21 12 12.
Authentische Brasserie mit einheimischer Küche, in der man fast immer anstehen muß. Probieren Sie die Austern in Rieslingsauce. ♿

AE DC EC V — KINDERFREUNDLICH ●, TAGESMENÜ ▪, GUTE WEINKARTE ●, TISCHE IM FREIEN ▪

TOULOUSE: *Les Jardins de l'Opera (D. Toulousy)*   (F)(F)(F)(F)
1, place du Capitole. **(** 05 61 23 07 76.
Ohne Zweifel eines der besten Restaurants in Toulouse. Im hübschen Innenhof inmitten der Altstadt bekommt man einheimische Gerichte in höchster Perfektion. Teuer, Tagesmenü etwas günstiger.

AE DC EC V — TAGESMENÜ ▪, GUTE WEINKARTE ●

VIILLEFRANCHE-DE-LAURAGAIS: *Hôtel de France*   (F)
106 rue de la République. **(** 05 61 81 62 17.
Sie sind hier in dem Land der *cassoulets* und in dieser Herberge aus dem 19. Jahrhundert soll es eine der besten der Region geben.

AE DC EC V — KINDERFREUNDLICH ●, TAGESMENÜ ▪

PYRENÄEN

AÏNHOA: *Ithurria*   (F)(F)(F)
(05 59 29 92 11.
Im hübschesten Dorf im ganzen Baskenland bekommt man köstliche einheimische Gerichte wie Lamm und Fischsuppe und dazu Rioja-Roséweine.

AE DC EC V — KINDERFREUNDLICH ●, TAGESMENÜ ▪

ARCANGUES: *Moulin d'Alotz*   (F)(F)(F)
(05 59 43 04 54.
Eine umgebaute Mühle, in der der Koch ländliche Küche serviert, wie zum Beispiel Langusten aus der Pfanne oder gebratener Steinbutt. ♿

EC V — KINDERFREUNDLICH ●, TAGESMENÜ ▪

ARGELÈS-GAZOST: *Hostellerie le Relais*   (F)(F)
25, rue du Maréchal-Foch. **(** 05 62 97 01 27.
Das ausgezeichnete und preiswerte Tagesmenü lohnt den Umweg; der Blick auf die Berge und die günstigen Weine tragen noch zum Wohlbefinden bei.

EC V — KINDERFREUNDLICH ●, TAGESMENÜ ▪, TISCHE IM FREIEN ▪

AUDRESSEIN: *l'Auberge d'Audressein*   (F)(F)
Route de Luchon. **(** 05 61 96 11 80.
Diese familiengeführte *logis* befindet sich in einer ehemaligen Schmiede aus dem 19. Jahrhundert. Beste Küche, *foie gras* und Wild sind sehr zu empfehlen.

AE DC EC V — KINDERFREUNDLICH ●, TAGESMENÜ ▪, GUTE WEINKARTE ●, TISCHE IM FREIEN ▪

BAYONNE: *Euzkalduna*   (F)
61, rue Pannecau. **(** 05 59 59 28 02.
In diesem Lokal sollte man die würzigen und für das Baskenland typischen pfeffrigen Gerichte probieren. Die Fischsuppe schmeckt ausgezeichnet, ebenso die gebackenen Tintenfische und Muscheln in Vinaigrette. Nur Mittags geöffnet.

GUTE WEINKARTE ●

BIARRITZ: *Les Platanes*   (F)(F)
32, avenue Beausoleil. **(** 05 59 23 13 68.
Erstklassige Gerichte mit frischen Zutaten, zubereitet in freundlicher Umgebung. Da nur 20 Gäste Platz finden, empfiehlt es sich zu reservieren. ♿

AE EC V — KINDERFREUNDLICH ●, TAGESMENÜ ▪

RESTAURANTS

BIARRITZ: *Ramona* — FF — EC, V
5, rue Centre. 05 59 24 34 66.
In dieser Belle-Epoque-Brasserie ist man bestens bedient mit dem preiswerten Tagesmenü. Die einheimischen Weine sind von ausgesuchter Qualität.

CIBOURE: *Arrantzaleak* — FF — AE, DC, EC, V
Avenue Jean-Poulou. 05 59 47 10 75.
Das schlichte Gebäude am Meer ist ein Traum. Frischer Fisch wird auf dem offenen Feuer gegrillt, das die Mitte des einfachen Raums bildet.

ESPELETTE: *Euzkadi* — FF — EC, V
05 59 93 91 88.
Hier finden sich am Sonntag die Einheimischen ein, um bei Wild, Lachs, Omeletts, Blutwurst und schweren Rioja-Weinen zu schlemmen.

EUGÉNIE-LES-BAINS: *Les Prés d'Eugénie-Michel Guérard* — $\text{F}\text{F}\text{F}\text{F}$ — AE, DC, EC, V
05 58 05 06 07.
Der Koch ist der Erfinder der *cuisine minceur*. Sie können wählen zwischen kalorienarmen Gerichten und reichhaltigeren Leckerbissen.

GUÉTHARY-BIDART: *Les Frères Ibarboure* — $\text{F}\text{F}\text{F}\text{F}$ — AE, DC, EC, V
Chemin de Talienia. 05 59 54 81 64.
In dem Herrenhaus aus dem 18. Jahrhundert im Wald speist man herrlich – die regionale Küche ist tadellos, die Rechnung überraschend klein.

JURANÇON: *Ruffet* — FF — EC, V
3, avenue Château-Touzet. 05 59 06 25 13.
Gute traditionelle Küche, die herzliche Begrüßung und der freundliche Service lassen die Gäste wiederkommen. Die Entengerichte sind köstlich.

PAU: *La Gousse d'Ail* — FF — EC, V
12, rue du Hédas. 05 59 27 31 55.
Freundliches Ziegelgebäude mit Stuck, Holzbalken und offenem Kamin. Die gute Küche macht es trotz zahlreicher Konkurrenz einzigartig.

PAU: *Chez Pierre* — FFF — AE, DC, EC, V
16, rue Louis-Barthou. 05 59 27 76 86.
Ein ausgezeichneter Koch, das elegante Ambiente aus dem 19. Jahrhundert und kreative Gerichte haben den Ruf dieses Restaurants begründet.

ST-GIRONS: *Eychenne* — FF — DC, EC, V
8, avenue Paul-Laffont. 05 61 04 04 50.
Hübsches Restaurant mit antiquarischem Mobilar. Die Gäste können in zwei Gärten speisen. Auf der Speisekarte stehen Tauben, Enten und Fischgerichte.

ST-JEAN-DE-LUZ: *Auberge Kaïku* — FF — AE, EC, V
17, rue de la République. 05 59 26 13 20.
Regionale baskische Gerichte wie Tintenfisch und Pasta, Krabben oder Rindfleisch mit Trüffeln werden im ältesten Haus der Stadt serviert.

ST-JEAN-DE-LUZ: *Petit Grill Basque* — F — AE, DC, EC, V
2, rue St-Jacques. 05 59 26 80 76.
Gute baskische Hausmannskost (Fischsuppe, Tintenfisch, Hähnchenkroketten), serviert von freundlichen Kellnerinnen. Preiswert.

ST-JEAN-PIED-DE-PORT: *Chalet Pedro* — F
Forêt d'Iraty. 05 59 37 02 52.
Ein Chalet in den Bergen, in dem Wintergäste und Einheimische verkehren. Frische Forellen oder auch Omelettgerichte. Langsamer Service.

ST-JEAN-PIED-DE-PORT: *Pyrénées* — $\text{F}\text{F}\text{F}\text{F}$ — AE, EC, V
19, place Charles-de-Gaulle. 05 59 37 01 01.
Ein Restaurant, das nur die besten einheimischen Gerichte bietet: Milchlamm, Lachs und in der entsprechenden Jahreszeit Morcheln.

ST-SAVIN: *Le Viscos* — FF — AE, EC, V
05 62 97 02 28.
Im Sommer sitzt man auf der blumengeschmückten Terrasse mit Blick auf den Fluß. Zu den Spezialitäten gehören Seewolf und *foie gras*.

URT: *Auberge de la Galupe* — FFF — AE, EC, V
Place du Port. 05 59 56 21 84.
Ein Fischerlokal, in dem einheimische Erzeugnisse auf den Tisch kommen – Montauzer-Schinken, Lachs, Aal und süßer Jurançon-Wein.

Zeichenerklärung siehe hintere Umschlagklappe

608 ZU GAST IN FRANKREICH

Preise für ein Drei-Gänge-Menü und eine halbe Flasche Hauswein für eine Person inkl. Gedeck, Steuer und Bedienung:

(F) unter 150 FF
$(F)(F)$ 150–250 FF
$(F)(F)(F)$ 250–350 FF
$(F)(F)(F)(F)$ 350–500 FF
$(F)(F)(F)(F)(F)$ über 500 FF

KINDERFREUNDLICH
Einige Restaurants haben Kinderstühle und bieten Kinderportionen an.

TAGESMENÜ
Menü zum festen Preis, mittags oder abends oder zu beiden Zeiten, oftmals mit drei oder mehr Gängen.

GUTE WEINKARTE
Bietet eine große Auswahl an guten Weinen oder aber eine besondere Auswahl an regionalen Weinen.

TISCHE IM FREIEN
Hier kann man auf einer Terrasse, in einem Garten oder in einem netten Innenhof essen.

LANGUEDOC-ROUSSILLON

		KREDITKARTEN	KINDERFREUNDLICH	TAGESMENÜ	GUTE WEINKARTE	TISCHE IM FREIEN
AIGUES-MORTES: *La Camargue* 19, rue de la République. 04 66 53 86 88. Beliebtes Restaurant, Zigeunermusik und Flamencorhythmen. Probieren Sie Paella oder *rabo du taureau* (Ochsenschwanztopf). Fröhlich und preiswert.	(F)	EC V	●	▦		▦
AIGUES-MORTES: *Restaurant les Enganettes* 12, rue Morceau. 04 66 53 69 11. Hervorragende regionale Spezialitäten werden in einem rustikalen Ambiente serviert. Die üppigen Portionen werden alle frisch zubereitet.	(F)	EC V		▦		
ANDUZE: *Auberge des Trois Barbus* Générargues. 04 66 61 72 12. Einfallsreiche Küche mit *foie gras* und Trüffeln in ländlichem Restaurant. Mittagessen am Swimmingpool mit herrlichem Ausblick.	$(F)(F)(F)$	AE EC V	●	▦		▦
ARLES-SUR-TECH: *Hôtel les Glycines* Rue du Jeu-de-Paume. 04 68 39 10 09. Schmackhafte Gerichte, zubereitet aus einheimischen Produkten, dazu viele regionale Weine. Der Garten ist ideal für ein sommerliches Abendessen.	$(F)(F)$	AE EC V	●	▦	●	
BÉZIERS: *Le Framboisier* 12, rue Boïeldieu. 04 67 49 90 00. Dieses elegante Restaurant mit der klassischen Küche und den vielen einheimischen Weinen läßt jedes kulinarische Herz höher schlagen.	$(F)(F)(F)$	AE DC EC V	●	▦	●	
BOUZIGUES: *La Côte Bleue* Avenue Louis Tudesq. 04 67 78 30 87. In diesem hellen, großen Restaurant mit Blick auf die Lagune werden fangfrischer Fisch und andere Meeresfrüchte serviert.	$(F)(F)$	AE EC V	●	▦		
CARCASSONNE: *Le Languedoc* 32, allée d'Iéna. 04 68 25 22 17. Dieses freundliche Restaurant liegt unterhalb der Stadtmauer in der weniger überfüllten Innenstadt. *Cassoulet*, ein nahrhafter Bohneneintopf, ist die regionale Spezialität und deshalb ein Muß.	$(F)(F)$	AE DC EC V	●	▦		▦
CARCASSONNE: *Brasserie Le Donjon* 4, rue Porte d'Aude. 04 68 25 95 72. Eine elegante, moderne Brasserie in der mittelalterlichen Stadt. Regionale Spezialitäten sind *foie gras* und *cassoulet*.	$(F)(F)$	AE DC EC V	●	▦		▦
CASTELNAUDARY: *Grand Hôtel Fourcade* 14, rue des Carmes. 04 68 23 02 08. Altmodisches Restaurant in einer alten Stadt am Canal du Midi, in dem *cassoulet* die Krönung einer interessanten Küche ist.	$(F)(F)$	AE DC EC V	●	▦		
CASTELNOU: *L'Hostal* Carrer de la Patore. 04 68 53 45 42. Bei Einheimischen beliebtes Lokal in einem Künstlerdorf; sie laben sich an *cargolade*, der katalanischen Spezialität aus Fleisch und Schnecken.	$(F)(F)$	AE DC EC V	●	▦		▦
CÉRET: *Les Feuillants* 1, boulevard Lafayette. 04 68 87 37 88. Erstklassiges Restaurant am Fuße der Pyrenäen mit ausgezeichneter Weinkarte. Besonders zu empfehlen sind Lamm, Tintenfisch und Meerbarbe.	$(F)(F)(F)(F)$	AE EC V	●	▦	●	
COLLIOURE: *La Frégate* Quai de l'Amirauté. 04 68 82 06 05. Herrliche Fischsuppen, Sardellen und *bouillinades* (Fischplatten) gehören zu den Spezialitäten dieses fröhlichen Restaurants am Wasser.	$(F)(F)$	EC V	●	▦		▦

RESTAURANTS

COLLIOURE: *La Balette* Ⓕ Ⓕ Ⓕ
Route de Port-Vendres. 📞 04 68 82 05 07.
Wegen der wundervollen Lage oberhalb der Bucht vor allem im Sommer sehr
beliebt – deshalb unbedingt reservieren. Fischgerichte auf katalanische Art.

CUCUGNAN: *Auberge du Vigneron* Ⓕ Ⓕ
2, rue Achille- Mir. 📞 04 68 45 03 00.
Restaurant mit besonderer Atmosphäre, untergebracht in einem ehemaligen
Weinkeller. Die Kombinationen aus Ente und Früchten ist sehr schmackhaft. ♿

FLORENSAC: *Léonce* Ⓕ Ⓕ Ⓕ
8, place de la République. 📞 04 67 77 03 05.
Eine gute Wahl ist dieses Restaurant, dessen Küche einheimisch geprägt ist.
Die Fischgerichte und Nachspeisen sind himmlisch.

LE VIGAN: *Le Mas Quayrol* Ⓕ Ⓕ
Aulas. 📞 04 67 81 12 38.
Der herzlichen Begrüßung folgt ein hervorragendes Essen. Die Gerichte sind
vielfältig und köstlich, besonders zu empfehlen ist Fisch. ♿

MINERVE: *Relais Chantovent* Ⓕ Ⓕ
📞 04 68 91 14 18.
An dieser mittelalterlichen Stadt mit der tiefen Schlucht sollte man nicht
vorbeifahren, probieren Sie regionale Küche und gute Weine im Relais. ♿

MONTPELLIER: *Chandelier* Ⓕ Ⓕ Ⓕ Ⓕ
La Coupole, 227, rue Léon Blun. 📞 04 67 15 34 38.
Einfallsreiche Schalentier- und Fischkreationen wie fritierte Krebse und
Seebarsch mit Oliven gehören zu den Geheimtips des Küchenchefs.

MONTPELLIER: *La Réserve Rimbaud* Ⓕ Ⓕ Ⓕ
820, avenue de St-Maur. 📞 04 67 72 52 53.
Ausgezeichnete Küche, erschwingliche Preise in entspannter Atmosphäre.
Gegrillte Muscheln und Seewolf in Sahnesauce sind empfehlenswert. ♿

NARBONNE: *La Table St-Créscent* Ⓕ Ⓕ Ⓕ
Domaine St-Créscent le Viel. 📞 04 68 41 37 37.
Untergebracht in einem Oratorium aus dem 8. Jahrhundert, serviert man hier
stilvolle Gerichte wie Auberginen-Canelloni. Gute Auswahl an Weinen der Region.

NARBONNE: *L'Auberge des Vignes* Ⓕ Ⓕ
Domaine de Hospitalet, route de Narbonne Plage. 📞 04 68 45 28 50.
Inmitten eines Weinberges gelegen, wird hier mediterrane Küche angeboten,
zum Beispiel Fisch des Tages mit *tapenade* und Safransauce. ♿

NÎMES: *Nicolas* Ⓕ
1, rue Polse. 📞 04 66 67 50 47.
Regionale Gerichte mit gutem Preis-Leistungs-Verhältnis. Freundliche und un-
gezwungene Atmosphäre, aber meistens sind alle Tische besetzt.

PERPIGNAN: *Casa Sansa* Ⓕ
3, rue Fabriques-Couvertes. 📞 04 68 34 21 84.
Weinkeller des 14. Jahrhunderts mit katalanischer Einrichtung ist die ideale
Umgebung für katalanisches Essen: Fleischbällchen, Garnelen und Sardellen.

PERPIGNAN: *Le Chapon Fin* Ⓕ Ⓕ Ⓕ
18, boulevard Jean-Bourrat. 📞 04 68 35 14 14.
In diesem Restaurant bekommt man gute katalanische Gerichte, wie Reb-
huhn gebraten in Pfeffer und Orangen, oder Meeresfrüchte und Trüffel. ♿

PERPIGNAN: *Le Mas Vermeil* Ⓕ Ⓕ Ⓕ
Traverse de Cabestany. 📞 04 68 66 95 96.
Die Speisen sind schlicht mit katalanischer Note. Speisen Sie im
Gartenrestaurant mit den Brunnen. ♿

PORT-VENDRES: *La Côte Vermeille* Ⓕ Ⓕ
Quai du Fanal. 📞 04 68 82 05 71.
In diesem Restaurant am Wasser werden vornehmlich Fisch und andere
Meeresfrüchte serviert, aber es gibt auch andere Gerichte. ♿

SAILLAGOUSE: *L'Atalaya* Ⓕ Ⓕ Ⓕ
L10, Saillagouse. 📞 04 68 04 70 04.
Hübscher Gasthof über dem Dorf. Die einfallsreiche Küche bietet Tauben
in Preiselbeersauce, Lachsmousse mit Dill und *foie gras*. Ein Geheimtip!

Zeichenerklärung siehe hintere Umschlagklappe

610 ZU GAST IN FRANKREICH

Preise für ein Drei-Gänge-Menü und eine halbe Flasche Hauswein für eine Person inkl. Gedeck, Steuer und Bedienung:
Ⓕ unter 150 FF
ⒻⒻ 150–250 FF
ⒻⒻⒻ 250–350 FF
ⒻⒻⒻⒻ 350–500 FF
ⒻⒻⒻⒻⒻ über 500 FF

KINDERFREUNDLICH
Einige Restaurants haben Kinderstühle und bieten Kinderportionen an.

TAGESMENÜ
Menü zum festen Preis, mittags oder abends oder zu beiden Zeiten, oftmals mit drei oder mehr Gängen.

GUTE WEINKARTE
Bietet eine große Auswahl an guten Weinen oder aber eine besondere Auswahl an regionalen Weinen.

TISCHE IM FREIEN
Hier kann man auf einer Terrasse, in einem Garten oder in einem netten Innenhof essen.

	KREDITKARTEN	KINDERFREUNDLICH	TAGESMENÜ	GUTE WEINKARTE	TISCHE IM FREIEN
ST-MARTIN-DE-LONDRES: *Les Muscardins* ⒻⒻⒻ 19, route des Cévennes. 📞 04 67 55 75 90. Helles, fröhliches Restaurant mit bemerkenswerter Weinauswahl. Kenner kommen immer wieder, um die Kreationen der Familie Rousset zu genießen, die auf regionalen Produkten basieren – Fisch, Lamm und Tauben. ♿	AE DC EC V		▪	●	▪
ST-PONS-DE-THOMIÈRES: *Auberge de Cabarétou* ⒻⒻ St-Pons-de Thomières. 📞 04 67 97 02 31. Das Gasthaus mitten im Wald und mit Blick über das Haut-Languedoc bleibt in Erinnerung, weil dort klassische mit moderner Küche kombiniert wird.	AE DC EC V	●	▪		
SÈTE: *Palangrotte* ⒻⒻ 1, rampe Paul-Valéry. 📞 04 67 74 80 35. Berühmt für seine ausgezeichneten Austern, eine Meeresspezialität, für die die ganze Region berühmt ist.	AE DC EC V		▪		▪
TAURINYA: *Auberge des Deux Abbayes* ⒻⒻ 2, place de l'Oratoire. 📞 04 68 96 49 53. In diesem Restaurant in den Bergen bekommt man regionale Gerichte wie Gänsepastete und Sardellen. ♿	EC V	●	▪		
VILLEFRANCHE-DE-CONFLENT: *Auberge St-Paul* ⒻⒻⒻ Place de l'Eglise. 📞 04 68 96 30 95. Ursprünglich eine Kapelle aus dem 13. Jahrhundert, heute ein Restaurant mit regionaler Küche mit persönlicher Note und katalanischem Einfluß. ♿	EC V		▪		▪

PROVENCE UND CÔTE D'AZUR

	KREDITKARTEN	KINDERFREUNDLICH	TAGESMENÜ	GUTE WEINKARTE	TISCHE IM FREIEN
AIX-EN-PROVENCE: *Mas d'Entremont* ⒻⒻⒻ 315, Route National 7. 📞 04 42 17 42 42. Durch Glastüren gelangt man in den angrenzenden Park. Die Küche ist wunderbar, bietet jedoch nur wenig Einheimisches. Gute Weinkarte. ♿	EC V	●	▪	●	▪
AIX-EN-PROVENCE: *Le Bistro Latin* ⒻⒻ 18, rue de la Couronne. 📞 04 42 38 22 88. Kleines Restaurant auf zwei Stockwerken mit ausgezeichneter, preiswerter Küche, zu der auch Spezialitäten wie Seezunge mit Hummersauce zählen.	AE EC V		▪	●	
AIX-EN-PROVENCE: *L'Aix Quis* ⒻⒻⒻ 22, rue Leydet. 📞 04 42 27 76 16. Herrliche Fisch- und Fleischgerichte machen das Restaurant immer mehr zum kulinarischen Mittelpunkt in Aix. Ausgezeichnetes sechsgängiges Menü. ♿	AE EC V	●	▪		
ARLES: *L'Escaladou* ⒻⒻ 23, rue de la Porte-de-Laure. 📞 04 90 96 70 43. Dieser hübsche Gasthof in der Nähe der Stierkampfarena bietet guten einheimischen Fisch mit viel frischem Gemüse. ♿		●	▪		▪
ARLES: *Le Vaccarés* ⒻⒻⒻ 11, place du Forum. 📞 04 90 96 06 17. Provençalische Küche in eleganter Umgebung. Der Chefkoch variiert bevorzugt klassische Gerichte. Besonders zu empfehlen sind Suppen und Fischgerichte.	AE EC V		▪		▪
AVIGNON: *La Fourchette* ⒻⒻ 17, rue Racine. 📞 04 90 85 20 93. Eine entspannte Alternative zu den teureren Restaurants der Stadt. Die Preise sind moderat, und es gibt zwölf köstliche Desserts. ♿	EC V		▪		
AVIGNON: *Hiély-Lucullus* ⒻⒻⒻ 5, rue de la République. 📞 04 90 86 17 07. Avignons Gourmets kommen seit 60 Jahren hierher. Die Küche ist so gut wie eh und je mit Spezialitäten wie *foie gras* und *meringue glacée*.	EC V	●	▪	●	

RESTAURANTS

BIOT: *Auberge du Jarrier* ⓕⓕⓕⓕ — AE, EC, V
30, passage de la Bourgade. 📞 04 93 20 73 21.
Schlichtes Restaurant mit großer Auswahl an Fischgerichten und köstlichem Käse. In der Saison sollten Sie eine Woche im voraus reservieren. ♿

CAGNES-SUR MER: *Le Cagnard* ⓕⓕⓕ — AE, DC, EC, V
Route du Sous-barri. 📞 04 94 76 44 48.
Untergebracht in den Befestigungsanlagen der Stadt, serviert dieses ausgezeichnete Restaurant klassische Menüs mit Delikatessen wie gebratene Taube.

CANNES: *Royal Gray* ⓕⓕⓕ — AE, DC, EC, V
38, rue des Serbes. 📞 04 92 99 79 60.
Üppiger als im Royal Gray kann man kaum essen. Das Restaurant war lange Zeit das ranghöchste in Cannes. ♿

CAVAILLON: *Restaurant Prévot* ⓕⓕⓕ — AE, EC, V
353, avenue de Verdun. 📞 04 90 71 32 43.
Ein Paradies für Gourmets ist das Restaurant im Herzen des Marktfleckens. Elegante, köstliche Küche, vor allem Auberginen und Langusten. ♿

CHÂTEAUNEUF-DU-PAPE: *La Mère Germaine* ⓕⓕⓕ — EC, V
Place de la Fontaine. 📞 04 90 83 54 37.
Das einst herausragende Restaurant ist bemüht, seinen alten Ruf wiederherzustellen. Schöner Ausblick auf die Weinberge, freundlicher Service. ♿

CHÂTEAUX-ARNOUX: *La Bonne Etape* ⓕⓕⓕⓕ — AE, DC, EC, V
Chemin du Lac. 📞 04 92 64 00 09.
Zwischen Lavendelfeldern und Olivenhainen ißt man hier ausgesprochen gut provenzalisch.

COL D'EZE: *La Bergerie* ⓕⓕ — AE, EC, V
Grande Corniche. 📞 04 93 41 03 67.
Im Winter am Kamin, im Sommer auf der Terrasse – zu den herzhaften Gerichten gehört Kräuterlamm, dazu ein herrlicher einheimischer Wein. ♿

CUERS: *Le Lingoustou* ⓕⓕⓕ — AE, DC, EC, V
Route de Pierrefeu. 📞 04 94 28 69 10.
Die Güte der provenzalischen Gerichte und das Ambiente haben dem Restaurant, inmitten von Weinbergen, einen Michelin-Stern eingebracht.

GIGONDAS: *Les Florets* ⓕⓕ — AE, DC, EC, V
Route des Dentelles. 📞 04 90 65 85 01.
Die Einheimischen, die wissen, was gut ist, kommen hierher. Im Sommer ißt man auf der Terrasse mit dem herrlichen Ausblick. ♿

LA GARDE FREINET: *Auberge Sarrasin* ⓕ — EC, V
N98. 📞 04 94 43 67 16.
Ländlicher Gasthof, in dem im Sommer die Tische mit Blumen geschmückt sind. Probieren Sie *cassoulet* und dazu einen Roséwein. ♿

LES BAUX-DE-PROVENCE: *L'Oustau de Baumanière* ⓕⓕⓕⓕ — AE, DC, EC, V
Val d'Enfer. 📞 04 90 54 33 07.
Zwei Michelin-Sterne, die Aussicht auf das Dorf und eine herrliche Küche – eine gelungene Mischung einheimischer Gerichte und *nouvelle cuisine*.

LOURMARIN: *Le Moulin de Lourmarin* ⓕⓕⓕ — AE, DC, EC, V
Rue Temple. 📞 04 90 68 06 69.
Die Mühlsteine in dieser aufwendig umgebauten Olivenmühle sind immer noch zu sehen, das Essen ist köstlich, vor allem die Fisch- und Wildgerichte.

MARSEILLE: *Dar Djerba* ⓕⓕ — EC, V
15, cours Julien. 📞 04 91 48 55 36.
Nordafrikanisches Restaurant, in dem ausgezeichnete Couscous-Gerichte in ausgefallener Atmosphäre serviert werden. ♿

MARSEILLE: *Miramar* ⓕⓕⓕⓕ — AE, DC, EC, V
12, quai du Port. 📞 04 91 91 10 40.
Die *bouillabaisse* gehört zu den besten in Marseille, ist aber auch nicht billig. Die Auswahl an Meeresfrüchten ist überwältigend. ♿

MONACO: *Le Périgourdin* ⓕ — AE, DC, EC, V
5, rue des Oliviers. 📞 00 377 93 30 06 02.
Zwei Gehminuten vom Kasino entfernt versteckt sich dieses freundliche Restaurant hinter einer unscheinbaren Fassade. Küche des Périgord, günstig.

Zeichenerklärung siehe hintere Umschlagklappe

612 ZU GAST IN FRANKREICH

Preise für ein Drei-Gänge-Menü und eine halbe Flasche Hauswein für eine Person inkl. Gedeck, Steuer und Bedienung:
(F) unter 150 FF
(F)(F) 150–250 FF
(F)(F)(F) 250–350 FF
(F)(F)(F)(F) 350–500 FF
(F)(F)(F)(F)(F) über 500 FF

KINDERFREUNDLICH
Einige Restaurants haben Kinderstühle und bieten Kinderportionen an.

TAGESMENÜ
Menü zum festen Preis, mittags oder abends oder zu beiden Zeiten, oftmals mit drei oder mehr Gängen.

GUTE WEINKARTE
Bietet eine große Auswahl an guten Weinen oder aber eine besondere Auswahl an regionalen Weinen.

TISCHE IM FREIEN
Hier kann man auf einer Terrasse, in einem Garten oder in einem netten Innenhof essen.

	KREDITKARTEN	KINDERFREUNDLICH	TAGESMENÜ	GUTE WEINKARTE	TISCHE IM FREIEN
MONTE-CARLO: *Café de Paris* (F)(F)(F) Place du Casino. 04 92 16 20 20. Nachbildung einer Belle-Epoque-Brasserie. Zu den Spezialitäten gehören *pavé de saumon* und Rindfleisch mit Morcheln.	AE DC EC V				▓
MOUGINS: *Le Moulin de Mougins* (F)(F)(F)(F)(F) Notre-Dame-de-Vie. 04 93 75 78 24. Das Restaurant hat zwei Sterne und behauptet sich auch erfolgreich gegen die Konkurrenz. Restaurant für die Stars beim Filmfestival in Cannes.	AE DC EC V		▓	●	
NIZZA: *Nissa Socca* (F) 5, rue Sainte-Réparate. 04 93 16 18 35. Serviert werden riesige Platten *socca* (Kichererbsenbrot) mit Pasta und Rotwein. Die Gäste tummeln sich im Sommer sogar auf der Straße.		●			▓
NIZZA: *Le Chantecler* (F)(F)(F)(F) 37, promenade des Anglais. 04 93 88 39 51. Das Restaurant, das lange Zeit der Gastronomietempel in Nizza war, ist noch genauso gut wie damals, als russische Fürsten dort dinierten. Köstliche Fisch- und Meeresfrüchtegerichte.	AE DC EC V	●	▓	●	
ORANGE: *La Roselière* (F) 4,rue du Renoyer. 04 90 34 50 42. Kreidetafeln an den Steinwänden zeigen das täglich wechselnde Menü, alle Gerichte sind liebevoll aus regionalen Produkten zubereitet.			▓		▓
ST-AGNES: *Le Logis Sarrasin* (F)(F) 40, rue de Sarrasin. 04 93 35 86 89. Ein einfacher Familienbetrieb im Alpenvorgebirge hinter Menton. Sechsgängiges Menü mit Wildgerichten und italienischen Spezialitäten.			▓		
ST-JEAN-CAP-FERRAT: *Le St-Jean* (F) Place Clemenceau. 04 93 76 04 75. Restaurant am geschäftigen Hauptplatz mit einfacher, aber ausgezeichneter Küche. Zu den Spezialitäten gehören Holzofenpizza, Pasta und Fisch. Im Sommer sitzt man gemütlich auf der Terrasse im ersten Stock.	AE EC V	●			▓
ST-JEAN-CAP-FERRAT: *Le Sloop* (F)(F) Nouveau Port de St-Jean. 04 93 01 48 63. Zwischen den teuren Jachten im malerischen Hafen von St-Jean bietet Le Sloop herrliche Fischgerichte.	AE EC V		▓	●	▓
ST-RÉMY-DE-PROVENCE: *Le Jardin de Fréderic* (F)(F) 8, boulevard Gambetta. 04 90 92 27 76. Dieses familienbetriebene Restaurant, untergebracht in einer Villa, serviert lokale Gerichte wie Zwiebelkuchen oder pochierter Turbot mit Chicorée.	EC V		▓		▓
ST-VALLIER-DE-THIERY: *Le Relais Impérial* (F) Route Napoléon, N85. 04 93 42 60 07. In angenehmer Atmosphäre und mit freundlichem Service kann man hier die authentische *pissaladière* – Zwiebeln, Oliven und Sardellen im Teigmantel – und dazu herrliche provenzalische Weißweine genießen.	AE DC EC V	●	▓	●	
SÉGURET: *La Table du Comtat* (F)(F)(F) 04 90 46 91 49. Auf der Speisekarte stehen Trüffel, Tauben und Wildschwein, der Weinkeller hat nicht minder Gutes zu bieten. Herrlicher Ausblick.	AE DC EC V	●	▓		
TOUËT-SUR-VAR: *Auberge des Chasseurs* (F)(F) Touët. 04 93 05 71 11. In diesem Landgasthof wird Wild als Vor- und Hauptspeise serviert; vor allem Wildschwein und Forelle sind ausgezeichnet.	AE DC EC V	●	▓		▓

RESTAURANTS

VENCE: *Auberge des Seigneurs* ⓕⓕ
Place du Frêne. 📞 04 93 58 04 24.
Um das fünfgängige Menü vor dem offenen Kamin zu genießen, muß man
Hunger haben. Serviert werden einheimische Forelle und zartes Lamm,
das vor Ihren Augen am Spieß gebraten wird.
AE DC EC V

VENCE: *Le Vieux Couvent* ⓕⓕ
68, avenue Général Leclerc. 📞 04 93 58 78 58.
Das Restaurant ist in einem ehemaligen Kloster aus dem 17. Jahrhundert untergebracht, und bekannt für seine einfallsreiche oroçensalische Küche.
EC V

VILLEFRANCHE-SUR-MER: *Mère Germaine* ⓕⓕⓕ
Quai Courbet. 📞 04 93 01 71 39.
Bouillabaisse und *sole tante marie* (Seezunge mit Pilzen) sind die
Spezialitäten in diesem freundlichen Restaurant am Meer. ♿
AE EC V

KORSIKA

BASTELICACCIA: *Auberge Seta* ⓕⓕ
Bastelicaccia-Suaralta. 📞 04 95 20 00 16.
Unweit von Ajaccio befindet sich dieses Restaurant mit Veranda
und Blick aufs Meer. Fischliebhaber kommen hier auf ihre Kosten.
EC V

BONIFACIO: *Stella d'Oro* ⓕⓕ
7, rue Doria. 📞 04 95 73 03 63.
Ein Familienbetrieb mit gesalzenen Preisen und herzlicher Atmosphäre.
Auf der Speisekarte findet man vor allem Fisch und Geflügel.
AE DC EC V

CALVI: *L'Ile de Beauté* ⓕⓕⓕ
Quai Landry. 📞 04 95 65 00 46.
In diesem Restaurant am Wasser werden exzellente Fischkreationen wie
Austern mit Limetten und Hummer serviert. Im ersten Stock gibt es vor
allem Fleischgerichte. Beides ist preiswert. ♿
AE DC EC V

CAURO: *U Barracone* ⓕⓕ
Barracone. 📞 04 95 28 40 55.
Ein ruhiges Restaurant in der Nähe von Cauro. Zu den Spezialitäten gehören
Rinderfilet mit Morcheln und Crêpes mit Orangencoulis. ♿
AE DC EC V

CORTE: *Auberge de la Restonica* ⓕⓕ
Vallée de la Restonica. 📞 04 95 46 09 58.
Ein ehemaliger Fußballstar ist Besitzer dieses Landgasthofs
mit Blick auf den Wald; einfaches, aber gutes Essen. ♿
EC V

L'ILE ROUSSE: *La Bergerie* ⓕⓕ
Route de Monticello. 📞 04 95 60 01 28.
In diesem hübschen umgebauten Bauernhof speist man im schattigen Garten.
Probieren Sie das Seeigelomelett und dazu eine Flasche korsischen Wein. ♿
EC V

PORTO: *Le Soleil Couchant* ⓕ
Porto-Marine. 📞 04 95 26 10 12.
Von der Terrasse hat man einen tollen Blick auf den Hafen. Die einheimi-
schen Gerichte sind preiswert, *charcuterie* und Schafskäse ausgezeichnet.
EC V

PORTO-VECCHIO: *Auberge du Maquis* ⓕⓕ
Ferruccio. 📞 04 95 70 20 39.
Bestellen Sie Jungschwein oder Wildschwein, das dann vor Ihren Augen
gebraten wird. Nicht weit entfernt von Porto-Vecchio.

PORTO-VECCHIO: *Le Regina* ⓕⓕ
Route de Bastia. 📞 04 95 70 14 94.
Prächtiges Restaurant mit ausgezeichneter Küche, in der nur die besten
einheimischen Produkte Verwendung finden. Meeresfrüchte, Kalbsbries und
Pasta sind ein Augen- und Gaumenschmaus. Beste Weinkarte auf der Insel.
AE DC EC V

ST-FLORENT: *La Gaffe* ⓕⓕ
Port de St-Florent. 📞 04 95 37 00 12.
Genießen Sie frische Muscheln und Hummer mit Zitrone und Minze,
während Sie von der schattigen Terrasse aus die Boote beobachten. ♿
AE DC EC V

SARTÈNE: *La Chaumière* ⓕⓕ
39, rue du Capitaine-Benedetti. 📞 04 95 77 07 13.
In den Felsen gehauener Gasthof; traditionelle korsische Gerichte:
charcuterie, Kutteln und Wildschwein, dazu korsischer Wein.
AE DC EC V

Zeichenerklärung siehe hintere Umschlagklappe

Grundinformationen

Praktische Hinweise 616–629
Reiseinformationen 630–641

Praktische Hinweise

FRANKREICH IST ZU RECHT stolz auf seine vielfältigen Schönheiten, die jeder Besucher nach Belieben genießen kann. Sowohl die Fremdenverkehrsämter im Ausland wie auch die in Frankreich selbst stehen hier mit jeder Art von Information zur Verfügung. In den meisten Städten und Dörfern in Frankreich gibt es Fremdenverkehrsämter; die entsprechenden Adressen und Telefonnummern finden Sie in diesem Führer. Die Franzosen selbst machen zwischen dem 14. Juli und 31. August Urlaub, weshalb diese Zeit auch als Hauptsaison gilt. Mit ein wenig Planung wird es Ihnen sicherlich gelingen, einen wunderschönen Urlaub zu verbringen.

Logo des Fremdenverkehrsamts

ETIKETTE

DIE FRANZOSEN halten bestimmte Regeln der Höflichkeit strenger ein, als dies beispielsweise in Deutschland üblich ist. Die grundlegenden Verhaltensgepflogenheiten sind auch für Fremde ganz leicht zu erlernen. In Geschäften sollten Sie zur Begrüßung »Bonjour« sagen, »Merci«, wenn Sie Ihr Wechselgeld bekommen, »Merci« und »Au revoir« zum Abschied.

Wenn Sie jemand vorgestellt werden und Ihr Gegenüber Ihnen die Hand entgegenstreckt, wäre es unhöflich, sie nicht zu ergreifen. In kleinen Dörfern ist es üblich, sogar Wildfremde mit »Bonjour« zu grüßen.

Weitere im Alltagsleben hilfreiche Ausdrücke finden Sie auf S. 671f.

VISA

SEIT DIE GRENZKONTROLLEN weggefallen sind, brauchen Bewohner der EU nicht einmal mehr einen Ausweis vorzuzeigen.

Wer als EU-Bewohner in Frankreich arbeiten will, kann auch dies ohne weiteres tun, er muß in Frankreich lediglich eine Aufenthaltserlaubnis beantragen. Schweizer, die in Frankreich arbeiten wollen, müssen sich in ihrem Heimatland bei der französischen Botschaft nach den zur Zeit geltenden Bestimmungen erkundigen.

ZOLL

FÜR EU-BEWOHNER gibt es keinerlei Zollbestimmungen mehr. Schweizer Staatsangehörige können sich im Bedarfsfall bei der Zollauskunftsstelle **(Centre des Renseignements des Douanes)** in Strasbourg und Paris erkundigen.

AUSKUNFT

FREMDENVERKEHRSÄMTER *(offices de tourisme)* und -vereine *(syndicats d'initiative)* findet man in jeder französischen Stadt. Dort erhält

Zeichen für Fremdenverkehrsamt in kleineren Orten

man Informationen, Stadtpläne, Broschüren und eine Fülle von praktischen Dienstleistungen wie Zimmerreservierung etc.

Informationsstellen in Bahnhöfen sind im Sommer stark frequentiert, weshalb man mit längeren Wartezeiten rechnen muß.

Sie können jedoch auch in Ihrem Heimatland bei den französischen Fremdenverkehrsämtern *(Maison de la France)* oder den französischen Kulturinstituten Informationen einholen.

EINTRITTSPREISE

IN DEN MEISTEN Museen in Frankreich bezahlt man zwischen 15 und 40 Francs Eintritt. Sonntags kostet der Besuch staatlicher Museen nur die Hälfte, der Besuch von kommunalen Museen ist kostenlos. Kinder bis zu 7 Jahren und Personen ab 60 Jahren haben jederzeit, bei Vorlage eines Ausweises, freien Eintritt. Ermäßigung gibt es auch gegen Vorlage eines internationalen Studentenausweises.

ÖFFNUNGSZEITEN

SOFERN SIE BEI den entsprechenden Sehenswürdigkeiten keine anderen Zeiten finden, gelten die normalen Öffnungszeiten von 10–17.40 Uhr mit einem langen Abend in der Woche. Die meisten Sehenswürdigkeiten sind an nationalen Feiertagen geschlossen, des weiteren am Dienstag, einige wenige am Montag. Kirchen sind täglich geöffnet, nicht jedoch während der Mittagszeit. Da sich private Museen manchmal nicht an die üblichen Öffnungszeiten halten, empfiehlt es sich, sich hier vorher zu erkundigen.

Auf S. 622 finden Sie die Öffnungszeiten für Geschäfte verzeichnet, auf S. 620 für Banken und auf S. 576f für Restaurants.

Wegweiser für kulturelle Denkmale

PRAKTISCHE HINWEISE

Besucher gönnen ihren geplagten Füßen Ruhe

EINRICHTUNGEN FÜR BEHINDERTE REISENDE

EINE LISTE, GEORDNET nach Städten, finden Sie im *Guide Rousseau H comme Handicapés*, erhältlich bei **Les Editions La Route Robert** und in französischen Buchhandlungen. In *Touristes quand même* sind Einrichtungen in allen größeren Städten Frankreichs aufgeführt, und dazu gibt es nützliche Redewendungen in Englisch und Deutsch. Diese kostenlose Broschüre wird von **CNRH** (Comité National Français de Liaison pour la Réadaptation des Handicapés) herausgegeben und ist erhältlich beim Fremdenverkehrsamt in Paris.

Beim **CIDJ** (Centre d'Information et de Documentation de la Jeunesse) bekommen speziell jugendliche Behinderte Informationen. Die **Association des Paralysés de France** *(siehe S.539)* gibt Informationen für Rollstuhlfahrer.

ZEIT

IN FRANKREICH herrscht ebenso wie in den meisten anderen europäischen Ländern in den Sommermonaten die mitteleuropäische Sommerzeit.

HINWEISE FÜR STUDENTEN

DAS FRANZÖSISCHE Fremdenverkehrsamt in Frankfurt, selbstverständlich auch **Maison de la France** in Wien und Zürich, verschickt auf Wunsch eine Broschüre mit dem Titel *Urlaub für junge Leute* mit umfassenden Informationen.

Das **CIDJ** gibt in allen großen Provinzhauptstädten

Normaler französischer Stecker

Frankreichs Auskunft und Beratung über billige Restaurants, Cafés und Kneipen, nicht aber Hotels.

Mit internationalem Studentenausweis oder der französischen Variante, der *carte jeune*, erhalten Sie in Theatern, Museen, Kinos und für viele Sehenswürdigkeiten 25 bis 50 Prozent Ermäßigung.

STROMSPANNUNG

FAST ÜBERALL in Frankreich findet man heute 220 Volt Wechselstrom. In die Steckdosen passen in aller Regel die üblichen Stecker.

Wer hinauf will, muß anstehen

AUF EINEN BLICK

BOTSCHAFTEN

Französische Botschaft
An der Marienkapelle, 53179 Bonn. 0228-36 20 31.

Französische Botschaft
Technikerstr. 2, 1040 Wien.
1-505 47 47.

Deutsche Botschaft
13–15, avenue F.-D.-Roosevelt 75008 Paris.
01 42 99 78 00.

Österreichische Botschaft
6, rue Fabert, 75007 Paris
01 45 55 95 66.

Schweizer Botschaft
142, rue de Grenelle, 75007 Paris
01 49 44 76 00.

INFORMATIONEN

Maison de la France
Postfach 100 128
60001 Frankfurt
069-75 60 83-0.

Französisches Fremdenverkehrsamt Wien
Postfach 11 (Hilton Center)
1033 Wien. 1-715 706 10.

Maison de la France
8001 Zürich 1-221 3561.

NÜTZLICHE ADRESSEN

Centre des Renseignements des Douanes
23, rue de l'Université,
75007 Paris. **Karte** 14 F3.
01 40 24 65 10.
FAX 01 40 24 65 30.

CIDJ
101, quai Branly, 75015 Paris.
Karte 6 E2. 01 44 49 12 00.
Mo–Fr 9.30–18 Uhr, Sa 9.30–13 Uhr.

CNRH
236 bis, rue de Tolbiac,
75013 Paris. **Karte** 8 D4.
01 53 80 66 66.

Office du Tourisme
127, avenue des Champs-Elysées 75008 Paris. **Karte** 2 E4. 01 49 52 53 54. Mo–Sa 9–20 Uhr, So 11–18 Uhr.
Geschl. 25. Dez, 1. Jan.

Sicherheit und Notfälle

WENN SIE IN Frankreich Urlaub machen, sind Sie ebenso sicher wie zu Hause, sofern Sie nicht grob fahrlässig handeln und sich, vor allem bei Nacht, von menschenleeren und dunklen Gegenden fernhalten. Wenn Sie unerwartet krank werden, finden Sie erste Hilfe in Apotheken. Im Notfall können Sie sich auch an Ihre Botschaft oder konsularische Vertretung, die es in größeren Städten gibt, wenden *(siehe S. 617)*. Bei ernsthaften Erkrankungen rufen Sie am besten die Notfalldienste an, deren Nummern Sie weiter unten finden.

Apothekenzeichen

PERSÖNLICHE SICHERHEIT

WENN SIE in einen Streit oder einen Autounfall verwickelt werden, sollten Sie, bis im letzten Fall die Polizei eintrifft, nach Möglichkeit ruhig bleiben und versuchen, französisch zu sprechen, denn dies könnte die Situation entschärfen.

RECHTSBEISTAND

WENN SIE ÜBER einen Euroschutzbrief oder ähnliches verfügen, können Sie auch im Ausland Rechtsbeistand in Anspruch nehmen. Falls Sie etwas Derartiges nicht besitzen, sollten Sie sich mit Ihrer zuständigen Botschaft *(siehe S. 617)* in Verbindung setzen. Als letzte Möglichkeit bleibt Ihnen die Ordre des Avocats (Rechtsanwaltsvereinigung), die Ihnen einen guten ansässigen Anwalt nennen kann.

DOLMETSCHER

PROFESSIONELLE ÜBERSETZER und Dolmetscher vermittelt die **Société Française des Traducteurs Professionels** über Minitel *(siehe S. 624)*.

PERSÖNLICHES EIGENTUM

WENN SIE AUF Nummer Sicher gehen wollen, können Sie in Ihrem Heimatland eine Reiseversicherung abschließen. Ansonsten sollten Sie die üblichen Vorsichtsmaßnahmen einhalten, das heißt besonders vorsichtig sein in der Pariser Métro zur Hauptverkehrszeit. Halten Sie Ihre Tasche immer dicht an sich, und tragen Sie nur so viel Bargeld bei sich, wie Sie brauchen. Wer größere Beträge zur Verfügung haben möchte, sollte auf Reiseschecks und Kreditkarten zurückgreifen.

Im Falle eines Verbrechens müssen Sie unverzüglich die Polizei verständigen, entweder telefonisch oder persönlich. Beim *commissariat de police* handelt es sich um die Polizeidirektion, in kleineren Städten und Dörfern wenden Sie sich an die *mairie* (Rathaus). Wenn Ihnen Ihr Paß abhanden gekommen ist, wenden Sie sich an Ihre Botschaft *(siehe S. 617)*.

Die weißbehandschuhten Motorradfahrer auf den Hauptverkehrsstraßen gehören zur **CRS** (Compagnie Républicaine de Sécurité). Wenn Sie außerhalb einer Ortschaft in einen Unfall verwickelt sind, wäre es möglich, daß Sie gebeten werden, mit dem anderen Unfallteilnehmer die nächste *gendarmerie* aufzusuchen. Die *gendarmerie nationale* ist eine militärische Organisation, die sich mit allen Verbrechen außerhalb geschlossener Ortschaften befaßt. Eine Aussage zu machen und sie zu Protokoll zu bringen (PV bzw. *procésverbal*) kann etwas Zeit in Anspruch nehmen. Nehmen Sie immer Ihren Ausweis (und wenn notwendig Ihre Autopapiere) mit, wenn Sie eine Aussage machen müssen.

ÄRZTLICHE VERSORGUNG

ALLE BÜRGER DER EU können einen Anspruch auf ambulante und stationäre Versorgung in Frankreich geltend machen. Der Patient muß die Kosten jedoch zunächst selbst begleichen, um Sie dann in seinem Heimatland bei seiner Krankenkasse wieder einzufordern. Am besten erkundigen Sie sich vor Abreise bei Ihrer zuständigen Krankenkasse.

Im Notfall können Sie sich an **SAMU** (Service d'Aide Médicale Urgence) wenden. Oft-

Gendarm

Feuerwehrmann

AUF EINEN BLICK

NOTFALLNUMMERN

Ambulanz (SAMU)
📞 15 od. 18 *(Sapeurs Pompiers)*.

Feuerwehr
📞 18.

Polizei und Gendarmerie 📞 17.

DOLMETSCHER

Société Française des Traducteurs Professionels
📞 Minitel 3616 SFTRAD.

mals kann Ihnen jedoch von der Feuerwehr **(Sapeurs Pompiers)**, die ebenfalls über einen Notfall- und Ambulanzdienst verfügt, schneller geholfen werden, vor allem in ländlichen Gebieten, in denen die Feuerwehr einfach näher ist als das nächste Krankenhaus.

APOTHEKEN

BEI KLEINEREN Wehwehchen sind Sie in der Apotheke am richtigen Ort. Apotheker kennen sich auch mit Waldpilzen aus, weshalb Sie einen solchen konsultieren sollten, bevor Sie das Risiko einer Pilzvergiftung eingehen.

Apotheken erkennt man immer am grünen Kreuz über der Tür. Im Fenster finden Sie immer die Adresse der nächsten Nachtapotheke.

Hinweis auf Brandgefahr

IM FREIEN

WALDBRÄNDE SIND verhältnismäßig häufig, und durch starke Winde können sich Feuer schnell ausbreiten. Halten Sie sich nicht in der Nähe eines Feuers auf, da sich seine Richtung schnell ändern kann. Sorgen Sie dafür, daß Sie nicht selbst durch Lagerfeuer oder Zigaretten einen Waldbrand verursachen.

Bergsteiger oder Segler sollten vor Aufbruch die Behörden über ihre Route verständigen und vor allem die örtlichen Vorschriften einhalten.

In der Jagdsaison (September bis Februar, vor allem samstags) sollten Sie sich in auffälligen Farben kleiden. Meiden Sie Gebiete, die für die Jagd markiert sind *(siehe S. 629).*

Polizeiauto

Krankenwagen

ÖFFENTLICHE TOILETTEN IN FRANKREICH

In vielen Städten findet man die modernen runden Münztoiletten. Lassen Sie niemals Kinder unter zehn allein hinein, da die automatische Spülvorrichtung gefährlich sein kann. Da in Frankreich Cafés und Bistros öffentliche Orte sind, sollte man am besten dorthin gehen oder aber in ein Kaufhaus. Die alten Pissoirs und Stehklos, die man auch noch findet, sind häufig ziemlich schmutzig. Auf der Autobahn findet man Toiletten alle 20 Kilometer an den Tankstellen und Raststätten.

Währung und Geldwechsel

In Frankreich gibt es seit neuestem keine Devisenbeschränkungen mehr, weder bei der Ein- noch Ausreise, das heißt, Zahlungsmittel können in unbegrenzter Höhe ein- und ausgeführt werden, wobei Euroschecks und Kreditkarten als die sicherste und bequemste Art gelten. Bei Banken und Wechselstuben, die man in Flughäfen, Bahnhöfen sowie Hotels und Geschäften findet, kann man Geld wechseln und Schecks einlösen. Zu beachten sind jedoch die unterschiedlichen Wechselkurse.

Kreditkartenautomat

BANKEN

In den meisten französischen Banken kann man Geld wechseln und Schecks einlösen, allerdings wird dafür eine Gebühr erhoben.

Viele Banken haben auch einen Geldautomaten, an dem man mit den Kreditkarten **Visa/Carte Bleue** und **Eurocard/Mastercard** oder einfach mit der Euroscheckkarte Geld abheben kann. Bitte beachten Sie, daß das Geldscheinreservoir der Geldautomaten erschöpft sein kann – vor allem am Ende eines Wochenendes.

Die diesbezüglichen Anweisungen stehen meist auch in deutscher Sprache zur Verfügung. Zu beachten ist, daß an vielen Automaten am Wochenende irgendwann das Geld ausgeht.

BANKÖFFNUNGSZEITEN

Mit leichten Abweichungen sind die Banken im Norden des Landes von Mo bis Fr von 9 bis 16.30 oder 17.15 Uhr geöffnet; manche schließen aber auch schon um 12 Uhr, vor allem an einem Werktag vor einem Feiertag.

Im Süden sind die Banken in der Regel Di bis Sa von 8 bis 12 Uhr und von 13.30 bis 16.30 Uhr geöffnet. In Wochen mit einem Feiertag sind viele von Freitag bis Dienstag geschlossen.

ANDERE GELDWECHSELSTELLEN

Auch in Postämtern, die zumeist längere Öffnungszeiten haben als Banken, können Schecks eingelöst und Geld umgetauscht werden. Inhaber eines deutschen Postbankkontos können in jedem Postamt (PTT) in Frankreich problemlos Geld abheben, erforderlich sind dazu natürlich das Postsparbuch, die dazugehörige Kontokarte und der Personalausweis.

Außerhalb von Paris gibt es nur wenige Wechselstuben, außer in größeren Bahnhöfen und Touristenorten. Bei diesen Wechselstuben lohnt es sich, sich vorher über den Kurs und vor allem aber über die Gebühren, die manchmal unangenehm hoch sein können, zu informieren.

KREDITKARTEN UND SCHECKS

Reiseschecks haben den Vorteil, daß sie gegen Verlust oder Diebstahl versichert sind. Es gibt sie bei **American Express** oder bei Ihrer Bank. Am besten läßt man sie sich in Francs ausstellen. Beide werden überall in Frankreich eingelöst.

Wegen der hohen Gebühren werden Kreditkarten von American Express nicht überall angenommen; sicherer sind deshalb **Visa/Carte Bleue** und mittlerweile auch **Eurocard/Mastercard**.

Wer seine Kreditkarte zur Begleichung von Rechnungen in Geschäften benutzen will, muß unter Umständen seine Geheimnummer *(code confidentiel)* in ein neben der Kasse stehendes Gerät eintippen und dann die grüne Taste *(validez)* drücken.

Gerät zum Eintippen der Geheimnummer

EUROSCHECKS

Wenn Sie Euroscheckbesitzer sind, können Sie zur Begleichung von Rechnungen den genauen Betrag auf dem Scheck eintragen, und zwar bis zu einem Höchstbetrag von 1400 FF. Wer mehr zu bezahlen hat, stellt einfach mehrere Schecks aus. Schecks werden nur in Verbindung mit einer Euroscheckkarte angenommen; das gilt auch, wenn Sie einen Euroscheck bei einer Bank einlösen wollen.

AUF EINEN BLICK

LÄNGER GEÖFFNETE WECHSELSTUBEN IN PARIS

Ancienne Comédie
5, rue Ancienne-Comédie 75006.
01 43 26 33 30.
tägl. 10–20 Uhr.

Barlor
125, rue de Rennes 75006.
01 42 22 09 63.
Mo–Sa 9.15–18 Uhr.

CCF
115, avenue des Champs-Elysées 75008. 01 45 61 13 97.
tägl. 10–22 Uhr.

AUSLÄNDISCHE BANKEN IN PARIS

Banque Franco-Allemande
6, rue Lamennais 75008.
Karte 4 F4. 01 45 63 01 09.

Commerzbank
3, place de l'Opéra 75001.
01 47 42 13 29.

Deutsche Bank
10, place Vendôme 75001.
Karte 12 D1. 401 2 61 82 02.

PRAKTISCHE HINWEISE 621

WÄHRUNG

Die französische Währung ist der Franc, bezeichnet mit dem Buchstaben »F«, der manchmal vor, jedoch meist nach dem Geldbetrag steht. Im Bankwesen unterscheidet man ihn vom Schweizer Franken und Belgischen Franc durch die Abkürzung »FF«. Ein Franc hat 100 Centimes; 1-Centime-Münzen sind wegen des niedrigen Wertes nicht mehr in Umlauf.

Banknoten
Französische Banknoten gibt es im Wert von 20 FF, 50 FF, 100 FF, 200 FF und 500 FF.

Münzen
Es gibt 5, 10, 20 und 50 Centimes sowie 1 FF, 2 FF, 5 FF, 10 FF und 20 FF. Münzen zu 5, 10 und 20 Centimes sind aus Messing, Münzen zu 50 Centimes, 1 FF, 2 FF und 5 FF aus einer Silberlegierung. Die 10-FF- und 20-FF-Münzen bestehen aus zwei Metallen.

Läden und Märkte

Olivenöl aus Baux

EINKAUFEN IN FRANKREICH ist ein Vergnügen. Ganz gleich, ob Sie in den Supermarkt oder in die Kaufhäuser gehen oder die kleinen Geschäfte und Märkte bevorzugen, Sie werden von dem überaus reichhaltigen Angebot beeindruckt sein. Frankreich ist nicht nur weltberühmt für seine Delikatessen und seinen Wein, sondern auch für Mode und Accessoires, Parfümeriewaren, Porzellan und Glas.

Im folgenden finden Sie die Öffnungszeiten und eine Auswahl der Waren. Wir geben auch Tips, wie Sie Wein bei Winzern und Winzergenossenschaften kaufen, und einiges andere Nützliche und Interessante.

Frische Nektarinen und Melonen auf dem Markt

ÖFFNUNGSZEITEN

GENERELL SIND die Geschäfte von Mo bis Sa von ungefähr 9 bis 19 Uhr geöffnet. Viele kleine Läden machen über Mittag zu und sind am Montagvormittag geschlossen. Durchgehend geöffnet sind die Supermärkte, Kaufhäuser und Einkaufszentren.

Lebensmittelgeschäfte öffnen bereits um 7 Uhr, schließen über Mittag und haben dann bis in die späten Abendstunden geöffnet. Bäckereien haben nicht selten bis 13 Uhr und später geöffnet, weil sie einen Mittagstisch anbieten.

Viele kleine Lebensmittelgeschäfte und Zeitungskioske haben auch am Sonntag vormittag geöffnet. Am Sonntag nachmittag ist nahezu jeder Laden in Frankreich geschlossen, bis auf die Vorweihnachtszeit, in der die Supermärkte täglich geöffnet sind. Kleinere Läden sind manchmal einen ganzen Tag in der Woche geschlossen, zumeist montags. In Urlaubsorten haben während der Ferien einige die ganze Woche über geöffnet.

GRÖSSERE GESCHÄFTE

EINKAUFSZENTREN (*centre commercial*) findet man am Rand aller größeren Städte. Zu den größten gehören Carrefour, Casino Auchan und Continent. Sogar das Benzin gibt es hier zuweilen billiger, das allerdings immer in bar bezahlt werden muß (erkundigen Sie sich, bevor Sie tanken). Kaufhäuser (*grands magasins*) wie die preisgünstigen Monoprix und

In einer französischen Bäckerei wird sowohl Brot als auch Kuchen verkauft

Prisunic findet man oft im Stadtzentrum, die teureren Printemps und Galeries Lafayette dagegen in der Stadt und ebenso in Einkaufszentren am Stadtrand.

FACHGESCHÄFTE

ZU DEN SCHÖNEN Dingen in Frankreich gehört, daß sich trotz der großen Supermärkte die kleinen vorzüglichen Lebensmittelgeschäfte bis heute halten konnten. In der *boulangerie* (Bäckerei) wird Brot und Gebäck und in der *pâtisserie* (Konditorei) feineres Gebäck und Kuchen verkauft, beim *traiteur* Fertiggerichte, in der *fromagerie*, die oft mit der *laiterie* verbunden ist, Käse und Milchprodukte. In der *boucherie* gibt es Fleisch und in der *charcuterie* speziell Schweinefleisch und Delikatessen. Weitere Lebensmittel und Spezialitäten bekommt man in der *épicerie fine*, Putz- und Haushaltswaren in der *droguerie*, Metall- und Eisenwaren hingegen in einer *quincaillerie*. Die *papeterie* findet man sowohl als exklusives Schreibwarengeschäft wie auch als kleine Abteilung in einem Supermarkt.

MÄRKTE

IN DIESEM FÜHRER sind bei jeder Stadt auch die Markttage aufgeführt. Um herauszufinden, wo der Markt stattfindet, fragt man am besten einen Einheimischen nach *le marché*. In der Regel sind die Märkte nur bis Mittag geöffnet.

Suchen Sie nach Bauern, die nur ein bis zwei verschiedene Produkte anbieten; sie sind besser und dazu noch billiger als die Anbieter ganzer Agrarsortimente.

Das Gesetz schreibt vor, daß auf dem Preisschild auch das Herkunftsland angegeben werden muß: *Pays* heißt einheimisch. Hühner aus Bresse sind mit einem rot-weiß-blauen Schild versehen. Wenn Sie regelmäßig auf den Markt gehen, sollten Sie Ausschau halten nach Produkten der Saison, wie zum Beispiel nach Spargel oder *fraises des bois* (Walderdbeeren). Auf dem Markt gibt es neben Lebensmitteln auch Gewürze, Schu-

PRAKTISCHE HINWEISE

he, Kleidung und dazu allerlei Krimskrams.

In bestimmten Regionen gibt es in der Saison spezielle Märkte für Trüffel, Schinken, Knoblauch, *foie gras* und lebendiges Vieh. Oftmals finden gleichzeitig *foires artisanales* statt, auf denen einheimische Produkte und Kunsthandwerk angeboten wird.

REGIONALE PRODUKTE

DIE REGIONALEN Spezialitäten einer Gegend bekommt man zwar in ganz Frankreich, aber natürlich schmecken sie dort am besten, wo sie wachsen, reifen und geerntet werden. So ist die Provence im Süden ganz besonders stolz auf ihr Olivenöl. Im kühleren Norden wird von der frischen normannischen Milch ein vorzüglicher Camembert hergestellt, der vor dem Verzehr mindestens drei Wochen reifen muß. Auch bestimmte Getränke werden mit ganz bestimmten Regionen in Verbindung gebracht: So wird der Anisschnaps Pastis im Süden viel getrunken, während der Apfelschnaps Calvados aus dem Norden stammt *(siehe S. 245).*

Aber die Lage entscheidet auch über die Qualität. Lyons kulinarische Bedeutung gründet sich auf seine vielen Käsesorten aus dem umliegenden Weideland und die Nähe zu Bresse mit seinen Hühnern.

Die Rinder des Charolais sind über Frankreichs Grenzen hinaus bekannt, und im

Getrocknete provenzalische Küchenkräuter

Regionale Spezialitäten wie Wurst und Käse werden auf den Märkten in Lyon angeboten

Elsaß kann man mit Recht stolz auf die dort hergestellten Würste sein.

WEIN

IN WEINGEGENDEN sollten Sie zum Kosten unbedingt den Schildern *dégustation* (Weinproben) und *domaines* (Weinberg) folgen. In den Kellereien wird erwartet, daß Sie nach einer Weinprobe mindestens eine Flasche Wein kaufen. Genossenschaften verkaufen Weine der kleineren Winzer, und zwar in Fünf- und Zehn-Liter-Fäßchen *(en vrac)*, ebenso wie auch in Flaschen. Die Weine mit dem Gütezeichen AOC *(appellation d'origine contrôlée)* bekommt man oft für weniger als zehn Franc pro Liter.

Pastis 51, ein Getränk des Südens

HAUSHALTSWAREN UND KÜCHENGERÄTE

ALLES RUND UMS HAUS bekommt man am besten in den Kaufhäusern Alinéa, Cèdre Rouge und Habitat, Gartenmöbel dagegen eher bei Despalles, und bei Le Roy Merlin findet der interessierte Handwerker schlichtweg alles, was das Heimwerkerherz höher schlagen läßt.

Nur selten bekommt man in einem Haushaltswarengeschäft alle Utensilien für die Küche, weshalb man manchmal mit den Haushaltsabteilungen großer Kaufhäuser besser beraten ist.

In Metall- und Eisenwarenläden bekommt man gußeisernes Kochgeschirr, und feines Porzellan erhält man in Geschäften, in denen alles zu haben ist, was allgemein zur Tischkultur gehört. Töpferwaren gibt es dagegen überall in Frankreich recht günstig, die größte Auswahl hat man dort, wo sie hergestellt werden, das heißt in Aubagne bei Marseille und in Vallauris in der Nähe von Grasse *(siehe S. 512).*

Weltberühmt und auch von Touristen sehr begehrt ist das elegante Tafelgeschirr aus Limoges, das seit dem 18. Jahrhundert Zentrum der Porzellanmanufaktur in Frankreich ist *(siehe S. 168),* sowie die Glaswaren aus Baccarat, das seit 1764 für edles Kristall bekannt ist.

KLEIDUNG

SOGAR IN DEN kleinen Städten auf dem Land findet man elegante Bekleidungsgeschäfte. Trotzdem ist und bleibt Paris die Stadt und das Zentrum der Mode. Mehr über die Herren- und Damenmode auf S. 136 f.

UMRECHNUNGSTABELLE
Damenbekleidung

F	36	38	40	42	44	46	48
A, CH, D	34	36	38	40	42	44	46

Kommunikation und Medien

DAS FERNMELDEWESEN ist gut ausgebaut. Verantwortlich ist die France Télécom, für das Postwesen La Poste. Telefonzellen gibt es überall, in allen öffentlichen Gebäuden, aber auch auf der Straße. Wenn Sie ins Ausland telefonieren, ist es ratsam, eine Telefonkarte zu benützen *(télécarte)*.

Bureaux des postes (Postämter) erkennt man am gelben »La Poste« auf blauem Grund. Da die Post ehemals P.T.T hieß, sieht man dies oft auf Straßenschildern.

Ausländische Zeitungen gibt es in größeren Städten. Fremdsprachige Programme werden auch in verschiedenen Fernseh- und Radiosendern übertragen.

Zeichen für öffentliches Telefon

TELEFONIEREN

ES GIBT ÖFFENTLICHE Münztelefone (zu verwenden sind Münzen zu 1 FF, 2 FF, 5 FF oder 10 FF) und Kartentelefone, die mit Telefonkarten *(télécartes)* funktionieren. Mit Karten telefoniert man billiger und einfacher. Mit dem Kauf erwirbt man eine Anzahl von Telefoneinheiten: 50 Einheiten kosten 40 FF, 120 Einheiten 96 FF. Erhältlich sind sie bei Postämtern, in Tabakläden und an Zeitungskiosken.

In Cafés gibt es nur Münztelefone, deren Benutzung den Gästen vorbehalten ist. In Postämtern findet man Telefonkabinen *(cabines)*, in denen man zuerst telefoniert und dann bezahlt. Man telefoniert hier viel billiger als im Hotel.

Das Minitel-Verzeichnis (Minitel ist die französische Version des deutschen Bildschirmtexts BTX) kann man in Postämtern kostenlos benutzen. Es gibt heutzutage fast nichts mehr, was nicht mit Minitel zu erledigen ist. So kann man mit dem Telefondienst *pays directe* mittels einer Vermittlungsstelle Anrufe nach Hause anmelden, die dann über die Kreditkarte oder den Telefonanschluß zu Hause abgerechnet werden.

Frankreich ist in zwei Vorwahlzonen unterteilt: Paris/Ile de France und die Provinz. Um von Paris in die Provinz zu telefonieren, wählt man 16 und dann, nach dem Tonzeichen, die achtstellige Rufnummer. Will man von der Provinz nach Paris telefonieren, wählt man 16, wartet das Tonzeichen ab, wählt eine 1 und dann die Rufnummer. Innerhalb der Provinz wählt man nur die

TELEFONIEREN MIT TELEFONKARTE

1 Nehmen Sie den Telefonhörer ab, und warten Sie auf das Tonzeichen.

2 Schieben Sie die *télécarte* in Pfeilrichtung ein (Pfeil nach oben).

3 Die Leuchtanzeige meldet Ihnen die Anzahl der zur Verfügung stehenden Einheiten. Dann erfolgt die Aufforderung, die Nummer zu wählen.

4 Wählen Sie die Nummer, und warten Sie auf die Verbindung.

5 Wenn ein weiterer Anruf getätigt werden soll, hängen Sie den Hörer nicht ein, sondern drücken Sie die grüne Taste.

6 Nach dem Gespräch den Hörer auflegen und die Karte entnehmen.

7 Wenn die Karte während des Gesprächs ausgeworfen wird, ist sie verbraucht. Schieben Sie eine neue Karte ein.

Französische Telefonkarten

DER UMGANG MIT MINITEL

Um Minitel zu benutzen, drückt man die Telefontaste und gibt dann die Minitel-Nummer und den Code ein. Um das Verzeichnis aufzurufen, drückt man die Telefontaste und wählt 3611. Wenn der Signalton ertönt, drückt man die Taste *connexion/fin*. Dann gibt man auf der Tastatur den gewünschten Dienst oder die Firma einschließlich Stadt oder Region ein. Zur Suche drückt man *envoi*. Um abzubrechen, drückt man *veille* oder *connexion/fin*. Die Gebühren werden angezeigt.

Rufnummer. Telefoniert man aus dem Ausland, wählt man 0033 (eine 1 nur für Paris), dann die Rufnummer.

RADIO UND FERNSEHEN

ARTE strahlt ausländische Filme, Dokumentationen und Kultursendungen meist im Original mit französischen Untertiteln aus, M6 meist Musik, aber auch synchronisierte amerikanische Serien, Canal+ Sport und Filme. Ausländische Filme werden erst im Original mit Untertiteln und etwa einen Monat später in synchronisierter Fassung gezeigt. Den Fernsehzeitungen ist zu entnehmen, welche Version ausgestrahlt wird. Filme in FR2 und FR3 sind immer synchronisiert, mit Ausnahme des Freitag- und Sonntagnachtprogramms.

Radio France International (738 MW) bringt täglich von 18 bis 19 Uhr Nachrichten in Deutsch, France Inter dreimal täglich Nachrichten und Verkehrsmeldungen.

TELEFONIEREN MIT MÜNZEN

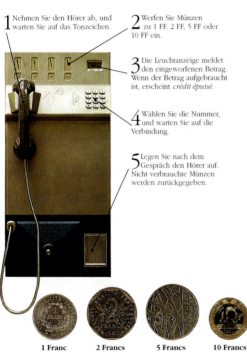

1. Nehmen Sie den Hörer ab, und warten Sie auf das Tonzeichen.
2. Werfen Sie Münzen zu 1 FF, 2 FF, 5 FF oder 10 FF ein.
3. Die Leuchtanzeige meldet den eingeworfenen Betrag. Wenn der Betrag aufgebraucht ist, erscheint *crédit épuisé*.
4. Wählen Sie die Nummer, und warten Sie auf die Verbindung.
5. Legen Sie nach dem Gespräch den Hörer auf. Nicht verbrauchte Münzen werden zurückgegeben.

1 Franc   2 Francs   5 Francs   10 Francs

Ausländische Zeitungen

ZEITUNGEN UND ZEITSCHRIFTEN

IN DEN GROSSSTÄDTEN gibt es viele ausländische Zeitschriften und Zeitungen zu kaufen; überregionale deutschsprachige Tageszeitungen wie die *Frankfurter Allgemeine* oder die *Süddeutsche Zeitung* sowie die *Neue Zürcher Zeitung* und natürlich auch Zeitschriften gibt es am Tag nach dem Erscheinen zumindest in der Hauptsaison.

Die wohl einflußreichsten französischen Zeitungen sind *Le Figaro, France Soir, Le Monde, Libération* und *L'Humanité*, wobei die erstgenannte Zeitung die am weitesten rechts stehende und die letztgenannte die am weitesten links orientierte ist.

Fachzeitschriften mit entsprechenden Veranstaltungshinweisen sind: *Diapason* im Bereich Musik, *Beaux-Art* im Bereich Kunst, *Art Presse* im Bereich Kunst allgemein. Auf S. 140 finden Sie die gängigen Zeitschriften, die über alle anfallenden Veranstaltungen informieren.

WICHTIGE TELEFONVORWAHLNUMMERN

- Für Inlandsgespräche benötigt man die zweistellige Vorwahl der Region und die achtstellige Rufnummer. Vorwahlen sind: Paris und Ile de France 01; Nordwesten 02; Nordosten 03; Südosten 04; Südwesten 05.
- Die Vermittlung hat die Nummer 13.
- Die internationale Telefonauskunft hat die Nummer
  12 für Deutschland,
  13 für andere europäische Länder,
  14 für alle anderen Länder.
- Um einen direkten Anruf ins Ausland zu tätigen, wählen Sie 00, warten auf das Tonzeichen und wählen dann die Landesvorwahl, die Ortsvorwahl (ohne die im Inland übliche 0) und zuletzt die Rufnummer.
- Auf den ersten Seiten des Telefonbuches von A–H sind für jedes Land die Kosten pro Minute und die Ländervorwahlen angegeben.
- Die Landesvorwahl für Deutschland ist 49, für Österreich 43 und für die Schweiz 41.

LA POSTE

Hinweisschild zum nächsten Postamt

Post

La Poste wurde in der Vergangenheit mit P.T.T. abgekürzt *(postes, télégraphes, téléphones)*, und obwohl die Postämter selbst diese Aufschrift nicht mehr tragen, findet man sie immer noch auf Straßenschildern.

Der Postdienst in Frankreich funktioniert schnell und reibungslos, dafür ist er aber auch nicht billig.

Die Postämter (aber auch Tabakläden) verkaufen Briefmarken *(timbres)* einzeln oder in *carnets* zu sieben und zehn Stück. Man kann in Postämtern des weiteren Telefonverzeichnisse einsehen, Telefonkarten kaufen, Postschecks einlösen, Geldanweisungen ausstellen, Geld in Empfang nehmen und telefonieren.

Man kann sich gegen eine kleine Gebühr seine Post auch postlagernd *(poste restante)* schicken lassen, was für all diejenigen interessant ist, die länger im Land reisen. Der Brief muß lediglich mit Name und Vorname des Empfängers, Postleitzahl und Ort des Postamtes sowie dem Vermerk »Poste Restante« versehen sein. Wenn nicht anders angegeben, geht der Brief an das Hauptpostamt *(recette principale)*.

Postämter sind in der Regel Mo bis Fr 9 bis 17 Uhr mit einer Mittagspause und samstags 9 bis 12 Uhr geöffnet.

Französische Briefkästen sind leuchtend gelb

Briefsendungen

Alle Briefe können in die gelben Postkästen geworfen werden, die oft zwei Einwurfschlitze haben; einen für die Stadt, in der Sie sich befinden, und einen zweiten für alle anderen Ziele *(autres destinations)*.

Für Sendungen ins Ausland gibt es acht verschiedene Preiszonen, wobei die Länder der Europäischen Union am billigsten sind.

Postbote *(facteur)*

Postleitzahlen

Frankreich hat fünfstellige Postleitzahlen. Die ersten beiden Ziffern bezeichnen das Département *(siehe S. 627)*. Wenn dann drei Nullen (000) folgen, handelt es sich um die Hauptstadt des Départements, 33000 z. B. steht für Bordeaux. Paris, Lyon und Marseille sind in Arrondissements unterteilt, zu erkennen an den letzten beiden Ziffern der Postleitzahl.

Verschiedene französische Briefmarken

***Carnet* mit zehn Briefmarken**

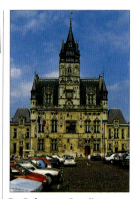

Das Rathaus von Compiègne

Kommunalverwaltung in Frankreich

Kommunalpolitik wird in Frankreich auf drei Ebenen betrieben – Region, Département und Kommune.

Infolge der Französischen Revolution wurden Ende des 18. Jahrhunderts anstelle der Provinzen 96 Départements geschaffen. Diese Verwaltungsbezirke sind oftmals nach Flüssen, so zum Beispiel Haute-Loire, benannt, die jeweils einem in Paris bestellten Präfekten unterstehen. Die regionale Autonomie wurde jedoch verstärkt. Die Départements, in denen jetzt eigene Wahlen durchgeführt werden, sind in 22 Regionen zusammengefaßt, jede mit einer gewählten Vertretung.

Neben den Regionen und Départements ist Frankreich in mehr als 35 000 *communes* (Dörfer und Gemeinden) unterteilt, angefangen von Großstädten wie Paris und Lyon bis zu winzigen Dörfern. Jede *commune* hat ihren eigenen gewählten Bürgermeister, ein Amt, das mit relativ viel Macht ausgestattet ist, der von der *mairie* (Rathaus) aus regiert. Obwohl dieses System viele Nachteile aufweist, wehren sich die kleinen Gemeinden sehr heftig gegen drohende Zusammenschließungen, der regionale Stolz überwiegt.

PRAKTISCHE HINWEISE

Regionen

1972 wurde Frankreich in 22 Regionen aufgeteilt. Hier sind sowohl die 15 regionalen Unterteilungen verzeichnet als auch alle 96 Départements.

Paris und die Ile de France sind wiederum in acht Départements unterteilt, die Stadt Paris selbst (Département 75) in 20 Arrondissements *(siehe S. 144)*.

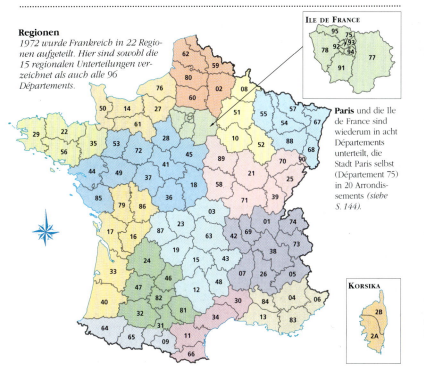

REGIONEN UND DÉPARTEMENTS

PARIS UND ILE DE FRANCE
75 Paris
77 Seine-et-Marne
78 Yvelines
91 Essonne
92 Hauts-de-Seine
93 Seine-St-Denis
94 Val-de-Marne
95 Val-d'Oise

NORDOSTFRANKREICH
Norden und Picardie
02 Aisne
59 Nord
60 Oise
62 Pas-de-Calais
80 Somme

Champagne
08 Ardennes
10 Aube
51 Marne
52 Haute-Marne

Elsaß und Lothringen
54 Meurthe-et-Moselle
55 Meuse
57 Moselle
67 Bas-Rhin
68 Haut-Rhin
88 Vosges

WESTFRANKREICH
Normandie
14 Calvados
27 Eure
50 Manche
61 Orne
76 Seine-Maritime

Bretagne
22 Côtes-du-Nord
29 Finistère
35 Ille-et-Vilaine
56 Morbihan

Loire-Tal
18 Cher
28 Eure-et-Loir
36 Indre
37 Indre-et-Loire
41 Loir-et-Cher
44 Loire-Atlantique
45 Loiret
49 Maine-et-Loire
53 Mayenne
72 Sarthe
85 Vendée

ZENTRALFRANKREICH
Burgund und Franche-Comté
21 Côte-d'Or
25 Doubs
39 Jura
58 Nièvre
70 Haute-Saône
71 Saône-et-Loire
89 Yonne
90 Territoire de Belfort

Massif Central
03 Allier
12 Aveyron
15 Cantal
19 Corrèze
23 Creuse
43 Haute-Loire
48 Lozère
63 Puy-de-Dôme
87 Haute-Vienne

Rhône-Tal und Alpen
01 Ain
05 Hautes Alpes
07 Ardèche
26 Drôme
38 Isère
42 Loire
69 Rhône
73 Savoie
74 Haute-Savoie

SÜDWESTFRANKREICH
Poitou und Aquitaine
16 Charente
17 Charente-Maritime
33 Gironde
40 Landes
79 Deux-Sèvres
86 Vienne

Périgord, Quercy und Gascogne
24 Dordogne
32 Gers
46 Lot
47 Lot-et-Garonne
81 Tarn
82 Tarn-et-Garonne

Pyrénées
09 Ariège
31 Haute-Garonne
64 Pyrénées-Atlantiques
65 Hautes-Pyrénées

SÜDFRANKREICH
Languedoc-Roussillon
11 Aude
30 Gard
34 Hérault
66 Pyrénées-Orientales

Provence und Côte d'Azur
04 Alpes-de-Haut-Provence
06 Alpes-Maritimes
13 Bouches-du-Rhône
83 Var
84 Vaucluse

Korsika
2A Corse-du-Sud
2B Haute-Corse

Sport und Freizeit

DAS IN JEDER Hinsicht vielseitige Frankreich bietet auch viele Sportmöglichkeiten und Freizeitbeschäftigungen. Wer die Unterhaltung sucht, ist mit Zuschauersportarten, Festivals und jährlich wiederkehrenden Veranstaltungen *(siehe S. 32ff)* am besten bedient. Informationen über aktuelle Veranstaltungen, Sportereignisse und Aktivsport in den Regionen bekommen Sie von den Fremdenverkehrsämtern. Die nachfolgenden Vorschläge umfassen die beliebtesten, aber auch ausgefallene Sportarten.

Wandern in den Gorges du Verdon in der Provence *(siehe S. 504f)*

URLAUB IN FRANKREICH

VON DEN französischen Fremdenverkehrsämtern bekommt man entweder die entsprechenden Informationen über die Art von Urlaub, die man sich vorstellt, oder die Adressen, an die man sich wenden kann, ganz gleich, ob man sich der Kultur oder Sprache widmen will – **Ulysses International** gibt *Le Petit Guide* heraus, und junge Leute, die bei der Restaurierung nationaler Denkmäler helfen wollen, wenden sich an **R.E.M.P.ART** (Association pour la Réhabilitaton et Entretien des Monuments et du Patrimoine Artistique) – oder den kulinarischen Freuden des Landes, das heißt, einen Kochkurs oder ein Weinseminar belegen oder sich gar handwerklich betätigen will.

Naturfreunden seien die *parcs nationaux* empfohlen, in denen unter anderem auch das Studium von Fauna und Flora möglich ist. Wer seine Kenntnisse auf dem Gebiet der Vogelkunde und Botanik erweitern möchte, kann dies unter anderem in der Camargue, den Cevennen und auf Korsika tun.

Der *Guide des Jardins de France*, herausgegeben von **Editions Hachette**, ist ein nützlicher Führer durch die vielen wunderschönen Gärten und Parks des Landes.

GOLF UND TENNIS

GOLF KANN MAN in Frankreich fast überall spielen, vor allem aber in der Nähe von Fremdenverkehrsorten. Größere Golfplätze bieten Wochenend- oder Wochenkurse mit fachkundischer Unterweisung an. Wer sich genauer informieren will, fordert bei **France Golf International** die Qualitätsliste der Golfplätze an oder erwirbt bei **Edition Sand et Menges** *Le Guide des Golfs de France*.

Tennisspieler haben in der Regel überhaupt keine Schwierigkeiten, Plätze zu finden. Man sollte allerdings die eigene Tennisausrüstung von zu Hause mitbringen.

Im Wald von Fontainebleau *(siehe S. 170f)*

WANDERN, RADFAHREN UND REITEN

MIT MEHR ALS 30 000 Kilometern markierten Wegen *(grandes randonnées* und *petites randonnées)* ist Frankreich ein Paradies für Wandervögel. *Topo Guides*, herausgegeben von der **Fédération Française de la Randonnée Pédestre**, beschreibt die GR-Wanderwege mit Hinweise auf Anreise-, Übernachtungs- und Einkaufsmöglichkeiten. Ein allgemeinerer Wanderführer heißt *Guide du Randonneur*.

Einige Wanderwege können auch von Fahrradfahrern und Reitern benutzt werden. Auskunft gibt hier die **Fédération Française de Cyclotourisme**, aber auch die Fremdenverkehrsämter. *Gîtes d'étapes* *(siehe S. 539)* informiert über Unterkünfte für Wanderer.

BERGSPORT

DIE FRANZÖSISCHEN Alpen und die Pyrenäen sind bei Sportliebhabern nicht nur im Winter wegen ihrer unzähligen Pisten für Abfahrts- und Langlauf beliebt, sondern auch im Sommer wegen der herrlichen Wander- und Bergsteigerpfade. Wer sich über die entsprechenden Möglichkeiten näher informieren kann, kann entsprechendes Informationsmate-

Mit dem Mountainbike das Land kennenlernen

Kanus bei St-Chély unweit der Gorges du Tarn *(siehe S. 360 f)*

rial bei der **Fédération Française de la Montagne et de l'Escalade** beziehen.

FLUGSPORT

FRANKREICH BIETET unzählige Möglichkeiten, das Fliegen zu erlernen. Bei Interesse und wenn Sie über die nötigen Sprachkenntnisse verfügen, informiert Sie die **Fédération Nationale Aéronautique** über Flugschulen. Wollen Sie statt dessen lieber mit dem Drachen oder Gleitschirm fliegen, dann erhalten Sie die notwendigen Informationen bei der **Fédération Française de Vol Libre**.

Paragliding *(parapente)* oberhalb von Chamonix *(siehe S. 312 f)*

WASSERSPORT

RAFTING, KAJAK- und Kanufahren werden immer beliebter; sie werden in Frankreich vor allem im Massif Central ausgeübt. Weitere Informationen erhält man bei der **Fédération Française de Canoë-Kayak**. An der Atlantikküste in der Nähe von Biarritz kommen all die auf ihre Kosten, die gern surfen. Segeln, tauchen und Wasserski fahren kann man praktisch an der ganzen Küste und dazu auf vielen Seen. Wer es erst noch lernen will, kann ohne weiteres Kurse besuchen und Unterricht nehmen.

Schwimmen kann man quasi überall, außer im Hochsommer an der südfranzösischen Küste, wenn man vor lauter Menschen kein Wasser mehr sieht *(siehe S. 464 f)*.

JAGEN UND FISCHEN

UM IN FRANKREICH zu jagen, braucht man einen Jagdschein *(permis de chasser)*, den man nur durch Ablegen einer Prüfung bekommt, und zwar in französischer Sprache. Ausnahmen von dieser Regel sind beim jeweiligen Bürgermeisteramt zu erfragen.

Fischen kann man in Seen und im Meer. In den örtlichen Geschäften für Fischereibedarf bekommt man die *carte de pêche* mit den Vorschriften.

FKK

DIE **Fédération Française de Naturisme** bietet in über 50 Zentren eine breite Palette von Aktivitäten an der frischen Luft.

VERANSTALTUNGEN

DIE FRANZOSEN sehen sich gern Fußball und Radrennen an. Natürlich trifft man sie auch auf Märkten und Festen *(fêtes)*, auf denen neben einer Antiquitätenausstellung *boules* und vielleicht sogar ein Rockkonzert stattfinden.

AUF EINEN BLICK

Editions Hachette
43, quai de Grenelle,
75015 Paris.
01 43 92 30 00.

Editions Sand et Menges
6, rue de Mail,
75002 Paris.
01 44 55 37 50.

Fédération Française de Canoë-Kayak
87, quai de la Marne,
94340 Joinville-le-Pont.
05 45 11 08 50.

Fédération Française de Cyclotourisme
8, rue Jean-Marie-Jego,
75013 Paris. 01 44 16 88 88.

Fédération Française de la Montagne et de l'Escalade
8–10 quai de la Marne, 75019 Paris. 01 40 18 75 50.
FAX 01 40 18 75 59.

Fédération Française de Naturisme
65, rue de Tocqueville
75017 Paris.
01 47 64 32 82.
FAX 01 47 64 32 63.

Fédération Française de la Randonnée Pédestre
64, rue de Gergovie
75014 Paris. 01 45 45 31 02.

Fédération Française de Vol Libre
4, rue de Suisse, 06100 Nizza.
04 93 88 62 89.

Fédération Nationale Aéronautique
155, avenue Wagram,
75017 Paris.
01 44 29 92 00.
FAX 01 44 29 92 01.

R.E.M.P.ART
1, rue des Guillemites,
75004 Paris. 01 42 71 96 55.

Fédération Française de Golf
69, avenue Victor-Hugo,
75008 Paris. 01 42 71 96 55.

Ulysses International
21, avenue du Professeur Grasset.
34093 Montpellier.
04 67 04 48 24.

Reiseinformationen

FRANKREICH VERFÜGT über gutausgebaute Verkehrssysteme mit Paris als Mittelpunkt des Luft- und Bahnverkehrs wie auch des Straßennetzes. Von den zwei internationalen Flughäfen starten Direktflüge nach Nordamerika, Afrika, Japan und ins restliche Europa, von seinen sechs Sackbahnhöfen erreicht man etwa 6000 französische und unzählige europäische Ziele. Frankreichs Fähren fahren über den Kanal nach England und in den Mittelmeerraum.

Mit dem Flugzeug

FAST ALLE großen internationalen Luftfahrtgesellschaften, allen voran die **Air France**, **Lufthansa** und die **Deutsche British Airways**, fliegen Paris an. Von den meisten Flughäfen in Deutschland, Österreich und der Schweiz bestehen mehrmals am Tag Direktverbindungen auch in andere französische Städte.

Die größte französische Fluggesellschaft ist die **Air France**, aber auch einige kleinere Fluggesellschaften und Linien bieten heute Flüge ins Ausland an.

Flugpreise

DIE PREISE erreichen ihren Höchststand in den Sommermonaten, normalerweise von Juli bis September. Es lohnt sich auf jeden Fall, verschiedene Reisebüros aufzusuchen, denn das große Angebot an Flügen ist verwir-

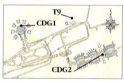

Flughafen Charles de Gaulle
Terminal CDG1, CDG2 und T9 erreicht man untereinander mit Shuttlebussen. Abflug ist auf der unteren, Ankunft auf der oberen Ebene.

CDG1: Abfertigung aller internationalen Flüge, ausgenommen die der Air France.

Mietwagen (Ausgang 16 und 20)

Air-France-Bus nach Montparnasse (Ausgang 26)

RER-Shuttle-Busse (Ausgang 28)

Paris Charles de Gaulle/Roissy (CDG)

DER FLUGHAFEN hat zwei Hauptterminals: CDG1 und CDG2. T9 ist für Charterflüge. Taxis in die Stadtmitte kosten ungefähr 200–300 FF.

Busse der Air France fahren zur Porte Maillot und Charles de Gaulle-Etoile. Die Fahrt dauert ungefähr 40 Minuten. Stündlich fährt ein Bus zum TGV-Bahnhof Montparnasse. RATP-Busse sind billiger und verkehren alle 15–20 Minuten. Bus Nr. 350 fährt zur Gare du Nord und Gare de l'Est, Nr. 351 zur Place de la Nation. Die Fahrzeit beträgt etwa eine Stunde, je nach Verkehrslage.

Alle größeren Mietwagenfirmen sind am Flughafen vertreten. Wer sich in die Stadt chauffieren lassen will, muß vorher reservieren und etwa 700–900 FF nach Paris bezahlen.

Schnell und billig fährt man mit dem Zug in die Stadt. Mit dem Metro Express fährt man in 35 Minuten zur Gare du Nord und nach Châtelet. Die Züge verkehren alle 15 Minuten.

CDG2 hat eine eigene TGV-Haltestelle mit Verbindungen nach Lille (1 Stunde), Lyon (2 Stunden) und anderen TGV-Bahnhöfen. An diesem Terminal werden Erweiterungsarbeiten durchgeführt, die 2003 beendet sein sollen.

Flughafenauskunft
01 48 62 22 80.

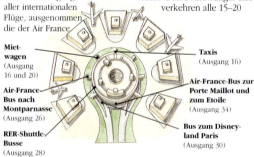

Taxis (Ausgang 16)

Air-France-Bus zur Porte Maillot und zum Etoile (Ausgang 34)

Bus zum Disneyland Paris (Ausgang 30)

CDG2: Abfertigung der Air-France-Flüge, internationale Kurzstreckenflüge anderer Fluggesellschaften.

Air-France-Busse: Orly/Montparnasse (Ausgang 1)

Air-France-Busse: Maillot/Etoile (Ausgang 5)

CDG2B

Bus zum Disneyland Paris (Ausgang 1)

Air-France-Busse: Maillot/Etoile (Ausgang 5)

CDG2A

RATP-Busse (Ausgang 10)

Taxis (Ausgang 8)

CDG2C

RATP-Busse (Ausgang 12)

Taxis (Ausgang 8)

CDG2D

TGV- und RER-Bahnhöfe

CDG2F (noch nicht offen)

Air-France-Busse: Maillot/Etoile (Ausgang 6)

CDG2E

REISEINFORMATIONEN 631

rend und ebenso die Preisvielfalt. Es gibt viele Flugangebote zu sehr unterschiedlichen Preisen nach Paris. Beachten Sie auch Annoncen in den Tageszeitungen. Sondertarife und Angebote für Flüge zu anderen französischen Flughäfen sind zwar seltener, doch bieten viele Reisebüros interessante Angebote für Flüge nach Südfrankreich, beispielsweise nach Nizza, an.

Der Konkurrenzkampf zwischen den Fluggesellschaften ist es zu verdanken, daß die Preise entweder generell sinken oder die Fluggesellschaften unter bestimmten Bedingungen Flugpreisermäßigungen anbieten. Informieren Sie sich deshalb entweder direkt bei den Fluggesellschaften oder aber bei einem auf Frankreich spezialisierten Reisebüro.

Maschine der Fluggesellschaft Air France

FLUGZEITEN

PARIS ERREICHT MAN von Berlin in fast drei Stunden, von Frankfurt fliegt man eine Stunde, von München eineinhalb, von Wien zwei, von Zürich eine Stunde und zehn Minuten.

FLUGHÄFEN

FLUGHÄFEN mit internationalen und innerfranzösischen Flügen finden Sie auf der nächsten Seite. Unten sind die zwei wichtigsten Flughäfen von Paris beschrieben.

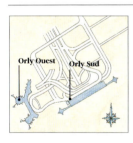

Flughafen Orly
Die beiden Terminals Orly-Süd und Orly-West sind untereinander bequem zu Fuß zu erreichen, aber auch durch einen Shuttleservice verbunden.

Orly Ouest: fast ausschließlich Abfertigung innerfranzösischer Flüge.

FLUGHAFEN ORLY (ORY)

ORLY HAT ZWEI Terminals: Orly Sud und Orly Ouest. Mit dem Taxi beträgt die Fahrzeit in die Stadt je nach Verkehr 25–45 Minuten; die Fahrt kostet zwischen 100–180 FF.

Die Busse der Air France fahren im 12-Minuten-Takt in die Stadt (Fahrzeit ins Zentrum, mit Zwischenstopps bei Les Invalides und in Montparnasse, etwa 30 Minuten).

RATP-Busse fahren im 13-Minuten-Takt in 50 Minuten zur Métro-Station Denfert-Rochereau. Der Jet-Bus zur Métro-Station Villejuif-Louis-Aragon verkehrt im 12-Minuten-Takt.

Shuttlebusse bringen Reisende außerdem zum RER-Bahnhof in Rungis. Von dort fährt alle 15 Minuten ein Zug zur Gare d'Austerlitz; die Fahrzeit beträgt 45 Minuten.

Man kann aber auch den Zug Orlyval zur Bahnstation Roissy nehmen und von dort alle 4–7 Minuten mit der RER nach Châtelet fahren (Fahrzeit 30 Min.).

Folgende Autovermietungsfirmen findet man in Orly: Avis, Budget, Century, Citer, EuroDollar, Europcar, Eurorent und Hertz. Eine Limousine mit Chauffeur kostet 650–800 FF.

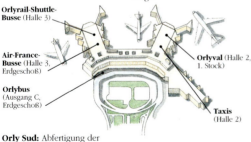

Orlyrail-Shuttle-Busse (Halle 3)
Air-France-Busse (Halle 3, Erdgeschoß)
Orlybus (Ausgang C, Erdgeschoß)
Orlyval (Halle 2, 1. Stock)
Taxis (Halle 2)

Orly Sud: Abfertigung der meisten internationalen und Charterflüge.

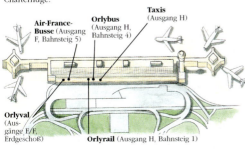

Air-France-Busse (Ausgang F, Bahnsteig 5)
Orlybus (Ausgang H, Bahnsteig 4)
Taxis (Ausgang H)
Orlyval (Ausgänge E/F, Erdgeschoß)
Orlyrail (Ausgang H, Bahnsteig 1)

Flughafenauskunft
01 49 75 15 15.

Mit dem Flugzeug unterwegs

Der innerfranzösische Luftverkehr wird von **Air Inter Europe, TAT** (Touraine Air Transport), **Air Littoral** und **Air France** bestritten, darüber hinaus gibt es jedoch noch zahlreiche kleinere Fluggesellschaften, die nur innerhalb einer Region fliegen.

Falls Sie nicht in den Genuß von ermäßigten Flügen kommen, ist es angesichts der Anfahrt zu vielen Flughäfen vielleicht einfacher und billiger, wenn Sie auf die Bahn (siehe S. 635) umsteigen.

Vor allem Air Inter Europe bietet zahlreiche ermäßigte Flüge an, die man dem rot-weiß-blauen Flugplan entnimmt; die teuersten Flüge sind rot (rouge), die mittelpreisigen blau (bleu) und die billigsten weiß (blanc). Ermäßigungen gibt es in bezug auf Alter und Flughäufigkeit. Innerfranzösische Flüge können bereits im Heimatland gebucht werden.

FLUGHAFEN	INFORMATION	ENTFERNUNG ZUR STADT
Bâle-Mulhouse	03 89 90 31 11	25 km
Bastia (Poretta)	04 95 54 54 54	20 km
Bordeaux (Mérignac)	05 56 34 50 50	12 km
Lille (Lesquin)	03 20 49 68 68	8 km
Lyon (Satolas)	04 72 22 72 21	25 km
Marseille (Marignane)	04 42 14 14 14	25 km
Montpellier (Fréjorgues)	04 67 20 85 00	7 km
Nantes (Atlantique)	02 40 84 80 00	12 km
Nizza (Côte d'Azur)	04 93 21 30 30	6 km
Strasbourg	03 88 64 67 67	12 km
Toulouse (Blagnac)	05 61 42 44 00	7 km

Fähren

Von Frankreich aus gelangt man mit der Fähre zum einen nach England und zum anderen in viele Städte am Mittelmeer. **SNCM Ferryterranée** unterhält ganzjährige Autofährverbindungen von Marseille und Nizza nach Korsika sowie von Toulon nach Korsika zwischen April und Oktober. In der Hochsaison gibt es wöchentliche Fährverbindungen von Marseille und Toulon nach Sardinien, des weiteren von Marseille nach Tunis und Algier.

Von April bis September gelangt man mit einer Autofähre der **Corsica Marittima** (CMT) in drei Stunden von Bastia nach Livorno auf dem italienischen Festland und mit der Nachtfähre von Porto Vecchio nach Livorno.

Die **Compagnie Marocaine de Navigation** bietet eine zweitägige Überfahrt von Sète nach Tanger an.

Die Kanalüberquerung von Frankreich nach Großbritannien bieten mehrere französische und englische Fährgesellschaften an: Am schnellsten gelangt man an der engsten Stelle des Kanals mit einem Hoverspeed-Boot von Calais nach Dover. Für diese Fahrt benötigt das Schiff etwas mehr als als eine halbe Stunde.

Eurotunnel-Logo

Eurotunnel

Mit der Einweihung des Eurotunnels im Mai 1994 durch Königin Elizabeth II von England und den französischen Staatspräsidenten Mitterrand ging ein langgehegter Wunsch in Erfüllung: der Bau einer direkten Landverbindung zwischen dem europäischen Kontinent und den britischen Inseln.

In einer Bauzeit von sieben Jahren wurde für zirka 25 Milliarden Mark ein Eisenbahntunnel gebaut, der die Fahrzeit von Paris nach London auf drei Stunden minimiert. Die eigentliche Tunnelfahrt dauert mit der Verladungszeit etwa 60 Minuten. Pkw und Lkw werden auf sogenannten Shuttle-Zügen von Küste zu Küste transportiert; seit Mitte November 1994 verkehren außerdem durchgehende Eurostar-Züge zwischen Paris und der Londoner Waterloo Station.

Fähre der SNCM Ferryterranée

REISEINFORMATIONEN

...AXIPREIS IN DIE STADT	BUSVERBINDUNGEN	MIETWAGEN
240–260 SFr	30 Minuten ins Stadtzentrum	Avis, Budget, Citer-EuroDollar, Eurocar, Hertz
180–250 FF	25 Minuten ins Stadtzentrum	Avis, Budget, Citer-EuroDollar, Europcar, Hertz-Filipi Auto
160–200 FF	30–45 Minuten zur Gare St-Jean	ADA, Avis, Budget, Citer-EuroDollar, Europcar, Eurorent, Hertz
100–130 FF	20 Minuten zum Bahnhof	Avis, Budget, Century, Citer-EuroDollar, Hertz
200–250 FF	40 Minuten zum Bahnhof. Auch nach Chambery, Genf-Cointrin, Valence, St-Etienne und in die Skigebiete	Avis, Budget, Century, Citer-EuroDollar, Eurorent, Hertz
200–250 FF	25 Minuten zum Bahnhof St-Charles	Avis, Budget, Citer-EuroDollar, Europcar, Eurorent, Hertz
80–100 FF	20 Minuten ins Stadtzentrum	Avis, Budget, Citer-EuroDollar, Europcar, Eurorent, Hertz
100–130 FF	20 Minuten ins Stadtzentrum	Avis, Budget, Citer-EuroDollar, Europcar, Eurorent, Hertz
100–120 FF	20 Minuten zum Busbahnhof	Avis, Budget, Citer-EuroDollar, Europcar, Hertz
150–200 FF	30 Minuten ins Stadtzentrum	Avis, Budget, Citer-EuroDollar, Europcar, Eurorent, Hertz
100–130 FF	20 Minuten zum Busbahnhof Marengo	ADA, Avis, Budget, Citer, Europcar, Eurorent, Hertz, Spanghero

AUF EINEN BLICK

DIE WICHTIGSTEN FLUGGESELLSCHAFTEN

Air France
119, avenue des Champs-Elysées, 75008 Paris
0802 802 802.

Air Inter Europe
0802 802 802.

Air Littoral
0803 834 834.

Swissair
38, avenue de l'Opéra
75002 Paris
01 44 08 22 22.

Austrian Airlines
siehe Swissair

Lufthansa
21–23, rue Royale
75008 Paris
01 40 17 12 00

Lufthansa
Côte d'Azur, 06056 Nizza
04 93 12 30 30

TAT
0803 805 805.

REISEAGENTUREN

Bordeaux
Usit Voyages
284, rue St-Cathérine
33000 Bordeaux.
05 56 33 89 90.

Lyon
Council Travel
35, rue Victor Hugo
69000 Lyon.
04 78 38 78 38.

Nizza
Council Travel
37 bis, rue d'Angleterre
06000 Nice.
04 93 82 23 33.

Usit Voyages
10, rue de Belgique
06000 Nice.
04 93 87 34 96.

Paris
O.T.U.
119, rue St-Martin
75004 Paris.
01 40 29 12 12.

Council Travel
1, place de l'Odéon,
75006 Paris.
01 44 41 89 89.

Nouvelle Frontières
66, boulevard St-Michel
75006 Paris.
01 46 34 55 30.

Usit Voyages
12, rue Vivienne
75002 Paris.
01 42 44 14 00.

Usit Voyages
6, rue de Vaugirard
75006 Paris.
01 42 34 56 90.

Toulouse
Usit Voyages
5, rue des Lois
31000 Toulouse.
05 61 11 52 42.

FÄHREN

P&O European Ferries
Graf-Adolf-Str. 41
40210 Düsseldorf
0211-38 70 60.

CHARLES DE GAULLE FLUGHAFEN-INFORMATION

Fluginformation
01 48 62 22 80.

Passagierauskunft
01 48 62 22 80.

Hilfe für Behinderte
01 48 62 28 24 (CDG1)
u. 01 48 62 59 00 (CDG2).

Ärztlicher Notdienst
01 48 62 28 00 (CDG1)
u. 01 48 62 53 32 (CDG2).

Fundbüro
01 48 62 20 85 (CDG1)
u. 01 45 31 14 80 (CDG2).

ORLY FLUGHAFEN-INFORMATION

Fluginformation
01 49 75 15 15.

Passagierauskunft
01 49 75 15 15.

Mit dem Zug unterwegs

SNCF-Logo

DIE FRANZÖSISCHE Eisenbahngesellschaft Société Nationale des Chemins de Fer (**SNCF**) verfügt über ein gutausgebautes Schienennetz, das auch in den hintersten Winkel des Landes reicht. Überall dort, wo Strecken aus finanziellen Gründen stillgelegt wurden, bietet die SNCF Busverbindungen an, die für Reisende mit Bahnpaß zur Verfügung stehen. Die besten Verbindungen hat man allerdings ab Paris, und manchmal lohnt es sich deshalb, einen Umweg über Paris zu machen.

ANREISE MIT DEM ZUG

DIE ZÜGE VON Süddeutschland, Österreich und der Schweiz kommen an der Gare de l'Est, die aus dem Norden an der Gare du Nord, aus Südfrankreich, Italien und Griechenland an der Gare de Lyon, dem größten Bahnhof der Stadt, an. In der Gare d'Austerlitz auf der linken Seite der Seine fahren alle Züge aus Südwestfrankreich, Spanien und Portugal ein. Von allen Bahnhöfen gelangen Sie per Métro oder Bus billig und bequem zu Ihrem Hotel.

MIT DEM ZUG UNTERWEGS

FRANKREICHS ZÜGE sind preisgünstig, schnell und zuverlässig. Neben den vier verschiedenen *Trains à Grande Vitesse*, kurz TGV genannt, gibt es Intercity- und Regionalzüge, die ebenfalls zahlreich und zuverlässig sind, darunter auch die Autoreisezüge (*trains autos couchette*, kurz TAC oder TAA genannt). In Paris und Umgebung gibt es die ausgezeichneten Nahverkehrszugverbindungen der RER (*Réseau Express Régionale*).

Es gibt Angebote wie *Train + Auto* und *Train + Vélo*, das heißt, Sie reservieren einen Mietwagen oder ein Fahrrad beim Kauf des Zugtickets und holen ihr Gefährt am Zielbahnhof ab. *Train + Hôtel* bietet die Buchung einer Unterkunft an ihrem Zielort. *Train de nuit/Hôtel de jour* bietet Schlafwagenpassagieren ein Hotelzimmer am Zielort für den nächsten Tag zum halben Preis. Wer sich über Reisen mit dem Auto oder dem Fahrrad, Kompaktangebote, Ferienangebote und ähnliches informieren will, kann dies beim deutschen Büro der SNCF tun oder aber in Frankreich selbst, wo in den meisten Bahnhöfen kostenlose Informationsbroschüren aufliegen. In Frankreich sind Nachtzüge sehr beliebt. Die meisten der Langstreckenzüge verfügen über Schlaf- und Liegewagen, die man gegen einen entsprechenden Aufpreis buchen kann. Nicht alle Züge verfügen über einen Speisewagen oder eine Minibar, selbst auf langen Strecken kann dies leider der Fall sein. Der TGV verfügt über eine Bar, die leichte Mahlzeiten anbietet; für den Service, in der ersten Klasse die Mahlzeiten am Platz einnehmen zu können, muß man vorher rechtzeitig reservieren haben. In den Städten Lille, Mâcon und Vendôme gibt es für den TGV einen eigenen Bahnhof.

PREISE

ALLE ZÜGE mit Ausnahme des TGV sind etwas billiger als in Deutschland. Darüber hinaus gibt es unterschiedliche Preiskategorien, die sich nach Zugtyp und Zeitpunkt der Fahrt richten. Dem *calendrier voyageurs*, einem rot-weiß-blauen Kalender, ist zu entnehmen, welche Ermäßigungen zu welchen Zeiten gelten, wobei man wissen muß, daß die roten Zeiten die teuersten und die blauen die billigsten sind, mit Ermäßigungen bis zu 50 Prozent. Für die TGV-Züge braucht man auf jeden Fall eine Reservierung.

Des weiteren bietet die SCNF einen Seniorenpaß (*carte vermeil*) für Frauen ab 60 und Männer ab 62 Jahren, einen Paß für Ehepaare (*carte à deux*) und eine *carte Kiwi* für bis zu vier Personen mit einem Kind an. Es gibt ein Angebot für junge Leute von 12 bis 25 und *découvertes*-Ermäßigungen für Buchungen im Voraus.

Vorteilhafte Konditionen bietet auch die Deutsche Bundesbahn: ein fünftägiges Paris-Spezial-Angebot für 230 DM (eine normale Rückfahrkarte von München nach Paris kostet immerhin 350,80 DM, Berlin–Paris 443,20 DM), und die Euro-Domino-Karte, mit der man innerhalb von zwei Monaten drei, fünf oder zehn Tage kreuz und quer durch Frankreich fahren kann für 283, 394 oder 584 DM; mit dem *billet de séjour* kann derjenige Reisende, der in einem Zeitraum von zwei Monaten mehr als 1000 Kilometern innerhalb Frankreichs fährt, eine Ermäßigung von 25 Prozent bekommen.

Zugreisende mit Kofferwagen

Logo der Pariser Nahverkehrszüge

Durch Frankreich mit dem Autozug

Private Eisenbahngesellschaften

PRIVATE Eisenbahngesellschaften findet man vielerorts in Frankreich, aber fast überall sind sie lediglich eine Touristenattraktion, besonders beliebt natürlich bei Eisenbahnfans, und keinesfalls eine Alternative zu den Zügen der SNCF. Nicht versäumen sollte man den Train des Pignes der **Chemins de Fer de Provence**, der beschaulich von Nizza nach Digne durch eine landschaftlich äußerst reizvolle Gegend bummelt. Die **Chemins de Fer de la Corse** auf Korsika unterhalten gleich zwei Strecken, die Gelegenheit bieten, die wundervolle korsische Landschaft in gemächlichem Fahrtempo zu genießen: Bastia–Calvi und Calvi–Ajaccio.

Der schnelle TGV

Das TGV-Netz

Die Franzosen sind sehr stolz auf die *Trains à Grande Vitesse* und ihre 300 Kilometer pro Stunde. Sie fahren in drei Richtungen, von der Pariser Gare du Nord nach Norden, von der Gare Montparnasse an den Atlantik und von der Gare de Lyon nach Südwestfrankreich.

Legende
— Richtung Norden
— Atlantik
— Südosten

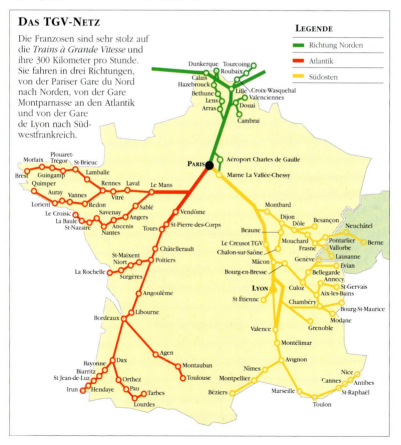

BUCHUNG IN FRANKREICH

Fahrkartenausgabe- und reservierungsautomaten *(billetterie automatique)* gibt es in allen großen Bahnhöfen. Bezahlen kann man mit Kreditkarten und Bargeld. Sie können auch telefonisch bei **SNCF** oder via Minitel reservieren.

Reservierungen sind im TGV unbedingt erforderlich, und an Sonn- und Feiertagen sowie für eine *couchette* oder einen *siège inclinable* (Sitz mit verstellbarer Rückenlehne) muß die Reservierung mindestens fünf Minuten vor Abfahrt getätigt werden. Sowohl Reservierungs- als auch Fahrkarte müssen vor Einstieg in den Zug in einem

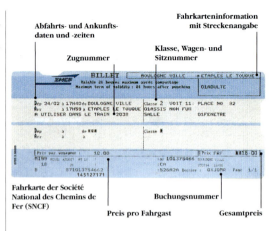

Abfahrts- und Ankunftsdaten und -zeiten

Zugnummer

Fahrkarteninformation mit Streckenangabe

Klasse, Wagen- und Sitznummer

Fahrkarte der Société National des Chemins de Fer (SNCF)

Preis pro Fahrgast

Buchungsnummer

Gesamtpreis

Fahrkartenausgabeautomat

composteur entwertet werden *(siehe unten).*

BUCHUNG IM AUSLAND

Beim deutschen Büro der **SNCF** und bei der Deutschen Bundesbahn gibt es alle Informationen über eine Bahnreise in Frankreich.

Für alle unter 26, die viel herumfahren wollen, gibt es die Interrail-Karte, die sieben Zonen umfaßt.

Zone 1: Großbritannien, Irland.

Zone 2: Schweden, Norwegen, Finnland.

Zone 3: Dänemark, Deutschland, Schweiz, Österreich.

Zone 4: Polen, Tschechische Republik, Slowakei, Ungarn, Kroatien, Bulgarien, Rumänien.

Zone 5: Frankreich, Benelux.

Zone 6: Spanien, Portugal, Marokko.

Zone 7: Italien, Slowenien, Fähre Brindisi–Patras, Griechenland, Türkei.

Diejenigen, die die Altersgrenze von 26 Jahren überschritten haben, kommen leider nicht in diesen Genuß. Sie können die Euro-Domino-Karte nutzen, mit der man innerhalb von zwei Monaten 3, 5 oder 10 Tage lang kreuz und quer durch Frankreich fahren kann, oder das *billet de séjour (siehe S. 635).* Das Euro-Domino-Angebot gibt es auch für Jugendliche. Über aktuelle Angebote informieren Sie sich bitte in Ihrem Heimatort bei der Bahn.

FAHRPLÄNE

Die Fahrpläne in Frankreich ändern sich zweimal pro Jahr, und zwar im Mai und September. An den Bahnhöfen gibt es den *Ville-à-Ville*-Fahrplan zu kaufen, in dem die wichtigsten Städteverbindungen zu finden sind, und daneben die regionalen Fahrpläne für die Atlantikküste, den Südosten und den Nordosten.

Kostenlose Informationsbroschüren gibt es über das Reisen mit Kindern, Fahrpreisermäßigungen, für Behinderte und das TGV-Streckennetz *(siehe S. 634 f).* Einige Regionen wie Provence/Alpes/Côte d'Azur, geben einen regiona-

Entwertungsautomat
Die orangefarbenen Entwertungsautomaten findet man in Bahnhofshallen und am Ende von Bahngleisen. Schieben Sie Fahrkarte und Reservierungskarte in den Schlitz, und zwar immer mit der bedruckten Seite nach oben. Im Entwerter werden Zeit und Datum auf Ihre Karte gedruckt. Wer mit nicht entwerteter Karte fährt, muß mit einer Strafe rechnen.

len Fahrplan TER *(Transports Express Régionaux)* heraus, in dem auch Busverbindungen aufgeführt sind.

ANREISE MIT DEM BUS

DIE FAHRT MIT dem Bus ist immer noch die preiswerteste Möglichkeit, auch in Frankreich zu reisen. Die **Deutsche Touring GmbH** bietet Busfahrten an, Reisebüros und Veranstalter dagegen Pauschalangebote mit Anreise und Hotel. Linienbusse der Deutschen Touring GmbH fahren an jeweils drei Wochentagen von Dortmund, Düsseldorf, Essen, Frankfurt, Hamburg, Hannover, Heidelberg, Köln, Mannheim und München nach Paris und an die Côte d'Azur. München–Paris und zurück kostet 145 DM, München– Côte d'Azur und zurück 261 DM, Hamburg–Paris und zurück 196 DM.

MIT DEM BUS UNTERWEGS

LANGSTRECKENBUSSE werden meistens dort eingesetzt, wo das französische Bahnnetz große Lücken aufweist (so beispielsweise auf der Strecke von Genf nach Nizza). SNCF unterhält einige Buslinien und die regionalen Linien TER

(Transports Express Régionaux). Das Bus-system innerhalb Frankreichs ist ähnlich organisiert wie in Deutschland, Österreich oder der Schweiz, allerdings mit dem Unterschied, daß man in Frankreich billiger fährt als hierzulande. Busbahnhöfe heißen in Frankreich *Gares Routières.*

TAXIS

IN DER PROVINZ können sich die Fahrpreise von einer Region zur anderen sehr stark unterscheiden. Alle Taxis müssen jedoch einen Zähler *(compteur)* installiert haben. Für die Anfahrt werden um die 12 FF verlangt, der Kilometer kostet 3,60 FF oder mehr. Bei längeren Fahrten kann man den Preis aushandeln. In den Großstädten findet man überall Taxistände; auf dem Land muß man ein Taxi telefonisch bestellen.

MIT DEM FAHRRAD UNTERWEGS

OBWOHL IN FRANKREICH das Fahrrad ein beliebtes Fortbewegungsmittel ist, gibt es nur wenige Züge, die ein Fahrrad transportieren. Sie erkennt man am Fahrradsymbol auf dem Fahrplan.

In den meisten Fällen muß das Fahrrad als Gepäck aufgegeben werden. Der Nachteil dabei ist, daß man manchmal am Zielbahnhof tagelang auf sein Gefährt warten muß.

Die Alternative wäre, sich ein Fahrrad zu mieten. Man bucht es bei der SCNF, wenn man seine Fahrkarte kauft *(siehe Train + Vélo, S. 634),* oder mietet es in einem Fahrradgeschäft am Ort. Manchmal werden auch Mopeds und leichte Motorräder vermietet.

Frankreich bietet sich für Fahrradtouren geradezu an, denn es verfügt über ein riesiges Netz wenig befahrener Straßen. Dafür gibt es in Städten kaum Radwege. Mehr über aus-gewiesene Radwege auf S. 628.

AUTOSTOP

FRANKREICH IST kein ideales Land für Tramper. Da man überhaupt nur von Pkw-Lenkern mitgenommen wird, sollte man auf ein gepflegtes Äußeres achten. Die Mitfahrzentrale Allo-stop unterhält Filialen in allen größeren Städten des Landes. Sie vermittelt Mitfahrgelegenheiten zu sehr moderaten Preisen.

AUF EINEN BLICK	**Euro Domino** Netzkarte mit Gültigkeit von 3, 5 oder 10 Tagen (283 bis 584 DM).	**EURO-BUSSE** **Deutsche Touring GmbH** Am Römerhof 17 60486 Frankfurt ☎ 069-7903–0	**BUSBAHNHÖFE IN FRANKREICH** **Paris (Eurolines)** Porte de Bagnolet. ☎ 01 49 72 51 51.
SNCF, PARIS **Information und Reservierung** ☎ 08 36 35 35 35. Minitel 3615 SNCF.	**Euro Domino (Junior)** Netzkarte mit Gültigkeit von 3, 5 oder 10 Tagen (229 bis 480 DM)		**Bordeaux** Place de Quinconces. ☎ 05 56 43 68 43.
SNCF, DEUTSCHLAND **Information und Reservierung** Westendstr. 24, 60325 Frankfurt ☎ 069-72 84 44.	**PRIVATE BAHNLINIEN** **Chemins de Fer de Provence** ☎ 04 93 88 34 72. **Chemins de Fer de Corse**	**BUSBAHNHÖFE IN DEUTSCHLAND (IN AUSWAHL)** **Berlin ZOB** Am Funkturm. **Düsseldorf Hbf** Westseite, Warringerstraße, gegenüber Paketpost.	**Marseille** Place Victor-Hugo. ☎ 04 91 50 57 55. **Nizza** 5, boulevard Jean-Jaurèr. ☎ 04 93 85 61 81.
SPEZIELLE ANGEBOTE **Interrail** Preisstaffelung nach Länderzonen (350 bis 630DM).	**Ajaccio** ☎ 04 95 23 11 03. **Bastia** ☎ 04 95 32 80 61. **Calvi** ☎ 04 95 65 00 61.	**Frankfurt Hbf** Südseite, vor dem IC-Restaurant. **Hamburg ZOB** **München Hbf** Starnberger Bahnhof, Arnulfstraße.	**AUTOSTOP** **Allo-stop** 8, rue Rochambeau Paris 75009. ☎ 01 53 20 42 42.

Mit dem Auto unterwegs

Die klassische Ente

Frankreich verfügt über ein gutausgebautes Straßennetz, mit Autobahnen *(autoroutes)*, auf denen man schnell in alle Teile des Landes kommt. Wer über etwas Zeit verfügt und Geld sparen will, sollte die Schnellstraßen *(routes nationales)* oder die Landstraßen *(routes départementales)* nehmen. Beide Möglichkeiten werden hier beschrieben; darüber hinaus erfahren Sie, wie Sie sich an einer Autobahnzahlstelle *(péage)* verhalten, eine Parkuhr betätigen, wo Sie am besten tanken, wo Sie den Wetter- und Straßenzustandsbericht abfragen können, wo Sie am besten ein Auto mieten und wo Sie die besten Straßenkarten bekommen.

Autobahn und Landstraße

Anreise mit dem Auto

Führerschein und Zulassungspapiere sind die einzigen Autodokumente, die man bei sich führen muß. Sinnvoll ist allerdings immer die grüne Versicherungskarte (Sie bekommen sie kostenlos bei Ihrer Versicherung) und vielleicht ein Euroschutzbrief vom ADAC oder Ihrer Autoversicherung. Wie in Deutschland ist es auch in Frankreich Vorschrift, Warndreieck, Feuerlöscher und Verbandskasten mitzuführen, zusätzlich dazu aber auch noch Ersatzbirnen für Scheinwerfer. Falls Sie ohne erwischt werden, drohen Bußgelder.

Vorgeschrieben ist nach wie vor das Nationalitätskennzeichen auf Ihrem Auto beziehungsweise auf Ihrem Anhänger.

Fahren Sie mit einem Auto, das nicht auf Ihren Namen zugelassen ist, so müssen Sie eine entsprechende Vollmacht des Eigentümers vorweisen können. Umgekehrt dürfen Sie in Frankreich niemanden, der dort seinen Wohnsitz hat, mit Ihrem Fahrzeug fahren lassen.

Benzin

Benzin *(essence)* ist teurer als hierzulande, am teuersten auf den Autobahnen *(autoroutes)*; zudem schwanken die Preise enorm. Am billigsten tankt man in den großen Supermärkten. Das französische Fremdenverkehrsamt *(office du tourisme)* gibt eine Karte heraus *(la carte de l'essence moins chère)*, auf der die Supermärkte in der Nähe von Autobahnausfahrten verzeichnet sind.

Volltanken heißt »Faire le plein«. Bleifreies Benzin *(essence* oder *super sans plomb)* gibt es inzwischen überall, gelegentlich allerdings nur als *super sans plomb*, was natürlich teurer ist. Super Plus entspricht (mit 98 Oktan) *super 98 octane*, das »normale« Super (95 Oktan) entspricht *super 95 octane*. Am billigsten ist natürlich Diesel *(gazole* oder *gasoil)*.

Tankautomaten sind vor allem nachts interessant, wenn viele Tankstellen geschlossen sind. Bezahlen kann man an ihnen mit 10-FF-Münzen oder Geldscheinen.

Die drei größten Autovermietungsfirmen in Frankreich

Verkehrsregeln

Es gelten im wesentlichen die gleichen Verkehrsregeln wie in Deutschland, Österreich und der Schweiz. Rechts hat Vorfahrt *(priorité à droite)*. Fahrzeuge im Kreisverkehr haben Vorfahrt, sofern nicht anders angegeben. Außerhalb geschlossener Ortschaften zeigt *passage protegé* die Vorfahrtsstraße, in der Regel die wichtigere Straße, an.

Hupen ist in geschlossenen Ortschaften nur als Warnsignal erlaubt. Nachts erfüllt die Lichthupe diese Funktion.

Außerdem besteht in Frankreich Anschnallpflicht, Helmpflicht und Abblendlichtpflicht auch tagsüber für Motorradfahrer; die Alkoholgrenze liegt bei 0,8 Promille.

Geschwindigkeitsbeschränkung

Geschwindigkeitsbeschränkungen

Auf Autobahnen gilt 130 km/h bei trockener Fahrbahn und 110 km/h bei nasser Fahrbahn, auf Schnellstraßen 110 km/h bzw. 100 km/h und auf allen anderen Straßen außerhalb geschlossener Ortschaften 90 km/h bzw. 80 km/h. Innerhalb geschlossener Ortschaften darf nicht schneller als 50 km/h gefahren werden, in besonderen Fällen ist diese Geschwindigkeit sogar noch herabgesetzt. Wer gegen die Geschwindigkeitsbeschränkungen verstößt, zuviel getrunken hat, nicht die notwendigen Dokumente vorzeigen kann oder gegen sonstige Verkehrsregeln verstößt, muß vor allem als Ausländer damit rechnen, kräftig und unverzüglich zur Kasse gebeten zu werden.

REISEINFORMATIONEN

Einbahnstraße

Durchfahrt verboten

Vorfahrt aufgehoben, nun rechts vor links

AUTOBAHNEN

AUTOBAHNEN SIND in Frankreich gebührenpflichtig (*autoroutes à péage*); da es sich jedoch meist um private Betreibergesellschaften handelt, gibt es kein einheitliches Gebührensystem. Teuer sind sie alle, die teuerste Strecke ist wohl die zwischen Metz und Paris. Die Gebühren können in bar oder per Kreditkarte bezahlt werden. Sofern es sich um geringe Gebühren handelt, werden die entsprechenden Münzen in ein Netz geworfen. Im Abstand von 10 bis 20 Kilometern findet man Park- und Rastplätze, alle 40 Kilometer Tankstellen und Raststätten mit Restaurants, Einkaufsmöglichkeiten, Telefon- und Faxeinrichtungen, Notrufsäulen alle zwei Kilometer.

ANDERE STRASSEN

DIE RN *(route nationale)* und die D *(route départementale)* sind ausgezeichnete Alternativen zu den teuren Autobahnen. Die staatliche Organisation Bis/Bison futé (Schlauer Büffel) gibt durch grün-gelbe Hinweisschilder nützliche Tips zur Umgehung von Staus.

Sonntags ist das Fahren am angenehmsten, da an diesem Tag am wenigsten Lastwagen unterwegs sind. Vermeiden sollten Sie nach Möglichkeit die schlimmsten Ferienstoßzeiten Anfang Juli, Anfang August und Anfang September.

Wenn Sie Paris umfahren, empfiehlt es sich, auf der Autobahn zu bleiben, anstatt sich auf den stark befahrenen Boulevard Périphérique zu wagen.

WETTERVORHERSAGE UND STRASSENZUSTANDSBERICHT

VERKEHRSDURCHSAGEN in deutscher Sprache senden die Deutsche Welle und der Deutschlandfunk. Außerdem hat der ADAC für alle, die im Besitz eines Schutzbriefes sind, einen deutschsprachigen Telefonnotdienst eingerichtet, dessen Telefonnummer dem Schutzbrief zu entnehmen ist. Beim **CRICR** (Centre Régional d'Information et de Coordination Routière) bekommt man allgemeine Auskünfte über die Regionalstraßen, beim **CNIR** (Centre National d'Information Routière) Auskünfte über Straßen in ganz Frankreich.

Zufahrt zum Ärmelkanaltunnel

AUTOBAHNGEBÜHREN

Entnehmen Sie beim Auffahren auf die Autobahn ein Ticket aus dem Automaten. Die Gebühr, die sich nach gefahrener Strecke richtet, zahlen Sie erst dann, wenn Sie wieder von der Autobahn abfahren.

Hinweisschild
Dieses Schild zeigt die Entfernung zur nächsten Zahlstelle an. Auf einigen Schildern stehen die Gebühreneinheiten für Pkw, Wohnwagen, Motorrad und Lkw.

Bemannte Zahlstelle
Wenn Sie der Person an der Zahlstelle Ihr Ticket reichen, wird der Betrag, den Sie zu entrichten haben, automatisch angezeigt. Sie können die Gebühr in bar, mit Kreditkarte oder mit Euroscheck bezahlen. Auf Wunsch wird eine Quittung ausgestellt.

Automatische Zahlstelle
Wenn Sie Ihr Ticket in den Schlitz des Automaten schieben, wird die Gebühr angezeigt. Bezahlt werden kann entweder mit Münzen oder mit Kreditkarte. Der Automat gibt Restgeld zurück und kann eine Quittung auswerfen.

PARKUHREN (HORODATEURS)

1 FF

2 FF

5 FF

10 FF

1. Benutzen Sie Münzen (F1, F2, F5 oder F10), so werfen Sie die angegebene Parkgebühr ein.

2. Benutzen Sie eine Karte, diese einführen und den blauen pro 15 Minuten einmal drücken.

3. Grünen Knopf drücken, Ticket erscheint.

4. Ticket entnehmen und sichtbar hinter die Windschutzscheibe legen.

Horodateurs
Diese Parkuhren sind Mo–Fr von 9–19 Uhr in Betrieb. Sofern nicht anders angegeben, kann man am Wochenende, an Feiertagen und im August kostenlos parken.

PARKEN

ES GIBT KEINE allgemein gültigen Parkvorschriften. Fast überall findet man die oben beschriebenen Parkuhren. Einige von ihnen akzeptieren Parkkarten, die in Tabakwarenläden erhältlich sind. In kleineren Städten kann man oft von 12 bis 13.30 Uhr kostenlos parken. Die Parkzeit ist meist auf zwei Stunden beschränkt. In kleineren Städten darf meist nur auf einer Straßenseite geparkt werden. Auf welcher Seite wann geparkt werden darf, entnehmen Sie bitte den Hinweisschildern.

In größeren Städten, vor allem in Paris, ist das Parken ein Dauerproblem. Weil Parkplätze rar und eng sind, kommt es häufig vor, daß der, der einparkt, die anderen Autos ein wenig vor und zurückbugsiert.

Vielerorts sind Parkscheiben vorgeschrieben; Sie erhalten diese beim Fremdenverkehrsamt.

AUTOVERMIETUNG

IN FRANKREICH findet man alle internationalen Autovermietungsfirmen. Erkundigen Sie sich jedoch schon vor Ihrer Abreise nach den Preisen, da es häufig günstiger ist, einen Mietwagen außerhalb Frankreichs zu buchen. Eine kleinere Firma, **Century Self Drive**, bietet sehr günstige Preise an, wenn man den Wagen ab dem Flughafen mietet. Die Firma **Hire for Lower** vermietet Autos anderer Firmen, wie zum Beispiel **Budget** und **Citer**. Nicht vergessen sollten Sie, sich nach speziellen Wochen- oder Wochenendtarifen sowie saisonalen Angeboten zu erkundigen.

Fly & Drive sowie **Rail & Road** sind weitere Möglichkeiten, schon im Heimatland mit dem Flugticket oder der Bahnkarte einen Mietwagen zum günstigen Preis zu buchen. Besonders günstig ist es einen Flug kombiniert mit einem Mietauto zu buchen. Auch die SCNF bietet ein Kombinationsticket von Zug und Auto an (siehe *Train + Auto, S. 634*). Die Mietwagen sind an über 200 Bahnhöfen in Frankreich erhältlich. Für weitere Informationen rufen sie bitte **Rail Europe** an.

Informationen über Fahrzeuge mit Chauffeur erhalten Sie von **Chambre National de la Grande Remise** oder **Automobile Club de l'Ile de France**.

STRASSENKARTEN

GUTE KARTEN sind für die Vorbereitung des Urlaubs sehr wichtig.

In diesem Führer finden Sie zu Beginn eines jeden Kapitels eine Karte der Region mit allen Sehenswürdigkeiten und nützlichen Hinweisen.

Möchten Sie Frankreich mit dem Auto kennenlernen, stellt das französische Fremdenverkehrsamt *(siehe S. 617)* kostenlos sowohl Straßenkarten als auch spezielle Touristenkarten mit Sehenswürdigkeiten und Informationen zur Verfügung. Auch der ADAC hält für seine Mitglieder kostenlose Straßenkarten bereit.

Wenn Sie dagegen nur kurze Strecken fahren oder mit dem Fahrrad unterwegs sind, empfiehlt es sich, die kleineren, unbefahreneren, mit D gekennzeichneten Straßen *(routes départementales)* zu nehmen, die auf Michelin-Karten entwe-

Mountainbiker in den Alpen

der gelb oder weiß eingezeichnet sind. Die roten Michelin-Karten (Maßstab 1:1000000) sind besonders hilfreich bei der Planung einer Reise. Ganz ausgezeichnet ist auch der Michelin-Atlas (Maßstab 1:200 000). Die gelben Regionalkarten im gleichen Maßstab gibt es in verschiedenen Größen. Michelin-Karten von ganz Frankreich sind rot.

Im größeren Maßstab gibt es Karten derzeit nur von Südfrankreich sowie Paris und Umgebung.

Sehr gute Karten gibt auch das französische geographische Institut (Institut Géographique National, IGN) heraus. Diese und noch viel mehr finden Sie bei **Espace IGN** unweit der Champs-Elysées; Kartenfreunde werden hier ihre wahre Freude haben. Empfehlenswert sind auch die genauen Karten mit Wanderwegen *(grandes randonnées)*; die Karten mit dem größten Maßstab enthält die **Série Bleue** (Maßstab 1:25 000). Weitere Hinweise auf Wander- und Radkarten finden Sie auch auf S. 628.

Die meisten Tankstellen und Zeitungskioske haben ein relativ großes Angebot an gängigen Straßenkarten von verschiedenen Verlagen, darüber hinaus natürlich auch viele Buchläden. Stadtpläne bekommen Sie kostenlos bei den Fremdenverkehrsämtern, falls diese Ihnen jedoch zu- wenig detailliert sind, können Sie auch hier wieder auf die Karten von Michelin zurückgreifen.

Französische Straßenkarten

Empfehlenswert zur Reisevorbereitung und bei größeren Strecken ist auch der Euro-Reiseatlas Frankreich des RV-Verlags (Maßstab 1:300 000).

AUF EINEN BLICK

AUTOVERMIETUNG

ADA
☎ 01 49 58 44 44 *(Paris)*.

Avis
☎ 01 46 10 60 60 *(Paris)*.
☎ 061-71 68 18 00.

Budget
☎ 01 47 55 61 00 *(Paris)*.
☎ 089-66 69 50.

Century Self Drive
☎ 01 34 29 00 08 *(Paris)*.

Citer-Eurodollar
☎ 01 44 38 60 00 *(Paris)*.

Europcar
☎ 01 45 00 08 06 *(Paris)*.
☎ 0130-22 11.

Eurorent
☎ 01 44 38 55 55 *(Paris)*.

Hertz
☎ 01 39 38 38 38 *(Paris)*.
☎ 0130-21 21.

ADAC Autovermietung
☎ 01802-31 81 81.

AUTOVERMIETUNG MIT CHAUFFEUR

Automobile Club de l'Ile de France
14, avenue de la Grande-Armée, 75017 Paris.
Karte 2 D4.
☎ 01 40 55 43 00.

NOTRUF

Polizeinotruf/Unfallrettung ☎ 17.
ADAC ☎ 04 72 17 12 22 (Lyon).

PANNENHILFE

ADAC-Schutzbriefinhaber
☎ 089-22 22 22.

AIT Assistance (deutschsprachig)
☎ 05 08 92 22.

WETTERVORHERSAGE

Telecom
☎ 0190- 11 60 20

ADAC
☎ 01805- 10 11 12.

STRASSENZUSTANDSBERICHTE

CNIR
115, rue Danton
92400 Courbevoie.
☎ 02 48 94 33 33.

ADAC
☎ 01805- 10 11 12.

REGIONALE STRASSENZUSTANDSBERICHTE

CRICR Bordeaux
☎ 05 56 96 33 33.

Lille
☎ 03 20 47 33 33.

Lyon
☎ 04 78 54 33

Marseille
☎ 04 91 78 78 78.

Metz
☎ 03 87 63 33 33.

Region Paris
☎ 1 48 99 33 33.

Rennes
☎ 02 99 32 33 33.

STRASSENKARTEN

Espace IGN
107, rue La Boétie
75008 Paris.
Karte 2 F5.
☎ 01 43 98 80 00.
FAX 01 43 98 51 08.

Michelin
☎ 01 45 66 12 34 *(Paris)*.

Falk-Verlag AG
Vertrieb
Neumarkter Str. 43
81673 München
☎ 089-43 18 90.

Textregister

Die gefetteten Seitenzahlen beziehen sich auf den Haupteintrag.

A

A la Mère Catherine (Paris)
  Detailkarte 128
Aaron, Didier 139
Abadie, Paul 130, 409, 421
Abbaye d'Hautecombe 380
Abbaye de Fontenay 307, 317, **322–23**
Abbaye de Fontevraud 284
  Musiksaison 35
Abbaye de Fontfroide 477
Abbaye de Jumièges 237, **253**
Abbaye de Montmajour 497
Abbaye de Noirlac 303
Abbaye de Nouaillé-Maupertuis 404
Abbaye de Royaumont 162
Abbaye de Sénanques 496, 505
Abbaye de Silvacane 505
Abbaye de St-Wandrille 237, **253**
Abbaye de Thoronet 505
Abbeville 189
  Restaurants 585
Abelard, Peter 46
Abendessen 576
Abri du Cap Blanc 425
Abstrakter Expressionismus 89
Académie Française 52
Acherie, Restaurants 589
Adjani, Isabelle 200
Agde 477
Agen 430
  Restaurants 604
Agincourt, Schlacht von (1415) 49
Agnès B 139
Aigues-Mortes 485
  Hotels 570
  Restaurants 608
Aiguines 504
Aïnhoa 443
  Hotels 568
  Restaurants 606
Air France 60, 633
Air Inter 633
Air Littoral 633
Aix-en-Othe, Restaurants 587
Aix-en-Provence 501
  Festival 33
  Hotels 572
  Restaurants 610
Aix-les-Bains 380
  Hotels 562
  Restaurants 600
Ajaccio 532
  Hotels 575
  Restaurants 613
Aktivurlaub 628–29
Alacoque, Marguerite-Marie 335
Alaïa, Azzedine 139
Alain-Fournier 26
Albert 180
Albert I, Prinz von Monaco 521
Albertville 312
  Hotels 562
  Restaurants 600
Albi 418, **434**
  Hotels 566
  Restaurants 604
Albigenser siehe Katharer
Alençon, Hotels 550
Aléria 533
Alet-les-Bains 476
Alexander II., Zar 127

Alexander III., Zar 105
Alfonso II, König von Spanien 390
Alise-Ste-Reine 42, **324–25**
Allée couverte 269
Alpais 46
Alpensteinbock 377
Alpes-Maritimes 519
Alphand, Adolphe 131, 134
Alphonse de Poitiers 435
Alpen siehe Rhône-Tal und französische Alpen
Alsop, Will 502
Amadour, hl. 426, 427
Amboise 277, **291**
  Château d' 283, **291**
  Hotels 554
  Restaurants 593
Amboise, Familie 232
Ambroise le Noble 420
Amélie-les-Bains 472
American Express 620
Amfreville-sous-les-Monts 256
Amiens 183, **190**
  Hotels 545
  Kathedrale 28, 174, **192–93**
  Restaurants 585, 587
Amiens, Vertrag (1801–03) 56
Amphithéâtre des Trois Gaulles (Lyon) 371
Ancy-le-Franc, Château d' 234
Andelot, Hotels 547
Andelys, Les 239, 256
Anduze, Restaurants 608
Angelico, Fra 98
Angeln 629
Angers 278, **281**
  Château d' 232, 281
  Restaurants 593
Angevinisches Reich 46, 47
Angles-sur-Anglin 404
Anglet, Hotels 568
Ango, Jean 253
Angoulême 409
  Kathedrale 28, 409
  Restaurants 602
Anjony, Louis II d' 354
Anjou 47, 281, 284
Anna von Österreich 53, 87, 123, 403
Anne de Beaujeu 347
Anne de Bretagne
  Château de Loches 290
  Grab 163
  Heirat 285
  Josselin 271
Annecy 363, 364, **380–81**
  Hotels 562
Anouilh, Jean 27
Ansuis 497
Antibes 511
  Hotels 572
  Strände 464
Antiquitäten, Pariser Läden **137**, 139
Anzy-le-Duc 338
Äpfel, Normandie 245
Apfelfest (Le Havre) 34
Apocalypse, Wandteppich (Angers) 281
Apotheken 618, 619
Aquarien
  Aquarium Charles Pérez (Roscoff) 265
  La Rochelle 406
  Musée Océanographique (Monaco) 521
  Nausicaa (Boulogne) 186

Aquin, hl. Thomas von 437
Aquitaine siehe Poitou und Aquitaine
Arbois 339
  Hotels 557
Arbrissel, Robert d' 284
Arc de Triomphe (Paris) 56, **103**, 104, 212
Arc de Triomphe du Carrousel (Paris) **95**, 96
Arc-et-Senans 340
Arcachon 386, **414**
  Hotels 564
Arcangues, Restaurants 606
Architektur
  Ländlich 30–31
  Romanisch und gotisch 28–29
Ardèche 363, **374–75**
Ardennen 197, 198
  Spezialitäten 177
Ardennenkanal 198
Argelès-Gazost
  Hotels 568
  Restaurants 606
Argelès-Plage 472
Argentan, Restaurants 589
Argentat 314
Argoat 259
Argonne 205
Ariège 481
Arles 489, **498–99**
  Hotels 572
  Restaurants 610
Arles-sur-Tech 472
  Restaurants 608
Armagnac 430
Arman 463, 516
Armani, Giorgio 139
Arras 183, **189**
  Restaurants 585
Arreau 452
  Hotels 568
Art deco 60, 106
Arcurial 139
ArtigueLouve, Restaurants 606
Artois, Comte d' 126
Artus, König 271
Ärztliche Versorgung 618–19
Asco 530
Assemblée Nationale Palais-Bourbon (Paris) 73
Association des Paralysés de France 539
Asterix 195
Au Bec Fin 143
Au Bon Marché 139
Au Lapin Agile (Paris)
  Detailkarte 128
Au Nain Bleu 138, 139
Au Printemps 139
Aube 178
Auberge du XII Siècle (Saché) 577
Aubert, hl., Bischof von Avranches 242, 246
Aubert, Jean 195
Aubeterre-sur-Dronne 409
Auboives, Restaurants 587
Aubrac-Berge 343
Aubusson 346–47
  Hotels 560
Auch 431
  Restaurants 604
Audierne, Hotels 553
Auditorium du Châlet (Paris) 143
Audrieu, Restaurants 589

Aufklärung 39, 54–55
Augustus, Kaiser 42–43, 492
Aulnay 406
Aumale, Herzog von 195
Aumont-Aubrac, Restaurants 599
Auray, Restaurants 592
Aurillac 354
  Restaurants 599
Ausflüge mit dem Auto
  Beaujolais 367
  Elsässer Route du Vin 222–23
  Gorges du Verdon 504–05
  Schlösser der Sologne 296–97
  Zwei-Flüsse-Tour 428–29
Ausstellung der angewandten Künste
  (1925) 60
Austern 235, 273
Austrian Airlines 633
Auto 638–41
  Anreise 638
  Autobahnen 638–39
  Autovermietung 630, 631, **640**, 641
  Benzin 638
  Geschwindigkeitsbegrenzungen
  638
  Karten 640–41
  Parken 640
  Straßen 639
  Unfälle 618
  Verkehrsregeln 638
  Wetter- und
  Straßenzustandsbericht 639
Autobahnen 638–39
  Polizei 618
Autobahngebühren 639
Autoire 428
Automobile Club de l'Ile de France
  641
Autoroutes 638–39
Autovermietung 630, 631, **640**, 641
Autozug 634
Autun 329
  Hotels 557
Auvergne 343
  Schwarze Madonnen 355
  Spezialitäten 308–09
  Wallfahrten und Monstranzenzüge
  349
Auvergne, Grafen der 350
Auvillar 431
Auxerre 320–21
Avallon 325
Avantgarde 60–61
Aven Armand 357, **361**
Aven d'Orgnac 375
Avenue des Champs-Elysées (Paris)
  104
  Detailkarte 102
Avenue Rapp (Paris), Nr. 29, 108
Avesnes-sur-Helpe, Restaurants 585
Aveyron 343
Avignon 457, **493**
  Hotels 558, 572
  Palais des Papes 494–95
  Papsttum 47
  Restaurants 610
  Theaterfestival 33
Avis (Autovermietung) 641
Avoriaz 312
Avranches 242
Ax-les-Thermes, Hotels 568
Azay-le-Rideau, Château d' 50–51,
  232, 277, **286**
  Hotels 554
Azéma, Léon 106

B

Baby Dior 139
Baccarat 127
Bäckereien 622
Badia-Vilato 348
Baerze, Jacques de 330
Bagatelle, Gärten von (Paris) 126
Bagnoles-de-l'Orne 245
  Hotels 550
Bagnols, Hotels 562
Bahnfahrkarten 634–36
Baker, Josephine 61
Balagne 527
Balajo (Paris) 143
Balazuc 375
Balcons de la Mescla 504
Balenciaga 106
Balisne, Hotels 550
Ballett (Paris) **141**, 143
Ballets Russes 61
Ballets Suédois 61
Balmain 106
Balthazar, Magus 497
Balthus 86
Balzac, Honoré de **26**, 286
  Die Königstreuen 275
  Eugénie Grandet 282
  Fougères 275
  Grab 131
Bandol 461
Bank von Frankreich 56
Banken 620
Banknoten 621
Banyuls
  Restaurants 608
  Wein 460, 472
Bar-sur-Aube, Restaurants 587
Barbaren 43
Barbie, Klaus 63
Barbizon
  Hotels 544
  Restaurants 584
Barbizon, Schule von 105, **171**, 200
Barbotan-les-Thermes,
  Restaurants 604
Barcaggio, Hotels 575
Bardot, Brigitte **506**, 510
Barèges 439
Barembach, Hotels 549
Barillet-Deschamps 131
Barjac, Hotels 570
Barrage de la Rance 271
Barry, Madame du 94
Bart, Jean 187
Barthelemy 139
Barthes, Roland 27
Bartholdi, Frédéric 341, 370
Bartholomäusnacht 51, 329
Basalt 314, 315
Basilique St-Denis 46, 99, **162–63**
Baskenland 439, 443
  Kultur 445
  Ländliche Architektur 30
  Spezialitäten 386–87
Bassano, Jacopo 487
Basse Seine 253
Bassin de l'Arcachon 396, **414**
Bastia 523, **526**
  Flughafen 632–33
  Hotels 575
  Restaurants 613
Bastiden 435
Bastille (Paris) 55
Bateaux mouches 75

Bateaux parisiens 75
Bateaux vedettes 75
Batobus (Paris) 74
Batz, Charles de 431
Baudelaire, Charles 27, 57
Bauernhaus in Les Colettes, Das
  (Renoir) 513
Bauernaufstand 48
Baux-en-Provence 623
Bayeux 242–43
  Restaurants 590
Bayeux, Teppich von 45, 227,
  242–43
Bayonne 440, **442**
  Restaurants 606
  Spezialitäten 386
Beach, Sylvia 27, 118
Béarn 440
Beatus Rhenanus 219
Beaubourg (Paris) 76–89
  Hotels 540
  Restaurants 580
Beaugency 277, **295**
  Hotels 554
  Restaurants 594
Beaujeu 367
Beaujolais 363, 367
Beaulieu-en-Argonne 205
Beaulieu-sur-Dordogne,
  Hotels 560
Beaulieu-sur-Mer 518
  Hotels 572
Beaumarchais, Pierre Augustin Caron
  de 27
Beaumont-Hamel-Gedenkstätte 180,
  181
Beaune 311, **334**
  Hôtel-Dieu 336–37
  Hotels 558
  Restaurants 596–97
Beaureceuil, Hotels 572
Beauvais 183, **190–91**
  Kathedrale 28, 29, 174, 190
Beauvoir, Simone de 27, 114, 515
  Grab 135
Becket, Thomas 170, 320
Beckett, Samuel 27
Bedford, Herzogin von 333
Behinderte Reisende 617
  in Hotels 539
  in Restaurants 579
Belay, Pierre de 264
Belcastel, Hotels 560
Belfort 341
Belfried von Douai (Corot) 24
Belle Epoque 589
Belle-Ile 270
Belle-Isle-en-Terre, Restaurants
  592
Bellegambe, Jean, *Die heilige
  Jungfrau beschirmt den
  Zisterzienserorden* 323
Benedictine (Likör) 229
Benedikt XII., Papst 494, 495
Benedikt XIII., Papst 494
Benedikt, hl. 44, 303
Benediktiner
  Cluny 44–45
  Fécamp 252–53
  Mont-St-Michel 246–49
  St-Michel-de-Cuxa 470
Benouville, François Léon 291
Bénouville, Hotels 550
Benzin 638
Berck-sur-Mer, Hotels 545

Bergerac 424
   Restaurants 604
Bergsport 628–29
Bergues 188
Berlioz, Hector 86, 111
   Grab 130
Bernard, Emile 265, 275
   La Ronde bretonne 24
Bernard, George Grey 471
Bernhard, hl. 47, 323
   Abbaye de Clairvaux 46
   Abbaye de Fontenay 322
   Abbaye de Royaumont 162
   Sarlat 423
Bernhardt, Sarah 59, 131
Bernini, Gian Lorenzo 123
Beroud 59
Berry, Jean, Herzog de 351, 402
Berthelot, Gilles 232
Berzé-la-Ville 335
Besançon 317, **340**
   Hotels 558
Besse-en-Chandesse, Restaurants 599
Betschdorf 223
Beuvron-en-Auge 237, 245
Beynac, Hotels 566
Béziers **480**, 481
   Hotels 570
   Restaurants 608
Biarritz 439, **442**
   Hotels 569
   Restaurants 607
Bibliothèque Nationale de France 134
Bidart, Restaurants 607
Bièvres, Restaurants 587
Biot 512
   Restaurants 611
Bistros 577, 578
Blanchard, Jean Pierre 187
Blanche de Castille 162
Blanche de France 162
Blandine, hl. 43
Blasset, Nicolas, *Der weinende Engel* 192
Blaue Nackte IV (Matisse) 516
Blaue Seerosen (Monet) 117
Blériot, Louis 59, 187
Blick auf St-Paul-de-Vence (Signac) 514
Blois 277, **294–95**
   Château de 283, **294**
   Restaurants 594
Blois, Graf von 292
Blumen *siehe* Flora
Bodilis 267
Bohier, Thomas 288
Boigne, Comte de 380
Boileau, Louis-Auguste 106
Bois de Boulogne (Paris) **126**, 140
Bois de Vincennes 134
Bollée, M. 281
Boltanski, Christian 487
Bonaparte, Familie 532
Bonaparte, Jérôme, Grab 111
Bonaparte, Joseph, Grab 111
Bonaparte, Napoléon *siehe* Napoléon I
Bonifacio 530, 533
   Hotels 575
   Restaurants 613
Bonnard, Pierre 462, 506, 514
Bonneuil Matours 404
Bonnieux 497
Bonpoint 139
Bordeaux 384, 396, **410–12**
   Busbahnhof 637
   Detailkarte 410–11

Flughafen 632–33
   Hotels 564
   Infobox 411
   Reiseagenturen 633
   Restaurants 602–03
   Straßenzustandsbericht 641
   Weingüter 413
   Weinhandel 411
   Weine 386, **388–89**
Bordelais **388–89**, 413
Borgia, Cesare 493
Bories 496
Bormes-les-Mimosas
   Hotels 572
   Restaurants 611
Borny, Restaurants 588
Bosch, Hieronymus 98
Botschaften 617
Botticelli, Sandro 195, 493, 532
Bouchard, Henri 106
Bouchardon, Edmé 111
Boucher, François 477
Boucherie 622
Boudin, Eugène 252, 255, 412
   Frau mit Sonnenschirm 252
   Musée Eugène Boudin (Honfleur) 252
Bouillard, Hotels 558
Bouillon, Godefroy de 348
Boulangerie 622
Boules 19, 377
Boulevard des Capucines (Paris)
   Detailkarte 92
Boulevard St-Germain (Paris) 115
   Detailkarte 114
Boulevard St-Michel (Paris)
   Detailkarte 120
Boulez, Pierre 141
Bouliac, Hotels 564
   Restaurants 603
Boulle, André-Charles 99
Boulogne-sur-Mer 183, **186**
   Hotels 545
   Restaurants 585
Bourbon, Fürst Louis-Henri de 194
Bourbon 56, 64, 65
Bourbonne-les-Bains, Hotels 547
Bourdeille, Pierre de 420
Bourdeilles 419, **420**
Bourdelle, Emile Antoine 371, 433
   Eiffel-Büste 109
   Figuren, Palais de Tokyo (Paris) 72
Bourg-en-Bresse 366
   Hotels 562
   Restaurants 601
Bourges 277, **303**
   Frühlingsfest 32
   Restaurants 594, 599
Bourget, Lac du 380
Bourgueil
   Hotels 555
   Restaurants 594
   Weinanbaugebiet 231, 278
Boussac, Restaurants 599
Bouts, Dirk 188
Bouvines, Schlacht von (1214) 47
Bouzigues
   Hotels 570
   Restaurants 608
Brancion 335
Brancusi, Constantin 89, 135
Branicki, Graf 291
Brantôme 420
   Hotels 566
   Restaurants 605

Braque, Georges 106, 472
   Mann mit Gitarre 89
Brasserie Lipp (Paris)
   Detailkarte 114
Brasserien 577
Brayer, Yves 434
Brèche de Roland 451
Bréhémont, Hotels 555
Brentano 139
Brest 262
   Hotels 553
Bretagne 258–75
   Départements 627
   Fauna und Flora 234–35
   Hotels 553–54
   Klima 36
   Ländliche Architektur 31
   Prähistorische Stätten 269
   Restaurants 592–93
   Spezialitäten 228–29
   Traditionen 233
   Überblick 260–61
   Umwehrte Pfarrhöfe 266–67
Breton, André 60, 373
Bretonische Traditionen 233
Breughel, Pieter 477
Briançon 377
Briçonnet, Catherine 288, 289
Briefkästen 626
Briefmarken 626
Brionnais 317, **338**
Brionne, Hotels 551
Britisches Panzerdenkmal 180
Brosse, Guy de La 134
Brosse, Salomon de 123, 274
   Fontaine de Médicis 123
Brou, Eglise de 366
Brouage 407
Brougham, Lord 510
Brouilly 367
Bruand, Libéral 110, 111
Brunet, P., *Jungfrau Maria mit Kind* 129
Bruno, hl. 379
Bücher
   Läden **138**, 139
   Les Bouquinistes (Paris) 71
Budget, Autovermietung 641
Bueil, Jean de 232
Buffon, Comte de 134
Buland, Jean-Eugène 264
Buntglasfenster von Chartres 300–01
Buñuel, Luis 60
Bureaux des postes 624
Buren, Daniel, Säulen (Paris) 95
Bürger von Calais, Die (Rodin) 186–87
Burgund und Franche-Comté 316–41
   Départements 627
   Franche-Comté 339
   Goldenes Zeitalter 333
   Hotels 557–60
   Klima 37
   Restaurants 596–99
   Spezialitäten 308
   Überblick 318–19
   Weine 310–11
Burgund, Herzöge von 330, 333
Busreisen 637
Busse, Flughafen 630, 631
Bussy-Rabutin, Roger de 324–25

C

Cabaret **141**, 143
Cabourg 245
   Hotels 551

Cadière d'Azur, La, Hotels 573
Cadillac-Bequey, Hotels 564
Caen 237, **243–44**
   Hotels 551
Caesar, Julius 39
   Forum Julii (Fréjus) 507
   Lugdunum 368
   Mont Auxois 324
   Römisches Gallien 42
Café d'Edgar (Paris) 143
Café de Flore (Paris), Detailkarte 114
Café de la Paix (Paris) 92
Café Le Procope (Paris) 53, 54
Café-Couette (Paris) 538, 539
Cafés 577
   Paris 142
Cafeterias 578
Cagnes-sur-Mer 512–13
Cahors 418, **428-9**
   Hotels 566
   Restaurants 605
Caillette 283
Cajarc 429
Calacuccia 530
Calais 183, 186–87
   Geschichte 49
   Hotels 545
   Restaurants 585
Calanches 525, 531
Calanques 503
Calder, Alexander
   Mobile auf zwei Ebenen 88
Callian, Restaurants 611
Calvados 229, 245
Calvi 524, **527**
   Hotels 575
   Restaurants 613
Calvin, Jean 50, 191
Calvinet, Hotels 560
Camargue 456, 489, **500–01**
   Ländliche Architektur 31
Cambrai
   Hotels 545
   Restaurants 585
Campanile 539
Camping **538**, 539
Camus, Albert 27, 434
Canal du Midi 476
Canal St-Martin (Paris) 131
Canaletto 477
Canari 526
Cancale 235, **273**
   Hotels 553
Cannes 510–11
   Hotels 572
   Restaurants 611
   Strände 464, **465**
Cannes, Filmfestival 33, 61, 510
Cantal-Berge 354
Cantal-Käse 353
Cap Blanc-Nez 186
Cap Canaille (Signac) 503
Cap Corse 526
Cap d'Agde 464, 467, **477**
Cap d'Antibes 511
Cap Ferrat 489, **518**
   Strände 465
Cap Ferret 414
Cap Fréhel 271
Cap Martin 489
Capassin 374
Capbreton 414
Capdeville 472
Capet, Hugues 45, 64

Capitello, Lac de 530
Cappel, Hotels 545
Caravaggio 255
Carcassonne 467, **478–79**
   Architektonische Details 478–79
   Hotels 570
   Katharer **479**, 481
   Restaurants 608
Cardin, Pierre 139
Cargèse 532
Carlone, Carlo Innocenzo 512, 516
Carlton International Continental (Hotel, Cannes) 539
Carlu, Jacques 106
Carmontelle, Louis 127
Carnac 260, **268**
   Hotels 553
   Megalithen 40, 226, **269**
Carné, Marcel 131
Caroline, Prinzessin von Monaco 521
Carpaccio 493
Carpeaux, Jean-Baptiste
   Der Tanz 116–17
   Fontaine de l'Observatoire (Paris) 123
   Vier Weltteile 68
Carpentras 496
Carrousel du Louvre (Paris) 96
Carsac-Aillac, Hotels 566
Cartier 137, 139
Cartier, Jacques 50, 51, 272
Carvallo, Joachim 286
Casals, Pablo 470
Cascades du Hérisson 339
Casino, Monaco 520
Cassatt, Mary 256
Cassel 188
Cassis 503
   Strände 464, **465**
Castagniccia 530
Castel Béranger (Paris) 126
Castellane 505
Castelnaudary, Restaurants 608
Castelnou, Restaurants 608
Castillon-du-Gard, Hotels 570
Castres 434
Catacombes (Paris) 135
Cateau-Cambrésis, Vertrag (1559) 51
Caudebec-en-Caux 253
Causse Méjean 361
Cauterets 449
   Hotels 569
Cavaillon, Restaurants 611
Caves Taillevent 139
Ceaux, Hotels 551
Célé-Tal 428–29
Celles-sur-Belle 398
Cellini, Benvenuto 50, 99
Cendrars, Blaise 61
Centre des Renseignements des Douanes 617
Centre National de la Bande Dessinée et de l'Image (Angoulême) 409
Centre Pompidou (Paris) 62, 69, **88–89**
Centuri 526
Cerbère 472
Cerceau, Jean Androuet du 170
Cerdagne 467, 468, **470**
Céret 472
   Hotels 570
   Restaurants 609
César 187, 463, 516
Cesson-Sévigné, Hotels 553

Cevennen 343, 483
   Gorges du Tarn 360
   Robert Louis Stevenson 356, 357
Cézanne, Paul 86, 117, 252
   Atelier de Cézanne (Aix-en-Provence) 462, 501
Chabannes, Jacques II de 348
Chablis 321
   Hotels 558
   Wein 310, 317
Chagall, Marc 213, 515
   Kathedrale von Reims, Fenster 203
   Musée Chagall (Nizza) 517
   Opéra de Paris Garnier, Deckengemälde 93
Chagny, Restaurants 597
Chaillot (Paris)
   Hotels 542
   Restaurants 582
Chailly-sur-Armançon, Hotels 558
Chalet 30
Chalgrin, Jean 103
Calâlon-sur-Saône 335
Châlons-en-Champagne 197, **206**
   Hotels 547
   Restaurants 587
Chalus, Pierre de 119
Chamaliès, Hotels 560
Chambéry 363, **380**
   Hotels 562
   Restaurants 601
Chambord, Château de 227, 277, **292–93**
   Hotels 555
Chambres d'hôte 538
Chamonix 312, 313
   Hotels 562
   Restaurants 601
Champ-de-Mars (Paris) 108
Champagnac-de-Belair, Hotels 566
Champagne 196–207
   Départements 627
   Hotels 547–48
   Klima 37
   Ländliche Architektur 30
   Restaurants 587–88
   Überblick 198–99
   Weine 178–79, 200–01
Champeaux, Restaurants 590
Champigné, Hotels 555
Champillon, Hotels 547
Champlitte 340
Champs-Elysées und Invalides (Paris) 100–11
   Detailkarte 102–03
   Hotels 541, 542
   Kartenteil, Karten 2, 3, 6, 7
   Restaurants 581, 582
   Stadtteilkarte 101
Chanel 136, 139
Chanel, Coco 62, 519
Chantilly 194–95
Chaos de Montpellier-le-Vieux 360
Chapaize 335
Chapelle des Lombards (Paris) 143
Charcuterie 622
Claribert I. 64
Charles le Hardi, Herzog von Burgund 333
Charles III, Prinz von Monaco 520
Charles IV, le Bel, König 65
Charles V, König 65, 80
   Grab 162
   Musée du Louvre 97
   Zepter 99

Charles VI., König 49, 65
Charles VII., König 49, 65
   Château de Loches 290
   Jeanne d' Arc 284, 290
   Krönung 202
Charles VIII., König 65, 285, 291
Charles IX., König 50, 65, 302
Charles X., König 57, 65
   Krönung 202
   Religionskriege 444
Charleville-Mézières 204
   Hotels 547
Charroux 405
Chartres 277, **297**
   Hotels 555
   Restaurants 594
Chartres, Duc de 127
Chartres, Kathedrale 109, **298–301**
   Architektonische Details
   298–99
   Buntglasfenster 300–01
   Infobox 299
   Labyrinth 299
Chartreuse 363, **379**
Chateaubriand, François-René de
   272, 273
Châteauneuf, Restaurants 597
Châteauneuf-du-Pape 492–93
   Restaurants 611
Châteaux
   Adhémar 376
   Amboise 283, **291**
   Ancy-le-Franc 324
   Angers 232, **281**
   Anjony 354
   Annecy 381
   Arlay 339
   Ausone 413
   Azay-le-Rideau **50–51**, 232, 277,
   286
   Bazoches 325
   Beauregard 296
   Blois 283, **294**
   Bois Préau 163
   Bordelais, Weingüter 413
   Boulogne 186
   Bourdeilles 420
   Brest 262
   Bruniquel 433
   Busquielle 428
   Bussy-Rabutin 324–25
   Cagnes-sur-Mer **512**, 513
   Carrouges 245
   Chambord 227, 277, **292–93**
   Chantilly 183, **194–95**
   Chaumont 232, 288, 296–97
   Chenonceau 51, 277, **288–89**
   Cheval Blanc 413
   Chinon 284
   Clisson 280
   Collioure 473
   Combourg 273
   Compiègne 183, **191**
   Cordès 352
   Cour-Cheverny 297
   Crussol 374
   Dampierre 168
   des Ducs de Bretagne 280
   des Ducs de Savoie 380
   du Moulin 297
   Duingt 381
   Dunois 295
   Eau (Montpellier) 485
   Ecouen 162
   Epoisses 325

Figeac 413
Foix 453
Fontainebleau 50, **170–71**
Fougères 275
Gaillard 256
Gataudière 407
Gordes 496
Gourdon 513
Grignan 376
Grimaldi (Antibes) 511
Gruaud-Larose 413
Haut-Barr 223
Haut-Kœnigsbourg 175, 209,
218–19
If 502
Josselin 271
Laàs 444
Lafite-Rothschild 413
Langeais 285
Lapalisse 348
Latour 413
Limarque 428
Loches 290
Loire-Tal 232
Malmaison 163
Margaux 413
Montrésor 291
Montreuil-Bellay 282
Moulins 347
Mouton-Rothschild 413
Murol 350
Nays 444
O 245
Oiron 398
Palais du Prince (Monaco)
520–21
Palais Jacques Cœur (Bourges)
303
Palmer 388, **413**
Pau 448
Pierreclos 338
Pierrefonds 191
Plessis-Bourré 281
Puyguilhem 420
Rambouillet 168
Ratilly 320
Ripaille 381
Rochers-Sévigné 275
Saumur 282
Sceaux 168
Sedan 204–05
Serrant 281
Sologne 296–97
St-Fargeau 320
St-Germain-en-Laye 163
St-Malo 272
Suze-la-Rousse 377
Tanlay 321
Tarascon 497
Thoiry 168
Thoury 348
Touffou 404
Tournon-sur-Rhône 374
Turenne 353
Ussé 232, **285**
Val 353
Vaux-le-Vicomte 168–69
Vendôme 296
Versailles 52, **164–67**
Vieux Château Certan 413
Villandry 277, 278, **286**
Villesavin 297
Vincennes 134
Vitré 275
Vogüé 375

Châteaux-Arnoux, Restaurants 611
Châtillon-sur-Seine 324
Chauffeur, Autovermietung mit 641
Chaumont 207
   Château de 232, 288, 296–97
   Hotels 547
   Restaurants 587
Chauvigny 404
Chemin de Fer de Provence 637
Chemins de Fer de Corse 637
Chenonceaux, Château de 51, 277,
   288–89
   Hotels 555
Cherbourg 237, **240**
   Restaurants 590
Chétillon, Hugues de 452
Chevaigné, Restaurants 592
Cheval, Ferdinand 373
Cheverny, Restaurants 594
Chevreuse, Duc de 168
Childebert I., König 64
Childebert II., König 64
Childerich I., König 64
Childerich II., König 64
Childerich III., König 64
Chilperich I., König 64
Chilperich II., König 64
Chinon 278
   Château de 284
   Hotels 555
   Restaurants 594
Chirac, Jacques 62
Chiroubles 367
Chlodwig I., König der Franken 44,
   64
   Taufe **45**, 200, 202, 203
Chlodwig II., König 64
Chlodwig III., König 64
Chlotar I., König 64
Chlotar II., König 64
Chlotar III., König 64
Chopin, Frédéric 94, 131
Christianisierung 43
Churchill, Winston 518
Ciboure 443
   Restaurants 607
CIDJ 617
Cidre 229, **245**
Cierzac, Hotels 564
Cimabue 98
Cimetière de Montmartre (Paris) 130
Cimetière du Montparnasse (Paris)
   135
Cimetière du Père Lachaise (Paris)
   131
Cirque de Gavarnie **449**, 451
Cirque de Navacelles 483
Cité de la Musique (Paris) 143
Cité des Sciences et de l'Industrie
   (Paris) 132–33
Citer, Autovermietung 641
Citroën 58, 60, 135
Clairvaux 46
Claudel, Camille 403
Claudius, Kaiser 43
Clemens V., Papst 494
Clemens VI., Papst 494, 495
Clement-Tonnerre, Herzog von 324
Clermont-Ferrand 350–51
   Restaurants 599
Climat de France und
   Inter Hôtel 539
Clisson 280
Clisson, Olivier de 271
Clos de l'Echo 230

TEXTREGISTER

Clos de Vougeot 310
Clothilde, Königin 321
Clouet, Brüder 195
Clubs, Paris **141**, 143
Cluny **44–45**, 317, **335**, 390
 Hotels 558
CNFLRH (Comité National Français
 de Liaison pour la Réadaptation
 des Handicapés) 539, 617
CNIR 641
Cocteau, Jean 135, 512, 515
 Chapelle St-Pierre (Villefranche-
 sur-Mer) 518
 Hotel de Ville (Menton) 519
 Musée Cocteau (Menton) 519
Cœur, Jacques 303
Cognac 395, **408–09**
 Hotels 564
 Restaurants 603
Col d'Eze, Restaurants 611
Colbert, Jean Baptiste 53
 Château de Sceaux 168
 Grab 86
 Rochefort 406–07
Colette 26, 515
 Geburtsort und Museum 320
 Südfrankreich 463, 506
Collioure 25, **473**
 Hotels 570
 Restaurants 609
Collonges-la-Rouge 353
Colmar 217
 Hotels 549
 Restaurants 588
Colombe d'Or (St-Paul-de-Vence)
 514, **515**
Colombey-les-Deux-Eglises 207
Colonne de Juillet (Paris) 87
Coly, Hotels 566
Combloux, Hotels 562
Combourg 273
Comédie des Champs-Elysées (Paris)
 143
Comédie Française (Paris) 95, 143
 Geschichte 52, 53
Comme des Garçons 139
Comminges, Festival 33
Commissariat de police 618
Communes 626
Compiègne 191
 Château 183, **191**
Concarneau 264
 Restaurants 592
Conchres-en-Ouche, Restaurants 590
Conciergerie (Paris) 79
 Detailkarte 78
 Paris per Schiff 75
Concorde 62
Condé, Großfürst von 194
Condom 430
 Hotels 567
Confolens 405
 Hotels 564
Confraternidad de la Sanch 474
Conques 343, **358–59**
 Abbaye de Sainte-Foy 306,
 358–59, 391
Constable, John 442
Constant, Christian 139
Coquille, La, Hotels 567
Corday, Charlotte 79, 94
Cordes 418, **434**, 435

Cordon, Hotels 562
Cormatin 335
Corneille, Pierre 27, 95
Corniche des Cévennes 357
Corot, J. P., Reliefs am Arc de
 Triomphe 103
Corot, Jean-Baptiste-Camille 128, 430
 Belfried von Douai 24
Correggio 302
Corte 525, **530**
 Restaurants 613
Cos d'Estournel 388
Cosqueville, Restaurants 590
Côte d'Albâtre 237, 238, **252–53**
Côte d'Argent 414
Côte d'Azur *siehe* Provence und Côte
 d'Azur
Côte d'Emeraude 259, 260, **271**
Côte d'Opale 183, 186
Côte d'Or 317, **334**
Côte de Beaune 311, 317
Côte de Granit Rose 259, 260, **268**
Côte de Nacre 237, 242
Côte de Nuit 311
Côte Fleurie 237, **245**
Côte Orientale 533
Côte Sauvage (Ile d'Oléron) 407
Côte Sauvage (Quiberon) 268, 270
Côte Vermeille 472
Coteaux du Languedoc 460
Cotentin 237, **240**
Côtes de Provence 461
Côtes du Rhône **374**, 492, 493
Cotte, Robert de 203, 221
Coudekerque-Branche, Restaurants
 585
Cougnac 392
Couperin, François 81
Coulon 397, **399**
 Hotels 564
Courant d'Huchet 414
Courbet, Gustave 485
 Begräbnis in Ornans 341
 Der Spiegel von Ornans 341
 *Junge Damen aus dem Dorf
 überreichen in einem Tal bei
 Ornans einer Kuhhirtin
 Almosen* 25
 *Klippen bei Etretat nach einem
 Sturm* 24
 Ornans 340–41
Courchevel 312, 363
 Hotels 562
 Restaurants 601
Cousteau, Jacques 507, 521
Coustou, Guillaume, *Rosse von
 Marly* 99
Coutances 240–41
Couture, Thomas 117
Couze-Chambon-Tal 352
Coward, Noël 518
Coysevox, Antoine 167
Cranach, Lucas 98, 200
 Création du monde, La 60–61
Crécy, Schlacht von (1346) 48
Cresserons, Restaurants 590
Cresson, Edith 16, 63
Crêt de Châtillon 381
Crèvecour-en-Auge 245
CRICR 641
Cromagnonmensch 40
CROUS 539
Croutelle, Restaurants 603
CRS (Compagnie Republicaine de
 Securité) 618

Crypte Archéologique (Paris) 80
 Detailkarte 78
Cuers, Restaurants 611
Cuisine bourgeoise 577
Cuisine des Provinces 577
Cuisine moderne 577
Curie, Marie und Pierre 59

D

D'Artagnan 431
D-Day-Landung 237, **241**, 242
 Mémorial (Caen) 244
Dächer, Ländliche Architektur 31
Dadaismus 89
Dagobert I., König 44, 64
 Grab 162
Dagobert III., König 64
Daguerre, Louis 57
Dali, Salvador 60, 89, 472
 Espace Montmartre Salvador Dali
 (Paris) 128
Dambach-la-Ville 219
 Elsässische Route du Vin 222
Dame mit dem Einhorn, Die,
 Gobelins 119
Dames de la Meuse 204
Dampierre, Château de 168
Dampierre, Restaurants 584
Dante 499
Danton, Georges Jacques 94
Darcel 131
Dargilan 357
Daudet, Alphonse 463
Daumier, Honoré 117
David d'Angers 121, 281
David, Jacques-Louis 57
 Napoléon-Porträts 163, 166
Dax 415
Deauville 245
 Hotels 551
 Restaurants 590
De Castellane 201
Découvertes (Paris) 35
Degas, Edgar 117, 371, 448
 14jährige Tänzerin 116
Delacroix, Eugène 57
 *Der Tod Karls des Kühnen in
 Nancy* 214
 Jakobs Kampf mit dem Engel 118,
 123
 Jungfrau von Sacré-Cœur 532
 Medea 188
 Musée Eugène Delacroix (Paris)
 115, 118
 Tigerjagd 117
Delaunay, Robert 485
 Eiffelturm 25
Delaunay, Sonia 25
Delville Wood 181
Demidoff, Elizabeth 131
Deneuve, Catherine 515
Denis, hl. 162
Denker, Der (Rodin) 111
Dépardieu, Gérard 510
Départements 626–27
Der-Chantecoq, Lac du 197, 205
Derain, André 462, 473, 503
Descartes, René 27, 52, 297
Désert des Agriates 527
Desnoyer, François 485
Despiau, Charles 371
Deutsch-Französischer Krieg 58
Diane de Poitiers 98, 283, 321
 Château d'Ancy-le-Franc 324
 Château de Chenonceau 288, 289

Dichtung 27
Diderot, Denis 54, 99, 207
   Grab 95
Diebstahl 618
Dieppe 253
   Restaurants 590
Dieulefit 376
Digne-les-Bains 507
   Hotels 573
Dijon 317, **330–32**, 333
   Detailkarte 330–31
   Hotels 559
   Internationales Weinfest 34
   Restaurants 597
Dinan 259, **273**
   Restaurants 592
Dinard 271
   Hotels 553
Dior, Christian 139
Distel, Sacha 506
Disneyland Paris 168
Dix, Otto 189
   Die Schriftstellerin Sylvia von
   Harden 89
Dole 339
   Restaurants 588
Dolmen 269
Dolmetscher 618
Dombes 363, **366**
Dôme des Invalides (Paris) 110, **111**
   Paris per Schiff 73
Domfront 245
Dominik, hl. 436
Domme 425
   Hotels 567
   Restaurants 605
Dongen, Kees van 462
Dordogne *siehe* Périgord, Quercy
   und Gascogne
Dordogne-Tal 425
   Höhlen 392, 393
Douai, Restaurants 586
Douarnenez 262, **263**
Douaumont, Mahnmal von 175
Dozulé, Restaurants 590
Dr. Paul Gachet (van Gogh) 117
Dreißigjähriger Krieg 52
Dreyfus-Affäre 58, 59
Dritte Republik 58
Droguerie 622
Dufy, Raoul 462, 475
   Elektrizität 106
   La Jetée promenade à Nice 25
Duguay-Trouin, René 272
Dumas, Alexandre 245, 431, 502
Duncan, Isadora 515
Dune du Pilat 414
Dunkerque 183, **187**
   Hotels 545
Dupin, Madame 288, 289
Dupuis, Nicolas 87
Duras, Hotels 567
Durban-Corbières, Restaurants
   609
Dürer, Albrecht 98
Durrell, Lawrence 463
Dury, Restaurants 586
Dyck, Anthonis van 188, 442

E

Ebersmunster 219
Ecole Militaire (Paris) 108
Ecole Nationale d'Equitation 282
Ecole Nationale Supérieure des
   Beaux-Arts (Paris) 118

Editions Hachette 629
Edward III, König von England 187
Edward, Schwarzer Prinz 346, 404
Eglise de Cunault 282
Eguisheim 217
   Elsässische Route du Vin 222
   Hotels 549
Eiffel, Gustave 109
Eiffelturm (Delaunay) 25
Eiffelturm *siehe* Tour Eiffel
Einfahrt zum Hafen von La Rochelle
   (Signac) 24
Eintrittskarten
   Veranstaltungen **140**, 143
Eintrittspreise 616
Eisenbahnen **634–36**, 637
   Private **635**, 637
   TGV **15**, 63, 635
Eisenhower, Dwight D. 200
Eisenzeit 40
El Greco 448
Eleonore d'Aquitaine **47**, 403
   Heirat mit Henry II 284, 295, 388
Elne 473
Elorn-Tal 266–67
Elsaß und Lothringen 208–23
   Départements 627
   Hotels 549–50
   Klima 37
   Ländliche Architektur 30
   Restaurants 588–89
   Spezialitäten 176–77
   Überblick 210–11
Elysée-Montmartre (Paris) 143
Elysée-Palast (Paris) *siehe* Palais de
   l'Elysée
Emmurés de Carcassone, les
   (Laurens) 479
Empire 57
Enclos paroissiaux 266–67
Ennery, Adolphe d' 107
Entraygues 356
Entre-Deux-Mers 388, 389
Entwertungsautomat 636
Eolithischer Kalkstein 315
Épernay 178, 197, **201**
   Hotels 547
   Restaurants 587
Ephrussi de Rothschild, Baronin 518
Epicerie fine 622
Épinal
   Hotels 549
Equipment 139
Erasmus von Rotterdam 98
Erbalunga 526
Erhart, Gregor 98
Ermäßigungen
   Museen 616
   Studenten 617
Ernst, Max 89
Erste Republik 55
Erster Weltkrieg 39, 59, 183
   Schlacht an der Somme 180–81
   Verdun 212
Espace Montmartre Salvador Dali
   (Paris), Detailkarte 128
Espagnac-Ste-Eulalie 429
Espalion 314, 356
   Restaurants 599
Espelette 440, **443**
   Hotels 569
   Paprikafestival 34
   Restaurants 607
Espinay, Familie 232

Essen und Trinken
   Äpfel 245
   Armagnac 430
   Bistros 577
   Brasserien 577
   Cafés 577
   Cidre 245
   Cognac 387, 408–09
   Eßgewohnheiten 576
   Fachgeschäfte 622
   Fast-food 578
   Ferme-auberges 577
   Frühstück 21
   in Hotels 537
   Klassische französische Küche
   20–21
   Märkte 622
   Nebenbistros 578
   Nordostfrankreich 176–77
   Pariser Cafés 142
   Pariser Läden **138**, 139
   Picknick 579
   Pilze 387
   Regionale Küche 576
   Regionale Produkte 623
   Südfrankreich 458–59
   Südwestfrankreich 386–87
   Vegetarisches Essen 579
   Westfrankreich 228–29
   Zentralfrankreich 308–09
   siehe auch Restaurants; Weine
Eßgewohnheiten 576
Estaing 356
Été Girondin 33
Etikette 616
Etoges, Hotels 547
Eugénie, Kaiserin 191, 442
Eugénie-les-Bains
   Hotels 564
   Restaurants 607
Euro-Busse 637
Euro Disney *siehe* Disneyland Paris
EuroDollar, Autovermietung 641
Europa-Jazzfestival (Le Mans) 32
Europäische Union 39, 63,
   220
Europäische Wirtschaftsgemeinschaft
   (EWG) 61
Europarat 61
Europcar, Autovermietung 641
Eurorent, Autovermietung 641
Euroschecks 620
Évian-les-Bains 381
   Hotels 563
   Restaurants 601
Évreux, Hotels 551
Existentialismus 27
Eychenne (Hotel-Restaurant,
   St-Girons) 579
Èze 489, **519**
Eyck, Jan van 98, 333

F

Fachwerkhäuser 30
Fähren 632
Fahrpläne, Bahn 636
Fahrradfahren 637
   Ferien 628
   Tour de France 33
Fainsilber, Adrien 132
Falaise d'Aval 252, 253
   Hotels 551
Familienhotels 536
Fast-food 578
Fauchon 92, 138, 139

TEXTREGISTER

Fauna
Aquarium (La Rochelle) 406
Aquarium Charles Pérez (Roscoff) 265
Calanques 503
Camargue 500–01
Cevennen 361
Fauna und Flora der Bretagne 234–35
Iles d'Hyères 505
Korsika 531
Lubéron 497
Maison de l'Oiseau 189
Musée Océanographique (Monaco) 521
Nausicaa (Boulogne) 186
Océanopolis (Brest) 262
Parc des Oiseaux 366
Parc National des Pyrénées 450–51
Parc National du Mercantour 519
Parc Ornithologique de Marquenterre (St-Quentin-en-Tourmont) 189
Parc Ornithologique du Teich 414
Parc Régional de Normandie-Maine 245
Réserve Naturelle de Scandola 531
Fauvisten 106, **462**, 473
Fayence 264, 328–29
Fécamp 252
Hotels 551
Fédération Française de Camping et de Caravaning 539
Fédération Française de Canoë-Kayak 629
Fédération Française de Cyclisme 629
Fédération Française de la Montagne et de l'Escalade 629
Fédération Française de la Randonnée Pédestre 629
Fédération Française de Naturisme 629
Fédération Française de Vol Libre 629
Fédération Nationale Aéronautique 629
Feiertage 35
Feliceto, Hotels 575
Felix V., Gegenpapst 381
Felsformationen
Bretagne 235
Massif Central 314–15
Ferdinand, König von Aragón 475
Feria, Stierkampf (Dax) 34
Ferien
Feiertage 35
Sport und Freizeit 628–29
Ferienwohnungen **538**, 539
Ferme-auberges 538, **577**
Ferme-Musée de la Forêt 363, **366**
Fernsehen 625
Ferrier, hl. Vincent 270
Ferry, Jules 58
Fesch, Kardinal 532
Festival de l'Ile de France 34
Festival von Sardana (Céret) 34
Festivals 32–35
Bretagne 233
Fête de la Véraison (Châteauneuf-du-Pape) 34
Fête de St-Jean 33
Fête de Transhumance 33
Feuerwehr 618–19
Ficajola 531
Figeac 429
Filibert, Kanoniker 46

Filitosa 523, **532–33**
Filme *siehe* Kino
Filmfestival von Cannes 33, 61, 510
Finistère 259
Firmin, hl. 192
Fischen 629
Fitou 460
Fitzgerald, F. Scott 511, 515
in Südfrankreich 60, 463
Pariser Cafés 142
Fitzgerald, Zelda 463
FKK 629
Flandre Maritime 188
Flaubert, Gustave 57, 58, **255**
Madame Bovary 26, 255
Musée Flaubert (Rouen) 255
Trouville 245
Flavigny-sur-Ozerain, Hotels 559
Fleur-de-lys 39
Fleurie 367
Fleury, Rohault de 130
Flora
Alpen 313
Korsika 531
Kräuter 458
siehe auch Fauna
Florac, Hotels 560
Florensac, Restaurants 609
Florent-en-Argonne, Restaurants 587
Floß der Medusa, Das (Géricault) 98
Flughafen Charles de Gaulle (Paris) 630
Flughafen Orly 631
Flughäfen
Charles de Gaulle (Paris) 630
Orly (Paris) 631
Flugreisen **630–32**, 633
Flugscheine 630–31
Flugsport 629
FNAC 143
Foch, Marschall, Grab 111
Foix 439, **453**
Festival 33
Hotels 569
Folies Pigalle (Paris) 143
Folies-Bergères (Paris) 143
Fondation Le Corbusier 126
Fondettes, Hotels 555
Font de Gaume 393
Font-Romeu 470
Fontagny, Restaurants 597
Fontaine de l'Observatoire (Paris) 123
Fontaine de Médicis (Paris), Detailkarte 123
Fontaine des Quatre Saisons (Paris) 111
Fontaine, Jean de La 86
Fontaine-de-Vaucluse 496
Fontainebleau, Château de 50, **170–71**
Hotels 544
Restaurants 584
Fontanai-sur-Orne, Hotels 551
Fontenay, Abbaye de 307, 317, **322–23**
Fontenay, Aubert de 86
Fontette, Hotels 559
Fontevraud, Abbaye de 284
Hotels 555
Restaurants 594
Fontfroide, Abbaye de 477
Fontvieille, Hotels 573
Forcalquier 491
Force, La (Lamourdieu) 415

Forêt d'Iraty 441, **445**
Forêt de Bercé 297
Forêt de Compiègne 191
Forêt de Paimpont 271
Forêt de Vizzavona 530
Forêt-Fouesnant, La, Hotels 553
Forez 343
Formula 1 (Hotelkette) 539
Fort de Vitry-la-Ferté 205
Fort La Latte 271
Fortunatus 403
Foster, Norman 487
Foucault, Michel 27
Fougères 259, 260, **275**
Hotels 553
Restaurants 592
Fouquet, Nicolas 169
Fox Amphoux, Hotels 573
Foy, hl. 358, 359
Fragonard, Jean-Honoré 98, 518
Denkmal 507
Villa-Musée Fragonard (Grasse) 507
France Télécom 624
Franche-Comté *siehe* Burgund und Franche-Comté
Franchini, Gianfranco 88
Francis, Sam 89
Franck, César 111
François I, König 65, 110
Amboise 291
Château de Chambord 227, 292–93
Château de St-Germain 163
Fontainebleau 170, 171
Geburtsort 409
Höfisches Leben 283
Le Havre 252
Musée du Louvre 96
Renaissance 50–51
Salamanderemblem 232, 292, 294, 423
François II, König 50, 65
Grab 280
Orléans 302
Franken 44
Frankreich unter Napoléon 56–57
Französische Alpen *siehe* Rhône-Tal und französische Alpen
Französische Fremdenverkehrsämter 539, 617
Frau mit Sonnenschirm (Boudin) 252
Frauenbildnis, Das (Modigliani) 129
Freiheitsflamme (Paris) 73
Freiheitsstatue (Paris) 72
Fréjus 507
Fremdenverkehrsämter **616**, 617
Frevent, Hotels 545
Friedrich Barbarossa, Kaiser 47
Friedrich von Hohenstaufen, Kaiser 218
Froissart, Jean 48
Froment, Nicolas 501
Froment-Leroyer 139
Fronde, La 52
Frühling in Barbizon (Millet) 171
Frühling in Frankreich 32–33
Frühstück 21
Frühstück im Freien (Manet) 117
FUAJ (Fédération Unie des Auberges de Jeunesse) 539
Fünf-Nationen-Turnier (Rugby, Paris) 32
Funiculaire, Montmartre (Paris) 129
Futurismus 89

G

Futuroscope (Poitiers) 403

G

Gabriel, Jacques-Ange 94, 108, 191
Gacé, Hotels 551
Gachet, Paul 117
Gainsbourg, Serge 135
Galerie Nationale du Jeu de Paume
   (Paris) 94
Galerie Nationale de la Tapisserie
   (Beauvais) 190-1
Galerie Vivienne (Paris) 93
Galerien *siehe* Museen und Galerien
Galeries Lafayette 139
Gallé, Emile 214
Gallien 41, **42–43**, 467
Galliera, Duchesse Maria de Ferrari 106
Gallische Kriege 42
Gambetta, Léon 429
Garbo, Greta 515, 519
Garde Freinet, La, Restaurants 611
Garnier, Charles
   Casino (Monaco) 520
   Musée des Automates et Poupées
    d'Autrefois (Monaco) 521
   Opéra de Paris 59, **93**
Gärten *siehe* Parks und Gärten
Gascogne *siehe* Périgord, Quercy
   und Gascogne
Gau, Franz Christian 111
Gauguin, Paul 117, **265**, 462
   Der gelbe Christus 265
   Maison de Marie Henry (Le
    Pouldu) 265
Gaulle, Charles de 62
   Colombey-les-Deux-Eglises 207
   Palais de l'Elysée (Paris) 104
   Zweiter Weltkrieg 61, 110
Gaultier, Jean-Paul 139
Gaumont Gobelins (Paris) 143
Gavarnie 449
   Hotels 569
Gavrinis 271
Gavrinis-Grabhügel 269
Gazette, La 52
gelbe Christus, Der (Gauguin) 265
Geld 620–21
   Banken 620
   Euroschecks 620
   Reiseschecks 618, **620**
   siehe auch Kreditkarten
Geldautomaten 620
Gendarmerie nationale 618
Genet, Jean 27
Geneviève, hl. 121
   Denkmal 123
   Schrein 119
Genf, Flughafen 632–33
Genfer See *siehe* Lac Léman
Gennes, Hotels 555
Géode, La (Paris) **132**, 143
Geologie, Massif Central 314–15
Gérard, François 57, 163
Gérardmer 215
   Hotels 549
Géricault, Théodore 57, 128, 255
   Das Floß der Medusa 98
   Grab 131
Germanus, hl. 320–21
Geschichte 39–65
Geschwindigkeitsbegrenzungen 639
Gevrey-Chambertin
   Hotels 559
   Restaurants 597
Giacometti, Alberto 135, 514

Giambono, Michele 487
Gide, André 26
Gien
   Hotels 555
   Restaurants 595
Gigondas, Restaurants 611
Gilduin, Bernard 437
Gillespie, Dizzy 60
Gilot, Françoise 462
Giono, Jean 26
Giotto 98
Girault, Charles 102, 104
Girolata 531
Girondisten 411
Giscard d'Estaing, Valéry 62, 292
Gislebertus, *Die Versuchung Evas* 329
Gisors, Restaurants 590
Gîtes 538
Gîtes d'étapes 539
Gîtes de France 539
Giverny 63, 127, **256**
Glanum 497
Glas
   Musée de Cristal de Baccarat
    (Paris) 127
Glimmerschiefer 315
Gluges, Hotels 567
Godard, Jean-Luc 62, 142
Godeau, Antoine, Bischof von Vence
   513
Goethe, Johann Wolfgang von 27
Gogh, Vincent van 117
   Arles **498**, 499
   Die Kirche von Auvers 25
   Dr. Paul Gachet 117
   St-Rémy-de-Provence 497
   Sonnenblumen 462
Golf 628
Golfe de Porto 525, **531**
Golfe du Lion 477
Golfe du Morbihan 260, **270–71**
Golo, Fluß 530
Gonzaga, Familie 328
Gordes 496
Gorges de Aveyron 433
Gorges de l'Ardèche 375
Gorges de la Bournes 379
Gorges de la Jonte 361
Gorges de la Restonica 530
Gorges du Loup 513
Gorges du Tarn 306, 314, 344
   Karte 360–61
Gorges du Verdon 489, **504–05**, 628
Gosnay, Hotels 545
Goten 497
Gotescalk, Bischof von Le Puy 354
Gotisches Frankreich 46–47
   Architektur 28–29
Guesclin, Bertrand Du 273
Gouffre de Padirac 393, **428**
Goujon, Jean 97
Gould, Frank Jay 511
Gourdon 513
Goya, Francisco José de 188, 430
   Musée Goya (Castres) 434
Goyen, Jan van 188
Gracia Patricia, Fürstin von Monaco
   106, 521
Grand cru, Weinprädikat 311
Grand Hôtel (Cabourg) 551
Grand Hôtel (Sète) 538
Grand Palais (Paris) 104–05
   Detailkarte 102
   Paris per Schiff 73
Grand Prix de Monaco 32

Grand Roc 393
Grand Siècle 52–53
Grand Trianon, Versailles 165
Grand, Alexandre Le 252
Grandcamp-Maisy, Hotels 551
Grande Arche, La (Paris) 18, **126**
Grande Bé 272
Grande Motte, La 464, **485**
Grands Causses 343, **357**
Grands Goulets 379
Granit 314, 315
Granville 241
   Hotels 551
Grasse 507
Greco, Juliette 114
Greene, Graham 463, 516
Gregor VII., Papst 452
Grenade-sur-l'Adour, Hotels 565
Grenoble 363, **378–79**
   Hotels 563
   Jazzfestival 32
   Restaurants 601
Greuze, Jean-Baptiste 475
Grignan 376
Grimaldi, Familie 520
Grimaldi, Henri 512
Gris, Juan 472
Groix, Hotels 553
große Christusmosaik, Das (Merson)
   130
Grotte de Clamouse 483
Grotte de Font de Gaume 424
Grotte de la Madeleine 375
Grotte des Combarelles 424
Grotte des Demoiselles 483
Grotte du Grand Roc 392
Grotte du Perch-Merle 428
Gruissan 469, 477
Grüne Versicherungskarte 638
Grünewald, Matthias
   Isenheimer Altar 217
Guebwiller 216
   Elsässische Route du Vin 222
Guéhenno 267
Guesclin, Bertrand du 273
Guifred, Graf von Cerdagne 471
Guillotine 54, 94
Guimard, Hector 117, 126
Guimet, Emile 107
Guimiliau **266**, 267
Guise, Herzog von 294
Guise, Hotels 546
Guyot, Georges Lucien 106

H

Haguenau, Restaurants 588
Hallines, Restaurants 586
Hannibal 473
Haras du Pin 245
Harden, Sylvia von 89
Hardouin-Mansart, Jules
   Château de Dampierre 168
   Dôme des Invalides (Paris) 111
   Hôtel des Invalides (Paris) 110
   Place Vendôme (Paris) 94
   St-Louis-des-Invalides (Paris) 111
   Versailles 164, 165
Harmonie in Blau (Monet) 257
Harmonie in Blau und Gold (Monet)
   257
Harmonie in Braun (Monet) 257
Harold II., König von England 242
Hasparren, Restaurants 607
Haushaltswaren und Küchengeräte,

TEXTREGISTER

Läden 623
Haussmann, Georges-Eugène 104
  Bois de Boulogne (Paris) 126
  Boulevard St-Germain 115
  Les Egouts 108
  Modernisierung von Paris 57, 91
  Parc des Buttes-Chaumont (Paris) 131
Haut Asco 530
Haute couture 136
Haute cuisine 577
Haut-Brion 388
Haut-Folin 328
Haut-Kœnigsbourg, Château de 175, 209, **218–19**
Haut-Languedoc 467, 468
Haute-Seine 256
Hautecombe, Abbaye d' 380
Hauterives 373
Hauteville, Familie de 240
Haybes-sur-Meuse, *Hotels* 547
Hédé, Restaurants 592
Heem, Jan Davidsz de 355
Heilige Familie, Die (Raphael) 51
heilige Jungfrau beschirmt den Zister-zienserorden, Die (Bellegambe) 323
Heine, Heinrich 130
Héloise 46
Hemingway, Ernest 27, 60, 142, 463
Henri I, König 64
Henri II, König 50, 65
  Château de Chambord 292
  Château de Chenonceau 288
  Château de St-Germain 163
  Fontainebleau 171
  Musée du Louvre 97
Henri III, König 50, 65
  Château d'Angers 232
  Heirat 288
  Mord 51
  Orléans 302
  Pont Neuf 79
Henri IV, König 51, 65, 297, 386
  Belagerung von Cahors 429
  Châlons-sur-Marne 206
  Château de St-Germain 163
  Edikt von Nantes 280
  Geburtsort 439, 448
  Orléans 302
  Place des Vosges 87
  Pont Neuf 79
  Tours 286
Henry II, König von England 295, 388
  Angevinisches Reich 46, 47, 284
  Niort 398
  Poitiers 402, 403
Henry V, König von England 49, 254
Henry VI, König von England 82
Herbeville, Hotels 544
Herbst in Frankreich 34
Hermès 139
Hérouard, Jean 134
Hertz, Autovermietung 641
Hiersac, Hotels 565
Himmelfahrt der Maria Magdalena (Marochetti) 93
Hippodrome de Longchamp 143
Hire for Lower 641
Hitler, Adolf 191
Hittorff, Jacques 102
Höfisches Leben in der Renaissance 283
Höhlen
  Ardèche 375
  Aven Armand 361

Gouffre de Padirac 428
Höhlenwohnungen 282
Lascaux 424
Les Eyzies 424–25
Lourdes 449
Malereien 40, 392, **393**
Südwestfrankreich 392–93
Höhlenmalerei 392, 393
Höhlenwohnungen 282
Holbein, Hans 98
Höllentor, Das (Rodin) 116, 117
Honfleur 237, **252**
  Hotels 551
  Restaurants 590–91
Hospice Comtesse (Lille) 188
Hospitaliers de Saint Jean de Jérusalem 449
Hossegor 414
  Hotels 565
Hôtel Carnavalet (Paris) 87
Hôtel de l'Abbaye (Talloires) 537
Hôtel de Lamoignon (Paris) Detailkarte 84
Hôtel de Sens (Paris) 81
Hôtel de Soubise (Paris) 86
Hôtel de Sully (Paris), Detailkarte 85
Hôtel de Ville (Paris) 85
Hôtel des Cevennes (Pont de Montvert) 571
Hôtel des Invalides (Paris) 110
Hôtel des Monnaies (Paris) 74
Hôtel du Nord (Paris) 131
Hôtel le Peletier (Paris) 87
Hôtel Mercure Parc Micaud (Besançon) 558
Hôtel Rohan-Guéménée (Paris) 87
Hôtel Royal (Evian-les-Bains) 579
Hôtel Salé 86
Hôtel-Dieu (Beaune) 336–37
Hôtel-Dieu (Paris), Detailkarte 79
Hôtel-Restaurant Beau-Site (Garabit) 567
Hotelketten **536–37**, 539
Hotels 536–75
  Ausstattung und Essen 537
  Behinderte Reisende 539
  Bretagne 553–54
  Burgund und Franche-Comté 557–60
  Camping 538
  Champagne 547–48
  Elsaß und Lothringen 549–50
  Ferienwohnungen 538
  Hotelkategorien 537
  Île de France 544–45
  Jugendherbergen 538–39
  Klassische Familienhotels 536
  Languedoc-Roussillon 570–72
  Loire-Tal 554–57
  Massif Central 560–62
  Moderne Hotelketten 536–37
  Norden und Picardie 545–47
  Normandie 550–52
  Paris 540–44
  Périgord, Quercy und Gascogne 566–68
  Poitou und Aquitanien 564–66
  Preise 537
  Privatunterkünfte 538
  Provence und Côte d'Azur 572–74
  Pyrenäen 568–70
  Reservierung 537
  Restaurants mit Übernachtung 537
  Rhône-Tal und französische Alpen 562–64

Schloßhotels 536
Stadthotels 536
Houdon, Jean-Antoine 99
Huelgoat 262
Huet, Gaston 290
Hugenotten 417
Hugo, Victor 111
  Dramen 27
  Geburtsort 340
  Grab 121
  Maison de Victor Hugo 85, **87**
  Romane 26
Hunde in Restaurants 579
Hundertjähriger Krieg 48–49
  Bastiden 435
Hunspach 209
Huxley, Aldous 463
Hyères 504

I

Ibis/Arcade 539
Île aux Moines 270
Île d'Aix 407
Île d'Arz 270
Île d'Ouessant 262
Île de Batz 265
Île de Bréhat 234, 261, **268**
Île de France 160–71
  Hotels 544–45
  Karten 11, 69
  Restaurants 584–85
Île de la Cité (Paris) 76–89
  Detailkarte 78–79
  Paris per Schiff 75
  Restaurants 580
  Stadtteilkarte 77
Île de Levant 505
Île de Noirmoutier 280, 281
Île de Oléron 407
Île de Ré 395, 397, **406**, 407
  Restaurants 603
Île de Sein 263
Île Saint-Honorat 511
Île Saint-Louis (Paris)
  Paris per Schiff 75
  Restaurants 580
Île Sainte-Marguerite 510–11
Île Tristan 263
Îles d'Hyères 504, **505**
Îles de Lérins 510–11
Îles Sanguinaires 532
Impressionismus 58, 237, 462
Indre-Tal 278
Ingres, Jean-Auguste 117, 433
  Musée d'Ingres (Montauban) 433
Inquisition 479
Institut du Monde Arabe (Paris) 135
Institut Musulman (Paris) 135
Interkeltisches Festival (Lorient) 34
Internationale Hundeschlitten-meisterschaft (Chamrousse) 32
Internationale Pariser Messe 32
Internationale Segelwoche (La Rochelle) 33
Internationale Skimeisterschaft (Val d'Isère) 35
Internationales Jazzfestival (Antibes und Juan-les-Pins) 33
Internationales Jazzfestival (Cannes) 35
Internationales Orgelfestival (Chartres) 34
Invalidendom siehe Dôme des Invalides

Invalides (Paris) *siehe* Champs-
  Elysées und Invalides
Ionesco, Eugene 27
Isabella von Portugal 333
Isabelle d'Angoulême 284
Isenheimer Altar (Grünewald) 217
Isigny-sur-Mer, Hotels 551
Islettes, Les 205
Issoire 349

J

Jacob, Max 264
Jagen 34, 619, **629**
Jakobiner 55, 436–37
Jakobs Kampf mit dem Engel
  (Delacroix) 118, 123
Jakobus d. Ä. 390
James, Henry 292
Janmot, Louis, *Fleurs des champs* 371
Jardin des Plantes (Paris), Hotels 543
Jardins *siehe* Parks und Gärten
Jarnac, Restaurants 603
Jaussely, Léon 134
Jawlensky, Alexej, *Médusa* 371
Jazz 60, **141**, 143
Jazz Vienne 33
Jean II, le Bon, König 65, 404
Jeanne d'Arc 48, 49, **290–91**
  Beaugency 295
  Château de Chinon 284
  Gefangennahme 191, 402
  Orléans 302, 303
  Tod auf dem Scheiterhaufen 254
Jeanne d'Albret 444, 448
Jeanne-d'Arc-Festival (Orléans) 32
Jeannin, Pierre 329
Jetée promenade à Nice, La (Dufy) 25
Jeu de Paume *siehe* Galerie National
  du Jeu de Paume
Johannes der Täufer 192
Johns, Jasper 89, 373
Joigny, Hotels 559
Joinville, Restaurants 587
Jonte, Fluß 360
Joseph, Gilbert 139
Josephine, Kaiserin 56, 517, 521
  Château de Malmaison 163
Jospin, Lionel 63
Josselin 271
Joyce, James 27, 118
Juan-les-Pins, Hotels 573
Juden 496
Jugendherbergen 538–39
Jugendherbergswerk 539
Jugendstil 117
  Belle Epoque 58, 59
  Musée d'Orsay (Paris) 117
  Schule von Nancy 214
  29, avenue Rapp (Paris) 108
Julian, Kaiser 43
Juliénas 367
Julimonarchie 56
Julirevolution (1830) 57, 87
Jumièges, Abbaye de 253
*Junge Damen aus dem Dorf überrei-
  chen in einem Tal bei Ornans ei-
  ner Kuhhirtin Almosen* (Courbet) 25
Jungfrau Maria
  Schwarze Madonnen 355
  Wunder von Lourdes 449
Jungfrau Maria mit Kind (Brunet)
  129
Jüngste Gericht, Das (Weyden)
  48–49, 337

Jura
  Ländliche Architektur 30
  Spezialitäten 308
Jurançon, Restaurants 607
JVC Grand Parade du Jazz (Nizza) 33

K

Kaffee 21
Kalkstein **314**, 315, 392
Kalvarienberg 266
Kamisarden 357
Kanaltunnel 62, 63, 187, **632**
Kanalüberquerung **632**, 633
  Geschichte 187
Kandinsky, Wassily 514
  Mit dem schwarzen Bogen 89
Kapetinger 39, 64
Kardec, Allan 131
Karfreitagsprozession 32
Karl der Große, Kaiser **44**, 45, 64
  Reliquienschrein (Conques) 359
  Schlacht am Roncesvalles-Paß 444
Karl I., der Kahle, König 64
Karl III., der Dicke, König 64
Karl III., der Einfältige, König 64
Karlmann 64
Karneval von Limoux 35
Karolinger 44, 45, 64
Karten
  Arles 498–99
  Beaujolais 367
  Bretagne 260–61
  Burgund und Franche-Comté
    318–19
  Caen 244
  Champagne 198–99
  Clermont-Ferrand 351
  Départements 627
  Dijon 330–31
  Elsaß und Lothringen 210–11
  Elsässische Route du Vin 222–23
  Frankreich 10–13
  Frankreich heute 62
  Frankreich, 8000 v. Chr. 40
  Frankreich, 58 v. Chr. 42
  Frankreich im Jahr 751 44
  Frankreich im Jahr 1270 46
  Frankreich im Jahr 1429 48
  Frankreich im Jahr 1527 50
  Frankreich im Jahr 1661 52
  Frankreich im Jahr 1684 39
  Frankreich im Jahr 1789 54
  Frankreich im Jahr 1812 56
  Frankreich im Jahr 1871 58
  Frankreich im Jahr 1919 60
  Gorges du Tarn 360–61
  Gorges du Verdon 504–05
  Grenoble 378
  Île de France 69
  Im Detail: Bordeaux 410–11
  Im Detail: Lyon 368–69
  Korsika 524–25
  Languedoc-Roussillon 468–69
  Loire-Tal 278–79
  Lyon 370–71
  Massif Central 344–45
  Monaco 521
  Montpellier 484
  Nîmes 486–87
  Nizza 517
  Norden und Picardie 184–85
  Nordostfrankreich 174–75
  Normandie 238–39
  Orléans 302
  Parc National des Pyrénées 450–51

Paris 689
Paris und die Ile de France 11
Paris: Champs-Elysées 102–03
Paris: Champs-Elysées und
  Invalides 101
Paris: Île de la Cité 78–79
Paris: Île de la Cité, Marais und
  Beaubourg 77
Paris: Luxembourg 122–23
Paris: Marais 84–85
Paris: Montmartre 128–29
Paris: Opéra 92–93
Paris: Quartier Latin 120–21
Paris: Rive Gauche 113
Paris: Seine 71
Paris: St-Germain-des-Prés 114–15
Paris: Tuileries und Opéra 91
Périgord, Quercy und Gascogne
  418–19
Poitiers 403
Poitou und Aquitaine 396–97
Provence 490–91
Pyrenäen 440–41
Rennes 274
Revolution 54–55
Rhône-Tal und französische Alpen
  364–65
Rouen 254–55
Sarlat 422–23
Schlössertour durch die Sologne
  296–97
Strasbourg 220–21
Straße nach Santiago de
  Compostela 399–91
Straßenkarten 640–41
Südfrankreich 456–57
Südwestfrankreich 384–85
TGV-Zugverbindungen 635
Toulouse 436–37
Tours 287
Weinbaugebiet der Loire 230–31
Weinbaugebiet des Südens 460–61
Weinbaugebiet: Bordelais 388–89
Weinbaugebiet: Burgund 310–11
Weinbaugebiet: Champagne
  178–79
Weinbaugebiete Frankreichs 22
Westeuropa 10–11
Westfrankreich 226–27
Zentralfrankreich und die Alpen
  306–07
Käse
  Cantal 353
  Nordostfrankreich 177
  Westfrankreich 229
  Zentralfrankreich 309
Katalanen 474
Katharer **481**
  Béziers **480**, 481
  Carcassonne **479**, 481
  Minerve **480**, 481
  Montségur 453, 481
Katharina von Medici **50**, 420, 507
  Château d'Amboise 291
  Château de Blois 294
  Château de Chenonceau 288–89
Kathedralen **46–47**
  Agde 477
  Aix-en-Provence 501
  Ajaccio 532
  Albi 434
  Amiens 28, 174, **192–93**
  Angers 281
  Angoulême 28, 409
  Auch 431

TEXTREGISTER

Autun 329
Auxerre **320**, 321
Avignon 493
Bayeux 243
Bayonne 442
Beauvais 28, 29, 174, **190**
Besançon 340
Béziers 480
Blois 295
Bordeaux 412
Bourges 303
Cahors 429
Châlons-sur-Marne 197, **206**
Chartres 109, **298–301**
Clermont-Ferrand 350–51
Condom 430
Conques 306
Coutances **240**, 241
Dax 415
Dijon 332
Elne 473
Fréjus 507
Grasse 507
Langres 207
Laon 29, **195**
Le Mans 281
Le Puy-en-Velay 28, **355**
Lyon 368
Mariana 533
Marseille 502
Metz 213
Montauban 433
Moulins 347
Nantes 280
Narbonne 476
Nevers 29, **328**
Nizza 517
Nîmes 486
Notre-Dame (Paris) 69, 75, 79, 82–83
Noyon 191
Orléans **302**, 303
Périgueux 421
Perpignan 474–75
Poitiers 402–03
Quimper 264
Reims 28, 200, 202–03
Rennes 274
Rodez 356
Rouen 254
Santiago de Compostela 390
Sarlat 423
Senlis 194
Sens 320
St-Alexandre-Nevsky (Paris) 127
St-Bertrand-de-Comminges 452
St-Etienne 28
St-Florent 527
St-Lizier 452–53
St-Malo 272
St-Omer 187
Strasbourg 220
Toul 212
Tours 287
Tréguier 268
Troyes 206
Vaison-la-Romaine 492
Valence 374
Vannes 270
Vence 513
Verdun 212
Vienne 372
Vitré 275
Kathedralenfest der Picardie 34
Kaufhäuser **137**, 622
Kenzo 137, 139

Kinder
  in Restaurants 579
  La Villette (Paris) 133
  Pariser Läden **138**, 139
Kino
  Cinémathèque Française (Paris) 106
  Filmfestival von Cannes 510
  Musée du Cinema Henri Langlois (Paris) 106
  Paris **142**, 143
Kirche von Auvers, Die (van Gogh) 25
Kirche von Saint-Bernard im Sommer, Die (Utrillo) 25
Kirchen
  Fachwerkkirchen (Champagne) 205
  Öffnungszeiten 616
  Umwehrte Pfarrhöfe 266–67
  siehe auch Kathedralen; Religion *und unter den jeweiligen Orten und Städten*
Kleidung
  Bretonische Trachten 233
  Damenmode 63, **136**, 139
  Herrenmode **137**, 139
  Läden 623
  Musée de la Mode et du Costume Palais Galliera (Paris) 106
  Restaurants 579
  Umrechnungstabelle 623
Kleidung in Restaurants 579
Klein, Yves 463, 516
Kleiner Gelber Zug 470
Klima 36–37
Klimt, Gustav 221
Klippen bei Etretat nach einem Sturm (Courbet) 24
Klippen, Bretagne 235
Klöster 44–45
Kolumban, hl. 44
Kolumbus, Christoph 527
Kommunalverwaltung 626–27
Kommunikation 624–26
Kommunistische Partei 17, 60
Könige 64–65
Konstantin, Kaiser 43
Konzerte, Paris **140–41**, 143
Korsika 522–33
  Départements 627
  Fähren 632
  Hotels 575
  Karte 13
  Küche 458
  Klima 37
  Restaurants 613
  Überblick 524–25
Kreditkarten 620
  in Hotels 537
  in Restaurants 578–79
Kreuzzüge 45, 47
Kriminalität 618
Kristallisierte Lava 315
Kubismus 88, 89, 106, 463
Küchengeräte, Läden 623
Kunst
  Läden **137**, 139
  Prähistorische 40
  Südfrankreich 462–63

L

L'Aigle, Hotels 550
L'Alpe d'Huez 377
L'Auberge Provençale (Antibes) 572
L'Epine 205
  Restaurants 587

L'établissement Poilâne 139
L'Excelsior (Restaurant, Nancy) 577
L'Île Rousse 527
  Hotels 575
  Restaurants 613
L'Isle, Bertrand de, Bischof von Comminges 452
La Bégude-de-Mazenc 376
La Bohalle
  Hotels 554
  Restaurants 595
La Bourboule 343, **352**
La Bravade (St-Tropez) 33
La Chaise-Dieu 354
La Chambre Nationale de la Grande Remise 641
La Chapelle-en-Vercors, Hotels 562
La Chartre-sur-le-Loir 297
  Hotels 555
La Cigale (Brasserie, Nantes) 576
La Cigale (Paris) 143
La Clayette 338
La Coupole (Paris) 135
La Cour aux Antiquaires 139
La Couvertoirade 357
La Défense (Paris) 62–63, **126**
La Fage 393
La Ferté Macé, Restaurants 591
La Ferté-Loupière 320
La Flèche 297
La Locomotive (Paris) 141, 143
La Malène 361
La Martyre 267
La Mouthe 393
La Palud-sur-Verdon 505
La Plagne 312
La Puisaye 320
La Roche-Maurice 267
La Rochelle 384, 395, **406**
  Hotels 565
  Restaurants 603
La Roque-Gageac 417
La Sorbonne (Paris) 119
La Tour d'Argent (Restaurant, Paris) 578
La Tour d'Auvergne, Henri de 353
La Turbie 42–43, 519
La Villette (Paris) 132–33
Lac et Forêt d'Orient 207
Lac Léman 363, **381**
Lacanau-Océan 414
Lacave 393
  Hotels 567
Lacoste 497
Lacroix, Christian 63, 139
Läden 622–23
  Bezahlen und Steuer 136
  Bücher, Zeitungen und Zeitschriften **138**, 139
  Damenmode **136–37**, 139
  Essen und Trinken **138**, 139
  Fachgeschäfte 622
  für Kinder **138**, 139
  Größere Geschäfte 622
  Haushaltswaren und Küchengeräte 623
  Herrenmode **137**, 139
  Kaufhäuser 137
  Kleidung 623
  Kunst und Antiquitäten **137**, 139
  Märkte 622–23
  Öffnungszeiten 136, 622
  Paris 136–39
  Regionale Produkte 623
  Wein 623

Lafaille, Clément 406
Lagerfeld, Karl 136, 139
Laguiole
  Hotels 560
  Restaurants 600
Laiterie 622
Lalique, René 58, 117
Laloux, Victor 116
Lamalou-les-Bains 483
Lamartine, Alphonse de 27, 338, 380
Lamastre, Hotels 563
Lamballe, Hotels 553
Lamourdieu, Raoul, *La Force* 415
Lampaul-Guimiliau **266**, 267
Lancaster, Burt 515
Landelles, Charles, *La République*
  39
Landes 396, **415**
  Ländliche Architektur 30
  Ländliche Architektur 30–31
Landschaft bei Collioure (Matisse) 25
Langeais, Château de 285
Langhäuser 31
Langlois, Henri 106
Langon, Restaurants 603
Langres 207
  Hotels 547
  Restaurants 587
Languedoc-Roussillon 460, **466–87**
  Départements 627
  Hotels 570–72
  Klima 37
  Restaurants 608–10
  Schriftsteller 463
  Spezialitäten 458
  Strände 464
  Überblick 468–69
Lanvin, Jeanne 95, 139
Laon 183, **195**
  Hotels 546
  Kathedrale 29, 195
Lapalisse, Château de 348
Laprade, Albert 134
Laqueville, Hotels 560
Laroche, Guy 139
Larressingle 430
Lascaux 40, 41, **392–93**
Lascaux II 393, **424**
Lasserre (Restaurant, Paris)
  Detailkarte 102
Latour-de-Carol 470
Laufende Frauen am Strand
  (Picasso) 463
Laugerie Basse 41
Laurencin, Marie 512
Laurens, J. P., *Les Emmurés de
  Carcassonne* 479
Lautenbach 216
Lauzerte 435
Lava, kristallisierte 315
Laval, Pierre 61
Lavardin 296
Lavasina 526
Lavendelparade (Digne) 34
Lavier, Bertrand 487
Lavirotte, Jules 108
Lawrence, D. H. 463
Lazarus 502
Le Bono 270
Le Bourg d'Oisans 377
Le Breton, Gilles 171
Le Brun, Charles
  Château de Vaux-le-Vicomte 169
  »Maibilder« 83
  Musée Carnavalet,

Deckengemälde 87
  Versailles 166, 167
Le Conquet, Restaurants 592
Le Corbusier 126, 519
  Chapelle Notre-Dame-du-Haut
    (Ronchamp) 341
  Cité Radieuse (Marseille) 502
  Fondation Le Corbusier 126
Le Grand Rex (Kino, Paris) 142, 143
Le Havre 252
Le Lude 297
Le Mans 277, **281**
  Hotels 556
  Restaurants 595
  24-Stunden-Rennen 33
Le Mesuil-sur-Oger, Restaurants 587
Le Moiturier, Antoine, *Grabmal des
  Philippe Pot* 98
Le Nôtre, André **169**
  Avenue des Champs-Élysées 104
  Castres 434
  Chantilly 194
  Château de Cordès 352
  Château de Dampierre 168
  Château de Gourdon 513
  Château de Sceaux 168
  Château de St-Germain 163
  Château de Vaux-le-Vicomte 169
  Grab 95
  Jardin des Tuileries 95
  Versailles 164, 165
Le Petit Journal St-Michel (Paris) 143
Le Poët Laval 365, 376
  Hotels 563
Le Pouldu 265
Le Puy-en-Velay 28, 343, **354–55**
  Geologie 314
  Pilger 391
Le Revard 380
Le Sueur, Eustache, »Maibilder« 83
Le Touquet 183, **186**
  Hotels 546
Le Vau, Louis
  Château de Vaux-le-Vicomte 169
  Musée du Louvre 97
  St-Louis-en-l'Île (Paris) 81
  Versailles 164, 167
Le Vigan, Restaurants 609
Ledoux, Claude Nicolas 340
Legentil, Alexandre 130
Léger, Fernand
  Colombe d'Or, Wandgemälde 514
  La Création du monde 60-61
  Musée Léger (Biot) 512
Légion d'Honneur 56
Lemercier, Jacques 95
Lemordant, J. J. 264
Lempicka, Lolita 139
Lenin 142
Lentilles 205
Leo IX., Papst 217
Leonardo da Vinci 442
  Chapelle St-Hubert 291
  Château de
    Chambord 292–93
  Mona Lisa 98
  Renaissance 50, 51
Les Arcs 312
Les Arcs-sur-Argens, Hotels 573
Les Bains (Paris) 143
Les Baux-de-Provence 497
  Hotels 573
  Restaurants 611
Les Bouquinistes (Paris) 71

Leszczynski, Stanislaus,
  Herzog von Lothringen, König
  von Polen 214, 292
Les Combarelles 393
Les Deux Magots (Café, Paris)
  Detailkarte 114
Les Éditions La Route Robert 617
Les Égouts (Paris) 108
Les Eyzies 393, 417, **424–25**
  Hotels 567
  Restaurants 605
Les Galeries (Paris) 93
Les Halles (Paris)
  Hotels 540
  Restaurants 580
Les Invalides (Paris) 110
Les Ménuires 312
Les Roches-de-Condrieu, Hotels 563
Les Roches-l'Evêque 296
Les Sables d'Olonne 280
Les Trois Glorieuses (Beaune) 34
Les Trois Vallées 312
Lesbahy, Philippa 232, 286
Lesende Frau (Picasso) 86
Lesseps, Ferdinand de 58
Lévignacq 415
Levignes-Bastille 139
Lido (Paris) 143
Liégeard, Stephen 462
Lille 183, **188**
  Flughafen 632–33
  Restaurants 586
  Straßenzustandsbericht 641
Limbourg, Paul und Jean de 49
Limoges 346
  Restaurants 600
Limousin 314, 343
  Wallfahrten und Monstranzenzüge
    349
Linkes Seine-Ufer *siehe* Rive Gauche
Lisieux 245
  Hotels 552
Liszt, Franz 86
Livardois 343
Loches 290
  Hotels 556
Lochnager, Minenkrater 180
Locronan 263
Logis de France 536
Loir 296–97
Loire-Tal 277–303
  Départements 627
  Hotels 554–57
  Klima 36
  Restaurants 593–96
  Schlösser 232
  Spezialitäten 228–29
  Überblick 278–79
  Weine 230–31
Loiseau, Bernard 328
Longeau, Restaurants 586
Longpont, Hotels 546
Loren, Sophia 515
Lorient, Restaurants 592
Lorrain, Claude
  Denkmal 214
Lot-Tal 356, **428–29**
  Ländliche Architektur 30
Lothringen *siehe* Elsaß und
  Lothringen
Loti, Pierre, Maison de (Rochfort)
  407
Louis I von Anjou 282
Louis VI, le Gros, König 64, 163

Louis VII., König 47, 64
  Auflösung der Ehe 295
  Fontainebleau 170
Louis VIII., König 65
Louis IX., König (St Louis) 47, 65
  Abbaye de Royaumont 162
  Carcassonne 478
  Château d'Angers 232
  Denkmal 81
  Heirat 320
  Sainte-Chapelle (Paris) 80
  Schwarze Madonna 355
Louis X., König 65
Louis XI., König 65
  Aigues-Mortes 485
  Amboise 291
  Château de Langeais 285
  Eglise St-Eutrope (Saintes) 408
  Tours 286
Louis XII., König 65
  Château de Blois 294
  Grab 163
Louis XIII., König 52, 65
  Fontainebleau 171
  Heirat 53
  Les Baux-de-Provence 497
  Place des Vosges 87
  Versailles 164
Louis XIV., König 65, 93
  Cathédrale Notre-Dame
    (Montauban) 433
  Château de Chambord 292–93
  Château de St-Germain 163
  Comédie Française 95
  Denkmal 84, 370
  Dôme des Invalides (Paris) 110,
    111
  Franche-Comté 317
  Grand Siècle 52–53
  Heirat 442–43
  Hôtel des Invalides (Paris) 110
  Kamisarden 357
  Marie Mancini 407
  Neuf-Brisach 217
  Palais Royal (Paris) 95
  St-Roch (Paris) 95
  Tod 54
  Val-de-Grâce (Paris) 123
  Versailles 164–67
Louis XV., König 54, 65, 195
  Denkmal 214
  Ecole Militaire 108
  Korsika 523
  Kronjuwelen 99
  Panthéon (Paris) 121
  Sèvres-Porzellan 168
  Versailles 164, 165, 167
Louis XVI., König 65, 93
  Château de Compiègne 191
  Château de Rambouillet 168
  Denkmal 162
  Hinrichtung 54, 94, 167
Louis XVIII., König 65
  Jardin du Luxembourg (Paris) 122
  Versailles 165
Louis, Victor 412
Louis-Philippe, König 57, 65
  Obelisk (Paris) 94
  Versailles 167
Louise de Lorraine 288, 289
Lourdes 34, 439, **448–49**
Lourmarin, Restaurants 611
Louviers, Restaurants 591
Louvre, Musée du (Paris) *siehe* Musée
  du Louvre

Lowe, Hudson 532
Loyettes, Restaurants 597
Lozari 527
Lozère 343
Lubéron 496–97
Ludwig I., der Fromme, König 64
Ludwig II., der Stammler, König 64
Ludwig III., König 64
Ludwig IV., der Überseeische, König
  64
Ludwig V., König 64
Luftwaffe 122, 123
Lugdunum 368
Lully, Jean-Baptiste 52
Lumière, Brüder 59, 92, 340
Lurçat, Jean 346
  Musée Jean Lurçat (Angers) 281
Lutyens, Sir Edwin 180
Luxembourg (Paris)
  Detailkarte 122–23
  Hotels 543
  Kartenteil, Karten 8, 12, 13
  Restaurants 583
Luynes, Hotels 556
Luz-St-Sauveur 449
Lycklama, Baron 510
Lyon 363, **370–71**
  Detailkarte 368–69
  Flughafen 632–33
  Geschichte 42
  Hotels 563
  Musée des Beaux-Arts 370, **371**
  Reiseagenturen 633
  Restaurants 601–02
  Spezialitäten 308–09
  Straßenzustandsbericht 641
Lyoner Schule 371
Lyons-la-Forêt 256
  Restaurants 591

M

Maas 204
Macinaggio 526
Maclou 272
Mâcon 338
  Restaurants 598
Mâconnais 334, 335, 338
Madeleine, La (Paris) 93
  Detailkarte 92
Maeght, Aimé und Marguerite 514
Magesq, Hotels 565
Maginotlinie 197
Magnant, Hotels 548
»Maibilder« (Le Brun und Le Sueur) 83
Maillol, Aristide 474, 475
  Geburtsort 472
Maine 47
Maintenon, Madame de **52**, 165
Mairie 618
Maison bloc 30–31
Maison Carrée (Nîmes) 42
Maison de Radio France (Paris) 72
Maison de Victor Hugo (Paris) 87
  Detailkarte 85
Maison des Arts de Créteil (Paris)
  143
Maison des Gîtes de France 539
Maison haute 30
Maison Rabelais (Chinon) 285
Malataverne, Hotels 563
Mallorca, Könige von 474, 475
Malmaison, Château de 163
Malraux, André 329
Malteserritter 449
Mammouth 622

Mancini, Marie 407
Manet, Edouard, 117, 214
  Frühstück im Freien 117
Manigod, Hotels 563
Mann mit der eisernen Maske 510
Mann mit Gitarre (Braque) 89
Mansart, François 330
  Château de Sceaux 168
  Palais du Tau (Reims) 203
  Val-de-Grâce (Paris) 123
Mansfield, Katherine 463
Mantegna 287
Maquis 531
Marais (Paris) 55, **76–89**
  Detailkarte 84–85
  Hotels 540
  Restaurants 580
Marais Poitevin 281, **398–99**, 400–01
Marat, Jean Paul 79
Marathon, Internationaler (Paris) 33
Marçay, Hotels 556
Marcel, Etienne 48
Marché aux Fleurs et Oiseaux (Paris),
  Detailkarte 78
Marché aux Puces de St-Ouen (Paris)
  130, 139
Marché de la Porte de Vanves (Paris)
  138, 139
Marché St-Germain (Paris) 139
Marcigny-sous-Thil, Restaurants 598
Marcilhac-sur-Célé 429
Marennes 386, 407
Margarete von Österreich, Grab 366
Margarethe von Burgund 321
Margaux
  Hotels 565
  Restaurants 603
Marguerite d'Angoulême 409, 448
Marguerite de Bourbon, Grab 366
Marguerite de Foix, Grab 280
Maria Magdalena, hl.
  Les Stes-Maries-de-la-Mer 500
  Marseille 502
  Reliquien 326, 327
Maria von Médici 52, 123
Mariana (Côte Orientale) 533
Marianne 15
Marie-Antoinette, Königin 518
  Château de Rambouillet 168
  Conciergerie 79
  Gärten von Bagatelle (Paris) 126
  Hinrichtung 55, 94, 167
  Versailles 165
Marie-Louise, Königin 191
Marie-Thérèse, Königin 52, 53, 167,
  442–43
Marivaux, Pierre Carlet de 27
Märkte 622–23
  Paris **138**, 139
  Sarlat 422
Marlenheim, Restaurants 589
Marmande, Restaurants 605
Marmottan, Paul 126
Marmoutier 29, 223
Marochetti, Carlo, *Himmelfahrt der
  Maria Magdalena* 93
Marquay, Hotels 567
Marquet, Albert 462
Marqueze 415
Marseille **502–03**
  Busbahnhof 637
  Flughafen 632–33
  Geschichte 41
  Pest 54
  Restaurants 611–12

Spezialitäten 458
Straßenzustandsbericht 641
Marsy, Balthazar, Bassin de Latone 164
Martell, Karl 44, 402
Martha, hl. 502
Martin, Bischof von Tours 286
Martini, Simone 494
Martyrium des heiligen Triphine, Das (Sérusier) 264
Mary, Königin von Schottland 302, 420
Mas 31
Massif Central 342–61
    Départements 627
    Geologie 314–15
    Hotels 560–62
    Käse 309
    Klima 37
    Restaurants 599–600
    Überblick 344–45
Massif des Maures 505
Matilda, Königin 237
    Abbaye aux Dames (Caen) 243, 244
    Grab 244
Matisse, Henri 462, 514
    Blaue Nackte IV 516
    Chapelle du Rosaire (Vence) 513
    Collioure 473
    Der Tanz 106
    Die Trauer des Königs 88
    Landschaft bei Collioure 25
    Luxe, Calme et Volupté 117
    Musée Matisse (Nizza) 516
Mauberge, Hotels 546
Mauer, Die (Tremblot) 129
Maugham, Somerset 27, 463, 518
Mauléon-Licharre, Hotels 569
Maupassant, Guy de 252
Max Linder Panorama (Paris) 143
MaxMara 139
Mayle, Peter 497
Mazarin, Kardinal 52, 407
Médécin, Jacques 516
Médoc 395
Médusa (Jawlensky) 371
Megalithen 226, 269
Megève 312, 363
    Hotels 563
    Restaurants 602
Mehrwertsteuer 136
Meister aus Cuxa 471
Meister von Moulins 329, 347
Méjean 357
Melchiten 119
Melle 399
Mémez-Meur 262
Ménerbes 497
Ménez-Hom 262
Menhire 268, 269, 532–33
Menier, Familie 289
Menton 519
    Restaurants 611
    Spezialitäten 458
    Strände 464, **465**
    Zitronenfest 35
Mercantour, Parc National du 519
Mercier 201
Mercuès, Hotels 567
Mercure/Altéa 539
Méribel 312
Merimée, Prosper 405
Merowinger 64

Merson, Luc Olivier, *Das große Christusmosaik* 130
Mesnil-St-Pierre, Hotels 548
Mesnil-Val, Hotels 552
Metamorphe Gesteine 315
Metz 209, **213**
    Hotels 589
    Restaurants 589
    Straßenzustandsbericht 641
Meurice (Hotel, Paris) 537
Meursault, Restaurants 598
Meuse 204
Meyronne, Hotels 567
Michelangelo 51, 99
Michelin 351
Mignard, Pierre 123
Milhaud, Darius 61
Millau, Hotels 560
Miller, Henri de 86
Miller, Henry 425
Millet, Aimé 58, 324
Millet, Jean François 240
    Frühling in Barbizon 171
Milly-la-Forêt, Restaurants 584
Mimizan
    Hotels 565
    Restaurants 603
Mimizan-Plage 414
Mineralwasser 578
Minerve 480
    Hotels 571
    Katharer **480**, 481
    Restaurants 609
Minervois 468
Minimalismus 89
Minitel 18, **624**
Mirabeau, Begräbnis 86
Mirepoix 453
Miró, Joan 89, 108, 514
Miserere (Rouault) 325
Mistinguett 61
Mistral, Frédéric 27, 463, 498
Mistral, Wind 489
Mit dem schwarzen Bogen (Kandinsky) 89
Mittagessen 576
Mitterrand, François 17, 63, 632
Mobile auf zwei Ebenen (Calder) 88
Mode *siehe* Kleidung
Moderne Hotelketten **536–37**, 539
Modigliani, Amedeo 94, 515
    Das Frauenbildnis 129
Modistin, Die (Toulouse-Lautrec) 434
Moët et Chandon 201
Moillon, Isaac 336
Moirax 430
Moissac 385, 417, **432–33**
Moles, Arnaud de 431
Molet 104
Molière 27, 52, 482
    Begräbnis 86
    Der Bürger als Edelmann 292
    Grab 131
Molsheim 219
    Elsässische Route du Vin 222
    Hotels 549
Mona Lisa (Leonardo da Vinci) 98
Monaco 520–21
    Grand Prix 32
Monastère de la Grande Chartreuse 379
Monet, Claude 214, 517
    Blaue Seerosen 117
    Das Portal, trübes Wetter 257

Gemälde der Kathedrale von Rouen 255, **257**
    Giverny 63, **256**
    Harmonie in Blau 257
    Harmonie in Blau und Gold 257
    Harmonie in Braun 257
    Palette 462
    Sammlung des Musée Marmottan 126–27
    Seerosen 94
Monflanquin 435
Mont Aigoual 315
Mont Aiguille 379
Mont Auxois 324
Mont Bego 41
Mont Blanc 312
Mont Louis 470
Mont Malgré Tout 204
Mont St-Romain 335
Mont Ventoux 492
Mont-de-Marsan 33, **415**
Mont-St-Michel 226, **246–51**
    Abtei 248–49
    Grundrißplan 249
    Infobox 247
    Restaurants 591
    Zeittafel 246
Montagne de Dun 338
Montagne de Reims 178
Montagne du Lubéron 496–97
Montagne Noir 483
Montagne Ste-Victoire 501
Montaigne 27
Montand, Yves 131, 515
Montauban 433
    Restaurants 605
Montbazon
    Hotels 556
    Restaurants 595
Montbéliard, Schokoladenfest 32
Montbrun, Jacquette de 420
Monte Cinto 530
Monte Stello 526
Monte-Carlo 520–21
    Rallye 35
    Restaurants 612
    Strände 464
Montélimar 376
Montfort, Restaurants 605
Montfort, Simon de 479, 480, 481
Montgolfier, Brüder 55
Monthermé 199, 204
    Hotels 548
Montier-en-Der 198
Montlouis-sur-Loire, Restaurants 595
Montluçon 347
Montmajour, Abbaye de 497
Montmartre (Paris)
    Detailkarte 128–29
    Hotels 544
    Restaurants 584
Montmorency, Anne de 162, 194
Montmorillon 405
Montoire-sur-Loir 296
Montparnasse (Paris) 135
    Hotels 543–44
    Restaurants 583–84
Montpellier 467, **484–85**
    Flughafen 632–33
    Hotels 571
    Restaurants 609
Montpellier-le-Vieux 357
    Chaos de Montpellier-le-Vieux 360
Montpoupon, Hotels 556

Montréal, Restaurants 605
Montrésor 291
Montreuil 186
  Hotels 546
  Restaurants 586
Montreuil-Bellay 282
  Hotels 556
Monts Dômes 343, **352**
Monts Dore 343, **352**
Monts du Cantal 343, 345, **354**
Montsalvy, Restaurants 600
Montségur 440, **453**, 481
Montsoreau 277
Moore, Henry 108
Morbihan, Golfe du *siehe* Golfe du
  Morbihan
Moreau, Gustave, Musée (Paris) 127
Morisot, Berthe 214, 485
Morlaix
  Hotels 553
  Restaurants 592
Morny, Duc de 245
Morrison, Jim 131
Mortagne-au-Perche, Hotels 552
Mortain, Hotels 552
Morvan 317, **328**
Morzine 312
  Hotels 563
  Restaurants 602
Mosesbrunnen (Sluter) 332
Mosquée de Paris 135
Mougins, Restaurants 612
Moulin de Fleurac (Nersac) 409
Moulin de la Galette, Le (Renoir) 116
Moulin Rouge (Paris) **130**, 141, 143
Moulin, Jean 61, 121
Moulin-à-Vent 367
Moulins 347
  Hotels 561
Moulins de Mougins, Le (Mougins)
  578
Moustiers-Ste-Marie 504, 505
Moutier d'Ahun 314, **346–47**
Moutiers 320
Mucha, Alfons 59
Mugler, Thierry 18
Muides-sur-Loire, Hotels 556
Mulhouse 215
  Hotels 549
  Restaurants 589
Münze, Hôtel des Monnaies 74
Münzen 621
Mur-de-Barrez, Hotels 561
Murat, Caroline 104
Murat, Joachim 104
Murat, Restaurants 600
Murato 527
Muscadet 230, 278
Museen und Galerien
  Ancien Collège des Jésuites
    (Reims) 200
  Atelier de Cézanne (Aix-en
    Provence) 501
  Bibliothèque Humaniste (Sélestat)
    219
  Bibliothèque Municipale (St-
    Omer) 187
  Boisserie, La (Colombey-les-Deux-
    Eglises) 207
  CAPC, Le (Bordeaux) 411, 412
  Carré d'Art (Nîmes) 487
  Centre Guillaume-le-Conquérant
    (Bayeux) 243
  Centre National d'Art
    Contemporain (Grenoble) 378

Centre National de la Bande
  Dessinée et de l'Image
  (Angoulême) 409
Charmettes, Les (Chambéry) 380
Château de Caen 244
Cité de la Mer (Dieppe) 253
Clos-Lucé (Amboise) 291
Crypte Archéologique (Paris) 80
Ecomusée d'Ouessant (Niou
  Uhella) 262
Ecomusée de Haut-Alsace
  (Ungersheim) 215
Ecomusée du Pays de Rennes 275
Ecomusée du Pays de Vouvray
  290
Eintrittspreise 616
Espace Montmartre Salvador Dali
  (Paris) 128
Fondation Claude Monet
  (Giverny) 256
Fondation David-Néel (Digne)
  507
Fondation Maeght (St-Paul-de-
  Vence) 514
Futuroscope (Poitiers) 403
Galerie Nationale de la Tapisserie
  (Beauvais) 191
Grand Palais (Paris) 73
Historial de la Grande Guerre
  (Vallée de la Somme) 189
Historial de Touraine (Tours) 287
Hôtel d'Assézat (Toulouse) 437
Hôtel du Petit Louvre (Troyes)
  206
Hôtel Gouin (Tours) 287
Hôtel Sandelin (St-Omer) 187
Maison Bonaparte (Ajaccio) 532
Maison de la Culture (Grenoble)
  378, 379
Maison Jayet (Paray-le-Monial)
  335
Maison de Louis XIV (St-Jean-de-
  Luz) 443
Maison de Marie Henry (Le
  Pouldu) 265
Maison de Pierre Loti (Rochfort)
  407
Maison Jeanne d'Arc (Orléans) 302
Mémorial (Caen) 244
Musée Africain (Ile d'Aix) 407
Musée Alésia (Alise-Ste-Reine) 324
Musée Alsacien (Strasbourg) 221
Musée Américain (Giverny) 256
Musée Animé du Vin (Chinon)
  284, 285
Musée Archéologique (Antibes)
  511
Musée Archéologique (Châtillon-
  sur-Seine) 324
Musée Archéologique (Dijon) 332
Musée Archéologique (Nevers)
  329
Musée Archéologique (Nîmes) 487
Musée Archéologique (St-Romain-
  en-Gal) 373
Musée Automobile de Bretagne
  (Rennes) 275
Musée Basque (Bayonne) 442
Musée Béarnais (Pau) 448
Musée Bigouden (Pont l'Abbé)
  263
Musée Bonnat (Bayonne) 442
Musée Calvet (Avignon) 493
Musée Carnavalet (Paris) 87
  Detailkarte 84

Musée Catalan (Perpignan) 475
Musée Chagall (Nizza) 517
Musée Champollion (Figeac) 429
Musée Château (Dinan) 273
Musée Cocteau (Menton) 519
Musée Colette (St-Sauveur) 320
Musée Cognacq-Jay (Paris)
  Detailkarte 84
Musée Comtadin (Carpentras) 496
Musée Condé (Chantilly) 195
Musée Courbet (Ornans) 341
Musée Crozatier (Le Puy-en-Velay)
  355
Musée d'Aquitaine (Bordeaux) 412
Musée d'Archéologie (Montpellier)
  484, 485
Musée d'Archéologie du Morbihan
  (Vannes) 270
Musée d'Archéologie Egyptienne
  (Marseille) 503
Musée d'Archéologie et de
  Préhistoire (Narbonne) 477
Musée d'Art (Cluny) 335
Musée d'Art (Senlis) 194
Musée d'Art Contemporain
  (Dunkerque) 187
Musée d'Art Contemporain (Lyon)
  371
Musée d'Art Contemporain (Nizza)
  516
Musée d'Art et d'Histoire
  (Auxerre) 321
Musée d'Art et d'Histoire (Belfort)
  341
Musée d'Art et d'Histoire
  (Narbonne) 477
Musée d'Art et d'Histoire
  (Rochfort) 407
Musée d'Art et d'Industrie (St-
  Etienne) 373
Musée d'Art Local et d'Histoire
  Régionale (Amiens) 190
Musée d'Art Moderne (Céret) 472
Musée d'Art Moderne (St-Etienne)
  373
Musée d'Art Moderne (Troyes) 206
Musée d'Art Moderne de la Ville
  de Paris 106
Musée d'Art Naïf Max Fourny
  (Paris), Detailkarte 129
Musée d'Ennery (Paris) 107
Musée d'Histoire de Marseille
  (Marseille) 502
Musée d'Histoire Locale (St-Paul-
  de-Vence) 515
Musée d'Histoire Naturelle
  (Cherbourg) 240
Musée d'Ingres (Montauban) 433
Musée d'Orsay (Paris) 68, 74, 113,
  116–17
Musée d'Unterlinden (Colmar) 217
Musée Dauphinois (Grenoble) 378
Musée David d'Angers (Angers)
  281
Musée de Bretagne (Rennes) 275
Musée de Cluny (Paris) 118–19
  Detailkarte 70
Musée de Cristal de Baccarat
  (Paris) 127
Musée de Grenoble **378**, 379
Musée de l'Abbaye St-Germain
  (Auxerre) 321
Musée de l'Annonciade (St-
  Tropez) 506
Musée de l'Armagnac (Condom)

Museen und Galerien (Fortsetzung) 430
Musée de l'Armée (Paris) 110
Musée de l'Automobile (Le Mans) 281
Musée de l'Automobile (Mulhouse) 215
Musée de l'Avallonnais (Avallon) 325
Musée de l'Ecole de Nancy (Nancy) 214
Musée de l'Ecole Rurale (Trégarven) 262
Musée de l'Homme (Paris) 107
Musée de l'Huître et du Coquillage (Cancale) 273
Musée de l'Ile de France 168
Musée de l'Impression sur Etoffe (Mulhouse) 215
Musée de l'Imprimerie et de la Banque (Lyon) **370**, 371
Musée de l'Œuvre de Notre-Dame (Strasbourg) 220–21
Musée de l'Olivier (Nyons) 376
Musée de l'Opéra (Paris)
Detailkarte 93
Musée de l'Oppidum d'Ensérune 480
Musée de l'Orangerie (Paris) 74, **94**
Musée de l'Ordre de la Libération (Paris) 110
Musée de la Castre (Cannes) 510
Musée de la Cathédrale St-Etienne (Sens) 320
Musée de la Céramique (Rouen) 255
Musée de la Citadelle Militaire (Verdun) 212
Musée de la Civilisation Gallo-Romaine (Lyon) 368
Musée de la Correrie (Chartreuse) 379
Musée de la Corse (Corte) 530
Musée de la Cour d'Or (Metz) 213
Musée de la Coutellerie (Thiers) 349
Musée de la Faïence (Paray-le-Monial) 335
Musée de la Ferme du Cotentin 240
Musée de la Guerre (Calais) 187
Musée de la Libération (Cherbourg) 240
Musée de la Marine (Honfleur) 252
Musée de la Marine (Paris) 107
Musée de la Marine (Rochfort) 407
Musée de la Marine (St-Tropez) 506
Musée de la Marine (Toulon) 503
Musée de la Marine de Seine (Caudebec-en-Caux) 253
Musée de la Marionette (Lyon) 368
Musée de la Mer (Biarritz) 442
Musée de la Mine (Ronchamp) 341
Musée de la Mode et du Costume Palais Galliera (Paris) 106
Musée de la Pêche (Concarneau) 264
Musée de la Redition (Reims) 200
Musée de la Résistance (Grenoble) **378**, 379
Musée de la Résistance (St-Brisson) 328

Musée de la Vénerie (Senlis) 194
Musée de la Ville (Orange) 492
Musée de la Ville de Saverne 223
Musée de Normandie (Caen) 244
Musée de Picardie (Amiens) 190
Musée de Pont-Aven 265
Musée de Préhistoire Corse (Sartène) 533
Musée de Vieux Granville 241
Musée de Vieux Marseille 502
Musée Départemental Breton (Quimper) 264
Musée Départemental de l'Oise (Beauvais) 190–91
Musée des Antiquités Nationales (St-Germain-en-Laye) 163
Musée des Arts Décoratifs (Lyon) 370, 371
Musée des Arts Décoratifs (Paris) 95
Musée des Arts Populaires (Champlitte) 340
Musée des Arts et Traditions Populaires (Champlitte) 340
Musée des Augustins (Toulouse) 437
Musée des Automates et Poupées d'Autrefois (Monaco) 521
Musée des Beaux-Arts (Arras) 189
Musée des Beaux-Arts (Bordeaux) 412
Musée des Beaux-Arts (Caen) 244
Musée des Beaux-Arts (Chartres) 297
Musée des Beaux-Arts (Dijon) 330, 332
Musée des Beaux-Arts (Dunkerque) 187
Musée des Beaux-Arts (Le Havre) 252
Musée des Beaux-Arts (Lille) 188
Musée des Beaux-Arts (Lyon) 370, **371**
Musée des Beaux-Arts (Marseille) 503
Musée des Beaux-Arts (Menton) 519
Musée des Beaux-Arts (Nancy) 214
Musée des Beaux-Arts (Nîmes) 487
Musée des Beaux-Arts (Nizza) 517
Musée des Beaux-Arts (Orléans) 302
Musée des Beaux Arts (Pau) 448
Musée des Beaux Arts (Quimper) 264
Musée des Beaux-Arts (Reims) 200
Musée des Beaux-Arts (Rennes)275
Musée des Beaux-Arts (Rouen) 255
Musée des Beaux-Arts (Tours) 287
Musée des Beaux-Arts (Valence) 374
Musée des Beaux-Arts de la Ville de Paris (Paris) 104
Musée des Beaux-Arts et Archéologie (Vienne) 372
Musée des Beaux-Arts et d'Archéologie (Besançon) 340
Musée des Beaux-Arts et de la Dentelle (Calais) **186**, 187

Musée des Docks Romains (Marseille) 502
Musée des Instruments et des Musiques (Montluçon) 347
Musée des Minéraux et de la Faune (Le Bourg d'Oisans) 377
Musée des Monuments Français (Paris) 106–07
Musée des Musiques Populaires (Montluçon) 347
Musée des Phares et Balises (Phare du Créac'h) 262
Musée des Plans-Reliefs (Paris) 110
Musée des Salorges (Nantes) 280
Musée des Souvenirs Napoléoniens (Monaco) 521
Musée des Tapisseries (Aix-en-Provence) 513
Musée des Troupes Aéroportées (Cotentin) 240
Musée des Ursulines (Mâcon) 338
Musée des Vallées Cévenoles (St-Jean-du-Gard) 357
Musée Despiau-Wlérick (Mont-de-Marsan) 415
Musée du Bitterois (Béziers) 480
Musée du Boule (Cherbourg) 240
Musée du Champignon (Saumur) 282
Musée du Château (Dieppe) 253
Musée du Château (Sedan) 205
Musée du Châtillonnais (Châtillon-sur-Seine) 406
Musée du Cinema Henri Langlois (Paris) 106
Musée du Cloître de Notre-Dame-en-Vaux (Châlons-sur-Marne) 206
Musée du Flacon à Parfum (La Rochelle) 406
Musée du Louvre (Paris) 91, **96–99**
Europäische Malerei 98
Europäische Plastik 98–99
Frankreich Napoléons 56
Glaspyramide 96, 97
Grundrißplan 96–97
Infobox 97
Objets d'art 99
Orientalische, ägyptische, griechische, etruskische und römische Altertümer 99
Paris mit dem Schiff 74
Musée du Montmartre (Paris)
Detailkarte 129
Musée du Nouveau Monde (La Rochelle) 406
Musée du Noyonnais (Noyon) 191
Musée du Périgord (Périgueux) 421
Musée du Préhistoire (Carnac) 268
Musée du Roule (Cherbourg) 240
Musée du Tabac (Bergerac) 424
Musée du Vin de Bourgogne (Beaune) 334
Musée Eugène Boudin (Honfleur) 252
Musée Eugène Delacroix (Paris) 118
Detailkarte 115
Musée Fabre (Montpellier) 484–85
Musée Faure (Aix-les-Bains) 380
Musée Fernand-Léger (Biot) 512
Musée Fesch (Ajaccio) 532
Musée Flaubert (Rouen) 255

Museen und Galerien *(Fortsetzung)*
Musée Français du Chemin de Fer (Mulhouse) 215
Musée Goya (Castres) 434
Musée Granet (Aix-en-Provence) 501
Musée Grévin (Paris) 93
Musée Gustave Moreau (Paris) 127
Musée Henri de Toulouse-Lautrec (Albi) 434
Musée Historique (Mulhouse) 215
Musée Historique (Strasbourg) 221
Musée Historique de la Justice et l'Injustice (Fontaine-de-Vaucluse) 496
Musée Historique de Lyon 368
Musée Historique des Tissus (Lyon) 370, 371
Musée Historique Lorraine (Nancy) 214
Musée Hôtel de Ville (Avranches) 242
Musée Hyacinthe-Rigaud (Perpignan) 475
Musée Internationale de la Parfumerie (Grasse) 507
Musée Jean Calvin (Noyon) 191
Musée Jean Lurçat (Angers) 281
Musée Lapidaire (Avignon) 493
Musée Lapidaire (Carcassonne) 479
Musée Lapidaire (Narbonne) 477
Musée Lapidaire (Vienne) 372
Musée Le Secq des Tournelles (Rouen) 255
Musée Ledoux (Arc-en-Senans) 340
Musée Magnin (Dijon) 331
Musée Marmottan (Paris) 126–27
Musée Masséna (Nizza) 517
Musée Massey (Tarbes) 448
Musée Matisse (Nizza) 516
Musée Mémorial de la Bataille de Normandie (Bayeux) 243
Musée Municipal (Avranches) 242
Musée Municipal (Bergues) 188
Musée Municipal de l'Evêché (Limoges) 346
Musée Municipal des Beaux-Arts (Agen) 430
Musée Municipal Frédéric Blandin (Nevers) 329
Musée Napoléonien (Île d'Aix) 407
Musée National Adrien-Dubouché (Limoges) 346
Musée National d'Art Moderne (Paris) 88–89
Musée National d'Histoire Naturelle (Paris) 134
Musée National de Préhistoire (Les Eyzies) **424**, 425
Musée National des Arts Africains et Océaniens (Paris) 134
Musée National des Arts Asiatiques Guimet (Paris) 107
Musée Notre-Dame (Paris) Detailkarte 79
Musée Picasso (Antibes) 511
Musée Picasso (Paris) 86–87 Detailkarte 84
Musée Picasso (Vallauris) 512
Musée Populaire Comtoise (Besançon) 340
Musée Portuaire (Dunkerque) 187
Musée Pyrénéen (Lourdes) 449
Musée Réattu (Arles) 498
Musée Régional de l'Orléanais

(Beaugency) 295
Musée Régional des Arts et Traditions Populaires (Nancy) 214
Musée Régional du Cidre (Valognes) 240
Musée Rêve et Miniature (Brantôme) 420
Musée Rodin (Paris) 111
Musée Rolin (Autun) 329
Musée Sainte-Croix (Poitiers) 403
Musée St-Denis (Reims) 200
Musée St-Jacques (Béziers) 480
Musée St-Remi (Reims) 201
Musée Stendhal (Grenoble) 378
Musée Thomas-Henry (Cherbourg) 240
Musée Vauban (Neuf-Brisach) 217
Musée Vivant du Cheval (Chantilly) 195
Musée Yves Brayer (Les Baux-de-Provence) 497
Musée Wagon de l'Armistice (Compiègne) 191
Museon Arlaten (Arles) 498
Muséum d'Histoire Naturelle (La Rochelle) 406
Observatoire Pic du Midi de Bigorre 449
Öffnungszeiten 616
Palais Bénédictine (Fécamp) 252–53
Palais de la Découverte (Paris) 102
Palais des Rohan (Strasbourg) 221
Palais Lascaris (Nizza) 516
Pavillon de Vendôme (Aix-en-Provence) 501
Petit Palais (Avignon) 493
Petit Palais (Paris) 73
Pompidou, Centre (Paris) 62, 69, **88–89**
Port-Rhu Musée, La (Douarnenez) 263
Samara 189
Thermes Nationaux (Aix-les-Bains) 380
Tour Eiffel (Paris) 109
Villa-Musée Fragonard (Grasse) 507
Villette, La (Paris) 132–33
Musik
Bretonische Musik 233
Klassik **140–41**, 143
Rock, Jazz und World Music **141**, 143
Tanz **141**, 143
Musik-Blumen-Schau (Epinal) 32
Musset, Alfred de 111

N

Najac, Hotels 561
Nancy 209, **214**
 Hotels 549
 Restaurants 589
Nanterre 63
Nantes 277, 278, **280**
 Flughafen 632–33
 Hotels 556
 Restaurants 595
Nantes, Edikt von (1598) 51, 53, 280
Nantoux, Restaurants 598
Napoléon I, Kaiser 56–57, 65
 Arc de Triomphe (Paris) 103
 Arc de Triomphe du Carrousel (Paris) **95**, 96

 Bett 444
 Château de Compiègne 191
 Château de Malmaison 163
 Château de Pierrefonds 191
 Cimetière du Père Lachaise 131
 Colonne de la Grande Armée (Boulogne) 186
 Denkmal 532
 Ecole Militaire 108
 Fontainebleau 171
 Geburtsort 523, 532
 Grab 73, 111
 Krone 99
 Krönung 82
 La Sorbonne 119
 Musée Napoléonien (Ile d'Aix) 407
 Musée des Souvenirs Napoléoniens (Monaco) 521
 Palais de Justice 80
 Panthéon (Paris) 121
 St-Raphaël 507
 Toulon 503
 Testament 86
Napoléon II 57
Napoléon III, Kaiser **56–57**, 58, 65
 Bois de Boulogne (Paris) 126
 Chapelle Impériale, Ajaccio 532
 Château de Compiègne 191
 Château de Pierrefonds 191
 Deutsch-Französischer Krieg 204
 Galerie National du Jeu de Paume 94
 Musée de Antiquités Nationales (St-Germain-en-Laye) 163
 Musée des Beaux-Arts (Nizza) 517
 Opéra de Paris Garnier 93
 Vichy 348
Narbonne 476–77
 Hotels 571
 Restaurants 609
NATO 61, 62
Natoire, Charles-Joseph 86
Nebbio 527
Nebenbistros 578
Négresco, Le (Hotel, Nizza) 536
Nelson, Lord 527
Neoimpressionismus 24
Neorealismus 89
Nero, Kaiser 81, 506
Nerra, Foulques 285, 291
Neuf-Brisach 216–17
Nevers 29, 328–29
New Morning (Paris) 143
Niederschläge 36–37
Nietzsche, Friedrich 463
Nieuil, Hotels 565
Nijinsky, Waslaw 130
Nike von Samothrake, Die 99
Nikolaus I., Zar 516
Nîmes 467, **486–87**
 Hotels 571
 Restaurants 609
 Spezialitäten 458
Nîmes Feria 33
Nîmes-le-Vieux 357
Niolo 530
Niort 399
 Restaurants 603
Nitry, Restaurants 598
Nizza 460, **516–17**
 Busbahnhof 637
 Cafés 578
 Flughafen 632–33
 Geschichte 57
 Hotels 573

Karneval und Blumenkorso 35
Nouveaux Réalistes 463
Reiseagenturen 633
Restaurants 612
Strände 464, **465**
Nocret, Jean 52
Nogent-sur-Seine, Restaurants 587
Noguchi, Isamu 108
Noir, Victor 131
Noirlac, Abbaye de 303
Noizay, Hotels 556
Nominoë, Herzog der Bretagne 270
Nonant-le-Pin, Restaurants 591
Nontron, Hotels 567
Nonza 526
Norden und Picardie 182–95
Départements 627
Hotels 54–57
Klima 37
Ländliche Architektur 30, 31
Restaurants 585–86
Überblick 184–85
Nordostfrankreich 172–23
Départements 627
Karte 174–75
Schlacht an der Somme 180–81
Spezialitäten 176–77
Weinbaugebiet Champagne 178–79
Normandie 236–57
Départements 627
Geschichte 47
Hotels 550–52
Klima 36
Ländliche Architektur 30
Restaurants 589–91
Spezialitäten 228–29
Überblick 238–39
Normannische Eroberung 45
Nostradamus 497
Notfalldienst 618–19
Notre-Dame (Paris) 69, **82–83**
Architektonische Details 82–83
Detailkarte 79
Paris per Schiff 75
Nouaillé-Maupertuis, Abbaye de 404
Nouveaux Réalistes 463
Nouvel, Jean 135, 370
Nouvelle cuisine 577
Novotel 539
Noyon 183, **191**
Nuits-St-Georges 311, 319, 334
Nyons 376–77

O

Obelisk (Paris) 91, 94
Obernai 219
Elsässische Route du Vin 222
Hotels 549
Observatoire Pic du Midi de Bigorre 449
Odalisque (Pradier) 371
Odeillo 470
Odéon-Théâtre de l'Europe (Paris) 143
Odilo, Abt von Cluny 335
Odo von Paris 64
Odo, Bischof von Bayeux 242, 243
Offenbach, Jacques 130
Öffentliche Toiletten 619
Offices de tourisme 616
Öffnungszeiten 616
Banken 620
Läden 136, 622

Postämter 626
Restaurants 576
Olargues 483
Oletta 523, 527
Oloron-Ste-Marie 445
Hotels 569
Landwirtschaftsausstellung 33
Olympia (Paris) 143
Olympische Spiele 60
Onzain, Hotels 557
Op-Art 496
Opalküste *siehe* Côte d'Opale
Opéra (Paris)
siehe Tuileries und Opéra
Opéra Bastille (Paris) 87, 143
Opéra Comique (Paris) 143
Opéra Garnier (Paris) **58–59**, **93**, 143
Detailkarte 92
Opern, Paris **140**, 143
Oppidum d'Ensérune 480
Oradour-sur-Glane 346
Orange 489, **492**
Orcival 349, **351**
Orient, Lac et Forêt d' 207
Orléans 277, 302
Restaurants 595
Orléans, Herzöge von 54, 95
Orléans, Louis d' 191
Ornans 340–41
Orthez 444
Ossuaire de Douaumont 212
Otard 409
Otero, La Belle 510
Oye-et-Pallet, Hotels 559

P

P&O European Ferries 633
Pablo-Casals-Festival (Prades) 34
Padirac 393
Pagnol, Marcel 463
Paimpol 268
Restaurants 592
Paimpont 271
Palais Abbatial (Paris)
Detailkarte 115
Palais de Chaillot (Paris) 100, **106–07**
Paris per Schiff 72
Palais de Justice (Paris) 80
Detailkarte 78
Palais de l'Elysée (Paris) 104
Palais de l'Industrie (Paris) 102
Palais de la Découverte (Paris)
Detailkarte 102
Palais de la Défense (Paris) 63
Palais de Tokyo (Paris) 72
Palais des Papes (Avignon) 494–95
Palais des Tuileries 94–95
Palais du Luxembourg (Paris) 123
Detailkarte 122
Palais du Tau (Reims) 203
Palais Idéal du Facteur Cheval 373
Palais Omnisports de Paris-Bercy (Paris) 143
Palais Royal (Paris) 54, **95**, 143
Palombaggia 533
Panthéon (Paris) 113, **121**
Paoli, Pasquale 523, 527, 530
Papeterie 622
Päpste von Avignon 494
Paradis Latin (Paris) 143
Paray-le-Monial 335
Parc André Citroën 135
Parc Astérix 195
Parc des Oiseaux (Villars-les-

Dombes) 366
Parc des Princes (Paris) 143
Parc du Golfe (Vannes) 270
Parc National de la Vanoise 313, 377
Parc National des Ecrins 377
Parc National des Pyrénées 440, **450–51**
Parc Naturel Régional de la Montagne de Reims 198
Parc Ornithologique du Teich 414
Parc Régional d'Armorique 259, **262**
Parc Régional de Lorraine 213
Parc Régional de Normandie-Maine 245
Parc Régional du Haut-Languedoc 483
Parc Régional du Queyras 313, 377
Parfüm, Grasse 507
Paris 66–143
Abstecher 124–35
Bahnhöfe 634
Busbahnhof 637
Centre Pompidou 88–89
Champs-Elysées und Invalides 100–11
Départements 627
Detailkarten
Champs-Elysées 102–03
Ile de la Cité 78–79
Luxembourg 122–23
Marais 84–85
Montmartre 128–29
Opéra 92–93
Quartier Latin 120–21
St-Germain-des-Prés 114–15
Flughafen Charles de Gaulle 630
Flughafen Orly 631
Hotels 540–44
Ile de la Cité, Marais und Beaubourg 76–89
Karte 68–69
Klima 36
Läden und Märkte 136–39
Musée du Louvre 96–99
Notre-Dame 82–83
Reiseagenturen 633
Restaurants 580–84
Revolution 54–55
Rive Gauche 112–23
Paris per Schiff 70–75
Straßenzustandsbericht 641
Tuileries und Opéra 90–99
Unterhaltung 140–43
Pariser Jazzfestival 34
Pariser Kommune 58, 120
Parisii, Volksstamm 75, 78, 80
Parken 640
Parks und Gärten
Bagatelle (Paris) 126
Bois de Boulogne (Paris) **126**, 140
Bois de Vincennes 134
Castres 434
Champ-de-Mars (Paris) 108
Château de Chenonceau 288
Château de Cordès 352
Château de Gourdon 513
Château de Malmaison 163
Château de Sceaux 168
Château de Vaux-le-Vicomte 169
Château de Villandry 278, **286**
Fontainebleau 170
Giverny 256
Jardin de la Fontaine (Nîmes) 486–87
Jardin des Plantes (Montpellier) 485

Jardin des Plantes (Paris) 134
Jardin des Tuileries (Paris) 74,
94–95
Jardin du Carrousel (Paris) 96
Jardin du Luxembourg (Paris) 113,
122
Jardin Exotique (Eze) 519
Jardin Exotique (Monaco) 521
Jardin Massey (Tarbes) 448
Jardin Thuret (Cap d'Antibes) 511
Jardins des Champs-Elysées (Paris)
103
Jardins du Trocadéro (Paris) 106
Parc des Buttes-Chaumont (Paris)
131
Parc Emmanuel Liais (Cherbourg)
240
Parc Jouvet (Valence) 374
Parc Monceau (Paris) 127
Parc Montsouris 134
Parc National de la Vanoise 312
Pré Catalan (Paris) 126
Square Jean XXIII (Paris) 79
UNESCO (Paris) 108
Versailles 164–65
Villandry 277
Parkuhren 640
Parthenay 395, **398**
Pas de Peyrol 354
Pas de Souci 360
Pascal, Blaise 27, 85
Grab 119
Passionsspiele 32
Pasteur, Louis 58, 339
Pâtisserie 622
Patrimonio 527
Pau 439, 440, **448**
Hotels 569
Restaurants 607
Pauillac 413
Restaurants 604
Pays Bigouden 259, **263**
Pays d'Auge 237, 238, **245**
Pech-Merle 393
Pei, Ieoh Ming 91, 96, 97
Peille 519
Peillon 519
Hotels 573
Pelota 445
Pelouze, Madame 288, 289
Pénestin, Hotels 553
Pérignon, Dom 178
Périgord, Quercy und Gascogne
416–37
Départements 627
Hotels 566–68
Klima 36
Restaurants 604–06
Spezialitäten 386
Überblick 418–19
Périgueux 418, **421**
Hotels 567
Restaurants 605
Péronne, Hotels 546
Pérouges 366
Hotels 563
Restaurants 602
Perpignan 474–75
Hotels 571
Restaurants 609
Perrault, Charles 285
Perrault, Claude 97
Perret, Auguste 252
Persönliche Sicherheit 618–19
Pest 39, 48, 54

Pétain, Marschall Philippe 59, 61
Pétanque 19
Peter II., König von Aragón 481
Petit Palais (Paris) 104–05
Detailkarte 103
Paris per Schiff 73
Petit Train Jaune, Le 470
Petit Trianon, Versailles 165
Petrarca 27, 492, 494
Museum (Fontaine-de-Vaucluse)
496
Peugeot 58
Peyrepertuse **476**, 481
Peyriac-Minervois, Hotels 571
Pézenas 482
Pfarrhöfe, Umwehrte 266–67
Pferderennen, Chantilly 194
Pflanzen *siehe* Flora; Fauna; Kräuter
Philibert, Herzog von Savoyen 366
Philippe le Bon, Herzog von
Burgund 332, 333
Philipp le Hardi, Herzog von
Burgund 333
Grab 332, 333
Philippe I, König 64
Philippe III, König 65
Philippe IV, le Bel, König 47, 65, 494
Philippe V, König 65
Philippe VI, König 48, 65
Philippe II Auguste, König 46, 47, 65
Musée du Louvre 96, 97
Notre-Dame (Paris) 83
Vernichtung der Katharer 481
Philosophie 27
Phoebus, Gaston 448, 453
Piaf, Edith 61, 141
Grab 131
Piana 531
Hotels 575
Piano, Renzo 88
Pic d'Anie 445, 450
Pic du Midi d'Ossau 450
Picardie *siehe* Norden und Picardie
Picasso, Pablo 108, 472
Die Ziege 511
Laufende Frauen am Strand 463
Lesende Frau 86
Musée Picasso (Antibes) 511
Musée Picasso (Paris) 84, **86–87**
Musée Picasso (Vallauris) 512
Südfrankreich 462, **463**
Vallauris 512
Picaud 390
Picknick 579
Pierre II, Herzog von Bourbon 347
Pierrefonds, Château de 191
Pilger 349, 390–91, 448–49
Pilze 387
Pinarello 533
Pino 526
Pippin III., König 44, 64
Pisanello 98
Pissarro, Camille 127, 252
Place de l'Opéra (Paris)
Detailkarte 93
Place de la Bastille (Paris) 87
Place de la Concorde (Paris) 91, **94**
Place de la Madeleine (Paris)
Detailkarte 92
Place des Vosges (Paris) 87
Detailkarte 85
Place du Tertre (Paris)
Detailkarte 128
Place St-Sulpice (Paris)
Detailkarte 122

Place Vendôme (Paris) 94
Plaisance, Hotels 561
Planetarium, La Villette (Paris) 132
Plantagenet, Geoffroi 284
Plantagenets 284
Plélan-le-Grand, Restaurants 592
Pléven, Hotels 553
Pleyben 267
Plomb du Cantal 354
Plomeur, Restaurants 593
Ploudiry 267
Plougastel-Daoulas 267
Hotels 553
Plounérin, Restaurants 593
Plumaudan, Hotels 554
Poilâne, Lionel 138
Poinchy, Hotels 559
Point Sublime 360, 505
Point Zéro (Paris)
Detailkarte 78
Point Zéro, Strand 485
Pointe du Raz 234, 263
Pointillismus 24
Poitiers 385, 395, **402–03**
Hotels 565
Restaurants 604
Poitiers, Schlacht von (732) 44, 402
Poitiers, Schlacht von (1356) 48, 404
Poitou und Aquitaine 394–415
Départements 627
Geschichte 47
Hotels 564–66
Klima 36
Restaurants 602–04
Überblick 396–97
Poix-de-Picardie, Restaurants 586
Polizei **618**, 619
Pollock, Jackson 88, 89
Pommier 106
Pompadour, Madame de 54
Ecole Militaire 108
Palais de l'Elysée 104
Sèvres-Porzellan 168
Taufe 86
Pompeius 452
Pompidou, Georges 62
Pompon 371
Poncé 297
Poncé-sur-le-Loir 297
Pont Alexandre III (Paris) 71, 101,
105
Detailkarte 103
Paris per Schiff 73
Pont Bir-Hakeim (Paris) 72
Pont d'Arc 374, 375
Pont de l'Artuby 504, 505
Pont de la Concorde (Paris) 74
Pont des Arts (Paris) 74, 77
Pont du Gard 456, 467, **485**
Pont du Guetin 329
Pont du Sully (Paris) 74
Pont Grenelle (Paris) 72
Pont l'Abbé, Restaurants 593
Pont Neuf (Paris) 77, 79
Pont-Audemer, Hotels 552
Pont-Aven 265
Pont-Aven, Schule von 264, 265,
275
Pont-en-Royans 365, 379
Pontaumur, Hotels 561
Pontempeyrat, Hotels 561
Pontivy, Restaurants 593
Pop-Art 89
Porquerolles 504, 505
Port Bacarès 477

Port Leucate 477
Port Vendres 472
  Restaurants 609
Port-Blanc 268
Port-Clos 268
Port-Cros 505
Port-Grimaud 506
Portal, trübes Wetter, Das (Monet)
  257
Porte de la Combe 425
Portes d'Enfer 405
Porticcio, Hotels 575
Porto 531
  Restaurants 613
Porto-Vecchio 533
  Restaurants 613
Porzellan 623
  Limoges 346
  Sèvres 168
Postämter 624
  Postbank 620
Poste restante 626
Postimpressionismus 117
Postleitzahlen 626
Poudénas, Restaurants 605
Pouilly Fumé 231
Pound, Ezra 118
Poussin, Nicolas 214
Prades (Languedoc- Roussillon) 470
  Hotels 571
Prades (Massif Central) 315
Pradier, James 111
  Odalisque 371
Prähistorisches Frankreich **40–41**,
  269
Pré Catalan (Paris) 126
*Predigt des heiligen Dionysius vor
  den Galliern* (Vien) 95
Preminger, Otto 291
Presqu'île de Quiberon 268
Prieuré de Serrabone 471
Primaticcio 171, 324
Privatunterkünfte **538**, 539
Prix de l'Arc de Triomphe (Paris)
  34
Proust, Marcel 26
  *Auf der Suche nach der
  verlorenen Zeit* 59, 245
  Grab 131
  Schlafzimmer im Musée
  Carnavalet 87
Provence und Côte d'Azur 460,
  488–521
  Avantgarde in Frankreich 60
  Départements 627
  Hotels 572–74
  Klima 37
  Ländliche Architektur 31
  Maler und Schriftsteller 462, 463
  Restaurants 610–13
  Spezialitäten 458–59
  Strände 464, 465
  Überblick 90–91
Provins 169
Prozession der Confraternidad de la
  Sanch 474
Puente la Reina 391
Puget, Pierre 99, 502, 503
Puligny-Montrachet 311
  Hotels 548
Putanges-Pont-Ecrepin, Restaurants
  591
Putman, Andrée 95
Puy de Dôme 352
Puy de Sancy 352

Puy Mary 343, 345, 354
Puy-du-Fou (Les Epesses) 33
Puymirol, Restaurants 605
Pyrenäen 391, **438–53**
  Départements 627
  Hotels 568–70
  Klima 36
  Restaurants 606–08
  Überblick 440–41

Q

Quadriga (Récipon) 105
Quai Voltaire (Paris) 115
Quarré les Tombes, Restaurants 598
Quartier Latin (Paris) 113
  Detailkarte 120–21
  Hotels 543
  Kais 71
  Kartenteil, Karten 8, 9, 12, 13
  Restaurants 583
Quarton, Enguerrand 98
Quarts de Chaume 230
Quercy *siehe* Périgord, Quercy und
  Gascogne
Quéribus 476
Quiberon 268
  Hotels 554
  Restaurants 593
Quillan, Hotels 571
Quimper 259, 260, **264**
  Hotels 554
  Restaurants 593

R

R.E.M.P.ART 628, 629
Rabelais, François 26, 50, **285**
  Maison Rabelais (Chinon) 285
  Poitiers, Universität 402
Raboliot, Restaurants 598
Racine, Jean 27, 52
  Grab 119
Radegunde 403
Radio 625
Radio France 72
Raffael 195
  Die Heilige Familie 51
Rainier III, Fürst von Monaco 521
Ramatuelle 506
Rambouillet, Château de 168
  Restaurants 585
Rameau, Jean-Philippe 86
Raspail, François 131
Rauchen in Restaurants 579
Ravaillac, François 79
Ravel, Maurice 443
Ravy, Jean 83
Ray, Man 61
Raymond VII von Toulouse 434
Raysse, Martial 463, 487
Realismus 24
Réattu, Jacques 498
Récamier, Madame 57
Rechtsbeistand 618
Récipon, Quadriga 105
Reculées 339
Région des Lacs 339
Regionen 626–27
Reillane, Hotels 573
Reims 197, **200–01**
  Hotels 548
  Kathedrale 28, 198, **202–03**
  Restaurants 588
Reinach, Théodore 518
Reiseagenturen 633
Reisen 630–41

Bretagne 261
Burgund und Franche-Comté 319
Busse 637
Elsaß und Lothringen 211
Fahrradfahren 637
Flugreisen **630–32**, 633
Korsika 525
Languedoc-Roussillon 469
Loire-Tal 279
Massif Central 344
Normandie 239
Périgord, Quercy und Gascogne 418
Poitou und Aquitaine 396
Provence 491
Pyrenäen 440
Rhône-Tal und französische Alpen
  365
Seine-Fahrten 74, 75
Taxis 637
TGV 15, **63**, 635
Versicherung 618
Züge **634–36**, 637
Reiseschecks 618, **620**
Reisfeldt 109
Reiten 628
  Internationale Meisterschaft 32
Religion
  Prozession der Confraternidad de
  la Sanch 474
  Schwarze Madonnen 355
  Straße nach Santiago de
  Compostela 390–91
  Umwehrte Pfarrhöfe 266–67
  Wallfahrten und Monstranzenzüge
  349, 426–27
  Wunder von Lourdes 449
  siehe auch Kirchen
Religionskriege 50, 51
Rembrandt 98, 442
Remiremont, Hotels 549
Renaissance 39, **50–51**, 283
Renaud-Barrault, Compagnie 102
Renault 58
René le Bon 282, 501
Rennes 261, **274–75**
  Restaurants 593
  Straßenzustand 641
Rennpferde 194
Renoir, Auguste 462
  Das Bauernhaus in Les Colettes
  513
  Junge Mädchen am Klavier 94
  Le Moulin de la Galette **116**, 117
  Maison Les Colettes (Cagnes-sur-
  Mer) 512–13
Renoir, Jean 60
République, La (Landelles) 39
Reservierung 537
Résistance 61, 73, 496
Restaurants 576–613
  Aquitaine 602–04
  Bedienung und Trinkgeld 579
  Bezahlen 578–79
  Bistros 577
  Brasserien 577
  Bretagne 592–93
  Burgund 596–99
  Cafés 577
  Champagne 587–88
  Elsaß 588–89
  Eßgewohnheiten 576
  Fast-food 578
  Ferme-auberges 577
  Haustiere 579
  Ile de France 584–85

TEXTREGISTER

Kleidung 579
Korsika 613
Languedoc 608–10
Loire-Tal 593–96
Massif Central 599–600
mit Kindern 579
Nebenbistros 578
Norden und Picardie 585–86
Normandie 589–91
Öffnungszeiten 576
Paris 580–84
Périgord, Quercy und Gascogne 604–06
Provence und Côte d'Azur 610–13
Pyrenäen 606–08
Rauchen 579
Reservierungen 578
Restaurants mit Übernachtung 537
Rhône-Tal und französische Alpen 600–02
Rollstuhlfahrer 579
Speisekarte und Bestellung 578
Spezialitäten 576
Vegetarisches Essen 579
Wasser 578
Weine in Restaurants 578
Rethel 198
    Hotels 548
Retjons, Hotels 565
Reuilly-Sauvigny, Hotels 546
Revin 204
Revolution (1789) 39, **54–55**
    Bastille 87
    Tour Eiffel 109
Revolutionskalender 55
Rhône 370, 373
Rhône-Tal und französische Alpen 362–81
    Alpen 312–13, 640
    Départements 627
    Hotels 562–64
    Käse 309
    Klima 37
    Ländliche Architektur 30
    Restaurants 600–02
    Überblick 364–65
Ribeauville 218
    Elsässische Route du Vin 222
    Hotels 549
Ribérac, Hotels 567
Ricci, Nina 139
Richard I, Herzog der Normandie 246
Richard the Lionheart 47, 254
    Château Gaillard 256
    Chinon 284–85
    Niort 399
    Poitiers 402
Richelieu, Kardinal 52
    Brouage 407
    Palais Royal (Paris) 95
    Taufe 86
    Zerstörung von La Rochelle 406
Riemenschneider, Tilman 98
Rigaud, Hyacinthe 167
    Musée Hyacinthe-Rigaud (Perpignan) 475
Rimbaud, Arthur 27, 204
    Musée Rimbaud (Charleville-Mézières) 204
Riom 351
Riquet, Paul 476
    Denkmal 480
Riquewihr 211, 218
    Elsässische Route du Vin 222
    Restaurants 589

Rittertum 46
Ritz, César 94
Rive Gauche (Paris) 71, **112–23**
    Detailkarte 114–15, 120–23
    Kartenteil, Karten 7, 8, 9, 12, 13
    Stadtteilkarte 113
Rivesaltes 460
Riviera *siehe* Provence und Côte d'Azur
Roanne
    Hotels 561
    Restaurants 602
Robbe-Grillet, Alain 26
Robbia, Luca Della 285
Robert II., der Fromme, König 64
Robert, Hubert 374
Robespierre, Maximilien de 55, 94, 189
    Terrorregime 411
Rocamadour 385, 417, **426–27**
    Hotels 568
Roche de Solutré 317, 338
Roche Sanadoire 352
Roche Tuilière 352
Roche, Raoul La 126
Rochecorbon, Hotels 557
Rochefort 395, **406–07**
Rockmusik, Paris **141**, 143
Rocroi 197, **204**
Rodez 356
    Restaurants 600
Rodin, Auguste 206, 380
    Büste von Victor Hugo 87
    Das Höllentor 116, 117
    Denkmal von Claude Lorrain 214
    Der Denker 111
    Die Bürger von Calais 186–87
    Musée Rodin (Paris) 111
Rogers, Richard 88
Rohan, Familie 271
Rohan, Princesse de 86
›Roi de l'Oiseau‹ (Le Puy) 34
Roissy-Charles-de-Gaulle, Hotels 544
Rolandslied 46, 444
Rolin, Nicolas 336
Rollstuhl *siehe* Behinderte Reisende
Rom, Vertrag von (1957) 61
Romane 26
Romanische Architektur 28–29
Römisches Gallien 42–43
    Arles 499
    Fréjus 507
    La Turbie 519
    Languedoc-Roussillon 467
    Lyon 368
    Nîmes 486–87
    Nizza 516
    Oppidum d'Ensérune 480
    Pont du Gard 485
    St-Romain-en-Gal 372–73
    Vaison-la-Romaine 492
    Vienne 372
Romorantin-Lanthenay, Hotels 557
Roncesvalles 391
Ronchamp 341
Ronde bretonne, La (Bernard) 24
Rondelet, Guillaume 121
Ronsard, Pierre de 27
Roquebrune-Cap-Martin 489, 519
Roquefort-sur-Soulzon 357
Roquesaltes 357
Roscoff 265
    Hotels 554
Rosenausstellung (Paris) 33
Rosse von Marly (Coustou) 99

Rosso Fiorentino 171
Rothschild, Hélène de 106
Rotwein 23
Rouault, Georges 506
    Miserere 325
Rouen 237, **254–55**
    Hotels 552
    Monets Gemälde der Kathedrale 255, 257
    Restaurants 591
Rouffignac 393, 425
Rousseau, Henri ›Douanier‹ 117, 513
    Das Wägelchen des Père Juniet 94
    Die Hochzeit 94
Rousseau, Jean-Jacques 27, 55
    Grab 121
    Les Charmettes (Chambéry) 380
Rousseau, Théodore 171
    Sonnenuntergang, Auvergne 24
Roussillon 497
    Hotels 573
    siehe auch Languedoc-Roussillon
Route de Combe-Laval 379
Route du Vin (Elsaß) 209, **222–23**
Route Panoramique 374
Routes des Crêtes **214**, 215
Royan 408
    Hotels 565
    Restaurants 604
Royat, Restaurants 600
Royaumont, Abbaye de 162
Roye, Restaurants 586
Royer, Jean 287
Rubens, Peter Paul 448, 507
Rude, François 332
Rue de Buci (Paris) 139
    Detailkarte 115
Rue de Seine (Paris) 139
Rue des Rosiers (Paris)
    Detailkarte 84
Rue La Fontaine (Paris) 126
Rue Lepic (Paris) 139
Rue Mouffetard (Paris) 134
Rue Poncelet (Paris) 139
Rue St-Jacques (Paris) 120
Rue St-Tulque (Paris) 125
Rueil-Malmaison, Restaurants 585
Russisch-orthodoxe Kirche 127, 517
Ruysdael, Jacob van 302
Ruysdael, Salomon 355

S

Sabres, Hotels 565
Sachsen, Moritz von 292
Saché, Restaurants 595
Sacré-Cœur (Paris) 125, **130**
    Detailkarte 129
Sade, Marquis de 497
Sagan, Françoise 463
Saignon, Hotels 573
Saillagouse, Restaurants 609
Saint-Claud, Hotels 565
Saint-Lattier, Hotels 564
Saint-Laurent, Yves 113, 139
Saint-Lô, Hotels 552
Saint-Phalle, Niki de 463, 516
Sainte-Chapelle (Paris) 80–81
    Detailkarte 78
Sainte-Clothilde (Paris) 111
Sainte-Croix, Lac de 504
Sainte-Magnance, Restaurants 598
Saintes 395, 408
    Restaurants 604
Salers 314, 353

Hotels 561
Salle Gaveau (Paris) 143
Salle Pleyel (Paris) 143
Salon de Mars (Paris) 32
Salon-de-Provence, Hotels 574
Salons du thé 578
Salses 475
Salz, Camargue 501
Samaritaine, La 137, 139
Sambin, Hugues 330, 332
SAMU 618
San-Stefano-Paß 527
Sand, George 26, 118
Sangatte, Restaurants 586
Santenay 317
Santiago de Compostela 326, 395
    Pilgerreise 390–91
Santo Petro de Tenda 527
Saône, Fluß 317, 370
Sapeurs Pompiers 619
Sare 443
    Hotels 570
Sarlat 422–23
    Hotels 568
Sars-Poteries, Restaurants 586
Sartène 533
    Hotels 575
    Restaurants 613
Sartre, Jean Paul 27, 61, 515
    Cafés 142
    Grab 135
    St-Germain-des-Prés 114
    Studentenunruhen, Mai 1968 63
Saulieu 328
    Hotels 559
    Restaurants 598–99
Saumur 277, **282**
    Château de 282
    Hotels 557
    Restaurants 595–96
Sauveterre-de-Béarn 444
Saverne 209, 223
    Hotels 550
    Restaurants 589
Savoyen 57
Scandola, Reserve Naturelle de 531
Sceaux, Chateau de 168
Schatz von Vix 41, 324
Schiefer 314, 315
Schiffe, Seine-Fahrten 74, 75
Schlösser *siehe* Châteaus
Schloßhotels 536
Schnitzereien, Umwehrte Pfarrhöfe 267
Schongauer, Martin 217
Schreckensherrschaft 55
Schriftsteller 26–27
    Südfrankreich 462–63
Schule von Arras 189
Schule von Fontainebleau 162, 321, 324
Schule von Nancy 214
Schule von Nice 516, 517
Schule von Troyes 197
Schwarze Madonnen 355
Schwimmen 629
Scott, Sir Walter 290
Seberg, Jean 291
Sebourg, Hotels 546
Sedan 197, **204–05**
    Hotels 548
Sedimentgestein 315
Seerosen (Monet) 94
Sées 245
    Hotels 552
Seguin, Marc 373
Séguret, Restaurants 612

Seillans, Hotels 574
Seine 70–75, 256
Sélestat 219
    Hotels 550
    Restaurants 589
Semur-en-Auxois 46, 325
Semur-en-Brionnais 338
Sénanques, Abbaye de 505
Senlis 183, **194**
Sens 320
Sept-Saux, Hotels 548
Serlio, Sebastiano 324
Sert, José-Luis 514
Sérusier, Paul 265
    *Das Martyrium des heiligen
    Triphin* 264
Sète 468, **482**
    Festival 33
    Hotels 571
    Restaurants 610
    Strände 464
Seurat, Georges 117
Sévigné, Madame de 348
    Château de Grignan 376
    Château des Rochers-Sévigné 275
    Grab 376
    Hôtel Carnavalet (Paris) 87
Sèvres-Porzellan 168
Shakespeare & Co 27, 118
Sibelius, Jean 115
Sicherheit 618–19
Siebenjähriger Krieg 54
Signac, Paul 462, 506, 515
    Blick auf St-Paul-de-Vence 514
    Cap Canaille 503
    *Einfahrt zum Hafen von La
    Rochelle* 24
Signoret, Simone 131, 515
Silvacane, Abbaye de 505
Sincey-les-Rouvray, Restaurants 599
Sisley, Alfred 252, 430
Sitzender Schreiber 99
Sizun 267
Skifahren 35, 312, 628
Sluter, Claus 325, 333
    Grab von Philippe le Hardi 333
    Mosesbrunnen 332
Smalto, Francesco 139
Smaragdküste *siehe* Côte d'Emeraud
Smith, WH 138, 140
SNCF 637
Société Française des Traducteurs
    Professionels 618
Socoa 443
Solidor, Suzy 512
Sologne, Schlösser der 296–97
Somme, Fluß 189
Somme, Schlacht an der 180–81
Sommer in Frankreich 33–34
Sommières
    Hotels 571
    Restaurants 610
Somport 391
Somport, Col du 450
Son et Lumière 34
Sonnenblumen (van Gogh) 462
Sonnenblumen 431
Sonnenschein 36–37
Sonnenuntergang, Auvergne
    (Rousseau) 24
Sorbon, Robert de 119
Sorel, Agnès 290
Soubirous, Bernadette 448–49
Soufflenheim 223
Soufflot, Jacques-Germain 121

Soulac-sur-Mer 414
Source du Lison 339, **341**
Sourdeval, Hotels 552
Soutine, Chaïm 94, 515
Spargel 32
Speisekarte 20–21, 578
Speloncato, Hotels 575
Spezialitäten *siehe* Essen und Trinken
Spiegel von Ornans, Der (Courbet)
    341
Spielzeugläden, Paris **138**, 139
Spoerri, Daniel 463
Sport 628–29
    Paris **142**, 143
Spreckelsen, Otto von 126
Square Jean XXIII (Paris)
    Detailkarte 79
Square Willette (Paris)
    Detailkarte 129
St-Agnes, Restaurants 612
St-Alexandre-Nevsky (Paris) 127
St-Amand 320
St-Amand-de-Coly 421
St-Benoît-sur-Loire 303
St-Bertrand-de-Comminges 440, **452**
St-Bonnet-le-Froid, Hotels 561
St-Brieuc, Restaurants 593
St-Chely 573
St-Côme d'Olt 356
St-Christophe 338
St-Cirq-Lapopie 428
    Hotels 568
St-Cyprien, Hotels 571
St-Denis, Basilique de 46, 99, **162–63**
St-Dizier
    Hotels 548
    Restaurants 588
St-Émilion 389, **412–13**
    Hotels 565
    Restaurants 604
St-Étienne 373
    Restaurants 600
St-Étienne-de-Baïgorry, Hotels 569
St-Étienne-du-Mont (Paris) 119
St-Eustache (Paris) 86
St-Florent 523, 527
    Restaurants 613
St-Flour, Hotels 561
St-Germain-de-Livet 245
St-Germain-de-Tallerende,
    Restaurants 591
St-Germain-des-Prés (Paris) 118
    Detailkarte 114–15
    Hotels 542–43
    Restaurants 582–83
St-Germain-en-Laye 163
    Hotels 544
St-Gervais 81
St-Gervais-en-Vallière, Hotels 559
St-Gervais-St-Protais (Paris) 81
St-Gilles-du-Gard 485
St-Girons
    Hotels 569
    Restaurants 607
St-Guilhem-le-Désert 467, **483**
St-Hilaire-le-Château, Hotels 561
St-Imoges, Restaurants 588
St-Jacques-des-Guérets 297
St-Jean-Cap-Ferrat
    Hotels 573
    Restaurants 612
St-Jean-de-Côle 420
St-Jean-de-Luz 439, 441, **442–43**
    Hotels 569
    Restaurants 607

St-Jean-du-Bruel, Hotels 561
St-Jean-Pied-de-Port 444
    Hotels 569
    Noce basque 34
    Restaurants 607
St-Jeanne-en-Val, Restaurants 600
St-Julien-Chapteuil, Restaurants 600
St-Julien-de-Jonzy 338
St-Julien-le-Pauvre (Paris) 119
    Detailkarte 121
St-Julien-le-Pauvre (Loire-Tal)
    Hotels 557
St-Junien 346
St-Lambert-des-Levées, Hotels 557
St-Lary-Soulan 452
St-Lizier 439, **452–53**
St-Louis-en-l'Ile (Paris) 81
St-Louis-les-Invalides (Paris) 110–11
St-Maixent-l'Ecole 399
St-Malo 259, **272–73**
    Hotels 554
St-Martin-de-Boscherville 253
St-Martin-de-Canigou 467, 471
St-Martin-de-Londres, Restaurants 610
St-Martin-de-Ré 395, **406**
St-Michel-de-Cuxa 467, **470–71**
St-Nectaire 350
St-Nexans, Restaurants 605
St-Omer 187
    Hotels 546
St-Parize-le-Châtel 329
St-Paterne, Hotels 552
St-Paul-de-Vence 514–15
    Hotels 574
St-Père-sous-Vézelay
    Hotels 559
    Restaurants 598
St-Pierre-de-Montmartre (Paris)
    Detailkarte 129
St-Pons-de-Thomières 483
    Hotels 571
    Restaurants 610
St-Privat-d'Allier, Hotels 561
St-Quentin
    Hotels 546
    Restaurants 586
St-Raphaël 507
St-Rémy-de-Provence 497
    Hotels 574
    Restaurants 612
St-Robert 420
St-Roch (Paris) 95
St-Romain-en-Gal 372–73
St-Savin 405
    Restaurants 607
St-Séverin (Paris) 118
    Detailkarte 120
St-Sulpice (Paris) 123
    Detailkarte 122
St-Thégonnec **266**, 267
St-Trivier-de-Courtes 363, **366**
St-Trojan 407
St-Tropez 15, 32, **506**
    Hotels 574
    Strände 464, **465**
St-Valery-sur-Somme 189
St-Vallier-de-Thiery, Restaurants 612
St-Vincent (Paris) 130
St-Wandrille, Abbaye de 237, **253**
Stade Roland Garros (Paris) 143
Stadthotels 536
Stalaktiten und Stalagmiten 392
Starck, Philippe 62, 95, 104, 486
Ste-Croix-Vallée-Française, Hotels 571

Stella, Frank 373
Stendhal 26
    Musée Stendhal (Grenoble) 378
Stephanie, Prinzessin von Monaco 521
Stes-Maries-de-la-Mer 500
    Hotels 574
    Strände 464
Stevenson, Robert Louis **356**, 357, 504
Stierkampf 33
    Camargue 500
    Nîmes 487
Störche 213
Strände, Südfrankreich 464–65
Strasbourg 175, 209, **220–21**
    Busbahnhof 637
    Flughafen 632–33
    Hotels 550
    Musikfestival 33
    Restaurants 589
Straße nach Santiago de Compostela 390–91
Rocamadour 426–27
Strukturalismus 27
Studenteninformation 617
Studentenunruhen, Mai 1968 63
Stundenbuch 333
Südfrankreich 454–521
    Départements 627
    Karte 456–57
    Maler und Schriftsteller 462–63
    Spezialitäten 458–59
    Strände 464–65
    Weine 460–61
Südwestfrankreich 382–53
    Départements 627
    Höhlen 392–93
    Karte 384–85
    Spezialitäten 386–87
Suezkanal 58
Suger, Abt von St-Denis 99
Suisse Normande 245
Sunyer, Joseph 473
Supermärkte 622
Surcouf, Robert 272
Surrealismus 88, 89, 142
Suze-la-Rousse 376–77
Swissair 633
Sybilla 139
Syndicats d'initiative 616
Synthetismus 265

T

Tag des Sturms auf die Bastille 35
Tain l'Hermitage 374
Taizé 335
Talloires 381
    Hotels 564
    Restaurants 602
Talmont 408
Tamniès, Hotels 568
Tanlay, Château de 321
Tanz, Der (Carpeaux) 116, 117
Tanz, Paris **141**, 143
Tapiès, Antonio 472
Tarascon 497
Tarasque Festival (Tarascon) 33
Tarbes 439, 448
    Hotels 570
Tarn, Fluß 360
Tartine et Chocolat 139
Taschendiebe 618
TAT 633
Taulignan 376

Taverne Magenageuse (Restaurant, Mougins) 576
Taxis 637
Tea and Tattered Pages 139
Teghime-Paß 527
Telefonieren **624–25**
Telefonkarten 624
Telefonvorwahlnummern 625
Tempelritter 213, 357, 473
Temperaturen 36–37
Tennis 628
Tennis Open (Paris) 33
TGV (*Train à Grand Vitesse*) 15, **63**
    Karte 635
Thatcher, Margaret 63
Theater in Paris **140**, 143
    Theaterstücke 27
Théâtre de la Ville (Paris) 143
Théâtre des Champs-Elysées (Paris) 143
Théâtre du Rond-Point (Paris)
    Detailkarte 102
Théâtre National de Chaillot (Paris) 106, 143
Théâtre National de Colline (Paris) 143
Theresa von Lisieux, hl. 245
Theuderich III., König 64
Theuderich IV., König 64
Thibaudant, Restaurants 599
Thiberville, Restaurants 591
Thiepval, Mahnmal 180
Thierry, Alexandre 111
Thiers 349
Thonon-les-Bains 381
    Restaurants 602
Thoronet, Abbaye de 505
Thouars 398
Tiberius, Kaiser 492
Tiere *siehe* Fauna
Tignes 312
Tinguely, Jean 463, 516
Tinta' Mars (Langres) 32
Tintoretto 302, 515
Tizian 51, 412, 532
Toiletten, Öffentliche 619
Tombées de la Nuit (Rennes) 33
Tonnerre 321
    Hotels 559
Töpferfestival (Lyon) 34
Töpferwaren 623
Touet-sur-Var, Restaurants 613
Toul 209, **212–13**
Toulon 503
Toulouse 384, 418, **436–37**
    Flughafen 632–33
    Hotels 568
    Reiseagenturen 633
    Restaurants 606
Toulouse-Lautrec, Henri de 117, 130, 434
    Die Modistin **434**
    Musée Henri de Toulouse-Lautrec (Albi) 434
Tour de France 33, 142
Tour de Losse 526
Tour du Mont Blanc 313
Tour Eiffel (Paris) 58, 68, **109**, 617
    Paris per Schiff 72
Tour Eiffel (Viertel, Paris)
    Hotels 541
    Restaurants 581
Tour Fiat (Paris) 63
Tour Montparnasse (Paris) 135
Tour St-Jacques (Paris) 85

Tour, Georges de la 214
Tourettes-sur-Loup 513
Touristeninformation 539
Tournon-sur-Rhône 373, **374**
Tournus 334–35
   Hotels 559
Tours 277, **286–87**
   Hotels 557
   Restaurants 596
Tours d'Elven 270
Tourtour, Hotels 574
Trauben
   Bordeaux-Weine 388
   Burgunder 310
   Champagner 178
   Loire-Weine 231
   Weine des Südens 461
Trauer des Königs, Die (Matisse) 88
Tréguier 268
Tremblot, F., *Die Mauer* 129
Trencavel, Familie 478
Trencavel, Raymond-Roger 479
Très Riches Heures du Duc de Berry, Les **194**, 195, 303
Trévou-Tréguignec 268
Triboulet 283
Trigance, Hotels 574
Trinkgeld in Restaurants 579
Triumphbogen, Umwehrte Pfarrhöfe 267
Troménie (Locronan) 33
Trôo 296
Trotzki, Lew 142
Tropez, hl. 32
Troubadoure 463
Trouville 245
   Restaurants 591
Troyes 174, 198, **206**
   Hotels 548
   Restaurants 588
Truffaut, François 62, 142
   Grab 130
Trüffelsaison 34
Tuileries (Paris) *siehe* Jardin des Tuileries
Tuileries und Opéra (Paris) 90–99
   Detailkarte 92–93
   Hotels 540–41
   Kartenteil, Karten 4, 7, 8
   Restaurants 581
   Stadtteilkarte 91
Tumulus 269
Turckheim 210
   Elsässische Route du Vin 222
   Restaurants 589
Turenne 353
Tzara, Tristan 60

U

UCRIF 539
Ulyssse International 629
Umrechnungstabelle, Kleidergrößen 623
UNESCO 108, 405, 531
Unfall 618
Ungersheim 215
Universität von Paris 119
Unterhaltung
   Cafés 142
   Clubs und Cabaret **141**, 143
   Eintrittskarten **140**, 143
   Kino **142**, 143
   Klassische Musik **140–41**, 143

Paris 140–43
   Rock, Jazz und World Music **141**, 143
   Sport **142**, 143
   Tanz **141**, 143
   Theater **140**, 143
   Veranstaltungskalender 140
Urban V., Papst 494
Urt, Restaurants 607
Ushant 262
Ussé, Château d' 232, **285**
Ustaritz, Restaurants 608
Utrillo, Maurice 94, 128, 214
   Die Kirche von Saint-Bernard im Sommer 25
   Grab 130
Uzerche 352
Uzès 485
Uzès, Hotels 572

V

Vadim, Roger 506
Vaison-la-Romaine 492
   Hotels 574
Val Camonica 41
Val d'Isère 312
Val Thorens 312
Val-de-Grâce (Paris) 123
Valdu Niellu 530
Valence 374
   Restaurants 602
Valéry, Paul 27, 106, 482
   Museum und Grab (Sète) 482
Vallauris 512
Vallée d'Aspe 450
Vallée de la Loue 341
Vallée de la Somme 183, 185, **189**
Vallée de la Meuse 199, **204**
Vallée des Merveilles 519
Vallée du Lot 356
Valois 64, 65, 317
Vals-les-Bains 375
Vannes 259, 270
   Hotels 554
Varades, Hotels 557
Vasarély, Victor 187, 496
Vauban, Sébastien le Prestre de
   Belfort 341
   Besançon 340
   Briançon 377
   Citadelle de Verdun 212
   Collioure 473
   Denkmal 111
   Fort Carré (Antibes) 511
   Fort National (St-Malo) 272
   Mont Louis 470
   Neuf-Brisach 216–17
   Port Vendres 472
   Rocroi 204
   Toul 212
Vaux-le-Vicomte, Château de 168–69
Vedettes de Paris 75
Vegetarisches Essen in Restaurants 579
Velay 343
Velázquez, Diego de Silva y 255, 302
Velluire, Hotels 566
Vence 513
   Hotels 574
   Restaurants 613
Vendée 277, 278, **280–81**
Vendôme 296
   Restaurants 596
Veneti, Volksstamm 270

Venusfigurine 41
Vercingetorix 42, 324
Vercors 363, 365, **379**
Verdon *siehe* Gorges du Verdon
Verdun 209, **212**
   Hotels 550
   Restaurants 589
Verdun, Vertrag von (843) 45
Vergnügungsparks
   Euro Disney 168
   Futuroscope (Poitiers) 403
   Parc Astérix 195
Verkehrsregeln 638
Verkehrszeichen 639
Verne, Jules 190
Vernon, Hotels 552
Vernou-sur-Brenne, Hotels 557
Veronese, Paolo 477, 532
Versace, Gianni 139
Versailles
   Château de Versailles 52, **164–67**
   Hotels 545
   Restaurants 585
Versailles, Vertrag von (1919) 59, 167
Versicherungen
   Autoversicherung 638
   Krankenversicherung 618
   Rechtsbeistand 618
   Reiseversicherung 618
Versuchung Evas, Die (Gislebertus) 329
Vervins, Hotels 547
Verzenay 198
Vespasian, Kaiser 492
Veules-les-Roses, Restaurants 591
Vézelay 306, **326–27**, 391
   Hotels 559–60
Vézère-Tal 392
Vichy 348–49
   Hotels 561
   Restaurants 600
Vichy-Regierung 39, 61, 349
Victor, Michel-Louis, Statue der heiligen Geneviève 123
Victoria, Königin von England 504, 516
Vien, Joseph-Marie, *Predigt des heiligen Dionysius vor den Galliern* 95
Vienne 42, **372**
   Restaurants 602
Vier Weltteile (Carpeaux) 68
14jährige Tänzerin (Degas) 116
Vieux Mareuil, Hotels 568
Vignory, Hotels 548
Vigoulet-Auzil, Restaurants 606
Villa Jeanneret (Paris) 126
Villa La Roche (Paris) 126
Village des Bories 496
Village Voice 139
Villandry, Château de 286
   siehe auch Château de Villandry
Villandry, Restaurants 596
Villard-de-Lans 379
Villars-les-Dombes 366
Villefort, Hotels 561
Villefranche-de-Conflent 470
   Restaurants 610
Villefranche-sur-Mer 518
   Hotels 574
   Restaurants 613
Villeneuve-de-Marsan, Hotels 566

TEXTREGISTER

Villeneuve-sur-Yonne, Restaurants 599
Villepreux, Hotels 545
Villerouge-Termenes 476
Villers Cotterets, Edikt von (1539) 51
Villié-Morgon 367
Villiers-Bocage, Restaurants 591
Viollet-le-Duc, Eugène 106, **190**
  Abbaye de Fontevraud 284
  Amiens, Kathedrale 192
  Carcassonne 478
  Château de Pierrefonds 191
  Narbonne, Rathaus 476–77
  Notre-Dame (Paris) 69, 82, 83
  Sainte-Chapelle (Paris) 80
  Vézelay 326, 327
Virgin Megastore 143
Vitrac, Hotels 562
Vitré 259, 275
  Restaurants 593
Vlaminck, Maurice de 89, 462
Vogesen 209, 215
  Ländliche Architektur 30
Vogüé 375
Volksfront 60
Vollpension 537
Voltaire 27, **54**, 99, 115
  Grab 121
Vonnas
  Hotels 560
  Restaurants 599
Vouvray 290
  Restaurants 596
  Wein 231, 278, **290**
Vries, Adriaen de 98
Vulkanische Gesteine 315

W

Wachsfiguren, Musée Grevin (Paris) 93
Wagner, Richard 115
Währung 620–21
Waldbrände 619
Wallfahrten 349
Walnußernte 34
Walter-Guillaume-Sammlung (Paris) 94
Wände, Ländliche Architektur 31
Wandern 628
Wantzenau, Hotels 550

Warens, Madame de 380
Warhol, Andy 89, 373, 516
Wasser 578
Wassersport 629
Watteau, Jean-Antoine 98
Webb, M. 187
Wederkinch 72
Weihnachten 35
Wein 22–23
  Beaujolais 367
  Bordeaux 411
  Bordelais 388–89, 413
  Burgunder 310–11
  Chablis 321
  Champagne **178–79, 200–201**
  Châteauneuf-du-Pape 492–93
  Côte d'Or 334
  Côte Vermeille 472
  Côtes du Rhône 374
  Elsässer Route du Vin 222–23
  Etiketten 22
  in Restaurants 578
  Loire-Weine 230–31
  Montmartre 128
  Pariser Läden **138**, 139
  Südfrankreich 460–61
  Weinherstellung 23
  Weinkauf 623
  Weinlese 34
  Weinverkauf (Beaune) 34
  Weinverkauf der Hospice (Nuits-Saint-Georges) 32
  Wohlfahrtsversteigerung (Beaune) 336
  Vouvray 290
Weinberge *siehe* Weine
weinende Engel, Der (Blasset) 192
Weinetiketten 22
Weiße Störche 213
Weißwein 23
Wellington, Herzog von 442
Weltausstellung (1889) 58, 108, 109
Weltausstellung (1900) 102, 104, 105
Weltausstellung (1937) 102, 106
Westfrankreich 224–303
  Départements 627
  Karte 226–27
  Spezialitäten 228–29
Wetter 36–37
Wettervorhersage 639

Weyden, Rogier van der 332, 333, 336
  Das Jüngste Gericht **48–49**, 337
Wilde, Oscar 115
  Grab 131
Wilhelm von Aquitanien 335, 483
Wilhelm II., Kaiser 218
William the Conqueror 45, 227, 237
  Abbaye aux Hommes (Caen) 243, 244
  Abbaye de Jumièges 253
  Bayeux, Wandteppich 242
Wimbreux, Hotels 547
Winde auf Korsika 524
Windsor, Herzog von 518
Wisecrère, Jehan 336
World Music **141**, 143
Württemberg, Grafen von 218

Y

Yamamoto, Yohji 139
Ydes, Hotels 562
Yeats, William Butler 519
Yravals 470
Yvoire 381

Z

Zadkine, Ossip 498
Zeit 617
Zeitschriften 625
  Pariser Läden 138
  Veranstaltungskalender 140
Zénith (Paris) 143
Zentralfrankreich 304–81
  Départements 627
  Karte 306–07
  Spezialitäten 308–09
Ziege, Die (Picasso) 511
Zigeunerwallfahrt (Stes-Maries-de-la-Mer) 33
Zisterzienserorden 45, 46
  Abbaye de Fontenay 322–23
  Abbaye de Royaumont 162
Zitronenfest (Menton) 35
Zola, Emile 26, 58
  Dreyfus-Affäre 59
  Grab 121
Zouave (Paris) 73
Züge **634–36**, 637
  Private **635**, 637
  TGV 15, **63**, 635
Zweite Republik 57
Zweiter Weltkrieg 39, **61**

Danksagung

Der Verlag bedankt sich bei allen, die bei der Herstellung dieses Buches tatkräftig mitgewirkt haben.

HAUPTAUTOREN

John Ardagh, Rosemary Bailey, Judith Fayard, Lisa Gerard-Sharp, Alister Kershaw, Alec Lobrano, Anthony Roberts, Alan Tillier, Nigel Tisdall.

AUTOREN UND BERATER

JOHN ARDAGH ist Schriftsteller, Rundfunksprecher, und Autor zahlreicher Bücher über Frankreich.

ROSEMARY BAILEY hat verschiedene Bücher über die französischen Regionen geschrieben und herausgegeben, darunter *Burgund*, *Loire* und *Côte d'Azur*.

ALEXANDRA BOYLE ist Schriftstellerin und Redakteurin und arbeitet seit 20 Jahren in England und Frankreich.

ELSIE BURCH DONALD ist Schriftstellerin und Redakteurin.

DAVID BURNIE hat bisher über 30 naturwissenschaftliche Bücher herausgegeben.

JUDITH FAYARD, eine Amerikanerin in Paris, war 10 Jahre Leiterin des Pariser Büros von *Life* und ist nun die europäische Herausgeberin von *Town & Country*. Sie kann auf zahllose Veröffentlichungen zurückblicken, unter anderem im *Wall Street Journal*.

LISA GERARD-SHARP ist Schriftstellerin und Rundfunkjournalistin und hat viele Bücher über die Regionen Frankreichs und Italiens geschrieben.

COLIN JONES ist Professor für Geschichte an der Exeter University. Unter anderem hat er *The Longman Companion to the French Revolution* und *The Cambridge Illustrated History of France* herausgegeben.

ALISTER KERSHAW, australischer Schriftsteller und Journalist, lebt seit 30 Jahren im Loire-Tal.

ALEC LOBRANO ist ein amerikanischer Schriftsteller mit Sitz in Paris. Er schreibt für die *International Herald Tribune*, *Los Angeles Times* und für *The Independent*.

ANTHONY ROBERTS, Schriftsteller und Übersetzer, lebt seit 15 Jahren in der Gascogne und schrieb Beiträge für *The Times*, *World of Interiors* und *Architectural Digest*.

ANTHONY ROSE ist Weinexperte bei *The Independent*.

JANE SIGAL schrieb zwei Bücher über die französische Küche, *Normandy Gastronomique* und *Backroom Bistros, Farmhouse Fare*.

ALAN TILLIER ist der Hauptautor des Führers *Vis à Vis Paris*. Seit 20 Jahren lebt er in Paris und arbeitet als Korrespondent für verschiedene Zeitungen, darunter *International Herald Tribune*, *Newsweek* und *The Times*.

NIGEL TISDALL ist Reiseschriftsteller und Autor von Reiseführern über die Bretagne und Normandie.

PATRICIA WELLS ist Restaurantkritikerin für die *International Herald Tribune* und Autorin von *Food Lovers Guide to Paris* und *Food Lovers Guide to France*.

WEITERE AUTOREN

Caroline Bugler, Ann Cremin, Bill Echikson, Adrian Gilbert, Peter Graham, Marion Kaplan, Jim Keeble, Alexandra Kennedy, Fred Mawer, Clive Unger-Hamilton.

ERGÄNZENDE FOTOGRAFIE

Jo Craig, Michael Crockett, Mike Dunning, Philip Enticknap, Steve Gorton, Alison Harris, John Heseltine, Roger Hilton, Eric Meacher, Neil Mersh, Roger Moss, Robert O'Dea, Alan Williams, Peter Wilson.

ERGÄNZENDE ILLUSTRATIONEN

Dinwiddie Maclaren, John Fox, Nick Gibbard, Paul Guest, Stephen Gyapay, Kevin Jones Associates, Chris Orr, Robbie Polley, Sue Sharples.

KARTOGRAFIE

Colourmap Scanning Limited, Contour Publishing, Cosmographics, European Map Graphics, Meteo-France. Kartenteil: ERA Maptec Ltd (Dublin), Überarbeitung der Originalvorlagen mit freundlicher Genehmigung von Shobunsha (Japan).

KARTOGRAPHISCHE DOKUMENTATION

Jennifer Skelley, Rachel Hawtin (Lovell Johns); James Mills-Hicks, Peter Winfield, Claudine Zante (Dorling Kindersley Cartography).

GRAFIK- UND REDAKTIONSASSISTENTEN

Louise Abbott, Peter Adams, Laetitia Benloulou, Steve Bere, Jane Branneky, Margaret Chang, Arwen Burnett, Maggie Crowley, Fay Franklin, Tom Fraser, Emily Green, Elaine Harries, Sasha Heseltine, Elaine Hewson, Paul Hines, Nicholas Inman, Nancy Jones, Siri Lowe, Francesca Macchiavelli, Lesley McCave, Ella Milroy, Malcolm Parchment, Shirin Patel, Alice Peebles, Marianne Petrou, Salim Qurashi, Caroline Radula-Scott, Marisa Renzullo, Rupert Small, Andrew Szudek, Dawn Terrey, Fiona Wild.

WEITERE HILFE GEWÄHRTEN

Mme Jassinger, Presseabteilung der französischen Botschaft in London; Peter Mills und Christine

FOTONACHWEIS

Altitude, Paris; Sea and See, Paris; Editions Combier, Mâcon; Thomas d'Hoste, Paris.

FOTOGRAFIE-ERLAUBNIS

Der Verlag bedankt sich bei den folgenden Institutionen für die freundlich gewährte Fotografieerlaubnis: Caisse Nationale des Monuments Historiques et des Sites; A. Leonetti, Abtei von Mont-St-Michel; Kathedrale von Chartres; M. Voisin, Château de Chenonceau; P. Mistral, Cité de Carcassonne, D. Vingtain, Palais des Papes, Avignon; Château de Fontainebleau; Kathedrale von Amiens; Kloster von Conques; Kloster von Fontenay; Kloster Moissac; Kloster Vézelay; Kathedrale von Reims. Ferner allen anderen nicht namentlich erwähnten Kirchen Museen, Hotels, Restaurants, Läden, Galerien und Sehenswürdigkeiten.

BILDNACHWEIS

o = oben; ol = oben links; om = oben Mitte; or = oben rechts; mlo = Mitte links oben; mo = Mitte oben; mro = Mitte rechts oben; ml = Mitte links; m = Mitte; mr = Mitte rechts; mlu = Mitte links unten; mu = Mitte unten; mru = Mitte rechts unten; ul = unten links; u = unten; um = unten Mitte; ur = unten rechts.

Kunstwerke wurden mit freundlicher Genehmigung folgender Copyright-Inhaber reproduziert:
© ADAGP, Paris, und DACS, London 1994: 25ol, 59ol, 61ol (Detail), 88m, 89mo, 95o, 109u, 514ul; © DACS, London 1994: 24m, 24mu, 25m, 25mu, 26ul, 60/61, 84ul, 86o, 86u, 89o, 203o, 341o, 371ur, 412o, 463o, 472o, 498mo, 503u, 511o, 512u, 514ol, 514 ur, 519u; © J. Fabris: 25m; © Erben H. Matisse/DACS 1994; 25u, 88u, 516u.

Fotos, die dank der Hilfe von EPPV und CSI entstanden: 132/33; Foto von Euro Disney ® Park und Euro Disney Paris ® 168mr; Figuren, Architektur und Warenzeichen sind Besitz der Walt Disney Company – alle Rechte vorbehalten; mit Erlaubnis der Maison Victor Hugo, Ville de Paris: 87o; Musée National des Châteaux de Malmaison et Bois-Preau: 163u; Musée de Montmartre, Paris: 129o; Musée National de la Legion d'Honneur: 56o; © Sundancer: 138ul.

Der Verlag dankt folgenden Personen, Institutionen und Bildbibliotheken für die freundliche Genehmigung zur Reproduktion ihrer Fotografien:
AIR FRANCE/D. TOULORGE: 631o; ALPINE GARDEN SOCIETY/CHRISTOPHER GREY-WILSON: 450ul, 450ur; AGENCE PHOTO AQUITAINE: D. Lelann 411ol; ANCIENT ART AND ARCHITECTURE COLLECTION: 43 mru, 46m, 46mu, 48ur, 53ul, 242/43u, 325ul, 372o, 424o, 428u; PHOTO AKG, BERLIN: 41mro, 42ul, 50mu, 51mru, 392o, 393u; SA APA POUX, ALBI: 427o; AR-

CHIVES PHOTOGRAPHIQUES, PARIS/DACS: 412o; ATELIER DU REGARD/A. ALLEMAND: 432ml, 432mr, 432u.

BIBLIOTHÈQUE NATIONALE, DIJON: 45mu; F. BLACKBURN: 451ul; GERARD BOULLAY/PHOTOLA: 83ul, 83mro; BRIDGEMAN ART LIBRARY: Albright Knox Art Gallery, Buffalo, New York 265ur; Anthony Crane Collection 201ur; Bibliothèque Nationale, Paris 46mr–47ml, 48o, 49mr, 65ul; British Library, London 48ul, 64ur, 282m, 283ur, 283ol; Bonhams, London 55mo, 58ol; Château de Versailles 65or; Christies, London 25m, 503u; Giraudon 24or, 24ol, 52mr–53ml, 53ol, 55ol, 65mu, 171u, 324m, 333m, 355o; Guildhall Library, Corporation of London 407u; Eremitage, St. Petersburg 25ul; Index 462u; Kress Collection, Washington 283ul; Lauros-Giraudon 42o, 65ur; Musée des Beaux-Arts, Quimper 233m; Musée Condé, Chantilly 46ol, 53or, 64ul, 65om, 65mlo, 65mu, 194o, 283m; Musée d'Orsay, Paris 24mu; Paul Bremen Collection 245o; Sotheby's, New York 51ol; Victoria & Albert Museum, London 328u; Walters Art Gallery, Baltimore 346o; JOHN BRUNTON: 504u; MICHAEL BUSSELLE: 172/73.

CAMPAGNE, CAMPAGNE: 340o; C. Guy 315o; Lara 181mr; B. Lichtstein 207u, 314ml; Pyszel 180ul; CNMHS, PARIS/DACS: Longchamps Delehaye 203ol; CASTELET/GROTTE DE CLAMOUSE: 483u; COLLECTION CDT GARD: 315ul; CDT LOT: 429u; CEPHAS: Stuart Boreham 250–51; Hervé Champollion 312or, 324o, 340u; Mick Rock 34m, 388ol, 388ol, 461o, 508/09; JEAN LOUP CHARMET: 43u, 46ur, 48mlu, 54o, 58ml, 58mlu, 59ol, 59om, 60ul, 60ur, 61mru, 204u, 233u, 255ur, 259o, 264o, 271u, 290ur, 333ur, 348u, 349o, 351m, 391mr, 391ur, 411u, 465o, 497o; CITÉ DES SCIENCES ET L'INDUSTRIE: Michel Lamoureux 133m; Pascal Prieur 132or, 132mo; Michel Viard 132mu; BRUCE COLEMAN: Udo Hirsch 361ur; Flip de Nooyer 377ur; Hans Reinhard 313ol, 313or; PHOTOS EDITIONS COMBIER, MACON: 193o; JOE CORNISH: 112, 224–225, 360ur, 438.

DANSMUSEET, STOCKHOLM/PETER STENWALL: 60mr–61ml; P. DOHERTY: 235mo; E. DONARD:31or, 31m, 31ml, 31mu; EDITIONS D'ART DANIEL DERVEAUX: 390mr–391ml; PHOTO DASPET, AVIGNON: 494ul.

ET ARCHIVE: 290ul; Domschatzkammer, Aachen 4o, 44ml; Musée Carnavalet, Paris 57ol; Musée des Beaux-Arts, Lausanne 51ur; Musée d'Orsay, Paris 57mro; Musée de Versailles 52u, 289ul; National Gallery, Scotland 54ur; Victoria & Albert Museum, London 49ol; 333ul; MARY EVANS PICTURE LIBRARY: 9m, 42ur, 46ul, 47m, 49u, 50ol, 52mlo, 54m, 58u, 59mr, 59ur, 61ur, 108m, 109ml, 167u, 173m, 181ol, 187u, 225m, 269o, 281u, 283or, 291ul, 305m, 356o, 383m, 445o, 455m, 463u, 498ol, 535m, 615m; Explorer 27u, 50mlu;

PHOTO FLANDRE, AMIENS: 193u; FRANCE TÉLÉCOM: 624mr; M. Reynard 624u. FRANZÖSISCHE EISEN-BAHN/SNCF: 634ul, 635o.

GIRAUDON, PARIS: 8/9, 15o, 25mro, 25ur, 42mo, 44ol, 44mlu, 45ol, 46ml, 48mr–49ml, 52ol, 52mlu, 54ml, 56ml, 56mr–57ml, 323ur, 337ur, 359u, 481mu; MS Nero EII pt.2 fol. 20V0; Lauros-Giraudon 40ol, 40mu, 41o, 41mru, 41mu, 41ur, 43mo, 45or, 47mru, 51mr, 56mlu, 56ur, 341u, 481ml; Musée d'Art Moderne, Paris 25ol; Musée de Beaux-Arts, Quimper 24ol; Telarci 45or; RONALD GRANT ARCHIVE: 17u, 62mlu.

SONIA HALLIDAY PHOTOGRAPHS: Laura Lushington 299or; ROBERT HARDING PICTURE LIBRARY: 26ul, 33or, 35or, 35ml, 39u, 108or, 131ul, 230ol, 233or, 312ul, 312ur, 313ur, 339o, 390mlo, 427mr, 451or, 479u, C. Bowman 442o; Explorer, Paris 35mr, 63ur, 97ur, 169u, 352o, 361or, 450mu, 451ol, 474u, 487ur, 617u, 628u, 640u; R. Francis 82mlu, 626m; D. Hughes 382/83; W. Rawlings 45ur, 63ol, 227ol, 246u; A. Wolfitt 22or, 160, 538u; JOHN HESELTINE: 135m; MUSÉE BOUDIN, HONFLEUR: 252u; DAVID HUGHES: 2/3, 357o, 357u; THE HULTON DEUTSCH COLLECTION: 181ul, 291ur, 463m, 506u; F. J. Mortimer 180ol.

THE IMAGE BANK: Peter Miller 362; IMAGES: 313m, 450ml, 450or.

JACANA: F. Gohier 450ol; J. M. Labat 451mu; TREVOR JONES: 194u.

MAGNUM PHOTOS LTD: Bruno Barbey 16u, 27or, 32ul; R. Capa 462or; P. Halsman 515u; P. Zachman 15u; THE MANSELL COLLECTION: 27ol, 272o, 285u, 449u, 494ol; JOHN MILLER: 214u, 326or, 397u; MUSÉE DE L'ANNONCIADE, ST-TROPEZ: 514or; MUSÉE DES BEAUX-ARTS, CARCASSONNE: 479ol; MUSÉE DES BEAUX-ARTS, DIJON: 333ol; MUSÉE DES BEAUX-ARTS DE LYON: 371or, 371ul, 371ur; MUSÉE DE LA CIVILISATION GALLO-ROMAINE, LYON: 43mr, 368ml; MUSÉE DÉPARTEMENTAL BRETON, QUIMPER: 264ul; MUSÉE FLAUBERT, ROUEN: 255ul; MUSEUM NATIONAL D'HISTOIRE NATURELLE, PARIS: 134m; MIT GENEHMIGUNG DES MUSÉE MATISSE, NICE: 516u; MUSÉE NATIONAL D'ART MODERNE, PARIS: 88mlu, 89o, 89mr, 89mu, 325ur; Erben von Henri Matisse 88ul; MUSÉE RÉATTU, ARLES: M Lacanaud 498mo; CLICHÉ MUSÉE, SENS/J. P. ELIE: 320ol; MUSÉE TOULOUSE-LAUTREC, ALBI: 434u.

SERVICE NATIONAL DES TIMBRES POSTE ET DE LA PHILATÉLIE: entworfen von Eve Luquet 626ul; NETWORK PHOTOGRAPHERS: Barry Lewis 328o; Rapho/Mark Buscail 628ol; Rapho/De Sazo 628or; Rapho/Michael Serraillier 629u.

PICTURES COLOUR LIBRARY: 325o, 392u, 416, 534, 614/15; MICHEL LE POER TRENCH: 26ur; CENTRE GEORGES POMPIDOU: Bernard Prerost 89u; POPPERFOTO: 241m; PYRENEES MAGAZINE/DR: 390ul.

REDFERNS: William Gottlieb 60mlu; RETROGRAPH ARCHIVE: M. Breese 464ol, 464or; RÉUNION DES MUSÉES NATIONAUX: Musée des Antiquités Nationales 393m; Musée Guimet 107o; Musée du Louvre 53mo, 97ul, 98o, 98ul, 98ur, 99ol, 99m, 99u; Musée Picasso 84ml, 86u, 463o; Musée de Versailles 169o; R. F. REYNOLDS: 235mu; REX FEATURES: Sipa 18o; ROGER-VIOLLET: 109mo. FOUNDATION ROYAUMONT: J. Johnson 162o.

SIPA PRESS: 128ul; PHOTO SNCM/SOUTHERN FERRIES: 632u; SPECTRUM COLOUR LIBRARY: P. Thompson 239u; FRANK SPOONER PICTURES: Bolcina 33u; Uzan 62ur; Simon 63mo; Gamma Press 35u, 63mru; JEAN MARIE STEINLEN: 394; TONY STONE IMAGES: 312m, 316; SYGMA: 521o; C. de Bare 32o; Walter Carone 140o; P. Forestier 304/305; Frederic de la Fosse 510u; D. Goldberg 17m; L'Illustration 104ol; Keystone 131mru; T. Prat 426m; L. de Raemy 63ul; Sunset Boulevard 131ur.

EDITIONS TALLANDIER: 38, 40mu, 43ol, 44ur, 44ur–45ul, 47o, 47u, 48ml, 49or, 50ur, 54mlu, 54ul, 54mr–55ml, 55mru, 55ul, 57or, 57mru, 57ur, 59ul, 59mu, 60mlo, 60mru, 61mo, 61or; © TMR/A.D.A.G.P, PARIS, und DACS, LONDON 1994 – COL-LECTION L. TREILLARD: 61ol Detail.

JEAN VERTUT: 40ur–41ul; VISUAL ARTS LIBRARY: 24u.

WORLD PICTURES: 313ul.

ZEFA: 168m, 341o; O. ZIMMERMAN/MUSÉE D'UNTERLINDEN, COLMAR: 217o.

Umschlag hinten: Alle Spezialfotos außer JOE CORNISH lu; THE IMAGE BANK mru; PICTURES COLOUR LIBRARY mr; JEAN MARIE STEINLEIN ml; TONY STONE IMAGES mro.

Umschlag: Alle Spezialfotos außer CEPHAS/Mick Rock Titel o ; MICHAEL BUSSELLE Titel mur; ROBERT HARDING PICTURE LIBRARY Buchrücken o.